# 朔州年鉴

## 2016

朔州市地方志办公室　编

方志出版社
Publishing House of Local Records

**图书在版编目（CIP）数据**

朔州年鉴. 2016／朔州市地方志办公室编. — 北京：方志出版社，2017.5

ISBN 978-7-5144-2415-7

Ⅰ. ①朔… Ⅱ. ①朔… Ⅲ. ①朔州—2016—年鉴 Ⅳ. ①Z522.53

中国版本图书馆CIP数据核字(2017)第093928号

**朔州年鉴 2016**

**编　　者：** 朔州市地方志办公室
**责任编辑：** 顾　洁

**出 版 人：** 冀祥德
**出 版 者：** 方志出版社
地址　北京市朝阳区潘家园东里 9 号（国家方志馆 4 层）
邮编　100021
网址　http://www.fzph.org
**发　　行：** 方志出版社发行中心
电话（010）67110500
**经　　销：** 各地新华书店
**印　　刷：** 山西嘉祥印刷包装有限公司

**开　　本：** 889mm × 1194mm　1/16
**印　　张：**
**字　　数：** 932 千字
**版　　次：** 2017 年 5 月　第 1 版　2017 年 5 月　第 1 次印刷
**印　　数：** 0001 ~ 1000 册

ISBN 978-7-5144-2415-7　**定价：** 400.00 元

# 朔州市位置与交通图

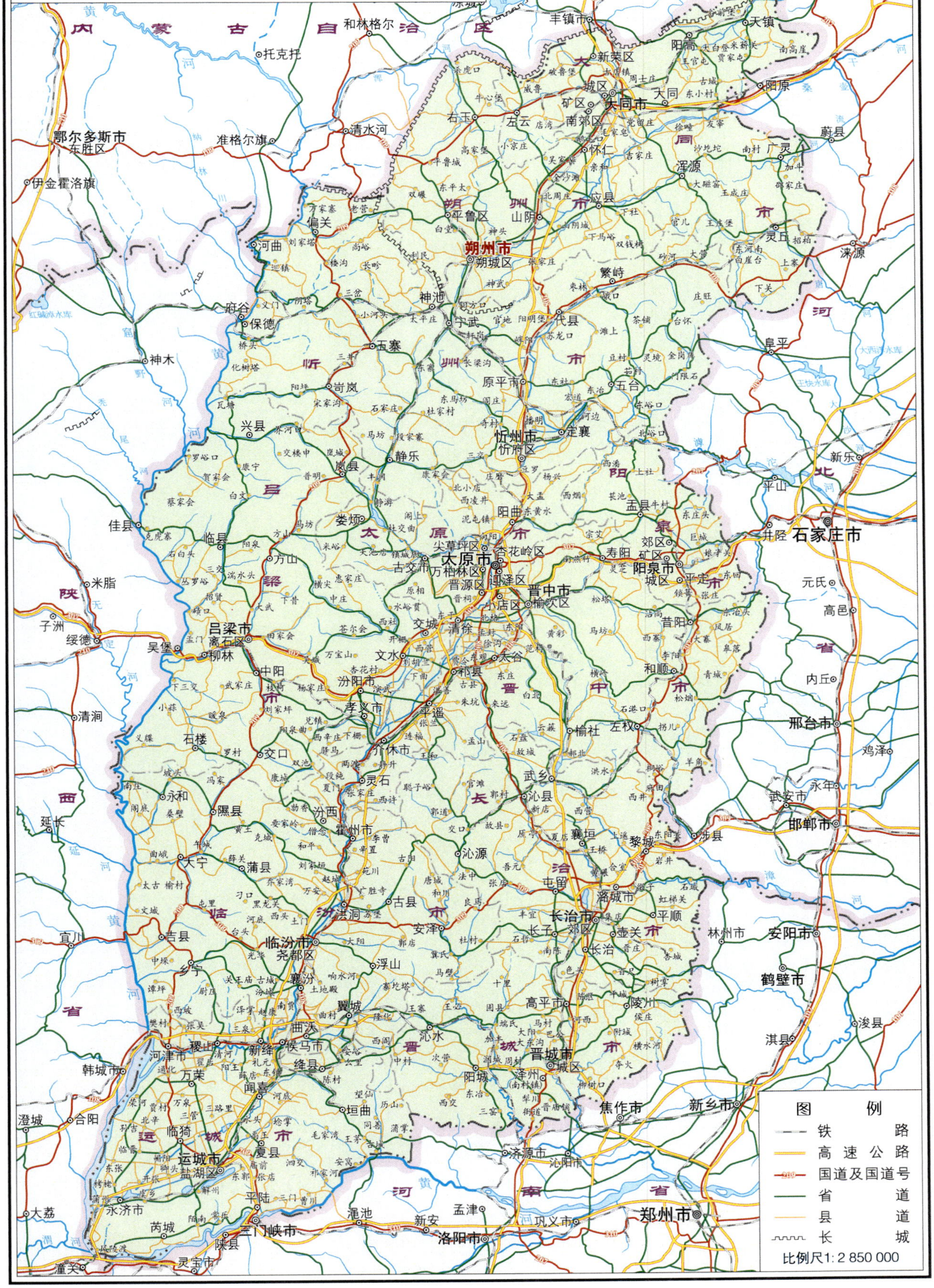

图 例
铁 路
高 速 公 路
国道及国道号
省 道
县 道
长 城
比例尺1: 2 850 000
内 蒙 古 自 治 区
察哈尔右翼前旗
和林格尔
托克托
丰镇市
怀安
天镇
阳高
新荣区
大同市
大同
阳原
城区
矿区
南郊区
左云
右玉
怀仁
浑源
广灵
灵丘
应县
山阴
平鲁区
朔州市
朔城区
偏关
河曲
神池
宁武
五寨
代县
繁峙
原平市
五台
定襄
忻州市
忻府区
岢岚
保德
府谷
神木
兴县
岚县
静乐
阳曲
盂县
阳泉市
寿阳
平定
昔阳
和顺
左权
太原市
尖草坪区
杏花岭区
万柏林区
晋源区
迎泽区
小店区
古交市
清徐
晋中市
榆次区
太谷
祁县
平遥
介休市
灵石
榆社
娄烦
交城
文水
汾阳市
孝义市
吕梁市
离石区
柳林
中阳
临县
方山
石楼
交口
永和
隰县
汾西
霍州市
大宁
蒲县
洪洞
古县
安泽
浮山
临汾市
尧都区
襄汾
翼城
曲沃
侯马市
绛县
新绛
稷山
河津市
万荣
闻喜
垣曲
夏县
运城市
盐湖区
临猗
永济市
芮城
平陆
沁源
沁县
武乡
襄垣
黎城
屯留
长治市
长子
壶关
平顺
潞城市
沁水
阳城
晋城市
泽州
高平市
陵川
石家庄市
邢台市
邯郸市
安阳市
鹤壁市
林州市
焦作市
新乡市
济源市
沁阳市
郑州市
洛阳市
三门峡市
灵宝市
渑池
新安
孟津
巩义市
延长
宜川
韩城市
吴堡
佳县
米脂
绥德
子洲
清涧
鄂尔多斯市
东胜区
准格尔旗
清水河
伊金霍洛旗
陕 西 省
河 北 省
河 南 省

# 数字朔州 2015

## 综合

| | |
|---|---|
| 地区生产总值 | 9011301万元 |
| 第一产业 | 555460万元 |
| 第二产业 | 4063082万元 |
| 第三产业 | 4392759万元 |

## 固定资产投资

| | |
|---|---|
| 全社会固定资产投资 | 9370608万元 |
| 第一产业投资 | 1465405万元 |
| 第二产业投资 | 4251666万元 |
| 第三产业投资 | 3653537万元 |
| 新增固定资产 | 6575452万元 |

## 人口

| | |
|---|---|
| 总户数 | 580350户 |
| 总人口 | 1762225人 |
| 男性人口 | 919459人 |
| 女性人口 | 842766人 |
| 城镇人口 | 936733人 |
| 乡村人口 | 825492人 |
| 出生人口 | 18094人 |
| 死亡人口 | 9812人 |

## 农村经济

| | |
|---|---|
| 耕地面积 | 395.41公顷 |
| 农作物播种面积 | 328.30千公顷 |
| 粮食播种面积 | 268.09千公顷 |
| 粮食产量 | 1099692吨 |
| 肉类产量 | 92973吨 |
| 农业机械拥有量 | 245.92万千瓦 |
| 造林面积 | 11332公顷 |
| 果园面积 | 2346.4公顷 |

## 能源消费与库存

| | |
|---|---|
| 吨原煤生产综合能耗 | 4.22千克标准煤/吨 |
| 吨原煤生产电耗 | 6.78千瓦时/吨 |
| 电厂火力发电标准煤耗 | 307.29克标准煤/千瓦时 |

## 物价

| | |
|---|---|
| 居民消费价格总指数 | 101.2 |
| 商品零售价格指数 | 100.5 |
| 工业生产者出厂价格指数 | 78.3 |
| 工业生产者购进价格指数 | 96.36 |

## 人民生活

| | |
|---|---|
| 城镇居民人均可支配收入 | 275000元 |
| 城镇居民人均消费性支出 | 14096元 |
| 农村住户每人平均纯收入 | 10816 |
| 农村住户每人平均生活消费支出 | 6837元 |

## 工业经济

| | |
|---|---|
| 工业企业单位数 | 258个 |
| 工业总产值 | 76220000千元 |
| 乳制品产量 | 232167.0吨 |
| 白酒产量 | 7663.0千升 |
| 啤酒产量 | 39643.0千升 |
| 石墨及炭素制品产量 | 39393.0吨 |
| 铁合金产量 | 125211.0吨 |

## 建筑业

| | |
|---|---|
| 施工企业数 | 127个 |
| 建筑企业签订合同额 | 506021万元 |
| 建筑业总产值 | 493907万元 |
| 建筑业竣工产值 | 296601万元 |
| 建筑业企业房屋建工面积筑施 | 823524平方米 |
| 建筑业企业房屋建筑竣工面积 | 521737平方米 |

## 教育　科技

| | |
|---|---|
| 中等专业（技工）学校数 | 4所 |
| 中等专业（技工）学校在校生 | 1154人 |
| 普通中学数 | 94所 |
| 普通中学在校生 | 131822人 |
| 职业高中数 | 19所 |
| 职业高中在校生 | 17777人 |
| 小学数 | 243所 |
| 小学在校生 | 128321人 |
| 特殊教育学校数 | 3所 |
| 特殊教育学校在校生 | 309人 |
| 幼儿园数 | 277所 |
| 在园幼儿 | 40361人 |

## 财政　金融和保险业

| | |
|---|---|
| 财政总数 | 1131233万元 |
| 一般预算收入 | 543000万元 |
| 一般预算支出 | 1382931元 |
| 各项存款余额 | 11897145万元 |
| 保险保费收入 | 172892.88万元 |

## 交通运输业

| | |
|---|---|
| 民用汽车保有量 | 145514辆 |
| 拖拉机保有量 | 31853辆 |
| 摩托车保有量 | 5909辆 |

## 批发零售　贸易　餐饮业

| | |
|---|---|
| 社会消费品零售总额 | 2701455.5万元 |
| 城镇零售额 | 1924873.3万元 |
| 乡村零售额 | 776582.2万元 |
| 批发业零售额 | 665067.2万元 |
| 零售业零售额 | 1699159.8万元 |
| 住宿业零售额 | 58451.6万元 |
| 餐饮业零售额 | 278776.9万元 |

## 文化　体育　旅游　卫生　环境保护

| | |
|---|---|
| 剧团数 | 6个 |
| 艺术表演场数 | 4个 |
| 公共图书馆数 | 7个 |
| 广播电台数 | 5座 |
| 电视台数 | 3座 |
| 室外健身公园、广场数 | 44个 |
| 卫生机构（不含诊所）数 | 226个 |

（朔州市统计局）

# 要目

# Main Contents

# 编纂说明

一、《朔州年鉴》是朔州市人民政府组织、朔州市地方志办公室编纂出版的大型资料性文献，是市级综合年鉴。她逐年全面记载朔州市自然、政治、经济、文化、社会等各个领域的基本情况和当年的新举措、新发展和新成就，为国内外读者认识朔州、研究朔州、投资朔州、建设朔州提供帮助。

二、《朔州年鉴（2016）》记述时限为2015年1月1日至12月31日，特载内容除外。

三、《朔州年鉴（2016）》采用分类编排法，以类目、分目、次分目、条目组成框架结构的主体部分。全书设特载、大事记、概况、中国共产党朔州市委员会、朔州市人民代表大会、朔州市人民政府、政协朔州市委员会、民主党派和工商联、社会团体、法治、武装、经济管理与监督、农林水牧、工业、住房和城乡建设　环境保护、邮政　通信、交通运输、财政　税务、金融　保险、商贸、旅游、教育、科学技术、文化　传媒、卫生　计划生育、社会生活、区县概览、附录、索引等29个类目。附录主要是政府规范性文件选登和与朔州经济社会发展紧密相关的统计表。

四、《朔州年鉴（2016）》全书共设立29个类目，119个分目，24个次分目，951个条目，65张图片，收录统计图表36张，总字数99万字。

五、《朔州年鉴（2016）》设有比较完善的检索系统。书前有详细的目录，书后有索引。索引以主题词为主，主题词按首字汉语拼音音序排列。

六、《朔州年鉴（2016）》涉及数据由于行业和地区统计口径等方面的原因，个别条目互有不一致之处，当以朔州市统计局发布的统计数字为准。统计资料数据除“农林水利”“区县概览”类目外，所涉计量均使用法定计量单位。

七、《朔州年鉴（2016）》稿件由朔州市各级党、政、军机关和企事业单位供稿。统计资料由朔州市统计局提供。

《朔州年鉴》创办以来，得到社会各界的大力支持，我们对关心、支持朔州年鉴事业发展的各级各部门领导和各位撰稿人表示衷心的感谢！

《朔州年鉴》编辑部

2017年4月1日

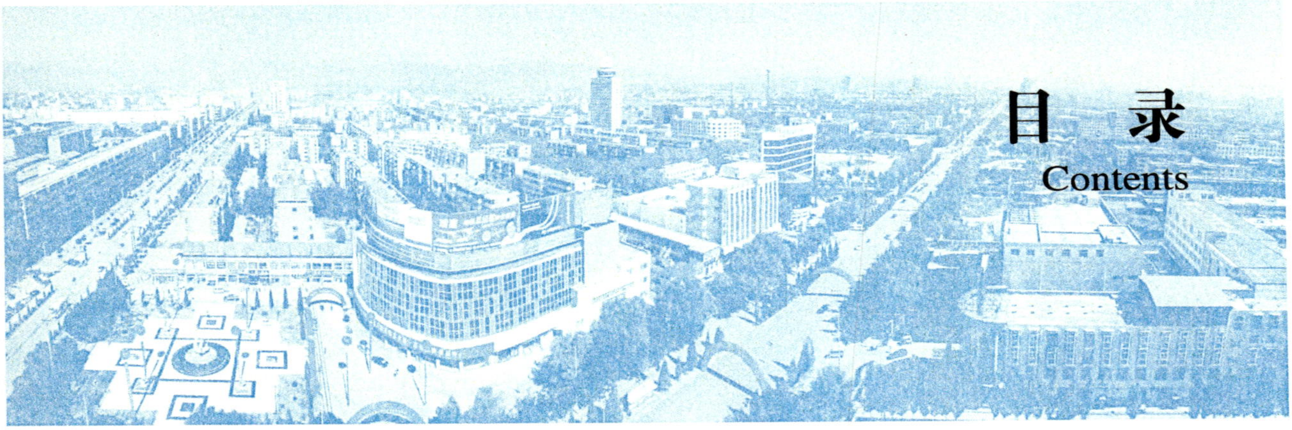

# 目　录
Contents

## 特　载



## 大事记



## 概　况

## 民主党派和工商联

### 民革朔州市委员会



### 民建朔州市委员会



### 民进朔州市委员会



### 九三学社朔州市委员会



### 朔州市工商业联合会



## 社会团体

### 朔州市总工会



### 共青团朔州市委员会



### 朔州市妇女联合会

## 工业

## 财政　税务

### 财　政



### 税　务

·国家税务·



·地方税务·



## 金融　保险

### 金　融

·金融办·



·中国人民银行朔州市中心支行·



·银监局朔州分局·



·中国工商银行朔州支行·



·中国农业银行朔州分行·



·中国银行朔州分行·



·中国建设银行朔州分行·

### 右玉县



## 附　录

### 文件选登

统计资料

# CONTENTS

# 中共朔州市委常委会工作报告
## ——在中共朔州市五届八次全体会议上

中共朔州市委书记　王安庞

（2016年1月14日）

市委五届七次全会以来，面对前所未有的困难和严峻复杂的挑战，市委常委会在省委的坚强领导下，坚持“把方向、管大局、作决策、保落实”，深入贯彻党的十八大和十八届三中、四中、五中全会精神，坚决落实习近平总书记系列重要讲话精神，按照省委“五句话”总要求和加快“六大发展”、实施“三个突破”、推进“六权治本”等重大决策部署，进一步突出推进经济结构优化和发展质量提升“两大任务”工作主题，认真落实全面从严治党责任，团结带领全市干部群众在困难中砥砺奋进，在挑战中攻坚突破，全市上下呈现出经济发展难中有为、社会大局和谐稳定、各项工作推进有序的良好态势。

### 一、突出政治引领，坚持用习近平总书记系列重要讲话精神武装头脑、指导实践

党的十八大以来，习近平总书记发表了一系列重要讲话，以巨大的理论勇气和政治智慧，提出了许多富有创见的新思想、新观点、新论断、新要求，深刻回答了新的历史条件下党和国家发展的重大理论和现实问题，丰富和发展了党的科学理论，进一步深化了我们党对中国特色社会主义规律和马克思主义执政党建设规律的认识，为我们在新的历史起点上实现新的奋斗目标提供了基本遵循，对于全面建成小康社会，实现中华民族伟大复兴的中国梦，具有十分重大的意义。市委常委会始终坚持把学习贯彻习近平总书记系列重要讲话精神作为重要政治任务，采取市委常委会议、中心组学习会等多种方式开展学习，强化理论武装，自觉做到在思想上政治上行动上与党中央和省委保持高度一致。一年来，市委常委会议专题学习7次，市委中心组集中学习19次，不断推动习近平总书记系列重要讲话精神入脑入心、落地生根。市委常委带头坚持并推动“双学”，深入学习以习近平同志为总书记的中央领导集体崇尚实干、勇于担当、廉洁自律的工作作风，深入学习新的省委班子夙兴夜寐、深入调研、以上率下、严于律己的工作作风，扎实开展领导干部“包县区、抓落实”“专题调研、领题调研”等活动，将学习成果落实到具体实践中。带头开展“三严三实”专题教育，认真组织研讨，认真查找问题，自觉把

“三严三实”要求体现到坚定正确的政治方向上，体现到落实党中央重大决策部署上，体现到严格要求自己上。不断强化党章意识，坚决贯彻民主集中制，坚持重大问题集体讨论、集体研究、集体决策，共召开38次常委会议，研究部署重点工作，形成总揽全局、运转协调、执行有力的决策机制。认真执行《关于严格党的政治纪律、严肃党内政治生活的意见》，严肃党内政治生活，加强班子成员的相互配合、相互支持，不断提升班子整体的凝聚力和战斗力，努力形成团结进取、干事创业的强大合力。

市委常委会坚持以习近平总书记系列重要讲话精神为指导，把抓好党建作为最大的政绩，强化政治责任，落实主业主责，坚决贯彻全面从严治党要求，认真制定并执行市委《关于落实全面从严治党要求加强党的建设的意见》，全面加强党的思想、组织、作风、反腐倡廉和制度建设。

一是着力推进基层党组织建设。健全完善党建工作专题分析研究机制、综合保障机制、督查考评机制等制度，进一步明确各县（区）委、党（工）委基层党建工作考核指标任务，积极推行市、县、乡三级基层党建工作例会制度。认真贯彻落实全省农村基层党建工作会议精神，及时研究制定加强全市农村基层党建工作的“23项措施”，全面加强农村基层党组织建设。省委常委、组织部长盛茂林对我市的做法给予充分肯定，专门作出批示指出，“朔州市委结合实际，认真贯彻全省农村基层党建工作会议及时、认真、有力度。”

二是不断加强干部队伍建设。推进干部教育，改进思想政治工作，强化理论武装，提高教育引导工作的实效性。围绕学习贯彻党的十八届五中全会精神，组织了丰富多样的专题宣讲，开展了“五进”宣讲65场和名家讲座5场，举办了4期县处级领导干部专题培训班，培训县处级干部930人。加强干部管理，认真实施“三个一批”，制订工作方案，成立工作机构，设立7个专项小组，把六县（区）、开发区和10家市直单位确定为首批重点，对400多名领导干部进行了“六查”，其中重点抽查了306名县处级干部，处理不廉洁、乱作为市管干部39人。各县区对1480名县管干部开展了“六查”，共处理惩治不廉洁、乱作为干部27人，调整退出不作为、不胜任干部42人。匡正选人用人风气，严格执行好干部二十字标准，按照《干部任用条例》规定的标准、资格、条件、程序、方法、纪律选拔任用干部，从严把好选人用人关。全年共研究干部人事任免12批次，涉及调整干部共121名（不含免职干部数）。其中，提拔31名，重用4名，平调40名，机构改革重新任职43名，军转安置3名。同时，强化干部日常监督管理，认真开展对科级干部选拔任用程序的监督，抓好超职数配备干部整改工作，消化超职数配备干部60人。

三是进一步强化纪律作风建设。认真组织学习贯彻《中国共产党廉洁自律准则》和《中国共产党纪律处分条例》，严守党的政治纪律和政治规矩，坚决把纪律和规矩挺在前面。深入开展学习讨论落实活动，积极推动31项专项整治，对173家部门单位、289处餐饮购物等场所进行明察暗访，查处有关问题20件35人。对2014年整治“粗松俗”期间受处分党员干部所在的27家单位进行“回头看”，共反思剖析问题50个，落实整改措施73条。在全省率先开展了以集中整治不担当、不作为、乱作为和“四风”突出问题为主题的纪律作风教育整顿活动，共查处“不作为、乱作为”问题345件402人，同比分别增长148%和161%，查处“四风”问题225件，处理处分145人。盯紧重要时间节点，加强对违反中央八项规定精神和“四风”方面突出问题的监督检查，共查处违反中央八项规定精神问题50件、50人，通报典型问题4起。设立“35581礼金专户”，去年全市专户余额170多万元。深入开展“一月一警示”教育、干部任前廉政谈话和廉政知识测试、典型案例警示教育专题宣讲等廉政教育活动，对违纪党员干部进行“关爱”教育，广大党员干部的纪律意识显著增强。

四是深入开展反腐败斗争。坚决落实“两个

责任”,制定出台并严格执行市委落实“两个责任”的实施意见,进一步明确“四个必须”的工作要求,层层压实责任,加大问责力度,对落实“两个责任”不力的54人进行了严肃问责。坚持问题导向,抓好农村集体“三资”管理专项清理整治和以群众举报乡村干部腐败为切入点集中解决群众信访诉求问题两个专项整治工作,切实解决群众身边的腐败问题,全市共查处侵害群众利益案件673件,给予党政纪处分638人。深入开展乡村虚报冒领、套取骗取涉农资金自查自纠工作,全市71个乡镇678个村的1071人主动退缴340余万元,目前已运用监督执纪“四种形态”对1068人作出分类处理,其中,给予603人批评教育处理,347人诫勉谈话处理,94人党内警告处分,21人党内严重警告处分,1人撤销党内职务处分,2人留党察看处分。省委书记王儒林同志对我市的做法给予充分肯定,专门作出批示指出,“朔州市的做法好,请省纪委注意总结,在全省推动。”同时,深入推进纪委“三转”工作,不断强化办案力量,围绕减少存量加大起底线索的处置力度,围绕遏制增量加大违纪问题线索处置力度,全市各级纪检监察机关共接受信访举报1829件(次),处置问题线索1992件,立案1410件,结案1410件,给予党政纪处分1396人,同比分别增长33.3%、147.1%、96.4%、99.2%和89.9%,进一步保持了反腐败的高压态势。

**二、突出重点关键,坚持在谋大势、抓大事、管全局中实现攻坚突破**

市委常委会认真落实中央和省委、省政府重大决策部署,坚持与朔州实际紧密结合,紧紧抓住主要矛盾和矛盾的主要方面,运用辩证思维、战略思维和底线思维,突出抓了带有全局性、基础性、长远性的几件大事。

一是扎实开展“三严三实”专题教育。坚持把开展“三严三实”专题教育作为作风建设的重要抓手,着力解决党员领导干部在理想信念、对党忠诚、权力行使、担当尽责等方面存在的突出问题,为推动经济社会发展提供有力的作风保证。按照中央和省委要求,从去年5月份开始,在全市144个党委(党组)领导班子904名党员领导干部中部署开展了“三严三实”专题教育。市委常委带头讲党课,带头围绕习近平总书记“三严三实”重要论述、党章党规等规定内容开展了5个专题的集中学习研讨,引领带动全市党员干部形成学习研讨浓厚氛围。编印了《党员干部理论知识百问百答》及严以修身、严以律己、严以用权和弘扬右玉精神系列读本,把专题教育融入日常教育中。创新专题教育载体,深化“右玉精神在朔州”活动。召开了专题民主生活会,对照“三严三实”,认真查找不严不实问题,开展积极健康的批评与自我批评,全市各级各部门共查找解决各类不严不实突出问题1620个,问题清单和整改措施正在制定中,不断在全市各级党组织中营造了严修身勤律己、守纪律讲规矩、明权责重实干的良好氛围。

二是圆满完成市人大、市政府、市政协换届工作。坚持把换届作为凝聚智慧、组织力量、完善思路、明确目标、提振信心的过程,及时组织制定了《工作方案》,成立了专门领导机构。经过紧张筹备,朔州市第六届人民代表大会第一次会议和政协第六届朔州市委员会第一次会议胜利召开,选举产生了新一届市人大、市政府、市政协领导班子成员共20名,以及新一届人大常委会委员29名、新一届政协常委55名。省、市委提名的各项候选人全部顺利当选,换届选举工作取得圆满成功,受到了省委的高度评价和充分肯定。通过换届,换出了好班子,换出了好队伍,换出了好作风,为推动朔州全面建成小康社会提供了坚强有力的组织保障。

三是全力推进“三大突破”。坚持把“三大突破”作为破解发展难题、补足发展短板的突破口,按照全省金融振兴、科技创新和民营经济推进大会精神,全面部署了我市“三大突破”各项工作。金融振兴方面,制定了《关于促进朔州金融振兴的意见》和《促进朔州金融振兴2015年行动计划》,在全省首家推行工业企业集合贷款，加强担保体系建设，开展“助保贷”融资业务和中小企业贷款保证保险业务，成立创业就业小额贷款担保中心，设立注册1亿元的民营融资担保公司，农村信用社改制农村商业银行工作进展顺利。大同煤矿集团朔州煤电宏力再生工业股份有限公司成为我市第一家在“新三板”上市的企业，资本市场建设取得零的突破。同时，积极推进社会体制改革，加快社会信用体系建设，建立完善了市、县、乡三级信用信息平台和市级信用信息网络。去年全市社会融资总额完成119.49亿元，同比增长11.1%；银行业机构本外币各项存款余额1191.7亿元，较年初增加70.36亿元，增长6.3%；各项贷款余额558.6亿元，较年初增加45.7亿元，增长8.9%；存贷比达到46.87%，比年初提高1.13个百分点。科技创新方面，制定了朔州市《关于全面推进科技创新的若干意见》《国家创新驱动发展战略朔州行动计划（2014—2020年）》《朔州市低碳创新行动计划（2014—2020年）》，各项工作正在有序推进中。民营经济发展方面，经过深入细致的情况摸底和梳理总结，形成了《朔州市民营经济发展基本情况调查》的调研报告，制定印发了《关于加快民营经济发展的实施意见》，认真落实企业减负有关政策，为民营经济发展创造了宽松环境。

四是全面实施“六权治本”。坚持把“六权治本”作为加强制度建设、规范权力运行、优化发展环境的重要内容，成立市“六权治本”工作领导小组，研究制定《关于推进“六权治本”规范权力运行的实施方案》，明确推进“六权治本”工作的时间表和路线图，并坚持把“六权治本”工作逐步向乡村延伸。在依法确定权力方面，制定并如期公布了市政府工作部门权力清单和责任清单。在科学配置权力方面，制定出台了《关于党政主要领导“五个不直接分管”和“末位表态”暂行办法》；在制度约束权力方面，各级各部门制定出台了“三重一大”依法决策制度，制定了《落实“六权治本”要求规范选人用人的实施方案》；在阳光行使权力方面，制定出台了《朔州市公共资源交易管理实施方案》和《市级政务服务平台管理运行实施方案》。去年政务服务平台共受理业务167738件，办结167680件，办结率为99.97%；行政审批项目受理8561件，办结8503件，办结率为99.32%；公共资源交易平台共有交易288项，交易额总计24.62亿元。在合力监督权力方面，制定出台了《朔州市党风廉政建设责任制检查考核办法》《关于加强和改进人大监督工作、推进六权治本的实施意见》《加强和改进人民政协民主监督的意见》《推进六权治本强化审计监督的意见》。在严惩滥用权力方面，制定出台了《关于对反映领导干部问题线索进行谈话函询的暂行办法》《廉政约谈制度》等。“把权力关进制度的笼子里”、按制度管权用权治权的工作体系日臻完善。

五是统筹做好改革创新各项工作。坚持变中求新、变中求进、变中突破，向改革要动力，进一步解放生产力，释放新活力，全面深化改革不断向纵深推进，对外开放取得新成效。强化顶层设计。市、县两级全部成立全面深化改革领导小组，市委先后召开8次全面深化改革领导小组会议，制定出台了市委《2015年改革工作要点》和各专项小组《2015年工作计划安排》，确定了78项改革任务，改革的深入性、针对性和实效性进一步增强。实施重点突破。扎实推进煤炭管理体制改革，出台了《关于深化煤炭管理体制改革的意见》，取消了7项行政权力，下放了6项行政权力和3项管理事项改为县区属地管理，煤矿企业依法申领的证照由“六证”减为“三证”。推进综合性政务服务平台和公共资源交易平台建设，制定了《关于进一步加强朔州市政务服务平台建设的方案》和《关于进一步加强和规范公共资源交易管理工作的意见》，综合性政务服务平台和公共资源交易平台逐步规范运行。实施公车改革，制定了《朔州市公务用车制度改革实施方案》《关于市直单位封存停驶拟取消公务用车发放公务交通补贴的通知》，各项工作正在推进中。创新农村土地管理制度，继续开展农村土地确权颁证工作，全面推开农村集体产权制度改革。深化户籍制度改革，出台了《关于进一步推进户籍制度改革的实施意见》，取消了农业户口与非农业户口性质区分。完善了朔州公安便民服务在线标准化体系建设。加快社会保障制度改革，积极推进机关事业单位养老保险制度改革，设立以财政投入为主的社会救助基金，推进适度普惠型儿童福利制度建设试点和五保对象集中供养工作。创新就业促进机制，出台《关于推进朔州市创业就业小额担保贷款工作的意见》，完成了就业服务信息网络建设。深化医药卫生体制改革，实现了县级公立医院综合改革全覆盖。扩大对外开放。市委常委、副市长带头督促并参加县区外出招商引资工作，主动融入京津冀、环渤海经济圈，参加省政府在广州、武汉、上海、太原举办的招商引资活动，牵头组织在北京举办的山西雁门关生态畜牧经济区特色农产品展销和技术交流会，在杭州举办朔州与江浙沪产业对接恳谈会，参加中蒙博览会，在广州举办朔州·广东产业对接恳谈会等。特别是加强与中煤集团、华能集团、中电国际、华润集团、北京神雾集团、同煤集团、阳煤集团等大企业大集团的交流与合作，共同谋划在朔投资的新项目。去年，全市共签约招商引资项目119个，总投资1693亿元，完成项目签约年度目标任务1339亿元的126.4%。同时，进一步深化“朔州企业家投资在朔州”活动，引导、鼓励和动员朔州企业扩大在朔投资。

六是认真抓好“十三五”规划编制工作。坚持把“十三五”规划作为指导未来五年朔州发展的行动纲领，把编制规划作为明确发展方向、提升发展境界、加快发展步伐的重大契机，成立领导机构，组织专门力量，经过科学论证，广泛征求意见，形成了“十三五”规划《建议》。《建议》贯彻了党的十八届五中全会提出的“五个发展”理念要求，反映了我市落实“四个全面”战略布局和“五位一体”总体布局的思路举措，紧扣了“十三五”时期全面建成小康社会新的目标要求，体现了省委提出的“五句话”总要求和“六大发展”战略部署，突出了市委推进“两大任务”的工作主题，顺应了经济发展新常态下我市与全国全省同步全面建成小康社会的内在要求，为科学制定我市“十三五”规划《纲要》提供了科学指导和基本遵循。

## 三、突出统筹协调，坚持以系统思维全面推进“五位一体”建设

市委常委会积极发挥统揽全局、协调各方的核心作用，组织、凝聚、协调各方力量，统筹推进经济建设、政治建设、文化建设、社会建设和生态文明建设，朔州各项事业全面发展、全面进步。

**（一）强化转型升级，主动适应经济发展新常态。**始终坚持以经济建设为中心，主动适应新常态，认真做好煤与非煤“两篇大文章”，着力破解“资源型经济困局”，积极推进稳增长、调结构、促改革、惠民生、防风险各项工作，产业转型升级迈出坚实步伐。

一是煤电一体发展取得重大突破。积极推进煤炭“六型转变”，坚决落实省委、省政府一系列煤炭企业帮扶政策，建立煤矿产能登记及公告制度，新投产矿井5座，安全质量标准化矿井达到45座，生产原煤1.8亿吨，原煤生产百万吨死亡率实现“双零”控制目标。加快建设千万千瓦级电力基地，已并网发电装机953.35万千瓦，在建的电力装机655.55万千瓦，朔州建市26年来共发展电力装机1608.9万千瓦，而近三年新开工建设的和并网发电的装机规模就达到975.9万千瓦（即:2012年前共发展电力装机规模633万千瓦），电力发展势头迅猛。同时，加快电力外送通道建设，蒙西至天津南1000千伏特高压交流输变电工程正在加紧施工，晋北到江苏800千伏特高压直流输电工程也已全面开工建设，这是对我市发展综合能源基地具有重大意义的工程。一个真正意义上的“亿吨级煤炭、千万千瓦级电力”的全国综合能源基地已经基本形成。

二是循环经济和新兴产业竞相发展。紧紧抓住朔州被列入国家工信部全国工业固废综合利用示范基地、全国工业绿色转型试点城市和

国家发改委全国资源综合利用“双百工程”示范基地的机遇，大力发展循环经济，重点推进40万吨喷涂石膏生产项目、润臻公司碳金系列家具项目、北坪循环经济园区劣质煤利用项目等，不断巩固拓展煤矸石发电、煤矸石建材、粉煤灰综合利用、脱硫石膏综合利用四大产业集群，全市建成145家工业固废综合利用企业，年可消化工业固体废物3035万吨。注重技术研发和创新，先后与国内20多所科研院所建立了合作关系，建起了9个省级企业技术中心、1个省级行业技术中心、两个“博士后工作站”。亚洲粉煤灰及脱硫石膏处理与利用技术国际交流大会连续三年在我市召开。我市已成为全国固废综合利用技术引领中心，被国家认证认可监督管理委员会批准为国家大宗工业固废及资源化产品质量监督检验中心。同时，加大新兴产业培育力度，全年共铺开材料、装备制造、食品、轻工、医药、信息技术等六个新兴产业项目126项，完成投资106亿元，完成年度任务的95%。率先在全省开展了电动汽车产业帮扶工作，为电动汽车产业蓬勃发展奠定了基础。

三是重大基础设施建设步伐加快。坚持规划先行，《朔州市城市总体规划(2015—2030)》通过省政府批准实施。着力打造以“一山两河一湖”为重点的城市生态体系，重点推进七里河生态环境综合治理项目，已完成沿河城中村拆迁和河道内建筑清理等工作，全面铺开排洪、筑坝引水、生态绿化工程和道路、桥梁前期工程等。飞机场和高铁项目扎实推进，朔州民用机场项目正在修编《山西省新建朔州民用机场选址报告》，大西高铁客运专线朔州段项目正在开展前期准备工作。朔州大医院成立了项目筹备处，完成了设计招投标，启动了机构、编制的审批工作，即将开工建设。朔州市科技馆正在进行装修装饰工程。环城高速已完成工可编制，正在进行立项报批工作。右平高速主体工程的施工及监理已签订合同，施工单位已经进场，部分控制性工程已开工建设。同时，去年实施了省市重点工程427项，预计全年可完成投资720亿元，投资完成率达到105%。按照“六位一体统筹推进”工作机制，着力抓好项目储备工作，入库项目全部为总投资10亿元以上(包括10亿元)重大项目，全年储备项目投资额达到1.06万亿元，完成省定考核任务8148亿元的130%。

四是抓住机遇推动农业农村工作。紧紧抓住被农业部确定为全国唯一的草牧业发展试验试点市的重大机遇，大力实施两个“双百工程”，加快走出一条“以农载牧、以牧富民”的现代化畜牧业发展道路，全力打造山西省雁门关生态畜牧经济区的领头雁和核心区。大力推进粮食高产创建工程、畜牧产业翻番工程、设施农业建设工程等七大产业振兴翻番工程和“一村一品、一县一业”建设，在遭受近年来罕见的夏秋连旱的情况下，全年粮食产量达到22亿斤。全市40%的养殖园区完成现代化升级改造，经营管理水平不断提高，全市奶牛存栏18.7万头；羊饲养量590万只，出栏367万只；生猪饲养量83.5万头，出栏49.4万头；鸡饲养量423万只，出栏168.9万只；肉、蛋、奶总产量分别达到10.3万吨、2.9万吨、53万吨，均比去年同期有不同程度的增长。同时，把2015年作为“农村人居环境整治年”，按照“垃圾出村，杂物进院，畜禽圈养，人畜分离”的要求，坚持领导带头、城市示范，集中整治、逐步改善，累计完成投资2888万元，农村生产生活条件得到明显改善。

**(二)强化法治思维，大力发展社会主义民主政治。**坚持党的领导、人民当家做主和依法治市有机统一，全面推进法治朔州建设，大力发展社会主义民主政治，不断扩大社会主义协商民主，进一步巩固发展了民主团结、生动活泼、安定和谐的政治局面。

一是深入推进法治朔州建设。认真贯彻党的十八届四中全会精神，制定并印发了《中共朔州市委关于贯彻落实党的十八届四中全会精神全面加快法治朔州建设的实施意见》，并列出任务清单、责任清单，明确牵头单位、参与单位、完成时限和工作标准，形成项目化推进机制。重点推进基层依法治理，全面推开“一村(社区)一法律顾问"工作，经验做法在全省得到推广；积极稳妥推进司法改革，围绕促进公正司法，大力开展了10个突出问题专项整治，得到省委督查组的好评，省委王儒林书记、省纪委黄晓薇书记、省委政法委王建明书记分别作了重要批示，给予了充分肯定。全市政法机关围绕重点项目创新完善了"一对一"服务、提前介入服务、绿色通道服务、跟踪服务、上门服务、对口服务、预约服务和公开承诺服务等八种服务方式，得到省委政法委通报表扬；省检察院在我市召开了检察机关全面推行检察官介入命案侦查工作现场会，推广了我市民事行政检察办案责任制的经验，市检察院被评为"全国文明单位"；着力推进依法行政，加快法治政府建设；深入开展法治宣传教育和法律"六进"活动，推动落实国家机关"谁执法谁普法"的普法责任制，市中级人民法院被全国法院网、人民法院报社授予"全国法院网络新闻宣传工作先进单位"称号，在全社会逐步形成了学法、懂法、守法、用法的良好氛围。

二是加强对人大和政协工作的领导。坚持和完善人民代表大会制度，支持市人大及其常委会围绕全市中心工作依法履行职能，充分发挥地方国家权力机关的作用。加强监督工作，听取和审议专项工作报告，开展执法检查。完善代表监督机制，支持和保障人大代表依法行使职权，高质量办理代表议案和建议127件。坚持和完善中国共产党领导的多党合作和政治协商制度，自觉贯彻执行政党协商制度，高质量办理政协委员提案及意见建议146件，支持市政协履行政治协商、民主监督、参政议政职能，发挥在推进协商民主上的重要作用。

三是注重抓好统战、群团和基层民主自治工作。认真贯彻落实中央、省委统战工作会议精神，成立市委统一战线工作领导小组，进一步巩固和发展最广泛的爱国统一战线，加强同各民主党派和无党派人士团结合作，帮助支持各民主党派和无党派人士开展调查研究、参政议政、建言献策，进一步加强和改进新形势下工商联工作。山阴县被省委统战部、省人力资源和社会保障部评为"全省统战工作先进集体"。贯彻落实中央、省委党的群团工作会议精神，召开市委党的群团工作会议，出台了《朔州市关于加强和改进群团工作的实施方案》，进一步理清了群团工作的发展思路，着力解决群团工作存在的"机关化、行政化、贵族化、娱乐化"问题，充分发挥了总工会、共青团、妇联等人民团体的桥梁和纽带作用，形成了做好群团工作的整体合力。党校、民族、宗教、外事、对台等工作取得新进步。同时，坚持基层民主自治，深入推进党务公开、政务公开、厂务公开、村务公开和公共企事业单位办事公开。

四是认真做好党管武装工作。始终坚持党管武装，召开市委议军会议，贯彻省国防教育"双百工程"要求，加快国防动员和国防后备力量建设，战备训练水平进一步提升，驻朔部队建设不断推进。军分区基层基础设施明显改善，正规化建设水平显著提升。完成了广州、成都、南京等五个军区主力师旅两万余人、3000余台车辆的演习过境保障任务。军民融合式发展成效突出，国家级双拥模范城创建、平安治理等工作取得新成绩，有力推动军民融合深度发展向全要素、多领域、高效益迈进。

**（三）强化正确导向，不断加强宣传思想文化工作。**坚持把宣传思想文化工作摆在突出位置，坚持围绕中心、服务群众，坚持立足实际、因地制宜，坚持整合资源、共建共享，坚持改革创新、务求实效，不断凝聚全市干部群众干事创业的正能量和精气神。突出思想引领。加强思想政治教育，强化意识形态工作，牢固树立政治意识、大局意识、阵地意识，严格落实《关于加强意识形态工作的若干意见》，坚决反对和抵制错误思潮，牢牢掌握意识形态工作的主动权。创新社科研究工作，相继推出具有地方特色的"三个文化"系列读本、"推进'两大任务'战略研究""朔州英雄精神探究"等重要成果。突出舆论推动。紧紧围绕"唱响'两大任务'，讲好朔州故事"的主题，精心组织了"三严三实"专题教育宣传、纪念抗日战争及世界反法西斯战争胜利70周年系列宣传，组织了国内主流媒体记者走基层采风活动。协助央视中文国际频道《远方的家》栏目组拍摄了“长城内外”朔州专题纪录片，会同山西广播电视台精心制作了宣传纪录片《飞越山西·魅力朔州》。加强社会舆情特别是网络舆情的分析研判，健全互联网管理制度。突出精神激励。大力宣传社会主义核心价值观，进一步深化“右玉精神在朔州”活动，深入开展“三大创建”活动、“做一个有道德的人”主题活动和“全市道德模范”评选活动，积极推进诚信社会建设。不断加强和改进未成年人思想道德建设，被中央精神文明建设指导委员会评为“全国未成年人思想道德建设工作先进城市”。突出文化支撑。加快创建国家公共文化服务体系示范区，出台了《文化体制改革专项小组 2015 年工作计划》，创建档案资料基本实现标准化。市、县两级博物馆、文化馆、图书馆，乡镇综合文化站、村级文化活动场所和农家书屋全部实现免费开放，乡镇综合文化站综合服务效能课题研究基本完成，基层文化队伍建设不断加强。公共文化惠民演出提质增量明显，平鲁踢鼓秧歌喜获“北京第32届春节龙潭庙会全国优秀民间花会展演金奖”。文化旅游产业快速发展，去年全市旅游总收入达到 133.56 亿元，同比增长 22.21%，文化旅游业已逐步成为我市经济新的增长点。

**（四）强化生态支撑，奋力加快美丽朔州建设步伐。** 牢固树立尊重自然、顺应自然、保护自然的生态文明理念，始终坚持把生态文明建设作为推进“两大任务”的战略支点，不断加快美丽朔州建设步伐。在植绿兴水上，全年完成营造林 22 万亩，超省考核任务近 30 个百分点。全市营造林面积累计达到 550.26 万亩，占国土面积的 34.5%。在全省春季植树造林集体督查中，我市被评为综合评价良好市。全年完成水利投资 10.2 亿元，解决了 21 个自然村 1.45 万农村人口、2 所学校 0.3 万学校师生的饮水安全问题。在生态治理修复上，重点推进水土保持治理五大工程建设，治理水土流失 27 万亩，生态修复 14 万亩。扎实推进采煤沉陷区治理工作，去年计划治理 3 个县（区）10 个乡镇 20 个村，已开工 16 个村，开工率达到 80%，完成投资 5.336 亿元，完成率达到 74.7%。在节能降耗减排上，进一步加大环境保护力度，坚决淘汰落后产能，控制能耗总量，减少污染物排放，实施燃煤发电机组超低排放提速工程，将原计划改造时限由 2020 年提前至 2017 年底，去年完成了 120 万千瓦机组的改造。去年前三季度，全市万元 GDP 能耗同比下降 5.37%，较省定目标任务多下降 2.17 个百分点。全市化学需氧量、二氧化硫、氨氮、氮氧化物、烟尘、工业粉尘排放量减排幅度均达序时进度。

**（五）强化民本理念，全面加强以保障改善民生为重点的社会建设。** 坚持把人民放在心中最高位置，把保障和改善民生作为一切工作的出发点和落脚点，全面推进各项民生改善和社会事业建设，有力维护了和谐有序、安定平稳的社会局面。

一是加快发展科教卫生事业。在全省首家完成义务教育标准化建设任务。全面实施学生营养餐工程，严格按补助标准执行，农村寄宿制学生享受营养餐覆盖率达到 100%。中北大学朔州校区运营良好，在校学生已达 3200 人。深入推进科技创新创业园区建设、高新技术企业培育、知识产权保护等工作。不断加快医药卫生体制改革，六县区公立医院全部取消了药品加成，落实了补偿政策。全面实施城乡居民大病保险制度，城镇职工大病保险和新农合大病保险招标工作全部完成。新农合保障水平进一步提高，全市新农合平均参合率达到 99.68%。

二是不断完善社会保障体系。紧紧抓住被人社部列为全国首批全民参保登记试点市的机遇，建立“四包”责任机制，确立“三不漏”原则，按照“五位一体”要求，积极推进全民参保登记工作，主要做法受到人社部和省人社厅的充分肯定。紧紧抓住被列为社保卡综合应用试点示范市、社保卡持卡人基础数据库建设试点市的机遇，推动社保卡拓展应用，全年累计制作发放社保卡 123.5 万张，占到全市各类参保人数的

98.6%,基本实现参保对象人人持卡。全市基本养老保险和基本医疗保险参保人数分别达到110万人和44万人,均超过省定目标。去年全市城镇保障性住房新开工13613套(包括公租房购买及棚户区货币化安置11924套),基本建成19240套,完成投资35.48亿元;改造农村危房8330户,完成投资2.34亿元。投资2亿元的朔州市科技创新园及大学生创业基地全面启动,目前已建成创业园区、孵化基地和实训基地17个,有5家“互联网+”新型业态上线运行,吸纳各类创业人员5000多人,带动就业1.6万人,全年城镇新增各类就业2.3万人,怀仁县被授予“全省创业型城市”创建活动优秀县。大力开展拖欠农民工工资专项整治行动,全年共为3160人讨回欠薪4718万元。

三是扎实推进“双稳定”农民增收工程。大力实施稳定的就业岗位和稳定的收入来源“双稳定”农民增收工程,重点推进生态畜牧、农产品加工、陶瓷生产、中小微企业四大惠民富民产业发展,保障农民就业,促进和带动农民增收。生态畜牧方面,全市人均畜牧业纯收入达到1500多元,其中奶牛养殖户达到近4万户,从事奶业的各类人员达12万余人,每年可直接创收4亿元。农产品加工方面,全市222家农产品加工企业完成销售收入157.85亿元,同比增长9.96%,为农民提供就业岗位4万多个,辐射带动农户17万户,为全市农民人均提供可支配收入1200多元。陶瓷生产方面,全市现有陶瓷企业68家,拥有128条生产线,具备年生产17.55亿件日用瓷的生产能力,吸纳劳动力近4万人。中小微企业发展方面,全市中小企业总量达到7049个,同比增长4.8%;从业人员达到22.9万人,同比增长5.4%;累计完成增加值391.7亿元,较上年增长2.2%。在产业发展的带动和促进下,去年全市农村常住居民人均可支配收入预计增长8%,城镇常住居民人均可支配收入预计增长7%,农村居民收入增幅高于城镇居民1个百分点,农民收入渠道不断拓宽,持续增收得以有效保障。

四是大力实施扶贫开发工程。认真贯彻落实中央扶贫开发工作会议精神,按照“精准扶贫、精准脱贫”和“五个一批”工作要求,紧扣“减少贫困人口、增加农民收入”工作主题,采取领导包村、定点扶贫、企业帮扶、财政支持、专项扶贫等措施,坚决落实扶贫攻坚任务。大力开展企业参与产业扶贫开发工程,30家帮扶企业完成投资22.12亿元,完成率达到92.17%。持续开展领导干部包村增收、机关定点扶贫活动,扎实推进贫困村整村脱贫项目和易地扶贫搬迁工程,大力实施教育扶贫、金融扶贫和劳动力就业培训,去年全市共有50个贫困村、23387人实现脱贫。

五是深入推进“五城联创”。在2013年获得国家园林城市命名的基础上,2015年我市荣获“山西省双拥模范城”称号,怀仁县、平鲁区连续七年荣膺“山西省双拥模范城(县)”称号。继续巩固园林化城市建设成果,成功取得全国文明城市创建资格,全面实施全国文明城市创建,制定印发了《朔州市创建全国文明城市任务分解》,努力营造创建全国文明城市的浓厚氛围。重点攻坚全国双拥模范城,创建工作得到全国双拥办调研督导组的充分肯定和高度评价。

六是全力以赴维护安全稳定。深入学习贯彻习近平总书记和李克强总理对天津港“8·12”重大火灾爆炸事故的重要指示和批示精神,进一步严格落实“党政同责、一岗双责、齐抓共管”的安全生产责任体系,全面开展安全生产大检查大排查活动,全市未发生重特大事故,安全生产形势持续好转,得到省政府督查组的充分肯定。坚持底线思维和问题导向,牢固树立总体国家安全观,狠抓了防止“颜色革命”形成气候、防止暴恐活动危害安全、防止利用互联网煽动滋事“三件事”,全年未发生任何案事件。坚持用法治思维和法治方式推进社会综合治理,继续推进“六六创安”和“六无”重点工程,把平安创建、法治创建、文明创建融为一体,实现了“三创联动”,深入开展“打黑除恶专项斗争推进年”活动,重点实施“城中村”治安乱点专项整治行动,市公安局朔城分局“治爆缉枪”工作受到公安部表彰。投资1.3亿元，实现了市区社会治安视频监控和交通视频监控全覆盖，全市公安监所监控联网建设经验在全国推广。在纪念中国人民抗日战争暨世界反法西斯战争胜利70周年大会、全国全省全市“两会”等敏感节点，实现了“五个坚决防止”。山阴县、怀仁县、右玉县被省综治委授予“省级平安县”称号。坚持每季度召开信访联席会议，严格实行领导包案接访下访，深入推动矛盾纠纷排查化解工作，扎实开展“信访积案大清底”和“信访积案百日攻坚”活动。坚决依法处置非正常上访，我市全年共打击进京赴省非访420人，占到进京非访总量的87%，有力维护了依法治访的工作秩序。在全国性重大活动期间，均实现了进京非访“零滞留”“零倒流”，较好地发挥了首都护城河作用。

总结市委常委会一年来的工作，我们深深体会到，必须坚持把贯彻中央、省委大政方针和决策部署与朔州实际相结合，切实践行新的发展理念，创造性开展工作，这是把握正确发展方向、增强发展实效性和科学性的首要前提；必须坚持把领导经济社会发展与履行全面从严治党政治责任相结合，切实肩负起职责使命，营造良好政治生态，这是确保经济社会发展顺利推进的有力保障；必须坚持把常委会集体领导和个人分工相结合，切实增强常委班子决策力、协同力、创新力，这是提升领导能力和领导水平的重大原则；必须坚持把发挥常委会的领导核心作用与支持和保证人大、政府、政协、“两院”依法履行职责相结合，切实汇聚全社会推动发展的强大合力，这是适应和引领经济发展新常态、圆满完成各项目标任务的可靠保证。

一年来取得的工作成绩，是省委正确领导的结果，是市四大班子和全市各级党组织、全体党员干部、广大人民群众同心同德、共同努力的结果。特别是市委全委会和各位市委委员围绕全市中心工作和改革发展稳定大局，对市委常委会给予真诚帮助和大力支持，做了大量卓有成效的工作。在此，我代表市委常委会向大家表示衷心感谢！

在充分肯定成绩的同时，我们也要清醒看到当前还面临着很多困难和挑战。主要表现在：落实管党治党责任体系还不健全，责任层层传导、有效衔接的运行机制还不完善，全面落实管党治党责任存在不严格、不到位的问题；反腐败斗争形势依然严峻复杂，党风廉政建设还需进一步加强，部分干部精神不振、为官不为、不敢担当等问题仍然存在；稳定经济增长困难重重，“一煤独大”的结构性矛盾非常突出，经济发展缺乏多元支撑，稳增长、调结构的任务十分艰巨；社会事业欠账较多，城乡差距比较明显，提升发展质量的任务非常繁重；智力支撑不足，自主创新能力不强，对外开放程度较低，民营经济薄弱，发展动力和发展活力有待进一步增强；生态环境依然脆弱，节能减排和环境保护任务较重，可持续发展任重道远；安全生产仍然存在诸多隐患，社会稳定工作还有很多薄弱环节，等等。对此，我们一定要高度重视，认真加以解决。

2016年，是“十三五”的开局之年，是省市县乡四级党委的换届之年，也是我们在新起点上实现新发展、谋求新突破、建树新作为的关键之年。做好今年的工作，事关全面建成小康社会，事关朔州长远发展，事关全市人民福祉。市委对2016年工作的总体要求是：坚持以习近平总书记系列重要讲话精神为指导，深入贯彻落实党的十八届五中全会、省委十届七次全会和中央、全省经济工作会议精神，牢固树立并自觉践行创新、协调、绿色、开放、共享“五大发展”理念，按照省委“五句话”总要求和“六大发展”总方略，进一步紧扣推进经济结构优化和发展质量提升“两大任务”工作主题，担当管党治党责任，坚持发展第一要务，引领经济发展新常态，坚持稳中求进总基调，更加注重效益质量、更加注重创新驱动、更加注重对外开放、更加注重生态绿色、更加注重公平正义、更加注重廉洁安全，团结带领全市干部群众以新的发展理念引领新的发展实践，统筹推进经济建设、政治建设、文化建设、社会建设、生态文明建设和党的建设，努力确保“十三五”各项工作开好局起好步。

# 朔州市人民代表大会常务委员会工作报告
## ——在朔州市第六届人民代表大会第一次会议上

朔州市人大常委会主任　王安庞

（2015年12月27日）

### 过去六年的主要工作

市五届人大一次会议以来的六年，是我市应对挑战、坚韧前行的六年，是我市稳步发展、成果丰硕的六年，也是市人大常委会肩负使命、积极作为的六年。六年来，在中共朔州市委的坚强领导下，市人大常委会坚持党的领导、人民当家作主和依法治国的有机统一，忠实履行宪法和法律赋予的职责，为促进全市经济社会发展和法治朔州建设做出了重要贡献。六年来，共召集市人民代表大会会议8次，召开常委会会议54次，听取和审议工作报告94个，作出决议决定44项，开展执法检查和视察调研363次，任免地方国家机关工作人员314人(次)。

### 一、坚持党的领导，始终保持正确的政治方向

坚持党的领导，是人民的选择，历史的必然，是人民代表大会制度的重要特色和优势所在，是做好人大工作的根本保证和基本遵循。六年来，常委会始终把坚持党的领导贯穿于行使职权的全过程，落实到履行职责的各方面。

坚决贯彻中央精神和党委的决策部署。常委会严明政治纪律，严守政治规矩，坚定不移贯彻党的路线方针政策，毫不动摇落实党委重大决策部署，坚决落实中央对山西工作的重要指示和省委市委的部署要求，深入开展“山西省预防职务犯罪工作条例”执法检查，听取审议市人民检察院“反贪污贿赂”和“预防职务犯罪”情况报告，并制定出台了“关于加强和改进人大监督工作，深入推进‘六权治本’的实施意见”。加强对人大代表和任命干部执行职务的监督管理，对严重违纪违法的代表和人大及其常委会选举任命的干部，启动法律程序，依法罢免1名省人大代表职务，依法确认罢免5名市人大代表的代表资格，依法撤销1名、免去两名市政府工作部门负责人的职务，在全市党风廉政建设和反腐败斗争中发挥了积极作用；谋划工作时凸显党委意图，履行职权中体现党委要求，通过审议决定程序，使党委的主张成为全市人民的自觉行动，运用刚性监督手段，使党委的决策得到真正有效的贯彻落实，从而在制度上、法律上、行动上保证党委决策的贯彻实施和干部任用意图的圆满实现；紧紧围绕推进“两大任务”、加快“六大发展”和美丽朔州、法治朔州建设等重大决策与工作部署，建睿智之言，献务实之策，谋创新之举，聚发展之力，始终在思想上与党委同心、目标上与党委同向、工作上与党委同步，发展上与党委同力。

积极推动人大制度在朔州的实践发展。人民代表大会制度是体现我国国家性质、保证人民当家作主的根本政治制度，也是党在国家政权建设中充分发扬民主、贯彻群众路线的最好实现形式。常委会认真落实省委人大工作会议精神和市委对人大工作的新要求，制定出台了“关于进一步做好新形势下人大工作的意见”，大胆探索，勇于创新，不断丰富和完善了人大工作的地方实践，逐步形成了适合地方国家权力机关特点的工作制度和运行机制，使人大工作更加充分地体现时代性、把握规律性、富于创造性；以庆祝全国人民代表大会成立60周年暨地方人大设立常委会35周年系列活动为契机，通过开展多种形式的纪念活动，深入学习、广泛宣传、全面贯彻习近平总书记重要讲

话精神,进一步奠定了政治基础、思想基础和理论基础,进一步增强了党的意识、民主意识和法治意识。

充分发挥人大党组和党员的重要作用。常委会党组认真贯彻《中国共产党党组工作条例(试行)》,健全请示报告制度,规范议事决策程序,工作中的重大问题、重要事项,及时向党委请示报告,听取党委意见,服从党委决定,维护党的权威。常委会作出重大决议决定,开展重要执法检查和重大视察活动,都及时向党委请示报告,经党委批准后实施;积极引导党员代表正确处理党员和代表的关系,牢固树立党的意识、大局意识和责任意识,为全面贯彻落实党委决策和完成人大常委会工作任务,发挥“桥梁纽带”“依法监督”“模范带头”作用;认真执行民主集中制,严格按照党内政治生活准则、党组议事规则、民主决策机制办事,党内生活步入新常态,民主政治呈现新气象。

## 二、坚持围绕中心,始终服务全市的改革发展

围绕中心,服务大局,是人大履行职权的第一要务和必须遵循的重要原则。六年来,常委会以改革创新为动力,以促进发展为己任,紧紧围绕全市的改革发展,依法履职,强化服务,担当尽责,积极作为。

力促经济平稳运行。常委会履行监督职能,发挥助推作用,紧紧围绕“十二五”规划实施和推进“两大任务”、加快“六大发展”等重大部署,开展集中视察,督促“规划”的深入实施和目标任务的如期完成。常委会7个工作委员会各司其职、协调配合,重点选择加快结构调整、提升发展质量和促进民营经济发展等重大课题,深入120多个部门、企业和项目现场进行专题调研,形成了50多份调研报告,为市委科学决策和市人大常委会决定事项提供了依据;广泛听取意见,精心选定议题,听取审议了“转型综改”“经济运行”“安全生产”“民营经济”等专题报告;健全审查机制,强化监督检查,每年定期听取审议“计划”“预算”执行和审计情况报告,批准本级财政决算,有针对性地加强对“计划”“预算”执行情况的跟踪监督,持续问效;强化服务意识,凝聚社会力量,依法维护民营企业合法权益,全力助推大众创业万众创新,为加快实施创新驱动发展战略,优化环境,营造氛围;强化“五大”理念,广泛集中民意,围绕科学制定“十三五”规划,开展专题调研,征求建议意见,为市六届人大二次会议审查批准“十三五”规划做好准备,提供参考。

力促“三农”健康向好。常委会高度关注“三农”工作,广泛聚焦农民问题,始终把农业增效、农民增收、农村发展作为审议的重点议题,始终把与民争利、违法占地、假劣农资作为监督的重大事项。组织开展了“农业法”“种子法”“农业机械化促进法”等12部涉农法律法规的执法检查和执法调研;听取审议了市政府关于“强农惠农”“产业扶贫”“畜牧业发展”和“贯彻中央1号文件精神”等19个专题报告,提出意见建议126条;监督政府加大对贫困地区的支持力度,建议对贫困地区予以政策倾斜和资金支持,重点加大对饮水安全、道路改建、抗震设防、电网改造等重点工程的投入力度。

力促统筹协调发展。常委会树立统筹发展理念,适时开展了“城乡规划法”“环境保护法”“文物保护法”“非物质文化遗产保护法”等法律法规的监督检查和视察调研;以助推园林城市建设为重点,进一步加强了对林业和生态建设的监督检查,在第十七次常委会议上,听取审议了市政府“关于全市林业工作和生态建设情况”的报告;以“保护大气环境,促进污染治理”为主题,多次听取审议“环境保护工作情况”的报告,依法作出决议决定,并连续6年组织开展了“朔州环保行”活动。

## 三、坚持依法治国,始终保障法律的健康实施

富民强市,核心在发展,和谐稳定,重点在

法治。六年来，常委会大力弘扬社会主义法治精神，认真贯彻依法治国基本方略，充分发挥在法治朔州建设中的重要作用，为全市经济社会健康发展营造良好的法制环境，用法治托起百姓的小康梦。

推进法律实施，加快法治进程。常委会加强对“宪法”和法律法规实施情况的监督，六年来，就“安全生产法”“土地管理法”“刑事诉讼法”“义务教育法”“大气污染防治法”和“未成年人保护法”等60多部法律法规的实施情况进行了执法检查和执法调研；听取审议贯彻实施“禁毒法”等法律法规情况报告，积极支持政府强化责任抓落实，协调共管促稳定；配合省人大常委会对“山西省邮政条例”“山西省抗震设防条例”等地方性法规的实施情况进行了执法调研，促进了条例的健康实施。

促进公正司法，彰显公平正义。常委会监督支持法院、检察院依法独立公正行使职权，力求让人民群众在每一个司法案件中都能够感受到公平正义，享有法制保障；研究制定了“监督司法工作办法”，探索实行了听取报告、执法检查、专题视察、调阅案卷、旁听庭审、办案质量检查等监督形式，推动司法监督的制度化、规范化，促进“两院”公正司法。

增进全民守法，营造法制氛围。常委会坚持法制教育与法治实践相结合，使依法履职的全过程成为普法教育的全过程，努力为法制建设筑牢社会基础。听取审议了市政府“关于普法情况的工作报告”，并做出了“深入推进‘六五’普法的决定”；连续两年开展了“12·4国家宪法日”专题活动，要求市政府及有关部门深入持久地开展宪法宣传教育，切实提高全民的法制观念和法律素质，努力在全社会形成遵法、守法、用法、敬法、护法的良好氛围。

搞好备案审查，维护法制统一。常委会在广泛调查研究的基础上，制定了《关于加强和改进全市人大规范性文件备案审查工作的意见》，进一步强化了规范性文件备案审查工作；对市人民政府报备的规范性文件逐一进行了审查，力求从制度上保证每一项权力都于法有据，有力维护了法制的统一。

做好信访工作，畅通民意渠道。常委会高度重视来信来访，坚持运用法制思维和法治方式化解社会矛盾，维护群众权益。六年来，共受理群众来信436件，接待群众来访1559件、3581次，承接省人大转办案件146件。对受理的信访案件认真分类、登记，均已交办、转办、督办，办结率达100%，做到了件件有落实，事事有回音。

## 四、坚持民生优先，始终维护人民的根本利益

“人民对美好生活的向往，就是我们的奋斗目标”。六年来，常委会始终把保障改善民生，增进百姓福祉作为一切工作的出发点和落脚点。

聚焦热点问题，回应群众关切。“百姓问题无小事”。常委会在审查批准“计划”“预算”及调整方案时，着力推动市本级财力优先用于教育卫生、社会保障等重点民生领域，促进政府项目投资向重大民生工程倾斜；听取审议了“民政救助”“人畜饮水”“食品安全”和“七里河规划整治”情况等工作报告；围绕社保安居、集中供热、燃气安全等民生工程进行了视察调研。

聚焦平安建设，推进综合治理。常委会高度重视平安稳定工作，组织开展了“平安朔州建设”调研活动，听取审议了市政府关于“社会治安管理”“道路交通安全”和“信访维稳”情况等报告；连续三年对警务进社区工作进行跟踪监督，通过召开座谈会、个别走访、问卷调查等形式，收集群众的意见和要求，及时向市政府和有关部门提出改进工作的意见和建议并监督落实。

聚焦社会公平，办好满意教育。常委会坚持教育优先发展战略，大力推进教育事业发展，听取审议了市政府“关于全市‘教育规划纲要’实施情况的报告”，对“教育规划纲要”确定的战略目标、发展任务、重大改革、重点工程等工作的落实情况进行了视察调研；高度关注“上学难”问题，开展了《义务教育法》等法律法规的监督

检查。

聚焦医疗卫生，保障群众健康。健康是全面发展的基础，关系到千家万户的幸福。常委会围绕创建国家卫生城市，加快发展医疗卫生事业开展视察调研，强调要进一步深化医疗保障、医疗服务、药品供应、监管体制综合改革，构筑健康屏障，确保群众“防得了病”“看得上病”“看得起病”“看得好病”。

## 五、坚持群众路线，始终凸显代表的主体地位

代表是人大工作的力量源泉、智慧源泉、活力源泉。六年来，常委会牢固树立主体意识，努力完善服务机制，积极构建联系平台，着力改进工作方式，充分发挥代表在经济社会发展和常委会履职活动中的重要作用。

健全工作机制，保障依法履职。常委会积极探索代表工作新机制，努力拓展代表履职新渠道，根据“监督法”“代表法”等有关法律法规的规定，建立健全了“密切联系代表”“改进代表工作”“服务代表履职”等12项相关制度，推动代表工作实现常态化、特色化、规范化。

创新活动载体，发挥主体作用。常委会开展了“代表接待群众，听取群众意见”活动，与群众恳谈对话，为百姓排忧解难，兑现了“人民选我当代表，我当代表为人民”的诺言；扩大代表议政督政的参与度，释放代表依法履职的正能量，六年共邀请250多名代表列席常委会会议、参加视察调研和执法检查；组织140多名代表进街道、进社区、进乡村，了解社情民意，反映群众呼声，提出建议意见。

办理建议意见，激发履职热情。常委会强化督办措施，加强办理工作，代表建议办复率100%，办成率和满意率有了大幅提升。市五届人大任期内七次会议的459件代表建议、批评和意见全部办理完毕，实现了事事有回音，件件有落实的目标。

拓宽知政渠道，提升服务水平。常委会有计划、分步骤对代表开展了履职培训，为代表提供全方位服务。六年来，共举办8期代表履职培训班，培训代表290多人(次)。围绕加快推进“两大任务”、提高社会保障能力、推进食品药品安全等课题进行了15次专题培训；及时向代表提供重要信息、寄送报刊资料，保障代表知情知政权利。

## 六、坚持求真务实，始终强化自身的能力建设

常委会深刻领会、全面落实党中央和省委、市委关于新时期人大工作的新精神、新要求，大胆探索，勇于创新，不断丰富和完善了人大工作的地方实践。

强化理论武装，夯实履职基础。常委会认真执行党组中心组、常委会专题讲座等集体学习制度，不断推动党的路线方针政策和习近平总书记系列重要讲话精神入脑入心、落地生根。六年来，共举办专题讲座18次，中心组集中学习56次，常委会组成人员自觉运用党的理论武装头脑、指导实践的能力进一步提升，坚持政治原则和政治路线的自觉性进一步增强，运用法治思维、底线思维和创新思维分析解决问题、谋划推动工作的本领进一步提高。

强化制度建设，规范履职程序。常委会从构筑程序规范、运转高效、充满活力的运行机制入手，制定修订制度25项，基本形成了体现地方国家权力机关特点，涵盖机关运行各方面的制度体系，使人大工作稳步走上了制度化、规范化和法制化的道路。

强化作风建设，树立履职形象。常委会全面开展党的群众路线教育实践活动，在解决“四风”突出问题中进一步树立了为民务实清廉的新形象。扎实推进学习讨论落实活动，贯彻落实省委市委决策部署的自觉性和坚定性得到新提升。积极开展“三严三实”专题教育，树立了新时期党员干部作风形象的新风貌；大力弘扬焦裕禄精神，努力传承右玉精神，深入实际、深入群众，充分听取各方意见，使工作目标、工作思路和工作举措更加符合实际，更加顺应民心、更加

反映民意。

强化联系指导,保障履职到位。常委会认真贯彻落实中央“关于进一步加强和改进县乡人大工作的意见”,主任会议成员和各工作机构,赴6县(区)就加强基层人大建设集中开展了8次专题调研,广泛听取了110多名四级人大代表的意见建议,重点对县乡人大代表选举、强化代表履职能力和大力推进信息化建设等方面进行专题研究,切实加强了对县乡人大的联系指导。

强化机关建设,提升履职效能。常委会高度重视机关建设,充分发挥参谋作用,不断提高服务水平。认真落实党风廉政建设主体责任和监督责任,按照“三严三实”的要求对干部队伍从严管理,狠抓机关党的建设、党风廉政建设和精神文明建设,机关工作人员的服务保障能力进一步提升。

各位代表!市人大常委会六年来工作成绩的取得,是市委坚强领导的结果,是全体代表、全体常委会组成人员共同努力的结果,也是“一府两院”和政协及社会各方面充分信任、大力支持的结果。在此,我谨代表市人大常委会,向所有关心、支持、参与、帮助人大工作的同志和各界人士致以崇高的敬意,并表示衷心的感谢!

在总结成绩的同时,我们也十分清醒地认识到,常委会的工作与宪法法律的要求,与党和人民的期望,与经济社会发展的需要相比,还存在不少问题和差距,主要是监督工作实效有待进一步提高,讨论决定重大事项还需进一步加强,为代表履职创造条件还需进一步努力,自身建设还需进一步强化,这些都需要在今后的工作中不断改进、不断解决、不断完善。

总结六年的履职实践,我们深刻体会到,要做好人大工作,必须牢固树立五个意识。

必须牢固树立全局意识。不谋全局者,不足以谋一域。实践证明,只有紧扣发展主题,与全局工作协调一致,人大工作才能更好地发挥作用、形成合力、有所作为。

必须牢固树立法治意识。法治是治国理政的基本方式。实践证明,只有牢固树立宪法意识和法治观念,提高运用法治思维与法治方式推动改革、促进发展、维护稳定的能力,才能推进严格执法、公正司法、全民守法。

必须牢固树立主体意识。一切权力来自人民,尊重代表就是敬畏权力。实践证明,只有紧紧依靠人大代表,充分发挥代表主体作用,与人民群众保持密切联系,人大工作才会凝聚力量、发挥优势,行使职权才会有坚实的基础。

必须牢固树立担当意识。“不负使命,唯有担当”。实践证明,只有事不避难,敢于担当,增强担当意识,提升担当能力,铸就担当品格,才能肩负起时代赋予的新使命,创造出无愧于人民的新业绩。

必须牢固树立创新意识。创新是引领发展的第一动力,是人大工作的活力之源。实践证明,只有与时俱进,开拓创新,更好地履行宪法和法律赋予的各项职权,人大工作才会更具针对性、实效性;只有解放思想,更新观念,人大工作才能获得新突破,开创新局面。

## 今后工作的意见建议

新一届市人大常委会要认真把握新形势,主动适应新常态,以勇于担当的精神、改革创新的勇气、奋发有为的作风,依法履行法律赋予的神圣职责,积极推动人大工作的创新发展,为促进法治朔州建设发挥应有作用,为推进“两大任务”、加快“六大发展”,全面建成小康社会做出应有贡献。

### 一、牢牢把握政治方向,在贯彻党委决策上发挥新优势

方向确定才能纲举目张,目标明确才能思路明晰。只有准确理解党的旗帜问题、道路问题、奋斗目标问题,我们才能肩负起人民群众的信任重托,完成好历史赋予的崇高使命。当前,世情国情深刻变化,机遇挑战前所未有。新一届市人大常委会要进一步增强使命意识、责任意识、紧迫意识,以旗帜引领方向,以目标凝聚力量,以精神鼓舞斗志,紧紧围绕中央和省委、市委的决策部署与总体要求,统筹安排立法、监

督、决定、任免等各项工作和重要活动，更加自觉地把人大工作与全面深化改革、全面建成小康社会，与推动依法治理、法治朔州建设，与推进“两大任务”、加快“六大发展”有机结合起来，切实发挥人大的新职能、新优势，积极回应群众的新期盼、新关切，科学回答时代的新命题、新要求。

**二、紧紧围绕工作大局，在促进改革发展上体现新作为**

要助推创新发展。发展为先，创新为魂，只有勇立潮头、革故鼎新，才能激流奋进。常委会要把推动创新当作一种责任、一种精神、一种自觉追求，依法履行法定职责，全力助推创新发展。要积极支持市政府进一步创新发展模式、创新发展环境、创新发展本领，不断增强活力、壮大实力、提高综合竞争力。

要助推协调发展。协调是持续健康发展的内在要求。要主动围绕区域协调发展、城乡一体发展和经济与资源环境、物质文明与精神文明、短期与中长期等重大问题，组织专题调研，针对具有全局性、根本性、长远性的重大问题，为加快全市经济社会发展建言献策。要找准人大履行职能与推进协调发展的结合点和切入点，在推进协调发展中发挥人大的新优势，体现人大的新作为。

要助推绿色发展。常委会要牢固树立保护生态环境就是保护生产力、改善生态环境就是发展生产力的理念，更加自觉地推动绿色发展、低碳发展、循环发展。要督促政府下决心把环境污染治理好、把生态环境建设好，形成节约资源和保护环境的空间格局，让朔州真正成为人与自然和谐共生的美丽家园。

要助推开放发展。常委会要加强调查研究，运用法治手段，积极支持市政府完善对外开放新思路，健全招商引资新体制，营造开放发展新环境，形成融入合作新格局，提升朔州在经济发展和对外开放中的知名度和美誉度，谱写朔州开放发展新篇章。

要助推共享发展。常委会要坚持发展为了人民、发展依靠人民、发展成果由人民共享的理念，积极回应社会关切，将群众对教育、就业、社保、住房、医疗、出行、养老、脱贫等诉求与常委会的工作相对接，提出中肯的、可行的意见建议，在发展好、维护好群众利益中汇集发展智慧、凝聚发展动力，使全体人民在共建共享发展中有更多的获得感。

要助推廉洁发展、安全发展。廉洁是奋进的力量，安全是最大的民生。常委会要深入贯彻中央对山西工作的重要指示和省委十届七次全会精神，把廉洁发展、安全发展作为具有全局性、战略性和决定性因素高度重视、深入谋划、全力推动。

**三、依法履行法定职权，在法治朔州建设上取得新进展**

常委会要积极运用法治思维和法治方式，担当重任，推动发展，化解矛盾，维护稳定，全面推进法治朔州建设进程。

要做好立法准备工作。新修订的“立法法”，对设区的市赋予立法权，这是我国立法体制上的一次重大突破，为设区的市人大常委会赋予了全新的任务。市人大常委会要适应新形势、新任务的需要，积极做好立法准备工作，在省人大常委会评估确定后，开始制定地方性法规。

要切实增强监督实效。要深入贯彻“监督法”和我省“实施办法”，强化问题导向，完善监督机制，注重开拓创新，以维护社会公平正义为核心，针对法律法规实施的难点、经济社会发展的重点、人民群众关注的焦点以及执法工作中的弱点，进一步开展执法检查、执法调研、专题询问、工作报告满意度测评等工作，慎重用好质询、特定问题调查等刚性监督手段，加强对“一府两院”的监督，不断强化对权力运行的监督和制约，坚决纠正有法不依、执法不严、违法不究的现象，坚决整治以权谋私、以权压法、徇私枉法的问题，确保法律法规得到正确实施，确保行政权、审判权和检察权得到正确行使，确保“一府两院”依法行政、公正司法。

要努力提高议决水平。常委会要正确把握履行重大事项决定权的过程和效应，努力在法定和实际需要相结合、宏观和微观相结合、必要性和现实性相结合上下功夫。要集公众参与、专家论证、风险评估、集体讨论决定等科学决策、民主决策、依法决策程序为一体，推动建立重大事项决定的清单，健全完善讨论决定重大事项的具体制度，逐步实现人大依法行使重大事项决定权的新常态。

要严格规范人事任免。要正确处理党管干部与人大依法选举任免的关系，把党向国家权力机关推荐的人选与人大依照法定程序选举任免有机结合起来，坚持任前法律考试、任中进行述职等制度，依法行使人事任免权，为全市经济社会发展提供组织保障。要深入贯彻“宪法”和有关法律的要求，实施“宪法”宣誓制度，促进被任命干部依法勤勉履行职责，督促被任命干部正确行使党和人民赋予的权力，全心全意为人民服务，保证人民赋予的权力始终用来为人民服务。

## 四、着力强化服务保障，在发挥代表作用上迈出新步伐

常委会要切实尊重代表的民主权利，充分发挥代表的主体作用，积极拓宽代表的活动渠道，不断提升代表的履职水平。

要健全代表工作机制。要深入贯彻“代表法”和我省实施办法，健全完善代表列席人大常委会会议、组织代表开展视察、参加执法检查和工作评议等制度，为代表履职建立平台、提供保障；要规范建设“人大代表之家”，加快完善人大常委会组成人员与代表联系和代表同群众联系的“双联”制度，建立健全代表联络机构、网络平台等双向互动机制，不断拓展联系范围和深度，更好更快更广地反映群众诉求；要建立和完善代表述职、接受评议等激励和约束机制，激发代表工作活力，提升代表工作质量，最大限度地保障和实现人民民主权利。

要发挥代表履职作用。要充分发挥代表联系群众广泛的优势，及时准确地表达群众的利益诉求，协助党委、政府做好解疑释惑、理顺情绪、协调关系、化解矛盾的工作，引导代表勤实践，彰显履职正能量。

要办好代表建议意见。要建立健全代表建议办理的沟通协调、督促检查和效果评价机制，扎实推进常委会领导和各工作委员会重点督办和现场督办代表建议工作，组织开展代表视察，对代表建议意见办理工作情况进行“满意度”测评，提高代表建议的办理质量和效果，巩固提升办成率和群众满意率。

要加强代表履职培训。要把履职培训作为提高代表政治素质、增强代表履职能力、发挥代表作用的先导性、基础性工作来抓，要紧密结合全市中心工作和改革发展稳定实际，从人大工作的性质、特点出发，定期培训，见到成效，真正把学习成果转化为谋划履职的思路、促进履职的措施、增强履职的本领，更好地为改革发展服务，为人民群众履职。

## 五、全面提升履职能力，在加强自身建设上展现新风貌

加强常委会自身建设，提高人大工作科学化水平，既是常委会依法履职尽责的必然要求，也是推进我市改革发展的现实需要。常委会要主动顺应时代发展的新要求和人民群众的新期待，坚定不移把加强自身建设摆在更加突出的位置，不断提高组成人员的履职能力和工作水平，着力建设干实事、有作为、敢担当、作风正的地方国家权力机关。要始终保持奋发有为的精神状态，树立奉献为上、责任为重、履职为先的崇高境界；要始终保持为民服务的公仆情怀，多做面对面、手拉手、心连心的工作，办好顺民意、解民忧、惠民生的实事，以赢得人民群众的信赖和拥护；要始终保持求真务实的工作作风，主动担当，勇于任事，时刻把人民交给的责任记在心上、扛在肩上、落实在行动上，真正把指导思想、工作思路和各项举措体现在高标准履职、高效率服务的具体行动中，体现在展现新作为、开创新局面的实际成果上。

# 政府工作报告

## ——在朔州市第六届人民代表大会第一次会议上

朔州市市长 李海渊

（2015年12月26日）

### 一、过去六年工作回顾

市五届人大一次会议以来的六年，是我市发展历程中极不平凡的六年。六年来，面对艰巨繁重的改革发展稳定任务，我们以党的十七大和十八大精神为指导，认真贯彻落实省委省政府决策部署，大力弘扬右玉精神，紧扣优化经济结构、提升发展质量“两大任务”工作主题，坚持稳中求进、改革开放、求实创新，主动适应经济发展新常态，全市经济保持平稳较快增长，社会和谐稳定，人民生活水平不断提高，经济社会发展取得显著成就。

党的十八大以来，特别是2014年9月中央对山西省委班子作出重大调整以来，在“四个全面”战略布局引领下，我们坚决贯彻落实省委“五句话”总要求，统筹做好煤与非煤两篇文章，全力推动“三个突破”，全面实施“六权治本”，从朔州实际出发，进一步完善“两大任务”发展战略，紧紧扭住循环经济、新兴产业、特色农业、生态建设、城乡统筹“五大重点”，着力打造全国综合能源基地、全国工业固废综合利用示范基地、全国日用陶瓷基地、全国生态畜牧养殖基地、全省特色农产品加工基地“五个基地”，着力提升煤炭产业循环率、新兴产业占比率、绿化覆盖率、城镇化率和城乡居民收入水平，加快建设美丽朔州和“塞上明珠”，为我市在“十三五”时期全面建成小康社会打下坚实基础。

经济总量突破千亿大关，综合经济实力迈上新台阶。我们始终把稳增长摆在首要位置。不断加大投资力度，“六位一体”推进重点工程建设，固定资产投资六年完成3332.8亿元，年均投资555.5亿元，在产业转型、生态修复、城镇化和民生改善等重要领域建成一批重点项目。精准帮扶企业，积极发展实体经济，规模以上工业企业由2008年的211家增加到259家。着力促进消费增长，加强流通基础设施建设，新增各类商业网点185个，城乡服务业体系日趋完善。主要经济指标全部实现大幅增长，城乡居民人均收入水平位居全省前列。2014年，全市地区生产总值达到1003.4亿元，是2008年的1.83倍，年均增长10.6%；固定资产投资达到815.3亿元，是2008年的3.67倍；社会消费品零售总额达到258.3亿元，是2008年的2.47倍；公共财政收入达到86.6亿元，是2008年的2.3倍；城镇居民人均可支配收入达到25725元，是2008年的1.84倍；农村常住居民人均可支配收入达到10137元，是2008年的2.1倍。

产业转型取得突破，经济结构优化步伐加快。国家新型综合能源基地建设取得重大进展。全面完成煤炭资源整合和煤矿兼并重组，煤炭行业进入现代化大矿时代。煤炭生产能力、洗选能力、运输能力均达到两亿吨以上，位居全省第一。煤炭行业安全生产水平、劳动生产率、资源利用率显著提高。低热值煤发电、风力发电、光伏发电、生物质能发电迅猛发展，全市电力总装机容量达到863.9万千瓦，在建装机容量727万千瓦，千万千瓦级电力基地基本建成。循环经济发展成效显著。工业固废综合利用产业体系初具规模，工业固废年消化量达到3000万吨，综合利用率达到61%，产业化水平走在全国前列。我市被国家发改委确定为资源综合利用“双百工程”示范基地，被工信部确定为工业固废综合利用示范基地、工业绿色转型发展试点城市。非煤电产业加快成长。坚持每年引进建设投资5

亿元以上转型项目，以抓转型项目建设促产业结构优化升级。2014年非煤电产业投资占工业领域投资比重达到31%。日用瓷年生产能力达到17.6亿件。乳品年加工能力达到24.4万吨。装备制造、新材料、医药、化工、特色食品加工及现代服务业等产业逐步壮大。2014年全市旅游总收入达到109.3亿元，是2008年的5.6倍。工业园区建设步伐加快。完善规划，健全管理，推动工业园区规范发展。工业园区成为新兴产业的重要载体和全市经济的重要增长极。

特色农业发展亮点纷呈，农业现代化水平稳步提升。强农惠农富农政策支撑有力。扎实推进农民户均增收万元工程，建立健全财政投入和农民补贴机制，各级财政年均投入"三农"资金20亿元左右，2014年全市农民人均纯收入突破万元大关，高于全省平均水平。农业综合生产能力大幅提升。耕地面积保持在550万亩左右，农田实灌面积达到205万亩。粮食产量稳定增长，2014年达到25.6亿斤，创历史新高。现代农业发展彰显特色。大力推进雁门关生态畜牧经济区领头雁工程和核心区建设，启动国家粮改饲和草牧业试验试点市建设，"一村一品、一县一业"成果丰硕，六县区全部进入全省30个牛羊产业重点县行列，奶牛存栏量、鲜奶产量、肉羊年出栏量、人均畜产品年占有量、农民年人均畜牧业纯收入五项指标连续多年保持全省第一。农业产业化水平稳步提高。全市农业龙头企业达到352家，销售收入超亿元的企业达到25家。2014年全市农产品加工企业销售收入达到160亿元，是2008年的2.9倍。

城镇化率超过50%，城乡面貌焕然一新。深入推进"五城联创"。全面开展国家园林城市、国家卫生城市、国家环保模范城市、全国双拥模范城市、全国文明城市创建活动，成功创建国家园林城市、省级环保模范城市、省级双拥模范城市。中心城市建设基本成型。以"一山两河一湖"生态体系建设为引领，大力推进恢河治理、七里河综合治理、朔州老城改造、道路桥梁、优质公交、集中供热、供水、绿化、净化、气化等基础设施建设工程，城市服务功能逐年完善。大县城和特色镇建设全省领先。县城建设走在全省前列，右玉县被评为联合国最佳宜居生态县，怀仁县被评为国家园林县城。神头、凤凰城、金沙滩等八个镇被评为全国重点镇。全市城镇化率达到52.1%，比2008年提高7.2个百分点，年均提高1.2个百分点。农村人居环境不断改善。下工夫实施两轮"五个全覆盖"，认真办好农村"五件实事"，农村基础设施、公共服务、农民住房、环境卫生全面提升。生态建设成就显著。大规模开展植树造林，全市平均每年投入10亿元资金，年均营造林30万亩，森林覆盖率预估达到24%。强化节能减排，狠抓大气污染防治，万元地区生产总值综合能耗累计下降24.6%，主要污染物减排完成下达任务。交通运输体系渐趋完善。建成荣乌高速朔州段、大呼高速朔州段、市区环城高速西南段、生态旅游观光路等重点工程，推进县乡公路建设，全市公路通车里程突破1万千米，实现县县通高速、村村通公路。

六年来，城乡一体化快速推进，城镇发展日新月异，一幅美丽朔州的新画卷呈现在晋北大地！

民生投入大幅提高，人民生活越来越好。持续推进国家级创业型城市建设，六年新增城镇就业14.4万人。全面建立城乡居民基本养老制度、城镇居民基本医疗保险制度、新型农村合作医疗制度，逐年提高城乡居民低保、企业退休人员基本养老金、最低工资标准等社会保障标准，覆盖城乡的社会保障体系基本建立。我市被人社部列为全民参保登记试点市、社会保障卡综合应用示范试点市和社会保障卡持卡人数据库建设试点市。六年开工建设各类保障性住房19.13万套，建成17.32万套。实施学前教育三年行动计划。推进义务教育阶段学校标准化建设，"两基"工作受到国务院表彰。建成朔州师专、朔州职业技术学院、中北大学朔州校区。基层医疗卫生机构全面实行基本药物制度和"先住院后付费"诊疗服务模式。扎实推进国家公共文化服务体系示范区创建工作，实现县县有图书馆、文化馆，乡乡有文化站，村村有文化室，覆盖城乡的公共文化设施网络初步建成。全民健身活动广泛开展，竞技体育水平不断提高。大力实施移民搬迁、整村推进、产业扶贫等重点扶贫工程，深入开展干部下乡驻村包村增收活动，11.8万贫困人口实现脱贫。

特别是着眼于解决群众最直接最现实的利益问题，持续为民办实事。改造农村危房，实施农村饮水解困工程、义务教育阶段学生饮用奶工程、爱心助残工程，为40多万农户免费供应冬季取暖用煤，为市区残疾人、伤残军人和70岁以上老年人发放公共交通补贴，建成100个副食品生产基地惠民直销店，开展送戏下乡活动，等等。

六年来，我们大力实施惠民工程，千方百计保障民生，全市人民的获得感、公平感、幸福感不断提高，生活越来越美好，这是我们最大的心愿和最大的光荣！

改革开放不断深化，发展动力和活力持续增强。深入推进转型综改试验工作，加快创新体制机制。落实煤炭管理体制改革政策，清理规范涉煤收费，煤炭企业负担有效减轻。积极推进农村改革试验区建设，集体林权制度改革任务基本完成，土地承包经营确权登记颁证工作全面铺开。创新用地管理机制，积极落实城乡建设用地增减挂钩、工矿废弃地复垦等试点政策，有效保障了工业和城镇化建设用地。着力推进科技创新。与北京大学合作建设的固废资源化研究中心，被认证为国家大宗工业固废及资源化产品质量监督检验中心。中北大学和平朔煤矸石电厂合作建成煤电污染控制及废弃物资源化利用山西省重点实验室。各类技术中心达到70家，高新技术企业达到13家，专利年申报量由2008年的84件增加到1068件，在全省排名由末位上升到第六位。着力推进金融振兴。新增交通银行、招商银行、浦发银行、晋商银行等多家银行分支机构，全市银行业机构达到18家。金融机构存贷比逐年提高。着力推进民营经济发展。持续开展“朔州企业家投资在朔州”活动，民间投资占固定资产投资的比重达到48.3%。全面扩大开放，积极引进各类项目、技术、人才，六年共签约760个招商项目，连续三年举办亚洲粉煤灰及脱硫石膏综合利用技术国际交流大会。

毫不松懈抓安全，社会保持和谐稳定。认真落实“党政同责、一岗双责、齐抓共管”制度和两个主体责任，建立完善信息化监管、应急救援、目标责任考核评价体系，深入开展以煤矿为重点的各行业各领域安全生产大检查和打非治违专项行动，积极推进企业安全生产标准化建设，各类安全生产事故和死亡人数逐年下降。

加强和创新社会管理。认真做好信访工作，加强社会治安综合治理，妥善处置各类突发事件，我市被评为全国社会管理综合治理先进市，连续11年被表彰为全省社会治安综合治理先进市。积极开展双拥工作，加强国防后备力量建设，推进军民融合发展，建成国防教育训练基地和人防疏散基地。与此同时，积极发展妇女儿童、老龄和残疾人事业，宗教、外事、侨务、地震、气象、档案、史志等各项工作都取得新成绩。

狠抓政府自身建设，发展环境不断优化。加强民主法治建设。严格执行人大及其常委会的决议决定，积极支持人民政协履行职能，共办理人大代表建议和政协委员提案1421件。支持各民主党派、工商联、无党派人士参政议政，支持工会、共青团、妇联等人民团体发挥作用。稳步推进市县政府机构改革和事业单位分类改革。积极推进行政审批制度改革，大幅度取消、下放行政审批事项，市本级保留行政审批事项数量在全省最少。行政审批事项全部进入政务服务中心集中办理。推进法治朔州建设，我市被评为全国“六五”普法中期先进市。加强廉政建设，严格执行中央八项规定精神和国务院“约法三章”，狠刹“四风”，扎实开展重点领域专项治理，“三公”经费大幅减少，一批违法违纪领导干部受到严肃查处。积极推进“六权治本”，加快健全权力运行机制。加强作风建设，大力弘扬右玉精神，认真开展群众路线教育实践活动、学习讨论落实活动和“三严三实”专题教育，深入开展“看作为、比建树、争一流”活动，干部作风不断改进，政务服务质量明显提升。

回顾过去六年，我市经济社会发展在应对各种风险挑战中砥砺前行，在取得巨大成就的同时，积累了宝贵经验。

一是我们始终坚持立足市情，着眼“两大任务”抓发展。牢牢把握朔州发展实际和主要矛盾，既努力做大规模又着力优化结构，既注重增长速度又着力提升发展质量，发展的平衡性、协调性、可持续性不断增强。

二是我们始终坚持执政为民，着眼促进社会公平正义、增进民生福祉抓发展。不断加大民生领域投入，财政用于民生改善的比例稳定在70%以上，城乡居民收入增速明显快于地区生产总值增速。

三是我们始终坚持绿色发展，着眼建设美丽朔州和“塞上明珠”抓发展。扭住生态建设不放松，着力解决生态系统退化、环境污染严重的突出问题，不断满足人民群众对清新空气、干净饮水、安全食品、优美环境的期盼，促进人与自然和谐相处。

四是我们始终坚持改革开放，着眼增强发展动力、激发市场活力抓发展。以转型综改试验区建设为统领，推出一系列重大改革举措，加大开放力度，投资环境显著改善，市场主体大幅增加。

各位代表，六年来，我们经受住一次次考验，渡过一道道难关，取得一个又一个胜利。党中央、国务院给予我们亲切关怀和巨大鼓舞。习近平总书记对学习弘扬右玉精神作出重要指示，成为激励我们前进的强大精神动力。国务院在我市召开三北防护林工作会议，高度评价我市的造林绿化工作。省委、省政府给予我们充分肯定和大力支持，我市多次被表彰为全省年度目标责任考核优秀市。

各位代表，过去六年取得的成就来之不易，这是中央大政方针指引的结果，是省委、省政府和市委正确领导的结果，是市人大、市政协支持监督的结果，是全市人民共同奋斗的结果。在此，我代表市人民政府，向全市人民，向所有关心支持朔州改革发展的各界人士，表示崇高的敬意和衷心的感谢！

我们还要向先后领导本届政府、为朔州改革发展做出重要贡献的冯改朵同志、李正印同志，表示诚挚的敬意！

## 二、下届政府工作的总体要求和主要任务

下届政府任期正值实施“十三五”规划、全面建成小康社会的决胜阶段，做好政府工作意义重大。

我们必须看到，经济新常态是“十三五”时期我国发展的大逻辑，战略机遇期是“十三五”时期我国发展的大判断。“十三五”时期，我国经济长期向好的基本面不会改变，能源革命方兴未艾，发展方式深刻转变，为我们这样的资源能源大市发展拓展了转型升级空间。十八届五中全会确立“五个发展”新理念，为我们指明了前进方向。国家确定我市为资源综合利用“双百工程”示范基地、工业绿色转型发展试点城市、工业固废综合利用示范基地、农村改革试验区、草牧业发展试验试点市，给了我们有力的政策支持。我省推进“六大发展”，做好“两篇文章”，实施“三个突破”，深化“六权治本”，为我们开辟了发展新境界。我省“十三五”规划在我市布局建设晋北煤炭基地、晋北煤电基地、晋北现代煤化工基地，为我市加快发展提供了难得机遇。丰富的资源禀赋、独特的区位优势、深厚的历史文化底蕴，是我们更好发展的巨大潜力和坚实基础。

我们也要清醒看到，前进道路上还有许多风险和挑战。新常态改变了我市原有的经济运行轨迹，打破了我市固有的发展惯性，但我们对新常态的认识还不到位。在煤炭市场持续低迷、煤炭行业效益下滑、采矿业投资增长乏力的困难面前，我们推进经济结构优化的危机意识仍然不够强。在发展方式粗放、质量效益不高、生态环境硬约束趋紧的压力面前，我们提升发展质量的创新意识仍然不够强。在科技支撑不足、

金融服务滞后、民营经济弱小的问题面前，我们破解难题的进取意识仍然不够强。在公共服务供给不足、城乡居民增收难度加大、社会矛盾增多的形势面前，我们执政为民的服务意识仍然不够强。在政府职能转变不到位、法治政府建设滞后、廉政风险较多的挑战面前，我们敢于担当的责任意识仍然不够强。

机遇与挑战并存，机遇不可丧失，挑战必须应对。我们一定要增强忧患意识、责任意识，积极适应经济发展新常态，紧紧抓住重大战略机遇，努力化解各种困难风险，全力谱写朔州改革发展新篇章。

做好新一届政府工作的总体要求：高举中国特色社会主义伟大旗帜，全面贯彻党的十八大和十八届三中、四中、五中全会精神，以马克思主义、毛泽东思想、邓小平理论、“三个代表”重要思想和科学发展观为指导，深入贯彻习近平总书记系列重要讲话精神，遵循“四个全面”战略布局，坚持发展是第一要务，牢固树立并切实贯彻“五个发展”新理念，按照省委“五句话”总要求，适应经济发展新常态，坚持创新发展、协调发展、绿色发展、开放发展、共享发展、廉洁和安全发展，以资源型经济转型综改试验区建设为统领，紧扣优化经济结构和提升发展质量“两大任务”主题，着力做好煤与非煤两篇文章，加快建设“五个基地”，促进经济社会持续健康发展，努力建设美丽朔州和“塞上明珠”，奋力夺取全面建成小康社会决胜阶段伟大胜利。

经济社会发展的主要目标：

——经济结构优化和发展质量提升取得重大进展。传统产业竞争力显著增强，新兴接替产业成长壮大，服务业比重明显提高，农业现代化迈上新台阶。经济保持较快增长，为到2020年全市地区生产总值和城乡居民人均收入比2010年翻一番、实现我市与全国全省同步建成小康社会打下决定性基础。

——民生保障水平普遍提高。就业比较充分，教育、社会保障、医疗、住房等公共服务体系更加健全。农村居民收入增速快于城镇居民收入增速，城乡居民人均收入超过全国平均水平，现行标准下的8.3万贫困人口全部脱贫。安全生产形势向稳定好转坚实迈进。

——市民素质和社会文明程度显著提高。社会主义核心价值观更加深入人心，向上向善、诚信互助的社会风尚更浓，人民思想道德素质、科学文化素质、健康水平明显提高，全社会法治意识不断增强。

——生态环境质量总体改善。生产方式和生活方式绿色低碳化水平显著提高。能源资源利用率大幅提高，能耗和水资源消耗、建设用地、碳排放总量得到有效控制，主要污染物减排完成省定任务，大气、水、土壤污染治理取得新成效。森林、草地覆盖率进一步提高，城市建成区绿化覆盖率明显提高，城乡人居环境明显改善。

——改革开放迈出坚实步伐。资源型经济转型综合配套改革取得重大进展，支撑资源型经济转型的政策体系和体制机制基本建立。重点领域和关键环节改革取得示范性成果。经济开放的广度和深度不断拓展。

——民主法治建设进一步加强。法治政府基本建成，服务型政府建设成效显著，政府公信力和行政效率进一步提高。社会治理能力和水平不断提高，平安朔州、法治朔州建设深入推进，社会更加和谐稳定。

主要工作任务：

**（一）坚持创新发展，着力促进经济转型升级**

创新是引领发展的第一动力，必须把发展基点放在创新上，努力提高发展质量和效益。

充分发挥投资对增长的关键作用，培育发展新动力。保持投资合理增长，不断增加有效投资，着力优化投资结构。深化投融资体制改革，创新融资方式，发挥财政资金撬动作用，带动更多社会资本参与投资。创新公共基础设施投融资体制，推行政府和社会资本合作模式。围绕产业转型升级、城乡统筹发展、重大基础设施建设、生态环境保护等领域持续开展重大工程攻坚。坚持以投资促转型，突出抓好新兴产业。坚持县区与市直部门结对子引进建设投资5亿元以上转型项目的目标不变,向投资要增长,向投资要效益。

做好煤与非煤两篇文章,构建产业新体系。推动煤炭产业向市场主导型、清洁低碳型、集约高效型、延伸循环型、生态环保型、安全保障型转变,延伸壮大煤基产业链,大幅度提高煤炭清洁高效利用水平,打造煤炭产业升级版。一是在煤炭生产上提质增效,稳住总量、提高质量。到“十三五”末,所有矿井实现智能化、自动化、信息化,原煤入洗率达到90%以上。二是重点推进煤转电,大力发展低热值煤发电和高参数大容量超临界、超超临界燃煤发电机组。三是稳步发展煤化工,积极推进晋北现代煤化工基地建设,发展高端精细化产品和煤基新材料产业。四是加快发展现代高载能产业,抓住电力体制改革的重大机遇,扩大直供电范围,促进煤电铝材一体化,实现高载能产业规模化。五是推进煤炭分级分质梯次利用,开辟煤炭清洁高效利用新途径。六是着力壮大工业固废综合利用产业规模。到“十三五”末,煤炭就地转化率达到30%以上。

加快培育壮大非煤产业。进一步发展风电、光伏发电、生物质能发电等新能源电力。积极发展煤机制造产业,支持电动汽车产业发展,在装备制造业上努力取得实质性突破。推动陶瓷产业兼并重组、提档升级。促进医药产业做大做优。加快发展现代服务业。适应消费升级需求,加强网点建设,完善服务业体系。加大保护和利用历史文化遗产力度,促进文化与旅游深度融合发展。着力发展文化产业龙头企业。进一步提升应县木塔、右玉杀虎口等旅游景区知名度,加快开发大广武景区。加快建设现代物流产业园区,完善物流配送网络,把我市建成北方煤炭物流中心和中西部地区重要的现代物流节点城市。大力发展电子商务,积极搭建中小企业和农村电子商务服务平台。到“十三五”末,服务业占地区生产总值的比重力争达到50%。

转变农业发展方式,走出农业现代化新路子。以国家粮改饲和草牧业发展试验试点市建设为抓手,坚持因地制宜、种养结合、政府主导、市场运作,推动粮经饲统筹、农林牧结合、种养加一体、一二三产业融合发展。重点抓好“双百双十”工程,到2017年,全市耕地种草面积达到100万亩,改良天然草场100万亩,建设人工混播草场10万亩,利用盐碱地种草10万亩,优质牧草基本满足本地草食畜需求,奶牛存栏达到20万头,年出栏肥羔羊400万只。积极培育家庭农场、家庭牧场、专业大户、农民合作社、农业产业化龙头企业等新型农业经营主体,做大乳品、酒类、小杂粮、肉制品等特色农产品加工业。到“十三五”末,全市农产品加工销售收入力争达到260亿元。

全力实施“三个突破”,激发发展新活力。推进科技创新。强化企业科技创新主体地位和主导作用,支持企业、高校、科研院所协同建设技术研发机构。狠抓以煤炭清洁高效利用、高端陶瓷、特色现代农业为重点的科技攻关。建设科技创新基地和大学生创业园。实施“互联网+”行动计划,促进互联网与经济社会融合发展。深化科技体制改革,增强科技项目和资金使用实效性。促进金融振兴。增强金融对经济结构调整和转型升级的支撑作用。加快推进地方金融机构改革,组建朔州市农村商业银行。加强金融体系建设,加快引进更多金融机构,规范发展小额贷款公司,支持发展民营银行,引导民间融资健康发展。加快培育上市公司,提高直接融资比重。加强诚信体系建设,完善金融风险防范机制,优化金融生态环境。促进民营经济发展。深入开展“朔州企业家投资在朔州”活动,鼓励引导民营资本投资新兴产业和公共服务领域。完善民营经济政策体系,设立专项发展基金,支持中小企业创业基地建设。引导民营企业建立现代企业制度,成为合格市场主体。“十三五”期间,民营经济占地区生产总值的比重争取年均提高两个百分点,达到全省平均水平;民间投资占全市固定资产投资比重平均每年提高两个百分点以上。

全面深化改革,加快构建发展新体制。以转型综改试验区建设为统领,加快创新体制机制。深化煤炭管理体制改革,规范煤矿建设和生产秩序,创新煤炭销售方式,构建煤炭产业现代市场体系。深化农村改革试验区建设,全面完成农村土地承包经营权确权登记颁证工作,稳妥推进农村集体产权改革,建设农村产权交易市场。完善国有资产监管体制,加强各类国有资产监管。深化财税体制改革,建立全面规范、公开透明预算制度,完善政府预算体系,进一步理顺市区财政税收管理体制。深化用地管理制度改革,积极争取重度盐碱地转为建设用地试点政策。

**(二)坚持协调发展,着力构建城乡一体化发展新格局**

积极推进以人为核心的特色新型城镇化,坚持区域协调、城乡一体,努力实现均衡发展。

促进区域协调发展。以壮大县域经济为切入点,完善区域发展战略。每个县都要形成一两个链条比较长、带动能力强的特色产业。支持朔城区、平鲁区率先发展,做大做强煤基循环产业,培育壮大新兴产业,加快提升现代服务业。支持山阴县延伸煤炭产业链,提升乳业发展水平。支持怀仁县提升陶瓷质量,发展现代物流业,做优做强肉羊产业。支持应县加快发展现代农业,做强文化旅游业。支持右玉县打造生态旅游目的地,壮大特色食品加工业。

促进城乡协调发展。深入实施大县城战略,引导生产要素、优势资源向县城集中,提高县城的人口和产业承载力,建设和谐宜居、富有活力、各具特色的大县城。积极推进特色重点镇建设,打造一批经济强镇、商贸重镇、旅游名镇。进一步推进新农村建设,建设美丽宜居乡村。建立新型户籍制度,推进农业转移人口市民化,提高户籍人口城镇化水平。到"十三五"末,全市城镇化率达到65%,户籍人口城镇化率达到全省平均水平。持续改善城乡人居环境,加大城镇棚户区和城乡危房改造力度。落实有关政策,化解房地产库存。建立健全城乡发展一体化体制机制,推动城镇公共服务向农村延伸,促进城乡基本公共服务均等化。

加快完善中心城市功能。坚持以人为本、科学发展、改革创新、依法治市,切实做好城市工作。大力提升中心城市综合承载能力和辐射带动能力。加快完成中心城区"九纵九横一环"主干路建设,畅通城市交通。强力推进城中村改造,"十三五"期间城市建成区范围内城中村改造基本完成。完善朔州老城工程,建成特色文化旅游景区。综合推进"一山两河一湖"生态体系建设,把好山好水好风光融入城市。统筹城市给排水、燃气、热力、电力、信息等各类管线设施布局,推进城市地下综合管廊建设。完善城市优质公共交通运营服务体系。强化规划管控,建立统一有序高效的城市管理体制,推进平鲁区井坪镇与中心城区同城化。

加强重大基础设施建设。推进西纵高速朔州段、环城高速东北环建设,形成"一横两纵一环"高速公路网。改造建设干线公路、县乡公路,提高公路网密度。积极推进大西高铁朔州段和朔州民用机场建设。支持晋北至江苏、蒙西至天津南特高压输电通道朔州段建设。完善输气管网,加强城市宽带网络建设。

深入推进"五城联创"。坚持市县联动,在统筹上下工夫,在重点上求突破,巩固国家园林城市创建成果,加快国家卫生城市、国家环保模范城市、全国双拥模范城市、全国文明城市创建步伐,着力提高城市发展的持续性、宜居性。

**(三)坚持绿色发展,着力建设美丽朔州**

坚持绿色、低碳、循环发展,推动形成节约资源和保护环境的生产方式、生活方式,全面增强可持续发展能力。

推动低碳循环发展。积极探索具有朔州特色的煤炭循环经济发展模式。以国家级工业固废综合利用基地和工业绿色转型发展试点市建设为抓手,加快做大煤矸石综合利用发电、煤矸石综合利用新材料、粉煤灰资源化开发利用、脱硫石膏综合利用等产业集群。到"十三五"末,工业固废综合利用率达到75%以上。加强高耗能行业能效管控,有效控制电力、化工、建材、冶金等重点行业碳排放。做好建筑、交通等领域节能降耗。实行最严格的水资源管理制度、节约用地制度,实现资源的可持续开发利用。

加大环境治理力度。实行最严格的环境保护制度，将大气、水、土壤等环境质量“只能更好，不能变坏”作为各级政府环保责任红线。全面完成燃煤电厂超低排放改造，推动城中村使用清洁能源，有效预防重污染天气。实施工业污染源全面达标排放计划，实现城镇生活污水垃圾处理设施全覆盖和稳定运行。

加大农业面源污染防治力度，强化畜禽养殖污染治理。推进采煤沉陷区、采空区、煤矸石山的生态环境治理修复重点工程，抓好采矿破坏村庄的避让搬迁。

持续推进植绿兴水。持之以恒抓好造林绿化，实施好“三北”防护林、京津风沙源治理等林业重点工程，大力推进荒山绿化，深入开展“一乡一条路、一村一片林、人均五棵树”活动。到“十三五”末，森林覆盖率达到28%以上。加强水生态建设，推进桑干河流域生态修复与保护工程，加强神头泉域保护，保障饮用水源地安全。

**(四)坚持开放发展，着力开创开放合作新局面**

以构建开放型经济为引领，全方位、宽领域、多层次推进开放，在合作共赢中打造新优势。

创新开放机制。健全投资促进政策和服务体系，实现投资便利化。加强招商引资与产业转型升级对接，实施精准招商，突出产业链招商、园区招商。发挥商会和各类组织作用，吸引企业家来朔投资置业。加强与高等院校、科研院所合作，建设博士后工作站、院士工作站，吸引各类专家来朔开展工作。

全方位扩大开放。紧紧抓住“一带一路”战略机遇，积极参加“山西品牌中华行”“山西品牌丝路行”等活动，以“万里茶道”联合申遗为依托，深化我市与沿线国家和地区合作，推动品牌产品和优势产业走出去。主动融入京津冀一体化和环渤海经济圈，积极承接产业疏解转移，推动鲜活农产品、特色小杂粮进入京津市场，将我市打造成京津冀的清洁能源供应基地和优质特色农产品供应基地。加大面向长三角、珠三角等沿海地区招商力度。深化与周边区域合作，促进区域联动发展。继续办好亚洲粉煤灰及脱硫石膏处理与利用技术国际交流大会，打造具有国际影响力的新技术新成果展示平台。

积极推进开发区和产业园区建设。加快形成布局合理、结构优化、特色突出、功能互补的开发区和各类产业园区协调发展格局。深化经济开发区管理体制改革，探索建立市场化发展体制，推动产业结构调整转型，争取升级为国家级开发区。完善工业园区产业发展规划，找准主导产业定位，着力打造转型项目和新兴产业集聚高地。推动具备条件的产业园区升级为省级开发区。建立跨地区跨部门对接协调机制，积极发展“飞地经济”。

**(五)坚持共享发展，着力保障和改善民生**

坚持人人参与、人人尽力、人人享有，加快发展社会事业，保障基本民生，使全市人民共同迈入小康社会。

坚决打赢脱贫攻坚战。把脱贫作为最大的民生工程，坚持精准扶贫、精准脱贫，因人因地施策，创新扶贫开发工作机制。继续推进专项扶贫、行业扶贫和社会扶贫，组织实施发展生产脱贫一批、易地搬迁脱贫一批、生态补偿脱贫一批、发展教育脱贫一批、社会保障兜底一批的“五个一批”工程，加快贫困地区、贫困人口脱贫步伐。“十三五”期间，每年减少40个贫困村、2.1万贫困人口。各级政府要逐级立下军令状，层层落实脱贫责任，确保全市贫困人口如期脱贫。

提高教育质量。坚持促进教育公平与提高教育质量并重，继续推进城乡义务教育学校标准化建设，切实提高义务教育均衡发展水平。普及高中阶段教育，巩固提升学前教育，加强特殊教育。大力发展现代职业教育，加强校企合作，促进产教深度融合。积极发展高等教育，提升朔州师专、朔州职业技术学院办学水平，支持办好中北大学朔州校区。加快推进教育信息化建设。深化教育领域综合改革，实行义务教育学校校长教师交流制度。健全支持民办教育发展机制，鼓励引导社会力量兴办教育。

促进就业创业。深入推进国家级创业型城

市建设，实施更加积极的就业创业政策，推动大众创业、万众创新。鼓励以创业带动就业，做好创业担保贷款工作，实施高校毕业生创业引领和就业促进计划。继续实行政府购买基层公共服务岗位。统筹做好农村剩余劳动力和转移人口、退役军人、城镇困难人员等群体的就业工作。实施新型职业农民培养计划和农民工职业技能提升计划。“十三五”期间，新增城镇就业岗位12.5万个。

健全社会保障体系。实施全民参保计划，全面建设和完善覆盖城乡的社会保障体系。深化机关事业单位养老保险制度改革，全面建立城镇职工、城乡居民社会统筹和个人账户相结合的基本养老保险制度。全面实施城乡居民大病保险制度。完善城乡低保制度。建立健全老年人高龄津贴制度。鼓励社会力量兴办养老机构。加强未成年人保护，发展儿童福利事业。健全扶残助残服务体系。完善社会救助制度体系。支持公益慈善事业发展。

加强文化建设。深入推进国家公共文化服务体系示范区建设。完善公共文化服务体系，推动公共文化服务标准化、均等化发展。健全政府购买公共文化服务机制，扎实开展文化惠民活动。深化文化体制改革，推进图书馆、群艺馆、文化馆等公益性文化事业单位改革。发展体育事业，积极开展全民健身活动。

推进健康朔州建设。深化医药卫生体制改革。健全医疗卫生服务体系，提升县级医院综合服务能力，加强乡镇卫生院标准化建设，改善村卫生室。支持每个乡镇办好一所标准化卫生院。支持社会办医院纳入医保定点范围。巩固和完善基本药物制度。深化公立医院改革，坚持公立医院公益性。鼓励社会办医。坚持计划生育基本国策，全面实施一对夫妇可生育两个孩子政策，促进人口均衡发展。

增加城乡居民收入。坚持居民收入增长和经济增长同步、劳动报酬提高和劳动生产率提高同步，确保“十三五”末城乡居民人均收入超过全国平均水平。健全科学的工资水平决定机制、正常增长机制、支付保障机制，完善最低工资增长机制。以非公有制企业、中小微企业为重点，积极稳妥推进工资集体协商。建立健全治理欠薪工作机制。实施“双稳定”农民增收工程，拓宽农民就业渠道，增加农民收入。

**（六）坚持廉洁和安全发展，着力营造良好发展环境**

发展必须廉洁，发展必须安全。要坚守底线思维，强化红线意识，保障经济社会健康发展。

加强反腐倡廉建设。严格落实政府系统党风廉政建设责任制，建立健全防贪腐促廉洁工作机制，引导干部特别是领导干部自觉遵守廉洁自律准则，廉洁用权。坚决落实中央八项规定精神，严格执行国务院“约法三章”，坚持不懈狠刹“四风”。加强行政监察和审计监督。始终保持惩治腐败高压态势，坚决实现弊革风清，营造良好政务环境。

深入推进“六权治本”。全面推行市县政府部门权力清单、责任清单制度，强化权力约束。规范政务服务平台和公共资源交易平台运行。推动“六权治本”向乡村两级延伸，切实解决发生在群众身边的腐败问题。

毫不松懈抓好安全生产。坚持“党政同责、一岗双责、齐抓共管”，落实“管行业必须管安全，管业务必须管安全，管生产经营必须管安全；行业主管部门直接监管，安全监管部门综合监管，地方政府属地监管”的安全生产责任体系，严格实施安全生产目标责任考核和“一票否决”，全面加强以煤矿为重点的各行业各领域安全生产监管工作，深入开展隐患排查治理，严厉打击非法违法建设生产经营行为，完善安全生产长效机制，促进安全生产形势持续稳定好转。

加强和创新社会治理。加强社会治安综合治理，建立健全立体化社会治安防控体系，深化平安朔州建设。健全食品药品安全监管体系。强化应急管理体制机制。进一步加强国防后备力量建设，推进军民融合深度发展。加强改进信访工作，完善社会矛盾纠纷预防化解机制，维护社会和谐稳定。

**（七）加强政府自身建设，不断增强政府公信力和执行力**

坚持依法行政、廉洁从政、勤政为民，努力建设法治政府、廉洁政府和服务型政府。

加快转变政府职能。深化行政管理体制改革，厘清政府与企业、市场、社会的界限，充分发挥市场在资源配置中的决定性作用，更好发挥政府作用。深化行政审批制度改革，持续推进简政放权、放管结合、优化服务，提高政府效能。创新行政管理方式，切实履行好公共服务、市场监管、社会管理、环境保护等职责。

加快建设法治政府。运用法治思维和法治方式推动发展，把政府工作全面纳入法治轨道。坚持依法行政，做到法定职责必须为、法无授权不可为。积极推进政府立法工作。健全重大决策的法定程序、合法性审查机制、责任追究制度，推进决策科学化、民主化。自觉接受人大及其常委会监督，接受人民政协民主监督，支持人民法院、人民检察院依法独立公正行使职权。

加强队伍作风建设。健全公务员管理制度，规范公务人员行为，建设高素质专业化公务员队伍。深入践行“三严三实”，大力弘扬右玉精神，深化“看作为、比建树、争一流”活动，加强干部作风建设。各级干部要始终保持积极向上的精神状态，敢于担当，主动作为，扎实做好经济社会各项工作。

各位代表，做好新一届政府工作，实现“十三五”发展目标，必须突出重点领域，盯紧抓实关键任务，为此，我们将集中资源、集中财力、集中力量，全力打好五大攻坚战。

我们将奋力建成一批重要基础设施。着力构建适应经济社会发展需要的基础设施体系，建成大西高铁朔州段、朔州民用机场、右平高速公路、朔州环城高速东北段、晋北至江苏特高压输电通道朔州段、蒙西至天津南特高压输电通道朔州段、中心城区九纵九横主干道、朔州大医院、天然气输送管网、七里河综合治理工程、桑干河流域治理工程等重大基础设施工程，使我市区位优势更加凸显，服务功能更加完善。

我们将奋力推进一批重大产业转型项目。着力夯实经济转型升级基础，建成山阴昱光二期2×35万千瓦、同煤朔南2×35万千瓦、平朔安太堡2×35万千瓦、平朔木瓜界2×66万千瓦、中电神头发电公司2×100万千瓦等一批大型燃煤发电项目，建成一批风力发电和太阳能发电项目，建成一批晋北现代煤化工基地重点项目，建成一批矿山机械和电动汽车等装备制造项目，建成一批精品日用陶瓷生产线，建成一批工业固废资源化利用示范项目，建成一批草牧业发展精品项目，建成一批特色农产品深加工项目，使我市发展优势更突出，发展后劲更强劲。

我们将奋力落实一批改善民生新政策。着力守住底线、突出重点、完善制度，推出一批以创业带动就业的服务举措，推出一批持续提高居民收入、缩小收入差距的政策举措，推出一批教育文化、医疗卫生、基本养老的保障举措，推出一批保障困难群体基本生活的兜底举措，让全市人民生活更加富裕、更加美好。

我们将奋力实施一批精准脱贫重点工程。着力实施精准扶贫，打响“五个一批”脱贫攻坚战，在扶贫对象上精准发力，在扶贫举措上精准发力，三个贫困县全部摘帽，贫困人口全部脱贫，让全市人民彻底告别贫困，奔向全面小康。

我们将奋力推出一批扩大开放新举措。着力拓展发展新空间，沟通晋冀蒙，融入京津冀，借力环渤海，打通朔州通往外界的空中通道、铁路通道、公路通道、口岸通道，构建向西开放平台、向东融合机制，把我市打造成为京津冀的清洁能源供应基地和特色优质农产品供应基地，建设成为晋冀蒙的重要交通枢纽和区域物流集散中心。

# 中国人民政治协商会议第五届朔州市委员会常务委员会工作报告
## ——在政协第六届朔州市委员会第一次会议上

朔州市政协副主席　赵景春

（2015年12月25日）

### 五届市政协工作回顾

政协第五届朔州市委员会任期的六年，是我市经济社会发展很不平凡的六年。六年来，面对金融危机严重冲击、经济运行起伏变化、下行压力不断加大等严峻挑战，面对艰巨繁重的改革发展稳定任务，中共朔州市委团结带领全市人民，认真贯彻落实中共十七大、十八大和习近平总书记系列重要讲话精神，全面贯彻落实中央“四个全面”战略布局和省委“五句话”总要求，不断推进“两大任务”、加快“六大发展”，奋力开创了我市经济社会各项事业新局面。全市综合实力显著提升，社会事业全面进步，人民生活不断改善，改革开放有力推进，人民民主不断扩大，党风廉政建设成效突出，全市经济、政治、文化、社会和生态文明建设取得巨大成就，我市在全面建成小康社会的伟大征程中迈出了坚实的步伐。

六年来，在中共朔州市委的坚强领导和市人民政府的大力支持下，市政协常委会团结带领各参加单位和广大委员，高举爱国主义、社会主义两面旗帜，坚持团结、民主两大主题，紧紧围绕全市中心工作，认真履行政治协商、民主监督、参政议政职能，充分发挥协调关系、汇聚力量、建言献策、服务大局作用，为推动朔州科学发展、促进民生改善、维护社会和谐稳定做出了重要贡献，在我市人民政协史上续写了新的篇章。

### 一、坚持把思想政治建设摆在首要位置，始终保持人民政协正确的发展方向

六年来，面对国内外形势的深刻变化和经济转轨、社会转型中出现的新情况新问题，常委会始终把凝聚思想政治共识作为人民政协的首要任务，通过组织形式多样的学习培训和主题教育活动，不断夯实各党派团体、各族各界团结合作的共同思想政治基础。

注重在深化理论学习中增进共识。常委会坚持把理论武装作为首要政治任务，组织引导各参加单位和广大委员认真学习中共十七大、十八大及历次中央全会精神，学习习近平总书记系列重要讲话精神，学习中共中央关于人民政协事业发展的意见要求等，帮助广大委员不断提高理论水平和思想素质。先后举办各类学习培训班、专题报告会、座谈会20多场；组织撰写《关于学习弘扬右玉精神，推进两大任务》《深入贯彻十八大精神，推进朔州转型发展》《关于把政治协商纳入党政决策程序的实践与思考》等理论文章60多篇，在《人民政协报》《山西政协报》《朔州日报》等媒体发表；创办《朔州政协》刊物，改版升级朔州政协网站，及时反映各级政协组织和广大委员的履职实践；编印《朔州政协五年回顾》和《履职印痕》两部文史资料书籍，收集文字资料80余万字、图片资料400多幅，全面系统地反映了五届市政协的履职成就。

注重在开展重大活动中凝聚共识。常委会抓住新中国和人民政协成立60周年、中国共产党成立90周年、辛亥革命100周年和朔州建市20周年等重要时间节点，精心谋划、积极组织开展各种纪念活动。成功举办了朔州市各界人士纪念新中国成立60周年、人民政协成立60周年、朔州建市20周年“歌唱祖国、同舟共济”大型文艺晚会；连续两年举办“活力朔州”篮球邀请赛和纪念建党90周年、学习贯彻中

共十八大和习近平总书记系列重要讲话精神电视大奖赛；举办政协委员书画展、新年茶话会等系列活动，引导广大委员进一步坚定了中国特色社会主义道路自信、理论自信和制度自信，更加自觉地投身到推动科学发展、建设美丽朔州和塞上明珠的伟大事业中去。

注重在谋划部署工作中深化共识。常委会积极发挥人民政协协商民主的重要渠道和专门协商机构作用，确保中央和省委、市委的重大决策部署在人民政协得到全面贯彻落实。五届市政协履职期间，共召开7次全体会议、32次专题议政常委会议、67次主席办公会议，征集提案1284件、审查立案1069件，累计有120多名委员在全会、常委会、专题协商会议上作大会发言240多次，委员们就关系全局的重大问题和涉及群众切身利益的实际问题积极议政建言，市委、市政府领导和有关部门负责同志主动参加会议，认真听取委员的意见建议，与委员共商我市改革发展稳定大计，生动体现了社会主义协商民主制度的独特优势和生机活力，彰显了政协委员心系全局、情牵民生的良好精神风貌。

**二、坚持把服务科学发展作为第一要务，全力助推朔州改革开放和现代化建设**

六年来，面对全球金融危机的冲击和经济下行压力不断加大的严峻挑战，面对资源型经济转型发展的艰巨任务，常委会自觉把各项工作融入全市大局，认真履职、主动作为，努力为推进我市经济转型发展、科学发展献智出力。

深入开展调查研究，为推动全市转型发展、科学发展建言献策。针对影响制约我市经济社会可持续发展的突出问题和深层次矛盾，先后就“十二五”规划的制定实施、“十三五”规划的制定、转型综改试验区建设、中小企业应对金融危机、低碳经济发展、生态文明建设、推进农业产业化、发展非公有制经济、深化城建教育医疗管理体制改革、推进雁门关生态畜牧经济区领头雁和核心区建设、加大扶贫攻坚力度、帮扶中小微企业健康发展等40多个重大课题，组织委员和有关部门同志深入基层一线，认真开展调查研究，形成专题调研报告290多篇，累计提出各类意见建议600多条，向市委、市政府报送重要调研报告、建议案50多件，为市委、市政府科学决策提供了重要依据。

积极拓展协商民主，为推动全市民主政治建设凝聚合力。为适应经济社会发展的形势任务和履行职能的实践要求，常委会积极探索发挥人民政协协商民主重要渠道作用的新途径、新方式。2011年，常委会组织专题调研组赴广州、深圳等地进行考察，学习借鉴先进经验，协助市委在全省首家制定出台了《中共朔州市委关于进一步规范政治协商的有关规程》，并指导县、区出台了相关制度，有力推动了我市社会主义民主政治建设进程。六年来，常委会通过举办委员专题议政会、提案面对面、民主协商会等形式，认真贯彻落实市委《规程》。特别是每年全会期间举办的委员专题议政会，市委、市政府主要领导和有关部门负责同志与委员深入交流互动，推动了一批党政关注、群众关切的热点难点问题得到有效解决。

努力扩大民主监督，为推动全市重点工作任务落实提供保障。围绕中央和省委、省政府重大部署的贯彻落实和市委、市政府重点工作的实施推进，常委会不断加大民主监督的制度建设和工作力度。2015年，我们围绕推进朔州民主法制领域改革和实施“六权治本”的中心任务，协助市委起草并出台了《中共朔州市委关于加强和改进人民政协民主监督的意见》，为政协履行民主监督职能提供了坚实的制度保障。六年来，常委会先后组织开展了生态畜牧、城市建设、项目落地、社会保障等专题视察活动，着力推动党政重大决策部署的全面贯彻落实；组织对全市煤矿、非煤矿山、危险化学品和道路交通等重点行业开展集中视察，着力推动安全生产措施的落实到位；组织委员积极参与纪检监察部门的政风行风评议活动，充分发挥委员民主监督作用，着力推动党政部门作风转变、发展环境不断优化。

**三、坚持把履职为民作为工作出发点和落脚点，着力促进民生改善、社会和谐**

六年来，面对人民群众过上更好生活的新期待、新要求，常委会坚持以人为本、履职为民，积极协助党委、政府做好保障和改善民生工作。

畅通渠道，真实反映社情民意。常委会把了解民情、反映民意作为重要职责，引导委员深入基层一线倾听群众呼声，及时客观反映各界群众的所思所想、所忧所怨，着力做好社情民意信息的汇总、分析、报送和跟踪反馈工作。六年来，累计收集社情民意信息4189条，编印信息专刊419期，向全国政协和省政协报送1891条，被全国政协和省政协采用140条，市委、市政府领导作出重要批示24条。政协的社情民意信息，不仅为各级党政掌握民情、推进工作提供了有益帮助，也促进了一批群众关切问题的有效解决。

积极建言，真情服务民生改善。常委会把促进民生改善作为履职重点，先后就促进农民工劳动和社会保障、大学生就业创业、教育均衡发展、医疗卫生改革、创新社会管理等群众普遍关注的问题开展专题调研，向市委、市政府报送建议报告20多篇，推动了一批民生工程的实施和民生问题的解决；连续两年组织市、县区政协委员开展以“政协委员百题大调研”“政协委员进百家”为主题的“双百”活动，共向各级党委、政府报送调研报告120篇、社情民意信息300多篇，提出意见建议1000多条，受到了党委、政府的高度重视，得到广大人民群众的普遍好评；结合开展党的群众路线教育实践活动、学习讨论落实活动和“三严三实”专题教育，组织发动委员广泛开展“访民生、知民情、解民忧”和“送科技、送文化、送医药、送法律”等主题实践活动，市政协主席班子和办公厅累计为包村增收、下乡扶贫联系点筹集资金130多万元，建成畜牧养殖大棚40多座，进一步密切了同人民群众的联系，促进了政协工作更好地接地气、聚民心。

协调关系，倾力促进社会和谐。常委会坚持把发扬民主、增进团结作为履行职责的重要着力点，积极促进各方面关系的和谐，致力维护全市社会大局稳定。加强与各民主党派、工商联、人民团体和无党派人士的联系，积极为他们发挥作用搭建平台、创造条件，通过安排大会发言、联合开展调研、办理党派提案、反映社情民意等，鼓励和支持他们积极发表意见建议。五届市政协任期内，经过多方努力协调，为各民主党派、工商联和政协机关彻底改善了办公条件，进一步凸显了人民政协大团结、大联合的优势；积极向省、市编制管理部门争取，市政协新增设了民族宗教港澳台委员会和社会法制委员会两个组成机构，配备了专职人员，为进一步做好我市民族宗教和群众工作奠定了良好基础；深入贯彻党的民族宗教政策，促进了民族团结、宗教和睦；加强同社会各界人士的联系，深入群众、深入基层，认真做好解疑释惑、理顺情绪、化解矛盾的工作，促进了各界别、各阶层关系的和谐。

**四、坚持把自身建设作为履职基础，进一步提升政协工作科学化水平**

六年来，面对新形势下人民政协肩负的职责使命，常委会坚持解放思想、实事求是、与时俱进的思想路线，不断推进政协事业的创新发展。

着力强化履职制度建设。认真贯彻落实《中共中央关于加强人民政协工作的意见》《中国共产党统一战线工作条例》《中共中央关于加强社会主义协商民主建设的意见》和省委、市委有关精神，组织专题调研，研究制定把政治协商纳入决策程序、完善民主监督机制、提高参政议政成效的具体措施；制定出台了《关于委员履职考核办法》《关于发挥界别作用的意见》等一系列规章制度；修订完善了《提案工作实施办法》《信息工作考核办法》等日常工作制度；建立健全了委员学习培训、调研视察、机关建设等工作机制，有力推动了政协工作的制度化、规范化、程序化建设。

着力强化委员队伍建设。注重委员学习培

训，通过专题报告、集中培训、座谈交流和组织委员参加知识竞赛、重大纪念活动等形式，着力抓好委员思想政治教育、履职能力教育、法纪法规教育和廉洁自律教育；积极搭建委员履职平台，坚持利用每年政协全会、常委会和专题议政会等，邀请市委、市政府领导，向政协委员通报全市经济社会发展情况、党风廉政建设和反腐败斗争情况，帮助委员知情明政、更好履职；组织委员参加调研视察和外出考察活动，帮助委员了解实际、开阔眼界；强化委员管理考核，表彰奖励优秀委员，对一些不履职、不称职的委员及时调整，有效激发了委员履行职能的积极性、主动性和实效性。

着力强化政协机关建设。以开展创先争优、保持党的纯洁性、党的群众路线教育实践活动、学习讨论落实活动和“三严三实”专题教育为抓手，着力推进“学习型、服务型、创新型、和谐型”政协机关建设，政协机关干部服务大局、服务委员、服务基层的能力素质得到进一步提升；强化机关作风建设，从严从实贯彻落实中央八项规定和省委、市委关于正风肃纪的部署要求，从精简会议、调研视察、厉行勤俭节约等方面作出具体规定，对公务接待、公务用车、办公用房、“三公”经费等进行专项治理，机关干部的思想作风、廉洁自律意识得到明显增强；注重机关干部队伍建设，五届市政协任期内，在中共朔州市委的亲切关怀和大力支持下，市政协机关干部先后有 16 人次得到提拔重用，走上领导工作岗位，有 3 名同志被交流重用，有 12 名年轻干部充实到政协机关工作，政协机关的活力得到明显增强，市政协办公厅连续多年在全市目标责任考核中获得优秀。

各位委员，回首五届市政协的履职历程，我们尽心尽责、主动作为，为推动我市经济发展、民生改善、社会和谐做出了重要贡献；我们积极探索、锐意创新，人民政协事业得到进一步发展，在全市民主政治生活中的地位不断提高、社会影响力显著增强。六年来，我们每前进一步都离不开中共朔州市委的坚强领导和市人民政府的大力支持，我们所做的每一项工作都离不开各党派团体和社会各界的鼎力相助，我们取得的每一份收获都凝聚着广大委员、政协干部的心血和智慧。在此，我代表五届市政协常委会，向大家表示衷心的感谢！

同时，我们也清醒认识到，我们的工作还存在一定差距和不足。主要是：政治协商的内容有待拓展深化，《政治协商规程》等相关制度有待进一步落实到位；民主监督仍然是薄弱环节，监督的渠道不够畅通，监督保障机制需要进一步健全；参政议政的质量和成果转化需要进一步强化；界别的作用发挥不够充分，有的委员履职的积极性主动性不强；个别委员因违纪违法被查处，警示我们必须加强对委员的教育管理等等。所有这些，都需要我们在今后的工作中认真研究、不断改进。

各位委员，五届市政协履职期间，我们始终秉持在继承中创新、在创新中发展的理念，在研究新情况、解决新问题的实践中，进一步深化对新形势下人民政协工作特点和规律的认识，积累了一些有益经验和做法。主要体会有：

一是必须坚持中国共产党的领导。六年来，我们坚定不移地贯彻落实党的基本理论、基本路线、基本纲领，坚定不移地贯彻执行中央和省委、市委关于人民政协工作的方针政策，坚持在中共朔州市委的领导下开展工作，主动向市委报告工作、反映情况，得到市委、市政府的高度重视和大力支持。实践证明，只有始终坚持党的领导，自觉做到同党委思想上同心同德、目标上同心同向、工作上同心同行，才能确保人民政协事业始终沿着正确的方向前进。

二是必须坚持围绕中心、服务大局。六年来，我们牢固树立大局意识，充分发挥优势，坚持把履职重点放在事关我市改革发展稳定重大问题的思考谋划上，放在朔州经济结构优化、发展质量提升“两大任务”的推进上。实践证明，人民政协只有把促进科学发展作为第一要务，自觉围绕大局谋事，紧扣中心干事，才能在推进事业发展中彰显特色、发挥作用。

三是必须坚持以人为本、履职为民。六年来，我们围绕人民群众最关心、最直接、最现实的利益问题，认真反映民意，深入调研献策，主动服务民生，积极协助党委、政府做好宣传政策、解疑释惑、化解矛盾等工作，得到了社会各界的好评。实践证明，只有把履职实践与最广大人民群众的根本利益紧密结合起来，努力做到人民政协为人民，才能得到群众的拥护、社会的认可。

四是必须坚持团结民主两大主题。六年来，我们把发扬民主、增进团结作为开展工作的重要着力点，加强与各党派团体、各族各界的联系沟通，积极为他们发挥作用搭建平台、创造条件，营造了团结合作、融洽和谐的良好氛围。实践证明，参加人民政协的各党派团体、各族各界人士，只有在沟通协商中增进共识，在合作共事中凝聚人心，才能为富民强市汇聚起强大的正能量。

五是必须坚持务实创新精神。六年来，我们认真探索履行职能的新方式、新途径。通过制度创新，扩大了协商民主的影响力；通过调研视察、提案办理、信息反映等经常性工作方式创新，增强了议政建言的针对性和实效性。实践证明，只有牢牢把握时代脉搏，始终保持蓬勃朝气，不断总结实践经验、创新工作方式方法，才能使人民政协永葆生机与活力。

## 对六届市政协工作的建议

各位委员，中共十八大以来，以习近平同志为总书记的中共中央提出并逐步确立了全面建成小康社会、全面深化改革、全面依法治国、全面从严治党的战略布局。中共十八届五中全会确立了创新、协调、绿色、开放、共享的发展理念，描绘了全面建成小康社会的宏伟蓝图。中共朔州市委认真贯彻落实中央对山西的重要指示精神，贯彻落实省委、省政府关于净化政治生态、实现弊革风清、重塑山西形象、促进富民强省的决策部署，开启了推进“两大任务”、加快“六大发展”的新征程。面对新的形势和任务，六届市政协要牢记使命、强化责任，认真学习贯彻中共十八大和十八届三中、四中、五中全会精神，深入学习贯彻习近平总书记系列重要讲话精神，积极履行政协职能，认真做好各项工作，努力为推进“两大任务”、加快“六大发展”、全面建成小康社会做出新的更大的贡献。为此，向六届市政协提出如下建议：

### 一、深入学习贯彻习近平总书记系列重要讲话精神，用讲话精神统领政协工作

深入学习贯彻习近平总书记系列重要讲话精神，是新一届市政协的首要政治任务。要把学习贯彻讲话精神与学习贯彻中共十八大和十八届三中、四中、五中全会精神紧密结合起来，深刻领会习近平总书记系列重要讲话的科学内涵、精神实质和实践要求，切实把思想和行动统一到中共中央的决策部署上来，把智慧和力量凝聚到中共朔州市委确定的目标任务上来；要把学习讲话精神与人民政协履行职能的生动实践紧密结合起来，积极为推动我市经济、政治、文化、社会和生态文明全面协调发展，为推进“两大任务”、加快“六大发展”建言献策、汇聚力量；要把学习讲话精神与贯彻落实中央和省委、市委关于人民政协工作的部署要求紧密结合起来，主动适应新形势和新任务要求，持续推进人民政协事业创新发展，不断取得新的更大成就。

### 二、紧扣中心大局，为全面建成小康社会建言献策

全面建成小康社会，是党的十八大和十八届五中全会确定的“十三五”奋斗目标；“深入学习贯彻习近平总书记系列重要讲话精神，净化政治生态、实现弊革风清、重塑山西形象、促进富民强省”，是省委、省政府立足山西重要历史关头作出的重大战略决策；瞄准全面建成小康社会总目标，落实省委五句话总要求，推进“两大任务”、实现“六大发展”，是我市当前和今后一个时期的中心任务。新一届市政协要坚持围绕中心、服务大局的履职原则，紧紧围绕全面建

成小康社会的奋斗目标，突出履职重点，深入协商议政，积极发挥作用，着力推进我市创新发展、协调发展、绿色发展、开放发展、共享发展、廉洁和安全发展。要围绕推进“两大任务”、加快“六大发展”，就制定实施“十三五”规划、发展壮大实体经济、煤炭产业转型升级、生态畜牧基地建设、扶贫攻坚等重点问题，深入调查研究，提出对策建议；要围绕深化转型综改、推进法治建设等重点工作，就健全完善市场机制、实施创新驱动、推进依法行政等重点问题开展咨政建言活动；要围绕民生改善、社会和谐，就创业就业、收入分配、住房安居、教育卫生、社会保障等群众关切的突出问题，了解基层实际、积极反映民意，为党委政府掌握实情、解决问题，推进民生事业发展提供帮助；要围绕从严治党、强化作风建设，就推进“六权治本”、深化简政放权、创优发展环境等长效机制的建立健全，主动研究对策，积极提出建议。

## 三、突出团结民主，为促进社会和谐稳定汇聚力量

团结和民主是人民政协的永恒主题。新一届市政协要坚持把发扬民主、增进团结、协调关系、化解矛盾作为履行职能的重要着力点，进一步加强中国共产党同各民主党派、无党派人士和各族各界人士在人民政协的合作共事，努力为促进政党关系、民族关系、宗教关系、阶层关系、海内外同胞关系和谐发挥作用；要牢固树立群众观点，充分发挥政协在密切党委政府与人民群众联系中的桥梁纽带作用，多做团结群众、联系群众、服务群众的工作，促进民生改善、社会和谐稳定；要积极开展对外联谊交往活动，密切与全国政协、省政协和兄弟市（县）政协的联系，广泛宣传朔州、推荐朔州，主动为我市招商引资、招才引智牵线搭桥、提供帮助。

## 四、强化制度建设，为推进协商民主广泛多层制度化发展探索新路

人民政协是推进社会主义协商民主的重要渠道和专门机构，在发展社会主义民主政治、建设社会主义政治文明的进程中肩负着重要职责使命。新一届市政协要认真贯彻落实《中共中央关于加强社会主义协商民主的意见》，准确把握人民政协协商民主的性质定位，坚持“有事好商量、遇事多商量”的原则，将协商理念贯穿到履行职能的全过程和开展工作的各方面；要进一步健全完善政治协商、民主监督、参政议政的制度和工作机制，深入开展专题协商、对口协商、界别协商、提案办理协商，不断丰富协商形式，增强协商实效，推进协商民主更加规范有序地发展。

## 五、坚持改革创新，为不断提升政协工作科学化水平夯实基础

在新的起点上推进人民政协事业发展，必须坚持改革创新、与时俱进，不断加强和改进自身建设。新一届市政协要认真贯彻落实习近平总书记在人民政协成立65周年庆祝大会上的讲话精神，努力在提高政治把握能力、调查研究能力、联系群众能力、合作共事能力上狠下功夫，推动政协事业不断创新发展；要进一步深化党派团结合作，探索更好地发挥界别和专委会作用的途径、办法，强化政协委员和机关干部队伍建设，努力增强人民政协履行职能的实效；要大力加强作风建设，认真贯彻落实中共中央关于改进工作作风、密切联系群众的八项规定，深入开展“三严三实”专题教育，积极践行中华民族伟大复兴的中国梦和社会主义核心价值观，自觉遵守政治纪律和政治规矩，以良好的作风促进人民政协工作科学化水平不断得到新的提升。

各位委员，人民政协事业是薪火相传的伟大事业，五届市政协已经完成了自己的光荣使命，新一届市政协承前启后、任重道远。让我们更加紧密地团结在以习近平同志为总书记的中共中央周围，高举中国特色社会主义伟大旗帜，在中共朔州市委的坚强领导下，同心同德、奋发进取、扎实工作，不断谱写我市人民政协事业的新篇章，为全面建成小康社会、实现中华民族伟大复兴的中国梦而努力奋斗！

# 朔州市中级人民法院工作报告
## ——在朔州市第六届人民代表大会第一次会议上

朔州市中级人民法院副院长　康毓东

（2015年12月27日）

市五届人大一次会议以来，全市法院在市委的坚强领导下、在市人大和上级法院的有力监督指导下，在市政府、政协及社会各界的关心支持下，深入贯彻落实党的十八大和十八届三中、四中、五中全会和习近平总书记系列重要讲话精神，紧紧围绕"努力让人民群众在每一个司法案件中都感受到公平正义"的目标，忠实履行宪法和法律赋予的职责，为维护全市社会稳定、促进经济发展和全面深化改革提供了有力的司法保障。全市法院受理案件数量持续攀升，截至2015年11月，共受理各类案件62762件，审执结59969件，同比上升301.7%和315.9%。市中级法院共受理案件5132件，审执结4882件，同比上升42.4%和40.2%。在审判压力空前加大，办案人数基本不变的情况下，全市法院不断强化为民司法、公正司法等工作举措，审判质量效率明显提升。调解撤诉率、服判息诉率、裁判自动履行率等主要指标呈逐年递增的良好态势。根据省高级人民法院通报，2012年以来，全市法院案件质效连续三年位列全省一流行列。

### 一、依法履行职能，服务大局不断有新作为

立足审判职能，紧紧围绕全市工作大局，狠抓执法办案第一要务，有力地推进了平安朔州、和谐朔州、法治朔州建设。

坚决惩腐除恶，营造良好的法治环境。全市法院审结各类刑事案件6921件，判处罪犯7372人，同比上升150.5%和342.8%，其中判处五年以上刑罚900人。市中级法院审结一审刑事案件333件，判处罪犯248人，其中判处五年以上刑罚189人。审结贪污、贿赂、滥用职权等职务犯罪案件316件，判处罪犯507人，为净化政治生态，开展反腐败斗争提供了有力的司法保障。依法惩处危害人民生命财产安全、破坏社会秩序和经济秩序的各类犯罪。审结故意杀人、故意伤害等侵犯公民人身权利的犯罪案件1152件，判处罪犯1681人；审结"两抢一盗"等暴力侵财犯罪案件2124件，判处罪犯3057人；审结合同诈骗、非法吸收公众存款等破坏市场经济秩序犯罪案件91件，判处罪犯126人。依法审慎做好死刑案件审判工作。2009年以来，市中级法院判处死刑案件91件94人，确保了无冤假错案的底线。依法保障被告人诉讼权利，为无能力聘请律师的被告人提供法律援助600余人次。认真贯彻"教育、感化、挽救"方针，做好未成年人犯罪案件的审判工作，建立了未成年人犯罪记录封存等制度。积极参与社会治安综合治理，为人民群众安居乐业营造良好的法治环境。

妥善化解矛盾纠纷，促进经济平稳健康发展。全市法院共审结各类民商事纠纷案件46987件，诉讼标的额60亿元，同比分别上升375.7%和450%。市中级法院审结各类民商事纠纷案件3290件，诉讼标的额达25亿元。突出重点工作，审结金融纠纷案件3958件，维护了金融安全和金融秩序；审结企业兼并、改制、破产等案件16件，促进了经济结构优化；审结民间借贷纠纷案件4553件，规范和引导了民间融资行为；审结知识产权纠纷案件79件，有效支持了创新发展。

监督促进依法行政，推动法治政府建设。充分发挥司法审查的职能，妥善审理好社会关注的房屋拆迁、土地确权、治安行政处罚等行政诉

讼案件，切实保护行政相对人的合法权益，监督支持行政机关依法行政。全市法院审结行政诉讼案件244件，同比上升42.3%。审查行政机关非诉行政执行案件326件。市中级法院审结行政诉讼案件106件，同比上升21.9%。加强司法与行政良性互动，通过发布行政审判白皮书、召开联席会议、对行政执法人员进行法律培训等形式，及时向行政机关反馈审判工作中发现的行政执法突出问题，提出司法建议，有效预防和实质性化解行政争议，促进了依法行政。

主动延伸服务，全力优化发展环境。全市法院牢牢把握为大局服务的工作主线，紧紧围绕市委、市政府的重大决策部署，认真研究我市经济社会发展的区域特征。先后制定出台了《关于为我市转型跨越发展提供司法保障的意见》《保障重点项目建设指导意见和工作细则》《全市法院适应经济发展新常态服务和保障"两大任务""六大发展"的实施意见》等一系列指导性文件，就推进转型升级、资源整合、生态保护、社会管理创新深入调研，部署开展了"解放思想大讨论、法院发展大调研"等活动，进行重点项目建设专项服务，不断加大司法研究和审判的力度。深入基层，深入群众，通过与企业、社区、乡村联系、走访座谈、协调案件等及时了解司法需求，认真听取审判建议，积极开展普法宣传、法律咨询、帮扶济困等多种司法服务，收到了良好的社会效果和法律效果。

## 二、着力保障民生，司法为民不断有新举措

牢固树立宗旨意识，以保障和改善民生为重点，以人民群众多元司法需求为导向，不断深化便民利民举措，忠实践行司法为民。

便民举措更加务实。全市法院均建成了设施齐全、服务周到的诉讼服务中心，实行一站式服务。推行判前析法明理，判后释法答疑制度，最大限度地争取当事人对诉讼活动和裁判结果的理解。进一步健全案件繁简分流，完善简易程序、小额诉讼、刑事和解、轻微刑事案件快速办理等机制，一审案件简易程序适用率达78.78%，极大地减轻了当事人的诉累。大力推行巡回审判方式，充分发挥车载法庭、假日法庭、社区法庭等作用，方便群众诉讼。积极开展"法律六进"等活动，选择典型案例以案释法，切实提高群众法律意识。充分保障弱势群体权益，加大司法救助力度，依法对生活确有困难的刑事被害人、申请执行人和涉诉信访人给予司法救助1000余万元。采取积极措施，确保困难群众打得起官司，全市法院为困难群众缓、减、免诉讼费1300余万元。

涉民生案件的审判力度进一步加大。切实保障涉诉民生权益，妥善审理与群众切身利益密切相关的案件。共审结婚姻家庭、赡养抚养、相邻关系案件19241件，审结医疗、住房、人身损害赔偿等案件8450件，弘扬了社会公德，维护了公序良俗。高度关注"三农"问题，审结涉农案件520件，支持了新型城镇化和新农村建设。依法严惩危害食品药品安全、制售假冒伪劣商品等犯罪案件36件，切实保障人民群众的生命财产安全。进一步建立完善涉民生案件"绿色通道"，做到了快立、快审、快执，着力解决群众合法诉求。

执行难得到有效缓解。多措并举加大执行力度，最大限度实现胜诉当事人的合法权益。全市法院共执结各类案件5659件，执结标的额36亿元，同比分别上升260.9%和192%。市中级法院执结各类案件596件，执结标的额15亿元，同比分别上升70.1%和121.2%。强化内部管理，建立健全了执行案件流程管理、裁执分离、信息公开等执行工作机制，执行工作制度化、规范化建设取得了明显成效。强化外部协作，不断完善综合治理执行难工作机制，与公安、工商、金融等部门联合出台文件，建成执行查控系统和执行征信系统，形成了破解执行难的合力。全市法院积极开展了"集中清理执行积案""创建无执行积案先进法院""委托执行案件专项清理""打击拒不执行判决、裁定犯罪行为"等多项集中执行活动。特别是2013年以来，在

“涉民生案件”专项集中执行活动中，全市法院执结追索劳动报酬、赡养抚养费、医疗事故赔偿、交通事故人身损害赔偿、工伤赔偿等十类涉民生案件600余件，执行到位标的上亿元。在“党政机关执行人民法院生效裁判积案”专项清理中，19件案件全部执结，执行标的1300余万元。我市法院的执行工作，连续三年在社会治安综合治理目标责任考核中位列全省一类行列，为全市社会治安综合治理工作做出了积极贡献。

重调息诉，调解机制更加多元。认真贯彻“调解优先、调判结合”工作原则，自觉主动把调解贯穿于审判执行工作的各个环节，着力推动人民调解、行政调解、司法调解“三位一体”的大调解工作格局。2009年，省高级法院在怀仁县召开了全省法院重调息诉经验交流会；2012年，最高人民法院确定怀仁县法院为山西唯一诉调对接试点法院，形成了诉讼与非诉讼相衔接的工作机制，在全市法院予以推广。近三年来，全市法院民商事案件调撤率保持在75%以上，始终位列全省前三名。

涉诉信访工作成效明显。认真落实最高人民法院“四个必须、五项制度”，制定出台了两级法院领导班子成员包案接访、全市法院解决涉诉信访工作的“七项”规章制度，建立完善了解决涉诉信访案件的长效工作机制。稳妥推进涉诉信访制度改革，实行“诉访”分离。开通了远程视频接访系统，进一步畅通了信访诉求渠道。共办理信访案件2000余件，审查申诉和申请再审案件300余件，对84件符合进入再审程序条件的依法提起再审，保证了存在瑕疵或确有错误的案件及时得到纠正。扎实开展了“两案三评一访”“三争做”和最高人民法院、省高级人民法院开展的集中清理信访积案、省市政法委集中清理信访积案百日攻坚等活动。对历年来全国人大、中央政法委、最高人民法院交办的涉法涉诉信访积案全部化解终结。党的十八大等重大活动期间，全市法院没有发生进京上访事件，解决涉法涉诉信访整体工作，始终保持在全省前列。

**三、注重改革创新，公正司法不断有新成效**

紧紧围绕维护社会公平正义的总目标，积极探索，勇于创新，不断完善司法工作机制，努力在司法体制改革上取得新进展，有效提升了司法公信力。

司法公开全面推进。秉承“阳光司法”的理念，以审判流程、裁判文书、执行信息三大平台建设为抓手，以现代信息技术为依托，及时向当事人及社会公众公开案件审理和执行信息。科技法庭全覆盖，实现了庭审同步录音录像。坚持“以公开为原则，不公开为例外”，全市法院应当上网的裁判文书全部上网公开。通过召开新闻发布会、举办“公众开放日”、邀请各界群众、媒体来院参观座谈、观摩庭审，增进对法院工作的认识和了解，积极回应社会关切。强化新媒体运用，两级法院均开通了官方网站和官方微博，在官方网站、微博和微信平台及时发布法院工作动态、重大案件情况和各项司法信息，市中级法院官方网站发稿量、点击率均排名全国中级法院前30位。2014年度中国法院网、人民法院报社授予市中级法院“全国法院网络新闻宣传工作先进单位”。

审判机制进一步健全。我们坚持以制度建设为平台，不断完善审判监督管理机制，有效规范司法行为。借助信息化手段实现了审判过程的全程留痕、动态管理。制定完善了审判案件信息管理、流程管理、质量监督管理、审判态势分析等工作机制。注重强化对基层法院的审级监督和业务指导，实行案件质效考评等制度，有力提升了基层法院的审判质效。持续开展了庭审、裁判文书“两评查”活动，有力促进了全市法院案件质量效率的不断提升，案件上诉率、发还改判率、案件再审率明显下降。连续三年，在全省法院23项案件质量评估指标中，我市法院综合审判质效指标始终保持全省一流。

司法改革有序推进。按照中央和上级法院的安排部署，积极稳妥地推进司法体制改革任务的落实。从司法责任制和审判运行机制改革入手，严格落实“让审理者裁判、由裁判者负责”的审判工作机制，逐步建立权责分明的司法责任制。改革审判委员会制度，推行院庭长、主审法官及合议庭办案责任制，明确办案权力责任，强化监督制约。全面推行量刑规范化改革，统一法律适用标准，严格法官自由裁量权行使，确保量刑公开、透明、公正。积极探索以庭审为中心的审判运行机制改革。完善人权司法保障制度，严格实行非法证据排除规则。着力规范减刑、假释案件办理程序。积极推进涉诉信访改革，将涉诉信访工作纳入法治轨道，依法妥善解决。不断完善人民陪审员制度。

**四、坚持从严治院，队伍建设不断有新提升**

始终坚持以人为本，从严管理。紧紧围绕公正廉洁司法的生命线，以各项活动为载体，以提高司法能力为抓手，以强化司法作风建设为重点，努力打造一支正规化、专业化和职业化的过硬法院队伍。2009 年以来，先后涌现出一大批先进典型。全市法院共有 38 个集体 60 名个人受到省级以上表彰奖励，先进模范群体进一步扩大。2014 年以来，两级法院又有 3 个集体获得“全国法院先进集体”，两名个人获得“全国法院先进个人”“全国法院办案标兵”荣誉称号。

思想政治建设深入推进。我们坚持抓党建带队建，扎实开展了“大学习，大讨论”“学习实践科学发展观”“社会主义法治理念教育”“人民法官为人民”“党的群众路线教育实践”“三严三实专题教育”等多项活动，有力促进了法院队伍的思想作风建设，确保了人民法院工作的正确政治方向。充分发挥身边先进典型的教育示范引领作用，在全市法院开展了向“弘扬右玉精神、感动朔州十大人物”朱义同志学习的活动，大力营造创先争优、奋发向上的氛围。认真组织学习党的十八大和十八届三中、四中、五中全会和习近平总书记系列重要讲话精神，广大干警宗旨意识进一步增强，理想信念进一步坚定。注重加强党组自身建设，不断增强领导班子总揽全局、科学决策的能力。两级法院领导干部带头转变思想作风，深入基层调查研究，领导能力和司法决策水平明显增强。深入推进法院文化建设，有效提高了干警的政治意识、大局意识、责任意识和群众意识。

司法能力建设有效提升。全面加强学习型法院、学习型党组织建设。围绕提升法官驾驭庭审、适用法律、化解矛盾纠纷、做群众工作、信息化应用等能力，在积极参加上级法院调训的基础上，制定培训计划，建立了培训人员回讲等制度，形成了定期培训和专项培训相结合的培训机制。共举办各类培训 200 余期，培训法官 6000 余人次。广泛开展业务研讨、专题讲座、法官论坛、技能竞赛、岗位练兵等活动。2013 年全市两级法院均成立了刑事、民事学术研讨委员会，不断强化对审判理论和审判实务的学习研究。深入开展庭审观摩、裁判文书评比等活动，共评查庭审 180 余次，评查裁判文书 9000 余份，法官庭审能力和裁判文书制作水平明显提升。

司法作风建设不断加强。大力改进司法作风，不断完善司法作风建设的长效机制。先后认真组织开展了“司法作风大检查”“司法为民大走访、大调研、大服务”“学习讨论落实活动”“六难三案专项整治”“纪律作风整顿”等活动，严格执行中央八项规定，深入查找“四风”问题。不断加大司法巡查和审务督察力度，大力整风肃纪，及时督促整改，着力解决在宗旨理念、规范司法、纪律作风等方面存在的突出问题，广大法官的司法作风明显转变。

廉洁司法建设常抓不懈。坚持把反腐倡廉摆在重要位置，着力构建不愿为、不能为、不敢为的长效反腐惩防体系。认真落实党风廉政建设主体责任和监督责任，坚持“一岗双责、一案双查”。牢固树立纪律意识规矩意识，深入开展党风党纪教育、警示教育等活动，不断强化廉洁司法。继续引深“利剑”工程，扎实推进司法廉洁防控机制建设，加强对重要部门、重点岗位、重点环节的监督检查。全市两级法院全部开通了举报网站，实现联网对接，以“零容忍”的态度查处违纪违法案件，坚决做到有腐必惩、有案必查。共受理举报案件42件，对违纪行为进行诫免谈话4人、给予政纪处分7人，确保清廉司法公正司法。

自觉接受监督，努力改进法院工作。全市法院始终坚持监督就是支持的理念，主动将法院工作置于党的领导和人大、政协及社会各界的监督之下。自觉接受人大及其常委会的监督，坚持专项工作报告制度。2009年以来，就刑事审判、民商事审判、执行、规范司法行为等工作向人大常委会作了专题报告，并根据审议意见和决定抓好整改落实。积极配合市人大常委会开展专项调研和执法检查。高度重视人大代表建议办理，完善交办、督办、反馈机制。主动接受政协民主监督，认真办理政协委员提案。加强人大代表、政协委员联络工作，邀请人大代表、政协委员视察工作、庭审观摩、执行监督、听证评议。支持配合检察机关依法履行法律监督职责，认真研究检察建议，审结检察机关抗诉案件73件，共同维护司法公正和法律权威。全面落实人民陪审员"倍增计划"，人民陪审员参审的案件范围不断拓宽，陪审率同比上升两个百分点。重视网络媒体的监督作用，坦诚应对重大涉案舆情。健全新闻发言人制度，及时发布司法信息，接受舆论监督。

积极开展主题宣传暨公众开放日等活动，不断扩大人民群众的知情权、监督权，确保审判权在阳光下运行。

各位代表，市五届人大一次会议以来，我市法院案件质效全面提升，队伍建设健康发展，司法作风明显转变，司法改革稳步推进，各项工作取得了长足的进步。这些成绩的取得，是全市法院干警的辛勤努力，更是各级党委的坚强领导、人大的有力监督、政府的大力支持、政协的民主监督和社会各界关心支持的结果。在此，我代表全市法院广大干警向长期以来关心、支持法院工作的各位人大代表、政协委员和社会各界人士表示崇高的敬意和衷心的感谢！

成绩来之不易，使命任重道远。我们深切地体会到，当前全市法院工作还存在诸多制约发展的问题和困难：一是司法体制改革任务艰巨。二是司法服务保障经济新常态的能力还需进一步提升。三是案件数量持续快速增长，案多人少的矛盾愈加突出。四是涉诉信访、执行难等问题仍未得到根本解决。五是审判法庭、诉讼服务中心等基础设施和信息化建设需要进一步加强。对这些问题和困难，我们将以高度的责任心，采取更加有力的措施，认真研究加以缓解解决。

今后一个时期，全市法院将以党的十八大和十八届三中、四中、五中全会精神为指针，认真贯彻落实习近平总书记系列重要讲话精神，坚持以公平正义为目标，以司法为民、公正司法为主线，主动把握和积极适应经济发展新常态。着力深化司法改革，规范司法权力行使，全力打造过硬法院队伍，切实提高司法为民、公正司法水平，全面推进审判体系和审判能力现代化，不断推动法院工作实现新发展。

一是全力服务保障改革发展大局。紧紧围绕"提升两大任务、加快六大发展"战略，主动适应经济发展新常态，依法审理好金融、信贷、投资等领域案件，维护经济安全和市场稳定，维护公平竞争的经济发展环境。依法审理好企业破产重组、股权纠纷等案件，扶持绿色环保企业发展壮大。依法审理好知识产权案件，支持高科技创新型企业发展。

二是全力促进社会和谐稳定。要充分发挥职能作用化解矛盾、维护稳定。要继续贯彻宽严相济刑事政策，依法严惩危害公共安全、影响群众安全的各类犯罪和重大职务犯罪，维护社会治安稳定。继续深化诉讼和非诉讼相衔接的调解工作模式，妥善化解矛盾纠纷，努力实现案结事了人和，促进社会和谐。完善执行机制，加大执行力度，进一步解决"执行难"问题。积极参与社会管理综合治理，推进"平安朔州""法治朔州""和谐朔州"建设。

三是全力维护人民群众合法权益。进一步丰富完善诉讼服务中心功能，千方百计方便当事人诉讼。妥善审理好劳动争议、征地拆迁等事关群众切身利益的案件,保障和改善民生。深入推进涉诉信访改革。强化立案、审理、执行各环节信访风险研判机制,从源头上预防和减少涉诉信访问题。加大司法救助力度,对确有困难的当事人,依法缓、减、免收诉讼费。建立刑事被害人救助制度。加大派出法庭、巡回审判力度,方便群众诉讼。

四是全力改革创新,提升司法公信。按照中央和省市委的统一部署,积极稳妥推进司法改革和司法权力运行机制改革。优化司法职权配置,强化监督制约,确保司法权严格依法规范运行。进一步强化审判管理机制建设,完善案件质量效率评估体系和法官绩效考核制度。扎实推进司法公开三大平台建设,立案、庭审、执行、听证、文书和审务深入公开。持续举办新闻发布会和"公众开放日"活动,及时发布重大司法信息,切实回应群众关切。认真落实人民陪审员制度,拓宽人民陪审员参审范围。

五是全力打造过硬法院队伍。进一步加强思想作风、能力素质、廉洁自律建设,努力建设一支信念坚定、执法为民、敢于担当、清正廉洁的法官队伍。在巩固"党的群众路线教育实践活动""学习讨论落实活动"成果的基础上,持续深入开展"三严三实"专题教育,引导广大干警增强群众观念,密切联系群众,改进司法作风。严格执行中央"八项规定",深入整治"六难三案",规范司法行为。加强法官职业培训,提升法官审理疑难复杂案件、处理敏感性、突发性和群体性矛盾纠纷的能力。以"零容忍"的态度,坚决查处司法腐败,确保司法公正廉洁。

各位代表,今后五年是全市法院面对新情况、迎接新挑战的五年,也是励精图治、奋发有为的五年。我们将紧紧围绕全市发展大局,认真贯彻落实市委和省高级人民法院的各项工作部署,认真贯彻落实本次大会决议,求真务实,开拓创新,为全面深化改革、全面推进依法治市和全面建成小康社会提供更加有力的司法保障!

附:

**有关用语说明**

1.各类案件:指刑事、民事、行政等三大诉讼中的一审、二审、再审案件以及申请执行、国家赔偿、减刑、假释等案件。

2.两抢一盗:指刑事案件中的抢劫、抢夺、盗窃类案件。

3.犯罪记录封存:《刑事诉讼法》第二百七十五条规定:"犯罪的时候不满十八周岁,被判处五年有期徒刑以下刑罚的,应当对相关犯罪记录予以封存。罪犯记录被封存的,不得向任何单位和个人提供,但司法机关为办案需要或有关单位根据国家规定进行查询的除外。"

4.行政审判白皮书:是指人民法院以书面形式向当地党委、人大和政府或有关行政机关报送年度行政案件司法审查的报告。

5.小额诉讼:是指基层人民法院和它派出的法庭审理的事实清楚、权利义务关系明确、争议不大,标的额为各省、自治区、直辖市上年度就业人员年平均工资百分之三十以下,符合适用简易程序条件的简单民事案件。

6.刑事和解:是指在法定范围的公诉案件中,犯罪嫌疑人、被告人真诚悔罪,通过向被害人赔礼道歉、赔偿损失等方式获取被害人的谅解,从而实现双方当事人自愿达成和解协议,可以对犯罪嫌疑人、被告人作出不同程度和方式的从宽处理的程序。

7.轻微刑事案件快速办理机制:指为落实宽严相济刑事政策,有效发挥刑罚的惩罚教育功能和提升办案效率,对交通肇事、故意伤害、盗窃、寻衅滋事等案情简单、事实清楚、证据确实充分,被告人又自愿认罪,且可能被判处3年以下有期徒刑、拘役、管制等刑罚的轻型犯罪,公、检、法三机关共同加快办案节奏、缩短办案期限,确保案件及时审结并交付执行的快速办理机制。

8.巡回审判:指人民法院特别是基层人民法庭,为方便人民群众诉讼,根据本地实际情况,深入农村及交通不便、人员稀少等偏远地区,就地立案、就地开庭、当庭调解、当庭结案的一种审判方式。

9.法律六进：是指司法服务进乡村、进社区、进学校、进企业、进机关、进单位，实现与群众的零距离接触。

10.诉调对接：中央、省、市关于社会矛盾化解、社会管理创新的决策部署，形成了以“党委领导、政府支持、政法委牵头、综治办协调、法院为主、多方参与”为特点的诉前联调机制，对当事人起诉至各区、县级市法院的各类纠纷，在立案前先行引导当事人自愿选择人民调解、行政调解、行业调解等非诉讼纠纷解决方式，最大限度调动司法、行政、社会团体、基层组织、行业组织等各方面的力量，形成解决社会矛盾纠纷的合力，从而将大量社会矛盾纠纷及时化解在萌芽状态、化解在基层、化解在诉前。

11.诉讼与非诉讼相衔接：诉讼与非诉讼是解决纠纷的两大机制，指诉讼与仲裁、行政调处，人民调解、商事调解、行业调解以及其他非诉讼纠纷解决方式之间的衔接，通过司法审查对合法的结果予以确认。

12.四个必须、五项制度：最高人民法院提出的做好涉诉信访工作的要求。即必须强化群众观念，必须坚持源头治理，必须建立长效机制，必须工作重心下移；建立评估预防制度，涉诉信访通报制度，约期接谈制度，多元化解制度，信访案件终结制度。

13.量刑规范化：是指规范裁量权，将量刑纳入法庭审理程序，简称“量刑规范化”。是中央确定的重要司法改革项目，也是人民法院第三个五年改革纲要的重要内容，是当前刑事审判改革的焦点热点问题。2010年9月16日，最高人民法院决定从10月1日起在全国法院全面试行刑事案件量刑规范化改革，目的在于进一步规范量刑活动，规范法官裁量权，同时将量刑纳入法庭审理程序，引入量刑建议，增强量刑公开性与透明度。2014年1月1日起在全国法院全面实施量刑规范化工作。

14.非法证据排除规则：指的是对于通过非法手段获取的证据应当排除的规则。

15.司法巡查：上级法院对下级法院领导班子建设、司法业务建设、司法队伍建设和司法作风建设情况进行巡回检查的内部监督制度。

16.审务督察：是指人民法院保障机制，促进法院工作人员严格、公正、廉洁、文明执法的监督管理制度，从立案、信访、庭审等审判活动场所，从司法作风、司法仪表仪容、庭审纪律等方面，进行监督检查的审判业务监督检查机制。

17.“利剑”工程：是省高级人民法院2010年起在反腐倡廉工作中着力实施的一项岗位权力风险防控体系建设。

18. 人民陪审员 “倍增计划”：2013年9月，最高人民法院发文要求各级法院实施“倍增计划”，确立两年内实现人民陪审员数量翻一番的基本目标，力争将全国法院人民陪审员数量从8万增至20万左右，确保基层群众所占比例不低于新增人民陪审员的三分之二。

19.公众开放日：为拉近和密切与人民群众的联系，增进社会公众对法院、法官的了解和对法院工作的理解与支持，增强法院工作的透明度，推进司法公开，公开展示法院工作的内容、流程、特点，邀请公众代表参观法院，“零距离”接触法院工作，亲身体验和实地感受法院审判活动。

20.宽严相济刑事政策：党的十六届六中全会确定的我国新时期刑事审判政策。“宽”就是对于具有法定、酌定从轻、减轻情节的，要依法从宽处理，当宽则宽，能宽宜宽；“严”就是对危害国家安全犯罪、恐怖犯罪、黑社会性质组织犯罪以及暴力犯罪等严重危害社会治安、严重影响人民群众安全感的犯罪，必须依法严厉打击，做到当宽则宽，该严则严，宽严补益，罚当其罪。

21.司法公开三大平台：即审判流程公开、裁判文书公开、执行信息公开三大平台。

# 朔州市人民检察院工作报告
## ——在朔州市第六届人民代表大会第一次会议上

朔州市人民检察院检察长　原维宁

（2015年12月27日）

市五届人大一次会议以来，全市检察机关在市委和省检察院的正确领导下，在市人大及其常委会的有力监督下，以党的十七大、十八大和十八届三中、四中、五中全会精神为指导，按照市检察院党组确立的“三保一建设”、争创“六好”以及“一领先三亮点”等工作思路，依法履行法律监督职责，各项检察工作取得明显进步，为推进平安朔州、法治朔州建设提供了有力的司法保障。

### 一、围绕中心、服务大局，积极促进经济持续健康发展

保障重大项目建设和政府投资安全。紧紧围绕转型升级，以“维护项目安全、防范法律风险”为着力点，制定实施服务重大项目意见85条，将项目招投标与行贿犯罪档案查询相结合、项目落地与法律支持相结合、项目推进与职务犯罪预防相结合，为重大项目建设保驾护航。依法对平朔东露天矿、朔南电厂、七里河综合治理项目等292个重点工程的1596亿元项目资金使用情况进行了抽查监督，针对问题隐患提出预防检察建议，帮助堵漏建制，保障了政府投资安全。

服务企业改革发展。找准执法办案与服务经济的结合点，依法妥善处理涉及企业案件，认真分析企业改革发展中遇到的法律问题，正确把握法律政策界限，慎重使用强制措施，慎重查封扣押冻结涉案财物，及时与涉案单位及主管部门沟通，努力维护企业正常生产工作秩序。立足打击、预防、监督、保护检察职能，对阻碍和破坏企业生产管理、盗窃哄抢企业财产、侵占挪用企业资金等刑事案件，快捕快诉，绝不在检察环节贻误时机。积极开展督促起诉专项活动，督促国家机关、国有企业履行职责255件，挽回流失国有资产9600余万元。

营造良好发展环境。制定出台《关于充分发挥检察职能为全市率先发展服务的意见》《全市检察机关在经济新常态下服务保障“六大发展”“两大任务”的实施意见》等6个指导性文件，努力使检察工作与全市工作大局同步、合拍。深入开展破坏社会主义市场经济秩序犯罪专项监督活动，依法批准逮捕涉嫌破坏市场经济秩序犯罪嫌疑人190人，提起公诉221人。开展专项活动加强对生态环境和食品药品安全的司法保护，依法批准逮捕各类破坏环境资源犯罪嫌疑人125人，提起公诉141人；批准逮捕各类危害食品药品安全犯罪嫌疑人21人，提起公诉29人。认真执行与市政府、市中级法院联合制定的《关于严惩非法违法开采煤炭资源的办法》，对驻矿（厂）安全监督员、分管安全的矿（厂）长和安监局工作人员的履职情况进行了督查，并配合国土资源管理部门开展了打击盗采、越界开采等涉煤犯罪专项行动，联合公安机关集中整治煤电企业周边治安环境，保障67座保留矿井的机械化改造和标准化建设顺利实施，较好地服务了煤电支柱产业的安全、健康发展。

### 二、惩治犯罪、化解矛盾，全力维护社会和谐稳定

严厉打击严重刑事犯罪。依法批准逮捕各类刑事犯罪嫌疑人6964人，提起公诉8509人。始终把黑恶势力犯罪、严重暴力犯罪和“两抢一盗”等多发性侵财犯罪作为打击重点，批准逮捕故意杀人、放火、爆炸、强奸、绑架犯罪嫌疑人313人，提起公诉333人；批准逮捕抢劫、抢

夺、盗窃犯罪嫌疑人2548人，提起公诉2802人。深入开展打黑除恶、扫黄打非、“六项整治”等专项行动，切实解决群众反映强烈的突出治安问题，保障人民安居乐业、社会安定有序。办理了中央领导批示、公安部督办的“5·8”特大跨省拐卖儿童案、杨付军等人恶性抢劫杀人案、“和利创投公司”非法集资案等一批社会影响较大、群众反映强烈的重特大案件，保持了对严重刑事犯罪的高压态势。

认真落实宽严相济刑事政策。在严厉打击严重刑事犯罪的同时，对主观恶性较小、犯罪情节轻微，特别是因邻里纠纷、家庭矛盾所引发的轻伤害案件，坚持教育、感化和挽救方针，依法对813名犯罪嫌疑人作出不批准逮捕决定，对273人作出不起诉决定，最大限度地减少社会对抗。针对未成年人犯罪特点，在全省检察机关率先成立专门的未成年人刑事检察部门，建立“青少年法制教育基地”，对未成年人犯罪案件实行分案起诉、案后帮教和犯罪记录封存等制度，坚持少捕、慎诉原则，对121名未成年犯罪嫌疑人作出不批准逮捕决定，对35人作出不起诉决定，加强对未成年人的特殊司法保护。

深入推进矛盾化解工作。朔城区检察院坚持推行“检察官包乡包村联户”、应县检察院通过在各乡镇建立检察工作室等有效措施，将检察工作延伸到田间地头、街道社区，为群众提供法律服务，就地化解矛盾纠纷。扎实推进涉法涉诉信访机制改革，构建接待窗口、电话、传真、门户网站及远程视频“五位一体”接访模式，采取检察长接访、群众点名预约接待、带案下访、现场接访等形式，共处理群众来信来访2470件次，和解刑事案件129件、息诉民事申诉案件221件，为140名受救助人发放司法救助金249.7万元，连续12年保持了涉检进京非正常访为“零”。市检察院、怀仁县检察院、应县检察院接待室被评为“全国文明接待室”。

**三、全面加强查办和预防职务犯罪，深入推进反腐败斗争**

突出查办职务犯罪大案要案。坚决贯彻中央和省、市委关于严惩腐败的决策部署，坚持有案必查、有腐必反、有贪必肃，以“零容忍”的态度坚定不移地推进反腐败斗争。共立案侦查各类职务犯罪388件638人，为国家挽回直接经济损失2.32亿元。其中查办大案202件，县处级以上领导干部要案40人(含厅级干部5人)，科级干部121人。桑干河水利管理局原局长孟怀德受贿案、山西煤炭进出口集团原董事长杜建华挪用公款案、平鲁区向阳堡乡西钟牌村原村委会副主任武占富贪污巨额补偿款案等一批在社会上反映强烈的职务犯罪案件得到依法查处，彰显了检察机关惩治腐败的决心和能力。

重点查办涉及民生民利案件。积极回应人民群众反映强烈的“为官不为”“为官乱为”问题，共查办利用职权损害群众利益的行政执法人员137人，司法人员38人。其中查办社会保障、征地拆迁、扶贫救灾、教育就业、医疗卫生等民生领域职务犯罪35人，查办农业资金管理使用、基础设施建设等涉农领域职务犯罪100人，查办危害能源资源、破坏生态环境等环境保护领域职务犯罪23人。

高度重视职务犯罪源头预防。与金融、供电、煤炭等部门共同制定预防职务犯罪工作实施意见38件，提出防控风险、堵塞漏洞的检察建议368件。在全省率先将行贿犯罪档案查询纳入干部选拔、工程招投标及金融贷款审批等工作的必经程序，把好廉洁“安检门”。向党委、人大、政府提交职务犯罪预防年度报告42份，预防调查报告367份，提高了预防工作的针对性。新建了两个预防职务犯罪警示教育基地，成立宣讲团，广泛开展警示教育和预防宣传，4.5万余名机关干部、企业职工受到教育。

**四、加大诉讼监督力度，努力维护社会公平正义**

全面履行监督职能。加强侦查监督，依法监督公安机关立案244件、撤案180件，纠正漏捕235人、漏诉368人，纠正侦查活动违法情形849件次，对认为不需要继续羁押的223名犯罪嫌疑人提出变更强制措施建议。加强审判监督，对认为确有错误的刑事、民事裁判提出抗诉79件，法院已改判和发回重审43件；提出民事再审检察建议69件，法院已采纳61件；对2134名被告人提出量刑建议，法院已采纳1981件。加强刑罚执行与监管活动监督，监督纠正减刑、假释、暂予监外执行不当167件，查办发生在监管场所的职务犯罪3件3人，监督纠正刑罚执行和监管活动违法情形3000余件次。

扎实开展专项监督。与公安机关联合开展公安消防部门执法行为、公安派出所执法行为以及刑拘后未报捕案件等专项检查活动，监督纠正违法立案、以罚代刑、违法采取强制措施等问题70件。与法院联合开展民事执行活动专项监督，以检察建议形式纠正不当执行行为及程序瑕疵71件。与公安机关、司法行政机关联合开展了减刑、假释、暂予监外执行专项监督、社区矫正专项监督、罪犯交付执行与留所服刑专项监督等活动，监督纠正不规范情形8件。

建立健全监督机制。健全与审判机关的配合机制，与市中级法院会签文件，建立完善检察长列席法院审判委员会以及贯彻落实修改后民事诉讼法相关制度11项。建立与侦查机关的协作机制，与市公安局召开"刑事执法规范化建设座谈会"，进一步细化了立案监督和侦查活动监督的范围、方式、手段和程序。健全完善行政执法与刑事司法衔接工作机制，与市国土局、林业局等20个部门建立了案件线索移送和查办协作制度，共建议行政执法机关移送涉嫌犯罪案件23件24人，已督促公安机关立案18件19人。

**五、稳步推进检察改革，不断完善检察权运行机制**

扎实推进案件管理改革。山阴县检察院在全省率先推行案件集中管理改革，积极探索检察人员分类管理、检察官办案责任制等机制，"山阴模式"被誉为全省检察机关案件管理改革的样板和旗帜，受到最高人民检察院的肯定。全市检察机关统一设立了案件管理中心，全面推行执法信息网上录入、执法流程网上管理、执法活动网上监督、执法质量网上考核，特别是对遵守法定程序和办案期限及时跟踪监督，加强了内部监督制约，提高了执法办案的规范化管理水平。

探索主任检察官办案责任制。在检察机关介入命案侦查监督工作中，改革传统办案模式，择优选任主任检察官并组建办案组，全程负责命案的侦查监督、公诉和诉讼监督工作，实行办案质量终身负责制和错案倒查问责制。推行该项制度以来，共介入监督命案55件，提出侦查意见、建议150余条，被公安机关全部采纳，命案办理期限从平均18个月缩短为4—8个月，办案质量和效率明显提高。这项改革得到最高人民检察院、省委政法委的充分肯定。省检察院在我市召开了现场推进会，推广朔州经验。

全面实施"阳光检察"工程。深化检务公开，坚持"能公开的一律公开"，让检察工作的每一个环节都在阳光下运行，打破检察机关神秘感、增强检察工作透明度。建立"阳光检务大厅"，为群众提供一站式服务；上线运行案件信息公开系统，及时在互联网公开重要案件信息、案件程序性信息及终结性法律文书950余件；举办了全国首例刑事赔偿案件公开听证会，召开重大疑难复杂案件公开听证会18次；在"朔州检察"门户网站建立网上举报系统、在线申诉系统、检察人员投诉平台和检察长信箱，开通微博、微信、短信平台9个。平鲁区检察院在全市率先建立了可提供实时在线受理举报申诉、行贿犯罪档案查询等多项服务的综合性官方微信平台，实现了与群众的"零距离"互动。

**六、狠抓检察队伍建设，着力提高整体素质能力**

自觉接受人大监督、政协民主监督和社会监督。强化监督者更要接受监督的意识，向两级人大报告年度工作、专项工作86次。市检察院向市人大常委会专题报告了反渎职侵权、"三深入"实践活动、反贪污贿赂、预防职务犯罪等工作情况，并根据审议意见严格整改，不断加强和改进检察工作。通过走访、邀请座谈、建立检察官"1+2"联系人大代表制度，设立人大代表（政协委员、人民监督员）在线联络平台等方式，及时听取意见建议。每年定期向政协常委会通报检察工作情况，邀请政协委员视察检察工作，主动接受政协民主监督。全面实行人民监督员制度，邀请人民监督员对130余件“七类案件或事项”进行了监督评议。借助“检察开放日”、新闻发布会等活动，主动回应社会关切，接受各界监督。

大力加强内部监督。认真落实党风廉政建设“两个责任”，突出加强对重要岗位和关键环节的监督，要求全体检察人员恪守绝不允许以权谋私、以案谋钱、以检察官身份谋利的“三条底线”，坚决防止权力滥用。出台《检务督察办法》，加大检务督察力度，对发现的问题及时通报、限期整改。深入开展规范司法行为专项整治工作，坚持问题导向，坚决纠正自身司法不规范问题。严格实行讯问职务犯罪嫌疑人全程同步录音录像、审查逮捕上提一级、一审判决同步审查等制度，创新建立重大职务犯罪案件异地公诉、两级检察院同步审查起诉等机制，强化了对查办职务犯罪工作的全程、动态监督。

全面推进过硬队伍建设。加强思想政治建设，深入开展学习实践科学发展观、党的群众路线、学习讨论落实活动以及“三严三实”等专题教育实践活动，教育引导检察人员进一步坚定政治立场，坚守职业良知。加强素质能力建设，承办了全省检察机关公诉人抗辩赛，邀请法学教授和法律实务专家举行专题讲座62场，举办业务培训班和研讨会30次，培训检察人员4000余人次；扎实推进“351”人才选拔培养工程，培养省级“优秀公诉人”3名、办案尖子15名、办案能手86名。加强纪律作风建设，认真落实中央“八项规定”，提出并严格执行“检察人员十个严禁”，深入开展纪律作风专项整顿活动，严肃处理违纪检察人员8人。

高度重视基层基础建设。为基层检察院招录公务员57名，有效缓解了检察官断档的突出问题。市检察院、应县检察院、右玉县检察院完成办案和专业技术用房建设任务并投入使用。扎实推进信息技术与检察工作的深度融合，实现了省、市、县三级检察院信息系统的互联互通，建成远程视频审讯系统和远程视频接访系统，上线运行统一业务应用系统，实现网上办案9606件。积极开展“抢抓机遇树标杆、整体工作上台阶”等争创活动，38个集体、51名个人受到省级表彰，15个集体、4名个人受到国家级表彰。市检察院被评为“全国文明单位”。右玉县检察院荣获第五届“全国先进基层检察院”荣誉称号。朔城区检察院在连续两届荣获“全国先进基层检察院”的基础上，在第七次全国检察机关“双先”表彰会上被荣记“集体一等功”，在第八次“双先”会上被表彰为“全国模范检察院”，是山西检察机关唯一获此奖项的单位。

各位代表，市五届人大一次会议以来，全市检察工作取得了较大的发展，这些成绩和进步，离不开检察人员的辛勤努力，更离不开党委的坚强领导、人大的有力监督、政府、政协及社会各界的支持帮助。在此，我谨代表全市检察人员向所有关心、支持检察工作的人大代表、政协委员和社会各界人士表示衷心的感谢，并致以崇高的敬意！

在总结成绩的同时，我们也清醒地认识到，当前全市检察工作还存在一些问题和不足：一是检察职能作用的发挥与宪法法律赋予的职责要求、与人民群众的期待仍有差距，不敢监督、不善监督、监督到位的问题仍然存在，监督意识和监督力度有待进一步加强。二是检察队伍素质和执法能力不能完全适应新形势、新任务的要求，全市尚无“检察业务专家”，专门型人才特别是经济、金融、科技等方面的专业人才缺乏，基层检察院人才引进难的问题较为突出。三是执法不规范的问题仍然存在，严重影响检察机关的执法公信力。四是基层检察院发展还不够平衡，有的基层检察院硬件建设滞后、经费保障不足的问题依然突出。对于这些问题和困难，我们将高度重视，采取有力措施，切实加以解决。

各位代表，今后一个时期，全市检察机关将以崭新的精神风貌，开拓创新、真抓实干，更好地承担起时代赋予检察机关的神圣使命。我们的总体思路是：以党的十八大和十八届三中、四中、五中全会精神为统领，坚持深入推进司法体制改革，全面加强检察业务建设、检察队伍建设和检务保障建设，不断提升队伍能力素质和执法公信力，推动朔州检察事业全面进步。重点抓好六个方面工作：

一是着力保障经济社会持续健康发展。更加自觉地把检察工作融入朔州发展全局中来谋划和推进，找准检察工作服务发展的切入点和着力点。要深入研究新情况、新问题，增强服务举措的针对性和实效性。深入推进平安朔州建设，始终保持对严重刑事犯罪的高压态势。在加强源头治理的同时，把法律监督职能向修复社会关系、预防减少犯罪、社会管理创新延伸。

二是着力加大查办和预防职务犯罪工作力度。坚决贯彻省委、市委关于反腐败斗争的决策部署，更好地担负起检察机关在惩治腐败犯罪、净化政治生态中的职责使命。坚持"老虎""苍蝇"一起打，突出查办大案要案，突出查办领导机关和重要岗位领导干部的职务犯罪，突出查办严重侵害群众利益的职务犯罪。同时积极推进"侦防一体化"机制建设，实现惩治和预防"两手抓""两手硬"，促进"不敢腐、不能腐、不想腐"氛围的进一步形成。

三是着力保障民生民利。把人民群众的关注点作为法律监督的着力点，促进解决群众最关心的社会治安、权益保障、公平正义等问题，加强对特殊群体和困难群众的司法保护，努力使执法过程变成保障和改善民生的过程。引导检察人员不断改进工作作风，积极探索检察工作便民利民的新途径、新方法，使执法办案更加符合人民群众的愿望和需求。

四是着力维护司法公正和法制权威。把强化法律监督作为检察机关的立身之本，加强和改进法律监督工作，真正做到既敢于监督、善于监督，又依法监督、规范监督。要把人民群众反映强烈的执法不严、司法不公问题作为监督重点，进一步加强对各类诉讼活动的法律监督，努力让人民群众在每一个司法案件中都感受到公平正义。

五是坚持深化检察体制机制改革。认真落实中央关于司法体制改革的部署，积极推进检察人员分类管理、主任检察官办案责任制、检察机关人财物省级统一管理等各项改革。进一步健全检察机关内部的决策、管理和监督机制，加强对执法办案的流程监控和质量管理，严格依照法定权限和程序履行职责、行使权力。

六是着力抓好检察队伍建设。围绕十八届四中全会对司法队伍建设提出的新要求，发挥领导干部率先垂范作用，大力加强思想政治建设、检察文化建设、执法能力建设和基层基础建设。按照省委"六权治本"的要求，坚持从严治检，严格落实"两个责任"，强化自身监督制约，自觉接受外部监督，不断提升检察工作群众满意度。

各位代表，面对新形势新任务，全市检察机关将认真贯彻落实本次会议精神和决议，以更加奋发有为的精神状态和求真务实的工作作风，脚踏实地，锐意进取，为推进"两大任务"、加快"六大发展"做出新的更大贡献！

附：

**有关用语说明**

1."三保一建设"：指市检察院党组于2009年提出的"保发展、保民生、保稳定、加强机关纪律作风建设"的阶段工作思路。

2.争创"六好"活动：2013年1月，市检察院出台了《关于开展争创"六好"活动的实施方案》，在全市两级检察机关启动了以"好班子、好队伍、好目标、好措施、好业绩、好形象"为主要内容的争创"六好"活动，力争在服务大局、业务建设、队伍建设、纪律作风建设、基层基础建设等方面取得新成绩。

3."一领先三亮点"：指市检察院党组针对全市检察工作取得明显进步但亮点品牌不多的现状，确立的2014年工作思路。具体而言，就是在查办和预防职务犯罪工作方面要走在全省前列，同时创新工作措施，打造主任检察官办案责任制、实施"阳光检察"工程和创新查办职务犯罪工作监督机制三项亮点品牌，推进全市检察工作的跨越发展。

4.督促起诉：指针对遭受损害的国有资产或社会公共利益，监管部门或国有单位不行使或怠于行使自己的监管职责，案件性质可通过民事诉讼获得司法救济的，检察机关以监督者的身份，督促有关监管部门或国有单位履行职责，依法提起民事诉讼，保护国家和社会公共利益的制度。

5.分案起诉：指人民检察院对于受理的未成年人和成年人共同犯罪案件，在不妨碍案件审查起诉和开庭审理的情况下，对成年人和未成年人进行分案起诉，法院分案审理的办法。这一制度是对未成年人的特殊司法保护，突出对未成年被告人的教育、感化、挽救功能。

6.犯罪记录封存：指为了促进未成年罪犯顺利回归社会，司法机关通过技术性操作，严格限制未成年人犯罪记录被查阅或传播的一种制度。

7.大案：指检察机关查办的贪污贿赂5万元以上、挪用公款10万元以上的案件和渎职侵权重大、特大案件。

8.要案：指检察机关直接受理和立案侦查的县处级以上国家工作人员涉嫌贪污贿赂、渎职侵权等职务犯罪的案件。

9.漏捕：指检察机关侦查部门在办理审查逮捕案件的过程中，认为涉案的其他人员已经构成犯罪，依法应当采取逮捕措施，但是公安机关没有对其提请逮捕的一种现象。

10.漏诉：指检察机关公诉部门在办理审查起诉案件的过程中，认为涉案的其他人员已经构成犯罪，依法应当提起公诉，但是公安机关没有将其移送审查起诉的一种现象。

11.介入命案侦查监督：指在命案发生后，检察机关经公安机关通知，派员参与命案现场勘验等侦查活动，对侦查活动的合法性进行监督，对公安机关收集、固定、完善证据提出建议。我市检察机关从2014年3月起开展此项工作。

12.人民监督员：指由国家机关、人民团体、企事业单位和基层组织民主推荐产生，并按照一定的程序和规则，对检察机关查办的“七类案件或事项”进行民主监督，是最高人民检察院为加强外部监督，切实防止和纠正检察机关在查办职务犯罪案件过程中执法不公的问题而创设的一种制度。

13.“七类案件或事项”：指人民监督员对检察机关直接受理立案侦查案件实施监督的具体情形：一是应当立案而不立案或者不应当立案而立案的；二是超期羁押或者检察机关延长羁押期限决定不正确的；三是违法搜查、扣押、冻结或者违法处理扣押、冻结款物的；四是拟撤销案件的；五是拟不起诉的；六是应当给予刑事赔偿而不依法予以赔偿的；七是检察人员在办案中有徇私舞弊、贪赃枉法、刑讯逼供、暴力取证等违法违纪情形的。

14.检务督察：指由检察机关检务督察部门及其工作人员依照法律和规定对督察对象履行职责、行使职权、遵章守纪、检风检容等方面进行的监督检查和督促落实。这是检察机关内部的一种监督模式，最大特点是突出事前和事中监督，具有动态性，旨在从源头上防止检察人员违法违纪。

15.“351”人才选拔培养工程：指《山西检察工作科学发展五年规划(2010—2014年)》提出的人才培养计划，2010年开始实施到2013年，全省检察机关省级检察业务专家达到30名，业务尖子达到500名，办案能手达到1000名。

16.统一业务应用系统：检察机关统一业务应用系统是全国四级检察院纵向贯通、横向集成、资源共享的执法办案统一平台。是用数字技术把修改后的刑事诉讼法、民事诉讼法和刑事诉讼规则、执法工作基本规范等固化下来，对检察机关每个办案环节设置明确的流程指引和预警功能，对办案流程进行统一的规范化设计，对重要环节实行节点控制，使得案件从受理到办结全程网上运行，程序公开透明，便于强化监督制约。

# 关于朔州市2015年国民经济和社会发展计划执行情况与2016年国民经济和社会发展计划草案的报告

## ——在朔州市第六届人民代表大会第二次会议上

朔州市发展和改革委员会主任 郝晓明

（2016年4月12日）

### 一、2015年国民经济和社会发展计划执行情况

2015年，面对严峻复杂的经济形势和持续加大的下行压力，全市上下在市委、市政府的坚强领导和市人大、市政协的监督支持下，以党的十八大和十八届三中、四中、五中全会精神为指导，认真贯彻落实习近平总书记系列重要讲话精神和省委、省政府的各项决策部署，紧扣“两大任务”工作主题，全力以赴做好稳增长、调结构、促改革、惠民生、防风险各项工作，全市呈现出经济运行总体平稳，结构调整步伐加快，人民生活持续改善，社会大局和谐稳定的新局面。

**（一）经济社会保持平稳健康发展。**全市生产总值完成901.1亿元，比上年下降2.3%；规模以上工业增加值完成254.9亿元，比上年下降5.9%；服务业增加值完成439.3亿元，比上年增长4.6%；全社会固定资产投资完成937.1亿元，比上年增长14.9%；公共财政预算收入完成54.3亿元，比上年下降37.3%；社会消费品零售总额完成270.1亿元，比上年增长4.6%；城镇常住居民人均可支配收入达到27500元，同比增长6.9%；农村常住居民人均可支配收入达到10816元，同比增长6.7%；海关进出口总额36488万元，比上年下降35.9%，其中出口额18984万元，增长13.5%；新型农村合作医疗参保人数达94.95万人、基本养老保险参保人数达88万人；万元生产总值综合能耗、二氧化硫排放量、化学需氧量排放量、氮氧化物排放量、氨氮排放量、烟尘（工业）排放量、粉尘（工业）排放量均完成了年度计划；造林合格面积完成22万亩；城镇化率达到53.2%，比上年提高1.1个百分点；煤炭生产百万吨死亡率0.006人；亿元生产总值生产安全事故死亡率0.031人，比上年下降0.004人。在国际经济环境依然十分复杂，国内经济增长速度明显放缓的形势下，全市经济保持了平稳发展的势头。

**（二）项目建设加快推进。**2015年，市委、市政府把项目建设作为推动全市转型发展的有效途径，全力以赴抓好项目落地建设工作。全年实施省市重点工程427项，年度计划完成投资686亿元，重点工程建设完成率112.4%，其中省重点工程建设完成率108.1%。全年项目签约完成率126.4%；项目落地完成率102.8%；项目开工完成率100.5%；项目投产完成率100%。在加快项目建设的同时，我们狠抓项目储备工作。目前，全市项目库已储备了符合国家产业政策，涉及农林水、城建环保、服务业、交通、社会事业、旅游、煤气层、工业等9大类265项目，总投资达1.06万亿元，是省考核任务的1.3倍，为全市投资稳定增长发挥了项目支撑作用。

**（三）农业农村经济全面发展。**全市高度重视“三农”工作，认真贯彻落实中央一号文件精神，“三农”工作取得显著成效。草牧业试点建设进展顺利。朔城区、山阴县、应县定为粮改饲试点县，连续实施3年，每年每县扶持资金1000万元，资金主要用于多年生牧草种植、天然草地改良和草产品加工企业扶持。市级财政安排

1000万元扶持种草示范点，带动全市完成种草35万亩，种植结够由粮经二元结构向粮经饲三元结构加快转变。特色现代农业得到快速发展。重点实施“一村一品”专业村主导产业扶持项目110个，全市“一村一品”专业村总数达到537个，从业人数达到12万人；实施“一县一业”基地县产业发展项目14个，总投资640万元。全市奶牛存栏达18.31万头，肉羊饲养量达到585万只，40%的养殖园区完成现代化升级改造，规模健康养殖迈上新台阶。奶牛存栏、鲜奶产量、肉羊出栏量、人均畜产品占有量、农民人均畜牧业纯收入五项指标持续保持全省第一。全市农产品加工企业完成销售收入达180亿元，增长11.8%。农村人居环境大幅改善。落实移民搬迁人数1411人，完工率达43%(按省级目标要求，当年完工率为40%)，完成了年初省级计划任务。环境整治工程累计完成投资2888万元，投资完成率达88.1%。确定2015年省市县三级联创美丽宜居示范村14个，其中省级示范村8个。农村危房改造全部完成。省人居办下达的880万以奖促治资金全部下达到示范村和实施单位。扶贫攻坚取得新成果。通过移民搬迁、产业扶贫、定点扶贫、社会扶贫等多种方式，全年减少贫困人口20046人。

**(四)产业结构调整成效显著。**第一、第二、第三产业增加值占全市生产总值的比重由2014年的6.1:54.1:39.8演进为6.2:45.1:48.7。综合能源示范基地雏形初显。全国综合能源基地建设基本成型，“亿吨级煤炭、千万千瓦级电力”基地初具规模，煤炭生产、洗选、外运量位居全省第一，低热值煤发电装机、风能和太阳能等新能源发电装机均居全省第一。2015年，全市原煤产量1.82亿吨，煤炭行业实现增加值188.1亿元，同比下降3.2%，占规模以上工业增加值的73.8%；占第二产业的46.3%；占地区生产总值的20.9%。电力工业内部结构显著调整。2015年，全市并网发电厂达44家，总装机容量达到953.35万千瓦。其中，燃煤电厂4家，总装机规模390万千瓦，占总装机容量的40.9%，比去年下降4.9个百分点；低热值煤电厂6家，总装机规模267万千瓦，占总装机容量的28%，比去年下降5.9个百分点；风电厂22家，总装机规模253.95万千瓦，占总装机容量的26.6%，比去年提高7.6个百分点；太阳能光伏发电11家和生物质能发电厂1家，装机分别为40万千瓦和2.4万千瓦，占总装机容量的4.4%，比去年提高3.1个百分点。全年发电量267.5亿千瓦时，同比下降15.3%。电力行业实现增加值36.4亿元，同比下降11.8%，占规模以上工业增加值的14.3%；占第二产业的8.9%；占地区生产总值的4%。在建电厂17家，装机规模655.55万千瓦。其中，燃煤电厂1家，装机200万千瓦；低热值电厂4家，装机342万千瓦；风电厂9家，装机100.55万千瓦；光伏发电厂两家，装机10万千瓦；生物能发电厂1家，装机3万千瓦。取得“路条”的电厂14家，装机规模达92.4万千瓦。非煤非电产业平稳发展。陶瓷、医药、水泥、新型材料、装备制造、铁合金、电解铝等产业稳步发展，全年非煤非电产业实现工业增加值30.3亿元，同比下降17.4%，占规模以上工业增加值的11.9%；占第二产业的7.4%；占地区生产总值的3.4%。

**(五)新兴产业和循环经济加快发展。**坚持市直部门与县区结对子引进建设投资5亿元以上的转型项目，2015年新兴产业投资增幅高于全市固定资产投资。统筹推进全市循环经济发展，推进的循环建设项目主要有晋能集团环保工程有限公司与上海快刻公司合作共建40万吨喷涂石膏生产项目，总投资1.1亿元；晋能集团环保工程有限公司干粉砂浆母料项目，总投资1.2亿元；山西瑞吉达科技有限责任公司7.5万吨粉煤灰激发剂项目，一期投资5600万元。工业固废年消化量达到3000万吨以上，综合利用率达到63%。晋北现代煤化工基地前期工作扎实推进，第三届亚洲粉煤灰综合利用技术国际交流大会成功召开。同时大力实施创新驱动发展战略。设立企业技术研发创新项目专项资金，煤电污染控制及废弃物资源化利用山西省重点实验室建设进展顺利；新增企业技术中心20多家，各类技术中心达到近80家；新增高新技术企业2家，高新技术企业达到13家。与北京大学合作建设的固废研发中心已开发新产品近30个，80%以上属于国内首创，60%处于国际领先水平。

**（六）生态建设取得新成效。**节能减排方面，全年万元地区生产总值能耗下降5.35%；化学需氧量、氨氮排放量、二氧化硫、氮氧化物、烟粉尘排放量全部完成了省政府下达的减排任务。大气、水污染等防治方面。三家企业5台燃煤机组完成了超低排放改造。淘汰65台燃煤小锅炉，淘汰黄标车1894辆，已淘汰营运黄标车623辆，已发放黄标车提前淘汰补助资金2100多万元。编制完成《朔州市水污染防治工作方案》，完成28个企业废水治理项目，项目完成率达82.35%，超过全国70%的平均水平。市区空气质量二级以上天数261天。造林绿化方面，全年完成营造林22万亩，超省考核任务17万亩近30个百分点。全市营造林面积累计达到550.26万亩。全市森林面积达382.8万亩，森林蓄积量524万立方米，森林覆盖率预估24%。在全省春秋两季集体督查中，我市被评为营造林成效良好市、林地保护管理成效良好市、森林防火成效良好市。生态治理修复方面，积极开展采煤沉陷区、采空区、水土流失区的生态治理。认真落实省政府部署，完成投资63360万元，推进采煤沉陷区治理工作。

**（七）社会事业取得新进步。**教育方面，新改扩建学校190所；8.2万寄宿学生喝上饮用奶，实现义务教育阶段饮用奶工程全覆盖。社保方面，积极推进国家级创业型城市建设，我市被国家人社部列为全国首批全民参保登记试点市、社保卡综合应用试点示范市、社保卡持卡人基础数据库建设试点市。全年城镇新增就业人数2.3万人，城镇登记失业率控制在3.1%以内，比省定目标4.2%低1.1%。保障性安居工程，全年城镇保障性住房新开工13613套。房地产开发投资完成67.46亿元。深化医药卫生体制改革。全面推开县级公立医院综合改革，我市六县区全部取消药品加成，落实补偿政策。全面实施城乡居民大病保险制度。城镇职工大病保险和新农合大病保险招标工作全部完成。公共文化服务方面，国家公共文化服务体系示范区创建工作扎实推进，公共文化服务网络得到加强。成功举办朔州市第二届全民运动会，体育事业得到进一步发展。

**（八）城市建设取得新进展。**全面实施“设施提升、城市安居、城中村改造、环境提质”四大工程，完成投资154.39亿元。不断加大城市道路、供水、供气、供热、污水垃圾处理等市政基础设施建设力度，新建和改造城市道路51千米、各类市政管网388千米，基本完成市第二污水处理厂新建项目，完成市第一污水处理厂、平鲁区、应县3座城市污水处理厂的提标改造，新增城市集中供热面积492万平方米，市政公用设施水平得到提升。积极探索精细化城市管理，不断提高城市综合服务能力和竞争力。市本级道路机械化清扫率提高6个百分点，达到73.5%；创建省级保洁示范街4条、容貌示范街3条、星级公厕两座；完成山阴广武风景名胜区总体规划编制工作并通过专家评审。供热计量收费试点工作启动实施，收费面积约7000平方米。公路建设再上新台阶，在高速公路方面，西纵高速公路右玉至平鲁段，右玉县境内的桥隧控制性工程已开工。在干线公路方面，平万线虎头山隧道工程，省道虎山线右玉段路面改造工程，省道平朔线平鲁段路面改造工程，国道109线朔州境内平鲁段路面改造工程，国道208线朔州境内山阴段路面改造工程，均在积极推进。在农村公路建设方面，完成县乡公路改造工程110公里，完成投资1.06亿元。旅游公路工程、村通水泥（油）路完善提质工程、农村公路安全生命防护工程等全部开工，开工率100%。

**（九）改革开放取得新突破。** 认真落实转型综改试验区2015年行动计划，着力创新体制机制。深化行政体制改革。稳步推进市县政府机构改革。积极推进行政审批制度改革，取消或部分取消行政审批事项，编制完成政府及各部门权利清单和责任清单。稳步推进农村改革。深化农村改革试验区建设，土地承包经营权确权登记颁证试点工作有序推进，新型农业经营主体加快发展。创新地方金融发展机制。启动农村信用社改革，山阴县农信社改制方案已获国家银监会批准。加快发展资本市场，润臻公司、特别特文化传播公司在上海股权托管中心挂牌。加强融资服务平台建设，每季度组织召开一次银企对接会。推进户籍制度改革。采取渐进放宽户口准入政策，促进农业转移人口市民化。加强招商引资。坚持“走出去”和“请进来”相结合，全年共举办参加11次双向招商推介、交流互动活动。全年共签约招商引资项目119个，总投资1693亿元。深化区域经济合作。与环渤海、长三角和珠三角地区部分城市政府、商协会、投资机构以及部分企业家广泛开展交流合作。全年直接利用外资7261万美元。

与此同时，我们也清醒地认识到，我市经济发展处于近年来最困难的时期。煤炭市场持续低迷，工业企业效益大幅下滑，投资增长后劲不足。经济结构不优、质量效益不高、“一煤独大”的现状没有改变，非煤产业还没有壮大起来。农业现代化进程缓慢，农村脱贫任务繁重。新型城镇化水平不高，城市基础设施和人居环境亟待提升。环境治理和生态保护任务艰巨，科技创新能力较弱，民生社会事业欠账较多，公共服务能力较弱，民生支出压力越来越大。安全生产形势不容乐观，社会矛盾积累较多。制约科学发展的体制机制仍未破除，改革开放急需深化。法治政府建设刚刚起步，政府职能转变还不到位，发展环境需要进一步优化。

## 二、2016年全市经济社会发展预期目标和主要任务

2016年是“十三五”规划开局之年，也是全面建成小康社会决胜阶段的开局之年，做好今年工作，我们面临新的挑战和机遇。从国际看，世界经济处于危机后的修复、转型、缓慢复苏阶段，经济复苏基础仍然薄弱，美联储加息进程启动，大宗商品价格震荡回落，地缘政治冲突加剧，外部环境不稳定、不确定因素增加。从国内看，经济增速换挡、结构调整阵痛、动能转换困难相互交织，有效需求乏力和有效供给不足并存，经济下行压力还在加大。但我国经济发展长期向好的基本面没有变，经济韧性好、潜力足、回旋余地大的基本特征没有变，经济持续增长的良好支撑基础和条件没有变，经济结构调整优化的前进态势没有变，随着供给侧结构性改革大力推进，去产能、去库存、去杠杆、降成本、补短板五大任务的加快实施，制约经济社会发展的深层次问题也将逐步得到解决，经济发展的质量和效益将逐步提升。从省内看，2015年，全省地区生产总值1.28万亿元，比上年增长3.1%。随着一系列稳增长政策措施的贯彻落实，全省经济总体实现稳步回升，发展势头向好。但是以传统能源为主的产业结构短期内难以根本转变，结构性矛盾突出，企业效益下滑，投资增长缺乏活力，发展环境依然复杂严峻。从我市看，宏观经济下行压力依然较大，煤炭行业脱困任务十分艰巨；企业生产经营极度困难，产业转型升级任务十分艰巨；投资增长乏力，新项目、大项目支撑不足。在面对困难的同时，我们也要看到全市经济发展的利好因素。一是国家、省一系列利好政策出台实施，为我市经济的平稳运行提供了有力的政策保障。我市被国家工信部列入全国工业固废综合利用示范基地、全国工业绿色转型发展试点城市，被国家发改委列入全国资源综合利用“双百工程”示范基地，被国家农业部列为全国唯一的草牧业发展试验地级试点市，我省“十三五”规

划在我市布局建设晋北煤电基地、晋北现代煤化工基地等,这些都为我市加快发展带来难得的机遇。二是资源优势得天独厚。我市拥有丰富的煤炭资源基础优势和煤炭“十年黄金期”积累的雄厚煤资优势,有空间广阔的地域条件,尤其是大量的未利用盐碱地资源。三是我市建市时间短,历史包袱轻,城镇化、服务业、新兴产业发展等方面具有较大的提升空间,这都为我市提供了在新常态下参与竞争、加快发展的较强优势。四是机场、高铁等重大项目工程建设为发展打造新亮点。

对此,全市上下要进一步坚定信心,增强谋事而定、乘势而动的主动性,不折不扣地落实好中央、省委和市委的决策部署,努力把潜力释放出来,拓展经济发展新的更大空间。

2016年全市经济社会发展的总体思路是:全面贯彻党的十八大和十八届三中、四中、五中全会精神,以习近平总书记系列重要讲话精神为根本指针,认真落实中央、省和市委市政府的决策部署,按照“五位一体”总体布局和“四个全面”战略布局,牢固树立创新、协调、绿色、开放、共享发展理念,主动适应经济发展新常态,坚持稳增长、调结构、惠民生、防风险的总体思路,紧扣“两大任务”工作主题,精心实施“五大政策支柱”,着力加强结构性改革,抓好“三去一降一补”重点任务,破解发展难题,提高投资有效性,加快培育新的发展动力,改造提升传统比较优势,推动大众创业、万众创新,全力做好脱贫攻坚工作,全面提升民生保障水平,保持经济社会持续健康发展,努力实现“十三五”发展良好开局。

按照上述总体要求,综合考虑当前国内外经济发展环境和我市发展状况,提出2016年全市经济社会发展主要预期目标是:

1.地区生产总值950亿元,增长6.5%左右;

2.常住人口城镇化率达到54.6%,户籍人口城镇化率达到34.2%;

3.服务业增加值比重达50.5%;

4.全社会固定资产投资1078亿元,增长15%;

5.社会消费品零售总额286.4亿元,增长6%;

6.海关进出口总额5927万美元,增长1%;

7.直接利用外资总额完成1687万美元;

8.研究与试验发展(R&D)经费投入强度达到1.7%;

9.每万人口发明专利拥有量达到0.75件;

10.技术合同交易总额达到1.06亿元;

11.固定宽带接入用户普及率达到48.5%,移动互联网用户普及率达到79.6%;

12.城镇居民人均可支配收入达到29280元,同比增长6.5%左右;农村居民人均可支配收入达到11520元,同比增长6.5%以上;

13.学前教育毛入园率达到85.8%,高中阶段教育毛入学率达到90.2%;

14.城镇新增就业人数1.8万人;

15.农村贫困人口脱贫2.1万人;

16.城镇棚户区住房改造完成6000套;

17.人均预期寿命“十三五”累计增加1岁;

18.千人拥有病床数达到4.17张,千人拥有执业(助理)医师数达到1.78人,婴儿死亡率控制在4‰以内,孕产妇死亡率每10万人控制在20人以内;

19.每千名老年人拥有养老床位数达到31张;

20.新增建设用地规模实现新增0.95万亩;

21.万元地区生产总值用水量完成省目标任务;

22.单位地区生产总值能源消耗降低3.3%;

23.单位地区生产总值二氧化碳排放降低完成省目标任务;

24.非化石能源占一次能源消费比重完成省目标任务;

25.森林覆盖率达到24.8%;森林蓄积量达到530万立方米;

26.空气质量优良天数比例和全市细颗粒物(PM2.5)浓度下降均完成省目标任务;

27.劣V类水体比例达到33.3%,下降16.7%;

28.主要污染物排放总量减少

(1)化学需氧量排放量3.0735万吨,下降1.5%:

(2)氨氮排放量0.3121万吨,下降0.14%;

(3)二氧化硫排放量7.6424万吨,下降2%;

(4)氮氧化物排放量5.6566万吨,下降3.3%;

(5)烟尘排放量3.0915万吨,下降0.34%;

(6)粉尘排放量0.318万吨,与上年持平,不增不降;

(以上万元地区生产总值用水量、单位地区生产总值能源消耗降低、单位地区生产总值二氧化碳排放降低、非化石能源占一次能源消费比重、空气质量优良天数比例、全市细颗粒物(PM2.5)浓度下降、劣V类水体比例和化学需氧量、氨氮、二氧化硫、氮氧化物、烟尘、粉尘等约束性指标都需要在省下达任务后进一步确定。)

29.党风廉政建设和反腐败工作群众满意度达到省目标任务;

30.亿元地区生产总值生产安全事故死亡率控制在0.2人以下;

31.煤矿百万吨死亡率控制在0.1人以下。

(需要说明的是省对我市2016年考核目标尚未正式下达,届时低于省考核目标要求指标的年度目标、尤其是节能减排等约束性目标要以省考核目标为准。)

围绕实现上述目标,必须着力抓好以下重点工作:

**(一)突出"两大任务",保持经济健康发展。**扎实推进"两大任务",就是要大力推进传统产业转型升级、新兴产业发展壮大,就要大力建设全国工业绿色转型试点城市、工业固废综合利用基地和资源综合利用"双百工程"示范基地。推动煤炭"六型"转变。要认真贯彻落实省委省政府和市委市政府决策部署,着力推进煤炭产业向市场主导型、清洁低碳型、集约高效型、延伸循环型、生态环保型、安全保障型转变,努力走出具有朔州特色的"革命兴煤"路子。要大力延伸煤炭产业链。巩固煤电产业基础地位,持续建设国家新型综合能源基地。进一步推进煤炭资源整合、煤矿兼并重组,提高产业集中度,有效化解过剩产能。坚持输电为主、输煤输电并举,深度推进煤电融合发展。加快推进总装机规模655.55万千瓦的17个在建电厂的建设进度,争取早日建成运行,年内力争运营电力装机容量突破1000万千瓦。积极协调并全力推进蒙西至天津南1000千伏、晋北到江苏800千伏两条特高压电力外送通道建设,确保项目建设顺利。同时,加快发展风能、太阳能、生物质能发电项目,提高清洁能源比重。要抓住晋北现代煤化工基地这个机遇,主动作为,积极配合大企业大集团,争取规划获得及早批复。要巩固固废综合利用基地建设成果,大力推进全国"双百工程"示范基地建设。加快形成煤矸石综合利用发电、煤矸石综合利用新材料、粉煤灰资源化开发利用、脱硫石膏综合利用四大产业体系,构建循环经济发展促进机制、资源产业与环保产业协同发展机制,实现规模以上工业增加值能耗逐步下降,煤矸石发电装机比重、新能源装机比重、工业固体废弃物综合利用率进一步提高,走出全国煤电基地结构调整和工业固废高效利用新模式。培育壮大新兴产业。对接好省里七大产业发展规划,制定全市非煤产业发展规划,争取省里把尽量多的项目布局在我市。要把争取省里的投资和项目作为重要任务,分解到各相关部门和县区,落实到企业。突出抓好文化旅游产业。用好文化产业发展基金,扶持文化企业发展壮大。坚持政府主导、社会参与,培育投资主体,打造文化产业示范园区,开发大广武边塞文化旅游区,进一步提升全景右玉、金沙滩、应县木塔等旅游景区品质。大力发展以煤机设备制造为重点的装备制造业,从设备维修、配件加工,向技术集成、设备成套、生产自动化方向发展,使装备制造业成为我市新的经济增长点。推动陶瓷业兼并整合,壮大骨干企业,提高新产品新技术开发能力,增加产品附加值,打造知名品牌,增长市场竞争力。推动医药业规模化、集约化发展,形成晋北医药集群,增强市场占有率。

做大做强板块经济。加快理顺工业园区和开发区体制机制，明确发展定位，完善基础设施，优化服务环境，引进更多企业，快速提升发展水平和经济实力。固废工业园区要完善基础设施，支持北大研发中心产学研基地建设，建成名副其实的全国粉煤灰综合利用示范基地。富甲工业园区要强化装备制造、新材料产业的主导地位，建设新兴产业集聚区。东露天循环经济园区、北坪工业园区、北周庄工业园区要以高端化、全循环、链条式发展为主攻方向，打造全省煤基循环产业示范园区。金沙滩陶瓷工业园区要引导企业联合整合，加快产品提档升级。新型产业科技园区要积极引进高新技术，发展新能源、高端陶瓷等产业。梁威工业园区要突出生态绿色，着力发展特色农产品深加工产业。促进消费和出口增长。积极落实各项惠民政策，着力提高社会保障水平，增加城乡居民收入，不断增强居民消费能力。加快改善城乡消费环境，提升消费设施水平，增强消费服务能力。以全国第二批中小商贸流通企业服务体系建设试点工作为抓手，完善商业网点规划布局，加强城乡流通基础设施和市场体系建设。推进元营供销物流园区和城区普国集团北国边塞大集项目。积极组织参加“山西品牌中华行”等专题促销活动，扩大我市名优特产品市场影响力。加快发展电子商务，争取开通淘宝朔州馆。强化外贸工作，努力扩大我市出口能力。组织企业参加国内外重点展会，帮助企业开拓国际市场。支持怀仁县、应县加强“山西省日用陶瓷外贸转型升级专业型示范基地”建设，扩大陶瓷出口，加快扭转我市出口总量小的落后局面。

**(二)突出投资拉动，提升项目建设成效。**2016年全市经济要增长6.5%左右，固定资产投资增长15%，必须充分发挥投资对经济增长的关键作用，全力推动项目建设。一要明确主攻方向，全力推动四个方面、八大领域投资。着力加强投资规模500多亿元的基础设施、产业转型、城镇化和生态环保、民生改善四个方面，电力、现代煤化工、循环经济、新兴产业、城乡人居环境改善、生态环境治理、公路、社会事业八大重点领域的投资。二要抓好重点工程，带动整体投资。重点抓好七里河生态环境综合治理、同煤朔南2×35万千瓦低热值煤发电、山阴昱光二期2×35万千瓦低热值煤发电供热工程、北京电子城朔城区电子科技园、平鲁至右玉高速公路、市一中高中部、朔州市大医院、朔州科技馆、固废工业园区、第四自来水厂、市区污水垃圾处理项目、特高压输变电工程、朔州机场、大原高铁朔州段及朔州站等“冬季行动”项目大起底中的重大项目。三要抓好产业投资，扩大非煤产业投资规模。要大规模、高强度上非煤产业投资项目，特别是在文化旅游、装备制造、新能源、新材料、节能环保、日用陶瓷、食品医药、现代服务业等八大非煤产业领域。大幅度提高产业投资占全社会固定资产投资的比重，必须开工、建设、投产一大批新兴产业项目。要进一步完善新兴产业投资促进机制，继续落实21个市直部门与县区结对子建设投资5亿元以上产业转型项目的要求，同时大上5亿元以下转型项目。在抓非煤产业投资上，要不论投资额度、不论国企民营、不论市内市外，形成全面开花的局面。四要强化工作措施，保障投资稳定增长。要明确责任，强化措施，狠抓落实，确保重点工程建设顺利推进。一是领导亲自抓重点，“六位一体”统筹推进。要认真落实好领导包项目责任制、月调度月考核月排名等制度。二是大胆开放投资领域，激发民间投资活力。做实“朔州企业家投资在朔州”活动，把民营企业动员起来，鼓励有实力的企业家把更多的资金投到转型项目上。大力推广ppp模式，抓紧开工已推出的7个面向民间投资的开放项目，尽快推出更多向社会资本开放的项目名单。三是打开 招商引资大门，大力吸引外来投资。主动融入环渤海经济圈，积极对接长三角、珠三角，承接更多产业转移。创新招商方式，实施精准招商、产业链招商、集群化招商。强化跟踪对接服务，推动签约项目尽早落地开工建设，切实提高签约项目落地率和资金到位率。四是拓宽投融资渠道,做好资金保障。发挥政府投资的引导作用,合理安排财政支出,政府性投资项目要率先推进。加强政银企对接,用好金融平台,推动金融机构增加信贷投放力度,保障重大项目建设。创新投融资体制机制,推广政府与社会资本合作建设模式。五是狠抓项目开工和投产。着力抓好续建项目投产,确保有一批重大产业项目建成投产，形成新的经济增长点。发挥企业的投资主体作用,做好服务工作,促进企业投资到位。积极对接国家和省重点工程建设计划,着力抓好朔州机场、大西高铁朔州段等重大项目的前期工作。创新土地制度,保障重点项目建设用地。六是强化投资考核,特别是要强化产业项目投资考核。要加强重点项目监督管理,对项目进度、投资状况、工程质 量、安全生产等情况及时组织检查。

**（三）突出转型发展,全面做好“三农”工作。**以草牧业试验试点建设为契机，不断深化农村综合改革,积极调结构、转方式、增效益,着力加快农业转型发展步伐,走出一条立草为业、以畜定草、种养结合、以牧富民的特色农业转型发展的新路子,重点在六个方面实现新突破。一是积极调整优化种植结构。着力建设玉米、马铃薯、小杂粮、蔬菜、胡麻、饲草“六大种植基地”,大力实施粮食高产创建工程、杂粮产业振兴工程、畜牧产业翻番工程、设施农业建设工程、果业提质增效工程、中药材产业崛起工程、酿造业提升工程等“七大产业翻番工程”;加快以设施农业为主的城郊型高效农业发展,切实增强“菜篮子”产品的有效供给,陕速增加农民收入。二是大力发展现代草牧业。大力实施“双百双十”工程,即:100 万亩粮改革工程,100 万亩天然草场的改良工程,10 万亩盐碱地牧草种植工程,10 万亩山坡人工混播草场工程；种植青贮玉米 35 万亩、燕麦草 15 万亩、苜蓿草两万亩,改造升级 20 个奶牛牧场、30 个肉羊园区,实现奶牛存栏 18.5 万头、肉羊饲养量 600 万只的目标。开好全国草牧业发展朔州现场会，每个县区打造 2—3 个精品工程、示范项目。三是大力发展农产品精深加工。全力打造农产品加工基地,继续围绕乳品、畜产品、玉米、马铃薯、小杂粮、蔬菜、胡麻、甜菜、饲料饲草、沙棘“十大优势产业”,加大对龙头企业扶持力度。积极引导非农企业转型发展.重点扶持进入省农产品加工龙头企业“513”工程的企业开展科技创新、产品创新、管理创新、品牌创新、产业创新,大力发展农产品精深加工，力争 2016 年农产品加工销售收入达到 200 亿元。四是加快社会化服务体系建设。围绕产前、产中、产后各环节,逐步开展农业生产全程社会化服务机制创新试点，加快推进农业基层体系改革，加快防灾减灾服务体系建设。重点抓好与省农科院合作共建的朔州生态畜牧经济研究院，为我市发展现代农业提供技术支撑,加快科技转化应用步伐。五是创新一二三产融合的新业态。依据历史文化名村、美丽乡村，开发民俗休闲项目，融入全市旅游文化市场。延长产业链条,“种养加游”相结合,搞好农业观光体验游。鼓励发展乡村电商,通过“互联网+”平台,把我们的优质农产品销售出去。六是大胆探索创新，在深化农村综合改革上有新突破。加快农村土地确权颁证工作。加快朔城区农村集体产权制度改革试点。创新农村金融服务。加快推进农村人居环境改善工程。

**（四）突出协调发展,推进新型城镇化建设。**要按照“以人为本、优化布局、生态文明、传承文化”的要求,以“五城联创”为抓手,深入推进中心城市、大县城、小集镇、新农村“四位一体”发展战略,积极推进特色新型城镇化,加快建设彰显自然生态精致宜居现代化城市魅力的塞上明珠。一要加快中心城市建设,提升城市品质。要根据全省城镇化总体布局，按照建设晋北南部区域性中心城市的功能定位,坚持规划引领、以人为本、统筹协调、建管并重、绿色低碳的原则,大力推进中心城市建设,加快建设设施配套、功能完善、环境优美、管理先进、宜居宜业的城市宜居环境，提高城市综合承载能力和辐射带动能力。二要优化城乡空间布局。坚持城乡一体化，统筹推进中心城市、大县城、小集镇、新农村建设。坚持“五规合一”，做到国民经济和社会发展规划、城乡规划、国土规划、产业规划、环保规划相互衔接，实现规划对各种资源的最优组合与布局，更好地促进经济社会发展。制定出台《朔州市新型城镇化规划（2016—2020)》和《关于推进新型城镇化的实施意见》。三要加强交通运输体系建设。推进重大交通工程建设，完善交通体系。继续积极推动朔州机场和大西高铁朔州设站项目，开工建设西纵高速公路右玉至平鲁段，推进环城高速东北环前期准备工作。启动开工建设大北叉—平鲁界、乌龙洞—明海湖、龙首山景区三条旅游公路，推进雁门关—阳方口公路改建工程，按计划开展县乡公路和通村公路工程、危桥改造和公路安防工程，保障道路安全畅通。实施县道1374千米、乡道4139公里、村道3410千米，共8923千米的农村公路养护和中小修工程。积极推进完成公交调度中心工程建设，中心区开通新的公交线路，运行线路达到16条，运营车辆达到240标台，线路总长度达到233千米。四要继续扎实推进“五城联创”。提升园林绿化水平，巩固国家园林城市成果，市建成区绿化覆盖率达到42.86%。争取省级双拥模范城市获得命名，启动全国双拥模范城市创建工作。统筹推进国家卫生城市和国家环保模范城市创建工作。扎实推进省级文明城市创建活动，为创建全国文明城市打好基础。五要积极实施大县城战略。探索以大县城为基础的就地城镇化模式。朔城区要大力发展现代服务业，完善服务功能，增强集聚力，发挥好龙头作用；平鲁区要推进与中心城区同城化；山阴县要加快改变县城面貌；怀仁县要实现撤县设市；应县要依托木塔，建设旅游文化名城；右玉县要发挥生态优势，打造北方避暑胜地。六要统筹城乡公共服务，着力改善农村人居环境，进一步推进新农村建设，打造美丽乡村。做好采煤沉陷区治理和农村电网改造等工程。

**(五)突出绿色发展，加强生态文明建设。**强力推进生态建设。要紧紧围绕建设绿色发展的全省生态市目标，坚持植绿与兴水同步、开发与保护同步、治污与节能同步，继续抓好以京津风沙源治理、桑干河上游为重点的生态环境综合治理、“蓝天碧水”、矿山生态恢复等重点工程建设，大力实施城乡生态化项目攻坚战略，加快推进植树造林、水源工程、环境治理等工程建设，努力建设美丽朔州。一要狠抓造林绿化。全面落实省政府“三加三不减”工作举措，造林绿化的领导力度只加大不减小，资金支持只增加不减少，目标考核只加强不减弱。全年完成营造林16万亩，新建和完善通道绿化1000千米，村庄绿化100个，义务植树200万株，新育苗1.5万亩；多措并举保护森林资源，确保森林火灾受灾率控制在0.3‰以下，林业有害生物成灾率控制在4‰以下；继续深化集体林权制度改革；大力推进林业产业建设。重点实施好“六大工程”：一是朔城区西山环城绿化九期工程；二是平鲁区龙雨山荒山造林工程；三是山阴县西山生态综合治理工程；四是怀仁县南家堡园林绿化工程；五是应县龙首山东麓造林绿化工程；六是右玉县大南山荒山造林工程。二要狠抓水生态建设。大力推进恢河综合治理、太平湖综合治理、平鲁区大梁湿地公园、山阴县桑干河湿地公园、怀仁县鹅毛河湿地公园、应县塔北水系综合治理、右玉县海子湾水库下游整治，实行最严格水资源管理制度，节约集约利用水资源，努力实现水资源的可持续开发利用。坚持统筹规划、整体推进、分段治理、分步实施，结合七里河市区段综合治理，启动七里河上游治理。同时，加强农田水利基本建设。三要狠抓生态治理修复。健全生态补偿机制，积极开展采煤沉陷区、采空区、水土流失区的生态治理，防治地质灾害，改善生态环境。强力推进治污减排。狠抓减排治污，强化大气污染防治。深入开展重点行业脱硫、脱硝、除尘改造，推进火电企业超洁净排放改造工作，加快淘汰黄标车、老旧车，抓好农业源减排工作，有效控制扬尘污染。推广集中供热，减少燃煤锅炉。强力推进节能降耗。严格产业准入门槛，加强新上项目节能评估审查，加快淘汰落后产能，在重点高耗能行业和企业实施重点节能示范项目，全面开展能效达标活动。推进工业、建筑、交通、公共机构等领域节能降耗，做好煤炭、电力、冶金、化工、建材等重点行业节能工作。强化节能目标管理，逐步建立企业能耗在线监测体系，严格控制能源消耗。

**（六）突出共享发展，加快发展各项社会事业。**按照守住底线、突出重点、完善制度、引导舆论的基本思路，着眼保基本、兜底线、促公平、可持续，加大公共财政投入力度，推动各项社会事业均衡发展，加快健全基本公共服务体系，促进基本公共服务均等化，不断提高人民生活水平。一要推动教育全面均衡发展。贯彻落实国务院三年行动计划和我省新三年行动计划，加快发展学前教育。全面推进国家义务教育均衡发展县建设工作，建设市县两级教育信息化网络平台。加强市区中小学建设，缓解班容量大、师资不平衡的问题。继续实施好学生饮用奶工程。加快发展职业教育，加强特殊教育。积极发展高等教育，提升朔州师专和朔州市职业技术学院办学水平。二要提升卫生计生服务水平。积极推动朔州市大医院建设。推广城乡居民大病保险制度。完善城乡医疗卫生服务体系，提升县级医院综合服务能力，加强乡镇卫生院建设。做好计划生育和放开二胎工作，提高出生人口素质。三要增强公共文化服务能力。以加快构建现代公共文化服务体系为抓手，加快建设文化强市。构建政府主导、社会参与、群众支持的公共文化建设新格局，加快文化体制机制创新，落实支持文化建设财税政策，加强基层文化设施建设，完善文化服务网络，推进公共文化服务均等化。推进文化与科技融合，丰富服务内容手段，加强文化队伍建设，提高文化传播能力。大力推进科技创新，着力推进科技研发和创业孵化基地建设。四要完善促进就业创业工作机制。深入推进国家级创业型城市创建活动，大力实施“双创活动”，鼓励创业带动就业，突出抓好高校毕业生就业创业工作。继续做好创业小额担保贷款工作。继续实施政府购买基层公务服务岗位，吸纳高校毕业生就业。完善就业服务体系，加强乡镇劳动保障机构建设。抓好就业培训，做好退役军人、农村转移劳动力、城镇困难人员等就业工作。五要提高社会保障水平。健全和完善统筹城乡的社会保障体系，加快推进社会保障全覆盖。加强社会保障公共服务平台建设，提高社会信息化水平。实施社会救助提质工程，加强低保、五保、孤儿等困难群体保障工作。设立以财政投入为主的社会救助基金。实施社会化养老示范工程，加强养老设施建设，鼓励社会力量兴办养老机构，加快发展养老服务业。六要加强和创新社会治理。推动基层社区服务体制机制创新，发展公益性、服务性的社区社会组织。深化“法治朔州”“平安朔州”建设，完善社会治安防控体系，健全信访工作和矛盾调处机制。

**（七）突出开放发展，加大改革创新力度。**以综改试验区建设为统领，认真实施2016年“2245”行动计划，突出抓好十大重点领域和关键环节改革创新。一是化解煤炭产能过剩。用市场化手段，严格环保、能耗、技术标准，加大过剩产能化解力度。对长期停建缓建、未开工、资源枯竭、安全开采条件差的煤矿，按照国家相关政策依法淘汰。对采用国家禁止的采煤方法、工艺且无法实施技术改造或安全生产不合格的煤矿，坚决关闭。停止申请新建煤矿、新增产能技术改造和煤矿生产能力核增项目。二是房地产去库存。探索建立购租并举的住房制度，培育发展规模化、专业化的住房租赁市场．大力推进棚改货币化安置，鼓励农民工、农民进城买房。积极引导企业实施精准促销，支持鼓励符合条件的库存商品房改造成为商务公寓、养老用房、旅游地产等，合理调节土地投放和开发项目建设进度，合理安排已出让未开发房地产用地的转型利用，落实税收、信贷政策，大力支持住房消费，促进商品房去库存。三是降低企业成本。用足用好国家政策，继续落实好省政府“减负60条”和“工业19条”，切实减轻企业负担。支持符合条件的企业参与电力直接交易，积极争取更多的电力直接交易指标，降低企业生产成本。推动金融机构加大对实体经济的支持力度，整合各类财政扶持资金，设立中小企业信用保证基金。四是深化煤炭管理体制改革。完善煤炭规划科学管理体系，加快建立矿区总体规划、矿产资源总体规划、矿业权设置方案、煤炭生产开发规划之间有机衔接、协调配合的管理新模式。健全物流体系，积极发展现代化、专业化煤炭物流企业。深入推进煤电一体化改革。五是完善民营经济发展促进机制。引导民营企业家特别是家族制企业建立现代企业制度。鼓励具备条件的个体工商户、合伙企业、私营独资企业转变为公司制企业。推进民营企业通过相互参股、职工持股、引进外资、出让产权、资本运作和挂牌上市等形式实现产权多元化，规范混合所有制企业法人治理结构，平等保护民营股东合法权益。六是构建科技创新驱动新机制。加强以煤为基低碳科技攻关。进一步完善“产、学、研、用”协同互动机制和关键技术重大项目联合攻关机制。鼓励企业加大科技投入，规范研发费用管理和使用。七是完善地方金融服务体系。大力推进金融招商，完成华夏银行朔州分行开业。推进基础金融服务“村村通”工程，提升普惠金融水平。强化中小企业续贷周转保障，切实缓解企业续贷周转难、周转贵问题。建立常态化政银企对接服务机制，推动银企信息互通。实施企业上市培育工程，推动符合条件的企业在主板、中小板、创业板、新三板上市。八是深入推进国家粮改饲和草牧业试验试点市建设。发挥好国家和省在政策和资金上的扶持优势，积极探索“立草为业、以草促牧、草畜结合、以牧富民”的现代农业转型发展新模式，推动全市生态草牧业健康发展。全面实施“双百双十”工程。九是创新中小商贸流通企业服务机制。推进商贸物流标准化进程，建设物流综合信息服务平台，创新相关服务机制。统筹推进重点商贸项目建设，谋划建设一批大型商贸流通项目，培育发展骨干现代物流企业，为物流业发展搭建平台，引导物流企业入驻园区，发挥规模和集聚效应。十是推进国有林场改革。制订并实施朔州市国有林场改革实施方案，积极推进政事分开、管干分离、事企分开、主副剥离的管理体制，优化组织结构。建立有利于保护和发展森林资源、有利于改善生态和民生、有利于增强林业发展活力的国有林业体制机制，加强森林培育，强化资源保护。

各位代表，做好2016年的经济社会发展工作，任务艰巨、责任重大、使命光荣。让我们在市委、市人大、市政府、市政协的坚强领导和监督支持下，深入贯彻党的十八大和十八届三中、四中和五中全会精神，认真落实市委五届八次全会、全市经济工作会议、市人大六届二次会议各项部署，坚定信心，锐意进取，为完成2016年经济社会发展各项目标任务而努力奋斗！

# 关于朔州市2015年全市和市本级预算执行情况与2016年全市和市本级预算草案的报告

## ——在朔州市第六届人民代表大会第二次会议上

朔州市财政局　孔庆虎

（2016年4月12日）

### 一、2015年全市和市本级预算执行情况

2015年以来，全市财政部门认真落实中央、省各项决策部署，坚持稳中求进的工作总基调，突出推进“两大任务”“六大发展”的工作主线，积极适应经济发展新常态，紧紧围绕稳增长、促改革、调结构、惠民生、防风险，突出服务和保障两大主题，财政改革发展各项工作进展顺利。

**（一）公共财政预算执行情况**

1.全市预算执行情况。

2015年全市一般公共预算收入完成54.3亿元，为预算的74.2%，下降37.29%。一般公共预算支出执行138.29亿元，为预算的94.97%，下降3.33%。

2015年全市预算收支执行具体情况如下：

（1）主要收入项目执行情况。

税收收入完成36.29亿元，为预算的62%，下降40.71%。其中：增值税完成9.91亿元，为预算的64.3%，下降36.90%；营业税完成6.89亿元，为预算的63.7%，下降37.88%；企业所得税完成2.91亿元，为预算的81.9%，下降47.4%；个人所得税完成1.01亿元，为预算的68.1%，下降54.7%；资源税完成4.79亿元，为预算的53.9%，下降2.62%；城市维护建设税完成3.34亿元，为预算的59.4%，下降42.16%。

非税收入完成18.01亿元，为预算的122.5%，下降29.06%。其中：专项收入完成11.24亿元，为预算的128.3%，下降28.88%；行政事业性收费收入完成3.53亿元，为预算的134.9%，下降24.32%；罚没收入完成1.97亿元，为预算的91.8%，下降41.82%；国有资源（资产）有偿使用收入完成0.88亿元，为预算的104%，下降15.05%；其他收入0.36亿元，为预算的107.6%，增长37.11%。

（2）主要支出项目执行情况。

一般公共服务支出12.21亿元，为预算的99.17%，下降2.96%；国防支出0.37亿元，为预算的100%，下降30.36%；公共安全支出7.82亿元，为预算的99.76%，增长3.22%；教育支出26.04亿元，为预算的95.03%，增长12.05%；科学技术支出0.92亿元，为预算的99.78%，下降4.72%；文化体育与传媒支出2.34亿元，为预算的99.48%，下降26.87%；社会保障和就业支出14.46亿元，为预算的96.95%，增长17.79%；医疗卫生支出12.89亿元，为预算的97.51%，增长12.08%；节能环保支出5.15亿元，为预算的72.42%，下降21.62%；城乡社区事务支出8.92亿元，为预算的99.85%，下降30.14%；农林水事务支出23.4亿元，为预算的93.64%，增长17.6%；交通运输支出4.79亿元，为预算的96.89%，下降3.91%；资源勘探信息等支出2.27亿元，为预算的97.36%，下降8.18%；商业服务业等支出0.37亿元，为预算的94.16%，下降61.98%；金融支出0.43亿元，为预算的93.48%，增长325.32%；国土海洋气象等支出7亿元，为预算的95.68%，下降50.61%；住房保障支出5.45亿元，为预算的90.81%，增长

12.4%；粮油物资储备管理等事务支出1.35亿元，为预算的93.79%，增长40.5%；其他支出2.09亿元，为预算的89.2%，下降38.7%。

2.市本级预算执行情况。

2015年市本级一般公共预算收入完成20.97亿元，为预算的82%，下降33.81%；一般公共预算支出执行29.39亿元，为预算的95.95%，下降15.92%。

2015年市本级预算收支执行具体情况如下：

（1）主要收入项目执行情况。

税收收入完成13.74亿元，为预算的69.3%，下降38.99%。其中：增值税完成5.3亿元，为预算的85.6%，下降46.65%；营业税完成1.84亿元，为预算的58.2%，下降40.84%；企业所得税完成1.22亿元，为预算的79.1%，下降51.55%；个人所得税完成0.41亿元，为预算的70.8%，下降39.44%；资源税完成3.09亿元，为预算的60.4%，增长32.69%。

非税收入完成7.23亿元，为预算的126.2%，下降21.11%。其中：专项收入完成5.79亿元，为预算的138.5%，下降16.05%；行政事业性收费收入完成0.39亿元，为预算的66.7%，下降12.75%；罚没收入完成0.61亿元，为预算的84.3%，下降44.18%；国有资源（资产）有偿使用收入完成0.15亿元，为预算的58.88%，下降69.21%。

（2）主要支出项目执行情况。

一般公共服务支出3.81亿元，为预算的99.86%，增长8.66%；国防支出0.22亿元，为预算的100%，下降26.28%；公共安全支出3.85亿元，为预算的100%，增长9.09%；教育支出4.3亿元，为预算的99.4%，增长17.67%；科学技术支出0.58亿元，为预算的100%，增长123.59%；文化体育与传媒支出0.91亿元，为预算的99.78%，下降46.41%；社会保障和就业支出2.23亿元，为预算的93.27%，增长95.68%；医疗卫生支出2.17亿元，为预算的94.56%，增长28.54%；节能环保支出1.38亿元，为预算的72.16%，下降28.83%；城乡社区事务支出2.92亿元，为预算的100%，增长3.83%；农林水事务支出2.22亿元，为预算的87.48%，下降32.59%；交通运输支出0.94亿元，为预算的99.65%，下降49.15%；资源勘探信息等支出0.77亿元，为预算的96.96%，下降增长73.17%；商业服务业等支出0.11亿元，为预算的85.28%，下降48.31%；金融支出0.13亿元，为预算的100%，增长30%；国土海洋气象等支出0.71亿元，为预算的96.77%，下降87.74%；住房保障支出0.81亿元，为预算的100%，增长130.26%；粮油物资储备管理等事务支出0.97亿元，为预算的100%，增长76.58%；债务付息支出0.65亿元，为预算的100%，增长198.63%；其他支出0.25亿元，为预算的100%，下降85.86%。

**（二）政府性基金预算执行情况**

2015年，全市政府性基金收入完成15.06亿元，为预算的73.2%，下降64.03%；基金支出执行19.76亿元，为预算的79.21%，下降56.5%。

市本级政府性基金收入完成0.5亿元，为预算的53.41%，下降95.32%；基金支出执行0.94亿元，为预算的68.42%，下降85.8%。

**（三）国有资本经营预算执行情况**

2015年，全市国有资本经营收入完成3626万元，为预算的3237.5%；国有资本经营支出执行3284万元，为预算的99.64%。

市本级国有资本经营收入完成398万元，为预算的355.36%：国有资本经营支出执行100万元，为预算的89.29%。

**（四）社会保险基金预算执行情况**

2015年，全市社会保险基金预算收入完成38.64亿元，为预算的126.3%；社会保险基金预算支出30亿元，为预算的108.1%，收支结余8.64亿元。

**(五)财政收支平衡情况**

2015年,全市一般公共预算收入完成54.3亿元,上级补助收入64.82亿元,上年财政结余收入12.8亿元,调入预算稳定调节基金6.53亿元,调入资金9.44亿元,债券转贷收入18.4亿元,收入总计166.29亿元;当年一般公共预算支出138.29亿元,上解上级支出1.34亿元,安排预算稳定调节基金9.78亿元,债券还本支出9.27亿元,支出总计158.68亿元。收支相抵后,年终结余7.61亿元(其中:结转2016年支出7.33亿元,净结余0.29亿元)。全市所有县区收支平衡,均无赤字。

市本级一般公共预算收入完成20.97亿元,上级补助收入-3.2亿元,上年财政结余收入2.99亿元,调入预算稳定调节基金3.4亿元,调入资金3.29亿元,债券转贷收入8.1亿元,收入总计35.54亿元;当年一般公共预算支出29.39亿元,上解上级支出0.23亿元,安排预算稳定调节基金3.49亿元,地方政府债务支出1.16亿元,支出总计34.27亿元。收支相抵后,年终结余1.28亿元(其中:结转2016年支出1.24亿元,净结余0.04亿元)。

**(六)省财政对我市转移支付执行情况**

2015年,省财政对我市下达转移支付62.42亿元,增长19.2%。其中:一般转移支付34.55亿元,增长37.38%;专项转移支付27.87亿元,增长3.2%。

2015年,我们重点抓了以下几方面工作:

1.完善机制,保障民生,财政支出结构持续优化。继续优化结构,突出重点,完善财政投入机制,全力保障民生及社会事业健康发展。2015年全市民生支出占一般公共预算支出比重达81.78%,比上年提高0.43个百分点。一是加大支农投入力度。落实各项强农惠农政策,稳定支农投入增长机制,2015年全市农林水支出23.4亿元,增长17.59%,有力保障了农业产业化、农业经营规模化的扎实推进。二是加大教育投入力度。全年拨付教育资金26.04亿元,更加注重改善办学条件、提高教育质量和促进城乡教育公平,城乡教育均等化水平得到进一步提高。三是完善就业服务体系。全面落实职业培训补贴、职业技能鉴定补贴等政策,鼓励企业吸纳劳动者就业,增加就业岗位。2015年全市共发放各类就业补贴资金9807万元,享受补贴人数4.22万人,进一步稳定了我市的就业形势,扩大了就业服务体系覆盖面。四是完善社会保障体系。积极落实市本级农村五保、城乡低保等社会救助政策,全年共拨付市级配套资金6296万元,将城镇居民低保提高了25元、农村居民低保提高了30元;进一步提升新农合人均补助标准,共拨付市级配套资金3717万元,将新农合人均财政补助标准由320元/人提高到380元/人,进一步提升了社会保障水平。五是支持改善生产生活环境。坚持绿色发展,2015年全市节能环保支出超5.15亿元,支持大气污染防治,促进煤电企业减排,提标改造燃煤锅炉整治,保障全市老旧机动车、黄标车淘汰任务的顺利完成。

2.深化改革,强化规范,初步构建现代财政制度框架。2015年,全市财政系统认真贯彻中央、省深化财税体制改革精神,加快构建符合我市实际的现代财政制度,重点推进预算管理制度改革,初步建立起全面规范、公开透明的现代预算制度。一是完善政府预算体系。2015年完善全口径预算管理,更加细化编制一般公共预算、政府性基金预算、国有资本经营预算和社会保险基金预算"四本预算",并全部报请人大批准。编制我市权责发生制政府综合财务报告,更加全面、科学的反映我市财务状况。二是改进预算编制方式。进一步整合、规范、细化政策性项目编制,严控代编规模。强化财政资金统筹使用,按照上级有关精神,加大政府性基金预算与一般公共预算统筹力度,2015年共统筹使用政府性基金19.76亿元。三是强化预算执行监管。严格实施国库集中支付制度,推进公务卡改革试点,压缩授权支付额度。严控一般性支出,尤其严控“三公”经费,2015年全市“三公”经费支出同比下降16.3%。持续盘活财政存量资金,市本级共补充预算稳定调节基金28065万;调入2015年预算财力政府性基金结余4500万元;收回部门结余结转资金38409万元。四是加大信息公开力度。贯彻新《预算法》要求,在时限内按规定批复部门预决算。2015年起除涉密部门和涉密项目外,全面公开政府预决算、部门预算及“三公”经费预算,细化到支出功能分类的项级科目,接受全社会监督,打造阳光财政。五是加强预算绩效管理。制定出台了《朔州市预算绩效评价管理办法》和《朔州市预算绩效评价结果运用管理办法》,对18个单项支出在300万元以上或市财政支出占项目总支出50%以上项目,进行了预算绩效评价,评价总额达5.65亿元,占市本级年度支出额的25%。同时,探索政府与社会资本合作模式,将市四水厂、第二污水处理厂列为市级PPP项目,列入市级项目储备库,助推政府职能转变和社会管理创新。

3.加强监管,厘清责任,财政职能更加巩固夯实。积极探索规范政府债务管理、加强财政监督的新机制新方法。一是加强政府性债务管理。认真做好债券置换存量债务工作,按照财政部、省财政厅关于开展地方政府债券置换存量债务的有关工作要求,细致梳理存量债务,编制债务置换方案,2015年完成省转贷地方政府债券3批,共计20亿元,新增3批省转贷地方政府债券共计10.6亿元。二是创新政府融资方式。启动了中小微企业信用保证基金开发有限公司的筹建工作,盘活财政存量资金,改变财政资金投收方式, 最大限度用财政资金撬动银行贷款,破解中小微企业的融资难、融资贵问题。三是着力厘清财政职能。扎实推进“六权治本”,以清理“法定权力”为基础,依法确定权力事项36项,编制并公布了“两单两图”。以规范“隐性权力”为重点,制定出台了《关于加强市级财政资金分配、拨付、使用管理的若干规定(暂行)》,对财政资金分配、使用等各个环节进行了责任细化,厘清了财政与相关职能部门的职责,规范了财政资金的审批、拨付和管理。制定出台了《关于加强上级财政转移支付资金管理的若干规定(暂行)》《关于加强市级基本建设资金管理的若干规定》《关于规范市级政府采购有关事项的若干规定》《关于市本级预算执行有关事项的通知》等9个配套文件,进一步明确了专项资金管理有关要求,压实了责任,提高了效率。

需要说明的是,根据《预算法》规定,预算年度开始后,在市人民代表大会批准预算草案前,可安排下列支出:上年度结转支出;参照上年同期的预算支出数额安排必须支出的本年度部门基本支出、项目支出,以及对下级政府的转移性支出;法律规定必须履行支付义务的支出,以及用于自然灾害等突发事件处理的支出。根据上述规定,2016年1至3月,全市一般公共预算支出22.97亿元,其中市本级4.24亿元。

## 二、2016年全市和市本级预算草案

### (一)2016年预算安排指导思想及安排原则

2016年全市财政预算安排总的指导思想是:全面贯彻党的十八大和十八届三中、四中、五中全会和省委、省政府的各项决策部署,围绕市委、市政府推进“两大任务”的工作安排,深化预算管理制度改革,实行全口径预算管理;优化财政支出结构,盘活财政存量资金,促进经济转型升级和民生改善,从严控制一般性支出;加强和改进预算管理,推进预算公开透明,提高财政资金使用绩效。

根据上述指导思想,2016年全市财政收支预算拟按以下原则编制:

(1)收入预算编制要实事求是、积极稳妥、留有余地。收入预算由约束性转向预期性,并与

经济社会发展水平相适应,与财政政策相衔接。

(2)支出预算编制要统筹兼顾、突出重点、厉行节约。优化财政支出结构,严格控制一般性支出。消化结余结转,盘活存量资金。清理整合专项转移支付,清理规范重点支出同财政收支增幅或生产总值挂钩事项,提高财政资金使用绩效。

(3)提高预算编制完整性,编制全口径预算,政府收支全部纳入预算管理。

(4)加大政府预算统筹力度,统筹安排政府性基金预算、国有资本经营预算与一般公共预算。

(5)推进财政预决算公开。政府预决算和部门预决算要细化并公开至支出功能分类的项级,使用经济科目编报并公开政府预决算和部门预决算。

**(二)2016年收支预算**

1.一般公共预算。

2016年全市一般公共预算收入46.15亿元,比上年完成数(下同)下降15%;2016年全市一般公共预算支出安排95.51亿元,比2015年向市人大常委会备案预算同口径下降22.1%。主要项目安排情况是:一般公共服务支出11.3亿元,下降9.6%;公共安全支出5.79亿元,下降11.5%;教育支出20.01亿元,下降5.7%;科学技术支出0.76亿元,下降21.7%;文化体育与传媒支出1.54亿元,下降20.1%;社会保障和就业支出14.23亿元,下降22.1%;医疗卫生与计划生育支出9.23亿元,下降20%;节能环保支出2.14亿元,下降12.7%;城乡社区支出4.21亿元,下降49.4%;农林水支出14.12亿元,下降28.4%;交通运输支出1.25亿元,下降40.6%;国土海洋气象等支出1.14亿元,下降59%;住房保障支出2.04亿元,下降79.4%;预备费0.85亿元,下降46.8%;其他支出2.88亿元,下降5.5%。上述全市预算草案为市代编预算,待各县(区)人民代表大会批准后,市财政将汇总各级预算,加上上年结转支出,一并报市人大常委会备案。

市本级一般公共预算收入安排18.14亿元,下降13.5%。其中:税收收入12.53亿元,下降8.8%;非税收入5.61亿元,下降22.4%。市本级一般公共预算支出安排22.55亿元,同口径比2015年向市人大常委会备案预算下降19.6%。资金来源为:市本级一般公共预算收入18.14亿元,加上上级补助和县区上解收入48.06亿元、调入资金3亿元,减去上解上级和补助县区支出46.65亿元。

市本级主要支出项目安排情况是:一般公共服务支出3.6亿元,增长4.6%;公共安全支出2.86亿元,增长5.5%;教育支出3.63亿元,增长19.1%;科学技术支出0.1亿元,下降77.8%;文化体育与传媒支出0.6亿元,下降10.6%;社会保障和就业支出1.38亿元,下降40.7%;医疗卫生与计划生育支出1.64亿元,增长43%;节能环保支出0.53亿元,下降40.4%;农林水支出1.58亿元,下降24.9%;国土海洋气象等支出0.42亿元,下降56.1%;住房保障支出0.1亿元,下降95.4%;预备费0.5亿元,下降37.5%。

经汇总,2016年市本级行政事业单位和其他单位使用财政拨款安排的“三公”经费预算0.38亿元。其中:公务接待费0.06亿元,下降19.5%;公务用车购置及运行维护费0.32亿元,下降27.3%。

2016年,全市财政面临的收支压力是前所未有的,上述安排是市财政在财政收入持续下滑、刚性支出有增无减的严峻形势下,通过动用预算稳定调节基金2亿元、盘活财政存量资金1亿元,以及加大政府性基金和国有资本经营预算与一般公共预算统筹力度等措施,才得以平衡的盘子.在保基本、保运转、保稳定的前提下,其他支出区分轻重缓急、量力安排。

2.政府性基金预算。

2016年全市政府性基金预算收入14.38亿元，下降4.5%；预算支出安排14.97亿元，下降30.2%。市本级政府性基金预算收入0.5亿元，与去年持平；预算支出安排0.5亿元，下降46.6%。

3.国有资本经营预算。

2016年，全市国有资本经营预算收入3961万元，增长9.2%；预算支出安排3961万元。市本级国有资本经营预算收入161万元，下降59.5%；预算支出安排161万元。

4.社会保险基金预算。

2016年全市社会保险基金预算收入安排41.75亿元，预算支出安排38.28亿元，收支结余3.47亿元。

以上预算安排的具体情况详见《2015年全市和市本级预算执行情况2016年全市和市本级预算草案》。

## 三、完成2016年预算任务的主要措施

**(一)规范收入管理，提高收入质量。**深化综合治税各项措施，通过联合办税平台，进一步加强税收和非税收入征管，突出抓重点税源和征管薄弱环节，充分挖掘增收潜力，努力提高财政收入质量，做到均衡入库。坚持召开财税库银联席会议制度，落实责任主体，细化工作措施，强化奖惩机制，做实收入。大力培植财源，牢固树立"围绕项目抓财源，围绕财源抓经济"的思想观念，全力抓好财源建设各项重点任务的落实，实现收入规模、质量双提升，为朔州优化经济结构、提升发展质量提供财力支撑。在抓收入的同时，积极争取项目资金，紧紧抓住山西经济结构调整中蕴含的机遇，把争取资金和项目放在突出位置，及时掌握全省各类政策支持重点和资金投向，积极争取资金支持。

**(二)加强支出管理，强化预算约束。**一是加强财政资金统筹使用。继续加大政府性基金预算与一般公共预算、部门预算与专项资金预算、财政拨款与单位各项收入等统筹力度，把政府性基金预算超出规定比例的结转结余调入一般公共预算。二是进一步盘活财政存量资金。继续做好存量资金的清理盘活工作，对市级财政安排给各单位的，连续结转两年以上的财政资金，要坚决予以收回，由市政府统筹安排；对结转结余资金常年居高不下的部门，无论结转了几年，都要按一定比例收回预算。三是清理整合专项资金。对改革后职能弱化或消失的部门专项资金予以清理、核减或收回；对不符合现行政策支持方向的，予以调整；对已经到期、任务已经完成或失去政策依据的，坚决清理和取消。清理整合出来的资金，统筹用于经济社会发展的重点领域。四是压缩一般性支出。在保障重点、民生支出的同时，继续严格执行中央"八项规定"和国务院"约法三章"要求，按"零增长"的原则编制"三公"经费预算，"三公"经费和会议费预算比上年只减不增。从严从紧控制"三公"经费等一般性支出预算，重点控制公务接待、公车运行、出国(境)、会议、培训、出差、购置等支出。

**(三)坚持量力而行，着力保障和改善民生。**一是保障脱贫攻坚。充分发挥财政资金引导作用，推行以企业带动、专业合作组织联动机制和"企业+专业合作组织+基地+农户"等组织模式，鼓励贫困农户以土地承包经营权入股，劳动力入股，不断健全扶贫投入的长效机制。同时，切实加强对扶贫资金的监管，完善管理制度办法，加强监督检查，对财政扶贫资金使用管理中出现的违法违规行为要严肃问责，确保每一分钱都用到贫困群众身上。二是保障就业创业。支持实施大学生就业促进计划和创业引领计划，推进农民工返乡创业、退役军人安置和就业困难人员帮扶。落实好援企稳岗、社保补贴、税费减免等政策，促进再就业。同时，完成市中小微企业信用保证基金开发有限公司组建，通过公司为中小微企业融资提供信用担保，帮助小微企业稳定"越冬"。在稳定财政收入的同时，促进

稳定就业。三是保障义务教育。探索建立城乡统一、重在农村的义务教育经费保障机制，统一城乡义务教育学校生均公用经费基准定额，继续提高特殊教育学校和随班就读残疾学生公用经费标准。四是保障社会保险制度改革。继续提高城乡居民最低生活保障标准，完善城乡低保和农村五保供养制度。

**(四)深化财税改革，提高管理水平。**一是继续推进预决算公开。今年政府预决算、部门预决算和“三公”经费做到全公开、早公开、全覆盖。内容细化到功能分类的项级科目，逐步公开与群众利益密切相关的一些民生政策，接受群众监督。二是实行零基预算改革。改变现行“基数加增长”的分配方式，以零为基点，实行预算一年一定，对个人和公用支出精准测算，据实安排，优先确保民生支出和重点支出需要。三是推行中期财政规划管理。编制2016—2018年中期财政规划，增强年度预算的前瞻性，实现预算跨年度平衡。四是加强债务预算管理。建立政府性债务风险预警和债务限额管理机制，积极防范债务风险。合理划分债务类型，分门别类化解存量债务，做好存量债务的置换工作。五是加强财政预算绩效管理。建立全过程预算绩效管理机制，提高财政资金使用效益。六是继续扩大政府购买服务范围。提高公共服务供给的质量和财政资金的使用效率，不断改善社会治理结构，满足公众日益增长的多元化、个性化需求。七是积极推行政府和社会资本合作模式。加强组织协调，健全工作机制，开展项目示范，鼓励社会资本通过多种方式参与PPP项目，不断提高公共产品供给能力和效率。八是加强会计人员管理和单位财务管理。强化对单位财务会计人员业务技能的培训，使整个财会队伍的整体素质不断得到提升。

**(五)加强队伍建设，树立良好财政形象。**全面完成内控制度建设，重点聚焦预算管理、资金分配等核心业务环节，强化内部流程控制，防止权力滥用，及时堵塞管理漏洞。巩固扩大“三严三实”专题教育成果，形成抓落实、促规范的长效机制。落实好党风廉政建设主体责任和监督责任，着力加强机关作风建设，提升财政服务质量和水平。切实加强干部队伍建设，提高财政干部依法理财、科学管理、勤政为民的能力。

各位代表，2016年财政改革发展的任务繁重而艰巨。我们将以敢于担当、主动作为的精神状态，在市委、市政府的正确领导下，在市人大和市政协的监督指导下，主动适应经济发展新常态，众志成城应对挑战，立行立改破解难题，奋发有为开拓创新，努力完成全年财政预算任务，为推动“两大任务”、加快“六大发展”做出新的更大的贡献！

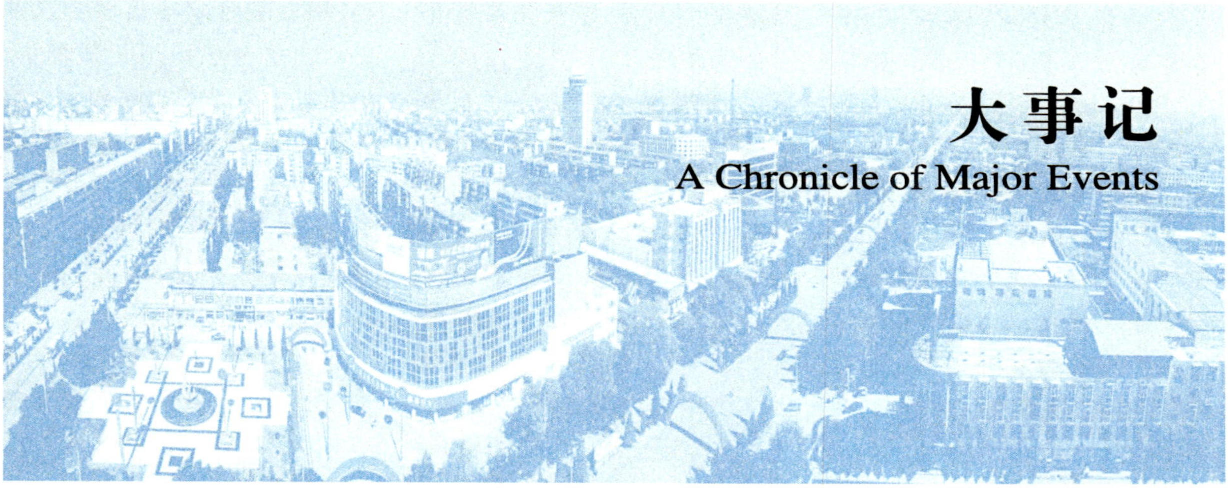

# 大事记

## A Chronicle of Major Events

### 1月

**3日**

朔州市召开安全工作紧急会议，学习贯彻中共中央办公厅、国务院办公厅《关于切实做好当前安全生产和人员密集场所安全管理工作的紧急通知》精神。

**4日**

朔州市委召开常委（扩大）会议，传达贯彻全省经济工作会议精神以及省委书记王儒林和省长李小鹏的重要讲话精神。

**6日**

朔州市委召开中心组（扩大）学习会议，学习领会习近平总书记关于从严治党的重要论述及省委书记王儒林关于从严治党、从严治吏方面的要求。

市长李海渊主持召开市政府党组学习讨论落实活动查摆问题社会各界代表座谈会。

朔州市组织收听收看全国安全生产电视电话会议。

**7日**

市委书记王安庞主持召开座谈会，就市委反思剖析会报告征求意见。

2015年朔州市政府安委会第一次全体（扩大）会议召开，市长李海渊主持会议并讲话。会议对《朔州市人民政府关于做好2015年安全生产工作的决定》进行说明，安排部署近期安全生产工作。

市政府第85次常务会议召开，市长李海渊主持会议，讨论2015年国民经济和社会发展主要指标计划以及全市经济工作会议报告。

市长李海渊主持召开市政府党组学习讨论落实活动专题讨论会议。

**8日**

朔州市政府党组召开学习讨论落实活动专题讨论会。

**9日**

朔州市召开离退休老干部座谈会。

**14日**

市长李海渊会见省保监局党委书记、局长王毅一行，就推动朔州保险服务业发展进行交流。

朔州市右玉县召开县委中心组（扩大）学习会议，传达学习习近平总书记同中央党校县委书记研修班学员座谈讲话精神。总书记三次提到该县历届县委县政府植树造林、战风抗沙的事迹并作批示，大家深受鼓舞。

**15日**

市政府党组会议召开，市长李海渊主持会议传达学习十八届中央纪委五次会议精神和国务院党组会议精神，剖析朔州市政治生态和权力运行中存在的突出问题及问题产生的根源。

**19日**

朔州市委召开常委（扩大）会议，专题研究《中共朔州市委反思剖析报告》。

**22日**

市委书记王安庞在市委五届七次全会上作中共朔州市委常委会工作报告。

朔州市经济工作会议召

开。会议总结 2014 年经济工作，安排部署 2015 年工作任务。

23 日

朔州市组织参加全省农村电视电话会议。会议贯彻落实中央农村工作会议精神，推行农业现代化，要求坚持以促进农民增收为主要任务，加大强农、惠农、富农支持力度。

27 日

山西省十二届人大四次会议朔州代表团召开会议。

## 2 月

3 日

朔州市召开干部大会，传达贯彻全省两会精神。市委书记王安庞主持会议并讲话。市长李海渊传达省第十二届人民代表大会第四次会议精神，省长李小鹏在省第十二届人民代表大会第四次会议上所作的政府工作报告，省领导在朔州代表团全团会议上的讲话精神。市政协主席高厚传达政协第十一届山西省委员会第三次会议精神。

4 日

朔州市委常委召开会议，市委书记王安庞主持会议，讨论研究《市委常委班子述职述廉报告》《全市 2015 年基层党建工作需要解决的具体问题》《中共朔州市委落实党风廉政建设党委主体责任清单》。

5 日

市政府召开右平高速公路建设协调会，市长李海渊出席会议并讲话。

朔州军分区党委召开全体(扩大)会议，传达学习北京军区和山西省军区(扩大)会议精神，市委书记、朔州军分区党委第一书记王安庞出席会议并讲话。朔州军分区党委副书记、政治委员艾志军代表军分区党委作工作报告。

5 日下午，山西省委常委、副省长付建华深入朔州市朔城区走访慰问困难企业和困难群众，代表省委、省政府向群众送上节日的问候。

6 日

市委书记、市人大常委会主任王安庞主持召开朔州市五届人大常委会第六十六次主任会议。会议议定朔州市五届人大常委会第四十六次会议有关事项，审议《朔州市人大常委会关于落实代表法对农民、工人及其他无固定工资收入市人大代表发放履职补贴的意见(草案)》及其他。朔州市人大常委会副主任温日平、张丁成、牛志忠、白明、候元，秘书长任凯出席会议。

山西省委常委、副省长付建华深入朔州市朔城区就学习讨论落实活动开展情况进行实地调研。省政府副秘书长白秀平、省委第六督导组组长郭贵仁等随同调研。市委书记王安庞，市委常委、组织部部长冯云龙等陪同调研。

朔州市召开 2014 年度目标责任考核大会。山西省委常委、副省长付建华出席会议并讲话。省考核组组长郭贵仁、副组长李跃珍等出席大会。市委书记王安庞主持会议并做述职述廉报告。朔州市委副书记、市长李海渊，朔州市政协主席高厚等参加会议。

9 日

朔州市召开离退休老干部座谈会，市委书记王安庞等市四大班领导与离退休老干部亲切座谈。

10 日

中国共产党山西省第十届纪律检查委员会第五次会议召开。会议以电视电话会议形式召开，市委书记王安庞，市委副书记、市长李海渊，市委常委、纪委书记康吉仁在太原主会场参加会议。市政协主席高厚、市委副书记郑红等市四大班子领导在朔州分会场参加会议。

11 日

朔州市委常委会召开会议，传达学习省纪委十届五次全体会议精神，讨论研究市纪委五届五次全体会议有关事宜。市委书记王安庞主持会议。

市委书记王安庞深入朔城区走访慰问老党员、五保户、低保户、优抚对象、困难职工，送上真挚的问候和节日的祝福，市委常委、秘书长李根田，朔州市人大副主任、市工会主席李玉兰，副市长韩文让以及朔城区主要领导、市直有关部门负责人随行。

市长李海渊看望慰问市

级老同志卢维邦、刘柏林、韩胜利、彭世先、石璋、王金书及钟声扬遗孀。市委常委、常务副市长雷健坤，市人大常委会副主任温日平，市政协主席谭建国等参加慰问。

12 日

市长李海渊，市委常委、宣传部部长刘英魁，市人大常委会副主任温日平，市政协副主席闫美珍赴怀仁县困难党员魏富全家、光荣院、驻朔某部队走访慰问，送上节日的问候与祝福。

市委书记王安庞深入包村增收联系点——右玉县威远镇南八里村，在村级活动场所召开座谈会。

市委副书记、市长李海渊深入党的群众路线教育实践活动联系点怀仁县，督促指导教育实践活动后续整改落实工作。市长助理、市政府秘书长蔚文彩及市委第二督导组参加督导。

13 日

市委书记王安庞深入市级老同志霍文章、靖夺魁、李尧、杨富、王芳、李洲、史占彪、卫占成、雷功家中，看望、走访慰问，送去诚挚的新春祝福，共话朔州的美好未来。市政协主席高厚，市委常委、秘书长李根田，副市长韩文让一同走访。

对"两节"和全国"两会"期间的安全生产和信访稳定等重点工作进行安排部署的专题会议召开。市委书记王安庞主持市领导郑红、李锦、李根田、侯元等出席会议。

14 日

市委书记、市人大常委会主任王安庞看望市人大常委会原主任李彪，致以新春的祝福，送上美好的祝愿。市人大常委会副主任温日平、市人大常委会秘书长任凯等参加。

15 日

市委书记王安庞看望慰问部队官兵、公安干警和环卫工人。市委常委、政法委书记李锦，市委常委、秘书长李根田等一同慰问。

朔州市宣传思想文化工作会议召开，会议对 2014 年全市宣传思想工作进行总结回顾，对 2015 年全市宣传思想文化工作进行安排部署，六县(区)、开发区、市直新闻单位等对 2015 年全市宣传工作要点进行交流发言。市委常委、宣传部部长刘英魁主持会议并讲话。

市委副书记、市长李海渊深入包村增收联系点平鲁区双碾乡东港村走访慰问。市长助理、市政府秘书长蔚文彩陪同。李海渊慰问优抚对象冯佐金、老支书赵银昌、困难老党员赵英，并到乡敬老院看望五保老人。在村委会召开的座谈会上，李海渊了解村子基本情况，征求群众对村子发展的意见建议。

市委书记王安庞看望慰问部队官兵、公安干警和环卫工人。

16 日

市委书记王安庞在中国共产党朔州市第五届纪律检查委员会第五次全体会议上作了重要讲话。市委副书记、市长李海渊，市政协主席高厚，市委副书记郑红，市委常委雷健坤、刘英魁、李锦、冯云龙、李根田出席会议。市委常委、纪委书记康吉仁主持会议。

中国共产党朔州市第五届纪律检查委员会第五次全体会议召开。市纪律检查委员会常务委员会主持会议。康吉仁代表市纪委常委会作了题为《始终保持政治定力，从严监督执纪问责，坚定不移推进党风廉政建设和反腐败斗争》的工作报告，认真总结 2014 年全市党风廉政建设和反腐败工作，安排部署 2015 年任务。

市纪委五届五次全会举行第二次会议。市委常委、纪委书记康吉仁主持会议并讲话。会议审议通过朔州市纪委常委会《工作报告》；审议通过《中国共产党朔州市第五届纪律检查委员会第五次全体会议决议》。

17 日

市委书记王安庞，市委副书记、市长李海渊检查"两节"保障供应和安全工作，他们深入市自来水公司、富华天然气公司、双良供热调度中心、美特好超市，就保障供应和安全工作进行实地检查。

25 日

朔州市第五届人民代表大会常务委员会第四十六次会议举行第一次全体会议。市委书记、市人大常委会主任王安庞主持会议，市人大常委会副主任温日平、李玉兰、张丁成、牛志忠、白明、侯元，秘书长任凯出席会议。会议听取市政府关于全市春耕备耕工作情况的报告，听取市政府关于全市信访工作情况的报告，听取市政府关于全市防范和打击非法集资工作情况的报告。

朔州市第五届人民代表大会常务委员会第四十六次会议举行第二次全体会议。市人大常委会副主任白明主持会议。市人大常委会副主任温日平、李玉兰、张丁成、牛志忠、侯元，秘书长任凯出席会议。

**26日**

市委召开中心组（扩大）学习会议，深入学习贯彻中共十八届中央纪委五次全会精神特别是习近平总书记和王岐山书记重要讲话精神，增强纪律观念，落实从严治党责任，以深入开展学习讨论落实活动为抓手，把朔州市党风廉政建设和反腐败斗争引向深入，为加快推进“两大任务”、全面建成小康社会提供坚强的政治保障和纪律保证。朔州市市委书记王安庞主持会议并讲话。

朔州市委常委会召开会议。市委书记王安庞主持，讨论《关于做好甄别处理一批、调整退出一批和掌握使用一批干部工作的实施方案》和《市级领导干部直接联系群众制度》，传达中央、省委政法工作会议精神，研究朔州市贯彻落实意见。

**27日**

市委召开学习讨论落实活动专项整治工作部署会，贯彻全省学习讨论落实活动专项整治工作部署会议精神，对全市学习讨论落实活动专项整治工作进行了安排部署。市委副书记、市长李海渊主持会议并讲话。市领导雷健坤、康吉仁、李锦、冯云龙、李根田、侯元、赵景春出席会议。

## 3月

**3日**

市委书记、市人大常委会主任王安庞，市委副书记、市长李海渊在京拜会中煤集团董事长王安、总经理李延江。双方就加强合作、加快项目建设和结构调整进行座谈交流。市委常委、常务副市长雷健坤参加座谈。

**5日**

市长李海渊在联系点市经信委督促指导教育实践活动整改落实情况。市长助理、市政府秘书长蔚文彩，市委督导组等参加。

**6日**

市政府第86次常务（党组）会议召开。市长李海渊主持会议。市委常委、常务副市长雷健坤，副市长韩文让、王志刚，市长助理、市政府秘书长蔚文彩等出席会议。会议传达学习李克强总理《2015年度政府工作报告》，研究2015年固定资产投资和重点工程建设任务分解工作，研究上年年度安全生产目标考核奖励兑现及拟表彰安全生产先进集体和先进个人有关事宜，研究《国家创新驱动发展战略朔州行动计划（草案）》和《朔州市低碳创新行动计划（草案）》，研究《朔州市市级财政科研项目和资金管理办法》，研究市第二污水处理厂特许经营有关事宜及其他。

**7日**

市长李海渊赴雁门关农贸物流园区调研。市长助理、市政府秘书长蔚文彩及市直相关部门、山阴县负责人等随同。

**9日**

朔州市廉政工作会议在市政府多功能会议厅召开。市委副书记、市长李海渊出席会议并讲话，市委常委、常务副市长雷健坤主持会议，市委常委、纪委书记康吉仁，朔州军分区司令员刘义清，副市长韩文让、王志刚、等出席会议。

朔州市固定资产投资暨重点工程“六位一体”工作会议在市政府二楼全体会议室召开。市长李海渊讲话并向各县（区）、开发区颁发2015年度工作目标责任状。市委常委、常务副市长雷健坤主持会议。会议传达贯彻省政府有关固定资产投资和重点工程“六位一体”的会议精神，安排部署2015年全市固定资产投资任务和重点工程“六位一体”任务，宣读《朔州市项目提质增效年工作实施方案》。六县（区）、经济开发区进行表态发言。

10 日

朔州市全市“三农”工作专题座谈会在市政府二楼全体会议室召开。市长李海渊主持会议并讲话。

11 日

2015 年朔州市全市工业经济运行座谈会议在市政府二楼全体会议室召开。市长李海渊主持并讲话。市直有关单位主要负责人、部分县(区)分管负责人及商业银行、企业代表共计 50 余人参加会议。会议分析当前全市工业经济面临的形势,查找全市工业经济运行中存在的困难与问题,研究探讨下一步工作计划和应对策略。

12 日

市长李海渊主持召开全市政府投资项目建设推进会,听取市直相关单位 2015 年度重点项目投资情况汇报。副市长王志刚出席会议。市发改委、市经信委、市财政局等市直相关单位负责人参加会议。

市长李海渊会见晋商银行董事长阎俊生一行,双方就加快工作对接、实现政银合作共赢交换意见。市委常委、常务副市长雷健坤参加会见。

3 月 12 日至 13 日,山西省地震局副局长田勇率省检查组对朔州市的应急准备工作进行检查。副市长韩文让陪同。

13 日

朔州市开展“3·15”国际消费者权益日宣传咨询服务活动。副市长韩文让出席活动并深入朔城区“居然之家”考察指导。

15 日

3 月 15 日,市工商局、市消费者协会和市移动通信公司在朔州日报举办“移动杯”保护消费者权益有奖知识问答活动。

17 日

2015 年朔州市安全生产工作暨市政府安委会第二次全体(扩大)会议召开,会议回顾总结 2014 年安全生产工作,安排部署 2015 年安全生产工作。市长李海渊主持会议并讲话,市委常委、常务副市长雷健坤,副市长韩文让、侯新生、王志刚、王智杰出席会议,市长助理、市政府秘书长蔚文彩及市安委会成员单位主要负责人等参加会议。会议通报全市 2014 年应急管理工作,安排 2015 年工作;宣读 2014 年度全市安全生产责任考核奖励情况,表彰 2014 年度全市安全生产工作先进集体和先进个人,并向六县区、开发区、市住建局、煤炭局、安监局、公安消防支队、公安局、交警支队颁发 2015 年安全生产目标责任书。

市长李海渊会见清华大学(深圳)研究院北京中心副主任姜彦松一行,双方就中关村(朔州)农牧业和环境循环产业研究中心建设有关事宜进行深入交流。市委副书记郑红,会见时在座。

18 日

朔州市召开推进省级重点工程项目建设工作座谈会。市长李海渊讲话,市委常委、常务副市长雷健坤主持会议。

朔州市召开学习讨论落实活动专项整治工作汇报会议,集中听取各牵头单位、各县(区)专项整治工作落实情况,对全市专项整治工作进行督促安排。市委副书记郑红出席会议并讲话,市委常委、组织部部长冯云龙主持会议。省委督导组联络员慕建伟就开展好专项整治工作提出指导意见。

19 日

朔州市召开干部大会,传达贯彻全国“两会”精神。全国人大代表、市委书记、市人大常委会主任王安庞介绍全国“两会”的概况,传达“两会”精神和中央领导在参加山西代表团集体审议时的重要讲话精神,并结合朔州市实际,提出贯彻落实意见。市长李海渊主持会议并就当前重点工作进行安排部署。市政协主席高厚,市委副书记郑红等市四大班子领导出席会议。

20 日

朔州市市委常委会召开会议,专题研究《中共朔州市委关于落实党风廉政建设主体责任的实施意见》《中共朔州市委关于落实党风廉政建设纪委监督责任的实施意见(试行)》。市委书记王安庞主持会议。

21 日

市委副书记郑红、国家行

政学院纪检监察室主任竹立家教授、市政协副主席闫美珍、市委党校常务副校长王加关，共同为设立在朔城区新农苑现代农业示范园的“朔州市综改试验区专家基地、中国民生研究院公共管理研究所调研基地、国家行政学院公共管理研究中心教学研究基地”揭牌。揭牌仪式由朔州市朔城区委副书记、区长刘彪主持。

22 日

市长李海渊在山阴县调研。市人大常委会副主任、山阴县委书记侯元，市长助理、市政府秘书长蔚文彩等陪同。

23 日

朔州市委召开常委（扩大）会议，集中听取朔州市委常委、副市长 2015 年第 8 次常委会安排部署的工作进展情况汇报，传达学习全省保密工作会议精神传达学习《中央纪委关于 8 起党风廉政建设责任追究典型案件的通报》和《山西省纪委关于 5 起党风廉政建设责任追究典型案件的通报》精神。市委书记王安庞主持会议并讲话。市委副书记、市长李海渊，市委副书记郑红，市政协主席高厚等市领导出席会议。

24 日

朔州市召开农村工作会议，贯彻党中央国务院和山西省委省政府关于做好今年“三农”工作的一系列决策部署，落实朔州市委五届七次全会和朔州市全市经济工作会议关于“三农”工作的任务和要求，安排部署今年“三农”工作。市委书记王安庞，市委副书记、市长李海渊作重要讲话。市委副书记郑红主持会议。

25 日

朔州市全市煤炭工作会议召开，会议的主要任务是贯彻落实全省煤炭工作会议精神，回顾总结 2014 年全市煤炭工作，分析研判当前煤炭工作面临的新形势，安排部署 2015 年工作重点。副市长王智杰出席会议并讲话。

市委常委、常务副市长雷健坤在市检验检疫局大楼、市人防 0906 工程施工现场就工程进展和使用情况进行调研。

市长李海渊到中煤平朔公司，了解企业运行中存在的困难和问题，对接相关项目，与企业共同商讨发展良策。中煤平朔集团执行董事、党委书记刘勇汇报有关情况。

26 日

朔州市全市城乡环境整治年专项行动启动仪式在朔城区贾庄乡薛家店村举行。市委书记王安庞宣布全市城乡环境整治年专项行动现在开始。市长李海渊作动员讲话。市政协主席高厚等市四大班子领导出席启动仪式。市委副书记郑红主持启动仪式。

朔州市全市城乡环境整治年专项行动启动仪式后，王安庞、李海渊、高厚、郑红等市四大班子领导前往朔城区高升庄村，与干部群众一起参加城乡环境整治义务劳动。

市委书记王安庞，市长李海渊会见国家电网山西省电力公司总经理刘宏新一行。市委常委、常务副市长雷健坤以及市直有关部门主要负责同志参加会见。

市长李海渊会见山西省旅游局局长冯建平、山西省旅游联盟商会会长阎成荣一行，双方就加快推进朔州旅游业发展进行深入交流。

27 日

山西省计生协会专职副会长、山西省委督导组副组长李跃珍带队，就朔州市学习讨论落实活动专项整治工作进行督导检查。市委常委、组织部长冯云龙作相关情况汇报。

山西旅游联盟商会第七届年会在朔州市召开，共同研讨新形势下旅行社及旅游工作的更好发展。山西省旅游局局长冯建平讲话，副市长韩文让致辞，山西省旅游联盟商会会长阎成荣讲话。来自省内外 400 多名旅行社及宾馆代表参加会议。会议为对山西旅游联盟做出突出贡献的个人颁奖，进行会旗交接，朔州市做专项旅游推荐。

应县 1000 千伏特高压变电站正式开工建设。

28 日

市长李海渊到包村增收联系点平鲁区双碾乡东港村调研。李海渊实地查看村容村貌，询问村民对村子发展、生活环境等方面的需求与期望，并与区、乡、村各级干部及村民代表座谈，共商东港村脱贫致富、人居环境改善、农村教育养老等事宜。

30日

朔州市在全省2014年度转型综改工作考核中再次获第一名。

市长李海渊主持召开市政府第87次常务会议。副市长韩文让、侯新生、王志刚、王智杰，市长助理、市政府秘书长蔚文彩等出席。会议传达学习国务院关于编制预算的文件精神、山西省委省政府《关于深化煤炭管理体制改革的意见》和省政府第76次常务会议精神，部署贯彻落实事宜；研究并原则通过《朔州市国家资源型经济转型综合配套改革试验2015年行动计划（送审稿）》《朔州市预防和处置违法用地、违法建设联动工作制度》《朔州市市政消防栓建设管理办法》《关于贯彻实施〈社会救助暂行办法〉的意见》《关于创建国家级创业型城市的实施意见》《关于创建农村劳动力转移就业示范县的实施意见》《朔州市城市总体规划（2013—2030）（送审稿）》《关于承接省政府取消下放和调整的行政审批事项》。

31日

市委书记王安庞到怀仁县实地调研。市委常委、秘书长李根田一同调研。王安庞先后到怀仁华元医药产业基地、龙首山粮油贸易有限责任公司、金沙滩陶瓷工业园区的尊屹瓷业公司等地，了解企业生产、技术、市场、销售等方面的情况和下一步发展思路打算，关切询问产品的优势、特点和潜力以及企业在经营生产过程中遇到的困难和问题，与企业共商对策，帮企业破解难题，为企业指明路径。

## 4月

1日

市长李海渊到朔州经济开发区和朔城区，调研重点工程建设和春耕备耕工作。市政府秘书长蔚文彩及市发改委、经信委、重点办等部门负责人随同调研。李海渊深入大通商贸园、同煤朔南低热值煤电厂一期工地，查看工程建设情况，了解存在的问题和困难，与项目负责人就推进工程建设、打造绿色企业、解决后续问题等进行研究。

市委书记王安庞到右玉县调研。

2日

山西省省长李小鹏到朔州市调研工业运行、项目建设和春耕备耕等工作。市委书记、市人大常委会主任王安庞，市委副书记、市长李海渊，省政府秘书长廉毅敏，省发改委主任王赋，省经信委主任张华龙，省财政厅厅长武涛等一同调研。

7日

山西省政协副主席朱先奇一行就加快山西省养老服务业发展赴山阴县调研。市政协主席高厚，市人大常委会副主任、山阴县委书记侯元，市政协副主席左中伟等陪同。朱先奇一行先后到古城镇中心敬老院、安荣中心敬老院、山阴老年公寓，实地了解国家和省有关养老政策执行和落实情况，公办、民营养老机构基本情况、发展现状及存在的困难问题。

朔州市委召开学习讨论落实活动专项整治工作情况汇报会，集中听取专项整治工作推进情况汇报，对全市专项整治工作进行再部署、再安排、再检点、再督促。市委书记王安庞主持会议并讲话。

8日

市中小企业“新三板”上市工作推进暨业务培训会召开。市委常委、常务副市长雷健坤出席会议并讲话，山西省金融办资本市场发展处负责人出席会议。

朔州市全市人口计生工作暨人口与计划生育领导组（扩大）会议召开。市委副书记郑红、副市长韩文让出席会议并讲话。市政协副主席、市委常务副秘书长赵景春宣读《朔州市人民政府关于2014年全市人口和计划生育工作目标管理责任制考核情况的通报》。

市委书记王安庞主持召开协调会，就涉及铁路方面的朔州市开发路恢河大桥工程、朔州市境内北同蒲线三处公铁平交道口改造立交桥、七里河生态环境综合治理神头泉调水工程、增加朔州往返北京客运列车等群众关心关注的相关事宜，与太原铁路局朔州车务段段长崔连平、太原铁路局朔州工务段段长杨江春一行座谈交流。

专题会议召开，集中听取七里河综合治理工程推进情况以及存在的具体问题和实际困难。8日下午，朔州市委书记王安庞主持市委常委、秘书长李根田，副市长王志刚以及朔城区和市直有关部门负责同志参加会议。

**9日**

朔州市政府召开创建国家公共文化服务体系示范区推进会议。市长李海渊强调，要高度重视，把握原则，狠抓达标，提升服务，强化保障，进一步推进全市国家公共文化服务体系示范区创建。

朔州市委全面深化改革领导小组召开第二次会议，传达贯彻省委全面深化改革领导小组第三次、第四次、第五次会议精神，研究讨论并原则通过《市委全面深化改革领导小组2015年工作要点》，安排部署2015年全市全面深化改革各项工作。

9日下午，市委书记、市人大常委会主任王安庞主持召开市五届人大常委会第六十八次主任会议。会议议定朔州市五届人大常委会第四十八次会议有关事项及其他。市人大常委会副主任李玉兰、张丁成、牛志忠、白明、侯元，秘书长任凯出席会议。朔州市五届人大常委会第四十八次会议于4月13日上午召开，会期半天。建议会议的主要议程为：通过市人大常委会关于召开市五届人大八次会议的决定；审议和确认市人大常委会代表资格审查委员会关于罢免有关市人大代表的议案；听取和审议市政府关于朔州市城市总体规划2013—2030情况的报告。

朔州市政府召开草牧业发展试验试点工作座谈会，研究讨论朔州市草牧业发展试验试点工作相关事宜。市长李海渊讲话，副市长侯新生主持会议。

**13日**

朔州市第五届人民代表大会常务委员会第四十八次会议举行预备会议。市委书记、市人大常委会主任王安庞主持会议。会议通过市五届人大常委会第四十八次会议议程及其他。

朔州市第五届人民代表大会常务委员会第四十八次会议召开。

山西省政府召开电视电话会议，在深入开展第27个全国爱国卫生月活动之际，动员部署全省城乡爱国卫生清洁运动。市长李海渊，副市长韩文让，市政协副主席闫美珍在朔州分会场参加会议。

**14日**

朔州市召开推进干部纪律作风建设动员大会，深入贯彻落实中央八项规定精神和省委净化政治生态、实现弊革风清的要求。市委书记王安庞出席并讲话。市委副书记、市长李海渊主持并讲话。

**15日**

全市在右玉召开春季植树造林暨干部义务植树动员大会。市委书记王安庞出席大会。市长李海渊作动员讲话。大会结束后，市委书记王安庞，市长李海渊，市政协主席高厚，市委副书记郑红等市四大班子领导在右玉大南山，与市直部门主要负责同志、右玉县机关干部群众一道参加春季义务植树活动。

市长李海渊会见中北大学校长刘有智一行，副市长韩文让会见时在座。

**16日**

市长李海渊来到朔城区，就春耕备耕、美丽乡村建设等工作进行调研。李海渊到贾庄乡高升村、朔州农资集团高升庄直销点、太平窑水库跃进区系、福善庄乡政府、金土地农业科技园等地，深入田间地头、乡村街巷，与区、乡、村干部及群众交谈，了解农田灌溉、农资调配等与春耕备耕相关事宜。

**17日**

朔州市委召开议军会议，领会中共十八大和十八届三中、四中全会精神，坚决贯彻习近平总书记系列重要讲话精神和中央军委、北京军区、省军区党委的年度工作部署，推动全市国防后备力量建设迈上新台阶。会上，朔州军分区政委艾志军传达上级会议精神，汇报朔州军分区工作情况。朔州军分区司令员刘义清就提交会议研究解决的主要议题进行说明。

18日

市委书记王安庞，市长李海渊会见中煤能源集团董事长王安、总经理李延江一行，双方就进一步加强企地融合发展、加快推进项目建设等方面进行座谈交流。

19日

市委书记王安庞，市长李海渊会见国防科大吕梁军民融合创新研究院院长彭顷□，三力士股份有限公司董事长吴培生、总经理吴琼英一行，双方就加强项目合作进行座谈交流。

20日

山西省审计工作电视电话会议召开。市长李海渊在朔州分会场参加会议。

山西省雁门关生态畜牧经济区特色农产品展销暨技术交流招商引资洽谈会推进会在朔州市召开。市委副书记郑红主持会议。省农业厅副巡视员赵安泽出席会议并讲话。

浙江三力士股份有限公司董事长吴培生、总经理吴琼英一行在平鲁区参观考察。市委常委、常务副市长雷健坤，市委常委、秘书长李根田及平鲁区相关领导陪同，双方就相关合作事宜进行洽谈。

包头市委副书记、市长包钢带领部分区县、市直部门负责人就生态文明建设到朔考察。副市长侯新生陪同。

22日

朔州市出入境检验检疫局正式揭牌。揭牌前，市委副书记、市长李海渊会见省出入境检验检疫局党组书记、局长于洋一行，双方就加强合作，推进朔州对外贸易发展进行交流。

朔州市政府召开第88次常务会议。市长李海渊主持，市委常委、常务副市长雷健坤，市委常委、宣传部部长、市政府党组成员刘英魁，副市长韩文让、侯新生、王志刚、王智杰出席。会议传达全省学习讨论落实活动总结暨“六权治本”推进会议和省政府第80次常务会议精神；研究讨论《朔州市2015年国民经济和社会发展计划主要指标（草案）》《朔州市2015年市级地方财政收支预算（草案）》和《政府工作报告（讨论稿）》。

朔州市委召开常委（扩大）会议，传达学习省委王儒林书记在全省学习讨论落实活动总结暨“六权治本”推进会上的讲话，山西省委书记王儒林和省纪委书记黄晓薇在新任省管领导干部任前集体谈话时的讲话和廉政谈话，王儒林在忻州调研座谈会上的重要讲话精神。

23日

市委常委会召开会议，讨论《政府工作报告（讨论稿）》，研究《朔州市2015年国民经济和社会发展计划主要指标（草案）》和《朔州市2015年市级地方财政收支预算（草案）》，听取市五届八次人大会议和市政协五届七次会议筹备情况汇报，研究朔州市推荐山西省“五一”表彰初选名单。

“中国汉字听写大会山西省红领巾体验赛”朔州赛区选拔赛决赛在朔州广播电视台一号演播厅进行。

朔州市召开纪念李林烈士牺牲75周年暨“李林精神六进活动”启动仪式协调会。市委副书记郑红主持会议。

市长李海渊主持召开社会各界代表座谈会，征求对《政府工作报告（征求意见稿）》的意见和建议，和大家共同分析当前经济形势，查找问题症结，商讨发展良策。市政府秘书长蔚文彩等出席会议。

朔州市政协第五届朔州市委员会第五十六次主席办公会议召开。市政协主席高厚主持会议并讲话，副主席谭建国、闫美珍、支立新、左中伟、赵景春，秘书长刘世勋出席会议。

24日

朔州市政协第五届朔州市委员会召开第二十八次常委会议。市政协主席高厚主持会议。市政协副主席谭建国、闫美珍、支立新、左中伟、赵景春，秘书长刘世勋出席会议。市中级人民法院院长侯晓东、市人民检察院副检察长刘建福应邀出席会议。

全市固定资产投资、重点工程建设暨招商引资工作推进会召开。市长李海渊讲话。

市委常委、常务副市长雷健坤主持会议。

市委书记、市人大常委会主任王安庞主持召开市五届人大常委会第六十九次主任会议。会议议定市五届人大常委会第四十九次会议有关事项，听取市政府市本级财政预算（草案）的汇报及其他。

市长李海渊会见省广电信息网络集团总经理王雷一行。市委常委、宣传部部长刘英魁会见时在座。

朔州市政协五届朔州市委员会第二十八次常委会议举行分组讨论。市委副书记、市长李海渊率市政府相关部门负责人专程到会议现场，就《政府工作报告（征求意见稿）》听取市政协常委的意见和建议。

26 日

朔州市在平鲁区李林烈士陵园隆重举行纪念活动。纪念李林烈士牺牲75周年暨“李林精神”六进活动的启动，拉开全市开展“传承李林英雄精神、投身强国兴军实践”国防教育系列活动的序幕。

27 日

朔州市五届人大八次会议筹备组召开汇报会，听取各工作机构关于筹备工作进展情况的汇报。市人大常委会副主任、筹备组组长李玉兰出席会议并讲话。市人大常委会秘书长、筹备组副组长任凯主持会议。

28 日

2015年朔州市政府安委会第三次全体（扩大）会议召开。市长李海渊主持会议并讲话。会议传达2015年省政府安委会第二次会议精神和4月27日召开的全省安全生产电视电话会议精神，通报一季度全市安全生产情况，安排全市安全生产大检查和煤矿安全生产大检查工作。

朔州市政府召开经济责任审计工作领导小组会议。市长李海渊讲话，市委常委、常务副市长雷健坤主持会议。会议宣布成立朔州市经济责任审计领导小组，听取关于2014年全市经济责任审计工作情况及2015年工作打算，2014年审计查出问题整改情况以及2015年全市拟定统一组织审计项目计划的工作汇报。

朔州市委常委会召开会议，听取全市学习讨论落实活动开展情况汇报，传达《〈关于在县处级以上领导干部中开展“三严三实”专题教育方案〉的通知》及省纪委工作例会会议精神，研究朔州市贯彻落实意见。市委书记王安庞主持会议。

29 日

市长李海渊采取不发通知、不打招呼、不听汇报、不陪同接待，直奔基层、直插现场的“四不两直”方式，深入部分企业、景区，对煤矿、道路交通、人员密集场所及古建筑消防等重点领域的安全生产工作进行突击检查。市委常委、宣传部部长刘英魁，副市长王智杰等陪同。

29 日

朔州市委召开学习讨论落实活动总结暨“六权治本”推进会，贯彻落实全省学习讨论落实活动总结暨“六权治本”推进会议精神，对全市学习讨论落实活动进行全面总结，对深入推进“六权治本”进行安排部署。市委书记王安庞发表讲话。市长李海渊主持会议。

30 日

市委书记王安庞，市长李海渊等市四大班子领导在西山生态综合治理工程现场，与干部群众一道参加春季义务植树活动，共同为美丽朔州增绿添彩。

## 5 月

4 日

朔州市第五届人民代表大会常务委员会第四十九次会议举行预备会议。市委书记、市人大常委会主任王安庞主持会议。会议通过朔州市第五届人民代表大会常务委员会第四十九次会议议程及其他。

朔州市第五届人民代表大会常务委员会第四十九次会议召开。

朔州市政府召开“五城联创”工程领导小组会议。会议明确2015年“五城联创”目标任务，研究推进“五城联创”的工作措施，解决存在的困难和问题。市长李海渊讲话，市委副书记郑红主持。

**5日**

中国人民政治协商会议第五届朔州市委员会第七次会议在平朔会展中心隆重开幕。

朔州市五届人大八次会议举行预备会议。市委书记、市人大常委会主任王安庞主持会议。会议选举主席团和秘书长；表决通过会议议程；表决通过议案审查委员会名单；表决通过计划和预算审查委员会名单。

朔州市五届人大八次会议举行主席团第一次会议。

**6日**

朔州市第五届人民代表大会第八次会议在市文化活动中心隆重开幕。大会执行主席王安庞主持第一次全体会议。市长李海渊代表市人民政府向大会作工作报告。

市长李海渊参加怀仁代表团会议，与代表们共同审议《政府工作报告》。

市委书记、市人大常委会主任王安庞参加所在的朔城区代表团的审议。

**7日**

朔州市政协五届七次会议在海苑宾馆四楼会议厅举行。

**8日**

中国人民政治协商会议第五届朔州市委员会第七次会议圆满完成各项议程后，在平朔会展中心闭幕。

怀仁县代表团举行全团会议，审议《政府工作报告》和《市人大常委会工作报告》。市长李海渊到怀仁县代表团，听取大家对政府工作的意见建议。朔州军分区司令员刘义清参加会议。

朔州市五届人大八次会议主席团举行第四次会议。主席团常务主席、市人大副主任牛志忠主持。

**9日**

朔州市第五届人民代表大会第八次会议在圆满完成各项议程后闭幕。

**12日**

全国推进简政放权放管结合职能转变工作电视电话会议召开，总结两年多来简政放权、放管结合、职能转变取得的成绩，研究改革面临的主要问题和任务，安排部署下一阶段重点工作，把改革推向纵深。市长李海渊，副市长侯新生、王智杰在朔州分会场参加会议。

市长李海渊到朔城区调研重点工程建设，针对项目存在的困难和问题现场办公。

市委书记王安庞到平鲁区实地调研。市委常委、纪委书记康吉仁一同调研，并就加强和推进党风廉政建设和反腐败工作提出指导性意见。

**13日**

市委书记、市人大常委会主任王安庞在应县调研企业运行、城乡环境整治、乡镇便民服务等工作，并就落实"两个责任"、推进党风廉政建设工作与乡镇党委书记、纪检书记进行座谈。

**14日**

山西省雁门关生态畜牧经济区特色农产品展销暨技术交流招商引资洽谈会在全国农展馆（北京）举行新闻发布会。

2015朔州潮州陶瓷产业推介会在潮州举行。副市长韩文让就朔州基本情况做市情推介，潮州市副市长许典辉致欢迎辞，潮州市陶瓷企业和朔州市陶瓷企业代表就各自的企业发展作简要发言。

**15日**

市委书记王安庞、市长李海渊赴北京中关村就科技创新等工作参观考察。中关村管委会副主任白智勇、清华大学深圳研究院北京中心副主任姜彦松出席座谈会。

山西省雁门关生态畜牧经济区特色农产品展销暨技术交流招商引资洽谈会在全国农业展览馆开幕。农业部副部长于康震、山西省委副书记楼阳生、副省长郭迎光等在朔州市委书记王安庞、市长李海渊、市委副书记郑红的陪同下，参观巡视朔州展厅，对朔州市展厅的展示内容、主题特色以及近年来雁门关生态畜牧经济区建设取得的巨大成就给予高度评价。

山西省委副书记楼阳生、副省长郭迎光在北京会见丹育贸易（香港）有限公司CEO亨瑞克等出席山西省雁门关生态畜牧经济区特色农产品展销暨技术交流招商引资洽谈会的部分嘉宾。朔州市委书记王安庞、市长李海渊，大同市委副书记、市长李俊明，忻州市委副书记、市长郑连生以及省直有关部门负责人参加会见。

山西省雁门关生态畜牧经济区特色农产品展销暨技术交流招商引资洽谈会在北京举行项目签约仪式。仪式结束后，朔州市政府为特聘专家颁发聘书。

市长李海渊赴中国社会科学院，与该院信息化研究中心主任汪向东座谈。

**16日**

人社部副部长杨志明参观巡视朔州市农展会展厅。朔州市委副书记郑红、副市长侯新生、市政协副主席闫美珍等陪同。

朔州市政府在北京举办技术交流与讲座，旨在通过专家讲座，促进雁门关区域经济中农牧业生产方式的转变。朔州、忻州、大同三市及朔州各县区农业部门负责人，农业技术人员，农产品加工企业、农民合作社管理人员等70多人到场聆听讲座。

山西省委书记、省人大常委会主任王儒林以电视电话会议形式为全省县处级以上领导干部讲"三严三实"专题党课。市委书记、市人大常委会主任王安庞，市长李海渊，市政协主席高厚及其他在家市四大班子领导在朔州分会场收听收看会议。

**18日**

山西省在"江城"武汉举办山西重点项目推介会。副省长王一新出席会议并做主旨推介。山西省商务厅厅长孙跃进主持会议。朔州市委常委、常务副市长雷健坤率团参加会议。

第九届中部博览会在武汉国际博览中心开幕。朔州市委常委、常务副市长雷健坤率朔州代表团参观中博会展馆，对汽车、旅游、流行文化创意产业等项目进行考察。

**19日**

朔州市委召开常委（扩大）会议，传达学习山西省委书记王儒林在全省"三严三实"专题教育启动会议上所作的党课讲话精神和全省"以群众举报乡村干部腐败为切入点集中解决群众信访诉求问题"专项治理电视电话会议精神，研究《关于在全市县处级以上领导干部中开展"三严三实"专题教育实施方案》和朔州市贯彻意见。会议听取山西省雁门关生态畜牧经济区特色农产品展销暨技术交流招商引资洽谈会的情况汇报。

市委书记、市人大常委会主任王安庞会见中国工程院院士、兰州大学草地农业科技学院院长南志标一行，双方就朔州市草牧业发展试验试点建设情况进行座谈。市委副书记郑红，山西农大动物科技学院副院长董宽虎会见时在座。

市委常委、常务副市长雷健坤率参加第九届中博会的朔州代表团在武汉市观摩考察。武汉市商务局相关负责人陪同。

**20日**

市委书记、市人大常委会主任王安庞到怀仁县实地督查调研。市委常委、纪委书记康吉仁一同调研。调研期间，王安庞先后到金沙滩新村、路庄村、金沙滩镇、玉珑瓷业有限公司等地了解情况。并就贯彻落实省委王儒林书记在忻州调研座谈时讲话和全省学习讨论落实活动总结暨"六权治本"推进会讲话精神、全面落实"两个责任"，与县、乡（镇）党委书记、纪委书记等进行座谈。

市长李海渊就城建园林重点工程建设进展情况进行调研。到环城高速西出口连接线绿化工程、西山第二垃圾填埋区工程、恢河大桥建设工程、第一污水处理厂提标改造工程、市第二污水处理厂、市第四自来水厂等地，听取相关负责人情况介绍，实地查看工程建设推进情况，了解存在困难和问题，现场办公协调解决问题。副市长王志刚，市发改委、财政局、国土局、重点办等负责人参加调研。

**21日**

市委书记王安庞参观"红色记忆颂太行，弊革风清倡廉政"剪纸艺术作品全省巡展·朔州展。

市委常委、常务副市长雷健坤带领市纪委、发改委、法制办、编办及政务服务中心等部门负责人就推进朔州市政务服务及行政审批建设、实施"六权治本"工作、建立公共资源交易平台分赴太原市、吕梁市进行学习考察和座谈交流。

22日

朔州市召开农村土地承包经营权确权登记颁证工作领导组会议。市长李海渊讲话，市委副书记郑红主持会议，副市长侯新生讲话。

山西省政府召开推进简政放权放管结合职能转变工作电视电话会议。市长李海渊、副市长王智杰在朔州分会场参加会议。

23日

市长李海渊主持召开市长办公会议，研究2015年以来的投资形势，安排部署当前及下一步全市固定资产投资和重点工程建设任务。各县区、开发区和市直相关部门负责人参加会议。

25日

市委书记王安庞以“从‘严’上要求、向‘实’处着力，努力打造忠诚、干净、担当的干部队伍”为题，为各级领导干部讲授“三严三实”专题教育党课。

26日

市长李海渊主持召开市政府第90次常务（党组）会议。市委常委、市政府党组副书记、常务副市长雷健坤，市委常委、市政府党组成员、市委宣传部部长刘英魁，副市长韩文让、侯新生、王志刚、王智杰出席会议，朔州军分区政委艾志军应邀出席会议。

市长李海渊主持召开市长办公会议，研究支持中煤平朔公司发展相关事宜。

28日

市委书记王安庞到右玉县实地督查调研，并主持召开座谈会，就贯彻落实省委书记王儒林在忻州调研座谈时重要讲话精神、全面落实“两个责任”、深入解决发生在群众身边的腐败问题等，与县、乡（镇）党委书记、纪委书记进行座谈交流。

朔州市召开进一步贯彻落实中央八项规定精神督查反馈会。市委副书记郑红主持并讲话。

全市农村土地承包经营权确权登记颁证暨农村集体三资专项清理整治工作动员培训会召开。

29日

朔州市特种设备（电梯）应急救援演练在戴斯大酒店举行，副市长韩文让出席活动并担任演练总指挥。

全省金融振兴推进电视电话会召开，市委书记、市人大常委会主任王安庞，市长李海渊等市四大班子领导在朔州分会场参加会议。

## 6月

1日

朔州市召开涉农资金专项整治行动重点检查交换意见会议，听取省检查组关于检查情况的通报，安排部署朔州市的整治工作。市长李海渊，省重点检查组组长、省林业厅副厅长任建中，副市长侯新生出席会议并讲话。

市委书记王安庞，市长李海渊，市政协主席高厚，市委常委、秘书长李根田，副市长韩文让，与朔州市第六小学的少年儿童一起共庆“六一”国际儿童节。

市委书记王安庞到朔城区督查调研，并主持召开座谈会，就贯彻落实省委王儒林书记在忻州调研座谈时重要讲话精神、全面落实“两个责任”、切实解决发生在群众身边的腐败问题等，与各级党委书记、纪委书记进行座谈交流。

2日

市委书记王安庞在山阴县调研。王安庞先后深入吴马营乡填沟造地工程现场、吴马营乡西短川村、吴马营乡敬老院、玉井镇千井村、中煤华昱五家沟煤业有限公司、中煤华昱新型墙体材料有限公司等地，与县乡主要领导、基层干部群众、企业负责人座谈交流。

市长李海渊赴怀仁县，就固定资产投资、重点工程建设和信访积案化解情况进行调研并召开座谈会。

3日

朔州市委常委会召开会议，传达学习全省民族工作会议精神和全省政法系统学习贯彻孟建柱在晋调研时的重要指示电视电话会议精神，集中听取省管领导干部2014年度考核等次评定初步意见的汇报，讨论研究关于申请命名“朔州”舰有关事宜。市委书记王安庞主持会议。

朔州市委书记、市人大常委会主任王安庞，市长李海渊会见韩国奥瑟亚株式会社(中国)投资有限公司总裁司俊芳一行。双方就如何利用朔州资源优势，投资建设农光互补光伏发电项目有关事宜进行交流座谈。

市长李海渊会见华电山西能源有限公司总经理王凤蛟、党组书记杜将武一行。双方就推进项目建设，加强合作进行友好座谈。

市委常委、常务副市长雷健坤率队参加山西省在上海举办跨国公司入晋暨产业合作推介会，雷健坤随省政府考察团考察百胜餐饮集团中国事业部，并与相关负责人就朔州市农畜产品，特别是右玉玉羊系列产品进驻百胜餐饮进行洽谈对接。

**4日**

朔州市委市政府召开全市金融工作座谈会，贯彻落实全省金融振兴推进大会特别是省委书记王儒林的重要讲话精神。

市委书记、市人大常委会主任王安庞主持召开市五届人大常委会第七十次主任会议。

**5日**

市委副书记、市政府党组书记、市长李海渊主持召开市政府第91次常务(党组)会议。会议传达全省金融振兴推进大会和全市金融工作座谈会精神，研究朔州市贯彻落实意见；研究关于组建朔州市文化产业投资有限责任公司事宜；研究《朔州市新型职业农民培育规划纲要(2015—2020年)》。

市委常委、常务副市长雷健坤率团考察杭州锦江集团、盾安控股集团。

市长李海渊到朔城区检查朔州市高考准备情况。省高考巡视团团长马存根，市委常委、朔城区区委书记张立新，副市长韩文让及相关部门负责人参加调研。

**6日**

市委书记王安庞拜会太原铁路局局长杨绍清、党委书记张义平等领导，双方就朔州市开发路恢河大桥工程推进施工、朔州市境内北同蒲线四处公铁平交道口改造立交桥、增加朔州往返北京客运列车等群众关心关注的相关事宜进行座谈、沟通交流、深入探讨、对接协调。

**7日**

山西省人大常委会副主任周然深入朔州市，巡视检查高考情况。市长李海渊陪同。

**8日**

市委书记王安庞率团在杭州锦江集团考察。

市委书记、市人大常委会主任王安庞在杭州颐高集团、阿里巴巴集团考察电子商务产业。

**9日**

市委书记王安庞在杭州会见浙江颐高集团董事长翁南道、浙江新农集团董事长徐金伟、浙江盾安新能源发展有限公司董事长兼总裁郭曙光、合大太阳能科技有限公司董事长侯生中等部分江浙沪企业家。

2015山西朔州·江浙沪产业对接恳谈会在杭州召开。朔州市委书记、市人大常委会主任王安庞致欢迎辞，市委常委、常务副市长雷健坤主持。40多位江浙沪企业代表出席。朔州市各县区政府和市直有关部门负责人、企业代表参加。

**10日**

山西省委副书记楼阳生先后到朔州市山阴县、平鲁区、怀仁县、应县四个县区考察调研。市长李海渊，市委副书记郑红，市委常委、秘书长李根田陪同调研。

市委书记王安庞带领朔州考察团分别拜访浙江物产环保能源股份有限公司、浙能集团、浙江三力士橡胶股份有限公司，就加强朔州市与浙江省企业的合作关系，深化合作内容进行交流。

**11日**

市长李海渊会见山西省聚力环保集团董事长周凌云一行，双方就加强环保项目合作进行交流。

市长李海渊会见中国科协清华大学科技传播与研究中心理事长徐善衍及省科协副主席王德贵一行。

**16日**

朔州市委中心组以“严以修身，加强党性修养，坚定理想信念，把牢思想和行动的'总开关'"为主题，重点围绕《习近平谈治国理政》、习近平总书记关于严以修身的重要论述，以及省委王儒林书记关于严以修身的重要讲话精神，进行集中自学。市委书记王安庞主持并讲话。

市长李海渊主持召开市政府第92次常务会议。

**17日**

市委书记王安庞到右玉县实地调研。调研期间，王安庞深入塞上绿洲饮料食品有限公司、中大科技有限公司等地。

市委书记王安庞到平鲁区、朔城区实地调研煤矿安全生产运行情况。

**18日**

朔州市委常委会召开会议，传达学习山西省委副书记楼阳生到朔调研时重要讲话精神、省委领导对《关于朔州市纪检、组织、政法系统带头开展"三个一批"从严清理整顿队伍的情况报告》的批示精神，集中听取推进全市"六权治本"工作进展情况汇报、全市信访"百日攻坚" 工作进展情况汇报、2015山西朔州江浙沪产业对接恳谈会举办情况汇报，研究部署相关工作。市委书记王安庞主持会议。

市委书记王安庞到朔州经济开发区的万吉包装彩印有限公司、朔州市新兴经济有限责任公司、中美新能源技术研发山西有限公司和市固废工业园区的中源伟业新材料有限公司等进行实地调研，了解企业经营状况和项目进展情况。

市委书记王安庞，市长李海渊会见神华准能集团有限公司董事长张维世一行，双方就加快推进准池铁路项目建设、做好铁路沿线治安工作等方面进行座谈交流。部分县区主要领导和市直相关部门负责同志参加会见。

市长李海渊会见上海阳光动力能源互联网股份有限公司副总裁、全球信息储能协会中国副会长朱兴一行，双方就加强合作，促进互惠共赢进行交流。市发改委、商务局及山阴县负责人参加。

**19日**

朔州市委全面深化改革领导小组召开第三次会议，学习中央全面深化改革领导小组第十三次会议和省委全面深化改革领导小组第六次、第七次会议精神，专题听取各专项小组今年以来工作进展情况汇报，研究讨论并原则通过各专项小组2015年全面深化改革计划方案，对当前和今后一个时期朔州市全面深化改革各项工作进行再部署。市委书记、市委全面深化改革领导小组组长王安庞主持并讲话。市委副书记、市长、市委全面深化改革领导小组第一副组长李海渊讲话。

**24日**

新疆首部大型完整主题音乐剧《别失八里》在朔州市文化活动中心演出。

市长李海渊赴平鲁区，就晋北到南京正负800千伏特高压直流输电项目进展情况进行调研。

朔州市第五届人民代表大会常务委员会第五十次会议举行预备会议。

6月24日上午，市第五届人民代表大会常务委员会第五十次会议举行第一次全体会议。

市委书记王安庞主持召开全市信访稳定工作情况汇报会，集中听取全市信访稳定工作及信访积案化解情况汇报。

**25日**

朔州市第五届人民代表大会常务委员会第五十次会议举行第三次全体会议。

山西省省委常委、副省长付建华带领省委督导组一行，就朔州市"以群众举报乡村干部腐败为切入点集中解决群众信访诉求问题"专项治理工作进行调研督导。市委书记王安庞陪同调研，并主持座谈会。市长李海渊出席。市委副书记郑红汇报专项治理工作开展情况。

市长李海渊会见亚洲陶瓷（控股）集团董事长蒲鼎新等广东陶瓷产区企业家一行，双方就加强交流合作，推动朔州市陶瓷产业发展进行探讨。

朔州市政府召开推行权力清单制度工作动员会暨培训会议，落实中央和省委、省政府关于推行市县政府工作部门权力清单制度工作部署，宣读《关于推行全市政府工作部门权力清单制度的实施意见》及《工作方案》，安排部署朔州市政府工作部门推行权力清单制度工作。市长李海渊作动员讲话，市委常委、常务副市长雷健坤主持会议。

26日

山西省双拥模范城（县、区）命名暨双拥模范单位和个人表彰大会在省城工人文化宫召开。会议命名表彰全省双拥模范城（县、区）、双拥模范单位和个人，其中，朔州市获全省双拥模范城称号，怀仁县、平鲁区被命名为全省双拥模范县（区）。

28日

市委书记王安庞，市长李海渊、市委副书记郑红到平鲁区，就晋北—江苏特高压直流输电工程平鲁区境内新建特高压换流站项目建设情况进行实地调研。

29日

山西省省长李小鹏主持召开晋北—江苏±800千伏特高压直流输电工程现场办公会。省委常委、常务副省长高建民，国家电网公司副总经理杨庆，市委书记王安庞，市长李海渊，省政府秘书长廉毅敏，国家电网公司总经理助理刘泽洪等出席会议。

晋北—江苏±800千伏特高压直流输电工程在朔州市平鲁区正式开工。省长李小鹏，省委常委、常务副省长高建民，国家电网公司副总经理杨庆，省政府秘书长廉毅敏，市委书记王安庞，市长李海渊等出席开工动员大会。

30日

市长李海渊到人防基地科技创新园区和大学生创业基地就中小微科技企业发展和大学生创业进行调研。

## 7月

1日

朔州市委召开纪念建党94周年暨基层党建工作座谈会。

朔州市中小商贸流通企业公共服务平台正式启动运行。市长李海渊，省商务厅厅长孙跃进，国家商务部流通业发展司处长张斌共同按下启动球。市委常委、常务副市长雷健坤主持仪式。

市委书记、市人大常委会主任王安庞，市长李海渊一行赴太原拜会国家开发银行山西分行行长王雪峰，双方就加强合作进行深入友好的交流。

2日

市长李海渊会见山西汽运集团副董事长、总经理武艺，青岛特锐德有限公司市场拓展中心经理张和一行。

同煤集团朔南2×350兆瓦热电项目正式开工，进入施工建设阶段。市委书记王安庞，市长李海渊，市委常委、常务副市长雷健坤，及同煤集团有关领导出席开工动员会。

3日

朔州市民与“朔州舰”一起远航万人签名启动仪式在市图书馆正门广场举行。市委书记王安庞宣布朔州市民与“朔州舰”一起远航万人签名活动正式启动。市长李海渊向征集签名志愿者授旗。市委常委、朔州军分区司令员刘义清讲话。副市长侯新生主持启动仪式。征集签名志愿者代表作表态发言。

朔州市召开“五城联创”暨全国双拥模范城创建工作推进大会，力争入列全国双拥模范城，为推进“两大任务”、加快“六大发展”、建设美丽朔州、打造“塞上明珠”做出新贡献。市委书记王安庞发表讲话。市长李海渊主持会议。

7日

市委书记王安庞深入市科技创新创业园、富甲工业园区宏润风电设备项目、神头发电有限责任公司50兆瓦光伏发电项目工地，详细了解项目建设情况，实地调研科技创新工作。

市长李海渊深入朔州市部分煤矿，就煤矿生产和安全工作进行调研。深入朔城区葫芦堂煤矿洗煤厂、同煤麻家梁煤矿，怀仁县柴沟煤矿、芦沟煤矿等地，实地查看生产工作流程、安全设施配备等工作，了解企业生产经营、安全管理、市场销售等情况，与各级各部门各煤炭生产企业负责人共同商讨如何应对经济下行压力，保证安全生产，促进全市经济稳定运行。

**8日**

市委书记王安庞会见中兴能源有限公司副总裁邱长斌一行，双方就深化友谊、加强合作进行座谈交流。市领导李根田、张立新、张丁成以及市直有关部门负责同志参加会见。

市长李海渊会见北京首创清源环境科技有限公司特约顾问郑玉一行，双方就加强合作进行深入交流。市委副书记郑红、副市长侯新生及市农委、环保局、水务局负责人参加会见。

市长李海渊深入朔州市部分金融机构，就落实全省金融振兴推进大会会议精神进行调研。

朔州市委召开党建工作领导小组会议，深入学习贯彻习近平总书记系列重要讲话精神，深入学习领会中央“四个全面”的重大战略思想，深入贯彻落实全面从严治党的各项要求。市委书记、市委党建工作领导小组组长王安庞主持会议并讲话。

**9日**

中煤平朔集团 2×660 兆瓦低热值煤发电项目正式开工建设。山西省委常委、副省长付建华，中煤集团党委书记、副董事长、总经理李延江，市委书记、市人大常委会主任王安庞，市长李海渊，中煤集团副总经理李馥友，市委常委、常务副市长雷健坤，市委常委、秘书长李根田等出席开工动员大会。

朔州市与乌克兰国家科学院国际合作局签订国际科技合作协议。市委书记、市人大常委会主任王安庞，市长李海渊，乌克兰国家科学院国际合作局副局长米兰丘克·安那托利见证签约仪式。

市委书记、市人大常委会主任王安庞，市长李海渊会见乌克兰国家科学院国际合作局副局长米兰丘克·安那托利一行。双方就加强交流，深化合作进行探讨。

**10日**

市委书记、市人大常委会主任王安庞，市长李海渊会见国家环保部核查组华北环境保护督查中心副主任黄滨辉一行。

朔州市委中心组举行“三严三实”专题教育第二次集中学习。市委书记王安庞主持学习会议，并就进一步深入开展好“三严三实”专题教育提出明确要求。

**14日**

朔州市委书记王安庞，市长李海渊带领市直有关部门主要负责人，深入朔城区调研七里河综合治理工程进展情况。市委常委、秘书长李根田，副市长王志刚一同调研。

**15日**

市委书记王安庞深入怀仁县调研，并主持召开促进农民增收工作座谈会。

市长李海渊主持召开市政府第93次常务会议。市委常委、常务副市长雷健坤，市委常委、宣传部部长、市政府党组成员刘英魁，副市长韩文让、侯新生、王志刚等出席会议。

**16日**

山西省委、省政府召开全省科技创新推进大会。市委书记王安庞，市长李海渊，市政协主席高厚等市四大班子领导在朔州分会场参加会议。

朔州市委常委会召开会议，集中学习《中国共产党统一战线工作条例（试行）》《中国共产党党组工作条例（试行）》，传达贯彻全省“以群众举报乡村干部腐败为切入点集中解决群众信访诉求问题”专项治理推进会、省纪委第二次工作例会精神，研究《2015年市委常委党建工作领题调研方案》，听取2014年度全市目标责任考核情况汇报和市人大、市政府、市政协换届工作初步方案，安排部署相关工作。市委书记王安庞主持会议。

**17日**

山西省政府召开安委会第三次全体(扩大)会议。市长李海渊，副市长王智杰在朔州分会场参加会议。

**18日**

市长李海渊深入包村增收联系点平鲁区双碾乡东港村调研。市财政局、农委、国土局、水务局、扶贫办及平鲁区等负责人一同调研。

**20日**

2015消夏文艺演出在市文化艺术中心正式拉开帷幕。

朔州市委宣传部主办，市文化广电新闻出版局承办，市联众广告有限公司和民革朔州市中山艺术团协办。市委常委、宣传部部长刘英魁等出席晚会开幕式。

**21 日**

西藏山南地区行署副专员丹增带领的西藏山南地区农村改革试验区考察团到朔州参观考察并召开座谈交流会。市委副书记郑红出席会议并讲话。

市委书记王安庞主持召开全市工业经济运行座谈会，与企业代表，部门、县区负责同志亲切座谈，研究解决存在问题。

**22 日**

山西省委常委、宣传部部长胡苏平就文化产业发展、文物保护工作到右玉调研。市委书记王安庞，省委宣传部副部长、省作协主席杜学文，市委副书记郑红，市委常委、宣传部部长刘英魁等一同调研。

第六届山西·右玉西口风情生态旅游文化节开幕。山西省委常委、宣传部部长胡苏平宣布旅游文化节开幕，市委书记王安庞致辞，市委副书记郑红主持开幕式，省委宣传部副部长、省作协主席杜学文及市四大班子领导与右玉县的干部群众共同观赏大型歌舞演出。

**23 日**

山西省委常委、宣传部部长胡苏平在右玉县丁家窑乡云石堡调研古村古堡的旅游开发工作时要求，要进一步提高管护水平，做好重点文物保护工作。

第二届中国右玉油画写生展暨右玉油画写生基地研讨会在右玉召开。

市长李海渊会见省农科院副院长王娟玲一行。双方就进一步加强合作，提升朔州农业科技水平进行交流。

市长李海渊会见克劳沃集团董事长、中国畜牧业协会草业分会会长刘自学一行。双方就加强朔州草牧业发展，加快推进农业现代化步伐进行交流。

**24 日**

市长李海渊会见中国煤炭科工集团有限公司董事长、党委书记王金华一行。双方就深化合作进行沟通交流。

市委市政府召开全市经济工作推进会。

**28 日**

2015 年市政府安委会第四次全体(扩大)会议召开，传达贯彻 2015 年省政府安委会第三次会议精神，总结回顾朔州市上半年安全生产工作情况，分析存在的问题，安排部署下半年安全生产工作。市长李海渊讲话，市委常委、常务副市长雷健坤主持会议，副市长侯新生、王志刚、王智杰出席会议。

市委书记王安庞到朔城区调研督导“以群众举报乡村干部腐败为切入点集中解决群众信访诉求问题”专项治理工作进展情况，并与六县区、经济开发区负责同志进行座谈，就信访案件的关键问题和重要环节详细了解、认真分析、追问到底，同时提出具体要求和解决办法。

市委副书记、市政府党组书记、市长李海渊主持召开市政府第 94 次常务(党组)会议。会议传达省政府 2015 年上半年重点工作目标责任完成情况的督查报告，听取市发改委和重点办关于固定资产投资和重点工程建设推进情况的汇报，研究讨论《市委市政府关于促进朔州金融振兴的意见(讨论稿)》和《促进朔州金融振兴 2015 年行动计划(讨论稿)》，听取市环保局关于开展市区环境攻坚行动情况的汇报，听取市审改办关于承接省政府取消下放和调整行政审批事项的汇报、市工商局关于落实承接省政府工商登记前置变后置审批事项的汇报，研究《关于进一步加强社区建设工作的意见》，研究扩大计划生育家庭意外伤害保险范围事宜，传达农业部和省政府关于草牧业试验试点工作文件精神等有关事宜。

**29 日**

山西省职业教育工作电视电话会议召开。市长李海渊在朔州分会场参加会议。

市长李海渊会见省煤监局党组书记、局长卜昌森一行。

**30 日**

市党政军领导王安庞、高厚、李锦、冯云龙、李根田、刘义清、艾志军、温日平、李玉兰、张丁成、白明、闫美珍、支立新、左中伟、赵景春等身着迷彩戎装走进市国防教育训练基地，与部队官兵一起参加军事日系列活动，和部队官兵一道庆祝中国人民解放军建军88周年。

**31日**

朔州市新建民用机场选址报告总结会召开，专家组同意所推荐的福善庄场址为首选场址。民航局机场司建设处处长胡天木、市长李海渊讲话。市委常委、常务副市长雷健坤以及民航局、专家组、设计单位负责人参加会议。

市长李海渊，市委常委、朔州军分区司令员刘义清到空军驻怀某部队，看望慰问部队官兵，与其亲切座谈，并送上慰问金。

全省党管武装工作述职电视电话会议召开。市委书记、市人大常委会主任、朔州军分区党委第一书记王安庞就2015年党管武装工作、履职尽责情况在朔州分会场进行述职。市委常委、朔州军分区司令员刘义清，朔州军分区政委艾志军，市政协副主席、市委常务副秘书长赵景春，市国动委各成员单位负责人参加会议。

以省委办公厅副巡视员何其山为组长的省委督查组一行，对朔州市落实“两个责任”情况进行实地调研督导，并召开督查座谈会。市委书记王安庞汇报党委主体责任落实情况。

## 8月

**1日**

全国人大常委会委员、中华全国总工会副主席、民建中央专职副主席张少琴到朔州市调研，并召开座谈会，听取朔州市民建工作情况汇报。山西省政协副主席、民建山西省委主委王宁主持座谈会，市委书记、市人大常委会主任王安庞致欢迎词。

**3日**

市政协助推中小微企业健康发展座谈会在市委二楼会议室召开。市政协主席高厚主持会议并讲话。市中小企业服务中心、市经信委、朔州银监分局、市人行及市工行、市建行和部分中小企业代表参加会议。

全市农村土地确权督查工作汇报会召开，市委副书记郑红出席会议并讲话，副市长侯新生主持会议，各县区分管领导以及各督查组成员参加会议。

**4日**

由河北农业大学党委副书记、校长王志刚率领的河北省全国人大代表和山西省人大代表组成的调研组莅临朔州市，就山区生态建设情况进行调研。朔州市人大常委会副主任白明陪同。

市人大、政府、政协换届工作领导组召开（扩大）会议，集中听取市、县两级对人大、政府、政协换届工作的意见建议，启动和安排部署换届筹备各项工作。

市委书记王安庞到朔城区张蔡庄乡专题调研基层党委、纪委落实“两个责任”情况，并主持召开座谈会。

**5日**

朔州市委中心组在“右玉精神”的发祥地——右玉县，举行“三严三实”专题教育第三次集中学习。市委书记王安庞主持并讲话。市长李海渊，市委副书记郑红，市政协主席高厚等市四大班子领导参加学习研讨。

**6日**

朔州市委常委会召开会议，传达学习中央党的群团工作会议精神，研究金融振兴推进方案和2015年行动计划，通报中纪委关于十起发生在群众身边“四风”和腐败问题典型案例，听取上半年全市党风廉政建设工作情况汇报，安排部署相关工作。市委书记王安庞主持会议。

**7日**

2015年朔州市“全民健身日”全民健身活动暨“亨达杯”“我爱足球”中国足球民间争霸赛朔州海选赛启动。副市长韩文让参加活动并宣布活动启动。

政协五届朔州市委员会第六十次主席会议在市政协五楼会议室召开。市政协主席高厚主持会议并讲话。会议讨论并通过《积极应对经济下行压力和大力帮扶中小微企业健康发展的建议报告（征求意见稿）》，讨论并通过《关于加强和改进人民政协民主监督的意见（讨论稿）》，审议五届三十一次常委会会议议程（草案）和日程（草案），讨论换届筹备工作有关事宜及其他。

市长李海渊，国网山西省电力公司副总经理潘绣宝到平鲁区，调研晋北到南京正负800千伏特高压直流输电项目工程进展情况。

市委书记、市人大常委会主任王安庞主持召开市五届人大常委会第七十二次主任会议。会议传达学习《中共中央转发〈中共全国人大常委会党组关于加强县乡人大工作和建设的若干意见〉的通知》，议定市五届人大常委会第五十一次会议有关事项及其他。

### 11日

市长李海渊会见省环保厅副厅长刘军一行。副市长王智杰，市直相关单位负责人一同会见。

国家电网公司董事长、党组书记刘振亚先后到平鲁区、应县，走进晋北直流站和晋北交流站工程现场，实地调研工程建设进展情况，山西省委常委、副省长付建华一同调研。市委书记王安庞，市长李海渊陪同调研。

### 12日

省政协副主席朱先奇带领省政协调研组莅临朔州市，就建立和完善农民养殖业风险保障机制工作进行专题调研。

山西省副省长、省公安厅厅长刘杰一行到朔州就全市公安系统认真贯彻落实“党风廉政建设‘两个责任’”以及纪念抗战胜利70周年等各项工作推进落实情况进行督查指导。

### 13日

朔州市委常委会召开会议，传达学习省委书记王儒林在省委常委会上谈到太原“城中村”改造时的重要讲话精神，省委常委、组织部长盛茂林在全省“三严三实”专题教育工作推进会上的讲话精神，以及中央、省委全面加强抗战70周年纪念活动期间社会面防控工作电视电话会议精神，研究《关于进一步加强市四大班子领导接待上访群众的实施意见》和朔州市“以群众举报乡村干部腐败为切入点集中解决群众信访诉求问题”专项治理活动未化解案件情况，通报省委落实“两个责任”督导组来朔督导情况，安排部署相关工作。市委书记王安庞主持会议。

市委书记王安庞走进市信访接待大厅，接待来访群众。市委常委、秘书长李根田一同接待来访群众。

### 15日

全国安全生产电视电话会议召开，传达贯彻习近平总书记和李克强总理就切实做好安全生产工作的重要指示和批示精神。市长李海渊，市委常委、常务副市长雷健坤，副市长韩文让、侯新生、王志刚、王智杰在朔州分会场参加会议。

### 16日

市长李海渊带领市安监局等部门负责人，采取不发通知、不打招呼、不听汇报、不用陪同和接待，直插基层、直奔现场的“四不两直”方式，对朔州市部分企业进行安全生产突击检查。

### 17日

朔州市委全面深化改革领导小组召开第四次会议。市委书记、市委全面深化改革领导小组组长王安庞主持会议并讲话。市委副书记、市长、市委全面深化改革领导小组第一副组长李海渊，市委副书记、市委全面深化改革领导小组副组长兼民主法制领域改革专项小组组长郑红讲话。

### 18日

市长李海渊主持召开座谈会，与联保投资集团有限公司董事长陈小平一行，就推动朔州市城市风险管理体系建设进行工作对接。市委常委、常务副市长雷健坤介绍全市经济社会发展基本情况。

全市落实党风廉政建设“两个责任”专项整改工作会议召开，市委书记王安庞发表讲话。

### 19日

以山西省政府副秘书长、省应急办专职副主任刘德政为组长的省年度目标责任考核督查调研组到朔州，听取朔州市上半年各项考核指标推进落实情况及相关工作运行情况汇报。市长李海渊作工作汇报，市委常委、常务副市长雷健坤，市委常委、纪委书记康吉仁，市委常委、组织部长冯云龙，市政协副主席赵景春出席汇报会。冯云龙主持汇报会。

**20日**

市长李海渊主持召开市政府第95次常务会议。

市委书记王安庞、市长李海渊会见铁路总公司铁三院总工程师苏勇，双方就大同至原平铁路新线朔州段建设有关事宜进行会谈。市委常委、常务副市长雷健坤及市发改委、国土局、规划局、朔城区等部门和县区负责人参加会见。

朔州市委中心组举行“三严三实”专题教育第四次学习研讨，以中共十八大以来党中央查处的周永康、薄熙来、郭伯雄、徐才厚、令计划、苏荣等严重违纪违法案件及山西省发生的严重违纪违法案件为镜鉴，重点围绕严守党的政治纪律和政治规矩，贯彻落实习近平总书记在十八届中央纪委五次全会上提出的“五个必须”要求，开展专题研讨。市委书记王安庞主持会议。市长李海渊，市政协主席高厚等市四大班子领导参加学习研讨。

朔州市召开市人大、政府、政协换届工作座谈会议。市委书记、市人大常委会主任、市换届工作领导组组长王安庞作重要讲话。

**21日**

市委书记王安庞到平鲁区，检查指导党风廉政建设“两个责任”落实情况、基层纪检监察机关特别是乡镇纪委落实“三转”情况、解决发生在群众身边腐败问题情况，实地调研信访维稳、农民增收、产业结构、项目进展、环境整治、荒山治理等方面工作。

市长李海渊就大同至原平铁路新线朔州段线路设计、站址选择等相关事宜赴山阴县、朔城区进行调研。铁路总公司铁三院总工程师苏勇及市发改委、山阴县、朔城区等负责人一同调研。

朔州市政府召开职业教育座谈会，学习贯彻全国、全省职业教育电视电话会议精神，分析朔州市职业教育现状和存在问题，理清发展思路，推动全市职业教育水平再上新台阶。市长李海渊出席会议并讲话。

**22日**

朔州市委召开常委（扩大）会议，传达贯彻8月20日中共中央政治局常委会议和国务院常务会议精神特别是习近平总书记和李克强总理重要讲话精神，以及省委办公厅、省政府办公厅《关于认真贯彻落实中共中央政治局常委会议和国务院常务会议精神进一步做好山西省安全生产工作的通知》精神，对朔州市安全生产工作进行安排部署，确保安全生产各项责任和任务落到实处，确保地上地下安全。市委书记王安庞主持会议并传达中共中央政治局常委会议和国务院常务会议精神特别是习近平总书记和李克强总理重要讲话精神，就进一步做好全市安全生产各项工作提出明确要求。市长李海渊安排部署朔州市近期安全生产督促检查有关工作。

**23日**

市长李海渊赴怀仁县部分企业就安全生产工作，特别是危化品、煤矿等重点行业、领域的安全生产工作情况进行检查。

市委书记王安庞带领有关部门负责同志，到朔城区督导检查安全生产工作。

**25日**

市委书记王安庞到山阴县实地调研、检查督导。市委常委、秘书长李根田，副市长侯新生以及有关部门负责同志随同调研。落实“两个责任”、加快实现“三转”、有效解决发生在群众身边的腐败问题，是王安庞此次调研督导的重要内容之一。

**26日**

朔州市第五届人民代表大会常务委员会第五十一次会议举行预备会议。

朔州市第五届人民代表大会常务委员会第五十一次会议举行第一次全体会议。

朔州市政府就全市草牧业试验试点市建设工作赴京向农业部进行工作汇报。农业部副部长于康震听取汇报，朔州市市长李海渊作工作汇报。市委副书记郑红和市农委负责人等参加会议。

市长李海渊在北京会见

中国华电工程（集团）有限公司董事长孙青松、总经理杨勇。双方就如何推进朔州市第二污水处理厂建设事宜进行到探讨、沟通交流。副市长王志刚及住建部门负责人参加会见。

**27日**

朔州市第五届人民代表大会常务委员会第五十一次会议举行第二次全体会议。

**28日**

市长李海渊召集各县区、市水务、财政、民政等有关部门负责人，听取全市近期旱情和抗旱救灾工作汇报，推动安排部署全市防汛抗旱任务。

市长李海渊会见中电智云控股公司董事长张岱一行，双方就开展合作进行到交流。市经信委、科技局、卫生局、教育局等负责人参加会见。

市委书记王安庞先后到朔城区、右玉县和应县实地调研、检查指导。市委常委、纪委书记康吉仁陪同，市委常委、朔城区委书记张立新在朔城区陪同。

**30日**

农业部总畜牧师王智才在朔州市调研。市长李海渊，省农业厅厅长关建勋，市委副书记郑红一同调研。王智才一行先后到右玉县祥和岭上农业产业化循环园区、山西西口洋洋食品有限公司，应县恒天然牧场奶牛标准化养殖区，山阴农牧场苜蓿种植区，了解粮改饲，肉羊养殖、屠宰、分割、加工，现代畜牧业养殖，畜草种植等情况。

市委书记、市人大常委会主任王安庞，市长李海渊会见农业部总畜牧师王智才、农业部畜牧业司司长马有祥一行，双方就朔州草牧业试点市建设进行到交流。省农业厅厅长关建勋、市委副书记郑红参加会见。

**31日**

由市委宣传部和朔州军分区政治部主办的“血沃塞上众志成城——朔州市纪念中国人民抗日战争胜利70周年图片展”在市博物馆隆重开展。市委书记王安庞向机关干部、指战员官兵、在校学生、企业职工、社区居民和乡村群众等代表赠送画册，市长李海渊讲话。市委常委、常务副市长雷健坤主持开展仪式。市政协主席高厚等市四大班子领导出席开展仪式。

## 9月

**1日**

山西省委省政府召开全省民营经济发展推进大会，对全省民营经济发展进一步作出安排部署、提出明确要求。会议以电视电话会议的形式召开。市委书记王安庞、市长李海渊、市政协主席高厚等市四大班子领导在朔州分会场参加会议。

朔州市纪念中国人民抗日战争暨世界反法西斯战争胜利70周年书画展在市文化艺术中心正式开展。市人大常委会副主任李玉兰，市政协副主席赵景春，部分市级老同志以及参加过抗日战争的三位革命老前辈出席开幕式。

九三学社朔州市委召开纪念抗战胜利暨九三学社创建70周年座谈会。市副市长、九三学社朔州市委主委韩文让出席会议并讲话。市委统战部、各民主党派、工商联应邀出席会议。

**2日**

以“铭记历史，缅怀先烈，珍爱和平，开创未来”为主题的“纪念中国人民抗日战争暨世界反法西斯战争胜利70周年《抗战浩歌》音乐舞蹈史诗”晚会，在朔州市文化艺术中心隆重举行。市领导李根田、温日平、侯元、韩文让、谭建国、赵景春与广大市民共同观看晚会。

朔州市委中心组举行专题学习会议，传达学习、认真贯彻省委王儒林书记在省委中心组“严守党的政治纪律和政治规矩”专题学习会上的重要讲话精神和中共中央办公厅、国务院办公厅《关于印发〈2015年上半年贯彻执行中央八项规定情况报告〉的通知》精神。市委书记王安庞主持学习会议。

**6日**

市长李海渊主持召开全市促进民营经济发展工作领导小组会议。会议认真学习省委书记王儒林在全省民营经济发展推进大会上的讲话，安排部署朔州市民营经济发展相关工作。

朔州市委全面深化改革领导小组召开第五次会议，到学习省委全面深化改革领导小组第十一次会议精神，认真贯彻习近平总书记关于法规制度建设的重要指示精神，研究加强朔州市法规制度建设问题，审议讨论并原则通过《关于加强和改进人大监督工作推进"六权治本"的实施意见》《关于加强和改进人民政协民主监督的意见》《关于推进"六权治本"强化审计监督的意见》。市委书记、市委全面深化改革领导小组组长王安庞主持会议并讲话。

市委书记王安庞，市长李海渊会见徐工集团董事长王民一行。

**7日**

朔州市委常委会召开会议，传达省委组织部"三严三实"专题教育协调小组通知精神，听取亚洲粉煤灰年会筹备情况汇报，研究推选全省优秀乡镇党委书记候选人员名单、成立朔州大医院筹备领导组有关事宜和朔州市贯彻全省科技创新大会精神具体意见等，安排部署相关工作。市委书记王安庞主持会议。

朔州市召开双拥模范城创建工作推进会。市长李海渊讲话，市委副书记郑红主持，朔州军分区政委艾志军、副市长侯新生讲话。市创建双拥模范城领导小组成员单位、重点单位、相关县区、驻朔企业等负责人参加会议。

**8日**

朔州市召开城镇保障性住房建设暨住建系统安全生产工作会议，深刻分析当前全市保障性住房建设和住建系统安全生产工作面临的形势，安排部署下一步任务。市长李海渊讲话。

朔州市举行纪念中国人民抗日战争暨世界反法西斯战争胜利70周年座谈会。

**9日**

第二届山西文化产业博览交易会举行重点文化产业项目签约仪式。朔州市共签约项目3个，分别为中影星美乾翼国际影城项目投资3500万元、朔州煤电公司杀虎口文化旅游项目投资138000万元、明海湖生态农业观光旅游度假区项目（二期）投资20000万元。

市委书记王安庞到怀仁县、应县、山阴县实地调研民营经济发展情况。

以"文化三晋 美丽山西"为主题的第二届山西文化产业博览交易会在中国（太原）煤炭交易中心隆重开幕。省委书记王儒林、省长李小鹏偕来自北京的领导同志出席。朔州市市长李海渊，市委副书记郑红出席开幕式。

**10日**

10至11日，山西省委常委、省纪委书记黄晓薇就落实"两个责任"、抓住节点狠刹"四风"，到朔州市右玉县牛心乡、朔城区张蔡庄乡进行调研。市委书记王安庞，市委常委、市纪委书记康吉仁等陪同调研。

**11日**

市长李海渊就民营经济发展情况到山西繁盛N煤机有限公司、山西中北工贸有限公司、朔州荣丰清水湾小区实地调研。

山西省委常委、宣传部部长胡苏平参观山西右玉西口风情油画作品展。省委宣传部副部长刘英魁、朔州市委副书记郑红、副市长韩文让等一同参观。

**13日**

以全国双拥办副主任巴谋国为组长、国家公务员局考核奖励司副司长张德清等为组员的全国双拥模范城创建工作调研督导组赴朔州市，就朔州市全国双拥模范城创建工作进行调研督导，并听取朔州市工作情况汇报。市委书记王安庞致欢迎辞。市长李海渊主持座谈会。

**14日**

朔州市委召开常委（扩大）会议，市委书记王安庞主持会议。市委常委、纪委书记康吉仁传达省委常委、省纪委书记黄晓薇到朔调研座谈重要讲话精神。市长李海渊，市委副书记郑红，市政协主席高厚等市四大班子领导参加会议。

**15日**

山西省委统战工作电视电话会议召开。市委书记王安庞，市长李海渊，市政协主席高厚等市四大班子领导在朔州分会场参加会议。

市委书记王安庞主持召开专题会议，及时传达贯彻省委王儒林书记“9·15”重要讲话精神，要求全市各级各部门进一步明确责任、强化责任、压实责任、落实责任，坚决确保社会大局和谐稳定，努力为实现弊革风清、促进富民强省做出新的更大的贡献。

16日

市委书记王安庞，市长李海渊带领朔州市党政考察团，专程到太原市考察“城中村”改造工作。山西省省委常委、太原市市委书记吴政隆，太原市市委副书记、市长耿彦波会见朔州市考察团一行。市委副书记郑红，太原市委常委、秘书长陈河才，市领导李锦、李根田、张立新、王志刚以及县（区）委书记、县（区）长和市直有关部门主要负责人参加会见。

市长李海渊在太原与农发行山西省分行行长刘文平座谈。双方就进一步加强合作、促进发展进行交流。副市长王志刚以及市直有关部门负责人参加。

18日

市委书记王安庞主持召开全市民营企业家座谈会，了解制约民营企业发展的困难问题，集中听取推进民营企业发展的对策建议，到探讨加快民营企业发展的举措办法。

21日

朔州市草牧业发展实施方案研讨会在北京举行，就进一步贯彻落实好农业部草牧业发展的安排部署，优化《朔州市草牧业发展实施方案》征求意见。市长李海渊讲话，农业部畜牧业司司长马有祥讲话，市委副书记郑红主持会议，省畜牧局相关负责人等出席会议。

市委书记王安庞会见出席亚洲粉煤灰及脱硫石膏处理与利用技术国际交流大会的晋能集团董事、副总经理，晋能电力集团董事长冯培一一行。

市委书记王安庞会见出席亚洲粉煤灰及脱硫石膏处理与利用技术国际交流大会的卓达集团副总裁、中部大区董事长杨继刚一行。

22日

由亚洲粉煤灰协会、朔州市人民政府、山西省经济和信息化委员会、国家建筑材料工业情报研究所联合举办的以“创新驱动、绿色发展”为主题的2015亚洲粉煤灰及脱硫石膏处理与利用技术国际交流大会在朔州市隆重召开。

2015亚洲粉煤灰综合利用技术交流报告会在朔州举行。

朔州市举行固废综合利用技术推广及产业项目对接会。市委常委、常务副市长雷健坤主持会议。市经信委主要负责同志就朔州市固废综合利用作主旨推介。市政府与北京大学共建的固废技术研发中心主任推介最新的固废综合利用技术及产业化方向等。

23日

2015亚洲粉煤灰及脱硫石膏处理与利用技术国际交流大会举行粉煤灰技术论坛，脱硫石膏及干法脱硫灰技术分论坛，煤矸石、钢、渣、赤泥等其他工业固废综合利用技术分论坛，举行粉煤灰综合利用产学研分论坛。

24日

朔州市环境综合整治动员会议召开，听取相关部门就环境综合整治重点工作的汇报，明确下一步环境综合整治工作重点。市长李海渊讲话。副市长王智杰主持会议。

朔州市委中心组举行“三严三实”专题教育第五次学习研讨，以“严以律己，严守党的政治纪律和政治规矩，自觉做政治上的‘明白人’”为主题。市委书记王安庞主持会议并作重点发言。

25日

市委市政府召开全市民营经济发展推进大会，进一步组织和动员全市上下，按照省委、省政府推进“六大发展”、实施“三个突破”的战略部署，坚决贯彻落实省委书记王儒林在全省民营经济发展推进大会上的重要讲话精神。市委书记王安庞作重要讲话。市长李海渊主持会议。

28日

市委副书记、市政府党组书记、市长李海渊主持召开市政府第96次常务（党组）会议。市委常委、市政府党组副书记、常务副市长雷健坤，市政府党组成员、副市长侯新生、王志刚等出席会议。副市长韩文让等列席会议。

**29 日**

朔州市举行 2015 年“敬老月”活动启动仪式暨中老年文体展演活动，提前为老年朋友送上节日的问候。市人大常委会副主任温日平出席并宣布活动正式启动，市政协副主席闫美珍出席启动仪式。

朔州市委中心组举行专题学习会议，传达学习省委书记王儒林，省委常委、省军区司令员冷杰松在全省党管武装工作述职会议上的讲话精神和省委书记王儒林，省委常委、省委统战部部长孙绍骋在省委统战工作会议上的讲话精神，研究部署相关工作。市委书记王安庞主持会议。

朔州市委常委会召开会议，传达学习省委王儒林书记关于中央纪委通报《强化责任追究把从严治党落到实处》的批示精神，听取朔州市草牧业发展实施方案研讨会和亚洲粉煤灰年会召开情况的汇报，研究部署相关工作。市委书记王安庞主持会议并讲话。

**30 日**

9 月 30 日是中国第二个烈士纪念日，朔州市在塞北革命烈士纪念馆广场举行纪念中国人民抗日战争暨世界反法西斯战争胜利 70 周年祭奠抗日英烈活动。市委书记王安庞，市长李海渊，市委副书记郑红等市四大班子领导出席活动。

朔州市委书记王安庞主持召开专题会议，传达学习《中共中央纪委关于六起违反中央八项规定精神问题的通报》和《中共山西省纪委关于对六起违反中央八项规定精神典型问题的通报》。

## 10 月

**8 日**

朔州欧美同学会·朔州留学人员联谊会举行成立大会暨一届一次理事会。山西省省委统战部副部长王建新，省欧美同学会·省留学人员联谊会副会长马存根到会祝贺。市委副书记郑红出席成立大会并讲话，副市长韩文让主持会议，市政协副主席谭建国致贺词，市人大常委会副主任侯元、市政协副主席支立新参加会议。

**10 日**

朔州市政府召开全市财政支出进度工作推进会。市长李海渊讲话，市委常委、常务副市长雷健坤主持会议，市直相关部门主要负责人参会。

**11 日**

市委书记、市人大常委会主任王安庞主持召开市五届人大常委会第七十三次主任会议。会议议定市五届人大常委会第五十二次会议有关事项，听取市人大常委会关于赴黑龙江省学习考察的有关情况汇报及其他。市人大常委会副主任温日平、李玉兰、牛志忠、白明、侯元，秘书长任凯出席会议。

2015 中国体育文化·体育旅游博览会在太原煤炭交易中心正式拉开帷幕，朔州市首次亮相中国体育文化·体育旅游博览会，市长李海渊，副市长韩文让出席开幕式等活动。

**12 日**

朔州市委召开中心组专题学习会议，学习习近平总书记在中央政治局第二十六次集体学习时的重要讲话精神，以及《中国共产党巡视工作条例》和省委王儒林书记在省委“五人小组”听取 2015 年第一、二轮专项巡视情况汇报会上的重要讲话精神。市委书记王安庞主持并讲话。市长李海渊出席会议。

山西省全省民生领域政策措施落实情况朔州专项督查工作会议召开，听取朔州市民生领域政策措施落实情况汇报，就相关问题与部门负责人交换意见，推动朔州市民生领域政策措施落实。市长李海渊作工作汇报，督查组组长、省民政厅厅长薛维栋讲话。副市长侯新生主持会议。

朔州市委全面深化改革领导小组召开第六次会议，到学习贯彻习近平总书记关于法治建设的系列重要讲话精神，落实省委全面深化改革领导小组第十二次、十三次会议精神，专题研究朔州市推进法治建设有关工作，讨论审议并通过《关于全市加强社会治安防控体系建设的实施意见》和《朔州市落实领导干部干预司法活动、插手具体案件处理的记录、通报和责任追究实施办法》。市委书记、市委全面深化改革领导小组组长王安庞主持会议并讲话。市委副书记、市长、市委全面深化改革领导小组第一副组长李海渊，市政协主席、市委民主法制领域改革专项小组副组长高厚，市领导雷健坤等出席会议。

**13日**

朔州市公务用车制度改革领导小组会议召开。市长李海渊主持会议并讲话。

山西省全省民生领域政策措施落实情况朔州意见反馈会议召开。省政府督查组组长、省民政厅厅长薛维栋进行意见反馈，朔州市市长李海渊作表态发言。

**14日**

市委市政府召开全市纪律作风整顿再动员大会，贯彻习近平总书记在中共中央政治局第二十六次集体学习时的重要讲话以及中共中央办公厅、国务院办公厅《关于印发〈2015年上半年贯彻执行中央八项规定情况报告〉的通知》精神，坚决落实省委王儒林书记在省委常委会议上对太原“城中村”改造的重要指示精神和省委中心组“严守党的政治纪律和政治规矩”专题研讨会上的重要讲话精神，到学习贯彻省委常委、省纪委书记黄晓薇莅朔调研重要讲话精神。市委书记王安庞作重要讲话。市长李海渊主持会议。

**14日**

山西省政协副主席朱先奇率调研组就全省“十三五”煤炭产业发展战略在朔进行专题调研，并召开座谈会。朔州市委书记王安庞出席座谈会。市政协主席高厚主持座谈会。

**15日**

市长李海渊到市政务服务中心，就推进六权治本、深化行政审批制度改革等工作进行调研，并主持召开全市行政审批制度改革领导小组会议。

朔州市政府召开第97次常务（党组）会议。市长李海渊主持，副市长韩文让、王志刚、王智杰等出席。会议研究2015年度市本级预算调整方案、《朔州市人民政府关于清理规范驻省会城市办事机构的处理意见》以及市大医院建设相关事宜，审议《朔州市重点河流生态环境综合治理工程总体方案》。

市委书记王安庞到朔城区张蔡庄乡实地调研、现场督导。

**16日**

山西省政协副主席、民革山西省委主委张友君一行就民革朔州市委基层组织建设情况进行督导调研，并召开座谈会，听取民革朔州市委工作情况汇报。朔州市政协副主席谭建国一同调研。

市委书记、市人大常委会主任王安庞就市区供热准备情况进行调研。

**17日**

市长李海渊就全市企业创新发展和装备制造业建设等方面的问题到江苏徐州工程机械集团公司调研考察并举行座谈。徐工集团董事长、党委书记王民陪同，中煤集团总经理助理、平朔集团公司党组书记刘勇，以及朔城区、平鲁区政府区长和市经信委负责人参加。

**18日**

市长李海渊在北京与中煤能源集团党委书记、副董事长、总经理李延江进行座谈，双方就中煤平朔集团公司在朔州深化煤电市场化改革中的相关问题进行交流探讨，并对进一步加强战略合作，共同抵御市场风险，稳定朔州煤炭供应，更好地服务朔州百姓达成共识。

**19日**

2015年天朔新能源电动汽车跨区域新技术合作推广活动启动仪式在朔州市举行。朔州市政协主席高厚，山西省政府新能源汽车领导组办公室副主任、省经信委副巡视员樊文彬出席启动仪式并共同为天朔新能源电动汽车跨区域技术联盟揭牌。

市长李海渊赴北京神雾环境能源科技集团股份有限公司，就更好地开发利用好朔州市煤炭资源，引进神雾公司新技术新理念等方面的问题进行走访调研座谈。山阴县委县政府及相关部门和企业负责人陪同走访调研。

**20日**

朔州市第五届人民代表大会常务委员会第五十二次

会议举行第二次全体会议。市委书记、市人大常委会主任王安庞主持会议,市人大常委会副主任温日平、李玉兰、张丁成、牛志忠、白明、侯元,秘书长任凯出席会议。市委常委、常务副市长雷健坤,市人民检察院检察长原维宁,市中级人民法院副院长康毓东列席会议。

**21 日**

朔州市委全面深化改革领导小组召开第七次会议,学习贯彻中央全面深化改革领导小组第十七次会议精神,落实党中央、国务院关于加快转变农业发展方式的决策部署,专题研究朔州市草牧业发展试验试点市建设工作,讨论审议《朔州市草牧业发展实施方案(2015—2017 年)》。市委书记、市委全面深化改革领导小组组长王安庞主持会议。

市委书记王安庞会见由中央人民广播电台地方记者中心副主任郝佳带领的中央人民广播电台记者中心重点报道策划暨右玉采访团一行。市领导郑红、雷健坤、李根田等一同参加会见。

朔州市召开《中国共产党巡视工作条例》巡回宣讲专题会议,学习贯彻《中国共产党巡视工作条例》精神,市委书记王安庞主持会议并讲话。

**22 日**

朔州市委常委会召开会议,传达学习省委王儒林书记在全省农村基层党建工作电视电话会议上关于两件事的重要讲话精神、全省群团工作会议精神、全省农村基层党建工作会议精神、《山西省各级党委(党组)在干部选拔任用工作中严格执行民主集中制的办法(试行)》精神,讨论研究中共朔州市委《关于加强和改进党的群团工作的实施方案》《关于落实全面从严治党要求加强党的建设的意见》《关于贯彻全省农村基层党建工作会议精神进一步加强农村基层党建工作的实施意见》等,安排部署相关工作。市委书记王安庞主持会议。

市长李海渊就养殖业发展、乳制品加工等赴内蒙古自治区呼和浩特市正缘现代化蛋鸡示范场、蒙牛乳业集团进行参观考察。市发改委、商务局、中小企业服务中心及右玉县等负责人一同考察。

2015 朔州市右玉县·内蒙古产业对接恳谈会在呼和浩特市举行。市长李海渊致欢迎辞,内蒙古自治区工商联副主席高海涛出席,内蒙古山西商会常务副会长龚占轶以及正大集团、内蒙古中小企业协会、田丰农牧有限责任公司负责人发言。

市长李海渊会见内蒙古自治区工商联副主席高海涛。内蒙古山西商会常务副会长龚占轶等参加 2015 右玉县·内蒙古产业对接恳谈会。

**23 日**

第四届中国(山西)特色农产品交易博览会在中国(太原)煤炭交易中心开幕。市委书记王安庞、市委副书记郑红、副市长侯新生及朔州代表团参加开幕式。

第四届中国(山西)特色农产品交易博览会招商引资暨贸易签约仪式在中国(太原)煤炭交易中心举行。市委书记王安庞、市委副书记郑红、副市长侯新生参加签约仪式。

首届中国—蒙古国博览会在内蒙古自治区呼和浩特市隆重举行。朔州市共组织 8 家企业 4 大类 50 多个系列产品参展,参展产品涉及食品、陶瓷、酿酒、文化创意 4 大类 50 多个系列产品。市长李海渊带领市发改委、商务局、中小企业服务中心等负责人参观朔州展区。

**26 日**

市长李海渊到联系点平鲁区双辗乡东港村调研指导扶贫工作,帮助群众解决实际问题。市扶贫办、市民政局、市农委以及平鲁区主要负责人一同调研。

**27 日**

朔州市政府召开全体会议,总结前三季度经济运行情况,分析当前形势,安排下阶段主要工作。市长李海渊主持会议并讲话。

市委书记王安庞到平鲁区井坪镇实地调研、现场督导。

市委书记王安庞、市长李海渊会见北京神雾环境能源科技集团副总经理、神雾电力公司总经理姜朝兴一行。双方就矿产资源深加工基地合作项目进行到交流。市委常委、常务副市长雷健坤参加会见。

山西省政协副主席李悦娥带领部分省政协委员朔州市就大众创业万众创新情况进行调研。市政协主席高厚、市委副书记郑红、市政协副主席赵景春一同调研。

**28日**

朔州市全市律师工作电视电话会议召开。市委常委、政法委书记李锦在主会场出席会议并讲话。市法院、检察院、公安局、司法局主要负责人分别讲话。

市委书记王安庞先后到平鲁区、朔城区专题调研农村基层党建工作。

**29日**

市委书记王安庞先后到怀仁县、山阴县专题调研农村基层党建工作。

**30日**

市长李海渊主持召开会议,传达学习党的十八届五中全会精神,安排部署朔州市贯彻落实意见,并就编制好全市"十三五"时期各项规划提出明确要求。市委常委、常务副市长雷健坤出席会议。市政府组成部门主要负责人参加会议。

朔州市委召开全市农村基层党建工作座谈会,到学习习近平总书记系列重要讲话特别是关于农村基层党建工作的重要指示精神,贯彻落实全国农村基层党建工作座谈会和全省农村基层党建工作会议精神,实施朔州市《进一步加强农村基层党建工作的23项措施》,对当前和今后一个时期全市农村基层党建工作进行安排部署。市委书记王安庞作重要讲话。市委副书记郑红主持会议。市委常委、纪委书记康吉仁,市委常委、组织部部长冯云龙,市委常委、朔城区委书记张立新等出席会议。

朔州市委召开常委(扩大)会议,传达学习《中国共产党第十八届中央委员会第五次全体会议公报》和中发电文件精神。市委书记王安庞主持会议。

## 11月

**2日**

朔州市召开领导干部大会,进一步学习贯彻中共十八届五中全会精神特别是习近平总书记重要讲话精神,贯彻落实省委常委(扩大)会议的部署特别是省委书记王儒林重要讲话精神。市委书记王安庞主持会议,并围绕进一步贯彻落实省委常委(扩大)会议精神特别是省委书记王儒林重要讲话精神,王安庞提出明确要求。

**3日**

朔州市全市党管武装工作述职会议在朔州军分区召开。市委书记、市人大常委会主任、朔州军分区党委第一书记王安庞出席并讲话。市委副书记、市长、市国防动员委员会主任李海渊,市政协主席高厚,市委副书记郑红,市委常委、秘书长李根田等出席会议。

市长李海渊主持召开全市草牧业发展座谈会,听取相关县区、单位和企业关于推进朔州市草牧业发展的意见建议,安排部署下一步工作任务。

朔州市人大常委会组织在朔的省人大代表开展专题调研和集中视察,了解全市经济社会各项事业发展情况。市人大常委会副主任白明带队。

**4日**

北京电子城·数码港一期工程开工。市长李海渊宣布工程开工,市委常委、朔城区委书记张立新出席,北京电子城投资开发股份有限公司总裁龚晓青致辞。

市委书记王安庞,市长李海渊会见新华社山西分社社长于振海一行。

**5日**

市委市政府召开全市草牧业发展动员会,市委书记王安庞出席会议并讲话。市长李海渊作动员报告。

朔州市委召开党的群团工作会议,学习贯彻中央、省委党的群团工作会议精神,特别是习近平总书记、王儒林书记的重要讲话精神,落实中央、省委关于加强和改进党的群团工作的意见和实施方案,研究部署朔州市党的群团工作。市委书记王安庞出席并讲话。市长李海渊主持会议。

**6日**

朔州市红十字会第四次会员代表大会召开。市长李海渊，省红十字会常务副会长白冰讲话。副市长韩文让主持。

朔州市政协召开朔州市“十三五”规划专题民主协商会议。市长李海渊讲话。市政协主席高厚主持会议。

9日

市长李海渊在广州市会见广州市经济协作办公室副主任张中剑，山西省人民政府驻广州办事处党组书记、主任刘亚林及部分企业家代表，市委常委、常务副市长雷健坤，市委常委、朔城区区委书记张立新会见时在座。

2015 山西朔州·广州产业对接恳谈会在羊城广州召开。市长李海渊致欢迎辞，市委常委、常务副市长雷健坤主持，市委常委、朔城区委书记张立新作主题推介发言。

市长李海渊率队考察广州无线电集团，市委常委、常务副市长雷健坤，市委常委、朔城区委书记张立新及市直相关部门、县区主要领导一同考察，广州无线电集团副总裁祝立新等陪同考察。

10日

市长李海渊参观考察深圳华润集团，市委常委、常务副市长雷健坤，市委常委、朔城区委书记张立新一同参观考察。

11日

民盟朔州市委组织开展“让农村娃进城看看”系列活动。来自山阴县吴马营乡寄宿制小学的 26 名农村儿童在老师的带领下在朔州市区开启进城圆梦一日游。市政协副主席、民盟朔州市委主委闫美珍参加活动。

市长李海渊在广东省潮州市考察陶瓷产业发展情况，学习借鉴潮州市做大做强陶瓷产业的做法经验。市直相关部门、怀仁县主要领导及部分陶瓷企业负责人一同考察。

市委书记王安庞围绕贯彻中共十八届五中全会对精准扶贫工作的新要求、全省全市农村基层党建工作会议精神，到平鲁区专题调研农村第一书记工作情况，并出席全市农村第一书记座谈会。市委常委、组织部部长冯云龙，市委常委、秘书长李根田一同调研。

12日

国家能源局副局长王晓林率调研组到朔州市就国家煤炭工业发展“十三五”规划编制进行专题调研，并召开工作汇报会。市长李海渊讲话，中煤集团副总经理李馥友、副市长王智杰、省煤炭工业厅副厅长牛建明出席汇报会。

13日

中央宣讲团中共十八届五中全会精神报告会在太原举行，中央宣讲团成员、国务院研究室副主任韩文秀作宣讲报告。省委书记王儒林主持报告会并讲话。省委副书记、省长李小鹏，省政协主席薛延忠，省委副书记楼阳生等出席报告会。宣讲报告会以电视电话会议的形式召开。市委书记王安庞、市长李海渊等市四大班子领导，市级老同志等在朔州分会场参加会议。

14日

由省委统战部主办，朔州市委统战部和山西欧美同学会·山西留学人员联谊会承办的山西欧美同学会·山西留学人员联谊会朔州培训班开班。省委统战部副部长、省欧美同学会常务副会长夏振贵，中国科学院培训中心主任、欧美同学会常务理事、中东欧分会副会长兼秘书长齐在元为朔州欧美同学会·朔州留学人员联谊会创新创业教育基地、创新创业产业孵化基地揭牌。市政协副主席支立新致欢迎辞。

山西省省长李小鹏在朔州市调研经济运行情况。

17日

市委副书记郑红率领由市直有关部门和右玉县招商团组成的商务学习考察团赴上海、浙江考察学习。考察团到温州民间资本投资服务中心、杭州阿里巴巴事业部、杭州海康威视数字技术股份有限公司、上海大大集团等 8 家企业，召开 3 次座谈会，了解企业运作、经营、市场等情况，考察学习金融创新、科技创新、电商培育、服务和管理等内容。

19日

市长李海渊就进一步推进重点工程项目建设在平鲁区调研。市委常委、常务副市长雷健坤，副市长王志刚及市直相关部门、区县负责人陪同。

20日

市长李海渊就进一步推

进重点工程项目建设在朔城区调研。市委常委、朔城区委书记张立新及市直有关部门、朔城区负责人等随同。

**24日**

市委副书记、市政府党组书记、市长李海渊主持召开市政府第98次常务（党组）会议。

**26日**

朔州市促进民营经济发展工作领导小组（扩大）会议召开，研究讨论《关于加强民营经济发展的实施意见（讨论稿）》。市长李海渊主持并讲话，市委副书记郑红出席会议，市促进民营经济发展工作领导小组成员单位及相关部门负责人参加。

朔州市道教协会成立暨第一次代表会议召开，选举产生市道协第一届领导班子。市政府副秘书长王振新讲话，市民族宗教局局长何永毅主持。市委统战部、市民政局有关负责人出席。全市68位代表和42位特邀嘉宾参加会议。

**27日**

朔州市委中心组举行"三严三实"专题教育第六次集体学习研讨。市委书记王安庞主持会议。市长李海渊，市委副书记郑红等市四大班子领导参加会议。

市长李海渊主持召开市长办公会议，研究部署朔州市部分水利工程基础设施建设项目和水污染防治工作。

**30日**

由山西省住建厅厅长李栋梁带队的省督查组到朔州市就2015年度政府工作完成情况进行全面督查，并召开专项督查汇报会。市长李海渊汇报朔州市2015年政府主要工作以及此次督查有关情况。

市委书记王安庞到朔城区沙塄河乡，调研指导乡村虚报冒领套取骗取涉农资金自查自纠工作。

## 12月

**1日**

山西省委宣讲团中共十八届五中全会精神报告会在朔州市委党校举行。省社科院副院长、研究员潘云作专题报告。市委书记王安庞主持报告会并讲话。市长李海渊，市委副书记郑红等市四大班子领导出席报告会。

市长李海渊到市国税局、地税局、财政局调研。

**2日**

市委书记、市人大常委会主任王安庞主持召开市五届人大常委会第七十五次主任会议。会议议定市五届人大常委会第五十三次会议有关事项，通报关于补选省十二届人大代表的意见，研究通过关于举办朔州市六届人大代表履职学习班的请示，研究成立朔州市第六届人民代表大会第一次会议筹备组。市人大常委会副主任温日平、李玉兰、张丁成、牛志忠、白明、侯元，秘书长任凯出席会议。

朔州市委常委会召开会议，集中听取全市乡村虚报冒领套取骗取涉农资金自查自纠工作进展情况汇报。

**3日**

市长李海渊会见省国新能源集团党委书记、董事长梁谢虎一行。市委常委、常务副市长雷健坤，副市长王志刚及市直相关部门负责人参加会见。

**7日**

朔州市委中心组举行专题学习会议，到学习贯彻落实《中国共产党廉洁自律准则》和《中国共产党纪律处分条例》精神，市委书记王安庞主持会议。山西省委党校党史党建教研部副主任、法学博士崔建周作题为《到学习、严格贯彻〈准则〉和〈纪律处分条例〉》的辅导讲座。

**8日**

市委书记王安庞主持召开专题会议，研究讨论《中共朔州市委关于制定国民经济和社会发展第十三个五年规划的建议（讨论稿）》。

朔州市召开领导干部大会，传达学习贯彻省委十届七次全会精神，市委书记王安庞主持会议并传达省委书记王儒林受省委常委会委托所作的工作报告和在全会上所作的重要讲话精神，就抓好贯彻落实工作提出明确要求。

**9日**

朔州市委召开全市县（区）委、党（工）委书记抓基层党建工作专项述职会议。市委书记王安庞主持会议并讲话。会上，各县（区）委书记，经济开发区党工委、市直机关工委、市非公经济组织工委、市社会组织工委书记对抓基层党建工作情况进行述职。会议还对各县（区）委、各党（工）委书记履行基层党建工作责任情况进行民主测评。

朔州市委常委会召开会议，讨论研究《中共朔州市委朔州市人民政府关于加快民营经济发展的实施意见（讨论稿）》，研究成立"中共朔州市委关于制定国民经济和社会发展第十三个五年规划建议起草组"，安排部署相关工作。市委书记王安庞主持会议。

10 日

朔州市第五届人民代表大会常务委员会第五十三次会议举行预备会议。

朔州市第五届人民代表大会常务委员会第五十三次会议举行全体会议。

朔州市换届工作领导组召开会议。市委书记、市换届工作领导组组长王安庞主持会议。会议听取关于市六届人大代表选举产生情况，以及市六届人大常委会委员建议人选的产生和考察情况；政协市六届委员会委员协商产生情况，以及政协市六届常委建议人选的产生和考察情况。

11 日

朔州市第六届人民代表大会代表履职学习班开班。

朔州市政协第五届朔州市委员会第六十七次主席会议召开。市政协主席高厚主持会议，市政协副主席谭建国、闫美珍、支立新、左中伟、赵景春出席会议。

由山西省卫计委巡视员王峻带队的省卫生计生委考核组，就为期三天的朔州市2015年医改、卫生、计生、爱国卫生年度任务完成情况与朔州市委、市政府及成员单位交换意见。市委副书记郑红出席会议并讲话，副市长韩文让主持会议，市政协副主席闫美珍出席会议。

市委书记王安庞到应县调研，市委常委、秘书长李根田一同调研。调研期间，王安庞先后到应县文化馆、图书馆、恒天然（应县）牧场有限公司、吉呈生物技术有限公司等地 。

14 日

市长李海渊会见唐山海泰新能科技股份有限公司董事长王永一行，就新能源项目合作事宜进行交流。

15 日

朔州市纪委组织召开全市纪检监察干部专题学习会，邀请省纪委荣奋刚作专题讲座。市委常委、市纪委书记康吉仁出席专题学习会。市纪委常务副书记王帆主持。

政协第五届朔州市委员会第三十二次常委会议召开。市政协主席高厚主持会议并讲话，市政协副主席谭建国、闫美珍、支立新、左中伟、赵景春出席会议。市中级人民法院院长侯晓东、市检察院副检察长刘建福应邀列席会议，并听取委员对法检两院工作情况报告的意见建议。

朔州市委常委班子举行"三严三实"专题民主生活会集中学习。市委书记王安庞主持会议。

朔州市委常委会召开会议，传达学习省委办公厅、省政府办公厅《关于在全省范围内开展"冬季行动"全面贯彻落实省委十届七次全会精神的通知》精神，讨论并原则通过《朔州市开展"冬季行动"实施方案》，研究部署有关工作。

16 日

朔州市公务用车改革领导小组会议召开。市长李海渊主持会议并讲话，市委常委、常务副市长雷健坤讲话。市公务用车改革领导小组成员单位负责人参加会议。

市委书记王安庞会见华夏银行太原分行行长王一平一行。市委常委、常务副市长雷健坤及市金融办、朔州银监分局、市人行负责人参加会见。

市委书记王安庞到朔城区调研，了解北京电子城·数码港项目运行情况，听取朔城区信访工作情况和 2015 年以来经济社会发展情况汇报。

18 日

市长李海渊在朔州美都汇购物广场调研。美特好集团总裁储德群，市委常委、常务副市长雷健坤，省商务厅总经济师赵贵全一同调研。

市委市政府召开全市开展“冬季行动”动员大会，动员和组织全市上下，集中100天时间，在全市范围内打好“冬季行动”攻坚战，市委书记王安庞作动员讲话。市长李海渊主持会议。市委副书记郑红宣读《朔州市开展“冬季行动”实施方案》。市政协主席高厚、市政协党组书记贾桂梓等市四大班子领导出席会议。

市政府党组召开“三严三实”专题民主生活会集中学习会议。市委副书记、市政府党组书记、市长李海渊主持并讲话。

市委书记、市人大常委会主任王安庞主持召开市五届人大常委会第七十六次主任会议。会议议定市五届人大常委会第五十四次会议有关事项，通过朔州市第六届人民代表大会代表建议意见处理办法。

**19日**

朔州市委常委会召开会议，讨论《中共朔州市委常委班子“三严三实”专题民主生活会对照检查材料（讨论稿）》《政府工作报告（征求意见稿）》，听取朔州市六届一次人代会、政协六届朔州市委员会第一次会议筹备情况汇报，研究人大常委会委员、政协常委候选人名单，以及朔州市六届一次人代会、政协六届朔州市委员会第一次会议选举办法，安排部署相关工作。市委书记王安庞主持会议。

**20日**

朔州市委召开常委（扩大）会议，传达学习中共中央政治局会议精神和中央扶贫开发工作会议精神，听取全市扶贫工作情况汇报，安排部署有关工作。

**21日**

山西全省社会治安防控体系建设电视电话会议在太原市召开。市委书记王安庞，市委副书记郑红，市委常委、政法委书记李锦，市人大常委会副主任侯元等在朔州分会场参加会议。

**24日**

政协第六届朔州市委员会第一次会议举行预备会议。高厚主持会议。

政协第六届朔州市委员会第一次会议召开第一次主席团会议。谭建国、闫美珍、支立新、左中伟、赵景春、任平龙、解志强、刘守斌、周文月出席会议，贾桂梓主持会议。会议审议通过政协第六届朔州市委员会第一次会议主席团常务主席名单；审议通过政协第六届朔州市委员会第一次会议全体会议执行主席和主持人名单；审议通过政协第六届朔州市委员会第一次会议分组办法和小组召集人名单；审议通过政协第六届朔州市委员会第一次会议副秘书长名单。

**25日**

政协第六届朔州市委员会第一次会议在平朔会展中心隆重开幕。

朔州市六届人大一次会议举行预备会议。市委书记、市人大常委会主任王安庞主持会议。李海渊、郑红、冯云龙、康吉仁、李锦、温日平、李玉兰、张丁成、牛志忠、白明、侯元、王帆、郭海鸿、任凯在主席台就座。

出席朔州市政协六届一次会议的委员和特邀、列席人员分七个组讨论朔州市政协副主席、市政协六届一次大会秘书长赵景春所作的政协常委会工作报告和市政协副主席谭建国所作的提案工作报告。

朔州市领导王安庞、郑红、李锦、李根田、李玉兰前往市六届人大一次会议代表驻地东易大酒店、御宸源大酒店和万通源大酒店，看望出席市六届人大一次会议的代表。

**26日**

朔州市第六届人民代表大会第一次会议在市文化活动中心开幕。

朔州市怀仁县代表团举行全团会议，审议《政府工作报告》。

朔州市朔城区代表团举行全团会议，审议《政府工作报告》和市六届人大一次会议选举办法（草案）。

朔州市平鲁区代表团举行全团会议，审议《政府工作报告》和市六届人大一次会议选举办法（草案）。

朔州市山阴县代表团举行全团会议，审议《政府工作报告》和市六届人大一次会议选举办法（草案）。

朔州市怀仁县代表团举行全团会议，审议《政府工作报告》和市六届人大一次会议选举办法（草案）。

朔州市应县代表团举行全团会议，审议《政府工作报告》和市六届人大一次会议选举办法(草案)。

朔州市右玉县代表团举行全团会议,审议《政府工作报告》和市六届人大一次会议选举办法(草案)。

**27日**

朔州市政协六届一次会议举行联组讨论,委员们围绕《政府工作报告》展开讨论。

政协第六届朔州市委员会第一次会议召开第二次主席团会议。大会主席团常务主席、主席团会议主持人贾桂梓主持会议。大会主席团常务主席谭建国、闫美珍、支立新、左中伟、赵景春、任平龙、解志强、刘守斌、周文月出席会议。

朔州市政协六届一次会议举行第三次全体会议。大会执行主席贾桂梓、谭建国、闫美珍、左中伟、赵景春、任平龙、解志强、刘守斌、周文月在主席台前排就座。市领导高厚出席会议。赵景春主持会议。

朔州市六届人大一次会议举行第二次全体会议,听取《朔州市人大常委会工作报告》《朔州市中级人民法院工作报告》和《朔州市人民检察院工作报告》。

**28日**

朔州市六届人大一次会议主席团举行第三次会议。主席团常务主席张丁成主持会议。市委书记王安庞介绍各项候选人名单(草案)。

市长李海渊到怀仁县代表团,与代表们共同审议《朔州市人大常委会工作报告》《朔州市中级人民法院工作报告》和《朔州市人民检察院工作报告》。

**29日**

朔州市政协六届一次会议举行第四次全体会议,选举产生新一届市政协领导班子。大会执行主席高厚、贾桂梓、谭建国、闫美珍、支立新、左中伟、赵景春、任平龙、解志强、刘守斌、周文月在主席台前排就座,高厚主持会议。

中国人民政治协商会议第六届朔州市委员会第一次会议圆满完成各项议程后,在平朔会展中心胜利闭幕。

政协第六届朔州市委员会召开第一次常委会议。市政协主席贾桂梓,市政协副主席谭建国、闫美珍、赵景春、任平龙、解志强、刘守斌,秘书长周文月出席会议。赵景春主持会议。

朔州市六届人大一次会议主席团举行第四次会议。主席团常务主席牛志忠主持会议。

朔州市六届人大一次会议主席团举行第五次会议。主席团常务主席白明主持会议。

**30日**

朔州市六届人大一次会议举行第三次全体会议。王安庞主持会议，大会进行选举。冯云龙当选为朔州市第六届人民代表大会常务委员会主任,温日平、李玉兰、白明、侯元、王帆、郭海鸿当选为朔州市第六届人民代表大会常务委员会副主任,任凯当选为朔州市第六届人民代表大会常务委员会秘书长，王国清等29名同志当选为朔州市第六届人民代表大会常务委员会委员,李海渊当选为朔州市市长,雷健坤、韩文让、王志刚、张天茂、田东当选为朔州市副市长,白险峰当选为朔州市中级人民法院院长,原维宁当选为朔州市人民检察院检察长。

朔州市第六届人民代表大会第一次会议在市文化活动中心闭幕。

# 概 况

General Situation

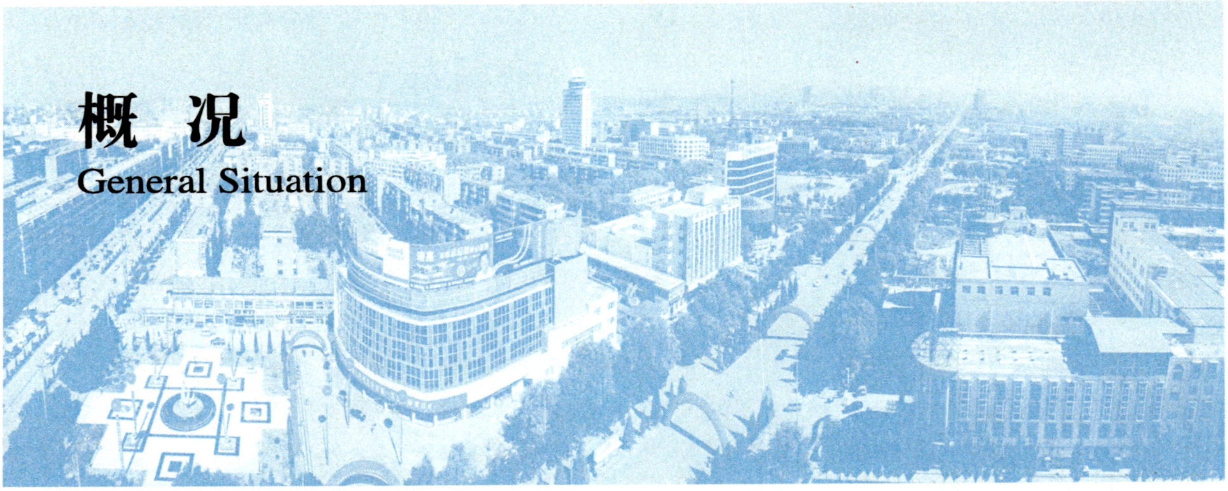

## 建置区划

**【建置沿革】** 朔州市位于山西省北部,北纬39°05′~40°17′,东经111°53′~113°34。市区北距古城大同129千米,南至省府太原200千米,东至首都北京502千米。全市海拔在893~2333.4米之间,属北温带大陆性季风气候,年平均气温6.4℃,平均降水量428毫米,无霜期120天左右。

朔州境内很早就有人类活动,据今28000多年前的峙峪人,就繁衍生息于此。春秋以前,境域为北方游牧民族活动的区域。战国时,赵武灵王开疆扩土,北破林胡、楼烦,设置雁门郡和代郡,雁门郡治善无(今右玉县右卫镇),代郡治代(河北省蔚县)。境域绝大部分属于赵国雁门郡,一小部分属于赵国代郡。

秦代仍属雁门郡和代郡。雁门郡治善无,辖善无县、马邑县、楼烦县。代郡治代(今河北蔚县),辖班氏县。

西汉雁门郡辖境内善无、沃阳、中陵、马邑、剧阳、汪淘、阴馆、楼烦、繁畤、埒县。代郡辖班氏县。王莽改制时,改变郡县名称,雁门郡易名"填狄",善无易名"阴馆",繁畤易名"当要",剧阳易名"善阳",埒县易名"填狄亭",马邑易名"章昭",中陵易名"遮害",阴馆易名"富代"。代郡易名"厌狄郡",班氏易名"班副"。东汉初,光武帝恢复莽更改过的郡县名称。建武二十七年(51),定襄郡治由今内蒙和林格尔西南部移治善无,撤销沃阳县,另将善无、中陵二县划入定襄郡。雁门郡治所由原来的善无迁到阴馆,境内属定襄郡、雁门郡和代郡。东汉末年,军阀混战,战祸频繁,乌桓、鲜卑、羌人趁机内迁,郡县荒废。建安二十年(215),曹操集塞下荒地设立新兴郡,治所九原(今忻州市)。不久曹操又设马邑县。

三国时,南部地区属曹魏。魏黄初元年(220)将雁门郡治从阴馆迁到广武(代县西南)。雁门郡辖汪陶、繁畤、阴馆、楼烦、马邑。北部地区则为羌胡人和鲜卑人游牧。

西晋时,北部为鲜卑人领地,南部属西晋雁门郡。雁门郡辖汪陶、繁畤、马邑、楼烦、阴馆和剧阳。永嘉四年(310),刘琨将雁门郡所辖陉岭(勾注山或雁门山)以北之地赠送鲜卑拓跋猗卢。

北魏时境内为拓跋王朝的畿内地。属司州所领郡县。善无郡治善无县。领善无县、沃阳县;繁畤郡领繁畤县。桑干郡领桑乾县;平齐郡领怀宁县、归安县。北魏末年,境内郡县均南移。

东魏时,境内基本上为柔然(蠕蠕)控制。武宝三年(545),置新城县。北齐天保六年(555)置朔州,治新城。为与东魏侨置于介休一带的南朔州相区别,称北朔州。天保八年(557),北朔州治所又由新城迁到马邑。同年，把马邑改为招远县。武成帝于北朔州置北道行台，辖广安郡(治招远)、广宁郡、神武郡、齐德郡。北齐武平三年(572)，新置繁畤郡。北周设朔州总管府。朔州总管府领广安郡，广安郡领招远县、神武县。

隋大业元年(605)，废朔州总管府，大业二年改朔州置代郡，大业三年又改为马邑郡。马邑郡治善阳，统境内善阳县、神武县。

唐武德四年(621)，复置朔州，治善阳县，领善阳县；天宝元年 (742) 改朔州为马邑郡；乾元元年(758)又改为朔州。开元五年(717)于大同军城，分善阳县地置马邑县。唐末设置应州，辖境内金城县、河阴县。境内西北部还置有大同军，静边军，保大栅。

五代初，境内置应州、寰州、朔州。后唐，朔州置振武军，马邑置兴唐军，应州置彰国军。寰州治所寰清县。兴唐军、寰州隶属于彰国军。石敬瑭建后晋，将燕云十六州割让给契丹，朔州、寰州、应州均在其中。

辽以雁门关一线为南界，与北宋对峙。境内属辽西京道，辖朔州、应州。大同府辖怀仁县。朔州顺义军治鄯阳，辖鄯阳县、马邑县。应州彰国军治金城，辖金城县、河阴县。

金改西京道为西京路，西京路大同府辖怀仁县，应州和朔州为节镇州，应州彰国军治金城，辖金城县、山阴县。朔州顺义军治鄯阳，辖鄯阳县、马邑县、广武县。

元代属中书省河东山西道宣慰使司大同路。大同路辖怀仁县；应州属县有金城、山阴；朔州属县有鄯阳、马邑。

明代时境内属山西布政使司大同府，大同府辖怀仁县，应州领山阴县，朔州领马邑县。大同行都指挥使司，在境域西北设平虏卫、威远卫、右卫、玉林卫和井坪所。

清初境内隶属山西省雁平道大同府。雍正三年(1725)增设朔平府，改右玉林卫为右玉县，平虏卫为平鲁县，朔平府治右玉县，辖境内右玉县、平鲁县、朔州、马邑县。嘉庆元年(1796) 撤马邑县为乡并入朔州。怀仁县、山阴县、应州仍属大同府。

民国建立后，废府州改县。废大同府、朔平府，改朔州为朔县，改应州为应县，实行省县两级管理体制。境内各县直属山西省。

新中国成立后，境内 6 县划归察哈尔省雁北专区。1952 年察哈尔省撤销，改归山西省雁北专区。1989 年朔州市建立，为省辖地级市，初辖朔城区(原朔县)，平鲁区(原平鲁县)和山阴县，市政府驻朔城区。1993 年，应县，怀仁县和右玉县划入朔州市，全市 2 区 4 县。

**【行政区划】** 朔州市辖朔城区、平鲁区、山阴县、怀仁县、右玉县、应县，共有 19 个镇 50 个乡 4 个街道办事处，100 个居委会，1688 个行政村。

朔城区辖下团堡乡、小平易乡、滋润乡、福善庄乡、南榆林乡、贾庄乡、沙塄河乡、窑子头乡、张蔡庄乡等 9 个乡，神头镇、利民镇 2 个镇，北城、南城、神电、北旺庄 4 个街道办。共 299 个行政村、39 个居委会，国土面积 1793 平方千米。

市开发区辖 1 个村委会。

平鲁区辖白堂乡、陶村乡、双碾乡、下水头乡、阻虎乡、高石庄乡、西水界乡、下面高乡、下木角乡、向阳堡乡、榆林乡等 11 个乡，井坪镇、凤凰城镇 2 个镇，352 个行政村，10 个居委会，国土面积 2314 平方千米。

山阴县辖吴马营乡、马营乡、安荣乡、下喇叭乡、合盛堡乡、薛圐圙乡、后所乡、张家庄乡、马营庄乡等 9 个乡，岱岳镇、玉井镇、北周庄镇、古城镇等 4 个镇，257 个行政村，10 个居委会，国土面积 1651 平方千米。

怀仁县辖何家堡乡、新家园乡、亲和乡、海北头乡、马辛庄乡、河头乡等 6 个乡，云中镇、吴家窑镇、金沙滩镇、毛家皂镇等 4 个镇，162 个行政村，18 个居委会，国土面积 1230 平方千米。

应县辖镇子梁乡、义井乡、臧寨乡、大黄巍乡、杏寨乡、

## 2015 年朔州市行政区划表

| 名　称 | 面积（平方千米） | 下辖区域 |
|---|---|---|
| 朔城区 | 1793 | 北城街道　南城街道　神头街道　北旺庄街道　神头镇　利民镇　下团堡乡　小平易乡　滋润乡　福善庄乡　南榆林乡　贾庄乡　沙塄河乡　窑子头乡　张蔡庄乡 |
| 平鲁区 | 2314 | 井坪镇　凤凰城镇　白堂乡　陶村乡　下水头乡　双碾乡　阻虎乡　高石庄乡　西水界乡　下面高乡　下木角乡　向阳堡乡　榆岭乡 |
| 山阴县 | 1652 | 岱岳镇　玉井镇　北周庄镇　古城镇　吴马营乡　马营乡　下喇叭乡　合盛堡乡　岱岳乡　安荣乡　薛圐圙乡　后所乡　张家庄乡　马营庄乡 |
| 怀仁县 | 1230 | 云中镇　吴家窑镇　金沙滩镇　毛家皂镇　何家堡乡　新家园乡　亲和乡　海北头乡　马辛庄乡　河头乡 |
| 应　县 | 1708 | 金城镇　南河种镇　下社镇　镇子梁乡　义井乡　臧寨乡　大黄巍乡　杏寨乡　下马峪乡　南泉乡　大临河乡　白马石乡 |
| 右玉县 | 1965 | 梁家油坊镇　右玉城镇　威远堡镇　牛心堡乡　白头里乡　元堡子乡　高家堡乡　西碾头乡　威坪堡乡　丁家窑乡　杨千河乡　杀虎口乡　李达窑乡　破虎堡乡　欧家村乡　高墙框乡 |

下马峪乡、南泉乡、大临河乡、白马石乡等9个乡，金城镇、南河种镇、下社镇等3个镇，298个行政村，9个居委会，国土面积1708平方千米。

右玉县辖牛心堡乡、白头里乡、高家堡乡、丁家窑乡、杨千河乡、李达窑乡等6个乡，新城镇、右卫镇、元堡子镇、威远镇等4个镇，321个行政村，13个居委会，国土面积1967平方千米。（**市地方志办**）

## 自然概貌

**【地理环境】** 朔州地层出露比较齐全，计有太古界集宁群、桑干河群和五台群，古生界的寒武系、奥陶系、石炭系和二迭系，中生界的侏罗系、白垩系，新生界的第三系和第四系。构造位于山西台背斜北中部，东南部为恒山隆起，西北面是洪涛山隆起，其间为北东—南西向断陷盆地。就大地构造而言，处于祁吕贺兰“山”字型构造东翼反射弧和新华夏构造体系复合部位,是在燕山运动褶皱隆起的基础上,形成的次一级断陷盆地。经历多次构造变动,形成不同力学性质的构造形迹。

境域地貌轮廓总体上北、西、南三面环山,山势较高,中间桑干河流域冲积平原,相对较低,呈“V”字结构。全境地貌划分为山地、丘陵和平原 3 个单元。山地面积 2816 平方千米,占总面积的 26.5%;丘陵面积 3648 平方千米,占 34.3%;平原面积 4163 平方千米,占总面积的 39.2%。

朔州地处黄土高原,西北部是洪涛山山脉,主峰大贝山海拔 1947 米;西南是管涔山山脉,主峰黑驼山海拔 2147 米;东南为恒山山脉,呈东北—西南向展布,主峰馒头山海拔 2426 米,为朔州最高峰。朔州盆地区属大同盆地,为东北—西南向的长条状的半封闭盆地,地形较平坦开阔,平行于桑干河谷的地面坡度为 1/800~1/1000,垂直于桑干河谷方向的地面由近山 1/200 逐渐减缓至 1/1200,盆地最宽处 48.5 千米。盆地高程一般在 1000 米以上,最低点桑干河出界处(怀仁吉家庄一带)高程为 970 米。山区和盆地的相对高差约 1000 米左右。

境内海拔 1600 米以上的山峰有 140 多座。主要山峰有:卧羊场位于应县东南部,属恒山山系。在尧峪村北,与浑源交界。西北—东南走向,境内面积 2.5 平方千米,主峰海拔 2333.4 米,为朔州第二高山。山里有一洞,牧羊人在此避雨,且山脚下亦是经常卧羊的地方,故此得名。洪涛山位于朔城区、山阴县和怀仁县境内,呈东北—西南走向,属阴山山脉, 面积 353 平方千米,周长 57 千米。山岭纵横,峰峦叠嶂,主峰大贝山海拔 1947 米。山上植物稀少,岩石裸露,有丰富的矿产资源。煤田总面积 250 平方千米, 总储量 83 亿吨,是山西省煤炭资源重地,此外还有方解石、铁矿石、高岭土等。因山峰高低起伏似洪涛得名。翠薇山位于山阴县东南部,系恒山余支,东连浑源县,西至雁门关,南跨代县,北接山阴盆地。总面积 99.3 平方千米, 主峰馒头山海拔 2426 米。山脉走向由东向西延伸,以花岗片麻岩为主。山上植物繁茂,灌木较多,还有华北落叶松和桦木等。山坡上烽火台间断出现,是古代争战重地之一。因山上灌木类植物生长茂密青翠,故名。黑驼山位于朔城区和平鲁区交界处, 周长 15 千米, 主峰海拔 2147.2 米。山上有唐昭宗第三子李祁的墓,名为丰王古墓。过去交通不便,1990 年暖崖乡政府(后并入利民镇) 组织在此造林修路, 开通芦家岭—黑驼山—范家岭环形公路,现可通汽车。该山高出相连之群山,百里处望之, 皆见云起西北,紫气氤氲, 又因此山高低起伏,好似驼峰,故名黑驼山,又名黑垛山。紫金山位于朔城区东南 30 千米处, 周长 25 千米,主峰海拔 2225.8 米。山上灌木丛生,野兽出没,为朔城区南部与宁武县的分界线。此山生长一种名曰紫荆的落叶灌木,可入中药,因植被得名紫荆山。儿女山位于朔城区西 25 千米, 主峰海拔 1938 米,周长 7 千米,现基本绿化。山坡宽大, 是发展畜牧的基地。沙棘满坡,有待发展沙棘饮料系列产品。相传过去人们来到这里,从沟底往山上拿几块石头就表示以后能养几个儿女。现在山的主峰上有形状像圆锥的一堆石头,据说是行人路过此处扔石逐渐堆积而成的,因此取名儿女山。

根据成因及现代形态,自山区到盆地依次划为:构造剥蚀(灰岩)中高山区、构造剥蚀(砂页岩)及溶蚀(灰岩)低山丘陵区、冲洪积扇裙倾斜平原区和冲湖积平原区。

中高山区主要分部于洪涛山、恒山、六棱山等山脉构成的山区。出露地层为太古界桑干河群、五台群以及震旦系、寒武系、奥陶系的碳酸盐岩。因受喜马拉雅山期构造变动及新构造运动产生的强烈上升作用,区内基岩裸露,地形陡峭,沟谷深切,多呈“V”字型。低山丘陵区主要分布于右玉一带的石碳系、二迭系、侏罗系、白垩系、第三系地层区，地表多经黄土覆盖。因受地壳缓慢上升与长期的剥蚀作用，地形起伏不平，沟谷切割不深，多呈“U”字型，黄土冲沟发育，沟顶多呈浑圆形。冲洪积扇群倾斜平原区主要分布于朔城区、山阴县、应县、怀仁县的山前洪积倾斜平原区，属剥蚀堆积类型。受新构造运动影响，下更新世后期盆地边缘抬高，大小沟口洪积扇裙广布，即成现在地貌形态。地形较为平缓，坡度3度~15度。冲湖积平原区主要分布于朔州盆地中心，桑干河、黄水河与恢河两侧，地势平坦，坡高1度~3度，倾向各大河流，高程970米~1100米。

**【气候资源】** 朔州属温带大陆性季风气候，根据山西气候区划方案，属晋北温带寒冷半干旱气候区。主要特征是四季分明。春季雨雪少，风沙大，蒸发量大，经常出现干旱天气；夏季雨量集中，间有大雨、暴雨、冰雹等；秋季雨水少，早晚凉爽，中午炎热；冬季风多雪少，气候寒冷。气温水平分布的规律是由东南向西北递减。年平均气温一般为3.9℃~7.9℃。1月最冷，平均气温为-14.9℃~-9.4℃，极端最低气温-40.4℃（1971年1月21日）。从3月到5月，每个月气温平均升高8℃左右。7月份为最热，平均气温为19.4℃~22.3℃，最高气温可达38.3℃（1961年6月10日）。秋季每个月气温平均下降7℃左右，一日之内最高气温多出现在下午1时~2时，最低气温多出现在日出之前。年平均降水量为391.0~410.6毫米，朔城区、西部山区的平鲁和右玉降水量相对较多，降水主要集中在6~8月。年平均无霜期103~140天。日平均气温稳定大于10.0℃的积温为2245.7~3000.0℃。年平均日照时数2680.0~2936.4小时。

朔州地处黄土高原，日照充足。全年日照时数为2600小时~3100小时，年日照率为63%~65%。各月日照数以5月份和6月份最多，月平均281.9小时~284.2小时；11月~12月最少，月平均191.1小时~198.2小时。一日中，日照时数1月~2月和11月~12月每天平均6小时，3月和9月~10月每天平均7小时，4月和7月~8月每天平均8小时，5月~6月每天平均9小时。年平均接受太阳辐射量为137.48千卡/平方厘米，其中5月、6月、7月3个月接受辐射量47.77千卡/平方厘米。境域多年平均（1956年—1984年）降雨量为421.2毫米，最大年降雨量为806.7毫米（1964年），最小年降雨量为193毫米（1965年）。受南太平洋及西印度洋暖湿气流和西伯利亚冷空气的影响，降水量在时空上分布极不均匀，一般是70%的水量集中在每年的6月~9月。按季分配，春季3月~5月降水量约占全年的8%，夏季6月~8月约占65%，秋季9月~11月约占19%，冬季12月份至下年2月份约占7%。降水量在不同的地貌单元上分布也不一样，自西南山区向东部盆地逐渐递减，山区降水量相对较大，多年平均在450毫米左右，平原区在400毫米左右。朔州干旱频繁，仅中华人民共和国成立以来出现春旱夏旱或春夏连旱的就有20多年，差不多每两年就出现一个旱年。境域多年平均蒸发量1700毫米~2300毫米，降水与蒸发之比在1:4~1:5之间。一年中，1月份最小，5月~6月为蒸发量旺盛期。全市年平均相对湿度54%。7月~8月空气比较湿润，相对湿度也最大。相对湿度的日变化比较明显，最大值在日出之前，最小值在下午2时左右，与气温日变化正好相反。年平均风速2.4米/秒~4.2米/秒。年均7级~8级的大风日数有14.3天~44.5天。最大风力达9级，最高风速22米/秒。历年8级或8级以上大风平均日数23天，一般多在春季，大风日数最多可达50天，沙尘暴日数10天左右。境内无霜期短，年均103天~140天。最长162天，最短81天。初霜最早年份出现在9

月1日~10日，最晚年份开始于9月28日，一般年份开始于9月12日。春霜最早年份终止于5月11日，最晚年份终止于6月12日，一般年份终止于6月1日左右。一般年份11月封冻，3月解冻，封冻期为152天左右。冻土深度105厘米~139厘米，平均122厘米。朔州的灾害主要是自然灾害、生物灾害、地质灾害。自然灾害主要有风灾、洪涝灾、旱灾、冰雹、霜冻。生物灾害主要有虫害、兽害、鸟害。地质灾害主要为地震。

**【水利资源】** 朔州市河流分属海河流域和黄河流域。以儿女山、黄土坡、虎头山、黑驼山、两狼山为界，以西为黄河流域，以东为海河流域。黄河水系分布于境内北部和西北部地区，主要有沧头河及其支流关河、汤溪河、红河、干河、偏关河等6条河流。流域面积2953平方千米，占朔州市国土面积的27.7%。海河流域永定河水系是境域的主要水系，分布在东部和南部的平原地区，主要有桑干河及其支流恢河、七里河、歇马关河、元子河、黄水河、木瓜界河、浑河、口泉河、大峪河、鹅毛河、小峪河等20条河流，流域面积7690平方千米，占全市国土面积的72.3%。

桑干河古称㶟水，漯涫水，是境内最大的河流。主源恢河发源于宁武管涔山，北源元子河发源于左云县杏子堡村，两源在朔城区二十里铺汇合后始称桑干河。该河从西南向东北流经朔城区、山阴县、应县及怀仁县，汇入永定河。境内流长183.2千米，河床宽200米，流域面积7690平方千米。河川径流以降雨、泉水补给为主，上游各支流为时令河，季节性很强，干流水量变化较小，流量为0.7立方米/秒~0.5立方米/秒，7月~9月洪水期流速高达2.5立方米/秒，含沙量较大。因上游工业用水量大，水库蓄水多，水量减少，经常断流。

恢河源于宁武管涔山，到朔城区神头泉汇入桑干河、境内流长74千米，流域面积1273平方千米，清水流量0.38立方米/秒。

黄水河古称治水，又名湿水。发源于朔城区王万庄，经朔城区、山阴县到应县，在应县汇入桑干河。境内流长103千米，流域面积3630平方千米，清水流量0.13立方米/秒~1.5立方米/秒。河水浑如黄汤，河床无定，历史上对两岸农田、村庄危害很大。近年水量减少，经常干涸。

浑河古称崞川水，源于浑源县崞山(南岭关)。从浑源流经应县，到怀仁县汇入桑干河。境内全长42千米，清水流量0.45立方米/秒。因有应县镇子梁水库蓄水拦河，对农田生产较为有利。

元子河源于左云县杏子堡村，经右玉县、平鲁区，在朔城区汇入桑干河，境内流长133千米，流域面积1068平方千米，清水流量0.2立方米/秒，为季节性河流。

沧头河为境域西北部较大的河流，属黄河一级支流，发源于平鲁区郭家窑、大破石，在右玉境内东西两岸接纳马营河、欧家村河、牛心河、李洪河、大沙河等支流后，经杀虎口出境在内蒙古汇入清水河，入黄河。境内流长96千米，流域面积2036平方千米，河道宽100米~300米，干流比降1/140~1/400，清水流量0.5立方米/秒，经流模数4.22立方米/平方千米，年径流量8760万立方米。

除以上主要河流外，还有1000余条山峪、河道、泉水。神头泉群是山西高原著名的岩溶大型泉群之一，泉群分面面积5平方千米，泉水流量多，年平均(1956年—1984年)达8.15立方米/秒，最大流量可达9.78立方米/秒。近年平均流量仅为6.54立方米/秒。

朔州市属于重度缺水地区，是全省最严重的缺水的地区之一。水资源评价调查，全市多年平均水资源总量8.28亿立方米，其中河川径流量4.3亿立方米，地下水资源量6.84亿立方米，重复量2.86亿立方米。全市耕地亩均占有水资源量150立方米，是全国耕地亩均占有水资源量1700亿立方米的8.8%，是山西省耕地亩均占有量252立方米的60%；人均占有水资源量543立方米，是全国人均占有量2200立方米的25%，是山西省人均占有量369立方米的1.5倍。全市多年平均水资源可利用量为5.62亿立方米，其中地表水可利用量为2.42亿立方米，地下水可开采量为3.2亿立方米。全市各类水利工程共7类51726处，其中水库29座，水闸54座，泵站39座，农村供水工程35520个，塘坝36座，窖池7227个，规模以上机电井8821眼。29座水库中，中型水库6座，分别为东榆林水库、薛家营水库、镇子梁水库、常门铺水库、下米庄水库、大梁水库；小型水库23座，朔城区9座、平鲁区两座、山阴县两座、应县5座、右玉县4座、怀仁县7座，主要任务为农业灌溉、防洪、供水。水库设计总库容22477.8万立方米，兴利库容10360.94万立方米，防洪库容7333.92万立方米。设计总灌溉面积96.31万亩，设计年供水量27660万立方米。实际供水量1亿立方米。54座水闸包括中型分洪闸7座，小型水闸47座。朔城区19座、平鲁区1座、山阴县26座、应县3座、右玉县1座、怀仁县4座。过闸总流量为1968.74立方米/秒，共有规模以上泵站39座。朔城区14座、山阴县11座、应县9座、怀仁县5座；总装机流量17.93立方米/秒，总装机功率3134千瓦。安装水泵101台。农村供水工程35520处，朔城区12483座、平鲁区6420座、山阴县8431座、应县823座、右玉县3820座、怀仁县3561座；2010年农村实际供水总人口90余万人。供水工程分布在全市73个乡镇。集中式供水工程700处，供水人口70余万人，分散式供水工程34820处，供水人口20余万人。有塘坝36座，朔城区4处、应县1处、右玉县8处、怀仁县23处。总库容240.7万立方米。主要任务是农业灌溉。有窖池7227座，朔城区29处、平鲁区7153处、应县4处、右玉县42处。总容积239440立方米，主要效益为农村供水。有规模以上机电井8821眼，朔城区1523眼、平鲁区149眼、山阴县1379眼、应县3349眼、右玉县186眼、怀仁县2235眼。

朔城区多年平均(1956—2000年)水资源总量1.43亿立米，其中河川径流2.09亿立米、地下水1.34亿立米、重复计算量2.00亿立米。全区水资源可利用总量2.36亿立米。其中地表水可利用量1.69亿立米、地下水可开采量2.13亿立米、重复计算量1.45亿立米。水资源可利用总量包括神头泉分配至朔城区可利用量1.40亿立米。朔城区有效灌溉面积46万亩，恢河流域面积境内流域面积659.66平方千米，主干流长51千米，常年清水流量0.3~0.4立方米/秒。对恢河市区段分六期进行清洁小流域综合治理，一、二、三、四期工程全部竣工运行，总长度为4公里，总治理面积2200亩，形成水面1300亩，调蓄水量3000万立方米。

山阴县总土地面积1651立方千米，有耕地面积89.51万亩，农田有效灌溉面积32.72万亩，节水灌溉面积17.04万亩。境内有桑干河、黄水河、木瓜河三条河流，多年平均河川径流量2283万立方米，地表水可利用量1832万立方米，地下水资源量12351万立方米，可利用量7132万立方米，全县多年平均可利用水资源量8964万立方米，水资源较丰富。县域内有万亩以上自流灌区4处，有效灌溉面积20.24万亩；灌溉机井866眼，有效灌溉面积7.4万亩；小型灌溉泵站16处，有效灌溉面积3.51万亩；小型农田水利设施53处，有效灌溉面积1.58万亩。水利工程年供水量达9765万立方米。

怀仁县水资源总量为7466万立方米，多年平均水资源可利用量为5225万立方米，在山西省处于中低水平。近年来，新增供水能力780万立方米，新增灌溉面积1万亩，新增节水面积6万亩，恢复和改善灌溉面积26.805万亩；治理水土流失面积98平方千米；完成一座中型水库和两座小型水库除险加固工程建设；建设成人畜饮水安全工程64处，解决13万人的饮水困难和饮水安全问题。

应县是个农业大县，水利基本条件较好，水资源总量12863万立方米，可利用资源量8263万立方米。全县有5座中小型水库，机电灌站73处，泵站工程16座，堤防工程8条33500米，规模以上农村供水工程22处，塘坝及窖池工程13处，上机电井3349眼。应县85万亩耕地面积中，水浇地面积55万亩。

平鲁区耕地面积120万亩，有效灌溉面积1万亩。水资源总量1.73亿立方米，其中地表水为0.41亿立方米，地下水为1.47亿立方米，可利用量为0.49亿立方米，重复量为0.15亿立方米。

右玉县耕地面积64万亩，有效灌溉面积6万亩。水资源总量9802万立方米，其中地表水为6267万立方米，地下水为7207万立方米，可利用量为4128万立方米，重复量为3492万立方米。

**【土地资源】** 朔州境域土壤共有7个土类，22个亚类，101个土属，242个土种。山地草甸土面积539平方千米，占朔州市国土面积的15.1%，分布在海拔1800米以上的山顶平台和缓坡处。有两个亚类，7个土属，10个土种。灰褐土是地带性土壤之一，有3个亚类，16个土属，22个土种。主要分布在平鲁和朔城区西部，海拔1700米~1800米的低山丘陵区。面积680平方千米，占全市国土面积的6.4%。栗钙土是境域分布面积最大、范围最广的地带性土类。分布面积5804平方千米，占全市面积的54.6%。主要分布在六区县海拔1000米以上的河流二级阶地、二级以上阶地以及低山丘陵。有6个亚类，41个土属，102个土种。草甸土是朔州市隐域性土类之一。共有2996平方公里，占朔州市面积的28.2%。有8个亚类，27个土属，95个土种。主要分布在桑干河、七里河、元子河、黄水河、木瓜河等河流的一级、二级阶地以及山前交接洼地。指地表易溶盐份含量大于1%的土壤。据利用状况和盐份类型，分为两个亚类，6个土属，8个土种。分布面积626平方千米，占朔州市国土面积的5.9%。沼泽土是境域分布面积最小的隐域性土类。主要分布在山阴苑家辛庄乡山前交接洼地地下水露头之处。面积1198亩，占朔州市国土面积的0.01%。有1个土属，1个土种。主要分布在平鲁区下水头、郑家营、井坪镇小白羊洼与向阳堡乡铺上及朔城区南山沙楞河一带，海拔1100米~1200米之间。面积178.8平方千米，占朔州市国土面积的1.7%。有1个亚类，两个土属，3个土种。

朔州市分布最广的栽培植物，主要以春小麦、玉米、高粱、谷子、糜黍、马铃薯、胡麻、甜菜为主。西部、北部山区以莜麦、胡麻、马铃薯、豌豆为主。中部、东部平川河谷以玉米、谷子、大豆、小麦、甜菜、向日葵为主。蔬菜以菠菜、韭菜、葱、蒜、茴子白、甘蓝菜、胡萝卜、水萝卜、青萝卜、茴香、芹菜、香菜等为主。木本经济植物群落主要集中于丘陵、平川地区，有苹果、梨、葡萄、杏、桃、李、核桃、柿、枣等。人工草地群落主要有紫花苜蓿、野豌豆、草木樨、沙打旺等，主要分布在平鲁区、右玉县和朔州红旗牧场等地。

朔州市国土面积1.07万平方千米，山地、丘陵、平川各占1/3。实有耕地593.8095万亩（耕地保护面积548.28万亩，基本农田保护面积472.35万亩），园地1.378万亩，林地326.577万亩，草地418.308万亩，城镇村及工矿用地83.204万亩，交通运输用地45.293万亩，水域及水利设施用地41.832万亩，未利用地83.213万亩。朔州市人均耕地面积3.86亩，是全省人均耕地1.8亩的2.14倍，是全国人均耕地1.37亩的2.82倍，比世界人均耕地3.4亩超出0.46亩。耕地中，15°以下耕地581.98万亩，占耕地总面积的98%，中低产田耕地面积占76.67%。耕地立地条件差，耕地质量总体较差，土地资源利用亟待优化，节约集约利用水平亟待提高。

朔州市盐碱地总面积189.75万亩。占到朔州市土地总面积的11.74%，约占山西省盐碱土地资源的40%，主要分布在朔城区、山阴县、怀仁县和应县的平川。按开发利用情况划分，盐碱荒地36万亩，占盐碱土地总面积的18.97%；盐碱耕地153.75万亩，占盐碱地总面积的81.03%。按盐碱化程度分，朔州市有重度盐碱地36万亩，中度盐碱地47.40万亩，轻度盐碱地106.35万亩。

**【矿产资源】** 朔州境内探明矿产35种，有煤炭、石灰岩、铝土矿、耐火黏土、铁矾土、云母、石墨、石英、高岭土、沸石、长石、铁矿以及一定储量的金、铜、稀土等。各类矿产资源潜在价值25870万元，占山西省17%，位居全省第一。境域煤炭储量约494.1亿吨，占山西省储量的1/6。主要分布在平朔矿区、朔南矿区、山阴矿区、怀仁矿区、右玉矿区，含煤面积1644.95平方公里。境内出露较为广泛，6县区均有分布，并且层位稳定，资源丰富，总储量800亿吨。其中洪涛山矿区总量500亿吨，面积64平方千米。耐火黏土是朔州的优势资源。矿石有高铝黏土、硬质黏土、半软质黏土和软质黏土4种。其中高铝粘土质优量多。在朔州上储量表的有峙峪矿区、峙峪包钢软质黏土矿区、郝家沟矿区、千井矿区。总储量4628.3万吨，占山西省储量的8.61%；工业储量1137.6万吨，占山西省总储量的9.89%。铝土矿是朔州的又一重要矿产。朔城区郝家沟、梵王寺、宝泉庄，怀仁芦子口、芦子村、吴家窑一带为主要铝土矿产地。其中郝家沟矿区储量458.6万吨，芦子沟矿区储量588.6万吨。在应县三条岭乡、平鲁水头、右玉火烧滩村有金矿贮藏。应县大临河乡有银矿，储量及品位不详。右玉牛心乡的云阳村一带贮藏钨矿。应县边耀乡庄子村一带贮藏钼矿。

**【生物资源】** 朔州境域种子植物共有96科，408属，900种。其中栽培作物品种131个，野生植物中药用植物107种，淀粉及糖类植物18种，油料植物17种，纤维类植物22种，单宁植物8种，芳香类植物7种，经济林木23种，观赏类植物14种。有国家重点保护植物9种。其中二级保护植物中银杏；三级保护植物有刺五加、黄蓍（膜荚黄蓍）、蒙古黄蓍、野大豆、黄柏、樟子松、胡杨、玫瑰。国家重点保护植物中，4种为野生，5种为栽培。境域草地分为4种类型，其中山地草原类草地主要分布在海拔1000米~1400米的中北东部山丘区。总面积83.2万亩，占朔州市草场总面积的49.9%。主要生长有针茅、蒿类、早熟禾、碱草、苔草、百里香、野菊和部分豆科草等。年产草1.5亿公斤，年载畜量8.8万只羊左右，平均每8.8亩可载1只羊。山地草甸类草地主要分布在黑驼山、翠薇山、莲花山、琉璃山、右玉、应县南山等海拔1500米~2000米的山地或平台处。面积45.3万亩，占草地面积的27.1%。主要生长有碱草、野青茅、早熟禾、鹅冠草、兰花棘豆、蒿类、豆科草、苔草、羊茅、紫花苜蓿、黄芪等。这类草地分布较高，覆盖度60%~80%，平均草高30厘米~40厘米，年产草量1.8亿公斤，总载畜量10.3万只标准羊，平均每3.5亩载羊1只。山地草灌类草地主要分布在西北、东部部分地区和南部山丘区，面积24.1万亩，占草场总面积的14.5%。主要生长有蒿类、苔草、鹅冠草、棘豆、黄芪等，灌木有醋柳、小叶锦鸡儿、三裂绣线菊等。年产量0.47亿公斤，可载畜量2.7万只标准羊，平均8.9亩可载标准羊1只。低湿草甸类草地主要分布在东部平川、盆地周围和河流阶地，面积1.43万亩，占草地总面积的8.6%。主要生长以藜科植物、莎草科植物为主，如碱蓬、沙蓬、蒿、芦苇、萎陵菜等，年产草量0.3亿公斤，年载畜量1.7万只羊，平均每1.2亩可载羊1只。此类草场利用率不高，适口性欠佳。境内天然原始森林基本绝迹，现有天然次生林、人工林和天然灌木林。主要分布在山阴馒头山，应县南山，朔城区莲花山、黑驼山一带。人工林遍布境域。据2008年年底统计，朔州市共有林地面积357537.8公顷。木材蓄积量340万立方米，四旁树2925万株。境域东南部多为用材林，西部山区多为防护林，经济林面积较小。从树种组成来看，以杨树分布最广，面积最大，且多为中华人民共和国成立后人工栽种的，其次为柳、榆、槐等。天然次生林有华北落叶松、油松、云杉、山杨、白桦、栎等。

境域动物中有家畜家禽18个品种。野生动物有兽类19种，鸟类62种，昆虫225种。野生动物按经济用途分为：肉用动物40种，革羽用动物32种，药用动物50多种，食鼠食虫动物30多种，观赏动物14种。珍贵稀有保护动物有：国家一级保护动物，兽类有虎，鸟类有黑鹳；国家二级保护动物，兽类有豹，鸟类有天鹅、金雕、大鸨、灰鹤、雀鹰、白尾鹞、火鹫、毛脚鹫、红脚隼、猎隼、短耳(左号右鸟)、红纹腹小(左号右鸟)、雕鬚蓑羽鹤；国家三级保护动物，兽类有石貂(又称扫雪)，鸟类有鸢、鹊鹞、红隼、苍鹰、灰背隼、燕隼、大鸨等；中日保护候鸟在境内约有50多种。 （市方志办）

## 人口 民族

**【总人口】** 截至2015年年底，朔州市总人口为171.49人，与2000年第五次人口普查相比，10年增加26.30万人，平均每年增加2.63万人。分县区看，朔城区50.53万人，平鲁区20.38万人，山阴县23.89万人，应县32.80万人，右玉县11.21万人，怀仁县32.68万人。2015年，朔州市常住人口中共有家庭户48.57万户，家庭户人口为159.52万人，集体户人口为11.96万人，平均每个家庭户的人口为3.28人，比2000年第五次全国人口普查的3.71人减少0.43人。与全省家庭户平均3.24人的水平基本持平。

**【常住人口】** 据2015年人口抽样调查，朔州市常住人口176.22万人，比上年增加0.83万人。全年出生人口1.81万人，人口出生率10.29‰；死亡人口0.98万人，死亡率5.58‰；自然增长率4.71‰。2015年，朔州市常住人口中，男性人口为91.95万人，占52.18%；女性人口为84.27万人，占47.82%。总人口性别比由2000年第五次全国人口普查的107.76上升为109.27，比山西省平均水平高3.71。2015年，朔州市常住人口中，具有大学(指大专以上)程度的人口为9.63万人；具有高中(含中专)程度的人口为26.70万人；具有初中程度的人口为76.13万人；具有小学程度的人口为41.54万人(以上各种受教育程度的人包括各类学校的毕业生、肄业生和在校生)。同2000年第五次全国人口普查相比，每10万人中具有大学程度的由2072人上升为5616人；具有高中程度的由9998人上升为15569人；具有初中程度的由34206人上升为44396人；具有小学程度的由35036人下降为24222人。朔州市常住人口中，文盲人口(15岁及以上不识字的人)为65213人，同2000年第五次全国人口普查相比，文盲人口减少47811人，文盲率由11.98%下降为3.80%，下降8.18个百分点。

（市统计局）

**2015年朔州市人口数及其构成表**

| 指 标 | 年末数（万人） | 比重(%) |
|---|---|---|
| 全市常住人口 | 176.22 | 100.00 |
| 其中：城镇 | 93.67 | 53.16 |
| 乡村 | 82.55 | 46.84 |
| 其中：男性 | 91.95 | 52.18 |
| 女性 | 84.27 | 47.82 |

【民族】 朔州市是一个以汉族为主的多民族聚居地区。截至2015年年底，境内共有民族35个，其中汉族人口占总人口的99.91%，少数民族只占0.09%，主要有满族355人、蒙古族311人、彝族258人、回族185人、土家族95人、哈萨克族82人、苗族48人、藏族32人，其余还有维吾尔族、壮族、朝鲜族、布依族、侗族等。

（市地方志办）

## 国民经济和社会发展

【综合统计】 2015年，朔州市生产总值901.1亿元，比上年下降2.3%。其中，第一产业增加值55.5亿元，下降5.6%，占生产总值比重6.2%；第二产业增加值406.3亿元，下降5.8%，占生产总值比重45.1%；第三产业增加值439.3亿元，增长4.6%，占生产总值比重48.7%。人均地区生产总值51256元，按2015年平均汇率计算为8231美元。

**2011—2015年朔州市生产总值及其增长速度表**

（亿元） （%）

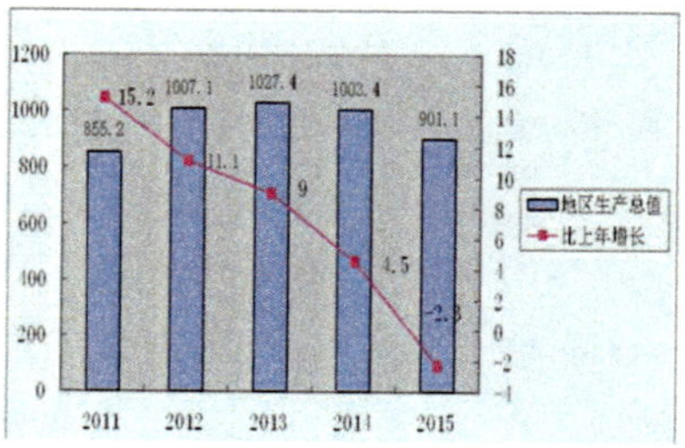


2015年，朔州市一般公共财政收入54.3亿元，比上年下降37.3%。税收收入36.3亿元，比上年下降40.7%，其中国内增值税、营业税、企业所得税、个人所得税、资源税和城建税共计完成税收28.9亿元，比上年下降36.2%。一般公共预算支出138.3亿元，比上年下降3.3%。其中，教育、医疗卫生、社会保障和就业、住房保障、公共交通运输、节能环保、城乡社区事务、农林水、科技、文体传媒、商业服务业、国土气象和粮油物资储备民生支出113.1亿元，比上年下降2.8%，民生支出占朔州市一般公共预算支出的81.8%。

**2011—2015年朔州市公共财政收入及其增长速度表**

（亿元） （%）

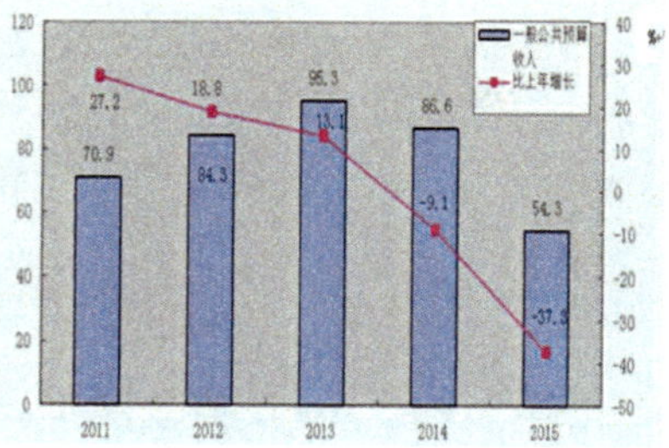


居民消费价格比上年上涨1.2%，其中，食品价格下降0.6%。商品零售价格上涨0.5%。工业生产者出厂价格下降21.7%，其中生产资料价格下降22.8%，生活资料价格下降3.9%。工业生产者购进价格下降6.4%。

**2015年朔州市居民消费价格比上年涨幅表**

| 指标 | 涨幅(%) |
| --- | --- |
| 居民消费价格 | 1.2 |
| 食品 | −0.6 |
| 烟酒 | 4.0 |
| 衣着 | 1.9 |
| 家庭设备用品及维修服务 | 0.7 |
| 医疗保健和个人用品 | 8.1 |
| 交通和通信 | −0.9 |
| 娱乐教育文化用品及服务 | 3.2 |
| 居住 | 0.1 |

【农业】 2015年，朔州市农作物种植面积328.3千公顷，比上年减少19.1千公顷。其中，粮食种植面积268.1千公顷，减少7.8千公顷；蔬菜种植面积15.9千公顷，减少9.6千公顷；油料种植面积25.7千公顷，减少3.2千公顷。在粮食种植面积中，玉米种植面积159.7千公顷，增加5.6千公顷。粮食产量110万吨，减少18.1万吨，减产14.2%。其中，夏粮1.74万吨，增产40.3%；秋粮108.23万吨，减产14.7%。

肉类总产量9.3万吨，比上年增长3.9%。其中，猪肉产量2.8万吨，下降5.5%；羊肉产量5.4万吨，增长11.1%。牛奶产量52.3万吨，增长0.7%。禽蛋产量2.4万吨，增长34.9%。生猪出栏28.8万头，存栏22.1万头；牛出栏

5.6万头,存栏19.3万头;羊出栏307.7万只,存栏191.5万只。朔州市农业机械总动力245.9万千瓦,比上年年末增长1.9%。机械耕地面积28.9万公顷,机械播种面积26.8万公顷,机械收获面积16.6万公顷,分别比上年增长4.8%、4.9%和9.0%。

### 2015年朔州市主要农林产品产量及其增长速度表

| 产品名称 | 产量（万吨） | 比上年增长(%) |
|---|---|---|
| 粮 食 | 109.97 | -14.2 |
| 其中:玉米 | 94.91 | -8.8 |
| 谷子 | 2.69 | 9.9 |
| 豆 类 | 2.54 | -32.9 |
| 薯 类(折粮) | 3.98 | -63.8 |
| 油 料 | 2.5 | -21.9 |
| 蔬菜及食用菌 | 71.6 | -32.8 |
| 水 果 | 11.8 | -53.5 |
| 其中:瓜果类 | 11.2 | -54.7 |
| 园林水果 | 0.6 | -7.6 |

【工业和建筑业】 2015年,朔州市规模以上工业企业259家,比上年减少5家。全年规模以上工业增加值下降5.9%。

全年规模以上工业主营业务收入737.6亿元,比上年下降30.1%。其中,煤炭、电力热力生产和供应业分别实现主营业务收入510.3亿元和88亿元,分别下降32.9%和16.0%;食品和非金属矿物制造业分别实现主营业务收入18.6亿元和34亿元,分别下降19.6%和12.7%;汽车制造业和医药工业分别实现主营业务收入1.3亿元和2.6亿元,增长2.9%和下降30.1%。

### 2015年朔州市规模以上工业增加值及增速表

| 指 标 | 增加值（亿元） | 比上年增长(%) |
|---|---|---|
| 规模以上工业 | 254.9 | -5.9 |
| 其中:轻工业 | 11.0 | -12.1 |
| 重工业 | 243.9 | -5.6 |
| 其中:煤炭开发和洗选业 | 188.1 | -3.2 |
| 食品制造业 | 2.8 | -12.8 |
| 非金属矿物制品业 | 11.4 | -8.3 |
| 电力、热力生产和供应业 | 36.4 | -11.8 |
| 其中:国有控股企业 | 155.8 | -6.0 |
| 其中:集体企业 | 0.9 | -5.4 |
| 股份制企业 | 219.0 | -5.8 |
| 外商及港澳台投资企业 | 9.6 | -16.9 |

### 2015年朔州市规模以上工业主要产品产量及增速表

| 产品名称 | 单位 | 产量 | 比上年增长(%) |
|---|---|---|---|
| 原煤 | 万吨 | 18220.0 | -10.0 |
| 白酒 | 千升 | 7663 | -14.8 |
| 软饮料 | 吨 | 18344 | 71.3 |
| 液体乳 | 吨 | 203198 | -5.3 |
| 水 泥 | 吨 | 2053671 | -17.1 |
| 发电量 | 亿千瓦小时 | 267.5 | -15.3 |

全年规模以上工业企业实现利税36.9亿元,比上年下降75%;实现利润-24.9亿元。建筑业实现增加值24.7亿元,比上年下降0.8%。

### 2015年朔州市规模以上工业企业利润总额及其增长速度表

| 指 标 | 利润总额(亿元) | 比上年增长(%) |
|---|---|---|
| 规模以上工业 | -24.9 | - |
| 其中:国有控股企业 | -57.2 | - |
| 其中:集体企业 | -0.1 | - |
| 股份制企业 | -19.6 | - |
| 外商及港澳台商投资企业 | 2.0 | -56.2 |

【能源】 2015年,朔州市一次能源生产折标准煤1.3亿吨(原煤折标系数采用0.7143),比上年下降10.01%;二次能源生产折标准煤0.94亿吨(2015年二次能源生产增加洗煤加工转换产出),下降16.6%。

2015年,朔州市全社会用电总量97.2亿千瓦小时。其中,第一产业用电2.1亿千瓦小时,占全社会用电量2.2%;第二产业用电83.9亿千瓦小时,占86.3%,其中工业用电83.3亿千瓦小时;第三产业用电6.9亿千瓦小时,占全社会用电量7.2%;城乡居民生活用电4.2亿千瓦小时,占全社会用电量4.3%。

【固定资产投资】 2015年,朔州市全社会固定资产投资937.1亿元,增长14.9%。其中,固定资产投资(不含跨省、农户)869.4亿元,增长17.7%。在固定资产投资(不含跨省、农户)中,基础设施投资完成 167.6 亿元,增长 76.5%。国有及国有控股投资 535.8 亿元，增长 21.2%;民间投资 363.5 亿元,下降 2.7%。分登记注册类型看，内资企业和个体经营投资 919.4 亿元,增长 13.8%;外商及港澳台商企业投资 17.7 亿元,增长 123.8%。分产业看,第一产业投资 146.5 亿元，增长 69.3%；第二产业投资 425.1 亿元,下降 5.4%;第三产业投资 365.4 亿元，增长 30.8%。朔州市工业投资 428.8 亿元，下降 4.4%。其中,煤炭工业投资 78.8 亿元，下降 24.1%;电力工业投资 192.3 亿元，增长 0.9;非煤电产业投资 157.7 亿元,增长 2.2%。

**2011—2015 年朔州市全社会固定资产投资及其增长速度表**

(亿元)　　　　(%)

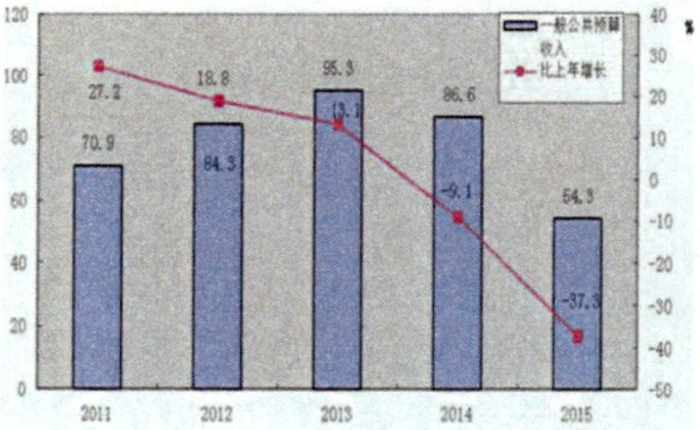


2015 年，朔州市在建固定资产投资项目 929 个。其中，亿元以上项目 208 个,计划总投资 1854.9 亿元,完成投资 598.1 亿元。房地产开发投资 67.7 亿元,下降 12.3%。其中,住宅投资 56 亿元,增长 0.8%;商业营业用房投资 7.3 亿元,下降 40.2%。

**2015 年朔州市分行业固定资产投资(不含跨省、农户)及其增长速度表**

| 行 业 | 投资额(亿元) | 比上年增长(%) |
|---|---|---|
| 总计 | 937.1 | 14.9 |
| 农林牧渔业 | 161 | 74.6 |
| 采矿业 | 88.7 | −17.9 |
| 制造业 | 112.4 | −16.1 |
| 电力、燃气及水的生产和供应业 | 227.7 | 10.1 |
| 建筑业 | 0.8 | −70.1 |
| 批发和零售业 | 30 | 69.1 |
| 交通运输、仓储和邮政业 | 71.4 | 22.2 |
| 住宿和餐饮业 | 9.7 | 610.9 |
| 房地产业 | 112.0 | −9.2 |
| 租赁和商务服务业 | 0.17 | −20.3 |
| 科学研究和技术服务业 | 0.77 | −78.2 |
| 水利、环境和公共设施管理业 | 96.8 | 153.2 |
| 居民服务、修理和其他服务业 | 1.8 | −62.9 |
| 教育 | 6.4 | 75.7 |
| 卫生、社会工作 | 1.8 | 56.2 |
| 文化、体育和娱乐业 | 12.9 | 33.4 |
| 公共管理、社会保障和社会组织 | 2.6 | −8.2 |

**【贸易】** 2015 年,朔州市社会消费品零售总额 270.1 亿元,增长 4.6%。按经营地统计,城镇消费品零售额 190.4 亿元,增长 4.5%;乡村消费品零售额 79.7 亿元,增长 4.7%。按消费形态统计,商品零售额 236.5 亿元,增长 4.4%;餐饮收入额 33.6 亿元,增长 5.8%。

2015 年，朔州市海关进出口总额 36488 万元，下降 35.9%。其中，进口额 17504 万元，下降 56.4%；出口额 18984 万元,增长 13.5%。

**2015 年朔州市社会消费品零售总额及其增长速度表**

| 指 标 | 绝对数(亿元) | 比上年增长(%) |
|---|---|---|
| 社会消费品零售总额 | 270.1 | 4.6 |
| 分地域:城　镇 | 190.3 | 4.5 |
| 其中:城　区 | 86.5 | 4.8 |
| 乡　村 | 79.8 | 4.7 |
| 分行业:批发业 | 66.5 | 4.3 |
| 零售业 | 169.9 | 4.5 |
| 住宿业 | 5.8 | 7.4 |
| 餐饮业 | 27.9 | 5.4 |

**2015 年朔州市限额以上单位商品零售额及其增长速度表**

| 指 标 | 绝对数(亿元) | 比上年增长(%) |
|---|---|---|
| 汽车类 | 13 | −19 |
| 石油及制品类 | 23.1 | −30.3 |
| 金银珠宝类 | 1.3 | −21 |
| 家用电器和音响器材类 | 3.7 | −22.9 |
| 粮油、食品、饮料、烟酒类 | 4.7 | 2.2 |
| 服装、鞋帽、针纺织品类 | 2.2 | −2.6 |
| 化妆品类(万元) | 3679.8 | −1.5 |
| 体育、娱乐用品类(万元) | 729.1 | 7.9 |

**【交通、邮电和旅游】** 2015 年,朔州市新增公路通车里程 7.3 千米,年末全市公路通车里程达到 10170.2 千米。其中，高速公路 388.7 千米,普通干线公路 815.5 千米,农村公路 8966.1 千米。

2015 年，朔州市民用汽车保有量 18.45 万辆(包括三轮汽车和低速货车),比上年增长 8.4%，其中汽车 14.55 万辆，增长11.1%。2015年新注册汽车1.9万辆。

朔州市完成邮电业务总量4.4亿元，比上年下降12.4%。其中，邮政业务总量1.1亿元，增长3.6%；电信业务总量3.3亿元，下降16.6%。年末移动电话用户144.8万户，其中，3G移动电话用户30万户，4G移动电话用户47.6万户。朔州市宽带接入用户20.4万户，下降0.14%。

2015年，朔州市接待国内旅游者1415.7万人次，比上年增长23.3%。国内旅游收入133.4亿元，旅游总收入133.6亿元，分别增长22.2%和22.2%。接待入境旅游者人数6133人次，同比增长4%；旅游(外汇)收入210.3万美元，同比增长5%。

【金融】 2015年，朔州市金融机构本外币各项存款余额1191.7亿元，增加70.4亿元，比上年增长6.3%。各项贷款余额558.6亿元，比上年增加45.7亿元，增长8.9%。

2015年，朔州市农村金融合作机构(农村信用社、农村合作银行、农村商业银行)人民币贷款余额199.3亿元，增加16.2亿元，比上年增长8.8%；人民币存款余额286.3亿元，增加20.3亿元，比上年增长7.6%。

2015年，朔州市保费收入17.3亿元，比上年增长24.3%。其中，寿险业务保费收入10亿元，增长49.5%；健康险业务保费收入0.7亿元，增长42.6%；意外伤害险保费收入0.3亿元，下降4.2%；财产险业务保费收入6.3亿元，下降2.2%。2015年，保险业赔款和给付支出7.7亿元，比上年增长31.2%。其中，寿险业务给付支出3.8亿元，增长90.3%；健康险业务赔款和给付支出0.3亿元，下降19.1%；意外伤害险业务赔款支出0.1亿元，增长4.9%；财产险业务赔款3.6亿元，同比增长2.4%。

**2015年朔州市金融机构本外币存贷款及其增长速度表**

| 指 标 | 年末数（亿元） | 比上年末增长(%) |
|---|---|---|
| 各项存款余额 | 1191.7 | 6.3 |
| 其中:住户存款 | 831.6 | 11.8 |
| 非金融企业存款 | 185.8 | 7.4 |
| 各项贷款余额 | 558.6 | 8.9 |
| 其中:短期贷款 | 209 | 2.1 |
| 中长期贷款 | 278 | 13.5 |
| 其中:个人消费性贷款（人民币） | 23.8 | 11.8 |

【教育和科学技术】 2015年，朔州市中等职业教育学校共招生0.68万人，在校学生达1.89万人；普通高中共招生1.68万人，在校学生达5.55万人；初中共招生2.22万人，在校学生达7.63万人。

2015年，朔州市共受理各项专利申请量246件，拥有量119件。技术市场共签订技术合同8份，成交金额9694万元。共取得省级以上10项科技成果，获得省级以上资助129万元。有气象台站6个。气象系统开展人工影响天气业务的单位7个，卫星云图接收站1个。专业综合地震台站两个，省级地震台网中心1个。2015年小震活动4次，最大震级1.5级。

**2015年朔州市各类教育发展情况表**

| 指 标 | 招生（人） | 在校生（人） | 毕业生（人） |
|---|---|---|---|
| 中等职业教育 | 6758 | 18931 | 5423 |
| 普通高中 | 16801 | 55549 | 20610 |
| 初 中 | 22224 | 76273 | 28158 |
| 普通小学 | 21186 | 128321 | 22003 |
| 特殊教育 | 24 | 168 | 42 |
| 学前教育 | 26226 | 40361 | 15736 |

【文化、卫生和体育】 2015年，朔州市共有国有艺术表演团体8个，文化馆7个。广播电台5座，电视台3座。有线电视用户17.4万户。广播人口覆盖率100%，电视人口覆盖率100%。共有公共图书馆7个，馆藏图书57.2万册。

2015年，朔州市共有卫生机构（含乡村诊所)2163个，其中妇幼保健院(所、站)7个。卫生机构共有床位7288张；卫生技术人员6404人。新型农村合作医疗保险参保率达99.68%。社区卫生服务体系覆盖人口30万人。

2015年，朔州市拥有群众健身辅导中心、站点602个，体育指导员3170人，举办体育比赛活动79次。销售中国体育彩票4523万元，比上年增长41.3%。

【人民生活和社会保障】 2015年全市居民人均可支配收入18983元,比上年增长7.9%。按常住地分,城镇居民人均可支配收入27500元,增长6.9%,城镇居民人均消费支出14096.4元,增长3.4%;农村居民人均可支配收入10816元,增长6.7%,农村居民人均消费支出6837.1元,增长6.3%。城镇占调查总户数20%的低收入家庭人均可支配收入10533元,增长9.0%;农村占人口20%的低收入者收入3477元,增长13.3%。城镇居民家庭恩格尔系数(即居民家庭食品消费支出占家庭消费支出的比重)25.6%,农村居民家庭恩格尔系数34.9%。

朔州市参加城镇职工基本养老保险21.9万人,增加1.8万人;参加城乡居民基本养老保险88万人,增加2.2万人;参加城镇基本医疗保险47万人,增加5.7万人;参加失业保险18.3万人,增加0.1万人;参加工伤保险18.7万人,增加0.65万人;参加生育保险18万人,增加0.2万人。

朔州市纳入城市最低生活保障的居民4.9万人,比上年减少0.2万人,发放城市低保资金1.8亿元,发放资金与上年基本持平;纳入农村最低生活保障的居民8.2万人,比上年增加0.3万人;发放农村低保资金1.9亿元,比上年增加0.2亿元。

【资源、环境和安全生产】 2015年,朔州市区(不包括平鲁区,下同)空气质量二级以上天数216天,比上年减少46天,大气综合污染指数为6.77,比上年增长1.5%。

2015年,朔州市区污水处理率达98.6%,比上年提高0.07个百分点;城市生活垃圾无害化处理率达100%;集中供热面积2496.5万平方米,集中供热普及率达90.03%,提高0.01个百分点。

2015年,朔州市共发生各类安全生产事故349起,比上年增加19起,上升5.8%;死亡51人,减少19人,比上年下降27.1%。其中,道路交通发生事故173起,比上年减少19起,下降9.9%;死亡46人,减少18人,下降28.1%。

(市统计局)

## 朔州市四大班子领导名录

### 中共朔州市委员会

书　记　王安庞
副书记　李海渊　郑　红
常委、常务副市长　雷健坤
常委、纪检委书记　康吉仁
常委、宣传部部长　刘英魁★　王加关
常委、政法委书记　李　锦
常委、组织部部长　冯云龙
常委、秘书长　李根田
常委、军分区政委　刘义清

### 朔州市人大常委会

主　任　王安庞★　冯云龙
副主任　温日平　李玉兰　白　明　侯　元　张丁成★　牛志忠★　王　帆　郭海鸿
秘书长　任　凯

### 朔州市人民政府

市　长　李海渊
常务副市长　雷健坤
副市长　韩文让　侯新生★　王志刚　王智杰★　张天茂　田　东
秘书长　蔚文彩★　张天茂

### 政协朔州市委员会

主　席　高　厚★　贾桂梓
副主席　谭建国　闫美珍　支立新★　赵景春　谢志强　任平龙　刘守斌
秘书长　刘世勋★　周文月

注:姓名右上角加★号者为年度内调职

# 中国共产党朔州市委员会

# Shuozhou Municipal Committee of the Communist Party of China

## 办公厅

**【以文辅政】** 2015年，朔州市委对市委办公厅的考核涉及11个一级指标、47个二级指标及评价要点。完成领导讲话、总结报告、汇报材料、调研慰问、会见访谈、各类主持词、致辞等近500件，成稿文字量近400万字；共把关审核市委主要领导新闻报道250多篇，近40万字。按照《党政机关公文处理条例》和《细则》，严格公文流转，文件的收、发、传、送、批、借、存、销等环节做到程序化、制度化、科学化，全年发文121个文号，发文数量比上年下降10.4%，有效控制发文的数量。《中办通讯》征订5757份，支部覆盖率达112.6%，在全省排名第一，达到刊物全覆盖目的，被省委办公厅授予特等奖。

**【信息调研】** 2015年，朔州市委办公厅围绕“紧贴中心、服务决策、加强调研、提高质量”的工作思路，坚持广度、深度并重的原则，开发信息资源，提高信息质量，力求多提供决策参考，多反映重点工作落实情况，多捕捉苗头性和倾向性信息，开发深层次、高质量信息，为市委决策提供全方位、多领域、多角度的信息服务，确保领导第一时间准确掌握情况、及时作出科学决策，发挥党委系统信息主渠道作用。全年编发《朔州信息》普刊72期，365条；副刊7期、调研6期；上报《山西信息》650条，采用65条；上报中办535条、采用30条，在全省信息工作量化考核中名列前茅。

**【综合协调服务】** 2015年，朔州市委办公厅实行专人负责，做好市委主要领导批件的转办、催办和反馈工作，办理583件；受理、登记、上报并催办落实群众通过社情民意通道反映的问题62件，自办件1件，办结率100%，省社情民意所有件都有较为满意的回复。严格值班工作制度，制订突发事件应急处理预案，做到24小时全天候有人值班、24小时全天候受理群众诉求、24小时全天候处于应急工作状态。全年组织全市性会议13次，向市委书面请示107次，承办市委常委会议38次，编发《市委常委会议纪要》36期，协调安排市委主要领导赴县区调研和检查56次63天。按照市委要求，结合落实中央八项规定和省委四个实施办法，推行“无会周”制度，各类会议比2014年同期减少16%，使市委领导腾出更多精力抓工作落实。

**【督查工作】** 2015年，朔州市委办公厅开展多形式、全方位的督查。全年下发督查立项通知书70次，朔督字32次，形成督查专报20期，针对中央、省委、市委文件进行专项督查6次，接收并办理省委交办件

12件，接待省专项督查组4次，接收并办理省委督查室通知4件，办结率均达100%，受到省委督查室高度评价。

【后勤保障】 2015年，朔州市委办公厅对市委职工食堂进行规范和提升，对市委大院的供暖管网及楼内系统进行全面检修，确保冬季正常供暖。狠抓市委大院绿化、亮化、净化和美化工作，整体环境得到改善。加强市委大院安全保卫和消防工作，保障市委机关的正常运转。

【领导班子和干部队伍建设】 2015年，朔州市委办公厅弘扬“忠诚、勤奋、认真、坚守、自律”的“朔办精神”，集聚班子合力，增强队伍能力，提升综合战斗力，为提高“三服务”水平提供保证。

加强政治理论学习。厅领导班子成员保持自我加压、强化学习的态度，用理论知识来武装头脑、指导实践、推动工作。组织全厅干部坚持班前个人自学和每周集中学习相结合，深入学习中共十八届三中、四中、五中全会、省委十届七次全会和习近平总书记系列重要讲话精神，省市主要领导重要讲话精神，做到真学、真懂、真信、真用。坚持学习市场经济、行政管理、法律法规、公文写作等知识。通过制订学习计划、检查学习笔记、开展专题考试等措施，确保学习时间、人员、内容、形式和效果“五落实”。

开展“三严三实”专题教育活动。严格按照全市统一安排，从2015年5月开始，开展“三严三实”专题教育活动，对照“三严三实”要求，聚焦对党忠诚、个人干净、敢于担当，以专题党课为基础，以专题研讨为关键，以查找问题、整改落实为根本，三个环节衔接贯通，以“钉钉子”精神聚焦“不严不实”存在的问题，立说立行，立知立改，立改立效，促进作风建设，收到预期效果。召开高质量的专题民主生活会，市委常委、秘书长李根田参加办公厅领导班子专题民主生活会。

2015年1月4日，朔州市委召开市委常委(扩大)会议，传达全省经济工作会议精神 (市方志办供图)

执行党的组织纪律。执行民主集中制，对涉及办公厅工作全局的重大问题或干部职工关心的热点问题，班子成员交流沟通，反复酝酿，集体研究决策。对办公厅干部提拔使用、党员发展以及其他重大事项的决策，先由分管领导提出意见，然后由班子集体讨论决定，不搞独断专行，不搞暗箱操作。

树立正确选人用人导向。争取市委领导和有关部门支持，加大干部多领域、多岗位锻炼的机会，结合“看作为、比建树、争一流”活动，开展“五比五看”即：比学习，创一流服务水平；比团结，创一流素质；比干劲，创一流风貌；比服务，创一流作风；比工作，创一流业绩，形成了比、学、赶、帮、超的浓厚氛围。在办公厅内部干部调整中，大胆选拔使用那些“想干事、会干事、干成事、不出事”的好干部。

【党风廉政建设】 2015年，朔州市委办公厅推进全厅党风廉政建设，在抓好经常性党风廉政教育的基础上，厅领导班子成员以身作则，带头落实“一岗双责”，按照党风廉政建设责任制的有关要求，遵守廉洁自律各项规定，规范个人行为，做廉洁勤政的表率。严格党员干部“八小时以内”工作纪律、“八小时以外”廉洁自律和重要节日期间低俗庸俗之风三项重点内容，通过召开“三严三实”专题民主生活会，找到不严不实存在的突出问题，明确整改方向，推动党风廉政建设开展，促进全厅党员干部作风的改进。

（市委办公厅）

## 组　织

**【专题教育】** 2015年，朔州市委组织部推进“三严三实”专题教育。按照中央和省委、市委的部署要求，从5月开始，组织指导全市144个党委（党组）领导班子904名党员领导干部开展专题教育。在中央确定的3个专题学习研讨的基础上，又确定“弘扬‘右玉精神’，践行‘三严三实’，树立正确的政绩观，牢记全心全意为人民服务的宗旨”这一专题。每次专题学习研讨前，坚持做好“三个一”：开展一次专题调研，组织一次党委（党组）中心组集体自学，撰写一篇发言材料。专题教育活动中，市委组织部精心指导，严格把关，派员参加县区和部分市直单位的专题研讨，组织进行专项督查。在学习研讨中，各级领导干部把自己摆进去，结合思想和工作实际，检身正己、反思自省，研讨一次比一次深入，为民意识、纪律观念、底线思维增强。把思想教育、党性分析、整改落实、立规执纪结合起来，全市查找解决各类不严不实的突出问题1620多个，在守纪律讲规矩、营造良好政治生态和真抓实干推动发展上见实效。

办好主体班次和专题培训。把学习贯彻十八届五中全会精神和习近平总书记系列讲话精神作为一项重要政治任务。周密安排部署、层层抓好落实，集中一个月的时间，市委组织部牵头，在市委党校连续举办4期集中轮训班，对全市920名县处级领导干部集中轮训，实现市管干部全覆盖。会同有关部门举办全市中青年领导干部、优秀共青团领导干部、纪检监察机关纪律审查、全市优秀妇女干部、新任公务员、人大代表履职等各类培训班16期，培训干部2923人次。完成中央调训12期17人次，省级调训19期84人次。

**【干部选拔任用】** 2015年，朔州市委组织部做好市人大、政府、政协换届工作。成立专门领导机构和工作机构，按照有关政策规定，做好各项前期准备工作，倒排工作日程，推进换届工作。严把代表、委员结构比例关、素质综合关、产生程序关。选举产生六届人大代表293名，其中妇女代表85名，占29.01%；工人代表29名，占9.9%；农民代表38名，占12.97%；专业技术人员83名，占28.32%。协商产生政协委员305名，其中中共党员委员122名，占委员总数的40%；非中共党员委员183名，占委员总数的60%；女性委员76名，占委员总数的25%；保留上届委员114名，占委员总数的37.37%。召开市六届人大一次会议和政协六届一次会议，市委提名并经省委批复的各项候选人全部满票或高票当选。

抓好《干部任用条例》（以下简称《条例》）及配套制度的贯彻落实。把学习宣传贯彻《条例》纳入各级党委（党组）中心组学习和主要负责同志任职培训的必学内容，作为组织人事干部培训的常规教材。落实省委五个干部工作文件，制定《关于加强干部选任和跟踪管理的意见》《市管干部推荐考察工作实施细则》《领导干部个人有关事项报告抽查核实办法（试行）》《领导班子和领导干部综合分析研判工作实施方案》等10多项制度。在干部选拔调整中，严格动议、民主推荐、组织考察、讨论决定、任职等各个规定程序，对拟提拔调整人选，启动“六查”“五必审”，在甄别的基础上确定考察对象人选。在干部考察中，多渠道、多层次、多侧面的进行“体检式”考察，防止“带病提拔”。

实施“三个一批”。制订工作方案，成立工作机构，设7个专项小组。把6个县(区)、开发区和10家市直单位确定为首批重点，对400多名领导干部进行“六查”，其中重点抽查306名处级干部。对市管干部中不廉洁、乱作为的39名干部进行处理。县区对1480名县管干部开展“六查”，处理惩治不廉洁、乱作为干部27人，调整退出不作为、不胜任干部42人，选拔任用敢担当、善作为干部48人。同步探索将涉及资源、审批、公共服务等科级岗位负责人纳入“三个一批”工作范围。

严格干部监督管理。严格做好科级干部选拔任用程序的监督，市委组织部派人列席县(区)委和市直单位党组(党委)讨论决定干部任免会议49次，纠正违规任用干部3人，对不符合任职条件的1名干部责成其所在党组取消任命。做好领导干部任前审查、离任审计和公示制度，对18名领导干部进行离任审计，对3名领导干部进行任期经济责任审计。严格超职数配备干部整改工作，消化超职数配备干部60人。会同市公安局抓好因私出国(境)证件专项治理工作，对全市各单位登记备案人员信息进行登记造册，对2013年1月1日因私出国(境)情况进行全面核查，批评教育处级领导干部23人。加大案件查处力度，查核举报案件10多件，建议市纪委给予党内警告处分1起，按照干部管理权限批转给有关县区2件，对查实确有问题的，按照有关规定从严作出处理意见。

**【基层党建】** 2015年，朔州市委组织部强化目标责任管理，解决党委主体责任落实力度不够的问题。贯彻全省农村基层党建工作会议精神，研究制定加强全市农村基层党建工作的23项措施，省委常委、组织部长盛茂林作出批示指出，“朔州市委结合实际，贯彻全省农村基层党建工作会议及时、认真、有力度”。代市委起草《关于落实全面从严治党要求加强党的建设的意见》。制定各县(区)委、党(工)委基层党建工作考核指标任务，层层制定工作目标，让基层有目标、有遵循；推行市、县、乡三级基层党建工作例会制度，市级每季度一次，县(区)每两月一次，乡镇每月召开一次，督查推动工作任务的落实；组织县乡村书记及各领域党组织书记述职评议，召开全市县区委书记、党(工)委书记述职会，常委按包县(区)点评，传导压力，激发动力。

采取分类定级动态管理办法，解决基层基础不扎实典型特色不过硬的问题。根据基层服务型党组织“六有”目标，对基层党组织按1:2:6:1的指导性比例进行分类定级。把评定为“好”的356个基层党组织打造成高标准典型群体，把评定为“较差”的236个基层党组织作为软弱涣散基层党组织进行集中整顿，完成整顿231个，整顿率98%。通过定向、双选、分类方式选派369名机关干部任第一书记，全覆盖软弱涣散村和建档立卡贫困村。专门成立第一书记协调指导组，采取“一月一询问、两月一暗访、半年一检查、一年一总结”的办法跟踪管理。市财政专列2500万元专项扶贫资金，助推第一书记工作开展、推进精准扶贫。在非公经济组织党组织中实施集中换届，当选的372名书记中有321人由企业领导人员兼任，选配党务工作者412人；深化社会组织党组织集中组建，新组建党组织26个。统一组织大学生村官招聘考试到事业单位，全年流动262名。

增加乡镇党建工作经费投入，解决乡镇经费不足的问题。市财政将乡镇(街道)工作经费增加到每个乡镇15万元，县(区)每个乡镇(街道)平均预算35万元以上，每个乡镇(街道)平均达到50万元。

采取“基础工资、任务工资、工龄工资、绩效工资”结构工资的办法，解决农村“两委”主干报酬待遇偏低的问题。村“两委”主干报酬待遇2000人口以上的村平均1.5万元，

1000至2000人口的村平均1.2万元,1000人以下的村平均1万元。

强化村级组织活动场所的管理使用,解决场所使用率不高的问题。制订《关于进一步加强村级组织活动场所管理使用的通知》,市级拨付80万元、县区配套160万元为1057个村新配备取暖设备,新建活动场所31个,改造117个。

采取新建、改造、开发配建的办法,解决社区活动场所和服务设施不足的问题。新建社区场所4个,改造5个,开发配建3个。全市社区场所达500平方米以上的40个,其中,1000平方米左右的7个,800平方米左右的9个。200平方米以上的46个,还有30个不达200平方米。

2015年10月30日,朔州市委召开全市农村基层党建工作座谈会

(市方志办供图)

【人才工作】 2015年,朔州市委组织部组织开展高层次人才服务基层活动。将市级高层次人才服务范围扩展到陶瓷、畜牧、粉煤灰综合利用等涉及全市转型综改、特色优势、新材料等重点项目。选派教育、卫生、农林、煤化工等48名省级、26名市级高层次人才,服务项目81个。

做好人才的选拔培养引进工作。推荐5人分别参加2015年国家级"百千万"人才工程和省级学术技术带头人评选,其中2人获选第四批山西省学术技术带头人。推荐3家单位分别参加2015年博士后科研工作站和博士后创新实践基地评选。组织5家单位携20余个项目参加深圳、北京、上海国际人才交流引智活动,达成合作意向20余项。

开展招才引智工作。组织6家单位参加2015山西外国专家项目合作洽谈会,通过与多个国家的专家组织及专家洽谈,有7个项目达成合作意向。山西宇昊蘑菇种植有限公司成功引进4名外国专家,该公司申报的"年产3万吨蘑菇种植及深加工系列产品建设项目"获批2015年度省级外专引智项目,是全市外专工作的重大突破;右玉县"生态环境恢复及扶贫项目"获批省级引智示范基地;新增3家外专引智项目单位。在2015山西(太原)人才智力交流大会上,组织39家用人单位865个岗位进行现场招聘,并提供高层次引进人才项目和创业项目。还提供4个事业单位岗位面向毕业生公开招聘,接待求职人员2700多人,达成用人意向496人。

【组织部自身建设】 2015年,朔州市委组织部坚持每周开展一次"讲学"。对照"8个有没有""六认"、吏治腐败组织部门应承担的责任、如何重塑组织部门形象等专题开展学习讨论6次,教育引导广大组工干部自觉加强党性修养,增强廉洁从政意识。

从严管理要求。制定出台《关于严格落实组织工作重要事项请示报告制度的通知》《关于进一步加强和改进部中心组和部机关集中学习的意见》《关于进一步规范部机关公务费用支出的办法》等多项规章制度,用制度管人管权管事。

从严作风要求。对全市组织系统违反中央八项规定和存在的“四风”问题，以及存在的不严不实问题进行大排查、大扫除，逐项整改、件件落实；建立并实行干部工作联审联批机制，市、县（区）组织部门都建立基层工作联系点、组织部部长约谈日制度，定期对部务会成员、科室负责人进行谈心谈话，督促其廉洁从政。

从严纪律要求。严查“十种问题”，市、县组织部对排查出的20名组工干部全部处理到位，其中，对档案造假、帮助他人档案造假的4名干部，全部调离组织部门；对在一个部门有旁系血亲关系的2名干部，将其中1名调离组织部门；对10名组工干部进行岗位调整；对工作关系“空挂”的3名干部，按照有关规定全部转出行政工资等关系；对长期不在岗的1名干部，责令辞去公职。

2015年，朔州市党建研究工作受到中组部党建研究杂志社肯定，获二等奖。

（市委组织部）

## 纪委监察

【学习教育】 2015年，朔州市纪委监察局领导重视示范学习。书记康吉仁每年为委局机关干部讲2次党课。班子成员，利用“今天我主讲”、专题活动、组织生活会等平台，组织开展系列学习活动。

制定制度持续学。坚持学习制度，依托“今天我主讲”平台，持续集中学习90余场次。印发《关于全市纪检监察机关认真学习贯彻党的十八大精神的实施意见》《关于开展“熟纪、守纪、执纪”活动实施方案》《学思践悟岗位练兵方案》等，对深入学习作出具体规定。

创新形式灵活学。机关党委以厅部室为单位，从基础知识、基本工作流程和基本技能抓起，采取上级带下级、主任带干事、骨干带新兵、办案学技巧、实践练才干等方式，开展“比、学、帮、带”活动。依托市委党校和廉政教育基地，开展市、县、乡三级纪检监察干部业务培训。

学以致用针对学。市纪委常委会3次召开专题会议，从严明政治纪律和政治规矩、监督落实中央“八项规定”精神和整治“四风”突出问题、保持惩治腐败高压态势、解决群众身边腐败问题等方面，直击问题、反思现状，有针对性地学习贯彻习近平总书记系列重要讲话精神，分析形势、学以致用，推动全市党风廉政建设和反腐败工作展开。

【“三严三实”专题教育】 2015年，朔州市纪委监察局强化组织领导，在学习教育中体现严实作风。收听收看王岐山、黄晓薇“三严三实”专题党课。组织室主任以上党员干部，对照王岐山提出的“虚漂浮”和“宽松软”的问题，对照市委方案提出的“五个着力”要求，坚持把自己摆进去，查问题、找不足，在学习教育中体现严实作风。6月3日，在全市率先召开动员会，书记康吉仁作《带头践行“三严三实”打造忠诚干净担当的纪检队伍》专题党课。

坚持人人参与，在专题研讨和专题民主生活会中体现严实作风。采取集中学习、个人自学、专题讲座、理论辅导、调研考察和发言研讨等多种形式，分5个专题开展学习研讨。委局机关17位副处级以上领导干部在自学的基础上，集中学习6次，召开专题研讨会5次，撰写专题研讨发言提纲54篇，查找问题45条，把严实要求贯穿于专题研讨会。在专题民主生活会上，领导班子作对照检查，查找6方面20个问题，剖析4方面的原因，提出24项整改措施。

聚焦主责主业，在整改落实中体现严实作风。针对专题教育中查找出的不严不实问题，结合群众路线教育实践活动和学习讨论落实活动提出的整改任务，列出问题清单，建立整改台账，明确整改时限，逐项进行整治，在整改落实中体现严实作风。聚焦群众反映强烈、影响政治生态的不严不实问题，探索建立践行“三严三实”的长效机制。

【党的建设】 2015年，朔州市

开展对照反思、批评与自我批评、学思践悟、专题学习等活动。加强市、县、乡纪委班子建设,配齐配强乡镇纪委班子成员224名。班子成员带头落实中央八项规定精神,机关公务接待、公车使用费用分别同比下降80%、31.11%;会议次数、天数、经费分别同比下降12.1%、16.3%、8.9%。

市纪委常委会4次专题学习新准则条例。委局机关以逐条学、对照学、全面学等形式,学习贯彻新准则条例。全市各级纪检监察机关以廉政广告上街头、案例警示上炕头、送学下乡到地头、廉政曲艺进村头等形式,进行广泛学习宣讲。市纪委组成6个督查组,对六县(区)、开发区和74家市直单位进行专项督查。

【监督检查】 严明党的政治纪律和政治规矩。开展“一月一警示”教育,组织观看《警钟长鸣》警示教育片80余场次;两轮组织全市393名正处实职以上领导干部集中学习《党的十八大以来省纪委查处的严重违纪违法领导干部忏悔录汇编》;抽调123名纪检监察干部,深入全市73个乡镇(街道)专题宣讲96场,1.2万余名基层党员干部接受教育。把违反政治纪律和政治规矩作为纪律审查重点。全市立案审查违反政治纪律行为9件,立案审查违反组织人事纪律行为55件,立案审查违反廉洁自律规定127件,立案审查违反财经纪律行为171件。全市“35581礼金专户”余额达1706636.84元。

传导压实“两个责任”。3月份市委出台落实党委主体责任和纪委监督责任两个实施意见,明确领导班子、主要负责人和班子成员的责任清单。市委常委会16次学习部署党风廉政建设“两个责任”落实工作;市委书记批示党风廉政建设工作39件,约谈县委书记和市直单位“一把手”22人(次)。市纪委书记先后21次主持召开专题会议,研究部署“两个责任”落实工作,约谈县(区)委书记、县(区)纪委书记38人(次)。针对“上面九级风浪,下面纹丝不动”的问题,市委、市纪委主要领导一同深入六县(区)和部分乡镇,与各县(区)委书记和纪委书记、所有乡镇党委书记和纪委书记面对面找问题、查原因、定措施。针对平鲁区西水界乡落实“两个责任”不力的问题当面追责问责。全市因落实“两个责任”不力问责54人,党政纪处分51人,组织处理4人。全市通报1起7人、省纪委通报1起2人落实“两个责任”不力的典型问题。把落实“两个责任”作为年度目标考核的重点,对主要领导严重违纪的2个市直单位实行“一票否决”。

弛而不息狠刹“四风”。元旦春节期间,对173家部门单位、289处餐饮购物等场所进行明察暗访,查处有关问题20件35人。组织开展两轮县(区)交叉检查,派出明察暗访组14批172人次,发现问题线索147条,查结114条,处理处分64人。一年来,全市查处“四风”问题225件,处理处分145人;查处违反中央八项

2015年2月16日,中国共产党朔州市第五届纪律检查委员会第五次全体会议在朔州市召开 (市方志办供图)

规定精神问题50件、50人,党政纪处分51人,通报4起典型问题;查处"不作为、乱作为"问题345件402人,分别同比增长148.22%和160.56%。

保持惩治腐败的高压态势。积极发挥反腐败协调小组作用,与司法机关配合,重点查办4起重要案件。深入开展乡村虚报冒领、套取骗取涉农资金自查自纠工作,全市71个乡镇678个村的1071人主动退缴340万余元,对1036人作出分类处理,其中给予603人批评教育处理,338人诫勉谈话处理,77人党内警告处分,16人党内严重警告处分,2人留党察看处分。省委书记王儒林、省纪委书记黄晓薇对该项工作给予充分肯定,书记王儒林专门批示,总结朔州经验,在全省推广。2015年接受信访举报1829件(次),同比增长33.3%。处置问题线索1992件,同比增长147.1%。立案1410件,增长96.4%;结案1410件,同比增长99.2%。给予党政纪处分1396人,同比增长89.9%。全市重处分211人,占比15.17%,同比增长37.97%;处分县处级干部40人,同比增长42.9%;移送司法机关35人,同比增长29.6%。

**【纪律检查体制改革】** 建立健全市纪委班子成员包县(区)、重点案件督办、周报告月通报、案件审理调阅制度、末位约谈、下级纪委向上级纪委报告工作等制度。印发《县(区)纪委书记、副书记的提名考察办法(试行)》《县(区)纪委常委、监察局副局长任免职办理工作程序》,规范了县区纪委班子成员的任免程序。制定《朔州市派驻纪检组长、副组长提名考察办法(试行)》《朔州市管企业纪委书记、副书记提名考察办法(试行)》,逐步实现派驻机构全覆盖。在全省率先完成县级纪检监察机关第二轮内设机构改革,六县(区)纪检监察室占内设机构总数的33%,执纪监督机构占内设机构总数的77%,编制占总数的62%以上,力量进一步向监督执纪问责集中。深入推进市、县(区)第二轮调整精简议事协调机构,经过两轮精简,由精简前的618个调整为47个,精简92.39%,纪检监察工作逐步向主业聚焦。

**【干部队伍建设】** 2015年,朔州市结合"三严三实"专题教育,市纪委班子成员带头净化"工作圈、生活圈、朋友圈"。开展"熟纪、守纪、执纪""学思践悟岗位练兵"和学准则、学条例活动,提高纪检监察干部履职能力。加大外出学习培训力度,全年累计外出培训31次42人。开展"今天我主讲"活动,委局机关室主任以上干部每周五上午轮流讲课,形成纪检监察干部常态化教育机制。制定朔州市纪检监察干部"七不准"规定,出台6大类47项制度,强化对纪检监察干部的管理工作。对11名纪检监察干部进行谈话提醒,对4起纪检监察干部违纪典型问题进行剖析,对市县乡三级175个纪检监察机构明察暗访,处分7名违纪干部。全市处置纪检监察干部问题线索30件,查处19案、19人,其中县处级2人、乡科级15人、一般干部2人;给予党政纪处分18人,组织处理1人,问责纪检监察干部13人。

**【信息公开工作】** 成立信息公开工作领导小组,下设办公室,由一名工作人员具体负责信息公开工作。健全完善信息发布、主动公开信息送交、保密审查、依申请公开等相关配套制度,明确信息公开的内容、形式、时限、范围、程序及责任部门和责任人。建立健全信息公开目录和指南,信息公开内容涵盖纪检监察工作的方方面面,逐条逐项落实到相关部室,并通过纪检网站公开,以供公众查询。教育引导干部职工学习《中华人民共和国政府信息公开条例》等相关条例条规,把实行信息公开同开展党风廉政建设和反腐败斗争联系起来,统一思想,提高认识,使大家认识到深入推行信息公开工作的重要意义,增强做好信息公开工作的责任感。一年来，依托市纪委机关网站，发布全市反腐倡廉动态信息480余篇；累计在各级媒体、网站上刊发反腐倡廉宣传新闻稿件1100余篇。

【党风廉政建设】 2015年，朔州市严格落实纪委内部党风廉政建设责任制，强化纪委书记第一责任人的责任，把管事与管人、管思想、管作风、管纪律统一起来。市纪委常委会19次研究系统内党风廉政建设，召开8次会议安排全系统的党风廉政建设工作。市委常委、市纪委书记康吉仁研究部署21次、听取工作汇报10次、约谈纪检监察干部25人次。在学习讨论落实活动中，市纪委班子反思剖析15个问题，班子成员反思剖析27个问题；在"三严三实"教育中，班子成员又列出24个问题清单，制定措施，限期整改。

突出问题导向，加强规范管理。制定市纪委常委会议事规则、领导班子成员交叉分工等制度。针对"三转"不到位的问题，集中约谈13名市直单位"一把手"；由市纪委常委带队，对各县(区)和各乡镇纪委进行督导检查。全市各级纪检组组长和乡镇纪委书记全部退出所分管的其他业务。针对工作运行不规范等问题，制定6大类47项制度，用制度管事管人管权。

在全系统进行大清理、大

2015年8月18日，朔州市召开落实党风廉政建设"两个责任"专项整改工作会议 （市方志办供图）

整顿，坚决清除"带病提拔""带病在岗"的干部。根据问题线索起底和案件查处情况，全市清除调离纪检监察干部10人，其中处级2人，乡科级6人，一般干部2人。坚决清退违规调入人员。全面审核市、县纪委机关干部档案，对4名违反选人用人规定的人员，全部退回组织部门。坚决清退长期借用人员。市纪委机关一次性清退28名借用人员，各县(区)纪委清退13名借用人员。坚决查处违规违纪干部。对问题性质不严重、情节较轻的，进行批评教育、诫勉谈话；对反映问题失实的，及时予以澄清；对违纪事实清楚的，严查快处，绝不姑息。全市共查处纪检监察干部34案34人。

（市纪委监察局）

## 宣　传

【概述】 2015年，朔州市获得中央精神文明建设指导委员会颁发的"全国未成年人思想道德建设工作先进城市"、《朔州市乡镇综合文化站服务效能提升研究》获省委宣传部2015年优秀调研报告二等奖。

【理论武装】 2015年，朔州市委宣传部学习中共十八大、十八届三中、四中、五中全会精神和贯彻习近平总书记系列重要讲话精神，着眼于全市各级党员干部思想政治素质和工作水平的提高，以市委中心组成员为重点，突出学习中共十八大、十八届三中、四中、五中全会精神和习近平总书记的系列重要讲话精神，省委书记王儒林重要讲话精神，以及中央、省委重要决策部署25个专题，进企业、社区、农村、校园、机关，组织各类讲座65场。组织开展"三严三实"专题学习，印发《关于市委中心组"三严三实"专题教育学习计划的建议》,对党员领导干部的理论学习工作作出具体安排部署。面向全市党员干部组织编印系列学习读本,即:《党员领导干部理论知识百问百答》《严以修身把牢"总开关"》《严以律己做好"明白人"》《严以用权树立新形象》和《弘扬右玉精神践行正确政绩观》。打造党委(组)中心组、名家讲座、朔州大讲堂、理论联系点、《理论视界》,发挥各种载体的作用。全年组织19次市委中心组学习、5次名家讲座、30期朔州大讲堂,编印12期《理论视界》,推进理论学习联系点的规范化建设。结合当前形势开展理论研究,申报承担全省宣传文化系统"四个一批人才"专项调研课题。由省宣传文化系统首批"四个一批人才"市委讲师团团长刘文虎牵头组织确定申报"朔州英雄精神探究"课题,获得全省宣传文化系统2015年一类理论研究。

**【舆论宣传】** 2015年,朔州市委宣传部围绕"唱响两大任务,讲好朔州故事"宣传主题,突出内宣、外宣和网络舆情引导三个重点,抓好各项工作。主题宣传主动有力。宣传报道全市上下学习贯彻中共的十八大、十八届三中、四中、五中全会和习近平总书记系列重要讲话精神新进展新成效;紧扣优化经济结构和提升发展质量"两大任务"主题,改革攻坚,突出创新驱动,更加注重民生,深入实施"六权治本",加快推进"六大发展"等方面加强宣传力度。宣传报道全市"三严三实"专题教育实践活动的成效、做法和经验以及全市上下学习弘扬右玉精神、加快转型发展的新成就新风采。外宣方面:对外宣传求量逐质。全市在省级以上新闻媒体刊、播发稿件达2920余篇,同比增长8%。其中:国家级媒体刊、播发稿件410多篇,同比增长6%。中央级主要媒体刊、播发稿件24篇,其中中央电视台《新闻联播》3条,《人民日报》2篇,《光明日报》1篇,《经济日报》4篇,《农民日报》2篇,中央广播电台12条;省级媒体发稿达2510篇,同比增长10%,省级重点媒体发稿613篇,同比增长9%,其中《山西日报》317篇,《山西经济日报》215篇,山西广播电视台《山西新闻联播》81条,《山西经济日报》和《山西日报》发稿都较往年有较大幅度的增长。协助中央电视台中文国际频道"远方的家"栏目组拍摄"长城内外"朔州专题纪录片,与山西广播电视台进行合作,精心制作时长1分钟的宣传纪录片《飞越山西·魅力朔州》,全景宣传朔州的山川特色、人文景观等。在抗战胜利及世界反法西斯胜利70周年的宣传方面,邀请新华网、《山西日报》、《山西经济日报》、山西广播电视台等国家级、省级媒体深入农村、走访抗战老兵、查阅抗战资料,写出多篇报道。如,《山西日报》9月1日刊登《血沃塞上众志成城朔州市纪念抗战胜利70周年图片展开幕》。精心组织国家级、省级主流媒体和全国网络媒体记者先后深入市区、城区、右玉、应县、山阴等进行走基层采风活动,美丽朔州的知名度提高。网络舆情方面引导有力,态势平稳。累计监看网上涉朔页面260余万个,报送《朔州舆情信息》204篇、《网络舆情周报》32期,市主要领导批示25期。组织写作能力较强的网评员参与省直重点新闻网站网评征稿工作,上报稿件48篇,采用21篇,其中,组织报送的《爱国没错但"玻璃心"要不得》被评为中国文明网好评论一等奖,是全省唯一获奖的网评文章。向省委宣传部报送《山西舆情信息》20173篇,其中交办任务综采3篇,中宣部综采200篇,省委宣传部综采63篇,省委办公厅综采3篇。朔州广播电视台紧紧围绕经济转型、重点工程建设、"五城联创"、开展学习讨论落实活动、推进"六权治本"、践行"三严三实"等中心工作,开展相关的主题宣传报道。

**【文明创建】** 2015年,朔州市委宣传部培育和践行社会主义核心价值观,全面开展全国文明城市创建活动。运用报纸、广播、网络、宣传橱窗等多种途径和方式，宣传弘扬24字的社会主义核心价值观，深化“右玉精神”的继承弘扬，营造学习践行的氛围。紧扣弘扬中华传统文化、弘扬雷锋精神、加强诚信教育、培育勤劳节俭观念、传承德孝敬老风尚、倡导文明旅游、宣传保护生态、树立社会主义法制观念八大主题，营造创建全国文明城市氛围。印发《朔州市创建全国文明城市任务分解》和《未成年思想道德建设工作任务分解》。深化“三大创建”活动和“做一个有道德的人”主题活动。开展“道德模范”评选活动，多途径投票评选全市道德模范。

**【文化发展】** 2015年，朔州市委宣传部推进国家级公共文化服务体系示范区创建工作。创建国家公共文化服务体系示范区工作进度加快。出台《文化体制改革专项小组2015年工作计划》，共7个方面12项具体任务。乡镇综合文化站综合服务效能课题研究完成；创建档案资料基本实现标准化；市博物馆、应县文化馆、应县图书馆、平鲁区文化馆、平鲁区博物馆等新的公共文化服务场馆相继开放，乡镇综合文化站、村级文化活动场所和农家书屋全部实现免费开放，基层文化队伍建设巩固并发展壮大。公共文化服务供给加大。公共文化惠民演出增量明显，采取政府购买公共文化服务的方式，从3月13日开始，组织举办“周末大舞台”惠民演出，每周两场；文化活动精彩不断，春节元宵节期间，组织举办一系列丰富多彩的两节文化活动。组织第五届朔州市排舞展演、罗景辉美术作品画展、中国共产党成立90周年“映像朔州”摄影展、纪念中国人民抗日战争暨世界反法西斯战争胜利70周年图书展览、电影展播季等丰富多彩的文化活动。平鲁踢鼓秧歌于2月18日至25日进京参加第32届北京龙潭庙会，并获“北京第32届春节龙潭庙会全国优秀民间花会展演金奖”。文化市场监管有力。“扫黄打非”成效显著。按照全省文化市场工作会议、省“扫黄打非”工作会议的安排，朔州市相继开展“扫黄打非”“清源”“净网”“护苗”“秋风”五个专项行动以及寒假、暑期净化社会文化环境整治行动、卫星广播电视地面接收设施集中整治行动等多个专项整治行动。

**【队伍建设】** 2015年，朔州市委宣传部机关开展“走进基层、走近群众‘六个一’活动”。即：结对一个县区、打造一项宣传文化特色工作、扶持一支基层宣传文化队伍、指导一个基层宣传文化单位群众路线教育实践活动、办好一件基层宣传文化实事、结交一批基层文化界朋友。干部队伍建设成效显著。加大实施“四个一批”人才支持工程战略，市入选省级“四个一批”人才的4位同志发放人才支持津贴，并为市入选的省级人才发放资助项目资金，为发挥高层次人才的创新和带头作用提供财力支持；对入选市级“四个一批”的人才进行调查、摸底，为下一步发放人才支持津贴和进行项目资助提

2015年8月3日，血沃塞上众志成城——朔州市纪念抗战胜利70周年图片展在朔州市博物馆开展　（市方志办供图）

供依据。

【党建工作】 2015年，朔州市委宣传部对党员教育、驻村帮扶等党建工作进行专题研究。坚持“三会一课”制度，落实民主生活会议制度，全年召开2次民主生活会。落实支部议事决策制度，凡重大事项，均召开党支部会议集体研究决定，发扬党内民主，不搞“一言堂”。加强党组织阵地建设。建立学习教育制度。

【廉政建设】 2015年5月29日，朔州市委宣传部召开全市宣传文化系统全体党员大会，学习市委常委、宣传部长刘英魁所做《宣传干部要以严领实、以严促实、在践行“三严三实”上走在前、做表率》专题教育党课。召开五次专题研讨会(《严以修身》《践行三严三实、弘扬右玉精神》《严以律己、严守党的政治纪律和政治规矩》《严以律己、自觉做政治上的“明白人”》《严以用权》)，一次专题民主生活会。坚持把领导班子廉政建设同“三严三实”专题教育活动结合起来，通过组织集体学习、撰写研讨材料、集体观看教育片等经常性的党性、党风、党纪和廉政教育，使班子成员树立正确的权力观、地位观、利益观，增强在新形势下拒腐防变的能力。部班子成员以开展“三严三实”专题教育为契机，坚持改革创新，采取有力措施，以严和实的要求，加强领导班子和干部队伍的思想建设、作风建设、组织建设和纪律建设。用“三严三实”的要求谋划工作，落实任务，把践行“三严三实”激发的热情，化为做好各项工作的动力。在班子成员的示范带动下，党员干部结合思想、学习和工作实际，通过自己查找、组织讨论、征求意见等多种形式，查找思想作风、党性修养等方面存在的问题，撰写对照检查报告，并提出整改措施，推动部机关的党风廉政建设。

【惩防体系建设】 2015年，朔州市委宣传部坚持把反腐倡廉工作同业务工作一起部署、落实、检查。明确领导班子对本单位的党风廉政建设负全面领导责任，明确领导班子其他成员根据分工对分管科室的党风廉政建设负直接领导责任；把市委、市政府下达的专项责任目标分解到各部门各科室，既明确岗位职责，保证政令畅通，又做到有方案、有措施、落实、检查；强化制度执行，从源头上遏制违法违纪。结合“三严三实”专题教育活动，在对现有的管理制度进行研究整理的基础上，完善部务会议制度、党的组织生活制度等，出台《市直宣传文化系统落实党委主体责任的实施办法》，修改完善《财务管理制度》《差旅费报销制度》等一系列相关制度，加强内部监督管理制度体系建设，使党风廉政建设有章可循，预防和杜绝干部职工违法违纪案件的发生。 (市委宣传部)

## 统 战

【概述】 2015年，朔州市统战工作坚持以邓小平理论、“三个代表”重要思想和科学发展观为指导，学习贯彻习近平总书记系列重要讲话精神和中共十八大和十八届四中、五中全会精神以及《中国共产党统一战线工作条例(试行)》(以下简称《条例》)，以“三严三实”为标准深入践行党的群众路线，加强自身建设，服务统战成员，为全市推进“两大任务”、加快“六大发展”发挥作用，推动统战工作取得新成绩。

【思想理论教育】 2015年，朔州市委统战部领导班子重视思想理论教育，把党的思想理论教育摆在重要位置，强化理论武装，提升理论素养。健全完善学习制度，制订科学合理的学习计划，采用自学和集体学习相结合的方式，学习习近平总书记系列重要讲话精神，十八大和十八届三中、四中、五中全会精神等，坚持用最新理论、最新观念武装头脑，用发展的马克思主义指导新的实践，提高领导班子运用科学理论分析和解决实际问题的能力。坚持理论联系实际，坚持理论学习与开展统战工作相结合，学用结合，将学习体会和成果转化为谋划工作的思路、促进工作的措施。2015年，部领导班子在深入践行群众路线期间，组织开展专题调研3次，将调研中发现的问题向市委、市政府以及省委统战部反映，帮助民营企业解决困难5件。

【学习条例】 2015年，朔州市委统战部及时汇报，争取市委重视。《条例》正式颁布后，市委统战部及时向市委进行汇报，受到市委主要领导高度重视。市委中心组集中学习《条例》2次，市委书记王安庞就全市各部门学习贯彻《条例》进行安排部署，明确提出把学习好、领会好、贯彻好习总书记在中央统战工作会上的重要讲话和《条例》精神作为当前和今后一个时期全市统一战线的首要政治任务。认真组织，学习宣传《条例》和《实施意见》精神以及中央、省委统战工作会议精神。组织统战系统干部及各民主党派、无党派、工商联、社院、侨联等单位负责人进行专题学习3次。起草实施细则，推动工作落实。起草25条贯彻意见以及组织部、统战部联席会议制度。

【思想政治引领】 2015年，朔州市委统战部开展坚持和发展中国特色社会主义学习实践活动。坚持突出重点、自我教育、正面引导、注重实效原则，引导民主党派、无党派人士开展学习实践活动，提高思想理论水平，凝聚深化改革共识。如民盟朔州市委员会组织山区儿童进城参观、送医送药下乡；民建朔州市委员会开展“送文化，讲国学”活动等等。2015年，组织引导统战成员举办讲座、报告会、培训等活动6次，开展社会服务活动15次，学习实践活动得到有序推进，取得阶段性成果。开展理想信念教育实践活动。在非公有制经济人士中开展理想信念教育实践活动。举办中青年民营企业家能力提升培训班1次，开展“民企招聘周”“朔州企业家投资在朔州”专题活动。

【社会服务】 2015年，朔州市委统战部推进“朔州企业家投资在朔州”活动。开展“走出去，请进来”活动。先后组织民营企业家参加应县·厦门产业对接恳谈会、朔州·广州产业对接恳谈会，赴北京中关村、新疆喀什、上海、浙江等地参观考察，了解当地企业经营、市场运作等情况，帮助民营企业家开阔视野、更新观念，从中发现适合朔州市产业特点的信息和商机。推进“献良策、比贡献”活动。整合民主党派和无党派人才荟萃、智力密集的资源优势，围绕全市中心工作以及民生领域热点难点问题，开展调查研究，建言献策。2015年，各民主党派和无党派人士撰写调研报告6篇，提案议案85件，社情民意121条，为党委和政府科学决策提供切实可行的意见建议。开展“惠民生、促和谐”活动。推进“春雨行动”，组织非公有制经济人士资助贫困大学新生，帮助其解难题，继续深造。资助贫困大学新生126名。活动开展六年来，已累计资助贫困学生1000余名，资助金额达252万元。2015年，各民主党派开展社会服务活动21次，为农村群众办实事15件，受到广大群众的一致好评。各爱国宗教团体举办开展慈善公益活动12次，为困难信教群众、农村贫困家庭孤儿院、养老院捐款捐物，促进社会和谐稳定。

【民族宗教工作】 2015年，朔州市委统战部贯彻落实中央和省委民族工作会议精神。会同市民宗局配合市委召开全市民族工作座谈会，学习习近平总书记系列重要讲话精神，总结部署全市民族工作。完善宗教工作网络和例会制度。发挥县级宗教工作领导组和乡级统战委员、村级联络员上下通联作用，及时掌握情况、传递信息、作出部署。通过乡镇每周召开的碰头会，县区每月召开的汇总会，市级每季召开的总结会，研究部署宗教工作，加强对宗教工作的协调领导。加强宗教代表人士教育管理工作。着眼于加强全市宗教教职人员队伍建设目标，对全市中青年教职人员100多名进行集中培训。开展"学典型、学先进"主题观摩交流活动。组织全市及县区佛教、道教、天主教、基督教等宗教界代表人士和县区宗教干部在朔城区、怀仁县、应县等宗教管理规范的9个堂点进行观摩交流，通过典型引路、以点带面的方式，带动全市宗教活动场所管理取得新进步。指导成立朔州市道教协会，指导朔州市佛教协会完成换届。

【留学归国人员统战工作】2015年，朔州市委统战部成立朔州欧美同学会·朔州留学人员联谊会。经过认真筹备，于2015年10月8日召开朔州欧美同学会·朔州留学人员联谊会成立大会暨一届一次理事会，在全省11个地市中率先成立留学人员联谊会。协同举办山西欧美同学会朔州培训班。配合省委统战部、省欧美同学会举办为期三天的"山西欧美同学会·山西留学人员联谊会会员代表和专职干部朔州培训班"。通过培训，加深会员之间的互相了解，丰富自身理论知识。建立朔州欧美同学会工作基地。经多方协调，先后建立创新创业产业孵化基地——科技创新园区、创新创业教育基地——中北大学、中小微企业孵化基地——晋城银行、留学交流服务基地——朔州市第二中学4个基地和北京工作站、珠海工作站、太原工作站3个工作站，为留学人员沟通联系、创业创新、建言献策搭建起活动平台。发挥好朔州欧美同学会桥梁纽带作用。欧美同学会成立以来，一方面聘请19名专家学者为顾问，同时也与中关村等高新技术产业园区建立联系。

2015年11月14日，山西欧美同学会·山西留学人员联谊会朔州培训班举行开班仪式　　（市方志办供图）

【多党合作政治协商】2015年，朔州市委统战部充实完善全市党外代表人士数据库。通过摸底登记，将全市235名正科级以上党外干部纳入数据库中，同时将全市6个民主党派、44个支部、670多个成员基本情况纳入数据库，实行动态管理，及时更新。组织开展党外代表人士教育培训工作。举办民主党派代表人士培训班、党外干部培训班，对200多名党外代表人士围绕中共十八届四中、五中全会精神、条例等内容进行专业系统的培训，党外代表人士的合作共事能力、参政议政能力得到提高。圆满完成政协换届有关工作。市委统战部会同市委组织部、市政协党组对五届市政协委员履职情况和各阶层产生的新的代表人物进行调查摸底工作，摸清各方面情况，做好退留情况的综合分析和测算，对现任委员是否继续提名提出意见，为新一届委员的提名做好基础性工作。经与各民主党派、工商联以及有关人民团体充分协商后，征求组织部和市政协党组意见，提出委员建议名单，报市委研究审定后，提交五届市政协第三十二次常委会协商通过。按照换届中政协委员、常委的规模和构成比例，人选提名的有关规定，六届市政协设26个界别，其中参加单位为13个，组成界别为13个，比上届增加农工党1个界别;305名(空缺1名)委员人选中,非中共委员183名,占委员总数的60%。四是严格执行各类会议制度。围绕政府工作报告、十三五规划等重要内容,召开征求意见会、情况通报会和座谈会5次,扩大党外人士的知情权、参与权,推进本市民主政治建设。

【调研、宣传、信息工作】 2015年,朔州市委统战部开展调查研究工作。协调开展朔州留学人员、新媒体中的从业人员、新的社会阶层人士、民营中小微企业、中华职业教育等专题调查研究工作,组织开展统战理论研究工作。2015年,市委统战部撰写调研报告3篇,上报理论研究成果6篇。开展宣传工作。围绕贯彻落实统一战线政策、中央、省委统战工作会议精神,编辑整理政策宣传读本6种,统战干部和统一战线成员的理论政策水平得到提高。开展信息工作。发挥信息上传下达、互动交流、服务决策的作用,组织编写《朔州统战信息》40多期,其中被省委统战部采纳的信息达20多条。

【党风廉政建设】 2015年,朔州市委统战部加强领导,狠抓落实。部领导班子十分重视党风廉政建设工作,把党风廉政建设和反腐败工作摆在重要议事日程,常抓不懈。班子成员能够严格要求自己,自觉遵守领导干部廉洁从政的有关规定和制定的一系列制度,廉洁自律,以身作则。

抓宣传教育,提高党员干部廉洁自律意识。开展思想道德、法纪教育、党的优良传统和作风教育,教育党员干部树立正确的人生观、价值观,遵纪守法的意识得到加强。

抓制度建设,筑牢党风廉政工作防线。班子成员按照“一岗双责”的规定,抓好自己分管范围内的反腐倡廉工作。完善机关管理制度。对原有的规章制度重新进行修订和完善,制定更加严格规章制度,从而形成用制度规范从政行为和按制度办事,靠制度管人的长效机制。 (市委统战部)

## 政策研究

【建言献策】 2015年,朔州市委政研室发挥以文辅政作用,按照领导思路和初稿,整理形成理论调研文章,分别发表在《山西工作》和《前进》上。参与市委领导讲话、汇报等文字材料起草工作。坚持把领导讲话、情况汇报等全市性综合材料质量放在重要位置,精雕细琢、精益求精,力求讲话等文稿语言精练、文风清新,更具思想性、针对性和可操作性。政研室参与起草市委书记王安庞、市委副书记郑红等领导讲话、会见访谈、致辞等讲稿累计50多篇,达20多万字。参与全市性重要文稿起草工作。起草《2015年市委常委会工作要点》《中共朔州市委关于制定国民经济和社会发展第十三个五年计划的建议》《中共朔州市委关于制定国民经济和社会发展第十三个五年计划的建议(说明)》、2015年全市涉农项目资金违纪违法专项整治大会的相关材料等。全年编发《政研参阅》6期,向各级领导提供有关改革、发展、稳定等方面的重要调研报告,为市委了解和掌握工作情况、发现和解决存在问题、指导和推动工作提供重要参考。编发《和谐朔州建设简报》12期,交流和谐建设情况。编发《朔州工作》6期,为省内外各级领导了解朔州工作情况、反映工作思路和意图,提供信息和可靠政策依据。

建言献策水平得到提升。2015年,开展调查研究,如实反映情况,建言献策。围绕全市重大战略部署开展调研。完成《关于我市上半年公共财政收支状况的调研报告》《我市实现全面小康目标的现状、差距及对策建议》等研究课题,提出许多有见地的对策建议。围绕全市亮点工作开展调研。完成《我市民营经济发展现状问题及对策建议》《加强科技创新促进经济发展》的调研报告。围绕典型工作开展调研。完成《关于赴吕梁市学习“六权治本”试点工作的考察报告》《朔州市金融支持“三农”发展调研报告》等调研文章。

市委重大决策部署得到广泛宣传。全年编发《朔州工作》6期，120多篇文章，近百万字，大容量宣传党的政策，展示朔州风貌，服务科学发展，促进社会和谐。

创优发展环境。为加强全市和谐社会建设工作，杜绝吃拿卡要现象，促进投资环境改善，组织人员到企业、基层社区对和谐发展环境建设情况进行的调研，撰写创优发展环境、促进和谐社会建设报告，制定良好发展环境考评细则。与省和谐办以及县区、市直单位保持联系，加强督促检查，推动和谐朔州建设。

推进脱贫致富。围绕农业发展、农民增收、农村稳定这一工作重点，定规划、谋发展，送科技、扶贫弱，带着对农民的深厚感情，帮助平鲁区大松沟村改变现状。选派沈宇星任帮扶村下水头乡大松沟村第一书记，为该村制定"稳粮务工强畜牧"的产业发展规划；按照"精准扶贫、精准脱贫"的要求，开展建档立卡"回头看"，核实贫困户；对扶贫村进行慰问，送去75袋白面，协助解决5万元扶贫项目资金。

**【深化改革】** 2015年，朔州市委改革办贯彻中央、省委重大改革决策部署，加强同各专项小组、六个县区改革领导小组协调沟通，紧密配合，加强督查，推动改革工作。加强领导提供组织保证。市委成立全面深化改革领导小组、6个改革专项小组以及领导小组办公室，督促六个县(区)全部成立全面深化改革领导小组、办公室和专项小组。各县(区)全面深化改革领导小组组长，均由县(区)委书记担任，办公室主任由县(区)委副书记担任，或县(区)委办主任担任，各专项小组组长由县委常委担任。建立机制提供制度支撑。制定《中共朔州市委全面深化改革领导小组工作规则》《中共朔州市委全面深化改革领导小组专项小组工作规则》和《中共朔州市委全面深化改革领导小组办公室工作细则》。建立领导小组例会制度。各责任单位实现组建一个专门班子、确定一名分管领导、明确一个承办科室、制定一个工作方案、确定一名科级联络员的"五个一"工作机制重点、推进各项改革工作。统筹协调制订改革计划。各专项小组对本领域重要改革问题进行研究，都出台本领域改革2015年工作计划，共78项改革任务，明确专项改革工作的路线图和时间表。周密部署推进改革深化。全年协调服务召开市委全面深化改革领导小组会议七次，讨论研究《朔州市草牧业发展实施方案》《关于加强和改进人大监督工作，推进"六权治本"实施意见》《关于加强和改进人民政协民主监督的意见》《推进"六权治本，强化审计监督的意见》《关于全市加强社会治安防控体系建设的实施意见》《朔州市落实领导干部干预司法活动、插手具体案件处理的记录、通报和责任追究实施办法》《关于加强和改革舆论监督工作的意见》《关于发挥检察机关查办和预防职务犯罪职能严惩滥用权力实施意见》《关于市政府工作部门权力清单和责任清单编制情况的汇报》《朔州市公务用车制度改革实施意见》等重大改革事项。编发《市委改革办会议纪要》7期，起草全面深化改革会议讲话稿10余篇。采取有效举措凝聚改革合力。在协调推进全面深化改革的各项任务时，注重从重要处着手，从要害处着力，推进六大领域改革。在转型综改试验区建设方面。推进煤炭管理体制改革，出台《关于深化煤炭管理体制改革的意见》《深化煤炭管理体制改革的实施方案》。加快推进矿产资源配置市场化改革，出台《朔州市推进矿产资源市场配置机制改革实施意见》《关于市级发证采矿权公开出让有关事项的通知》等规范性文件，构建朔州市矿产资源市场配置机制改革框架。推进综合性政务服务平台和公共资源交易平台建设。成立"政务服务平台建设"领导小组，制订《关于进一步加强朔州市政务服务平台建设的方案》《关于进一步加强和规范公共资源交易管理工作的意见》。创新农村土地管理制度。推进农村土地承包经营权确权颁证，在全市全面推开农村土地确权颁证工作。深化户籍制度改革，出台《关于进一步推进户籍制度改革的实施意见》《户籍制度改革实施细则》，规范和推动市户籍制度改革工作。创新地方金融发展机制，强化综合融资服务平台建设。创新投入机制，构建科技创新驱动新机制，制定实施《国家创新驱动发展战略朔州行动计划》《朔州低碳创新行动计划》，制定实施《朔州市市本级财政科研项目和资金管理办法》。在推进民主法制领域改革方面。健全和落实法律监督制度，修改和完善《朔州市人大常委会规范性文件备案审查工作规程》。完善人大常委会行使重大事项决定权制度。修改完善《朔州市人大常委会讨论决定重大事项的规定》。健全完善政协委员联系群众、民主监督的制度体系。修定完善《关于发挥界别作用的实施意见》《政协委员密切联系群众的实施意见》和《关于政协委员服务管理的办法》等制度。在推进文化体制改革方面。培育践行社会主义核心价值观，制定出台《朔州市加强和改进先进典型学习宣传实施方案》，健全互联网管理和领导体制，继续推进国有文化院团深化改革，筹建市文化产业投资公司，建立公共文化服务体系建设协调机制。出台《朔州市公共文化服务体系建设协调机制工作方案》《朔州市公共文化服务体系建设协调组议事规则》等。在推进社会体制改革方面。创新社会治理机制。推进社会信用体系建设，印发《朔州市社会信用体系建设工作实施方案》，制定出台《关于深化全市社会服务管理体系建设的意见》。推进社会保障制度改革，创新就业促进机制。制定出台《关于推进朔州市创业就业小额担保贷款工作的意见》《朔州市市级创业担保贷款的实施意见》，推进小额担保贷款工作。在推进党的建设制度改革方面。深化干部人事制度改革。出台《关于全市组织部门推进“六权治本”工作方案》《朔州市干部人事档案管理办法》《朔州市引进紧缺急需专业人才办法》《朔州市关于加强乡镇卫生院人才队伍建设的意见》。完善领导班子和领导干考核评价制度。出台《关于落实“六权治本”要求进一步规范干部选拔任用工作的实施方案》等多个从严管理干部的制度。在推进纪律检查体制改革方面。落实“两个责任”，出台《关于落实党风廉政建设党委主体责任的实施意见(试行)》和《关于落实党风廉政建设纪委监督责任的实施意见(试行)》。落实“两个为主”，落实案件查办以上级纪委领导为主，推进查办腐败案件体制机制改革。加强和改进对权力运行的制约监督，清理参与的议事协调机构。严格督查营造改革氛围。组织力量对各县区、各市直部门进行督查，打通改革“梗阻”。加大舆论引导，全年编发朔州改革信息 47 期，有 25 期被省委改革办编发的《山西改革信息》采用。

**【“六权治本”工作】** 2015 年，

2015 年 9 月 20 日，山西省朔州市草牧业发展实施方案研讨会在北京举行（市方志办供图）

朔州市统筹推进组织协调工作。市委市政府成立由市委书记王安庞任第一组长，市委副书记、市长李海渊任组长，其他常委任副组长、市委副书记郑红任常务副组长的“六权治本”工作领导小组，领导组下设办公室，办公室主任由市委副书记郑红兼任。办公室依托市委改革办（市委政研室），下设七个专门小组。2015年，协调组织领导组召开四次全市“六权治本”协调推进会，研究解决“六权治本”工作推进过程中存在的困难和问题。考察学习吕梁等地的先进经验和做法。先后两次组织相关人员赴太原、吕梁学习考察，组织县（区）赴吕梁、孝义实地了解推进“六权治本”的操作步骤和实施方法，派人参加苏州举办的全国推行权力清单制度培训班，学习安徽、浙江、重庆等地的经验并听取中编办三司及培训中心负责人的授课，并撰写《关于赴吕梁市学习“六权治本”试点工作的考察报告》。制定出台相关制度文件。研究制定出台《朔州市推进“六权治本”规范权力运行实施方案》和《推行政府权力清单制度工作实施方案》，并按照方案时间节点扎实推进各项工作。编发《朔州市推进“六权治本”工作简报》20期，起草《关于在农村推进“六权治本”工作的指导意见》《关于在乡镇（街道）推进“六权治本”工作的指导意见》等，有力地推动工作。对各县区、各部门进行集中督查。9月底，派出两个督导组对六县（区）、开发区以及市财政局、编办、劳动局、公安局、土地局、政务中心、农委、住建局、交通局、工商局11个市直部门 “六权治本”工作推进情况进行集中督查。推进“六权治本”向乡村延伸。紧紧围绕实现“乡村治、百姓安”的工作目标，以开展“涉纪案件大起底大排查”“信访积案百日攻坚”和整治查处“乡村虚报冒领、套取骗取涉农资金问题”为重点，解决发生在群众身边的腐败问题，延伸监督和制约乡镇、农村的权力滥用。省委考核组对本市的六权治本工作给予高度评价。

**【机关党建】** 2015年，开展“三严三实”专题教育。把开展“三严三实”专题教育作为一项重大政治任务认真谋划安排，精心组织实施。单位副处以上领导干部对照“严以修身、严以用权、严以律己，谋事要实、创业要实、做人要实”的要求，聚焦对党忠诚、个人干净、敢于担当，查摆解决“不严不实”的问题，完成讲“三严三实”党课、开展“三严三实”专题研讨、召开“三严三实”专题民主生活会、强化整改落实、建章立制各环节的工作任务。

规范机关组织建设。加强业务能力建设，提高党员素质和工作效能；做好党员的日常教育、管理、监督和服务，教育党员自觉履行“一员双岗”承诺制，发挥党员的先锋模范作用。做好发展党员工作，加强对入党积极分子的培养，掌握思想动态，为党组织输送新鲜血液。

强化党风廉政建设。主要领导切实担负第一责任人的职责，对党风廉政建设工作亲自研究、安排、落实。其他班子成员配合督促落实，负责分管科室的党风廉政建设，建立主要领导亲自抓、负总责，其他班子成员协调配合抓的工作格

2015年5月31日，朔州市开展“三严三实”专题教育学习活动

（市方志办供图）

局。编印学习资料，组织人员认真学习讨论。班子成员以身作则，带头落实“一岗双责”，严格按照党风廉政建设责任制的有关要求，遵守廉洁自律各项规定，规范个人行为，做廉洁勤政的表率。严格党员干部“八小时以内”工作纪律、“八小时以外”廉洁自律和重要节日期间低俗庸俗之风三项重点内容。落实《领导干部廉洁从政若干准则》的规定，加强对亲属、子女的管理，班子成员及配偶、子女没有发生违反廉洁自律有关规定的现象。全体党员干部坚决执行中央八项规定精神，全室没有一起违反八项规定的问题发生。

**【班子建设】** 2015年，加强政治理论学习不放松。2015年，政研室领导班子高度重视抓好学习工作，打造学习型机关。组织全室干部职工学习习近平总书记系列重要讲话精神，采取单位组织集体学，参加市委办公厅系统集中学，个人自学等多种形式开展学习，强化理论武装。政研室领导班子参加市委办公厅系统组织的集中学习14次，单位组织的集体学习10次，真正做到学深、学透、学精，走在全市前列。坚持优化知识结构不松懈。征订《中国共产党》《区域与城市经济》《体制改革》《农业经济研究》等大量学习资料，拓宽学习领域，使知识结构从单一型向综合型转变。广泛涉猎经济、政治、文化、科技、历史、社会等各方面知识，在拓宽学习领域上狠下功夫。始终坚持学以致用不忽视。政研室班子成员始终要求党员干部注重学用结合，学以致用，用理论武装头脑指导实践。坚持执行组织纪律不含糊。执行民主集中制，坚持重大问题集体讨论、研究、决策；坚持班子成员以普通党员身份参加组织生活，听取意见，接受监督，履行普通党员的权利和义务。坚持加强思想政治工作不停步。坚持经常开展谈心活动，班子成员之间全年多次谈心谈话，既谈工作，也谈思想，班子成员之间坚持多交心，发挥集体智慧，形成总揽有力、运转协调、执行有力的决策机制，提高决策科学化水平，营造政令畅通、和谐有序、务实高效的政治环境。开展批评与自我批评，增进相互理解、相互信任、相互支持。用党性进行教育，用感情进行抚慰，用事例进行引导，增强大家勤学习、强业务、干工作的信心。

（市委改革办）

## 机构编制管理

**【政府机构改革】** 政府职能转变和机构改革是近年工作重点，上年年底新一轮政府机构改革正式动员后，经过2015年的推进和完善，朔州市编办各项改革任务全部完成。在改革过程中，做到“三个到位”：基础工作扎实到位。改革中，针对实际情况，加强前期调查研究，多方征求意见，6次赴省编办参加涉及改革的专题会议。在起草《朔州市人民政府转变职能和机构改革方案》（以下简称《方案》）的过程中，反复讨论研究，6易其稿，审核六县区《方案》18稿。改革方案落实到位。统筹全局，按规定设置机构，执行省委、省政府严控机构编制的要求。改革后减少2个工作部门和2个部门管理机构，不再设置部门管理机构，市政府保留32个部门，机构精简12.5%，各县区也在规定限额内设置机构；精简机构的同时转变政府职能，深化农业、卫生、文化、体育、发改等管理体制改革，理顺市县工商和质监管理体制改革，全面完成整合部门领导班子配备。组织措施实施到位。做到“三个严格”：严格落实“一把手”负责制。市委、市政府和各县区主要领导将政府机构改革工作纳入重要议事日程，明确“一把手”亲自抓、负总责的基本要求。严格控制人员编制、内设机构和核定领导职数。坚决执行行政事业编制总量不突破政府机构改革前总量的要求。改革过程中，没有发生超规定核定领导职数和超职数配备领导干部现象。落实部门“三定”规定。市编委印发的《市政府职能转变和机构改革调整变动部门“三定"工作实施意见》，为各部门的主要职责、内设机构和人员编制作明确的规定。

政府机构改革基本做到整合部门组建到位、领导班子配备到位、新机构挂牌、内设机构整合调整到位、人员定编定岗到位、新印章启用到位，高标准、高质量完成改革的各项工作。省编办的机构改革评估组对市县政府职能转变和机构改革工作进行评估验收。市县两级政府机构改革推进平稳，措施有效，达到调整和完善政府机构设置，科学规范政府部门职能的目标。

【行政审批制度改革】 2015年，朔州市编办整体谋划，搭建改革框架。自从深化行政审批制度改革由纪委转到市编办牵头以来，高度重视该项工作，经过几年的摸索，构建以"6张清单、6大平台、5项重点改革、5大监管体系"为主要内容的简政放权、转变职能基本框架。简政放权，释放改革红利。做好"接"的工作，承接省级下放审批事项6批56项行政审批事项。做好"放"的工作，在全省率先取消非行政许可事项，市审改办对市直保留的6项非行政许可事项进行全面清理核实，取消行政审批事项90项，下放行政审批事项55项，市本级保留行政审批事项218。做好"管"的工作，开展全市行政审批专项整治工作，以市政府办印发《朔州市行政审批违规和滥用审批权问题专项整治方案》，先后5次对市直单位和6个县区开展11项行政审批专项整治督查，并对涉及中介服务的34家市直部门对本部门行政审批中介服务进行规范清理。提高效能，规范审批机制。市直机关保留的行政许可事项全部纳入市政务服务中心集中办理，各县区也组织有关部门进驻审批大厅。对12家单位的17项审批事项进行流程修改，优化审批流程，压缩审批时限。

【事业单位分类改革】 2015年5月份，山西省编办召开全省市县事业单位分类批复工作会议，要求市县加快完成事业单位分类工作，重点从三个方面做好该项工作：先易后难，稳步推进。对市直事业单位分三批进行分类，第一批为不涉及行业体制改革、分类依据明确、分类后不存在经费渠道变更的事业单位；在规定时间节点前完成第一批事业单位分类工作；第二批为不涉及正在进行的行业体制改革、分类难度大、经费渠道变更的事业单位。第三批为正在进行行业体制改革的非时政类报刊、培训疗养、机关后勤服务、宾馆招待所、交通和煤炭6类事业单位。分级组织，分级负责。此次分类改革，除承担行政职能的事业单位由省编办审批确定，公益类和生产经营类事业单位均由市县自行确定，分级推进分类，各级负责。分类过程中争取做到"三个一致"，即：与省直、兄弟市、县区事业单位分类一致，名称与省直相同的事业单位保持与省直划分一致，名称相近的事业单位保持与兄弟市一致，市直与县区特有的保持市县一致。吃透政策，科学分类。在具体操作中，准确把握政策，一把尺子量到底，按照《分类目录》的要求，做到上下对应，左右平衡。严格认定行政类事业单位，在确保"三个不突破"（不突破政府机构限额、不突破现有行政编制总额、不突破2012年年底财政供养人员总额）的前提下，解决好行政类事业单位的认定问题。认真测算财政拨款、财政补助职业编制的增减比例，分类后，增加财政补助1593名，增加150%，减少财政编制1279名，减少39%，从整体上减少财政负担。合理划分生产经营类事业单位，严格按照目录当中列举三大类22个常见机构进行分类。在分类前区分主体职能和辅助职能，分类过程中就主不就辅，就低不就高。

12月25日，省编办副主任吕双牛带领省事业单位分类批复工作评估验收组对事业单位分类工作进行评估验收，肯定本市的改革成效，认为通过分类基本达到事业单位布局结构优化、公共服务体系完善、事业单位发展活力增强的改革目标，建立事业编制总量控制和动态管理制度，完善事业编制分类管理制度，提高公益服务和保障能力。

【权力清单制度工作】 2015年，朔州市推行权力清单制度工作由编办牵头以来，按照政策积极推进该项工作。为做好该项工作坚持三结合、三同步：市县结合，同步推进。始终把权力清单编制工作与简政放权、政府职能转变相结合，统筹推进。要求市级政府部门严格按照工作方案时间安排，试点先行，以试点促进展。对县级政府部门加强培训和指导，待市级政府部门范本成熟后，压茬推进。与行政审批制度改革结合，同步进行。结合这次建立“清单”制度工作，要求各部门认真研究本部门现有行政审批权力取消、下放、转移、整合和加强的意见，做到该取消的坚决取消，该调整的依法调整，真正堵住“偏门”，消除灰色地带。对市级保留的20项审批事项进行调整，其中下放4项，取消7项，调整为其他权力事项9项。保留的行政审批事项数量为全省最少，且保留下来的审批事项全部有法律法规依据。“两个清单”结合，同步编制。按照“三报三审”的工作程序和步骤，市级政府45家应编制“权力清单”的部门全部完成权责清单编制工作，全市保留行政权力3009项，朔州市推行权力清单工作进展顺利。

【控编减编工作】 按照省控编减编工作总体要求，2015年市直事业编制要核减360名，朔州市编办在控编减编工作中，细化工作任务，出台《朔州市控编减编工作实施意见》和《关于认真做好控编减编工作的通知》，对各县区年度减编任务进行分解，通过职能转变，行业体制改革，整合、调整事业单位，收回事业编制。通过事业单位分类改革，收回转企改制退出事业单位管理序列的事业单位编制。清理规范事业单位，整合、调整收回职能消失，工作任务消失的事业单位编制。提高信息化、规范化管理水平，整合精简相应事业机构编制。推行政府购买服务，减少实行政府购买服务职能的事业单位编制。可由市场提供、社会承担的新增公共服务，不再成立事业机构、增加事业编制，通过政府购买服务的方式完成。盘活存量动态调整，单位有空编确需增加人员时，首先从市直其他职能弱化、撤销、合并的事业单位现有人员中调剂。出台配套政策，落实机关事业单位工作人员提前退休政策，退休后，退出的事业编制核销。

9月16日，山西省控编减编督查考评组处处长郝鹏飞一行赴怀仁对朔州市控编减编工作进行监督检查并给予肯定。

【机构编制管理和监督检查】 2015年，朔州市编办坚持把严控机构编制摆在管理工作首位，从严从紧审批，把机构编制管理、审批与监督有机地结合起来，机构编制管理水平提升。配合推进相关改革。在做好部门承担的改革工作的同时，积极协调配合相关部门推进其他各项体制改革。整合不动产登记职责。建立全市公共资源交易平台。深化煤炭管理体制改革。深化行政执法体制改革。推进公务用车制度改革工作。推动图书馆法人治理结构试点。县级综合检验检测机构摸底调查。纪检监察机关内设机构调整。深化医药卫生体制改革。配合省编办对我市保密机构进行摸底。推进机构编制实名制管理。在机构和人员核查的基础上，省编办要求进行实名制内网补录，8月，实名制补录工作开始。加强事业单位登记管理。全市每年度事业单位永久库登记202家，新设立登记6家，变更登记46家，年度报告提交197家。年检合格率均能达95%以上。开展政务和公益域名注册工作。上年电子政务中心与市网信办联合行文，安排部署全市党政机关网站开办审核、资质复核和网站标识管理工作，全市党政机关事业单位网站标识管理工作推进。2015年，全市机关、事业单位报送域名1433个、注册域名1380个，报送单位数1234、注册单位数826，覆盖率33.6%，市直党政机关网站开办审核2家资格复核47家；网站挂标44家。严肃机构编制纪律。坚持机构编制的集中统一管理和“一支笔”审批，严格执行机构编制控编审批制度。按照审批权限和审批程序，对市直各单位增加人员，一律要求先到编办领取《控编通知单》，随后才可到组织、财政、人社等部门，按照《控编通知单》办理相关手续、核拨经费，构建起较好的运行机制。做好机构编制日常工作。服务市委市政府中心工作，为加强市委、市政府对农村工作和改善农村人居环境工作的领导，经请示省编办批准，为市农业委员会（市委农村工作领导组办公室）增加副主任领导职数1名；为市委全面深化改革领导小组办公室更好履行职责，经请示省编办批准，为市委政策研究室加挂市委全面深化改革领导小组办公室牌子，增加副主任领导职数1名；为朔州经济开发区管理委员会增设信访局；成立市公安局特殊勤务中心，为增强纪检监察机关履行公务过程中提供安全保障。受理市直单位机构编制事项请示文件41个，其中，转市长批件10个，共批复发文18家。

**【干部队伍建设】** 2015年，朔州市编办加强制度建设，打造规范规矩的机构编制队伍。建立市编办“一把手”五不直接分管制度和末位表态制度，并对副主任职责进行明确。解决一把手权力过分集中的问题，形成副职分管、正职监管、集体领导、民主决策的权力运行机制。“三重一大”事项严格按程序提请编委会或者编办主任办公会议研究决定。

公开透明，确保选人用人公平公正。市编办干部的选拔过程中，涵盖民主推荐、考察培养、选拔酝酿、讨论决定等多个工作环节，结合部门实际和组织部标准化、规范化的选拔标准，构建成科学有效、适用于机构编制工作的选人用人制度。2015年调整干部2名，人事任免均经主任办公会研究同意，任用过程公开透明，符合《党政机关领导干部选拔任用条例》各项规定。

强化作风建设，推动各项制度落实到位。严控“三公”经费开支，压缩一般性费用支出，从严管理公务用车，公务接待活动一切从简；狠抓文风、会风整改落实；严格遵守办公用房规定。

**【党风廉政建设】** 2015年，朔州市编办深入学习领会习近平总书记系列重要讲话精神，贯彻落实中共十八大、十八届三中、四中、五中全会精神。全办党员干部坚持每周二、五下午集体学习。把每周学习变成“学讲课堂”，领导带头学、科室负责人主动讲，对讲话内容进行重点梳理，确保新思想、观点、论断、要求领会到位、把握到位。。

践行“三严三实”，塑造机关良好形象。领导班子查找“不严不实”问题，对照检查，建章立制，立说立改，班子成员通过学习讨论，剖析自身存在问题，贯彻落实三严三实的各项要求。

推进党风廉政建设和反腐败工作，打造廉洁队伍。落实领导干部廉洁自律工作要求，加强权力运行的制约和监督。凡涉及机构编制重要事项、干部人事、大额度经费使用等问题都必须经领导班子集体讨论决定，责任进行分解；以高度的政治责任感，推动落实“两个责任”，严把用人关，防止出现选人用人的不正之风。全办无违规违纪、以权谋私、行贿受贿等现象发生，基本建立起不敢腐、不能腐、不想腐的机制，用实际行动把省委革弊立新、激浊扬清的决策部署落到实处。 **（市编办）**

## 机关工委党的建设

**【思想建设】** 2015年，朔州市机关工委以开展学习讨论落实活动和“三严三实”专题教育为契机，把理论武装摆在首位，推进政治理论学习。领导干部讲党课。市四大班子领导带头讲党课，各级党委(党组)书记、党总支、党支部书记带头讲党课，以上率下。据统计5月份以来有240多名领导围绕从严治党“三严三实”主题讲授党课260多场。中心组学习得到强化，各单位中心组集中学习达到3次以上，发挥党组中心组学习的带头引领作用，增强学习效果。突出重点学习内容。各级党组织组织机关党员干部学习习近平总书记系列重要讲话精神，学习十八大、十八届三中、四中、五中全会精神，学习省委十届六次全会、全省“两会”、市委五届七次全会精神，提高党员干部与党中央保持高度一致的政治觉悟。制订周密的学习计划。市直机关各单位紧跟形势，结合单位工作实际，全面制订年度、季度学习计划，保证落实学习时间、内容、责任人、授课人，做到有计划，有安排，强化学习。开展主题党日教育活动。市直工委组织机关党支部书记开展重温入党誓词活动，开展专题党课教育活动。配合市委宣传部在机关开展“革弊正风、廉洁发展”读一本好书征文活动。将评选出的优秀文章汇编成册下发给各级党组织进行学习。机关单位党组织围绕“三严三实”教育工作和

2015年7月1日，朔州市市直机关工委组织入党积极分子进行党的基础知识集中考试　　（市方志办供图）

庆祝建党94周年组织开展讲党课、重温入党誓词、瞻仰烈士陵园、开展主题演讲、组织知识竞赛、先进人物报告会等主题党日教育活动，营造浓厚的学习氛围。

**【基层组织建设】** 2015年，朔州市加强机关基层组织建设和党员干部队伍建设，推动机关各项工作落实。落实党建工作责任制。年初，按照从严治党的要求，制定下发《2015年机关党建工作责任制目标考核细则》，以此督促机关党组织落实责任，做好机关党建工作。6月29日，市委组织部下发《关于实施“六项从严措施”，加强基层党组织建设的通知》，针对机关实际，做研究部署。完善基层党组织建设。工委贯彻落实《中国共产党党和国家机关基层组织工作条例》和省委的《实施意见》，加强机关党组织撤并、换届选举工作。通过摸底，对新成立的单位、从原单位分设的单位、与其他单位合并设立党支部的单位，根据各自情况，新组建6个党支部。对任期届满的各基层党委、党总支、党支部，督促其按照要求，及时完成换届选举工作。13家单位按期进行换届选举。对任期尚未届满，由于干部调动、退休或其他原因，造成基层党委、党总支、党支部委员会人员变动的单位，及时完成届中调整，增补基层党委、党总支、党支部委员13人。开展党支部规范化建设。为进一步规范党支部建设，年初制定下发《中共朔州市直机关工委关于落实从严治党要求，加强机关党支部建设的意见》，指导机关各级党组织加强机关党支部建设。贯彻落实省委组织部、市委组织部《关于集中整顿软弱涣散基层党组织的通知》相关文件精神，对市直机关基层党组织进行分类定级，对评为较

差的(住建局机关党委、环保局党支部、安监局党支部、体校党支部、西山引黄办党支部、市三中党支部)6家软弱涣散党组织进行整顿。贯彻《发展党员工作细则》(以下简称《细则》)，做好发展党员工作。2015年，在学习宣传《细则》的基础上，对以往发展党员工作中不规范、不严格的地方进行修正。按照《细则》的要求培养和确定入党积极分子，执行确定发展对象流程，接收预备党员程序，审查预备党员的教育和考察转正，执行发展党员工作纪律。6月中旬，组织入党积极分子进行党的基础知识集中考试，提高发展党员质量。加强对流动党员的管理和服务，建立和完善流动党员动态管理机制，完善市直机关基层党组织、党员和入党积极分子信息数据库。完善机关党建工作述职制度。以书面述职和口头述职相结合的形式，开展机关党组织书记履职情况述职，推动和带动机关各级党组织书记队伍强化责任意识，自觉履行抓好党建工作的职责。开展帮扶活动和下乡住村活动。为落实党内激励关怀帮扶机制，体现党组织对党员的关心爱护，增强广大党员的荣誉感和责任感，市直工委在春节期间对市直机关生活困难党员和老党员开展慰问帮扶活动。马莲滩村是市直工委的帮扶村，主要以传统种养业为主，抓好支农惠农政策的贯彻落实，是释放农业潜力、促进农民增收、稳定大局的需要和必然。市直工委下乡工作队多次深入扶贫村摸底调研了解情况，针对全村贫困户、五保户及低保户，拟实行市直工委党员干部帮扶计划，解决群众实际困难，帮助提高农民收入。

**【作风建设】** 2015年，朔州市为深入贯彻落实中央八项规定，持之以恒纠正市直机关“四风”问题，加强机关作风建设，按照省、市纪委的安排部署，市直工委年初下发《关于2015年市直机关贯彻落实中央八项规定，纠正“四风”，落实好“两个”责任的通知》文件，对市直机关政治纪律执行情况进行不定期监督检查。发挥市直纪工委职能，加大查办案件力度，通过多种渠道，搜集案件线索，做到早发现、早教育、早惩处。2015年，市直纪工委查处违纪党员22人，给予党内严重警告5人，党内警告7人，留党察看1人，受批评教育3人，受扣工资处分1人，被初核4人，被函询1人；还对市直机关科级及以下干部详细情况进行建档，规范科级干部提拔审核程序。市直工委还配合市纪委开展各种案件调查和查处工作。

为增强市直机关广大党员干部的党性观念和廉洁从政意识，预防职务犯罪，3月底，市直各单位领导带领本单位全体党员干部相继到朔州市预防职务犯罪警示教育基地参观学习，接受党风廉政建设教育，筑牢拒腐防变的思想道德防线。

**【机关文化建设】** 2015年，在市直机关开展“践行社会主义核心价值观”主题活动和“弘扬核心价值观、同心共筑中国梦”系列教育活动，宣传践行社会

2015年6月30日，朔州市市直机关工委开展纪念建党94周年主题党日活动　（市方志办供图）

主义核心价值观的先进典型，使社会主义核心价值观融入党员干部思想，融入机关文化、行业文化、企业文化和校园文化，贯穿机关党的各项建设，成为引领社会风尚、推动社会发展的强大力量。加大机关精神文明建设力度，修订和完善文明和谐创建考核体系，严格把关，严格标准，严格评审，提高机关文明和谐程度，创建和谐机关。开展2014年度市直机关文明和谐单位、文明和谐单位标兵评比命名表彰活动。推进“讲文明、树新风”活动，制定市直机关“倡树文明新风，摒弃陈规陋俗”倡议书，发动市直机关全体党员干部倡树文明新风，摒弃陈规陋俗，营造积极向上的社会风气。

【自身建设】 2015年，朔州市机关工委履行《中国共产党和国家机关基层组织工作条例》赋予的职责，完善班子成员联系基层党组织制度，工委工作制度、会议制度和党员干部学习培训制度。注重班子内部团结，发扬民主；注重机关干部队伍建设，抓理论学习，抓素质提升和能力创新。工委全体干部上下一心，尽职履责，强化领导，协调指导，当好市委管理市直机关党的组织建设和党员队伍建设的参谋助手，增强机关党建活力，提高机关党建科学化水平。在凝聚人心、统一思想，增强党组织战斗堡垒作用，党员先锋模范作用上作出积极贡献，确保市直机关党建工作任务的全面落实。克服工作量大，人员少的困难，有关领导积极参与市委和市纪委等有关部门安排的其他工作任务，在每项任务中都发挥骨干作用。 （市直机关工委）

## 离退休干部管理与服务

【概述】 2015年，朔州市离退休干部工作按照全省老干部工作会议的要求，贯彻落实党的的十八大、十八届三中、四中全会精神为主线，以“全面做好离退休干部工作”为目标，围绕市委、市政府工作大局，加强离退休干部“两项建设”，落实老干部工作政策，加强自身建设，深化服务管理，各项工作进展良好。

【离退休干部政治待遇落实】 阅党报党刊。2015年，朔州市局为离休干部、四套班子退下来的领导干部征订《人民日报》《朔州日报》《参考消息》，为市直处级以上离退休干部征订《山西老年》，县（区）老干局为离退休干部征订《山西老年》《党史文汇》《特别关注》《先锋队》《中国老年》等多种报纸杂志，全市为此项工作共计支出81万余元。组织召开情况通报会。2015年，全市召开9次年度经济社会发展情况通报会，参会离退休干部代表1340余人。适时召开座谈会。全市召开各类座谈会26次，参会离退休干部代表530人次。组织参观考察。组织离退休干部参观本地重点工程项目8次，480余名老干部代表参加，让老干部体会转型跨越发展带来的巨变。发挥离退休老干部参政议政作用。全市有82名老干部参加市、县人代会、政协会议；在“三严三实”活动期间邀请老干部320人次参加市、县两级动员会、征求意见座谈会和总结大会。全市其他重大会议均邀请老干部参加，征求他们的意见建议。

【离退休干部福利待遇保障】 2015年，朔州市离休干部离休费、医药费“三个机制”健康运行。离休干部离休费、医药费全部由各级财政保障，按国家政策规定按时足额发放。全市离休干部冬季取暖补贴按标准一分不差。《关于提高抗战时期离休干部医疗待遇的通知》精神全部落实。圆满完成走访慰问工作。元旦、春节有80余名市、县（区）领导带队入户对离退休干部进行慰问，发放慰问品、慰问金100余万元，把党和政府的关怀送到每位老同志的身边。国庆前夕，市、县（区）为参加抗日战争的离休干部发放一次性慰问金26万元。7~11月，对全市4名异地安置离休干部进行慰问，接待石家庄等异地慰问队伍1批次。组织健康体检。为

287名市直处级以上退休干部和42名离休干部进行健康体检。市辖六县（区）分别为1480名离退休干部进行健康体检。落实政策待遇。根据《关于转发中共中央组织部、财政部、人力资源社会保障部〈关于企业和事业单位离休干部病故一次性抚恤金有关问题的通知〉的通知》精神，全市离休干部病故一次性抚恤金贯彻落实。除怀仁、山阴全部执行新标准。坚持特困帮扶制度。帮扶特困离退休干部及遗孀11户，帮扶资金2.4万元。开展“1234”零距离服务竞赛活动。即围绕一个目标(让党放心、让老干部满意)，完善两项制度(在职领导干部联系老干部、支部联系老党员)，坚持“三走进”(走到老干部家中、走进老干部党支，走进老干部活动阵地)，做到“四必访”(涉及离退休干部待遇市里政策出台前必访，重大节日必访，生病、住院必访，家属去世必访)，通过开展活动，转变工作作风，增强服务意识。集中全力为老干部办实事解难事。针对离退休干部住院办手续不便的问题，协调市卫生局在公立医院和社区诊所设立老干部就诊“绿色通道”，并加强对老干部医疗费报销、结算等事宜的协调，确保及时按规定报销。市级老干部、离休干部去世，协助其家属办理好丧事，做好慰问工作。平鲁区针对部分老干部记性差、出行容易迷路走失，或老干部独自外出时突发疾病危险等情况，免费给有需要的老干部发放载有关键信息的黄手环。朔城区为已故离休干部陈秀花解决历年累计住院药费11000元；为离休干部李海小解决6000元困难补助。抓好利用社区资源做好离退休干部服务工作，落实《关于利用社区资源做好离退休干部服务工作的实施意见》，对市、县离退休干部服务工作社区示范点进行“回头看”，总结经验，查找不足，制定改进措施。抓好离退休干部信访问题解决及督办落实。2015年，一起省局转办中组部信访件，按规定正在落实；无进京赴省上访和集体上访件。

**【党组织建设】** 2015年，朔州市老干部局加强组织建设，完善组织设置。根据就近便利，注重实效的原则，对全市24个单建支部进行调整，更有利于增强党支部的活力和凝聚力。全年158名离退休干部党支部书记参加各级党组织的培训。开展为党的事业增添正能量活动。组织开展以“展示阳光心态、体验美好生活、畅谈发展变化”为主题的系列活动，开展“薪火传递葆本色、转型跨越立新功”和“同心共筑中国梦”，全市23名离退休干部网络宣传员成为弘扬正能量的传播者，报送身边好榜样、抗日战争史回忆、学习贯彻三个会议举措等各类信息稿件25篇，引导全市离退休干部充分运用网络正面发声，讲好中国故事、弘扬中国精神、传播中国好声音，引领网络文明风尚，传播社会正能量。9月21至23日，组织3名离退休干部网络宣传员骨干和1名协管员参加省委老干部局组织的专题培训。在深入宣传李尧、王耀斌、赵纲、李凡、赵达等10名先进典型基础上，挖掘打造新的典型。上官升魁、王宏儒、苏仕平等近20名老干部，坚持在自己的辖区内宣传党的政策，对一些谣言和不良传言及时辟谣和纠正，深受群众欢迎；平鲁区利用《平鲁老年》刊物的宣传功能，发掘、整理身边老同志发挥作用的典型事迹，为老同志进行文学创作、时事评论、回忆过去搭建重要平台；右玉县委老干部局组织“文渊斋”“夕阳红”文艺宣传队，深入乡村，以群众喜闻乐见的形式，宣传党和国家的方针政策。学习贯彻十八大、十八届三中、四中、五中全会会议精神和习近平总书记重要讲话精神，以离退休干部党支部为阵地通过报刊、参加培训班、研讨会等方式进行相关学习。为老干工作人员和离退休干部党员发放《三中全会决定》《学习参考》《论群众路线——重要论述摘编》等学习资料12800余份；60名老干工作人员和263名离退休干部党员分三批参加市、县(区)委组织的理论培训和专题讲座;焦有堂、王宏儒等73名离退休干部参加理论宣讲团和文艺宣传队深入老年大学和离退休干部党支部开展专题辅导。学习贯彻全国和全省“双先”表彰大会精神、全省老干部工作会议精神。全市组织离退休干部和老干部工作人员专题学习讨论会21次,发放《学习贯彻习近平总书记等中央领导同志在“双先”表彰大会上的重要讲话精神宣传提纲》和《认真做好新形势下老干部工作》及近年来中央领导和中组部关于老干部工作讲话、论述摘编等学习资料11000余份。做好全省离退休干部先进集体和个人推荐工作。6月30日,全省双先报告会在太原召开,4个离退休干部党组织、4名离退休干部先进个人、4个老干部工作先进集体、3名老干部工作先进个人受到表彰。市局组织开展离退休干部双先代表先进事迹循回报告会。全市270余名离退休干部代表及工作人员、480余名离退休干部分批次听取全省离退休干部“双先”代表先进事迹巡回宣讲报告会,60余位离退休干部代表参加理论宣讲团或文艺宣传队。

【阵地建设】 2015年,朔州市老干部局改善活动条件。出资3.8万元为活动中心老年大学添置更新设施,为离退休干部提供干净舒适的活动环境。加强服务管理。市、县(区)相继出台《活动中心管理制度》《活动中心卫生管理制度》《报刊发放制度》《考勤制度》等对活动中心进行秩序整顿,并定期召开培训汇,提高工作人员服务意识。广泛开展活动。7月组织200余名离退休干部和63名老干部工作者参加“迎七一知识竞赛”;9月组织离退休干部参加省局举办的“纪念抗战胜利七十周年”书画摄影工艺品展,报送作品16幅,全部入展,其中2幅获优秀创作奖。“五一”“七一”、重阳节期间,市、县(区)举办门球赛、象棋赛、乒乓球赛、健身操比赛、书画展等文体活动。

【自身建设】 2015年4月24日,朔州市老干部工作会议召开,会上市委常委、组织部部长冯云龙强调老干部工作部门和老干工作者都要坚持“两讲、两抓”,即讲政治、讲感情,抓服务、抓落实,全面做好离退休干部工作,为做好工作指明方向。加强信息宣传调研。围绕省里下达的调研课题,及时下发《2015年度调研工作实施方案》,明确调研工作任务,评选出3篇优秀调研文章报送省局;在全市范围内开展交叉督查工作,互相学习,共同提高;在加强对各县(区)信息工作联系与指导的基础上,做好信息工作,向山西老干部工作网报送信息78条,编辑《朔州市老干部信息》28期;在《朔州日报》上刊登信息11条。平鲁区创办《平鲁老年》,受到离退休干部的普遍欢迎;春节、重阳节前,山阴县老干部系列活动在《朔州新闻联播》中播出。

【党风廉政建设】 2015年,朔州市加强组织领导,全面落实党风廉政建设责任。把党风廉政建设工作纳入重要议事日程,对党风廉政建设目标进行责任分解,领导班子成员实行“一岗双责”,明确党支部书记、局长为第一责任人,分管副职为直接责任人,将党风廉政建设责任制贯穿于工作全过程,落实到工作的各个环节。加强制度建设,打造廉洁高效的领导班子。结合机关效能建设,规范权力运行机制,并以此为契机,修订完善领导班子民主议事等8项制度,班子成员之间经常交心通气,团结务实,既有分工,又能密切协作,充分发扬民主,做到大事小事都商量,战斗力和凝聚力不断增强。加强廉洁自律,模范执行廉洁从政各项规定。集体决策方面,坚持重要事项由局务会议集体研究决定,不搞一言堂。个人事项方面,所有班子成员均能严格遵守党员领导干部廉洁自律有关规定,执行领导干部收入申报制度,如实汇报个人、配偶及子女住房、从业情况。推进学习讨论落实活动和

“三严三实”专题教育。以习近平总书记提出的“反腐倡廉的核心是加强对权力运行的制约和监督”“把权力关进制度的笼子里”的重要论述为根本指针，围绕“严以修身”“严以律己”“严以用权”“弘扬右玉精神”四个主题，把推进“六权治本”与推进老干部工作科学有序发展有机结合，落实“三严三实”，廉洁从政，扎实作风，使党员领导干部思想上受洗礼、政治上再锤炼、作风上更过硬，做到“忠诚干净担当”。

（市老干部局）

## 信 访

**【概述】** 2015 年，朔州市各级信访部门树立“发展是第一要务、稳定是第一责任”的理念，团结带领全局干部职工围绕市委、市政府的工作大局，贯彻落实中央、省委关于信访工作的一系列重大决策和部署，各方面都取得较好的成绩，全市信访工作稳步推进，信访秩序明显改善。

市级受理群众来信来访 15714 件次，同比上升 31.6%。其中，来信、来电 503 件次；个体访 1465 人次，集体访 667 批次 13746 人次。全年发生进京非访 409 人次，未超出省定控制指标。

**【信访稳控】** 2015 年，朔州市组织召开全市信访工作会议，专题研究部署全国、全省“两会”期间信访工作。会上，出台下发《关于做好全国、全省“两会”期间可能进京赴省上访人员稳控工作的通知》《朔州市全国、全省“两会”期间信访工作方案》等相关文件。两会前夕，再次召开全市信访维稳工作会议，专题部署全国“两会”期间信访工作，会上出台下发《朔州市全国“两会”期间信访工作方案》《关于全国“两会”期间省联席办交办重点信访案件和重点稳控人员的通知》《关于赴各县区、开发区和部分市直单位进行督导工作的方案》等相关文件。8 月，先后 4 次召开信访专题会议，安排部署党的十八届五中全会以及“9·3”纪念活动期间信访工作。全国“两会”“9·3”纪念活动、十八届五中全会期间，市委常委、政法委书记李锦，市委常委、秘书长李根田坐阵指挥，对市直易引发进京上访的疑难信访问题多次召集信访、法院、公安、劳动等有关部门研究解决办法，部署稳控措施。由市委副书记郑红带队，市驻京联络处牵头，抽调市公安局、市法院、市信访局以及各县区有关人员 60 名，成立驻京信访工作组，并配备接访专用警车 5 辆，负责进京上访群众的接待和劝返工作。全国“两会”“9·3”纪念活动、十八届五中全会期间实现进京“零滞留”和“四个不发生”目标，发挥首都“护城河”作用，受到省领导和省联席办的肯定和表扬。

**【接访下访】** 2015 年，朔州市信访局先后召开 22 次信访专题会议，就如何做好接访、下访工作做出专门部署。市委、市政府主要领导对信访工作逢会必讲、下乡必查，并亲自处理信访问题。为维护人民群众根本利益，及时处理群众反映的合理诉求，市联席办印发《关于市委、市政府领导定期接待上访群众的实施意见》，按照市委常委、副市长分工，安排市领导接访活动，保证市级党政领导班子成员每人每月至少包案接待处理 1 件信访事项。要求县级党政领导班子成员每人每月至少包案接待处理 2 件信访事项，乡（镇、街道）领导干部随时开门接待群众来访，在重大活动期间、敏感时段，各级领导干部要加大接访的频率和密度，确保人民群众诉求得到及时妥善处理。市委书记王安庞批示 8 件信访案件，接待 7 批 80 多人次群众来访。市委副书记、市长李海渊亲自接待化解汇成电冶有限公司改制遗留问题和朔城区部分中考学生家长反映无法上学等 14 起疑难复杂信访问题。各级党政领导共接待信访群众 287 批次 4489 人次，其中市级领导接待 103 批次 1893 人次。5 月 18 日，经常委会研究，决定配备律师、法律工作者进驻市县两级信访接待场所。

72 名律师参与信访接待 134 批次。

按照中央、省委的要求和市委的部署，两办印发《关于进一步加强市委、市人大、市政府、市政协领导接待上访群众的实施意见》，领导干部每日坐班接访制度全面实施，市党政主要领导以身作则，市委书记王安庞、市长李海渊分别在市信访接待大厅接待群众来访。在重大活动及敏感时期，实行“无假日”接访。各县区党政主要领导落实领导接访制度，并进行公开公示，最大限度地把问题解决在基层，把群众吸附在当地。

【纠纷排查化解】 2015 年，朔州市各县(区)根据属地管理的原则，按照“县不漏乡、乡不漏村、村不漏户、户不漏人”的要求，对辖区内农村、社区、机关、企事业单位、学校、公共场所以及铁路、公路、各类管线开展拉网式排查，做到对掌握的各类不稳定因素逐件按诱因、时间、地点、单位、涉及人数、重点人员等因素汇总梳理建立台账，分类登记造册，确保影响社会稳定的因素全掌握、涉及公共安全的重大治安防患全掌握、事关群众切身利益的矛盾纠纷全掌握，真正做到底数清、情况明。市直有关部门按照“谁主管、谁负责”的原则，围绕重点领域、部位、人群、行业进行重点排查，把已经形成的、正在发生的不稳定因素或有苗头性倾向的隐患全部纳入视线。在重大活动期间和敏感时段，在通往首都的朔州火车站、汽车站等重要关口，派出信访工作巡查组，对疑似进京上访人员及时排查，了解情况，现场协调解决，并就地做好劝返稳控工作。对排查出的矛盾纠纷，进行梳理，按照问题的性质和管辖，将化解责任落实到相关责任单位和责任人，由专人负责调处，保证每一项不稳定因素都有人管、有人抓、有解决问题的具体期限，最大限度地把矛盾解决在基层、解决在萌芽状态。2015 年，在市信访局成立朔州市访调对接中心。通过各级各部门的大排查、大化解，全市累计排查矛盾纠纷 1152 起，化解 1118 起，化解率 97%。

【处置积案重案】 2015 年，朔州市委、市政府本着事要解决的原则，把积案化解工作作为重中之重，高度重视，加强领导，强化责任，细化措施，一大批信访积案解决，积案化解工作取得成效。严格实行领导包案。按照 4 月 9 日和 5 月 19 日市委常委会的安排，以“信访积案百日攻坚”专项活动和专项治理中央、省交办朔州市的 559 件积案为重点，逐人逐案建立工作台账，包括:信访人的基本信息、反映诉求、解决过程、化解情况、后续措施、意见或建议，做到责任落实全程留痕，资料证据有备可查。对于积案，市级采取“市委常委包县区、副市长包分管领域”的做法，市级包案领导对自己所包案件亲自主持会议研究、制订解决方案，亲自督查督办、落实处理意见，直至案结事了、息诉罢访。市领导亲自督办化解。包案市委常委、副市长把解决信访问题作为党风廉政建设的一项重要内容去抓，先后 38 次深入各县区调研督办，亲自研究化解办法和稳控措施，逐案听取汇报，逐案落实责任。5 月中旬以来，市委书记王安庞和市委常委、市纪委书记康吉仁深入六县区和乡镇实地调研、督查指导，同全市所有乡镇党委书记、纪委书记面对面座谈，对县乡基层落实党风廉政建设“两个责任”提出明确具体要求，对个别乡镇党委和纪委责任意识不强、办案力度不够、反腐败成效不明显等问题给予严厉批评并追责问责。在积案化解过程中，坚持法定途径优先，依法按政策办事，组成专门工作组，积极接访、下访，以直接联系群众为主要方式，面对面倾听诉求，有针对性地提出化解方案和推进措施，就地解决群众合理合法诉求。

2015 年，专项治理省交办本市第一批 489 件积案，化解 442 件，化解率 90%；第二批信访积案 70 件，化解 64 件，化解率 91.4%。积案化解工作取得成效。12 月 15 日，召开市委常委会议，研究部署全市"冬季行动"涉及民生信访事项化解专项行动，案件全部交办各县区和责任单位。

【信访秩序】 2015年，朔州市信访局坚持用法治思维和法治方式开展工作，引导上访群众在法治轨道内解决合理诉求。按照"诉求合理的解决到位，诉求无理的解释到位，生活困难的帮扶救助到位，行为违法的依法处理"的要求，加大力度，重点推进。加强对重点人员的教育稳控。对省交办的68名信访重点人员加大教育稳控力度，落实"四包一"措施，即一名包案领导、一名责任单位领导、一名包村干部、一名公安干警，按照"一事一案""一人一案"的要求，所有案件分解到各涉案县区和市直相关单位，由各县区和市直相关部门主要领导包处，逐人逐案建立台帐，明确责任单位及责任人，确保信访人不失控、不非访；对长期缠访闹访人员，落实好稳控措施，确保重点人员、重点群体不进京、不滋事、不扰民。坚决依法处置非正常上访。按照"一次非访释法说理、教育引导；两次非访训诫警示、讲明后果；多次非访固定证据、依法处置"的原则，对非访人员，要求基层部门主动耐心细致地做好接访劝返工作，教育、劝导当事人通过诉讼、仲裁、调解等法定途径解决。对无理诉求、缠访闹访、以访谋利、寻衅滋事、敲诈勒索、扰乱社会秩序等行为，由公安机关固定证据，坚决依法从严处理，绝不姑息迁就。对进京和赴北戴河非正常上访的人员，按照省政法委、省高院、省检察院、省公安厅、省司法厅联合制订的《关于依法处理非正常上访行为的指导意见》予以坚决打击。2015年，市公安机关共打击进京赴省非访411人次，刑事打击38人（已判刑2人，刑事拘留14人，批捕13人，提起公诉9人），行政拘留344人，警告、训诫29人。

【信访法律法规宣传】 2015年，朔州市信访局加大宣传《信访条例》及相关法律法规的力度。5月，《信访条例》修订十周年和12月4日国家法治宣传日，在全市主要街口向市民发放国务院《信访条例》、山西省《信访条例》《信访法律汇编》手册和《信访知识100问》手册等宣传资料累计54300余份，并为群众提供免费信访咨询服务，累计接待群众咨询1300多人次。

【干部队伍建设】 2015年，朔州市开展"三严三实"活动。制订《市信访局"三严三实"专题教育活动方案》。努力与信访工作实际相结合，同解放思想、破解难题相结合，同推进"两大任务"、维护全市经济社会快速稳定发展相结合。转变职能、改进作风，努力提高服务科学发展的能力和水平。在完成日常接待工作的同时，局领导班子成员按时参加市里组织的学习、培训、讲座等。加强组织和制度建设。年初，制订《信访局党支部2015年工作计划》，对全年党建工作进行安排部署，以明确工作任务；坚持"三会一课"制度，定期召开民主生活会。推进学习型党组织建设。把建设学习型党组织和学习型领导班子摆上重要议程，成立领导组，召开动员大会，制定下发《实施意见》，开展"读一本好书、写一份心得、作一次调研、搞一次座谈"等各类主题学习活动，引导各级党员干部紧密结合朔州转型跨越发展实际分析思考，在理论学习中寻求答案、推动各项工作科学发展。着重提高全局干部的六种能力：理性思考和善于综合分析的能力；应对复杂局面和善于解决疑难问题的能力；把握全局和善于协调指导的能力；探索总结和善于创新发展的能力；疏导教育群众和善于做思想工作的能力；文字写作和语言表达的能力。

【党风廉政建设】 2015年，朔州市信访局抓好党风廉政建设目标责任制管理。全市党风廉政建设大会之后，迅速行动，召开全局会议，传达学习会议精神，联系本单位实际，制订工作方案，抓好贯彻落实。把党风廉政建设责任制与干部年终考核相结合，坚持和业务工作同部署，同落实，同检查，做到党风廉政建设和反腐败工作有部署、检查、总结。制订《朔州市信访局学习贯彻〈中国共产党廉洁自律准则〉和〈中国共产党纪律处分条例〉方案》，领导班子成员按照工作分工认真抓分管工作范围内的党风廉政建设责任制的落实。抓好领导干部廉洁自律工作。朔州局领导班子成员都能以身作则，按照党风廉政建设责任制的有关要求，遵守廉洁自律的各项规定，规范个人行为，做廉洁勤政的表率。班子成员对照领导干部廉洁自律有关规定和文件要求进行深刻自查，相互开展批评与自我批评，推动党风廉政建设工作的开展。学习贯彻中央、省、市各项规定。贯彻落实中央八项规定，省委四个实施办法和市委十项规定。重点加强对科级以上干部特别是主要领导干部的监督。执行述职述廉、民主评议、谈话诫勉、民主生活会、重要情况报告和经济责任审计等制度，加强对管钱、管物、管人的干部监督，接受干部职工的监督，完善监督制约机制。 （市信访局）

## 党校(行政学院)教育

**【概述】** 2015年，朔州市委党校组织全体党员干部学习习总书记系列讲话精神和十八届三中、四中、五中全会精神，学习《中国共产党章程》《廉洁自律准则》和《中国共产党纪律处分条例》，要求联系工作实际，在仔细研读马克思主义经典原著、中国特色社会主义理论体系的基础上，把学习心得和体会撰写成理论文章。通过学习，校委领导班子的理论水平提高，战略思维和世界眼光提升，思想境界升华。校委在政治上能够和党中央保持高度一致，向中央政治局看齐，自觉把思想和行动统一到中央和省委、市委的重大决策部署上来，遵守政治纪律和政治规矩，思想作风和工作作风转变。

**【干部培训】** 2015年，朔州市委党校举办计划内培训班18期，培训干部2655人。另外，为市直各单位举办不同规模、不同类型的培训班50期，培训各类人员10925人。通过深入调研、反复论证，认为建设大党校格局势在必行。在具体工作中，各县区党校加挂市委党校分校牌子实现全市党校系统教师资源共享和课题共担。1月，朔城区委、平鲁区委先后把副科以上党员干部400多名送到市委党校培训，采取全市党校教师讲课大赛选拔出来的市县两级优秀教师同台竞赛方式授课，教学质量提高。驻朔大型国有企业、大型民营企业挂市委党校分校牌子，实现企业各类党员干部理想信念、党性锻炼、廉政教育等大面积覆盖。建立中共朔州市委党校右玉实训基地，打造能够体现右玉精神，如绿色发展、共享发展、树立正确的政绩观等课程。

**【智库建设】** 2015年，朔州市委党校针对教师数量少、理论水平偏低、科研力量软弱的现状，大刀阔斧开展智库建设。聘请33位国家级、省、市级理论水平较高实践经验比较丰富的同志任特聘教师，由这些特聘教师承担市委的科研课题；市级领导到各党校各类培训班讲党课，领导登讲台实现制度化、常态化。既优化党校师资队伍结构，有效弥补党校师资存在的不足，又能产生“鲶鱼效应”，促进师资队伍的建设，提高党校教育的实效性和科学性；加大教师外出培训力度，提高市县两级党校教学科研力量，选派具有副高以上职称教师到中央党校进修学习，到省委党校集中培训；科研为当地经济社会发展提供决策咨询服务；建设电子图书馆，与市图书馆进行对接，有限资源得到充分利用。

**【自身建设】** 2015年，朔州市委党校把开展“三严三实”专题教育作为党建重点工作来抓，整个活动按照市委的统一安排及早筹划，召开动员大会，成立组织机构，制定实施方案认真学习，提高认识；征求意见，查找不严不实问题，列出清单；整改落实，建章立制，集中召开四次专题研讨会，撰写领导班子及个人对照检查材料，召开专题民主生活会和组织生活会，整改落实注重建章立制、真整实改，以刚性的制度规定和严格的制度执行，确保改进作风规范、常态、长效化。通过“三严三实”专题教育，全校干部职工思想作风和工作作风有很大的转变，通过组织全体党员干部观看警示片，进行党风廉政教育，要求党员干部严格遵守中央的八项规定和党校的各项规章制度，个别职工存在的对待工作不认真，粗枝大叶等庸懒散粗松俗现象在一定程度上有所改观。规范办文、办会、办事程序。规定周一为集中学习日，针对过去一些规章制度不完善、不健全、不切合实际的问题，修订机关工作制度 32 条，发挥机关高效、廉洁、精干作用。

**【廉洁自律】** 2015 年，朔州市委党校坚持依法办事，严格遵守中央八项规定和中央两办有关通知要求，自觉维护和遵守党校的一切规章制度，坚持民主集中制原则，谋划开展重点工作、重大决策事项、财务支出全部经过校委会议集体研究决定。全年干部职工没有一人违反八项规定和劳动纪律。

（市委党校）

## 接待管理与服务

**【概述】** 2015 年，朔州市接待办全面贯彻中共十八大和十八届三中、四中、五中全会精神，贯彻落实习近平总书记系列重要讲话精神和“四个全面”战略布局，适应发展新常态，紧扣优化经济结构和提升发展质量“两大任务”主题，着力改革攻坚，以提高接待能力和服务水平为重点，以构建“大接待”为目标，以特色接待为突破口，创新与服务并举，围绕党建工作与优化接待服务并重，提升能力素质这个中心，做好接待工作，取得显著成效，圆满完成四大机关的接待工作任务。

**【接待服务】** 2015 年，中央八项规定颁布后，朔州市接待工作进入一个全新的时期，作为地方接待部门，针对新形势新情况新变化，特别是中央有关接待工作系列政策法规文件的全面贯彻落实，必须提高认识，主动融入新常态。学习领悟。通过党组会议、全办人员会议等各种形式学习新规定。在集中学习的基础上，副处级以上干部每人写一篇心得体会文章进行学习交流，使大家全面理解和把握新规定的精神，统一思想认识，增强做好新时期接待工作的责任意识。善于研判分析。从事具体接待工作，应当增强政治敏感性，坚守政治纪律，谨言慎行，对所从事的每一项接待事务，善于从政治的角度去分析，从政治的高度去把握，避免造成手忙脚乱和工作被动的情况。将“讲政治”要求具体化。讲政治，不是一句口号，接待部门讲政治，就是要以严格贯彻执行中央有关接待工作系列政策法规的实际行动来体现，不观望、不动摇、不变通。善于围绕中心，服务大局，把一切接待工作纳入全局工作进行定位、思考和谋划，不游离大局。

**【制度落实】** 2015 年，朔州市接待办接待国家、省、市级以上检查、考察、巡视、督查、采访等各级各类宾客 312 批次，累计 3.56 万人次，同比接待人数增长 19%。其中团组有：国家煤矿安监局、环保部核查组、省煤矿安全生产督查组、省保障性安居工程建设领导组、省商务厅考察组、能源交通投资公司、三力士股份有限公司、广东陶瓷产区企业家考察团、内蒙古自治区包头市考察团等。重要领导接待有：省委书记王儒林、省长李小鹏、省委常委、纪委书记黄晓薇、省委常委、副省长付建华等。加强制度建设，形成与上级规定相配套的制度体系。市接待办高度重视党中央、省委出台的一系列关于公务接待的政策措施和行为规范，并出台《关于进一步规范公务接待管理办法》，对本市接待工作作出具体明确的规定，使接待工作有章可循、有据可查。狠抓制度落实，坚决做到令行禁止。按照中央、省、市的有关规定做好接待服务，在客情批办、接待程序、接待标准等关键环节抓好落实，在陪餐人数、用餐标准、住宿安排等重点事项上把好关口。厉行勤俭节约，杜绝铺张浪费。每次接待任务，都安排专人负责菜单审核把关，根据接待标准、就餐人数、来宾习惯、季节特点等科学安排菜肴，以本地家常菜为主，保证够吃不浪费。在选用酒水、饮料等接待用品时，坚持以本地产品为主，通过市场调研、征求意见，选取一批质量稳定、价格适中的优质产品作为接待用品，并明确各定点接待宾馆的销售价格，有效降低接待成本。规范经费管理程序，严把经费使用关口。严格按照预算控制公务接待经费支出，接待费用按月审核，推行接待账单“三级联审”制度，要求公务接待消费账单必须包括派出单位公函、接待清单和消费明细，由接待单位接待人员、分管领导、主要领导三级签字确认，财务部门审核把关，做到客情明确、多级审批、账目明晰。中央八项规定颁布实施以来，属于接待办安排的市级接待经费呈逐年下降趋势，较好地完成接待经费减控目标。

**【工作方法改进】** 2015年，朔州市以中央八项规定颁布实施为标志，接待工作进入到改革发展的新阶段、转型升级的新时期。转变思路理念、创新方式方法，主动对接作风建设新常态。

在转变作风上树立新形象。接待工作环节多、细节杂，务必关注细节、重视细节，包括拟制方案、衔接协调、安排食宿等，“接待链”每个环节都要细致、全面，确保不留死角、不出纰漏，以细节的完美保证整体任务的圆满完成。在转变方法上树立新理念。首先，在工作接待上力戒形式主义。取消过去的迎来送往，也没有以前的鲜花地毯，取而代之的是接待员细致入微的周到服务。其次，在生活接待上避免奢华求洋。引导各定点接待宾馆开发农家菜、地方菜等民间菜肴，既体现地方特色，又降低接待成本。在住房安排上不贪大求洋，重点要看舒适度如何，从房间温度、光线、噪声、气味等细节方面做好预先检查，有些设备、开关要能让人一看就明白如何使用。

**【形象素质提升】** 2015年，朔州市本着“务实、为民、清廉”工作方针，组织召开领导干部民主生活会，领导班子民主测评群众满意度达100%。针对接待工作重点岗位和重点环节建立健全接待经费管理、审核报销等环节的监督制约制度。不断改进接待工作。根据市委市政府统一安排部署，各级各部门开展“三严三实”教育活动，接待办将改进和提升接待工作水平贯穿到“三严三实”专题教育的各个环节，倡导接待系统形成“五不让”的优良作风，即不让领导交办工作在这里受梗阻，不让急需办理事情在这里延误，不让差错和失误在这里发生，不让来宾在这里受到冷落，不让朔州形象在这里受到损害，教育接待干部服从命令、听从指挥，沉着应对、迎接挑战，推动接待工作精细化更科学上水平。

**【扶贫工作】** 2015年，朔州市接待办对指定贫困村平鲁区双碾乡黑家辛庄村进行扶贫慰问，由扶贫工作队队长武金凤带领2名工作队队员携扶贫慰问物资奔赴包扶贫困村进行春节前扶贫慰问，送去大米和面粉各36袋价值7740元，并在雪地上协助村干部发放扶贫慰问品，登门慰问三户五保户，给予每户500元慰问金。

（市接待办）

## 全面深化改革

**【改革框架搭建】** 2015年，朔州市委全面深化改革领导小组，召开8次会议，审议通过涉及多个领域的改革方案。建立推进改革的领导体制和工作机制，为促进全面深化改革提供组织保障和制度保障。

加强领导提供组织保证。朔州市委把全面深化改革摆在突出位置，按照总揽全局、协调各方的原则，发挥领导核心作用。在成立全面深化改革领导小组、6个改革专项小组以及领导小组办公室的基础上，市委督促六个县（区）全部成立全面深化改革领导小组、办公室和专项小组。各县（区）全面深化改革领导小组组长，均由县（区）委书记担任，办公室主任由县（区）委副书记担任，或县（区）委办主任担任，各专项小组组长由县委常委担任。

建立机制提供制度支撑。制定《中共朔州市委全面深化改革领导小组工作规则》《中共朔州市委全面深化改革领导小组专项小组工作规则》和《中共朔州市委全面深化改革领导小组办公室工作细则》。市委建立领导小组例会制度。各责任单位实现组建一个专门班子、确定一名分管领导、明确一个承办科室、制定一个工作方案、确定一名科级联络员的“五个一”工作机制，加强组织领导，压实工作责任，有重点、有步骤地推进各项改革工作。各专项小组健全完善会议、请示报告、信息报送、情况通报、督办协调、工作试点、绩效评估、联络员制度八项工作制度，为各成员单位加强沟通联系、提高工作效率提供制度保障。各县（区）也制定出台全面深化改革的实施意见和相关工作细则，建立完善办公室相关工作制度，明确深化改革小组、专项小组、改革办具体工作中的权限和程序，保障各县（区）深化改革工作的有序开展和深入推进。

统筹协调制订改革计划。各专项小组对本领域重要改革问题进行认真研究，出台本领域改革2015年工作计划，共78项改革任务，明确专项改革工作的路线图和时间表。经济体制和生态文明体制改革专项小组推进7方面16项改革任务，在一些重点领域和环节取得新的进展和突破；民主法制领域改革专项小组推进10项改革任务；文化体制改革专项小组推进8方面15项改革措施；社会体制改革专项小组推进5方面14项重点改革任务；党的制度建设改革专项小组推进9项改革任务，出台一系列加强党的建设的规范性文件；纪律检查体制改革专项小组依据省《纪律检查体制改革工作实施方案》，结合朔州实际，确定5方面14项纪律检查体制机制改革任务。

探索推出改革举措。市委出台《全面深化改革2015年工作要点》，对全面深化改革、加快朔州发展步伐，开创改革发展新局面作出具体部署，重点任务排上改革的时间表，并出台一项项制度，改革任务和工作重点明确。全年市委召开全面深化改革领导小组会议8次，讨论研究《朔州市草牧业发展实施方案》《关于加强和改进人大监督工作，推进“六权治本”实施意见》《关于加强和改进人民政协民主监督的意见》《推进“六权治本，强化审计监督的意见》《关于全市加强社会治安防控体系建设的实施意见》《朔州市落实领导干部干预司法活动、插手具体案件处理的记录、通报和责任追究实施办法》《关于加强和改革舆论监督工作的意见》《关于发挥检察机关查办和预防职务犯罪职能　严惩滥用权力实施意见》《关于市政府工作部门权力清单和责任清单编制情况的汇报》《朔州市公务用车制度改革实施意见》等重大改革事项，形成一系列对全市经济社会发展有重大影响的改革决策和意见。

**【经济和生态体制改革】** 2015年，朔州市推进煤炭管理体制改革。出台《关于深化煤炭管理体制改革的意见》《深化煤炭管理体制改革的实施方案》。落实煤炭资源税从价计征改革政策，落实煤焦公路销售体制改革举措，妥善安置转岗职工。完善权力运行监管制度，精简审批事项，取消7项行政权力，下放6项行政权力和3项管理事项为县区属地管理。煤矿企业依法申领的证照由“六证”减为“三证”。构建煤炭现代市场体系。加快推进矿产资源配置市场化改革。出台《朔州市推进矿产资源市场配置机制改革实施意见》《关于市级发证采矿权公开出让有关事项的通知》《朔州市国土资源局关于进一步规范采矿权出让价款评估有关事项的通知》《关于市级发证采矿权公开出让前现场踏勘有关事项的通知》等规范性文件，初步构建朔州市矿产资源市场配置机制改革框架。

探索对共生、伴生矿业权实行一体化配置，完善矿业权一级交易市场。加快建立矿业权二级交易市场，规范矿业权流转行为。逐步完善网上交易和网上监管机制，提高矿产资源市场化配置水平。推进综合性政务服务平台和公共资源交易平台建设。成立“政务服务平台建设”领导小组，制定《关于进一步加强朔州市政务服务平台建设的方案》《关于进一步加强和规范公共资源交易管理工作的意见》。市公共资源交易平台初具规模，实现统一规章制度、统一交易登记、信息发布、时间安排、场地安排、抽取专家、电子监察监控，形成公开透明、服务高效、监督规范的公共资源交易平台体系。

完善农村土地管理制度。在 2015 年全市全面推开农村土地承包经营权确权颁证工作中，开展以清产核资、资产量化、股权设置等为主要内容的农村集体产权制度改革，并编制实施方案。结合朔州市情，探索重度盐碱地开发利用模式，解决大型煤化工等建设项目用地指标紧张问题。

2015 年 5 月 28 日，朔州市全面推开农村土地承包经营权确权颁证工作

（市方志办供图）

深化户籍制度改革。出台《关于进一步推进户籍制度改革的实施意见》《户籍制度改革实施细则》，对户口政策，户口登记、迁移办理等做明确的规定，规范和推动朔州市户籍制度改革工作。取消农业户口与非农业户口性质区分，统一登记为居民户口（家庭户口或集体户口），户口登记不再标注户口性质，建立起居住证制度，取消迁入市区户口的市局审批流程。

创新地方金融发展机制。强化综合融资服务平台建设，完善服务机制，创新服务方式，提升融资服务水平。吸引民间资本参与地方金融机构改革，筹建朔州农村商业银行。发展村镇银行，完善农村金融服务体系。鼓励中小企业直接融资，培育企业在“新三板”市场上市。防范和打击非法集资活动，优化金融生态环境。

创新投入机制。加大对农业的投入力度。改变过去仅仅由政府投入的单一模式，出台扶持办法，充分调动和鼓励各种社会力量参与到农村产业发展和公共设施建设中，形成多元化投入新格局。

构建科技创新驱动新机制。制定实施《国家创新驱动发展战略朔州行动计划》《朔州低碳创新行动计划》。健全完善“产、学、研、用”协同互动机制和关键技术重大项目联合攻关机制。完善科技研发激励机制，制定实施《朔州市市本级财政科研项目和资金管理办法》。建立科研院所及企业技术创新项目成果奖励机制，变事前项目支持为事后成果奖励。健全人才制度，改进人才管理方式，鼓励科技人才创新创业。

**【文化体制改革】** 2015年，朔州市围绕全市中心工作和改革发展大局，抓导向、守阵地、促和谐。培育践行社会主义核心价值观。制定出台《朔州市加强和改进先进典型学习宣传实施方案》《朔州道德模范评选表彰办法》《建立朔州哲学社会科学课题研究申报机制的实施意见》。健全互联网管理和领导体制管理。推进建设市网络安全和信息化基础技术平台，加强三支队伍建设，规范县区互联网工作机构名称，制定出台朔州市传统媒体与新兴媒体融合发展的指导性文件。建立公共文化服务体系建设协调机制。出台《朔州市公共文化服务体系建设协调机制工作方案》《朔州市公共文化服务体系建设协调组议事规则》《朔州市关于加快构建现代公共文化服务体系实施方案》《朔州市文化志愿者服务管理实施意见》《朔州市加强乡镇综合文化站管理的若干意见》《朔州市政府购买公共文化服务管理办法》《朔州市市级购买公共演出服务实施方案》。完善文化经济政策。建立和完善文化事业和文化产业扶持政策，建立全市范围内的文化及相关产业法人单位数据库。

**【社会体制改革】** 2015年，朔州市围绕新常态下社会领域存在的普遍性和突出性问题，加大改革力度。创新社会治理机制。推进社会信用体系建设，印发《朔州市社会信用体系建设工作实施方案》，建立完善市、县、乡三级信用信息平台和市级信用信息网络。完善朔州公安便民服务在线标准化体系建设。

完善社会组织管理制度，制定出台《关于加快推进社会组织体制建设的意见》。完善基层社会治理体系，制定出台《关于深化全市社会服务管理体系建设的意见》。

推进社会保障制度改革。推进机关事业单位养老保险制度改革。深化医保支付方式改革，完善社保衔接转移接续。实施社会救助提质工程。设立以财政投入为主的社会救助基金，推进适度普惠型儿童福利制度建设试点和五保对象集中供养工作。实施社会养老示范工程，鼓励社会资本投入城乡社会养老服务体系建设。创新就业促进机制。制定出台《关于推进朔州市创业就业小额担保贷款工作的意见》《朔州市市级创业担保贷款的实施意见》，推进小额担保贷款工作。完成就业服务信息网络建设，开通朔州就业信息网站，实现企业和求职者双向选择，为求职者提供免费、高效、快捷的公共就业服务。

深化医药卫生体制改革。全面实现县级公立医院综合改革全覆盖。建立财政补偿机制，落实政府办医责任，全面落实预算在职、离退休人员工资、药品销售补助等政府性投入。建立竞争性人事制度，完善激励性分配机制，为医务人员营造良好的职业发展平台。改革医院管理制度，完善公立医院管理体制。

**【党的建设制度改革】** 2015年，朔州市贯彻落实好从严治党各项要求，全面加强党的建设。深化干部人事制度改革。出台《关于全市组织部门推进“六权治本”工作方案》《朔州市干部人事档案管理办法》《朔州市引进紧缺急需专业人才办法》《朔州市关于加强乡镇卫生院人才队伍建设的意见》。完善领导班子和领导干部考核评价制度。出台《关于落实“六权治本”要求进一步规范干部选拔任用工作的实施方案》《朔州市干部选拔任用工作全程纪实制度》《朔州市市管干部推荐考察工作实施细则》《朔州市市管领导班子和领导干部综合分析研判工作实施办法》等多个从严管理干部的制度。深化党的基层组织建设制度改革。出台《关于进一步加强村级组织活动场所管理使用的通知》《关于印发〈深化社会组织党组织集中组建工作的实施方案〉的通知》，强化基层党组织的政治属性和服务功能，加大社会组织党的建设力度。

【纪律检查体制改革】 2015年，朔州市贯彻中央省市有关纪检体制改革部署要求，推进纪检监察机关“转职能、转方式、转作风”。落实“两个责任”。出台《关于落实党风廉政建设党委主体责任的实施意见(试行)》和《关于落实党风廉政建设纪委监督责任的实施意见(试行)》。落实“两个为主”。积极落实案件查办以上级纪委领导为主，推进查办腐败案件体制机制改革，建立健全下级纪委向上级纪委报告工作制度，严格落实纪委书记、副书记的提名考察以上级纪委为主的制度规定。强化派驻机构建设。做好派驻机构“全覆盖”的摸底调研，实行派驻机构联组巡查制度。加强和改进对权力运行的制约监督。突出纪律审查重点，强化警示教育，严格权力运行的制约监督，健全抓早抓小制度机制。深化纪检监察机关转职能、转方式、转作风。清理参与的议事协调机构，开展县(区)纪委内设机构改革的调研和准备工作，推进乡镇纪委“三转”。

【改革创新】 2015年，朔州市为深入推进全市改革工作，突出注重领导垂范、强化问题导向、坚持统筹协调、推进“六权治本”、加大舆论引导、强化督查考核等重点，找准“突破口”，有效确保改革工作的制度化、规范化、程序化。

注重领导示范引领改革。市委全面深化改革领导小组组长、副组长，以高度的政治责任感，率先垂范，做好领导小组的工作，发挥领导小组牵头抓总作用，把握改革正确方向，统筹全市改革的总体设计、统筹协调、整体推进和督促落实。市委书记、市委全面深化改革领导小组组长王安庞对每次领导小组的会议议题，都亲自认真审定，对每次会议议定改革事项的落实情况都亲自过问。市长、市委全面深化改革领导小组第一副组长李海渊，对全年拟定的各项改革任务推进落实进行9次现场办公，领导组提出的各项改革任务均得到实施。各专项小组组长、各县区改革领导小组组长，按照市委全面深化改革领导小组的有关精神要求，积极部署，精心谋划，促进本领域、本地区改革工作顺利推进。

强化问题导向推动改革。针对经济下行压力持续加大、煤炭企业生产经营困难、发展环境不优等突出问题，对准重点问题，围绕革命兴煤、“六型转变”，紧紧抓住主要矛盾和矛盾的主要方面，增强改革的系统、整体、协同性，重点在煤炭管理体制改革、财政制度改革、行政审批制度改革、金融振兴等方面，做实做细调查研究，广听意见、精准把脉，精心选择改革事项，精心打磨和细化改革方案，出台促进煤炭销售、稳定电力生产等扶持企业60条等有关规定，确保改革举措发挥推动经济平稳健康发展的重要作用。

突出朔州特色深化改革。注重突出自身特色，发挥自身优势，确保在重点领域、关键环节取得明显突破。2015年以来，组织落实全市《2015年转型综改行动224计划》，以7个方面16项经济和生态改革任务为主攻，带动各个重点领域和关键环节改革全面深入推进。在推进产业转型方面，研究和探索工业固废综合利用、采煤沉陷区治理的新办法新途径，力争在矿产资源市场化配置机制改革、重度盐碱地开发利用、建立城市工商资本“下乡”引导激励机制、城市建设和公用事业投资运营改革等方面取得新突破。在推进国家农村改革试验区建设方面，狠抓产权制度改革，推进农村土地承包经营权确权登记颁证试点工作，激发农业、农村内在发展活力；推进国家草牧业发展试验试点市建设。在扩大对外开放方面，把突出发展开放型经济作为破解资源型经济困局的突破口，提升对外开放的水平。深化“朔州企业家投资在朔州”活动，引导、鼓励和动员朔州企业扩大在朔投资，激发内生活力，加大非煤产业的招商引资力度。

加快“六权治本”促进改革。全省学习讨论落实活动总结暨“六权治本”推进会后，市委高度重视，及时成立领导组，将办公室设在市委改革办（市委政研室），主要依托改革办协调推进工作。制定出台《朔州市推进“六权治本”规范权力运行实施方案》，明确时间表和路线图，提出以制度加科技为抓手，以公开为主线，建立“三个清单”，制定“两个流程”，构建“两个平台”，形成合力监督体系，出台一系列配套的长效制度文件，在选人用人领域、司法领域、资源配置领域、财政资金使用领域、行政审批5个领域先行突破。

强化督查考核务实改革。强化跟踪督查，通过自查+督查，及时发现普遍性、苗头性的问题，找准改革“堵点”，打通改革“梗阻”。坚持眼睛向下，脚步向下，更多走向基层，听企业、群众的心声，解决政策不配套、不衔接、不落地的问题。组织力量对各县区、各市直部门进行督查，促进各项改革任务有序开展落实。结合全年目标责任制考核，对2014各级、各部门改革工作及各专项小组开展工作情况，组织进行总结考评。

聚精会神合力改革。市委改革办积极和六个专项小组、六个县区改革领导小组协调沟通，紧密配合，形成改革强大合力。六个专项小组作为全面深化改革的工作主体，组织牵头部门、相关单位，加大改革工作推进和落实力度。加强与承担改革任务的牵头单位的沟通协调，形成运转畅通的协调机制。通过多种形式对改革的新政策、新举措、新进展、新成效进行宣传报道，在全市营造了解改革、关注改革、参与改革的浓厚氛围。通过举办专家辅导、研讨座谈、观摩交流等活动，提高改革精神理论学习效果。发挥党委中心组网络学习平台的作用，推动改革精神走向基层、走向群众。开展网络宣传，创新手段、创新形式、创新方法，营造解放思想、实事求是、与时俱进的良好氛围，营造聚精会神搞改革、一心一意谋发展的良好氛围。

（市委全面深化改革领导小组办公室）

# 朔州市人民代表大会

## Standing Committee of Shuozhou Municipal People's Congress

## 市人大常委会机关

**【概述】** 2015年，面对严峻复杂的宏观形势和困难重重的压力考验，朔州市人大常委会机关在中共朔州市委及市人大常委会党组的坚强领导下，深入学习贯彻中共十八大、十八届四中、五中全会和习近平总书记系列重要讲话精神，坚持党的领导，人民当家做主、依法治国的有机统一，履行宪法法律赋予的职责，保持鲜明的政治态度、坚定的政治立场和正确的政治方向，在思想、政治、行动上与党中央和省市委保持高度一致，为促进全市大局稳定、政治安定和人心思定做出贡献。

**【"三严三实"专题教育】** 2015年，朔州市人大常委会机关贯彻党的十八大精神和中央政治局"八项规定"以及省市委具体要求，以"三严三实"要求为标杆，深入基层，从严从实做好各项工作，严格落实"两个责任"，从严管理干部队伍，狠抓机关党的建设、党风廉政建设和精神文明建设，组织机关处级以上领导干部深入开展"三严三实"专题教育。把党员干部思想统一到习近平总书记系列重要讲话精神上来，统一到全市社会经济发展大局上来，统一到市委决策部署上来，把学习成果和思想认识的成果转化为实施"六权治本"，推动"六大发展"的具体行动。加强思想作风和工作作风建设，纠正不担当、不作为、乱作为等突出问题，增强大局意识、责任意识和创新意识。在学习教育中，机关领导班子认真学习重要讲话精神，征求各方意见和建议，坚持统筹兼顾的原则，以上率下，边学边改，立行立改，机关工作环境、干部精神面貌焕然一新。

**【依法加强监督】** 2015年，朔州市人大常委会机关适应经济发展新常态，围绕推进经济结构优化和发展质量提升"两大任务"的中心工作履行职责。多次组织常委会组成人员和部分市人大代表深入到市直部门、县(区)、乡(镇)，对全市经济社会发展现状、存在的薄弱环节和需要解决的问题进行调研。针对事关民生的民营经济发展、社会治安、环境治理等情况进行实地视察，全面、真实、准确地掌握第一手资料，为常委会更好地审议工作报告提供详实、有力的数据和真实情况。为提高常委会审议的质量和效果，常委会机关实行督查反馈制，对常委会会议听取和审议"一府两院"工作情况报告后形成的审议意见，进行落实督查，要求承办单位责任到人，明确时限，并在下一次常委会会议上以书面形式将整改落实和办理情况进行反馈，切实体现监督实效。

**【畅通联络渠道】** 2015年，朔州市人大常委会机关密切联系代表，是常委会机关自觉接受代表监督，更好地服务代表的重要措施。从制度上保证代表行使参政、议政权力，拓宽代表知情、知政渠道。组织市人大代表参加培训。提升代表素质，提高代表履职能力。加大对代表建议意见的跟踪督办力度，对市五届七次、八次人代会期间代表所提出的建议意见，要求承办部门限时答复，限期落实，并跟踪督查落实情况。既保证建议意见的落实办理质量，又激发代表积极参政、议政的热情。

常委会机关注重上下联系和对外交流。参加省人大常委会举办的各种培训学习，加强与“一府两院”和县(区)人大常委会的沟通和联系，为更好地完善人大工作，提高机关服务代表、提升科学化管理水平奠定基础。

【会议服务】 2015年，朔州市人大常委会机关安排部署，抽调精兵强将，为参加省十二届人大五次会议的朔州代表团提供服务保障，确保朔州代表团代表圆满完成省人代会会议的各项议程。对市五届人大八次会议和市六届人大一次会议两次重要会议，市人大常委会机关更是全力以赴、全员行动、及早部署，将机关全体工作人员提前分成若干小组，各司其职，从会议筹备期间工作任务的分解、会场的选址、证件的印制、食宿的安排，到会议召开期间大会的开幕、文件的分发、代表的出入秩序等，都有专门的人员负责，做到处处有人盯，事事有人做，保证会议的圆满成功。另外，每两月一次的常委会和不定期的主任会议，常委会机关精心安排，做好每次会前的各项准备工作、会后的收尾工作。全年召开9次常委会，办公厅全体工作人员和有关工委、办事机构的同志更是不敢懈怠，以认真负责的态度，精益求精，全力搞好服务工作，并落实、督查督办好会议议定的各项工作。

2015年12月26日，朔州市第六届人民代表大会第一次会议在市文化中心开幕 （市方志办供图）

【规范机关管理】 2015年，朔州市为发挥集体参谋助手作用，提升服务保障水平，常委会机关从构筑程序规范、运转高效的运行机制入手，专门制定修订机关财务、行政、接待、安全保卫、车辆管理等工作制度，机关工作人员所做的每一项工作都严格按照制度执行，用制度约束行为。对来文来电、机要保密、档案管理、文件传阅等文秘工作责成专人负责，做到不泄密、不漏存，提高机关制度化建设、制度化工作的水平。

【干部队伍建设】 2015年，朔州市人大常委会机关贯彻执行党的路线、方针、政策。多措并举，强化学习。坚持用马克思主义中国化最新成果武装头脑，学习党的十八大、十八届三中、四中、五中全会精神和宪法、监督法、代表法等法律法规和业务知识制订学习方案，精心准备学习资料，加强学习管理。邀请专家围绕十八届五中全会重要意义、内容和创新亮点作专题讲座。深入调研，广集民智。领导班子成员专题调研，各工作机构和办事机构也都制定专题调研任务，通过听民声、聚民意、集民智，撰写出一批有质量的调研报告，为常委会科学决策提供有价值、份量的建议和意见。

政治理论学习。创建学习型领导班子。集中学习时间固定。规定每个领导班子成员除在单位坚持每周二上午的集体学习外，对国家的时事政治、党的路线方针政策和法律法规，班子成员必须做到天天不少于一小时的自学时间，自我学习、自我加压并形成制度。多种学习资料保证。要求每个领导班子成员及时学习了解党和国家有关政策法规，及时了解国内外大事，办公厅专门给机关干部订阅人民代表报、中国人大、山西人大、党风廉政建设读本、习近平总书记系列重要讲话等报纸、杂志和专题读本，保证充足的学习资料，做到多学多看，广学博览，厚积薄发。扩大学习内容范围。要求领导班子成员除学习法律法规知识以外，抓好以政治理论、时事政策、市场经济知识、现代办公技能为重点的学习，用科学理论和现代化的知识技能武装头脑，全面提高班子成员的综合素质。学习效果要保证。要求每个领导班子成员在学习中讲究学习方法，注重学习效果。完善干部激励机制，打造现代化干部队伍。在坚持严格管理干部的同时，更加重视关心爱护干部，除做到政治上关怀、工作上支持外，对经济上、生活上特别困难的同志给予特殊照顾，激发干部干事创业的内在动力。为实现现代化的办公，为每位工作人员都配备电脑，实现办公全面自动化。

【党风廉政建设】 2015年，朔州市加强学习教育，筑牢拒腐防变的思想长城。市人大常委会机关把廉政建设列入重要议事日程，并抓在手上，坚持"一岗双责"，从严落实"两个责任"，结合人大工作和实际，在机关上下经常开展以党的基本理论、宗旨和理想信念、党纪条款、法律法规等为主要内容的学习教育活动，在党员干部职工思想上筑起廉洁从政、拒腐防变的道德法律防线。严格遵守规定，做廉洁自律的表率。以"四大班子"所在机关自鉴，学习贯彻中央、省、市廉洁自律各项规定，严格遵守中央"八项规定"，并主动接受组织和群众监督。强化一把手责任意识。把贯彻党风廉政建设责任制的情况作为民主生活会和述职述廉的重要内容，对违反党风廉政建设责任制有关规定的人和事，严格实行责任追究。领导干部带头改进作风，深入基层调查研究，完善直接联系和服务群众制度；改革会议公文制度，改进会风文风，严格控制会议规模、时间、经费，提高会议效率；强化财务管理、健全严格公开的财务预算、核准和审计制度，着力控制"三公"经费支出；坚持正确的政绩考核导向，引导党员干部坚持科学发展观，树立正确的政绩观，健全民主考核制度，推动作风建设。

【法治建设】 2015年，朔州市人大常委会机关加强自身建设，提高践行法治、推动法治的能力。人大机关必须带头学法、遵法、守法、用法，把法治思维、法治方式始终贯穿于工作的全过程，发挥法治建设的主导作用。加强政治理论学习，在推进法治建设中高举中国特色社会主义伟大旗帜，坚定走中国特色社会主义政治发展道路，探索人民代表大会制度的理论和实践创新，保证民主法治建设的正确政治方向。加强对宪法及相关法律的学习、理解和运用，恪守宪法原则，弘扬宪法精神，坚持党的领导、人民当家做主和依法治国有机统一，把与党同向、与民同心、与时俱进的人大工作思路落实到推进法治建设的过程中，落实到坚持和完善人民代表大会根本政治制度中。通过法制讲座、法律培训等途径，提高机关工作人员的法律素养和践行法治的能力，提高人大法治工作水平。

（市人大常委会机关）

# 朔州市人民政府

People's Government of Shuozhou Municipal

## 办公厅

【概述】 2015年，朔州市政府办公厅学习贯彻中共十八大和十八届三中、四中、五中全会精神，深入贯彻习近平总书记系列重要讲话精神，围绕全市中心工作，勤勉履职尽责，开拓创新，狠抓任务落实，以深入开展“三严三实”专题教育为契机，强化思想武装、转变工作作风，全面提升服务领导、服务基层、服务群众水平，各项工作稳步推进，保障政府工作正常有序运转，为全市经济社会发展提供优质高效服务。

【专题教育】 2015年，朔州市“三严三实”专题教育全面启动以来，市政府办公厅按照市委统一部署，以严的标准、严的精神，实的态度、实的措施，健全抓手，突出重点，把握关键，开展“三严三实”专题教育。把践行“三严三实”要求融入经常性学习教育贯穿始终。采取专题党课“领学”，集中研讨“深学”，主题活动“活学”，联系实际“促学”等方式，围绕四个专题，开展七次集中学习研讨，做到深学、细学，真学、真用。把坚持问题导向，边学边查边改贯穿始终。通过发放征求意见表、深入基层调研、深入开展交心谈心等方式，紧密联系自身实际，按照“三个摆进去”要求，查找自身存在的“不严不实”的问题和具体表现，组织召开民主生活会，开展批评与自我批评。把围绕中心、服务大局，推进“两大任务”贯穿始终。就实求实、真抓实做，针对民主生活会上查摆出的问题，研究制定整改方案，细化整改举措，明确整改时限，加以整改，力促专题教育出成效。

【参谋助手】 2015年，朔州市政府办公厅把握新常态，适应新常态，深入调查研究，积极建言献策，做到谋在领导决策之前，服务在领导还没有提出要求之前。深化调查研究。围绕全局工作和重点领域，掌握政策、熟悉情况，力求考虑问题全面、总结问题精炼、分析问题透彻、解决措施到位，为领导科学决策、指导工作做好服务，当好参谋助手。2015年，先后起草经济工作会议讲话、农村工作会议、政府工作报告、经济工作推进会、政府全体会议等重要材料、讲话等200多篇，80多万字。围绕习近平总书记“精准扶贫”要求，深入基层调查研究，完成扶贫调研报告。加强政务信息报送。围绕省、市中心工作，全方位、多口径、宽领域捕捉社会热点，搜集编报信息，加大督查考评力度，狠抓信息质量，提高参谋服务水平。全年编写《朔政信息》99期，641条，被省政府《晋政信息》采用54条；采编调研信息58条，被省政府《上报国办信息》采用27条，其中报送的《朔州市煤炭资源税改革中存在的问题》被国务院办公厅采用。政务信息工作综合排名全省第二，连续五年在全省名列前茅。坚持修志为用。

市志办在做好修志编鉴工作的同时，注重地情研究，发挥地方志资源优势，拓宽用志领域，提升服务大局能力，及时编写和报送市情、地情资料，为市政府领导熟悉地情、了解历史、探索规律等发挥参谋助手作用。市志办克服人员紧缺困难，推进二轮修志工作，加大《朔州市志》的资料收集和文稿编撰力度，全面开展综合年鉴工作，全面实施地方志资料开发利用，完成《朔州年鉴(2015)》的编撰工作和《山西年鉴(2015)》朔州部分的供稿工作，完成对《平鲁区志》和《怀仁县志》的审查验收。2015年市地方志办公室被评为全省综合年鉴先进集体，地方志3名同志被评为先进个人。

【综合协调】 2015年，朔州市政府办公厅在办文办会办事方面，实现"三零"目标。严把政策关、文字关和程序关，严格办文制度和流程，把"精品"要求覆盖办文的每一个环节，确保公文"零差错"。克服工作量大、人员少等困难，服务领导，主动与部门沟通，在精简公文数量、提升公文质量、规范公文处理流程上取得成效。全年起草、审核、印发各类文件461件，其中：市政府文件73件，市政府办公厅文件100件，市政府函件116件，市政府办公厅函件45件，市政府办公厅发电49件，市政府常务会议纪要14期，市长办公会议纪要51期，内部情况通报13期，400万余字。收发传阅各类发文1392件，其中：省政府文件80件，省政府办公厅文件269件；上级有关部门通知、通报等116件；市长发文169件；县区及市直部门请示、报告430件；办理密电23件，省发明电295件；退回不规范文件10件。办会更加周全。本着"准备到位、服务到位、整理到位"的工作标准，建立办会方案全、筹备精、控制严的办会规程，把"完美"追求贯穿到办会的每一个细节，确保办会"零缺陷"。全年办理各类会议175次，通过电话通知会议约9540人次。其中：承办市政府常务会议14次，市长办公会议51次，市政府召开的大型会议35次；承办和协助部门办会15次；组织收听收看上级部门召开的电视电话会议57次，市政府组织召开的电视电话会议3次。建立办事责任清、操作细、效果好的办事规程，急事急办、要事快办、凡事细办，把"圆满"标准落实到办事的每一个步骤，确保办理事项"零失误"。筹备承办省委常委付建华到朔州参加2015年亚洲粉煤灰年及脱硫石膏处理与利用技术国际交流大会开幕式、中煤平朔2×66兆瓦低热质煤发电项目开工奠基仪式，省长李小鹏到朔州参加山西晋北——江苏南京±88千伏特高压输电线路晋北换流站开工奠基仪式，副省长刘杰到朔州调研落实党风廉政建设两个责任、市长李海渊赴江苏徐州与徐工集团洽谈合作等重要活动99次，组织各类座谈会30次、会见28次，其他各项政务活动58次，共计215次。

2015年6月18日，山西晋北——江苏南京±88千伏特高压输电线路晋北换流站举行开工奠基仪式 （市方志办供图）

【督促检查】 2015年，朔州市围绕市政府的工作部署，以畅通、高效、务实为原则，创新督查工作方法，采取专项督办、联合督办等方式，加大对领导批示、专题会议、调研确定事项和群众反映的热点问题的督办落实力度，向市政府领导报告督促检查情况，保证市政府各项决策执行有力、落实到位。对重点工程、保障房建设、爱心煤发放、煤炭资源税改革等重点工作进行专项督查。配合省政府完成上半年及全年重点工作和民生领域政策措施落实情况等方面督查。全年督促落实市政府常务会议、市长办公会议决定事项25次、36项；督办领导批示件41件，办结率100%；办理人大代表建议62件，政协委员提案121件，办理结果均达到满意或基本满意。

**【应急管理】** 2015年，朔州市提升应急管理能力。执行24小时主副班值守和领导带班制度，重点加强节假日、敏感时期和应急处置期间三个重点时段的值班安排和值班力量，确保信息渠道畅通。全年上报省政府办公厅《朔州市应急管理工作动态信息》26期，被采用25期；编辑《朔州市政府系统值守应急工作大值班表》12期，《全市节假日应急安排表》7期；编辑上报《朔州要情》249期，《每日突发事件信息》365期。开展朔州市应急预案大检查，修订完善《朔州市安全生产事故灾难应急预案》等4个专项应急预案，审核《朔州市道路交通安全事故应急预案》。对朔州市专业应急队伍、应急避难场所建设情况、应急机械装备和车辆进行梳理。参与危险化学品（液氨）泄露事故应急演练，应急处置能力提高。

全面加强政府门户网站建设。2015年，新版市政府门户网站上线，在线办事服务能力提升，网站传播渠道拓宽，政民互动渠道畅通，机房网络环境安全大幅度提升，工作机制完善。全年采编发布各类信息75996条，通过微博发布信息150条，微信发布信息140条。制作各类专题10个。组织“在线访谈”活动13期，开展“意见征集”7期，“网上调查”6期。2015年在中国软件评测中心组织的2014年中国政府网站绩效评估中，市政府门户网站在全国300多个地市政府网站排名中取得全国排名第49、全省排名第3的好成绩；在中国电子政务理事会组织的“2015年政府网站精品栏目”评选活动中，朔州市的“重点办事服务”栏目获奖。

加强机关制度建设。副市长张天茂任秘书长期间，多次强调要讲规矩、讲程序，并制定一系列规章制定，通过健全的制度促进政府和机关日常工作有序高效运转。牵头制定市政府领导班子“三重一大”决策制度、全面加强政府自身建设三年规划和2015年行动计划、市长碰头会制度，确保市政府领导班子科学决策、民主决策、依法决策。针对办公厅日常管理中的漏洞和薄弱环节，完善机关财务管理制度，严格经费审批，严控“三公”经费；制定《固定资产管理办法（试行）》《机关办公厅用品采购和使用管理办法》，严格固定资产管理，规范办公用品采购，确保机关行政后勤管理规范有序。

**【依法行政】** 2015年，朔州市强化“六权治本”。成立市政府办公厅推进“六权治本”规范权力运行领导小组和办公室，做好办公厅牵头负责的6项主要任务，推进全市“六权治本”工作开展。制定并印发《朔州市推行政府权力清单制度工作方案》，先后派出2名干部参与市级政府及其部门行政权力清单责任清单清理审核编制工作，确保全市政府权力清单制度工作有序推进。制定并印发《朔州市全面加强政府自身建设2015年行动计划》，对政府部门规范行政行为，简化办事程序作出明确要求。落实“三重一大”集体决策制度、一把手“五个不直接分管”制度，做到决策科学、管理民主、工作有序。加大政务公开力度。政务公开是建设法治政府的一项重要制度，成立政务公开工作领导组，健全完善工作机制，依法明确政务公开内容、标准、方式，重点推进行政权力清单、财政预算、公共资源配置、重大建设项目、公共服务等领域政务信息公开，促落实、促规范、以公开促服务。创新公开方式，运用网站公开、窗口公开、媒体公开等多种方式，扩大政务公开参与，注重公开实效，让群众看得懂、听得懂、能监督、好参与，提高政务公开的透明度。全年通过政府网站、新闻媒体、公共场所查阅设施等渠道发布信息34129条。加强依申请公开管理和服务。建立政府信息公开工作专用章制度，完善依申请公开受理、审查、答复以及保存备查等各个环节的流程。在市政府门户网站政府信息公开专栏设置依申请公开板块，发布《朔州市人民政府依申请公开指南》，提高信息受理、答复效率。全年受理、答复依申请公开信息8件，均在规定时限内以书面形式予以答复。加强法律培训。组织4名同志参加执法人员综合法律知识培训，派出2名同志参加“朔州市2015年度领导干部依法行政专题研讨班”学习，提升领导干部依法办事能力和水平。

**【思想政治建设】** 2015年，朔州市采取个人自学、专题辅导、领导领学、交流讨论、组织培训、在线学习等多种形式深化学习，学习《廉政准则》《纪律处分条例》，学习习近平总书记在中央政治局第二十六次集中学习时的讲话精神，学习王儒林书记重要讲话精神。全年领导干部带头讲党课3次，集中学习16次，党员干部参加各类培训班10期33人次；网上干部在线学院人均学习时间达到80学时以上。

**【党风廉政建设】** 2015年，朔州市政府坚持把党建工作与办公厅“三服务”工作紧密结合起来，树立“抓党建是本职，抓不好党建是失职，不抓党建是渎职”的理念，把党风廉政建设贯穿到办公厅日常工作的方方面面，与日常业务工作同谋划、部署、落实、检查。落实党风廉政建设责任制。按照市委、市直机关工委关于贯彻落实中央八项规定，纠正“四风”，落实好“两个责任”的要求，制定并印发《中共朔州市人民政府办公厅总支委员会关于落实党风廉政建设“两个责任”的实施意见(试行)》，成立以党总支书记为主要负责人的落实“两个责任”领导小组，明确职责、配齐人员，形成一级抓一级，层层抓落实的工作格局。强化纪律意识和规矩意识。组织党员干部学习《中国共产党党员领导干部廉洁从政若干准则》和《党的纪律处分条例》，坚决把纪律和规矩挺在前面。贯彻民主集中制原则，按照党内政治生活准则和党的各项规定办事。领导班子成员参加民主生活会和党支部组织生活会，开展民主评议党员工作，坚持用好批评与自我批评的武器。一年来，召开组织生活会4次，民主生活会1次。从严监督管理干部。加强教育培训，组织全体党员干部深入朔州市廉政教育基地接受现场警示教育，增强党性。加强监督检查，严格干部请销假制度，紧盯中秋、国庆、元旦、春节等重要节点，持之以恒抓作风。加强目标管理，完成2014年度科级及以下干部考核工作。加强干部动态管理，办理3人调出、4人调入、1人退休等相关手续。开展专项整治。督促指导全市行政审批单位开展行政审批违规和滥用审批权专项整治，优化政务服务环境。开展违规办理和持有因私出国(境)证件专项治理工作。市政府办公厅12名处级干部，15名中层干部，2名机要保密工作人员按照要求进行备案登记，所有因私护照全部按要求实行组织集中保管，做到“零持有”。

**【服务群众】** 2015年，朔州市政府做好下乡扶贫工作。拨付10万元为扶贫联系点朔城区口外村建立党员活动室，推进基层党建工作。选派政治素质好，工作能力强的优秀年轻干部到市长扶贫联系点平鲁区东港村任“第一书记”。按照习近平总书记关于“精准扶贫”的指示要求，开展党员与帮扶村贫困户一帮一结对帮扶活动。抓好“献爱心、送温暖”工作。春节期间，向扶贫联系点发放慰问金12000元，白面50袋，棉衣棉被各10套。12月，组织党员干部参加献爱心捐款活动，筹集资金19200元。回应群众关切。全年受理“市长信箱”信件121件，办结78件；受理“省长信箱”信件32件，办结19件；办理上访件95件。对小村村民反映市政府家属院1990年以来征租小村土地的问题，责成基建办进行为期三个月的调查，对市政府大院25年前征地租地情况进行全面摸底，给群众满意答复。

【基层组织建设】 2015年，朔州市政府办公厅做好党建报刊书籍征订工作。按照每年党建报刊征订量只增不减的原则，征订《党建研究》《先锋队》等党建报刊杂志9类30份，完成全年征订任务。做好发展党员工作和党费收缴工作。按照《中国共产党发展党员工作细则》要求，坚持符合一个，发展一个，把好发展党员入口关和质量关。2015年确定入党积极分子1名，申报2016年度入党积极分子2名。全年收缴党费31161元，党员干部无一人漏缴。丰富党员活动。在纪念中国共产党成立94周年之际，组织开展“三严三实”主题党日活动，通过开展读党史书籍、主题征文、参观塞北革命烈士纪念馆等实践活动，增强广大党员干部践行“三严三实”要求的思想自觉和行动自觉。创建文明单位。按照党建带创建、创建促党建的工作思路，在全国文明城市和市直机关文明单位创建活动中，搞好教育引导和宣传动员，完成全国文明城市创建测评体系中由办公厅牵头负责的20项任务的印证资料报送工作。

（市政府办公厅）

## 政务服务

【概述】 2015年，在朔州市委、市政府的坚强领导下，在窗口单位的密切配合下，政务服务中心严抓党风廉政建设，深入开展学习讨论落实活动和“三严三实”专题教育，推进行政审批制度改革，拓展公共服务内容，规范公共资源交易管理，深化政务公开、优化办事流程、强化服务监管，全面提升政务服务水平。2015年，政务服务平台受理业务167738件，办结167680件，办结率为99.97%；其中行政审批项目受理8561件；年检项目受理294件；便民项目受理147366件；业务咨询11517件；收费金额81978.43万元。

公共资源交易平台有交易294项，交易额总计246153.97万元(约24.62亿元)。其中建设工程交易139项，交易额合计192457.91万元(约19.25亿元)；政府采购91项，交易额合计12535.24万元；水利工程39项，交易额合计22791.86万元；交通工程16项，交易额合计15378.22万元；土地交易9项，交易额合计2990.42万元。

【机关干部作风建设】 2015年，朔州市再就业服务中心开展学习讨论落实活动有声有色。活动开展以来，中心制订学习计划，积极组织学习，深入开展学习讨论。坚持把每周一一小时集中学习时间，组织中心全体党员、干部集中学习中共十八大、十八届三中、四中、五中全会等中央会议精神，习近平总书记系列重要讲话精神，省、市委重要会议精神，并观看警示教育片《拒腐防变每月一刻》《廉政中国》和纪委内部警示片《警钟长鸣》，以及专题纪录片《作风建设永远在路上》，集中学习21次，观看影片9次。为方便学习，中心专门整理习近平总书记系列重要讲话、省委书记王儒林重要讲话和市委书记王安庞的讲话资料，汇编成册，并制作学习笔记本，一并下发中心和各窗口的56名党员同志手中，要求各位党员认真自学、勤做笔记，确保学习取得效果。

中心召集全体党员干部召开反思剖析会，深入查摆问题，认真讨论，深刻反思，制订整改计划，采取积极措施，整治“文山会海”，改进文风、会风，文件简报数量大幅减少，全年大型会议数量保持在个位数；规范“三公”经费管理，制定《财务管理办法》和《公务差旅管理办法》，规范中心的财经纪律。通过学习讨论落实活动，中心责任分工明确，规章制度细化，运行机制完善，内部管理规范，窗口管理工作得到强化。

抓“三严三实”专题教育取得实效。结合工作实际认真制定实施方案，分步加以推进。先后开展一次专题党课、五次专题学习研讨、一次专题民主生活会和一次专题组织生活会。中心班子成员对照“三严三实”标准，深刻反思，查找不足，剖析存在的“不严不实”问题，明确整改方向。强化“三个坚持”：坚持学习教育不放松，提高党员干部的党员意识，增强党性修养。坚持提升素养不懈怠，通过专题学习和研讨，达到党员干部受教育的效果。坚持查找问题不马虎。查找出领导班子“不严不实”问题6个，个人问题16个。对照问题清单，研究对策、制定措施、强化责任，坚持将“三严三实”融入日常学习和工作中，融入党风廉政建设中。

强化中心党组的主体责任和纪检组的监督作用，严格实行一把手“五个不直接分管”和纪检组组长不分管具体业务，专司监督、执纪、问责职责的工作机制。注重领导班子和干部队伍建设，强化党建知识、国家方针政策、相关法律法规、廉洁自律规定、重要会议精神、日常业务知识等方面的学习，确保中心党员干部知纪律、守规矩、懂政策、熟业务，巩固党风廉政和法治建设成果；注重维护群众正当权益，狠抓责任追究这个关键，重点针对发生在窗口的问题，通过完善监督措施、提高督查频率、畅通投诉渠道、严肃追究责任、高效处理投诉事件等方式强化执纪问责力度。突出监督职责，贯彻落实民主集中制，重大事项决定、重要人事任免必须通过党组会议研究决定，纪检组组长必须参与，严格选人用人程序，坚持选好用好干部，倡导实干精神，形成选人用人正确导向。

【行政效能提升】 2015年，朔州市再就业服务中心巩固落实“两集中、两到位”，实行“一站式”审批。推动行政审批项目集中进驻平台办理。与审改办沟通、协调，经过重新清理，确定目前市级具有行政审批职能的单位30家，涉及行政审批项目245项，明确底数。与进驻中心各窗口单位对接项目，编制项目进驻和授权确认书，要求各单位对进驻中心的项目进行确认、授权和流程优化，并经一把手签字、加盖单位公章后报中心业务科，形成书面归档材料。谋划设置综合受理窗口，推进实施“一次告知、一口进出、限时办结、统一监管”的审批服务新机制。设置综合受理窗口的方案已经制定，并着手实施。

推进公共服务项目能进全进，实现便民服务“一勺烩”。中心本着“为民、便民、惠民、利民”的宗旨，在坚持行政审批项目“应进必进”的基础上，推动公共服务事项“能进全进”，经过与市国土局和市农委积极沟通，确定固定资产产权登记和农村产权交易事项将集中进驻中心办理。针对项目性质、办件情况，将一楼便民服务区确定为“民生服务”和“涉企服务”两大板块，其中民生服务包括与群众生活密切相关的社会保障、自来水、天然气、移动、联通、电信、银行，机动车年检、违章处理和驾考报名等服务；涉企服务包括企业注册登记、商标注册、税款征缴等业务，地税窗口新增个人发票代开业务，实现便民服务“一勺烩”。

采取有效措施完善现有服务，让群众办事少跑“一趟腿”。为让百姓走进一扇门、办成许多事，配合市人社局在一楼东区增设1台中国银行ATM柜员机和6台社会保障卡自助服务柜员机，实现社保卡及时申领、自助查询；在一楼西区设立便民文印部，提供身份证件免费复印；在大厅设置报刊架，订党报党刊，供群众办事之余阅读；在便民台配备样表展示卡、台笔、老花镜等，方便群众使用；在导服台配备轮椅、充电宝等工具，而且增加针对社会弱势群体的“领办、导办、代办”服务；中心还与中国邮政EMS合作，为企业和群众提供经济、高效、便捷的快递服务，避免群众多跑腿。

全面公开办事流程和项目信息，让办事群众心中有“一杆秤”。中心按照“六权治本”要求全力打造阳光行使权力的政务服务平台，在原有行政审批及电子监察系统的基础上，积极利用门户网站、电子屏、自助触摸查询机、公示栏、便民台、

《便民服务手册》等多种媒介进行信息公开，公开内容包括全部服务事项的项目目录、权力运行流程图、承办单位、申请条件、申报材料、样表展示、办理期限、收费情况、举报电话等，及时跟踪并公示办件情况，让群众明明白白办事，方便群众在办事过程中进行有效监督。

**【公共资源交易市场】** 2015年，朔州市再就业服务中心推动成立交易平台管理机构，有序承接管理工作。自2015年10月15日，市长李海渊在中心召开朔州市行政审批制度改革领导小组现场工作会确定中心为公共资源平台的管理主体以后，中心与市编办沟通，推动成立朔州市公共资源交易中心，负责交易平台的日常管理工作，并从东部区域发展服务局划拨五人充实交易中心的管理队伍。交易中心人员齐备、岗位分工明确，与各进驻单位对接工作，强化日常管理，保障交易平台管理工作有序承接。

借鉴学习先进经验，开创管理服务工作新局面。虽然承接公共资源交易平台管理工作的时间较短，但以“冬季行动”为契机，主动作为，到公共资源交易工作搞得好的地方参观学习，吸收借鉴他们在这方面的先进经验和做法。在此基础上，结合实际提出新思路，推行公共资源进场交易“十统一”，完善管理办法、采取有效措施、全面加强管理，全力推进各项工作顺利开展。

建立健全管理制度，规范公共资源交易市场交易秩序。为有序承接公共资源交易平台的管理和服务工作，中心认真研究相关法律法规，在规章制度、交易登记、信息发布、时间安排、场地安排、专家抽取、电子监察监控等方面制定统一规则、规范交易流程。制定《朔州市公共资源交易平台运行办法》《信息发布制度》和《中介代理机构管理制度》等十八项管理制度，为打造公开、公平、公正的公共资源市场交易环境提供制度保障。

全面强化监督管理，确保公共资源市场交易环境风清气正。为避免腐败现象发生，净化公共资源交易市场环境，中心完善监督措施，规范交易流程，严把信息公开关，进行信息统一发布，对交易各环节实施全程电子监控，并做好资料保存，确保公共资源交易起点公平、过程公开、结果公正、集中统一、规范有序。

**【政务服务环境改善】** 2015年，朔州市政务服务中心加强制度建设。制定《窗口工作人员选派和轮换办法》《工作服装管理规定》《行政审批系统管理和使用办法》等系列管理制度，建立窗口业务通报制和目标责任考核制，每月向窗口单位通报中心对其窗口工作的考核结果，年终向市考核办报送中心对各窗口工作全年考核结果，计入窗口单位年度目标责任考核评分，加强对窗口工作的有效管理。抓细节环节，制定《计算机及网络使用管理制度》《印章使用制度》《公文管理制度》《学习例会制》等制度，规范中心的内部管理和运行机制。中心建立制度62项，包括内部管理类、规范审批类、窗口管理类、监督管理类、网络管理类和交易平台管理类，形成相对完善的制度管理体系，为保障“两个平台”规范高效运行提供坚实的制度保障。

提升窗口服务水平。建立以科学管理为根基、以规范服务为亮点、以提升效能为重点、以监督制约为保障、以方便群众办事为目的的政务服务体系，开展“政务服务规范化建设”活动。实行归口管理，实现基础设施配套规范化。各业务科室按照职责分工分头行动，分别从机关和窗口的硬件和软件设施着手进行规范化配备，硬件设施大到办公桌、椅、电脑、打印机，小到各类盆栽、卫生用具，软件方面涉及的应用软件系统、操作系统、各类软件等都实行统一配备、编码登记、归口管理、责任到人。实现项目授权、人员进驻规范化。严格窗口人员和项目进驻程序，制定《窗口工作人员轮换办法》，编制进驻流程卡，实行“一单式”对接，要求进驻人员与督查科对接，项目授权到业务科登记，项目信息到网络信息科变更，固定资产到后勤备案的管理模式,确保人员进驻实时对接,项目授权及时掌握, 网上审批信息同步监督。强化监管,实现业务办理规范化。中心通过完善行政审批管理制度, 实行一次性告知制、首问责任制、限时办结制、延时服务制、超时追责制、节假日预约制、AB 角工作制、档案管理制等业务办理制度,要求各窗口按照即办件直接办结、承诺件限时办结、联办件跨部门联合办结、上报件及时上报办结、不予受理件说明相关政策、补正件一次性告知、退办件说明理由、延办件告知延时原因等方式办理,并通过年终工作大督查,监督相关制度是否落实到位,对落实不力的窗口下发整改通知单,按考核办法进行考核。

推进文化建设。加强廉政文化建设。以开展“纪律作风整顿”活动为契机,开展抵制庸懒散奢、杜绝吃拿卡要等活动,并通过集中观看历史纪录片、警示教育片、先进人物故事片以及新闻媒体曝光的关于政务服务工作的典型案例等进行警示教育。此外,由驻中心纪检组长与每位进驻窗口的工作人员签订《遵守八项规定廉洁履行职责承诺书》,从源头上规范服务、预防腐败。先后开展 3 次警示教育,组织中心全体人员到预防职务犯罪警示教育基地接受警示教育,结合网络曝光的“河南濮阳女民警骂百姓事件”和“河南鹤壁社保局退管科科长郝林广嗑瓜子事件”等涉及政务服务工作的典型案件对中心和窗口全体人员进行警示教育。注重学习培训,提升工作人员综合素质。通过邀请专家讲座、在线视频讲座的方式为全体人员安排专门的培训,内容涉及政务礼仪、情志养生、消防技能等诸多方面,全面提升窗口人员的综合素养。邀请太原政安消防科教中心两位教官举办一期消防安全知识讲座和一期冬季消防技能培训,受众 300 余人次;开展一次电梯紧急事故应急演练,强化中心人员安全防范意识;组织全体工作人员分两期聆听政务礼仪及和谐养生两个专题视频讲座,引导工作人员积极工作、高效服务,在生活中以礼待人,明礼守信,提高自身修养和作风养成,以小窗口展示政府部门大形象。开展主题文化活动。为纪念中国共产党成立 94 周年,开展“缅怀革命先烈,牢记党员宗旨”主题党日活动。中心全体党员赴平鲁革命烈士陵园和博物馆参观和缅怀革命先烈,重点学习李林同志的英雄事迹,并面对党旗重温入党誓词。开展迎“七一”党史知识测试, 中心及窗口 56 名党员参加答题活动。营造文化氛围。通过表彰优秀窗口和先进个人选树典型,形成比学赶超、激发后进的良好环境;通过丰富中心图书馆藏书种类和数量,来满足中心和窗口工作人员业余学习、阅读需求;通过组织做集体工间操强化体育锻炼,减少工作人员办公室职业病,激发工作活力;通过创办《窗口》杂志,发掘窗口文学、写作及书画等方面的人才,宣传中心、窗口工作和文化题材,营造浓厚的文化氛围。

(市政务服务中心)

## 社会经济发展研究

【调查研究】 2015 年,朔州市发展研究中心围绕市委、市政府经济社会发展战略部署,服务全市经济社会发展大局,调整工作重心,加强对经济社会发展的基础性、长期性、全局性领域展开调查研究,为市委、市政府适时提出决策建议和意见。年内,组织四次专题调研活动,完成《关于山阴农牧场经营现状的调研报告》《山区农业发展的创新探索》《对朔州市北部山区贫困农村的调查研究》《朔州市金融支持三农发展调查研究》4 个研究课题。编印《朔州经济》6 期。编印《经济研究》4 期。

【扶贫工作】 2015 年,朔州市发展研究中心派出中层骨干到扶贫村任第一书记,强化扶贫村党的建设和党组织的示范带头作用。包村干部住农家,访民情,解民忧,为农村办实事。年内扶贫工作队在平鲁区凤凰城镇周花板村组织实施 “稳产增收”“稳步开发”“解困救急”“加强基层”等工作。争取财政资金5万元，组织实施600公顷高产莜麦试验田种植，示范带动效果明显。引导发展规模养殖业，全村发展起养羊50只以上农户4家。加大科技扶贫力度。组织考察裸燕麦“双种双收”种植、禽类散养、药材种植、新品种油料作物、藜麦种植等种养项目，为2016年扶贫工作储备项目。2015年机关两次扶贫募捐4000多元和大量衣物，资助困难群众。与有关部门联系，对村里所有现居住房屋的老旧门窗进行改造，全村七名贫困家庭学生都列入教育扶贫计划，整修田间道路1千米，帮助整治村容村貌，改变该村脏、乱、差的面貌。

【机关建设】 2015年，朔州市发展研究中心以“三严三实”活动为载体，全面推进干部队伍建设和领导班子建设，为提高机关履职能力提供强有力的政治和组织保证。按照创建学习型党组织和学习型机关的标准，坚持政治理论和业务知识学习两手抓，年内组织集中专题学习8次，总计40天180多个学时，对习近平总书记系列讲话精神、《中华人民共和国宪法》《中国共产党党员廉洁从政若干准则》《纪律处分条例》以及供给侧改革、精准扶贫等政策理论进行较系统的学习，通过集中学习，机关干部队伍的综合素质和整体研究能力提高，干部队伍政治意识、责任意识、党性修养和业务水平提升。

在班子建设中，把民主集中制原则贯穿始终，小事常沟通，大事会上定。涉及临时人员使用、分工和岗位调整、大额资金使用等重大问题，一律在党组会上研究决定，阳光作业，从源头上防治腐败现象的发生。严格干部纪律，规范办事程序。在用人问题上，以《党员干部任用条例》为标尺，坚持以能力用人，以实绩用人，匡正用人风气。在岗位调整和职称聘用上，严格履行组织程序，坚持民主集中制原则，规范用人行为。

党组书记承担机关第一责任，班子成员分工负责，引领示范，齐抓共管，抓好机关各项工作。严格执行党的政治纪律、组织纪律、经济纪律和群众纪律。年内制定和完善下乡、出差、报销、请销假、公车使用制度等20多项规章制度，坚持用制度管人管事。

【党风廉政建设】 2015年，朔州市发展研究中心党组严明党的纪律，强化监督制约，转职能、转方式、转作风，为发挥机构职能、提升研究水平提供坚强的思想政治保障。

深化党风廉政教育，筑牢拒腐防变的思想道德防线。以准则和条例学习贯彻为切入点，开展以理想信念、保持纯洁性为内容的示范教育、警示教育和岗位教育。全年组织党员干部集中听廉政教育课、看警示教育、典型示范片12次，提高党员干部自重、自省、自警、自励意识，起到以思想自觉促进行动自觉的作用。

贯彻党风廉政建设责任制，推进惩防体系建设。严格执行领导干部“一岗双责”“三个不直接分管”“末位表态”等廉政制度；完善源头治腐长效机制，在人事、财务、纪律方面的重大事项，实行分管领导提议，党组集体讨论决定制度；完善和加强反腐倡廉工作体制和机制建设，督导领导干部如实报告个人有关事项；以中心网站建设为平台，推进政务、党务公开，接受社会监督。

（市发展研究中心）

## 东部区域发展服务

【理论学习】 2015年，朔州市东部区域发展服务局把提升学习能力作为加强领导班子建设和干部队伍建设的必备素质来抓，组织学习政治理论，注重加强对习近平总书记系列重要讲话精神的学习和领会，深入贯彻落实中共十八大、十八届三中、四中、五中全会精神，用理论武装头脑、指导实践、推动工作；推进学习型机关建设，创新学习形式，丰富学习内容，定期开展集体学习、个人自学、讨论交流、集中培训、专题辅导、观看录像、实地调研、撰写理论文章、总结发言等多种形式的学习活动,提升学习的科学化、制度化和规范化水平;充分利用时间,集中系统学习中央和省委、市委领导重要讲话、重要文件和重要决策部署,学习《中国共产党纪律处分条例》和《中国共产党廉洁自律准则》,增强全局人员的政治理论素养和执行方针政策水平。通过学习,班子成员的思想政治素质、党性观念、宗旨意识明显增强,领导水平、领导能力进一步提高,能够从政治的高度认识问题、分析问题和解决问题,自觉执行市委和市政府的有关规定。

**【专题教育活动】** 2015年,朔州市东部区域发展服务局自“三严三实”专题教育活动启动以来,严格按照省委、市委的统一部署,精心组织,迅速行动。强化组织领导,认真组织实施。制订活动实施方案,成立领导小组,召开动员会;把握总体要求,学习教育贯穿始终。突出学习重点,落实领导专题辅导,开展警示教育,保证学习时间,营造学习氛围,全局人员集中学习10余次,人均撰写读书笔记5000字以上,撰写心得体会10余篇;认真部署,开展讨论交流。召开局领导班子专题党课3次,组织开展学习小组分组讨论10余次;狠抓整改落实。局领导在前期专题调研、个别走访和组织专题讨论会的基础上,从严从实找准突出问题,查找出规章制度执行不严、宗旨意识有所弱化等问题,反思突出问题产生的根源,经数次专题讨论研究后,制定专项整治方案,建立专项整治工作责任制,明确整改项目、整改时限、责任领导,完善《岗位责任制》等多项制度,形成务实管用、衔接配套的反对“四风”的制度体系。

**【党风廉政建设】** 2015年,朔州市东部区域发展服务局把党风廉政建设工作纳入全年整体规划,并明确局一把手是责任目标制定、检查、考核和实施责任追究的第一责任人。按照“谁分管、谁负责,一级抓一级,层层抓落实”的工作原则,将反腐倡廉工作任务分解到个人,明确责任内容,落实具体责任人,促进全局党风廉政建设和反腐败工作的顺利开展。

落实党组集体决策。在工作中,全局坚持民主集中制,凡涉及重大事项决策、重大问题都要提交局集体讨论决定。执行党政“一把手”“五个不直接分管”制度,局长不直接分管人事、财务、工程项目建设、物资采购、行政审批等五项工作,具体事宜由党组集体决策,分管副局长负责执行落实。

落实机关内部管理制度。具体表现为:办公物品的购置统一由办公室采购;严格履行请、销假手续,并与奖惩挂钩;公务接待和下乡调研按照中央关于厉行节约的有关要求,执行接待标准,未有任何超标准接待情况;规范财务制度,实行收支两条线,控制一般性开支,真正起到节流的效果。

加强作风建设,落实廉政风险防控。把党风廉政建设、转变工作作风的要求细化到领导班子成员及每个党员干部身上。加强革命传统教育和廉政教育,组织观看警示教育专题片,引导全局党员干部树立正确的世界观、人生观和价值观,保持清正廉洁、务实高效的优良作风。领导班子成员能够做到以身作则、率先垂范,带头贯彻各项制度规定,做到在思想上筑牢防线、道德上守住底线、行为上不碰高压线。

**【扶贫工作】** 2015年,朔州市东部区域发展服务局为全面、准确掌握右玉县三里庄村的基本情况,制订切实可行的工作方案,局领导班子多次集体赴三里庄村进行调查研究,挨家挨户走访调查,了解他们的生活状况和收入情况,重点慰问困难群众和老党员。并与村领导多次磋商,反复研究论证,明确扶贫工作的指导思想、工作任务和总体要求,为开展扶贫工作奠定良好的基础,同时,党员干部下基层了解实情、调查研究、解决实际问题的能力也得到实质性的提升。为增强局领导干部对扶贫工作的认识,密切与困难群众的关系,使扶贫包村工作成为大家共同的任务,局领导研究决定,明确一名领导班子成员负责扶贫工作,选派一名干部作为“第一书记”驻村工作,并将驻村工作的完成情况纳入年底工作考核范围。为加强对驻村干部的领导,规范驻村干部的行为,制定“扶贫工作纪律”,要求每一位驻村干部发扬艰苦奋斗的精神,与群众同吃、同住、同劳动,严格要求自己,不给群众增添负担。多次组织领导干部到三里庄村访贫问苦,过节期间为村里困难户发放面粉80袋,切实有效解决村民的实际困难。为村党支部、村委会征订党报党刊和对农业、农民有的报刊,以便农村基层干部和群众及时了解国家的方针政策,了解更多的致富信息。利用村民空闲时间,驻村干部多次组织广大干部群众对村组道路、环境卫生进行集中整治,清理庄前屋后的杂物,将秸秆麦草进行集中堆放,对村上的主干道进行平整,使村容村貌明显改观,增强村民的凝聚力的融洽干群关系。

(东部区域发展服务局)

## 扶贫开发

【概述】 2015年,朔州市扶贫开发办公室落实习近平总书记关于“精准扶贫精准脱贫”的指示精神,围绕全市经济结构优化和发展质量提升“两大任务”,瞄准“减少贫困人口、增加农民收入”工作主题,创新机制、科学规划部署、强化措施,落实全市人口脱贫、实施易地扶贫搬迁工程、扶贫开发、企业帮扶、包村增收和定点扶贫等各项工作,推动农村经济发展、农民收入增加、幸福指数提升。

朔州市扶贫办在贫困地区调查研究　　(市方志办供图)

【减贫任务】 2015年,朔州市推进落实山西省扶贫办下达的1.85万人减贫任务。截至11月底,在全市各级领导和各有关部门统筹推进下,通过领导包村、定点扶贫、企业帮扶、财政支持、专项扶贫等措施,共完成1.992万人的减贫任务,占计划的107.68%。11月底,省政府追加减贫任务人口4500人。截至2015年底,完成2.3万人的减贫任务。

【扶贫易地搬迁】 2015年,朔州市实施易地扶贫搬迁工程,落实省委、省政府重点考核硬性指标。山西省政府下达朔州市的易地扶贫搬迁计划任务目标3000人,朔州市安排搬迁计划任务目标3248人,超248人。易地搬迁为跨年度工程,截至2015年底,全市落实移民搬迁人数1827人,开工率56.25%,完工率43%,达到省级年度目标要求。

【企业参与产业扶贫开发】 2015年,朔州市落实企业产业扶贫工作。企业产业扶贫为2015年度山西省十大重点工程之一,根据这一目标任务要求,朔州市政府与全市30家各类企业进行积极对接、分解投资规模。全市2015年企业参与产业扶贫开发计划投资24亿元。截至2015年底,30家帮扶企业,完成投资22.12亿元,占计划92.17%。

【教育扶贫】 2015年,朔州市落实习近平总书记关于“阻断贫困代际传递”指示精神,帮助贫困学子完成大学梦。对建档立卡精准识别出的贫困户中考入二本以上大学的贫困大学生每人给予5000元的补助。截至2015年底，全市对407名建档立卡贫困大学生每人给予5000元资助金，合计203.5万元，实现对建档立卡贫困大学生的帮扶全覆盖。

**【金融扶贫】** 2015年，朔州市按照《关于创新发展扶贫小额信贷的指导意见》(国开发办〔2014〕78号)和《关于全面做好扶贫开发金融服务工作的指导意见》(银发〔2014〕65号)文件精神，启动"扶贫小额信贷"工程。扶持对象为：有贷款意愿、有就业创业潜质、有技能素质和一定还款能力的建档立卡贫困户；扶持重点为：支持建档立卡贫困户发展特色优势产业、增加收入；扶持方式为：对符合贷款条件的贫困户提供5万元以下、期限3年的贷款支持。山西省政府下达朔州市2015小额信贷年放贷指导性目标任务4432万元，共涉及右玉县、平鲁区、山阴县三个县(区)，截至年底，完成发放贷款1776万元，占计划40.07%。

**【整村扶贫】** 从上年起，为确保到2020年全市255个贫困村全部实现整村脱贫，对全市每年的减贫村庄作整体规划，要求每年必须完成50个村的整体脱贫任务。2015年，朔州市确定整村推进村16个，投资1000万元；争取省级整村推进村7个，投资350万元，剩余27个村由相关县区负责完成。截至2015年底，整村推进项目全部启动实施，确保年底精准实现50个村的减贫任务。

**【劳动力就业培训】** 2015年，朔州市落实山西省政府启动的"千村万人"培训计划，计划落实培训就业转移任务1500人，完成培训1060人，展开培训320人；山西省下达朔州市职业农民培育任务1300人，完成1220人。并通过干部驻村培训3700人，年底完成职业农民培育5000人，完成培训就业上岗1380人。

**【驻村帮扶】** 2015年，朔州市市县(区)各级部门共派出包村领导991名，定点扶贫工作队617支。全部进驻207个建档立卡贫困村和部分低收入村，实现干部驻村帮扶全覆盖。截至2015年底，两支力量共为贫困村投入资金0.8亿元，基本做到"扶贫到户、责任到人。"

(市扶贫开发服务中心)

# 政协朔州市委员会

Shuozhou Municipal Committee of Political Consultative Conference

## 办公厅

**【专题教育】** 2015年，根据中央部署和省、市委安排，朔州市政协办公厅“三严三实”专题教育与市政协党组同步开展，从2015年6月2日全面启动。办公厅领导班子成员和机关全体处级干部对照“严以修身、严以用权、严以律己，谋事要实、创业要实、做人要实”的要求，聚焦对党忠诚、个人干净、敢于担当，坚持思想教育、党性分析、整改落实、立规执纪相结合，通过开展严以修身，践行“三严三实”，争做忠诚干净担当的好干部；着力解决自身存在的“不严不实”问题，切实增强践行“三严三实”要求的思想自觉和行动自觉。

通过活动，机关求真务实作风得到弘扬，坚定贯彻落实中央“八项规定”、《党政机关厉行节约反对浪费条例》的决心，履行职能、服务大局、服务委员的实效得到提升，政协工作科学化水平的长效机制得到健全。

**【会议筹备】** 2015年5月8日，朔州市政协五届七次全会胜利闭幕；12月30日六届一次全会胜利闭幕。办公厅在两次全体会议筹备期间坚持明确分工，精心筹备，狠抓落实，做到分工合作，协调一致，确保两次全会的召开。其中六届一次会议是市政协的换届大会，会议选举产生新一届市政协领导班子、常务委员。办公厅在会议期间坚决贯彻落实中央八项规定精神，执行会纪，坚持简洁、朴实、高效、务实的原则，一切从俭，切实体现作风、文风、会风的转变，圆满完成会议各项任务，受到全体新老政协委员的一致好评。

组织召开市政协五届二十八、二十九、三十、三十一、三十二次常委会议。从6月中旬开始，组织5个调研组，分头深入六县区，对处在经济下行压力大环境中的全市中小微企业的生存状况进行实地调

2015年12月25日，政协朔州市第六届委员会第一次会议在朔州市平朔会展中心开幕 （市方志办供图）

研，并召集市、县区有关部门负责人和中小微企业代表多次进行座谈，经市政协主席会议多次专题研究讨论，形成《积极应对经济下行压力、大力帮扶中小微企业健康发展的建议报告》，为市委、市政府应对经济下行，大力帮扶中小微企业健康发展从6个方面提出23条有价值的意见、建议。经五届三十一次常委会议审议通过后，报送市委、市政府，受到相关部门的高度重视，市委书记王安庞作出批示，要求有关部门应结合贯彻省民营经济推进大会精神，拿出促进全市民营经济发展的具体意见。

11月上旬，组织召开建议"十三五"规划专题民主协商会，围绕科学编制全市"十三五"规划进行建言献策，委员们分别从煤电产业、高新技术产业、扩大对外开放加大招商引资、现代服务业、生态文明建设、精准扶贫、社会保障、人才强市战略等方面对科学编制全市"十三五"规划提出意见建议。会后还形成《关于编制我市"十三五"规划需要重视的若干问题的建议》，报送市委、市政府后得到高度重视，市委书记王安庞要求在市委的《"十三五"建议报告》中吸纳。

**【规范提案】** 2015年，朔州市政协办公厅按照《政协朔州市委员会关于加强和改进提案工作的意见》，加强对提案工作的领导，提高提案质量，规范提案办理程序，创新提案办理工作机制。提案征集有突破。采取会前通气宣传党的路线、方针、政策以及全市和政协工作动态，让委员充分了解上情，帮助委员知情明政；会议期间工作人员深入委员驻地，现场指导，当面服务。2015年五届七次全会期间，收到委员提案146件，其中委员提案140件，集体提案6件，经审查立案112件，占提案总数的76.7%，作为意见转送有关部门参考的34件，提案全部答复提案者。提案办理有新意。继续坚持领导督办和跟踪办案。为使每件提案都尽可能得到落实，提案委将提案按照内容、性质进行分类，而后分别送请市委和市政府，让提案在不同层次上运行，使其得到最大限度的办理和落实，并于2015年11月份组织委员到市直有关单位就提案的落实情况进行专题督查。

**【社情民意】** 2015年，朔州市政协办公厅以规范化和制度化为总要求，加强督促，规范程序，提高质量。密切与各界委员，各县区政协、各民主党派以及工商联等的联系与协作，制定一系列有效的激励与考核措施，提高信息反映的数量和质量。2015年，共收到各民主党派市委、县区政协和委员上报社情民意信息737篇，市政协采用上报省政协387篇，全国政协办公厅采用6篇，省政协采用23篇；印发社情民意信息19期，涉及全市政治、经济、社会发展及生态文明建设等各个方面，其中市委王安庞书记作出批示3篇。

**【民主监督】** 2015年，朔州市政协代市委起草《中共朔州市委关于加强和改进人民政协民主监督的意见》，经市委常委会研究出台。这对充分发挥人民政协民主监督的重要作用，有效实施监督权力，对于实施"六权治本"规范权力运行，净化政治生态、实现弊革风清，推进"两大任务"、加快"六大发展"以及促进富民强市、全面建成小康，都具有重要的意义。

**【自身建设】** 2015年，朔州市政协办公厅强化理论武装，巩固政协履行职能的思想政治基础。结合"三严三实"专题学习教育，深入学习贯彻习近平总书记系列重要讲话精神，党的十八届三中、四中、五中全会精神以及省市委领导有关重要讲话精神。加深对全市推进"两大任务"、实现"六大发展"工作思路的认知，增强充分发挥自身优势，为加快全面建成小康社会建言献策、凝心聚力的责任感、使命感。

完善规章制度，强化机关自身"三化"建设。修订《市政协机关工作人员年度绩效考核办法》和《政协朔州市委员会关于进一步发挥界别作用的意见》,完善学习、会议、委员活动、专题调研、视察工作、请销假、财务管理、委员履职等10多项机关规章制度,构建改进工作作风、提升机关工作科学化水平的长效机制,使政协机关做到政治讲纪律、工作循章法、行为有准则。

【宣传工作】 2015年,朔州市政协办公厅办好《朔州政协》刊物和朔州政协门户网站。以"致力参政议政、推动'两大任务'、反映社情民意、传播政协知识、塑造政协形象、推进政协工作"为办刊宗旨,2015年,《朔州政协》出版4期,共整理编辑30万多文字,120多幅照片,全面宣传市政协和广大委员履行职能、参政议政的成果风采,反映市、县区政协重要会议和活动开展情况,扩大政协的政治影响力,提升人民政协的社会地位,推动全市政协工作的开展,受到全市各级领导和各界人士的一致好评。为适应网络技术越来越发达,网络民意影响越来越广泛的新情况新形势,完善朔州政协网站,推动政协工作向互联网延伸,通过网络渠道发布信息、宣传工作、领导舆论、汇集民意,开展委员履职活动,形成网络民意与政治协商有机对接的新机制。

【包村扶贫】 2015年,朔州市政协办公厅领导干部多次深入扶贫联系点右玉县新城镇段家山村,为该村经济发展和村民致富奔小康出谋划策,为段家山村投入资金25万元,完善段家山村肉羊养殖园区;每位副主席为所包村带去10万元的扶持资金,分别用于养殖、水利、道路修理等事关当地百姓切身利益的地方。截至2015年年底,所有资金全部到位,受到基层群众和社会各界的广泛好评。

【党风廉政建设】 2015年,朔州市政协办公厅开展党风廉政宣传教育。认真贯彻落实中央"八项规定"、省、市委有关文件精神,开展权力观教育和预防职务犯罪等活动,引导党员干部特别是领导干部牢固树立正确的世界观、人生观、价值观,解决好权力观、地位观和利益观问题。组织机关党员干部职工观看《失德之害》多部廉政警示教育片,参观市检察院的预防职务犯罪警示教育基地。

抓好党风廉政建设目标责任制管理。把认真贯彻落实党风廉政建设责任制列入重要议事日程,抓紧抓好。研究分解2015年度党风廉政建设和反腐败工作目标任务,形成一级抓一级、一级对一级负责的格局,把党风廉政建设与干部年终考核相结合,坚持和政协工作同部署,同落实,同检查,做到党风廉政建设和反腐败工作有部署、有检查、有总结。

加强领导班子廉洁自律建设,加大监督工作力度。班子成员都能以身作则,严格按照党风廉政建设责任制的有关要求,自觉遵守廉洁自律的各项规定,规范个人行为,做廉洁勤政的表率。2015年,没有发现机关党员领导干部违纪违法行为。 (市政协办公厅)

## 民革朔州市委员会

【概述】 2015年，民革朔州市委会团结带领全市民革党员，高举中国特色社会主义伟大旗帜，围绕中共朔州市委、市政府提出的推进“两大任务”，突出“五大重点”、打造“五个基地”、推动“六大发展”的总体思路以及建设美丽朔州和“塞上明珠”的奋斗目标，按照“自身建设有强度、参政议政有深度、社会服务有力度、祖统工作有广度”的要求，以学习实践活动为主线，加强自身建设，发挥特色优势，履行参政党职能，凝心聚力、开拓创新，完成各项工作任务，为朔州经济社会发展做出贡献。

【思想建设】 2015年，民革朔州市委会始终把思想建设放在首要位置，高度重视政治理论学习，以学习培训为引领，以学习实践活动为支撑，以加强宣传为抓手，提高民革党员思想政治素质。

强化学习教育引领作用，提升党员履职能力。运用市委会中心学习组、主委联席会、专题学习会、支部组织生活等多种形式“以会代训”。组织党员学习中国共产党领导的多党合作和政治协商制度理论、中共十八大及历次全会精神，习近平总书记系列讲话精神和全国、省、市两会精神。

突出主题教育示范功能，增强党员综合素质。开展六项主题教育活动，得到有关领导的肯定。开展“学习实践活动”。活动开展以来，制订实施方案，编发《学习实践活动民革党员应知应会知识》学习资料，资料涵盖中共十八大、十八届三中、四中、五中全会精神及习近平总书记系列重要讲话精神、统战知识、民革知识等103项内容，发送到“民革我的精神家园”QQ群和“民革情”微信群供党员学习。市委会班子成员定点联系支部，及时做好引导、组织、协调、宣传、推动工作，协助解决各支部在活动中遇到的具体困难和问题。活动办公室全程协调、全力支持，为推进学习实践活动的开展，提供保障。11月又制订中期推进方案，将学习活动引向。围绕传承民革历史和优良传统，开展纪念活动。在孙中山先生逝世90周年纪念日，市委会举办以“翰墨寄深情，共圆中国梦”为主题的大型书画笔会，来自全市近50位书画名家和民革党员一起挥毫泼墨，缅怀中山先生的丰功伟绩，在社会上产生较大的反响。2015年是中国人民抗日战争暨世界反法西斯战争胜利70周年。9月2日，市委会在城区八中举办“凝聚民族魂 共圆中国梦”主题书画笔会。参加活动的画家和师生们共同在70米长的画卷上提笔作画，抒发对伟大祖国的热爱之情。同日，中山摄影协会在朔州市塞北革命烈士陵园举行“中国梦、塞北情”纪念活动，让民革党员们牢记历史，勿忘国耻。开展“观故居，走多党合作之路”活动。组织支部班子成员分两批赴重庆参观张治中和冯玉祥将军故居，教育引导党员缅怀民革前辈事迹，感受前辈人格魅力，提高思想觉悟，坚定理想信念。开展向蔡立中学习活动。2月，民革中央下发通知，决定开展向“人民好医生”“优秀民革党员”蔡立中学习活动，在《朔州民革》会刊上开辟专栏，通过挖掘细小实的身边人身边事，树立宣传先进典型，使学习实践活动充满正能量，让全体民革党员学有榜样、比有标尺、赶有目标，营造“对照先进找差距，找准差距促提高”的互学赶超氛围。启动“健康女性，幸福朔州”读书活动，并向女党员赠送书籍，推荐阅读书目。通过这些主题活动，提高全体党员的素质，增强民革党员的社会使命感和责任感，扩大民革影响力。

紧抓新媒体辐射传播，扩大朔州民革影响。随着互联网新媒体的发展，如何顺应党员要求，打造符合时代、贴近生活、更具时效性的宣传平台，是民革一直思考的问题。为此，借助一报两群三刊一平台，及时传播政策和相关信息，提高朔州民革的凝聚力。一报是《团结报》，党员人手一份，还给市委统战部、市政协、区县统战部门赠送《团结报》，活动情况和稿件也及时发送到《团结报》；两群是“民革—我的精神家园”QQ群和“民革情”微信群。市委会第一时间将重要精神、信息报道等发送到党员“手中”和“眼前”。三刊是市委会为每个支部订阅《中国统一战线》、配送《山西民革》、党员人手一本《朔州民革》；一平台是民革中央推出的“民革e家”信息交流平台和《团结报团结网》网站。市委会将每个党员的登录账号和密码发送到各支部，大家登陆后就能及时了解应用“民革e家”的诸多功能。利用新媒体的辐射传播作用，拉近与党员的距离，形成“民革一家亲”的和谐氛围。

**【建言献策】** 2015年，民革朔州市委会按照民革中央万鄂湘主席“识民情、接地气”“举全党之力抓参政议政”的指示精神，围绕全市经济社会发展和涉及人民群众切身利益的问题，发挥省、市、区三级人大代表、政协委员的作用，坚持每年在省、市召开“两会”时提交质量高、具有较强针对性和操作性的政协提案和人大议案。

两会期间，各支部和党员个人撰写提案38件。其中两名省政协委员向省政协十一届三次会议提交的《构建科学有效的选人用人机制重塑山西的“政治生态”》《强化民间借贷监管　维持规范金融秩序》《夯实农业发展基础，转变农业发展方式》等6件提案，得到省委、省政府的重视；5月7日，在市政协召开的议政会议上，副主委苏岚代表市委会做题为《应对经济下滑，加强企地经济共融，主动适应新常态，努力实现新突破》的发言，受到与会领导好评；市政协五届六次会议上民革党员提交内容涉及医疗卫生、环境保护、旅游发展、基础教育等方面的集体提案12件，委员个人提案20余件，所有提案均得到回复。市六届一次政协会上，提交集体提案12件，党员个人提案15件。

拓宽调研思路。市委会依托党内资源，利用自身优势，巧借“外脑”实现与市政协、市委统战部、民革省委、各支部的联动，以及与地方党委、政府的互动，形成多面合作开展调研的工作模式。

参与民革省委会联合调研。在注重传统的实地调研、开座谈会、问卷调查、文献调查等方式的基础上，利用民革QQ群，收集网络资源，听取意见建议，学习先进经验，拓宽调研思路，转化实用成果。副主委冯进义和机关李慧撰写的《朔州市非物质文化遗产情况的调研报告》得到省、市有关领导肯定，获省委统战部调研成果优秀奖；在市政协会议上，副主委符纯新撰写的《关于整治农村环境卫生的思考与建议》等大会发言，调研，见解独特，产生较好的社会反响。市委会还参与省委统战部重点课题的研究，成立课题组，由副主委冯进义执笔撰写的《民主党派基层组织发展存在问题与对策研究》，获得好评。副主委苏岚进矿山、走基层，对全市的民营工业和规模化农业在一定范围内进行调研和咨询，结合平朔公司多年来的工业投资和产业上马的经验与教训，撰写《如何扩大对外开放　加大招商引资的建议》。副主委冯进义两次参加中共朔州市委关于“十三五”规划建议讨论稿座谈会，就实施人才强市战略和运用

PPP模式激活社会资本提出建议。市政协六届一次全会上,市委会又提交《抓住草牧业试验试点市建设机遇,推进生态畜牧业发展,拓宽农民增收渠道》的大会发言。

用心搜集社情民意。党派的民主监督不是要“说了算”,而是要“说得对、说得准”。一年来,民革朔州市委会抓社情民意,不仅注重数量,更注重质量。根据党政工作中心和经济社会发展大局,收集“社情”,结合群众普遍关注和反映强烈的问题反映“民意”,留心党政工作重点、社会关注热点、民生改善难点,做到收集、整理、报送快。2015年,向民革中央、民革省委、朔州市政协等有关部门报送信息50余条。

【强素质树形象】 2015年,民革朔州委员会重视组织建设,加强自身建设做好组织发展工作,探索新形势下组织发展规律,寻求切合实际的组织发展途径。组织发展健康有序。市委会贯彻“人才强会”战略,全年发展6名思想素质好、知识层次高、业务能力强、在本单位具有较高声望,在社会上有一定影响力的新党员。这些新党员平均年龄低,整体学历高。新党员的加入,使朔州民革党员队伍的年龄结构、知识结构得到优化和改善。

支部换届顺利完成。2015年是基层支部换届年,市委会下发《民革朔州市委基层支部换届工作方案》,对换届工作的程序步骤进行规范,使换届工作有章可循、有据可依。市委会坚持“民主集中、团结稳定、稳妥”的方针,按照“选好一个支部主委,配好一个支部班子,带好一个支部”的原则,坚持“政治信仰坚定、社会影响较大、热心党务工作、团结带动党员、年轻有发展潜力”的标准,综合考虑政治素质、参政能力、领导水平、合作意识、社会影响、群众基础等因素,严格按照民革章程和组织程序进行酝酿和选举。9月底,市直、朔城区、平鲁区等八个支部顺利实现和谐换届。8个基层支部选举产生新一届支部委员40人,平均年龄43岁。其中新进支部班子成员14名,女同志4名,支部班子成员中具有研究生以上学历3人,具有中高级职称12人。通过换届,各支部班子综合素质、年龄结构、知识结构和代表性等得到优化,各支部领导能力、组织能力、协调能力、政治把握能力均得到加强。

新平台促党员成长。为党员发挥作用提供平台,是市委会义不容辞的责任。搭建政治平台。帮助党员解决政治待遇,努力做好党员推荐工作。向市政协推荐委员7人市人大代表1人,推荐市青联委员1人,推荐特约监督员2人;主动加强与中共党委及统战部门的沟通协调,做好后备干部的推荐工作,一批政治素质好、业务能力和参政议政能力较强的民革党员脱颖而出。迄今为止,市委会有2名成员被提拔为正县级干部,2名提拔为副县级干部。党员中有省政协委员2人,省政协常委1人,市人大常委2人,市政协委员18人,市政协常委5人,省民革常委1人,在职党员中副处级以上干部4人。搭建经济平台,利用联谊会、通报会、调研视察之机,为企业界党员之间的信息、资金、技术合作牵线搭桥。进修培训。推荐两批近30名党员和机关干部参加朔州市优秀党外中青年干部培训班,推荐两名基层支部主委赴中山大学参加民革山西省委第六期中青年干部培训。交流互访增进友谊。9月,市委会领导赴长沙取经学习;10月,市委会组织支部主委一行14人赴民革重庆市江北区委交流学习,并达成结为友好市区委员会意向。

【履职为民】 2015年,民革朔州市委会紧紧围绕民革省委、中共朔州市委工作中心,创新社会服务方式,开展各项社会服务工作,依托基地服务见实效。5月30日在“爱心基地”举办“欢庆六一　精彩无限”活动,孩子们在特殊的节日里,感受民革爱心爸妈的特殊关爱;秋季,市委会领导再赴长沙,专程送5名孩子去民政学院就读;多方募集筹措资金为爱心基地建设起40平方米的多媒体康复训练室;民革纪念林基地,每年都会留下民革党员植树种绿的身影。“科技惠农示范基地”在健康发展的同时,又谋求新的突破。开办中国文化网商城官网,正在筹备中国北方民俗民歌文化交流活动。

结合自身优势,开展独具特色的文化服务系列活动。开展文化暖民生系列活动。2月6日市委会组织中山书画院、中山摄影协会的同志一行20余人,平鲁区下面高乡江坪村开展“博爱温情牵手乡亲”送温暖文化下乡活动,当日为村民们现场写春联500多副,为村民拍摄打印“全家福”,全村30户人家,家家都收到市委会领导送上的慰问金。开展“送文化进山村 温暖乡亲”文化下乡活动。中山艺术团送戏下乡,演出30场。国学公益服务社会系列活动,六支部副主委邸继文倡导并组织的“寻访我们的精神家园”端午节汉服吟诗品茗会和“广场少儿幼学琼林背诵大赛”以及同湖北高校国学联盟举办的“做好中国人,当个好爸爸”游学天牙山等活动,赢得社会的广泛赞誉。文化惠民生系列活动。中山书画院承办的“红色记忆颂太行 弊革风清倡廉政剪纸艺术作品全省巡展”和首届“映像朔州”摄影展好评如潮。中山文化研究会与李林研究会举办李林百年诗朗诵。由中山艺术团承办的“周末大舞台”从4月份开始,每周两场演出,已演出五十余场。

(民革朔州市委)

## 民建朔州市委员会

【概述】 2015年,民建朔州市委会学习习近平同志的系列重要讲话精神和中共十八大,十八届四中、五中全会精神以及《中国共产党统一战线工作条例(试行)》,贯彻中共朔州市委的各项重大决策,推进自身建设,围绕全市“两大任务”“六大发展”建言献策,为服务朔州经济建设和社会发展做出贡献,树立良好的参政党形象。

【学习教育】 2015年,民建朔州市委会重视学习教育活动专题学习培训活动。以坚持和发展中国特色社会主义学习实践活动为主线,开展专题学习培训活动,提高会员素质。市委会制定《坚持和发展中国特色社会主义学习实践活动中期方案》,组织会员召开专题学习会议,以学习实践活动为主线,学习民建十大会议精神和民建会章、会史以及民建中央副主席张少琴莅朔讲话精神。5月14日,市委会组织市委委员、各支部主任及骨干会员召开会议,传达学习朔州市“两会”精神和民建山西省八届五次全委会议精神。12月11日,市委会开设专题学习培训班,分别邀请市委党校刘海教授和世界自然医学大学心理学院硕博士导师黄仁杰教授进行专题讲座,做《十八届五中全会精神解读》《十三五下的创新与创业应用》为题的专题讲座。

开展学习教育实践活动。以抗战胜利和民建建会70周年为契机,开展学习教育实践活动,增强对会员的思想教育效果。2015年是中国抗日战争胜利70周年,也是中国民主建国会成立七十周年。市委会组织会员参加市委统战部举办的《山西抗日民族统一战线辉煌历程——纪念抗日战争胜利70周年》征文活动和民建省委的《纪念中国民主建国会成立七十周年书画摄影展》。12月12日,市委会副主委张志平带领会员到山西省武乡县八路军太行纪念馆参观学习,学习革命历史和老一辈的光荣传统,增强接受中国共产党领导的自觉性和坚定性,坚定中国特色社会主义的政治共识和全面深化改革、全面依法治国、全面从严治党的政治共识。

【参政议政】 2015年,民建朔州市委会提升考政议政履职能力利用“两会”平台建言献策。2015年省市级“两会”上,民建的人大代表、政协委员们围绕中共山西省委和朔州市委的工作目标,撰写提案、议案,展示民建参政议政的风采和水平。在省政协十一届三次会上,主委李彦玲提出的《关于新形势下工会服务职工问题的建议》,得到山西省总工会重视并被采纳。朔州市五届政协七次会议上,民建政协委员提出的《关于对我市“黑出租车”问题及建议》《关于农村环境保护存在的问题和建议》等提案均受到与会委员的高度重视。此外,在“两会”的小组讨论中,委员、代表们就市政府工作报告、“两院”工作报告、市政协提案工作报告,各抒己见、畅所欲言,提出许多有价值的意见和建议。据统计,2015年民建的人大代表、政协委员们提交提案16件,建议30余条。

通过开展专题调研建言献策。市委会在继续巩固民建建言品牌的基础上，参与课题调研，基层，群众，协助民建省委认真完成《山西省加快推进低热值煤发电项目》的专题调研任务。市人大常委会财经工作委员会副主任韩晓明提出的《关于我市农村环境保护问题》的调研报告得到民建省委的高度重视。

通过民主监督工作建言献策。班子主要成员、骨干会员通过参加各种协商会、情况通报会、座谈会、专题研究会等渠道，围绕市"十三五"规划建言献策，提出许多建设性意见和建议，发挥民建参政党的作用。全市民建会员中的各级特邀监察员、检查员认真履行职能，参加有关部门组织的活动，发挥民主党派政治协商、民主监督的作用，对市党政机关工作及其干部作风，提出建议和意见，有效促进部门行风建设。

【社会服务】 2015年，民建朔州市委会重视社会服务工作，服务公益事业，组织会员开展义务献血、慰问革命老功臣、文化下乡献爱心、帮扶困难低保家庭、帮扶"40、50"人员再就业、资助孤儿院、资助贫困大学新生等社会服务活动，参加人数约200人次，活动中捐赠钱物约10余万元，受到广大人民群众的肯定，为全市的公益事业做出贡献，树立民建良好的社会形象。

【组织建设】 2015年，民建朔州市委会加强组织建设做好组织发展工作。坚持集体领导、分工协作，发挥领导集体作用，促进市委会工作制度化、规范化、程序化。加强领导班子作风建设，严格遵守机关纪律，强化服务意识，确保各项工作全面有序完成。依据会章和民建省委组织部的要求，坚持"三个为主"和注重质量、注意数量、保持特色、优化结构的组织发展原则，做好会员发展工作。全年发展新会员5人，全部是本科学历，副高职称1人，职业经济人士1人。

提高机关工作人员的政治素质和业务能力。市委会利用各种学习机会，开展参观学习、交流培训。加强机关干部的政治理论学习和岗位培训，提高机关干部的政治素质和业务能力。8月，市委会部分骨干会员参加民建山西干部培训学习班。10月，市委会张志平、李霞在山西社会主义学院参加民建省委组织系统录入培训学习班。12月，市委会部分企业界会员参加新梦想职业培训学校开设的《重塑企业文化品牌》专题培训讲座。这些学习培训，提高机关干部的政治素质和业务能力，调动骨干会员的性和主动性，为民建各项事业的发展奠定人才基础。民建朔州市委、市直支部被民建山西省委授予"民建山西省委先进集体"；会员胡伟荣获"民建全国优秀会员"荣誉称号；韩晓明、李建军、翟文君荣获"民建山西省委优秀会员"荣誉称号。 （民建朔州市委）

## 民进朔州市委员会

【概述】 2015年，民进朔州市委员会高举中国特色社会主义伟大旗帜，学习贯彻中共十八大、十八届三中、四中、五中全会精神，习近平总书记系列重要讲话和中共朔州市委重要会议精神，秉持"有思有行、集智聚力、顺势而为、开拓创新"的工作方针，以庆祝民进成立70周年为契机，以坚持和发展中国特色社会主义学习实践活动为主线，结合社会服务年度工作主题，加强自身建设，履行参政党职能，各项工作都取得新的成绩，民进朔州市委荣获"民进全国社会服务工作先进集体"荣誉称号。

【思想建设】 2015年，民进朔州市委会把坚持和发展中国特色社会主义学习实践活动作为贯穿本会各项工作的一条主线，巩固"三个认同"，做到"四个结合"，即：把开展学习实践活动与学习贯彻习近平总书记系列重要讲话精神结合起来；把开展学习实践活动与庆祝民进成立70周年结合起来；把开展学习实践活动与组织建设工作结合起来；把开展学习实践活动与履职奉献结合起来。会市委围绕工作大局，把学习中共十八大和十八届三中、四中、五中全会精神，学习习近平总书记系列重要讲话精神和中共朔州市委五届七次全会精神，学习中央统战工作会议精神和《统一战线工作条例(试行)》作为学习实践活动的核心内容,按照民进中央和会省委的要求部署,组织开展学习活动。通过集中学习、以会代训、座淡交流,广大会员接受中国共产党领导的自觉性和坚定性进一步提高增强,对中国特色社会主义的道路自信、理论自信和制度自信进一步提高。8月22日,民进省委副主委张建豪赴朔州就学习实践活动开展情况进行指导调研,认为按照民进中央、民进省委的安排部署,学习实践活动精心组织,有序推进,联系实际,成效显著。

2015年,恰逢中国民主促进会成立70周年。按照会中央和会省委的要求,开展“民进70年情缘——会史钩沉”征文活动、民进“会史会章网上学习问答”,受到会中央的表彰;邀请省政协原副主席、会省委原主委张正明为40余位新会员讲授会史会章知识,举办庆祝民进成立70周年“铭记会史、弘扬传统、荣辱与共、在谱新篇”文艺晚会等。通过一系列活动,从不同角度调动会员参与的性,扩大会员参与面,激发会员对组织的自豪感和认同感,增强组织的凝聚力和向心力,巩固“三个认同”。

**【组织建设】** 2015年,民进朔州市委会重视后备干部队伍建设。推荐优秀会员参与市委、市政府、市政协召开的协商议政会和征求意见会,鼓励参与各种视察调研和提案督办活动,提高其履职能力和水平。选派16名会员参加全市党外干部培训班和会省委举办的市委委员和骨干会员培训班,提高骨干会员的政治理论素质。培养推荐骨干会员担任市人大代表、政协委员,经过严格考核、多方协商、争取,有33名会员担任朔州市新一届人大代表、政协委员(其中,人大代表4名、政协委员29名),充实参政议政骨干队伍。

稳步推进组织发展。组织发展坚持“三为主”原则,在保持教育文化界别优势的基础上,把新会员的质量放在首位,做好新会员入会的考察和把关工作,发展政治过硬、层次较高、专业能力强、具有较强的政治把握能力、参政议政能力和合作共事能力的高素质人才入会,进一步改善委员会的年龄、知识和能力结构,以适应新形势新常态下履行职能对人才的需求。2015年,发展新会员15人,年发展率达7%,新会员全部具有大学以上学历。目前,委员会会员达205人,平均年龄41.5岁。

加强基层组织建设。5月份,会市委主要领导赴朔城区、平鲁区支部调研,了解情况,加强指导,帮助基层支部解决工作中的困难和问题,争取基层组织所在地中共党委及统战部门的支持。6月18日和7月3日,分别赴右玉县、怀仁县调研,就成立支部的有关事宜与当地县委统战部进行协商沟通。经过认真筹备,于11月19日成立民进怀仁县支部,拓展本会县级组织建设新领域,增强会组织的凝聚力。在北京举办的民进成立70周年纪念大会上,山阴县支部荣获“民进全国先进集体”称号,这是继2013年平鲁区支部荣获民进全国宣传思想工作先进集体称号、2014年朔城区支部荣获民进全国组织建设先进基层组织称号后,市县区支部荣获的又一项全国奖项。

开展“结对共建”和走访交流活动。8月22日,民进太原市晋源总支一行10人赴平鲁区支部开展“结对共建”活动,双方坦诚交流,相互学习借鉴,提高民进的基层组织建设水平。会省委领导高度评价两个支部学习交流的意义和作用,对举办“结对共建”活动给予肯定。按照民进省委关于推动市级组织之间走访交流的通知,8月9日,赴吕梁进行工作交流;9月26日,民进阳泉市委一行13人到朔州开展走访交流。通过交流学习,会市委与兄弟市级组织相互取长补短,拓宽思路,增进友谊,学习经验,推动本会各项工作再上新的台阶。

加强机关建设。机关建设是参政党自身建设的重要组成部分,在履行职能和自身建设中发挥着重要的保障和协调作用。市委机关以“阳光、高效、规范、和谐”为目标,结合学习实践活动,认真抓制度建设、作风建设和能力建设,强化服务理念,提高工作效能,形成勤学习、重团结、干实事的机关氛围。

【参政党职能履行】 2015年，民进朔州市委会围绕推进“两大任务”工作主题，调查研究，献计献策，参政议政工作跃居全省前列，被会省委授予“参政议政工作先进集体”荣誉称号。

以高度的政治责任感和使命感协商议政。会市委班子成员参加《中共朔州市委关于制定国民经济和社会发展第十三个五年规划的建议》《政府工作报告》《政协常委会工作报告》等重要会议文件及朔州市换届人事安排的协商座谈会、征求意见会，参与全市实施“六权治本”情况、四大班子及领导干部落实“三严三实”情况征求意见座谈会，参加市政协提案工作的督办视察、意见反馈座谈活动等，认真履行政治协商、民主监督职能。

利用“两会”参政议政平台建言献策。在市“两会”期间，在调研的基础上，向市政协五届七次会议提交6件集体提案和2篇大会书面材料，向市政协六届一次会议提交5件集体提案；会员中的市人大代表、政协委员提交个人提案、建议近80件，内容涉及教育、医疗、文化、法治、社会管理等方方面面。会员杜清文代表会市委在市政协五届七次会议作题为《抓好工业园区建设，为实现“两大任务”提供有力保障》的大会发言，受到与会领导的好评。在市政协民主党派和特邀界别联组讨论上荆日鲜的发言得到市长李海渊的高度认可。在民进省委面向全省的参政议政课题立项中，根据“公开、公平、择优的原则”，本会提交的三项课题荣获二等奖，同时作为省两会集体提案受到会省委的表彰。

组织会员反映社情民意信息。为更好地调动会员撰写社情民意信息的性和主动性，会市委在信息工作的针对性上做文章，一方面给骨干信息员下任务、定题目，督促他们发挥骨干作用；另一方面加强与会省委参政议政部的联络，有针对性地向课题化、专人化倾斜，限期限量，指定专人，社情民意信息的数量和质量有明显提升。全年报送社情民意信息95条，在全省各市级民进组织中排名第一，并受到主委卫小春的表扬。薛军撰写的《关于加快推进学前教育均衡发展的建议》得到市委书记王安庞的批示。

【社会服务】 2015年，民进朔州市委会以促进社会和谐稳定为社会服务工作主题，加强各界联系，关注群众利益，凝聚会员力量，在扶贫帮困和文化惠民方面工作成效显著。

发挥优势尽力而为，特色服务注重实效。会市委坚持开展“送医下乡”惠民利民服务活动，有效解决部分群众因贫困、不便而不能及时就诊的困难，受到参与群众的热烈欢迎和极大好评，树立起民进服务社会、心系群众的良好形象。1月17日，朔城区支部在朔城区贾庄乡开展下乡义诊活动，为200多名村民进行义诊，受到当地群众的热烈欢迎。8月22日，会市委、朔城区支部在朔城区高升庄村开展“送医送药送文化”下乡活动，为300多名村民义诊，并为该村60周岁以上的村民发放价值1万多元的药品，和村民一起观看朔城区大秧歌剧团精彩的文艺演出，为方便基层群众就医、丰富群众精神文化生活做出的贡献。

拓宽社会服务渠道，丰富社会服务内容。发挥民进会内书法家会员的专业优势，在春节前夕营造喜庆祥和的文化氛围，更好地服务社会、服务基层。2月10日，会市委组织会内书法家赴平鲁区北坪社区开展“迎新春 送春联——书画家进社区活动”，为北坪社区居民撰写600多副春联。春节前夕，在朔城区南邢家河村开展“春联万家”活动，来自民进会的5位书法家为村民现场书写春联500多副，会员常东红向村民赠送春联1000多副，把浓浓的年味儿和新春的祝福送到百姓的家门口。开展“书香彩虹”微公益捐助活动，号召各基层组织和广大会员开展向贵州金沙县捐赠中小学师生读物的捐书活动，各基层组织纷纷响应，广大会员踊跃捐献，捐赠2526册总价值20000多元的图书，超额完成会省委布置的任务。

（民进朔州市委）

## 九三学社朔州市委员会

【概述】 2015年，九三学社朔州市委员会团结带领广大社员，高举中国特色社会主义伟大旗帜，坚持以科学发展观为统领，不断加强自身建设，履行参政议政、民主监督职能，加快推进组织建设，增强社会服务工作实效，各项工作取得新的成绩。

【学习实践活动】 2015年，九三学社朔州市委会深入开展学习实践活动社市委加大对广大社员的理论学习教育力度。开展标准化机关建设，创建图书室。捐赠500本相关书籍和学习资料。推荐8名骨干社员参加党外干部培训班，2名机关干部参加九三学社中央委员会举办的省级以下机关干部培训班，举办座谈会1次，与九三重庆市委交流1次，考察九三学社旧址、中国民主党派历史陈列馆，参观特园、周公馆等红色圣地，进行红色教育学习。通过学习考察，坚定政治方向，增强走中国特色政治发展道路的信心和自觉性。

【纪念活动】 2015年，九三学社朔州市委举办纪念抗战胜利暨建社70周年活动举办座谈会。社市委领导班子、支社主委、副主委和骨干成员参加座谈会。一同收看九三学社历史宣传片，讲述自己的心得体会。活动的开展，使大家对中国特色社会主义的认识普遍提高，道路自信、理论自信和制度自信进一步增强；对九三学社作为中国特色社会主义参政党性质、地位和历史使命的认识普遍提高，对爱国民主科学核心价值理念的认同普遍提高。开展“重走先贤之路，传承政治薪火”活动。组织部分骨干社员赴重庆考察九三学社旧址、中国民主党派历史陈列馆，参观特园、周公馆等革命圣地，开展红色教育学习，缅怀九三先辈不凡业绩，传承政治薪火，弘扬优良传统，增强广大社员的荣誉感、使命感和责任感，增强多党合作的自觉性和坚定性。

2015年9月1日，九三学社朔州市委举办纪念抗战胜利暨建社70周年活动举办座谈会 （市方志办供图）

深入贯彻学习中共十八届五中全会精神。组织学习党的十八届五中全会精神专题会议，会议学习全会工作报告。会议要求：全体社员要把中共十八届五中全会确定的各项决策部署与参政议政工作相结合，找准切入点，做好调查研究、建言献策工作。要结合自身的工作实际，在思想上、行动上与党中央保持一致，不断加强自身建设，提升综合素质，为履行好参政党职能提供保障。

【机关文化建设】 2015年，九三学社朔州市委加强机关文化建设开展提升机关能力建设工作。为实现把社市委建设为“思想上坚定、履职上坚实、组织上坚强”的目标，推进机关标准化建设，努力把机关建设提高到一个新水平。经社市委主委会研究，在全社开展提升机关能力建设工作，建立图书室，制定借阅图书规章制度，为广大社员学习提供方便；完善机关档案管理工作，把机关档案室建设为山西省三级档案室，形成机关工作的一大特色和亮点；完善机关各项规章制度，规范机关标准化建设；建立联络机制，印刷九三学社朔州市委通讯录；完善九三学社组织管理系统，完善社员信息；启动社史编撰工作。各项活动的开展，挖掘出机关工作人员的潜能，机关整体形象得到提升，干部职工服务意识、团结意识进一步增强，机关干部职工形成干事创业的氛围。

开展创建市级文明单位工作。社市委以创建文明单位为契机,将创建市级文明单位与学习实践活动相结合:在机关开展“做文明人、讲文明话”活动,规范机关干部肢体语言,开展道德大讲堂活动、读书月活动,努力建设学习型机关,建立健全工作机制,着力规范机关管理,开展形式多样的文体活动,活跃文化生活。组织广大社员和机关干部职工参加社市委组织的象棋比赛、扑克牌比赛等活动。通过开展创建市级文明单位活动,机关干部职工的综合素质得到提升,九三学社机关的良好形象逐步树立。

【队伍建设】 2015 年,九三学社朔州市委加强队伍建设加强基层组织建设。社市委通过举办基层组织领导班子培训班,提高领导班子政治素质,凝聚班子成员思想共识。帮助基层组织配备办公设施、完善各项制度,逐步提高基层组织履行参政党职能的水平。

注重社员发展质量。按照“注重质量、保持特色、组织发展与后备干部队伍建设相结合”的原则,重点发展具有代表性和影响力的人物及相对具有发展潜力和空间的年轻优秀成员,2015 年发展新社员 7 名,都具有大学以上学历。其中硕士研究生 1 名,其余均为大学本科学历,中级职称 3 名,平均年龄 33 岁。这些年轻的优秀人才加入,为组织的发展注入新鲜血液,激发组织发展的活力。

【参政议政】 2015 年,九三学社朔州市委积极履行考政议政职能深入实际,认真开展专题调研。围绕民主党派的履职情况和民主党派如何更好的服务依法治国课题,社市委研究制定调研方案,形成两支调研队伍,通过下基层,进企业和征求相关单位的意见和建议,形成《关于党外干部发挥民主监督作用的重点难点及对策研究的调研报告》和《统一战线全面服务依法治国的对策研究》,两篇调研报告被省委统战部采用。

发挥界别优势,做好提案报送工作。建立提案工作运行机制和激励机制,畅通提案工作渠道。围绕中共朔州市委、市政府中心工作和民生问题,社内政协委员和人大代表开展调查研究,撰写提案建议。在 5 月份两会期间,提交个人提案 19 件,集体提案 4 件。提案均得到有关部门的答复。

发挥本职工作优势,做好社情民意工作。社市委领导高度重视社情民意工作。全年召开社情民意信息专题会 4 次,举办社情民意信息工作培训会 1 次,提高广大社员参政议政的能力。社员们发挥自己的本职工作,通过调研,撰写和本职工作有关的社情民意,提高社情民意的质量,在九三学社山西省九届四次全体会议上,社市委再次被评为社情民意信息工作三等奖。

【社会服务拓展】 2015 年,九三学社积极拓展社会服务文教活动开展。围绕如何做好高考最后的复习、如何调整高考期间的心理状态和如何提高高考成绩内容等话题,邀请教育专家在高考前为高三学子们做专题讲座。

九朔合作广泛开展。社市委继续与右玉县合作 1500 亩小香葱示范项目,收益良好。与平鲁区人民医院合作的九平合作项目逐步推进,邀请省医科大学教授为医院在职员工培训 2 次,现场开展手术 3 次,社会反响良好。

(九三学社朔州市委)

## 朔州市工商业联合会

【概述】 2015 年,朔州市工商业联合会学习贯彻习近平总书记系列重要讲话精神和中共十八大、十八届四中、五中全会精神,以“三严三实”为标准践行党的群众路线,加强自身建设,团结带领全市广大非公有制经济人士,围绕市委、市政府的中心工作,开展各项活动,为全市推进“两大任务”、加快“六大发展”发挥作用,工商联工作取得新成绩。

【思想理论教育】 2015 年,朔州市工商联加强思想理论教育健全完善学习制度,制订科学合理的学习计划,采用自学和集体学习相结合的方式,学习习近平总书记系列重要讲话精神,十八大、十八届三中、四中、五中全会精神等,坚持用最新理论、最新观念武装头脑,用发展着的马克思主义指导新的实践，提高领导班子运用科学理论分析和解决实际问题的能力。坚持理论联系实际，坚持理论学习与开展工作相结合，笃学细思，学用结合，将学习体会和成果转化为谋划工作的思路、促进工作的措施。会领导班子在践行群众路线期间，及时组织开展专题调研3次，将调研中发现的问题向市委、市政府反映，帮助民营企业解决困难5件。

【作风建设】 2015年，朔州市工商联加强作风建设。根据市委教育实践活动领导小组安排部署，对照“严以修身、严以用权、严以律己，谋事要实、创业要实、做人要实”的要求，以“学习‘三严三实’，践行‘三严三实’”为主题，聚焦对党忠诚、个人干净、敢于担当，通过组织学习，加强认识，开展交流，专题研讨，查找不足，高标准高质量推进工商联机关“三严三实”专题教育活动的开展。通过为期六个多月的专题教育实践活动，会领导班子和党员领导干部贯彻践行党的群众路线自觉性和坚定性明显增强。机关干部作风建设得到加强。全体机关干部保持考勤纪律，严格遵守机关作息纪律制度，团结、和谐、勤政、务实、高效的机关风气初步形成。“不严不实”问题得到整改。坚持把问题意识、问题导向贯穿专题教育的全过程，围绕“学习不不主动不、工作疲于应付”等存在的“不严不实”问题，建立台账，列出清单，拿出有针对性的解决办法，确保问题整改到位。理想信念更加坚定。通过专题教育，机关党员干部坚定马克思主义信仰和中国特色社会主义信念，增强中国特色社会主义道路自信、理论自信、制度自信，增强在思想上政治上行动上始终同习近平为总书记的党中央保持高度一致的自觉性和坚定性。

【调查研究】 2015年，朔州市工商联加强开展调查研究工作结合市非公有制经济发展实际，着眼于引导和促进非公有制经济的健康发展，改善非公有制经济发展的内外环境，从党委政府所关注的非公有制经济发展中迫切需要解决的问题入手，开展民营经济运行情况网上调查和民营企业劳动关系在线监测，开展民营企业知识产权状况调查、民营企业就业情况调查、上规模民营企业跟踪调查、民营企业光彩事业调查等问卷调查活动，开展民营中小微企业发展情况调研和新形势下商会建设情况调研等实地走访调查研究工作。并与市委政研室、市中小企业局、市委督查室等单位联合开展全市民营经济发展情况大调研。全年发放各类调查问卷3000多份，填写有关表格1200多份，召开座谈会5次，走访企业70多家，掌握全市非公有制经济及非公有制经济人士的第一手资料，撰写并向市委提交《朔州市民营经济发展情况调研报告》，为党委、政府的决策提供必要的依据。此外，还确定“山西省五大行业民营经济运行观察点”企业5家，“全国工商联民营企业信息直报点”企业10家，履行参与政治协商，建言献策的职责，发挥党和政府联系非公有制经济人士的桥梁纽带作用，政府管理和服务非公有制经济的助手作用。

【理想信念教育】 2015年，朔州市工商联着重加强理想信念教育做好非公有制经济代表人士的思想政治工作，引导非公有制经济健康发展和非公有制经济人士健康成长是党赋予工商联组织的重要任务。2015年，市工商联依托全市非公有制经济人士理想信念教育实践活动这个载体，开展一系列的思想政治教育引导工作。举办培训活动4次，分别就十八届五中全会精神、习近平系列重要讲话内容以及宏观经济形势、企业管理、融资、互联网+、山西省加快民营经济发展的意见等内容进行解读和学习培训，培训非公有制经济人士1500多人次。此外，还组织市部分非公有制经济人士参加省工商联组织的各项学习、考察、培训活动。推荐一批学习读物。在全市非公有制经济人士理想信念教育实践活动过程中，向全市广大非公有制经济人士推荐有关理想信念和中国梦方面的学习读物20篇，其中领导论述5篇、媒体评论12篇、专家解读3篇。建立微信群，通过微信向全市县级以上工商联执委推送全国非公有制经济人士理想信念教育实践活动手机报。组织开展征文活动。围绕“为什么要重塑形象”“重塑什么样的形象”“如何重塑形象”组织开展“重塑民营企业家形象”“争当新晋商，转型做贡献”“我身边的晋商”等征文活动。收看一场报告会。组织全市80多名企业家收看全国非公有制经济人士理想信念教育实践活动报告会，听取全国6位知名民营企业家的理想信念事迹报告。

【搭建服务平台】 2015年，朔州市工商联努力推建服务平台搭建展示销售平台。通过与有关方面协调沟通，帮助市汽车业商会、东方万象城市场商会成功举办展览销售活动，搭建展示销售平台，目前每年“五一”“十一”期间都要举办车展和小商品展销。活动既得到参展企业和市民的好评，又促进市会展经济的发展。搭建就业与招聘平台。为促进高校毕业生顺利就业，同时帮助广大民营企业招聘人才，市工商联会同市人社局、教育局、总工会等单位联合开展以“帮人才就业，促民企发展”为主题的民营企业招聘周活动。其间，680多个岗位成功招聘。建立外出学习考察平台。针对会员企业外出学习考察过程中，考察面窄和对方企业不接待的现象，市联先后与多个地区的工商联、异地山西商会进行沟通与联系，建立友好商会关系。通过他们的提前安排，确保考察效果，为双方企业家、商会之间的学习交流考察搭建平台。组织民营企业家参加应县·厦门产业对接恳谈会、朔州·广州产业对接恳谈会，赴北京中关村、新疆喀什、上海、浙江等地参观考察，了解当地企业经营、市场运作等情况，考察学习金融创新、科技创新、电商培育、政府服务和管理等内容，帮助民营企业家开阔视野、解放思想、更新观念，从中发现适合朔州市产业特点的信息和商机。搭建助学平台。配合市委统战部共同组织开展“春雨助学”活动，搭建助学平台。活动从2010年开始已经连续开展6年，资助1000多名新入学的贫困大学生，累计资助金额近252多万元。2015年资助贫困大学新生126名。树立市民营企业家捐资助学、扶危济困的良好社会形象。

【商会建设】 2015年，朔州市工商联加强商会建设健全组织、发展会员、建立完善会员数据库是工商联开展各项工作、履行相关职责的基础。全市建立乡镇社会34个，行业商会11个，街道商会8个，市场商会3个；2015新增会员310名，目前全市实有会员5551名；新建全市工商联组织数据库，更新执委、常委、会员数据库。

【支持民营经济发展】 2015年，朔州市工商联大力支持民营经济发展。按照省委、省政府和省促进民营经济发展工作领导小组的要求，经市委研究决定，于2015年7月成立朔州市促进民营经济发展工作领导小组，并将领导小组办公室设在市工商联。半年来，在市领导小组的具体领导下，做了大量工作。牵头组织开展全市民营经济发展情况系列调研活动。在全省民营经济发展推进大会召开后，组织开展一系列调研活动。由市委书记王安庞带队赴山阴县、怀仁县

2015年9月1日，全省民营经济发展推进大会在太原召开，图为朔州会场
（市方志办供图）

和应县的民营企业进行实地调研;并主持召开全市民营企业家座谈会,就贯彻落实全省民营经济发展推进大会精神,特别是省委书记王儒林重要讲话精神,推进朔州民营经济发展与民营企业家进行座谈、听取意见。由市长、市民营经济发展工作领导小组组长李海渊带队赴经济开发区、朔城区实地调研,并召开重点民营企业家座谈会,听取企业家对如何破解发展难题、推进民营经济发展的意见和建议。由市委副书记、市民营经济发展工作领导小组副组长郑红带队赴温州、浙江、上海等地重点围绕金融创新、科技创新、电商培育、创客空间等内容进行学习考察调研。同时开展由市委政研室、市委督查室、市工商联、市中小企业服务中心等有关单位参与的全市民营经济调研工作。在广泛调研基础上,形成《朔州市民营经济发展基本情况调查报告》和《朔州市贯彻落实王儒林书记在全省民营经济发展推进大会上的讲话精神任务分解安排决定》。经过前期的准备于9月25日上午召开全市民营经济发展推进大会,组织和动员全市上下,掀起贯彻落实全省促进民营经济发展大会精神的高潮。制定出台《朔州市促进加快民营经济发展的实施意见》(以下简称《意见》)。在领导组的具体领导下,由市工商联牵头起草《朔州市促进加快民营经济发展的实施意见》,在《意见》起草过程中,反复地广泛征求各职能部门、民营企业家和有关商协会的意见,并经领导组(扩大)会议两次讨论修改后提交市委,市委于12月9日专门召开常委会进行审议,又提出修改意见,经过再次修改定稿后,已印发全市执行。采取有效措施,破解发展难题。起草《朔州市促进发展养老服务业发展若干措施》《朔州市人民政府关于进一步支持小型微型企业健康发展的实施意见》《朔州市人民政府关于进一步做好新形势下就业创业工作的实施意见》等促进民营经济发展的文件;开展社会团体清理规范工作;开展由市委督查室牵头的省市民营经济发展推进大会精神贯彻落实调查调研工作;举办由市委统战部牵头的“朔州市中青年民营企业家培训班”和市工商联牵头的“互联网+金融+新三板论坛”;帮扶朔州慧源创业孵化器有限公司成立“慧源众创空间”。该众创空间现有入驻项目10个,创客42人,同时新成立“慧源SOHO众创空间”,占地30亩,建筑面积6.4万平方米,由慧源OSOHO、慧源商务服务中心、慧源创业基金、慧源创客商学院、慧源社区OTO以及慧源创客生活园6大创业创新服务设施与平台组成。该项目主体建筑已封顶。

**【党风廉政建设】** 2015年,朔州市工商联加强党风廉政建设加强廉政教育,提高廉洁自律意识。把加强学习,增强党性意识放在首位,突出抓好党员干部的职业道德教育和全心全意为人民服务的宗旨教育。认真学习《中国共产党廉洁自律准则》(以下简称《准则》)和《中国共产党纪律处分条例》(以下简称《条例》)等,坚持把学习《准则》和《条例》与当前开展的“三严三实”专题教育结合起来,把学习好、理解好《准则》和《条例》作为当前政治学习的首要任务,把严守政治纪律和政治规矩永远摆在首要位置,作为党员领导干部更要发挥表率作用,加强党性修养,提高廉洁自律意识,使廉洁自律规范内化于心、外化于行。落实党风廉政建设责任制,推进机关党风廉政建设和反腐败工作。一年来,严格执行中央“八项规定”、省委“四个实施办法”和市委“十项规定”及“八小时以外五不准”等,在日常工作与生活中严格要求自己,严格带队伍、管班子、管自己。专题研究机关党风廉政建设工作,制定本部门党风廉政建设和反腐败工作方案,进行责任分解,主要负责人履行好第一责任人的职责,班子其他成员做到“一岗双责”,确保党风廉政建设责任制落到实处。班子成员和机关干部严格贯彻执行《中国共产党党员领导干部廉法从政若干准则》各项规定,2015年市工商联的干部职工无任何违纪违规行为,逐渐形成学廉、倡廉、履廉的氛围。

(市工商联)

## 朔州市总工会

**【理论学习】** 2015年，朔州市总工会坚持学习“三个代表”重要思想、科学发展观重要论述、中共大和十八届三中、四中、五中全会以及习近平总书记系列重要讲话精神，深刻领会加强党的执政能力的重要意义和科学内涵，提高政治敏锐性和鉴别力，增强全心全意为人民服务和艰苦奋斗的思想观念，以党的先进理论武装头脑，在行动上自觉抵制各种不正之风和腐朽思想的侵蚀。学习中央、省、市等各级领导关于加强党风廉政建设和反腐败工作的重要讲话，《中共中央国务院关于实行党风廉政建设责任制的规定》《中国共产党廉洁自律准则》《中国共产党纪律处分条例》等廉洁自律有关规定，观看反腐倡廉警示教育片，加深对党风廉政建设重要性的认识，从思想上时刻紧绷廉洁自律这根弦。坚持学习业务知识，增强做好工会工作的能力和水平。坚持学习中央、省、市领导同志对做好工会工作的讲话和指示精神，提高对做好新时期、新形势下工会工作重要性的认识，增强做好职工群众工作的责任感和主动性；刻苦钻研与工会工作有关的法律法规，更好地为职工群众办实事、做好事。

**【职工思想文化教育活动】** 2015年，朔州市总工会开展社会主义核心价值观教育。通过开办职工大讲堂、开展“工会志愿者在行动”岗位学雷锋全年服务活动、职工读书活动和创建文明城市活动，以及“欢乐进基层”慰问演出活动，紧扣爱国、敬业、诚信、友善、勤劳、节俭等内容，在弘扬社会主义核心价值观落细落小落实上下功夫。神头发电公司“班组大讲堂”，立足微视角，实行微讨论，积累微效应，打造微专家，运用现场演示，集体讨论，社会实践等，取得良好效果。开展“中国梦·劳动美”主题教育活动。评选出10名“榜样朔州·最美劳动者”年度人物和另外10名获提名的“榜样朔州·最美劳动者”年度人物，并将其典型事迹在《朔州工人报》作重点宣传报道。积极开展“中国梦·劳动美”全市职工诗词创作大赛，选出一等奖3名，2等奖5名，3等奖10名，优秀奖15名。开展“中国梦·劳动美”送文化进基层慰问演出活动101场。向省劳动竞赛委员会推荐做出突出贡献的4名全国劳模、3名山西省五一劳动奖状、5名山西省工人先锋号、14名山西省五一劳动奖章候选者。开展“三严三实”专题学习教育活动。召开“三严三实”专题教育活动动员会，制定活动实施方案，开展专题辅导、领导班子成员轮流讲党课活动以及专题学习研讨活动。市总党组向基层工会征求意见建议，召开以践行“三严三实”为主题的专题民主生活会，联系班子和个人实际开展批评和自我批评，找出存在的不严不实问题，提出整改措施，强化纪律观念和规矩意识。开展“机关化、行政化、贵族化、娱乐化”专项整治活动,制订《朔州市总工会开展“机关化行政化贵族化娱乐化”专项整治工作方案》。

【劳动竞赛】 2015年,朔州市总工会制订在全市工业企业中开展群众性“五小”竞赛活动实施方案。把竞赛分为四个阶段、五项目标、六种类型,实行百分考核,覆盖所有工业企业。全市各县区、各大企业大集团和工业企业工会层层召开动员会,摸清所辖工业企业底数、规模以上工业企业数和职工人数,制订竞赛方案,明确竞赛目标,建立参赛台账,分解竞赛任务,落实竞赛责任,营造竞赛氛围。全市工业企业工会组织发动职工群众围绕企业发展中的热点、难点和关键点,搞革新,搞设计,提建议,推动“五小”竞赛活动全面开展。平朔公司工会对近1000个班组进行49项考核,集中进行“赛安全、比贡献、提亮点、讲措施”竞赛活动。安太堡矿工会把“五小”竞赛奖分别由1000、2000、3000元提高至3000、4000、5000元。该矿拥有“五小”成果38项,为企业创造经济收益500万元。大唐公司工程师徐振东,在风电项目建设中发明许多小装置,很多已申请成为国家专利,并被广泛应用。在“五小”竞赛的推动下,全市职工技能不断提升。在山西省第五届职工职业技能大赛煤矿安全监测工、焊工两个工种的比赛中,朔州市组队参赛的焊工工种队夺得团体第一名,三名选手分获第一、二、三名。全市有221个工业企业参赛,涉及职工82614名,“五小”竞赛活动示范企业确定31家。在全市各县区和基层申报的139个项目中,市总组织专家评审,择优选出42项上报省总参加评选。在竞赛活动中,评选出10个创业明星、10个职工创新工作室和10项职工优秀创新成果。每个创业明星奖励1万元,每个创新工作室给予2万元经费,每项职工优秀创新成果奖励1万元。

【维权服务】 2015年,朔州市总工会贯彻实施《山西省企业工资集体协商条例》,开展第十五个“集体合同与工资集体协商月”活动,市总聘用三名指导员并颁发聘书。县区也相应聘用专职指导员。开展“六五”普法教育。组织参加全市“崇尚法治,共创平安、共建文明”志愿服务普法宣传活动和“12·4”法制宣传日活动。组织开展全市工会系统法律法规知识竞赛,有28支代表队参赛。举行《山西省女职工劳动保护条例》宣传启动仪式。开展“安康杯”竞赛活动。开通官方微信平台,举办全市33家企业单位参加的朔州市第二届“安康杯”知识竞赛。开展“女职工在行动”“三八”主题教育活动,举办朔州市第三届公益相亲联谊会,开展第三届“三八”——“健康女性·幸福中国”读书征文活动,并评选出7篇参赛作品参加省总比赛。开展“女职工特病保险”活动,全市共有2712人参加投保。与市卫生局联合发文《关于开展“妈咪小屋”建设的通知》,在全市范围内开展“妈咪小屋”试点建设工作。

【困难帮扶】 2015年,朔州市总工会明确维权重点和帮扶工作目标,建立健全市、县、乡三级帮扶服务体系,帮扶网络逐步向社区、村工会延伸。做到精准帮扶,将达到条件的全市13000名困难职工信息

2015年3月27日,朔州市总工会牵头组织举办第二届“安康杯”安全知识竞赛活动　　（市方志办供图）

全部录入到全总帮扶管理系统,5月底,又将脱困、退休、死亡、调离的2175名困难职工进行清理。实现常态帮扶,精准帮扶。市总与市工、农、中、建四大银行开展关爱环卫工人“歇歇脚、喝杯水、暖暖心、提提神”活动,设立51个“关爱环卫工人服务点”,并统一制作牌匾、配备饮水机、喝水杯等服务设施。依托“爱心家政服务公司”,为21名环卫工人提供免费爱心早餐;依托“金龙池洗浴中心”,为7014名一线环卫工人提供免费洗浴。开展“送温暖”活动,市、县区、企业三级工会筹资150余万元,开展“两节”送温暖活动,为全市13000名在档困难职工发放送温暖资金和慰问品;开展女职工关爱行动,为500名在档困难女职工进行免费体检;组织专家和医疗小分队,上门为15名特困劳模免费保健义诊,进工地、街道、社区为330余人进行健康义诊,为市直在档困难职工免费健康体检;对本市健在的全国劳模及享受全国劳模待遇者和省级劳模进行生活状况调查,为21名全国劳模和2名全国劳模待遇者申报全国劳模专项补助资金,为31名农村、亏损企业省级劳模申报生活困难补助费;为11名患大病省级劳模申报大病特殊困难救助资金;为本市建国以来的368名全国、省、市劳模进行健康体检并组织13名劳模进行健康疗养,为19名健在的全国劳模每人发放2000元慰问金;第九期职工大病医疗互助活动中,收缴互助金789万元,补偿金额803万元,补偿人数569人,人均1.41万元。开展“金秋助学”活动,全市各级工会组织共筹集资金140多万元,资助贫困学生706余名,为每位资助学生建立跟踪服务卡,对受资助学生的助学、就业跟踪帮扶、全程帮扶。开展就业援助月活动,举行招聘会3场,发放宣传资料3000余份,接受各类咨询500余人次,78家用人单位参加招聘会,提供就业岗位150个,达成就业意向350人;参与市人社局、市工商联联合会举办的“搭建就业平台,促进转型就业”为主题的“春风行动”;参加市人社局、市工商联、市教育局联合开展的“2015年朔州市民营企业招聘周”活动,首次在全总开设的“日日挑”就业招聘网站上发布38家用工单位的招聘信息,方便求职者登陆网站,进行网上求职。打造五个职业技能培训基地,根据职工就业和企业用工需求,开展“对接式”“订单式”“定向式”职业技能培训,提高困难职工和农民工的就业技能。全市各级工会帮扶中心职业技能培训4500人,创业培训190人,培训后3860人实现就业。深化“农民工有困难找工会,拿不到工资找工会”专项行动,市总制定出台《关于进一步做好服务农民工“关爱行动”具体举措》,与人社局等部门联合发文《关于开展农民工工资支付情况专项检查工作方案》,开展农民工工资支付情况专项检查活动,公布举报电话,把帮农民工讨薪作为常态化工作常抓不懈。强化工会干部素质提升,在朔州军分区举办“军事日”活动;举办2015年度女职工培训班,学习《山西省女职工劳动保护条例》有关内容;举办2015年度全市工会干部高规格综合培训班,市总领导班子成员、机关各部门负责人、各县区工会主席、市直各大企业工会主席50多人参加培训。加大职工法律援助工作,按照省总安排部署,畅通“12351”职工维权热线,开辟法律援助绿色通道,与市司法局、人社局建立联动机制;成立职工维权服务中心,设立朔州市总工会法律顾问委员会,制定下发《朔州市总工会重大紧急突发性事件和集体上访信访处置工作预案》《关于进一步加强新形势下工会职工法律援助维权服务工作的意见》和《朔州市总工会法律援助实施办法》。开展“冬季行动”。按照市委、市政府和省总的安排部署,市总工会制定“冬季行动”方案,从2015年12月中旬至2016年4月,在全市工会开展“冬季行动”。方案列出17项活动,每项活动明确领导责任清单,实施部分清单、具体任务清单和完成时间清单,一项一项抓落实。

**【工会自身建设】** 2015年,朔州市总工会(以下简称市总)制定《2015年工会基层组织建设考核细则》,对基层干部队伍建设、工作格局和措施等作出规定，特别对基层新建工会落实“六有”“五个一”等提出明确要求。市总还对“组织建设年”各项工作督导做详细规定，要求市总各督导组每季度对各县区工会督导一次，县总督导组每月对各乡镇工会督导一次，在督导过程中积极查找存在的问题和不足，按照网格化模式责任到人，做到全面部署、全员参与、全程督导。山阴县总工会在组建月活动中，新建基层工会 10 家，指导督促按时换届 8 家，纠正不规范问题 17 件，吸收农民工入会 1500 人。平鲁区井坪镇工会主席李万富主动帮一家养殖专业合作社卖出 42 只羊，打开销路，之后该合作社主动找上门要求建立工会，也和工人们签订两年的合同。平朔公司工会把发展失地农民工、劳务派遣工入会作为重点，坚持“谁的人，谁负责”“谁用工、谁建会”的原则，将 2136 名失地农民工吸纳入会，并为 28 名失地农民工举行集体入会仪式。华电朔州热电有限公司工会，在工会“六有”达标和规范化建设的基础上，在全公司牵头组织推行“7S”管理，工会工作的规范化上一个新台阶。全市新建工会组织 106 家，新入会会员 4667 人。

2015 年，市总按照省总对基层工会“六有”的要求，对乡镇（街道）工会的场所、人员、办公设施等进行“三级三个一”综合配套，即市总工会配套一台电脑，一台打印机，一位“组织建设年”工作指导员；县（区）总工会配套一组工会工作上墙版面，一套必备办公用品，一位社会化聘用专职工会干部；乡镇（街道）工会配套一间独立的工会工作办公室，一名专职工会副主席，一套健全的工会工作制度机制。综合配套有效地激发乡镇（街道）工会干部干事创业的活力，工作成效正逐步显现。全市共有全国模范职工之家 11 家，山西省五星级基层工会 25 家，五星级乡镇（街道）工会 16 家。

【党风廉政建设】 市总党组印发《落实党风廉政建设党组主体责任实施办法》和《落纪检组实党风廉政建设监督责任实施办法》。在落实主体责任上，明确主体责任的内容，即加强党组领导、选好用好管好干部、纪律和作风建设、党风廉政宣传教育等；明确党组书记的责任，即组织落实、管好班子、带好队伍、当好表率等；明确班子成员的责任，即落实分管职责、强化工作指导、强化日常监督，保持廉洁自律等；明确具体措施，即反腐倡廉分析制度、责任清单制度、约谈制度、工作报告制度、述职述廉作风制度，工作考核制度等；明确落实责任的要求和责任追究。在落实纪检组监督责任上，明确监督责任的主要内容，即加强党风廉政建设和组织协调，领导干部权力使用的监督、纪律作风建设、查处违纪作为和腐败问题，请示报告工作等；明确纪检组长的责任，即落实上级部署要求，领导成员的监督问责、抓班子带队伍等；明确监督责任的要求，即建立查处机制、运行机制，制约机制、约束机制等；明确责任追究，即落实“一案双查”制度，规范追究方式程序等。为加强市总党风廉政建设，市总党组还制定科级干部谈话制度的规定，开展日常谈话、廉政谈话、诫勉谈话制度。制定工会机关干部的“十项严禁”，即严禁违规公务用车、严禁公款走访送礼、严禁违规发放津、补贴和福利、严禁大办婚丧喜庆、严禁违规收送礼品礼金、严禁公款旅游、严禁违规公款吃喝、接待、严禁发生楼堂馆所违规问题，严禁违规出入私人会所，严禁接受或用公款参与高消费娱乐健身活动。

（市总工会）

## 共青团朔州市委员会

【自身建设】 2015 年，朔州市共青团学习中共十八大、十八届三中、四中、五中全会精神，贯彻落实中央、省委、市委党的群团工作会议精神，践行“三严三实”，班子成员和全体干部严格履行工作职责，完成年度目标任务，各项工作取得显著成效。

搞好政策理论学习。坚持把学习贯彻中共十八大、十八届三中、四中、五中全会精神和习近平总书记系列重要讲话精神作为重要政治任务，不断深化十八大以来中央、省委提出的一系列新思想、新观点、新论断、新要求，深刻领悟市委五届七次、八次全会精神，坚持用科学的理论武装头脑、指导实践。

严守党的政治纪律和政治规矩。认真学习中央、省、市委加强党风廉政建设和反腐败斗争的重大决策部署，贯彻中纪委十八届五中、六中全会精神，严格执行“八项规定”，学习《中国共产党党员领导干部廉洁从政若干准则》和《中国共产党纪律处分条例》，严守党的政治纪律和政治规矩，坚决把纪律和规矩挺在前面。

参加“三严三实”专题教育。把扎实开展“三严三实”专题教育作为个人思想、作风、党性的一次集中“加油”和“补钙”，在“三严三实”专题教育中，开展“团干部如何健康成长”大讨论活动，深入开展“机关化行政化贵族化娱乐化”专项整治活动，落实领导班子成员讲党课制度，领导带头讲党课，带头开展专题学习研讨，带头查摆不严不实问题，带头开展批评与自我批评，贯彻践行党的群众路线的自觉性和坚定性得到有效提升。

提升团的工作水平和能力。加强深入贯彻中央、省委、市委党的群团工作会议精神，领会习近平总书记对共青团工作的重要批示精神，把握团的十七届四中全会精神和团省委十四届五中全会精神，自觉树立政治、责任、忧患、机遇、问题、改革意识，按照“凝聚青年、服务大局、当好桥梁、团要管团”的四维工作格局来谋划和推进深化改革工作。

**【青少年思想政治教育】** 在全市各级团组织和广大团员青年中，学习宣传中共十八大、十八届三中、四中五中全会精神，习近平总书记系列讲话精神，中央、省市群团工作会议精神，举办全市团干部学习党的十八届五中全会精神培训班，学习中央、省市党的群团工作会议精神主题读书班。以“我的中国梦”为主题，以社会主义核心价值观为主要内容，开展“我的中国梦” 主题团队日活动、“红领巾相约中国梦”主题队会活动等686场，举办“争做向上向善好青年、争做文明守法好网民”主题宣传教育实践活动232场，影响带动青少年2.7万人。以纪念反法西斯战争胜利七十周年为契机，开展“红色传递”青少年主题宣传教育活动68场。全力推进网络新媒体阵地建设，市县两级“两微一端”实现全覆盖，推动网络宣传队伍建设，全市注册网络文明志愿者4600人，培养核心网评员10人，举办全市网评员培训班，培训网评员60人，共青团网络舆论应对能力全面加强。

**【青少年成长帮扶】** 2015年，朔州市共青团推动青年创新创业创优，扩大青年创业就业贷款的覆盖面，全市发放城市青年小额贷款128笔，发放农村青年小额贷款1.3亿元。以服务青年多样化见习需求和提升青年就业创业能力为目的，整合社会各类资源，为410名青年提供见习岗位。根据不同青年群体的就业意愿、基本技能和文化水平，分群体、分层次开展青年创业就业培训23场，培训城市青年890余人、农村青年1780余人。举办首届朔州青年创新创业大赛，在全市遴选青年创业项目100个，培育扶持创新创业典型10人，形成有效的示范引领。加强青少年法治宣传教育，各级团组织认真贯彻落实十八届四中全会精神，参与法治朔州建设，开展“宪法日”普法宣传、“法制讲堂”“模拟法庭” 等活动，引导青少年树立法治理念、坚定法治信仰、增强法治思维。切实加大平台建设力度，整合街道、社区活动阵地，打造“青少年之家”，新建共青团综合服务平台19个、青少年事务社会工作示范站1个，实现共青团组织对青少年的便捷、多样、系统化服务。提升弱势青少年群体帮扶力度。推进关爱农民工子女志愿服务行动，举办“爱我家乡、快乐成长”关注留守儿童公益夏令营活动。推进“阳光助残”志愿服务行动，联合市残联举办“凝聚恒爱心、实现中国梦”残疾人文艺晚会。深化低收入家庭青少年关爱行动，开展“助困、助医、助学、助业”服务，多措并举帮助低收入家庭青少年成长成才，开展“希望工程圆梦行动”，筹集助学金25万元，帮助50名家庭贫困学生圆梦大学。

**【推动青年岗位建功】** 2015年，朔州市共青团坚持围绕中心、服务大局工作主线，突出共青团工作职能，做好做实“青字号”品牌。围绕“平安朔州”建设，持续深化服务安全生产“五个一”工程。在全市广泛开展青年安全宣讲“五进”活动、安全技能培训、“说句心里话”亲情话安全微文征集活动。围绕“五城联创”，在全市启动“建功朔州我先行·青年突击当先锋”看比争活动，组织引导广大青年志愿者参与全国文明城市创建，深入街道、社区讲解文明公约，开展植绿护绿、节能环保、洁城亮城、文明行为劝导等志愿服务。结合“生态靓市”，深入实施“保护母亲河·共青团绿化带”项目建设，在全市开展“保护母亲河，美丽中国梦”2015年青少年春季植树行动，各级团组织分别启动青年林重点项目和青年林示范工程营建活动，全市广大青少年新认植各种树木3000多株，形成“共青团绿化带”100亩。突出“创新创效”，举办青工创新经验交流会，开展“最美青工”评选活动，通过技术比武、师带徒“手把手”活动、班组长示范岗等，在广大基层青工中营造比、学、赶、帮、超的良好氛围。

【基层组织建设】 2015年，朔州市共青团贯彻落实中央、省委、市委党的群团工作会议精神，牢牢把握党建带团建这个关键环节，围绕《中共中央关于加强和改进党的群团工作的意见》(以下简称《意见》)，开展大研讨、大调研活动。加强《意见》的细化和落实，成立市创新和改进共青团工作领导小组，组建调研工作队，团市委班子成员结合分管工作，围绕党建带团建、区域化团建、社区团建、网络建团、服务型团组织建设等，广泛征求各界别青年的意见建议，为加强和改进基层团组织工作创造良好环境。强化团干部队伍建设。抓住“关键的少数”，配强班子、夯实队伍，市、县两级领导班子配备率为99%。把团干部教育培训纳入党的干部培训计划，争取市委组织部门支持，举办全市优秀共青团干部、少先队工作者培训班，有效提高广大团干的政治修养和业务水平。规范团员队伍管理，优化团青比例，新毕业初中生团青比例达到43%，下降11个百分点，新毕业高中生团青比例达到78%，保持团员数量的相对稳定和适度增长。全面推动团员成为注册志愿者，全年实现40%以上团员成为注册志愿者。

【廉洁自律】 2015年，朔州市共青团坚决把好“总开关”。坚持理想信念的制高点，树立正确的权力观、地位观、利益观，严格遵守执行中央八项规定以及《中国共产党廉洁自律准则》《中国共产党纪律处分条例等党内规章制度，严格执行领导干部重大事项报告制度。

坚持民主集中制。严格执行领导班子集体领导和分工负责工作制度，严格执行党政主要领导“五个不直接分管”和“末位表态”制度，严格执行民主集中制，凡涉及人事调整、资金使用等重大事项和重要问题，由党组会议集体讨论研究决定。

严格落实“两个责任”。深刻理解习近平总书记关于“抓党建是最大政绩”的指示精神，认真贯彻落实市委《关于落实全面从严治党要求加强党的建设的意见》《关于落实党风廉政建设党委主体责任的实施意见(试行)》，始终把党建和党风廉政建设抓在手上。坚持“一岗双责”，实行班子成员分工负责分管领域党风廉政建设，做到守土有责、守土负责、守土尽责。 (团市委)

## 朔州市妇女联合会

【概述】 2015年，朔州市妇联领导班子认真学习中共十八大、十八届三中、四中、五中全会精神及习近平总书记系列重要讲话精神，全面落实中央、省委、市委各项重大决策部署，以“三严三实”专题教育为主线，以建设“坚强阵地”和“温暖之家”为目标，坚持围绕中心，服从服务于市委、市政府工作大局，坚持贴近妇女，努力维护妇女儿童合法权益，坚持求真务实，完成全年的各项工作任务，团结动员全市广大妇女在推动“两大任务”、实现“六大发展”中做出贡献。

【强化学习】 2015年，朔州市妇联把深入学习贯彻习近平总书记系列重要讲话精神作为首要政治任务抓好落实。坚持领导带头，率先垂范，通读原文，把握实质，要求真学真懂、真信真用。采取党组专题学习，举办专题辅导和妇联干部专题培训、座谈讨论、学习交流等形式，系统地学习习近平总书记系列重要讲话精神，学习总书记在中国妇女十一大和全球妇女峰会上的重要讲话精神。各级妇联组织和广大妇联干部自觉运用讲话精神武装头脑，提升指导实践的能力。

“三严三实”专题教育活动成效明显。深入学习习近平总书记系列重要讲话精神，党的十八届三中、四中全会决定精神，中纪委十八届二次、三次、四次、五次全会精神、《中国共产党章程》《习近平谈治国理政》《习近平关于党风廉政建设和反腐败斗争论述摘编》《优秀领导干部先进事迹选编》《领导干部违纪违法典型案例警示录》《中国共产党廉洁自律准则》和《中国共产党纪律处分条例》，统一思想，统筹谋划，将专题教育与批评与自我批评、立说立改相结合，与树标杆、创特色、争一流、做示范相结合，高起点谋划，严要求推进，完成各个环节的任务，达到预期的目标，取得明显成效。

深入学习宣传贯彻《中共中央关于加强和改进党的群团工作的意见》。市妇联结合实际情况，下发《市妇联关于认真学习宣传贯彻〈中共中央关于加强和改进党的群团工作的意见〉的通知》，要求各县(区)妇联从四方面贯彻落实中央群团工作会议精神：一要坚定方向讲政治，引领广大妇女听党话，跟党走，把思想和行动统一到习近平总书记的重要讲话精神上来。二要服务中心顾大局，引领妇女在推进“两大任务”、实现“六大发展”中发挥妇女的模范作用。三要服务妇女求实效，切实巩固党执政的群众基础。把握服务妇女、服务大局、服务基层的宗旨，围绕妇女儿童的切身利益问题，深入基层开展调研，科学编制妇女儿童“十三五”发展规划，提升妇联干部业务水平。四要“从严从实”抓作风，提升妇联干部工作能力。解决妇联组织机关化、行政化突出问题，以及基层基础薄弱、服务妇女群众覆盖面不广、思路不宽、点子不多等问题，主动担当、作为、迎难而上，努力开创妇联工作新局面。

**【妇女创业就业工程】** 2015年，朔州市妇联拓宽载体，促进就业。市妇联与人社局以“搭建供需平台，促进转移就业”为主题，在市劳动力市场联合举办朔州市2015年“春风行动”女性专场招聘会，32家企业提供招聘岗位2568个，涵盖家政服务、手工制作、财务会计、市场营销、商贸餐饮、管理服务等行业。这次妇女专场招聘会，吸引500多名求职妇女进场应聘，200多人达成就业意向，其中有50人签订就业协议；现场发放就业宣传资料1000余份，发放社保政策《百问百答》书籍360多册。多梯次搭建平台，全方位助推创业。加强妇女小额贷款政策的宣传引导，督促协调落实小额贷款贴息事宜为妇女创业解决资金难题。组织妇女手工编织基地参加“山西省雁门关生态畜牧经济区特色农产品展销暨技术交流招商引资洽谈会”，进行项目成果对接。组织推荐6名致富女能手为山西省巾帼创业导师，帮扶引导广大城乡妇女自主创业，促进就业。组织推荐6名有创业愿望的妇女参加由共青团山西省委联合山西经济资讯频道共同制作的节目《我要创业》，接受专家切实中肯的点评和省内知名企业的鼎力相助，坚定创业理念，提升创业能力。开展“创业、创新、创收”活动，带领广大妇女在实现富民强市中做出新贡献，创造新业绩。全市各级妇联组织坚持“一手抓创业、创新、创收造氛围，一手抓创业、创新、创收办实事”，拓展多形式的新型创业就业创新渠道，搭建妇女创业就业平台，实施巾帼创业就业创新技能培训工程，打造“妇”字号创业就业工作品牌，调动广大妇女创业、创新、创收的性、主动性、创造性，在创业创新中创造物质财富的同时，实现精神追求和人生价值。10月27日下午，市妇联在市委党校举办巾帼创业就业培训班，促进妇女提升发展能力。深化巾帼示范基地创建活动。为更好地引导妇女多渠道多形式就业，市妇联在扶持、壮大巾帼创业就业基地、巾帼创业就业培训基地、女大学生创业实践基地的基础上，新建妇女手工编织示范基地2个、巾帼家政培训示范基地3个，并在全市命名86个巾帼创业创新创收示范基地,创建“晋嫂”家政就业创业示范基地3个、“三晋巧姐”手工艺就业创业示范基地3个。

**【妇女普法维权工作】** 2015年,朔州市妇联强化“12338”妇女维权公益服务热线建设。共接来电23次,接待上访妇女17件21人,全部办结,对妇女群众来信来访反映的问题,及时协调有关部门予以解决,做到件件有结果,事事有回音,受到妇女群众好评。深化“六五”普法宣传教育活动。为提高广大妇女群众的法制观念和法律意识,市妇联举办“六五普法”宣传公益活动,深入朔州市看守所,看望慰问女在押人员,并为她们送去各种励志书籍;在朔城区沙塄河乡开展法律宣传活动,发放宣传资料2000多份,接受咨询100多人次。12月4日,在飞马广场开展以“弘扬宪法精神,推动创新、协调、绿色、开放、共享发展”为主题的法制宣传活动,面向全市广大妇女、面向整个家庭、面向全社会深入宣传宪法、新婚姻法、男女平等基本国策及相关的保护妇女儿童合法权益的法律法规,提高广大妇女儿童的法律意识和依法保护自身合法权益的能力,动员全社会增强保护妇女儿童的法制观念,让妇女儿童远离暴力、远离伤害,引导广大家庭成员参与“家庭学法、用法,家庭防犯罪、促稳定,家庭反暴力、讲平等”三项行动,争创“平安家庭”,促进全市平安建设。现场发放宣传单1000份,《中华人民共和国妇女权益保护法》小册子500本。

**【妇女儿童民生服务】** 2015年,朔州市妇联组织做好关爱妇女健康,农村妇女“两癌”检查项目工作。2015年省妇联下达“两癌”救助名额5个,为将这项关注妇女民生的实事做好做实,市妇联把名额下达县(区),县(区)妇联申报推荐,市妇联按照“公开、公平、公正”的原则,对县(区)申报的“两癌”救助贫困妇女的材料认真审核,严格把关,最终为朔城区和怀仁县五名符合条件的患病妇女申报山西省贫困母亲“两癌”救助金,并于9月9日由市妇联统一组织将救助金足额发放到受助妇女手中。目前,5名受助妇女都已足额领到救助金。12月11日,由省妇联、省妇基会联合举办“紫气东来·幸福启航——为三晋妇女送健康”公益项目推进会,对本市6名“两癌”救助对象分别发放3000元救助基金。关爱留守、流动、贫困儿童。在“六一”儿童节来临之际,市委副书记郑红、市妇联领导班子一行带着党和政府的亲切关怀,深入平鲁区儿童福利院看望孤儿,为福利院的孩子们送去价值25000元的奶粉和200件T恤衫、五台洗衣机,并送去节日的问候。为朔城区南榆林乡南磨石村寄宿学校在校的74名留守、单亲儿童带去价值10000元的新华词典、钢笔等文具和120件T恤衫、200箱奶粉、被子100床和新鲜猪肉、土鸡蛋、蔬菜等物品,并为孩子们建立一个流动图书阅览室。6月15日,在飞马广场开展“保护孩子远离伤害绿丝带”宣传活动,现场为晨练群众发放倡议书和保护儿童的宣传资料2000余份,呼唤每个成年人都来关注儿童的人身安全、食品安全、心理健康,做保护儿童的好公民;警醒每个家长都要注重科学家教,传承优良家风,做孩子的好榜样;希望每个孩子都知法懂礼、安全自护,依法维护自身权益,在法律保护下健康成长。开展“12·1”防艾宣传日系列活动。为进一步普及大众艾滋病预防知识,为艾滋病防治创造良好的社会环境。市妇联在12月1日第28个“世界艾滋病日”,与市红十字会、卫计委、防艾办等多家单位联合开展以“行动起来,向零艾滋迈进;合力抗艾共担责任 共享未来”为主题,以“凝聚力量,攻坚克难,控制艾滋”为副标题的防艾宣传活动,现场发放宣传资料2000多份,参加咨询人数200余人次,宣传教育面达到95%以上,帮助受艾滋病影响的妇女和儿童。

**【家庭思想道德建设】** 2015年,朔州市妇联家庭教育工作扎实推进。强化网上家长学校沟通平台,推进家校桥活动。调整家庭教育指导委员会,确立家庭教育讲师团成员,组建家庭教育志愿者队伍,在全市发放家庭教育空中课堂录入统计表10000份。强化服务意识，促进儿童健康发展。采取多种措施，认真贯彻实施《中华人民共和国未成年人保护法》和《中国儿童发展纲要》，为儿童办实事、办好事，促进儿童的健康成长，针对有关未成年人行为习惯的养成、儿童安全预防、未成年人心理问题的矫正等内容，举办金秋家庭教育大篷车公益巡回讲座，在全市开展46场，其中县区32场，市区14场，受到广大家长学校的欢迎，吸引更多的家长参与。深入开展“平安家庭”创建活动。以“平安进我家，幸福伴我行”主题为抓手，多形式、多手段、多途径开展政策、法律、科技、文化、卫生健康、美德“六进家庭”活动，突出正面教育、宣传渗透，促进“平安家庭”的创建效果。在全市开展以“防拐卖、防盗窃、防抢劫、防隐患；无毒品、无赌博、无暴力、无犯罪‘四防四无’”为主题的“不让黄赌毒进我家”“零家庭暴力社区（村）”“预防艾滋病，健康全家人”等活动，引导广大妇女群众增强平安意识，以家庭的小平安促进全社会的大平安。

【巾帼主题实践活动】 2015年，朔州市妇联以巾帼文明岗为抓手，推动“巾帼建功”活动创新发展。为表彰先进、选树典型，充分调动各条战线妇女的主动性、性，促进广大妇女岗位成才，岗位建功，岗位创优，市妇联在全市200多个窗口单位和服务行业的女性岗组中选树表彰巾帼建功标兵50名，巾帼文明岗20个。组织完成巾帼志愿服务工作。通过广泛宣传发动，大批妇女干部、“三八红旗手”、行业标兵、女致富能手等优秀妇女主动充当志愿者，形成类型多样、各具特色的巾帼志愿服务队伍。目前全市有巾帼志愿服务队60支，志愿者1400余人。12月5日上午，市妇联与朔城区妇联在朔城区站北社区举行“朔州市‘邻里守望·姐妹相助’巾帼主题志愿服务活动”启动仪式，市、区妇联干部与巾帼志愿者一道为站北社区老年活动室打扫卫生、擦玻璃，看望慰问贫困户，为社区居民进行义诊服务。“下基层、访妇情、办实事”活动，真情服务群众最后一公里。市委常委副市长侯新生、市妇联领导班子一行深入扶贫单位——平鲁区下木角乡下木角村了解基本情况，慰问困难群众，摸查贫困人口底数和致贫原因，选准切入点，探讨制定定点扶贫方案。拓展思路、整合资源，争取水利局、交通局，扶贫办、民政局等多家单位的资金支持和技术支持，为下木角村解决人畜饮水问题、道路建设问题。聘请专家指导农民调整农业种植、养殖结构，种植适合下木角村的农业经济作物，帮扶他们提高经济收入，早日实现脱贫致富，用真情和行动落实服务群众最后一公里。

【家庭文化建设】 2015年，朔州市妇联持续推进寻找“最美家庭”活动。2月11日，市妇联召开寻找“最美家庭”活动推进会，正式启动2015年寻找“最美家庭”活动。从寻找平安、守法、和美、学习、健康、艺术、责任、关爱、低碳、奉献之家十类“最美家庭”入手，利用主流媒体和新兴媒体，加强宣传声势，在朔州大地掀起寻找“最美家庭”的活动热潮。活动覆盖的群众数达10万人次，通过各种渠道参与自荐的家庭数300户，参与各类网络互动的群众数2000人次，晒出的家庭幸福照片数达1500帧，举办最美家庭故事会、家风家训展示活动90多次，征集好家风好家训500条，选出“最美家庭”500户。开展“弘扬家庭美德，传承德孝文化”活动。为弘扬中华孝道，深化家风家教培育，引导全社会注重家庭、家教、家风，开展德孝文化百佳示范村、三晋百名贤妻良母、孝亲敬老百名女星评选活动。通过扩大宣传，层层推选，申报百佳示范村6个，百名贤妻良母6个，孝亲敬老百名女星6个。为营造良好的家庭读书氛围，推动书香家庭文化建设，开展“三晋书香家庭” 评比初选活动。经过半个多月的初选，向省妇联推荐“三晋书香家庭”5户。举办“号召广大家庭悬挂家规家训”活动。7月15日上午，与市文明办、市文联联合在朔州市朔城区站南社区举行号召广大家庭悬挂家规家训活动启动仪式，以“传承德孝文化，践行核心价值观”为主题，弘扬社会主义核心价值观，以家庭为单位，入社区、入村、入户悬挂家规家训，在全市营造德孝文化氛围，传播激活孝善正能量，现场书写并赠送家规家训书法作品100余幅。开展廉政文化进家庭活动。为发挥家庭在廉政文化建设中的独特作用，开展廉政文化进家庭活动。把家庭助廉教育与传统美德教育相结合，把廉洁家庭作为评选“最美家庭”的必要内容和重要条件；以“廉政文化进家庭”为载体，把家庭助廉教育与家庭普法计划相结合，引导党员干部家庭成员树立廉洁意识、法律意识和自警、自律意识，让廉洁自律成为家庭美德的重要内涵和家庭成员的自觉追求；把家庭助廉读书活动与创建学习型家庭活动相结合，使读书思廉、读书养廉成为家庭成员明辨是非、抵制腐败的自觉行动。

**【“女性素质提升行动”】** 2015年，朔州市妇联推出女性素质提升工程。举办女性文化大学堂。特聘中国国际时尚礼仪研究院高级讲师顾薇薇举办“社交礼仪”专题讲座、山西省姚奠中国学教育基金会秘书长、奠中书院行政院长姚力芸举办“弘扬传统文化、品味国学经典”专题讲座、华侨抗战女英雄李林研究会常务副会长兼秘书长王宝国举办“弘扬三个文化红色专题教育”讲座，并在佳丽职业培训学校先后举办社交礼仪和女性健康知识专题讲座。举办朔州市优秀女干部培训班，使朔州市妇女干部更好地学习领会、贯彻落实中共十八大、十八届三中、四中、五中全会精神和习近平总书记系列讲话精神，提升整体素质，加强党性修养。举办朔州市县乡专职妇联干部岗位培训班。7月18日至19日举办朔州市县乡妇联主席岗位培训班，来自六县（区）、乡镇（街道）的专职妇联干部91人参加培训。

**【妇联组织建设】** 2015年，朔州市妇联加强领导班子建设和干部队伍建设。强化党员干部理论学习，提升理论素养。系统学习中国特色社会主义理论体系，把习近平总书记系列重要讲话作为一项政治任务进行精读细研，领会其精神实质并贯穿于各项工作，做到思想上清醒，政治上坚定，与党中央保持一致。结合学习讨论落实活动和“三严三实”专题教育活动，坚持向书本学习，向实践学习，向群众学习。加强和改进党组学习制度，完善述学、评学、考学和机关干部在线学习，全年党组集中学习20次，全体干部集中学习68次，教授学者专题辅导5次，撰写学习心得体会50多篇，交流学习体会4次，每人记读书笔记2万字以上，坚持不懈的推进学习型党组织建设。认真贯彻民主集中制，增强团结战斗力。制定党组议事决策制度，领导班子重大事项、议事规则，坚持集体领导和个人分工负责相结合。重大事项、工作、资金坚持领导班子集体研究决定，做到科学决策。在领导班子之间，弘扬批评与自我批评优良作风，维护班子的团结统一，形成想干事、能干事、会干事的整体合力，真正起到表率作用。注重干部队伍建设，班子成员与全体干部坚持开展谈心活动，相互学习，坦诚相待，相互尊重，共同提高。充分调动大家的主动性、性，支持大家创造性地开展工作，形成既有民主，又有集中的良好氛围和环境，真正把大家的精力集中到干事创业上来，把智慧凝聚到推动妇女事业发展上来，把行动统一到完成“两大任务”和建设美丽朔州的步伐上来。

严守党的政治纪律和政治规矩。加强组织领导，确保党风廉政建设责任制落实到位。成立以党组书记、主席为组长，副主席为副组长，各部部长为成员的党风廉政建设工作领导小组。并按照市纪委党风廉政建设责任制要求，制定《市妇联党风廉政建设工作方案》，将党风廉政建设和反腐败工作任务分解到领导班子成员和各部室。全面进行任务分解，层层落实责任，确保党风廉政建设责任制落到实处。加强宣传教育，筑牢拒腐防变的思想道德防线。组织学习中共十八大和十八届三中、四中全会精神、习近平总书记的重要讲话、各级纪委会议和政府系统党风廉政建设工作会议精神，学习中央“八项规定”、中国共产党章程、中国共产党纪律处分条例》和《中国共产党党员领导干部廉洁从政若干准则》等法律法规，组织党员干部集中观看廉政警示教育专题片，教育党员干部树立以廉为荣、以贪为耻的道德观念，牢固树立党性意识、廉洁意识。加强制度建设，深化领导干部廉洁自律。机关党组制定党风廉政建设工作计划及各项规章制度，遵守党风廉政建设规章制度的要求和民主集中制原则，制定完善妇联机关会议制度、工作制度、学习制度、经费管理制度、办文制度等制度，加强领导班子建设的制度化、规范化、科学化。领导班子成员贯彻执行领导干部重大事项报告制度和述廉制度，严格遵守党的政治纪律和政治规矩。领导班子通过征求意见、谈心交流，认真筹备“三严三实”专题教育民主生活会，多次召开党组成员和支部全体党员会议，座谈交流，推进工作。（市妇联）

## 朔州市科学技术协会

【概述】 2015年，朔州市科协围绕市委、市政府的中心工作，履行“三服务一加强”工作职能，结合市科协工作实际，在科普基础设施建设，农村、社区、青少年科普工作及党的建设等方面取得一定成绩，在2015年“全国科普日”活动中成绩突出，受到中国科协表彰。

【科技馆展教工程】 2015年，继续推进：完成展教装备工程立项。2015年3月12日上午，市长李海渊主持召开市长办公会议，听取市科协关于科技馆展教装备项目进展情况汇报，议定：为确实完成好概念设计的目标，参照科技馆建设标准和行业实践，按照土建工程与展教装备工程投资1:0.8的标准安排投资，决定在财政很困难的情况下追加3000万元用于展教工程的实施，并要求加快工作进度。组织开展科技馆展教工程的可行性研究报告、节能报告、环评报告、规划报告的有关工作；4月底，四个报告提交有关部门组织专家评审，全部顺利通过；5月底市发改委下发立项文件，市科技馆展教工程顺利推进。

初步设计基本完成。在完成立项后，立即投入科技馆的初步设计工作。市科协组织专门力量，请教上级科协和有关专家，与招标公司多次沟通，按有关规定和标准，协助招标公司完成约4万字左右的标书，基本完成初设的公开招标工作，在8月7日通过专家评审，确定北京盛世光影科技有限公司为市科技馆初步设计方案入选单位。9月6日，与北京盛世光影科技有限公司签订初步方案设计合同并召开初步设计动员会。10月29日，在市科协办公室召开科技馆初步设计方案汇报会，市科协领导班子对方案进行点评，提出意见建议，并与设计公司进行沟通交流，对设计方案进行修改完善。11月22日，在省科技馆召开朔州市科技馆初步设计评审会。市委副书记郑红出席会议并讲话，会议邀请中国科技馆展览设计中心研究员正高级工程师李立，中国科技馆人力资源部经济师齐婧，中国科协创造学讲师团首任团长关原成，山西省科技馆馆长路建宏，晋中市科协党组书记、主席张元存，山西省科技馆副馆长李广林，郑州市科技馆馆长崔光伟，合肥市科技馆馆长柏劲松等专家出席评审会议。与会人员听取北京盛世光影科技有限公司关于朔州市科技馆初步设计方案汇报的介绍，专家进行现场提问、点评和互动交流，针对现有方案存在的问题，经专家讨论共形成了14个方面评审意见。

加强科技馆布展学习培训，组织外出学习考察取经，形成朔州市科技馆布展工作的展陈目标和布展理念。5月15日至17日，市委常委、统战部部长张耀生和市科协党组书记张俊林去陕西延安、榆林考察科技馆建设，与当地相关人员进行实地考察、座谈、交流取经。6月16日至21日，班子成员又到山东济宁、临沂、潍坊、东营四市考察科技馆布展工作，收集800多个展品展项，通过学习、考察、交流，提出“建设精致、特色、全省第一、全国领先的市级科技馆”的展陈目标和“努力体现科技美与艺术美的融合，突出趣味、互动、体验、低碳、环保、安全”的布展理念。

【农村科普】 2015年，朔州市科协组织实施“基层科普行动计划”项目申报。组织实施“基层科普行动计划”。按照省科协、省财政厅的有关要求，朔州市科协、市财政局在第一时间联合发文对申报工作进行安排部署,及时推荐组织上报,通过实地查看、组织专家评审,最终有5个农村专业技术协会,2个农村科普示范基地,1个科普示范社区,1个科普带头人获得中国科协和财政部表彰;1个农技协会、1个科普示范社区获得省科协和省财政厅表彰,共获奖金185万元,排名全省前列。

开展送科技下乡和农村实用技术培训工作。在科技周期间,与朔州市科技局和职业技术学院联合,到朔城区福善庄乡黄水河村,围绕“创新创业、科技惠民”这一主题,宣传创新驱动经济社会发展、创新创业成果服务改善民生等方面的政策精神。在朔城区下团堡乡大禹坪村进行“科技在农业实践中的作用”专题科普宣传和现场指导,为村民送去“农业科学种植”系列挂图,以及《农业生产技术释疑解难》等科普图书,带领技术人员深入右玉县高家堡乡东窑头村现场服务。

针对农技协开展农业科技创新服务。在朔城区西山阳光生态园和上团堡村养羊协会,科协为其送去《农业生产技术释疑解难》系列丛书,针对种养殖大户存在的困难问题与有关人员进行探讨交流,引进新技术新品种,邀请省农科院专家等农技专家为其进行科技跟踪服务,使其发挥农技协以点带面的作用,提高农民的科技致富能力。

协助建设科普惠农服务站。右玉县张千户岭养殖专业合作社、朔城区晟源蔬菜专业合作社、平鲁区帅林绿色农牧发展有限公司、右玉县养羊协会建起科普惠农服务站,竖起科普惠农服务栏,确定科普惠农服务员。省科协多次组织考察督促惠农服务站建设,对服务站今后的发展情况提出建议。完成4个服务站建设,成为全省科普惠农服务站试点,排名全省第一,(全省建立20个科普惠农服务站试点)。

**【“全国科普日”宣传】** 2015年,朔州市科协围绕主题,重点组织六项主题宣传活动:9月20日上午,在飞马广场组织气象学会、计生协会、图书馆学会、营养保健协会等协会和朔城区、平鲁区科协,围绕活动主题,开展贴近实际、贴近生活、贴近群众的科普宣传活动,通过展示展板,发放图书资料、现场咨询等形式,帮助广大群众树立智慧、健康、文明、科学的生产生活理念。利用手机短信进行科普宣传。在“全国科普日”联合朔州电信、朔州联通等通信运营商发送科普公益短信。在全市1300多辆出租车顶灯的LED屏进行为期两个月的“全国科普日”主题宣传;充分发挥广播、电视等大众媒体的传播功能与微信、微博等新媒体平台的传播时效性,加大对活动的宣传力度,调动公众参与科普活动的性,扩大受益面。组织科普进社区活动。组织动员各社区,特别是科普示范社区围绕科普日主题,结合社区实际,带头开展贴近居民实际的科技改变生活等方面科普知识宣传,增强社区居民创新参与意识。通过社区阅览室,开辟科普阅读角,放置《普及科学知识 建设美丽朔州——科普知识问答》《你所不知道的科普知识》《崇尚科学破除迷信》等图书,《科普益民》系列挂图以及“互联网安全”“电子金融安全”等科普宣传彩页3000多册,引导居民科学生活。组织送科普到农村基层服务。在“全国科普日”期间,聘请技术人员深入田间地头指导农民科学培育和进行病虫害防治,送去科普书籍、病虫害防治挂图各10000份。开展科普进校园活动。科普日期间为朔城区一中、平鲁区敬德小学和怀仁县海北头一小发放科普资源包,进行青少年调查体验活动资源包试验展示,展示一系列有趣的“变废为宝”科学实验。组织编印《普及科学知识 建设美丽朔州——科普知识问答》《你所不知道的科普知识》《崇尚科学 破除迷信》《身边科学400问》等图书,《农业生产技术释疑解难》和《科普益民》系列、《科学饮水与》系列挂图以及“互联网安全”“电子金融安全”等科普宣传彩页,定制“崇尚科学、反对迷信”专题科普手提袋。活动结束后,聘请专业人员把在科普日活动期间的影像、图片、文字资料通过编辑整理、配音,制作成科普日活动专题片。市科协获得中国科协2015年度“全国科普日”优秀组织单位的表彰。

【科普工作】 青少年科普。朔州市科协组织开展第二十九届朔州市青少年科技创新大赛和第十一届山西省宋庆龄少年儿童发明奖活动。在2015年山西省第二十九届青少年科技创新大赛中，对征集到的150项作品，经过收集、初审、初评、终评等环节，优中选优，上报省级大赛。最终朔城区一中于江莉的《坐便马桶除臭器》获得省级一等奖，应县一中张冉的《基于多级缓冲的逃生（投放）设备》获二等奖，朔城区一中陈轩的《合家欢乐伞》获得三等奖。第十一届宋庆龄少年儿童发明奖朔州市共有5件科技绘画作品获得三等奖，市科协荣获优秀组织奖。

社区科普。开展科技便民咨询和互联网+等科普活动。9月23日，在朔城区北旺庄街道办事处振华社区，为社区居民送去智慧生活、互联网+、居家安全等系列图书和挂图，以及"互联网安全""电子金融安全"等科普小册子，现场为居民对最近高发的手机短信诈骗、等进行讲解，使居民对网络安全有全新的认识。开展网络安全宣传。6月5日，带领科普自愿者20余人组成的科普宣传队，深入振华、安泰等5家社区，为群众宣传网络安全知识及网络诈骗防范措施。这次网络安全宣传队为群众带来"安全攻略""发现被骗怎么办？""常见安全风险""如何应对智能手机APP使用风险""手机银行使用注意事项"五类宣传资料上万份。举办首届健康教育讲座。8月8日至9日，朔州市科协、市卫生局、市图书馆、市营养保健协会联合组织首届健康教育讲座，邀请北京著名营养师、国家一级公共营养师、国家高级营养师培训师、国家高级健康讲师熊苗做膳食营养与慢性病防治、幼儿营养西餐及保健、新朝代餐饮发展与未来营养师需求四个方面的讲座，受到群众好评。

全民科学素质工作。2015年是全面深化改革的关键一年，也是实现《全民科学素质纲要》"十二五"发展目标的收官之年和"十三五"《全民科学素质纲要》谋划起步之年。在前四年的工作基础上，重点督促各成员单位，圆满完成"十二五"期间的目标任务，主抓以科技馆为代表的科普设施建设，兼顾五大人群的科学素质提升工作，取得较好成绩。市科协被省科协推荐为"十二五"期间全民科学素质工作先进集体。

企业科普。为了解市企业科技成果转化状况，配合省科协在全市72家企业中开展科技成果转化状况调查，发放调查问卷144份，已全部收回问卷，经过分析总结，撰写调研报告并上报省科协。

【扶贫工作】 2015年，朔州市科协承担右玉县高家堡乡东窑头村扶贫包村工作，派出扶贫队及时进村开展工作，在广泛调查研究的基础上，制定扶贫工作规划。制定"市科协包扶驻村干部扶贫工作纪律"，要求每一位驻村干部发扬艰苦奋斗的精神，与群众同吃、同住、同劳动，严格要求自己，驻村干部按既定的工作任务和单位里的要求，认真工作。一年多来，包扶干部以"以民为本，为民解困"的高度责任感，对工作认真负责，指导帮助群众开展扶贫项目，做好扶贫建档工作，各项工作已初见成效。

【"三严三实"专题教育活动】 2015年，朔州市科协于6月开展"三严三实"专题教育活动，通过集中专题学习，观看警示教育片，班子成员个人自学，针对本单位存在的重点问题，群众反映强烈的突出问题，以及领导班子自身存在的问题，进行深刻反思剖析，召开专题民主生活会，班子成员联系个人实际对"不严不实"问题逐一做对照检查，统一思想，凝聚力量。

党组认真履行党风廉政建设主体责任，认真学习并严格贯彻执行《中国共产党党员干部廉洁从政若干准则》和《中国共产党纪律处分条例》，健全完善科学决策与民主决策制度，完善重大事项决策的规则和程序，坚持集体研究、民主决策制度，促进决策科学化、民主化；凡属重大决策、重大活动，都要集体讨论决定，制定年度党风廉政建设和反腐败工作实施方案及任务分解。贯彻执行中央"八项规定"，培养与党的优良传统相承接、与改革创新的时代精神相符合的良好作风。从完善机关有关制度入手，认真贯彻中央和省、市委的有关规定，整治文风、会风，坚决制止奢侈浪费现象，规范公务接待，加强公务用车管理。

（市科协）

## 朔州市文学艺术界联合会

【机关建设】 2015年，朔州市文联开展学习讨论落实活动。以“认真学习贯彻落实习近平总书记系列重要讲话精神，净化政治生态，实现弊革风清，重塑山西形象，促进富民强省”为主题，紧扣三个环节，坚持学习、讨论、落实并重，采取边学习、边讨论、边落实的方式，在学习习近平总书记系列重要讲话和省委书记王儒林重要讲话精神上下功夫，以高度的思想自觉和行动自觉组织开展活动。完善机关各项规章制度，强化机关管理。

开展“三严三实”专题教育活动。学习贯彻习近平总书记系列重要讲话精神，对照“严以修身、严以用权、严以律己，谋事要实、创业要实、做人要实”的要求，坚持思想教育、梳理问题相结合，集中进行5次专题学习研讨，教育引导党员干部加强党性修养、转变工作作风，切实增强践行“三严三实”要求的思想自觉和行动自觉。

开展专项整治。组织党员干部深入学习中共十八大和十八届三中、四中全会精神，习近平总书记系列重要讲话精神，深入落实中央八项规定精神和省委、市委有关规定，结合学习讨论落实活动、“三严三实”专题教育活动，认真组织学习《关于整治不担当、不作为、乱作为和“四风”问题推进干部纪律作风建设的实施方案》《关于规范精简文件会议、改进文风会风的有关规定》《朔州市“三公”经费管理和公开规定》等文件，使全体党员干部提高自觉性，并严格遵守规定。

开展扶贫保点。市文联包村增收负责人及工作队深入扶贫点山阴县吴马营乡西短川村，了解包扶村情况。2月份为困难户送去面粉、棉衣棉被；5月与11月分别与村民和村干部面对面交谈，开展研究，制定帮扶计划。

【文艺活动】 2015年2月10日，朔州市戏剧曲艺家协会、京剧梅派艺术研究会和京剧双馨剧社联合组织会员代表，自编自导自演，进社区慰问演出。2月18日至25日，市踢鼓秧歌舞蹈家协会参加北京第32届春节龙潭庙会，会员精心排练，倾情演出，以“地方特色显著、表演热烈赤炽、令人耳目一新”得到观众和组委会的热情赞赏，喜获“北京第32届春节龙潭庙会全国优秀民间花会展演金奖”。从3月开始，为缅怀先烈的丰功伟绩，挖掘红色文化，传承以爱国主义为核心的民族精神，永葆中华民族团结统一奋斗进取的强大力量，由市文联、市人民政府信息中心、《朔风》编辑部联合举办“纪念抗日战争胜利70周年网络征文”活动。3月3日至4月3日，朔州市廉政文化书画展在市文化艺术中心开展。展出作品400余幅，用书画、剪纸的形式，广泛传播廉政文化，营造健康文明的社会氛围。5月21日，市摄影家协会组织志愿者开展“志愿服务寇庄孤寡老人”慰问活动，为朔城区寇庄村200多留守老人和儿童拍摄照片。5月22日，为纪念毛泽东《在延安文艺座谈会上的讲话》发表73周年，市戏剧曲艺家协会组织文艺志

2015年8月31日，朔州市纪念中国人民抗日战争暨世界反法西斯战争胜利70周年书画展在市文化艺术中心开幕 （市方志办供图）

愿者，深入怀仁县云中镇北坛东街社区进行慰问演出。5月30日，举办“家园如画·罗金辉美术作品展”，展出罗金辉同志的油画、素描和教学作品180余件，展期16天。7月15日下午，市文联与市妇联、市文明办联合举办“朔州市号召广大家庭悬挂家规家训活动启动仪式”，在启动仪式后，市文联组织7名书法家为一百多个家庭书写以德孝文化为题材的书法作品。9月1日，朔州市纪念中国人民抗日战争暨世界反法西斯战争胜利70周年书画展在市文化艺术中心开幕。展览展出书画、剪纸作品500余幅，作品主题突出，用艺术的手法集中展示广大书画爱好者“铭记历史、缅怀先烈、珍爱和平、开创未来”的美好心愿和满腔热情。9月2日，朔州市纪念中国人民抗日战争暨世界反法西斯战争胜利70周年书画精品展在市博物馆开幕。展览展出书画精品100余幅，作品内容精炼，集中表达全市书画界的纪念之情，展示出市书画艺术事业的发展水平。9月19日，由山西书法院、市文联主办，市书法家协会、中北大学（朔州校区）承办的“深入生活，扎根人民，翰墨薪传”书法公益培训活动，在中北大学（朔州校区）举行。200多名朔州书法爱好者参加培训，聆听授课，切磋交流。10月19日，市文联和市老年书画家协会主办，山阴县老年书画协会承办的朔州市重阳书画现场会在山阴县隆重召开。这次现场会是首次以重阳节命名、以书画艺术为主题举办的纪念庆祝活动。12月底，“展示新成就，再铸新辉煌”——《美丽朔州》摄影展在市文化艺术中心开展。展期一个月，展出摄影作品300余幅，以摄影作品的形式展示朔州改革开放、社会经济发展的新成就，朔州人民的新生活和新风貌。

【协会工作】 2015年，朔州市直各文艺家协会致力于弘扬传统文化，创作优秀作品，培育优秀人才，发展会员1583人，其中国家级会员60多人，省级会员200多人。全体会员围绕全市中心工作，克服困难，深入生活、深入群众，开展各式各样的文艺活动，推进全市各类文艺如文学、戏剧、曲艺、书画、剪纸、摄影的发展和提高，更好地团结凝聚广大文艺工作者，为本市文艺事业的繁荣发展作出贡献。

各市直文艺家协会在2015年组织会员参加省市及国内大赛，其中市踢鼓秧歌舞蹈家协会于2月18日至25日，参加第32届北京龙潭庙会的节目喜获“北京第32届春节龙潭庙会全国优秀民间花会展演金奖”；市兰亭书画院组织多位书画家参加第二届全国中老年书画大赛并获得多个奖项；市作协王宝国的《华侨抗日女英雄李林传》获得第三届“中山杯”华侨华人文学奖；市书法家苑慧平创作的隶书作品以流畅的笔法和大气的艺术风格，从四万余件作品中脱颖而出，入选全国第十一届书法篆刻作品展览；在“第二届山西文化产业博览交易会‘神工杯’工艺美术精品奖”评选活动中，弓艺的《百米炕围画》和李石志的《陶瓷堆彩釉盘》同获金奖，金凤的《朔洲风情》和吴存华的《辈辈封侯》同获银奖。

【《朔风》杂志】 2015年，朔州市《朔风》杂志继续坚持“立足朔州，面向全国，全面培养，重点推出”的办刊宗旨，全年编辑、出版发行《朔风》杂志12期、12000册，刊登文学作品150多万字、书画和摄影作品200余幅，宣传报道全市性重大文艺活动近30次，较好地完成夯实文艺平台、拓展宣传窗口、打造城市名片、塑造精神形象的任务，为繁荣发展本市文学艺术事业做出贡献。

（市文联）

## 残疾人联合会

【概述】 2015年，朔州市残联在市委、市政府的领导和上级残联的指导下，以习近平总书记系列重要讲话精神为指导，落实科学发展观，贯彻中共十八大、十八届三中、四中、五中全会精神，按照四个全面的要求，贯彻落实《中共中央关于加强和改进党的群团工作的意见》《国务院关于加快推进残疾人小康进程的意见》精神，总结全市残疾人事业“十二五”发展成绩，市残联各部门分工负责，紧密配合，紧扣全市年度残疾人工作要点，推进残疾人小康进程，健全残疾人权益保障机制，推进残疾人康复服务、教育就业培训、扶贫解困、文体宣传、组织建设、规范办证等工作和各项活动开展。

【专项调查工作】 2015年，朔州市残联为贯彻《关于开展全国残疾人基本服务状况和需求专项调查的通知》及省、市“专项调查”会议精神，全市调查对象底册人数38312人，全市实际调查残疾人数36616人；其中入户调查34543人，电话调查2073人，查无此人81人，已搬迁265人，空挂户155人，外出495人，死亡700人，抽样调查3738人，抽样调查比例10.277%，复录操作完成率100%，入户调查率达到94.34%，2015年3月20日，全市残疾人专项调查工作全面完成。朔州市在专项调查工作中做出突出贡献的3个先进集体、4名先进个人得到省残联特别表彰。

【爱心助残】 2015年，朔州市残联、市教育局、市发改委等八个部门联合印发《朔州市特殊教育提升计划（2015~2016）实施方案》，以县为单位建立实名登记的0~16岁残疾儿童档案，实行“一人一案”，形成残疾儿童发现、报告、诊断、评估、初期安置、实施教育等完整的教育服务体系。到2016年，全市适龄残疾儿童少年义务教育阶段入学率达到90%以上；每个县区要选择1所以上公办幼儿园开展残疾儿童随园保教试点工作。朔城区、应县、怀仁县各建设一所特殊教育学校，30万人口以下的县区在普通中小学附设特教班。

市残联彩票公益金资助12名贫困残疾人子女大学生，每人3000元；平鲁区资助14名残疾人家庭子女大学生和1名残疾人大学生，每人2000元。

【宣传文体】 2015年，朔州市以市残联各项工作、活动为素材向省、市级主流媒体投送宣传报道资料稿件27篇；报送新闻报道选题素材15篇；手语播报在朔州电视台新闻快报栏目正式开播。2015年3月25日到30日，全国残疾人羽毛球公开赛在河北省唐山市举行，朔州市运动员程诚在男子单打比赛中获得优秀奖。2015年4月19日，朔州市肢残运动员王成吉在四川大英县举行的全国第九届残运会上，获得男子举重88公斤级第五名好成绩。

【维权工作】 2015年，朔州市为全市残疾人机动轮椅车发放燃油补贴，体现党和政府对残疾人的关爱。市残联对全市范围内残疾人机动轮椅车保有数量以及使用情况开展摸底调查、整理、核实等一系列工作，掌握实时数据，为2015年提出申请的386名下肢残疾人发放机动轮椅车燃油补贴10.03万元。市残联完善无障碍建设协调机构，发挥协调机构的推动作用，解决工作中的难题，保障无障碍各项工作进行。市残联积极联系、配合住建、经信、民政、老龄等部门为推进全市无障碍创建工作献计献策，为全市120户残疾人家庭进行无障碍改造，投入经费64.8万元。全年全市接待来信来访420件（次），办结率达100%，无一起集体访、越级访、重复访事件发生。 （市残联）

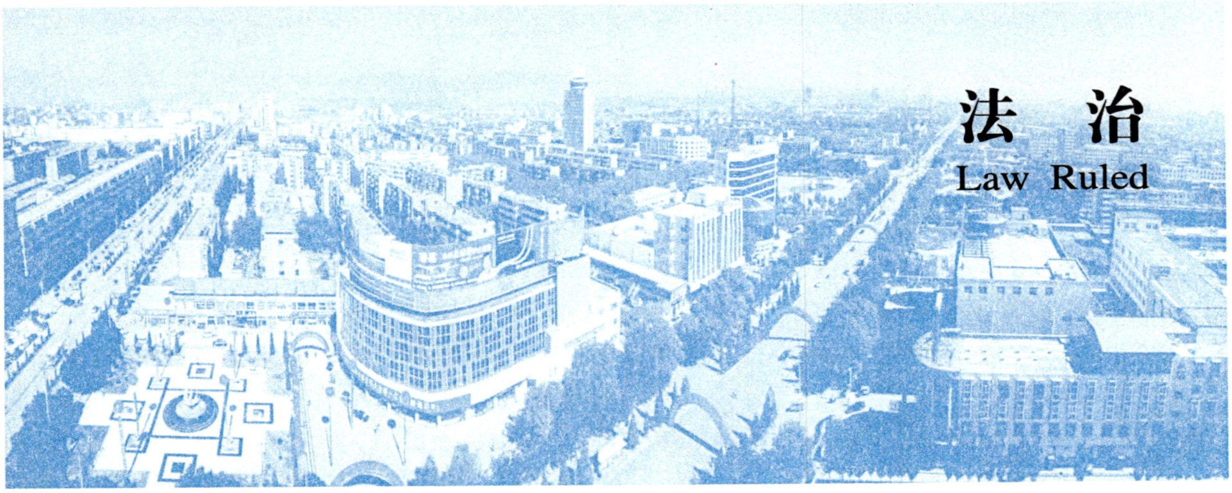


## 政法委与综治办

【政法维稳】 2015年，朔州市市委、市政府把政法综治工作摆在全市工作大局的重要位置统筹谋划。市委先后召开8次常委会议、两次综治委全会，听取全市政法综治工作和平安朔州建设情况汇报，研究解决重大问题。市委书记王安庞、市长李海渊对政法稳定工作组织研究、动员部署、督促检查、协调解决问题，并11次就做好全市政法综治和平安建设工作做出重要批示和指示。全市政法综治领域多项工作走在全国、全省前列。省委书记王儒林，省委常委、纪委书记黄晓薇，省委常委、政法委书记王建明对朔州市政法系统开展的司法突出问题专项整治工作做出重要批示，给予充分肯定。山阴县、怀仁县、右玉县被省综治委授予“省级平安县”称号；市中级人民法院法警支队、朔城区法院立案庭分别获“全国法院先进集体”荣誉称号，市中级人民法院被中国法院网、人民法院报授予“全国法院网络新闻宣传工作先进单位”，怀仁县法院被最高人民法院确定为全国多元化纠纷解决机制改革示范法院；市检察院被评为“全国文明单位”，在朔州市召开的全省现场会议上总结推广检察机关推行检察官介入命案侦查工作和全省首家试行民事行政检察办案责任制的经验做法；市公安局朔城分局“治爆缉枪”工作受到公安部贺电表彰，全市公安监所监控联网建设经验在全国会议上做典型发言，在朔州市召开的全省现场会上推广基层派出所消防监督工作经验；市司法局组织开展的“一村(社区)一法律顾问”活动成效明显，在全省会议上进行发言。

朔州市各级党委、政府明确职责任务，落实“第一责任”工作推进机制，市、县、乡、村层层签订社会治安综合治理目标责任书，分解任务。市、县、乡三级建立党政领导干部综治实绩档案，落实选拔任用干部、评先授奖书面征求综治部门意见制度，把主要领导、分管领导抓综治工作实绩作为各级党政领导班子、领导干部年度考核的重要内容和干部选拔任用、晋职晋级、奖励惩处等的重要依据。市、县两级完善综治委全委会、成员单位工作报告、综治委委员述职、五部门联席会议、成员单位联系点等制度，完善十个专项工作领导小组联席会议制度，形成综治委领导、综治办牵头协调、综治成员单位齐抓共管、专项工作小组专项治理的工作格局。市委政法委、市综治委制订出台《2015年全市政法综治(平安建设)工作要点》《2015年全市政法综治工作主要任务责任分解意见》，把五个方面62项具体工作落实到15个牵头单位和31个共同实施单位，明确目标，传导压力，狠抓落实。

朔州市强化督查考核，严肃追责问责。落实党政领导“一把手”负责制和部门工作责任制，加强综治维稳工作日常监管、专项督查、年终考核工作，加大平时督导检查结果在综治年度考核中的分值，完善激励惩戒机制，强化追责问责措施。市综治委兑现2014年度综治责任制奖，对综治先进县区和先进集体奖励总金额达到95万元。市综治委每季至少组织一次督导检查，督促检查各县区和基层单位有效解决综治维稳热点、难点问题，推动各类矛盾纠纷化解在基层，解决在萌芽状态。市、县综治委充分运用综治“一票否决”、挂牌督办、诫勉谈话、黄牌警告、处分建议等追责问责措施，全年全市对13个单位实行综治“一票否决”、挂牌督办10个单位、诫勉谈话6人、约谈9人、黄牌警告1个单位，推动综治工作任务和综治维稳责任落到实处。

【国家安全工程】 2015年，朔州市坚持底线思维和问题导向，牢固树立总体国家安全观，敢于担当、作为，狠抓防止“颜色革命”形成气候、防止暴恐活动危害安全、防止利用互联网煽动滋事“三件事”。全年全市社会政治大局稳定，没有发生任何案事件。

全市深化反间谍、反情报、反渗透斗争，依托秘密力量和网络侦察，重点对16个境内外非政府组织开展调查工作，防范境内外渗透和“颜色革命”，实现“三个不发生”(不发生敌对势力利用社会矛盾和敏感案事件煽动“社会运动”，不发生“街头政治”，不成为“颜色革命”的“中转站”和“孵化地”)的目标；组织开展“继续严打暴恐年”活动，通过重点实施“三三”工程(即围绕盯住关注人员、管住危险物品、守住重要部位三个重点，加强反恐怖机制、反恐怖基础设施、反恐怖专门力量三项建设，完善重点人员稳控、危险物品管控、人防物防技防相结合的三大机制)，实现“三个确保”(确保新疆“三股势力”不向朔州市渗透，确保宗教极端思想不在朔州市蔓延，确保暴恐活动不在朔州市发生)的目标；加强网上舆论、技术反制和网评员、网上信息员队伍建设，市县两级投资560万元建成网综应用管控平台，建立网警常态化公开巡查执法机制，提高网警部门实战能力，全市公安机关上报涉政治谣言信息352条，处置公安部下发落地任务5起，将945名重点网民全部纳入全国重点人管控系统。

【“六无工程”实施】 2015年，朔州市围绕“六六创安”提质增效，实施“六无工程”，防范化解管控影响社会安定的突出问题，人民群众安全感和满意度得到提升。

无隐患源头预防工程方面，全市落实重大决策重点项目社会稳定风险评估《实施细则》要求，决策前风险评估、实施中风险管控和决策过错责任追究等操作程序，全市重大决策、重点项目按照评估清单做到应评尽评。市发改委组织有关县区、部门对朔南2×35万千瓦低热值煤发电等项目配套的六个500千伏输变电送出工程开展社会稳定风险评估，降低社会风险成本，示范效应作用得到彰显，保障项目的顺利实施。深化矛盾纠纷大调解体系建设，在上年完成调解组织和平台建设任务并提前实现省定目标(60%的县区、80%的乡镇、50%的行政村)的基础上，4月底，提前完成剩余669个行政村的建设任务，完成诉调、检调、公调、政调、访调对接窗口建设，在交警、住建、国土、劳动、环保、医疗等18个行业、领域建立矛盾纠纷调解中心，实现大调解体系“全覆盖”和规范高效运行。全市县、乡、村三级调解组织达到1900多个，基层调解员达到5700人。全年全市各级调解各类矛盾纠纷7650件，调解成功率达98%。开展“信访积案百日攻坚”和“以群众举报乡村干部腐败为切入点 集中解决群众信访诉求”等活动，省委政法委交办的19件涉法涉诉类进京非访案件全部核销，52件涉法涉诉类信访案件得到化解。推进进京非访治理工作，加大依法处置非访力度，规范信访秩序，全市依法打击非正常上访420人，其中行政拘留353人，警告训诫30人，刑事拘留8人，逮捕13人，进入审判程序14人，两人被判刑，推动信访秩序回归法治轨道。进京非访量由前8个月每月平均54人次下降到后四个月每月平均5人次，下降幅度为90.7%，省委政法委《政法动态》转发朔州市的依法治访经验。

无漏管严打整治工程方面，全年全市破获各类刑事案件 1717 起，立八类刑事案件 390 起、破获 282 起，其中发命案 24 起、破 24 起，现行命案侦破率 100%；抓获犯罪嫌疑人 930 人，逮捕 781 人；受理治安案件 10381 起，查处 10375 起，查处违法人员 7036 人。推进“打黑除恶”专项斗争和“城中村”治安乱点整治。自上年“9·17”以来，全市打掉恶势力团伙 14 个，打击处理涉恶犯罪嫌疑人 79 人，破获各类刑事案件 103 起，其中，打掉恶势力团伙 8 个，打击处理涉恶犯罪嫌疑人 37 人，破获各类刑事案件 53 起，全市无一“空白”县区，形成“打黑除恶”的高压态势。开展“城中村”治安乱点整治行动，推进巡逻防控和视频监控两个“全覆盖”，全市“城中村”社会治安混乱局面得到扭转，实现“两下降、两减少、两覆盖、一提高”(各类刑事案件、治安案件数量明显下降，安全隐患和“黄赌毒”现象减少，治安巡逻防控、视频监控全覆盖，群众安全感满意度提高)的工作目标。全市 46 个“城中村”(重点村 13 个)建设警务室 38 个、组建巡防队伍 46 支 293 人，安装高清视频探头 1817 个、覆盖主要街道 62 条，全市“城中村”治安案件、刑事案件月均发案数较上年分别下降 13%和 15.6%。

无盲区整体防控工程方面，市委办公厅、市政府办公厅印发《关于全市加强社会治安防控体系建设的实施意见》，完善立体化社会治安防控体系，加大公共安全视频监控网的建设力度，市公安及交警部门分别完成市区社会治安视频监控二期工程、市级总控平台和市区道路交通综合职能管控系统建设任务。全市在社会治安视频监控建设中，投入资金 29972 万元，其中政府投资 23192 万元(含维护费 302 万元、线路租赁费 1030 万元)、社会单位投资 6780 万元；市区公共区域(含朔城区、开发区)新增监控探头 1870 个，全市监控探头新增 3 万个，累计达到 8 万个，实现交叉路口、关键节点、人员密集区域和主要出口全覆盖，公安机关驾驭社会面治安局势和打击犯罪能力增强。投资 2051 万元在市区新建 645 个交通视频探头、4 个测速点、3 个诱导屏、5 个制高检测点和指挥大厅，形成上下贯通、指挥顺畅、整体联动的交通管理指挥体系。

无薄弱基层基础工程方面，全市六县区 79 个乡镇(街道、管委会、园区)、97 个城镇社区和 1623 个行政村完成基层社会服务管理体系建设全覆盖，实现“三级中心”常态化运行。2015 年，全市三级中心受理各类服务事项 478074 件、办结 474891 件，办结率 99.33%，发挥其多位一体、协调联动的优势，成为朔州市减少治安隐患、维护社会稳定、处置突发事件的第一道防线。基层综治组织得到健全完善，全市 79 个乡镇(街道、管委会、园区)设立综治办，综治办主任均由同级党委副书记兼任，另设一名副科级专职副主任。每个乡镇(街道、管委会、园区)根据辖区人口情况，分别配备 1 至 3 名综治专职干事，全市配备综治专干 104 人，其中有 13 个乡镇（街道、管委会、园区)各配备两人以上，其余乡镇(街道、管委会、园区)各配备 1 人，为开展基层综治工作提供组织队伍保证。

无分离“三创联动”工程方面，市综治委、市委宣传部、市法治办以“崇尚法治、共创平安、共建文明”为主题，以创建平安、法治、文明单位为载体，联合开展“三创联动”活动，通过对全市平安建设示范典型、法治建设示范典型和文明单位创建活动示范典型选树，培育推广中煤平朔公司、朔州国家电力、中北大学朔州分校等 100 个体现时代特征、彰显朔州特色的“三创联动”示范典型，推动平安法治文明朔州建设。

无死角依法治理工程方面，制订出台《贯彻实施〈中共朔州市委关于贯彻落实党的十八届四中全会精神加快法治朔州建设的实施意见〉主要举措分工方案》，将法治建设纳入全市综合目标考核范畴，在全市上下形成统一领导和分工负责的法治建设领导格局。开展法治宣传教育和法律“六进”活动，推动落实国家机关“谁执法谁普法”的普法责任制，推动“菜单式”“案例式”等普法方式，通过在市区和各个县城分别打造一个法治文化广场、法治主题公园、法治文化长廊以及在全市各行业、企业、单位和每个乡村普遍建立法治文化阵地,实现法治宣传教育"零死角"。围绕"弘扬宪法精神,推动创新、协调绿色、开放、共享发展"的主题,组织开展"12·4"国家宪法日系列活动,增强全民法治意识。全市司法行政系统推开"一村(社区)一法律顾问"工作,实现全市农村(社区)全覆盖,通过健全完善法治宣传、法律服务、法律保障"三位一体",公证、律师、基层法律工作者"三路并进",市、县、乡司法行政机构"三级联动"的法律服务"三三"工作机制,提升全市法律服务保障水平。

**【司法体制改革】** 2015年,朔州市加强司法体制改革。在执法司法公开方面,加快公开平台建设,拓宽公开内容范围,创新公开方式方法。全市法院系统推进立案、庭审、执行、听证、文书和审务"六公开",实施案件流程信息、执行信息、裁判文书上网"三公开",以制度建设规范司法公开,构建阳光司法的审判工作机制。在强化司法责任制方面,完善主审法官、合议庭、主诉检察官办案责任制,完善主办侦查员制度,落实办案质量终身负责制和错案责任倒查问责制,确保谁办案谁负责、谁违法谁受罚;清理出台的涉及司法责任制文件制度。市检察院推行的检察官介入命案侦查工作和率先试行全省首家民事行政检察办案责任制,受到省委政法委、省检察院的肯定。在涉法涉诉信访改革方面,围绕"保障诉权、推进法治、源头治理、维护秩序"的要求,加大对信访群众的教育引导力度;建立律师参与涉法涉诉信访接待机制,为信访群众通过法律渠道解决问题提供帮助,全省律师工作和司法行政工作会议分别推广朔州市的经验做法。

推进执法、文明执法、公正司法工作。全市政法机关部署开展为期半年的影响司法公信力10项司法突出问题专项整治(开展社会主义法治理念教育、实行两个"清单制"、强化监督制约机制、落实交流轮岗制度、规范刑事诉讼涉案财物处置工作、深化量刑规范化改革、推行网上办案制度、完善司法公开考评机制、加大法律监督力度、加强人权司法保障),推动政法系统突出问题专项整治常态化。优化司法环境,制订出台全市《关于党政领导干部支持保障司法机关依法独立办案的规定》和《朔州市落实领导干部干预司法活动、插手具体案件处理的记录、通报和责任追究实施办法》,完成市、县两级法、检人财物摸底上报工作。全市政法机关在践行司法为民、深化司法公开中,涌现出一批先进典型和经验做法,让社会各界和人民群众切实感受到政法机关司法为民、公正司法的新风貌和新成效。先后有12个集体、38名个人受到省级以上表彰。

**【依法从严治警】** 2015年,朔州市通过抓思想政治、党风廉政、素质能力三大建设,打造忠诚、清廉干净、勇于担当的政法队伍。坚定政治建警"生命线"。组织开展政法系统全员大培训、岗位大练兵、素质大提升活动,全年全市政法各机关参加举办各级各类培训95期,参训人数达2159人次,政法领导干部和干警的法治思维和依法办事能力得到提升。推进"一村一警"联系走访活动,政法干警联系、服务、组织群众的长效机制得到巩固。

严守从严治警"高压线"。狠抓党风廉政建设"两个责任"的落实,出台《关于推动市政法各单位党组(党委)落实党风廉政建设主体责任的实施意见(试行)》,推动政法各单位党组(党委)时刻把主体责任放在心上、扛在肩上、抓在手上,结合在全市政法系统集中开展的执法司法突出问题专项整治活动,围绕理想信念不坚定、执法司法不公正、执法司法不、执法司法乱作为、执法司法不作为、执行纪律制度不自觉六个方面60项突出问题,按照查摆问题、严肃查处、整改落实、建章立制四个环节,组织推动政法各部门开展专项整治,受到省委政法领域专项整治督导组的肯定。开展专项整治以来,核查举报线索160条,其中查结79条,查否79条,正在核查两条,查处违法违纪干警35名,净化政法队伍。

把握队伍管理"标准线"。

坚持严优并重、战训合一。深化以“创建人民满意的政法基层单位，争办精品案件、争当办案能手”为主要内容的“一创双争”活动，在全市政法系统评比表彰“十佳基层政法单位”和“十佳办案能手”，通过选树标杆，示范导向和激励作用，带动政法队伍的整体建设。

【职能作用发挥】 2015 年，朔州市立足把握政治方向、协调各方职能、统筹政法工作、建设政法队伍、督促依法履职和创造公正司法环境六大职能定位。

抓整体谋划。围绕中央和省委、市委决策部署结合朔州实际，谋划推动朔州政法工作。为确保各项政法工作任务落到实处，制订出台年度工作主要任务《责任分解意见》，明确责任单位、责任人和完成时限，在全市上下形成层层抓落实，人人抓落实的工作合力。制订出台《市委政法委机关 2015 年主要任务责任分解意见》，对每个科室明确工作目标和时间进度，把责任落实到每一个岗位、每一个承办人头上。

抓服务大局。面对经济下行所引发的矛盾纠纷和影响社会稳定问题，全市政法机关加大打击力度，部署开展以打击非法集资为重点的打击经济犯罪专项行动；学习贯彻中共中央政治局委员、中央政法委书记孟建柱在晋视察时重要讲话精神。全市政法机关继续实施服务保障经济发展“58815”工程，拓宽服务领域、提升服务效能的经验做法在全省政法调研工作座谈会上做大会发言。市委政法委修订完善全市政法机关服务保障“六大发展”“两大任务”的《实施意见》，围绕重点项目创新完善“一对一服务”、提前介入、绿色通道、跟踪、上门、对口、预约服务和公开承诺服务 8 种服务方式，建立联系点 487 个，开通企业投诉电话 50 部，178 个重点项目和 1400 余家企业，开门征求意见，落实法律体检；市法、检、公、司也分别出台各自的配套措施和实施办法，形成全市政法机关服务大局新的“1+4”制度体系，受到省委政法委通报表扬。市检察院依法履行检察职能，全力保障经济社会发展，开展“十百千”专项预防活动，在 15 个重点项目中开展专项预防，督促国家机关、国有企业履行职责 10 次，挽回流失国有资产 630 万元；针对破坏资源环境和危害食品药品安全犯罪开展专项立案监督活动，督促行政机关依法移送犯罪线索 11 件 11 人，其经验做法被省院转发推广。

抓法纪监督。制订出台《朔州市政法系统案件评查程序》《市委政法委员会执法巡查办法(试行)》《关于对全市政法队伍开展纪律作风联合督察工作的暂行办法》等一系列执法执纪监督程序和制度规定。通过组织开展案件评查、执法巡查和明察暗访等活动，促进全市政法队伍纪律作风转变，政法机关办案质量和执法公信力提升。市委政法委案件评查小组评查基层政法单位办结案件 54 案，发现存在问题或瑕疵案件 17 案，全部反馈到相关部门，得到整改。组织督察组先后 71 个基层政法单位开展明察暗访，对检查中发现的内部管理、服务态度、办公环境、警容警貌、公车使用和规范执法等纪律作风方面存在的 19 个突出问题进行通报，并提出整改意见，全部整改到位。（市政法委员会）

## 法治政府建设

【概述】 2015 年，在朔州市委、市政府正确领导和省法制办的精心指导下，市法制办认真贯彻落实中共十八届四中、五中全会精神，围绕全市中心工作，按照年初确定的目标任务，解放思想，转变作风，落实责任，扎实工作，为推进“两大任务”、加快“六大发展”，促进法治政府建设做了大量富有成效的工作。

【民主法制改革】 2015 年，朔州市强化法治理念和法治思维，发挥人大和政协的职能作用，推进民主政治建设和法治朔州建设。健全和落实法律监督制度。修改和完善《朔州市人大常委会规范性文件备案审查工作规程》。完善人大常委会行使重大事项决定权制度。修改完善《朔州市人大常委会讨论决定重大事项的规定》。健全完善政协委员联系群众、民主监督的制度体系。完善《关于发挥界别作用的实施意见》《政协委员密切联系群众的实施意见》和《关于政协委员服务管理的办法》等制度，对充分发挥界别作用，密切联系群众，开展民主协商活动作出安排部署。完善协商民主机制。制定出台《市政协常委会年度协商工作要点》，对推进专题协商、对口协商、界别协商、提案办理协商进行专题安排部署。

**【开展“三严三实”专题教育活动】** 2015年，朔州市法制办公室严格按照市委的部署和要求，抓紧抓实抓好“三严三实”专题教育工作，加强机关作风建设，全体干部大局意识、群众意识、责任意识和服务意识明显增强，求真务实的工作作风、风清气正的工作环境逐步形成。

成立领导机构，制订工作方案。办党支部按照中央和省、市委的统一部署，成立市政府法制办“三严三实”专题教育领导小组及办公室，明确责任，制定专题教育工作方案和开展“三严三实”专题教育学习讨论安排表，将专题教育任务和弘扬山西精神、太行精神、吕梁精神、右玉精神和“三个文化”结合起来，分项落实，明确时间、内容、责任，为活动开展奠定基础。讲好党课，做好动员。5月28日上午，办党支部召开“三严三实”专题教育党课会议，办党支部书记刘红宇围绕“三严三实”的意义内涵、问题表现和践行要求，亲自给全办党员干部上专题党课。并就政治理论学习、精神文明建设、社会主义核心价值宣传、机关文化建设进行安排。组织学习，形成制度。动员会后，办党支部通过中心组学习、集中辅导等集中学习和个人自学相结合办法，学习《习近平谈治国理政》《习近平关于党风廉政建设和反腐败斗争论述摘编》《严以修身把牢“总开关”》《弘扬右玉精神践行正确政绩观》《严以律己做好“明白人”》以及中央、省、市领导讲话，观看《筑梦中国》。严格程序，学习研讨。按照各个阶段研讨方案的要求，班子成员进行集中学习和研讨。同时于7月16日、8月14日、8月20日、10月15日组织主题研讨会。专题研讨会上，班子成员结合前一阶段的系统学习和工作实践，对照“三严三实”要求，查找自身存在“不严不实”问题，通过学习交流，锤炼党性修养，筑牢思想防线。认真开展民主生活会。按照中央、省市纪委机关、组织部《关于开好“三严三实”专题民主生活会的通知》要求，领导班子成员联系班子实际，查找班子自身存在的“不严不实”的突出问题，深刻剖析原因，明确整改措施，撰写对照检查材料，于12月31日召开民主生活会，开展批评和自我批评，红红脸、出出汗、治治病。践行严、实作风，强力推进各项工作。在“三严三实”教育活动中，坚持“一切从群众出发，一切服务于群众”，把“为民务实清廉”贯穿到各项工作目标任务中，做到工作、活动两不误、两促进。

**【依法行政】** 2015年，朔州市法制办为认真贯彻落实中共大、十八届三中、四中全会精神，深入推进依法行政，加快法治政府建设，根据《山西省人民政府关于加快推进法治政府建设的实施意见》及《中共朔州市委关于贯彻党的十八届四中全会精神全面加快法治朔州建设的实施意见》，立足市法治政府建设实际，着眼于依法行政机关的职责，起草《朔州市人民政府关于加快推进法治政府建设的实施意见》，明确当前和今后一个时期推进法治政府建设的重点任务，并从十一个方面对市政府及政府有关部门做出具体明确规定，明确任务牵头单位和配合单位以及各自职责分解，市政府已发文。

**【培训学习】** 2015年，朔州市法制办组织依法行政培训。11月11日至12日，在市委党校举办“朔州市2015年度领导干部依法行政专题研讨班”，参加培训人员为各县区政府法制机构和行政执法部门负责同志以及市直有关单位从事法制工作或行政执法工作的负责同志130多人。

培训内容包括立法法、规范性文件备案审查规定、行政复议法及其实施条例、信息公开条例及行政诉讼法等，省法制办处长李世俊、王冠春授课。参加法制培训。先后派出12人次参加省政府法制办举办的“完善市县两级行政执法管理规范相对集中行政处罚权”专题培训班、省政府法制办在复旦大学举办的行政复议应诉知识专题培训、领导干部依法行政专题研讨班、“全省第二十四期新增行政执法人员培训班”、省人大常委会办公厅举办的“全省立法工作人员培训班”、山西省国防教育委员会办公室举办的“山西省第二期县处级领导干部国防”专题研究班、朔州市打击侵犯知识产权和制售假冒伪劣商品工作领导小组举办的“行政执法与刑事司法衔接信息共享平台实操培训”。11月30日至12月16日，三名县处级领导干部分批参加由市委组织部组织的“关于举办朔州市县处级干部党的十八届五中全会精神轮训班”，处级领导干部参训率达100%。

**【依法行政宣传月活动】** 2015年8月20日至9月10日，朔州市法制办以“深入推进依法行政，加快建设法治政府，深入推进‘六权治本’，服务保障‘六大发展’”为主题，开展为期一个月的依法行政宣传月活动。通过短信平台、电子屏幕、设立群众咨询台等开展形式多样的宣传活动，举办依法行政讲座，取得良好的效果。据统计，市直单位集中组织专题日宣传活动10次，自行组织宣传活动22次，县区组织大型集体宣传活动5次，总计出动行政执法单位约100家2000多人，参与活动群众达5万人，发放各类依法行政宣传资料20万余份，接待群众咨询数万次，发送手机短信10余万条，宣传覆盖面达数十万余人。

**【规范文件】** 2015年，朔州市法制办严把规范性文件合法性审查关。认真执行《山西省规范性文件制定与备案规定》和《朔州市规范性文件制定与备案办法》，强化对市政府行政规范性文件的合法性审查。对起草单位报送的文件草案，在形式和制定程序方面不符合要求的，要求起草单位补正和纠正；材料齐全的，及时进行审查，出具合法性审查意见报市政府，并抄送起草单位。遇到专业性强、涉及面广的规范性文件，为全面提高审查质量，组织相关单位实行“借力审查”，召开协调会，认真研究，确保规范性文件的合法性、适当性以及协调性。前置审查规范性文件30件，其他文件3件，市级单位文件征求意见6件，会议纪要1件。办理省法制办征求意见2件。

严把规范性文件清理关。对市政府、市政府办公厅2005年1月1日至2014年底发布的269件现行有效规范性文件及六区县、经济开发区、市直部门发布的现行有效规范性文件进行清理。在清理过程中，召集煤炭局、煤运公司、国土局、经信委、财政局、发改委、劳动局等单位召开协调会，征求意见。经清理，涉煤规范性文件22件，保留7件，修改2件，废止13件，市政府下发公布《朔州市人民政府关于废止和修改涉煤规范性文件的决定》，在门户网站进行公布。4月，根据《山西省环境保护厅、山西省人民政府法制办公室关于印发〈全面清理废除阻碍环境监管执法“土政策”工作方案〉的通知》精神，与市环境保护局联合印发《朔州市全面清理废除阻碍环境监管执法“土政策”工作方案》，对全市涉及环境监管执法的文件进行全面清理，于4月底前清理结束，经清理，无涉及阻碍环境监管执法的“土政策”。

严把规范性文件备案关。凡是本市制定的规范性文件，都和市政府办公厅、市政府信息中心及时联系，待文件发布后及时备案。2015年，向省政府、市人大备案规范性文件17件。并将2014年规范性文件汇编成册，发放各县区和各有关部门，便于工作查阅。

**【定纷止争】** 2015年，朔州市法制办推进复议规范化建设，加强对县区行政复议工作的监督指导。依照行政复议工作流程图，规范复议审查、受理、送达、审理、办结时效期限及程序，准确、及时、合法地审理行政复议案件，促进文明办案，依法办案，维护社会公平正义，保障当事人的合法权益。关注各县区行政复议工作中出现的新情况、新问题，并给予监督指导，主要采取两种办法：日常监督指导，通过电话联系、与办案人员研讨，解决县区和市直部门提出的有关问题，加强指导。如2015年3月13日，朔城区北旺庄曹沙会村村民赵明、成明福、崔辅、张忠对朔城区人民政府不公开其所申请的政府信息行为不服，向市政府提出行政复议申请。2015年6月19日，高成对平鲁区人民政府不公开其所申请事项不服，向市政府提出行政复议申请。这两起案件应依法答复申请人，及时对两机关监督指导，最终使争议化解。集中监督指导，在总结依法行政工作、统计行政复议案件和集中培训时，要求汇总上报行政复议工作中存在的问题，建立监督指导机制。尤其在培训时与区县复议人员充分探讨和交流，就共性问题和个别案件处理依法提出主导意见，提升办案能力，稳妥解决争议。

创新工作机制，强化复议公信力。在完善推广专家参与、民主监督、联合办案的行政复议联办制度的同时，又推行案前调查制度，改革案件审理方式，加大纠错力度，畅通受理渠道，开展案前调查，公开办案过程，改进审理程序。执法程序合法性，后审理执法依据、具体事实、行政裁量的合法性、适当性，加快办案速度，降低办案成本，规范执法行为。2015年全年，收到行政复议案件24起，受理16起，不予受理4起，通知补正1起，视为放弃2起，协商其他机关受理1起。撤销2起，确认违法6起，维持2起，终止4起，审理2起。

推行行政机关负责人出庭应诉制度。《行政诉讼法》确立行政机关负责人出庭应诉制度，朔州市认真落实，按规定执行。2015年，龙翠兰等19人对市政府《行政复议终止决定书》不服，向朔州市中级人民法院提起行政诉讼；门汉红对市政府《信息公开告知书》不服向太原市中级人民法院提起行政诉讼。积极参与应诉事项，市政府副秘书长张祥出庭应诉。2015年11月18日，省法制办向市政府征求《山西省行政机关行政应诉工作规定》的意见，依法提出意见并上报省办。

**【规范行政执法行为】** 2015年，朔州市法制办完善执法证件管理，进行证件年审。按照省、市法制办的统一安排部署，完成行政执法证件申领、换发、补发等工作。全市符合注册条件的行政执法（监督）人员2483人，注销1142本，其中新申领人员1372人，换发530人，补发10人。2015年5月9日，在山西广播电视大学朔州分校（朔州电大）组织进行2015年度全市行政执法（监督）人员资格认证考试。全市21个拟申领、换发行政执法证件的单位330人参加考试，市行政执法（监督）人员资格考试全部实现无纸化。

加强行政执法监督，规范行政执法行为。为规范行政执法行为，6月份，下发《朔州市人民政府法制办公室关于在市商务系统、国土系统开展行政处罚案卷评查工作的通知》，组织精兵强将对市商务系统、国土系统进行案卷评查，随机评查案卷22件，通过评查静态执法案卷，规范两个系统的动态执法行为。评查结束之后，就存在的问题以文件形式下发情况通报。从4月中旬到6月底配合省法制办对全市物价、食药、卫计系统开展行政执法案卷自查、评查工作，评查案卷134件。11月10日，省政府法制办党组成员、副主任刘钢柱一行就市开展行政执法案卷评查检查验收和仲裁工作以及2015年度“依法行政宣传月”活动进行检查调研，本市执法案卷评查工作得到省法制办的充分肯定。

推进规范行政自由裁量权工作。根据《山西省人民政府关于加快推进法治政府建设的实施意见》和《朔州市人民政府关于加快推进法治政府的实施意见》文件精神，起草《朔州市规制自由裁量权的实施意见(征求意见稿)》，拟提交市政府征求意见后，经政府常务会研究通过后实施。另外，全市权力清单2015年12月底才公布，责任清单尚未公布，这是规制自由裁量权的前提基础。

【政府法律参谋作用发挥】2015年，朔州市法制办围绕市委市政府中心工作，为《全市农村产权交易中心建设方案》《朔州市人民政府关于朔城区苗山水泥灰岩矿区采矿权出让方案的批复》等重点工作提供法律咨询服务，发挥参谋助手作用，依法保障重点工作顺利推进。对市政府领导交办的《山阴县三期2×1000兆瓦超临界发电工程合作意向协议》和《应县2×350兆瓦热电联产项目合作意向协议》等18个经济合同、协议进行审查，提出法律意见。并对《市公安局关于申请交通事故赔偿费用的请示》《朔州市城镇集体工业联合社关于解决朔州市城镇集体工业联合社所属企业养老保险欠费问题的请示》等提出审查意见，确保行政行为的合法性。在全市各级行政机关逐步推行政府法律顾问工作制度。六个县区、市经济开发区、市政府10个工作部门全部聘请法律顾问。

【深化改革工作任务】2015年，朔州市在《市委全面深化改革2015年工作要点》中，法制办牵头的工作是推进“六权治本”规范权力运行。参与市级政府及其部门行政权力清单责任清单清理审核编制工作。按照省委办公厅、省政府办公厅印发《关于推行各级政府工作部门权力清单制度的实施意见》文件精神，联合市编办于2015年6月25日召开全市推行权力清单制度工作动员会暨培训会议，市级政府及其部门行政权力清单编制工作开始推行。法制办作为成员单位，先后抽调10名法制骨干参与编制审核工作。39个部门、单位的权力清单和责任清单编制工作完成。二是对征求意见进行意见回复。按照市委、市政府有关文件要求，先后对《朔州市人民政府领导班子“三重一大”决策制度实施办法（试行)》《关于发挥检察机关查办和预防职务犯罪职能严惩滥用权力的实施意见》(草案)》《2015年法治朔州建设工作要点》《关于全市加强社会治理防控体系建设的实施意见(征求意见稿)》进行意见回复。

信息公开高度重视信息工作，加强信息工作的宣传报送，通过深化公开内容、完善各项制度、加强基础性工作，切实加强组织领导，明确责任分工，严格落实制度，实行专人负责，保证工作有序进行。工作中严格执行信息依申请公开办法、信息公开规定行为责任追究办法、信息公开工作考核制度、信息公开工作监督检查制度等工作制度，公布投诉电话，接受相关部门和人民群众的监督和评议，提高政府信息公开工作规范化程度；利用市政府门户网站的政府信息公开栏目、朔州日报、朔州新闻网等新闻媒体进行发布，同时运用工作年报、办事流程、工作指南等多种形式主动公开涉及机构职能，政策法规、规范性文件等各类政府信息35条。

【机关党的建设和法治建设】2015年，朔州市法制办加强干部职工的思想政治教育、宗旨教育和廉洁从政教育，4月2日，组织全办人员到市检察院参观预防职务犯罪警示教育展览；12月4日，组织全办同志深入学习《中国共产党纪律处分条例》和《中国共产党党员廉洁从政若干准则》，按照党内廉政建设的要求和规定，全办同志互勉互助，树立廉洁自律的观念和意识，增强对各自职责内的党风廉政工作的责任意识。严格执行问责制，保证领导干部廉洁奉公，使整个单位风清气正。认真贯彻一把手不直接分管人事、财务等有关规定，制定《一把手五个不直接分管制度》和《“三重一大”决策制度实施办法》，下放人事管理权、财务审批权，领导班子民主决策，通过制度规范各项权力。执行中央八项规定精神，狠刹四风，开展“学习讨论落实”专项整治工作。组织参与31项专治工作，保质保量完成工作任务。每逢元旦、春节、“五一”、端午、国庆等重要时间节点，都传达上级要求，严肃纪律作风。要求恪守纪律，不违规参加婚丧嫁娶。开展纪律作风整顿常态化，严格办事程序和时限责任，预防和解决不担当、不作为、乱作为等现象发生。2015年，单位无一件大操大办、收受礼金、红包违法事件。

组织开展精神文明创建活动。组建法制志愿者队伍，组织参加市文明办、市团委开展的“3·5”学雷锋活动，参加市文明办开展的“道德讲堂”等活动，推动全办精神文明建设。

推进“六权治本”规范权力运行。成立法制办推进“六权治本”规范权力运行领导小组，制订《朔州市人民政府法制办公室关于推进“六权治本”规范权力运行的实施方案》，将任务进行划分，明确责任人和责任科室以及完成时限，积极推进“六权治本”。把关权力清单，从相关单位抽调法制骨干，审查把关，配合工作。做好行政审批改革法制审查工作、政务公开等工作，所有审改项目对接都认真把关，提出建议，所有信息全部公开所有人员一视同仁，依法行政，照章办事，法制办成为全市最具学习力、战斗力和具有较高法律素养的公务员团队。

【廉洁自律】 2015年，朔州市法制办严格要求自己按制度执行。在2014年在全办实行“一把手五个不直接分管”基础上，2015年，又实行一把手“末位表态”。力争各项工作都能将制度挺在前面，率先带头执行制度，力争实现“六权治本”。

加强学习，提高政治素养。平时注意学习党的最新规定和精神，学习习总书记系列重要讲话，学习市委市政府重大决策，提高政治素养和理论水平。开展预防职务犯罪和党风廉政建设活动，提高对党纪国法的敬畏心，提高个人的党性修养。

健全制度体系，限制权力滥用。通过对“六权治本”的学习和探讨，在财务、会议等一系列制度的基础上，对各类决策程序及责任划分做出明确规定，对各岗位职责和办事程序进行界定，力争做到将权力关在制度的笼子里。加大公开力度，充分听取意见，维护班子团结，凝聚战斗力量。

（市法制办公室）

## 公　安

【概述】 2015年，朔州市公安机关围绕全市工作大局，坚持以新思维应对新常态、以新状态适应新常态，立足危机风险管控，突出重大安保牵引，狠抓责任措施落实，完成各项重大任务。

【维护社会稳定】 2015年，朔州市开展严打维稳工作。抓预警研判。全市各级公安机关完善情报信息收集、综合、分析、研判体系，密切跟踪境内外敌对势力渗透破坏动向，密切掌握网上网下社会动态，加强综合研判，掌握各种影响、破坏社会稳定的苗头性、行动性情报信息，做到预知、预警、预防。发现并上报情报信息55条，对涉嫌传播“法轮功”反宣品的网民落地调查，将945名重点网民纳入全国重点人管控系统进行稳控，并在全国“两会”“12·15专项”、纪念抗战胜利70周年、十八届五中全会等敏感节假日和专项工作中完成重点人网上管控的调度工作，严防网上恶意炒作和秘密勾结、煽动滋事。抓重点稳控。坚持对涉疆、涉维重点人员和涉恐阵地滚动排查，分类管理。对全市5个涉疆、涉维重点阵地，市区内49个重要目标和要害部位建档。排查出常住和暂住新疆籍维族人员33名，在人防、技防方面采取防控措施，确保二十四小时内见人、见物、见住址，均在可控范围。抓安全防范。对党政机关、水、电、油、气、通信等重点要害单位各县区明察暗访。检查94次，整改隐患132处，督促落实安防措施。

【打黑除恶专项斗争】 2015年，朔州市开展“打黑除恶专项斗争推进年”活动。市、县（区）两级公安机关组建打黑除恶专业队伍，坚持“打早打小、露头就打，黑恶必除、除恶务尽”

的原则，打掉恶势力犯罪团伙14个，抓获犯罪嫌疑人79人，破获抢劫、抢夺、非法经营、故意伤害等各类刑事案件103起。践行"命案必破"工作理念。在命案侦破上，实行"一长四必"工作机制，实行多警种同步上案，联查、联动、联控制度，确保快侦快破。全市发命案24起，破24起，连续5年实现命案全破。同时，加大命案积案侦破力度，克服重重困难破获发生在17年前的命案两起，抓获命案逃犯两名。开展"城中村"专项整治行动。按照省公安厅和市政法委统一部署，以"九小场所"为重点，开展"六项整治"和"城中村"专项整治行动，取得阶段性成果。全市清查流动人口5949人、重点人口415人、租赁房屋4415间、"九小场所"417家；排查整治工矿区223家，出租屋21745间，九小场所3245家，校园及周边治安隐患126处。打击各类违法犯罪活动。全市各级公安机关狠抓打击犯罪主业不松劲不懈怠，开展"春雷行动"，夏季、秋冬季严打，百城禁毒会战等专项行动，多措并举，重拳出击，破获各类刑事案件1619起，抓获刑事作案成员876人，逮捕724人；受理治安案件7682起，查处7676起，查处违法人员6457人，提升群众安全感。

【管理服务】 2015年，朔州市公安机关加强管理服务。强化网络安全管理。开展打击整治网络政治谣言专项行动，上报省厅涉政治谣言情报信息352条，处置公安部下发的落地任务5起，整治互联网络传播政治谣言的乱象。坚持严密防控与主动进攻、专项打击与综合整治相结合，对全市300余个网站（页）、150余家网吧、200多个非经营互联网上网场所、60余家重点联网单位实施管理工作整合，强化动态管理和依法打击，查处违规网站8个，网吧69家；整治非经营互联网上网场所90余家，处罚重点联网单位3家，查办涉网案件11起。深化户籍制度改革。经过多方调研，并征求各相关部门意见，结合实际提出市户籍制度改革实施意见，制订出台《朔州市公安机关户籍管理制度改革实施细则》，建立城乡统一的户口登记制度和居住证制度，取消迁入市区户口的市局审批流程，清理现行户籍政策，规范和推动市户籍制度改革。开展交通和消防安全整治。强化道路交通安全管理，特别是针对重点人、特殊车辆、事故高发路段组织开展专项整治行动，预防重特大交通事故发生，确保全市道路安全畅通。全市受理道路交通事故3605起，其中简易程序处理3441起；死亡41人，受伤526人，直接财产损失617.175万元。各级公安消防部门以消防安全检查为抓手，强化对公共复杂场所、娱乐场所、化危场所及重点建筑单位的消防监督检查，狠抓整改措施落实，预防重特大火灾事故发生。全市发生火灾事故158起，发生人员伤亡，直接财产损失42.9729万元。创新信息化监管工作模式。市局监管支队依托全省监管视频管控平台，结合工作实际，自主研发全市监管信息平台，健全完善远程巡查督导机制，有效提升市监所安全管理水平。省厅在全省公安机关推广本局的经验和做法，在全国公安监所信息化建设培训班上做经验介绍，受到公安部肯定。

【信息化建设】 2015年，朔州市公安机关按照公安部、省公安厅部署，推进以"基础信息化、警务实战化、执法规范化、队伍正规化"为主要内容的"四项建设"，取得阶段性成效，但也存在诸多问题和不足，基础信息化建设和警务实战化建设方面尤为突出。

在基础信息化建设方面，主要表现在思想认识存在误区，信息应用水平不高，基础建设保障不足，经费来源渠道不畅、投入不足，公安信息化专业人才紧缺，机制建设缺位，信息掌控不够，源头信息采集不规范，警种部门配合不协调，信息共享程度不高，没有形成整体合力，信息化成果无法得到最大程度的发挥。警务实战化建设方面，主要表现为思想观念、编制体制、警务模式、能力素质和保障水平与实战化要求不相适应。

【党风廉政建设】 2015年，朔州市公安厅加强党风廉政建设。市局党委年初召开全市公安机关反腐倡廉建设会议，研究部署本年度党风廉政建设重点任务。始终将党风廉政建设与其他中心工作研究、组织、检查、考核。按照省厅要求,制订出台落实“两个责任”实施办法,将主体责任分解量化,并层层签订责任书。突出源头治理。制定完善21项硬性规章制度,建立领导干部“廉洁档案”,强化内部监督管控。推进“六权治本”,把规范权力运行和强化权力监督作为落实主体责任的总抓手,成立专门机构,抽调专人集中梳理,列出权力清单和责任清单,编制权力运行流程图和廉政风险防控图,按照“岗位定措施、部门定流程、单位定制度”的要求,制订单位、部门和个人存在问题的风险防控措施。强化教育管理。在市局公安网主页专设“学习园地”“警示录”等栏目,开通“朔州公安纪检监察信息网”,刊载警纪条规、廉政文献、典型案例通报等260篇。组建市局培训中心,在右玉县廉政建设培训基地组织三期基层党支部书记、纪检书记和纪检干部党风廉政建设培训班。每月开展“廉政教育大讲堂”活动,全警接受教育。从严纠风正纪。强化对纪检监察部门案件查办工作的领导和支持,纪检监察系统受理案件118起,对违法违纪民警给予党政纪处分33人,撤职两人,刑事拘留3人。年内开展专项审计6项,审计总金额1462.48万元,出具审计报告15份,审计发现问题47个,提出审计意见或建议41条,工程项目核减金额42.11万元。对队伍发生较大问题的区县公安局、市局直属单位年度工作考核予以“一票否决”。加强支持保障。按照省厅纪委“三转”的要求,以市局党委文件明确纪检监察部门和纪检干部聚焦主业,切实履行好监督责任,支持纪委监督办案,保障纪委独立办案权力。为执纪办案提供器材设备和场所,实现调查询问全程录音录像。年内,有3个分县局独立设置纪检监察室,充实一批专职纪检民警。统筹整合纪检监察、督察、法制、审计、信访等监督力量,在市局机关各执法办案单位全部设置纪检联络员。 (市公安局)

## ·交　警·

**【道路交通安全】** 2015年,朔州市交警以道路交通安全领导小组名义向六县区人民政府下达道路交通事故控制指标,出台《朔州市道路交通安全工作考核细则》,组织各成员单位对各县(区)指标控制情况进行实地考核。全年提请市政府召开道路交通安全工作会议5次,召开全市公安交警专项预防事故会议15次,发布预警通知9次,促进各项工作措施的落实。全年发生简易程序处理道路交通事故3809起,减少105起,同比下降2.68%;受伤344人,减少114人,同比下降24.89%。发生道路交通事故173起,减少19起,同比下降9.9%;死亡46人,减少18人,同比下降28.13%;受伤210人,减少30人,同比下降12.5%;直接经济损失83.32万元,减少12.04万元,同比下降12.63%,交通事故四项指数下降。2015年省政府下达的控制指标为生产经营性事故不超过35人,全市生产经营性事故造成23人死亡,占全年控制指标的65.7%。全市没有发生影响恶劣的重特大道路交通事故,道路交通安全形势整体平稳。在省政府对朔州市2015年度道路交通安全目标责任的考核工作中,朔州列为全省一类;在省公安厅综合考评中,朔州市交通管理部分得分为全省第一名。

**【道路交通秩序专项整治】** 2015年,朔州市公安交警组织开展“大会战”“打非治违”“冬季行动”等一系列专项整治,在全省公安交警“大会战”行动中,取得第二名的好成绩,通过组织开展异地用警交叉检查,遏制“说情风”干扰,确保执法工作的公平公正,对打击重点违法行为形成强有的震慑力。全年查处违法总数42万多起,其中无证驾驶6345起,饮驾142起,醉驾71起,毒驾43起,逆行35572起,不按规定车道行驶139916起,疲劳驾驶1711起,涉牌涉证12338起,超速88329起,超员769起,货车超载68起,扣留机动车5711辆,拘留2395人。支队结合市创建全国文明城市的有利契机,对市区主要道路交通安全设施进行完善更新，新增信号灯5处、施划标线66000平米、安装隔离护栏8000米、机非护栏640米、减速带3600米，为创建工作提供支撑。其间，在北关路商业街安装1000多米机非隔离护栏，解决该街长期以来机动车乱停乱放等问题。

【交通安全隐患排查治理】 2015年，朔州市公安交警强化重点车辆的检验和报废，全市61辆"营转非"大客车检验率达86.67%，大型公路客运车检验率为97.72%，大型旅游客运车检验率为100%，危化品运输车检验率为90.32%，校车检验率为99.15%，对没有按规定进行检验、报废的车辆，明确责任单位和责任人，确保重点车辆管控到位。对交通事故隐患路段实施分级挂牌督办，全市排查出各类道路交通安全隐患53处，完成整改16处，整改率80%，防止重特大道路交通事故的发生。强化黄标车的淘汰报废，全市淘汰黄标车1894辆，实车回收拆解2243辆，发放补贴资金2076多万元，省政府下达朔州市黄标车淘汰任务完成。

【公安交通为民服务】 2015年，朔州市公安交警推进道路交通事故快处快赔中心建设，来自市区的14家保险公司及汽车修理公司全部进驻，方便群众处理道路交通事故。推进机动车安全技术检验监管系统建设，全市5家机动车安全技术检验机构全部与车管所实现联网，应用率为100%，满足群众办理机动车检车业务需求。强化驾校和机动车安检机构的监管，全年查处违规培训驾校1家，违规办理机动车检验业务两家，保障广大人民群众的利益。加强驾驶人考试监管系统应用，全部实行智能化评判，对省厅交管局通报朔州市驾驶人考试中的不规范行为和管理漏洞，对各县区驾驶人满分考试业务进行停考整顿，确保驾驶人考试工作的公平公正。推进车驾管下放业务，全年各县区办理车辆业务25494笔，驾驶人业务15544笔。推行车管业务"网上服务"，建立"网上车管所"，能在网上审批办理的项目，全部上网审批办理。在互联网公安交警网推出网上缴纳违章、支队长信箱、路况信息、违法曝光等栏目，回复网民咨询，为广大群众出行提供便利。成立互联网业务办理中心，并购置19台高拍仪和200多个专用数字证书，快速展开对个人用户和单位用户进行注册工作，面签2600多人，14项业务可通过互联网进行办理。全年全市机动车保有量为152356辆，驾驶人保有量为240015人，办理机动车业务138562笔、办理机动车驾驶人业务66311笔，所有业务均在规定时限内办结。

【道路交通安全宣传】 2015年，朔州市交警在全市机关企事业单位、学校、社区、农村、家庭开展交通安全宣传"五进"活动，累计开展宣传活动1020余次，普及交通安全知识，营造良好的交通安全宣传氛围。深化媒体宣传力度，与朔州电视台合办《一路平安》栏目，全年播出55期；与朔州广播电台合作开通交通广播FM937节目；与《朔州日报》合办的"交警专版"，出版27期，有效提升广大群众的安全行车意识。全年播报道路交通公益宣传片270多起，播出3条新闻被中央电视台采纳，播出7条新闻被省电视台采纳，收到良好的宣传效果。

【道路交通管理】 2015年，朔州市分三期在全市建设道路交通综合智能管控系统，目前第一期工程投资2044万元完成，主要包括市区街道53个路口、645个监控摄像头、5个制高点监控、4个测速点、3个诱导屏和支队指挥中心大厅。市区视频监控的启动，规范全市道路交通秩序。为大队增配对讲机70台、执法记录仪150台，年检14台酒精检测仪。完成5次交通管理综合应用平台、7次缉查布控系统升级以及补丁更新工作，对缉查布控系统专网、公安网、边界及服务器实现常态化维保，确保缉查布控系统稳定运行。完成各考试场地的系统升级、设备改造和运行保障任务，保障驾驶人考试工作正常进行。定期下发350兆对讲机点名情况通报，建立完善日常工作登记日志和巡检台账记录制度，推进警务实战化水平。

【学习教育】 2015年，朔州市公安交警开展学习习近平总书记系列重要讲话精神活动。始终将学习习近平总书记系列重要讲话精神作为行动指南，强化政治意识和大局意识，言行上始终与党中央保持高度一致。在开展学习讨论落实活动中，支队党委深刻反思剖析，广泛听取意见，认真查找政治生态突出问题，精心撰写反思剖析报告，活动整体进展有力有序、态势良好，取得阶段性成效。支队组织开展以“正风肃纪，规范执法，纯洁队伍，重塑形象”为主题的专项整治活动，排查突出问题，逐条逐项梳理，在损害人民群众利益的问题上切实整改一批群众反映强烈的问题。

开展“三严三实”专题教育活动。以讲党课的形式对支队“三严三实”进行专题部署，传达学习省委书记王儒林、市委书记王安庞以及厅长刘杰在“三严三实”专题教育党课上的讲话精神，同时对全市公安交警部门开展“三严三实”专题教育活动进行动员部署。印发实施方案，成立领导小组，制订学习计划和活动步骤，确保教育活动的顺利开展。支队党委举行庆“七一”践行“三严三实”主题教育活动，市委组织部副部长孟福荣出席活动，并对支队“三严三实”活动给予充分肯定。组织中心组学习5次，集中学习10次，开展4次专题研讨、1次民主生活会，确保“三严三实”各项要求落到实处。

【党风廉政建设】 2015年，朔州市公安交警制订落实党风廉政建设主体责任和监督责任实施办法和责任清单，落实“一岗双责”，完善反腐倡廉工作格局。以现场督察为抓手，全年10个大队40多个中队对现场执勤执法及执行各项工作纪律方面进行监督，发布督查通报50期，现场纠正警容风纪问题1500余次，提出整改建议50余条，发出监察建议书5份，经济处罚涉及办案人员12人。对群众反映比较强烈的车管所驾驶人考试岗位进行调整，让每位民警都公开承诺，并对违规收取费用按规定上交到“35581”礼金红包专户。追缴2013年、2014年在全省交警系统组织的篮球比赛中违规发放的补贴18000元。按照市委“六权治本”工作部署，对公安交警行政权力进行清理，列出权力清单、责任清单、流程图、监督图，实现权力阳光运行，最大限度减少滥用权力造成的损失。

【公安交警队伍建设】 2015年，朔州市公安交警围绕领导班子建设这个龙头和根本，深化领导干部“三三制”工作机制，突出抓好日常工作落实和坚持，自身模范带头作用的发挥，突出班子整体民主智慧作用的建设，在抓学习、严制度、常培训、强监督、明责任等方面取得成效。贯彻落实全市纪律作风教育整顿会议精神，针对民警中存在纪律性问题，出台《交通协管员日常考核管理暂行办法》，实行的奖惩制度，有效规范广大民警的执勤执法形象。对女子警、特勤大队实行集中管理，统一住宿、统一就餐、要求，加强对协勤队伍的管理力度，确保队伍战斗力得到提升。 （市交警支队）

## ·消　防·

【概述】 2015年，朔州市消防支队在市委市政府、市公安局以及省总队党委的坚强领导下，贯彻落实中共十八大、十八届五中全会和习近平总书记系列重要讲话精神，坚持“稳定、发展”的总基调，举旗铸魂固根本、除患治火夯基础、聚焦打赢强能力、改进作风抓落实，完成各项工作任务，保持火灾形势和部队管理“双稳定”，为服务朔州经济社会发展、人民安居乐业创造良好的消防安全环境。支队先后被中央文明委评为“全国文明单位”，被公安部消防局评为“全国公安现役部队先进政治机关”和“全国公安现役部队安全工作先进单位”，被山西省双拥工作领导组评为“拥政爱民模范单位”，被朔州市委、市劳动竞赛委员会授予“集体一等功”，在全省班子考核、党风廉政建设考核和年度重点工作考核中成绩名列前茅，保持连续12年的“先进支队”。全年9个单位、80人次受到表彰奖励，激发官兵干事创业热情，树立听党指挥、能打胜仗、作风优良的铁军形象。

【安全防控】 2015 年，朔州市消防支队开展“今冬明春火灾防控”“夏季消防大检查”“易燃易爆危化品场所专项整治”等专项行动。完成“两节”“两会”“纪念抗日战争胜利 70 周年”等消防安全保卫工作。创新消防安全治理，试点推进独立感烟报警器的安装应用，研发“公安派出所消防监督管理微信平台”，提升抗御火灾的综合能力。官兵赴汤蹈火，用忠诚与奉献践行服务人民的誓言，全年共接警 846 起，出动警力 9867 人次，抢救、疏散人员 1932 人，抢救财产价值 1.3 亿元，经受住“6·15”山阴洪灾救援、“11·5”南榆林火灾扑救以及“12·6”大呼高速交通抢险等多次急难险重任务的考验。在全市财政收入下滑、各单位基本预算缩减 20% 的现实背景下，支队本级和各大队共争取地方经费 5662 万元，实现连续五年的稳增长。深化党风廉政建设和反腐败斗争，统筹推进“三清”工作专项治理、干部大检查、财务大清查、执法领域突出问题专项整治等活动，取得成效。

【队伍建设】 2015 年，朔州市消防支队学习贯彻全军和公安现役部队政治工作会议精神，坚持政治工作生命线地位，全警参与开展中共十八届五中全会精神、学习讨论落实活动、“讲党性、守规矩、存敬畏、敢担当”等专题教育和“学习践行强军目标、做新一代革命军人”主题教育、“三严三实”专题教育整顿活动，较好地完成“补钙”“筑魂”任务。坚持问题导向，敢于向自我开刀，整改超标公务用车 9 辆，腾退超标办公用房 347.85 平方米，清退超标占用警力 12 人，补齐完善干部档案 67 份，整改在干部工作、财务管理、执法领域等方面的突出问题。完善选人用人导向，建立并实施《干部绩效考核评价体系》，将工作业绩、遵规守纪、德才表现、创新突破和民主评议五项内容纳入考评范围，干部考评标准日趋完善。年内，在全省政治干部业务竞赛中获得团体第 1 名，在优秀“四会”政治教员比武中获个人第 2 名。此外，6 个大(中)队基层党组织 100%通过“示范性基层党组织建设”达标验收。

【消防安全】 2015 年，朔州市消防支队联合安监部门对全市人员密集场所消防安全责任人、管理人分批次开展集中封闭式培训 7 期，累计培训 700 余人；联合民政部门对全市 40 家养老、福利机构进行集中排查；联合住建等部门开展户外电子广告屏、霓虹灯设置清查整治，均取得成效。持续推进派出所消防安全管理，联合城区公安分局研发“派出所消防监督管理微信平台”，执法人员通过手机可完成数据采集、消防安全检查、任务下达、投诉举报处理、任务流转监督、预约检查等工作，实现指尖上的“微警务”办公。检查单位 8484 家次，督促整改火灾隐患 8638 处，临时查封 111 家，责令“三停”单位 92 家，罚款 170 余万元，行政拘留 28 人，挂牌督办重大火灾隐患单位 10 家。协调资金 3500 余万元整改并消除神华国能神头第二发电厂和朔纺亚麻厂等多项重大隐患，实现全年灾害事故“零伤亡”。

【实战练精兵】 2015 年，朔州市消防支队树立战斗力标准，狠抓实战化、模拟化训练，坚持每日一熟悉、每周一演练，推广功能性训练操法，完成“迎春杯”“我是尖兵”等比武竞赛活动。突出科技强警，争取市财政经费 700 余万元，在全省率先建成集实物电子沙盘、作战指挥协作平台、“静中通”消防指挥车、“动中通”卫星通讯车等为一体的“综合指挥调度系统”。强化科学调度指挥，成立“灭火救援专家组”，优化调度指挥机构，完善接警调度等级调派机制，形成战区联动作战新格局。狠抓基层指挥员能力素质提升和火场“六乱”专项整治，确保全年未发生任何灭火救援安全事故。

【基础建设】 2015 年，朔州市投入 4288 万元用于“三项建设”，富甲工业园区消防站完成前期各项手续办理并开工建设，怀仁消防二站完成内部装修，消防训练基地完成土地选址和规划变更；投入2200余万元新增“静中通”卫星通信指挥车、高层供水车、坦克拖车等特种车辆及各类装备器材，投入588万元购置数字语音集成通讯设备；申请专项资金30万元在应县新建市政消火栓20个，消防水鹤5个，申请专项资金18万在平鲁区建成市政消火栓10个，为完成各项任务提供坚实保障。投入600余万元建成后勤业务办理“一站式窗口”，打造“明厨亮灶”，安装应用《山西公安消防部队伙食给养管理系统》，实现伙食给养公开化、伙食消耗透明化、伙食核算电算化、经济民主电子化和统计分析简易化，推动部队伙食管理水平的大幅提升。（市消防支队）

## 检　察

**【概述】** 2015年，朔州市检察机关增强经济新常态下服务保障“六大发展”“两大任务”的责任感和紧迫感。

该院制订《全市检察机关在经济新常态下服务保障“六大发展”“两大任务”的实施意见》。

营造和谐的服务环境。完善“一对一”服务，重点行业、企业提供法律服务；推行“乡村巡回检察制度”，出台《朔州市人民检察院关于推行“乡村巡回检察制度”的实施意见》，提高检察工作服务水平。

开展“三严三实”专题教育。成立领导小组，制订出台《开展“三严三实”专题教育实施意见》，下发文件、“通知”“重点工作安排”30多次，编发专题简报85期。抓好专题学习研讨、查摆“不严不实”问题，在专题教育中，两级院党组书记带头讲党课7次，撰写理论文章7篇，该院党组其他成员和支部书记讲党课20多次，组织干警观看专题教育影片9部，举行专题学习研讨13次，处级以上领导干部撰写心得体会50余篇，向社会各界发放征求意见表1000份，征求回各类意见建议15条，班子成员查摆剖析自身“不严不实”问题，召开党组专题民主生活会，使专题教育活动取得成效。

**【查办案件】** 2015年，朔州市检察机关营造反腐败的高压态势，加大查办预防职务犯罪力度。

查办贪污贿赂犯罪51件73人。同比分别上升13.3%、7.4%，超额28%完成省院年初工作目标，使侦结率达88.7%以上，起诉率达90.2%以上，其中大案33件46人，占立案人数的64.7%，同比上升17.9%；查办县处级以上要案10人(含厅级干部2人)，占立案数的13.7%，同比上升25%。查办贿赂案件25人，科级干部9人，办理该院建院以来第一例单位受贿案，案件结构得到优化。

查办渎职犯罪24件63人，同比分别上升9.1%、23.5%。其中重特大案件14件40人，县处级要案1人，大要案人数比年初计划上升210%，使侦结率达68.2%以上，起诉率达64.2%以上，开展查办教育系统渎职犯罪专项行动，发现162万元国家专项资金被套取，查办此类案件3件3人。针对煤炭资源领域开展查办危害能源资源和生态环境渎职犯罪专项行动，查办此类案件8件22人。开展严肃查办司法工作人员利用职权实施职务犯罪案件专项行动，查办此类案件3件6人。

开展对未成年人犯罪宣传教育工作。出台《关于对涉罪未成年人帮教考察的实施意见》《关于成立涉罪未成年人帮教观护中心的通知》等文件，制订下发《对作出不起诉决定的涉罪未成年人帮教回访的指导意见》，定期组织学生参观“青少年法制教育基地”，为未成年人成长营造良好环境。

把警示教育工作到机关、企业、乡村、学校、社区。组织210家单位7000余名机关干部、企业职工接受警示教育。建立预防联络站84个，开展重点工程建设项目同步预防45个，开展农村集体“三资”管理等热点问题专项预防调查9次。调查报告被同级党委、人大、政府转发102件。针对发现的问题隐患提出检察建议178件，促进建立制度157项。

**【履行批捕起诉职能】** 2015年，朔州市检察机关强化诉讼监督程序，依法强化命案介入工作，提高命案办案质量，使批准逮捕准确率达99%，有罪判决率达95%，打击严重刑事犯罪，发挥批捕、起诉职能。受理报捕案件办结，公诉案件都在规定的时间办结，没有出现超期羁押。公诉案件认定事实清楚、证据充分、提起公诉案件有罪判决率达95%。

**【诉讼活动监督】** 2015年，朔州市检察机关加强诉讼活动监督。加强刑事诉讼监督。监督侦查机关立案29件、撤案14件，监督纠正侦查活动中的违法行为197件次。强化对刑事审判活动的监督，对认为确有错误的刑事裁判提出抗诉28件，同比上升3.7%，法院改判和发回重审17件；纠正刑事审判活动违法情形75件次；对854名被告人提出量刑建议，法院采纳792人。开展职务犯罪刑事审判监督专项检查活动，排查近3年来全市审判的副处级以上职务犯罪案件10件12人。

强化刑事执行监督。开展“减假保”同步监督工作，纠正执行违法情形3件，监督纠正刑罚执行和监管活动违法情形860件次。监督纠正指定居所监视居住执行违法两件两人、财产刑执行违法9件9人，提出羁押必要性检察建议22件。开展特赦监督工作，共监督特赦25人，针对特赦中存在的7方面不规范问题。

加强民事行政检察监督。受理各类民行申诉案件1423件，对认为确有错误的民事、行政裁判提出抗诉3件，同比上升200%，提出再审检察建议20件，法院采纳19件，创历年最高。监督纠正法院审判活动、执行活动违法情形727件。民行处办理的1件民事申诉案被省院评为“精品案件”，两件申诉案被市院评为“精品案件”。民行处被授予全省“工人先锋号”荣誉称号。

建立健全监督机制。制订出台《朔州人民检察院逮捕必要性审查参考标准》《关于民事执行活动法律监督有关问题的实施意见》《关于加强公安机关受案、立案及侦查活动检察监督的意见》，省院《检察情况反映》对该院开展专项监督工作的做法予以肯定。

**【“阳光检务”工程】** 2015年，朔州市检察机关开展“阳光检务”工程。化解社会矛盾纠纷。完善执法办案风险评估预警机制，健全检调对接机制，成立矛盾调解中心，和解刑事案件46件，息诉民事行政申诉案件199件，处理群众来信来访910件次；完善远程视频接访基础设施建设，实现三级院接访互联互通。利用网络、短信、微信加强信息发布工作。开通便民服务热线。该院控告申诉接待室继续保持“全国文明接待室”称号。

**【领导班子建设】** 2015年，朔州市检察机关加强领导班子建设。推进班子建设。注重学习，强化思想政治建设。党组学习制度健全，学习有计划，做到个人学习日常化、集体学习制度化。每月至少一次党组中心组集中学习，每天自学一小时，使班子成员进一步坚定理想信念，提升党性修养。发扬民主，增强班子战斗力。院党组按照修订后的《院党组会议制度》《检察长办公会议制度》《院务会会议制度》规定，执行民主集中制，凡“三重一大”事项都在广泛酝酿讨论的基础上作出决定；强化决策执行责任制，落实“一级抓一级，层层抓落实”的工作责任体系；规范检委会工作，修订《检委会议事与工作细则》，制订《检委会办公室工作规则》，召开检委会62次，市院召开检委会6次，执法水准和决策水平提升。发挥示范带头作用。把纪律作风建设责任目标分解落实到班子成员和各部门负责人身上，形成党组主要领导亲自抓、党组成员分工抓、各部门领导专门抓的作风建设责任体系。

推进队伍建设。把政治坚定作为队伍建设的首要目标。用系统政治理论和先进的检察文化筑牢干警拒腐防变的思想道德防线。把专业化、职业化建设作为队伍建设的重要抓手。组织90余名干警参加上级检察机关各类培训班16期，举办12期法律讲座，培训2000余人次，办案人员业务素质得到提升。把纪律作风建设作为队伍建设的根本保证。开展规范司法行为专项整治工作，深化“阳光检察”工程，注重发挥“一站两微一端”的舆论导向作用，开通新浪、腾讯官方微博和官方微信平台、短信平台9个，发布检察工作信息578条、在互联网公布案件信息2000余条，回应社会关切，接受各界监督。把加强基层基础建设作为队伍建设的坚强基石。落实市院班子成员对口联系基层院制度。有8个集体、9名个人受到市级以上表彰，10个集体受到省级以上表彰，该院被评为“全国文明单位”。

【党风廉政建设】 2015年，朔州市检察机关加强党风廉政建设。加强党建和文明创建工作。设立党员图书电教室，配置20台电脑、购置图书5000余册供党员学习，使党建工作的组织体系、骨干队伍、场所阵地建设得到改善。落实“三会一课”制度。通过定期开展道德讲堂、选拔40名青年检察官参加雷锋志愿助残“阳光行动”、确定市院机关“6·26”爱心献血日组织义务献血活动、组织义务植树打造“检察官植树造林基地”、坚持对生活困难党员进行帮扶救助、健全机关群团组织并配齐工作人员等方式，提升党建工作水平。成立由检察长任组长的文明创建领导小组，2015年2月，被评为第四届“全国文明单位”。开展新一轮的文明创建活动，次成功创建“省级文明和谐单位标兵”。

履行党风廉政建设“两个责任”。利用各种载体，学习党风廉政建设相关规定，切实增强党风廉政建设责任意识。该院党组研究制订《关于落实党风廉政建设党组主体责任意见》，梳理《党风廉政建设主体责任清单》，两级院检察长坚持党风廉政建设工作亲自部署、重大问题亲自过问、重点环节亲自协调、重要案件亲自督办，班子成员和各部门负责人履行“一岗双责”，执行各项规章制度，加强对重点执法岗位、执法环节和执法人员的监督，切实承担起党风廉政建设主体责任。制订出台《检务督察办法》，梳理《纪检监察监督责任清单》，创新配备13名兼职纪检监察联络员，对干警上下班纪律、工作状态、车辆使用、检风检貌等多项内容进行定期或不定期检查，确保检察队伍不出问题。

开展规范司法行为专项整治工作。查找执法办案不规范问题，健全监督制约机制，接受各界监督。 （市检察院）

## 法　院

【执法办案】 2015年，朔州市法院受理各类案件22866件，审执结20450件，同比分别上升56%和43%。市中级院受理各类案件1692件，审执结1545件，同比上升62%和52%，各项审判执行工作呈现出整体推进，发展的良好局面。强化刑事审判职能，维护社会大局安定有序。全市法院受理各类刑事案件1241件，审结1076件，同比上升17.3%和2.2%。市中级法院受理刑事案件235件，审结208件，同比上升24.3%和12.4%。其中，一审案件57件，二审案件168件。另外办理刑事请示案件3件。全市法院共惩处刑事犯罪分子1205人，判处无期徒刑以上刑罚39人，无期徒刑以下、五年以上有期徒刑88人，五年以下有期徒刑496人，确保人民群众生命财产安全。打击严重危害社会治安的各类犯罪，审理故意杀人、故意伤害、抢劫等犯罪案件187件，判处罪犯238人，严惩严重刑事犯罪，增强人民群众的安全感。审理非法集资、金融诈骗等涉众型经济犯罪案件7件，判处罪犯9人，维护正常的社会市场经济秩序。审理贪污、贿赂、滥用职权等职务犯罪案件38件，判处罪犯64人，推动反腐败工作的开展。加强刑事司法领域人权保障，加大法律援助力度。推进少年审判工作，建立未成年人犯罪记录封存制度。参与社会治安综合治理，为人民群众安居乐业营造良好的法治环境。

妥善化解矛盾纠纷，保障经济社会平稳健康发展。全市两级法院围绕“两大任务”“六大发展”总体工作，适应经济发展新常态和民生权益保护新需求，强化民商事审判，确保社会秩序规范和谐。受理各类民商事案件18936件，审结17446件，同比分别上升61%和51.5%。市中级法院受理民商事一审案件78件，二审案件869件，再审9件，审结879件。平等保护各类市场主体的合法权益，审结买卖、租赁、保险等各类纠纷案件6157件。针对借款纠纷激增的新态势，正确区分合法借贷与非法集资，依法规范民间借贷行为，审结借款合同、民间借贷案件2217件，引导民间资本合理流动。关注房地产市场健康有序发展，审结房地产开发、建设工程纠纷等案件80件，维护正常的开发建设秩序。审结金融纠纷案件137件，维护金融市场秩序；加大知识产权保护力度，审结知识产权案件22件，促进全市国家创新型城市建设。审理涉民生案件。审结婚姻家庭、继承、相邻关系纠纷等案件7187件，维护公序良俗，弘扬社会公德。审结人身损害、医疗、交通事故损害纠纷等案件2065件，保护群众生命健康权和财产权；审结农民工追索劳动报酬、农村土地承包、土地征用补偿等涉农案件75件，依法保障农民权益，促进农村改革发展和城乡一体化建设。建立完善涉民生案件“绿色通道”，做到快立、快审、快执，解决群众合法诉求。

坚持依法履职，服务法治政府建设。受理行政案件148件，审结121件，同比分别上升124.2%和86.2%。市中级法院受理行政案件53件（一审案件18件，二审案件33件，再审2件），审结45件，同比分别上升112%和87.5%。妥善审理好社会关注的房屋拆迁、土地确权、治安行政处罚等行政诉讼案件，监督促进行政机关依法行政，维护行政相对人的合法权益。加强司法与行政良性互动，发布行政审判白皮书，向行政机关反馈审判工作中发现的行政执法突出问题，开展法律咨询服务，帮助行政机关提升运用法治思维、法治方式管理社会的水平。

延伸司法服务，优化发展环境。制订出台《全市法院适应经济发展新常态服务和保障“两大任务”“六大发展”的实施意见》等指导性文件，就生态保护、社会管理创新调研，进行重点项目建设专项服务，加大司法研究和审判的力度。基层，群众，通过与企业、社区、乡村联系、走访座谈、协调案件等了解司法需求，听取审判建议，开展普法宣传、法律咨询、帮扶济困等多种司法服务。

**【司法为民】** 2015年，朔州市法院优化便民举措。加大推进诉讼服务中心建设标准、规范、信息化，全市7个诉讼服务中心建成并投入运行。做好诉讼引导、业务办理、案件查询、接访答疑等工作，为当事人和群众提供“一站式”和“全方位”的服务。落实立案登记制，自5月1日以来，全市两级法院登记立案18056件，其中日均收案86件，同比登记制实施前平均每天收案数40件增长115%。推行巡回审判方式，发挥车载法庭、假日法庭、社区法庭等作用，方便群众诉讼。开展普法宣传，选择典型案例以案释法，提高群众法律意识。健全案件繁简分流，完善简易程序、小额诉讼、刑事和解、轻微刑事案件快速审理等机制，一审案件简易程序适用率达71%，减轻当事人的诉累。保障弱势群体权益，加大司法救助力度，依法对生活确有困难的刑事被害人、申请执行人和涉诉信访人给予司法救助90余万元。采取措施，确保困难群众打得起官司，全市法院为困难群众缓、减、免诉讼费100余万元。

重调息诉多元化解民生纠纷。完善建立诉调无缝对接和多元纠纷调处机制，开展人民、行政、司法调解的“三位一体”大调解，推行法官包村、联系社区制度，就地、就近化解矛盾纠纷。全市法院调撤率达到75.3%。

兑现胜诉权益。推进执行指挥中心建设，创新执行机制，强化执行管理，规范执行行为。建立健全执行案件流程管理、裁执分离、信息公开等执行工作机制，与公安、工商、金融等部门联合出台文件，建成执行查控系统和执行征信系统，形成破解执行难的合力。强化执行联动威慑机制、失信人员黑名单等制度，开展打击拒不执行判决、裁定犯罪行为专项活动，对恶意逃债、赖账不还的被执行人，采取媒体曝光、限制高消费、司法拘留等措施，对76人处以司法拘留和罚款，对47人移送公安机关追究刑事责任。开展执行拖欠农民工工资、追索抚养、赡养费等涉及群众切身利益案件的专项清理活动，清理执行积案37件，执行到位标的额600余万元。全市法院执结各类案件1510件，同比上升11.3%，执结标的额达9亿元。市中级法院受理执行案件132件，执结97件，执行标的额7亿元。

破解信访难题。实行诉访分离，畅通申诉信访渠道，审查申诉、申请再审案件40件。加大群众来信来访办理力度，坚持院领导带班接访制度，接待群众来访2000余人（次）、处理来信300件(次)，与最高人民法院预约登记接访8件，引导人民群众通过网络反映申诉信访诉求，切实减轻群众诉累。落实涉诉信访终结制度，规范信访程序，依法处置无理缠诉闹访，坚决维护司法裁判的既判力和权威性。加强信访源头治理，开展信访积案专项清理，化解历年来所有涉诉信访案件。其中，导出涉诉信访案件序列、移交联席办18件。全市法院进京赴省上访率始终保持在全省最低行列。

【司法公平公正】 2015年，朔州市法院围绕维护社会公平正义的总目标，完善司法工作机制，在司法体制改革上取得新进展，提升司法公信力。深化司法公开。秉承“阳光司法”的理念，以审判流程、裁判文书、执行信息三大平台建设为抓手，以现代信息技术为依托，向当事人及社会公众公开案件审理和执行信息。科技法庭全覆盖，实现庭审同步录音录像。坚持“以公开为原则，不公开为例外”，全市法院应当上网的裁判文书全部上网公开。召开新闻发布会、举办“公众开放日”、邀请群众、媒体来院参观座谈、观摩庭审，增进对法院工作的认识和了解，回应社会关切。重视新媒体的运用，两级法院均开通官方网站和官方微博，在官方网站、微博和微信平台发布法院工作动态、重大案件情况和各项司法信息。全市法院网站访问量超过45万人次，发布各类信息10000余条，微博粉丝25万余人。

推进司法改革。推进司法管理体制等改革任务的落实。从司法责任制和审判运行机制改革入手，落实“让审理者裁判、由裁判者负责”的审判工作机制，建立权责分明的司法责任制。改革审判委员会制度，推行院庭长、主审法官及合议庭办案责任制，明确办案权力责任，强化监督制约。推行量刑规范化改革，统一法律适用标准，法官自由裁量权行使，确保量刑公开、透明、公正。探索以庭审为中心的审判运行机制改革。完善人权司法保障制度，实行非法证据排除规则。规范减刑、假释案件办理程序。推进涉诉信访改革，将涉诉信访工作纳入法治轨道，依法妥善解决，完善人民陪审员制度。切实发挥审判管理功能。坚持以制度建设为平台，完善审判监督管理机制，规范司法行为。借助信息化手段实现审判过程的全程留痕、动态管理。注重强化对基层法院的审级监督和业务指导。加强案件质量管理，开展案件评查、庭审评查、裁判文书评查，对涉诉信访案件、改判、发回重审案件进行专项评查，发现问题并认真进行整改。加强审判热点难点问题研讨，统一裁判尺度，指导下级法院准确适用法律，依法纠正错误裁判。2015年，全市法院案件上诉率、发回改判率、案件再审率明显下降。

【自身建设】 2015年，朔州市法院先后有5个集体和15名个人受到省级以上表彰，其中11名个人被最高院授予“全国法院办案标兵”和“人民法院荣誉天平奖章”。思想政治建设推进。坚持抓党建带队建，组织学习中共十八大和十八届三中、四中、五中全会精神和习近平总书记系列重要讲话精神，开展“三严三实专题教育”“学习讨论落实”等活动。在“三严三实”专题教育中，市中院主要领导为全体党员干部讲授专题党课，院领导干部认真开展专题学习研讨，引领带动全市法院各级党组织联系实际，查摆，研究制订整改方案，采取有效措施整改，确保专题教育取得效果。注重加强党组自身建设，增强领导班子总揽全局、科学决策的能力。两级法院领导干部带头转变思想作风，基层调查研究，领导能力和司法决策水平增强。弘扬右玉精神，开展向优秀共产党员、人民好法官邹碧华学习的活动，教育引导广大干警牢固树立宗旨意识、责任意识、敢当意识，坚定理想信念、坚守司法良知，切实解决好世界观、人生观、价值观“总开关”问题。

司法能力建设提升。强化岗位练兵，通过法官教法官、工作研讨、庭审观摩等方式，提升法官的庭审驾驭、法律适用、裁判文书说理等能力。加强业务培训，参加上级法院调训，制定培训计划，建立培训人员回讲等制度，开展全市法检两院轮办法律讲座活动，邀请知名专家、业务骨干对审判实务专题授课，实现全员培训的目标。坚持开展审判业务能手评选、庭审和裁判文书评比、书记员速录比赛、法警技能练兵等活动，强化审判人员及干警的专业化水准。加强调查研究，强化对下监督指导。全年组织法官干警参加各类培训 20 余期，培训法官 2000 余人次；观摩庭审 40 余次，评查裁判文书 1000 余篇。

司法作风建设加强。开展“三严三实”专题教育”“六难三案专项整治”“纪律作风整顿”活动和学习讨论落实活动，突出问题导向，坚持统筹兼顾，守纪律、讲规矩，认真查摆、整改“不严不实”问题。加强司法巡查和审务督查，通过实地检查、明察暗访等方式，确保作风建设常态化、长效化。整风肃纪，督促整改，解决在宗旨理念、规范司法、纪律作风等方面存在的突出问题，广大法官的司法作风转变。

廉洁司法建设常抓不懈。落实党风廉政建设主体责任和监督责任，制订党风廉政建设主体责任实施意见，签订目标责任书，坚持“一岗双责、一案双查”。开展党风党纪教育、警示教育等活动。引深“利剑”工程，扎实推进司法廉洁防控机制建设，加强对重要部门、重点岗位、重点环节的监督检查。全市两级法院全部开通举报网站，实现联网对接，以“零容忍”的态度查处违纪违法案件，坚决做到有腐必惩、有案必查。一年来，受理举报案件 69 件，对违纪行为进行诫免谈话两人、给予政纪处分 3 人，确保清廉司法公正司法。

加强基层基础工作。推进执行指挥中心和执行网络查控中心建设。加强人民法庭建设，完善四级专网平台，加强信息交换、网络会议等应用，实现互联互通、信息共享，建设“网络法院”“阳光法院”“智能法院”。在 2015 年 9 月底召开的全省中级人民法院院长座谈会上，市中级人民法院以《加强信息化建设提升审判体系审判能力现代化》为题，以 PPT 演示的方式，介绍全市法院信息化建设工作，得到省高院的肯定。

注重司法宣传研究工作。全市两级法院把围绕中心、服务审判作为基本职责，开展调研、宣传、案例和信息报送工作。山阴县人民法院审理的一起刑事案件被最高人民法院选作为全国法院指导性案例予以发布；审理的非法入侵住宅和非法行医两起刑事典型案件，被人民法院报社与中国教育电视台联合开办的《法治天下》电视栏目选中，主审法官亲临演播室，讲述法治故事，凝聚司法正能量，传递法治好声音。市中级法院官方网站在全国 392 个中级法院中发稿量排名第 40 位、点击率排名第 42 位，被中国法院网、人民法院报社授予“全国法院网络新闻宣传工作先进单位”。

（市中级人民法院）

## 司法行政

**【概述】** 2015 年，朔州市司法行政系统学习贯彻习近平总书记系列重要讲话精神与中共十八大和十八届三中、四中、五中全会精神，以开展“三严三实”专题教育为推动，贯彻落实中央、省委、市委政法工作会议和全省司法行政工作会议精神，围绕中心，服务大局，认真履职，完成各项工作任务，被省司法厅评为“完成目标责任制先进单位”。

**【法律服务】** 2015 年，朔州市通过健全完善法制宣传、法律服务、法律保障 “三位一体”，公证、律师、基层法律工作者“三路并进”，市、县、乡司法行政机构“三级联动”的法律服务“三三”工作机制，为解决“群众打官司难” 问题提供保障。市局组织市直 12 个法律服务机构对口支援 6 个县区，与当地法律服务队伍汇合开展法律服务，并抽调市直律师事务所业务骨干，分批次为农村(社区) 法律顾问进行业务指导。各县区推进法律服务、人民调解、法律救济“三大窗口”建设，增强法律服务，提高基层、人民调解、司法鉴定、律师、公证工作执法水平、办事效率和服务质量。组织广大律师、公证员、司法鉴定人、基层法律工作者组成法律服务团“零距离”全方位为基层群众提供法律服务和法律援助。全市代理各类诉讼案件1562件，非诉讼业务73件，法律援助131件，办理各类司法鉴定787件，公证5200多件，提供法律咨询达9000余人次。

【法律顾问】 2015年，朔州市采取县区司法局推荐，农村（社区）与法律服务机构双向选择，乡镇（街道）司法所具体协调相结合，组织动员律师、公证员、司法鉴定人员、司法助理员、人民调解员等司法行政系统780余名专职人员担任法律顾问，农村（社区），倾听群众诉求、开展法律服务。发动退休的党政干部、法官、检察官、公安民警、教师以及在职的大学生村官等900多名有一定法律知识、工作经验和熟悉农村（社区）情况的人员参与到“一村（社区）一法律顾问”建设中，解决基层法律服务人员不足的问题。全市1623个农村（社区）全部设立法律顾问。为确保“一村（社区）一法律顾问”无遗漏、全覆盖和法律服务零死角、零等待，由市律师协会牵头，抽调市直律师事务所、公证处和法律援助中心业务骨干，分批次对农村（社区）法律顾问进行业务培训，并组织开展点援式、流动巡诊式、集体会诊式、电话咨询式法律服务工作。省司法厅部署的“一村（社区）一法律顾问”重点工作，朔州市走在全省前列。省司法厅王化清副厅长带领的督导组，对朔州市的“一村（社区）一法律顾问”工作给予肯定。4月在全省司法行政系统“一村一顾问”工作会议上做经验介绍。5月20日，代表全市接受省委学习讨论落实到和法律服务专项整治督导组的检查验收。

【法律援助】 2015年，朔州市坚持“为民、便民、亲民”工作导向，把法律援助作为司法行政保障改善民生的切入点，完善六县区法律援助中心服务大厅，改进服务方式方法，为困难群众提供全方位、便捷化、贴心式的法律援助服务。完善“12348”法律援助服务热线，扩大法律援助工作覆盖面，建立登记、回访、反馈、援助等工作机制，24小时接受法律咨询。针对偏远山区群众无法获得便捷的法律服务问题，整合律师、公证、基层法律工作者队伍，统筹城乡法律服务资源，推动覆盖城乡的公共法律服务体系建设，将法律援助工作纳入各级政府“为民办实事项目”和“民生工程”的重要内容，纳入政府购买服务项目，做到应援尽援，尽最大为困难群众提供公益性、均等性、便利性的法律服务。以开展法律服务人员诚信意识淡薄专项整治为抓手，完善法律援助服务监督管理制度和投诉处理程序，执行统一的工作流程和服务规范，公布举报受理电话，消除门难进、脸难看、话难听、事难办等不良作风，杜绝任何刁难当事人或应当作为而不作为的现象，为群众提供热情优质高效的法律服务。全年办理案件2546件（其中代写文书1642件），解答法律咨询人数17903人次，受援人数10364人，挽回经济损失2299万元。

【人民调解】 2015年，朔州市依托市、县区信访服务大厅和乡镇社会服务管理中心，发挥人民调解“疏导化解、柔性维稳”的作用，延伸人民调解、法律援助和司法救助等工作触角，加强司法机关、行政部门对人民调解、社会调解的法律政策指导，推进市县乡三级诉讼对接和公调对接，建立律师、法律专家和法律服务人员等第三方参与的矛盾调处化解机制，推动涉法涉诉、群众信访、矛盾纠纷在法治的轨道得到妥善解决。针对矛盾因素多元化、纠纷内容多样化的新形势，推进基层人民调解组织全覆盖工程，重点加强村（居）、乡镇（街道）、企事业单位和环保、劳动、城建、交通、医疗等专业性行业性调解组织建设，形成市县乡三级贯通，政府、司法机关、民调组织协调联动，人民调解、行政调解、司法调解、社会调解无缝衔接的“大调解”工作格局。对一些政策性强、涉及面广、群众反响大的信访问题，市县两级选派法律工作者主动代理上访群众向有关部门反映情况、了解政策，寻求解决办法，提高信访案件的办结率，避免群体性事件发生。与市信访局建立法律服务工作者参与信访工作联席会议制度，从9个市直律师事务所轮流选派两名职业素质较高、善于做群众工作的律师到市委、市政府信访大厅坐班，并随时陪同市领导外出接访，为信访群众提供咨询服务和法律帮助，有效解决群众合理诉求，依法规范信访秩序，做好疏导、解纷及息访工作。对需要通过诉讼、仲裁、行政复议解决的重大疑难信访案件，值班律师个人解答有困难的，引导信访人员通过法定程序解决，并提交“信访接待法律服务专家团”集体讨论研究后给予答复。各县区也参照市里的做法，推行法律服务工作者参与信访接待工作。通过全市律师参与信访接待以案释法、现场讲法普法，消除上访群众信“访”不信法、信上不信下和“大闹大解决、小闹小解决、不闹不解决”的认识误区，使许多信访案件得到妥善解决。6月在全省律师工作会议上做“以大服务体系实现矛盾纠纷大调解”的经验介绍；在7月下旬全省司法行政工作会上做律师参与信访接待工作的经验交流。

组织干部职工和法律服务工作者进村入户，以解决群众“小诉求”“小案件”“小纠纷”“小隐患”“小帮扶” 为突破口，为群众释疑解惑、排忧解难，提供帮扶和服务，当好社情民意的“信息员”、政策法律的“宣讲员”、矛盾纠纷的“调解员”、平安创建的“督导员”、联系群众的“服务员”，为群众提供法律咨询、法律援助等服务，从源头上化解重点改革领域以及征地拆迁、环境保护、医疗卫生、

2015年10月28日，朔州市怀法局召开全市律师工作电视电话会议

（市方志办供图）

劳资关系、交通事故等矛盾纠纷。全市各级调解组织调解民间纠纷4327件，成功4240件，成功率98%；制止群众械斗43余人次，化解群体性上访12人次。

**【社区矫正和安置帮教】** 2015年，朔州市司法行政系统健全社区矫正制度，在全市各级普遍建立社区矫正重大事项报告制度和突发事件应急处置预案，加大《社区矫正实施办法》《社区矫正实施细则》和《社区矫正执法考核办法》等配套性规章制度的落实力度。完善社区服刑人员定位监控系统，每个司法所新增人脸识别报到系统，对服刑人员进行电子监控和数字化管理，加大对服刑人员的管控力度。加强社区矫正信息化建设和工作场所建设，提高县级社区矫正管理教育中心运行水平。完善社区矫正工作机制和刑释解教人员安置帮教措施，落实培训、就业、税收、贷款、临时性救助等各项优惠政策，促进特殊人群回归社会。全市社区矫正在册人员750人，接收2748人，解释1998人，安置帮教衔接人员150人，重新犯罪率、脱管率均为0。

**【“六五”普法】** 2015年，朔州市司法行政系统针对干部、公务员、青少年和城乡居民等不同对象，坚持抓重点分类施教，增强法治宣传教育的针对性和实效性。把干部学法纳入党委、政府目标责任考核体系，建立领导干部宪法宣誓制度和述法制度，完善公务员学法用法制度，以各级领导干部和公务员带头学法，推动全民普法。推进把法治教育纳入国民教育序列，列入中小学教学大纲，在中小学设立法治知识课程，推动青少年法治教育实现学校、家庭、社会一体化。推动落实国家机关“谁执法谁普法”的普法责任制，建立法官、检察

朔州市司法局在公共场所开展法治文化宣传　（市方志办供图）

官、行政执法人员、律师以案释法制度，发挥讲师团、普法志愿者在开展法治宣传教育中的重要作用，联合法、检、政府法制办、律师队伍，制作案例教学宣传资料，强化“以案释法”宣传，健全媒体公益普法制度，利用电视、广播、报纸等媒体，开辟法治宣传教育专栏、专题节目开展普法宣传，注重运用网络、微博等新媒体，利用“法治朔州网站”“手机报”“电子报”等载体，开展多种形式的公益法治宣传教育活动。引深“法律六进”活动，加强企业、农村、社区的法治宣传教育，培育法治文化；通过编印通俗易懂的法制教育读本、农村法制宣传手册、挂图等资料，创新法制宣传教育的形式和载体，向基层深化，发挥好机关、企事业单位、街道社区的橱窗、板报、电子显示屏等宣传阵地作用；利用公共场所、公共区域建设法治公园、法治文化长廊等法治文化宣传阵地，在全社会营造学法用法遵法守法的良好氛围。5月，在市政府喷泉广场集中开展普法宣传咨询活动，发放各种法律宣传书籍和资料两万余份。

**【干部队伍建设】**　2015年，朔州市局党组把队伍建设摆在更加突出的位置，以开展“三严三实”专题教育为推动，把学习贯彻习近平总书记重要讲话精神贯穿全过程，班子成员带头讲党课，教育引导全系统党员干部和法律工作者树立正确的世界观、人生观、价值观和是非观、义利观、权力观、事业观，理想信念的思想根基，坚持党对司法行政工作的领导，以强化“两个责任”落实为点，学习贯彻《中国共产党党员领导干部廉洁从政若干准则》和《中国共产党纪律处分条例》，把抓党风廉政建设和反腐败工作作为一项硬任务，贯穿于各项工作之中，支持纪检监察部门履行好监督、执纪、问责的职责。局党组班子成员履行领导责任，自觉践行“三严三实”，坚守原则立场，执行廉洁从政和改进作风各项规定，自觉接受党组织和群众监督，敢于担当负责，加强监督管理，观看警示教育片，向干部职工通报违反中央八项规定的典型案件，加强对干部职工的警示教育。加强日常公务管理，规范公车管理、公务接待。以正规化、专业化为方向，加强干部教育培训，推进干部队伍业务能力、内部管理、基础设施建设，提升司法行政工作水平。广大干部职工和法律工作者，增强政治意识、大局意识和纪律意识，遵守党的政治纪律、组织纪律和作风建设的新要求，查找整改思想工作中存在的突出问题，以自身严明的纪律、良好的作风、扎实的工作，树立朔州司法行政干部新形象。全年全系统未发生任何违法违纪问题。

（市司法局）

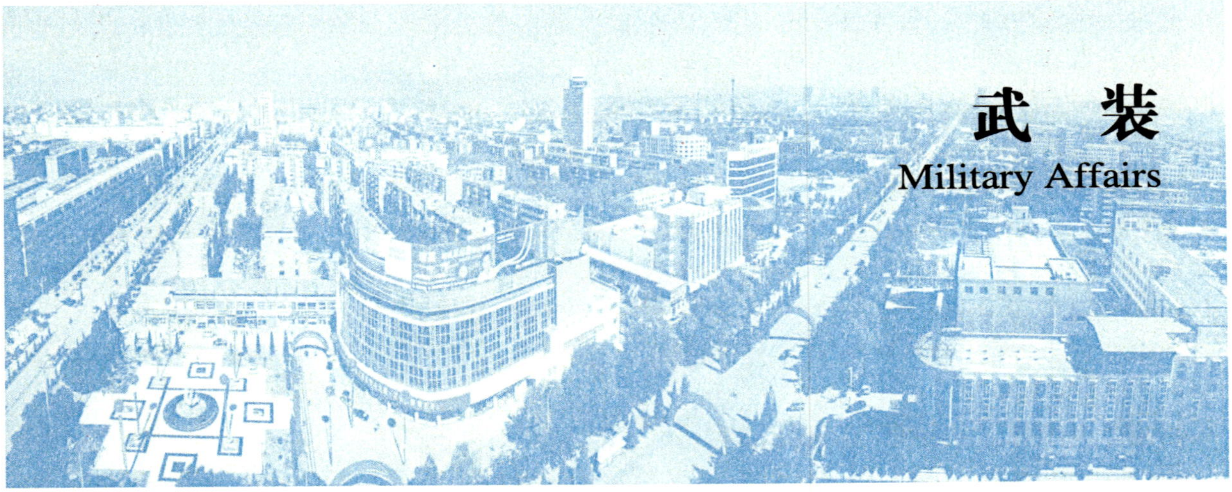


## 朔州军分区

**【概述】** 2015年，朔州市军分区各级部门贯彻落实十八届三中、四中、五中全会、古田全军政工会、军委改革会和习主席系列重要讲话精神，以强军目标为统领，围绕军分区《全面建设三年规划》，以深入开展"三提三争"活动为抓手，埋头苦干，攻坚克难，全面建设水平整体提升，被省军区表彰为"连续20年以上双无先进单位""审计工作先进单位"。

**【思想政治建设】** 2015年，朔州市军分区坚持把学习习主席系列重要讲话精神作为重大政治任务，结合军分区实际确定"统筹定题、专题调研、辅导解析、交流启发、转化运用"的课题引领式学习新路子，党委中心组带机关和部团同步学习、同步辅导、同步交流，官兵高举旗帜、听党指挥的政治基础进一步夯实。组织"学习践行强军目标，做新一代革命军人"主题教育、"新一代革命军人样子"大讨论，先后组织13次集中辅导、8次集中讨论，抽点48名干部大会交流发言，2次邀请军内专家专题授课；3次对全区干部战士职工理论学习笔记进行展评讲评，并通过现场点名和视频抽点等形式，了解督导各单位学习到课情况，促进学习教育的"四落实"。贯彻古田全军政工会精神，开展隐蔽斗争和"四反"教育，高度关注意识形态领域斗争，加强网络舆情监控，2次开展周边安全排查，4次组织重点部位人员政治考核；落实"六个肃清"要求，通过专题党课辅导、逐人表态发言、彻底清理清查，搞好道德法纪教育，确保部队绝对忠诚、绝对纯洁、绝对可靠，坚决听从党中央、中央军委和习主席的指挥；面对改革大考，做好一人一事工作，组织思想调查、开展谈心活动、积极化解矛盾，军分区上下信念坚定、思想稳定。在省军区篮球比赛中，军分区取得第3名的好成绩；1名干部被省军区评为"一级四会政治教员"。巩固深化"五借助五解决"教育方法，民兵预备役基层教育质量进一步提高。

**【战备训练】** 2015年，朔州市军分区针对国内外安全形势复杂、调整改革实质性展开的实际，坚持每月底组织县(区)应急分队战备拉动检验、每个重大节假日前组织全区应急分队临机战备拉动，加强战备值班管理，确保遇有情况能够及时有效处置。推进军地联合指挥、联合行动、联合保障逐步实现机制化、常态化、实战化，开发市国防动员综合应用系统，完善组织指挥基础数据库和方案体系；"国防动员组织指挥研究性演练"中，市县两级主要领导坐镇指挥，军地双方同步训练演练，提高党政领导国防观念，建立军地联合指挥平台。利用15天时间，组织专武干部、预备役军官和国动委专业办公室人员，进行全封闭集中强化训练，组织示范观摩、体会交流和考核讲评，强化法治素养、增强能力素质、提升工作标准。坚持周三训练日、周四学习日、周五战备日制度,每季组织现役官兵、职工和非现役人员进行全员军事考核,训练水平提升。全体现役官兵完成"两实"训练,民兵重点应急分队和预备役战备值班分队完成实弹射击,消耗弹药同比增长85%。在省军区上半年组织的基础训练督导考核中,军分区、预备役坦克团首长机关,4个课目7项内容全优;军分区首长机关、朔城区人武部和民兵应急分队在省军区年终军事训练考核中,均取得优异成绩;取得省军区参谋集训个人综合第五名;省军区专武干部集训个人综合第10名,单项名次两个,1人被评为"优秀学员"。预备役坦克团被省军区表彰为"战备训练工作先进单位"。

【党委班子和干部队伍建设】2015年,朔州市军分区坚持把专题教育整顿作为首要政治任务、党委工程、主官工程,围绕习主席在全军政工会指出的10个方面问题,贯彻省军区十届五次党委全会精神,以整风整改为基调,以党委班子和领导干部为重点,以抓本级、正自身为主,坚持思想教育、组织生活、立规执纪相结合,学理论强认识、严清理明问题、抓整治促转变,取得初步成效。出台《干部休假实施细则》,完善《干部管理规定》《专武干部管理规定》等制度措施,作风建设长效机制逐步形成。以两级党委班子和干部队伍为重点,开展"三提三争""五治""查、述、考、评、讲"活动,凝魂聚气、正本清源、激发动力,两级机关"马上就办、严肃高效、令行禁止"的作风和全体官兵、职工、非现役人员讲政治守纪律的意识强化,为加强全面建设提供保证。

【国防后备力量建设】2015年,朔州市军分区持续加大依法征兵力度,压实领导责任,采取"差额"讲评,建立征兵QQ群、微信公众号,拓展征兵工作平台,向每名应征青年发放廉洁征兵回访卡,市县两级征兵办主要领导通过电视向全市做出廉洁征兵承诺,全市报名应征3646人,完成年度征集任务,兵员质量大幅提升。开展"大调研、大宣传、大编组",利用地方网格化社会管理服务体系,建立市、县、乡、村四级信息员队伍,拓宽信息渠道;落实县建连、乡(镇)建排要求,平时按编制要求的3倍编组人员,有效保证出动率;全员同步实装拉动点验所有民兵应急分队,检查74个乡(镇)武装部、57个行政村阵地,后备力量编组有效落实。协调市政府召开专业办公室和成员单位国防动员专题工作例会,编实建强专业分队,推动市县两级国动委各专业办公室骨干到同级军事机关集中办公制度的落实,国防动员专业队伍建设加强。完成广州、成都、南京等五个军区主力师旅2万余人、3千余台车辆的演习过境保障,马营庄抗洪抢险人员搜救以及多起山火扑救等大项任务,军地各级反响良好;第一时间协助空15师成功处置意外危害飞行事故,驻军部队专门给省军区寄送感谢信;组建集训中北大学朔州校区国旗护卫队,开办平鲁李林中学、怀仁中学、应县职业中学国防班,社会效果良好。

【基层建设】2015年,朔州市军分区按照"抓部团班子和干部队伍建设,夯实建设发展基础;抓基础设施根本改变,带动全面建设整体提高"的思路,推进部团建设的"补课"和突破工作。紧盯基础设施建设这个难点,把基础设施建设列为市委常委包县(区)、分区常委包部团的重点任务。分区主官亲自包点督导未完成基础设施建设的新建人武部。军分区常委多次深入一线,现场解决问题,层层传导压力,强势推进基础设施建设,4个新建人武部2015年全部搬迁入住。抓住日常工作规范关键,贯彻省军区"三个文件"和"三个规范",注重点滴养成、突出日常落实,持之以恒推动部团12项经常性工作的落实;依托怀仁人武部组织精细化管理推进会,规范建设标准要求,部团建设层次水平全面提升。强化民兵预备役基层建设,将整组验收结果全区统一打分排队,利用市委议军会、全市党管武装述职会等时机,与党管武装制度落实、武装经费保障、拥军优属等情况,逐指标、逐县(区)一并讲评，推动基层工作落实。按照省军区新修订的《等级考评办法》，常委带工作组对7个部团逐一进行考评。怀仁人武部、山阴人武部、预备役坦克团、朔城人武部被省军区评为一类部团；朔城人武部、怀仁人武部被省军区评为先进人武部。

【军民融合发展】 2015年，朔州市军分区贯彻省国防教育“双百工程”要求，六县(区)均创建国防教育示范学校和示范村(社区)，市县两级党校全部落实国防教育进课堂要求。组织“践行右玉精神、投身六大发展”活动，开展帮建农村基层党组织、扶贫帮困、捐资助学、援建重点生态工程、打造塞上军事文化品牌、参加平安朔州建设“六项活动”。动员民兵预备役人员积极投身地方经济社会发展，依法解决8起涉军维权纠纷，平安创建、涉军维权和打击涉军造假三项工作连续3年受到省军区表彰。结合纪念抗战胜利70周年，组织“传承李林英雄精神、投身强国兴军实践”国防教育系列活动，开展国防知识讲座、创办“塞上国防”电视栏目等10项活动。组织“纪念李林烈士牺牲75周年暨李林精神‘六进’活动”，参加“朔州舰”申请命名万人签字启动仪式，组织市四套班子领导、国动委成员单位、市属民兵应急分队“八一军事日”活动；召开市党管武装工作述职会议，分析讲评全市党管武装工作，部署下一步工作，推动军民融合深度发展向全要素多领域高效益迈进。协调政府安排15名军转干部落实公务员岗位、安排3名转业随调家属，全省第一家将7名随军随调家属全部对口安排工作；统一组织悬挂军属光荣牌3509副，重大节日慰问军烈属；山阴县连续4年安排18名随军家属，营造全社会关心支持国防的浓厚氛围。朔州市2015年首次被命名为省级双拥模范城。

【安全稳定形势】 2015年，朔州市军分区贯彻依法治军、从严治军要求，坚持着眼政治抓教育、压实责任抓预防、扭住关键抓管控、严格奖惩抓激励，采取领导关注、责任区分、制度落实、严格管控、检查督导“五个到位”措施，提高精细化管理水平，夯实安全基础。开展学用守法规活动，强化法规制度普学普训，增强官兵法规意识，提高依法抓建能力；以安全大检查和车辆管理专项整顿活动为载体，狠抓重点时节、重点环节、重点部位的安全管控，定期组织安全形势分析和风险评估，搞好安全教育，加大末端检查力度。狠抓军队调整改革期间安全管控，不定期组织营区防暴恐训练演练。严格军车私家车管理，经常性开展安全教育和专项检查，把问题点到个人、点到具体部位，通过整改汇报会组织回头看，全面督导消除安全隐患，军分区组建以来连续23年实现“双无”，获得省军区表彰。

【综合保障】 2015年，朔州市军分区贯彻新颁布的全军《后勤战备工作规定》，修订2类5种作战保障方案计划，完善配套战备物资库，建强7支后勤专业保障队伍；利用军事日、冬季适应性训练等时机，对饮食保障分队、医疗救护分队进行实战性检验，后勤战备体系建设加强。落实军委关于建设法治后勤的指示，完成全军组织的财务工作大清查、经济适用住房建设项目、军队工程建设项目和房地产资源管理等专项整治工作。按照全军资产清查标准要求，完成资产清查和实物图片资料采集工作，实现资产可视可控。协调省军区审计办对“朔州会议”期间涉及到的基础设施和信息化建设项目进行审计。对保密室、机要室、征兵办、文体活动室和招待所基础设施进行综合整治，消除安全隐患，提升硬件建设水平。针对保障方面的短板弱项，组织后勤业务培训，提升服务意识和专业技能。军事年鉴编纂、计划生育落实、宣传报道等工作进步明显。

（朔州市军分区）

## 武警朔州支队

【概述】 2015年，武警朔州支队围绕总队党委年度工作部署，按照“六稳六强六坚持”具体要求、“七个不允许发生”硬性指标，坚持“三稳(稳思想、稳节奏、稳部队)五抓(抓班子、抓基层、抓风气、抓落实、抓作风)两保(保中心、保稳定)”抓建思路，持续用“思想红、作风硬、武艺精”建队理念引领全面建设，部队呈现出了稳中有进、持续向好的发展态势。

【军队思想建设】 2015年，武警朔州支队贯彻全军和武警部队政治工作会议精神，按照“四个牢固立起来”“五个着力抓好”要求，加强和改进思想政治工作。(1)理论学习。党委中心组和基层官兵学习习主席系列重要讲话精神，按照“年初定课题、季度搞交流、全年抓转化、年底晒成果”原则，通过理论研讨、专家辅导、领导授课、通读原文等方式，提升各级理性思维层次和分析判断能力。抓时事政策教育，落实“三个半小时”，让官兵倾听主流声音、辨析时事热点，打牢矢志强军目标的思想根基。(2)教育引导。开展主题教育，按照“四教五得”要求和“1+3+1”授课模式，遵循“支队辅导强化、中队展开细化、班排讨论消化、个人领悟内化、工作实践转化”教育思路，班子成员带头编教案，基层干部自主讲小课；运用推门听课、点将上课、视频查课和“四会”优秀政治教员评比等方法，提升教育质量。结合“9·3”阅兵，开展“革命军人样子”演讲比赛，收集强军故事会、举办“重温抗战家书、祭奠先辈英烈”活动、参观朔州纪念抗战胜利70周年图片展。坚持典型引路，抓住成功处置“9.3”事件有利时机，利用身边典型开展“学精武强能标兵，做新一代革命军人”活动，制作并观看《箭在弦上，制胜一击》录像片，举行先进事迹报告会、部队上下组织大讨论，使官兵学有榜样、练有目标，激发官兵斗志，提振军心士气。(3)安全预防。发挥“三互”“双四一”“三帮一带”思想工作载体作用，开展“真知兵、深爱兵、带好兵”活动，引导大家“走出手机网络、走进士兵中，走出办公室、走向训练场”，强化内部联系。落实“月教育、周预警、日提示”预防机制，每月下发安全预防提示，3次组织法律心理医疗服务下基层、4次组织“两支队伍”集中培训，8次开展安全警示教育，成功转化1名一级心理关注人员、10名重点关注对象；创建安全预防工作“五个天天”(安全计时牌天天翻、安全警句天天读，安全法规天天学、安全故事天天讲、安全工作天天查)机制，编印下发《“七个不允许发生”专题教案》，实现总队安全预防工作指令性目标；与市司法局建立“官兵涉法问题援助站”，3次邀请地方司法专家到支队宣讲法律常识，派专人赴山东、新疆妥善处理2起官兵家庭涉法问题，维护官兵家庭合法权益。(4)文化建设。整理编印《基层文化工作辅导手册》，指导基层用好学习室一体化平台、室外塑胶篮球场、照(摄)像机等文化设施器材，开展篮球裁判员、教歌员、心理咨询员、新闻报道员和理论小教员培训；巩固与朔州市图书馆“三联”活动成果，每季为基层中队更新300册图书；开展“励志小故事、育人小格言、健康小幽默、轻松小节目、七彩小板报”活动；推进“一队一品”特色文化建设，每个基层单位均有1—2个特色兴趣小组，蓄养部队内涵底蕴。(5)双拥共建。开展拥政爱民活动，与实验小学、城区五中结成帮建对子，协调解决干部士官子女入学问题；组织“心连心警地鹊桥会”，帮助2名大龄干部成功牵手；开展“警地大联欢”“红色影视周”活动，丰富警营生活。开展扶贫捐助活动，先后投入6万余元，定点帮扶右玉县高家堡乡布家村。

【执勤战备水平提升】 2015年，武警朔州支队提升部队执勤战备水平，完成“三场战役”。(1)执勤规范化。贯彻总部“湖北、杭州会议”和总队“太原、吕梁会议”精神，采取集中授课、录像辅导、研讨交流等方式，学习掌握新执勤思路，研究执勤模式和执勤部署改革后带来的新情况，解决武器配带方式调整及监门哨执勤出现的新问题，3次与监管支队围绕“责任区分、联勤制度、联席会议”等内容进行专项研究，2次召开本级现场会对监门哨组勤进行规范论证。6个看守中队监门哨均已上勤。按照“一点一案”“一哨一策”要求，指导基层修订完善执勤方案，组织勤务鉴定和执勤部署调整，分目标、分哨位查纠执勤隐患36处，调整哨位摄像头18部，配置哨位器材架30套，提升执勤安全系数。坚持“大查勤观”，发挥作战勤务值班室“总控台”

作用,协调接入地方道路监控系统,执勤战备、训练管理两手抓,两手硬。(2)实战训练。坚持"主官带着班子练,机关带着部队练,干部带着战士练",外聘专家授课辅导,健全干部训练档案,配好训强教练员队伍,投入27万余元改造修缮射击和战术训练场,争取200万元用于购置反恐装备,补充配备3类11种训练器材,满足官兵训练需求。运用"分类组训、集中考评、量化成绩、排名公示"手段,先后组织战训法、特勤排和应急班、教练员等集训,全程开展"考比拉"、一动一动打好"组合拳",为基层培养组训能手和训练尖子。(3)战备常态化。按照"三化"战备要求,落实编携配装,修订6类11种战备预案,采取"基层周方案演练、机关周要素训练、支队月抽组拉动"方式,常态组织战备演练和检验评估。制定"八个到现场""八种基本方法"具体措施,突出形势政策宣讲、战斗精神培育和"三战"力量建设,提升政治工作直接作战功能。制定《巡逻勤务六类常见突发事件情况处置预案》,发挥两警联动机制优势,确保"9·3"事件成功处置。

【安全保障】 2015年,武警朔州支队加大依法治警、从严治警力度,坚持安全制度联动把口、安全责任联动承担、安全压力联动传导,筑牢安全底线。(1)凝聚思想共识。贯彻"阳泉会议"精神,在怀仁县中队召开试点观摩会,规范统一相关内容,提升部队安全系数。开展"条令学习月""学法规、守法规、用法规"、枪支弹药大清查和枪弹管理专项整顿、反恐大排查等活动,采取"地方专家授课、业务股室辅导"等方式,加强"保密安全、交通安全、用电安全、网络安全"等方面的大课教育和安全骨干培训,达成抓安全必须关口前移、小题大做、脚踏实地的思想共识。(2)建立安全工作机制。按照"责任明确到人、机制运转健康、检查督导到位"抓安思路,推进"百日安全无事故"竞赛活动,定期召开安全形势分析会、组织安全工作讲评、开展安全警示教育,打牢安全稳定基础;突出对"三队一部三种人"管控(教导队、卫生队和勤务中队,中队部,探亲休假、生病住院、思想波动的个别人),修订《在外人员管理规定》,建立士官休假警务、保卫联签制度,落实日短信提醒、周电话联络、月情况汇报,保证人员思想行为不失控;制定车辆"五位一体"联管责任制,严格执行"六个严禁"禁酒规定和干部不允许驾驶机动车辆管理规定,坚持每月20日开展安全行车教育、每周五"车场日"制度,对33名涉及私家车的干部进行登记造册,实施单位、家庭双向管控;强化"顶级"安全意识,汲取连云港支队枪支肇事案件教训,每次实弹射击都由常委全程组织,安全员、军械干部和保障人员全时跟进监督,射击后使用金属探测仪逐人清查,确保静态管死、动态管严。(3)安全隐患排查治理。坚持"发现问题是本事,纠治问题是成绩"抓安工作导向,细化安全隐患排查实施办法,先后4次组织安全大检查和反恐大排查活动;把安全隐患排查作为支队党委机关蹲点帮扶、日常管理检查和季度按纲建队考评的重要内容,落实基础性工作,消除各类安全隐患。全年清理整治问题隐患110余处,达到预防为主、综合治理目的。

【基层建设】 2015年,武警朔州支队加强基层建设。坚持"稳定队伍、优化结构"原则,调整配备7名基层主官。开展以"三个一"(一次培训总结、一次反思式体会交流、一次部队建设座谈会)为载体的"纲要学习周"活动;学习《军队基层建设工作手册》,3次推进新《纲要》学习"三读两熟"(包片常委解读、蹲点干部领读、支部委员精读、干部骨干熟记、全体官兵熟知)活动,使官兵掌握基本内容、熟记具体规定。激发干部能力动力活力。针对个别干部想干不会干的问题,开展岗位轮训、大练基本功活动,6个批次进行业务培训,增强会抓善管、能讲会教、依靠组织、运用制度开展工作的能力。加强指导员队伍建设,每月坚持召开政工例会,完成"理论考核、思想汇报、党务培训、试讲试教"四项规定动作。在总队组织的"四会"政治教员比武竞赛活动中支队获"优秀组织奖",2名选手均被评为优秀"四会"政治教员。制定《机关干部量化考评实施办法》，将工作绩效记入个人考评档案，作为立功受奖和调整使用的参考依据。落实休假轮休制度，干部休假率达80%；投入4.5万元组织干部进行体检；“八一”期间，召开老干部座谈会、组织“军嫂进警营”活动、评选表彰十名“优秀军人妻子”，营造和谐融洽的干事创业环境。科学实施帮建指导。建立常委包队、副职定点、股室挂钩帮建制度，围绕“三帮一强化”，组织7批65人次累计80天，对基层进行普遍帮扶，党支部“三个能力”明显增强；按照“建账、查账、理账、结账”思路，推行“小滚动、大闭合、压茬式”季度考评帮建模式，基层建设均衡发展。

【后勤保障】 2015年，武警朔州支队推进现代后勤建设，提升综合保障效益。(1)提升应急保障能力。完善14类应急保障预案，严格按纲施训，加强岗位练兵，依托“卫士-15”演习、抗战胜利70周年反恐安保等重大活动，抓好后勤战备各要素应急保障演练，后勤队伍素质和应急保障能力稳步提升。按照“三化”要求，规范物资储备品种、数量及动用、轮换、管理措施，增储野战单兵即食食品，整合完善支队战备物资库建设，逐单位、逐库室推进基层主副食库和给养库建设，做到合理储备、定期轮换。(2)加强后勤规范化管理。修订完善《基层地方保障性经费管理规范》《物资采购实施细则》，强制推行公务卡支付结算，压缩行政消耗性经费支出；推进伙食管理规范年活动，借助信息网公示菜价，采取吃碰饭、突击查、实地帮等方法，强化基层伙食管控；落实“五控”“五同”等枪弹安全管理制度，规范兵器室钥匙携带和交接程序，维修更新联管联控系统，确保运行稳定。推进现代后勤建设，投资120余万元，对机关营房、干部宿舍及勤务中队进行整修；响应“菜篮子”指示，投资50余万元，完成山阴、应县、右玉中队蔬菜大棚、犬舍及保温猪舍建设。(3)抓好后勤队伍建设。采取以会代训、集中培训、业务考核等方法，定期分批组织炊事员、军械员、卫生员和驾驶员专业培训，增强服务质量效益。先后组织10次司务长和5次军械员集体办公、5批驾驶员集训，依托地方对16名炊事员进行培训。

（武警朔州支队）

## 人防建设

【概述】 2015年，朔州市人防办定期开展集体学习、个人自学、讨论交流、集中培训、专题辅导、观看录像、实地调研、撰写理论文章、总结发言等多种形式的学习活动，利用全办每周一例会，集中系统学习中央和省委、市委一系列领导重要讲话、重要文件和重要决策部署，切实增强全办人员的政治理论素养和方针政策水平。学习中，每一位领导班子成员都做专题辅导，都坚持做学习笔记，认真撰写体会文章，人均记写笔记两万余字，撰写调查报告、心得体会文章10多篇。

【专题教育】 2015年，朔州市按照省委、市委的统一部署，精心组织，迅速行动。强化组织领导，认真组织实施。制订活动实施方案，成立领导小组，召开动员会。把握总体要求，学习教育贯穿始终。突出学习重点，落实领导专题辅导，开展警示教育，保证学习时间，营造学习氛围，全办人员集中学习10次，个人自学时间不少于30个小时，人均撰写读书笔记5000字以上，撰写心得体会30余篇，报送简报和周报10余期，在《山西人防》杂志、《朔州日报》、山西人防网、朔州新闻网等各类新闻媒体上刊登教育活动新闻报道20余条。召开办领导班子专题座谈会3次，组织开展学习小组分组讨论10余次。建章立制，狠抓整改落实。办党组领导在前期专题调研、个别走访和组织专题讨论会的基础上，找准突出问题，查找出在落实“两个责任”，遵守党的政治纪律、执行八项规定反对“四风”、选拔任用干部、规范权力运行、服务人民群众等五个方面存在的10余个问题，深刻反思突出问题产生的根源，经党组数次专题讨论研究后，制订专项整治方案，建立专项整治工作责任制，明确整改项目、整改时限、责任领导，完善《岗位责任制》《人防服务承诺制》以及财务内部稽核等多项制度，形成务实管用、衔接配套的反对“四风"的制度体系。

【党风廉政建设】 2015年，朔州市武装机关加强党风廉政建设。落实党风廉政建设责任制。年初，就把党风廉政建设工作纳入全年整体规划，与人防业务工作同安排、同部署、同落实、同检查、同考核，明确办党组一把手是责任目标制定、检查、考核和实施责任追究的第一责任人。按照"谁分管、谁负责，一级抓一级，层层抓落实"的工作原则，将反腐倡廉工作任务分解到各科室、站、中心，明确责任内容，落实具体责任人。

规范干部行为。落实党组集体决策。在工作中，全办坚持民主集中制，凡涉及重大事项决策、组织人事任免、大笔财政收支、人防工程建设等重大问题都要提交办党组集体讨论决定。执行党政"一把手""五个不直接分管"制度，办党组书记、主任不直接分管人事、财务、工程项目建设、物资采购、行政审批等五项工作，具体事宜由党组集体决策，分管副主任负责执行落实。

落实机关内部管理制度。办公物品的购置统一由办公室采购；在战备考勤值班管理上，坚持领导干部带班制和实名签到制，履行请、销假手续，并与奖惩挂钩；公务接待和下乡调研按照中央关于厉行节约的有关要求，执行接待标准，未有任何超标准接待情况；规范财务制度，实行收支两条线，控制一般性开支。

规范权力运行。简化和规范人防工程前置审批、人防工程质量监督检验以及人防警报迁移拆除报批等流程，实施政务大厅人防窗口"一站式"服务，减少人与人接触的层级，杜绝权、利交易，并下放"已建人防工程报废拆除批准"和"人防通信警报设施迁移或拆除批准"审批权限，保障人民赋予的权利运行规范有序。

落实廉政风险防控。办纪检组集中开展持有会员卡、公车私用、公款吃喝、婚丧嫁娶大操大办、工作不作为等问题的专项检查，并统计领导班子因公、因私出入境以及配偶及子女移居国(境)外调查统计，经认真排查和梳理，均未发现上述问题。

加强反腐倡廉宣传教育。开展党的作风和纪律教育，加强对习近平总书记系列讲话精神的学习，从思想上杜绝损害群众利益的行为的发生。

健全和完善拒腐防变长效机制。制订《市人防办党风廉政建设制度》《朔州市人民防空办公室财务管理制度》《朔州市人民防空办公室公车使用管理制度》《朔州市人民防空办公室财务报销制度》等多项规章制度，以制度规范人、财、物的管理工作。

【深度融合式发展】 2015年，朔州市武装部门贯彻落实《中共中央、国务院、中央军委关于推进人民防空改革发展若干问题的决定》(以下简称《决定》)的有关要求，探索人防战备资产平战运营模式，利用市人防疏散基地打造全市应急仓储基地、科技创新和大学生创业基地，开创全省、华北军区、乃至全国范围内军政、军民深度融合发展、高层次和高水平平战运营的先例。整合民政资源，打造应急仓储基地。根据市长办公会议精神，将建成的部分物资储备库用于民政平时应急救灾战备物资储备，战时恢复战备功能。整合科技资源，打造创新创业基地。建设人防疏散基地占地，其中西区(基地)完成一期工程建设，二期建设铺开，东区(帐篷区)规划，按照平战结合原则和园区建设规划，建设具有朔州品牌的新技术新产品研发基地、新兴产业孵化基地、大学生创业培训基地。依托平战优势，探索社会化运营模式。现有战备要素的配套装修和二期工程建设均由科技、民政、人社等部门按相关要求完成，按照先建设后移交再租用的原则，竣工验收后形成的资产划归市人防办，然后再签订租用合同，明确租金、租期和相互责任。

【机关"准军事化"封闭训练】 2015年，朔州市成立训练工作领导小组，制订《朔州市人防办"准军事化"训练实施方案》，细化训练计划，明确训练科目，并于8月3日至14日在市本级疏散基地内组织第一期"准军事化"封闭训练，于8月10日至14日在某陆军预备役坦克团组织第二期"准军事化"封闭训练，训练内容涵盖人防指挥通信训练、军队日常条令常识训练以及轻武器实弹射击等多个门类，训练人次达100人次，训练工作实现参训率100%、合格率100%。

【人防跨区拉动和野营集训】 2015年，朔州市武装部门以人防指挥信息系统和移动指挥所为平台，每周组织办内工作人员上车上机实操训练，全年训练次数达30余次，形成常态化训练机制。年内，独立完成两次市级人防移动指挥所跨县（区）战备拉练，完成既定训练科目12余项，组织开展模拟应急场景的联合演习，并配合省人防办完成年度例行训练。按照战备要求，采购战备帐篷、战备电源、野外炊具、野外破障工具等物资，野外作战指挥要素基本具备，并组织人防专业队和人防机关技术力量在疏散基地实施3次指挥所开设、撤收、帐篷搭建预演。

【人防信息化】 2015年，朔州市对全市防空警报设备设施进行科学规划和升级改造，印制防空警报规划图，实地检测音响覆盖范围，并完成警报器的定期检修和更新安装。全市防空警报控制系统日趋完善，完成“9·18”全省统一试鸣，警报鸣响率达100%；完成地面应急指挥中心信息系统集成配套；组织和邀请省内外专家对市本级人防基本指挥所和疏散基地进行勘察调研和信息化建设前期论证，并由专家拟定指挥信息系统建设方案；完成指挥疏散工程信息系统建设前期预留预埋工作；完成移动指挥系统集成配套，其余县（区）履行相关方案论证和审批手续。

朔州市2015年“9·18”防空警报统一试鸣主会场　（市方志办供图）

【前置审批】 2015年，朔州市克服全市经济下行压力，狠抓人防工作落实，增加人防法律法规上门宣讲次数，理顺人防工程前置审批，新建人防工程备案率达100%，批建的人防工程开工建设，完成既定任务。

【科学规划】 2015年，朔州市聘请山西省规划研究院专家对《朔州市“十二五”人防工程建设规划》进行规划设计、草案拟定和专家论证，目前该项规划已完成，并列入朔州市“十二五”城市总体规划。《朔州市防空袭预案》编制完成，并报市政府审批。

【宣传工作】 2015年，朔州市开展人防宣传教育，通过人防宣传网站、人防宣传教育电子大屏、知识竞赛、街头咨询、人防宣传教育月、警报试鸣、制作展板、巡回宣讲、发放防空防灾知识宣传册等方式，宣传人防，印发宣传资料1万份，编印《人防知识读本》2000册，分发于市县各大企业、学校和社区；创立“人防宣传进校园示范区”，强化人防知识和救援技能教育培训，面向社会普及防空防灾知识技能，并于“9·18”统一试鸣日在市煤炭局、市一小、市二小组织人防应急疏散演练；在《朔州日报》、山西省人民防空网、《华北人防》《中国人民防空杂志》等新闻媒体上发表新闻报道等各类文章50多篇，全市受教育人数达10万人次，引导社会各界重视人防。

（市人防办）

# 经济管理与监督

# Economic Administration and Supervision

## 发展和改革

【概述】 2015年，朔州市科学制定全市2015年主要发展指标的年度计划。全市地区生产总值完成900亿元左右，比2014年的1003.4亿元减少103.4亿元，同比下降3%左右。其中第一产业完成58亿元左右，同比增长2%左右；第二产业完成432亿元左右，同比下降7.5%左右；第三产业完成410亿元左右，同比增长2.5%左右。全年全市固定资产投资完成938亿元左右，增长15%；服务业增加值占地区生产总值比重约为45.6%；规模以上工业增加值同比下降6.5%左右；社会消费品零售总额完成260亿元左右，同比增长5.7%左右。全年公共财政预算收入完成54.3亿元，同比减收32.3亿元，下降37.3%；城镇居民人均可支配收入达到27525元左右，同比增长7%左右；农村常住居民人均可支配收入达到10900元左右，同比增长7.5%左右。居民消费价格涨幅为1.2%，顺利完成考核指标。

【项目建设】 2015年，朔州市以开展“项目提质增效年”活动为契机，坚持把项目建设作为推动全市转型跨越发展的有效途径，创新重点工程服务方式，全力以赴抓好项目落地建设工作，从项目计划、审批，到核实情况、组织验收，多次牵头组织有关部门，或召开会议，或到项目一线了解实情，进行检查指导。在全市实行领导督办、会议推进、部门协调联动、督查考核、舆论宣传监督等推进机制。朔州市实施省市重点工程427项，年度计划完成投资686亿元。其中，省级重点工程55项，计划完成投资267亿元；市级重点工程372项，计划完成投资419亿元。省、市重点工程完成投资720亿元，完成率105%，其中省级重点工程完成投资278亿元，完成率104%；市级重点工程完成投资442亿元，完成率105.5%。

在加快项目建设的同时，围绕全市“十二五”投资目标，按照省委、省政府提出的“六位一体统筹推进”工作机制，狠抓项目储备工作，全市项目库已储备符合国家产业政策，涉及农林水、城建环保、服务业、交通、社会事业、旅游、煤气层、工业等9大类265个项目，总投资达1.06万亿元，是省考核任务的1.3倍，综合得分74.5分，位居全省前4位，为全市投资稳定增长发挥项目支撑作用。

【电力建设】 2015年，朔州市运营、在建、取得“路条”的电厂总装机规模1705.45万千瓦。其中：运营电厂44家，电力装机容量达到953.5万千瓦。分别为：燃煤电厂4家，总装机规模390万千瓦；低热值煤电厂6家，总装机规模267万千瓦；风电厂22家，总装机规模254.1万千瓦；光伏发电厂11家，总装机规模40万千瓦；生物质能电厂1家，总装机规模2.4万千瓦。在建电厂

17家,总装机规模655.55万千瓦。分别为:燃煤电厂1家,总装机规模200万千瓦;在建低热值电厂4家,总装机规模342万千瓦;在建风电厂9家,总装机规模100.55万千瓦;在建光伏发电厂2家,总装机规模10万千瓦;在生物能发电厂1家,总装机规模3万千瓦。取得"路条"电厂15家,总装机规模96.4万千瓦。分别为:风电场8个,总装机规模69万千瓦;光伏发电厂6个,总装机规模25万千瓦;生物质电厂1个,总装机规模2.4万千瓦。

**【晋北现代煤化工基地】** 2015年,《晋北现代煤化工基地战略研究》《晋北煤化工基地产业发展规划》完成,《朔州市煤化工产业与城市发展专项规划》进入收尾阶段,《晋北(朔州)现代煤化工基地总体发展规划》初步确定基地规划范围和产业规模,正在与国家发改委对接,待产业范围规划批复后完成后续工作;《晋北(朔州)现代煤化工基地总体规划环境影响评价》编制工作委托省环科院开展,目前已编制环境监测方案,并委托相关单位进行环境现状质量监测,对已有的环境质量现状监测数据进行分析与评价。现在正与中煤平朔洽谈煤化工项目合作事宜,争取其在晋北现代煤化工基地的投资意向,中煤平朔集团初步确定建设360万吨/年煤制甲醇和120万吨/年煤制烯烃项目,总投资400亿元,项目利用北坪园区优势资源分两期实施,年消耗煤炭1300万吨。

**【机场、铁路、示范基地】** 朔州机场。2015年,朔州市与国家部委和省有关部门进行沟通联系,争取朔州支线机场建设工程早日开工。2015年7月29日,召开新建朔州民用机场选址报告审查会,民航局领导及专家认为此次会议准备充分,相关基础工作比较扎实,机场选址方案合理。中国民航机场建设集团华北设计院正在对朔州机场选址报告进行最后修改,相关后续工作正在进行中。

大西高铁朔州设站。2015年8月,铁三院对大西高铁大同—朔州—原平线沿线地方政府收集相关资料,朔州市已按要求将相关资料提供给铁三局。大西高铁大同—朔州—原平高速客运专线,列入"十三五"朔州市交通运输发展规划中。已与中国铁路总公司计统部对接,商量推进此项工作。

国家资源综合利用"双百工程"示范基地工作平稳推进。根据国家"双百工程"示范基地相关要求,积极推动"双百工程"示范基地的建设。《朔州市工业固废利用示范园区总体规划》和《朔州市工业固废利用示范园区产业发展规划》已经全部编制完成,并且在2015年6月市政府常务会议上讨论通过。

**【行政审批】** 2015年,朔州市全面推进行政审批工作。围绕简政放权,进一步深化行政审批制度改革,承接省发改委下放的1项行政审批项目"采煤沉陷区项目立项、节能审批",对保留的行政审批事项进行规范,优化审批流程,实行限时办结,承诺服务。所有审批、核准项目都在5个工作日内办结,备案项目即到即办。完成发改委权力清单和责任清单编制的二报工作,对审改办反馈回的二审意见进行完善并挂在网上公布。

加强经济运行分析监测。2015年以来,把握经济运行态势,强化预警预测的监控分析,密切关注国家宏观经济走势、全省经济发展趋势及周边地区经济发展态势,加强与其他部门的联系沟通,做好月度和季度经济形势分析工作,研究分析总结经济运行特点,查找经济运行中存在的矛盾和问题,提出解决问题的有效措施。同时加强对重点行业、重点领域监测,做到及时发现并解决问题。对各县区、各企业生产和建设进展情况坚持月调度、月督查、月排名、月通报制度,努力为市委、市政府提供决策依据,当好参谋助手。

编制"十三五"规划。"十三五"规划从2014的5月底全省启动,前期做准备工作,从2015年7月份开始,正式委托省社科院和省经济学会编制,在充分收集相关资料后,省社科院全力编写,初稿已经出炉。

公车改革进展顺利。朔州市车改办对全市约500个党政机关和参公事业单位、9500多名参改人员、3200余涉改车辆、1400多名司勤人员及车辆运行费用测算已经基本完成，制订《朔州市公务用车制度改革测算情况说明》，并指导各县(区)结合本区域实际进行测算。目前《朔州市市直机关公务用车制度改革实施方案》(附件《朔州市市直机关公务用车制度改革涉及的车辆处置办法》《朔州市市直机关执法执勤用车制度改革办法》《朔州市直机关公务用车制度改革司勤人员安置指导意见》)完成并经省车改办批复通过。

【节能减排工作】 2015年，朔州市推进的循环建设项目主要有晋能集团环保工程有限公司与上海快刻公司合作建40万吨喷涂石膏生产项目，项目总投资1.1亿元；晋能集团环保工程有限公司干粉砂浆母料项目，总投资1.2亿元；山西瑞吉达科技有限责任公司7.5万吨粉煤灰激发剂项目，一期项目投资5600万元。推进洽淡的项目有5个。节能减排方面，组织市经信委、环保局等具体职能部门，努力推进全市节能减排工作顺利推进。前三季度朔州市万元GDP能耗预计下降15.7%。全年万元GDP二氧化碳排放下降3.7%的目标。

【政务外网建设】 2015年，朔州市社会信用体系建设卓有成效。根据省加快信用体系建设的工作部署，起草《朔州市社会信用体系建设工作实施方案》和《关于加强信用信息系统建设的通知》，经市政府办公厅同意后并印发。并在事关转型发展和人民群众日常生活密切相关的食品生产经营、药品生产流通、融资担保、医疗机构、价格管理、环境保护、建筑市场和税务信息等八大领域以及信贷信用、交通信用、旅游信用和企业信用等四大不良信用领域，制订各领域行动方案。市政务外网平台建设工作有序进行。朔州市政务外网建设和管理是发改委经济信息中心新增加的一项工作任务，也是涉及全市的重要工作。经市政府采购中心所采购的网络设备全部安装完毕，经过一阶段时期的运行调试一切正常，进入正式运行阶段。外网工程建设的其他工作按程序、按合同进行。

【监察治理】 2015年，朔州市不断加大项目稽察力度。2015年，积极协助省稽察办对全市4个低热值煤项目进行半个月的督查调研。集中对服务业、经贸领域、城市基础设施项目进行重点稽察，进一步规范市中央投资项目的建设和中央资金的管理。

推进采煤沉陷区治理工作。2015年山西省发改委核定朔州市采煤沉陷区治理搬迁安置计划是3个县(区)10个乡镇20个村5935户16432人。其中平鲁区7个乡(镇)15个村4579户12686人；山阴县2个乡镇2个村649户2021人；右玉县1个镇3个村707户1725人。全年全市审批完成20个村，完成率100%。开工10个乡镇，开工率100%。开工16个村，开工率80%。5471户已开工，其中已安置451户，开工率92.18%，完成投资63360万元，年度政策投资完成率176.69%。

(市发展和改革委员会)

## 重点工程建设管理

【概述】 2015年，朔州市重点办一班人贯彻中共十八大、十八届三中、四中、五中全会精神和习近平总书记系列重要讲话精神，开展"三严三实"专题教育活动，狠抓班子队伍建设，强化纪律作风整顿，落实省、市"项目提质增效年"工作部署，主动协调服务重点工程建设，"六位一体"推进顺利，圆满完成省下达的各项目标任务。落地项目投资总额达到646亿元；开工项目投资总额达到920亿元；年度重点工程建设完成投资686亿元，其中省级重点工程建设完成投资267亿元，市级重点工程建设完成投资419亿元；投产项目投资总额达到635亿元。

全市累计落地项目326个，总投资664.1亿元，完成率102.8%；累计开工项目408个，总投资924.2亿元，完成率100.5%；省、市重点工程完成投资770.9亿元，完成率112.4%(其中：省级重点工程完成投资288.63亿元，完成率108.1%；市级重点工程完成投资482.27亿元，完成率115.1%）；累计投产项目207个，总投资635.2亿元，完成率100%。

【理论学习】 2015年，朔州市重点办把提升学习能力作为加强领导班子建设和干部队伍建设的必备素质来抓。组织学习政治理论，加强对习近平总书记系列重要讲话精神的学习和领会，贯彻落实中共十八大、十八届三中、四中、五中全会精神，用理论武装头脑、指导实践、推动工作；推进学习型机关建设，创新学习形式，丰富学习内容，定期开展集体学习、个人自学、讨论交流、集中培训、专题辅导、观看录像、实地调研、撰写心得体会等多种形式的学习活动，不断提升学习的科学化、制度化和规范化水平；利用全办每周一例会，集中系统学习中央和省委、市委一系列领导重要讲话、重要文件和重要决策部署，增强全办人员的政治理论素养和方针政策水平。

【专题教育活动】 2015年，朔州市强化组织领导，组织实施。及时制订活动实施方案，成立领导小组，召开动员会；把握总体要求，学习教育贯穿始终。突出学习重点，落实领导专题辅导，开展警示教育，保证学习时间，营造学习氛围；认真部署，开展讨论交流。召开办领导班子专题座谈会3次，组织开展学习小组分组讨论10余次；建章立制，狠抓整改落实。办党支部领导在前期专题调研、个别走访和组织专题讨论会的基础上，从严从实找准突出问题，查找出在落实“两个责任”，遵守党的政治纪律、执行八项规定、反对“四风”、选拔任用干部、规范权力运行、服务人民群众等五个方面存在的问题，反思突出问题产生的根源，经党支部数次专题讨论研究后，制订专项整治方案，建立专项整治工作责任制，明确整改项目、整改时限、责任领导，完善岗位责任制、财务管理等多项制度，形成务实管用、衔接配套的反对“四风”的制度体系。

2015年3月17日，朔州市召开全市推进省级重点工程项目建设工作座谈会（市方志办供图）

【党风廉政建设】 2015年，朔州市严格落实党风廉政建设责任制。就把党风廉政建设工作纳入全年整体规划，与业务工作同安排、部署、落实、检查、考核，并明确办党支部一把手是责任目标制订、检查、考核和实施责任追究的第一责任人。同时按照“谁分管、谁负责，一级抓一级，层层抓落实”的工作原则，将反腐倡廉工作任务分解到各科室，明确责任内容，落实具体责任人。坚持落实“两个责任”。

严格落实党组集体决策。坚持民主集中制，凡涉及重大事项决策、组织人事任免、大额开支等重大问题都要提交集体讨论决定。严格执行党政“一把手”“五个不直接分管”制度，办党支部书记、主任不直接分管人事、财务、工程项目建设、物资采购、行政审批等五项工作，具体事宜集体决策，分管副主任负责执行落实。

严格落实机关内部管理制度。办公物品的购置统一由综合科采购；坚持领导干部带班制和实名签到制，严格履行请、销假手续，并与奖惩挂钩；严格执行接待标准，未有任何超标准接待情况；规范财务制度，严格实行收支两条线，控制一般性开支，真正起到节流的效果。

加强党章党规党纪教育。通过组织专题集中学习培训，参加预防职务犯罪警示教育，观看反腐倡廉电教片等多种方式，积极引导党员干部在廉洁自律上追求高标准。

持之以恒反“四风”遵“八规”。加强对节日期间纪律作风情况的监督检查，加强对公款购买赠送年货节礼；公款旅游、健身和高消费娱乐；公款搞相互走访、宴请；以各种名义突击花钱和滥发津贴、补贴、奖金、实物；违规收送礼品礼金和有价证券、支付凭证、商业预付卡、电子红包；大操大办婚丧嫁娶事宜借机敛财及公车私用等行为的监督检查，确保节俭文明廉洁过节。

贯彻执行廉洁自律准则和党纪处分条例。以“六大纪律”为尺子，维护党规党纪的严肃性。

自觉运用监督执纪“四种形态”。坚持见人见思想，抓早抓小，及时把脉当前干部职工的思想动态，针对性解决普遍性、倾向性、苗头性问题，解决干部思想“总开关”问题，筑牢不想腐的思想根基。通过批评和自我批评，推进党内政治生活正常化。

健全和完善拒腐防变长效机制。制订《市重点办党风廉政建设制度》《市重点办财务管理制度》《市重点办财务报销制度》等多项规章制度，以制度严格规范人、财、物的管理工作。

**【重点建设年度计划】** 2015年，朔州市深入调研，科学确定重点建设年度计划。年初，经过深入县(区)调研，市县深度对接平衡，筛选提出2015年省、市重点建设投资盘子。制订《朔州市项目提质增效年工作实施方案》，给各县(区)、开发区颁发《2015年全市重点工程“六位一体”目标责任状》，做到目标明确，责任细化，确保投资任务落实到实处。

坚持领导包联项目制度。市委常委、市政府副市长按工作分工对省级重点工程项目进行包联，县(区)长每人包联10个市重点工程项目，深入一线现场办公，统筹推进协调，督促指导检查，及时进行投资分析，研究解决问题，促进包联领域项目进展提速。

继续坚持“月调度、月通报、月考核”制度。以推进重点工程“六位一体”为抓手，定期召开调度会，有排名、有分析、有预测、有对策，激励先进、鞭策后进。

优化协调服务，提高督查效果。密切部门配合，明确责任分工，定期开展项目调研督查，分析解决重点工程存在的困难，推进重点工程项目建设进度。帮助晋北—江苏±800千伏特高压直流和蒙西—天津南1000千伏特高压交流外送电工程解决征地阻工难题，推动神华准朔铁路投入运营，协助准池铁路朔山联络线向省组卷报地，推动4个低热值煤发电项目开工建设，促进华电朔州热点厂项目投产发电。

继续实行项目台帐管理。对重点工程“六位一体”项目和八大重点领域投资项目，实行台账管理，及时掌握项目进展信息，推进节点和存在问题，实现资源共享，信息共用，提升管理水平和服务项目能力。

推进“冬季行动”。12月18日，全市“冬季行动”动员大会之后，市重点办立即行动，修改完善《行动方案》的同时，成立领导机构，明确责任分工。组织专门督查组，深入县区和项目单位，开展“清盘”行动，对2015年计划落地、开工和投产的省、市重点工程项目，跟踪督查项目进度，对已投产和确定无法开工复工的项目，经县(区)政府和项目单位确认后“清盘”，不再列入2016计划盘子。对开工、投产完成差的县(区)和项目，督促“收官”，确保全年目标任务全面完成。同时，编制完善手续大项目清单，明确责任部门和责任人，落实投资计划、节点任务，提出具体措施，为精准推进和协调服务赢得主动权。

(市重点工程办)

## 国土资源管理

**【保护耕地红线】** 2015年，山西省政府下达朔州市的耕地保护目标责任是：耕地保有量不得少于548.28万亩，基本农田保护面积不得少于472.35万亩，地方占补平衡任务1.7万亩。截至2015年年底，高标准基本农田建设项目共立项12个，建设规模10.61万亩，可圆满完成省下达的高标准基本农田建设任务；占补平衡项目立项29个，新增耕地0.99万亩，补充耕地任务因下达指标偏大，加上朔州市后备资源不足，虽然做大量的工作，但距目标任务还有一定的差距。同时，开展基本农田划定和数据库建设工作，怀仁县已完成基本农田划定和建库，在做扫尾工作；其余县区外业已完成，转入数据库建设。

【合理用地】 2015年，朔州市用好用足用地计划指标，提高用地报批效率和土地供应效率。上报建设用地4988亩，批复9043亩（含2014年上报），供应土地7087亩，收缴土地出让金4.77亿元，保障各类重点项目建设用地需求。做好规划调整和评估工作。依法依规承办右玉县的新城镇、白头里乡，朔城区的小平易乡、下团堡乡4个乡（镇）土地利用总体规划（2006~2020年）局部修改工作，报市政府批复。组织朔城区贾庄乡有条件建设区的调整初审并批复，对六县（区）土地利用总体规划中期评估报告进行评审论证，上报省厅已批复。按照《山西省国土资源厅关于调整部分项目土地利用总体规划指标的函》文件要求，将省政府留给朔州市1.5万亩新增建设用地规划指标（耕地0.55万亩）调整分配到六县（区）。对13个建设项目进行用地预审并批复。

推进用地新机制。借助国土资源政策法律实验基地和中国地质大学朔州产学研基地两个平台，继续深化国土资源政策创新工作。露天采矿用地改革，2014、2015年度露天采矿临时用地计划1.76万亩开展组卷上报工作。矿业存量土地整合利用。可复垦耕地7500亩，完全能够满足全市66座地方煤矿建设标准化矿井用地需求。工矿废弃地复垦调整利用。平鲁区、山阴县两个试点区县的专项规划已经省政府批复，平鲁区复垦700亩，山阴县复垦733亩并通过验收。城乡建设用地增减挂钩。该项工作开展以来，省厅共下达朔州市周转指标5500亩，已复垦5636亩，复垦区验收2410亩，建新区批准4926亩。未利用地开发利用试点（山阴县合盛堡乡万亩重度盐碱地工业园区）。截至2015年年底，该园区基础设施建设全面展开，1个项目完成入园工作，占地300亩，还有2个项目签约，拟入园。

【矿政管理】 2015年，朔州市完成采矿权年度检查工作。全市应年检的各类矿山企业为219座，实际年检219座，年检率为100%。按时按量完成部省下达的任务。严格落实矿山储量动态监督管理。市煤炭企业编制储量年报61座，非煤企业编制储量年报14座，现全部完成评审工作。推进朔州市矿产资源市场化配置机制改革。市政府出台《朔州市推进矿产资源市场配置机制改革实施意见》；重点工程建设管理局下发《关于市级发证采矿权公开出让有关事项的通知》《关于进一步规范采矿权出让价款评估有关事项的通知》等规范性文件。初步构建朔州市矿产资源市场配置机制改革框架。

【地质环境管理】 2015年，朔州市发布《朔州市2015年度地质灾害防治方案》，修订完善《朔州市突发地质灾害应急预案》。签订责任书193份，发放地质灾害防灾避险明白卡2850份，发放防灾工作明白卡155份，送达隐患点告知书155份。继续推进高标准“十有县”建设，2015年朔城区、右玉县顺利通过省厅验收。积极推进农村地质灾害治理搬迁工作，2014年朔州市搬迁任务为50户，平鲁区和右玉县各25户。2015年朔州市搬迁任务为65户，其中：平鲁区20户，怀仁县15户，右玉县30户。截至2015年年底，2014年50户搬迁任务，市级配套资金120.8万元、县级配套资金120.8万元，全部拨付到位。2015年65户搬迁任务，市级配套资金157.04万元，拨付到位；平鲁区配套资金48.32万元全部到位；右玉县配套资金70.48万元全部到位。2014年市县配套资金到位率100%，2015年市县配套资金到位率88.5%。右玉县2014年25户、2015年30户搬迁任务共55户，与采煤沉陷区治理搬迁项目资金整合，统一选址，在新城镇马官屯村南新建住宅楼，2014年25户搬迁户已入住，2015年搬迁房工程主体已完工；平鲁区2014年和2015年搬迁任务共45户，选址受土地规划限制没有开工建房，全部进行货币补偿后进行搬迁，已和搬迁户签订搬迁协议；怀仁县以购买吴家窑镇移民新村住房的方式来解决15户搬迁任务，和搬迁户签订搬迁协议。2015年，全市无人员伤亡和财产损失。

【执法监察】 2015年，朔州市借助卫片执法检查和“打非治违”等专项行动，严厉打击各类土地矿产违法行为。全市国土系统共出动执法巡查人数1400余人次，出动巡查车辆500余车次收缴罚没款2170万元，没收拆除违法建筑163万平方米，申请法院强制执行261件，处分125人，追究刑事责任1人。土地矿产卫片执法检查工作顺利通过省级验收。认真做好信访工作。建立信访接待日制度和重点信访案件包案制度，2015年受理来信来访370件，结案315件，结案率85%，其余正在办理中。实现“进京赴省零上访”目标。

【基础建设】 2015年，朔州市农村集体土地确权登记发证工作稳步推进。全市完成各项调查任务的82.3%。土地变更调查地方复核工作通过省厅验收。土地登记规范化建设稳步展开。审核申请登记颁发国有土地使用权证书6本，他项权利证书1本。推动不动产统一登记工作。市、县区已完成职责整合、机构设立、人员划转工作；市级完成窗口设立、人员分组分工工作，其他工作正在有序推进。做好综合统计工作。编制《朔州国土资源月报》，按时统计月度数据，按时编写季度国土资源分析并上报省厅。稳步推进数字城市建设。2015年投资42万元(国家测绘局补贴29.4万元，朔州市投资12.6万元)对朔州市304.3平方公里进行影像数据更新，为政府决策和市政管理提供更权威有效的平台。右玉县作为全国贫困县，在利用国家政策积极申报国家2015年度边远山区、少数民族地区基础测绘专项补助经费作为“数字右玉”的建设费用的基础上，右玉县财政又落实经费200万元作为该项目建设的全部经费，项目将在下半年启动建设。至此，朔州市的数字化城市建设已经覆盖2/3(除山阴、应县)，提高数字化程度。继续开展基层国土资源所争星创优活动。政务公开及宣传工作不断深化。2015年，重点围绕省厅党组确定的重点工作，开展法制宣传工作，做好国土资源信息报送工作，配合省厅完成重要专项宣传报道工作，加强网络舆情监测工作，宣传报道工作取得可喜成绩，先后在《朔州日报》《山西经济日报》《国土资源报》等媒体上发表文章12篇，共编发国土信息28期106条，被各类媒体、网站采纳16条。

【行风建设】 2015年，朔州市把党风廉政建设与正在开展的“三严三实”活动相结合，搭建活动载体，创新活动方式，扎实开展党风廉政建设和反腐败工作，全系统党风、政风、行风建设不断引向深入。

坚持标本兼治、综合治理、惩防并举、注重预防的方针，以建立健全惩治和预防腐败体系各项制度为重点，以制约和监督权力为核心，以提高制度执行力为抓手，以有效服务全市经济社会发展为目的，以学习贯彻《中国共产党党员领导干部廉洁从政若干准则》为契机，狠抓制度建设、作风建设、队伍建设，进一步规范国土资源行政权力运行，从源头上防治腐败，为推进全市经济社会又好又快发展提供良好的资源保障和服务。

开展“三严三实”活动。部署开展专题教育，研究制订《关于开展“三严三实”专题教育实施方案》，局党组成员以“忠实践行‘三严三实’要求，提升新常态下国土资源保障服务水平”为题，为全体党员干部讲授“三严三实”专题教育党课，印发《廉政专刊——“三严三实”专版》，以及“三严三实”内涵等有关内容印发给全系统党员领导干部，加强“三严三实”专题宣传教育。

【干部队伍建设】 2015年，朔州市坚持以为民务实清廉为主题，按照德才兼备、以德为先、注重实绩、群众公认的选人用人标准，重点围绕在国土资源管理工作这一主战场、在急难险重的任务面前、在应对复杂局面处置疑难问题的关键时刻、在新形势下重点工作的实践考验等方面，识别选拔干部、加强跟踪管理。同时，不断提升领导干部与时俱进、审时度势、举一反三的能力和发现问题、分析问题的能力，要求全体干部，特别是党员领导干部要善于从政策、体制、机制、措施等层面提出对策建议，善于用改革创新发展的办法化解难题，善于在问题比较多、矛盾比较大的情况下打开工作局面，领导班子和干部队伍建设取得成效，班子更加团结，凝聚力、战斗力进一步增强。

（市国土资源局）

## 工商行政管理

【降低市场准入门槛】 2015年，朔州市相继落实放宽注册资本登记条件、简化住所(经营场所)登记事项、变企业年度检验制度为年报公示制度、变前置审批为后置审批、实施“三证合一”“一照一码”等改革措施，简化登记环节、提高办事效率，降低市场准入门槛，市场主体总量有明显增长。全市各类市场主体达80360户，其中内资企业2047户，私营企业12493户，个体工商户59505户，农民专业合作社6315户。2015年新发展各类市场主体11851户，同比增长8.74%，其中私营企业新增2724户，同比增长21.93%，个体工商户新增8261户，同比增长28.34%。发放“三证合一”营业执照2566个。

【登记注册便利化】 2015年8月，朔州市经过充分调研和学习考察，起草并出台《关于深化商事制度改革营造良好营商环境促进大众创业万众创新的实施意见》(以下简称《意见》)，真正放权于市场、放权于企业。《意见》得到市领导的高度重视，以市政府文件印发。同时还草拟《关于进一步放宽市场主体住所(经营场所)登记条件的实施办法》《企业集群注册登记管理办法》(以下简称《办法》)等配套文件。《意见》和《办法》明确今后一段时间全市深化商事制度改革的内容和目标。改革内容，从推进登记注册制度便利化方面，重点是实施“五个放宽”“两个简化”“三个推进”，真正放权于市场、放权于企业。“五个放宽”，就是要进一步放宽注册资本登记条件、行业限制、名称登记条件、经营范围登记条件和集团登记。“两个简化”，就是简化住所(经营场所)登记手续、简化和完善各类市场主体注销流程。“三个推进”，就是积极推进“先照后证”改革、推进全市“三证合一”登记制度改革、推进企业注册全程电子化。从简化审批许可程序方面，重点是实施“两下放”“一合并”“一压缩”，真正实现简政放权。“两下放”，就是下放企业名称预先核准登记权限、下放企业注册登记权限。“一合并”，就是试行变更简易登记事项审核合一制。“一压缩”，就是压缩审批时限。

【监管加强】 2015年，朔州市构建监管新机制。强化以信用监管为核心，构建事中事后监管新机制。做好企业信息公示工作，落实随机双抽监管办法，完善经营异常名录、黑名单等信用监管制度。通过宣传、培训，认真指导企业信息公示、年度申报。2013年度企业年报率70.65%；个体户年报率26.61%；农民专业合作社年报率1.61%。2014年度企业年报率64.55%；个体户年报率28.71%；农民专业合作社年报率35.7%。按照省局要求，开展两次抽查，开展定向抽查和双向抽查。两次共抽查302户，对既未按期公示年报又通过登记的住所或者经营场所无法联系的按规定列入经营异常名录。圆满完成省局下达的231户定向抽查及15户双向抽查任务，对问题经营户依法采取相应的监管措施。

推进执法工作。开展查处公用企业限制竞争行为、打击侵权假冒、整治“霸王条款”、打击虚假违法广告、开展“无传销城市”创建等工作。查处各类案件105件，其中无照经营案件77件，商标案件7件，广告案件12件，消费者权益保护案件7件，合同案件1件，市场准入监管案件1件。开展非融资性担保、投融资中介及各类投资公司清理整顿规范工作。摸清辖区内存续的94户非融资性投资担保公司、16户投资咨询公司、15户投资管理公司和4户财务管理公司的底数，通过宣传有关政策法规，有效防范和化解非法集资风险。

维护消费安全。9月下旬至11月上旬，抽检三大类203组商品，其中，家用电子电器类商品42组，合格率54.55%；服装鞋帽类商品110组，服装合格率40%，鞋及箱包类合格率6.67%；装饰装修材料类商品51组，合格率76.47%。对抽检不合格商品进行立案调查。全年受理消费者各类信息2455条，其中受理申诉696条，办结667件，办结率达到95%以上；受理举报91条，全部办结，办结率100%；解答消费者咨询1668条。全年为消费者挽回经济损失20.88万元，

【服务工作】 2015年，朔州市积极推进商标战略。推荐20件商标参加山西省著名商标认定。指导中煤平朔、古城乳业2家企业整理驰名商标申报材料。目前，“梨花春”“臣丰”等有条件的企业也在准备驰名商标申报材料。全市有效注册商标达到2262件，其中农产品注册商标1042件；全市累计申请商标2836件，历年来累计被认定山西省著名商标79件，现有有效山西省著名商标59件，中国驰名商标1件、地理标志证明商标5件、国际商标2件、集体商标1件。

推进企业信用体系建设。完成全市企业信用信息公示系统网上年报，建立企业经营异常名录制度，集中清理全市历年来被认定的省级守合同重信用企业，为推进部门信息共享，实现“一处违法，处处受限”奠定基础。

支持小微企业繁荣发展。小微企业是发展的生力军、就业的主渠道、创新的重要源泉。在扶持小微企业发展上，通过股权出质登记、动产抵押登记等服务职能，帮助解决小微企业融资难、融资贵难题，促进小微企业创新发展。

【非公经济党建】 2015年，朔州市有非公经济组织党组织372个，市直29个，市辖区208个，县辖135个。全市非公经济组织有党员2094人，市直227人，市辖区793人，县辖1074人。加强日常学习和教育培训。在全市非公经济组织党组织中开展学习讨论落实活动。通过学习讨论、查找问题、集中整改等环节，明确党建工作责任，党员领导干部的思想和工作作风进一步转变。举办首期清华大学朔州市非公经济组织党建与创业“双能力”提升研修班。市县(区)非公工委和非公经济组织党组织支部书记代表100余人参加培训。集中换届和动态组建。主要开展对全市非公经济党组织分类定级和全市非公经济党组织换届选举暨动态组建等工作，深入中北工贸、瑞祥物业、欧亚置业等非公经济组织对换届选举工作进行督促指导。选优培优和示范带动。根据省非公工委《关于在全省非公有制经济组织中推荐党建工作示范点的通知》，经市委组织部同意，将山西古城乳业集团有限公司党总支等6个非公经济组织党组织推荐为全省“双强六好”党建工作示范点，先进基层党组织的示范带动作用得以充分发挥。

【党风廉政建设】 2015年，朔州市围绕教育环节，开展专项治理，筑牢全员思想道德防线。在“三严三实”教育活动中，突出党员干部的思想政治教育，开展传承焦裕禄精神和右玉精神大讨论，领导班子召开专题民主生活会、班子成员轮流讲党课和撰写研讨材料等活动。全面开展反腐倡廉教育活动。邀请市委常委魏友夫同志做《中国共产党廉洁自律准则》《中国共产党纪律处分条例》专题讲座。邀请山西省中医院副院长刘照峰开展以“传统文化与修身养性”为主题的道德大讲堂活动。组织全体工作员观看廉政教育片，为副科级以上干部购买《领导干部从政道德启示录》等。2015年，市局参加廉政示范教育人数511人(次)、廉政警示教育人数586人(次)，岗位廉政教育人数282人(次)。

形成源头预防腐败体系。贯彻市委《关于落实党风廉政建设党委主体责任和纪委监督责任的实施意见》，全面落实“两个责任”。市局领导班子成员能够充分发挥表率作用，履行“一岗双责”，形成“一把手”负总责、班子成员各负其责、一级抓一级、层层抓落实的领导机制。下发《党风廉政建设和反腐败工作任务分解意见》

和《党风廉政目标责任制考核办法》。

加大内部规范力度。出台“三转”配套的相关文件，下发《朔州市工商局纪检组落实党风廉政建设监督责任实施办法》等。落实中央八项规定，执行各项纪律规定。对不履行请假手续，擅自脱岗的6名工作人员进行通报批评，并责令本人作出书面检查。开展为期两个月的“守纪律、转作风”专题教育活动，下发《朔州市工商行政管理局党风廉政建设约谈办法》，并对市局机关和三个分局进行不定期查岗，市局3名工作人员因擅自脱岗，由人教科会同监察室进行日常谈话；对3名连续两次脱岗的给予诫勉谈话；对负有领导责任的三个分局局长由纪检组长分别与其进行谈话告诫。

（市工商局）

## 质量技术监督

【自身建设】 2015年，朔州市加强思想政治建设。组织学习贯彻中共十八大、十八届三中、四中、五中全会以及习近平总书记系列讲话精神，全年组织集中学习40余次。开展“三严三实”专题教育。局党组中心组学习4次，学习讨论5次；召开领导班子“三严三实”专题民主生活会以及各党支部、党小组专题组织生活会，围绕“三严三实”六个方面要求，查找自身存在的问题，严肃开展批评和自我批评，深刻剖析问题根源，并明确今后的努力方向和整改措施。执行《中国共产党党组工作条例（试行）》的各项规定，贯彻落实民主集中制，坚持局党组会、局务会、周例会制度，对“三重一大”事项和其它需协调解决的重点问题，按照“集体领导、民主集中、个别酝酿、会议决定”的方针进行决策，全年召开局党组会14次。

加强作风建设。开展作风建设，严格执行中央“八项规定”和省委、市委配套规定。制订《朔州市质监局关于开展“文山会海”和“三公”经费管理不严等违反中央八项规定精神突出问题专项整治工作的实施方案》，形成改进工作作风长效机制。开展“学习讨论落实”活动专项整治，重点在礼金红包、吃拿卡要、铺张浪费、大操大办等问题上加强监督，持而不懈纠正“四风”。开展工作秩序、工作纪律专项整治，召开动员会1次，推进会1次，推动机关作风建设常态化、长效化。2015年3月5日，市纪委对本局“八项规定”落实情况进行的督查，获得肯定。

加强党风廉政建设。执行《中共朔州市委关于落实党风廉政建设党委主体责任的实施意见（试行）》，局党组加强对党风廉政建设工作的领导和检查督查，主要领导亲自抓，一级抓一级，层层抓落实；局纪检组认真执行《中共朔州市委关于落实党风廉政建设纪委监督责任的实施意见（试行）》，加大执纪问责力度，坚决纠正损害群众利益的行为，坚持零容忍反腐。组织开展廉政教育和警示教育，组织机关全体干部学习《中国共产党廉洁自律准则》和《中国共产党纪律处分条例》；组织全体干部在市检察院廉政教育基地参加预防职务犯罪警示教育，每位工作人员撰写心得体会。加强对中秋、春节等重点时间节点“四风”问题的检查督查，制订专门的工作方案，将特种设备安全等业务工作与节俭文明过节、落实中央八项规定精神、自觉践行党风廉政建设各项规定同部署、同安排，坚决杜绝“节日腐败”。

【法治建设】 2015年，朔州市建立“两个清单”，规范权力运行。成立“六权治本”工作领导小组，出台《朔州市质量技术监督局推行权力清单工作方案》，制订详细工作计划。经多次与市审改办协调沟通，梳理各项权力8大类221项，经市审改办审定后，及时向社会公布。“两个清单”工作制订完成后，又制订“行政职权运行流程图”和“行政职权运行风险防控流程图”，进一步规范权力运行流程。研究制订《朔州市质量技术监督行政执法评议考核办法》《朔州市质量技术监督行政执法评议考核细则》及配套制度，签订行政执法责任书，建立权责明确、行为规范、监督有效、保障有力的行政执法体制。开展法治宣传和法治创建活动。利用“3·15”消费者权益日、“法治宣传月”和“质量月”

等时机,开展多种形式的法治宣传活动。通过设置陈列展板、市政府喷泉广场电子显示屏播放等方式,宣传《中国人民共和国特种设备安全法》《中国人民共和国产品质量法》《计量法》《中国人民共和国标准化法》《认证认可条例》等法律法规知识。设立咨询台现场解答群众咨询200余次,发放各类宣传资料1万余份。此外,组织工作人员参加2015年市总工会和市安委会联合举办的朔州市第二届“安康杯”安全知识竞赛活动,获得优秀奖。

**【特种设备安全】** 2015年,朔州市组织开展“电梯安全、锅炉安全、管道安全”三项整治。组织开展煤气发生炉和涉氨制冷业特种设备安全专项整治。检查使用人工煤气和涉氨制冷的企业101家,检查煤气发生炉用承压水夹套和承压汽包113台,涉氨制冷机组用贮氨罐、氨油分离器等压力容器292台。由分管特种设备的副局长带队组成调查组历时一个月,形成《关于加强煤气发生炉和氨制冷机组特种设备安全监管的调查报告》,在《朔政信息》专刊发表。组织开展对涉危化行业的特种设备、压力容器、压力管道及安全附件大检查。检查生产使用单位375家,设备3000多台(件),发现和整改各类隐患的设备178台(件),责令停止使用压力容器30台、锅炉6台。组织开展电梯安全监管和锅炉安全检查。发现和消除各类隐患64条,封停“三无”电梯4部,督促更新运行超过15年的老旧电梯6部,制订整改方案26个。

强化特种设备应急管理。重新修订《朔州市特种设备事故应急预案》,强化并完善应急救援队伍和专家库建设,于2015年5月29日,由韩文让副市长任总指挥,开展电梯应急“双盲”演练。省质监局特设处处长张杰全程观摩演练,给予高度评价。

筹建电梯安全监管循迹信息管理系统。全市在用电梯3000多部,专业监察、检验人员不足20人。传统的人盯人、人盯设备的监管手段不能满足现实监管需求,致使部分电梯带病运行,威胁乘客的安全。为解决这一矛盾,在市委、市政府的大力支持下,本局重点筹建电梯安全监管循迹信息管理系统平台,为全国首创。平台现完成政府采购。

2015年5月29日,朔州市开展特种设备(电梯)应急救援演练

(市方志办供图)

在全省率先建立特种设备安全保险机制。联合市金融办印发《关于在全市开展特种设备安全责任保险工作的意见》,建立起“政府引导、市场运作、立法保障”的责任保险发展模式。《中国质量报》对此项工作发文予以肯定。

特种设备安全监察科在维护青少年合法权益、促进青少年健康成长等方面发挥突出作用,被省团委命名为2014~2015年度山西省优秀“青少年维权岗”。经过一年的努力,全市全年未发生特种设备安全责任事故。

**【质量管理】** 2015年,朔州市推进质量强市战略。充分发挥质量强市领导组办公室作用,制订《朔州市质量强市领导组2015年工作任务》,协助市政府召开2015年全市质量强市领导组(扩大)会议,部署质量工作考核和进出口商品质量安全考核工作,印发《朔州市重大进出口商品质量安全风险预警和快速反应机制》和《朔州市重点进出口产品质量案件挂牌督办制度》两个暂行

2015年6月30日,朔州市开展"电梯安全、锅炉安全、管道安全"三项整治活动 (市方志办供图)

规定。

组织开展获证企业年度检查自查工作。安排13家获得工业产品生产许可证企业开展年度自查,由市局组织、县区局配合抽查5家,审核12家企业的自查报告,并监督企业完成整改报告;配合省质监局对全市5家危化品获证企业开展专项监督检查;配合省质监局对1家新申请证书企业进行现场核查见证;配合省质监局完成制造业产品合格率统计抽样、送检工作。特别需要指出的是,据2015年全省制造业产品质量合格率统计调查结果显示,全市20家陶瓷企业的被抽样品铅镉溶出指标合格率100%,标志着朔州市陶瓷产品居于全国领先水平。

组织实施2015年度产(商)品质量定期监督检查实施计划。2015年度,省质监局对朔州市生产加工领域的水泥、动力用煤、洗精煤等产品和流通领域中的农膜、烟花爆竹、安全技术防范工程质量开展监督抽查,抽查合格率在95%以上;对省局移送的7份不合格检验报告,责成相关县区局按照《产品质量监督抽查管理办法》的要求对相关企业进行严格后处理。

【服务转型发展】 2015年,朔州市深入推进标准化工作。报请市政府成立由分管副市长任组长、30个部门负责人为成员的"朔州市标准化工作领导小组",增强对标准化工作改革发展的组织领导;帮扶朔州市煤矸石电厂制订《粉煤灰填充技术》山西省地方标准;朔城区酒店管理规范和右玉原生态旅游规范经过专家审核,有望升级为山西省地方标准;参与制订6项特色水果种植标准化规程;在怀仁光明眼科医院,开展全市首批社区医院服务标准化示范试点工作。

开展计量工作。深化"计量惠民生、诚信促和谐"双十工程,引导并培育100余家诚信计量自我承诺示范单位(集贸市场8家,加油站16家,A级餐饮3家、餐饮14家,连锁超市2家、其他商店超市19家,医院6家、眼镜店4家、道路交通3家、公用事业5家)。为30余家中小学校和社区乡镇提供免费计量服务。开展电子计价秤专项整治工作,检查电子计量秤销售门店8家,使用单位82家,检查在用电子计价秤589台,严厉打击计量欺骗违法行为。

推进科技兴建工作。检验检疫综合实验楼改造已接近尾声;检测试所新购置近200余万元各类检验检测仪器设备,新增水表检定台并培训相关检定人员,新建CNG加气机计量标准1项,21项计量标准到期复查并顺利通过省局考核,全年检定各类设备53321台件,检验各类样品1170个批次。特检所完成特种设备定验和安装检验5971台(套),公用压力管道10033米,安全阀3178个,受理特种设备考试申请860人(次)。

推进信息公开工作。按照市政府相关文件要求,于2015年8月份正式开通门户网站。以门户网站为平台,进一步推动落实《中华人民共和国信息公开条例》,扩大信公开范围,细化公开内容,全年公开各类信息81条。

【执法监督】 2015年,朔州市强化重点消费品质量安全监管。围绕农资、食品、建材、儿童用品和汽车配件等重点领域，开展以化肥、“地条钢”、建材产品、汽柴油、为重点的“质监利剑行动”，严厉打击质量违法行为。市县两级质监部门出动执法人员866人次，查处违法案件75起。全市全年未发生一起影响恶劣的假冒伪劣产品事件，也无集中性、区域性、系统性的制造假冒伪劣产品的窝点。

加强认证认可证后监管。全年组织对5家质量管理体系认证获证企业进行监督检查；落实强制性认证产品区域监管责任制，加大对强制性认证产品的执法监管力度，完成对1家强制性产品认证获证企业的监督检查；对5家资质认定获证实验室进行监督检查。

加强机动车安检机构日常监管。年初，下发《朔州市质量技术监督局关于进一步加强机动车安全技术检验机构监督管理工作有关事项的通知》，年中、年末，组织县区质监局对本辖区内的机动车安检机构进行集中检查，重点对安检机构是否认真执行国家有关法律法规、按照技术标准进行检查。（市质量技术监督局）

## 食品药品监督管理

【概述】 2015年，朔州市食品药品监管局围绕保障公众饮食用药安全这一总目标，突出问题导向，树立底线思维，强化作风建设，坚持依法监管，充分发挥班子整体作用，团结和带领全局广大干部职工不断加强监管工作，改进监管方式，提高监管实效，机构改革、作风建设、党风廉政建设、安全保障齐头并进，较好地完成全年工作任务。

【干部队伍建设】 2015年，朔州市开展“学习讨论落实活动”“不担当、不作为、乱作为和‘四风’问题整治”以及“三严三实专题教育”为契机，严肃推进“六权治本”，如期完成权力清单和责任清单的梳理工作，梳理行政职权292项。及时组织学习贯彻《中国共产党党组工作条例(试行)》《中国共产党廉洁自律准则》和《中国共产党纪律处分条例》。深入学习十八届五中全会精神，引导全局干部职工树立创新、协调、绿色、开放、共享的新理念。出台《推行六权治本，实施党政主要领导“五个不直接分管”和“末位表态”暂行办法》，全面加强干部纪律作风建设。在市委第九督导组的全程参与下，始终把握“问题导向”，坚持领导带头，紧密结合食品药品监管工作实际，先后召开党风廉政建设专题会议5次，“学习讨论落实”活动和“三严三实”专题教育会议12次，聚焦群众关切，围绕重点深讨论、细剖析，找准找实问题和原因，查找问题6条，制订切实可行的整改措施，于12月24日召开“三严三实”专题民主生活会，坚持两手抓、两不误，开展制售“三无”食品和假劣药品突出问题专项整治，食品药品市场秩序进一步规范好转。

【党风廉政建设】 2015年，朔州市围绕保障公众食品药品安全的中心任务，突出落实局党组的“主体责任”和成员“一岗双责”，突出驻局纪检组的“监督责任”，狠抓思想、组织、作风建设，健全和完善教育、制度、监督并重的惩治和预防腐败体系，推进全局党风廉政建设和反腐败工作的开展。全面落实党组主体责任。强化工作部署。局党组认真研究党风廉政建设各项任务，把党风廉政建设工作列入重要议事日程年初召开全市食品药品监管工作暨党风廉政建设工作会，对全市党风廉政建设及反腐败工作进行安排部署。抓好责任分解。把党风廉政建设和反腐败工作任务分解落实到每位班子成员，坚持“一岗双责”，把党风廉政建设与食品药品监管各项业务工作同部署、落实、检查，做到业务工作管到哪里，党风廉政建设责任就跟进到哪里，党组书记与党组成员，党组成员与分管科室签订党风廉政建设责任书，将党风廉政建设责任分解落实到分管领导和科室。深化党风廉政教育，筑牢拒腐防变思想道德防线。组织全局干部职工学习贯彻党的十八届三、四、五中全会和习近平总书记系列重要讲话精神、省纪委十届五次全会、市纪委五届五次全会精神，并通过组织参观廉政教育基地、反腐教育片等方式加大警示教育力度。

落实纪检监督责任。驻局纪检组把净化政治生态、严肃查处违纪违法案件作为系统大事来抓,对审批认证、检验检测、案件查处、监督检查、人事财务等重点部位和关键环节,进行随机抽查、专项检查、集中督察。对局机关办案科室、六县区局的行政处罚案件进行监督检查,对检查发现的问题在全系统予以通报,通过内部执法行为监督,完善内部约束机制。坚决查处“四风”变异行为,严厉惩处顶风违纪现象,紧盯“元旦”“春节”“端午”“中秋”等重要时间节点,做好节日期间廉洁自律各项工作,关注重点部门和关键岗位,加大检查力度,发现问题严肃处理,逐级追究领导责任。先后邀请市检察院专家开展预防职务犯罪专题报告1次,市局主要领导讲廉政党课1次,参加市检察院廉政教育1次,组织学习讨论落实活动和三严三实学习教育15次,因工作纪律等问题开展约谈2次,充分发挥纪检组的监督责任。

**【严把干部选拔任用关】** 2015年,朔州市局党组始终把干部队伍建设摆在重要位置,严把干部选拔任用关。2015年7月,经局党组研究,为市食品药品稽查队和市食品药品检验所调整配备4名副科级干部,在选拔任用过程中,局党组严格按照组织动议、民主推荐、考察、讨论决定等程序开展工作,并严格按照组织程序进行考察、公示、票决,对4名拟任职干部的职务犯罪信息按要求向市检察院进行查询。2015年9月,严格按照组织程序,对因食品药品监管体制改革内部科室调整后涉及的10名正副科级干部进行重新任命。组织、人事、纪检部门相关人员对干部选拔任用进行全程监督,在选拔任用干部工作中做到公开、公正、公平。

**【食品药品监管体制改革】** 2015年,朔州市加强乡镇建管站建设。全市行政编制115名,到位94名,到位率82%;市县两级有事业编制197名,到位149名,到位率76%;44个乡镇监管站、269名监管人员编制到位164名,平均每站达到3名以上,到位率60.9%。其中,15个监管站配备电脑、打印机、照相机等设施设备,在此基础上,市局通过政府集中招标为6县区配备价值30万元的电脑、打印机等设施设备充实乡镇监管站,基本建立市县乡三级监管网。

**【信息化和检验能力建设】** 2015年,朔州市在信息化建设方面,市食安办建立“朔州市食品安全信息网”(www.szspaqw.com),及时向全社会公开食品安全工作措施和全市食品安全各项信息,引导全社会积极参与食品安全工作。市局和六县区局12331投诉举报电话全部投入使用。全市6家药品批发企业和516家县级以上药品零售企业已全部安装药品远程电子监管系统,覆盖全市县级以上药品经营企业的95%,且调试运转正常。乳制品原产地可追溯系统建设取得初步成效。山西古城乳业、山西雅士利有限公司、蒙牛山西乳业、朔州伊利乳业、应县乳制品公司等企业依靠电子追溯平台或与纸质记录档案相结合,基本能够实现产品正向和逆向追溯,奶源可追溯到奶站。初步建立全市食品生产监管人员和企业信息档案库,企业信息录入66家,并按照全市乡镇监管站具体情况分配相应的监管账号107个。保健食品化妆品经营企业“执法检查系统”和电子动态监管系统运行正常,全年有268家保健食品经营企业和180家化妆品经营企业纳入监管系统。“朔州市食品药品安全综合监管平台”进入政府集中招标阶段。

在食品安全检测能力建设工作中,市政府从朔州市检验检疫综合实验楼中明确划拨3000平方米用于市食品药品检验所食品安全检验监测能力建设,建设项目于8月取得省市发改委的批复,并确定代理公司,开始设计并办理施工前各项手续。建设工期为两年,预计可按期完工。县级检验检测资源整合工作推进有力。市政府出台整市推进规划,确定建设右玉县和应县两个县级综合检验检测中心,相关资料按程序上报。

**【食品安全综合协调】** 2015年,朔州市始终把发挥食安办综合协调作用作为加强食品安全的重要抓手。在以市政府名义印发《朔州市食品安全委员会工作规则》《朔州市食品安全"黑名单"管理办法(试行)》《朔州市食品安全委员会成员单位职责》工作规范的同时,于3月4日,召开市食品安全委员会调整以来的第一次全体会议,对全市2015年食品安全重点工作进行安排部署。与省保险行业协会朔州办事处联合制订《关于开展朔州市食品安全责任保险试点工作的实施方案》,优化食品安全监管方式,协同解决食品安全问题,推进食品安全社会共治。与市农委签署《关于加强食用农产品质量安全监管合作协议》,确保形成监管力,实现无缝衔接。市食安办两次对六县区工作进行督促检查。先后组织各成员单位和食品生产经营单位开展"3·15"消费者权益日集中宣传、食品安全社会公益宣传、食品安全"五进"等多次宣传活动,各部门印发各类食品安全宣传资料30余万份,为群众现场解答咨询5000余人次。

【食品药品安全监管】 2015年,朔州市围绕严厉打击制售"三无"食品和假劣药品专项整治工作,采取有效措施,突出重点区域、重点环节、重点品种,市县乡三级联动,加大对食品药品市场的监管力度。食品方面,摸排小作坊346家,查各类食品企业6280家次,警告165家,责令整改325家,停产停业31家,取缔无证生产经营摊点69个,立案查处食品案件156起,收缴罚没款172.8万元。没收"三无食品"、过期食品1603公斤,无标识调味品637袋(瓶),查扣非法生产的沙棘原汁4吨。保化产品方面,全市有222家保健食品经营企业、169家化妆品经营企业按照要求纳入电子监管平台,立案查处保化产品案件18起,收缴罚没款3.6万元。药械方面,检查药械生产经营使用单位1562家次,责令整改136家次,立案查处药械案件77起,收缴罚没款31.5万元。上报药品不良反应报告750例,医疗器械不良事件报告11例,药物滥用监测报告1263例。市食品药品检验所完成全省监督抽验药品870批次,全市开展食品监督抽验194批次、药品监督抽验406批次,完成率达100%。

(市食品药品监督管理局)

## 审　计

【学习教育】 2015年,朔州市局党组始终把学习贯彻十八大精神和习近平总书记系列重要讲话精神作为首要任务,坚持以讲话精神为指引,持之以恒抓学习。统一部署全面学。将学习讲话精神纳入全年教育计划,作为党组中心组、党员组织生活学习的重点内容,专门列出学习专题和思考题目,并邀请专家进行专题宣讲,实现干部职工全员学习。领导干部带头学。要求全体科以上干部带头学习、带头撰写心得体会、带头调研,带动全局干部职工;要求领导干部围绕作风建设,深入学习理解讲话的立场、观点、方法;要求所有领导干部做好笔记、撰写心得,在民主生活会、组织生活会上做学习体会专题发言。在集中学习时,集体评议学习效果,看是否促进工作作风的好转。宣传舆论引导学。局机关开设专栏,登载专家解读文章及干部职工交流体会心得;利用宣传栏、展板等多种载体宣传讲话精神。以践行中国梦、坚定不移走中国特色社会主义道路、如何在新时期发挥审计监督职能等为主题,组织干部职工座谈,营造浓厚的学习氛围。结合工作重点学。将学习讲话精神与审计工作紧密结合,做到"两手抓、两不误",在深刻理解内涵、准确把握实质、推动实际工作上下功夫,努力将学习推向深入。领导班子成员先学先行,自觉用讲话精神深化认识,统一思想,做到真信、真学、真用,自觉运用习近平总书记系列重要讲话精神武装头脑,坚持正确的政治原则、政治路线和政治方向,指导实践的能力进一步提升,解决问题、谋划推动全局工作的本领进一步增强。

【审计监督】 2015年,朔州市审计局围绕全市"两大任务"和"六大发展",从大局出发,锐意进取,开拓创新,按照年初计划,坚持"压数量、保质量、盯热点、扫盲点、抓重点、出精品"的原则,较好地完成各项工作任务。全年市本级完成审计项目6大类94项，审计署安排2项，省审计厅安排3项，市本级安排89项，审计187个单位，查出违规资金10.37亿元，查出管理不规范资金30.62亿元，上缴财政罚没款3000万元，移送有关部门处理意见书41件。出具审计报告和信息简报285篇，提出审计意见和建议549条。年度审计工作目标责任考核进入全省先进行列，获评省审计厅表彰；精神文明建设工作再上台阶，第二次通过2014~2015年省级文明和谐单位验收。

开展对政府重大政策措施贯彻落实情况的跟踪审计。市、县(区)两级审计机关抽出三十多名审计骨干人员，组成七个审计组，按照审计方案21个方面内容，对市、县(区)各部门稳增长、促改革、调结构、惠民生、防风险等各项政策措施落实情况进行全面跟踪审计，并对重要事项进行必要的延伸和追溯，市县两级审计36个部门126个单位，跟踪236个项目，涉及财政资金15.31亿元，发现48个问题，完成整改问题29个，尚待整改问题19个，切实发挥经济发展的“助推器”作用，促进市县两级政令畅通、政策落地和绩效提高。

开展市级财政预算执行审计。先后组织12个审计组，分别对市财政局、市地税局等26个部门单位预算执行和其他财政收支实施审计，并延伸审计54个二、三级预算单位，覆盖率达到40%。查出违规资金2.09亿元，管理不规范资金24.34亿元，审计机关针对存在的问题提出相应的整改意见和建议，并按照有关规定作出处理和处罚。

开展县区财政决算审计。根据省审计厅“两年审一次，一次审两年”的要求，对怀仁、山阴、右玉3个县2013、2014两年度的财政决算进行审计，延伸审计预算执行单位69个，查出应缴未缴财政预算收入等问题2.05亿元，针对查出的问题，提出建设性的意见和建议，促进增收节支5300多万元，有效规范财政财务收支。

开展市属部门和单位的财务收支审计。完成全市工商行政管理系统、市旅游局等11个项目的财务收支审计。审计查出违规及管理不规范资金5654.88万元，针对存在的问题，审计机关提出整改意见和建议，依据相应法规做出处理和处罚，有效促进资金安全规范使用，提高行政运行绩效。

开展领导干部经济责任审计。工作中前移监督关口，重点关注领导干部任职期间的重大项目决策、资金分配、基建投资等情况，不断提升经济责任审计质量。全年完成14项经济责任审计任务，审计查出主要问题金额1.25亿元。开展政府投资审计。完成朔州市生态观光旅游公路工程等27个审计项目，送审金额9.93亿元，核减工程价款1.06亿元，平均核减率为10.67%。

开展专项资金审计。对大同市大同县、浑源县、阳高县农业综合开发资金和朔州市环保专项资金征收管理使用情况进行审计。查出违规和管理不规范资金1.49亿元，并对存在问题的有关单位提出明确的整改建议。

开展金融审计。以促进地方金融机构贯彻落实国家宏观调控政策和防范重大金融风险为目标，完成朔州市农村信用社资产负债损益审计。审计针对违规问题提出整改意见和建议。

开展保障性住房跟踪审计。开展2014年度经济技术开发区城镇保障性安居工程跟踪审计。审计查出管理不规范资金79.84万元。针对审计发现的闲置专项资金、审批手续不全、改造项目未按时开工和目标任务未完成等问题，提出完善制度、规范管理、提高资金使用效益等建议，有效保障人民群众基本权益。

**【领导班子和机关作风建设】** 2015年，朔州市开展“三严三实”专题教育和学习讨论落实活动，领导班子建设得到加强，干部队伍整体素质明显提升，机关作风建设进一步转变。领导班子引领作用坚强有力。认真组织学习中共十八大、十八届三中、四中、五中全会精神和习近平总书记系列重要讲话精神，提高领导干部的思想政治素质，更加坚定政治立场。开展“三严三实”专题教育和学习讨论落实活动，不断强化宗旨意识，紧密联系群众，深化为民审计的理念。坚持民主集中制原则，开展党内组织生活，召开民主生活会，增强团结，达成共识，领导班子的凝聚力和战斗力不断提高，表率引领作用突显。干部队伍谋事创业的氛围浓厚。通过集中学习、专家辅导、领导带学、个人自学等多种方式，统一干部队伍的思想认识，强化密切联系群众的工作作风，干部队伍的精神面貌焕然一新。通过开展精神文明创建活动、道德大讲堂和志愿服务活动，宣扬、培养、鼓励先进典型，“比、学、赶、帮、超”的氛围更加浓厚，学业务提技能的热情更加高涨，局机关内部营造出干事创业的良好的氛围，干部队伍务求实效，开拓进取的风气有极大的改进。纪律作风建设不断强化。开展作风纪律教育整顿活动，严肃政治纪律、组织纪律、工作纪律和审计纪律，通过治理庸、懒、松、散等不良现象，深化对作风建设的认识，进一步规范内部秩序。为推动作风建设，局机关加强检查监督，严格考勤、外勤、请销假等制度，突出用制度管人、管事。

**【依法审计】** 2015年，朔州市紧紧围绕依法审计这个中心工作，以审计业务内部监督为核心，以提高审计质量为目标，加强依法行政工作的领导，健全和完善依法行政的机制。完善行政执法决策机制。制订《朔州市审计局审计业务审批程序》和《审计业务会议组成人员及主要职责》及《审计项目在审计报告阶段审核、复核、审理、审定程序》等规范管理文件，编制权力事项廉政风险防控图和权力运行流程图，规范审计执法行为。梳理权力清单和责任清单。依据《中国人民共和国审计法》和“三定方案”，对现有审计监督权力进行全面梳理，明确行政职权事项3类9项，并按时公布权力和责任清单。推进“六权治本”。紧密结合“六权治本”目标任务，研究形势要求，起草《推进六权治本加强审计监督的意见》，经市深改组第五次会议审议通过，并以市政府行文印发，形成关注审计、支持审计和监督审计的良好氛围。

**【党风廉政建设】** 2015年，朔州市坚持推进惩防体系建设，严格落实两个责任，以“抓好廉政促审计，搞好审计促廉政”为主线，扎实有效地推进廉政建设，促进审计事业的健康发展。严格落实党风廉政建设责任制。始终坚持一把手为主体责任的领导机制，按照“谁主管谁负责”的原则，落实一岗双责，同审计工作任务同部署、落实，考核。强化审计队伍廉政教育。开展以领导干部为重点的示范教育、警示教育和岗位廉政教育，专题辅导学习《党的纪律处分条例》《廉政准则》，增强干部职工开展党风廉政建设的主动性和积极性。狠抓廉政措施的落实。各级干部严格遵守《廉政准则》和审计工作纪律，按规定认真填报个人收入申报、重大事项报告、廉政档案，严格履行办理婚嫁、丧葬事宜报告制度，积极落实市纪检委的信访举报投诉平台管理工作，深化党务政务公开工作，有效解决反腐倡廉建设中人民群众反映强烈的突出问题。在审计工作中，严格实行双举报箱制度，坚持认真落实审计回访、随访，严格审计人员的廉政纪律管理。强化监督检查。局党组和纪检组充分发挥主体责任和监督责任，主动一对一约谈打招呼，局长和班子成员谈、纪检组长与科室负责人谈，对一些苗头性、倾向性和群众反映的突出问题，严肃批评教育，及时予以纠正。领导干部带头廉洁自律。严格执行中央八项规定和审计署“八不准”，坚持勤俭节约、艰苦奋斗，坚决反对讲排场、比阔气、奢侈浪费等歪风邪气。

（市审计局）

## 统　计

**【规范化建设】** 2015年，朔州市落实《县级统计机构工作规范》和《乡镇统计工作规范》，市县两级按照年初工作安排定期深入基层，就基层统计的队伍、制度、业务、信息化建设等进行检查指导，有效提高基层统计工作水平，巩固规范化建设成果。做好业务指导检查。投资科继续推行县区报表四要求，并新建QQ报表平台进行随时指导，满足投资统计制度改革需要；工交科从实际出发，结合国家统计标准的调整和变化,加强对企业的单位清查,细化统计范围、指标口径和填报要求,减轻基层负担,提高工作效率和报表质量;社会科强化对调查单位的现场指导检查,特别是对联网直报单位和文化产业单位的数据来源、台账建立、是否持证上岗等逐一落实,确保数据质量。落实一线调研走访。工业、能源统筹安排,共同制订方案,分片分县,对全市煤炭及洗选、电力、冶金、化工、乳业、陶瓷、肉食加工等进行全面调查,了解一线情况,掌握新常态下工业经济运行态势;贸易、服务业利用两个星期时间,下基层现场办公,市监测中心积极响应走实调查最后一公里主题实践活动,加大基层走访力度,用半年多的时间对调查企业进行地毯式回访,强化对调查对象的管理。

【学习教育】 2015年,朔州市落实局机关各项学习制度,按照不同层次编印学习资料,全面学习党的十八届三中、四中、五中全会精神,习近平总书记系列重要讲话精神和党的各项方针政策理论;根据工作需要合理安排学习时间,创新学习方式,搭建学习交流平台,检验学习成效,分享学习成果,提高干部队伍政治素养和政策理论水平。加强业务知识培训。一流的业务是统计调查工作的看家本领,按照省局“八个全覆盖”要求,高起点规划、高标准落实,业务学习培训规模、次数、人数创历年来之最。分四批次组织市、县区40名统计人员参加国家组织的专业知识基础(提高)培训班;参加省、市委党校培训8期;参加省局业务培训26期;市局投资、工交、能源、贸易、社会、农村、服务业、普查中心等适应改革需要,先后对县区专业人员、投资项目统计员、全部大中型和部分小微企业统计人员、市直有关部门统计人员、四下非私营单位统计员、全市所有乡镇统计员进行培训。全年市局累计组织培训24批次,参训人员达2129人次;各县乡配合农村联网直报调查工作,分别对所属乡镇和辖区范围所有村级统计人员进行全覆盖培训。此外,随时跟进国家、省统计方法制度变化需要,不定期进行各专业业务知识的向下传递,全年培训学习60多次,人数超过3800人次。积极参与机关干部网上在线学习,继续推进统计再教育工作,全年参加继续教育467人,资格认定189人。

【统计质量】 2015年,朔州市严格执行《山西省统计数据质量控制规则》《山西省统计数据审核评估管理办法》和《朔州市统计数据质量控制审核评估办法》,坚持“开网即查,逐日比对,目标定位,动态监测”工作模式,强化对数据的采集、审核、评估的跟踪检查,数据的准确性、规范性和透明度进一步增强。立足源头,依法调查,严把数据来源关;强化巡查,加强指导,严管调查上报关;监督过程,关注异常,严控指标审核关;横向论证,纵向比对,严肃数据评估关。工业专业创新工作机制,边报边审,报审结合,在每月报表收网前三天,每天至少导出数据汇总一次,做到及时发现问题,及时反馈处理。同时,强化执法检查和调研指导,对企业的原始“台账”和“一套表”程序中的数据进行联审,杜绝“账”“表”不一两张皮,提高一套表联网直报数据质量。社会科采取重点抽查方式,按照规模大小对劳资、科技、创新调查、文化产业进行质量抽查,发现奇异数据立刻返回核实,既解决企业的困难,也保证源头数据。此外,加大系统内部各专业以及与省局相关处室的沟通联系,强化相关指标的协调评估,数据的匹配性明显增强,公信力进一步提高。

【统计法治建设】 2015年,朔州市成立开展统计数据弄虚作假专项整治工作领导组,制订专项整治方案,形成一把手亲自抓、分管领导具体抓、各专业人人参与、密切配合的工作局面。建立统计上严重失信企业市级公示平台和所辖县(区)公示平台,加大企业统计失信成本,增强企业对统计失信的认识。强化调查监督检查,坚决反对在统计数据上的弄虚作假行为,形成依法调查、准确科学的良好氛围。创新形式,丰富载体,统计普法宣传迈上新台阶。印制《统计法律事务告知书》,分送到全市所有“四上”企业,并通过报纸、网络

2015年7月3日，朔州市统计局开展领导班子学习讨论落实专题讨论活动　　（市方志办供图）

向社会公告；把宣传《中国人民共和国统计法》《企业信息公示暂行条例》和《统计上严重失信企业信息公示暂行办法》与执法检查同步进行，提高统计法制宣传效果；以“依法行政宣传月”活动为契机，精心组织，利用广播、电视、报刊等新闻媒体，全方位、多角度进行宣传；加强统计法制专栏建设，制作9月20日“中国统计开放日”专题网页；利用12·4、12·8进行大型普法宣传，设立宣传咨询点，发放宣传资料，解答普法疑难问题。组织开展统计法律法规和统计方法制度宣讲活动，将新的《统计法》《统计违法违纪行为处分规定》合订本分送各级领导，赢得各级领导对统计工作的重视与支持。开展局领导走基层、到乡村、进社区统计法制宣讲，提高统计的社会知晓率。注重学习，提升素质，全员统计法制基础更加扎实。落实领导干部学法用法制度，组织开展法律知识学习，邀请专家学者进行专题辅导，观看法制教育片，夯实基层法制基础。分两批次参加省法制办和市法制办组织的行政执法人员培训班和领导干部依法行政专题研讨班，各级领导干部和广大职工的依法行政能力明显增强。严格执法，敢于碰硬，查处统计违法案件力度进一步增强。将依法调查、全员执法贯穿工作始终，把一般检查、常规检查、专项检查和重点检查有机结合，取得严惩统计违法案件的明显成效。市、县（区）两级全年检查“四上”企业308家，处以警告21家，处以罚款14家，罚款金额14.66万元，创统计执法历史之最。其中市局直接检查98家，立案查处33家。严肃有效的惩处手段，达到“查处一案，震慑一方，教育一片”的目的，净化统计调查环境，提高统计数据的科学性。

**【规范部门统计】** 2015年，朔州市加强与市直有关部门沟通合作，强化对部门统计工作的培训和指导，不断推进部门统计工作的规范化管理。与发改、经信、住建、商务等部门建立长期合作机制，遵循统计工作的基本准则和技术规范，不断强化政府综合统计与部门统计的配合协调，重点解决国民经济的核算、农业、工业、服务业、投资统计数据与部门统计数据不衔接问题。定期召开部门联席会议，加强沟通交流，增强分析研判和把握发展趋势的准确性。建立市统计局与部门双向信息提供制度，规范数据提供流程，提高数据交换频率，推进部门间信息共享。

**【重点领域改革】** 2015年，朔州市积极推进GDP统一核算改革。跟进全国GDP统一核算，经济普查后重要数据、调整工作衔接有序。坚持“数据质量是统计生命”这一基本原则，加大对上报数据的审核力度，强化对市县两级GDP核算的联审评估，各项统计数据客观反映各地区各部门各行业真实情况。全面推进投资统计改革，双轨运行进展顺利。针对投资统计特点，强化对统计人员的培训，规范投资统计调查流程，从报送形式、时间、新入库项目的要求及原始资料台账，提出明确规定，每月对新入库的5000万元及以上项目进行核查，双轨运行过渡平稳，衔接有序。战略性新兴产业工业统计核算初见成效。完善工业经济调查基础辅助工作，逐步建立健全工业经济运行质量分析评价机制，为全省战略性新兴产业工业统计核算提供依据，为探索全市新兴产业工业统计核算奠定基础。贸易统计改革顺利实施。全市限额以上批零、住餐企业和个体户调查实现“一套表”汇总，限额以下批零、住餐企业季度抽样调查实现联网直报；限额以上批零商品类值结构进一步优化，调查样本的代表性进一步增强，批零、住宿餐饮企业入库工作有条不紊。能源统计改革稳步推进。洗煤企业的加工转换调查以及全市能源消耗总量同期数据有效衔接，经销企业能源购进、销售与库存调查调整到位，为全省从消费方向资源方核算能耗发挥作用，为朔州市能耗核算奠定基础。重点服务业调查有序推进。积极开展月度调查数据质量评估和生产性服务业研究，联网直接由季报向月报实现平稳过渡，居民服务业、文体娱乐业调查标准变化顺利开展。文化科技事业调查不断迈出新步伐。全面维护、检查文化产业名录库；组织开展2013~2014年年度企业创新调查和创新调查企业家问卷工作，掌握朔州市企业创新基本情况。积极推进农村统计联网直报。印发《关于开展农村统计联网直报以村直报试点的通知》，选取有代表性的乡镇先行先试，积累经验，为年报全部实现村级直报打下基础。

调查监测工作开展。加强民生领域重点监测项目信息预报，开展数据测算、调查网点轮换等基础资料搜集整理，消费流通价格调查新一轮基期年前期准备工作通过省总队现场检查和会议审定；开展生产价格调查基期轮换工作，完成调查企业的筛选确认和规格品的调整确认，新一轮基期轮换工作更加扎实。集中开展“八个全覆盖”专项工作。全面推进业务培训、现场检查指导、投资项目核查、“小升规”工业企业清查、批零住餐单位清查、基本单位名录库日常核查、执法普法、查处统计违法案件八个全覆盖。

**【大型普查和常规调查工作】** 2015年，第三次全国经济普查圆满收官。总结全市第三次全国经济普查工作，并分别以市政府和市人社局、统计局、经济普查办公室对全市经济普查工作中做出突出贡献的30个先进单位、80名先进个人予以表彰，市统计局获得全国第三次经济普查省级先进单位荣誉称号。完成三经普主要数据公报起草、发布、编印。完成承担省级经普课题分析研究。完成三经普年鉴编辑整理工作。

1%人口抽样调查工作取得阶段性成果。完成1%人口抽样调查的各阶段工作，组建市县两级机构、选调人员、落实经费、完成抽样框编制、区域划分、地图绘制及各类专业性培训和综合业务培训、物资发放、设备准备、人口宣传以及数据采集、编码、审核上报工作，通过国家、省事后质量抽查验收。

圆满完成常规性调查和专项调查工作。全市各级统计工作者，坚持以数据质量为中心。全面、准确、及时地完成2014年年报和2015年月报、季报等各项定期报表任务，数据的准确性、科学性明显增强，主要社会经济指标全面客观地反映全市经济社会发展实际。在完成常规性调查工作的基础上，紧紧围绕党委、政府和社会公众关注的热点、重点和焦点问题，创造性地开展小康社会监测、文化产业、外国专家调查、电子商务清查、健康服务业名录库核查等多项专项调查工作，同时配合市国土部门完成全市建设用地节约集约利用评价工作相关数据资料搜集整理，完成2015年城乡划分代码库的修订完善工作，配合发改部门搜集编制“十三五”规划数据资料。各项工作得到市委、市政府和各有关部门的一致认可，被市政府评为“政府信息工作先进单位”，被市委评为“综合治理先进集体”“重视支持妇女工作先进协调单位”，获得省局各项表彰20多个。

**【统计创新】** 2015年，朔州市名录库建设取得新成效。严格恪守联网直报四条红线，严把“四上”企业统计调查入库关，强化责任意识，规范工作程序，采取多项有力措施，全力抓好月度、年度入库审批及名录库日常维护工作。全面完成名录库县级部门数据比对核实试点、一套表专项整治周报、基本单位名录库维护更新和日常核查工作。全年新增入库单位2559个、变更法人2177个、剔除法人332个。新建亿元以上投资法人单位字典库，并纳入联网直报。全年月度审批入库单位11家，年度申报入库单位52家。一套表调查单位计776家，确保符合条件入库的企业应统尽统，应统必统，不重不漏。

联网直报系统运行良好。严格执行国家统计调查制度，不断提高数据的采集汇总能力，强化基层统计人员的业务指导，各专业报表在国家统一平台上一步到位，运转顺利。继续推行“即报、即验、即审”制度，联网直报率和通过验收率始终保持100%。加强业务指导，及时解决农村统计调查联网直报中存在的问题，农村一套表联网直报顺利进行。积极推进移动数据采集上报，统计生产全流程的电子化、网络化、智能化得到大幅度提升。

信息化水平进一步提高。制订《朔州市统计局信息系统安全扩建方案》，初步实现安全设备更新升级换代和视频系统服务器更新换代，完善统计信息安全体系建设和视频会议系统建设。购置管理应用设备，加强统计自动化管理应用能力。加快指挥调度移动化、数据采集自动化、统计分析智能化、发布手段多样化、行政管理电子化建设，全面推进统计现代化，提升统计生产力，统计信息化建设继续走在全省前列。

**【统计服务】** 2015年，朔州市统计信息继续发挥独特优势。按月编印《朔州经济运行监测》《统计专报》《统计快报》，为党政领导提供准确、及时、全面的决策服务。及时发布国民经济和社会发展情况统计公报，解读经济社会发展状况。2015年市局编发《统计报告》41篇，《统计信息》120期，政务信息134期，被各类媒体采用2500余次，被市委、市政府、市新闻中心网、市电视台、广播电台采用1000余次，经济社会发展“晴雨表”作用体现。致力于现代化服务型统计建设，更新统计内外网络，社会公众点击率不断上升。

统计监测预警能力加强。改进作风，深入基层，强化监测预警，服务经济发展。把经济预警、日常监管与一线调查研究指导服务有机结合起来，面对持续低迷的经济发展态势，主动作为，跟进省局、调动县区，瞄准热点、焦点，分别于3月、4月、7月、8月、11月五次对工业、煤炭、投资、贸易等领域进行专项调研，形成对上述各行业运行的总体把握和认识；围绕新常态，在创业转型、培育新增长点方面进行监测，更加真实、全面、客观地反映结构、速度和效益变化，直面当下，预测走势，履行经济发展“监测站”和“预警灯”职责；重点跟踪板块经济、新兴产业、小微企业，在科技创新、民营经济、金融振兴方面加强监测。

服务推进“两大任务”，加快“六大发展”更加精准有效。采取每月小分析，季度大分析，报表出信息，论证有特点工作机制，从朔州实际出发，关注国内外经济发展趋势，围绕中心，服务大局，把握煤炭市场疲软、能源需求不足，科学研判经济运行规律，跟踪经济运行中的新情况，统计综合性研究和专题性分析发挥参谋、智囊作用。市委书记王安庞多次在统计快报上作出批示，提出明确要求，市政府主要领导和分管领导每月都亲自过问统计工作，专门召开会议分析研究，听取统计工作汇报，探讨促进经济发展有效办法。

**【机关建设】** 2015年，朔州市机关文明创建活动实现新提高。配合全市“五城联创”活动，围绕思想道德建设、社会主义核心价值观、学雷锋志愿服务、文明风尚传播以及社会公益等方面，开展一系列创建工作。新增维修局机关室内外活动场所和设施，组建学雷锋服务小组和机关文体健身志愿队，开展建党94周年主题党日活动和抗战胜利70周年纪念活动。引导职工文明上网，不浏览不健康网站，不信谣传谣。建设节约型机关，开展节约一滴水、一度电、一张纸活动。完善职工食堂管理办法，落实门前三包和卫生保洁责任制。每年安排职工体检，健全职工健康档案。落实市委领导干部下乡住村、扶贫帮困工作要求，帮助扶贫点解决实际问题，投资18万元为右玉县高家堡乡马梁村修建蓄水大坝，改

2015年7月3日,朔州市统计局开展“五城联创”活动 (市方志办供图)

善该村人畜饮水困难。开展“送温暖、献爱心”等社会捐助活动,为灾区人民捐款4000元。

目标责任考核取得新成绩。抓好由本局负责牵头组织的主要经济社会发展指标的搜集、整理、审核、评估、上报工作,客观反映朔州市经济社会发展状况,连续五年获朔州市目标责任考核先进单位。落实局机关年度重点工作任务分解责任制,强化局党组统一领导,分级负责,层层落实,对2014年局属单位和全局干部职工进行严格考核,鼓励先进,激发广大干部职工干事创业的积极性。

**【学习讨论落实活动】** 2015年,朔州市学习讨论落实活动成效明显。按照市委安排部署,结合统计部门实际,坚持从严导向、问题导向、目标导向,聚焦净化政治生态这个关键,在学习提高、思想净化上下功夫,在深刻反思、深入剖析上动真格,在明确责任、整改整治上见实效。通过自己找、群众提、上级点、相互帮等途径,反复征求意见,召开专题会议,对照检查,查摆突出问题,推动统计发展,提出6方面、19条整改措施,形成市统计局党组反思剖析报告。以“钉钉子”的精神狠抓落实,制订责任清单,明确整改内容、责任领导、责任人、牵头部门和配合部门与整改时限,保证整改落实职责明晰、任务明确,形成牵头部门具体抓、配合部门密切协作格局。

“三严三实”专题教育取得阶段性成果。坚持以上率下抓实党课教育和专题学习。坚持党组中心组学习和全局集中学习,党员干部受到深刻的思想政治教育;从严从实抓好专题研讨,领导干部率先垂范,各支部积极跟进,征求意见,查找不严不实问题,剖析问题原因,撰写对照检查材料,召开高质量的“三严三实”专题民主生活会,推动民主集中制建设。大家自觉严于律己,踏实做事,干净做人,自觉敬畏纪律与规矩,既敢于直面问题,又善于担当作为。

**【党风廉政建设】** 2015年,朔州市召开统计工作暨党风廉政建设会议,下发《2015年朔州市统计局党风廉政建设和反腐败工作实施意见》。与局属各单位签订《党风廉政建设承诺书》,履行“一岗双责”,规范权力运行。坚持从严管党治党,把纪律和规矩挺在前面,严格各项规章制度执行,严肃查处不守纪律,不讲规矩行为,严守单位名录库建设和联网直报“红线”,打造阳光统计和廉洁统计。开展“整治不担当、不作为、乱作为和‘四风’问题”,推进干部纪律作风建设,开展统计数据弄虚作假专项整治,提高服务水平。推进“六权治本”,做好统计部门权力清单工作,经市审改办审核确认本局权力清单和责任清单13项,并在统计门户网站予以公开。从严从实日常监督管理。认真学习并严格执行《中国共产党党组工作条例》《中国共产党廉洁自律准则》《中国共产党纪律处分条例》,加强政治、组织、廉政、工作、群众、保密、经济和外事纪律等方面的警示教育和监督检查。开展违规收送礼金红包问题专项整治、领导干部顶风大操大办婚丧喜庆等借机敛财问题专项整治、陈规陋俗专项整治、行政审批违规和滥用审批权问题专项整治等专项整治。规范机关会议、培训、公务接待等工作,公务用车改革,遵守八项规定,

厉行节约，反对浪费。积极推进党务政务公开工作，虚心接受全社会监督。（市统计局）

## 国家统计局朔州调查队

**【概述】** 2015年，朔州市国调队贯彻中共十八大和十八届三中、四中、五中全会精神，按照“三严三实”总要求，学习习近平总书记系列重要讲话精神，以提高调查数据质量为共同的核心价值追求，服务于党政领导决策，发挥“智库”作用，各项工作取得可喜成绩。2015年，在市政府信息报送与采用得分排名一直处于领先水平，年度目标责任考核为良好等次，被市委市政府表彰为“看作为、比建树、争一流”先进单位，被市直机关工委表彰为文明和谐标兵单位。

**【理论学习】** 2015年，朔州市国调队党组把理论学习作为一种政治责任，坚持每月一次党组中心组学习和每周二全体干部职工学习，全员参加网络在线学习，聆听有关专题讲座，提高干部职工理论素质，打造学习型机关。系统学习中国特色社会主义理论体系，中共十八大及三中、四中、五中全会精神，特别是习近平总书记系列重要讲话和新思想新观点，深刻理解其科学内涵和精神实质；深入学习习近平总书记关于党员领导干部践行“三严三实”的新要求，规范自己的行为；学习《党章》《准则》《条例》和有关党的重大方针政策，做到内化于心、外化于行。

**【“三严三实”专题教育】** 2015年，朔州市国调队党组制订《实施方案》和专题研讨实施办法，以党课开篇启动专题教育，明确指导思想、目标要求、教育内容和方法措施，将开展专题教育纳入党组的重要议事日程，指定学习篇目，将学习教育成果纳入目标考核体系，形成教育的常态化机制；按照党组的安排，准备党课课件，作“三严三实”专题教育党课，联系正反两方面典型，联系现实中的不严不实问题，阐述“三严三实”专题教育的重大意义，收到较好的效果；建立学习园地，构建教育载体，党员干部人人撰写学习心得，开展严以修身、严以律己、严以用权三个专题学习研讨，营造专题教育的氛围。按照“三严三实”专题教育的总要求和推进从严治队的基本思路，完善30多项机关制度，严格对作风纪律的监督管理，实施全员定岗定责，规范从严从实的责任体系；坚持问题导向，严查存在问题，对执行“八项规定”、干部经商办企业及“四风”“六症”“六不”等问题开展专项整治，理顺工作机制，促进党员干部的思想自觉、行动自觉，使“三严三实”真正贯穿于工作、生活的全过程。结合教育实践活动“回头看”，在强化整改落实的基础上，认真梳理“不严不实”问题，制订整改措施。建立跟踪督察机制，对整改不力的谈话提醒，对态度消极、敷衍应付的严肃批评。按照朔组通字〔2015〕59号和晋调党组字〔2015〕19号文件有关要求，队党组和党支部紧扣“三严三实”主题，严格程序，注重质量，召开专题民主生活会和组织生活会，班子和个人联系实际深入查找剖析不严不实问题，严肃认真开展批评和自我批评。

**【党建工作】** 2015年，朔州市国调队党组牢固树立“抓好党建是最大政绩”的理念，坚持把党建工作和业务工作一起谋划、一起部署、一起考核，形成党建工作定责、明责、考责的落实链条和一级抓一级、层层抓落实的新格局。严格党内生活，贯彻民主集中制，遵守党组议事规则，开展健康的思想斗争；坚持“三会一课”、主题党日活动、双重组织生活、党员民主评议等制度、做法，以严格组织生活为载体纯洁干部队伍；加强支部建设，充实新鲜血液，年内根据工作需要对党支部班子进行改选，支部委员增加年轻力量，培养和吸纳新党员，向党组织靠拢的年轻同志不断涌现；党员干部与扶贫点右玉县杨千河乡陆家庄村建立结对帮扶机制；4月3日队党支部组织党员干部到塞北革命烈士陵园，开展以“缅怀先烈、继承遗志”为主题清明祭扫活动；5月26日组织党员干部参观山西省“红色记忆颂太行，弊革清风倡廉政”剪纸艺术作品巡展；全体干部职工积极响应市委“送温暖、献爱心”社会捐助活动。

【法治建设】 2015年，党的十八届四中全会《关于全面推进依法治国若干重大问题的决定》，对新形势下推进统计法治建设具有重大指导意义。国家统计局《关于加强和规范统计上弄虚作假案件查处工作的若干规定》和《统计上严重失信企业信息公示暂行办法》的出台，为建设法治统计带来新的机遇。紧扣依法统计主题，结合实际，创新工作思路，把推进依法调查作为一项全局性、基础性工作，作为提高数据质量的战略措施，列为"一把手"工程，摆上议事日程。在创新宣传形式，强化学法意识的同时，整合资源，创新调查执法模式，实施全员执法，加大执法力度，使专业执法检查常态化。整合执法骨干力量，加强市县队协调，推动联合执法。法制工作人员联合各专业人员，由队领导带队，实施全员执法。围绕重点单位、重点专业、重点指标，每月至少深入2家企业、年内对20家调查企业进行执法检查。建立完善查处案件卷宗档案，做到严格执法、规范执法，切实震慑统计违法行为，提高数据质量和法律的权威性。深入六区县先后开展三次执法大检查，查处问题企业5家并给予警告和限期整改处理，对两家企业作出行政处罚决定，处罚款1万多元，严明法律法规，促进调查数据的规范上报。通过12·4宪法宣传日和12·8《统计法》颁布纪念日，进行普法宣传活动，向社会公众发放统计法制宣传资料4000多份，接受咨询200多人次。通过培训、开会、检查、调查等形式，下发《统计法律事务告知书》500多份，做到对调查对象的全覆盖。

【党风廉政建设】 2015年，朔州市完善制度机制、坚决惩治腐败、加强宣传教育、强化监督检查、选好用好干部、严明党的纪律、狠抓作风建设、支持纪检工作等9项主体责任，落实纪检组认真组织协调、深化监督检查、严肃查办案件、加强责任追究、树立良好形象等5项监督责任。抓住责任分解、责任考核、监督检查三个关键环节，确保分管领导、责任人员、工作要求三个明确，推进党风廉政建设工作。健全工作机制。年初签订党风廉政建设责任书，成立市队党风廉政建设责任制工作领导小组，由队长任组长，实行"一把手"负总责和"一岗双责"制度，对重要工作亲自部署、重大问题亲自过问、重大案件亲自督办。坚持把廉政建设责任制摆上重要议事日程，巩固、拓展和深化群众路线教育实践活动成果，开展学习讨论落实活动，在专题教育学习会、座谈会上部署党风廉政建设工作。抓好责任分解。把构建惩防腐败体系的责任，作为贯彻执行党风廉政建设责任制的重要内容，分解落实到各科室。制订《2015年党风廉政建设工作要点》和《2015年党风廉政建设任务分工》，细化分解全年的党风廉政建设和反腐败工作任务21项，逐项落实牵头领导、责任科室和人员，并提出具体要求。加强责任考核。坚持把年度目标考核与党风廉政责任制考核一并进行，坚持把考核结果与业绩评定、奖励惩处、选拔任用直接挂钩，发挥责任考核的作用。

【作风建设】 2015年，根据朔州市委《关于整治不担当、不作为、乱作为和"四风"问题推进干部纪律作风建设的实施方案》要求，结合本队实际，对不担当、不作为、乱作为问题，特别是对照中央"八项规定"、山西省委"四个实施办法"、朔州市委"十项规定"以及党员干部"八小时外"五不准规定进行自查自纠，通过反思剖析、问卷调查、走访群众、召开座谈会、发放征求意见表等方式，收集各方面的意见建议，全面查找纪律作风的突出问题，列出问题清单，提出整改措施，实行"销号式"管理，完善考勤请销假、因公外出登记制度，对干部职工上下班、值班等情况建立抽查，提升全队干部职工的纪律约束能力。

【数据质量】 2015年，朔州市严格贯彻执行国家统计制度和业务规范化标准，将提高数据质量贯穿于调查工作的全过程。按照《山西国调系统调查业务规范化标准》的基本要求，结合调查业务实际，制订各专业实施细则，促进基础工作和专业调查能力的全面提升；落实《山西国调系统统计调查数据质量评估工作规定》,加大对数据审核评估力度,与朔州市统计局联合进行两次住户基础工作和数据质量检查工作,提出整改意见,及时整改;加强各专业调查网点的日常维护管理,组织开展调查专业样本扩增,名录库核实摸底,样本轮换工作和辅调员选聘。新增劳动力调查、农民工市民化调查、网购用户专项调查和贫困监测调查工作顺利开展。

【服务型统计建设】 2015年,朔州市以调查数据为依托,为党政领导、社会各界提供优质服务。坚持问题导向,着眼社会经济发展的热点、重点和难点,开展专项调研,提供有深度、有针对性的调研报告。其中《朔州城市幼儿园发展情况调查》得到王安庞书记批示,《朔州市重点群体就业创业情况调查》《朔州市小微企业发展调查》被山西总队全文采用,《新常态下煤炭产业发展问题研究》被国家统计局采用。2015年撰写调查报告50篇,调查信息69篇,其中被国家领导批示,被中被国办、省两办、国家局、总队、《朔州经济》《朔政信息》和各类媒体采用156篇次,总采用率为131.09%。并如期按季编发《朔州调查》服务党政决策,服务社会各界。

(国家统计局朔州调查队)

## 安全生产监督管理

【概述】 2015年,朔州市围绕"消除事故隐患、减少事故发生"为中心目标,以坚守红线、坚持安全发展为指针,以落实责任、强化齐抓共管为重点,以注重防范、夯实安全基础为根本,以加强监管、坚持依法治理为手段,建立完善安全生产责任体系,开展安全生产大检查、隐患排查专项治理、打非治违等工作,完成各项安全生产任务。

朔州市发生各类安全生产事故349起,死亡51人。同比事故起数增加19起,上升5.76%;死亡人数减少19人,下降27.14%。其中:工矿商贸企业发生事故5起,死亡5人,占山西省下达控制指标26.32%,同比增加1起,上升25%,死亡人数持平;道路交通发生事故173起,死亡46人,同比减少19起,下降9.9%,死亡人数减少18人,下降28.13%。

生产经营性事故243起,死亡28人,占山西省下达控制指标51.85%,同比增加45起,上升22.73%,死亡人数减少7人,下降20%。其中:生产经营性道路交通事故67起,死亡23人,占山西省下达控制指标65.71%,同比增加7起,上升11.67%;死亡人数减少6人,下降20.69%;生产经营性消防火灾发生事故171起,无人员死亡。同比增加38起,上升28.57%。

发生道路交通非生产经营性较大事故1起,死亡3人,占山西省下达控制指标25%,与上年相比,事故起数增加1起,死亡人数增加3人。

【完善责任体系】 2015年,朔州市各级党委、政府主动行使安全生产职责,定期召开安全生产专题会议,听取安全情况汇报,研究解决安全生产重大问题。朔州市委先后召开4次常委会议,市政府召开6次常务会议,市安委会召开4次全体(扩大)会议,专题研究安全生产工作,安排部署各阶段的安全生产工作。为推进安全生产责任的落实,市委书记王安庞与6位市委常委,市政府市长李海源与11位政府领导班子成员签订2015年度安全生产"党政同责、一岗双责"目标责任书。市直各部门、各县区、各乡镇都建立安委会,行政一把手担任安委会主任。市安委办每季度都向组织部门汇报安全生产工作。结合平安乡村建设,重点推进乡村"党政同责、一岗双责"四级五覆盖,督促乡镇设置安监机构,配备专职安全监管人员。朔州市有73个乡镇街道办实现"五覆盖",覆盖率达100%,132个有工业企业的行政村实现"五覆盖",占146个有工业企业行政村的90.4%。

【企业安全生产】 2015年,朔州市政府安委会下发《关于开展企业安全生产主体责任落实活动的通知》,推动企业建立安全责任、安全管理、安全投入、隐患排查等制度,强化教育培训、基础管理、技术装备、职业危害、安全文化、应急救援等基础工作。活动开展以来,朔州市有1380家企业法定代表人重新签订安全承诺书，258家企业成立专职安全管理机构、配备专职安全管理人员，其中注册安全工程师39人。非煤矿山等其它行业配齐“三大员”，煤矿等高危行业企业建立矿领导下井跟班、主要领导带班作业制度，明确企业董事长、党组书记、总经理对企业安全生产工作责任，有824家企业张贴“五落实五到位”挂图，全市233家规模以上企业实现“五落实”，规模以上企业“五落实”覆盖率达94.34%。

**【安全监管】** 2015年，朔州市在投资100多万元建设“责任全覆盖、监管无盲区”的市、县区、乡镇、村四级十一档网格化监管体系的基础上，又以“互联网+平台”建设为重点，印制《朔州市安全生产网格化监管工作指导手册》，完善“一库三平台+一企一牌”信息化系统。该系统覆盖全市7个县区、20个行业监管部门、73个乡镇，有21000余家生产经营单位录入朔州市三级安监基础信息数据库，其中有5120家重点监管生产经营单位纳入网格，实现监管主体、监管人员、监管对象信息化。具体运行实行责任制与属地化和信息化相结合，依托互联网，通过现有的“隐患整治、应急管理、执法监察三个信息数据平台”和正在建设的“一企一牌”平台将控制指标、重大隐患、诚信度等各类信息进行整合，按照行业监管和属地监管原则，促使各级政府、不同部门积极履责，及时调度、协调、督办重大事故隐患的治理，强化对各项重点任务、重点环节的动态监督，保证执法检查、企业自查、隐患整治的全面有效覆盖，做到横向到边、纵向到底、责任到人、职能到位的无缝隙监管，实现安全监管的精细、数据、体系、常态和规范化。

**【安全生产大检查】** 2015年，朔州市开展为期近一年的三轮安全生产大检查，山西省政府督察组两次督察，对开展情况给予高度评价。

2015年7月27日，朔州市政府召开安委会第四次全体(扩大)会议

（市方志办供图）

层层组织发动。2014年上海“12·31”踩踏事件发生后，1月7日朔州市政府召开第一次安委会全体会议，迅速在全市部署开展安全生产大检查；同煤姜家湾煤矿“4·19”透水事故发生后，4月28日市政府召开第二次安委会全体会议，对继续深入开展大检查工作进行部署；特别是天津港“8·12”危险品仓库特别重大火灾爆炸事故发生后，市委市政府高度重视，召开有关会议，全面落实总书记习近平、总理李克强和书记王儒林、省长李小鹏重要批示精神。8月15日，市委书记王安庞主持召开领导干部大会，对开展安全生产大检查深化“打非治违”和专项整治工作进行安排部署，8月20日，市长李海渊主持召开市政府第95次常务会议，专题研究部署安全生产重点工作，8月1日市委书记王安庞主持召开常委(扩大)会议，传达中共中央政治局常委会议和国务院常务会议精神、习近平总书记和李克强总理关于天津滨海新区危险品仓库爆炸事故作出的重要指示批示精神，对开展安全生产大检查深化“打非治违”和专项整治工作进行再动员、部署，市长李海渊提出做好安全生产工作的十项具体措施。

各县区、开发区、市直有关部门召开干部大会、安全生产专题会议、常委(党委、党组)扩大会议、董事长(厂长、经理)

2015年8月21日，朔州市委召开常委(扩大)会议，进一步开展安全生产大检查深化“打非治违”和专项整治工作　　（市方志办供图）

办公会议等系列会议200多个；制订下发开展安全生产大检查深化“打非治违”和专项整治工作方案96个。

全面落实责任。按照“一岗双责”要求，朔州市委、市政府成立以市长为组长、各位副市长、市长助理为副组长、市直相关部门主要负责人和各县区县区长、市开发区管委会负责人为成员的安全生产大检查领导组。各县区各部门各企业成立大检查领导机构和检查组，为大检查的开展提供组织保证。

为落实工作责任，在对所有6384家企业全面摸底的基础上，全部按“地方政府属地监管、行业部门直接监管”原则，把大检查、“打非治违”和专项整治工作的责任落实到具体各级政府分管领导、部门及企业负责人上，做到“四个所有”，即包括所有县区及开发区、所有行业领域、所有生产经营单位、所有人员密集场所，确保不留任何死角。各县区对该行政区所有企业分行业列出检查名单，明确检查的部门、责任人、内容和责任，开展地毯式、拉网式的安全大检查；市直行业主管部门分类细化该行业所有企业，列出检查名单，明确哪些企业由市级检查、哪些企业由县区检查，确保全覆盖，无遗漏。市级领导按照各自分管工作、联系的县区和重点企业，建立安全生产分片包点责任制；各行业主管部门也相应建立安全生产分片包点责任制，把安全生产职责落实到每个环节、岗位、个人，通过责任落实保证工作落实。各县区、开发区党政领导也确保落实安全生产分片包点责任制，按照责任制落实各自责任，做好相关工作，并督促乡镇、村限期建立安全生产分片包点责任制。开展检查，市政府以朔政办发〔2015〕68号制订出台十项具体措施。确保安全大检查全覆盖；做到隐患问题全整改；打击非法违法行为；进行严格问责和责任追究；开展对话谈心活动；实行领导分片包点责任制；集中开展突查、检查、暗查、督察；加强监管队伍和应急救援能力建设；做好大检查“回头看”再复查工作；加大社会公众监督和新闻媒体监督力度。

市、县两级政府召开安全生产大检查专题动员部署会议26次、专项督察部署会议28次，制订下发大检查方案261个，组织检查组、督察组1684个次，出动执法检查人员11500余人次，检查企业6384家，发现隐患问题8960条，整改隐患8933条，挂牌督办41家121条，其中8家27条正在整改中；查处非法违法、纠正违规违章行为46326起（其中交通违法行为44366起）；责令66家企业停产整顿，关闭取缔企业16家。

推动隐患整改。在三轮大检查中，朔州市委、市政府主要领导亲自挂帅，采取“四不两直”方式突查企业138家，发现隐患366条，挂牌督办35条，对朔州市丰泰铝业公司使用聚氨酯泡沫夹心彩钢板进行停产整改，对中石化朔州直属油库监控无人值守给予经济处罚，对怀仁县陈家堡非法加气站实施关闭取缔。特别是在第三轮大检查中，市委、市政府成立以书记王安庞、市长李海渊为组长的2个突查组，以市委常委、副市长为组长的7个督导组和安委办成立的7个暗查暗访组，市委、市政府督察室全程参与，开展安全生产大检查和突查。市直部门、各县区主要负责人也进行突查。

【隐患排查治理】 2015年，朔州市制订安全生产事故隐患排查治理、隐患和事故举报奖励、重大事故隐患挂牌督办等多项制度，市、县两级建立隐患排查治理信息平台，各级、各部门严格落实隐患排查治理报告制度，建立隐患排查治理台账、及时投入资金治理消除安全隐患。在隐患排查治理中，主要采取企业自查、专家排查、部门检查、安监部门综合督察和政府挂牌督办等措施，特别是山西省局组织专家来会诊非煤矿山企业4家，排查隐患问题25条；会诊危险化学品生产企业2家，排查隐患问题78条；会诊冶金工贸生产企业30家，排查隐患问题876条。形成专家会诊报告32份，建议整改954条。按照专家会诊意见，对25家非煤矿山、30家冶金工贸生产企业下达整改文书，停产整顿非煤矿山企业4家、冶金工贸生产企业3家，暂扣非煤矿山证照2家；以朔安监字〔2015〕122号《关于全市危险化学品企业安全生产专家会诊的通报》，对两家合成氨生产企业进行停产整顿。同时强化隐患整治，并对查出的隐患做到"五落实"(整改措施、责任、资金、时限、预案)。据隐患排查治理信息系统统计，全市排查各类隐患8098条，累计投入治理资金3200多万元，治理各类安全隐患8059条，分三期对难以整改隐患进行挂牌督办，并在3月9日、7月17日、9月6日的《朔州日报》进行公告。挂牌到期的31家整改，4家未整改到位，其余没到期的4家推进整改工作。

【"打非治违"专项整治】 2015年，朔州市打响油气管道隐患整治攻坚战。推进全市油气输送管道保护和隐患整治工作。加强组织领导，部署油气输送管道保护和隐患整治工作。在朔政办发〔2015〕4号明确发改、安监、公安、国土、质监等部门油气管道保护和安全监管职责的基础上，市安委会印发《朔州市人民政府安全生产委员会关于深入开展油气输送管道隐患整治攻坚战的通知》，制订油气输送管道隐患攻坚战实施方案，明确各部门攻坚战的目标任务、方法步骤和工作要求，对全市开展油气输送管道隐患整治攻坚进行统一部署。组织摸底排查，进一步查清全市油气输送管道底数。攻坚战行动以来，组织发改、安监、国土、住建等相关部门对全市油气输送管道进行全面排查摸底，排查天然气企业11家，天然气企业门站16个，长输管道和城市管网1002.8千米，排查出占压等隐患问题45条，其中重大隐患2条、较大隐患39条、一般隐患有4条。发挥统筹协调作用，督促整治任务落实。市安委办5次召开专题会议协调解决油气输送管道保护好隐患整治的重点难点问题、9次组织督察跟踪推进落实，并且在组织的8轮次安全生产大检查督察中，一律抽查当地油气输送管道安全隐患整改工作情况。建立完善挂牌督办制度，按期完成隐患整治。针对排查出的安全隐患，3月9日对43条、7月17日对1条管道占压等隐患问题进行挂牌督办，并都在《朔州日报》进行公告。且山西省安委办也对重大隐患进行挂牌督办。同时市领导组办公室又分别以朔油气办函〔2015〕1至4号、市安委办以朔安办函〔2015〕1号给朔城等四区县政府下发隐患整改督办通知，推动重较大隐患问题的整治。2条重大隐患中，怀仁境内占压京朔天然气长输管道重大隐患由县政府出资100万元已完成整改；朔城区京平天然气胡家窑段占压由市区政府出资200万元，整改开工建设，12月15日前就能完工，重大隐患整治取得突破性进展。39条较大隐患有31条整改，整改率达79.5%，剩余8条也制订整改措施。4条一般隐患整改到位。全部隐患分阶段整改率达到50%目标经完成。

开展煤矿水、火、瓦斯等隐蔽性的致灾隐患为重点的专项整治。朔州市政府采取一系列措施，凡矿井水文地质资料不全的煤矿一律停产整顿、凡朔州境内同煤集团地煤公司煤矿全部进行停产整顿、凡朔州境内整合煤矿一律停止复产验收工作、凡证件和审批手续不全或存在重大隐患的煤矿一律停产整顿,停产整顿矿井一律进行全员安全教育培训。专项行动期间,发现隐患160多条,整改隐患154条,对7座煤矿实施停产整顿。

其他市直有关部门也开展专项整治。国土部门开展非法采矿专项整治,市政府下发《关于严厉打击非法违法矿行为的通知》,关闭私采乱挖浅层煤、浅层矿6处。交警部门以客车、货车、校车、危险品运输车和农村面包车为重点开展专项整治。质检部门以煤气发生炉为重点开展专项整治,安监、经信等部门以涉氨制冷和液氨使用企业为重点开展专项整治。

开展打非治违专项行动。朔州市安委会制订下发《关于印发朔州市2015年安全生产领域“打非治违”专项行动实施方案的通知》,部署开展打非治违专项行动,关闭取缔非法违法生产经营单位36家,责令65家企业停产整顿,查封电梯6部,列入黑名单企业13家,行政拘留142人,对48家企业违法行为给予103万元经济处罚,市安委会对9家无证和证件到期企业进行挂牌督办,并在《朔州日报》进行公告。对拒不执行处罚决定的双良供热公司采取申请法院强制执行措施。

【宣教培训】 2015年,朔州市以“安全生产月”为重点,组织开展宣教系列活动,市安委办下发《关于开展2015年“安全生产月”和“安全生产采访报道”活动的通知》,开展“安监干部进企业宣讲”、与企业负责人面对面谈心对话、安全生产月“咨询日”、营运大客车司机“安全宣誓”等活动,出动安监人员650人次,进企业宣讲512家次,播放警示教育片325场,发放宣传资料5万份、《安全生产法》读本1万册、《安全生产法》图解等手册1300套,与786名企业负责人进行谈心,赠送“五落实五到位”和“安全风险六条规定”牌匾368块,挂图2600张,营运大客车司机签订“安全承诺书”150份。加强新安法及有关法律法规的宣传报道,开展安全生产宣传报道采访和好新闻参选活动,参加国家安监总局好新闻评选。在省级以上媒体进行安全生产宣传报道44篇。其中《山西日报》20篇、山西电视台播报5次,中国安全生产报和国家安监总局网站刊登安全专篇19篇。

开展安全培训。完善安全生产培训考试管理体系,健全考试工作制度,深化培训教考制度改革,成立培训考试中心,实现教考分离。按照年初制订的安全生产培训计划,创新培训方式,采取“三项岗位”人员、基层执法人员集中培训,培训机构进企业分期培训,聘请专家进行专业技术、操作技能培训等形式,举办各类培训班40期,培训“三岗”人员、执法人员达15000多人次,进企业培训从业人员7800多人,对减少“三违”行为、提高“三岗”人员及广大从业人员安全素质和安全防范能力起到推动作用。

【应急管理】 2015年,朔州市抓住煤炭、非煤矿山、危险化学品、道路交通、建筑施工、消防等重点行业强化应急救援体系建设,利用中煤平朔集团的优势,联合中煤平朔筹建市应急救援物资储备库,在财政困难情况下投资1000万元为安监、煤炭、公安、消防、交警、环保、国土等部门改善应急装备、增加应急救援物资储备。指导企业配备专职和兼职应急人员2100多名,加强应急救援预案审核备案,应急预案审定备案3856家,备案率达95%,推动1120家企业开展应急演练。其中市政府组织开展大型桌面演练1次,消防演练2次、危化2次,特别是6月19日市政府组织多部门开展电力企业危险化学品大型演练,山西省局领导进行现场指导。

【查处问责】 2015年,朔州市按照“四不放过”原则,对5起生产安全事故进行严肃查处,其中4起已结案,1起正在查处中。追究刑事责任2人,行政处罚14人,党政纪处分18人,经济处罚181.6万元。通过严肃查处事故,追究事故单位及相关责任人的责任,认真落实整改措施,起到教育、惩戒、警示和防范作用,杜绝同类事故的发生。 (市安委办)

# 农林水牧

# Agriculture and Forestry & Water Conservancy

## 农 业

【概述】 2015年，朔州市认真落实中央农村工作会议和省、市农村工作会议精神和中央一号文件精神，按照年初确定的目标任务，围绕推进“两大任务”、加快“六大发展”、建设美丽朔州和塞上明珠的总体目标，学习贯彻习近平总书记系列重要讲话精神，紧扣“农业增效、农民增收、农村稳定”主题主线，坚持为民、务实、清廉，努力践行“三严三实”，完善强农惠农政策体系，加快农业现代化建设进程，统筹城乡经济社会协调发展，农业农村经济总体呈现出稳中有进、稳中向好的良好发展态势。

【“三严三实”专题教育】 朔州市抓紧抓实抓好“三严三实”专题教育工作，加强机关作风建设。成立领导机构，制订工作方案。委党组成立由主要领导为组长的“三严三实”专题教育领导小组及办公室，制订专题教育工作方案和开展“三严三实”专题教育学习讨论安排表，将专题教育任务和弘扬山西、太行、吕梁、右玉精神和“三个文化”结合起来，分项落实，明确时间、内容、责任。

讲好党课，做好动员。班子成员带头为党员干部讲党课，特别是委党组书记、主任任石生华围绕“三严三实”的意义内涵、问题表现和践行要求，亲自给全体干部职工做专题辅导，并就政治理论学习、精神文明建设、社会主义核心价值宣传、机关文化建设进行安排。班子其他成员也结合各自工作，为全体干部专题辅导一次。

组织学习，形成制度。通过中心组学习、集中辅导等集中学习和个人自学相结合办法，学习《习近平谈治国理政》《习近平关于党风廉政建设和反腐败斗争论述摘编》《严以修身把牢“总开关”》《弘扬右玉精神践行正确政绩观》《严以律己做好“明白人”》以及中央、省、市领导讲话，观看《筑梦中国》。

严格程序，学习研讨。班子成员分别以严以修身、弘扬右玉精神、严守政治纪律和政治规矩、严以律已、严以用权为主题，进行五次集中学习和专题研讨。班子成员结合前一阶段的系统学习和工作实践，对照“三严三实”要求，查找自身存在“不严不实”问题。

开展民主生活会。广泛征求意见，并对征求到的意见建议进行认真梳理和汇总，通过个别谈话、集体座谈、上门走访、电话交流等方式，有组织地开展谈心交心活动。做到“五谈”：党支部书记与支部委员重点谈、支部委员相互谈、支委与党员分头谈、党员之间彼此谈、党组负责人与支部书记提醒谈。全体党员都在自我评议、查找和梳理问题的基础上，撰写对照检查材料，重点列出存在的主要问题及具体表现，深挖产生问题的思想根源，提出具体改进措施。领导班子成员联系班子实际，认真查找班子自身存在的“不严不实”的突出问题，剖析原因，明确整改措施，撰写对照检查材料，召开民主生活会，开展批评和自我批评，达到红脸、出汗、治病的目的。

践行严、实作风，强力推进各项工作。在“三严三实”教育活动中，坚持“一切从群众出发，一切服务于群众”，把“为民、务实、清廉”贯穿到各项工作目标任务中，做到工作、活动两不误、两促进。

【落实目标任务】 2015年，朔州市粮食产量超额完成考核任务。2015年，通过实施粮食生产能力提升工程，战胜历史上罕见的夏秋连旱，全市粮食总产量达到11亿公斤，超任务8.4亿公斤30.95%。

雁门关生态畜牧经济区领头雁工程强力推进。以全国草牧业试验试点为契机，按照“立草为业、草畜结合、以草促牧、以牧富民”的发展思路，全力实施“两个双百工程”，打造“三个草牧业示范带”，农林牧全面推进、种养加循环发展，打造全省雁门关生态畜牧经济区建设的领头雁和全国草牧业改革试验示范基地。全市新建20个畜禽标准化养殖场，改良绵羊66.7万只，山羊4.24万只，推广三元优种猪28万头，推广蛋鸡标准化23.3万只，奶牛生产性能测定5000头，人工种草35万亩。2015年全市奶牛存栏18.31万头，牛出栏4.75万头；羊饲养量585万只，其中：存栏223万只，出栏362万只；生猪存栏33.5万头，出栏43万头；鸡存栏270万只，出栏142万只；肉、蛋、奶类总产达10.3万吨、2.9万吨、53万吨，分别完成任务的105%、100%、102%。

实施农村一、二、三产业融合发展工程成效显著。以种植促养殖，以养殖兴加工，扩大招产引资，培育壮大龙头企业，促进一、二、三产业融合发展、循环发展。2015年，全市农产品加工企业完成销售收入180.075亿元，完成计划180亿元的100.04%，同比增长18.94%，呈现出产销两旺的可喜局面。

农民人均可支配收入稳定增长。克服经济下行压力加大和农产品价格波动较大的不利影响，实施农民双稳定增收工程，确保农民有稳定的就业渠道、稳定的收入来源。2015年全市农村常住居民人均可支配收入继续保持快速增长态势。据统计部门调查，前三季度全市农村常住居民人均可支配收入达到7024元，同比净增加508元，增长7.8%，全年达10948元，增长8%，特别是20%低收入农村居民收入增长18%。

农畜产品质量安全保障明显提升。全市高致病性禽流感、牲畜口蹄疫、高致病性猪蓝耳病、猪瘟、鸡新城疫免疫密度均达到100%，免疫抗体合格率达到70%以上。开展动物卫生监督行政处罚工作，实施电子出证和《动物卫生检疫记录工作规范》，全市出具检疫证明17624张，产地检疫和屠宰检疫出证率100%，实现出证点全覆盖，规模养殖场和定点屠宰场监管覆盖率达100%。抽检饲料样品62批次（超省定任务19批次）、兽药35批次（超省5个批次）、生鲜乳561批次（超省101个批次）、畜产品质量安全例行监测208批次、兽药残留监测100批次（超省40个批次），实现任务和合格率双超。初步建成市、县、乡三级农产品质量安全检测体系建设，在省厅例行检查中，前三季度全市蔬菜、瓜果等主要农产品农药残留综合合格率96.6%，高于省定标准0.6个百分点，特别是大秋蔬菜检测合格率为100%，未发生较大农产品质量安全事件。

新型农业经营主体加快发展。联合九部门印发《关于促进和指导农民合作社规范化发展的意见》，促进合作社规范化发展。全市在工商部门登记注册的各类农民专业合作社总数达到6315个，新增743个，实现所有行政村和主导产业两个全覆盖。2015年，有16个合作社获省级示范社称号，超省定任务1个，有30个合作社获市级示范社称号，超年初任务5个。有70个合作社获县区级示范社称号，超年初任务10个。有1751个家庭农场进入省家庭农场名录，有2个家庭农场获得省级示范性家庭农场称号。

“一村一品、一县一业”开发工程深入推进。按照典型示范、分步实施、整体推进的总体思路，投资874万元，重点实施110个“一村一品”专业村主导产业扶持项目，专业村主导产业从业人数达到12万人,涌现出一大批特色鲜明、效益较高的专业村,全市"一村一品"专业村总数达到537个。投资640万元,在山阴、怀仁、右玉县3个省级重点实施"一县一业"基地县产业发展项目14个。朔城区、平鲁区、应县三个县区也早行动,围绕主导产业加大推进力度,加快发展步伐,形成一大批优势农产品集中连片的产业区和产业带,朔城区的城郊型现代农业、平鲁的马铃薯、山阴的奶牛、怀仁的肉羊、应县的蔬菜、右玉的小杂粮已基本形成"一县一业"产业格局。

土地流转服务体系建设有新突破。以市委、市政府两办联合印发《关于引导农村土地经营权有序流转发展农业适度规模经营的实施意见》,引导农村土地有序流转,发展农业适度规模经营。市政府安排资金85万元用于市级农村产权交易市场建设及设备购置和安装。朔城区作为全省试点县区,年内可挂牌运行。应县作为全省农村土地流转服务组织规范化建设县,完善县、乡、村三级土地流转服务体系,开展土地流转信息发布、合同签订及鉴证、法律政策宣传等服务。平鲁区结合国家仲裁体系建设项目的实施,开展农村土地流转服务组织示范县建设,统一推行使用省级流转合同示范文本,促进土地规范有序流转。

加快职业农民培养。为做好新型职业农民培训工作,市政府印发《朔州市新型职业农民培育规划纲要(2015~2020年)》,和市财政局联合印发《朔州市2015年新型职业农民培育实施方案》,配套经费30万元。于12月20日新型职业农民培训完成6060人,超额完成任务60人。

着力提升科技创新能力。在北京雁门关特色农产品博览会上与山西省农科院签署战略合作协议,市长李海渊专门会见省农科院副院长,市委副书记郑红、市政府副市长侯新生、副市长田东多次带领市农委相关人员到省农科院进行对接,省农科院有关领导到朔州考察办公场所和基地等相关事宜,就省农科院在朔州市分支机构建设达成共识。

**【农村人居环境】** 2015年,朔州市市委、市政府成立以市委副书记为组长,相关部门分管领导为成员的领导组,及时召开动员会,制订完成2015年行动计划。按照《朔州市改善农村人居环境规划纲要(2014~2020年)》和2015年行动计划,实施四大工程,取得较好的成绩。四大工程累计完成投资13亿元,超省定任务4.8%。其中完善提质工程完成投资2.8亿元、农民安居工程的采煤沉陷区治理累计完成7.8亿元、环境整治工程累计完成投资2亿元、宜居示范工程完成投资0.4亿元。美丽宜居示范村建设稳定推进。2015年省、市、县三级联创美丽宜居示范村14个,其中省级示范村8个。全市各级加强领导、强力推进,省级下达的880万以奖促治资金全部下达到示范村和实施单位,建成12个省级美丽宜居示范村,建设农村公共浴室5个,有4个村实施排污管网建设,农村危房改造全部完成。应县作为全省美丽乡村建设示范县,省财政投资2000万元,其它方面投资1120万元,农村面貌得到极大改善。

扶贫攻坚工作取得新突破。在全市各级领导和各有关部门统筹推进下,通过领导包村、定点扶贫、企业帮扶、财政支持、专项扶贫等措施,全力推进精准扶贫、精准脱贫工作,完成1.992万人的减贫任务,占计划的107.68%。11月底省里又追加减贫人口4500人,减贫任务增到2.3万人。到年底完成2.3万人的减贫任务。

**【农村改革发展】** 2015年,朔州市草牧业试验试点市建设。2015年朔州市被确定为全国唯一的草牧业发展试验试点市。一年来全市上下积极作为,大胆探索,全力实施"两个双百工程",着力打造"三个草牧业示范带",建设全国草牧业示范市,努力走出一条"立草为业、草畜结合、以草促牧、以牧富民"的现代农业发展新路子。推进三项工作:加强领导,落实责任。农业部、省委省政府、市委市政府对朔州市试点工作高度重视,农业部副部长康震、总畜牧师王智才专门听取本市试点工作准备和启动情况,省长李小鹏作出重要批示，副省长郭迎光主持会议作出安排部署。书记王安庞两次主持召开市委全面深化改革领导组会议，指导和审定试点工作实施方案。成立以市长李海渊为组长，副书记郑红、副市长雷健坤、副市长侯新生为副组长，农业、发改、财政等12个部门为成员的草牧业发展试验试点工作领导组。市长李海渊、副书记郑红多次到农业部汇报试点市建设事宜，并多次召集县区及市直有关部门研究试点工作。11月5日特邀省农业厅领导召开全市草牧业发展动员会，明确各部门职责，形成共同推进的工作机制。突出重点，稳步推进。推进草业专业化。立足各县区资源条件，坚持草畜结合，适地适草的原则，通过实施草业重点项目，大力发展人工种草，建立牧草种植、收贮、加工配送全产业链一体化产业体系，提升整个草牧业发展水平。在川区重点发展青贮玉米种植，适度发展苜蓿种植；在山坡区，重点发展人工草场、燕麦草种植，统筹人工草地建设和天然草地保护。全市全年种植全株青贮玉米30.5万亩，青贮量85万吨。种植苜蓿7.17万亩、种植燕麦草11.3万亩。市政府投资1000万元扶持三个示范点建设，山阴农牧场种植苜蓿3430亩、平鲁区向阳堡乡种植苜蓿2200亩、右玉张千户岭种植燕麦草3500亩。牧草收获加工机械化作业全面推广。全市牧草收获加工机械保有量大幅增加，全株玉米收获机械已达300多台，全株玉米青贮全部实行机械化作业。从事牧草加工企业、合作社5家。右玉县新建的绿之源牧草加工企业，加工能力为日收割加工燕麦草150亩，日加工生产柠条粉50吨，现已平茬柠条2万亩。推进牛羊规模养殖标准化。加大对中小牛羊规模场的标准化改造升级，实施“双百”工程，三年全市改造升级奶牛园区（场）100个、肉羊育肥园区100个，使牛羊养殖实现规模化现代化，巩固朔州市优质奶牛基地地位，打造年出栏500万只育肥羊基地。按照“双百工程”的要求，2015年，改造提升奶牛园区12个，全市30%的奶牛园区采用双列式自由采食和TMR全混合日粮饲喂，达到现代化奶牛牧场的建设和管理标准，鲜奶质量和产量大幅提升，每头牛日产奶量提高到30公斤左右，单产水平达6吨以上。羔羊育肥开始由谷物育肥向优质牧草育肥转变，平鲁区、右玉县有5个园区采用优质牧草TMR日粮进行羔羊育肥，起到示范作用。推进种养加一体化。按照农业部在农牧交错带“粮草兼顾、农牧结合、循环发展”为导向的要求，结合市不同区域种植业、牧坡草场条件和畜牧产业基础，在试验试点试期内，将打造并形成三个各具特色、产业链条完整、现代化程度较高的草牧业示范带，为引深全市草牧业试点市建设增添新内涵。以朔城区滋润乡、福善庄乡，山阴县后所乡、薛　G乡、古城镇、张庄乡，应县杏寨乡、臧寨乡八大奶牛乡镇为中心，建设青贮玉米种植、现代化奶牛养殖、乳制品加工、有机肥生产相结合的草牧业示范带。以怀仁县亲和乡、应县臧寨乡为中心，建设牧草种植、现代化肉羊养殖、屠宰加工、有机肥生产相结合的草牧业示范带。以平鲁区、右玉县为主，建设人工草场、家庭羊场、肉羊良种繁育和草产品加工相结合的草牧业示范带。

农村土地承包经营权确权登记颁证试点建设。市县财政安排确权资金3454万元。全市清查摸底1083个村，超任务88个村，面积371万亩，超市定任务28.5万亩多，已进入核实公示阶段。市级统一航拍采集数字正射影像工作底图工作，从8月份开始陆续发放到县区，已通过专家验收。市县两级农村土地承包管理信息系统机房已按省级要求完成建设，待省厅设备到位并安装调试后即可运行。

扩大招商引资。5月份在北京成功举办“山西雁门关生态畜牧经济区特色农产品展销暨技术交流招商引资洽谈会”。会上省、市领导会见新西兰恒天然大中华区对外关系与传播副总裁秦敏女士，就恒天然在应县的发展做进一步沟通交流，帮助应县引进恒天然奶牛牧场三期项目，总投资7亿元，项目主体建设已基本完成。

【信息公开】 主动公开涉及“三农”方面的政府信息100

余条，主要包括以下内容：党中央、国务院及地方各级党委和政府在农业和农村方面的政策；有关涉农法律、法规和政府规章文本；农业和农村经济发展规划及重大决策，农业自然灾害等重大突发性事件预警、发生及处理情况；单位组织机构、工作职责、办理制度、权利义务、办公地址、联系方式、投诉电话等情况；各级农业行政执法机构开展执法检查的项目、依据、内容、结果等情况；涉及向人民群众收费的法规依据、收费项目、收费标准及其服务内容、程序、时限、纪律等情况；农业重大投资项目招投情况；行政审批事项；行风建设和机关作风建设的相关制度及履行情况以及人事编制与财政公开等。按照《朔州市2014年政府信息公开工作要点实施方案》的要求，重点加强对惠农资金管理与使用情况的公开工作，对农业项目安排区域范围、扶贫开发项目的申报和审批程序、干部帮扶贫困户以及各项通知、管理办法和工作总结上网进行公示，接受社会的广泛监督。

朔州市三农工作保持较好的发展势头，但也明显地感到，从内部来看，农业基础设施建设滞后，抗灾能力弱，靠天吃饭的局面还没有真正改变；农民兼业化、副业化、老龄化趋势明显，农业新型经营主体培育还任重道远。农产品市场价格波动较大、外出务工渠道收窄，稳定增收的难度不断加大；龙头企业规模小、品牌不响、市场竞争力不强，与农民利益联结不紧，带动能力不强仍是最大的短板；城乡之间差距还不小、农村贫困面还较大，扶贫攻坚任务较重。还有农业科技创新能力不足、农村金融服务不强的制约，农业的自然灾害风险、市场风险、疫病风险、从业人员的道德风险、有害生物的入侵风险等还需不断防控。

【党风廉政建设】 2015年，朔州市建立健全各项规章制度。建立健全党风廉政建设党组责任制度、重大事项调查研究和集体决策制度、政务公开制度、限时办结制、首问负责制、农业资金项目跟踪督查制度、五个不直接分管等制度，形成用制度规范从政行为、按制度办事、靠制度管人的有效机制，做到“法无授权不可为”“法定职责必须为”。按照减少层次、优化流程、提高效能、方便办事的原则，制订权力运行流程图，做到每一次权力运行都按流程规范操作。本着权责对等、科学实用、有利于权力制衡和活化责任，有利于提高效率和方便群众办事的原则，下放权力，真正把该放的放到位。完善和落实“一把手”不直接分管人事、财务、项目、政府采购和行政审批等具体事项，形成副职分管、正职监管、集体领导、民主决策的权力运行机制，防止“一权独大”“一人独揽”。围绕支农资金、项目建设、采购指标等方面，构建事前调研、事中监管、事后评估的运行机制。推进权力运行，实行决策、管理、服务、结果公开，保障群众的知情、参与、表达、监管权，解决机关衙门化、权力封闭化、决策神秘化，防止暗箱操作等问题。

加强党建工作。结合“六权治本”“三严三实”学习教育活动的开展，加强党的建设。党组狠抓党建，“一岗两责”执行情况到位。贯彻落实工委《关于推进学习型党组织建设的意见》要求，积极研究制订《2015年市农业委员会机关党建工作要点》，组织单位全体职工开展学习型党组织建设。同时坚持党建工作“一岗两责”，把党建工作与农业农村业务工作同部署、落实、考核，明确党建工作责任制。党建引领全局，专题活动成效突出。在“三严三实”学习教育活动中，专门召开党员专题组织生活会和民主评议党员工作。按照市委要求，结合市农委实际研究制订专题组织生活会实施方案。组织全体党员学习党章，学习习近平总书记系列重要讲话精神，特别是学习中央、省委、市委关于“三严三实”学习教育活动的重要文件、重要会议精神以及规定的学习资料，让全体党员明确党员的条件和标准，增强思想自觉和行动自觉。一年来，围绕农业农村工作，发挥党员先锋模范作用和党支部战斗堡垒作用，求实创新，凝聚人心，推动调查研究、结对帮扶和作风建设等各项重点工作。

加强廉洁自律。结合市农委工作实际，坚持学习为先、讨论为要、落实为本，聚焦系统腐败、行业歪风、制度缺失、工作漏洞、自身不足等突出问题，深入查摆、认真讨论、深刻反思，实现干部清政廉洁，严格执行中央八项规定，反对“四风”突出问题，做到“十个不”：不吃拿卡要，不贪污挪用公款，不用公款购通讯设备，不报电话费，不用公款装修私房，不用公车办私事，不用公款出境考察，不浮夸虚报政绩，不参与项目有关的宴请，不弄虚作假、徇私舞憋，在决策时不独断专行。全体党员干部关系融洽，和睦共处，精诚团结，和衷共济，每个班子成员都能在其位、谋其政、履其职、尽其责，做到既讲分工，又讲合作，分工不分家，凝聚力、战斗力明显增强。（市农委）

## ·农业综合开发·

【概述】 2015年，朔州市农业综合开发工作贯彻落实党的十八届五中精神，紧扣农业综合开发“两个聚焦”，牢固树立“扶持龙头就是扶持农业、富裕农民”的理念，坚持“夯实基础、整体推进、重点突破、建一流队伍、创一流业绩”的工作思路，发挥地域优势，壮大特色农业，进一步打造朔州特色农业品牌，坚持“重中之重”战略思想不动摇，切实以十八大精神统领农业农村各项工作。转变工作作风、密切联系群众，围绕转型跨越发展总方略，以确保农民收入翻番为目标，以“一村一品”“一县一业”为主攻方向，以粮食安全、农业增效、农民增收为目标，加强农业基础设施建设、改善农业生产基本条件、提高农业综合生产能力，不断完善农业综合开发管理机制，提高科学管理水平和资金使用效益，为建设和谐富裕文明宜居朔州、提前全面建成小康社会和实现城乡一体化作出贡献。

【主要工作】 完成《朔州市农业综合开发扶持农业优势特色产业发展规划(2016~2018年)》。根据省农业综合开发办公室的安排布置，按照编制规划要求结合本市实际，组织市县相关人员编制完成《朔州市农业综合开发扶持农业优势特色产业发展规划（2016~2018年)》。

完成接受省农发办和审计厅对市农业综合开发专项资金的审计工作。2015年7至9月，省农发办和审计厅组织专人对平鲁区、应县、山阴县2010年以来的农业综合开发专项资金进行全面审计，全市高度重视这项工作，市县两级积极配合，做到资料随要随到，并提供必要的工作环境和生活环境，确保该项工作顺利开展，并对审计出的问题边审边改。

完成对2014年项目竣工市级验收．按照国家、省农发办制订的项目建设标准和验收细则，市农发办自查验收组结合实际，本着求是、严格、认真的原则，按照验收标准对全市2014年度国家农业综合开发竣工项目涉及的各类工程和档案资料逐项进行初验。具体采取听汇报、看工程、查档案、审财务的方法进行验收。工程方面检查工程数量完成情况、质量优劣程度、项目运行管护情况以及项目所取得的经济、社会、生态效益；资料方面主要检查财务管理，项目工程招投标和项目规划、设计资料、监理资料是否规范、齐全。分别对项目前期工作、项目管理、资金管理、项目效益、制度执行等五方面进行验收考核。从验收整体情况来看，全市五县(区)2014年度农业综合开发项目和资金按项目批复计划全面完成，也取得预期效果。从验收组对各县(区)量化评分情况来看，应县、朔城区为优秀，怀仁县、右玉县为良好，山阴县由于特殊情况此次验收没有量化评分。

完成年度批复计划任务。2015年土地项目工程实施情况：市2015年度完成高标准农田建设项目3.65万亩，小流域治理项目0.83万亩，完成投资5562.8万元，其中：中央财政资金3559万元，省级财政资金1498万元，市级财政配套资金106.9万元，区级财政配套资金174.6万元，项目区自筹资金224.3万元。2015年农业综合开发高标准农田建设项目，在2015年5月中旬进行项目工程招投标，并确定的中标单位。从6月中旬开始施工，各项工程在该年度全面完工。产业化项目完成情况2015年批复产业化经营财政补助项目11个，完成项目总投资4148.7万元，其中：中央财政资金1180万元，省级财政资金529.6万元,市级财政配套资金35.4万元,县级财政配套资金25万元,项目区自筹资金2378.7万元。资金已全部拨付项目单位。这些项目全部当年建成并投入生产,生产经营状况良好。

抓好培训工作。2015年有针对性的在应县搞项目和资金管理培训班,全市涉及人员基本参加,培训内容涉及农业综合开发工程初设报告、预算编制、档案管理、项目竣工验收程序、项目库建设等专业知识。

通过省农业综合开发办公室对右玉县2014年度竣工项目进行的综合检查。检查组一行通过查阅相关项目及资金档案资料、会计账表凭证、核对相关数据、现场查看等方式,对该县2014年农业综合开发项目计划安排、资金到位、项目资金使用、资料档案整理、主要做法等进行综合性检查,并到项目区进行实地查看和走访。检查组认为:右玉农业综合开发项目实施指导思想明确、农业综合开发工作机制健全、制度执行严格、工作措施得力,项目区整体形象良好,财务制度健全,资金使用管理比较规范,严格执行县级财政报账制。

【主要做法】 2015年,朔州市合理项目规划布局。新形势对农业综合开发提出新的更高要求,为使农业综合开发在提高农业综合生产能力,培育主导产业,推进产业化经营,促进农民增收中发挥最大作用,在土地治理项目布局安排和项目建设上注重四个突出。突出培育主导产业。培育主导产业,促进区域化、规模化、商品化经营,增强农产品的市场竞争力,是新阶段农业综合开发的工作重点。根据产品生产优势、资源优势和市场潜力,市政府确定三大主导产业的发展规划。结合农业综合开发土地治理项目的特点,每县区选择1至2个产业进行重点扶持。突出重点地区。根据重点扶持的优质玉米、优质特色蔬菜、土豆、小杂粮四个产业的要求,在农业综合开发土地治理项目布局上,向其主产区倾斜,并按照规模连片的要求,确定八个重点扶持区域,即:应县山阴接合部优质特色蔬菜区、朔城山阴优质玉米区、右玉、平鲁小杂粮,平川四县土豆种植。突出产业化经营。产业化经营是现代农业的标志,是提高农业综合生产能力和生产效益的一项重要措施。农业综合开发必须以促进农业产业化经营为工作重点。在抓好产业化项目扶持龙头企业的同时,在土地治理项目的安排上注重向产业化经营倾斜,坚持围绕龙头企业建基地,依托基地扶龙头,优先为龙头企业配建优质原料生产供应基地,优先安排有条件的龙头企业自建基地项目。通过农业综合开发的扶持,扶强企业,增强示范,带动农民致富,提高土地治理项目投资效益。突出规模开发。市农业综合开发坚持集中力量办大事,实施规模开发,取得明显的阶段成效。坚持把制订总体“规划”作为保证农业综合开发连续投入的前提条件,各县(市)、区依据总体规划的要求组建项目库,实行统筹规划,分期实施;在年度计划安排上,控制项目个数,每年每县只安排1至2个项目区,3至4个项目镇,实行新老结合、整合投资、滚动开发等投资策略,集中资金、提高标准、重点投入、连片开发,实现一年一小片,多年连续成规模的开发目标。截至2015年底,形成应县南河种片为辐射,将近20万亩规模开发片1个,怀仁县新家园、山阴北周庄、后所,朔城区神头、南榆林、贾庄、寇庄超5万亩片7个。在“尊重自然规律、市场规律和农民意愿”的前提下,“连片开发”体现特色产业规模性,围绕做大做强特色产业,实现“一片一品”;体现基础设施连贯性,形成以规模促产业,以产业扩规模的良好发展态势。

提早安排部署农业综合开发工作。2015年,市各级党委、政府始终把农业综合开发作为促进农村经济发展和推动社会主义新农村建设建设的具体措施列入重要议事日程。为完成已确定的工作目标总结过去农业综合开发工作,交流各县区在农业综合开发中的典型经验,研究提出全市农业综合开发工作要按照“分类指导、分区开发、整合项目、突出效益、综合示范”的工作思路,明确要以农业综合开发项目区为平台,积极探索不同地域农业综合开发的新模式。市农业综合开发工作以提高农业综合生产能力为总体目标，以高标准农田建设和中低产田改造为重点，扶持龙头企业，加大科技推广力度，提高项目区整体效益，为加快农村发展提供经济基础。加大高标准农田建设投入力度，强化农村基础设施建设，增强农业综合生产能力。坚持把提高农业综合生产能力、确保粮食安全作为农业综合开发的重要任务。土地治理项目计划编制坚持“保证重点、集中连片、整体推进、突出效益”为原则，加大对全市农业重点县的投入力度。坚持扶大扶优扶强，提高龙头企业的辐射带动能力，促进农业和农村产业结构调整，稳定增加农民收入。为发挥龙头企业的带动功能，发展壮大区域优势产业，支持优势农产品生产带建设，稳定地提高农民收入，按照过去有基础，市场有销路，农业能增效，农民能增收的原则，明确主攻方向，培育和扶持确实能带动一方产业和农民增收的龙头企业，促进农业和农村产业结构调整。

提升项目管理水平。抓项目前期工作。在土地治理项目立项时，根据本市地域特点，确立不同的治理模式，并加以引导和推荐。制订立项四原则：即项目区必须集中连片；群众有开发意愿，自筹有保证；项目区为粮食主产区或优势产业区；有水源保障。市里派出考察组对一些重点项目进行现场考察，使土地治理项目的立项和选址向科学化合理化的方向转变。产业化经营项目在编制计划前，就下发项目申报指南，围绕县域经济特点选择项目，明确扶持重点、申报条件及扶持政策，加强对申报工作的指导。申报立项时，市里组织相关专家对项目逐个评估，严格把关，从中筛选出一批辐射带动强、市场潜力大、竞争优势明显的项目予以扶持。抓规章制度的完善和落实。在继续完善项目法人制、招标投标制和公示制，推行工程监理制的基础上，规范管理，完善和规范土地治理项目招投标和工程监理工作，提高推行招投标和工程监理制可操作性。加强项目监督检查，建立日常检查、中期检查，竣工验收“三位一体”的监管制度。开展日常工作检查。根据项目建设和资金使用进展情况，不定期深入到各县市，针对各地农发工作的薄弱环节，开展专项检查，促进农发工顺利开展。组织中期检查。通过召集项目主管部门负责人，听取汇报；对照项目批复，查看工程现场；依照工程预算，核对资金到位及使用；根据拨款去向，走访落实情况等方法掌握全市农业综合开发项目建设和资金管理情况，检查结束后，分县、区将检查发现的问题逐一进行通报，提出整改意见和建议。对问题较大的地方，组织“回头看”，使检查发现的问题得到及时整改。做好市级验收工作。在验收中严格按照标准进行考评，并将验收结果作为年终考核依据。抓内业管理。内业管理是农业综合开发项目管理的重要组成部分，针对目前普遍存在重外业，轻内业的现象，着重抓内业管理工作：建立土地治理和产业化经营项目库。对以往年度的文书、科技档案进行整理、装订。通过以上措施的落实，加强项目管理，全面提高项目建设质量。

探索农业综合开发新路子。把组织开展调查研究作为深化农业综合开发各项改革，推动开发工作开展的重大举措，强化各项工作措施，加大工作力度。下发《关于开展农业综合开发调查研究活动的通知》，确定调研重点课题，提出调查研究的方法和要求，组织全系统围绕农业综合开发如何提高农业综合生产能力、如何促进农村小康社会建设、如何支持农村合作经济组织发展土地治理项目科技推广费使用和管理情况等进行专题调研。把培训放在田间大棚，接地气，好实践。深入各地走访基层干部和项目区群众，采取座谈、讨论、问卷调查等多种方式，了解和掌握第一手资料，总结经验、发现问题，针对一些长期困扰开发工作的焦点、难点问题，提出解决办法。并定期出版《朔州市农业综合开》杂志等进行宣传。

提升党员干部思想道德素质。推进政治品德、社会公德、职业道德、家庭美德等社会主义核心价值体系建设，提升全系统党员干部的思想道德素质。在全市开发系统开展理想信念和“两个务必”和“三严三实”的教育，促使系统内每一个同志始终保持艰苦奋斗、廉洁奉公的政治本色,坚持把加强党性修养和自我约束结合起来,加强自身道德修养,追求健康向上的生活情趣,带头弘扬社会主义道德风尚;通过加强理想信念、职业道德教育,增强党员干部自律意识,自觉做到勿以恶小而为之,严于律己,牢固树立正确的世界观、人生观、价值观。加强组织监管,从一点一滴做起、建立党员干部8小时以外监管机制,督促党员干部净化生活圈、朋友圈、社交圈,定期开展党员干部社区表现函调,及时发现和纠正少数人员在社会交往、休闲娱乐、生活作风方面存在的突出问题。突出依法行政,规范行政行为和业务操作。实行重大事项集体决策和内部会审制度,明确集体决策的事项、范围、程序和办法等。在具体工作中,强化集体领导,发扬民主,集思广益,调动市办每一个人的积极性,提高决策的科学性和正确性,提高行政的规范性和准确性。对制订年初规划设计、财政预算、等决策事项,组织专业机构或专家进行合法性、必要性和可行性咨询论证,确保权力在正确的轨道上行驶。强化行政执法。全办成员都能根据各自的分工,认真研究依法行政工作,带头精学《中国人民共和国预算法》《中国人民共和国招投标法》《山西省农业综合开发条例》和新的《中国共产党纪律处分条例》等法规,以及建设行政审批流程自觉做到依法行政,依规办事。在工程质量、安全监管上,依据各种规范性文件,用制度和经济手段,约束开发、建设、监理各方主体行为,强化质量、安全意识。利用农闲时间进行农业技术培训,丰富农民农业科技知识。夯实基础,强化反腐倡廉工作。坚持标本兼治、惩防并举、注重预防的方针,推进党风廉政惩治和预防腐败体系的建设。出台《关于贯彻党风廉政建设责任制的实施意见》《财务管理制度》等一系列制度,把管理重点放在领导干部权力的运行上,强化对领导干部权力运用的约束,从铲除滋生腐败的土壤。严格执行农业综合开发各项规定,在完善规范、强化管理、严肃制度上下工夫,使财务管理制度得到严格落实,增加工作的透明度,改进工作作风。通过定期的自查互查以及开展公开述廉、民主生活会等活动,切实强化领导干部实施监督和接受监督的意识,大力倡导和弘扬监督的风气,形成良好的监督氛围。 (市农发办)

## ·金沙滩农牧场·

【党建工作】 2015年,朔州市金沙滩农牧场党委围绕总体工作思路,深化思想工作,转变机关作风,加强党建工作,从反"四风",转作风入手,努力践行"三严三实",确保廉政之风的形成,树立良好党员干部形象。

落实精细化管理年活动。为贯彻落实精细化管理年活动,改进领导干部作风,提高管理水平,组织讨论学习充分认识实施精细化管理的必要性、重要性,开展以"增强服务意识,提高工作效率,维护工作大局,规范管理行为,严格工作纪律"为主要内容的机关作风整顿活动,营造干事业、谋发展、思进取、争一流的良好氛围。加大考核工作力度,提高干部职工的工作责任心。规范物资采购和财务报销制度。

落实党员教育。在全场范围内开展学习党章及十八届三、四、五中全会精神和"三严三实"教育活动。把学习贯彻党章及十八届三、四、五中全会精神和"三严三实"活动纳入党委一项重要学习内容,在学习过程中,除全体党员参加外,还组织入党积极分子参加学习。在活动中,广大党员不仅能做到自己积极发挥先锋模范作用,而且带动身边的职工群众。班子成员做到带头勤奋工作,带头安心本职,带头抓好学习,带头改进作风。

狠抓班子建设。为使新班子建成一个高效、团结的班子,重点抓了五个方面工作:一抓教育,端正班子成员思想认识,解决精神状态不够饱满问题;二抓实事,增强工作的责任感和敬业精神;三抓领导,使作风建设有明显成效;四抓落实,强调政令畅通,雷厉风行;五是及时召开民主生活会,党员干部畅所欲言,开展批评和自我批评。

【社会保障工作】 免费组织

困难职工做全面健康体格检查。11月，为全场42名困难职工免费做全面健康体格检查。场里安排专人学习体检的有关规定和要求，负责领导职工体检，统一指挥协调，保证体检工作的顺利进行。体检完成后，对参检人员的体检报告进行分析，并提出意见和建议，为发病率高的代谢性疾病如：脂肪肝、高血脂症等提出具体的预防保健措施。在第一时间将体检结果、诊疗措施用电话反馈给当事人，让困难职工第一时间了解自己的身体状况

为职工缴纳医疗保险。为解决职工用药难，买药贵的问题，为135名职工缴纳医疗保险35万余元；为312名职工缴纳城镇医疗保险8.42万元。

【农业生产】 2015年，朔州市金沙滩农场推进农业生产外出学习，购买良种。3月，场领导带领以种植蔬菜为主的职工，赴河北保定实地观摩学习。在当地的农资市场上，经过反复观看、询问、讨论，职工们都购买到适宜场里耕作的农资及优良种子。

引进节水灌溉项目。随着农业产业结构的调整，职工生活水平的提高，市场经济的深层次发展，传统农业灌溉技术面临严峻的考验。节水增效是农业可持续发展的核心内容，节水灌溉项目的实施对于促进农场的发展及产业结构的调整有良好的示范作用。农场为职工安装520亩土地的节水灌溉装置，既降低成本，又提高单产量。

为职工交农业保险。为保证职工增产、增收，避免灾害给职工收入带来影响，给种植玉米的职工交农业保险。参保面积达到2000亩。

【民生工程】 2015年，朔州市金沙滩农场保障性住房项目。金沙滩农牧场垦区危房改造项目建设10栋砖混楼，项目主体全部完工，水、电、暖、天然气等基础配套设施基本完成。垦区危房改造补助资金、配套项目资金已全部到位(包括中央预算内投资和地方配套资金)，单位及职工自筹资金基本到位。项目投入资金5030万元。95平方米和75平方米的楼房全部分到职工手中、60平方米和50平方米的楼房分配工作仍在准备中。为确保金沙滩农牧场危房改造工程住房分配过程公开、公正、公平，使广大职工早日入住新房，场部在分房前成立危房改造工程住房分配工作组，并开会研究决定住房分配按房屋面积大小依次分配，并制订《金沙滩农牧场危房改造工程多层楼住房分配预选方案》，于2015年10月10日和10月26日在场部会议室召开全体分房职工大会，分别就两种住房分配方案的选择，由符合分房资格的全体职工和遗属讨论分房方案。经过全体分房职工自愿选择，预选的三套分配方案中，选择第二套方案即自愿选择制的人数超过参会职工的半数，最终场部决定按第二套方案分配住房。随后，在2015年10月15日和10月29日在棚户区召开职工抓房大会。两种住房分配会议均由副场长连永春主持会议，纪检书记于文举宣读分房流程，当天还邀请怀仁县公证处公证人员进行全程监督，邀请海北头乡派出所民警、怀仁县治安大队民警维持会场秩序。经过两次分房会议，分别把95平方米和75平方米的住房圆满地分配到职工手中。

金沙滩农牧场保障性住房项目 （市方志办供图）

给场区及生活区修筑水泥路。场区及家属区的道路为90年代修筑，年久失修，破坏严重，影响农场经济社会的快速发展和职工的正常生活。鉴于以上情况，年内维修场区及家属区道路1.5千米，概算投资170万元。

新增机井。由于近年来旱情严重，地下水位明显下降，职工浇地水源不足，在水源缺乏的二队大门西、三队五号地新打深井两眼并全部配套使用，确保职工抗旱保收。

【稳控工作】 2015年，朔州市金沙滩农场协调化解红旗煤矿工伤等问题引发的上访活动。红旗煤矿是金沙滩农牧场下属企业，1977年建矿，1979年投产。红旗煤矿自2006年12月煤炭资源整合后，经历四次易主，业主对应付职工工资、工伤人员处理、煤矿补偿费用等互相推诿，引发原煤矿工伤、遗属等人员群体上访。党委对原红旗煤矿工伤的事情，高度重视，特别是针对部分进京上访人员紧急召开场长办公会议，查找问题的根源，寻找解决问题的办法，通过多种途径与上访人员谈心，做深入细致的思想工作，把问题逐渐缩小，并有所化解。

（金沙滩农牧场）

## ·红旗牧场·

【概述】 2015年，红旗牧场领导班子团结带领全场干部职工，以中共十八届三中、四中、五中全会为指导，落实开发区年度经济工作会议部署要求，围绕实现“两个率先”，建设机制活、产业优、职工富、生态美的红旗牧场这一奋斗目标，发扬“艰苦奋斗、勇于开拓”的农垦精神，迎难而上，狠抓落实，完成全年的目标任务，场党的建设和“五位一体”迈上新的台阶。

【主要经济指标完成】 2015年，面对全市经济下行压力持续加大的严峻形势，牧场坚持稳中求进的工作总基调，以调整产业结构，发展现代农业、生态农业为突破口，通过园区带动、科技引领，发展适度规模经营，培育农牧业生产，加工、流通龙头企业等一系列组合拳，为发展现代农业奠定基础。引进和组建4家农牧专业合作社、1个现代农业科技公司、1个乳制品药用加工企业。自主研发7项专利技术，先后试验推广13个优质蔬菜瓜果品种。全场平均日生产销售蔬菜4万公斤，就地转化生鲜乳3万公斤，为平抑市场物价，提高农副产品附加值，带动全场及周边地区农牧业发展和农民脱贫致富起到重要作用。特别是2014、2015年连续两年在全场推行实施的万亩膜下滴灌工程，彻底解决掉长期以来职工靠天吃饭的问题，农业生产条件改善，市场化程度得到提升，科技种田的理念更加深入人心，对土地集约化、标准化管理得以实现，种植收益得到极大地提高。经实测，应用膜下滴灌技术比传统漫灌节水70%，亩节约水电费25元，节省人工费用30元，平均亩增产玉米150至200公斤。在旱情严重的情况下，仍然取得好收成。粮食产量突破900万公斤，饲草产量170万公斤，蔬菜瓜果产量320万公斤，存栏奶牛稳定在2700头，年产鲜奶1.6万吨。省、市农业和水利部门多次组团来牧场观摩学习，对本场发展现代农业方面进行的积极探索和实践给予高度评价。

工业方面，2015年的煤炭市场持续低迷，最大入场工业企业——同煤浙能麻家梁煤业公司产销量和利润均出现下滑。累计生产原煤1120万吨，商品煤销量完成663.23万吨，吨煤售价285.57元，同比降低72.5元，实现销售收入18.9亿元，实现利润1.497亿元。

【重点工程】 千亩设施农业产业园区。2015年，朔州市投资4200万元，占地1000亩的二分场千亩设施农业产业园区是优化产业结构，解决采空区职工群众生活生产问题而实施的区重点项目。项目由麻家梁煤矿和开发区共同出资，于上年年底通过验收，2015年投入使用，每栋大棚年纯收入3万元至4万元。

危房改造二期工程。2010年申报1658户危房改造项目，中央补贴5676.54万元，项目分两期建设，第一期921套于2013年10月已完成主

红旗牧场重点工程建设项目——千亩设施农业产业园区(市方志办供图)

体工程,10月份开始二次结构工程建设,完成投资400万元。第二期737套于2015年9月在三分场启动,根据场情和居民意见,第二期危房改造采取原址维修方式实施。已改造326户,并完成场区供水管线改造,累计投资380万元。

朔南大道绿化及整修工程。至10月底已完成朔南大道(南环路至防火通道段)绿化5.4千米,完成投资344万元;维修朔南大道中央绿化带立石4.9千米,路面补修47000米;整修原场部道路2.5千米,铺油面1.5千米。

环路建设。环场公路(森林防火通道)全长25千米,新建22.7千米,预估总投资2724万元。2015年报开发区立项,并完成勘测设计。

新区建设。红旗新区社区服务中心于2015年9月初完成室内装修和配套设施建设,工程投资450万元,9月27日正式启用。

生态建设项目。2014年省林业厅下达森林植被恢复项目4836亩,总投资250万元,2014年完成造林面积3700亩,2015年春季完成造林面积1000余亩。

【民生服务】 社会保障完善。全场957名职工全部加入养老、基本医疗,542名在职职工加入生育保险,年上缴保费678万元;为有效解决职工因病致贫、因病返贫的问题,单位自筹资金24万元为职工购买大病保险,辖区内3000多名职工家属和其他未被覆盖到的居民全部纳入城镇居民医疗保障范围;2400人参加居民养老保险;183户低收入家庭享受到城市低保待遇。养老、医疗和最低生活保障三条保障线为全场职工群众织密把牢社会保障的防线,场区职工老有所养、病有所医的梦想变成现实。

惠民政策贴心到位。2015年,为巩固和扩大膜下滴灌这一新型节水丰产技术,促进百姓增收致富,经争取,市水利局为场每亩耕地补贴购买毛管资金95元,共补贴资金95万元;国家补助粮食直补资金近60万元,426户种地家庭受益,开发区另外拿出45.72万元资金为381户种地无岗职工每人每月发放100元的生活补贴;为降低职工种养风险,保障农牧产业健康发展,2015年继续对8254.72亩玉米、2126头奶牛实行续保,保险金额1065万元,缴纳保费74.54万元,其中,中央补贴35.77万元,地方补贴21.64万元,新区配套17.13万元;为872户低收入农户发放冬季取暖用煤补贴资金26.16万元;为243名老年人发放生活补贴27.702万元,标准在2014年每月60元的基础上提高到每月95元;为174名遗属发放政策外补贴41.76万元;为28个独生子女家庭发放独生子女奖励资金2.68万元。年初开发区下拨29万元资金对困难党员、残疾人等弱势群体进行慰问和救助。

【体制改革】 2014年,为理顺牧场管理体制和运行机制,促进开发区经济持续健康发展,成立红旗新区。红旗新区与红旗牧场实行“一套人马、两块牌子”,在开发区授权下,行使经济建设和社会管理与服务等职能,内设机构完全依托原红旗牧场1994年市编办的批复设立,机构数量名称不变,只是根据实际工作需要对部分机构职能进行适当的整合和拓宽。2015年经开发区党工委、管委会批准,按照《党的领导干部选拔任用工作条例》规定，从原南区和红旗牧场优秀中青年干部中选拔任用9名科室领导。通过设立红旗新区理顺牧场与市政府、开发区各职能部门之间的关系，弥补企业没有社会管理的缺陷，实现政企分开，政事分离，减轻企业负担，优化发展环境，增强内生动力，提升公共服务水平，为切实发挥牧场在现代农业建设中的骨干引领作用，协同推进区域“四化”同步发展提供强有力的组织保障。（红旗牧场）

## 林　业

【概述】 2015年，朔州市林业局落实“三加三不减”的要求，坚持生态立市发展战略，弘扬右玉精神，推进林业建设，加快构筑生态安全屏障，发展绿色富民产业，生态林业民生林业取得成效。全年完成营造林22万亩，超省考核任务17万亩近30个百分点。全市营造林面积550.26万亩，占国土面积的34.5%。全市森林面积382.8万亩，森林蓄积量524万立方米，森林覆盖率预估24%，分别比“十一五”末增加33.1、24.8、5.98个百分点。在全省春秋两季集体督查中，被评为营造林成效良好市、林地保护管理成效良好市、森林防火成效良好市。

境域的植被类型主要有森林、草甸、草丛、草原和盐生草甸。是由裸子植物、被子植物、蕨类植物、苔藓类、菌藻类等多种植物成分组成，以种子植物种类最多，有96科、408属、900种，占种数的95%以上，其中被子植物有92科、400属、885种。根据建群植物生活型和群落外貌特征，并考虑植物区系的分布类型和地理成分，境域植物划分为9类。主要有云杉、油松、华北落叶松。云杉林主要分布于朔城区莲花山，应县铁吉岭、油篓梁、板铺梁，海拔1800米左右地带的阴坡或半阴坡。油松林分布于朔城区莲花山、黑驼山，应县油篓梁、板铺梁等地，海拔1500米~1800米的中低山地。华北落叶松分布在莲花山、铁吉岭等海拔2000米左右的阴坡。主要包括辽东栎、山杨林、山杨白桦林、小叶杨林、青杨林、白桦林和红桦林。辽东栎分布在莲花山、大北岔、石板沟、油篓梁、铁吉岭等海拔1400米~1700米处。山杨林分布于海拔1400米~1600米，尤以莲花山较为集中。白桦林分布于莲花山、黑驼山、虎头山、铁吉岭等海拔1600米~2000米的阴坡、半阴坡。山杨白桦林分布于莲花山、黑驼山、石板沟一带海拔1500米~2100米，以阴坡、半阴坡居多。小叶杨林是中华人民共和国成立后人工营造林。在朔州六区县平川、丘陵、河流两岸均有分布，海拔1060米~1500米。青杨林分布在六区县河流两岸或沟岩之中。除人工林外，尚有部分天然林，海拔1200米~1600米。白桦、红桦林分布在莲花山一带海拔1300米~1900米的山地。主要有白桦林与华北落叶松、云杉混交。华北落叶松、白桦林分布在莲花山、八岔口、第五沟等海拔2000米左右的阴坡。云杉、白桦林分布在莲花山、八岔口、王化庄、第六沟东南等海拔1800米以上的阴坡。箭叶锦鸡儿灌丛分布于北部洪涛山海拔1300米~1580米的阴坡、半阴坡。群落总盖度13%~20%。沙棘灌丛在全市中低山区、黄土丘陵区广泛分布，一般海拔1300米~1800米。群落总盖度达80%，灌木盖度可达50%以上。沙棘、虎榛子灌丛分布于莲花山、十八沟一带及山阴、右玉、平鲁部分地区，海拔1400米~1800米。总盖度50%~80%。沙棘、黄刺玫灌丛在境域均有分布，海拔1300米~1700米。总盖度30%~70%。三裂绣线菊灌丛分布于莲花山、黑驼山、石板沟一带海拔1400米左右的阴坡或半阴坡，在山谷的石质洪积物上也有分布。总盖度15%~50%。土庄绣线菊灌丛分布于莲花山、黑驼山等海拔1400米~1700米的阴坡或半阴坡。株高0.4米~1米，总盖度20%~50%。山桃、山杏灌丛群系主要在莲花山、石板沟、黑驼山、小北岔等阴坡、半阴坡，海拔1400米~1600米。总盖度30%~60%。蚂蚱腿子灌丛群落主要分布在莲花山一带及山阴部分山地，海拔1400米左右的山地半阴坡。株高0.3米~0.6米，总盖度30%~70%。胡枝子灌丛分布在莲花山一带海拔1600米左右的半阴坡。株高0.4米~1.5

米，总盖度40%~60%。虎榛子灌丛广泛分布于盆地周围低中山和黄土丘陵区的阴坡和半阴坡或阳坡、半阳坡，海拔1300米~1800米，株高0.3米~1.2米，总盖度60%~80%，最高可达90%。黄刺玫灌丛分布于盆地周围海拔1200米~1600米的低中山及沟谷半地的阳坡或半阳坡，半阴坡也可见到。总盖度50%~70%，株高1米~2米。柠条锦鸡儿灌丛分布在麻家梁黄土丘陵区。为人工栽培，株高0.7米~1.2米，总盖度60%~80%。白腊叶荛花灌丛群系分布于1200米~1400米的丘陵区和山地阳坡、半阳坡，总盖度20%~70%，株高0.3米~0.9米。沙棘铁杆蒿灌草丛分布于黑驼山、洪涛山、虎头山、应县边耀，山阴玉井、冻牛坡、甘庄，右玉杀虎口、破虎堡等海拔1300米~1800米的山地阴坡、半阴坡。群落度70%~90%，沙棘、铁杆蒿盖度50%~70%。绣线菊、苔草灌草丛分布于莲花山、黑驼山等海拔1350米左右的丘陵和山地阳坡。绣线菊、蒿类灌丛分布于黑驼山、虎头山、洪涛山海拔1300米~1800米的部分山区。蒿类草丛广泛分布于各区县海拔1300米~2000米的部分山地丘陵区。高度0.2米~0.4米，总盖度30%~50%。铁杆蒿草丛分布于山阴玉井、马营，朔城区和平鲁区黑驼山、小北岔等地，海拔在1900米以上的山地丘陵。总盖度50%~70%。铁杆蒿、白羊草草丛分布于黑驼山、莲花山等海拔1100米~1600米的山地，群落盖度60%以上，建群植物盖度30%~60%。百里香草原广泛分布于海拔1100米~1600米的丘陵和山地。总盖度10%~14%，建群种百里香高2厘米~9厘米。铁杆蒿草原主要分布于山区和黄土丘陵区海拔1200米~1300米处。高度0.3米~0.5米，总盖度40%~60%。百里香、冷蒿草原分布于西部、北部山地和黄土丘陵区，面积较小。海拔1400米~1700米，总盖度20%~40%。百里香、针茅草原分布在黄土丘陵区和低中山地海拔1200米~1700米处。总盖度20%~40%。针茅草原分布于黄土丘陵区海拔1200米~1600米处。总盖度50%~70%。针茅铁杆蒿草原分布于盆地周围土石山区阳坡、半阳坡，海拔1400米~1800米，总盖度40%~70%。达乌里胡枝子草原分布于黄土丘陵及低山丘陵区的沟谷和山坡以及红旗牧场一带，海拔1150米~1400米。总盖度20%。山地草甸分布于海拔1800米以上的莲花山、黑驼山、了高山、琉璃山以及应县南岭、右玉等山顶平台。草高20厘米~40厘米，盖度90%以上。盐生草甸分布于黄水河、桑干河等一级阶地低洼处，海拔1040米~1120米，总盖度20%~60%。河漫滩草草甸主要分布于恢河、黄水河、桑干河、元子河等河流两岸及冲积平原，海拔1080米左右，总盖度40%~60%。沼泽草甸主要分布在神头、苑家辛庄乡一带，海拔1060米~1100米，总盖度约50%。本市分布最广的栽培植物，主要以春小麦、玉米、高粱、谷子、糜黍、马铃薯、胡麻、甜菜为主。西部、北部山区以莜麦、胡麻、马铃薯、豌豆为主。中部、东部平川河谷以玉米、谷子、大豆、小麦、甜菜、向日葵为主。蔬菜以菠菜、韭菜、葱、蒜、茴子白、甘蓝菜、胡萝卜、水萝卜、青萝卜、茴香、芹菜、香菜等为主。木本经济植物群落主要集中于丘陵、平川地区，有苹果、梨、葡萄、杏、桃、李、核桃、柿、枣等。人工草地群落主要有紫花苜蓿、野豌豆、草木樨、沙打旺等，主要分布在平鲁区、右玉县和朔州红旗牧场等地。

**【绿化造林】** 2015年，朔州市规模造林跃上新台阶。全市坚持规模造林、连片治理的原则，推进荒山绿化。朔城区西山绿化八期工程继续向西拓展延伸，完成造林5万亩，新开林道17.5千米，将西山工程打通连接，构筑起40万亩的城郊绿色屏障。平鲁区大力推进龙雨山荒山造林工程，通过该工程将太平山、卧龙山、棋盘山、北固山、乌龙洞绿化工程连为一体，形成长200千米，总面积50万亩的环形生态圈，完成造林5万亩。

通道绿化迈出新步伐。各级坚持通道绿化不断档，路延伸到哪里，绿化就跟进到哪里，新建完善通道绿化1000千米。平鲁区对平右路、109国道进行提档升级，实现视野范围全覆盖。山阴县在左沙路、应怀路栽植树木 8 万多株。应县对大运高速、荣乌高速按原标准进行补植补造。右玉县对大呼高速连接线苏家沟至通市路段进行高标准绿化。

村庄绿化呈现新变化。各级按照“一乡一条路、一村一片林、人均五棵树”的要求，集中开展美丽乡村建设，全面加快村边林带化、道路林荫化、庭院花果化、隙地全绿化步伐，初步形成以驻地绿化为中心、道路绿化为框架、小景点绿化为亮点、周边绿化为屏障的村庄绿化新格局。完成村庄绿化 100 个，绿化进村道路 420 千米、主干街巷 36 千米，四旁植树 200 万株。

种苗建设取得新突破。全市新增育苗面积 1.5 万亩，育苗总面积稳定在 9 万亩以上，种苗生产总量 2.1 亿株，年出圃 5000 余万株，在满足本地绿化供给的同时，苗木远销京津内蒙河北等地，为农民增收开辟新渠道。

义务植树取得新进展。各级落实领导干部“自费购树、亲手栽树、长期坚持、形成制度”的工作机制，市里先后两次组织全民义务植树活动完成义务植树 200 万株。

【资源管护】 各级加大资源管护力度，促进森林资源稳步增长。开展爱林、护林宣传活动。利用植树节、爱鸟周、法制宣传日、防灾减灾日等，组织宣传队、出动宣传车开展各项主题宣传。全市新建宣传标牌 860 块，刷写宣传标语 3500 多条，发放宣传资料 5.5 万份。依法行政，加强林政执法。各级严格执行林木采伐年度限额管理制度，严把各类工程建设征占用林地审核申报关，依法按程序办理各项手续。全年审核审批林木采伐 3177.8 立方米，其中申请占用省调剂指标 2433.7 立方米。因铁路、公路、电力等各类重点工程建设需要，审核上报征占用林地项目 24 项，面积 3349.5 亩，全部经省林业厅及国家林业局审批核准。强化预警体系，狠抓森林防火。按照森林防火“预防为主，积极消灭”的方针，把主要精力放在预防上，在风多风大形势下，全市未发生一起森林火灾。首先，突出“人防”，执行森林防火行政领导负责制，加强值班值守，加强预警监测，加强培训演练，严禁火种入山进林，组织专人清理杂草，多次考核防火责任制完成情况，做到责任落实到位、宣传发动到位、火源管控到位。其次，注重“物防”，加大基础设施建设力度，加快推进森林防火综合治理项目，及时补充防火物资并配发基层，防火物质基础进一步夯实。强调“技防”，利用现代科技，建设火险预警、应急通信、火场指挥三大平台，提高森林火灾预扑火综合能力。怀仁县自筹资金 600 万元，在西山生态园林工程区布置防火智能监控系统，监控范围拓展至 30 万亩，实现工程区监控全覆盖。强化病虫害防治检疫和野生动植物保护工作。全市加强森林病虫害监测、防治和检疫体系建设，形成市县乡三级防控网络，对发生在部分林区的落叶松鞘蛾和油松卷叶蛾进行重点防治，全年未发生一起有害生物成灾事件。在野生动植物保护方面，救护受伤迷途野生动物 5 只，其中国家二级保护动物 2 只(雕枭、大天鹅)、省级保护动物 3 只。

【集体林改】 2015 年，朔州市推进林业配套改革。加强林权管理。开展主体改革“回头看”工作，集中三个月的时间，以村为单位查缺补漏。对未确权的集体林地，明晰产权，确定经营主体；对承包到户的集体林地，立即发证到户；对存在争议的，加大纠纷调处和纠错力度，全年调处林权纠纷 184 件。全市 332.17 万亩集体林地有 319.5 万亩发证到户，其余 12.67 万亩有 3.6 万亩按规定不予发证，尚有 9.07 万亩存在争议，积极调处。扩大补贴范围。按照“保成本、低保费、广覆盖”的要求，协同财政、保监、气象、宣传等部门，推进森林保险保费补贴试点工作，鼓励林业经营单位、造林大户、林业专业合作社、农户等参加森林保险。全市有 285.45 万亩森林与保险公司签保，市县补贴 102.76 万元全部到位。提升服务水平。各级聘请专家学者和技术人员对林业专业合作社进行生产、管理、技术和信息指导，提升合作社的组织化、专业化和规模化程度，增强其市场竞争力。市里争取到省

级扶持基金65万,全市11家林业专业合作社得到省级资金扶持。 (市林业局)

## 水 利

【概述】 2015年,朔州市水利系统干部职工发扬“献身、负责、求实”的水利行业精神,推进“一山两河一湖”的治水方略,以实施最严格水资源管理制度为基,以扎实推进民生水利工程建设为目的,瞄准目标,落实举措,真抓实干,基本实现市水利发展“十二五”规划确定的主要目标和任务,为推进“六大发展”、实现富民强市,开创水利改革发展新局面提供水利保障。

2015年,全市完成水利投资10.2亿元。实现万元工业增加值用水量下降3%,超额完成2.3%的省定指标任务;解决6个县(区)21个自然村、2所学校,1.45万农村人口、0.3万学校师生的饮水安全问题;发展膜下滴灌1.53万亩;新增实灌面积21.3万亩,全市达到226万亩,完成省定目标;水土保持考核治理任务按计划全部完成,治理水土流失27万亩,生态修复14万亩;百座小型水库更新建设启动2座,分别是为应县小石口水库、怀仁县东作里水库,截至2015年底,小石口水库完成投资4100万元、东作里水库完成投资950万元;完成地下水压采量1853.5万立方米,征收水资源费3158.08万元。

【农田水利建设】 2015年,朔州市如期完成省厅分解下达市的农业灌溉目标责任制指标,即实灌面积达到226万亩;建设末级渠系70千米,完成投资330万元;桑干河灌区节水改造与续建配套工程,主要建设内容为干支渠防渗衬砌及建筑物配套改造,项目总投资2946万元,目前完成投资2346万元;膜下滴灌项目区涉及应县、怀仁县、山阴县、朔城区,项目总投资1236.4万元,完成膜下滴灌示范工程1.53万亩。

【农村饮水安全】 2015年,朔州市政府将解决全市农村饮水困难确定为市政府为民办的十件实事之一,市级财政安排预算内资金600万元,解决35个村、1.35万人的饮水困难,已全部完工;圆满完成中央预算内投资计划,项目总投资826万元,新建、改建工程23处,解决6个县(区)21个自然村、2所学校,1.45万农村人口、0.3万学校师生的饮水安全问题;新建5个区域水质监测中心,总投资600万元,按照省厅两年全覆盖的要求,5个县(区)的水质检测中心设备已完成安装调试,项目试运行阶段。

【水土保持治理】 2015年,朔州市重点完成五大工程建设。分别是:京津风沙源治理二期工程2014年度水利水保项目,完成投资5000万元,完成小流域综合治理面积70500亩、水源工程359处、节水工程285处;国家水土保持重点建设工程,完成投资1142万元,治理水土流失面积27.4平方千米;坡耕地水土流失综合治理工程,完成投资1875万元,建成水平梯田12500亩,修筑和改造生产道路22.4千米;右玉县水土流失重点治理工程,完成投资139万元;水保生态工程,完成投资184万元,建设任务9处。

【中小河流治理】 2015年,朔州市小型水库更新建设项目,已开工2座,应县小石口水库总投资5100万,目前完成投资4100万元,计划2016年全部完工;东作里水库总投资3300万元,完成投资950万元。中型水闸除险加固工程,已开工3座:黄水河泄洪闸、向应分洪闸、薛家营渠首泄洪闸,正在实施基础开挖等工程。水库除险加固项目,仅东榆林水库1个,总投资1600万元,完成投资1200万元。中小河流治理工程,开工建设1条,黄水河山阴县段河道治理工程,完成投资1040万元。水库大坝注册登记和复查换证,完成5座中型水库、9座小(1)型水库的注册登记和复查换证工作,已上报省厅,完成小(2)型水库注册登记和复查换证工作。

【防汛抗旱】 2015年,全市防汛抗旱工作落实防汛责任制,开展抗旱工作。防汛工作,落实以行政首长负责制为核心的防汛抗旱工作责任制,加强汛前隐患排查、汛中监督检查、汛后水毁修复,严格河道管理,紧抓防汛物资储备,全市发布河道清淤清障令52条,清理河道障碍物、违章堆积物等440640方,发布县级预警15次,发布预警短信3600多条,各村组使用预警语音广播230次,使用手摇报警器58次,据不完全统计因短时强降雨受灾涉及全市六县区8个乡镇。抗旱工作,1月至9月,全市降雨量平均数值比历年同期偏少0.9成,全市受旱面积为275.7万亩,为确保农业丰收,更新机泵388台,维修旧井216眼,维修高灌站30处,维修防渗渠道89千米/43条,疏通、清淤渠道72千米/43条,维修小型水利工程35处,投入抗旱机井7678眼,维修水泵495台,柴油机94台,共租赁设备788台(套),拉运水1828次216.75万立方米,流动浇地2.5万亩,改善恢复水地5.8万亩。

【水资源管理】 2015年,朔州市落实省政府《关于实行最严格水资源管理制度的实施意见》和省十厅局《山西省实行最严格水资源管理制度考核工作实施细则》精神,完成2个项目的水资源论证、5个项目的取水许可申请审查与上报工作以及枯水期取样及水质监测分析工作;完成水利部安排的取水许可台账录入工作,累计录入取水许可台账1669个;完成国家控制点水量监控安装任务,完成监控设备安装39套。其中:管道型监控30套,控制取水单位14家;河道型监控9套,控制取水单位4家;开展2015年“世界水日”和“中国水周”宣传,增强群众的用水和节水意识。全市实现万元工业增加值用水量降幅3%(与2014年比较),超额完成省定2.3%的指标任务;地下水压采量1853.5万立方米,完成省厅下达的1800万立方米任务;征收水资源费3158.08万元;全市用水总量将达到4.4875亿立方米;农田灌溉水有效利用系数达到0.526。

【移民工作】 2015年,朔州市移民后期扶持直补资金发放,上级下达本市1799.3万元,完成1141.31万元,平鲁区和右玉县将无法直补到人的直补资金用于项目建设,完成库区绿化项目3个,总投资216.35万元;大中型水库库区和移民安置区项目,完成投资1460万元,占总投资的100%,改善灌溉面积1500亩,粮食亩均增产100公斤,街巷硬化9.5千米,屋顶硬化3900平方米,育苗425亩,受益3519人;小型水库移民项目,完成投资497万元,占总投资的100%,铺设管道1.5千米,改造生产路1.8千米,改造盐碱地200亩,改善灌溉面积500亩,粮食亩均增产100公斤,新建羊舍400平方米,受益951人。 (市水务局)

## 农　机

【概述】 2015年,朔州市农机装备的数量增加、质量提升。在购机补贴政策的拉动下,农民购置和使用农机的积极性明显提高,全市农机拥有量继续增长,农机装备结构进一步优化。全市农机总动力达247.44万千瓦,为全年目标任务的100.7%;新增玉米收获机248台,为全年目标任务的124%;新增马铃薯生产全程机械化装备数量183台,为全年目标任务的192.6%。

农机作业水平持续提高。全市农机化综合机械化水平达到70.25%,比全年目标任务增0.35个百分点;玉米生产全程机械化作业面积140万亩,为全年任务的121.7%;马铃薯全产全程机械化作业面积40万亩,为全年任务的142.8%。

农机经营效益稳定增长。全年农机户经营总收入达11.03亿元,为全年目标任务的108.1%。

【农机化生产作业】 2015年入春以来,市农机局以服务农机手,检修农机具,宣讲新知识为举措推进春耕备耕工作。3月16日,朔州市农机局召开全市春耕备耕会议,安排部署农机春耕工作。做好农机春耕备耕机具供应保障工作。协调各农机经销商储备农机具5000多台件,农机配件62000

多件用于春耕生产。开展技术宣传培训。市县两级农机部门进村入户、深入田间地头,向广大农民群众宣传农机购置补贴政策、农机新机具新技术。做好技术服务。市局抽调技术骨干深入基层,检修农机具7000多台,解决农机作业期间出现的技术难题和维修机器故障,确保机具及时投入作业。全市累计投入各类农机具6.0287万台,其中出动拖拉机2.3775万台,其它配套机具3.6512万台套。

【农机购置补贴】 2015年,朔州市加强落实农机购置补贴职责任务。4月初,市、县级农机管理部门均成立农机购置补贴工作领导小组,并明确专人具体负责该项工作的实施、管理、督导和检查,遵照《山西省2015年农机购置补贴政策实施方案》,确保补贴工作规范实施,让农民真正得到实惠,补贴资金切实发挥作用。根据《山西省2015年农业机械购置补贴政策实施方案》的要求,结合本市农业生产实际,农机局会同市财政局联合制订《朔州市2015年农业机械购置补贴政策实施细则》,明确全市农机购置补贴重点及农机购置补贴操作流程,并出台实施方案。农机购置补贴,完成农机购置补贴资金5322.65万元。全市已使用的补贴资金位居全省第四,山阴县完成农机购置补贴资金2000万元,位居全省各县、区第一。农机局协调市人社局、财政局,以政府购买社会形式,招聘10名农机补贴监管员,深入县区、进村入户,对2015年补贴的机具进行定期不定期的机具跟踪调查,针对补贴机具是否与申请相符,补贴机具是否真正落实到户,以及补贴机具的质量、售后等进行核查落实。省局下达的任务是90万元,已完成200.8万元。其中在示范县创建活动中,市局积极向市政府申请并提交《关于扶持农机化示范县的报告》,为示范县建设工作争取落实项目资金和工作经费80万元。

【新技术示范推广】 有126名推广技术人员深入基层,进村入户,指导和帮助农民保养、调试和检修农业机械。10月17日在山阴县薛圐圙乡罗庄村举行朔州市玉米机械化收获推进暨补贴机具现场会。来自6个县区农机局、合作社和农机大户200余人参加现场会。

11月2日上午,由朔州市农机局牵头主办的全市2015年农机深松整地暨保护性耕作现场推进会在怀仁县新家园镇赵麻寨村隆重召开。市、县(区)两级农机部门分管领导、技术骨干,承担深松和保护性耕作项目的部分农机合作社负责人,县农机服务中心全体人员,农机合作社、农机大户、深松机生产厂代表以及附近村民近200人参加会议。举办2次全省现场会。9月21至23日,省局推广总站在山阴县薛圐圙乡白坊村组织召开全省农作物秸秆机械化综合利用技术培训会。各市农机局分管局长,推广站长,技术骨干,乡镇农机推广员等300余人参加演示会。12月3日至4日,全省小杂粮加工技术培训会在怀仁县召开。省农机局农产品加工装备技术管理站站长秦启福等出席会议,来自大同和朔州市县(区)农机分管领导、农产品加工企业和加工点技术骨干以及相关专业合作社代表90多人参加培训。

朔州市农作物秸秆机械化综合利用技术比武现场会比赛现场

(市方志办供图)

【农机安全监理】 2015年，朔州市落实农机安全生产责任制。按照省局和市委、市政府的要求从上到下，层层签订《农机安全生产责任状》，将责任到岗到人。

广泛开展农机安全生产宣教活动。利用“3·15”消费者权益日活动和“6·16”安全生产咨询日及农机安全生产大检查活动发放宣传单2.1万余份，发放农机安全手册1000余本，出动宣传车9辆次，教育覆盖面积0.8万余人。

开展农机专项整治及打非治违活动。活动期间，全市发放农机安全宣传手册、宣传单6000余份，督查、抽查农机合作组织和养机户79家，涉及的农机安全生产隐患有车辆未参加年检、机具在农闲时节不入库、储油桶露天放置等14起，全部得到整改落实，未发现重大安全隐患。

组织农机安全大检查。市局出动督查检查人员37人次，检查包括农机合作组织、农机大户及养机户127家，发现一般隐患36起，一般隐患有消防设施摆放不合理、机具不入库、部分农机车辆未参加年检，已全部现场落实整改，无重大安全隐患。

【农机社会化服务】 2015年，朔州市加强农机社会化服务组织领导。4月月初，市局下发《关于下达2015年全市社会化服务管理目标任务的通知》。成立领导组，分工明确，责任到人。

做好新项目申报工作。年初，省局下达《2015年省级财政支农（农机）项目指南》和《关于印发<山西省农机合作社项目资金管理办法>的通知》后，立即组织各县（区）进行申报，同时还深入到相关县（区）的申报项目点进行考察，保证项目实施有效果。全市农机部门把工作重点放在扶持发展农机专业合作社上，全市农机合作社发展走在全省前列。朔州市大兴农机合作社荣获“第六届精耕杯全国五十佳优秀创新示范农机合作社”称号；金田园合作社理事长王金文在“雷沃杯2015全国二十佳农机合作社理事长评选活动”中荣获第3名。

【农机培训】 针对新机具增长快，技术培训、安全培训工作滞后，造成农机伤残事故时有发生的情况，加大农机操作、安全培训力度。发挥农机化传统信息媒体的作用，在《朔州日报》、朔州电视台等公众宣传媒体上开辟农机专刊、专栏，向全社会提供农机化信息。《朔州日报》开辟专栏，连载18期宣传农机深松技术，连载5期宣传保护性耕作技术。应用现代电子网络信息手段开展信息服务，以朔州市阳光农廉网和朔州市人民信息网为主要平台，发布中国共产党的路线方针和农机化发展的各项方针政策、动态信息、推广农机先进技术、宣传本地农机化情况。抓好外部环境建设。采取发放手册、出动宣传车、张贴标语及悬挂横幅等措施做好农机宣传工作。在朔州高速路两侧醒目位置张贴农机宣传标语。

各县区因地制宜搞培训。实际工作中，各县区根据工作实际需要，突出重点搞培训，坚持“实用、实际、实效”的原则，重点让学员掌握农机新机具的基本原理和操作使用注意事项等内容。同时针对农民群众对机具重使用，轻保养的实际，利用各种形式开展农机技能维修知识培训。全市完成新型职业农民培训350人。

（市农机局）

# 工 业
# Industrial

## 经济信息化

【概述】 2015年，朔州市省定工业增加值目标为增长4%。受宏观经济整体弱势运行，煤电支柱产业生产大幅下滑影响，全市工业经济出现历年少有的负增长。全市规模以上工业企业完成工业增加值254.89亿元，同比下降5.9%，降幅较上半年低16.2个百分点，与2014年同期相比，回落10.4个百分点，较全省平均水平（-2.8%）低3.1个百分点，在全省排名第5位。省定非煤工业增加值占比目标为16%。全市非煤工业完成工业增加值66.8亿元，占到全部规模以上工业增加值的26.2%，较省定目标任务高10.2个百分点。省定工业新兴产业投资比重目标为31%。全市除煤、电、冶以外新兴产业投资按计划完成181.8亿元，占全市工业投资的44.3%，比目标任务高13.3百分点。省定万元GDP能耗下降目标为3.2%。全年全市万元GDP能耗同比下降5.35%，较省定目标任务多下降2.15个百分点。省定工业固废综合利用率目标为63%。全市工业固废综合利用率达到67.6%。较省定目标任务高4.6个百分点。

2015年7月21日，朔州市召开全市工业经济运行座谈会（市方志办供图）

【“中小企业集合贷款”活动】 2015年，朔州市经信委牵头，以政府主导、财政列资、银行授信、企业参与相结合的方式，率先在全省尝试性开展“中小企业集合贷款”活动，并取得良好效果。已完成贷款企业2户，正在办理贷款手续企业3户，8户待省行确认授信，多户企业正在通过“中小企业集合贷款”的途径与银行进行协商，有效拓宽企业融资渠道，缓解部分企业资金紧张压力。

【电动汽车产业帮扶工作】 新能源电动汽车是国家扶持的产业项目，省、市领导高度重视。2015年，朔州市经信委以天朔电动汽车项目投产为着力点，帮助天朔公司开展对外技术交流合作，与山东、湖北等地同类企业共同组建跨区域技术联盟，搭建技术创新平台，弥补企业技术、资金、管理、市场短板。协调市发改、质检、工商、交通管理等部门，帮助企业解决融资、生产、销售和电动汽车产品的注册登记和道路交通管理方面存在的问题，保障电动汽车项目健康发展。会同质检、交管等部门研究制定《朔州市电动专用车乘用车管理暂行办法》。共促成项目企业与6户省外汽车部件生产企业签订战略合作协议，引导企业迈向正规化发展之路。在《山西省加快推进电动汽车产业发展和推广应用的实施意见》的基础上，牵头起草《朔州市电动专用车及乘用车管理暂行办法》，上报市政府。

【上级资金扶持争取】 按照省经信委《关于申报参加2015年电力用户与发电企业直接交易的通知》要求，协调用电等级11万伏的晋能集团朔州硅铝公司、中煤平朔集团有限公司、大同煤矿集团建材有限责任公司积极进行申报，3户企业全部获批，享受大用户直供电电量13.8亿千瓦时，可减少企业用电成本1.73亿元，组织市内发电、用电企业申请2016年直供电，有9户发电企业，10户用电企业进入直供电交易平台，可争取发电厂直供电量40亿千瓦时，用电企业直供电量13亿千瓦时。落实省经信委、省财政厅《关于对规模以上工业企业实施电量奖励的通知》精神，组织企业进行申报，经市供电公司对企业用电进行核准，有关部门对企业申报材料进行审核，确定23户符合条件的企业，申请奖励资金320万元，有45户企业申请电量奖励，奖励资金434万元。

【新能源发电发展】 2015年，朔州市经信委按照省经信委关于燃煤发电机组超低排放改造工作全面提速，要求省现役单机30万千瓦及以上燃煤发电机组完成超低排放的时限由2020年提前至2017年底的工作安排，2015年，全市完成超低排放改造任务的发电企业有2户，分别是平朔矸石电厂2×30万千瓦机组和山西昱光发电有限责任公司2×30万千瓦机组。经信委推动风电、光伏发电项目投产并网，全市发电装机容量953.35万千瓦，其中新能源发电装机容量296.35万千瓦，同比增加119.15万千瓦，占比31.1%，较同比提高7.9个百分点。

【新兴产业投资加快】 2015年，朔州市经信委按照省、市政府“项目提质增效年”和省经信委《关于山西省推进新兴产业项目建设的实施方案》的部署和要求，加大新兴产业培育力度，推进项目建设，信息技术、装备、医药、食品、轻工及材料等新兴产业投资按计划完成目标任务。材料、装备制造、食品、轻工、医药、信息技术六个新兴产业完成投资125.86亿元，较年初目标任务多13.3个百分点。

【企业技术创新】 将技术中心管理纳入市政府地方法规层面，狠抓《朔州市企业技术中心管理办法》《朔州市市级技术中心认定补充细则》《朔州市经信委对市级技术中心评价补充规定通知》等相关规定的贯彻落实，技术中心管理工作走上制度、规范、常态化轨道。2015年，会同有关部门新认定市级企业技术中心6户，申请认定省级企业技术中心1户，同时对38户市级技术中心依规进行评价。截至2015年年底，全市有技术中心74户，其中，省级企业技术中心9户，省级行业技术中心1户，市级企业技术中心64户，高新技术企业13户，省级技术创新示范企业2户。

【网络环境建设】 2015年，朔州市推进公共场所无线局域网WLAN建设与服务。共建成10个公共服务点。光纤通信网络全面建成，建成FTTH端口39.15万线，PON+端口5.3万线，建设光缆38万芯千米。覆盖楼宇住宅70.17万户，覆盖商户数16.5万户。采用FTTH的方式覆盖3178个住宅小区和行政村，采用FTTB的方式覆盖965个政企客户单位及住宅小区，除个别新建楼宇和极偏远农村外，所有家庭用户可享受100兆的宽带网速，在全省处于前列。推动三网融合发展，全年新增IPTV用户1.4万户，累计达

3.2万户，手机电视、互联网电视等业务大面积应用。组织山西中大科技有限公司、朔州市永富机修有限责任公司、山西永昌科技有限公司、同煤浙能麻家梁煤业有限责任公司和山西三元炭素有限责任公司5家企业积极申报工信部信息化和工业化融合管理体系贯标试点企业。组织100家规模以上企业开展两化融合评估诊断和对标引导工作，指导企业明确两化融合发展重点和定量目标，探索科学、分类、定量、持续推进区域两化融合的新模式。

【减负政策落实】 2015年，朔州市减轻企业负担工作以贯彻国务院清理规范涉企收费减轻企业负担和省政府“减负60条”为主，在税收优惠政策方面，对月销售额不超过3万元的小微企业、个体工商户和其他个人暂免征收增值税、营业税政策，涉及企业8910家，减负2941万元。对年应纳税所得额30万元以内（含30万元）小微企业减半增收企业所得税政策，涉及1060家企业，减负310万元。在涉企收费方面，缓交2015年资源价款8.8亿元，暂停“两金”收取30.4亿元，缓交困难企业5项社会保险2亿元。据不完全统计，全市减负43亿元。

【循环工业建设】 2015年，朔州市以打造循环工业产业链为重点，以煤矸石、粉煤灰及脱硫石膏等工业固废综合利用为突破口和切入点，全力延伸和发展产业链，扶持重点项目建设，支撑全市工业循环经济健康发展，固废综合利用工作走在全国前列。全市建成145家工业固废综合利用企业，初步形成煤矸石发电、煤矸石建材、粉煤灰综合利用、脱硫石膏综合利用四大产业集群，年可消化工业固体废物3035万吨。围绕技术研发和创新，先后与国内20多所科研院所建立合作关系，建起9个省级企业技术中心、1个省级行业技术中心、2个博士后工作站。从2013年起连续三年召开亚洲粉煤灰及副产石膏处理与利用技术国际交流大会。2015年国际大会交流固废综合利用领域最新和最前沿学术成果、管理经验和应用实践。技术推广与项目对接同时进行，会展与商务紧密结合，成为该次大会的一个亮点。经过前期签约双方的积极沟通，6个项目正式签约，近五成参展企业与参会企业之间达成178个合作意向，招商引资取得良好成果。陶瓷产业按照改进生产工艺、完善生产体系、拓展市场空间、促进上档升级的基本思路，注重艺术设计、产品研发、市场营销和人才引进培养，全年完成日用瓷生产18.6亿件，同比增长5.68%。

【党建工作】 2015年，朔州市经信委开展学习讨论落实和“三严三实”专题教育活动，狠抓作风建设、思想建设、组织建设，依法行政、正确履职。贯彻民主集中制原则。以推进“六权治本”、规范权力运行为重点，制定出台“三重一大”决策程序制度。工作中，实行集体领导和分工负责相结合，凡涉及重大问题，特别是干部任免、项目申报等均实行民主决策。做到集体领导、民主集中、会议决定，增强决策的民主性和科学性。转变工作作风。制定出台《关于改进工作作风密切联系群众的实施意见》，围绕优化环境，在搭建融资平台、企业内部管理、重大增长点项目等方面组织开展“一企一策”帮扶活动。加强党风廉政建设。制定出台“两个责任”文件，落实党风廉政建设责任制，开展反腐倡廉教育和廉政文化建设。反对“四风”，执行中央八项规定和省委四个实施办法、市委十项规定，进一步规范权力、依法行政。 （市经信委）

## 煤炭工业

【概述】 2015年，朔州市煤炭工业局以“五化”建设为抓手，以深化煤炭管理体制改革为动力，积极应对市场低迷、煤价下滑的不利局面，为推进“两大任务”和“六型转变”奠定坚实的基础。

【学习教育】 2015年，朔州市煤炭局领导班子把学习中共十八大，十八届三中、四中、五中全会精神和习近平总书记系列重要讲话精神，以及省市有关决策部署作为重点内容，在真学、真懂、真用上下功夫、求实效，局班子成员亲自登台上党课10次，党员干部人人做笔记、撰写心得体会62篇，使大家在思想上政治上行动上始终同中共中央保持高度一致，做到头脑清醒、方向明确。坚定党要管党、从严治党，强化党建主业意识，一心一意谋发展，聚精会神抓党建，不断增强党的凝聚力、部门公信力、干部执行力和制度约束力，把学习掌握中央精神的深刻内涵和精神实质转化为个人价值追求和行为指南，把中央提出的思想理论、战略部署、工作举措付诸实践，扎扎实实解决问题、推进工作，努力在新的历史起点上推动煤炭事业取得更大更好发展。

“三严三实”专题教育部署以来，召开会议动员部署。在“三严三实”专题动员会上，局长作题为《领导干部要自觉践行“三严三实”》的党课辅导，为全局党员干部上专题教育党课。制定学习计划。由局办公室对局领导班子成员讲党课进行具体安排，并在中心组集中学习和自学的基础上，分阶段、分专题就领导班子成员开展调研活动、集中研讨等作出详尽安排。细查“不严不实”问题。局班子成员对照“三严三实”要求，梳理出10多条不严不实的问题，并进行深刻剖析。明确今后的整改措施和努力方向。要求领导班子在坚定理想信念、提升党性修养上下功夫；在践行严于律己、增强规矩意识上下功夫；在坚持秉公用权、完善监督机制上下功夫；在主动谋事创业、强化宗旨意识上下功夫，认真贯彻落实中央省市的各项决策部署，忠实践行“三严三实”。

**【党的建设】** 加强领导班子建设。局领导班子发挥职能作用，团结协作，较好地完成市委市政府的决策部署。在具体实际工作中，落实集体领导和个人分工负责制度，建立健全各项规章制度，严格执行民主集中制，不搞“一言堂”，提高决策的科学性、民主性和可行性，做到分工有序、合作协调。召开民主生活会，开展批评与自我批评，达到对领导干部严格要求、管理、监督的目的。坚持调查研究，班子成员经常下基层开展调研活动，为局党组决策提供第一手资料。坚持党管干部原则和好干部标准。局党组、各支部结合各自实际，采取集中授课、专业培训、讲座及自学等方式，加大干部职工的教育培训力度，班子成员积极参加中心组理论学习、干部网上在线学习、“右玉精神”集中学习和市里组织的名家讲座；组织执法人员参加法制培训和考试、市人事局组织的计算机应用能力学习、科级干部廉政教育考试、聘请专家进行新《中华人民共和国安全生产法》知识专题授课、市委宣讲团对中共十八届五中全会精神作专题辅导、组织干部观看党风廉政教育警示教育片、认真学习新修订的《干部选拔任用工作例》、严格执行配备干部的有关政策；干部档案材料及时送交档案管理部门；落实人才政策，引进专家组、聘请法律顾问。认真落实党建工作责任制。全局狠抓学习型领导班子建设，专题研究机关党建工作，坚持中心组学习制度，做到学习有笔记、有纪录；坚持人事任免、重大财务支出和重要工作安排等事项提交党组会议讨论，内部领导、管理、运行制度健全，充分体现民主，尊重民意。党内组织生活严格有序，机关党建规范运作。推进“六权治本”。按照市委出台的《关于党政主要领导“五个不直接分管”和“末尾表态”暂行办法》的要求，涉及干部人事、财务、物资采购、工程建设项目、行政审批等事项均由专人负责，特殊情况上局务会议研究决定。推进精神文明创建活动。在党报党刊的征订方面，按要求征订各类报纸杂志，超额完成市委宣传部下达的任务。局党组成员、总工为市煤炭局的新闻发言人，及时把本单位外宣信息提供到指定平台。做好舆情协调、应对工作，全年没有发生一起负面报道；在社会主义核心价值观建设方面，局党组对局社会主义核心价值观建设工作进行专题研究和部署，完善相关制度，形成人人参与，齐抓共管的工作机制；在道德建设方面，坚持以德为先，开展献爱心、包村增收、定点扶贫活动，完成包村增收、定点扶贫年度工作。开展“送温暖”扶贫慰问活动；响应市委号召，发动干部职工为全市受灾群众筹集捐款1.5万多元；信访工作控制较好,未发生进京和赴省上访事件。强化法制建设。组织行政执法人员进行行政能力测试,并换发执法证;组织执法人员参加"12·4"法制宣传日活动,在市区飞马广场设立宣传咨询台,向过往群众发放煤炭法律法规和安全生产宣传教育挂图等宣传资料 600 余份;清理上报规范性文件备案;利用矛盾纠纷调解中心,积极协调煤矿企业为农民工解决工资拖欠问题。

【煤炭经济】 2015 年,面对市场低迷,需求不足,产能过剩,煤价下滑的严峻形势,积极主动应对,采取为具备条件的煤矿进行复工复产、产能核定、优化配采、落实电煤长期稳定供应合作协议、提升煤炭质量,提高入洗率以及扩大营销等措施,煤炭产业依然是全市经济发展的主要支柱。全市全年原煤生产累计完成 1.822 亿吨。全市有洗煤企业 80 个,总洗选能力25780 万吨/年,其中煤矿的附属洗煤厂 24 个,洗选能力 17590 万吨/年, 独立洗煤厂 56 个,洗选能力 8190 万吨/年。现有煤炭发运站 47 家,发运能力超出 2 亿吨。

【矿井建设】 2015 年,朔州市建成安全质量标准化矿井 45 座 (属地监管一级 17 座、二级 13 座、三级 5 座;五大集团一级 3 座、二级 7 座),其中建成现代化矿井 8 座(地方监管 6 座、五大集团 2 座),建设进度、一级达标率及一级矿井数量均走在全省前列。2015 年,煤矿项目建设完成投资 10 亿元。全市 5 个产煤县区全部跨入千万吨级产煤基地行列。办矿企业年度等级评定申报率 100%,无未达标企业。

【安全生产】 2015 年,朔州市煤炭工业局以落实两个安全主体责任为抓手,实行市县区政府、煤炭监管部门、煤矿主体和煤矿企业安全生产挂牌责任制,推行煤矿安全生产"网格化"监管,强化安全生产例会制度,重视安全教育培训,开展打非治违、安全大检查、隐患排查治理以及煤矿瓦斯治理、水害防治等专项行动,全年全市煤炭行业仅发生一起一人死亡事故, 百万吨死亡率为 0.005, 在全省安全考核排名中位居前列,促进煤矿安全形势持续稳定好转,煤矿安全生产创造同行业最好水平。

【劳动用工管理】 2015 年,朔州市煤炭工业局全行业定计划、搞培训、抓考核,完成各级各类人员培训、职业资格准入和煤炭相关学历提升教育目标,其中参加"三项岗位"人员及其他从业人员培训达 17978 人次,参加学历提升人数 2256 人。按照《山西省煤矿变招工为招生推进工作方案》,新增"变招工为招生"人数 566 人,通过目标管理、前置验收、专项整治、审核备案,实现劳动用工管理规范化、常态化,圆满完成省厅下达"变招工为招生"100%比例达规定要求。

【煤矿信息系统建设】 2015 年,朔州市煤炭工业局严格监控系统上档升级,生产矿井和进入联合试运转的建设矿井全部完成安全监测监控系统、广播通信系统、无线通信系统、产量监控系统并联网运行,推动矿井安全向数字化、智能化、信息化目标迈进。

【煤炭经营管理】 2015 年,朔州市煤炭工业局落实"煤炭

朔州市煤炭工业局开展安全教育培训　　（市方志办供图）

20条+17条+19条”，开展涉煤收费项目清理，市县(区)煤炭部门均未涉及；加大原煤洗选力度，提高煤炭质量。根据用户需求，洗选适销对路的煤炭，对已经建成的洗煤厂，允许进入试运行，提高煤炭洗选量，提升煤炭质量。建立煤矿原煤收储包销机制，帮助地方煤矿企业促销，形成多种渠道、多种形式销售煤炭的格局。实施煤电企业联营互保机制。做好原煤产量统计和经济运行预测预控，对独立洗煤厂进行摸底调查，开展洗储煤场安全大检查，并对煤炭经营企业进行备案并发布公告。组织走访用户，拓展煤炭市场，优化煤矿及涉煤企业发展环境。

【专项整治】 2015年，朔州市煤炭工业局全局成立以局长为组长、党组成员为副组长、各职能科室负责人为成员的全局专项整治工作领导小组，并及时进行安排部署，采取务实举措，集中力量、不折不扣抓好落实。制定专项整治方案，摸清存在于市煤炭行业行政审批和行政执法工作中的问题，及时取消7项行政权力，下放6项行政权力，3项管理事项改为县区属地管理。制定出台市煤炭管理体制改革的意见和实施方案，明确权力清单和责任清单，对涉及本局的行政职权事项共167项，并制定权力运行流程图和廉政风险防控图。清理涉煤规范性文件，建议保留的涉煤规范性文件7个，建议修改的2个，建议废止的13个。落实煤炭资源从价计征改革和煤焦公路销售体制改革举措，规范煤矿建设和生产秩序，不断创新煤炭销售方式，积极探索构建煤炭现代市场体系。

【项目引进和信息公开】 2015年，朔州市煤炭工业局主动对接，和平鲁区政府共同引进上海斯能投资有限公司平鲁卧龙洞15万千瓦风力发电项目，设计装机容量为150兆瓦，拟安装75台单机容量为2.0兆瓦的风电机组并配套建设相关设施。于2015年4月21日开工建设，共完成投资11.7138亿万元。并于2015年12月18日倒送电成功。开展“看、比、争”活动，机关作风进一步改观，矿井建设、安全目标考核走在全省前列；按照市政府要求，贯彻落实《中华人民共和国信息公开条例》，凡需公开的信息做到全部公开。

【党风廉政建设】 2015年，朔州市煤炭工业局制定出台《关于落实党风廉政建设主体责任的实施办法》《关于落实党风廉政建设监督责任的实施办法》《权力运行痕迹管理制度》《三重一大事项监督办法》《深化煤炭管理体制改革的实施方案》等基础性、支撑性的规范制度，为全面落实党风廉政建设党组主体责任和纪检组监督责任，推动煤炭工业的“六大发展”奠定坚实的基础。局纪检组，主动适应新常态，落实“三转”新要求，采取“明确重点，严格流程，延伸监督”的办法，保障监督执纪问责主业主责的落实到位，着力营造服务优先，管理有力，作风优良的行业发展环境。以学习宣传贯彻《中国共产党廉洁自律准则》和《中国共产党纪律处分条例》为重点，认真抓局机关各级党组织的党风廉政建设。针对中秋、国庆、元旦、春节重要时段，与科级以上干部进行集体约谈，重点就严格八项规定，持之以恒纠正“四风”进行再警示、再教育。要求科级以上干部要把纪律和规矩挺在前面，带头遵守八项规定，严防八个方面的问题发生，坚决把纪律和规矩挺在前面，把握运用好监督执纪“四种形态”，警示广大党员干部做到守纪律、懂规矩、遵制度。 (市煤炭局)

## ·大同煤矿集团煤炭运销朔州有限公司·

【概述】 2015年，公司顶住服务费收取政策取消、煤价下跌近26%的压力，围绕“经营创收、服务稳收、贸易增收”的工作主线，统筹安排，重点突破，增收节支，逐步打破困难局面，系统收支基本平衡，各项工作稳中有进。

外运量、销售量超额完成任务。外运量。全年铁路外运量实际完成924.6283万吨，完成集团任务450万吨的205%。其中，系统内煤站完成298.9830万吨，占总运量的32.3%；系统外煤站完625.6453万吨，占总运量的67.7%。下水煤完成340.4516

万吨,占总运量的36.8%;直达煤完成584.1767万吨,占总运量的63.2%。销售量。销售量1189万吨,完成集团任务950万吨的125%。其中,铁路转港全年销售435万吨,平均售价312.68元/吨,比上年同期的380.75元/吨下降68.07元/吨。直达煤全年销售352万吨,平均售价214.09元/吨,比上年同期246.61元/吨下降32.52元/吨。公路地销全年销售量401万吨,平均售价130.34元/吨,比上年同期127.30元/吨上涨3.04元/元。城区公司销售高岭土1万吨,平均售价302.41元/吨。

营业收入任务完成。营业总收入278540万元,完成集团公司272740万元的年度任务。

利润略有亏损。全系统实现利润788万元,完成集团公司744万元的任务。

【经营创收】 2015年,公司化解生存危机,坚决制止经营亏损,避免经营风险。煤价下行过程中,刘家口与宋庄两个自营公司因收煤与销售的时间差,造成售价与成本倒挂,企业亏损。公司果断决策,管理下延,与两个公司根据实际运行测算收入,决定经营行为。两个公司暂停经营铁路煤,转向其他业务。刘家口公司为阳煤集团代装代发,宋庄公司经营省内电煤。防止铁路经营引发亏损,化解系统经营危机。

增强企业的市场性与竞争力。公司夯实经营基础,打开经营通道,搭建多品种、多渠道、立体式、系列化的经营平台。整体经营稳定全局。公司利用各合作单位的煤质差异,适应不同用户的不同煤种要求,兑现长协合同。芦子沟、峙峰山稳定直达煤市场,葫芦堂成为全年兑现广电、浙电长协计划的主力。合作单位与公司一起整体作战,保证困难形势下市场不丢,用户不减。立体经营格局初成。随着朔城公司集装箱块煤业务、白货发运业务的开展,黄骅港汽港联运销售公司的成立,公司形成煤炭与白货、末煤与块煤、直达煤与下水煤、敞车与集装箱、铁运与汽运,煤矿、煤站、铁路、港口、内陆码头链条式立体式经营的格局。除日常电煤外,全年发运集装箱块煤33万吨,黄骅港销售汽运煤9万吨,化肥2530吨,高岭岩8544吨。全过程经营意识增强。各单位加强储装运环节的细节管理,短途运输通过招标选择车队,外包工程招标或进行商务谈判,价比三家缩减成本。全系统形成一种从环节细节深挖细抠降本提效的氛围。

突出效益兼顾企业长远发展。公司以市场为导向、以效益为核心统领一切经营管理行为。煤站以效益为中心确定经营方式。宋庄主要发运省内电煤,刘家口开展代装代发业务,前寨煤站合作发运,金朔、二铺以出租方式经营。灵活选择销售途径。各公司从效益最大化出发,灵活决定销售途径。两港公司集中在港口开展煤炭经销业务;黄骅港公司开展汽海联运、港口煤炭贸易业务,地销煤公司利用资金优势,发运与港口销售并行。各公司围绕效益这一主要目标,因时、因站、因地制宜,扬长避短,积极创造机会,扩大效益收益。开展包销经营。宋庄公司开展的包销虎龙沟煤炭的模式,取得良好效益,对公司有效与大集团、大煤矿合作,开展包销大集团、大矿煤炭,寻找可控煤源具有借鉴意义。各营运发煤单位基本能够靠经营自收自养,完成公司下达的承包指标,上交服务合作费1066万元。

培植转型试点、增收亮点、发展起点。朔区公司与平铁公司在开展白货转运业务的基础上,报批集装箱块煤发运业务,于6月15日正式开通营运,成为集团乃至晋北第一家铁路集装箱发运站,填补集团的空白,成为全集团转变运输方式、培植新的经济增长点的一个亮点。至12月16日,经过公司多次现场办公多方协调关系,在铁路部门与中海运等单位的有力支持下,经过朔城区公司与平铁公司广大干部职工的不懈努力,运量递月递增,半年发运10980箱,超额完成与铁路部门签订的“一口价,新直通”的发运任务,实现增量、增收、增效,解决多年依靠市公司下拨工资的局面,保障全体职工工资及福利待遇。截至2015年年底,吸引来自广东、福建、广西、浙江等20多家客户,发展前景看好。

引导区县公司自找出路自收自养。区县公司成立十年一直依靠拨款开资,公司通过思想引导、机制倒逼、政策扶持、方法指导,扶助区县公司自主经营、自我发展。怀仁公司开展省内电煤经销业务。山阴公司、平鲁公司开展港口煤经销业务。区县公司从无事做、等事做到积极找事做,从思想到行动,都积极谋划自主经营,尝试自主发展,在艰难中迈开步伐。

【平台优势发挥】 2015年,公司着力做好服务工作,体现服务价值,依靠有效益、有实惠的服务,维持与各单位的良好合作关系,维持系统稳定的收入。营销服务。全年公司领导及业务部门十多次带队深入各大用户,为各发煤单位开展营销,拓展运量。资金服务。全年为合作单位代垫铁路运费、预付货款4.5亿元,保障合作单位的发运资金需求。投标服务。参加中石化、大唐神头二电厂等单位的相关招标,投16标中12标,其中石化下水6标中5标,放弃1标,中石化直达7标中5标,大唐神头二电投3标中2标。平台服务。公司发挥国有企业的信誉优势、平台优势,以公司出面投标,签订合同,为合作单位提供平台支撑。全年签订重点合同82份、493万吨;市场合同43份、343万吨。平万公司发展冀东水泥,井坪煤站发展大唐电厂。信息服务。全年编制煤炭市场信息12册,500多条目,为发煤单位提供信息服务。困难之年,合作单位含税服务费收入2044万元。

【创收创效】 2015年,公司为扩大做活贸易,公司逐步增强各级干部的商业嗅觉与思维,利用时间差、地域差,集团的销售优惠政策,开展煤炭贸易。3个港口公司、地销煤公司、山阴县公司、平鲁区公司、怀仁县公司积极开展煤炭贸易,全年贸易量达215.9万吨,其中经销集团煤123.9万吨。全年系统贸易收入521万元。

【管理强化】 2015年,公司新班子从公司整体利益出发,从公司的长远发展考虑,不计较个人得失荣辱,不惧怕不利因素干扰,直指问题的核心,动“真”的、碰“硬”的、撤“懒”的、治“散”的,规范决策行为,加大问责力度,强化督促检查,从根本上治理弱化管理效果的行为与责任人,根治“制度硬、执行软”的现象,保障管理落地见效。加强财务与资金管理。财务管理侧重资产盘活、资本收益、资金安全。银行贷款在不影响规模的情况下,通过定期存款,使用承兑汇票,减少利息支出,全年利息支出4700万元,收支相抵后,实际利息支出1000万元。抓住重点加强其他管理。预算管理侧重宏观管控与微观节支;审计管理侧重揭短亮丑治弊;招标管理侧重设计、预算、过程监管,既规范程序又节支降费;安全管理侧重安全防范的常态化、科学化、制度化建设,全年安全无事故。领导带头推进管理。公司班子成员分片包点,深入基层解决各站经营中遇到的问题。通过收入激励,调动停运煤站启动的积极性,将管理要求变为单位内部的管理动力,持续深入推进管理。意识引领深化管理。各单位从自身做起,规范经营管理行为,增强内部法律意识、风险意识,强化监督制约、环节制衡、内部管控,深化管理。2015年,全系统发生三项费用合计22781万元,比2014年同期的25352万元减少2571万元,降幅10%。其中全系统管理费用10945万元,比2014年同期的11449万元下降504万元,降幅4%。

【自身建设】 2015年,公司党委工作围绕“服务保收、经营创收、贸易增收”的运销工作思路,以及集团“求生存、闯难关、保稳定、谋发展”的工作定位,加强党建、思想政治工作与党风廉政建设。强化班子建设,打造富有凝聚力的班子队伍。全年中心组学习达40课时。成立基层单位班子业绩考核领导组,对基层单位进行业绩等综合考评。强化组织建设,打造富有战斗力的组织队伍。以开展“争创红旗党支部、争当优秀共产党员”活动为载体,将组织日常工作融入活动中,把完成党建工作任务同经济指标任务联合考核,提升基层党组织的战斗力。强化作风建设,打造廉洁高效的领导队伍。开展“三严三实”专题教育活动,解决作风方面“不严不实”的问题。严格落实“三重一大”

制度，执行集体上会、签名表决制度，保证公司各项工作的健康、平稳运行。出台《朔州有限公司落实党风廉政建设主体责任的实施意见》以及纪委监督责任的实施意见，拉出两个责任清单，班子成员人人头上有责。进行公车拍卖，按标准配备领导办公用房。强化思想宣传工作，打造知难而上的员工队伍。党委把“求生存、闯难关、保稳定、谋发展”作为全年宣传工作的主基调，把当前煤炭市场形势和各级公司应对市场下行、谋局布篇的措施和效果传达到每一位员工，统一思想，凝聚共识，激励干部员工士气。春节、“七一”慰问困难党员、老党员与困难职工，系统形成人人知难，人人克难，共同攻难的积极向上氛围。

（同煤煤炭运销朔州公司）

## 城镇集体工业联合社

【概述】 2015年，朔州市城联社完成年度工作计划任务。完成社承担的省政府集体企业改革重点工作和山西省委、省委宣传部及省城联社廉政“红色记忆颂太行弊革风清倡廉政剪纸展”。对市政府批准的市交警队泰通车辆检测所划归本社进行多次协商谈判。对集体企业和工艺美术企业进行专题调研；努力推进联社直办企业养老金遗留问题的解决步伐；实施精准扶贫，完成扶贫工作。

【专题教育】 2015年，朔州市城联社深入开展以“学习讨论落实”“不担当、不作为、乱作为”“三严三实”专题活动。市城联社坚持走群众路线为主线，立足学习提高，提高党性修养，通过各种方式查找和解决群众关心的问题，并把边整边改贯穿始终。落实整治“不担当、不作为、乱作为”的精神。4月15日至10月月底，按照市委安排部署，以推动发展的主动性积极性为目标，传达部署整治“不担当、不作为、乱作为”和四风问题动员会。落实解决和整治“不担当、不作为、乱作为”和防止四风反弹问题。4月30日前进行自查自纠。加强学习深刻领会。组织党员领导干部集中学习《党政机关厉行节约反对浪费条例》《八项规定》《六项禁令》等。整顿机关纪律和财经纪律；加强监督机制。认真开展“三严三实”专题活动。从5月月底开始，按照中央、省委开展“三严三实”精神，根据市委的安排部署，市城联社党组高度重视，贯彻落实要求精神。加强政治理论学习，提高政治信念和政治修养。5月29日，市城联社党组制定“三严三实”实施方案，按照方案组织学习。深刻领会、准确解读“三严三实”。对三严三实分别进行专题解读，把握思想精髓，学习结合实际，务求达到内化于心、外化于行。集中讲授“三严三实”重要意义，又分别于6月29日、7月6日、8月11日、8月24日、8月26日、9月7日对严以修身、严以用权、严于律己、谋事要实、创业要实、做人要实进行专题解读。讲授党课并开展三个专题的研讨学习。5月29日，进行党课专题辅导学习，学习篇目《坚定不移沿着中国特色社会主义道路前进 为全面建成小康社会而奋斗——在中国共产党第十八次全国代表大会上的报告》《习近平谈治国理政》；6月23日、7月24日、9月14日，分别进行“严以修身加强党性修养，坚定理想信念，把牢思想和行动总开关”“弘扬右玉精神，践行三严三实，牢记全心全意为人民服务宗旨”“严于律己，严守党的政治纪律和政治规矩，自觉做政治上的明白人”三个专题学习。整顿联社机关纪律和工作作风，遵守党纪党规，使党纪党规成为不能碰不敢碰的带电高压线。加强学习。组织机关党员领导干部集中学习党规党纪党章，通过学习使纪律入心入脑；加强岗位职责进一步明确；加强上下班签到制度，加强联社机关纪律性。

【经济目标完成情况】 2015年，朔州市城联社工业总产值完成情况。2015年，全系统实现工业总产值2.9736亿元，占目标的49.56%；实现工业增加值0.04亿元，实现目标的6.67%；销售收入2.447亿元，实现目标的48.94%；实现利润0.007亿元，实现目标的0.87%。

完成省政府重点工作集体企业改革推进情况。应县工艺美术城建设情况：正在土地报批,同步开展征地补偿和规划设计工作。土地变更手续已上报省、市国土部门审批,批准后即可公开招标动工建设。右玉县建筑装潢公司:经有关职能单位,对该企业进行清产核资,对全部资产评估后彻底改制为私营企业,经营者对资产有所有权、使用权、处置权,所有债权债务全部由经营者承担;新改制企业隶属关系不变,行业归属城镇集体工业联合社;所有正式职工安排工作,并纳入社会劳动养老保险,按年足额上交社会养老保险金;经营者对企业,依法经营照章纳税,加强企业管理,提高经济效益。右玉县振兴机械厂。右玉县有关部门正在清产核资,对全部资产进行评估,规范股份制改造,10月月底完成企业改制方案。怀仁县城联社企业怀仁县吴家窑陶瓷厂:2015年上半年,日用瓷市场需求持续疲软,价格竞争激烈。针对该种情况,以创新求生存,开发适应市场新品种。在产品造型、品种上和产品质量上力求创新。试产成功豆青釉面的荷花碗,在湖南、西安市场上打开销路。新产品在釉面的光泽度、透明度上得到提升,得到原有客户的好评。在市场滞销没有大幅度降减,资金流动维持正常生产,全厂运转正常,工人工资照常发放。在煤矿不景气的情况下,安置当地不少下岗工人再就业,社会效益显著。

按照市政府安排与市交警队完成对市交警队泰通机动车检车中心接受工作。根据市政府安排部署,原市交警队泰通机动车检车中心划归市城联社所属集体企业进行接收。市交警队泰通机动车检车中心隶属于朔州市城联社下设企业,由市城联社管理。

2015年5月21日,朔州市城联社承办以“红色记忆颂太行,弊革风清倡廉政”为主题的剪纸展 (市方志办供图)

【业务工作完成情况】 2015年,朔州市城联社深入区县对集体企业、工艺美术企业进行专题调研。4月中旬到5月月初,对区县集体企业和工艺美术企业进行调研,在调研中安排部署社承担省政府集体企业改革重点工作,同时对工艺美术企业进行调研。

组织承办由省委宣传部、省城联社、朔州市委宣传部主办的“红色记忆颂太行,弊革风清倡廉政剪纸展”朔州首站巡展活动,并圆满完成任务。

按照主办单位山西省委宣传部、山西省城联社、朔州市委宣传部精神,2015年5月22日至29日,由城联社具体承办“红色记忆颂太行,弊革风清倡廉政剪纸展”。该次展览以红色文化和廉政建设文化为主题,是对全市广大党员干部的一次深刻教育。

推进养老金工作。2014年4月在党的群众路线征求意见座谈会上,市长李海渊就该社欠缴养老金问题作出批示要尽快组织解决,经过一年多的工作现已核实清楚基础资料,在2016年年初基本可以解决。

完成2015年扶贫工作。年初,市城联社下乡工作队深入到扶贫点右玉县李达窑乡东十五沟村。该村总耕地面积740亩,总户数65户,总人口158人。其中,在村19户、35人。上网贫困户20户、48人。社11名中共党员对8户贫困户进行结对帮扶,重点扶持养羊和种植户。2015年,人均收入2500元。羊群达到800只。2015年,单位为村民发放价值达3000元的白面。同时为村委订阅《村委主任》。

（市城镇集体工业联合社）

## 朔州矿业公司

【概述】 2015年，朔州矿业公司主动适应经济发展新常态，围绕集团公司创新发展的战略目标，以“三严三实”专题教育活动为动力，以煤炭发运销售为龙头，秉承优质诚信的经营理念，科学谋划精心组织，灵活营销防控风险，拓市场保份额，增销量保效益，抓煤质拓煤源，强管理控费用，加强作风建设，推进均衡生产，完成集团公司下达的生产经营任务，确保矿业公司的健康稳定发展。全年销售煤炭879.44万吨，完成750万吨计划的117.26%；实现销售收入26.74亿元，完成32.6亿元计划的82.04%，实现利润423万元，完成422万元计划的100.24%。

【煤炭营销】 2015年，朔州市矿业公司充实加强煤炭销售领导组，加强对销售工作的领导，营造全员抓营销的氛围；加强煤源、用户两个市场的调研和联系，关注市场变化，研判价格走势，调整营销策略，安排运销生产，提高销售工作的针对性和预见性；强化决策监督，公司决策层会议全部出会议纪要，纪委全程参与，规范决策议事程序，有力提升决策水平。

加强市场开拓力度，保重点争份额。通过加强与重点用户的合作，销量同比增加近40%；依托“海进江”销售平台，突破湘江，销售触角延伸至两湖两岸，“海进江”销量增加近50%；直达煤业务稳中有升，实现销售渠道的多样化，为攻坚克难奠定坚实基础。

依托集团，运用集团“量大优惠”的扶持政策，将集团的高热高硫煤与低硫煤配煤销售，全年为集团销售高硫煤82.6万吨，降低市场波动大、购销倒挂给企业带来的经营风险。

【稳定煤质】 2015年，朔州市矿业公司坚持把稳定煤质作为开拓市场、增量保效的重要支撑，强化煤质考核体系，严格执行“以质计价”管理办法，细化从上煤到销售全过程的质量跟踪监督，扭住煤质不放松，把用户的要求作为组织煤源的质量标准，把工作重点放在“稳热值、控硫分、降水分”上。

加强煤场管理，落实配煤销售措施，对不同煤种合理堆存，精确配煤，精准装车，加强检装工作，治理“两亏”（亏卡、亏吨），确保进港煤品质，有力的促进销售。

加大投入改善和提升煤质控制水平。为南窑出口煤站购置煤泥烘干系统，为元子河煤站购置电子配煤设备。

全年全公司进港煤平均发热量5116大卡/公斤，硫分0.6%，有力地促进煤炭销售。

【经营内控】 2015年，朔州市矿业公司加大经营内控力度，提升精细化管理水平。落实经营目标责任制，倒算成本，倒逼经营，细化各项控制指标，严格费用总额控制管理考核，增强落实目标责任的严肃性；先后出台5个主要费用管理控制文件，规范业务招待费、公务车、差旅、通信和工资奖金的标准和控制“红线”，压缩非生产性支出，全力以赴保生产保经营，有效规范经营管理。

加大融资工作力度，千方百计解决资金供需矛盾。全年贷款授信额度达8亿元，为确保正常生产经营提供有力的资金保障。

加强上站煤的管控，坚持以销量定上站量；加强资金的集中统一调度，大力压缩非生产性支出，全力以赴保生产保工资；公司领导班子成员率先垂范，践行“三严三实”，带头落实执行中央八项规定，转变工作作风，抵制“四风”，为全公司干部职工树立榜样，促进全公司生产经营活动的健康有序发展，助推精细化管理的进一步提升。

全年可控费用同比压减830.7万元，降幅达36%，标志着公司经营管理又迈上新台阶，为攻坚克难、提质增效奠定坚实基础。

【安全监管】 2015年，朔州市矿业公司落实“一岗双责”，明确站长、书记是本单位安全工作的第一责任人，“党政同责”，强化对安全工作的组织领导；强化现场管理，严格干部跟班上岗，严格领导干部值班制度，强化“全员、全过程、全方位”的“三全管理”，强化重点部位安全防控措施，安全文化氛围显著提升。

加强安全监管，公司安委会先后下发专业文件8个，短信通知5次，每逢季节变化、重大节日和重要活动都有相应安排，对上级精神贯彻及时落实到位；全年进行安全大检查11次，组织消防演练3次，组织参加安全培训230人次。推动全公司安全工作的健康发展，确保全年安全生产无事故。

【廉政建设】 2015年，朔州市矿业公司落实“六权治本”，推进党风廉政建设。开展以“守纪律、讲规矩、明法纪、知敬畏”为主题的“反腐倡廉教育宣传月”活动；为全公司副处（站）以上干部订阅《习近平关于党风廉政建设和反腐败斗争论述摘要》90本；制定和签订《党风廉政建设党委主体责任、纪委监督责任清单》；根据《同煤集团纪检监察工作人员纪律规定》，全公司纪检监察人员作出“二十二个不准”的承诺，有效促进“两个责任”的落实。

贯彻民主集中制原则，制定并下发《关于进一步推进公司贯彻落实“三重一大”决策制度的实施细则》，纪委书记出任煤炭销售领导组副组长，纪委副书记列席公司决策层会议，会后全部出会议纪要，与会人员签字，强化纪检部门对重大决策全过程的参与和监督；先后两次对基层单位“三重一大”决策程序和流程进行督导检查，规范决策议事程序，规范权力运作。

订规立则，落实中央“八项规定”，防止“四风”反弹。出台《内部接待管理规定》《关于公务车改革规定（暂行）》《差旅费管理办法（试行）》《关于调整工作人员通信费标准的通知》《工资奖金提取分配办法》等主要费用管理控制文件，规范业务招待、公务车、差旅、通信费和工资奖金的标准和控制“红线”，强化管理，促进全公司的节支控费。制定并下发《严禁党员领导干部参与赌博活动的六条规定》《强化监督执纪问责深入纠正“四风”整治工作方案》《关于整治不担当、不作为、乱作为和“四风”问题推进干部纪律作风建设的实施方案》等规定和方案，并抓住重大节日和突出问题几个节点进行专项整治，重点整治收送节礼、违规接受宴请或旅游娱乐等活动安排、公款吃喝、公款旅游、公车私用、违规发放补贴、参赌涉赌、公款买赠节日礼品、大操大办婚丧喜庆事宜等问题，对办公用房、“三公经费”支出等进行重点治理和清查。

【作风建设】 2015年，朔州市矿业公司开展“学习讨论落实活动”和“三严三实”专题教育活动，坚持问题导向，注重理论联系实际，较好地落实“五个结合”“六个贯穿始终”。活动期间，先后组织全公司副科以上干部集中学习3次，并邀请同煤党校教授进行专题讲座，组织干部培训4次（包括参加运销总公司干部培训1次），组织召开“三严三实”专题教育研讨会和反思剖析专题会，开展“解放思想、深化改革、实现两新”大讨论，为全公司副科以上干部订购《习近平总书记系列重要讲话读本》和《习近平谈治国理政》，特别是公司党政领导班子较好地坚持每月2次的党委中心组学习制度，班子成员撰写学习心得体会、理论研讨论文达130余篇。

强化党建考核，开展2014年度书记履行基层党建工作责任“联述联评联考”工作，形成“书记抓、抓书记”的基层党建工作格局和“述职述党建、评议评党建、考核考党建、任用干部看党建”的工作导向；强化制度建设，较好地坚持“一课三会”制度，不断推进和完善党员领导干部参加双重组织生活的制度化和规范化，贯彻落实民主集中制原则，细化“六权治本”，开展“干部上讲台、培训到现场”活动党组织的战斗堡垒作用。

开展“入户走访解民情”活动，广大党员干部深入职工群众中了解民情民意，宣传形势任务，排查化解矛盾，解决实际困难，特别是“两节”期间，公司和煤站两级班子，先后走访慰问困难职工226名，发放慰问金10.3万元，为12名大病患者发放大病救助金14万元，金秋助学资助24名大学生5.88万元 （朔州矿业公司）

## 中小企业

【经济运行】 2015年，朔州

市中小企业总量达到7049个，同比增长4.8%，从业人员达到22.9万人，同比增长5.4%。完成增加值391.7亿元，较2014年增长2.2%。完成现价工业产值537.5亿元，同比增长1.9%，实现营业收入979.3亿元，同比增长2.1%。实现利润135.8亿元，同比增长2.3%。上缴税金53亿元，同比增长0.2%。

2015年10月28日，朔州市召开中小微企业"减负""双创""法律进企业"活动山阴现场会 （市方志办供图）

【重点工作】 2015年，朔州市优化中小微企业发展环境，加大对中小企业帮扶政策的宣传、贯彻、落实。落实省政府"企业减负60条""财政、金融扶持小微企业发展27条"和《关于进一步支持小型微型企业健康发展的措施》，并根据省政府意见配套出台本市扶持政策。申请市财政落实中小企业服务体系建设资金和中小企业发展专项基金。争取国家、省政策性扶持项目资金，为企业争取回各类项目资金近3000万元。

把中小企业公共服务平台作为工作重中之重，完善综合功能。2014年12月，朔州市中小企业服务大厅正式启动运营。发挥中小企业服务大厅阵地作用，打造"综合服务超市"和"融资服务超市"两大超市，向全市中小微企业提供创业辅导、管理咨询、人才培训、技术创新、市场开拓、供求信息、法律维权、融资服务八大类服务。依托省平台，集合全市产业集群平台、小微企业服务站、中小企业服务联盟和创业园区形成的服务网络效力，拓展中小企业公共服务的覆盖率，提高全市中小微企业的受惠率。

推进中小微企业成长工程，提高中小企业规模和总量。2015年预计新创办小微企业1650户。共创办1400多户；预计新培育规模以上企业12户。共有14家企业向国家统计局提交"升规"申请。

实施中小微企业能力提升计划，推动"大众创业、万众创新"。实施中小微企业科技创新能力提升计划，培育认定"专精特新"科技型中小微企业。共成功培育申报省级中小企业技术中心1家，获得省级补助资金40万元。实施中小微企业创业能力提升计划。完善现有省级中小企业创业基地功能，新指导建设中小企业创业基地2家。实施中小企业管理人员素质能力提升培训计划，共培训小企业管理人员700名，完成年度任务。

做好民营企业市场开拓和品牌建设工作。组织民营企业参加全国各种展会和招商引资活动，重点参加9月在宁夏银川举办的"中国—阿拉伯国家博览会"和十月份在广州举办的第十二届中国国际中小企业博览会。通过参加高规格的国际性展会，提升全市企业的品牌知名度和市场占有率，促进企业对自身品牌建设的重视程度，为企业在国内、国际的市场开拓打好基础。

缓减中小企业融资困难。搭建政银企对接平台，发挥朔州市中小企业服务大厅特色融资服务功能，组织入驻服务大厅的金融服务企业为全市中小微企业提供优质、快捷的融资贷款专业服务。开展"助保贷"工作。在怀仁县、山阴县、应县已开展"助保贷"工作的基础上，朔城区、平鲁区、右玉县也开展该项工作，实现六县区全覆盖。市政府拿出900万元的风险担保金开展市级"助保贷"工作，加上省财政900万元的创新融资模式补助资金，全市各级政府风险担保金达到4955万元，可为全市中小企业融资贷款近5亿元。推动和培育优秀企业上市，发挥资本市场的功能，帮助企业实现做强做大、定向融资、产业升级的目标。共有三家企业在上海股权交易市场正式挂牌。

（市中小企业局）

## 电力行业

### ·朔州市供电公司·

【概述】 2015年，供电公司贯彻落实国网公司和省公司党组决策部署，以“四讲一遵守”统一思想行动，秉承规范、规矩的工作方式，面对公司基础差、家底薄、管理弱，干部员工自信不足，争先不强、学习氛围不浓等弊端，积极应对宏观经济下行、电量增速放缓、特高压属地协调任务异常繁重等挑战，以同业对标和全员绩效为抓手，推动公司管理水平和经营业绩稳步提升，各项工作取得显著成绩。完成固定资产投资6.19亿元，同比增长18%。售电量累计完成71.73亿千瓦时，比计划减少0.93%，同比降低5.55%。售电均价累计完成458.42元/千千瓦时，比计划提高0.9元/千千瓦时。售电收入累计完成37.91亿元，比计划降低1.95%，同比降低8.88%。综合线损率累计完成3.82%，比计划下降0.98个百分点，同比下降0.38个百分点。利润总额累计完成1.92亿元，比计划增加0.35亿元。市场占有率完成100%。是年电费回收完成100%。全员劳动生产率完成49.48万元/人/年，比计划提高6.66万元/人/年。全年未发生人身伤亡事故，重大及以上电网、设备事故和误操作事故。

【安全生产】 2015年，朔州市供电公司层层传递安全压力，逐级落实各级人员安全生产责任制，将“党政同责、一岗双责、失职追责”的要求贯穿工作全过程。组织开展“学安规、找差距”“隐患排查治理”“交通消防安全知识竞赛”等活动，全年治理隐患281项，安全管理基础不断夯实。市县公司安全生产纠察队狠抓作业现场违章治理和风险预控，检查作业现场196处，纠正不规范作业行为49次。健全完善安全生产激励约束机制，加大安全生产奖惩力度，设立100万元安全专项奖励基金，全年兑现两票执行、安全生产特殊贡献等奖励90.72万元。完善应急协调机制，编制应急处置卡1105个，成功举行各类应急演练12次，专业协作配合和队伍应急能力进一步提升。强化电网运行控制和重要线路特巡维护，成功应对雨雪冰冻等突发灾害，圆满完成“两节”“两会”等重大保电任务。公司生产、基建、营销、消防、交通等各领域均实现安全生产“零事故”。公司荣获“山西省2014年度电力安全生产工作先进单位”“山西省2014年度省级平安单位”“山西省电力公司2015年度安全生产优胜单位”“山西省电力公司2015年度交通安全管理先进单位”称号。

【电网建设】 2015年，朔州市供电公司建立特高压过境“一把手”负责和“24小时联络员”制，调动市县乡三级的积极性，全力护航特高压工程建设。期间，董事长刘振亚、副总经理杨庆、副总经理刘洪泽，省长李小鹏、常务副省长高建民、副省长付建华以及全省11个地市市长先后亲临工程现场检查指导，营造特高压工程建设良好的外部环境。全力协调解决“一交一直”两站涉及永久占地480亩、临时占地195亩，线路途径2区2县21个乡镇、541基铁塔用地的征拆难题，保证工程按里程碑计划有序开展。全年电网建设总投资31.21亿元，其中500千伏及以上项目3项、220千伏项目5项、110千伏项目8项、35千伏项目5项。全年新增110千伏及以上变电容量88.9万千伏安、线路382.374公里，110千伏及以上优质工程率继续保持100%。加大农网建设力度，成立市县两级配网工程建设管理小组，2015年农村、城镇配网改造各类投资总计136项3.48亿元，其中2015年农村电网改造投资计划40项合计1.83亿元，按省公司里程碑计划是年应完工的项目26项，投资1.01亿元，完工率100%。解决1.09

万户“低电压”问题，完成省公司年初计划的162%。开展新农村电气化县建设，完成10个“新农村电气化乡镇”和185个“电气化行政村”建设任务。公司荣获“山西省电力公司特高压工程建设先进集体”称号。

【改革创新】 2015年，朔州供电公司市巩固提升“三集五大”体系，加快建设“五位一体”协同机制，梳理完善各类流程、制度、标准，修订物资招标采购、后备干部和员工挂岗（交流）管理办法，清理规范部门职责界面，实现业务流程全覆盖，使专业管理延伸到一线。建立健全岗位绩效工资体系，完成工资套改工作，实现薪酬改革平稳过渡。推进集体企业改革改制，完成企业改革方案编制工作。朔州环宇电力设计有限公司工程设计资质由丙级升为乙级。建立监督监测机制，依托运营监测（控）开展场景、流程、专题等多维度监测工作，处理各类异动15.3万项。加大竞赛调考奖惩力度，强化激励约束机制，在国网公司组织的电力安全工作规程调考中，取得个人项目满分的优异成绩；在省公司组织的管理创新、“95598”、计量专业和运检通用制度调考中，分别获得三项团体第一，团体第二、第三、第五各一项和两项个人第一，创造朔州公司有史以来最好成绩。强化同业对标过程管控，调整对标指标体系结构，开展差异化对标，建立三级诊断分析工作机制，对标综合排名全省第7位，实现退出后3位的年度目标。强化科技和管理创新，全年申请专利32项、授权专利24项，收集科技论文41篇，分别完成年计划的107%、200%、137%；全年获得省部级电力职工创新奖2项，省公司科技进步奖3项，省公司管理创新奖2项；发挥高建国劳模创新工作室的辐射带动作用，公司7件成果在省公司职工文化与创新成果展示室展示；管理创新对标全省排名由2014年第11位跃升至第3位，管理创新取得历史性突破。

【经营质效】 2015年，朔州市供电公司积极应对经济下行压力，努力挖潜增效，主动对接重点工程的配套电网建设项目，精简业扩流程，新增和增容客户29560户，完成接电容量131.11万千伏安，同比增长47.41%。受理并接入分布式光伏发电16户，总容量57.36千瓦。电能替代项目完成12个，增加售电量3.17亿千瓦时，完成计划的154.6%。开展用户电力资产移交和合表用户“一户一表”改造任务，接收用户资产2546.5万元，完成2.81万户“一户一表”改造。防范欠费风险，对铁合金、水泥、钢铁、化肥、煤炭等187户重点用户制定电费风险防范“一户一策”，电费回收保持100%。强化预付电费管理，对高压用户签订付费售电协议，付费售电金额达2.99亿元，付费售电率完成86.17%。加强反违约用电检查，查处违约用电、窃电80户，补收电量99.72万千瓦时，补收电费98.98万元，收取违约使用电费179.66万元。开展“查电费回收、查营销农电现场安全”专项活动，检查营销业扩、计量、农电及重要客户的157个现场，发现问题74件，整改率100%。推进营配调贯通工作，实现高、低压用户采录完成率100%，10千伏及以上客户档案完整率100%。经营管理对标全省排名由2014年第11位提升至第7位，经营管理对标取得明显突破。

【依法治企】 2015年，朔州市供电公司学习《党章》《准则》和《条例》，开展“以案说规”警示教育，领导干部带头讲廉洁、守纪律，为党员干部配发反腐倡廉书籍1000余册，全年党员干部受教育率100%。深化协同监督，完善惩防体系，强化重点领域和关键环节管控，严格关键岗位和重要人员管理，深化重点领域专项排查治理，立项开展效能监察3项，下达监察建议书29份，挽回经济损失110余万元，完成内外部审计和依法治企对照检查发现问题的整改落实。开展劳动用工摸底调查和专项治理，各类用工及各项人工成本全部纳入计划管控，依法清理并规范社会化用工。开展“百日营销大普查”和“走基层、访用户、提服务”专项活动，全年走访客户7300余户，严格规范服务行为。规范用工管理，组建众辉供电服务公司，完成用工合同转签工作，“五险一金”顺利衔接转移，劳动关系全面理顺。加大审计监督力度，落实领导干部经济责任交接办法，推行审计结果面对面，完成怀仁、右玉公司等6个单位经济责任审计，开展营销管理、工会经费专项审计及农网工程全过程管理审计调查，审结率100%。两个项目获省公司2015年优秀审计项目。完成64项工程的决算审计，审减金额112.78万元。加强集体企业监督管理，实行预算分级审批，开展财务专项检查，完善内控体系建设，集约管控水平明显提升。

【企业素质提升】 2015年，朔州市供电公司学习贯彻习近平总书记系列重要讲话精神，开展“三严三实”专题教育，在管理中求“严”，在工作中求“实”。各级领导干部带头讲党课，组织专题学习研讨，召开专题民主生活会，全面整改不严不实问题，突出抓好省公司审计反馈的七个方面41项问题和省公司“两个责任巡察”反馈的六个方面、18项问题的落实，列出整改清单，实行销号管理，强化立规执纪。加强党的建设，开展“创先争优、强化作风、提升管理”主题实践活动；举办“道德讲堂”，弘扬崇德向善；开展“榜样朔供 最美员工”年度人物评选。结合纪念抗战胜利70周年，公司领导班子集体观瞻塞北革命烈士纪念馆，组织党员干部参观朔州市纪念抗日战争胜利70周年图片展。组织开展“学习月”“健步走”等系列活动。落实老同志“两个待遇”，举办健康养生讲座等系列活动。引导团员青年向上、向善，举办首届青年风采大赛、首届青年文稿大赛等系列活动。公司连续四届荣获“全国文明单位”称号，公司离退休党支部荣获“国网公司热爱国网先进离退休党支部”，公司团委荣获“山西省五四红旗团委”称号。

【“十二五”发展成果】 “十二五”以来，供电公司贯彻科学发展观，以建成“一强三优”现代公司为目标，推进“两个转变”，加强“三个建设”，公司和电网发展取得创新突破。电网建设突飞猛进。完成110千伏及以下电网建设投资17.33亿元，新增35千伏及以上变电容量248.205万千伏安、输电线路734.323公里，较“十一五”末分别增长67.39%和31.87%，电网发展迈上新台阶。经营实力日新月异。售电量由“十一五”初期的42.01亿千瓦时增加到71.73亿千瓦时，固定资产由24.87亿元激增至52.25亿元，公司经营能力增强。基础管理提升。按照国网公司统一部署，完成公司“三集五大”体系建设，初步形成科学的组织体系和高效的运行机制。社会责任履行。完成各项重大活动的保电任务，支援抗冰抢险、抗震救灾、煤矿抢险救援，服务社会，奉献爱心，国家电网品牌形象显著提升。队伍素质提高。加强“三个建设”，打造“三专”队伍，人才密度及高技能人才分别提高15.4和22.6个百分点，在实践中培养出一大批优秀人才。

“十三五”是全面建成小康社会的决胜期。国网公司在新的发展形势下，要以安全、质量、效率、效益为中心，推动构建全球能源互联网，建设百年老店。省公司以落实国网公司“两会”精神为引领，坚持“6631”工作思路，即以“六个坚持、六个着力”为重点，以“三个平台”为抓手，全力实现“一流目标”。朔州市提出要紧扣优化经济结构和提升发展质量“两大任务”为主题，着力做好煤与非煤两篇文章，加快建设“五个基地”。 （朔州市供电公司）

## ·朔州市地方电力有限公司·

【概述】 2015年，朔州市地方电力有限公司开展专项整治，落实“三严三实”专题教育活动，除旧立新，规范管理，推广标准化建设，提高工作作风，在全体员工的努力下，全年重点工作有序完成。供电量10.345亿千瓦时，较同期减少1.366亿千瓦时，减幅11.66%，完成年计划的87.72%；售电量9.716亿千瓦时，较同期减少1.28亿千瓦时，减幅11.64%，完成年计划的87.74%；售电平均电价593.29元/千千瓦时，较同期下降14.20元/千千瓦时，完成全年计划指标的97.74%；综合线损6.08%，较同期下降0.02个百分点，比计划指标

6.10%降低 0.02 个百分点；实现利润 4956.9 万元，较同期减少 9516.89 万元，减幅 48%，完成年计划的 58.10%；电费回收率完成 100%，是年应收 60839.23 万元，实收 62167.73 万元，陈欠电费回收 1328.50 万余元。

**【安全保障工作】** 2015 年，朔州市地方电力有限公司执行两票 758 份，两票正确率 99.1%；全年安措计划 32 项，已完成 32 项，完成年计划的 100%。累计安全生产 2388 天。

宣传贯彻新《中华人民共和国安全生产法》(以下简称《安全生产法》)及相关安全生产法律法规。3 月初组织班组长及以上管理人员进行新《安全生产法》的再宣贯，11 月 3 日、4 日，组织安全生产法及相关法律法规的专题培训，邀请市安监局政策法规专家进行授课，解读国务院、国家安监总局印发的安全生产相关法规、制度等，完成培训 10 学时 230 余人次，培训结束后全体人员参加考试，考试成绩及时进行公布。

推进“一落实、双建设、双达标”工作。狠抓各级各岗位安全生产责任的落实，修订 2015 年安全目标及控制措施，签订年度安全目标责任状；安排 2015 年重点工作。修订并印发《各级管理人员(部门负责人及以上)安全生产责任制及到位标准》和《安全绩效考核办法》，完成前季度安全考核。全年各级管理人员应到位 280 次，实际到位 286 次，到位率 102.1%。建立健全风险预控和应急救援体系。下发《安全风险预控体系建设方案》，结合《安全生产风险公告六条规定》，完成公司主要危险危害因素、后果和应急措施等安全生产风险公告内容的编制。对应急队伍进行调整，建立 4 支 59 人的专业应急救援队伍，按月对应急物资库进行检查；修订 5 个预案的修订；组织进行消防应急专项演练。推进安全生产标准化评级达标工作。按照年初制定的整改方案完成安全生产标准化评级达标自查、整改等工作。补充、修订或完善 8 个安全规章制度，完善 163 个规范性引用文件；该次自查应得 1465 分，实得 1190 分，得分率 81.2%。

隐患排查治理工作。制定《隐患排查治理专项行动方案》，加强农村配电线路及设备设施的排查治理力度，明确排查和监管责任人，确保设备责任到人、排查整改到位，按计划对公司所属输、变、配电设备设施进行排查和缺陷处理。全年发现一般隐患 3 条，均为超出缺陷治理期限产生，已整改 3 条，整改率 100%。

开展安全生产检查督查。开展两轮安全生产大检查督查，对 5 个生产性部门和 32 个班组站所进行安全督查，下达《安全监督整改通知书》36 份，发现 44 条问题，已按照整改任务进行整改。

开展安全培训教育。组织进行安规、新《安全生产法》等安全生产法律法规、紧急救护、安全生产警示教育、两票实操培训等 16 次安全教育培训，累计培训 1447 人次，完成 103 学时。组织变电运行、检修和调度值班人员分两批次 57 人，在大同电校进行变电运维专业培训，完成 33 学时。

强化和规范外委单位施工队伍的监管。强化对施工单位的安全监管，督促及时签订安全协议，审核施工三措等资料，严格施工单位及人员的进场管理。配合项目管理部门对施工现场及项目部进行安全督查或检查，及时发现施工过程中存在的问题，下达《安全监督整改通知书》，并对整改情况进行跟踪督促。

开展“安全生产月”活动。制订活动方案，组织召开活动启动暨警示教育专题会，组织相关人员集中学习习近平总书记、李克强总理重要论述、集团“122”安全工作思路、国务院办公厅《关于加强安全生产监管执法的通知》等资料。召开事故警示教育座谈会，学习蒲县“7·1”事故通报，观看事故视频，开展批评与自我批评。深入团堡、沙塄河、贾庄、城关、福善庄等 8 个供电所和 20 多个乡村开展电力安全宣传，在村口等人员密集场所设立咨询台，悬挂“安全生产月”宣传条幅，制作电力设施保护、乡村用电安全知识等牌版，播放农村用电安全宣传教育片，累计发放电力安全等相资料约 5000 多份，解答群众咨询 50 余次。参加市政府安全咨询日活动，设立咨询点，制作宣传牌板，宣传电力安全和电力设施保护知识，向市民发放《山西省电力设施保护条例》等宣传资料万余份。组织开展“依法治企、依法保安”和“一落实、双建设、双达标”领导主题宣讲活动。

开展反违章行动。逐级签订反典型违章责任状，对违章行为进行处置，发现不安全行为或违章2起，违章5人，采取现场安全教育等方式进行处理，处以罚款2000元，要求违章人员在现场讲清楚违章的后果，以此促使作业人员杜绝违章行为。

**【生产运行】** 2015年，朔州市地方电力有限公司电压合格率达到98.632%，供电可靠性达到99.877%。110千伏、35千伏线路跳闸0条次；10千伏线路跳闸77次，造成停电时间为465.94小时，少供电量约106.85千千瓦时，占供电量的0.01%。发现设备缺陷112项（含春检），共处理112项，消缺率100%。其中，线路部分发现59项，共处理59项，消缺率100%；变电部分发现53项，共处理53项，消缺率97.9%。

抓好“两率”。加强供电可靠性管理。统筹安排各类检修计划，总结地理信息系统、智能断路器装置相结合的配网馈线自动化综合应用经验，完善实施方案，开展配网馈线自动化建设，达到停电范围缩小、故障判断及时、停电时间缩短的目的。以A、B、C、D(D分农村和城市)类为重点，对电压合格率5个指标进行全面的分解落实。利用电压无功管理系统，分析原因，制定电压、无功整治方案并实施；加强对用户无功电压管理和力率考核，提高电压合格率。

提高运行效率。掌握设备运行情况，对设备特别是10千伏及以上线路进行摸底，并及时绘制新的线路图；修订所属的5座110千伏变电站、8座35千伏变电站的现场运行规程及标准票，确保各站运行人员熟练掌握现场运行规程，修订《山西地方电力有限公司朔州分公司现场处置预案》。根据负荷增长较大的实际情况，进行准确的负荷预测工作，更换不满足要求的电流互感器。推行无人值守变电站建设。根据地电公司无人值班变电站工作要求，对其余变电站的站端摸排工作已全部结束。

季节性安全大检查有序。2015年季节性大检查主要采取“事前培训、精细部署、全面落实”的工作步骤，以整治设备，提高设备健康水平和加强隐患排查和缺陷治理为重点，坚持“城网线路零点作业制度”。

春检工作完成5座110千伏变电站、10座35千伏变电站、1座开闭所所辖设备及所带线路进行清扫、预试工作；清扫、预试110千伏主变压器10台，35千伏主变压器24台，110千伏断路器11台，110千伏隔离开关22组；35千伏断路器76台，35千伏隔离开关152组，35千伏PT 16组，10千伏断路器147台，10千伏隔离开关294组，10千伏PT 18组，10千伏电容器15组。对公司所辖的16座变电站、所的地网、避雷器、避雷针进行测试。

迎峰度夏大检查期间，对5座110千伏、10座35千伏变电站、1座10千伏开闭所的排水设施进行检查，主控室、配电室、电缆沟、设备区域的排水设施，室外设备的端子箱、机构箱、防雨罩、瓦斯继电器防雨罩、接线盒等设备的防雨、防潮进行检查处理，防止因渗漏雨发生母线短路、设备事故、水淹变电站的事故发生；对110千伏、35千伏、10千伏线路及低压线路进行全面检查，处理树害45处，清除鸟害20处；整改杆基24处，更换破损杆塔9基；拉线基培土18处，补打拉线12条；对松动的螺母、UT型线夹等进行急时紧固；更换10千伏线路避雷器3个，加装10千伏避雷器10组，对1台配电变压器做加油措施，确保输配电线路的安全运行。

冬季迎峰检查从11月7日进入实施阶段。开展隐患排查和缺陷治理工作，根据提纲逐项对照，认真检查并组织落实，确保不发生重大设备损坏和人身伤亡事故。

开展各项反措工作。根据地电公司反措计划结合公司实际，按季度进行分解，落实责任部门，并就具体情况进行总结，全年计划执行反措39项，共完成39项，完成率100%。

【营销服务】 2015年，朔州市地方电力有限公司营销管理在推进标准化供电所建设、完善营销支持系统和提高服务质量的同时，以电费回收工作为重中之重，全体总动员，催收电费，完成本年度电费回收任务。

继续推进沙塄河供电所的标准化建设，完成沙塄河供电所4个标准化台区（上沙塄河01、上沙塄河02、张家咀村、三甲村）的建设。推动采集系统工程建设，完成60个台区、11193户的户表改造任务。并继续完善专变用户的采集终端安装、调试工作。将工作重心转移到采集设备数据调试上，采取多项措施解决个别台区采集成功率低的问题，将采集成功率作为重要指标进行考核，综合上线率已经达到94%，比上半年提高1个百分点。降损节能，完善线损管理体系，逐级分解线损指标。按照线损管理要求，合理制定各班组、各线路、各台区线损指标，将线损管理责任落实到人，定期对线损率高的线路、台区进行逐条分析，查找原因，制定降损措施，落实整改责任，严格考核管理。针对线损比较突出的线路、台区，查找原因，研究降损节能措施，制定技术降损计划，并严格实施。完善"96598"客户呼叫中心建设，加强停电信息、故障报修业务管理，加强服务窗口建设，加强营业厅服务管理，健全客户服务体系。增购的三台大堂式自助收费机和一台穿墙式自助缴费机全部到位，正在安装调试过程中；加大推广普及用户使用手机短信查询其用电历史信息功能的力度，让用户足不出户就可以了解到电费使用情况；对投诉举报事件严格按照流程处理，查找原因，分清职责，从严考核，为客户提供统一、快捷、优质的标准化服务；继续开展客户满意度评价工作，制定针对性整改计划和整改措施，建立以客户需求为导向的服务体系，努力提高客户服务质量，推进人民群众用电满意工程。采取多种措施，加强电费回收管理，确保欠费清缴工作顺利进行。采取停电措施催收电费，针对部分用户拖欠电费严重的情况，要求各收费责任人严格按照电费催缴管理规定，履行催费手续，对超过电费回收及催缴期限的用户采取停止供电手段催收电费。针对政府行政事业单位及路灯等电费因审批结转原因造成电费不能及时收回的情况，动员全公司力量积极与地方政府及各相关部门协调，同时指派专人负责全程跟踪电费审批结转环节，发现哪个环节批转不及时，积极沟通协调处理。与欠费用户签订电费还款协议。由于历史原因，朔芳亚麻纺织有限公司拖欠公司电费达87万余元。在充分考虑到该公司的生产经营状况后，通过与该公司协商，与其签订客户电费结算补充协议，在保证新产生电费能够按时结清的情况下，每月结算5万元的旧欠电费，并保证每月月初前支付不低于36万元的预购电量电费，确保该笔欠费能够按计划结清。落实电费回收责任制，与各相关营业班组签订《电费回收责任状》明确电费回收任务，定期分析欠费户状况，及时采取针对性措施，以确保全年电费回收工作顺利完成，全年收回2014年结转欠费1328.50余万元。

【电网建设】 2015年，朔州市地方电力有限公司对施工过程严格管理，特别是加大现场检查监督力度，提高对工程项目监理工作的检查频率，保证各项工程的按计划实施。

滋润35千伏输变电工程和富甲35千伏输变电工程的施工和审计结算工作全部完成。辛庄220千伏变电站二电源工程，安荣变—辛庄变220千伏送电线路工程完成基础开挖59基，基础浇筑56基，铁塔组立41基；铺上变—辛庄变改接至安荣变220千伏送电线路工程完成基础开挖30基，基础浇筑25基，铁塔组立18基。神头110千伏开闭站及配套工程完成基础开挖92基，基础浇筑92基，铁塔组立87基。

【财务管理】 2015年，朔州市地方电力有限公司全面完成财务系统更新。按照地电公司的统一安排，公司全体财务人员加班加点，仅用三个月的时间完成浪潮GS财务核算系统的学习培训、基础数据录入以及新旧核算系统的对接等前期工作,7月实现新系统上线试运行,并与用友NC系统并轨运行,经过几个月的测试运行稳定,实现集团内部财务数据的统一,提升财务信息化应用水平。

降损节支。受供电市场影响,公司各项指标完成情况均有所下降,2015年,面对较高的经营预算指标,一方面拓展用电市场,提升供电量;另一方面狠抓内部管理,深化全面预算,降损节支,挖潜增效,通过将各项费用进行细化分解、层层落实、严格考核,三项费用(材料费、一般修理费、制造费用)均比同期明显下降。

防范资金风险。资金管理实行收支两条线,每日准时上划收入资金,按月下拨经费,降低资金风险,提高资金使用效率,为公司经营发展提供资金保障。

**【党建及精神文明建设】** 2015年,朔州市地方电力有限公司全方位统筹谋划党建工作。年初下发《党委工作要点》《纪检工作要点》及《精神文明建设工作要点》,对党建工作进行全面安排,目标明确、权责清晰。

开展学习讨论落实活动。公司开展学习讨论落实活动,制定《学习讨论落实活动专项整治方案》,对产品销售、物资采购、工程招投标、大额资金使用、干部管理、工程款拖欠、不良贸易资金和不良资产清查七项整治内容进行深入分析自查,细化分解,落实责任部门、责任人,限定整改期限。经过自查自纠,对相关内容进行清查整治,并按要求上报学习讨论落实活动反思材料和物资采购、财务相关的各类专项整治报告。

开展三严三实专题教育。公司党委开展“三严三实”专题教育,制定《关于在公司中层以上领导干部中开展三严三实专题教育的实施方案》,总体部署公司三严三实专题教育工作,下发《关于抓好“三严三实”专题教育有关工作的通知》,安排三严三实学习计划,为中层以上管理人员配备《习近平治国理政》《习近平总书记系列重要讲话读本》《习近平总书记关于党风廉政建设和反腐败斗争论述摘编》等学习资料,按计划组织开展集体学习,组织各部门负责人开展专题讨论;党委书记和副总经理走上讲台为公司中层以上管理人员讲党课,结合公司实际,指出公司当前一些“不严不实”的表现。

党风廉政建设工作。认真学习习近平总书记的重要讲话精神,贯彻落实中央八项规定和反对“四风”的各项要求,从制度建设入手,全面落实“两个责任”。先后制定《落实党风廉政建设党委主体责任实施意见》《落实党风廉政建设纪委监督责任实施意见》《加强作风建设规定》《推进干部作风建设实施意见》《反腐倡廉教育实施意见》以及《年度党风廉政目标分解意见》和修订公司《党风廉政责任制考核办法》等一系列制度。同时公司纪委还在重要时间节点下发严明有关纪律的具体规定和要求,在制度层面上规范各级干部的廉洁自律行为。对全公司党风廉政建设工作任务与其他工作同安排、部署、考核。先后5次专题研究部署党建及党风廉政建设工作。签订党风廉政目标责任书,全面落实各级领导的“一岗双责”责任制。加强廉政风险防控机制建设,公司站所长以上管理人员都进行个人风险防控自查,并按照岗位职责范围评价本人在履职过程中的风险程度。加强党风廉政建设的宣传教育。及时组织中层干部或者站所长以上管理人员传达学习上级有关党风廉政建设的会议精神,并专题传达学习《中国共产党纪律处分条例》和《中国共产党廉洁自律准则》,组织观看警示教育片,班子成员与分管部门负责人进行廉政教育谈心谈话,进行“三严三实”集体学习和专题研讨等活动。“四风”问题的纪律作风专项整顿活动,进行认真的自查自纠和整改。积极处理市纪委交办案件的调查落实工作,妥善应对公司老农电工的信访上访,维护公司的大局稳定。

加强精神文明建设。夯实精神文明创建基础。编制《2015年精神文明建设工作要点》,对相关工作进行安排。开展文明单位创建工作。开展诵读经典、孝老爱亲等活动;举办5期道德讲堂,弘扬传统美德;开展青年志愿者,深入农村、基层站所宣传用电知识,为用户提供生活便利服务;开展文明传播活动,创建“精神文明传播”手机微信平台,不定期向广大员工发送文明建设新闻、知识信息;开展陈陋俗专项整治,倡导文明祭祀、文明办理婚丧喜庆事宜;利用公司职工培教活动中心,在为职工提供良好职业教育和集娱乐、运动、健身于一体的休闲场所;关注困难群体,或走访慰问、或发放困难补助金、或爱心募捐“送温暖”等活动,为老党员、老职工、遗属以及深陷困境的职工排忧解难。(朔州市地方电力有限公司)

## ·朔州市中电神头发电公司·

【概述】 2015 年,朔州市中电神头发电公司面对内外部严峻的安全生产形势、持续低迷的电力市场和消极被动的发展环境,中电神头发电公司按照中电国际各项决策部署,围绕全年目标自加压力,定措施,稳生产,降能耗,提效益,抓机遇,促发展,各项工作持续推进。

发电量完成 46.26 亿千瓦时;供电煤耗 318.02 克/千瓦时;综合标煤单价 235 元/吨;综合厂用电率 5.04%;燃油消耗 166.4 吨;设备利用小时完成 3855 小时;入厂入炉热值差-38 千卡;粉煤灰综合利用率 26.99%;资产负债率中电神头 74.43%,山西神头 90.88%;流动资产周转率 1.38 次;经济增加值(EVA 率)中电神头完成 2.81%,山西神头完成 27.29%;净利润 37363 万元;归属于母公司净资产收益率中电神头 15.88%,山西神头 56.87%。

安全未实现责任目标,3 月 17 日老厂发生一起人身触电死亡事故。10 月 10 日,外部项目部发生一起人身伤亡较大事故;环保未发生一般及以上环境污染事故和减排未达标问题,顺利通过国家及省市环保部门的阶段性检查。

神头二期 2×1000 兆瓦项目已场平区域地下管网、循环水管道铺设完成;一期区域化学水基础、管架基础工作完成。光伏神头一期 50 兆瓦项目计划于年底并网发电;大同 100 兆瓦项目于 9 月 29 日正式开工建设,20 兆瓦容量具备并网条件。

神头二期 2×1000 兆瓦项目环评报告和接入系统已通过审查,核准文件已上报至省发改委,府谷 2×1000 兆瓦项目已纳入《陕西省“十三五”电力发展规划》并上报国家能源局;宁武光伏西麻峪寨 50 兆瓦和海梁上——前庄村 150 兆瓦项目开展前期工作的请示已上报至省发改委。

发电量 50.71 亿千瓦时;供电煤耗 318.44 克/千瓦时;综合标煤单价 233.66 元/吨,比年度预算降低 83.84 元/吨;综合厂用电率 5.1%;燃油消耗 296.4 吨;实现利润总额 6623 万元。

【重点工作】 2015 年,朔州市中电神头发电公司开展机组运行维护。严格执行《运行管理制度》,定期召开运行方式优化专题分析会。利用 ERP 信息平台,加强缺陷管理,加大重复缺陷考核力度消除缺陷 3687 条,消缺率达到 99.59%。开展标准化管理及指标对标。从 10 月开始,经过周密筹划的 #1 机组 B 修和超低排放改造全面铺开,重点消除设备隐患,改进系统不足,提升机组可靠性和经济性,达到超低排放要求。

神头和大同光伏项目建设积。以打造中电国际在晋北区域光伏示范电站为目标,神头 50 兆瓦和大同 100 兆瓦光伏项目积极推进。到 10 月月底,神头光伏 50 兆瓦组件、箱变和逆变安装完成,电缆敷设、升压站一次和二次设备完成,计划年第并网发电。大同光伏完成桩基打孔 105000 个、桩基混凝土浇筑 86000 根,箱变、逆变器基础、35 千伏集电线路基础及场地线路迁移开始施工,20 兆瓦容量具备并网条件。

降低经营成本。2015 年,面对山西省社会用电需求不足、电量计划减少的不利因素,神头发电公司一方面想方设法争取电量,保证电量效益最大化。至 10 月月底,机组利用小时完成 3855 小时,高于省内 600 兆瓦级机组 109 小时。另一方面严格成本管控,最大限度降低经营成本。综合标煤单价低于预算指标 83 元/吨,节约成本 11,563 万元。规范采购流程,在授权招标采购、询价采购和一些项目的商务谈判中共节约资金约 762 万元。通过机组压红线运行、开展小指标竞赛、专题分析、技术改造、节水节电等举措，做足节能降耗大文章。在机组负荷率不足的情况下，主要经济指标得到较大提升。供电煤耗同比下降1.8克/千瓦时，厂用电率同比下降0.22%，燃油同比下降332.3吨。

【安全生产】 2015年，朔州市中电神头发电公司加大《安规》、"两票"执行和现场反违章督查力度。开展节假日安全检查及防火、防汛、防寒防冻等季节性专项检查，1月至10月，在查出的1051项隐患中，除地基下沉和电缆封堵采取风险控制措施外，其余全部处理。全面落实《承包工程安全管理标准》，对#1机组超洁净排放改造、神头和大同光伏项目建设中的外包队伍严格资质审核，签订安全生产协议，定期开展安全督查，整改不符合项190项。消防系统顺利通过朔州市公安消防支队消防验收。加强安健环体系建设，梳理完善54个安全管理标准，并加大相关标准的执行力度。举办防人因失误和安健环知识培训班，邀请上级单位专家对公司安健环体系建设进行指导、培训。加强环保设施的技术分析，环保指标全部达标排放。深刻吸取老厂"3·17"和京隆项目部"10·10"事故教训，自上而下，深刻反思，举一反三，自查自纠。全面加强监管，实施安全问责，明确管理职责，规范信息汇报流程，畅通联系汇报机制。坚持重大作业项目全过程监督把关，成功对烟囱、冷却塔实施安全爆破。对每个对外项目部开展一次为期十天的安全专项检查，下大力气整改存在问题，全力扭转安全生产被动局面。

【内控管理】 2015年，朔州市中电神头发电公司落实年度制度建设计划，按照规定对所有新编制度进行全部审定。公司有效执行的制度223个，覆盖管理的各个流程，形成较为完整的制度控制体系。集中开展为期4个月的制度宣贯工作，同时不定期对制度执行情况进行检查，对内部控制评价中发现的4个方面、8项主要问题逐一进行整改落实。强化风险管理，完善风险评估专家库，分析认定生产经营中的风险点。加强基建、技改等工程的审计监督，有效规避经营风险。

加强干部队伍建设，与各部门签订《目标绩效责任书》，结合部门自查、系统测评等对120多名中层干部进行绩效考核。重点培养和提拔一批优秀的80后干部。通过双选竞聘145人调整到新的工作岗位。从华北电力大学等院校选拔28名应届毕业生。加强全能值班员的培训力度，组织参加各类专项业务培训，利用SABA培训系统为员工搭建自学平台。在中电国际举办的人力资源专业ERP竞赛中，公司连续两年取得团体第二名、个人单项第二名的好成绩。

（朔州市中电神头发电公司）

## ·朔州市神头二电厂·

【概述】 2015年，朔州市神头二电厂面对发电市场萎缩、节能减排压力巨大、经营形势极其严峻等一系列困难和挑战，全厂认真贯彻落实国神集团决策部署，围绕生产经营工作中心，抓安全、抓电量、抓效益，统筹推进各项重点工作，安全生产态势平稳，经营创效成绩明显，环保减排深入推进，各项工作均取得一定成绩。发电

朔州市电力系统开展内控管理培训　　（市方志办供图）

量累计完成 41.77 亿千瓦时，上网电量 37.79 亿千瓦时，工业总产值 12.85 亿元，较好地实现年初奋斗目标，企业继续保持安全稳定的良好态势。

【安全生产】 2015 年，朔州市神头二电厂以责任制落实为根本，保持安全生产高压态势，确保生产安全。推进风险预控管理体系建设，实现三级达标。重新修订工作票管理实施细则，强化全面、全员、全方位、全过程“四全”安全监督管理，覆盖生产经营、多经后勤等各系统，进一步夯实安全基础。从规范现场作业入手，开展“反三违”活动。强化隐患排查治理，消除公司挂牌督办的两项重大安全隐患，消除一般隐患 7 项。开展季节性安全检查，整改问题 265 项。修订下发中层干部“红线”规定，进一步强化干部到位履职。成立安全专项督察组，强化现场安全监督，排查问题 511 项。深刻汲取年末集团公司安全事故教训，开展百日安全大检查活动，确保全年安全生产持续稳定。

【生产运营】 2015 年，朔州市神头二电厂以生产标准化管理为核心，加强检修维护和运行管理，机组可靠性不断提高。强化检修管理，圆满完成 #1 机组 A 修任务，同步实施汽轮机通流改造等重大技改项目，消除锅炉辐过吊挂管疲劳裂纹等问题、缺陷 370 项。加强缺陷管理，全年设备消缺率 99.4%，缺陷数量同比减少 45%。强化技术监督分析，解决技术难题 17 项。开展热工、电气二次可靠性排查，排查问题 234 项。重新修订《无渗漏管理实施细则》，根治设备“七漏”，消除渗漏点 496 处。强化现场文明生产督查，成立督查组，每日早调会“大屏幕”通报点评，厂网站设置“曝光栏”，累计排查问题 1458 项。着眼企业长远发展战略，全力推进特高压接入前期工作。推行运行管理标准化，加强运行调度，保障 500 千伏升压站和四台机组稳定运行。组织实施 #1 机组通流改造性能试验，最大负荷 550 兆瓦，机组主要经济技术参数运行正常。

【降本增效】 2015 年，朔州市神头二电厂面对严峻的发电市场形势，以电量、电费、电价“三电”为抓手，开拓电力市场，参与多边交易，全年争取交易电量 8.14 亿千瓦时、特高压电量 1.8 亿千瓦时。加强调度协调，度电必争，提前一天完成 41.58 亿千瓦时的全年电量计划任务。加强应收账款回收，回收三年以上应收账款 204 万元。强化热力营销，城市供热面积同比增加 300 万平方米，供热量完成 300 万吉焦。动态关注煤炭市场变化，合理调整电煤采购策略，优化配煤掺烧，保障安全生产，综合标煤单价同比明显降低。优化物资存储，物资利用率进一步提高。合理调整还贷周期，财务费用比年初降低 462 万元。多经企业强化管理，服务主业，保持稳健经营良好态势。

【环保节能】 2015 年，朔州市神头二电厂高度重视环保治理，加强指标日常监测分析，强化环保设施维护，确保环保安全。全年脱硫设施投运率 100%、效率 96.78%；脱硝设施投运率 99.52%、效率 87.51%；除尘设施投运率 99.99%、效率 99.96%。高度重视灰场安全，加强专业化管理，灰场环保隐患基本可控。优化调整脱硫管理机制，深化人员培训和专业化管理，保证脱硫设施稳定运行。加快推进超低排放技改项目，项目初可研已收口，通过上级公司评审待批复。落实“五定”要求，强化环保隐患治理，整改问题 29 项。加强统筹协调，平稳应对上级各类环保检查 78 次。开展节能攻坚行动，强化指标对标，机组能耗水平持续下降。开展水系统平衡试验，优化发电运行方式，全年节水 462 万吨，折合降成本 1031 万元。

## 经济开发区

【概述】 2015 年，朔州市经济开发区项目储备完成 867.8 亿元，目标完成率 173.56%；项目签约完成 109.7 亿元，目标完成率 101.57%；项目落地完成 43.21 亿元，目标完成率 100.49%；项目开工完成 52.53 亿元，目标完成率 105.06%；项目投产完成 79 亿元，完成年度目标任务的 175.56%。省级重点工程投资完成 1.1 亿元，完成全年目标任务的19%；市级重点工程投资完成41.11亿元，完成全年目标任务的171.29%；除省级重点工程投资指标，其他“六位一体”指标超额完成年度目标任务。

2015年，开发区全区学习贯彻中共十八大、十八届三中、四中、五中全会精神和习近平总书记系列重要讲话精神，贯彻落实中央、省、市经济工作会议精神和上级的各项决策部署，围绕“六大发展”和“两大任务”，努力克服各种不利因素的影响，迎难而上，主动作为，千方百计抓投资，集中力量抓项目，扎实惠民生，坚持不懈抓安全，圆满完成预期的年度目标任务，确保全区经济社会平稳健康发展。

2015年，朔州市经济开发区地区生产总值完成36.6亿元，同比增长6%；规模以上工业企业工业增加值完成18.8亿元，同比增长18%；固定资产投资完成76.3亿元，同比增长25%；社会消费品零售总额完成9.38亿元，同比增长4%；服务业增加值完成11.1亿元，同比增长0.6%；外贸出口总额完成137.8万美元，公共财政预算收入完成2.01亿元，同比下降28%。

**【项目建设】** 2015年，朔州市经济开发区围绕本市和开发区的主导产业、特色产业，重点引进财税贡献大、科技含量高、环境污染小的产业带动型大项目。采取“走出去”“请进来”等多种方式，在会展招商、以商招商、联合招商、定向承接、委托招商、“朔州企业家投资在朔州”上下功夫。参加广州杭州恳谈会、山西—央企合作发展座谈会、山西朔州江浙沪产业对接恳谈会、厦门国际投洽会、深圳高交会。以中煤、同煤、华电、中冶等大集团为平台，依托上述大企业现有的入区项目，以商招商，建设各类产业园区。全年签约恩菲新能源(朔州)有限公司70兆瓦光伏发电项目、同煤煤炭综合利用项目、同煤LED照明材料生产项目、同煤综采设备生产与维修项目、华电朔州50兆瓦光伏发电项目、同煤粉煤灰及煤矸石建材生产项目、中煤华昱50兆瓦光伏发电项目、同煤薄膜电池生产8个项目，签约额114.66亿元，完成全年目标任务106%。

通过实施“项目提质增效年”行动，强化“六位一体”推进机制，坚持领导包点项目责任制，加强重大项目和重点工作调度和督查，解决项目手续、用地、资金等实际问题，确保续建项目按期完工，新建项目按时开工。华电热电、同煤麻家梁煤业、中宇建安生产基地、诺浩机电矿山设备配件加工、中美新能源煤炭综合利用研发等16个续建项目和永长煤机装备、恩菲7万千瓦太阳能光伏电站、北京罗克森工业制动器等12个新建项目顺利推进。

**【基础设施建设】** 2015年，朔州市经济开发区坚持基础设施先行，加强重点基础设施建设，其中市政基础设施建设投资完成7.45亿元。加快路网建设。实施全长13.2千米的朔南大道改造提升工程，完成南环路至环场路的绿化工程5.4千米，绿化面积7500平方米，铺设排污、排雨管线6000米。全长25千米的红旗新区环路开工建设。新建振武东街、招贤路北延伸及红旗牧场军马街、教育街、军马街、新区街、红旗街、雁门街、前下路、泰隆路、农发路等道路10千米，同时完成配套城市污水管网、雨水管网超过10千米。实施招贤路、友谊街路面修复工程，完成穆寨路、招贤路、梁郡路、振武街等13处路口改造工作。加快供热、供气管网建设。完成世纪星城三期、学府青年城等城市供热管网建设4千米，完成天然气管道建设22千米。启动城镇保障性安居工程。其中，红旗牧场危房改造第一批异地新建住房972套完工，第二批旧房已经完成310套翻新改造工作，并交付使用。推动环境提升工程。完成梁郡路平朔围墙外侧改造，完成铁东铁西区130个无障碍通道口改造，更换路牙石1300米，完成人行道、盲道砖铺装1200平方米；对城市主干道的雨篦、井盖、绿化带护栏、排污管道井进行更换和维修。对八路五街共38.5千米城市道路中的近1300根路灯实行建档编号定位管理，各街道路口加装照明设备200台。实施“六网覆盖”工程，视频监控网络实现全区主干道、重点部位、重点单位全覆盖。完成绿篱栽植2700多平方米工作，种植观赏植物景天70万株，平整绿地7000多平方米。全年清理各类占道经营、马路市场980余起，制止无手续悬挂牌匾广告240余起，乱倒垃圾90余起，查处乱贴乱画400余起，无手续顶管作业16起，城市环境和品位得到显著提升。

【服务保障】 2015年，朔州市经济开发区坚持依法行政，对开发区辖区范围内的行政执法单位的行政许可、行政审批等工作依法进行监督，对存在的问题进行预防和纠正。改进工作作风，提高工作效率，了解企业生产经营的具体情况。为企业争取扶持资金，为渊源药业乳酸菌素原料药扩建、华煤智科低污染防爆无轨胶轮、山西金能世纪钒电池项目等项目的对外交流与合作提供帮助与服务。新解决8宗项目用地的附着物补偿遗留问题，帮助康庄塑钢、丰宇彩钢及永富机修16家企业解决水电气热等困难和问题，解决万吉包装等项目的手续遗留问题。加强用地保障。为华电国际朔州热电厂解决运煤通道问题。盘活存量和处置闲置土地222.64亩，对7宗国有建设用地公开出让并成交4宗。完成麻家梁煤矿、恩菲光伏发电项目用地组卷工作。加强与各类金融机构的合作，拓展多元化融资渠道，在着力化解债务的前提下，保证建设的资金需求，为企业搭建融资平台；坚持底线思维，严守安全稳定"红线"，坚持"党政同责、一岗双责、齐抓共管"，落实安全生产责任制，确保全区安全生产形势稳定。完善预防和化解社会矛盾，推进突出信访问题专项治理，开展干部接访下访群众工作，保持和谐稳定。排查各类不稳定因素，排查化解各类矛盾，依法处置群体性事件。强化综合治理和专项整治，坚决杜绝危害社会政治稳定的重大事件和严重暴力恐怖事件的发生，惩治违法犯罪成效明显，社会治安乱点得到有效整治，维护人民利益和社会稳定。

【社会保障】 2015年，朔州市关注热点民生，解决"衣食住行教医保"等与群众生产生活息息相关的突出问题，为民办好红旗牧场整体搬迁安置、红旗牧场学校改造、社区卫生服务中心建设、冬季燃煤补贴发放、免费健康体检、就业培训、全民参保等"十件实事"，让广大群众共享开发区改革发展的成果。分配穆寨村廉租房和红旗牧场廉租房220套。完成全民参保计划登记任务，入户登记调查12026人。居民社会养老保险参保登记3500人，完成缴费43万元。城镇居民医保参保登记9630人，完成缴费83万元。完成机关事业单位养老保险数据采集工作。为辖区4所学校的教师解决职称评审问题工作，参评初级职称32人，中级职称8人。对辖区内19所无证幼儿园进行全面摸底、整顿。推进营养餐改造计划，投资140多万元，为全区义务教育阶段在校学生、公办幼儿园幼儿每日提供一袋奶。强化宣传教育，规范计生工作管理，完成计划生育工作的各项任务，出生率和自然增长率稳中有降，独生子女领证率提高。经多次与市民政局协调，基本理顺优抚金发放工作。对符合救助条件的贫困、重度残疾人救助资金发放到位。按照户均300元标准，为红旗牧场、穆寨村1789户低收入户，冬季取暖用煤货币化补贴53.67万元。为辖区男60、女55周岁及以上老年人进行免费体检。

（朔州市经济开发区）

# 住房和城乡建设　环境保护

# Urban and Rural Construction　Environment Protection

## 住房和城乡建设

**【概述】** 2015年，朔州市按照“十二五”规划内容，履行部门职责，组织重点项目和基础配套设施建设，抓好保障性安居工程工作，强化城乡一体化发展，突出重点，狠抓落实，较好地完成各项工作目标任务，住房和城乡建设事业呈现出欣欣向荣、配套完善、稳步推进的局面。

改善城市人居环境工作四大工程共21项任务，2015年投资任务目标为151.62亿元，全市改善城市人居环境四大工程完成投资147.4亿元。其中，设施提升工程(包括城市供水、供气、供热管网建设，电网改造，通信实施建设，城市排水防洪，地下管线管理，城市道路改造建设，城市公共交通建设共七项任务）完成投资27.62亿元；城市安居工程(包括保障性安居工程、房地产业发展两项任务）完成投资99.28亿元(其中，房地产投资为11月月底的数据)；城中村改造工程包括城中村编制改造规划、城中村改造、市政公用设施和社会保障体系共三项任务完成投资0.56亿元；环境提质工程(包括污水、垃圾处理，废弃物处理处置，大气污染防治，市容环卫工作，历史文化遗产保护，城市园林绿化，城市外围绿带建设，“绿色建筑”行动，城市河湖水系综合治理等九项任务)完成投资19.92亿元。

**【四大工程】** 2015年，朔州市设施提升工程。坚持地上、地下并重，建设管理并举。以完善城市道路框架、构建城市快速交通网为目标，加快城市道路建设。建成中心城区主干道路86.4千米，道路面积507万平方米，人均道路面积16.85平方米，形成158平方千米的城市大框架，城市发展空间明显变大。加快地下管网建设改造。全市新建各类市政管网110千米，改造老旧管网200千米，城市用水普及率达到98.67%，燃气普及率达到96%，集中供热普及率达到98%，污水处理率达到98%，无害化处理率达到100%。

城市安居工程。“十二五”期间，以解决中低收入家庭和低保户住房困难为工作目标，坚持“民生优先战略”，推进保障性安居工程建设，规范房地产业发展，保障百姓安居乐业。2009年至2014年，累计开工建设各类保障性安居住房191376套，基本建成173295套。出台一系列住房保障制度，扩大保障范围，使廉租住房保障范围从人均住房建筑面积不足8平方米的城市低保住房困难家庭扩大到不足15平方米的城市低收入住房困难家庭，全市符合保障条件的城市低收入住房困难家庭得到应保尽保。增加普通商品房供给，规范存量住房市场，发展租赁住房市场。

2015年山西省住建厅下达的任务是新建城镇保障性住房13396套，其中，公共租赁住房1380套，城市棚户区12016套（包括城中村改造

2015年9月7日，朔州市召开城镇保障性住房建设暨住建系统安全生产工作会议（市方志办供图）

150套）；基本建成1万套；完成投资35亿元；公共租赁住房分配入住12972套。全市2015年城镇保障性住房新开工13613套，完成年度任务的101.28%。其中，公共租赁住房项目开工1280套（包括购买720套），城市棚户区改造开工12156套（包括货币化安置11204套）。基本建成19240套，完成年度任务的192.40%。完成投资35.48亿元，完成年度任务101.38%。公共租赁住房分配入住4943户，完成年度目标任务的38.10%。

城中村改造。结合城镇化发展和城市基础设施建设情况，有序推进城中村改造，改善城中村居民的生产生活条件。"十二五"期间，完成城中村改造项目4个；正在进行的城中村改造12个；同步配套水气热电、道路、绿化等市政设施，设施维护和环卫管理纳入城市体系，统一管理。

环境提质工程。以"五城联创"为提升城市建设管理水平的突破口和着力点，加快城镇生活污水、垃圾处理设施建设改造，完成市第一污水处理厂提质改造和城南垃圾填埋区工程，第二污水处理厂已投入使用。开展城市环境卫生集中整治，机械化清扫达到90%以上。围绕城市"牛皮癣"清理、市区卫生保洁、主干道广告牌匾整治三大重点，有计划地开展专项治理工作。将户外广告整治与门店招牌整治有机结合，积极推进门店广告牌示范路建设工作。

【新型城镇化建设】 2015年，朔州市的城镇化水平提升，城镇化率由1989年的13.49%提高到2014年的52.1%，年均提高1.5个百分点，是全省城镇化水平提升最快的地市之一。

坚持以城带乡、城乡互动，坚持中心城市、县城、小城镇、新农村"四位一体"同步发展，以规划为引领，以城镇扩容提质为抓手，高位、科学、快速、和谐地推进城镇化，城镇体系逐步完善，城镇化发展正在由构建框架向扩容提质转变。按照"一山两河一胡"的总体布局，大力实施七里河综合治理、道路桥梁、集中供热、供水、供气等基础设施建设工程，城市服务功能加快提高；金沙滩、凤凰城、神头、南河种、北周庄镇、右卫镇、古城、玉井八个镇被评为"全国重点镇"，怀仁县被评为"国家园林县城"，特色城镇建设取得显著成效。

【美丽乡村建设】 2015年，朔州市推进农村危房改造和乡村清洁工程，努力改善城乡人居环境，将山西省政府为民办的实事做细、做实、做好。农村危房改造。山西省分两批下达本市农村危房改造任务8330户（第一批下达本市农村危房改造任务6200户，后期追加下达2130户）。分解各县区情况为朔城区635户、平鲁区979户，怀仁县2355户，山阴县1230户，右玉县1601户，应县1530户。年度任务全部完成，竣工8330户，竣工率100%，完成投资2.34亿元。乡村清洁工程。山西省定任务为加快农村生活垃圾转运站和处置点建设，强化人员、设施及设备等的落实，落实市县两级配套资金3280万元，完成示范村创建工作。市级配套资金1639万元已拨付；县级配套资金均已拨付。设施设备配置情况，全市共配备垃圾收集车1781辆、垃圾转运车辆419辆、垃圾箱桶31800个，建成垃圾收集点

1731 个、集中填埋点 206 个、垃圾中转站 4 座（山阴县 2 座、平鲁区 1 座，怀仁 1 座）。

**【市场秩序规范】** 2015 年，朔州市加强建筑业企业的日常监管，重点跟踪动态考核不达标的企业，督促企业执行相关统计报表制度。同时执行外地企业入朔登记制度，为日常监管工作奠定良好基础；按照建筑市场执法检查制度，做好项目台账的建立和上报工作，制定建筑施工现场关键岗位管理办法，进一步明确建筑市场各方主体责任，完善企业自控、社会监督、政府监管的工程质量安全长效管理机制。

**【安全生产】** 2015 年，朔州市强化监督管理。按照住建部要求，落实建筑工程七方主体质量终身责任制，强化项目经理质量安全责任记分管理，对保障性安居工程、招商引资及民营投资工程等问题突出的项目和企业实行重点监管；强化对施工脚手架、起重机械、施工用电、高处作业、防火安全及临边防护等重点领域的监督检查，加大安全隐患排查治理，确保建筑行业安全生产形势的持续稳定。

完善制度建设。根据《建设工程质量管理条例》《建设工程安全管理条例》及省市相关文件精神，以保证建设工程使用安全和功能质量为主要目的，以地基基础、主体结构、功能环境质量及相关工程建设各方主体质量行为为主要内容，结合实际，细化措施，形成较为完善的监督管理制度体系，推动工程质量监督管理工作的法制化、制度化、规范化。

加强监管队伍建设。始终把“公正廉洁、热情高效”作为监督队伍建设的目标，加强监管工作人员的培训，加大房屋建筑和市政基础设施工程施工安全法律法规宣传力度，实现安全监管人员全覆盖；全面启动建筑工程项目安全生产标准化考评工作，实行建筑安全监管闭合管理，开展建筑施工和城市供气、供热、供水安全专项检查 5 次，发现排查隐患 10 多个，最大限度减少生产安全事故的发生。通过抓监管单位和人员的严格考核，保证监管人员秉公履职，保证监督检查工作扎实有效。（市住建局）

## 城乡规划

**【概述】** 2015 年，朔州市规划局坚持以邓小平理论、“三个代表”重要思想和科学发展观为指导，深入学习贯彻中共大及十八大三中、四中、五中全会精神和习近平总书记一系列重要讲话精神，按照推进经济结构优化和发展质量提升“两大任务”的要求和“规划引领、完善功能、提升品位、文化塑造、生态支撑”的核心理念，立足朔州转型跨越实际，践行“三严三实”，通过改进工作作风，密切联系群众，认真履行职责，提升规划编制水平，优化规划服务环境，强化城市规划监管工作力度，建设项目审批和管理工作取得明显成效，推进全市城市建设发展。

**【规划编制和实施】** 2015 年 10 月 17 日，山西省政府通过并批准实施《朔州市城市总体规(2015—2030)》完成建成区剩余 30 平方千米控制性详细规划编制工作，并报山西省厅备案。完成建成区 70 平方千米的控制性详细规划编制。确定对本市建成区 70 平方千米开展城市设计并编制完成。

朔州市城市地下管线普查及综合管理信息系统建设。全市地下管线普查工作探测管线总长度为 2357 千米，完成全部外业作业。信息系统建设。2015 年系统框架初步完成，正在进行功能调试，待管线普查成果提交后即可入库运行。综合规划编制。在前期调研基础上，完成综合规划框架搭建工作，待管线普查成果提交后，充实数据，即可完成编制。

朔州市排水防涝规划编制。完成朔州市城市排水防涝设施建设规划编制，向市直各单位、朔城区区政府和开发区管委会征求意见。县区也逐步开展编制工作。完成市区绿色建筑集中示范区的划定，2015 年绿色建筑专项规划编制文本送省住建厅审查。完成《市委全面深化改革 2015 年工作要点》的有关任务。本局作为牵头单位积极协调相关部门召开会议，就“五规合一”改革工作进行具体安排部署。《朔州市城市总体规划（2015—2030)》经省政府批准后，及时组织相关人员到大同进行学习。通过对现行法律规范、规划编制成果的研究，借鉴大同市的经验，结合朔州市具体情况，认真梳理、分析五项规划现状，制定出初步工作框架。

贯彻落实《中华人民共和国政府信息公开条例》，切实做好政府信息公开工作。坚持“一书两证”批前公示，把推进行政权力公开透明运行工作与深入贯彻落实《政府信息公开条例》结合起来，与做好政务公开工作结合起来，全面促进依法行政和阳光施政。

**【规划管理】** 2015年，朔州市“一书两证”发放率达到100%。落实《中华人民共和国城乡规划法》(以上简称《城乡规划法》)，行政审批窗口尽力简化和压缩内部审批环节和时间。制作行政认可项目办事流程图，对有关行政许可项目政策依据、审批程序、申请材料、承诺期限以及需要提交的全部目录和申请示范文本等进行公示。共核发《选址意见书》37份，《建设用地规划许可证》14份，《建设工程规划许可证》39份。在规划审批中，实行限时办结，对关系民生方面的建设，只要符合规划，资料齐全，随报随办。其他建设，符合控规要求，限时办结。市区“一书两证”发放达到100%，并每月通过邮箱和快递方式报省住建厅规划处备案。

违法建设查处率达到100%。修订完善规划监察支队巡查和责任追究制度，落实责任，强化管理，坚决依法对市规划区范围内已依法征收为国有建设用地上的违法违章建设行为实施有效打击，及时制止违法建设行为，依法拆除违法违章建筑。下达停工(核查)通知书10份；下达《违章建筑拆除通知书》12份，拆除面积1.5万平方米。通过“12319”城建服务热线，受理群众举报案件86起，处理率100%，群众满意率100%，保证城乡规划的顺利实施。

规划实施管理有序推进。制定一系列文件，如《朔州市城市规划管理技术规定》和《朔州市预防和处置违法用地、违法建设联动工作机制实施办法》等。推进行政审批制度改革，贯彻落实市委、市政府行政权力网上透明运行工作，按要求制定行政权力清单和责任清单，规范业务审批程序，使大家有效地把好行政审批关。使城乡规划管理操作有规章、执行有标准。同时，发挥专家在规划决策中的作用，并采取公示、听证等多种形式，收集社会各界对城市规划的意见，建立多层次的规划参与制度，建立覆盖全局的廉政风险防控体系。

完成定点扶贫工作任务。多次深入包村扶贫点右玉县二三墩村，通过现场调研，召开座谈会的形式，了解村民所想、所盼、所需。并根据二三墩村的实际情况，制定切实可行的扶贫计划。组织慰问老党员和孤寡老人，发放慰问金3700元、白面和棉衣；春耕前，投资12000元，为村民购置化肥、地膜、种子等农资，解决村民春季播种的问题；通过调研，发现村民吃水存在困难，自筹并向市里争取资金5万元，为村民新建一座蓄水池及配套设施，解决村民吃水难的问题。

**【理论学习】** 2015年，朔州市坚持理论学习，创建学习型领导班子。以理论学习为先导，大兴理论学习之风，把理论学习与解决实际问题和推动事业发展统一起来，以科学发展的战略性眼光，提升领导班子前瞻性决策水平。

坚持理论武装，建设创新型领导班子。在学习中，坚持理论联系实际，结合自身管理工作实际，学习研究国内外形势、中央宏观政策等与实际工作相关的热点问题，解决好实际工作中遇到的新情况、新问题。在学习过程中，都结合实际，围绕学习主题，提升领导班子成员对党的路线、方针、政策和前沿经济理论的理解，以开拓创新精神开展工作。

坚持构建和谐领导班子。要求班子的每个成员坚持修好品德，立起人格，注重道德品质的修炼和提高。始终坚持“重大问题要由集体讨论”的原则和集体领导与个人分工负责相结合的制度，形成人人思进，团结共事的良好局面。

**【思想作风建设】** 2015年，朔州市贯彻民主集中制原则，完善民主议事制度。把坚持贯彻民主集中制作为加强领导班子思想政治建设的关键，完善民主议事和决策机制，将民主集中制原则贯穿于工作运行的各个环节，特别在干部提拔使用、重要业务政策制定、重大项目决策及干部人事制度等重大问题上，坚持走群众路线，广泛征求意见，并通过党组会议等形式进行决策，用制度规范领导干部的从政行为。班子成员在日常研究工作、沟通情况、各种会议中，实现坦诚交心，虚心听取意见和建议，增进彼此之间的相互了解和促进；实现共同进步和提高，增强领导班子的团结和活力，提高班子的凝聚力和战斗力。

**【党风廉政建设】** 2015年，朔州市开展“三严三实”主题实践活动。通过组织党员干部学习“三严三实”等学习资料及《中国共产党廉洁自律准则》《中国共产党纪律处分条例》观看《践行群众路线好榜样100部优秀党员教育电视片》及《周恩来的四个昼夜》等影片，聘请市委讲师团做专题讲座，激发党员干部的工作热情。

把党风廉政建设责任制的落实纳入重要工作日程。从强化责任意识入手，抓住责任分解、责任考核、责任追究三个关键环节，把党风廉政建设责任制落到实处。形成“一把手”负总责，班子成员各负其责，一级抓一级，层层抓落实的目标责任管理体系。同时，还建立和完善廉政档案制度，对领导班子成员的个人重大事项实行报告、公示、备案制度，使党员领导干部时刻置于群众的监督之下。

加强廉政风险防控和违法违纪案件查处工作。推进机关内部廉政风险防控机制建设，把重要部位、重点环节的防控措施落到实处。拓展监督渠道，把党内监督和行政、群众、舆论、社会监督有机结合起来。通过开展问卷调查、发放征求意见卡、聘请作风监督员、组织民主测评等形式，广泛征求服务对象和社会各界对本局干部尤其是重点岗位干部的意见和建议，做到他律、自律同步推进。积极做好群众来信来访工作，坚持有信必办、件件落实。

**【精神文明建设】** 2015年，朔州市持续开展公民道德实践活动。以经常性地开展“道德讲堂”为契机，宣传“践行文明承诺、争做文明市民”，成立文明行动志愿者服务队，组织开展进社区进广场宣传活动，关心困难家庭生活，每逢重大节日都组织看望慰问贫困联络村活动。

营造讲文明树新风的良好氛围。以争创文明和谐单位活动为载体，围绕社会主义核心价值体系和社会公德、职业道德、家庭美德、个人品德培育等，积极开展形式多样“四争当”活动，即以“文明服务、优质服务”为重点的“示范窗口”争创活动，以“学雷锋”为重点的“争当业务标兵”活动，形成学先进、赶先进、创先进的浓厚氛围。党员干部发挥先进典型的示范和辐射作用。（市规划局）

## 园　林

**【概述】** 2015年，朔州市园林局广大干部职工坚持以中共十八大精神为指导，学习习近平总书记系列重要讲话精神，围绕市委、市政府经济结构优化和发展质量提升“两大任务”，以“巩固国家园林城市”为目标，全面展开园林绿化建设，优化城市各类绿地结构布局和分布格局，提升城市绿化管理水平，使市园林绿化事业迈上一个新的台阶。城市建成区绿地率达到38.6%，绿化覆盖率达到42.56%，人均公园绿地面积达到12.22平方米。

**【绿化及配套工程建设】** 2015年，朔州市组织实施民福西延线高速西出口、市府西延线、民福西延线、建设南路等七项道路绿化改造工程项目，严格按照建设工程从项目规划选址、土地、环评、立项、设计、报建、招投标、签订合同等工作程序开展前期工作；各项工程进入施工阶段，完成投资1000万元。

对2012年开工建设的市府街、民福街等六项绿化建设工程按照合同三年养护期已到，需要办理竣工验收、接管手续，局现场代表、接管单位、监理单位、施工单位等通过现场查验清点树木后，完成接管工作。并将相关审计资料送审计局进行审计，部分项目完成审计。

为美化城市环境，提高城市景观效果，巩固创园成果，组织局属各养护单位在城市主要道路、公园、广场及游园等绿地补植补种各类树木60942株，种植应时花卉18220平方米。

朔州市园林局组织工作人员开展绿化管护　　（市方志办供图）

【规划修编】 2015年，朔州市为城市绿化工作持续有序地发展，开展城市绿地系统规划修编工作，通过政府采购中心集中招标采购，中标单位山西城乡规划设计院通过实地勘察修编《城市绿地系统规划》。《规划》突出城市水系和绿地网络，把七里河、恢河作为城市"动脉"，把绿地系统作为城市"经络"，着力打造"点、线、面、环、楔"相互渗透、交织成网的城市绿色生态体系。将城市绿道绿廊规划作为试点，对城市绿地建设注重系统性、实用性和观赏性，逐步向布局合理、形式多样、景观优美、特色鲜明的城市绿地方向发展。

【绿化管护】 2015年，朔州市完成绿地日常养护任务。根据园林植物养护管理标准，要求各管理养护单位从园林植物园的浇水施肥、病虫害防治、修剪整形、划红刷白等日常养护为切入点，实行科学管理，保证园林植物的健康生长。

加强设备设施维修、保养工作。建立公园、绿化带设施巡查制度、维修信息联动制度，及时掌握园林设施分布和使用情况，对损坏的设施及时进行排查、修复、更换，确保园林设施的完好无损。同时，组织各养护单位打凿自备水源，目前七里河公园、七里河湿地公园、园林绿化中心各打凿水源井一眼，投入正常使用，为抗旱保绿工作的顺利进行提供保证。

实行依法管理。经常性在群众中开展园林绿化法规宣传工作，提高人民群众爱绿护绿的意识。同时配合政府及有关部门做好治安天眼、公安交通监控安装工程，通过实地查看，反复论证，与有关部门共同确定安装点，协调各管理单位做好树木移栽等项工作。

开展星级公园、园林式单位庭院、居住区、园林式道路创建工作。按照山西省住房和城乡建设厅印发《山西省城市园林单位、园林社区和园林道路申报与考核办法》，并将园林单位、园林社区和园林道路首次纳入全省城市建设目标责任考核，推荐命名古城墙公园、七里河湿地公园为山西省城市三星级公园，推荐命名朔州市民福街、平朔路、长宁街为山西省园林道路，推荐命名朔州市世纪星城小区、朔州市公园一号小区、应县惠泽园小区B区为山西省园林小区。（市园林局）

## 房产管理

【概述】 2015年，是贯彻落实中共十八大和十八届三中、四中全会精神重要之年，紧紧围绕朔州市以经济建设为中心，加快"六大发展"推动"两大任务"、建设美丽朔州和"塞上明珠"的战略目标，结合学习讨论落实活动和"三严三实"专题教育活动，围绕统筹发展，在提高为民服务上下功夫；围绕安全发展，在做好房屋使用安全工作上下功夫；围绕廉洁发展，在打造清廉机关上下功夫。为朔州市社会经济的发展发挥促进作用。

【为民服务】 2015年，朔州市房屋产权产籍的管理，涉及群众的切身利益，为保证服务质量，提高政务大厅办证效率。

朔州市房产管理部门举办道德讲堂提升职工素质 （市方志办供图）

创新服务形式，更好地服务群众。做好咨询服务，不让群众跑冤枉路。在窗口公布行政审批事项及其审批程序和时限。针对不同类型的登记业务，详细介绍各种登记业务的办理流程和必收要件，让办事群众一目了然。窗口工作人员严格执行首问负责制和一次性告知制，认真履责，不让群众跑冤枉路。做好便捷服务，不让群众跑烦琐路。窗口开辟“绿色通道”，对于群众合理合规的要求，坚持特事特办，急事急办。做好热情服务，不让群众跑伤心路。窗口工作的党员干部设置“党员示范岗”，标明党员干部的姓名、职务、联系方式和负责办理的业务类别，始终坚守在服务岗位的最前沿，为前去办事的群众热情服务，令其满意而归。另外，窗口工作人员对老弱病残、行动不便的办事群众实行上门服务。2015 年，办理房屋所有权登记发证 2216 户。其中，存量住房转移登记 498 户，面积 5.8 万平方米，成交额 1.22 亿元。较 2014 年有大幅度提高。

**【市场监管】** 2015 年，朔州市加大国家宏观政策的宣传力度。宣传引导全市人民了解 2015 年 3 月 30 日中国人民银行、住房城乡建设部、中国银行业监督管理委员会联合发布的《关于个人住房贷款政策有关问题的通知》中降低二套房首付比例和公积金购买首套房首付比例的新规定与财政部、国家税务总局发布的《关于调整个人住房转让营业税政策的通知》的内容，促进住房消费，激发市场活力。做好出具首次购房证明工作。配合金融、税务等部门，落实好居民首次购房的各项税收、信贷优惠政策，减轻居民购房税费政策负担。培育和发展住房租赁市场。建立住房租赁信息服务平台，支持房地产开发企业将持有的房源面向社会出租。支持房地产开发企业拓宽融资渠道。协助办理好在建工程及购房者按揭贷款相关抵押登记手续。建立完善房地产市场信息系统。加强商品房销售网上合同备案监管，按照住建部要求，做好商品房销售日报制度。定期分析、密切关注房地产市场变化情况，准确把握房地产市场走势，及时发现市场运行中存在的新情况、新问题。

**【物业监管】** 2015 年，朔州市继续规范和优化物业企业服务，推行物业服务网格化监管工作，开展物业服务企业动态考核和信用评价。市区住宅小区物业管理面积由原来的 693 万平方米增加到 720 万平方米，旧小区物业管理覆盖率达到 87%，较上年增长 1 个百分点，新建住宅小区物业管理覆盖率达到 100%。持续推进省级物业示范项目（小区）创建工作。

**【保障性住房建设】** 2015 年，朔州市组织建设的和谐小区保障性住房工程，在全局广大干部职工在克服资金严重短缺困难的同时，严把工程建设质量关、安全关，推进工程建设进度。建设公共廉租住房 1024 套，面积 5.3 万平方米；经济适用住房 1500 套，面积 12 万平方米。

**【安全生产】** 2015 年，朔州市开展安全生产“知责、履责”活动，完善隐患排查治理体系。组织专人开展辖区内房屋使用安全专项检查。针对辖区内各类物业的具体现状和可能发生的房屋结构或构件危险情况，如装饰层坍塌、水患、火灾、漏电、燃气泄漏、高空坠物及电梯关人等问题要进行全面检查。通过张贴告示、悬挂宣传标语、警示标志等多种形式进行安全宣传教育，提高业主的安全防范意识，杜绝安全事故的发生。

【清廉机关建设】 2015年，朔州市贯彻落实中央“八项规定”、省委“四个实施办法”和市委“十项规定”。

建立廉政风险防控机制。制定出台《朔州市房产管理局关于重点岗位重点人员廉政风险防控办法》，通过全面排查岗位职责、业务流程及制度机制等方面潜在的廉政风险，让全局广大干部职工知道“危险”，查找“风险”，不敢“冒险”，力求“保险”。

完善作风建设机制。保持反“四风”高压态势。强化正风肃纪，开展以整治“粗松俗”和“慵懒散”为重点的单位内部纪律作风教育整顿活动。在此基础上，加强政风行风建设。减少审批环节，提高办事效率。2015年，在房屋权属、更正、一般抵押权登记等业务审核审批环节上，由三级审批简化为二级审批；在房屋产权注销、抵押权注销、换证登记环节上，由二级审批简化为一级审批。政务大厅受理业务，全部实行一个窗口受理、一站式服务，方便群众办事。网上审批，提高办事效率。2015年，全局业务申报审批工作，全部实行电子化管理办法，实行网上申报审批流程。

（市房产管理局）

## 住房公积金管理

【概述】 2015年，朔州市住房公积金管理中心在市委、市政府的正确领导下，在省住建厅的精心指导和大力支持下，贯彻住建部“3·20”“5·22”电视电话会议精神和省委书记王儒林、省长李小鹏的重要指示精神，落实省政府关于住房公积金管理的“三个五”目标及《2015年全省住房和城乡建设工作目标责任书》中的有关要求，适时调整业务政策，率先出台一系列新措施、新举措和调整政策的实施意见。突出服务主题，积极作为，大胆推进，主要指标均创历史新高，各项工作都取得较好的成绩。

2015年，朔州市归集住房公积金13.08亿元，同比增长5.06%，新增缴存职工38131人，完成全年目标任务36783人的103.66%；办理各类提取32.46亿元，同比增加667.38%；发放个人住房贷款8.6亿元，同比增长148.55%。个贷率65.13%，较年度目标55%提高10.13个百分点，较年初个贷率24.4%提高40.73个百分点。存量资金累计减少25.04亿元，完成年度目标减少18亿元的139.11%。

【非公扩面】 2015年，朔州市推进非公扩面工作。落实市政府出台的《推进住房公积金归集扩面工作的意见》，依靠政策宣传、部门联动、上门催建、以用促建四轮驱动，掀起新一轮住房公积金建制高潮，超额完成省定扩面任务。

调整使用政策。全面实行租房提取政策，并把租房提取放宽到一次可连续提取五年的房租，每年可提取额度不超过24000元房租。试行阶段性提取政策。在2015年5月至12月，为缴存住房公积金以来，发生过购房行为但未使用过住房公积金的缴存职工办理住房公积金提取。放宽先取后贷政策，扩大提取和贷款范围，开展异地贷款、商转公贷款、公积金对冲还贷业务，支持棚户区改造项目。

为缴存人提供全方位多层次的便捷服务。针对新政策出台导致前台办理业务压力加剧的实际，及时采取应对措施。调整叫号时间，采取实名制叫号方式；安排全体机关工作人员，到窗口一线办理业务；抽调工作人员上门服务。由职工所在单位组织，中心上门集中办理；在原提取窗口的基础上，增设服务网点和窗口，增加服务人员；由逐级审批简化为窗口直接办理；简化手续、优化流程、缩短时限。取消房屋抵押贷款评估环节。取消职工出具工资明细，减少退休提取单位审批环节。取消装修企业的资质证书等资料。

2015年1月28日，朔州市住房公积金管理中心精心打造"五星级"服务品牌 （市方志办供图）

【文明服务建设】 2015年，朔州市以核心价值体系建设为基础，纳入工作总体规划，与中心工作同研究，同部署。积极引导全体职工树立正确的荣辱观和价值观，营造知荣辱、讲正气、促和谐的良好风气。以思想道德建设为中心，夯实精神文明创建基础。利用"道德大讲堂"，开展以职业道德、社会公德、家庭美德、个人品德的学、赶、超系列活动，推进诚信体系建设。将"道德大讲堂"活动经常化，加强职业道德和职业纪律教育，明确职业责任和职业规范，不断提高全体工作人员的思想政治素质。以文明服务建设为抓手，搭建文明服务创建平台。倡导"全心全意为缴存人服务"是公积金人的服务理念，开展以"文明服务、优质服务"为主要内容的"示范窗口""模范员工"活动，营造讲文明树新风的良好氛围。以行业文化建设为突破口，逐步形成廉洁、高效、诚信、奉献的核心价值观发展体系。精心打造"诚心、倾心、贴心、虚心、尽心"的"五心级"服务品牌，使中心上下形成"爱岗敬业、诚实守信、办事公道、服务到位、奉献社会"的良好职业风尚。以丰富职工文化生活为节点，利用文体活动场所，倡导职工参加各类文体活动，引导职工"德、智、体、美、劳"全面发展。开展社会帮扶活动，倡导干部职工积极参与对定点扶贫村进行结对帮扶。以健全法律顾问制度为依托，逐步构建普法、依法治理、行政复议等行政执法监督体系。

【党风廉政建设】 2015年，朔州市开展"三严三实"学习教育活动，落实"两个责任"，牢固树立廉洁从政意识；建立健全权力清单、责任清单和"六权治本"相关制度。以学习讨论落实活动为契机，积极开展党的纪律教育和廉政文化建设，对群众反映强烈的热点问题、作风建设上的突出问题进行专项治理和整顿。贯彻落实《中国共产党廉洁自律准则》和《中国共产党纪律处分条例》，引导广大党员干部深入学习、宣传、执行两项法规，使广大党员干部牢记各项廉洁自律规范和党的纪律要求，真正把党规党纪的权威树起来、立起来，执行到位。加强内外监督，健全风险防范机制，逐步构建起保障资金安全的协调、监督体系，确保各类资金规范运行。加强作风建设和效能建设，开展政风行风建设。以学习践行"党的群众路线教育实践活动""三严三实"为契机，贯彻落实中央"八项规定"，全力打造风清气正的发展环境。年内，中心领导班子主要领导未发生一起违反党风廉政建设和腐败案件。受到全社会的肯定和好评，社会公信力明显提高。

（市住房公积金管理中心）

## 环境保护

【环境风险防控】 2015年，朔州市贯彻落实机制体制改革，深化简政放权，全力服务人民，严把环评、项目等许可关。把好环境保护源头关。严格按照《中华人民共和国环境影响评价法》《建设项目环境保护管理条例》等相关法律法规，从严治企、严格要求。在规划环评方面：为有效提升本市建园区环境风险防范能力，解决园区布局不合理、交叉污染等问题。在项目环评方面：发挥环境保护的"闸门"作用，严格控制高污染、高耗能、低水平重复建设项目，严把环境准入关口，加强建设项目环境保护的全过程监督管理，严守环境法律底线，做到环评标准不降低，执法力度不松懈。创造良好经济发展环境。为提高行政审批效率和服务水平，规范行政审批流程、明确权限，提升服务水平。在深入基层、大量调研的基础上，取消局长审批和政务服务中心分管领导审核两个环节，向县区下放建设项目环境影响评价、试生产和竣工验收、排污许可证发放等行政审批事项的权限，加快审批速度，为企业更快更好发展创造优越环境。最大限度提升政务大厅服务能力。根据《朔州市人民政府办公厅关于在政务大厅集中办理行政审批和服务项目的通知》，结合自身工作实际，专门走访太原、大同市政务中心环保窗口调查学习，实现所有行政审批项目直接从政务中心环保窗口受理、办结，最大限度地减少办事环节，消减前置性条件。

【空气质量改善】 2015年，朔州市环保局按照《山西省大气污染防治2015年行动计划》和《朔州市大气污染防治实施方案》要求。建好“两个平台”，提升全市环境管理信息化。一个是机动车尾气监控平台建设。为加强对机动车尾气污染的执法监管，筹划机动车尾气污染防治在线管理系统建设，市环保局建立机动车尾气污染在线监控平台的建设，与全市各机动车尾气检测站在线监控系统与管理平台的联网。实现对全市机动车排气检测机构的网络视频监控和人员、设备的联网动态管理以及系统信息共享，杜绝机动车尾气检测流程和检测报告舞弊做假的行为，全面提升监管水平。另一个是市区重污染天气监测预警平台建设。建立重污染天气预报预警平台。重污染天气预报预警平台，可以为市制定大气污染防控政策提供技术支撑，为重污天气下的应急措施提供信息参考。重污染天气预测预警平台可以提供相关的气象云图、污染物监测实况等图文信息，协助专家对各类信息进行综合研判，确保重污染天气预警信息发布的科学性、准确性。该项目正在履行程序。做好重点整治工作。黄标车整治方面：严格管控黄标车及老旧车，对黄标车施行区域限行，对市级党政机关、事业单位和全市国有及国有控股企业的黄标车、老旧车和所有2005年年底前注册的营运黄标车不予上线检测，不发放合格标志。2015年12月，淘汰黄标车1894辆，淘汰营运黄标车449623辆，发放黄标车提前淘汰补助资金2108万元。燃煤锅炉淘汰方面：市区10蒸吨及以下燃煤锅炉有22台，淘汰21台，超额完成省政府大气污染防治目标责任书下达的淘汰35%的任务。燃煤锅炉提标改造项目进展情况。2015年，36家完成77台859蒸吨提标改造工程，超额完成省政府大气污染防治目标责任书下达的淘汰30台的任务。

【水源保护】 2015年，朔州市水污染防治工作方案编制情况：9月24日市政府组织各相关单位召开编制《水污染防治工作方案》会议，委托山西省环境规划院编制《朔州市水污染防治工作方案》初稿。重点流域水污染防治情况：《“十二五”重点流域水污染防治规划》规定本市水质控制断面东榆林水库水质75%达到Ⅲ类水质目标，完成任务。年底能够完成国家考核任务要求。饮用水源地水质情况。市区地下水饮用水源地水质达标率为100%，城镇集中式地表水饮用水源是平鲁区大梁水库，污染指数全部达标。加快推进水泥建材行业的烟气提标改造：完成朔城区金圆水泥、狮头水泥、山水新时代水泥、山阴县的炫昂建材有限公司、应县的同朔水泥有限公司、右玉的山西鼎达建材烟气提标改造。

【减排】 2015年，朔州市全力开展减排工作。强化工程减排。基本完成朔州第二污水处理厂新建工程，建成平鲁污水处理厂改建工程。全市所有污水处理厂出水水质年底前全部达到1级A的排放标准。完成结构减排。抓好落后产能淘汰工作，推动循环经济发展，优化产业结构，倒逼产业调整转型升级。推动热电联产的集中供热工程建设，全部取缔市区10蒸吨以下燃煤锅炉。加强管理减排。全面落实《山西省综合性污染减排工作方案》，加大对国控、省控重点工业污染源监管，集中开展城镇污水处理厂和电厂脱硫设施运行情况的专项检查，加大环境督察和减排核查力度。建立减排工程运行情况抽查制度，现场核实设施运行参数、历史数据和档案资料，核定的数据要与排污收费挂钩。对工作不落实、减排进展缓慢的，对相关责任人进行约谈。推进燃煤机组超低排放改造工程。完成2015年超低排放改造的火电企业3家5台机组。

**【执法监察】** 2015年，朔州市加强环保干部的培训，提高执法水平和工作能力。全局全年多次组织环保系统内部的干部，专门请有关的专家讲解新环保法，全面把握其精神实质。开展环境保护大检查行动。2015年，实行行政执法责任制，推进环境监察执法网格化管理。为实现“环境执法全覆盖，环境监管无盲点”的环境监察工作目标，将本行政区域划分为若干环境监管网格，逐一明确监管责任人，落实监管方案，在全市环保系统实行“责任到人、一企一人”的责任制管理模式。全面清理违法违规建设项目。对违反建设项目环境影响评价制度和“三同时”制度，越权审批但尚未开工建设的项目，要求一律不得开工；对未批先建、边批边建，资源开发以采代探的项目，要求一律停止建设或依法依规予以取缔；对环保设施和措施落实不到位擅自投产或运行的项目，一律给予责令限期整改。做好环境信访工作。2015年，全市受理各类环境污染投诉267件，其中“12369”服务热线231件，省总队转办22件，省厅转办8件，群众来信来访6件。受理案件得到有效处理，结案率为90%。认真开展环境矛盾纠纷排查化解工作，实行局领导包案督办。

**【环境保护】** 2015年，朔州市在生态建设方面，朔城区、山阴县、怀仁县三县区宽5千米、长达100多千米西山森林公园联在一起，构成一条绿色屏障，改善本市的生态环境。加强朔城区紫金山自然保护区和应县南山自然保护区两个省级自然保护区环境监管。在农村环境保护方面，全市建成生态文明村7个，生态环境乡镇1个，建成乡村污水处理厂两座。完善应急预案体系建设。实行预案动态管理，规范预案编制、修订和备案工作。10个政府突发环境事件应急预案、13个环保专项预案、113家重点监控企业的165个应急预案完成备案。初步形成横向政府、企业应急预案相关联，纵向市、县两级预案相衔接的突发环企业应对危险化学品火灾事故的应变能力以及相关职能部门应急处置突发环境安全和消防事件的能力。目标任务：实现市区环境空气质量持续好转，可吸入颗粒物（PM10）、细颗粒物（PM2.5）年均浓度下降率同比2013年不低于4%和8%，力争达到6.25%和12.5%。完成省政府大气污染目标责任书考核指标。集中开展燃煤电厂超低排放升级改造、燃煤小锅炉淘汰、工业堆场扬尘污染治理、市区建成区城中村洁净能源替代试点和“元旦、春节和元宵节禁燃禁放”宣传教育活动，确保全年环保工作圆满完成，促进全市经济社会全面发展。（市环保局）

2015年9月23日，朔州市召开全市环境综合整治动员会（市方志办供图）

# 邮政 通信

Post Communication

## 邮 政

**【概述】** 朔州市邮政管理局于2012年11月16日揭牌成立，于2013年3月20日正式挂牌办公，单位性质为行政单位，实行双重领导，以条管为主，隶属于山西省邮政管理局，县(区)目前未成立邮政监管机构。单位下设两个科室，分别是办公室和行业管理科。

2015年，朔州市邮政行业业务总量累计完成1.24亿元，同比增长23.84%，业务收入(不包括邮政储蓄银行直接营业收入)累计完成1.36亿元，同比增长16.68%。全市快递服务企业业务量累计完成102.77万件，同比增长33.32%；业务收入累计完成0.22亿元，同比增长28.52%。快递业务投递量累计完成664.12万件，同比增长73.67%。

**【队伍建设】** 2015年，朔州市领导班子建设加强。班子成员始终坚持理论学习，严守政治规矩。做到严格要求自己，以上率下；讲究工作中多沟通、多协商，做到讲大局、讲团结；重视求真务实，实事求是，注重调查研究，掌握实情，正确决策。

队伍建设加强。5月，朔州局8个编制人员全部到位，局党组将关心干部职工工作生活和成长进步摆在重要位置，通过开展经常的、形式不定的谈心谈话，主动了解干部心态、情绪，开展思想工作。全局上下齐心协力，形成积极向上、风清气正、团结和谐的团队氛围。

职业技能鉴定任务超额完成。5月30日，第二批快递业务员职业技能鉴定朔州考区考试顺利举行。该次考试共有来自两个市、12个品牌，共212人参加，是职鉴考试开展以来首次在朔州设置考点。朔州局提前规划，精心组织，圆满完成考试任务，超额完成省局职业技能鉴定65人的既定任务，为全市快递从业人员节约异地考试的成本，得到快递企业的共同支持。

**【党风廉政建设】** 2015年，朔州市"三严三实"专题教育实践活动收到实效。全局始终坚持领导带头、统一部署、精心组织，出台《"三严三实"专题教育实践活动实施方案》，提出五个工作目标，明确并开展六项主要活动。出台《公务卡管理办法》《领导干部密切联系群众制度》《关于落实党风廉政建设党组主体责任的意见》等6部内控制度及《普遍服务旬报制度》《安全生产"知责、履职"制度》和《"一岗双责、党政同责"制度》3项行业管理制度，建立健全决策权、执行权、监督权既相互制约又相互协调的权力结构和运行机制。

**【行业监管】** 2015年，朔州市全面完成补白工作。朔州市有"补白"网点39处，于5月27日全部竣工并运营，2县17处"补白"网点档案已建立，39处网点在8月月底前完成备案工作，网点信息在市局网站进行公示，并全部录入"国家局邮政普遍服务监管系统"。

怀仁县5处“补白”网点与电商企业进行“抱团”合作，网点运营资金由邮政企业和电商企业共同承担，保证各网点能够持续经营。8月11日，朔州市电视台就全市邮政普服网点补建运营情况进行专题报道，提高“补白”网点运营的知名度，方便农民朋友就近办理邮政普遍服务业务。

顺利承接“两项审批”，行业审批进入快车道。8月15日至24日，针对国家局和省局在“两项审批”文书方面有差异的情况，在与省局沟通之后，指定专人，对国家局和省局的文书做比对，结合工作需求，梳理出本局的“两项审批”文书。8月24日，正式印发市局“两项审批”承接的实施方案，并向市公司印发工作通知。同时，还分别组织行业管理科有关人员和邮政企业相关人员进行专题培训。

经与市邮政分公司沟通，朔州市暂无撤销、停限办普遍服务和特殊服务业务申请预报。对2个局所位置变更和39处局所备案作行政审批。

全覆盖开展“合标”检查。对全市95处普服局所中的87处进行“合标”检查，检查比例91.6%，检查人次268人次。检查情况表明，18处城区网点“合标”情况好于77处农村网点，7处农村自办网点“合标”情况好于70处代办网点。城区网点和农村自办网点达标建设较为容易，占全市73.7%农村代办网点达标建设任务较重，整改工作量较大，依照邮政普遍服务标准，综合考评局所性质、位置、需求、服务能力和服务实现等标准，按照打分结果将全市95处局所分为三类(服务优秀局所、服务良好局所和服务达标局所)，并且按照类别有针对性提出业务开办要求，该种立足实际又有法可依的监管方式得到企业认可和执行，企业按照具体要求迅速整改到位，在9月月底，全市95处普服局所全部开办齐邮政普遍服务四项法定业务。对在检查过程中存在的问题进行整理汇总，于11月下旬向市邮政分公司通报。

探索行政处罚新领域。在分别于2013年和2014年对企业局所管理方面进行行政处罚外，2015年着重对普遍服务质量达标这一新领域进行执法监管。2015年，对市邮政分公司下达1份检查通报，1份《行政处罚意见告知书》，1份《行政处罚决定书》。对市邮政分公司投递信件未盖日戳违法行为进行立案调查，罚款三千元，《行政处罚决定书》于12月1日送达。

建立邮车监管新机制。对全市邮政专用标志车辆进行监督检查。经检查，市邮政分公司、市邮政速递分公司和各县(区)分公司都制定较为严格的管理制度，明确邮政专用标志车辆的管理部门和督察部门，并建立严格的监督惩戒机制，市级公司管理档案和明细完整。朔州市邮政专用标志车辆63辆，其中市邮政分公司49辆，市邮政速递分公司14辆。两家企业今年无转让情况和违规行为。及时总结检查经验，制定全市邮政车辆备案及监管制度，建立新的动态监管机制，要求企业确定专部门专人负责履行车辆新购、变动及销号备案；按照管理制度严格自我管理，并留存记录进行备查，有效预防和打击违法使用邮车。

开展“两项调查”。经统计，全市共有9处投递处理场所，105条投递路线；全市6县(区)共有69个乡(镇)1592个建制村，1517个建制村直接通邮，直接通邮率为95.29%。将全市投递处理场所的基本信息和建制村通邮情况录入到“国家局邮政普遍服务监管系统”，并对161个建制村通邮情况进行实地核查，企业报送的通邮情况属实。

社会监督工作。全市5名社会监督员对183个网点进行监督检查，反馈监督报告183份，走访用户165人，提出建议4条。

**【邮件工作】** 2015年，朔州市做好《人民日报》投递时限调查。选定全市11处调查单位，印发全市《人民日报》投递时限调查函，将调查函及时送达受调查单位。调查首日，与各受调查单位做电话联系，要求各单位按文件内容进行认真填写。9月6日至7日，对全市10个被调查单位的报表进行回收，在整理核对无误后，将报表寄至省局。经过调查，朔州市邮政企业能够较好地做好《人民日报》的投递工作，但偶有缺页现象，市局已与市邮政分公司投递部门相关负责人进行电话沟通，要求其进一步做好《人民日报》的投递工作。

做好机要邮件时限测试工作。7月28日，组织相关人员对2015年机要邮件时限测试方案进行学习，指定局机要员高伟具体负责该项工作。8月19日，收到国家局寄发的测试包。9月7日至11日，市局逐日寄出机要测试件，9月7日至9日，指导右玉县人民政府办公室逐日寄出机要测试件。测试工作安全有序。

开展无着邮件检查。经检查，市邮政分公司内部分工明确、管理规范、考核严格，无法投递邮件和无着邮件保存完好、登记清晰、处置得当，未发现其他违法违规问题。经了解，朔州市邮政企业不存在服务外包的情况，所有邮政普遍服务业务均由邮政企业职工和委代办人员办理。邮件传递均使用自有车辆，不存在由综合物流提供商代理邮政服务的情况。

实施全国地市级间信件时限测试工作。在收到省局的安排后，立即组织相关人员学习通知要求，并安排专人负责信件收寄工作。5月19日，将336封平信和336封挂号信寄出。收到318封平信和336封挂号信。

邮政基础设施改造全面完成。朔州市2013—2015普服和机要基础设施改造共涉及1个县邮政分公司、34个普遍服务邮政局所、6个机要局所、6辆机要车辆和3辆投递车辆，改造资金共计788.7万元。市邮政分公司于11月20日全部完成改造项目建设。

**【市场监管】** 2015年，朔州市开展拉网式清查、底数明晰，备案率即将到达100%。2015年以来，在过去2次普查基础上积极开展摸底清查，做到底数明晰，为清理整顿打下坚实基础。经过清查摸底的全市134个快递分支机构现已备案123家，备案率为91.79%。为方便企业办理备案手续，指定专人，为企业提供答疑解惑，现场帮助企业准备备案资料，指导企业承办人员操作系统，加快备案进程。实现100%备案。

创新工作模式，运用多种手段提升企业合法化水平。为使企业尽快办理备案手续，创新工作思路，立足企业实际，甄别企业办理经营许可备案的实际困难制定有效举措：积极与省局市场处汇报沟通，2015年新增许可企业3家，实现全市规模以上企业许可全覆盖，为规模以上企业分支机构合法化打下基础；探索建立先备案再完善网络流程的备案工作模式，有效调动企业积极性。

依法处罚、及时复查，专项整顿效果显著。在经营秩序专项整顿的第二阶段依法对一批消极被动不办理合法手续的企业给予行政处罚，推动全市企业及分支机构办理合法手续的进度。另外，在日常检查中积极开展复查工作，避免辖区内有非法经营快递业务的现象。

**【服务质量整治】** 2015年，朔州市严肃处罚违规企业。根据省局市场处“12305”平台反馈的信息约谈问题相关企业，并实地检查企业落实情况。对服务质量问题，尤其是对露天分拣和野蛮分拣的行为予以严厉打击，对4个企业进行总数10000元的罚款，给违法企业以有力震慑。

发挥“申诉”和“黑名单”作用。以消费者申诉案件为主对企业开展有针对的专项整治，对重点企业，采取约谈其负责人的方式，督促其采取有力措施提高服务质量，及时解决消费者投诉。对违法严重和屡教不改的企业依法处罚并制定黑名单制度在门户网站公布。两项举措有效遏制行业内服务类违法行为盛行的势头，促使企业不断提高认识和服务水平。

企业服务质量显著提高。2015年朔州市前三季度申诉案件，总计32起，2014年前三季度申诉案件为58起。同比下降45%，在消费者维权意识逐渐觉醒和邮管部门影响和认可度增高的现阶段，企业自身对用户投诉的重视和妥善处理，全市的服务质量水平提升，投诉总量保持在较低的水平。

社会监督员的监督能力和水平明显提高。社会监督员全年行使监督检查职能180余次，通过社会监督员的监督，市局有效了解邮政、快递企业的真实服务水平，有针对性地要求邮政、快递企业予以整改。邮政快递企业的服务态度、服务能力有显著提高。

【安全生产】 2015年，朔州市日常检查与专项检查有机结合，全面完成年初检查计划。全局开展"双整"、市政府安全生产月、安全生产大检查、抗战胜利七十周年纪念保障活动、省局安全生产月、危爆物品寄递渠道清理整顿等专项行动9次，日常检查与专项检查累计出动550检查人次，其中局领导亲自带队采用"四不两直"方式检查企业36家，在隐患台账上登记企业63家，排查一般性安全隐患32处，下达责令整改通知书22份。对市申通、右玉中通和神头申通监控设备不达标、未对从业人员进行安全生产教育和培训行为进行行政处罚，罚款金额总计五千元。

牵头成立市寄递渠道领导小组，全面加强邮政行业监管。强化寄递渠道畅通和邮(快)件寄递安全监管，2015年6月，联合市综治办、公安局、交通局、国安局等六部门联合发文，成立寄递渠道安全管理领导小组明确各部门的分工配合，建立联动机制，全面加强对邮政行业的监管，充分发挥部门合力作用；加强各部门沟通，严格落实相关责任，为全市的寄递渠道安全提供保障。

开展安全生产培训及制定模拟演练计划。8月5日，邀请市安监局专业人士对全市寄递企业进行安全生产知识培训，该次培训用大量的案例说明邮政业的安全问题不容乐观，为大家的安全意识敲响警钟，讲解邮政行业的安全管理、应急管理等知识，指出邮政业安全工作存在的问题及解决办法。

联合公安、交通和信访等部门对全市寄递企业进行安全工作检查。制定寄递渠道清理整顿工作方案，该工作方案被市综治办纳入到全市集中开展危爆物品、寄递物流清理整顿和矛盾纠纷排查化解专项行动"1+4"方案中。

2015年"双11"当日，市委常委、政法委书记李锦听取本局寄递渠道清理整顿工作阶段汇报，11月12日，李锦同市长助理、市公安局局长邬光明一行带队突击检查市区部分寄递企业。通过几次大规模的联合检查、督导，有效督促企业严格落实收寄验视、实名寄递、过机安检"三个100%"安全制度，企业的责任意识明显增强，寄递渠道安全防范更加充分、有效。

【快递下乡】 2015年，朔州市组织全市19家品牌快递企业召开"快递下乡"座谈会进行动员，向各企业讲解快递下乡的政策和优势，了解各企业下乡存在的困难和问题；开展调研，有针对性地对企业提出指导意见。2015年年初，田笃局长就带领业务科室人员对全市64个乡镇普服局所业务开办情况和快递下乡情况开展检查调研，考察各县区乡镇对快递服务的需求及特色农产品出口情况，指导企业先行至人口较多的乡镇和有特色产品乡镇入手打开快递下乡局面；部门联合推动，形成快递下乡新合力。与商务局就电子商务与邮政快递业协同发展多次交换意见，并联合印发《关于促进全市电子商务和邮政快递业协同发展的指导意见》，明确双方今后的工作重点。

全市64个乡（镇）已有51个乡镇实现快递下乡，覆盖率为79.69%。

【邮政用品用具质量检查】 2015年，朔州市开展邮政用品用具产品质量检查和抽检工作。通过该次专项检查，明确朔州市邮政、快递企业使用国家局监制的封套和纸箱的范围较小，其使用的非监制用品无库存，其大多是由省级公司或总公司配发的，无选择的权利。在汇报里建议上级部门依法对拒不执行国家规定总公司或省公司予以处罚。

"三化"建设完成率实行营业场所和分拨中心两个"双百"，正向更高水平发展。按照省局的安排部署，朔州局结合朔州市快递业发展实际，以快递营业场所和分拨中心标准化为切入点，加大对营业场所设置标准化、操作流程规范化、分拣中心规范化引导，采取强化督导、树立标杆、创造氛围、持续建设的方式，经过组织自建、推广完善和验收评比三个阶段，“三化”建设取得显著成绩，全市10家许可企业的分拨中心全部完成标准化建设；130处分支机构全部完成营业场所标准的建设工作。与此同时，按照《邮政业安全生产设备配置规范》和《快递营业场所设置基本要求》两个国家标准，推动快递企业设备配置和营业场所建设向更高水平发展，出现一批旗舰店，如怀仁圆通、顺丰古北营业部、朔城区中通南关营业部等，起到较好的示范带头作用。

【行业宣传】 2015年，朔州局与市级各媒体单位建立良好的沟通机制。全年接受电视台采访四次，广播电台专访1次，市新闻网采访2次；朔州日报信息报道3篇，市新闻网信息报道16篇。市电视台11月创办的最新创业访谈类节目《第七区》，首期将市青年创业者韵达快递经理高少雷作为创业典范开展宣传报道，使人们对快递业有全新的认识。此外，朔州局还利用短信和微信公众平台，就实名制和收寄验视制度进行广泛宣传，做到媒体宣传全覆盖，收到良好实效。 （市邮政局）

## 无线电管理

【概述】 2015年，朔州市管理局在省无线电管理局领导下，围绕年初确定的目标任务，开展无线电频率核查、打击“伪基站”“黑广播”等中心工作任务，加大无线电管理技术基础设施建设和无线电监测，维护空中电波秩序，促进全市无线电事业的健康发展。全市有各类无线电台站2763个，其中：广播电视台站26个；集群通信基站6个；移动通讯基站2401个；联通PHS基站303个；无线数据台站3个；卫星地球站24个。全年收缴频占费12.2万元，无台站审批。

【党组织建设】 2015年，朔州市管理局以参加“三严三实”专题教育为契机，加强作风建设，集中解决“四风”方面存在的突出问题。突出纠正“庸、散、懒、拖”等现象，营造清风正气的服务型党支部形象。按照“精简、统一、效能”的原则，解决好部门之间职能交叉、权责脱节等问题。注重营造有特色的“忠诚 担当 创新 奉献”的无线电管理文化，用新的管理思维去建立科学的管理制度和高效的运行机制，增强机关的凝聚力和向心力。建立“一个窗口”对外、“一站式”“一条龙”服务体系，工作实现由管理向服务的转变，由被动向主动服务转变，由活动式服务向规范化服务的三大转变。

【台站管理】 大功率及重点无线电台站监测核查工作是省局针对各地不明信号数量增多、无线电台站参数变更频繁、民航干扰频发等情况开展的一项专项监测工作。2015年，对省监测站对朔州市区及各县区大功率及重点无线电台站、频率监测核查中发现的问题，朔州管理局高度重视，结合省局《关于开展全省无线电频率使用情况核查专项活动的通知》要求，多次召开会议研究部署，逐个讨论研究如何处理，同时对问题比较集中的部门在做好前期调研的基础上，从6月16日开始，管理局深入县区进行集中核查整顿，对右玉、应县、怀仁三个县的出租车公司使用的4个模拟中继台下达责令整改通知书；对平鲁区某幼儿园红外无线报警器报警信号；频率及发射功率等主要参数不符合《微功率（短距离）无线电设备管理暂行规定》要求的问题，责令其关停设备，更换符合规定的无线电报警器。

【非法设台查处】 2015年，朔州市管理局将打击各种非法设台、维护空中电波秩序作为重点工作，建立群众举报和相关单位投诉伪基站、非法干扰等非法设台的24小时快速受理机制，做到及时受理、快速处理，监测、查处和信息收集三个小组任务明确、责任到人，形成集中打击非法设台的高压态势。

协同开展高考、公务员招考、全国会计师资格考试、执业医师、药师资格考试以及成人高考等20种各类考试的无线电监管工作，出动人员228人次，车辆102车次，在国家医师资格考试和执业药师资格考试中，分别查处一起作弊案件，查获2部数传作弊电台，其中一起已移交司法机关处理。

【设施建设】 2015年，朔州市管理局推进无线电网格化监测网小型站项目建设。完成辖区内的平鲁区、右玉县、山阴县、应县、怀仁县等7个小型无线电监测站的设备安装和调试工作，并与朔州市无线电B级监测站、高山无线电监测站联网。经过运行测试，各个监测站的监测功能运行正常，顺利通过验收。

该项目的实施，有助于提高朔州市对县级区域的无线电监管能力，使得无线电监测工作向智能化监测和精细化管理迈进。

【队伍建设】 2015年，朔州市管理局参加省局的各类业务培训12次，参训人员26人次；组织高考、中考保障培训，参训人员34人次。培训内容涉及应急通信、无线电新技术应用、无线电宣传、频率使用情况核查等业务知识。通过系列培训和互动交流，无线电管理人员的业务水平提升。

【文化建设】 2015年，朔州市管理局在机关内部掀起理解山西无线精神，营造山西无线文化氛围的高潮。

朔州市无线电管理局在高考期间开展打击利用无线电作弊行为

（市方志办供图）

局宣传工作结合当地实际，以增加宣传实效为导向，创新宣传形式，整合宣传资源，全年在市级新闻媒体《朔州日报》发表宣传文章2篇；在省级媒体《山西日报》《发展导报》《三晋都市报》中文章发表宣传文章3篇；在市级电视台《新闻联播》中播放宣传月活动3次，进行滚动飘字播出宣传标语10天；发送宣传短信18万条；电子屏宣传标语160多条；在省局门户网站发表信息57条。其中，9月11日，在《朔州日报》中发行专版，图文结合，结合无线电法律法规及相关知识，介绍管理局近年来在保障各项无线电业务安全，营造和谐的无线电通信环境，服务地方经济建设和社会发展大局等方面取得的成效；9月16日，《三晋都市报》文章《无线电助力资格考试——我省查处8起作弊案》，介绍朔州市在卫生资格考试中查获一数传电台作弊案；9月25日，《发展导报》文章《朔州市无线电管理局为通讯安全保驾护航》，介绍管理局在无线电干扰查找、监测所作出的成绩，取得宣传实效。

【科普进校园】 2015年，朔州市管理局高度重视青少年无线电知识普及、无线电管理政策法规宣传，推进青少年业余无线电科普工作，开展“无线电科普进校园”系列活动，与中北大学（朔州校区）建立无线电科普教育基地。

朔州市无线电管理局与校区合作建设的无线电科普基地为学校社团活动的开展提供平台。管理局投资数万元购置无线电测向机5部、信号源5部，设置无线电科普知识园地。基地展出查获的伪基站、黑广播、卫星干扰器、考试作弊器材、信号压制系统、监测设备、业余测向设备35件。以基地建设为载体，开展无线电测向、业余无线电通信、电子制作等多种形式的科普活动，成立100多人的无线电爱好者社团，其中考取业余电台操作证的30余人，24人组成无线电测向队，参与各项赛事，为校区无线电活动的发展提供良好示范作用。

（市无线电管理局）

## 信息化中心

【概述】 2015年，朔州市委信息化中心学习贯彻中央、省委重大会议精神，依托党务内网系统平台，以“服务市委、服务部门、服务基层”为着力点，以党务内网保密测评工作为总抓手，以党务内网测评为目标，突出网络建设、系统维护、安全保密三个“基点”，加强队伍建设，为全市推进“两大任务”提供信息化服务。

【门户网站建设】 2015年，朔州市委信息化中心围绕“发布党务信息、提供网上服务”的功能定位，拓展信息来源，为领导决策提供参考和应用服务。确保及时准确。加大信息收集力度，及时发布市内重大信息，做到网站信息“天天有内容，日日有更新”。及时发布国内和市内重大信息，使党务内网成为浏览新窗口；及时收集发布县域经济发展情况、统计局月报，使党务内网成为网上资料库；及时发布市委相关文件，使党务内网成为网上档案室；加强网络资源建设，使党务内网成为网上资源库。在此基础上，下载刊登高层决策、权威论点、政策信息、经济社会发展动态、其他可资借鉴的做法经验以及涉及朔州的重大网络信息，高质量高效率地编发《网络信息》，供领导参阅。年内编发30多期。

【系统稳定维护】 2015年，朔州市委信息化中心把维护系统稳定运行作为工作重点，做到“四个加强”，全力确保网络畅通。加强基础设施建设。鉴于中心机房设备都处于昼夜24小时不间断运行状态，设备逐渐老化，故障次数增加的情况，为保证系统正常稳定运行，全面更换硬件设备，并更换相应的系统软件。加强风险防范。对强弱电线路进行更换、整理，彻底排除因电路老化存在的风险隐患。因设备老旧超期服役，出现安全隐患问题，更换空调压缩机。新安装七氟丙烷消防灭火系统，为降低险情、及时排除险情提供有力保证。为预防系统出现毁灭性故障，定期对重要数据采取硬盘存储方式进行数据备份。加强业务培训。为提升信息化人员系统设备管理维护水平和实践操作能力，保障党务内网平台稳定运行，举办专业技术培训，实现教学理论和实践操作的有机结合，收到明显效果。加强值班管理。制定完善值班制度，安排本单位工作人员，全天候24小时值班，明确带班领导和值班人员工作责任。建立值班工作日志制度，将检查结果记录形成工作日志。

【队伍建设】 2015年，朔州市委信息化中心紧密结合本单位实际，以“三严三实”专题教育为契机，全面加强队伍建设。深化学习教育，坚持集中学习和自学相结合的学习制度，教育引导中心干部把牢政治方向，严守政治纪律和政治规矩，增强政治敏锐性和政治鉴别力，坚定廉洁从政的理念，增强对党的思想认同、政治认同、情感认同，并用以武装头脑、指导实践、推动工作，提升信息化业务技术水平和工作能力。弘扬右玉精神，强化服务意识、忠诚意识、担当意识，秉持坚持不懈、久久为功的理念，确保中心各项任务落到实处、圆满完成。

（市委信息化中心）

## 交通运输管理

【公路建设和养护】 2015年,朔州市公路建设再上新台阶。全面落实公路建设目标,强化协调准进,在高速公路方面,西纵高速公路右玉至平鲁段,全长65千米,总投资47.2亿元。项目环境影响评价、水土保持方案、地震安全性评价、防洪评价完成并经相关部门批复;土地预审手续完成。右玉县境内的桥隧控制性工程开工。预制场、拌和站的征地工作有序推进。在干线公路方面:平万线虎头山隧道工程,建设规模2千米,计划投资6926万元。隧道打通,正在进行机电工程及附属工程施工,完成投资6350万元。省道虎山线右玉段路面改造工程,建设规模23千米,二级公路,总投资6326万元。省道平朔线平鲁段路面改造工程,建设规模9.2千米,一级公路,总投资5638万元。国道109线朔州境内平鲁段路面改造工程,建设规模26.93千米,二级公路,总投资6868万元。国道208线朔州境内山阴段路面改造工程,建设规模10.264千米,二级公路,总投资2865万元。在农村公路建设方面:县乡公路工程。完成县乡公路改造工程110千米,完成投资1.06亿元。其中朔城区2项,12.4千米,完成投资342万元;平鲁区1项,2千米,完成投资80万元;应县12项,42.5千米,完成投资4119万元;山阴县4项,13.1千米,完成投资890万元;右玉县6项,28.7千米,完成投资3200万元。怀仁县3项,4.1千米,完成投资520万元。旅游公路工程。右玉县高墙框至右卫古城生态旅游公路,建设规模16千米,三级公路,计划投资5300万元,2015年计划完成投资4300万元。该工程为全省交通运输重点工程建设项目,投资700万元。应县县城至石柱山旅游公路,建设规模24千米,投资8075万元。共开工里程11千米,完工里程5千米,完成投资3800万元。村通水泥(油)路完善提质工程。2015年农村公路村通水泥(油)路完善提质工程建设任务为300千米,总投资13094万元。其中,朔城区14个项目35千米,总投资1225万元;平鲁区5个项目30千米,总投资1050万元;山阴县18个项目60千米,总投资2100万元;右玉县6个项目40千米,总投资1519万元;应县22个项目80千米,总投资2800万元;怀仁县26个项目55千米,总投资4400万元。全市完成村通水泥(油)路完善提质工程195千米,其中朔城区完成35千米,右玉县完成7.1千米,山阴县完成56千米,应县完成65千米,怀仁县完成32千米。农村公路安全生命防护工程。2015年朔州市农村公路安全生命防护工程15项,隐患里程36.5千米,总投资1364.2万元。全部开工,开工率100%,完工里程36.5千米,完成投资1364万元。

**【交通运输管理新成效】** 2015年，朔州市交通运输取得新成效。春运期间，通过开展以“用心服务，情暖春运回家路”为主题的“情满旅途”活动，全心全意为旅客提供“七心”服务(更舒心、更省心、更暖心、更安心、更顺心、更放心、更贴心)，全市道路旅客运输日均投入585个客运班次，确保广大旅客在春运期间能安全、及时、满意出行。春运完成客运量76.51万人次。开展春运期间专项稽查活动，主要是围绕着“抓安全、维稳定、保春运”来开展，全市运政稽查人员深入各区县采取“四不两直”的形式对各运输单位就落实安全生产管理进行暗访，对各县区运管机构春运期间工作情况开展督导检查，并与县区运管机构联合开展“打非治违”活动。出动执法人员2178人次，出动执法车辆658辆次，纠正违规违章运输行为45起，处理“96566”举报案件18起。

**【城市公共交通】** 2015年，朔州市城市公交客运取得新突破。继续公交优先发展战略，重点开展市区内公交车的运力投放、民营改制和基础设施建设等工作。满足广大市民的乘车需求，加大市区公交体制改革力度，坚持城市公交国有化的主导地位，采取科学合理的办法，实现市区内民营公交改制取得新突破；通过市委、市政府的支持和不懈努力，对安达、安通、运风三家民营公交公司进行整合，并签订收购协议，回收民营公交车114辆，签订协议后，在上级的安排下，运用现有条件，开通7路、11路两条线路，公交线网布局日趋合理，市民选择乘坐公交车出行的比例大幅上升，满意率日渐上升。公交调度中心预备工作基本完成，立项、环评、规划、土地“四大项”全部办结，场站的建设开始进入实质建设阶段。

**【安全生产】** 2015年，朔州市安全形势取得新转变。加大安全工作督促检查力度，强化对企业的安全隐患排查。在全市交通运输系统开展宣传教育活动17次，参与人数达5873人次，“安全生产月”活动中散发安全生产宣传资料3000余份，制作安全生产宣传展板5块，全市交通运输系统成立大检查组25个，组织检查人员1340人次，检查企业320个，排查一般事故隐患215条，全部整改。并组织人员对全市所有客运站(场)和客运企业进行检查，对运营车辆的安全技术状况、车辆营运证件、驾驶员从业资格情况进行全面检查。对辖区内的危桥、险路进行排查，对排查出的危险路段，设立醒目的安全警示标志，并进行整治，确保道路安全畅通。利用科技手段加强对客运站场的重点部位、重点时段的巡查监控。建立使用GPS监控平台，对客运车辆的安全运营、旅客状况进行动态即时监控。用现代科技信息手段保障营运车辆安全运营。推进运输企业安全生产标准化建设，全市申报的46家交通运输企业，有38家达到三级达标要求，全市交通运输业未发生重特大道路交通责任事故，安全形势趋向平稳。

**【交通战备】** 2015年，朔州市对省定的康庄飞机跑道和安荣桥两个三级重点保障目标预案进行梳理和分析，遵循科学严谨、切实可行的方针，对保障预案涉及的保障力量分布、保障线路、迂回线路、保障目标的地理环境等要素进行核实和评估，对部分保障要素进行修订，突出预案的实用性和可操作性。推进交通战备现代化建设的各项工作。按照国防交通网络化、队伍建设规范化、装备物资体系化、指挥控制信息化、方案计划实战化、工作管理科学化的建设目标，坚持以交通战备信息化建设为主线，集成保障队伍、保障装备等战备保障资源，提高整体保障效能，提升交通战备的现代化建设水平。

**【依法行政】** 2015年，朔州市法制宣传教育力度加强，依法行政意识和能力增强。把领导干部和行政执法人员作为法制宣传教育的重点对象，把宪法、行政强制法、公路法、路政管理规定和国务院《全面推进依法行政实施纲要》等法律法规和国务院《纲要》《决定》的学习培训，作为引导执法工作人员转变传统行政观念的重要途径，采取多种形式开展法制宣传教育。推进“法治进机关”活动，通过国家宪法日、依法行政宣传月、安全生产宣传月等平台广泛开展法制宣传教育活动。通过有效的宣传，各级领导干部和行政执法人员依法行政、合理行政、为行政相对人服务等依法行政的观念明显增强，执法队伍素质不断提高，依法行政能力不断进步，执法主体与人民群众的关系融洽，发展环境得到明显改善。制度完善，依法行政工作制度健全。

**【党风廉政建设】** 2015年，朔州市落实党组的主体责任。局党组始终把党风廉政建设放在心上、扛在肩上、抓在手上，带头做党风廉政建设的领导者、执行者、推动者，研究制定全局党风廉政建设实施方案，推动主体责任的落实。做到惩治和预防腐败工作与交通运输业务工作同研究、部署、落实、检查、考核，定期分析局机关党员干部的廉洁自律状况，研究部署加强政治纪律、政治规矩的任务和措施，研究制定党风廉政建设的重大事宜，还经常督促检查职能部门和中层干部监督管理的各个环节，加强教育和提醒，支持市纪委派驻局纪检组查处违纪违法问题，切实做到各司其职、守土有责，形成落实“两个责任”的强劲势头。落实纪检组的监督执纪问责责任。局纪检组以坚决的态度落实“三转”要求，聚焦主业，按照党章赋予的“三项任务”“五项基本工作”和行政监察法赋予的执法监察、廉政监察、效能监察职能及市局纪检组出台的《朔州市交通运输局重点岗位环节干部职工廉政情况汇报制度》《朔州市交通运输局“三重一大”事项监督制度》《朔州市交通运输局廉政提醒约谈制度》为保障，敢于担当、敢于执纪、敢于监督、敢于问责。

举办专题“讲纪律守规矩”党课讲座4次，组织中心组学习12余次，召开党风廉政教育大会1次，组织观看反腐倡廉警示教育片12部，红色电教片12余部，局党组成员授廉政党课6次，组织科级以上干部撰写观后感和心得体会100多份。先后2次组织全局党员干部积极参加市纪委组织廉政书画摄影展和观看警示教育片，组织副科以上干部参观市纪委教育基地和平朔廉政教育基地的廉政展厅，组织全局干部继续推进示范教育和“一月一警示”教育活动，还采取走出去、请进来的办法，邀请市委党校教授专家、举办3次“学习讨论落实”“三严三实”和《中国共产党廉洁自律准则》《中国共产党纪律处分条例》解读等专题讲座，结合“三严三实”专题教育活动开展副科级以上干部述职述廉报告会，全局40多名干部作述职述廉报告。为加强局机关纪律作风建设，局纪检组通过加强教育、完善制度、强化监督，形成弘扬“右玉精神”践行“三严三实”，积极倡导信念坚定、为民服务、勤政务实、敢于担当、清正廉洁、久久为公的良好作风。为推进政风行风建设，局纪检组协助局党组对政风行风工作进行全面动员部署，制定《首问负责制》《限时办结制》《责任追究制》等制度，充分利用“运政投诉热线:“96566”对群众的投诉受理、咨询答疑、客货运输、维修救援、驾驶培训及政策宣传等各方面进行全方位服务。局纪检组坚持把纪律和规矩挺在前面，以“三严三实”专题教育深化“六权治本”思路，扎实推进“三清单”“两张图”“三平台”“一监督”等各项工作。10月19日，组织全局科级以上干部认真梳理朔州市交通运输局权力和责任清单233项，行政许可、行政处罚、行政检查、行政强制及其他权力、行政确认实施表、流程图及风险防范分布图60多份。针对行业特点，结合行政审批、行政执法、项目工科、招投标、设计变更物资采购及干部选用等重点环节和关键部位，制定《朔州市交通运输局权力事项廉政风险防控表》。

**【机关效能建设和精神文明建设】** 2015年，朔州市把制度建设作为依法行政工作的重点，用制度规范执法行为，完善工作程序。在原有制度的基础上，制定《行政许可责任追究制度》《行政效能投诉制》《行政机关绩效考评办法》等相关制度，完善重大事项通报制度、《工程项目招投标管理办法》《重大决策责任追究制度》等30多项制度，健全完善考勤、学习、请销假、卫生、车辆管理及值班等机关管理制度。

加强机关精神文明建设，以建设社会主义核心价值体系为核心，以创建国家级文明单位为主线，以创建学习型、服务型、清廉型机关为抓手，以环境建设为基础，先后组织开展文明交通行动计划、党的群众路线教育实践活动、学习讨论落实活动等一系列活动，通过活动的开展，提升机关干部职工文明素质和文明程度，达到机关工作面貌根本转变，工作效率明显提高，服务水平提升，树立交通部门良好的社会形象。连续五年获得“先进基层党组织”称号，自2000年起，连续七次十四年获得“省级文明和谐单位”称号。

【信息化建设】 2015年，朔州市信息化建设工作在交通运输行业得到长足发展，主要建设完成各级交通运输门户网站、公路客运枢纽信息系统、公路货运枢纽信息系统、公路管理信息系统以及城市公共交通信息系统。信息化手段的广泛运用，为转变管理职能、改进工作方式、提高工作质量和效率提供理想的载体，提高交通系统运营管理水平，改善综合运输服务水平。

（市交通运输局）

## 交通运输执法

【概述】 2015年，朔州市在山西省厅、省局的正确领导下，按照省局工作会议的精神，围绕班子带动、队伍联动、作风促动、业务拉动、法治牵动、组织推动“六轮驱动”工作新局面，结合本局的实际，强监督、严管理、重教育、打基础，在推动执法工作提质增效升级上下功夫，在提高职工政治、业务两个素质上下功夫，圆满完成全年各项目标任务。

【五项监督】 2015年，朔州市在推进和深化五项监督工作中，采取市局、部门科室和分局三位一体监督形式，确保规模不降，力度不减，常态不懈。开展执法监督543次，出动车辆543台，出动人员1875人次；治超监督783次，出动车辆783台，出动人员2550人次；安全生产监督421次，出动车辆421台，出动人员1396人次；收费监督20次，出动车辆20次，出动人员70次；公路“三乱”监督258次，出动车辆258台，出动人员877人次；下达行政监督意见书92份，行政监督决定书1份，协查通知3份，监督检查通知书144份。其中行政监督意见回复率达到100%。同时完成省局交给的各项专项监督业务。完成行政监督案件136件，同比增加22件，被省局评为优秀案卷8个，暂列全省第一。

三位一体执法监督求实效。在执法监督上，各县分局人员少，单独执法有困难，针对相邻地域路途短这一特点，建立以市局组织、业务科室牵头、分局为主体、督查支队配合的三位一体联合协作监督体系，采取分片包干、六区县联动的形式，打造一个全新的交通执法监督平台。

执法案件规范化管理。人员要保证。各分局固定专人负责监督业务报表、资料的上传下达，做到专人专责，失误追责；把好案件制作“五关”，即执法文书填写制作关、执法程序关、适用法律关、证据采集保存关、案件资料整理归档关，让每一个案件成为铁案；

朔州市交通运输执法局上路开展“执法、治超、安全生产、收费、公路三乱”五项监督

（市方志办供图）

规范执法标准，将2014年编制的《执法监督实用手册》《监督基本信息与案例剖析》两本书作为业务范本，以干代训，规范标准，监督有据，以增强执法监督的权威。

监督工作再上台阶。每季度定期召开业务工作例会，对辖区内各分局监督情况进行总结评比，梳理存在的问题，采取相应的对策，找准突破口；组织开展案件评查会。市局结合省局优秀案卷评查标准，制定《执法监督案卷制作标准》《朔州交通运输执法局案件评查标准》，采取县局自评，市局初评，择优上报的模式向省局推送优秀案卷，连续三年，优秀案卷数量都名列全省前三；定期对各局属单位进行业务督导，现场下达督导整改通知书，对发现的亮点与存在的问题进行业务通报，并将监督结果整理归档。

加强监督对象信息化管理。改变以往信息不全、浅层监督的弊端，将被监督单位逐一排查摸底，将相关资料统一汇编成册，建立监督对象信息档案，提高执法监督水平和能力。

朔州市交通运输执法局在"访民生、知民情、解民事"活动中开展送温暖献爱心活动（市方志办供图）

【基础管理】 2015年，朔州市"纪律作风整顿月"活动。按照省局的要求，开展"纪律作风整顿月"活动。坚持党政同责，通过揭摆问题，教育与批评相结合，对职工队伍中存在的"软、懒、散"问题进行整改，职工的精神面貌有很大的转变。市局和分局两级负责人树立大局观，以身作则，带头遵守制度，把职工的主要精力集中在工作上。在省厅、省局和当地政府进行的历次检查中，未发生一起违规违纪行为。

严格财务规范。实行市局统筹管理，局属单位列项开支的模式，会计业务处理过程公开透明。

【组织保障】 2015年，朔州市在党务工作方面主要抓三项工作，开展"三严三实"活动。党委把"三严三实"专题教育活动作为加强党的思想政治建设和作风建设的重要举措和重大政治任务，认真抓好。履行好主体责任，加强班子建设。市局班子成员严格执行党组织主体责任和纪委监督责任的清单管理制度，从严落实"两个责任"，重大问题集体研究，维护班子团结，增强班子的凝聚力。搞好争先创优和精神文明建设活动。广大党员立足岗位，在朔州市"访民生、知民情、解民事"活动中发挥先锋模范作用，在扶贫开展送温暖献爱心活动中，帮助解决一些实际困难，在推进道德讲堂建设方面，运用典型示范、实践养成、修身律己等多种方式，使学习宣传道德模范常态化。纪念中国共产党建党94周年，举行迎"七一"登山比赛系列活动，11月，选调人员参加省局组织的全省交通运输执法系统职工羽毛球、乒乓球比赛，成绩斐然，展示干部职工的精神风貌。

【作风建设】 2015年，朔州市局党委紧紧抓住党风廉政建设责任制这条主线，突出风险防控、作风纪律整顿、廉政教育和纪检监察队伍建设四个重点，强化教育、立足防范。抓住重要时间节点，搞好元旦、春节、中秋、国庆期间等重要节日落实八项规定情况的监督检查。抓好制度建设。先后制定《"三重一大"事项集体决策制度》等一系列规章制度，切实做到以制度管人，防患于未然。开展约谈工作。坚持抓早抓小，对党员干部苗头性、倾向性问题，早发现、早提醒、早纠正、早查处。（市交通运输执法局）

## 公路养护建管

【公路建设】 2015年，朔州市公路分局工程建设项目11项，计划投资2.3908亿元，完成建设里程81.76千米，完成投资2.1992亿元，完成计划投资92%。其中，省重点工程5项（续建工程2项），建设规模61.76千米，完成投资1.7783亿元，分别为：省道304平偏线虎头山隧道工程（续建），完成投资1963万元；朔州境内省道虎山线薄弱路段路面改造工程（续建）完成投资3327万元；省道平朔线路面改造工程，完成计划投资2760万元，超额完成投资2878万元；国道109线路面改造工程，完成投资6868万元；国道208线路面改造工程，完成投资2865万元。其他工程6项（地方政府投资1项），建设规模36.5千米，投资1.48亿元。2015年，完成20千米，完成投资0.4209亿元。未完工程为国道109线右玉县城段改线工程（地方政府投资），因征地拆迁，需跨年完成。主要措施：在施工过程中，狠抓施工质量管理过程中的关键环节，严把“五道关”，做到科学规范施工。推进科技创新活动，推广应用新技术。在省道平朔一级路路面改造工程中，推广应用底基层采用20厘米就地冷再生，下面层采用半柔性厂拌8厘米海母冷再生的新技术。冷再生施工技术降低能耗排放约75%以上，减少石料的需求，降低筑路成本，旧料利用率达60%，下面层工程造价与相同厚度的热拌沥青混合料下面层相比可节约8%。海母冷再生下面层结构提高大吨位车辆作用下路面的抗车辙能力，增强路面承载力和耐久性，延长重载交通作用下路面的使用性能和寿命。

【公路管养】 2015年，朔州市公路分局以“迎国检”为契机，提升各项养护工作，全年公路养护优良路率平均值达81.6%，文明路里程525千米，文明路率达63.79%。主要措施：对所辖国省干线公路路况全面进行调查摸底，分类处治，完成投资3027万元。全面落实日常性养护的监督机制，对各公路段的小修保养工作实行月初上报计划，月中质量检查，月末计量考核，每季度一汇总，半年一评比，年终总算账的督查机制，使公路养护资金得到充分利用。做好应对极端天气的准备工作，提高应急保障能力。分局始终坚持做好突发事件应急抢险准备工作，备足应急物资，修订、完善各种应急预案，并提高预案的针对性和可操作性。成功应对2015年11月朔州地区突降的两场大雪，受到当地政府和人民群众的一致好评。

【路政管理】 2015年，朔州市路政管理工作围绕“保障公路畅通”这个核心，开展工作，全年无公路“三乱”现象。所设超限检测站共检测车辆163.6万辆次，无超限超载车辆；拆除违章建筑50平方米，清理非公路标志149块，清理路障703平方米；累计发生路政案件75起，发现率、查处率、结案率为100%，收到公路赔补（偿）费82.3万元；全年办理超限运输车辆通行证1012个。主要措施：加大公路超限检测站标准化建设。对王家堡、神头、丁堡、鸳鸯会和杀虎口5个所辖公路超限检测站的标准化建设。加强学习，提升素质，强化队伍建设。组织相关执法人员参加省厅、省局举办的两期路政业务骨干培训班，后自行举办4期路政、治超业务轮训学习班。路产路权得到有效保护。提升路政大厅服务理念，简化服务流程、创新服务形式。

【干部队伍作风建设】 2015年，朔州市以开展党的群众路线教育实践活动、学习讨论落实活动、三严三实专题教育活动和巩固省级文明和谐单位创建成果为依托，加强领导班子和各级干部队伍的思想、组织、作风、制度、廉政建设，使党建、精神文明建设和党风廉政建设工作不断加强，促进各项任务圆满完成和公路事业的科学发展。分局工会被省总工会评为“五星级职代会”单位。全分局保持省级文明和谐单位3个、省厅级、省局级“文明和谐示范窗口”和省级青年文明号各2个。其余为市级文明单位。

主要措施：在党的建设和精神文明建设中，贯彻落实上级有关深入学习中共十八大精神及十八届三中、四中、五中全会精神，举办学习习近平总书记系列讲话精神的集中培训活动。围绕促进全面深化改革，结合巩固党的群众路线教育实践活动成果，通过专家授课、支部组织自学，引导党员干部立足岗位争先创优，带头改进机关作风，不断提高思想觉悟和工作能力。推进基层服务型党组织建设。结合落实《关于推进“三进两促”活动的意见》，推进机关党组织与基层“三进”单位党组织的结队共建工作的基础上，结合与“三进两促”单位的共建，开展学习、座谈和参观等教育活动。针对贯彻落实中央八项规定和干部“四风”方面存在的问题，及时健全完善相关制度措施，制定印发整改方案，细化分解整改任务，整改责任、建立整改台账，逐条逐人进行限期整改，改进工作作风。

在党风廉政建设中，是在调查研究的基础上，分局结合上级部门部署安排，召开党风廉政建设工作会议，传达省厅、省局党风廉政建设会议精神。按照“两个责任”的要求，分局党委对公路系统党风廉政建设和反腐败工作进行研究，制定年度党风廉政建设和反腐败工作实施意见。组织开展“三严三实”专题教育活动、“党风廉政建设宣传教育月”活动、召开作风整顿动员大会、专题学习《党员干部廉洁从政若干准则》《党章》《中国共产党廉洁自律准则》和《中国共产党纪律处分条例》等，组织机关职工赴朔州市人民检察院预防职务犯罪警示教育基地接受警示教育。围绕分局中心任务，在完善落实“两个责任”工作机制中，以人、财、物为重点部位，以决策执行、程序监控、过程监督、结果监督和责任追究为重点环节，明确职责定位，绷紧责任弦。出台《关于落实党风廉政建设监督责任的实施办法》，从政治纪律、组织纪律、廉洁纪律等各个方面严格监督管理，让制度无所不在，将权力关进制度的笼子里。

2015年12月18日，朔州市公路分局召开“冬季行动”动员大会

（市方志办供图）

【冬季行动】 2015年，朔州市根据省厅、省局关于“冬季行动”相关会议文件精神，结合学习践行“三严三实”、推进“六权治本”，分局重点围绕确保国省干线安全畅通为要求，对照2015年度工作目标和“十二五”工作成绩经验教训，建立任务清单和责任清单，明确时间节点，开展“冬季行动”。主要措施：制定并印发《山西省公路局朔州分局开展“冬季行动”实施方案》；分局在加快推进2016年工程项目前期工作，强化冬季公路养护、路政管理、作风建设、安全生产、信访维稳、政务值班等七个方面开展“冬季行动”，为明年各项工作的有序推进争取时间、打好基础、赢得主动。

分局全年投入安全经费800多万元，未发生任何安全责任事故，在路桥监管、计划、财务、审计、人事劳资、办公室和老干部等工作方面也得到加强，圆满完成各项目标任务。

（朔州公路分局）

## 朔州车务段

【概述】 朔州车务段位于山西省北部雁门关外，2015年有干部职工2632人。经济吸引区辐射山西、陕西、内蒙古三省区28个市区县，是国家煤炭重载运输大通道——大秦线最大的装车基地和货源组织源头。煤炭外运是朔州车务段主要运输产品。全段管辖北同蒲、韩原、瓦日3条干线和宁岢、岢瓦、平朔3条其他线路，管辖里程448千米。管内有39个车站，管辖专用线100条，其中2万吨装车线6条、单元万吨装车线36条、小列装车线30条、军专线10条、其他专用线18条。煤炭客户395户，白货客户185户。荣获路局“先进单位”、路局“先进党委”称号；获太原铁路局“2015年度企业管理论文优秀组织单位”称号。

【运输任务】 2015年，朔州车务段货运量完成2.06亿吨，旅客发送量完成515.88万人。

具体做法：顶住煤炭市场持续疲软的严峻压力，多措并举实施营销战略。创新思路抓营销，南下电厂6次，成功组织2次产运销对接会；全年济南局流向一枝独秀，累计发运777万吨，同比增运139万吨。主动调研抓营销，段领导包片营销调研以及货营公路调研成为常态；先后3次深入调研神华“三线南下”运输政策，第一时间为营销提供第一手资料。路企联动抓营销，建立与货主信息共享的“同舟共济”微信群，想方设法牵线搭桥，成功在阳方口集运站开辟新的装车点，由原来日装1列提升到3列。通过营销组合拳和组织精细化，打出在煤炭市场寒冬下的最高值，再一次用数字践行朔车人“勇当运输增量排头兵”的庄严承诺，展示朔车重载大段“勇于担当、不畏艰难、砥砺前行”的优秀品质。快运和集装箱运输成果喜人，2015年完成批量快运4.68万吨、零散快运6.87万吨、集装箱1.09万箱，分别超运0.37万吨、1.02万吨、70箱。

【安全生产】 2015年，朔州车务段取得安全生产2369天的成绩。聚焦关口前移，坚持动态根据“施工、调图、设备更新”等，超前研判制定措施，做到有“变”必有“研”的风险控制。聚焦一线监督，坚持逐日科室重查机制，全年重查345天次，实现月月全覆盖；推行调车倒查、视频内控查、专业深度查、增量站加岗查等多种监督方式，强推现场落标能力提升。聚焦问题整治，坚持“挂牌督办、分级督办、政务督办、分解督办” 四种督办整治，严推季度验收整治，实抓业务辅导整治，实施涵盖客车、施工、人身等24项专项整治，确保问题整治有效有力。聚焦货装基础，坚持“六个一”做法，全年组织分析87次，召开月度例会12次，月月帮教提升，强力筑牢货运基础。聚焦教训汲取，坚持举一反一、堵漏夯基，对照“9·6”事故，认真开展“汲教训、挖冷门、研风险、控关键、抓根子、强管理”活动及安塘站解剖整顿。聚焦七项制度，坚持制度落实不打折，开展安全对话29次、重点预警31期、深度分析23次、非正常分析97站次。聚焦机制完善，严明保留车“段长、站长”负责制及解保发令制度，明晰自轮运转特种设备接发调动比照非正常盯控等27项管用实用机制。聚焦干部督查，坚持常态督查、课题督查、打假督查等，下发督查通报43期。

【科技教育】 2015年，朔州市QC成果。“朔州车务段煤炭运输客户管理系统的研发”获得路局质量管理奖。“提高装载机电子秤运用准确程度，防止一般超载”获得路局质量管理奖。“精确启记录装载机司机操作，全面实现铁路货车零超载”获得路局质量管理奖。

合理化建议。“发挥车务段运输优势，牵线搭桥，构建产、运、销对接平台”“宋家庄站小峪专用线施工改造”获得路局2015年上半年合理化建议三等奖。“无托盘化运输矸石砖，实现集装化运输”获得路局2015年上半年合理化建议四等奖。“建立班组长绩效考核平台，提高班组长管理效率”获得路局2015年上半年合理化建议四等奖。

【职工生活】 2015年，朔州市坚持“以人为本”不动摇，持续关注宁武“通勤之家”后勤保障；完成袁树林等17站点涵盖公寓、间休及办公等处所的“八小”建设；新建岱岳客运、金沙滩货运办公房舍；整修里八庄等12站及机关的太阳能淋浴、伙食团蒸箱、电加热水箱；

整治神头等3站职工伙食团、李家平等3站暖气；为职工伙食团提供绿色蔬菜1.5万多公斤；为39站配置3000多件活动器材，为怀仁等4站增配乒乓球、台球桌；为一线职工发放洗漱包、电热水壶、水杯及单人床单等生活用品；为12名特重困职工发放补助金6.98万元、朝阳助学金2.3万元；为135人发放助医救助金22.1万元；为145名职工发放季度困难补助金9.8万元；为123名职工发放丧葬慰问金12.3万元；为97名考取大学本科职工子女发放助学金9.7万元；为30人使用互助金借款23.6万元；在节日、施工、暑运期间，推出"慰问职工到一线"活动，对慰问品发放，做到购前"问计职工"，购时严把质量，购后逐站逐点把米面油肉、凉席蚊帐、绿豆白糖送到伙食团、岗点及职工手中；坚持"困难职工家中慰问、职工生病医院慰问"，全年慰问56人次，把组织关爱送到职工身边。

【职工教育】 2015年，朔州市通过多样提素，"我要学"在职工中间逐渐成为自觉，职工素质得到显著提升；在全局技术比武中，取得行车职工团体第一名、半自闭团体第一名、

朔州车务段对2015年技术能手技术标兵进行表彰，提升职工业务学习积极性 （市方志办供图）

配车组团体第一名、干部团体第三名，救援起复团体第三名，客货团体第四名，以及7个全能第一名、2个全能第二名、7个全能第三名的优异成绩。具体做法：追踪复考提素，每月实行"同题同卷"追踪考试，全年组织"追考"107站次1351名人，奖励职工580名83791元、奖励干部78名10940元，扣罚职工82名6290元、扣罚干部16名1420元。青工月赛提素，每月随机抽取不少于30%的客运青工到段参加月赛，奖前7名、罚后7名，有172人次参赛，奖罚2.57万元。案例教育提素，全年收集典型案例285件，编制《案例警示教育》44期，教育5321人次。

【多元经营】 2015年，朔州市完成桑源山泉水六个品种的生产和销售，在瓶桶装品种方面进行更新，增加3.5升手提桶和新款330毫升的瓶装山泉水。路内市场拓展北至秦皇岛，南至运城。路外销售覆盖市内多家单位、朔城区、开发区各小区零售用水；路外需水量以从上年月销量不到200桶增长到2015年月销量700桶左右。开通"宋家庄大秦玉龙万吨专用线，东榆林瑞启2万吨专用线，兴县北站蔡家崖万吨专用线"3条专用线。

（朔州车务段）

# 财政 税务

Finance Taxation

## 财 政

**【概述】** 2015 年，朔州市一般公共预算收入完成 542999 万元，为调整预算（下同）558579 万元的 97.21%，比上年同期减收 323001 万元，下降 37.3%。分系统看，国税部门完成 115503 万元，同比下降 37.85%；地税部门完成 247363 万元，下降 41.95%；财政部门完成 180133 万元，下降 29.09%。分级次看，市本级完成 209723 万元，下降 33.84%。县区完成 333276 万元，下降 39.3%。其中，开发区 20099 万元，下降 32.26%；朔城区 89059 万元，下降 31.67%；平鲁区 59476 万元，下降 60.74%；山阴县 64673 万元，下降 27.6%；怀仁县 54499 万元，下降 36.8%；应县 16336 万元，下降 13.87%；右玉县 29134 万元，下降 32.27%。

2015 年全市一般公共预算支出累计执行 138.76 亿元，支出进度达 93.61%，基本达到省厅目标考核要求。分级次看，市本级累计执行 29.39 亿元，下降 16.67%；县区累计执行 109.37 亿元，增长 2.70%。其中，开发区 3.23 亿元，增长 3.59%；朔城区 23.92 亿元，增长 12.09%；平鲁区 18.88 亿元，下降 7.52%；山阴县 16.84 亿元，增长 1.94%；怀仁县 17.21 亿元，下降 9.83%；应县 15.99 亿元，增长 9.84%；右玉县 13.3 亿元，增长 16.51%。

根据省财政厅核定的全市 2015 年年底财政债务限额，市本级债务限额合计 35.66 亿元，超过 2015 年市本级可用财力 27.1 亿元，负债率为 86.7%，高于全省平均水平 35.1 个百分点。

**【预算编制方式改革】** 2015 年，朔州市推进预算编制方式改革。编制全口径预算。完善公共财政预算编制，细化政府性基金预算，编报社保基金和国有资本经营预算，将政府所有收支全面纳入财政预算管理，初步建立健全市公共财政预算体系。编制政府购买服务预算。将市级行政机关、参公事业单位、具有行政管理职能的事业单位、其他纳入行政编制管理且经费由财政负担的群团组织，全部编制政府购买服务预算。编制新增资产配置预算。2015 年度申请用财政性资金及其他资金，购置单项价值在 10 万元以上的固定资产或批量价值在 20 万元以上的同类固定资产，一律编制新增资产配置预算，推进资产管理与预算管理有机结合。

**【存量资金盘活】** 2015 年，朔州市积极采取措施盘活存量资金。全面实行动态监控。对市直部门和县区财政，要求按季度报送盘活存量资金统计报表，逐月减少结余结转、逐月增加收回存量资金额度。推行部门承诺制。要求市直部门全面申报实有资金银行账户，限期清理结余结转资金，对符合收回条件的资金，承诺收回或限期收回财政统筹使用。统筹政府性基金预算与公共预算。市本级将 2012 年及以前年度结转资金补充预算稳定调节基金186万元;将政府住房基金、农业土地开发资金、国有土地收益基金及价格调节基金等六项基金结转超过是年收入30%的部分27879万元调入公共预算,补充预算稳定调节基金;将按规定从2015年纳入公共预算管理的地方教育附加等7项政府性基金结余4500万元,全部调入2015年预算财力,并安排到有关支出。全面清理部门实有资金账户。市本级收回部门结余结转资金38409万元,其中:国库集中支付结余14073万元,实有资金账户结余24336万元。

【财政绩效评价】 2015年,朔州市制定出台《朔州市预算绩效评价管理办法》,在全市范围内遴选18个单个支出在300万元以上或市财政支出占项目支出50%以上的社会关注度较高的项目,通过政府采购确定山西德晟会计事务所等3家中介机构,对每个项目的资金使用、项目实施产生的绩效、存在的问题及改进措施等进行综合评定,评价总额达40031万元。通过综合评价,认定良好的项目12个,合格的项目5个,未完工的项目1个。查找到财务制度不健全、工程验收慢、管理不规范及工期滞后等问题近40个,并针对性地提出整改意见,下达整改通知书。初步厘清项目建设中存在的突出问题,在全市范围内倡导树立绩效财政的理念。

【民生支出】 2015年,朔州市教育支出执行261894万元,同比增长14.77%,增支33713万元;社会保障和就业支出执行144677万元,同比增长16.91%,增支20930万元;医疗卫生与计划生育支出执行129500万元,同比增长16.13%,增支17983万元;农林水事务支出执行235470万元,同比增长17.96%,增支35848万元,有力地保证社会稳定、群众安康。

【财政管理】 2015年,朔州市制定出台《关于加强市级财政资金分配、拨付、使用管理的若干规定(暂行)》,对财政资金分配、使用等各个环节进行责任细化,厘清财政与相关职能部门的职责,规范财政资金的审批、拨付和管理,提升行政效率,强化责任追究。制定出台《关于加强上级财政转移支付资金管理的若干规定(暂行)》《关于加强市级基本建设资金管理的若干规定》《关于规范市级政府采购有关事项的若干规定》《关于市本级预算执行有关事项的通知》等9个配套文件,并以市政府办公厅文件转发其中5个,明确专项资金管理有关要求,提升财政资金的管理水平和使用绩效。与此同时,结合“六权治本”、权力清单制定等相关要求,召开专门局务会3次,对各科室、各单位的法定职能、工作职责和责任追究进行界定,明确上级批件、财政行文的办结时限,简化业务流程、明确服务规范等,保障工作质量和工作效率。

(市财政局)

## 税　务

### ·国家税务·

【税收政策落实】 2015年,朔州市国税系统组织税收收入546054万元,同比下降34.91%,减收292811万元。其中,中央级收入完成381017万元,地方级收入完成165037万元。

主动作为促增收。针对组织收入工作的阶段性特征,下发《关于加强组织收入工作的紧急通知》《挖潜增收行动方案》和《关于打好“奋战三十天,努力补缺口”组织收入攻坚战的通知》等文件,制定堵漏增收10项措施,压缩收入缺口,促进全市经济社会持续健康发展。

强化工作督导。采取市县两级局领导包县区、包重点税源企业、包欠税企业的“三包”举措,班子成员深入基层一线,每人对接1个县区局,联系185户重点企业,加强税收收入和欠税清缴督查工作。实行组织收入日报告制度,按月召开经济税源分析会,专题研究组织收入工作,把握主动权。

服务发展大局。贯彻“稳增长、促改革、调结构、惠民生”的一系列税收优惠政策,特别是把落实小微企业优惠政策作为税收工作的重点,优化税收环境,推动创业创新,助力小微企业健康发展。2015年,全市享受增值税优惠政策的小微企业5063户，免征增值税2035.31万元；前三个季度，享受所得税优惠政策的小微企业740户，减免所得税112.36万元。开展促进残疾人就业优惠政策专项检查，为煤矸石、粉煤灰等资源综合利用企业减免增值税2807万元。下放出口退税审批权，加快审批进度，办理出口退税377万元，调库86万元，缓解出口企业的资金压力。

【税收秩序整顿】 2015年，朔州市从增强法治观念入手，规范执法行为，强化执法监督，整顿税收秩序，推进法治国税建设。

加强税收法治建设。成立全系统法治建设领导小组，定期听取汇报。配齐配强县区局法治工作机构和人员。出台《朔州市国税局深入推进法治建设的实施意见》，结合“干部下乡住村”“依法行政宣传月”及“12·4宪法宣传日”活动，制作展板、公告栏，扩大税法宣传影响力。将依法行政列为中心组学习和各类专题培训的必修课程，举办法治讲座，提升税务干部的依法行政能力。开辟“学习园地”加强在岗学习，形成全员狠抓法治学习的良好局面。

加大执法监督力度。推进执法权力清单制度，深化税务行政审批制度改革，确认市级行政审批事项4项，县级51项。建立审批目录动态调整机制，及时将现行的税务审批事项汇编成册，方便企业办理，接受社会监督，加强审批改革后的事中事后监管工作，提高税收管理法治化水平。加强规范性文件的合法性审核，把好税收政策关。以一案双查为突破口，加大执法督察和效能监察力度，强化对重点岗位、关键环节的监督制约。加强内控机制建设，促进税收执法和行政管理权在法治轨道上运行。开展增值税发票管理专项督察，重点对“两头在外”的商贸企业和农产品收购企业进行检查，有效防范发票违法犯罪。成立税收执法疑点数据分析小组，抽取10项指标数据开展适用性分析，筛选出有问题数据245条，严格核查，有效防范执法风险。对省市局通报的、推送的以及市局《税源与征管状况分析报告》列明的问题，实行“三级整改责任制”，确保持续改进、规范管理。

整顿规范税收秩序。落实稽查体制改革要求，制定《规范稽查机构设置实施方案》，统筹规划稽查业务、人员和办案场所及设备。开展“厉风行动”，全面整顿和规范税收秩序，发挥税务稽查“以查促管、以查促收”的职能作用。开展行业税收专项检查、重点税源专项检查和打击发票违法犯罪等活动。加大对零负申报及低税负企业的稽查力度，对企业效益、销售价格和税收收入明显不匹配的企业进行重点稽查，全年实现查补税款11067万元。

【基础管理强化】 2015年，朔州市以风险管理为导向，坚持夯基础抓落实、重推进求创新，在强化关键环节管理的同时，积极构建现代化税收征管体系。

夯实征管基础。继续实行领导干部管户制度，各级领导干部管户数达256户，推动干部作风转变，提升税源管理质效。与有关部门加强信息比对，开展管户清查。全市管户总数17617户，比年初增加2592户，增长17.25%。下发《税收管理情况通报及整改意见》，对省局通报的问题及时进行分解落实，逐项核实，按照边查边改，整改一项销号一项的原则，将涉及本市的七大类1231条问题数据全部整改到位。对委托代征、个体户及工商登记改革后新增市场主体的征管情况等开展调研，及时掌握基层征管现状，提高税收征管工作针对性。按月编印《税源与征管状况分析通报》，对全市税源状况、征管现状、金三运维和落实征管规范情况进行分析，提出加强征管的建议，形成较为完善的监控分析一体化机制。以理顺征管流程为目标，全面落实《税收征管规范》。成立领导小组及办事机构，精心组织各阶段、各节点相关工作，完善沟通渠道，细化分解责任，确保试行工作有序推进。加大原有征管岗责体系和业务流程的清理、修订力度，全市优化业务流程13项，修订征管文书15种。与地税部门共同出台《拓展合作规范融合合作事项实施方案》，从提升服务水平、加强征管合作、联合稽查、涉税信息共享、规范执法裁量和拓展合作范围六个方面开展国地税合作。按照成熟一项合作一项、每项都要有实效的思路，本着突出重点、点面结合、各有侧重，先易后难的原则有序推进。与地税部门联合开展纳税人培训4期、税收宣传7次、满意度调查3次、联席会议1次；互相进驻办税厅6个，共同进驻政务大厅2个，联合办证6个，委托代征税款298.89万元。在此基础上，进一步拓展合作范围，涉及政策法规方面8项、政务合作方面1项。

强化税源管理。坚持风险管理导向，以风险分析和纳税评估为重点，推行税源专业化管理。结合本市税源及人员实际，明晰岗位职责，规范工作流程，及时转换税源管理部门职能。成立风险分析监控工作领导小组，组建风险分析监控中心。全市设34个税源管理部门，从事税源管理的人员达212人，其中纳税评估人数97人，占总人数的45.75%，为强化基础管理、提高评估水平提供组织保障。实行风险应对跟踪管理，按月上报风险应对台账，编制风险工作动态，使风险管理监控工作落到实处。按照分级分类管理原则，市、县国税局认真排查风险指标，积极开展风险应对工作。先后完成省局下发的15批涉及1006户纳税人的风险应对任务。市局结合全市实际，确定年度风险分析主题，对煤炭制品批发、超市零售、热力生产供应三个行业下发风险应对任务，涉及107户纳税人。县区局在完成省市局推送任务的同时，统筹安排，积极开展本级风险分析应对工作。全市全年入库评估收入4636.21万元，调减留抵税额453万元，调减亏损金额3408.12万元，风险应对率100%。推进“三证合一”改革，通过公告栏、微信、QQ群、电子显示屏、发放宣传资料等方式，为“三证合一”顺利推进营造舆论环境。将“三证合一”工作纳入绩效管理考核，在办税服务厅增设咨询窗口及导办人员，避免企业“多头跑”“三证合一、一照一码”登记制度改革于10月1日全面推开。

深化税种管理。坚持放管结合，夯实货劳税管理。通过畅通部门衔接、细化流程设计、做实升级培训等举措，累计推行升级版增值税发票系统5120户，加强增值税发票的发放、开具管理，实现对纳税人申报数据的实时监控。推行增值税一般纳税人资格登记制度，简化发票领购和红字发票开具手续，降低纳税人的办税成本，方便纳税人。做好增值税扣税凭证疑点信息核查工作。举办消费税政策辅导班、宣讲会，确保成品油、卷烟等消费税政策调整落实到位。学习新修订的《车购税征管办法》，落实车购税减税政策，推行车购税委托代征工作，使纳税人在车辆经销现场即可办理缴税手续，延伸办税服务。推进大企业税收管理。通过科学配置岗位、组建集中审计团队和强化业务培训等方式，提升大企业风险的团队应对能力。建立国税部门上下联动和国地税联合应对风险的工作机制，开展个性化服务，加强风险识别，实现工作职能交接，完善大企业工作机制。开展大企业风险应对工作，对6户企业集团驻朔成员企业实施全流程风险管理，入库税款35.34万元，加收滞纳金17.88万元。强化所得税收入分析，为做好收入预警和预测奠定基础。开展汇算清缴服务月活动，实施上门服务、跟踪服务、一对一点对点服务等针对性强的个性化服务，组织全市企业所得税纳税人和基层管理人员进行汇算清缴和现行政策知识培训，提高企业所得税服务水平。对企业资产损失、优惠项目备案等事项实施申报过程控制，提高申报质量。

**【便民办税】** 2015年，朔州市以最大限度满足纳税人的合理需求为根本点，不断优化业务流程、拓宽服务渠道、强化权益保护。

优化业务流程。落实《纳税服务规范》和省局10项便民办税措施，对办税环节、审批权限和办税流程等进行集中清理和优化，实现登记办理、发票领用、涉税审批等事项的“三个提速”。建立前台、后台业务衔接交流机制，使办税窗口与职能科室对接，汇聚起纳税服务的工作合力。深化办税厅标准化建设，规范统一窗口设置、岗位职责、服务制度的标准和要求，使全系统办税服务硬件环境更加优化。

拓宽服务渠道。把建立“纳税人学堂”作为推进“便民办税春风行动”的重点。依托“纳税人学堂”按季举办新开业纳税人培训班，并在自助办税区演示网上办税和自助办税设备的操作，帮助纳税人快速提升办税能力。多次召开座谈会，收集纳税人关注的重点、难点、热点涉税问题，及时改进课程设置，使培训内容更加贴合纳税人需求。运用“互联网+”思维，积极推广“e税客”手机客户端，引导纳税人网上办税，为纳税人提供全天候的“掌上服务”。利用纳税服务朔州频道、微信、微博和税企QQ交流平台，发布涉税提醒，解答纳税人咨询，初步形成实体课堂与网络课堂齐互动的格局。全市建立纳税人学堂8个，组织授课50余次，培训辅导纳税人近2000人次。安装“e税客”手机客户端5308户，通过网络平台解答纳税人疑问700余次，转发政策文件20余篇，接发信息262次。

保障纳税人权益。通过办税服务厅、税务网站、12366热线等多种渠道，及时公开行政审批清单和办税服务流程，让权力在阳光下运行，充分保障纳税人的知情权。建立以特服号为载体的征纳沟通新机制，实现与纳税人的无障碍沟通。重新修订《承办限时办结项目》，设立首问责任台账，加强督促检查，规范执法行为。推行涉税业务“缺件备忘”服务，对纳税人办理发票领用、纳税证明等业务但资料不齐全的实行“先办后补”，做到急事急办、特事特办，使纳税服务更“暖心”。推行“一窗通办”“一窗多能”服务，打破岗位界限，避免纳税人在不同窗口间“多次跑”“多次报”，让纳税人“走进一道门，来到一个窗，办完一切事”。推行“免填单”、预约、延时和导税服务，为纳税信用A级企业、残疾人和困难群体提供绿色通道便税服务。

**【队伍建设】** 2015年，朔州市深化国税文化建设。加强阵地建设。依托“五大教育基地”，有计划地组织干部深入教育基地体验生活，接受教育。坚持开展“道德讲堂”“道德经典诵读”“我们的节日”和“五佳模范人物事迹宣传”等活动，引导广大干部牢记宗旨，争做“文明有礼朔州国税人”。结合开展“学习讨论落实”和“巩固深化拓展”活动，设置墙体专栏，展示学习心得、活动剪影，举办“中国梦，税苑情”文化作品展。做好思想政治工作。贯彻落实《全国税务系统思想政治工作办法》和《关于加强税务系统基层建设的若干意见》，积极开展争创活动。开展交流讨论活动。评选表彰年度“先进集体”和“先进工作者”，运用“五佳模范人物”事迹专题宣传片，强化先进典型事迹宣传。开展“青年文明号创新创效创优活动”“建党94周年主题党日活动”，发放重大困难职工慰问金，为身患重病的职工捐款等，拓展国税文化的实践基点，形成新的凝聚力。市局机关、应县局通过“全国文明单位”复查验收，继续保持荣誉，右玉县局被命名为“全国文明单位”。市局荣获“市直机关和谐单位标兵”“全省模范职工之家”和团省委命名的“五四红旗团支部”。

加强干部队伍建设。以开展好“两个活动”和“三严三实”专题教育为抓手。推进“学习讨论落实”和“巩固深化拓展”活动。通过开展党支部专题学习、党组成员亲自授课、观看警示教育片等形式，提高学习效果。开展“革弊正风、廉洁发展”主题读书征文，以“道德讲堂”为载体，学习弘扬焦裕禄的情操风范，在市委党校举办全系统科级领导干部专题培训班等，推进“三查三找”。党员干部对照八项规定，深刻自我剖析，自找差距。领导干部带头把自己摆进去，聚焦“四风”，查找剖析问题，逐项逐条进行整改销号。制定风险防控制度汇编，深入开展“三清三察、三审三治”和“六项集中整治”，加大明察暗访和工作作风检查力度。深入开展“三严三实”专题教育。党组书记和班子成员紧扣三个讲清楚讲授专题党课，结合实际，开展“五个一活动”。市局党组先后3次进行专题研讨，并以支部为单位深入开展学习研讨活动，认真查找“不严不实”的具体表现和严重危害，召开专题民主生活会，开展批评和自我批评。健全长效机制。采取深入基层调研和现场观摩方式，推动《纳税服务规范》的落实。设置全职能窗口，落实“一窗通办”模式，推进纳税服务规范化。专项梳理各岗位权力事项，全面排查岗位风险点，推进内控机制信息化。不遗余力地推行绩效管理，制定《朔州市国税局系统绩效管理实施细则》和《朔州市国税局机关绩效管理实施细则》，举办各类、各层次培训班15期，培训人员1068人次。参加省局各类培训18期、146人次，省局调训的参训率100%。强化党的建设。落实党建工作责任制。制定《党组中心组学习计划》，学习中央领导重要论述。制定《机关党建工作责任制》《党支部组织生活制度》《民主评议党员制度》《党员党性定期分析制度》《党员组织约谈制度》《党员诫勉谈话制度》等制度，加大督促检查力度。制定《加强市、县国税局领导班子建设的指导意见》，对市县领导班子思想、组织、作风和反腐倡廉建设提出具体要求。完成省局巡视反馈意见的整改落实，并组织开展对6个县（区）局的回访检查和年度巡视检查。严格执行领导干部个人有关事项报告、收入申报、述职述廉等制度。在省局组织的综合考评中，有3名班子成员进入全省前20名，受到省局通报表彰。在省局“一报告两评议”考核中，取得5个100%的好成绩，连续4年高于全省平均水平。

落实党风廉政主体责任。主动履职。及时召开党风廉政建设工作会，确定年度工作思路和重点。制定《关于2015年党风廉政建设和反腐败工作任务分解的意见》《朔州市国税系统惩治和预防腐败体系建设2015—2017年目标任务分工实施意见》和《朔州市国家税务局党风廉政建设主体责任清单（试行）》等，加强对责任制落实情况督查，不定期约谈、听取下级党风廉政建设主体责任情况汇报。注重实效。利用网络廉政教育平台及时发布廉政动态信息，通报违纪违法案件，做到警钟长鸣。开展“中国梦，税苑情”廉政文化书画展。举办全系统科级领导干部学习讨论落实活动专题培训班，坚持开展“一月一警示”专题教育、“一把手讲党课”活动。正风肃纪。开展“整治领导干部顶风大操大办婚丧喜庆等借机敛财问题”“整治违规收受礼金红包问题”和“整治不担当、不作为、乱作为和四风问题，推进干部纪律作风建设”专项整治工作。采取明察暗访相结合的方式，检查各级国税机关和办税窗口的工作作风。整治活动开展以来，全系统召开各类专题会议12次，编印简报22期，收回调查问卷300余份。在有关部门组织的多次明察暗访中，系统上下表现较好。市纪委、市电视台专门对本局的做法和效果进行专题报道。惩防并举。对税收执法权和行政管理权运行的规则和流程进行全面审核，抓住重点对象、重点领域和关键环节，深入排查廉政风险点，修订制度28条，废止制度29条，新出台制度38条，开展执法监察，加大对省、市局通报的税收管理和执法薄弱环节的监督检查力度，发现6个方面、7项、11条问题，责任追究8人次，批评教育11人次，发出监察建议6份。配齐、配强纪检监察干部。各级纪检监察部门坚持有案必查，突出案件查办重点，严查顶风违纪案件，严查在税收征管中以税谋私、失职渎职的案件。（**市国家税务局**）

## ·地方税务·

**【概述】** 2015年，朔州市地税局实施“收入攻坚、改革创新、文化引领、教育夯基、作风改进”五项工作举措，努力推进“两大任务”、加快“六大发展”，攻坚克难、狠抓落实、持续用力，全局各项建设取得新成绩。全市地税系统完成各项收入48.3亿元，同比下降56.71%，减收63.2亿元。其中，各项税收完成42.4亿元，同比下降31.7%，减收19.6亿元；其他收入完成5.9亿元。完成市县地方公共财政收入24.7亿元，同比下降41.95%，减收17.8亿元。其中，市级地方公共财政收入5.45亿，同比下降34.34%，减收2.85亿元。

**【收入组织】** 2015年，面对经济下行趋势明显、税源缺口大、煤炭量减价跌、政策性减税因素多重困难，朔州市地税局把2015年确定为“组织收入攻坚年”，组织全市地税系统干部职工强化管理，全力攻坚，在精细化、规范化和信息化上下功夫。

坚持组织收入原则，切实做到依法征收、应收尽收。组织收入工作中，坚决贯彻组织收入原则，依法组织税收收入，坚决不收过头税，坚决防止和制止越权减免税。从管理、征收到入库，所有执法行为要做到于法有据、程序正当、合法合规。

深挖税源潜力，持续加大征管力度。“一分部署、九分落实”，严格实施年初确定的强化征收管理的“十五条”硬措施，税收降幅呈现逐月收窄。坚持从规范管理上提效能，从税源管理上求突破，从税收检查上堵漏洞，建立房地产税收管理三套表式台账，持续加大收入督查力度，将各项税收政策执行到位，以税收征管的精细、规范、信息化，促进组织收入目标的实现。

强化重点税种管理，全力组织收入入库。资源税方面，通过相关部门协调，随时获取企业的生产经营情况、资金调度等关键信息，及时跟进征收。全市煤炭资源税入库 13.5 亿元。房产税方面，将地价计入房产原值征收房产税，完善存量房评估系统管理，已经完成市区范围内的数据采集，完成房产税 10725 万元。城镇土地使用税方面，积极推进“以地控税”，完成 15958 万元。营业税方面，在“营改增”前将全部营业税欠税清缴入库，防止发生死欠，完成 78025 万元。煤炭基金方面，按季度下达清缴计划，已完成 3568 万元，力争年底前全部清缴入库。契税和耕地占用税方面，从 2015 年 10 月 1 日起，凡新发生的土地交易，缴纳契税时先行缴纳应纳的耕地占用税。

推进计划管理，实施行政问责。为最大限度地扭转当前税收收入持续下滑被动局面，强力促进各征收单位挖潜堵漏，增加税收。于 5 月按月向各征收单位下达省公共财政收入月度必保计划和奋斗目标，按月排队通报，对连续两个月完不成任务的单位，市局派出工作组对其进行管理解剖，对未能做到依法征收、应收尽收的单位负责人，进行行政问责。

加强部门协作，构建协税护税网络。加强与国税局联合办税，促进“营改增”后增值税所附加的税费按时、足额入库。各县(区)局均顺利进驻国税办税大厅并全面展开此项工作，办理业务 12497 笔，代征相关税费 264.89 万元。参与建立地方税收信息保障平台，联合其他六部门开展煤炭资源税专项检查，查补煤炭资源税 403.86 万元。与国税局、建设银行签订小微企业“税易贷”业务合作协议，帮助小微企业缓解融资难。

强化工作考核，全面提高管理效能。以严格工作考核，推动管理质效的全面提升。一季度，出台《征管质量考核办法》和《税收收入质量考核办法》两个考核办法。对基层人员实行月度序时考核，要求当月实现税款必须当月清，不得发生新的欠税。两个《办法》把收入质量、征管质量和风险管理考核列入绩效管理和目标责任考核体系，通过工作考核倒逼责任落实，打造规范执法管理链条，有效提高管理质量。全省地税系统管理质量考核中，连续三个季度排名全省前三名。

发挥税收稽查职能，不断加大税收稽查力度。制定下发《朔州市地方税务局地方税收重点稽查工作方案》，以重点工程税收、银行及非银行金融机构税收、煤炭、房地产及建筑施工企业行业税收、资本交易税收为检查重点，全市稽查系统检查各类纳税人 24 户，查补入库各类收入 6963 万元，其中直查收入 1438 万元，占查补入库收入的 20.65%，为 2014 年同期的 194%。

**【税收管理】** 2015 年，朔州市坚持以深化税收征管改革创新为抓手，以风险管理和税源专业化管理为目标，注重征管基础规范及综合治税能力提升，提升税收管理水平。

推进征收管理精细专业。该局作为全国继济南之后第二个拥有“金税三期”系统实时数据的地市局，以开发使用税收综合管理软件为核心，建成“一个基础平台，三大应用软件，一套服务系统”，用数据决策、考核、指挥，形成结构严密、运转顺畅、系统完备、功能强大的税收信息化体系。4 月，省局网络安全和信息化领导组办公室对该项目进行验收评审，评审内容全部合格。根据一年的使用情况,税收综合管理软件已经初步实现自动监控业务流程、预警税收执法风险、生成绩效考核结果等功能,为征收管理和绩效考核提供数据支持,推动税收征管由“以票控税”向“信息管税”转变。

推进纳税服务持续优化。全面落实《全国税务机关纳税服务规范》(2.0版),分批对全市办税服务厅及办税服务室前台工作人员进行培训。全市各办税服务厅和办税服务室均放置纳税服务规范书籍和各种服务手册供纳税人查阅,推行涉税事项办税服务厅集中受理,公开业务办理所需报送资料,优化相关业务处理流程,顺畅资料流转,提高办理效率。开展“便民办税春风行动”,“免填单”和“同城通办”业务已在市直一分局、山阴县局两个试点单位成功推行,征期入库率、涉税资料齐全率、文书受理办结率均达100%。

推进风险管理常态可控。建立市县两级风险管理团队,成立市局风险管理专职团队,包含税收风险预警小组和纳税评估小组,建立67人的风险管理人才库。建立具有朔州地税系统特色的风险管理指标体系,每月下发风险任务。市局风险办下发17批、15182个风险点。完成风险应对14批、11029个风险点,完成率73.73%,入库税款3421715.51元。完成6户驻朔企业集团税收风险管理工作现场审计,查补税款50.64万元,已全部入库。

推进税收执法合法规范。推进简政放权,保留7项行政许可,取消57项非行政许可,调整为其他权力事项23项。推进法治地税建设,开展税务行政审批违规和滥用审批权问题专项整治活动,局系统内部无违规审批、变相审批等滥用审批权问题。推行税收权力清单制度,严格按照清单规定的承办机构和行使层级行使权力。开展纳税信用等级评定,该次参评户数5729户,其中包括经信息比对一致后的国地税共管户2975户和地税纯管户2754户,评价出市A级纳税人34户,于4月28日与市国税局进行联合公示。加强税收优惠政策落实,汇编从2012年6月至2015年3年的税收优惠政策,出版《地方税收优惠政策指南》。

推进行政管理合规高效。推进干部学法用法,开展法治税务示范基地建设和“依法行政宣传月”“六五”普法等活动。围绕“新常态、新税风”税宣主题,举办“纳税人学堂”揭牌仪式暨税收宣传月启动仪式,在报纸上开设“便民办税春风行动”和“你问我答·答疑解惑”宣传专栏,在电视台联播公益性广告。通过“地税人开放日”“局长接待日”“税企恳谈会”“税收政策宣讲进校园”等多种新颖的形式,了解纳税人诉求,宣传税收政策,树立税务部门的良好形象。

**【干部教育】** 2015年,朔州市坚持紧紧扭住干部教育这个根本,突出实践特色,对全体干部职工进行政治业务培训。

加强干部培训教育。在全系统深入开展“大教育、大考试、大排队”工作,以提升岗位技能、更新业务知识为主,重点抓好各岗位业务骨干培训,内容侧重于实务操作。举办43场干部教育培训项目(其中外出培训9场,专门业务技能培训31场,政治理论学习培训3场),培训人员1500多人次,其中机关干部320人次,基层税务人员1180人次;培训天数为230天左右。配合省局开展“业务能手”选拔考试,朔州地税系统8人入围。

完善关怀和帮扶机制。市局成立困难职工互助帮扶基金,加大对困难职工的帮扶力度,为困难职工解决实际问题。节假日对困难职工和困难党员进行慰问,按规定范围、标准为全局职工发放生日蛋糕和鲜花,“六一儿童节”开展党员志愿服务活动,资助福善庄小学贫困学生校服、书包和学习用品各100套,为右玉县张化村提供各类帮扶项目达18万元。

开展丰富多彩的文体活动。开展各项有益活动。举办篮球、羽毛球比赛,组织太极拳运动。参加市体育局举办的乒乓球比赛,取得女子单打第六名,混双第八名的好成绩。组织开展孝亲敬老主题活动,举办“金秋重阳日 孝亲感恩节”的专题讲座,提升队伍活力,树立地税队伍的良好社会形象。

【作风改进】 2015年，朔州市完善党组抓党建工作机制，充分发挥党组织的战斗堡垒作用和党员先锋模范作用。

重点抓好“三严三实”专题教育。制订实施方案，明确专题教育的总体要求、方法措施和时间安排，主要负责人带头上党课，专题教育各项工作有序开展。学习研讨阶段，市局机关以党支部为单位开展学习，每周二、周四至少学习2次。组织市局副科级以上党员干部观看《警钟长鸣》警示教育片，推动在职党员到社区报到服务群众制度的落实，目前全市在职党员到社区报到率达到99%。机关支部38名党员全部深入帮扶村开展“一对一”帮扶。

重点抓好“三型”党组织建设。出台《关于进一步深入开展创建“三型”组织、选树“三型”标兵主题实践活动的通知》以“强素质、优服务、增活力”为主题，创建“学习型、服务型、创新型”基层党组织，开展选树“勤奋学习、优质服务、勇于创新”党员标兵主题实践活动，把党建工作与地税中心工作有机地结合起来，将党建工作与税收宣传、评定星级服务税务所等税收工作同布置、检查、考核，充分发挥基层党组织的战斗堡垒作用和党员的先锋模范作用。

重点抓好压力传导。抓好主体责任落实。突出党组书记要带头履行主体责任，组织党风廉政建设和反腐败任务的贯彻落实，各级纪检监察部门积极组织协调反腐败工作，加强执法监察、效能监察和廉政监察。逐级签订《两个责任书》，健全一级抓一级的党风廉政建设责任体系，坚持把党风廉政建设和纠风工作与税收征管工作同部署、同检查、同考核，确保党风廉政建设目标责任制和纠风目标责任制的层层落实。严格落实责任追究办法，加大问责力度，健全责任分解、检查监督、倒查追究的完整链条，实行有错必究，有责必问。

重点抓好作风建设。将“八项规定”的要求融入到日常工作中，精简会议活动，坚持开短会、讲短话，坚持厉行勤俭节约。严格执行党员领导干部廉洁从政有关规定，严格执行办公用房、车辆配备等有关规定。严格落实领导干部报告个人有关事项制度。对节日期间作风建设和廉洁自律工作督查，盯住元旦、春节、五一等重要节点，利用文件、会议、手机短信、税收管理员向纳税人述廉等形式做好提醒教育和廉政教育工作。

重点抓好廉政违纪督察。深入开展违规经商办企业专项整治工作。通过逐人谈话、到工商部门进行工商信息比对等方式，收集干部职工经商办企业、兼职及配偶子女经商办企业问题线索，并依干部管理权限，责成有关单位对相关人员进行严肃处理。拓宽廉政监督渠道，提升税务干部廉洁从税、依法从政的自律性和自觉性。向全市范围内的736家纳税人邮寄问卷调查，就税务干部在日常税收管理中是否存在违反纪律作风和“吃拿卡要”等为税不廉问题征集纳税人意见建议，接受社会监督。在全市地税系统深入开展专项整治工作。加强纪检监察干部队伍建设。针对全市各单位纪检监察干部业务水平和实际办案经验不足的问题，组织开展纪检监察业务培训，组织全市地税干部集中观看《苏联亡党亡国20年祭》警示教育片。

（市地税局）

# 金融　保险

Finance　Insurance

## 金　融

·金融办·

【概述】 2015年，朔州市金融业增加值完成38.7亿元，占地区生产总值4.3%，占服务业增加值8.8%。全市社会融资总量完成119.49亿元，同比增加11.93亿元，增长11.1%。其中，本外币各项存款余额达到1191.7亿元，较年初增加70.36亿元，增长6.27%。各项贷款余额558.6亿元，较年初增加45.7亿元，增长8.9%；银行业机构通过表外业务、融资租赁等创新工具累计实现投放136.83亿元，净增73.79亿元，增长13.8%。存贷比达到46.87%。启动朔城区和平鲁区农村信用联社产权制度改革，合并组建朔州农村商业银行，完成清产核资、资产评估和老股金清退，推进不良贷款清收和引进战略投资者工作。

【金融体系健全】 2015年，朔州市金融办完成华夏银行朔州分行的筹建，可在2016年首季开业。完成由五台山农商行、尧都农商行分别发起设立应县、怀仁县村镇银行的筹建，应县村镇银行已开业。全市银行业机构由2014年的15家发展到18家。设立规模为3000万元的企业资金链应急周转保障资金，从7月运行以来，为贷款到期、暂时还贷困难的20家企业提供周转保障资金1.58亿元，帮助企业续贷2.02亿元。推动企业“助保贷”，为38户企业提供“助保贷”1.44亿元。

建立企业上市后备资源库，培育“新三板”上市后备企业8家，同煤宏力再生股份有限公司在“新三板”成功挂牌。

【金融振兴政策】 2015年，朔州市金融办制定出台《关于促进朔州金融振兴的意见》和《促进朔州金融振兴2015年行动计划》，对全市促进金融振兴及年度工作进行全面规划和部署；出台《鼓励和扶持企业上市促进资本市场发展的6条措施》，对企业上市予以扶持和奖励；出台《关于加快发展现代保险服务业实施意见》，印发《小额贷款保证保险试点工作实施方案》和《关于认真做好城乡参保参合居民(职工)意外伤害补充保险工作的通知》和《关于在全市开展特种设备安全责任保险工作的意见》，拓宽保险业服务领域和范围。

金融公司规范发展在推动小额贷款公司发展上，组织开展分类评级活动，推进分类监管，加大风险防控力度，促进行业规范发展。全市72家小额贷款公司，总注册资本金42.94亿元，贷款余额36.45亿元，行业投放规模比任何1家股份制银行还要多。在融资担保体系建设上，全市现有9家融资担保机构，总注册资本金5.33亿元，在保余额6.75亿元，全年担保户数155户，最大担保放大倍数3倍。2015年，新设立1家注册资本金1亿元的民营融资性担保公司。

组织举办全市城乡基础

设施建设项目政银对接会。从10月中旬开始，组织银行业机构在全市开展“金融服务进企”活动，解决银企信息不对称问题，促进信贷投放。

【不良贷款清收】 2015年，朔州市金融办强化防范和打击非法集资工作。在2014年底打击非法集资专项行动的基础上，开展非法集资问题的专项整治，出台朔州市非法集资问题专项整治《实施方案》，对投资担保、房地产、农民专业合作社、金融公司等高风险行业进行全面风险排查。集中开展防范和打击非法集资宣传教育月活动，加大案件侦办力度，保持打击非法集资的高压态势。全市立案侦办非法集资案件16起，涉案金额2.16亿元，维护社会稳定，未发生非法集资的群访、闹访、非访问题；加大银行业机构不良贷款的清收力度。开展不良贷款清收促进诚信朔州建设专项行动，出台在全市开展不良贷款清收促进诚信朔州建设的《意见》，重点加大对公职人员不良贷款清收和恶意逃废债务行为的打击力度，清收一批贷款，打击一批逃废贷款的赖债户，筛选一批诚实守信的经营户。全市银行业机构不良贷款率由年初的7.11%下降到6.27%。

【金融宣传】 2015年，朔州市金融办组织召开全市“新三板”上市培训会，对全市60多家具有成长潜力的中小企业进行“新三板”上市流程、知识培训。举办市首届“互联网+”传统企业高峰论坛暨中小微企业融资上市跨界峰会，宣传普及互联网和资本市场知识，提振中小企业上市融资的信心。

2015年，全市金融业整体运行平稳，金融服务体系进一步完善，金融机构的创新力有所增强，金融服务面扩大，对地方经济发展的支持作用增强。特别是全面贯彻落实市委、市政府促进金融振兴的决策部署，市、县(区)各级各部门对金融工作的重视程度提高，促进金融发展的氛围浓厚，措施有效，金融对经济社会发展的支撑作用明显。但与全国、全省平均水平相比，金融业仍然是本市发展的“短板”，金融业发展的基础薄弱。突出表现在：金融存量规模较小，银行业存贷差距大，全市银行业机构存贷差高达633.55亿元，存贷比比全国平均水平低23个百分点，比全省低15.6个百分点，信贷主渠道作用发挥不够充分，信贷投放的空间很大；地方银行业机构包袱沉重、机制不活，主要是农村信用联社不良贷款占比高，全市农村信用联社不良贷款余额25.12亿元，不良贷款率12.61%，加上隐形的不良贷款占比更高。全省43家高风险社，本市就有3家；信贷结构不合理，银行业机构对国有企业和规模大的企业支持的多，对小微企业投放有限，小微企业和“三农”经济普遍存在融资难问题，面对经济下行压力，这种困难状况更为严峻；资本市场发育发展滞后，企业直接融资比重低，银行业对创新融资工具的运用很有限；金融体系不很完善，特别是金融中介机构的培育发展不足，一些新型的金融业态处于发育阶段。融资担保机构和实力弱小，体系不完善，对缓解中小企业融资难作用有限；存在金融风险隐患。投资理财、咨询、非融资性担保等高风险行业领域，贵金属交易平台打着“金融创新”“互联网金融”等旗号的网络借贷平台，

2015年6月4日，朔州市召开全市金融工作座谈会 （市方志办供图）

P2P、股权众筹等新模式,存在非法集资风险隐患;实体经济存在不规范民间融资行为,受经济下行压力的影响,一旦资金链断裂,有可能由民间融资转化为非法集资。银行业机构不良贷款居高不下,存在较大风险。（市金融办）

## ·中国人民银行朔州市中心支行·

**【概述】** 2015年,中国人民银行朔州市中心支行贯彻货币政策,优化金融服务,加强金融监管,努力改善辖区金融生态环境,维护辖区金融稳定安全,完成基层央行履职任务,实现全年各项工作目标。全市本外币各项存款余额1191.7亿元,较年初增加70.4亿元,增长6.3%。其中,人民币各项存款余额1189.7亿元,较年初增加69.7亿元;外币各项存款余额3051万美元,较年初增加936万美元。全市本外币各项贷款余额558.6亿元,较年初增加45.7亿元,增长8.9%。

**【稳健货币】** 2015年,中国人民银行朔州市中心支行推动改善信贷结构。为继续适应经济新常态,中支制定金融支持朔州经济稳健增长和转型升级指导意见,适时调整信贷政策导向评估制度,从注重融资量的增长向推动经济调结构质的提升转变。并结合辖区实际,加强对全市金融机构贯彻执行货币政策的指导力度,为助推地方经济转方式、调结构起到积极作用。全市银行业金融机构本外币贷款增长远高于经济增速。

贯彻传导货币政策。灵活运用差别存款准备金动态调整工具,对4家农村信用联社实施存款准备金率下调1个百分点的优惠政策,释放涉农资金1.3亿元。运用再贷款、再贴现政策,加大对农业规模化经营和新型经营主体的信贷支持。年内发放再贷款6.6亿元,办理再贴现6.5亿元,撬动法人机构新增贷款16亿元。累计发放1.45亿元贫困地区优惠利率再贷款,直接减轻贫困地区企业和农户利息负担145万元。加强利率市场化建设,引导银行机构对全市经济转型企业和项目实行差别利率,切实降低企业融资成本。

创新推动金融服务。借助金融振兴山西战略东风,指导金融机构建立支持新兴产业信贷机制,支持新兴产业发展壮大。做好重点行业领域转型调整的金融服务工作,坚持有扶有控、有保有压。指导朔城区蒙银村镇银行创新投放农村土地承包权流转协议、林权质押等形式小额贷款6.55亿元。引导金融产品创新,年内全辖金融机构累计开展票据业务287亿元,余额71亿元,缓解中小企业融资难问题。

加快发展跨境人民币业务。年内引资19亿元,其中12亿元注入应县恒天然等涉农企业,促进涉农龙头企业的健康发展。

推进农村信用市场建设。将推动农村信用市场建设作为全年信贷工作重点,辅以强化支农再贷款、创新扩大"三农"贷款抵押物范围、建立货币政策建议书制度等多项举措,完成中支年初确立的"推动'三农'贷款发放,缓解'三农'融资难、融资贵"亮点工作项目。全市金融机构通过"卡易贷""乡情通""助保贷"以及小额信用贷款等载体,投入信贷资金11.2亿元,支持涉农产业发展。全市新增信用村12个,新增信用户2075户。在此基础上,引导组织农村信用社清理历年信用户44082户。《金融时报》以《朔州支农再贷款助力扶贫攻坚》为题报道相关工作经验,太原中支也对此项工作给予肯定,并要求相关金融机构结合自身特点全面跟进。

**【金融管理】** 2015年,中国人民银行朔州市中心支行推进"两综合、两管理"。做好开业管理工作。对6家机构进行审查及现场核验,及时办理相关手续。开展综合评价工作。评出A级单位9家,B级单位4家,并以正式文件下发"一对一"综合评价书,并向上级行和地方政府进行反馈。开展综合执法检查。下发检查方案,对4家商业银行进行现场检查,对3家金融机构进行综合执法后续检查,对违规机构罚款人民币5.5万元。坚持"量化标准",完善综合评价内容,重新核定综合评价等级占比,明确"两管理、两综合、一保护"工作主题及重点内容,建立金融机构联络员制度。

加强金融风险监测。在执行《朔州市金融风险监测协调工作制度》的基础上，重新修订应急处置预案。推广运行金融风险监测系统，做好全市金融机构金融风险监测系统数据的采集、上报工作，为加强风险监测，防范金融风险提供依据。不定期组织召开协调领导小组会议，发布《风险评估报告》，处理有关金融稳定的重大事项，指导全市金融机构稳健运行。充分发挥系统预警功能，及时通报各机构数据指标不达标情况。

开展现场评估工作。开展地方法人金融机构信贷资产合规性和不良资产真实性现场评估、高风险法人机构全面风险评估以及金融机构负债管理现场评估工作。并采取问卷、现场调查、实地检查和约见谈话等方式，对辖区8家地方法人金融机构进行现场评估。针对存在的问题，现场提出整改方案，下达风险提示书，促进被查机构的稳健合规经营。

推动实施存款保险制度。按照太原中支的统一部署和要求，在《存款保险条例》公布实施期间，通过采取强化沟通协调、组织领导、责任落实、值班制度、动态监测、应急管理的"六强化"措施，确保辖区金融平稳运行。成立存款保险制度实施工作领导组，制定《中国人民银行朔州市中心支行存款保险制度实施细则》，得到上级部门的充分肯定并拟在全省推广。12月，全市8家地方法人银行业金融机构存款保险保费基数达303.74亿元，核实受保存款243.43亿元，交纳存款保费321.44万元。组织开展存款保险业务培训，提升参训人员的知识储备、业务技能和监管能力。

【金融服务】 2015年，中国人民银行朔州市中心支行提供高效便民支付结算服务。改善农村支付结算环境。将农村金融综合服务站建设作为支付结算工作的重中之重。建成金融综合服务站951家，实现100%全覆盖。办理银行卡助农取款业务查询29.39万笔，清算资金17.92万笔，清算金额28278万元。研究适合本地区的涉农资金补贴发放模式。全年全市通过"一卡通"直接拨付新农合、新农保、涉农补贴资金56731万元，通过村村通转账电话、银行卡助农取款服务点，实现涉农资金结算26.85万笔、金额76589万元。推动中国银行社保卡在农村地区的有序发展，改善农村银行卡受理环境。在辖区发展一大批手机闪付商户，推广应用金融IC卡、手机非接支付业务，推广应用电子商业汇票。探索电子商业汇票推广思路，针对年内累计签发银行承兑汇票业务5笔以上或累计签发金额在1000万元以上的企业，给予签约开办电子商业汇票业务的政策，对其他银行网点逐步开通电子商业汇票贴现、转贴现以及纸质商业汇票登记等功能。全年办理电子商业汇票承兑业务25笔、金额4550万元，贴现18笔、金额2880万元，再贴现298笔、金额6.53亿元。促进银行卡产业健康发展。继续发挥银行卡联合整治办公室的作用，拓展联合整治银行卡违法犯罪的广度和深度。牵头联合市公安局、工商局、互联网信息办、银监局开展治理网上非法买卖银行卡专项行动，组织全市银行业机构进行集中宣传月活动。改善银行卡受理环境，指导中国银行推广发行社保银行卡。全市各银行业金融机构发行银行卡486.3万张，其中借记卡464.7万张（惠农卡28.3万张、福农卡36.8万张）、贷记卡21.6万张，发展特约商户7619户，布放POS机7850台，ATM机363台，转账电话2526台。强化人民币结算账户管理。严格人民币银行结算账户的开立、变更、撤销行为的报备与核准管理。全市各类单位人民币银行结算账户37662户，全年开立6549户、变更1264户，撤销3185户。是年，账户年检率达89%。组织5家机构、15人次参加账户管理业务考试。重视公民身份信息联网核查工作。受理《联网核查公民身份信息工作社会公众投诉登记表》11份，对36人次联网核查信息不一致的情形进行上报变更。

做好人民币发行管理工作。调研市场需求，灵活调运发行基金。通过调研工矿企业、房地产企业，结合金融机构每月上报现金需求计划，确定全年发行基金需求。全年执行调拨命令35个，调运发行基金60.85亿元，投放发行基金89.12亿元，回笼发行基金51.96亿元，净投放基金36.6亿元。做好人民币进化工程，提升辖区流通人民币的整洁度。加强辖区金融机构营业网点现金清分能力建设，组织辖区银行业金融机构积极拓展人民币冠字号码查询工作，全市269个金融机构营业网点的存取款一体机对外支付的现金全部实现查询的要求。加大残损人民币回收力度。全年全市各金融机构上缴残损币21.96亿元，复点残损人民币2.04亿元，上缴太原中支销毁15.25亿元。以新版100元人民币发行为契机，开展人民币反假宣传培训工作。以进农村、进社区、进学校为重点，采取LED电子屏滚动播放、液晶电视播放短片、摆放折页、设立咨询台、悬挂宣传标语、抽调骨干力量现场解答及派发宣传资料等多种反假宣传方式，提高广大人民群众识假反假的能力。尝试县域金融机构跨区域调款模式，提高县支库辐射能力。应省农村信用联社朔州办事处的申请，对辖内右玉县农村信用联社、应县农村信用联社根据就近原则，在怀仁县支库开户办理现金存取款业务。

提升调查统计监测水平。做好统计报送基础工作。做好2014年年末各项报表数据的结转工作，加强对村镇银行、小额贷款公司各项报表管理，确保统计数据的准确性、可比性、完整性。每月根据基础报表及时编制《朔州市金融统计快报》《朔州市金融统计综合月报》，完善金融统计数据共享机制，设立《朔州市金融统计数据共享查询登记簿》，与相关政府机构建立数据共享机制。开展统计考核监督检查。对4家农村信用社、1家村镇银行的两年26期金融统计数据进行认真核实，并及时将核实结果向太原中支反馈。在总行考核结果通报后，跟踪监测达标法人金融机构激励政策的落实，完成县域法人考核工作总结报告，并及时报送太原中支。对农行朔州分行开展金融统计工作专项检查。按时完成特色产业研究分析报告。按照太原中支《山西省特色经济数据库研究工作方案》，把奶牛养殖业作为朔州特色经济监测研究对象，按时完成两篇关于奶牛养殖产业的调查报告，推动全省特色经济研究工作。

强化征信管理服务工作。开展征信专题宣传活动。结合辖区实际，制定下发征信专题宣传活动实施方案。组织全市银行业金融机构开展特色宣传活动。召开征信专题宣传活动推进会，安排“征信记录关爱日”集中宣传活动，制作征信专题宣传片，在朔州电视台《金融在线》栏目不间断播放。全市银行业金融机构出动宣传人员3000余人次，发放宣传资料20余万份，接受现场咨询500余人次，摆放宣传展板100多块，悬挂宣传条幅200多条。组织辖内征信人员参加全省征信知识测试和全省人行系统诚信文化业务竞赛，荣获省金融工作委员会和太原中支联合授予的三等奖，记“三等功”一次。推动应收账款质押融资服务工作。年内，全辖应收账款融资服务平台注册用户80家，其中资金提供方74家，债权人/债务人6家。

推进征信系统建设。督促辖内农村信用社做好信贷业务数据上报征信系统工作，完成朔城区蒙银村镇银行接入征信系统初步审查工作，推进辖内小额贷款公司和融资性担保公司接入征信系统及提交资料的审查工作，组织相关机构人员参加全省两类机构接入征信系统业务培训。继续把机构信用代码推广运用作为全年征信工作重点。年内，全市银行业对3142家机构发放机构信用机构证，做到100%发放。设立征信服务A、B岗位，全年受理个人信用报告查询16204笔、企业信用报告查询210笔。加大金融机构征信工作检查力度。先后对4家机构开展征信管理联合执法检查，对3家机构进行征信管理后续跟踪执法检查。调阅信贷档案、会议纪要、登记簿和各类文件资料500余件，发现5大类、10小类问题，促进被查机构征信工作的规范化。

提高经理国库水平和服务能力。提升国库管理水平。组织开展全市实地业务检查工作。对辖区5个区县支库2014年、2015年部分月度国库业务进行实地检查，完成集中支付代理银行的检查评估工作。对3家商业银行进行“两综合、两管理”国库业务现场检查，对山阴农商行等多家申请开业机构继续进行现场评估核验。加快财税库银横向联网推广进程，扩大银联卡刷卡缴税业务范围。全市通过横向联网入库税款资金84.84亿元，占财政总收入的75%。全市刷卡缴税金额达11亿元。做好国债发行工作。组织开展以“购买国债、安全理财”和“国债消费者维权”为主题的国债宣传活动，及时准确地完成凭证式国债、储蓄国债(电子式)的发行统计工作。发行凭证式国债4期，储蓄国债(电子式)10期，售出凭证式国债25719.41万元。

提升反洗钱工作的有效性。开展反洗钱考核评级和现场检查走访工作。对35家市级金融机构开展考核评级，评出A类机构6家、B类机构20家、C类机构9家。按计划实施反洗钱现场检查，完成5家机构的反洗钱的现场检查任务，对2家违规机构罚款人民币42万元。加强对地方法人银行机构反洗钱工作的督促指导，重点对朔城区蒙银村镇银行、山阴县太行村镇银行进行帮扶和督导。提高与公安等部门的专业化合作力度。配合相关部门做好2015年度有关涉毒资金监测的工作计划，对市区1家互联网金融服务中心进行现场调研，开展“打击利用离岸公司和地下钱庄转移赃款专项行动”工作。形成反洗钱学习培训长效机制。对平鲁区农村信用联社等4家机构进行反洗钱培训，保险机构视频学习培训反洗钱业务实现常态化，组织县支行反洗钱人员参加全省反洗钱知识培训，中支“以查代训”开展现场检查实务培训。

探索金融消费权益保护机制。处理金融消费者投诉。完善辖区监督检查机制，加强金融消费权益保护各项调研工作及投诉处理工作。全年接到金融消费投诉6起，均按流程第一时间登记、转办、完结，维护金融消费者的合法权益。开展金融知识宣传教育。“3·15”期间开展金融消费维权宣传活动，组织14家金融机构相关部门负责人和工作人员召开金融消费权益保护工作暨“3·15”金融维权宣传促进会，并联合宣传、团委等部门组成金融消费维权知识宣传小组，深入扶贫定点村右玉县青草湾村普及宣传金融消费维权知识。“金融知识宣传月”期间，组织全市银行业金融机构召开金融知识普及暨金融消费权益保护工作试评估工作会，并联合朔州团市委、山阴县支行开展金融知识现场宣传、金融知识讲座和活动效果总结座谈会，联合团市委组建金融知识宣传队，在中北大学朔州分校组织开展金融知识普及进校园讲座。组织金融消费权益保护检查。按照总行、太原中支安排，对辖内部分金融机构个人金融信息保护、银行卡领域、银行格式合同的金融信息保护工作进行检查，发现问题14个。创新开展金融消费权益保护评估。创造性开展“五位一体”金融消费权益保护评估工作，通过金融机构自我评估、金融机构面对面集体互评、金融消费者问卷评估、人民银行非现场监测评估、人民银行现场核查评估“五位一体”评估，科学判断辖区金融机构工作开展情况。召开两次会议就评估工作做出安排，选取辖内6家金融机构进行试评估。推动金融消费权益环境评估工作，按要求收集环境评估指标数据，并形成环评报告。

加强科技管理服务能力。推进金融IC卡发卡进程。开展金融IC卡调研工作，督促推进金融IC卡发卡进程。开展金融IC卡宣传推广活动，按时完成辖内金融IC卡电子现金圈存的报送工作。统计分析辖内各商业银行ATM的改造情况，及时报送检查报告和分析报告。做好金融机构编码工作。定期验证各类金融机构信息数据，规范管理辖内金融机构代码证的发放、注销、回收工作。督促辖内金融机构做好代码证年检工作，约见问题机构负责人并进行培训学习。做好辖区金融机构信息数据及其年度变化情况的统计工作，对变化较大的进行原因分析。

履行外汇管理服务职能。贯彻国家外汇管理政策。组织开展外汇管理政策培训活动2次，开展外汇宣传进社区活动1次，现场发放中心支局编写的《货物贸易外汇管理政策百问百答》小册子300多份。推动贸易投资便利化。年内新增出口企业7家，实现出口收汇1909.22万美元。重点主体监管方面，对中煤平朔集团有限公司和恒天然(应县)牧场有限公司进行逐月数据分析。开展货物贸易外汇管理监测及事后核查。全年贸易收付汇总额4761.53万美元，贸易进出口总额4219.93万美元，差异率11.37%。办理新办企业名录7家，变更企业名录2家。建立监测台账。以新服务贸易外汇监测系统上线运行为契机，完善服务贸易外汇管理。完善个人外汇管理，推进全辖个人外汇业务规范化。强化外汇检查监管。年内对4家商业银行外汇业务进行合规性检查。对机构信息未备案的其中3家进行立案查处，罚款人民币15万元。对辖区6家出口企业开展出口不收汇业务专项核查，对2家银行，2家企业开展非现场检查，对2家机构进行"两综合、两管理"现场回访检查。在全省外汇检查工作会议上，中支就外汇检查方法作经验发言。做好资本项目系统登记和直接投资登记与资本金意愿结汇改革工作。新设外商投资企业登记1笔，企业注册资本金2000万美元，投资总额6000万美元，资本金到资313.02万美元。完成6家即期结售汇市场准入审核备案工作。银行结售汇总额8728万美元，同比减少42.68%。加大国际收支核查力度。核查申报数据38407.56万美元。其中跨境收入申报29195.91万美元，跨境支出申报9201.65万美元。完成对工行朔州平朔支行、中行朔州分行营业部，邮储银行朔州分行的国际收支申报现场核查工作。

做好调查研究和信息反馈工作。加强经济金融运行分析，按季召开全市经济金融运行分析会，为决策提供参考依据。开展信息反映工作。全年编发上报金融信息65条，组织参与天津分行、太原中支约稿信息调研40多项，多篇信息被上级行采用。全年在"金融时报"发表报道4篇，在"朔州日报"发表报道6篇。继续做好调查研究工作，分别向天津分行、太原中支申报"中小型金融机构发展状况研究""互联网金融对农信信用社转型发展影响研究""互联网金融视角下农村普惠金融发展研究"等重点研究课题。

**【内控管理】** 2015年，中国人民银行朔州市中心支行完善内控制度。抽查县支行2014年度在加强内部管理、强化外部监督方面、遏制违法犯罪方面(该中心支行不涉及遏制违规经营方面)的管理情况。发现问题43个，提出整改建议意见6条，下发整改通知文件2份。按要求组织相关部门对2014年度问题进行自查和整改。积极配合做好天津分行、太原中支组织的检查工作。按时完成风险事件识别清单编制报告。完成审计工作任务3项，发现各类问题11个，提出整改建议意见6条。其中，完成专题审计2项，审计调查1项，其他工作7项。

加强党风廉政建设。坚持政治理论学习制度，提高干部理论水平。组织党委中心组理论学习12天。开展国情行史、形势政策和学雷锋教育教育实践活动，举办"我们的价值观、我践行"座谈会，开展纪念中国人民抗日战争暨世界反法西斯战争胜利70周年、社会责任教育、"宪法日"法治文化活动、中华经典诵读及优秀文艺作品赏析活动等一系列主题教育实践活动。在中支机关科室分设和人员调整后，及时安排指导科室进行换届，修订完善多项党建工作制度，采取"以会代训""三会一课"等制度形式，提高管理水平，做好党员发展工作。加强党风廉政建设，强化监督执纪问责。开展岗位廉政教育和反腐倡廉教育，贯彻十八届中央纪委第三次全会和国务院廉政工作会议精神，加大案件防范和查处力度。落实监督责任，加强纪检监察部门自身建设。开展行业作风建设，制定《朔州中支2015年行业作风实施方案》。开展岗位(廉政)风险防控，配合巡视组检查工作。认真开展执法监察工作，分别对右玉县支行、支付结算科进行制度执行力监察。

严格财会制度。合理分配预算指标，统筹安排预算资金。利用财务综合管理系统和财务预警系统平台，加强对辖内各项预算资金开支情况监督。规范财务开支，从严控制"三公费用”。建立健全预算公开工作协调机制，推进内部预算公开。强化报账审查，杜绝超指标、超预算现象。加强检查监督，对辖区部分县(区)支行财务科目使用、制度执行等方面进行全面检查。加强公务用车管理，完成辖区办公用房清理腾退工作。加强固定资产管理，开展固定资产清查。严格执行集中采购管理办法和操作规程，推广使用政府采购计划管理系统和集中采购管理系统，从严控制采购支出。严格基建项目管理，完成中支机关网络机房维修改造项目。夯实国库会计基础核算工作，确保资金安全。层层签订目标管理责任书和岗位风险防范责任书，将岗位职责落实到人。按季召开国库风险防范分析例会，反映制度执行中的薄弱点。规范国库核算行为。严格执行按月对账制度，定期与财政、税务部门进行现场对账。严格按照税收分成比例等财政体制规定办理日常收支业务。严格执行国库会计重要事项审批制度。继续做好 TBS 应急备用系统以及 TCBS 系统升级、参数维护等工作。

严格干部管理。加大干部管理和监督工作力度。中支机关横向调整交流科室负责人 9 人，纵向调整交流科室负责人 1 人，横向调整交流其他科级干部 4 人，科级以下工作人员 4 人，对怀仁县支行党组班子 3 名成员进行选拔调整。推进超职数配备干部问题治理，消化 7 名科级非领导职务职数。从严从实抓好干部人事档案管理工作，收集、审核 2014 年度形成的人事档案资料。开展干部人事档案专项审核工作，完成 24 名县支行行级干部档案的审核认定工作。做好《人力资源管理信息系统》数据维护工作，规范干部因私出国(境)以及在编不在岗人员的管理，按月考勤按月公示出勤情况。抓好员工参与违法违规金融活动防范工作。抓好干部培训和人才队伍建设。制定并完成全年辖区 40 项培训计划；做好同等学历人员统一参加太原中支组织的申请硕士学位进修工作，中支负责人参加总行举办的“新媒体时代公共关系金融舆情管理专题研修班”，选派 1 名县支行行长参加总行举办的“2015 年县支行行长任职培训班”，组织 4 名新录用行员参加太原中支组织的“山西省人民银行系统新录用行员远程培训”。依托总行远程培训系统做好全员培训，完善人力资源系统培训电子档案。开展专业人才管理工作，续聘高师 8 名、中师 64 名、助师 35 名、员级 1 名，新聘中师 2 名。规范机构设置和员工管理工作。完成内设机构调整和撤并部门人员调整与任免工作，完成对各县区支行和 2014 年度机关科室业绩考核、行员考核工作。做好 4 名行员招录体检、协议签订和接收等以及 4 名干部的借调工作。落实全省人民银行严肃财经纪律工作会议精神，对现行各项津贴补贴逐条逐项查找政策依据，做到立行立改，消除问题隐患。根据总行安排，开展养老统筹个人账户检查工作。

保障单位安全。加强保卫队伍建设、抓好守卫工作，始终坚持查岗制度，全年查岗 90 多次；做好办公场所的安全管理工作，确保节日期间安全无事故。做好“两个加强，两个遏制”专项检查工作，提高守押人员业务素质水平。做好社会管理综合治理以及综合治理工作目标责任制的修订工作，并层层签订社会管理综合治理工作目标责任书。全年执行押运任务 20 次，护卫发行基金 8473 件，行程 8180 公里。组织开展消防安全教育、实弹射击和发行基金押运突发事件应急处置演练。对怀仁支行、中支保卫人员进行监控岗位业务技能培训。做好辖内电视监控报警系统改造工程工作。

构建和谐单位。做好干部职工学习教育工作。组织宣传干部学习，并向职工推荐《习近平用典》一书。举办“守规矩、讲纪律、明责任”主题演讲比赛，组织党员参观“红色记忆颂太行，弊革风清倡廉政”剪纸艺术作品展，利用“五四”“七一”重要节日开展以“讲好青春故事，传递青春正能量”为主题的演讲会，迎“七一”“一先双优”表彰大会及“颂歌献给党”歌咏比赛。以关爱女职工、提升女职工素质为出发点，开展以“仪表端·知性美·共庆三八·唱响和谐”为主题的系列庆祝“三八”活动和“巾帼建功——我是领头雁”“三项创建”女职工先进事迹演讲赛，并为60多名女职工办理特殊疾病保险。通过组织辖区各党支部书记到太谷县支行观摩学习，组织开展“我的价值观，我践行”征文活动、“我与行长面对面”户外拓展活动、骑行活动、太极拳展示活动，推进央行文化建设。以开展“做文明有礼的央行人”、文明单位创建、“央行志愿者”主题活动为载体，深化精神文明建设。继续做好送温暖帮扶工作，组织慰问本单位困难职工，为机关干部职工参保特大病互助保险。发挥青年作用，组织青年志愿者开展节前送温暖、“学雷锋WE行动”关爱空巢老人献爱心、协管活动室、助力金融知识宣传等系列志愿服务活动。全年志愿者服务队开展金融知识宣传8次，志愿者服务人次200余人次，发放宣传资料5000余份。成立朔州市金融团工委，组织开展金融知识进农村“三个一”宣传活动、金融知识普及进校园讲座、首届“朔州青年创新创业大赛”等活动。利用金融青联平台，开展市级“青年文明号”推选活动。

【专题教育活动】 2015年，中国人民银行朔州市中心支行通过采取集中学习、个人自学、必修学习和选修学习四种学习方式，提高干部职工理论素养。通过专题讲课、讨论、交流及主题演讲等系列活动，提高学习教育的效果。年内上专题党课13次，撰写心得体会161篇，上报分行教育活动简报33期，组织观看警示教育片、于丹《论语心得》21次，组织全员到市廉政教育基地参观学习，开展以“讲规矩、守纪律、明责任”为主题的承诺活动和以“争双优 树新风 颂歌献给亲爱的党”为主题的歌咏比赛。活动期间，查摆问题293个，其中单位部门层面95个，个人层面198个；制定整改措施294条，其中单位部门层面制定整改措施99条，整改率达96%；个人层面制定整改措施195条，整改率达96.5%。新建制度30条，其中，中支新建10条，机关内设部门新建7条，县支行新建13条；修订制度34条，其中，中支修订2条，机关内设部门修订18条，县支行修订14条；废止制度12条，其中，中支废止2条，机关内设部门废止9条，县支行废止1条。

（中国人民银行朔州市中心支行）

## ·山西省银监局朔州分局·

【概述】 2015年，朔州银监分局认真贯彻省局年初、年中工作会议精神，以加强党的建设、提升监管绩效为主线，不断加强风险管控长效机制建设，有效促进全市银行业的改革发展和持续、稳健运行，圆满完成全年的工作任务。

【行业监管】 2015年，朔州银监分局整治违规经营。根据《山西银监局关于开展银行业金融机构加强内部管控遏制违规经营和违法犯罪专项检查的通知》要求，分局于2015年2月至4月，派出3个检查组，对朔州市银行业金融机构及其辖内分支机构进行专项检查。重点对信贷、存款、表外、理财及同业等业务进行抽查。该次检查累计投入工作日2055人天，检查各类银行业金融机构91个，调阅各类资料档案3740份，查出各类问题180余个，提出整改意见90余条，对3家违规较为严重的机构给予80万元的行政处罚。根据《山西银监局关于开展“两个加强、两个遏制”专项检查“回头看”工作的通知》要求，分局及时制定检查方案，组成3个检查组对14家金融机构进行现场检查。

完成各项检查任务。制定《朔州银监分局现场检查人力资源集成工作方案（试行）》，以“统筹兼顾、合理安排”为工作原则，以提升EAST现场检查系统应用效果为载体，结合局领导分管部门和联系点，设立3个现场检查人力资源集成小组，提高监管效能。在此基础上，完成四项大型检查：开展打击银行卡非法买卖专项督查，分3个督查小组对63家银行业分支机构进行专项督查。开展银行不规范服务收费清理督查，对辖内银行业机构2014年1月至2015年5月服务收费情况进行抽查，重点抽查涉企涉贷类收费项目等业务。开展农村信用社社团贷款检查，对辖内6月月末有社团贷款余额的3家联社进行现场检查，涉及8户、6亿元。

开展银行业柜面业务操作风险现场检查。以上四项检查共成立现场检查小组17个，累计投入工作日2145个，查阅规章制度、传票等相关资料3152册，发现问题28个，提出监管意见29条。

在发展中化解信用社风险。推进朔城区、平鲁区联社合并组建朔州农村商业银行改革进程，推动市政府成立筹建工作小组，并召开引进战略投资者恳谈会和筹建工作推进会。清产核资进入募股阶段。督促怀仁县联社加快风险化解达标升级，争取2015年年末监管评级不低于5B级。指导山阴县联社全面完成组建农商行的各项工作，并于11月27日正式挂牌。推动新型农村金融设立。批准应县金都村镇银行开业，怀仁县慧融村镇银行完成开业准备工作。

做好案件防控工作。召开会议，安排部署。分局于年初召开全辖案防和安保工作会议，组织各银行业机构认真落实案防工作目标责任书。跟踪督查，强化监管。为使案防工作会议精神真正落到实处，分局对各监管办、各银行业机构贯彻落实会议精神情况进行督查。加强检查，强力推进。7月至9月，组成3个督导小组，对辖内银行业金融机构开展“制度执行年”活动情况进行督导。对市级分行督导面达100%，法人机构督导面为50%，发现问题13个，提出监管意见4条。目前全市银行业机构继续保持“零案件”的良好态势。

**【金融服务】** 2015年，朔州银监分局提升支农水平。分局注重加强政策引领，以发展普惠金融、实施“村村通”工程为切入点，提升支农水平，对涉农贷款占比低的县联社采取限制非农企业贷款投放、不允许其参与非涉农社团贷款等监管措施。同时通过建立示范点引导各机构创新金融产品，提升整体服务水平。如分局重点推动的示范点山阴县太行村镇银行，在成立近四年时间里，累计发放实体贷款9143笔，惠及户数6441户，累放金额9.2亿元；开发支持奶农、园区发展的奶农贷、园区贷等业务，受到省局领导的肯定。2015年12月月末，全市金融机构涉农贷款余额为215.97亿元，较年初增加18亿元，增幅为9%。银监会《普惠金融工作动态》第9期，对分局在“村村通”工作基础较差的情况下，积极作为、奋力追赶的做法进行介绍。

强化小微金融服务。针对经济下行加大、小微金融服务困难加大的实际情况，分局重点采取三项措施：宣讲政策。在抓好全市银行业小微金融服务宣传月的同时，局领导和相关科室负责人深入到各机构进行政策宣讲。加强调研。分局领导坚持每月调研和分析制度，针对机构提出的困难和问题，对症下药，一起研究解决办法。督办进度。结合分局每季度向市政府报送国家重大政策措施落地跟踪情况，对机构一季一督查。12月月末，小微企业贷款余额为127.06亿元，较年初增加9.81亿元。占全市各项贷款余额的22.75%，贷款获得率96.87%。贷款户数15434户，同比增加2331户。

帮扶重点企业。面对经济下行压力加大的困境，分局积极引导银行业金融机构以支持地方经济为已任，联合市金融办等单位下发《朔州银行业加强金融服务实体经济发展实施方案》，提出16条改进金融服务的意见，要求银行业机构在企业遇到困难时“不断贷、不抽贷、不压贷”，与企业共渡难关。全市银行业金融机构积极响应，加大对煤电等支柱产业以及中煤、神电、同煤等大型重点企业的支持力度。全市银行业机构煤电贷款余额共计220亿元，新增贷款12亿元，增幅为5.67%。

**【调研活动】** 2015年，朔州银监分局党委把信息调研工作作为转变工作作风、提升工作水平的重要抓手。修订信息调研考核办法，并通过重点选题、分析例会、信息资源共享互动等方式，举办青年职工信息写作培训班，成立12个调研小组，深入银行业调研120人次，形成各类信息调研36篇，其中被银监会采用1篇，E报刊登5篇反映分局工作的动态，被《经济日报》等中央媒体采用1篇，被《山西日报》等省级媒体采用5篇，被省局采用各类信息20多篇。进一步夯实信息调研工作基础，展示分局干部职工勤于学习、锐意进

取的精神风貌。（市银监局）

### ·中国工商银行朔州支行·

【概述】 2015年，工商银行朔州支行强化内部基础管理，积极应对同行挑战，扎实有序开展各项工作，并在省分行党委的关心、帮助和正确领导下，全面开展不良资产的清收工作，为实现利润的可持续增长打下坚实基础。

截至2015年，全行各项存款余额191.86亿元，较年初增加15.31亿元。其中，公存日均较年初增加0.88亿元；储蓄日均增量9.66亿元。

各项贷款余额71.02亿元，较年初增加0.55亿元，计划完成率8.2%。累计投放贷款70.83亿元（含贴现）；大中型企业贷款日均增量1.31亿元；个贷日均增量8516万元，同比增幅51.88%，系统排名第一。

【客户基础稳定】 2015年，工商银行朔州支行全行以拓展新增客户源头为发展第一要义，彻底改变坐门等客陋习，依托优质产品主动出击，核心市场占比提升。利用财政代发工资改革的有利契机，实施走出去营销战略，代发工资拓户工作取得进展。出台《朔州分行集群化“六进”营销拓户竞赛活动》，在全辖范围内掀起营销热潮。各支行分别成立营销小分队，加快商友卡的营销工作，深入市场，深入客户，通过上门走访和3G外派，现场为客户实施卡片的启用。

【经营结构优化】 2015年，工商银行朔州支行信贷业务转型方面。在做好优质大企业、大项目营销工作的同时，重点推动低热值煤发电、热电联产、风力发电、太阳能发电等十大工程，全力进军优质小企业、民营企业领域，实现信贷行业结构、期限结构、产品结构的优化。发展模式转型方面。践行“e-ICBC”理念，围绕“三大平台和三大产品线”建设，加快电子银行业务发展步伐，增强转型发展新动力。并通过“六进”活动、电视台《金融在线》栏目，全面植入本行电子产品。

【合规经营理念】 2015年，工商银行朔州支行推进“制度执行暨合规文化建设巩固年”活动，严把信贷风险关口。针对案件防范风险，出台严格的考核制度和奖惩办法，对违规人员进行积分和扣减绩效处理，重点加大屡查屡犯整治力度，为各项业务稳健发展提供有力保障。定期召开联席会议，研究制定运营风险核查工作措施，明确责任主体，改进核查手段，建立核查资金异动“会诊”制，提升核查质量，内部、外部风险防范能力提高。

【后勤保障】 2015年，工商银行朔州支行加强职工之家建设，完善基础服务设施。市分行在全辖范围内购置饮水机，为员工提供卫生方便的饮用水源。完成右玉职工之家的建设和验收，配齐配足学习、休息、娱乐设施及场所。强化职能部门作用，延伸党委人文关怀。做好员工生日慰问、关爱员工“五必访”、特困员工救助、员工大病医疗等工作，开展员工高考子女家访座谈、送“爱心行李箱”，“六一”儿童节、“三八”妇女节、重阳节、建军节基层慰问等特色活动，提高全员认同感和归属感。丰富职工业余生活，推进企业文化建设。组织开展系列特色活动，如迎国庆歌唱演讲比赛、第一届全辖趣味运动会、激情七月户外拓展训练等活动，缓减员工工作压力，增强员工团队意识，增进各层面的沟通交流，整体协作能力增强。构建新形势下党建工作新常态。召开市分行党委专题民主生活会，就群众关心的热点难点问题，进行整改。

（中国工商银行朔州分行）

### ·中国农业银行朔州分行·

【概述】 2015年，中国农业银行朔州市分行围绕省分行绩效考核办法，全力以赴突破业务经营的主要矛盾和重点领域，加强市场营销，防范、化解风险，加强党的建设和安全管理，业务发展呈现持续向好的发展势头。连续多年被省、市文明委命名为“文明和谐单位”，被朔州市委、市政府评为“支农先进单位”，被朔州市劳动竞赛委员会荣记集体二等功，获“2015年度山西省服务业80强企业”称号。

【业务指标完成情况】 2015年,中国农业银行朔州市分行存款呈现良好增势。全行各项存款余额166.08亿元,较年初净增17.23亿元。其中个人存款余额128.82亿元,较年初净增13.83亿元;对公存款余额37.26亿元,较年初净增3.40亿元。本外币日均核心存款余额158.27亿元,日均增量10.62亿元。个人核心存款日均余额121.69亿元,日均增量12.01亿元;对公核心存款日均余额36.58亿元,日均增量-1.39亿元。

资产业务快速扩张。全行立足资产业务发展,加大优质信贷客户介入和营销,信贷业务发展迅速。12月月底,全行各项贷款余额57亿元,较年初增加19.61亿元。全年累计发放贷款36.16亿元,其中法人35.61亿元,个贷5527万元。办理银行承兑汇票1.16亿元,委托债券投资7亿元,国内信用证议付业务4000万元。

中间业务逐步多元。2015年,本行将中间业务作为提高全行价值创造能力的重要途径,通过强化组织领导、业务培训、考核激励等多种措施,拓宽中间业务收入,中间业务实现多元。全年实现中间业务收入4079万元。

绩效管理成效显著。全行实现拨备前利润20583万元,完成省行计划18886万元的109%,实现拨备后利润18445万元,完成省行计划18309万元的100.8%。三农县域考核排名第一,全行绩效管理实现排名和得分双提升。

【工作措施】 2015年,中国农业银行朔州市分行增强内部风险管控。根据班子成员调整变化的实际,及时明确班子成员职责分工,建立和落实行领导包片、部门包点责任制,细化基础管理,风险管控加强。完善制度建设,规范办事程序。首先从整顿工作纪律、规范办事程序、提高工作效率入手,制定《机关督办工作管理办法》《签报制度管理办法》和《会议管理实施细则》,完善《员工考勤管理办法》《机关车辆管理制度》《机关招待费管理办法》等一系列规章制度,规范决策办事程序,党委领导下的各成员分工负责制得到落实。通过制度层面不断修订与完善的方式,正在推进和践行事事都有明确合规守法的工作标准、处处都有严格的合规经营纪律约束,形成靠制度管人、按程序办事的工作机制和依法治行、制度兴行的工作氛围。开展专项整治和排查活动。开展员工行为排查、案件风险排查、违规经商办企业和涉"黄、赌、毒"专项排查、非法集资专项整治和员工持有因私出国(境)证照专项整治,组织开展"两加强、两遏制"自查抽查和"回头看"检查。对全市所有柜员集中实施两次柜员箱突查,对柜员和会计主管实行定期轮岗,强制休假。强化财务管理。针对朔州分行实际及时研究制定出台《中国农业银行朔州市分行一级支行2015年绩效考核方案》《中国农业银行朔州市分行2015年费用配置实施细则》《中国农业银行朔州市分行财务审查委员会审议标准》《中国农业银行朔州市分行负责人履职待遇和业务支出标准》等制度,并严格实行事前审批制度,规范财会管理,夯实财会管理基础。

增加业务发展后劲。存款增量创近年来最好水平。全行围绕突出存款日均增量目标,加大工资、费用匹配和督导、通报力度,最大限度地发挥网点、员工在资金组织方面的主动性和积极性。市、县两级行领导联合营销,棚户区改造项目账户、市级机关事业单位工作人员养老保险金账户、大病医疗救助基金账户等重点账户落户农行。贷款投放储备实现历史性突破。全年发放实体贷款36.16亿元,到期贷款现金收回率100%,贷款拨备覆盖率达474.35%,信贷资产风险抵补能力得到提高。中间业务平稳发展。着力开展信用卡、电子银行、贵金属、理财、基金销售等业务创收,努力拓宽中间业务创收渠道。"美都汇"购物广场成功上线本行集中收银MIS系统,全行贵金属销售业务实现营业网点全覆盖。

提高干部员工凝聚力。加强理论学习,用科学理论武装头脑。认真学习习近平总书记系列重要讲话精神,新修订的《中国共产党廉洁自律准则》和《中国共产党纪律处分条例》。在党委成员分头自学的基础上,全年组织党委中心组学习

6次。坚持每周一上午党委成员碰头会暨中心组学习例会、机关全员周三早上集中学习等，并贯穿始终，常抓不懈。按照“三严三实”专题活动的要求，在聚焦“四风”上下功夫。坚持正确“三观”，培养高尚情操。坚持正确的世界观、人生观和价值观，常修为政之德，常怀律己之心，常思贪欲之害，不为私心所获，不为名利所累，不为物欲所诱。坚持民主集中制原则，严格遵守组织纪律。加强班子队伍建设。建立班子和人才队伍建设整体规划和战略目标，坚持德才兼备、以德为先的用人标准。制定《中国农业银行朔州市分行2015年度支行领导班子领导干部考核办法》《中国农业银行朔州市分行2015年度机关部门负责人考核办法》，按照业绩为主、多维评价、程序一致、强制分布的原则对科级干部年度工作业绩和行为能力进行考核评价。

确保全年安全和谐。坚守责任感，不仅在各项工作的落实上、在业务计划的执行上、在上级政策的贯彻上，在各项活动的开展和年末业务收官上，都能够立足全省大局去把握、去处理。客观面对各种突发事件和历史问题。坚持不上交问题、不上交矛盾，坚持把发现的各类矛盾和可能的事件消灭在基层、消灭在萌芽。加强企业文化建设。围绕中心工作，服务全行大局，组织趣味运动会、乒乓球羽毛球比赛、棋牌比赛、演讲比赛、摄影培训、趣味游戏活动等丰富多彩的集体活动，丰富员工业余文化生活。着力改善生活办公条件。本着先基层、后机关，先支行、后市行，先生产、后生活，先群众关心的问题、先经营管理问题后其他的原则去实施。全辖所有网点硬件条件得到改观、五小建设得到完善、员工活动得到充实。经过全行上下的共同努力，员工合规经营理念、遵章守纪意识和防控案件意识增强。全年没有发生经济案件，没有发生重大责任事故。

（中国农业银行朔州分行）

## ·中国银行朔州分行·

**【概述】** 2015年，中国银行朔州分行在业务发展上坚持稳中求进，在内部管理上坚持按照中央和总行、省行党委的要求改进作风、推动“两责”落实，坚决防控风险，坚持主动作为，积极抢抓机遇，强化过程管理，各项工作在新常态下保持应有的活力和动力，取得新的成绩。

截至2015年年底，全行人民币各项存款余额217.1亿元，余额市场占有率18.91%，居全市第二（14行口径，下同）；较年初净增8.69亿元，净增额市场占有率15.24%，在全市同业中排名第四。其中，储蓄存款余额152.12亿元，余额市场占有率19.29%，在全市各行中居第二位；较年初净增19.45亿元，净增额市场占有率40.57%，居全市第一；公司存款余额64.94亿元，余额市场占有率20.88%，居全市第一；较年初下降10.63亿元。人民币各项贷款余额68.51亿元，较年初净增11.06亿元，市场占有率160.27%，居全市第三位。其中，公司贷款余额60.51亿元（含票据贴现），较年初净增9.36亿元，个人贷款余额4.19亿元，较年初净增1909万元。全辖本外币不良贷款比率0.08%。实现中间业务净收入6771万元，同比降幅1.97%，全辖实现本外币考核利润21375万元，同比降幅19.63%。

**【作风建设】** 2015年，中国银行朔州分行党委在严格落实中央八项规定、持续开展群众路线教育实践活动的基础上，以“两个”责任落实为重点，以坚守风险底线、不越红线为目标对全年相关工作进行安排部署，并与各基层机构签订《党风廉政建设责任书》等5个责任状。开展“三严三实”专题教育活动，并在加强作风政治教育学习的同时，部署开展“守纪律 讲规矩 专项自查自纠”活动。为强化“两责落实”，新一届市分行党委根据中央和省分行党委要求，着力提升广大员工的纪律和规矩意识，通过召开党委中心组“三严三实”专题学习讨论会、邀请市委学校教授讲授党风廉政建设专题党课、认真学习《中国共产党廉洁自律准则》和《中国共产党纪律处分条例》、结合实际制定《中国银行朔州市分行关于党风廉政建设党委主体责任和纪委监督责任实施办法》，强化两级组织“两责落实”意识。加强支部组织建设，基层支部通过换届选举全部设立纪检委员，并明确纪检委员的职责，形成“两责”落实的有效承接体系，打通工作落实通道。为朔州分行在新常态、新形势下的持续健康发展提供作风和纪律保障。

【业务发展】 2015 年，中国银行朔州分行主动作为，多点发力，全力以赴抓好存款业务。坚持“双促战略”。以机制促进主动市场攻击力的提升。在优化网点物理设施配套建设的同时，推进个人存款业务方面的组织保障、资源配置和激励机制。以活动突破短板和瓶颈。针对个人存款的季节性特点、不同客户群的需求差异和发展中的弱项短板，及时组织针对性较强的竞赛、冲刺活动，要求部门和机构增强“三比三看三提高”的意识，营造争先进位、全面推进的发展氛围。9 月月末，中国银行朔州支行是辖内个人存款唯一没有负增长网点的二级分行。针对公司存款的短板先后部署开展公司存款攻坚战和公司有效客户百日竞赛活动，加大资源配置、强化约束问责，始终保持主动作为不懈怠的劲头。注重“双轮驱动”。统筹公司、个金两大板块的相互支撑、相互促进功能对本行存款的稳定发挥重要作用。在社保卡业务发展中，个金拉动公司拓展营销，对市、县两级劳动保障经办机构结算账户的整体营销和部分财政基金户的争揽，成为公存业务新的稳定增长点。面对公司存款大量分流的新形势，市分行积极应对、个金板块主动跟进，发挥社保庞大客户群的优势推动资金体内循环，使一些刚性支付的公存最大可能地向个人客户转移。如针对住房公积金中心放宽公积金提取政策出现的大量提存现象，市分行在配合中心做好服务工作的同时，全力依托社保卡，紧盯每一个客户，全行特别是县区支行迅速采取措施加强源头营销，最大限度推进由“公”向“私”转化，在流失的 14 亿元公存中，有 2.5 亿元沉淀为个人存款。平鲁支行利用社保卡成功将中煤平朔集团 2.4 亿元征地拆迁补偿款转化为个人存款，形成有力的支撑。构建上下“双向互动”营销模式。坚持以上率下，主动作为。把首席客户经理作用发挥的好坏作为检验一把手“守土有责、能征善战”的重要标准，新任“一把手”都要就负债拓展目标作出承诺，从基层到市行、从分管到行长在新客户的营销上和对二线、三线的保障上都起到很好的表率引领作用。强调队伍支撑和客户挖潜。在专业队伍实行客户领养制，将专业队伍对客户的日常维护作为履职能力的一项重要内容定期点评、督导，专业队伍对客户的综合挖潜意识在提高。

严守风险底线，确保资产质量。将资产质量盘存工作纳入行长办公会议程，加强风险预警。针对西易集团公司 4000 万元贸易融资出现逾期的状况，采取授信业务品种置换的方式，同步压缩授信额度 1000 万元，风险缓释手段跟进及时。公司授信资产质量继续保持不良余额为零的局面。对于个贷、信用卡恶意透支坚决做到即冒即打，依法清收的震慑力加大，不良余额有效控制在容忍度范围。

加强社保业务的精耕细作。社保工作紧紧围绕“提质、增效、拓展”抓三项工作：提升 POS 机用卡环境，POS 机业务办理速度由原来的 2 分钟/笔降到每笔 10 秒以下，客户体验提升；与银联公司合作，在全市投放“全民付”机 470 台，拓宽用卡渠道和服务功能；持续推进银医合作项目，物理环境搭建全部完成；在右玉支行启动城乡居民养老保险金代缴业务，利用 2 个月的时间基本完成该县近 5 万人应缴人群的缴费工作，赢得政府和群众的好评；针对存款分流压力，加大社保工作的宣传和拓展，依托社保卡专属理财产品“养老宝”和优惠政策，推进提升持卡人的用卡积极性。与当地人社局精诚合作，投资 2 亿余元，推动“社保卡应用一体化综合服务平台”8 个应用系统的投产上线。使朔州市成为全省首家投产上线该平台的地级市。特别是在朔州市人民医院设立的银医自助服务系统，在全省首家实现银行、医院、医保系统的“三网融合”，社保卡持卡人就医可以实现“一站式”服务,减少排队等候时间,受到持卡人的欢迎。全行发放社保卡123.5万张,累计增加客户111万户,新增有效客户50万户,社保卡沉淀资金6.5亿元。个金带动公司业务成效显著:已开立市、县两级劳动保障经办机构单位结算账户135户,余额达6.8亿元,积极营销财政基金户6户,余额11.4亿元,两项合计余额为18.2亿元。

【绩效引领】 2015年,中国银行朔州分行在组织2014年度综合绩效的分配时,突出体现多挣多得,倾斜柜员和一线这一主体考核导向,要求并鼓励基层机构和机关部门进行有效的二次分配,从而以绩效考核结果的有效运用强化绩效考核的正能量。以个金、公司及社保首季开门红竞赛活动方案为统驭,加强资源配置和考核督导、推进,完善赛马平台。建立包括公司、个金、风险及社保,经办柜员、核准柜员等员工队伍的竞赛方案和资源配置考核办法,突出压力传导、激励约束和量化考核总体支撑。在具体实施过程中,鼓励基层机构"三比三看三提高"、争先进位。在机构队伍中灌输"任务产品化、产品客户化、客户个人化、个人责任化、责任考核化"的激励导向。加强过程管理,组织开展的机关部门新春走基层活动,强化部门、机构的对接和互动。优化资源配置,依据主要业务发展情况挂钩增大费用支持力度,提升基层机构的主动市场攻击力。

【风险管控】 2015年,中国银行朔州分行以"两加强 两遏制"专项检查工作为主线,以"三查 三找 三提高"为要求,内控管理的各项工作稳步推进。动员、推进、现场辅导三措并举,"两加强 两遏制"专项检查活动扎实推进。精细化管理,从源头解决内控工作难题。围绕省分行考核导向,把内控考核工作放在重要位置,对基层机构内控考核从制度建设到操作风险合理安排分值,把第一道防线的内控防案工作做实,强化基层机构的内控防案和风险底线意识。加大问题整改力度。以省分行2014年检查发现问题整改专项稽核为重点,召开省分行稽核离场及内控培训会,在通报问题的基础上邀请省分行稽核组进行针对性培训辅导,使内控优先的理念得到强化。加强内控管理工作的流程建设和组织架构搭建。出台《内控委员会章程》,强化内控委员会的牵头、推动作用,市分行机关各部门成立内控管理领导小组,强化执行层面的承接作用。加大处罚力度。对违规人员进行严肃处理并通报全辖,形成有力的震慑。 (中国银行朔州分行)

### ·中国建设银行朔州分行·

【概述】 2015年,中国建设银行朔州分行实现税前利润2.09亿元,较同期增长3126万元。负债业务有所增长。一般性日均存款余额107.2亿元,较年初新增5.54亿元,市场占比14.42%,系统排名下降3位,同业第四。其中,对公存款余额34.28亿元,较年初负增长2.23亿元,系统排名第10位;个人存款余额72.74亿元,较年初增长7.78亿元,系统排名第7位。信贷投放稳中有进。年末,贷款余额69亿元,较年初新增5581万元,余额四行占比25.99%,排名第二;新增三。资产质量系统前位。不良贷款余额898.07万元,较年初增加804.75万元,不良率为0.13%,较年初增加0.12个百分点。资产质量系统排名中间业务取得进步。实现中间业务收入6368万元,较同期增长759万元,同比增幅13.53%,增幅系统排名第9。其中,信用卡、电子银行、资金结算、个人金融条线综合贡献度明显提高。

【信用卡业务】 2015年,中国建设银行朔州分行累计信用卡74871张,年发卡新增21796张,系统排名11,新增同业排名第1位。客户新增17893户,完成任务的96%,新增同业排名第1位。中间业务收入实现2150万元,系统排名第7位,同业排名第3位。专项分期新增8300万元,系统排名第4位,同业排名第1位。特约商户新增948台,达标商户721台,系统排名第9位,同业排名第1位。

【员工培训】 2015年,中国建设银行朔州分行围绕全行业务发展重点，按照总分行转型发展战略，以提升员工综合素质和履岗能力为目标，按计划、有步骤开展各项教育培训工作，涉及新一代核心系统，电子银行渠道产品、信用卡业务、新一代资金结算项目等二十多个种类，范围全员覆盖、取得一定成效。以全面提高基层党员干部政治理论素质、业务知识水平和业务技能为目标，以基层党组织负责人、党务工作骨干、业务核心人才党员、关键岗位党员、新党员为重点，开展党员教育培训工作。

【网点转型】 2015年，中国建设银行朔州分行加快网点转型升级，提高多功能、职能化服务能力；统筹安排网点功能分区、柜台设置及劳动组合等，加快渠道布局集约化；加大中后台事务集中力度，提升集约化水平。网点高柜向电子银行和自助渠道转移，减高增低，提高电子银行签约率、激活率和分流率。优化网点柜面业务流程，整合高低柜资源，提高柜面业务办理效率和网点销售能力，通过电子银行、自助渠道等手段分流柜面压力，改善客户网点服务体验。做好前后台业务分离，人员更多地向前台转移。通过“增低减高”和弹性排班，挖掘内部潜力，提高效率，增加效益，打造一直优秀的大堂经理队伍，提高营业网点自助的分流率，现场感受电子银行渠道的便利，释放有限的人力资源服务于价值贡献度更高的中高端客户。将“周围一公里”的商圈标注出来，上表上墙，做到心中有数。加快自助设备的投放。紧抓地方发展的机遇，向城市综合体和商业综合体增加自助设备的投放。

【党风廉政建设】 2015年，中国建设银行朔州分行推进党风廉政建设两个主体责任，加强安全保卫管理。市分行行级领导人员按照联系行和各自的分工，严格履行“一岗双责”的职责，对联系行、分管部门的党风廉政建设和反腐败工作负全面领导责任。对本行、本部门、本条线的反腐倡廉建设作出具体安排，将责任制落实到每个部门，并要求要层层签订《党风廉政建设及案防安保责任状》，明确责任人和责任内容。制定下发《建设银行朔州分行2015年党风廉政建设目标量化考核表》，对各个指标的责任进行细化。贯彻总行“四级管理，五级防范”的长效管理机制，发挥远程监控、安全预警、安全信息等“三大系统”的作用，应对复杂的安全形势，开展平安创建活动，在实践中创新方法、积累经验。

【风险管控】 2015年，中国建设银行朔州分行加强资产质量管理，确保资产质量持续向好。将不良贷款、逾期贷款和垫款作为本行资产质量管控重点，强化信用风险识别、分析、缓释、报告、化解等过程管理。加强计划和预警指标作用。继续按大中型、小企业、个人类等业务类型强化逾期、非不良拖欠和关注类贷款等资产质量预警性指标的监测分析。提升对潜在风险的识别和化解。围绕存在宏观环境风险、财务风险、履约记录、经营风险、贷款重组及其他风险6类风险、22类潜在风险因素，市分行确定本行潜在风险客户名单。针对潜在风险客户，各相关行处和经营部门要重点做好到期贷款回收、风险应对预案措施的落实，来实现风险管理的前瞻性、主动性和有效性，持续保障信贷资产质量稳定。强化重大信用风险报告制度，加强重大事项处置化解及时性和有效性。加强信贷重点领域、关键环节的风险监控和排查。开展民营企业风险排查，提前发现企业盲目投资、跨业扩张、民间借贷及过度担保等风险，减少风险暴露。排查重点是信用等级低、资产负债率高、主业不突出、过度担保、过度负债、跨业经营及存在环保问题等的客户。

（中国建设银行朔州分行）

## ·中国农业发展银行朔州分行·

【概述】 2015年，中国农业发展银行朔州市分行累计投放各类贷款59802万元，贷款余额达到193809万元。各项存款余额72265万元，各项存款日均余额52417万元，较上年年末增加6332万元。实现利润3585万元，较去年同期增加2033万元。中间业务收入81万元，其中，咨询顾问业务收入54.12万元，代理保险手续费收入20万元，现金管理业务收入4.08万元。国际业务办理192.28万美元，完成省分行任务的54.94%。

【储备粮贷款】 2015年，中国农业发展银行朔州市分行累计发放储备粮贷款10932万元，支持中央储备粮统贷统还，支持996万斤国家临储玉米增储计划顺利实施，支持3000万斤市级储备玉米增储计划顺利完成，支持1030万斤市级储备小麦轮换计划顺利实施，支持山阴县3000万斤县储备粮变更承贷主体，维护国家粮食安全；投放粮食购销贷款5820万元，支持4户企业进行多渠道收购，维护地方粮食市场稳定，保护农民利益。

【项目贷款】 2015年，中国农业发展银行朔州市分行紧跟省分行项目营销战略安排部署，坚持高端营销和部门对接相结合的策略，市县两级行上下联动，主动攻坚，信贷业务发展取得了显著成效。在贷款投放上创造"中长期贷款累放金额之最、单项目贷款累放金额之最、项目贷款单笔投放金额之最"三个历年之最，即中长期贷款累计投放39670万元，创历年之最；七里河土储项目贷款全年累计投放30539万元，创单项目贷款累计投放金额之最；11月20日，投放七里河项目贷款24839万元，创历年中长期贷款单笔投放之最。9月，市分行开展"项目营销百日冲刺"活动，市县两级行齐心协力，对18个项目进行集中对接推进，取得显著效果。共有14个项目、22.6亿元贷款上报省分行，项目申报数量和贷款金额均创历年新高，其中：朔州市祝家庄城市供水项目、七里河振华街等六座桥梁及连线工程、怀仁县图书馆、体育馆和污水处理厂建设工程、平鲁区古城小区棚户区改造项目、应县书香园棚户区改造项目等12个项目20.79亿元贷款总行报审已通过；怀仁县图书馆、体育馆和污水处理厂建设工程和平鲁区古城易地扶贫搬迁项目4个项目、共2.15亿元贷款省分行贷审会已审议通过；贷款1.2亿元的朔州市第二污水处理厂项目省分行审核中。在前四批农发重点建设基金项目中，申报山阴县采煤沉陷区治理、右玉县元堡子采煤沉陷区治理和平鲁区古城小区棚户区改造3个项目、17115万元资本金获得审批，全部投放。

【客户维护】 2015年，中国农业发展银行朔州市分行想方设法帮助小微企业克服"融资难、融资贵"问题，帮助小微企业渡过难关，成功申请使用"企业资金链应急周转保障资金"3630万元，帮助3户龙头企业完成续贷。同时对自营性贷款实行双人驻企监管，每月召开全市自营性贷款贷后监管分析会，挖掘风险点，提前防范化解；逐企业建立销售贷款回笼台账，现场核实企业销货款回笼真实票据，据实序时登记企业销售货款回笼情况；每月召开一次监管分析会，逐企业汇报分析风险隐患；认真开展贷款风险排查，对政策性挂账贷款客户之外的29家客户进行分类排队；联合市粮食局开展两次全市粮食库存检查，加强粮食库存管理。

【基础管理】 2015年，中国农业发展银行朔州市分行扎实开展"深化基础管理年""财会基础工作专项整治""合规文化根植年"以及"两加强两遏制"专项整治等活动，加强组织，完善制度，狠抓整改，基础管理更加严实有序。一是考核激励机制完善。结合省分行考核办法，以建立激励先进、鞭策后进的差别化考核激励机制为目标，研究修订业务经营管理考评办法以及项目营销、存款组织、不良清控、中间业务和国际业务等专项考核办法。二是信贷基础管理逐步夯实。结合"深化基础管理年"活动研究制定信贷条线"深化基础管理年活动"实施方案，结合信贷基础管理存在的薄弱环节，研究修订信贷条线考核办法，加强对重点工作的督导考核。三是财会基础更加严实。严格财会专项整治各类检查发现问题的整改落实，建立问题整改台账，逐项销号整改，编发《财会基础专项整治活动周报》22期，对问题整改情况进行每周通报；认真学习总行《柜面业务操作视频》，从规范每一项操作细节入手，提升日常柜面业务操作的合规性；制定《支行会计主管和坐班主任尽职履责考核办法》，进一步明确岗位职责，实行月绩效挂钩考核奖励，增强会计主管和坐班主任的履职意识。

【组织营销】 2015年，中国农业发展银行朔州市分行第三轮粮食政策性财务挂账历年欠息全部收回共4153万元，同时清收回其他表外欠息10万元。密切关注政府动态，紧紧盯住收贷收息情况，提前沟通协调，确保提前将到期贷款资金存在该行账户，2015年所有到期中长期贷款本息全部收回。以开展存款“春天行动”为依托，在全省农发行系统率先实现市分行机关及全辖所有支行全部成为财政涉农资金代理拨付主办行工作。出台《全员营销实施方案》，加强对全行员工存款营销的奖励力度，极大地调动起员工的存款组织积极性。成功营销省财政企业资金链应急周转保障资金3000万元存款户，成功营销右玉县2000万元财政性存款。累计组织同业存款21笔，共计6.55亿元，其中，组织低成本同业存款10笔、3.2亿元，年末同业存款日均余额为6367万元。

（中国农业发展银行朔州分行）

## ·中国邮政储蓄银行朔州分行·

【概述】 2015年，中国邮政储蓄银行朔州分行累计实现收入9546万元，完成省分行目标（9920万元）的96.23%，较上年增加1686万元，同比增加21.45%；账面利润 万元，较上年增加206万元，同比增加18.02%。

【业务发展】 信贷业务。2015年，中国邮政储蓄银行朔州分行小额贷款放款1.35亿元，全省排名第十位；净增325万元，全省排名第五位，结余1.41亿元。其中，小额贷款新产品发展情况如下：发放扶贫贷141笔，金额701万元；发放再就业小额担保贷款49笔，金额424万元；家庭农场贷款23笔，金额1001万元；农机购置补贴贷款9笔，金额56万元。平鲁支行小额贷款净增683.58万元，列全市第一。2015年，消费贷款放款1787万元，全省排名第十一位；净增-548万元，全省排名第十一位，结余7342万元。右玉支行净增115.95万元，列全市第一。2015年，发放个商贷款176笔，金额5461万元；累计结余875笔，结余金额14227万元，较年初减少2889万元，降幅为为16.88%。怀仁县支行净增514.70万元，列全市第一。2015年，发放小企业贷款10户，放款金额2440万元，贷款结余2619万元，较年初减少931万元，降幅为26.23%。

公司负债业务。2015年12月月末，对公存款时点余额2.67亿元，较年初下降7522万元。截至11月月底，全市单位存款225.21亿元，较年初下降1.9亿元，市场占有率1.27%，较年初提升0.23个百分点。公司资产业务，为中煤平朔集团有限公司发放流动资金贷款3亿元，贷款结余13亿元；为大唐新能源平鲁风力有限公司发放项目贷款340万元，贷款结余1.3亿元。票据业务。累计贴现2518.2万元，其中，本行小企业客户票据贴现2208.2万元，开拓新客户票据贴现310万元。其中，山阴县支行贴现2208.2万元，列全市第一。机构理财业务。销售机构理财产品29.2亿元。其中，销售订制产品5.8亿元、开放式理财产品（日日升、月月升、鑫鑫向荣）21.6亿元、“邮银财智”系列产品1.8亿元。分别与朔城区、平鲁区、应县、怀仁县、山阴县农村信用联社、山阴太行村镇银行达成合作。其中，应县支行销售22.25亿元，列全市第一。

储蓄业务。储蓄到达余额21.59亿元，年净增5005万元，同比增幅-76.91%，完成省行全年计划1.35亿元的37.07%，全省排名第四。日均余额21.55亿元，新增1.15亿元，增幅5.62%，按增幅排名全省第二。其中应县支行全年净增5917万元，列全市第一。理财业务。全市大理财完成7.74亿元，完成省分行全年目标计划5.16亿元的150%，全省排名第4，同比增幅9.24%。其中个人人民币理财累计完成7.41亿元，完成省分行全年目标计划4.4亿元的168%，全省排名第4，同比增幅8.6%；基金完成1265

万元，完成省分行年计划的32%，全省排名第11，同比增幅8.26%；保险完成759万元，完成省分行计划的21%，全省排名第11，同比增幅34.98%。

信用卡业务。发卡5702张，同比增加4391张，增幅335%，完成省分行计划162.91%，排名第九，结存卡量10107张；卡片激活率71.05%，低于全省平均水平2.95个百分点。其中市分行营业部发卡794张，列全市第一。

电子银行业务。完成个人网银注册客户7732户；完成手机银行注册客户10021户；渗透率为27.62%，全省排名第二；交易替代率为79.04%，全省排名第四。自助银行平台建设。全市离行自助银行上线运营2处；离行式单机ATM运营3处；全市有CRS存取一体机28台，ATM取款机21台。

**【资产质量】** 2015年，中国邮政储蓄银行朔州分行全市不良贷款余额为5664.74万元，与年初(3623.35万元)比较，全市不良贷款增加2041.39万元，不良贷款率为14.81%，较年初(8.44%)增加6.37个百分点。其中小额贷款不良贷款余额为4457.82万元，不良率32%，不良余额较年初（3071.93万元）增加1385.89万元，不良率较年初(21.61%)增加10.39个百分点；个人商务贷款不良余额496.73万元，不良率为3.49%，高于目标值（目标值上限0.3）3.19个百分点；消费贷款逾期4笔，逾期金额为58.6万元，其中不良贷款2笔，不良金额30.85万元；小企业贷款结余9笔，余额2619.35万元，不良金额679.35万元，不良率25.94%。

信用卡资产质量。责任认定28户，呆账核销9户，金额22.13万元，完成年计划的184.42%。信用卡结存不良逾期客户40户，逾期金额54.52万元。

**【基础管理】** 资产保全。2015年，中国邮政储蓄银行朔州分行开展不良贷款清收工作，清收不良贷款1487.98万元，完成省行全年计划823万元的180.8%(含小企业553.53万元)，移交后收回595.33万元。不良贷款移交485笔，金额4002.51万元。核销157笔，金额649.76万元，完成省行全年计划1500万元的43.32%。并向法院起诉73笔，涉及金额722万元，其中小额贷款610.84万元，个商111.16万元；通过法院起诉后的贷款清收21.5万元。

案防工作。层层签订《2015年度案件防控目标责任书》；配合省分行开展2014年案件防控评估工作。组织开展“一个加强，两个遏制”“回头看”和整改情况专项检查活动以及相应的金融案件风险疑似数据排查工作，并配合朔州银监分局完成对该工作的检查。开展案件风险排查、民间借贷“回头看”、非法集资专项检查，组织开展虚假存单和“飞单”事件的核查、金融消费权益保护自查等工作。开展“十条禁令”宣贯工作，于8月25日、26日、27日三天进行封闭式考试，对考试不合格者进行专项培训，直到合格。

人力资源管理。完善人力资源系统，做好关键岗位从业人员轮岗工作，轮岗率达100%。做好高职高管人员集中报告个人有关事项工作。零售信贷中心下沉至市分行营业部及部分市区二级支行。明确小企业金融部及电子银行部设置。择优选派优秀青年骨干交流到部分县支行帮扶历练。落实研究生、信贷员职级晋升工作及岗位工资普调工作。强化高职高管培训，年内采取聘请外教等多种形式3次对高职高管进行封闭培训。

安全保卫工作。加强安全防范意识教育和技能培训，夯实人防基础。把增强员工的防范意识放在十分突出的地位，重点围绕防抢、防盗、防暴、防火的应知应会等内容指导网点员工进行预案教育和防范技能演练，全行演练90余次，其中辖内各支行平均演练6次，市分行本部演练3次。加强安全防护设施建设，夯实技防物防基础。在注重抓全员防范意识教育培训的同时，注重抓好防护设施建设，保证所有营业场所有灵敏可靠、严密完善的技防、物防设施，安保设施投入达20余万元。加强检查监督，强化规范管理基础。将加强检查监督作为落实各项规章制度、及时发现问题、堵塞漏洞的主要手段，进行各项检查10余次，检查覆盖率100%。

财务管理。完善出台各类财务管理制度，强化制度的执行力，规范支出审批程序，明确审批权责，有效控制各项支出和财务资金风险。完成成本费用系统和税务系统的上线工作。进行“营改增”基础资料摸底整理工作。开展固定资产清查，防范固定资产的流失。五是做好统计与分析，提高各项数据报送质量。

授信管理。严格执行“四制”管理办法，提高审批效率。组织完成征信意义集中处理，有效化解声誉风险。聘请专家对朔州市区域进行专项调研，为下一步授信政策提供指导。

【党群工作】 加强思想建设，2015年，中国邮政储蓄银行朔州分行坚持理论联系实际，组织中心党员有目的、有计划的学习“科学发展观、党的十八大”等理论知识，组织12次中心组学习。加强党的组织建设，加强中心党支部建设，以中心党组织建设为核心，全面加强中心党员干部的思想、组织、制度、作风和廉政建设。打造思想型、能力型、创新型、和谐型、清廉型的“五型”党支部。抓好党风廉政教育活动。组织党员干部学习党的十八大精神，用中国特色社会主义理论武装头脑，坚定理想信念指导实践；领导干部廉洁自律制度，推进党风廉政建设责任制落实，严格遵守“四大纪律、八项要求”等各项规定。

强化党风廉政建设监督和管理。强化廉洁自律管理，号召党员干部做廉洁从业人员的表率。加大信访工作力度，增加信访举报渠道。加强对“三重一大”的监督职能。落实人员排查工作。开展反腐倡廉警示教育。

推进企业民主管理工作，完善职代会制度。开展“职工小家”建设，丰富职工文化生活。增设“职工台球室”“职工乒乓球室”“职工图书阅览书画室”“职工健身房” 四处活动场地；组织全体员工进行体检，发放生日祝福等，逐步增强企业凝聚力。建立健全工会组织体系，加强队伍建设工作。建立“送温暖 ”长效机制，加大对困难职工的慰问力度。关心职工生活，维护职工权益。开展台球、篮球、棋牌等各类文娱活动，推进企业文化建设工作。积极组织开展零售信贷、个金、合规等知识竞赛活动。

（中国邮政储蓄银行朔州分行）

### ·招商银行朔州分行·

【对公业务】 2015年，招商银行朔州分行机构对公存款时点为13.33亿元，较年初增量6.04亿元；年日均余额9.15亿元，日均增量1.71亿元。对公贷款余额合计8.40亿元，较年初增加2.91亿元，其中大企业贷款余额7.81亿元，小企业融资余额0.59亿元。朔州分行始终坚持“轻资产、轻经营”的发展思路，持续优化资产质量、调整负债结构，实现对公资产业务稳健发展、对公负债业务持续增长，其他各项业务指标平稳上升。

严格把控对公资产风险暴露，确保信贷资产稳健经营。朔州分行对公信贷业务余额较年初保持增长，小企业信贷业务持续压缩，正常类贷款占比98.6%，关注二级资产556万元，次级资产414万元。对公资产业务整体较好，资产质量较好，信贷风险暴露压力较小。对公条线提高风险意识，主动介入问题客户，“一户一策” 清收转化，收回问题资产2.99亿元，资产转让核销1000万元，问题资产得到化解。

拓展对公负债新渠道，拉动负债规模持续增长。实现对公存款时点较年初新增6.04亿元，活期存款占比较高，保证金存款占比降至36%，对公存款结构较为合理。对公存款增长得益于“轻资产业务拉动负债”的发展思路，通过融资撮合、资产托管、票据托收等业务发力对公存款，其中融资撮合进款12.4亿元，票据托收进款4.5亿元。

坚持对公业务轻资产经营，提供全面融资服务。朔州分行大力发展轻资产业务，从发展自营资产转向提供金融撮合服务为主，压缩传统资产业务，树立融资中介服务的新形象，撮合融资租赁公司、证券公司等新兴金融主体服务于传统煤炭企业，成功撮合融资租赁业务6笔、公司债1笔，金额超过45亿元，共投放金额12.5亿元，储备投放金额31.1亿元。拉动存款增长20亿元，实现中收210万元。

【零售业务】 2015年，招商银行朔州分行新增日均储蓄存款-1600万元,完成率-4.92%,AUM新增12569万元,完成率37.4%,中间收入新增168.03万元,完成率66.4%,中高端客户新增126户,完成率30.29%,基础客户新增322户,完成率2.04%。截至9月月底，代发AUM新增162.66万元。零售信贷余额为16100万元,较年初减少793.61万元，完成率为-4.7%；逾期贷款余额2258.81万元，较年初新增1997.22万元，不良贷款余额1029.2万元，较年初新增1005.15万元。从零售指标可以看出人民币储蓄存款指标完成较差,为-1600万元,大众客户营销效果不好，完成有效户322户。代发新增客户数增加较为缓慢，完成开户681户。2015年零售条线重点抓好六项:中高端客群私钻客群、客户总资产(日均)、重点中收、电子类产品。中高端客群较年初增量为126户,年任务完成率24.75%,主要原因是一季度加强对公客户的挖潜,且行动较早,增加中高端客户数;二季度、三季度进行中高端客户回馈,稳定中高端客群的资产;三季度对行内资源型客户经理进行任务跟踪。机构管理客户总资产(日均)增12569万,年任务完成率23.13%,主要原因是成功应用大额存单业务及浮动利率的营销优势。电子银行任务完成数为2785户,完成率52.20%,主要原因：开展各项产品下载激活送小礼品活动，进行礼品营销；将完成任务与一线客户经理业绩挂钩,提高重视度;信用卡任务完成数为2035.5户,完成率104.8%,主要原因是二季度开始主要宣传本行信用卡双网项目,提高营销成功率,同时缩短营销时间。

（招商银行朔州分行）

## ·山西省农村信用联合社朔州办事处·

【业务发展】 2015年，朔州市农村信用社资产负债规模扩大,增速提高。全市农村信用社资产总额348.63亿元,较年初增加51.19亿元,高于同期17.92个百分点。负债总额339.68亿元,较年初增加50.79亿元,高于同期18.32个百分点。所有者权益8.95亿元,较年初增加0.39亿元,高于同期4.73个百分点。

各项存款提前完成全年目标,市场份额扩大。各项存款余额286.7亿元,年初增加20.69亿元,同期增加28.85亿元,增幅11.19%。其中,个人存款余额213.6亿元,占各项存款的74.5%，年初增加15.77亿元,增幅7.97%,同比增加6.09亿元;对公存款余额73.1亿元，占各项存款的25.5%，较年初增加4.93亿元,增幅7.23%。全市农村信用社存款市场份额25.32%,较年初上升0.48个百分点,增量市场份额33.42%。其中,个人存款市场份额26.25%,居全市第一，增量市场份额21.77%,居全市第三。

贷款投放同比增加,票据业务仍占比较高。各项贷款余额199.49亿元,较年初增加16.39亿元,同比增加13.05亿元,增幅8.95%,同比增加6.91个百分点。其中,票据业务余额68.83亿元,较年初增加17.19亿元，增幅33.2%,剔除票据业务后,实际各项贷款较年初减少0.8亿元。其中,涉农贷款余额130.17亿元,占全部贷款的65.25%,较年初减少0.93亿元，降幅0.71%，较2014年同期增加0.69亿元；小微企业贷款余额75.29亿元，增速9.79%,同比增加1.9个百分点。

银行卡发卡量放缓,活卡率全省排名靠前。信合通借记卡达到39.58万张,较年初减少12402张，卡存款余额15.29亿元，同比减少3.64亿元,活卡率82.36%,较年初提高6.55个百分点，全省排名第五，较2014年同期前移三位；福农卡达到30.23万张，较年初减少26499张,卡存款余额3.08亿元，同比增加0.93亿元,活卡率86.7%,较年初增加3.38个百分点，全省排名第三,较年同期前移两位;银行卡手续费收入529万元,同比减少123万元。

各项收入同比增加,盈利水平整体减弱。各项收入实现13.23亿元,较同期多收6617万元,增幅5.27%。其中,利息收入7.61亿元，同比多收7519万元,增幅10.96%。各项支出12.82亿元,较同期多支4585万元，支出增幅3.71%。实现经营利润3.87亿元,较同期减少0.89亿元。

不良贷款实现“双下降”,反弹压力减缓。全市农村信用社不良贷款余额27.48亿元,较年初下降2.64亿元，良贷款占比13.78%，较年初下降2.68个百分点,不良贷款实现“双下降”,反弹压力有所减弱。

部分监管指标下降,资本实力亟须增强。资本充足率-4.21%,较年初的-3.07%下降1.14个百分点；拨备覆盖率57.42%，较年初下降11.33个百分点；拨贷比7.91%,较年初下降3.4个百分点。

**【“八大工程”】** 2015年,朔州市农村信用社改革工程稳步推进。市农商行改制工作、高风险社化险工作受到省联社、市政府和各级监管部门的高度关注。山阴农商行改制圆满成功。于2015年11月27日挂牌开业。朔州农商行筹建工作积极推进。省联社批复同意朔城区联社和平鲁区联社进行产权制度改革,合并组建朔州农村商业银行股份有限公司。市政府成立由市委常委、副市长雷健坤担任组长,财政局、人民法院、人民检察院等13个部门为成员的朔州农商行筹建工作小组。朔城区联社、平鲁区联社分别召开社员代表大会,审议通过《朔州农村商业银行股份有限公司筹建工作方案》,并授权筹建工作小组全权组织实施相关改制工作;筹建工作小组确定以6月30日为基准日，进行清产核资、老股金处置和新股金募集工作。怀仁、应县两家高风险社,风险化解工作积极推进。

管理工程夯实。基础管理滞后是朔州农信社当前转型提质发展中的一个薄弱环节。按照“依法治社、以德治社、从严治社”的总要求,把加强基础管理工作放在首位。在制度落实上下功夫。坚决杜绝上有政策、下有对策,有令不行、有禁不止,议而不决、决而不行,唱高调、尚空谈等恶习。破除“以会议落实会议,以文件执行文件,以讲话贯彻讲话”的形式主义。在信贷管理上下功夫。健全信贷规章制度,细化操作流程,严格落实流程,始终坚持风险可控、有扶有控、有保有压、控大放小的基本原则,着力提升信贷资产质量,推进信贷管理工作提质升级。积极调整信贷结构,推行利率定价、信贷员等级管理,严格授权管理,坚决杜绝违规贷款发放。在问题整改上下功夫。对各类检查(如自查、系统内部交叉检查、监管部门检查等)发现的问题,加大整改力度。市县两级检查发现问题1486个,金额14.98亿元,已整改问题1014个,金额12.98亿元,对600人次积分720分，罚款45人，金额4.06万元。开展“零违规”竞赛活动。为有效防控风险,制定《控降非现场疑似问题,创建非现场“零疑似”网点竞赛活动方案》。全市非现场疑似问题211笔，较2014年同期减少865笔，降幅达80%。平鲁联社1月、应县联社2月、右玉联社4月实现疑似问题“零”记录。屡查屡犯、前改后犯的现象得到遏制。严格落实“两个责任”。结合自身实际,办事处建立较为完善的党风廉政建设责任制、专题报告、廉政谈话、约谈约见及工作评估等制度。严守案防风险底线,为改革发展保驾护航。按照“管业务必须管条线、管条线必须管案防”的防控理念,明确机构的主体、属地,条线的管理、联防,岗位的合规、防范责任,保持责任性案件零发案的局面。

普惠金融工程推进。推进“山西农信强农兴社金融普惠工程”。落实全省金融振兴大会精神,发挥农村金融主力军作用。全市农信社支持法人客户334户、37.26亿元，较年初增加2户、0.47亿元。支持自然人客户58169户、95.1亿元,较年初增加0.44亿元。支持42个农业龙头企业,贷款余额2.96亿元。支持基地园区8个，贷款余额0.54亿元；支持农民专业合作社26个，贷款余额0.69亿元。继2014年右玉县联社发行“惠民补贴一卡通IC卡”后,年初平鲁区联社也发行“惠民补贴一卡通IC卡”，发行66620张。通过“一卡通”的发行,做到不截留、不挪用、不拖延支付,受到广大农民的赞誉。通过自助设备ATM机,建立“社区金融服务站”,为客户提供现金存取款、转账服务。朔城区联社开通5家“社区金融服务站”，为社区居民提供灵活便捷的“金融快餐”，为周边18个小区，上千商户提供快速便捷的服务。全市农信社布放ATM机103台，POS机1396台，设置助农取款服务点809户，配置金融服务流动车4辆。自助机具活动率提升。山阴联社结合自身实际，借鉴潞城农商行引入新机制的经验，招聘21名应届毕业大学生，组建小微团队。微贷中心的组建，是倾心服务实体经济的重要举措。微贷中心已开始运营，支持小微企业、商户11户，投放贷款131万元。

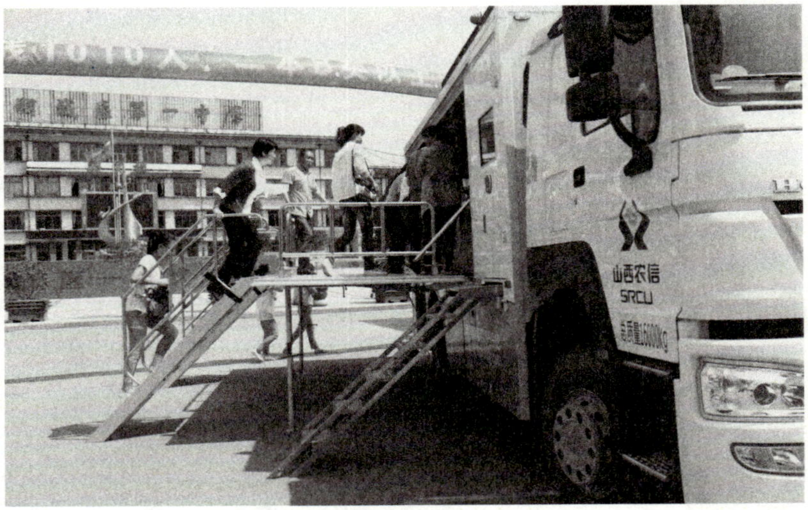

2015年，朔州市农信社开展全融流动服务　　（市方志办供图）

科技兴社工程提升。强化科技支撑力量。办事处本着“试点先行”的思路，坚持“成熟一家、上线一家”的原则，分批分步推进财务“三大系统”上线工作。六家县级联社均已成立“远程授权中心”和“事后监督中心”，全部独立运行；对县级联社机房进行升级改造，统一更换一批终端设备，保证全市“三大系统”推进。全市137个网点的远程授权及事后监督全部上线，圆满完成上线任务。银行卡电子银行业务拓展。信合通借记卡达42.98万张，活卡率80.5%，完成活动率70%的115%；信合通福农卡达34.62万张，活卡率82.91%，完成活动率70%的118.44%；ATM机自助设备累计办理业务171.46万笔(包括存取款、转账)，金额13.69亿元，平均单台交易度78.94笔。惠农商户2174户，活动率为82.34%，完成活动率75%的109.78%。网上银行业务发展网银客户7310户，年内新增1571户，其中，年内增加企业网银客户659户，个人网银客户912户。强化科技数据管理。对“三大系统”设备巡检，每日检查事后监督系统流水导入，配合省联社科技信息中心进行系统迁移测试。加强与省联社的沟通，争取使全市大数据实现按日返归，并利用大数据为业务发展、科学考核提供支撑。建立与监管部门对接的客户风险统计报送系统。全市农信社与全省监管部门的客户风险统计报送系统正式运行，对全市农信社客户19万条信息进行修正和完善。发挥征信平台作用，创建信用环境。借助人民银行征信平台，加大征信条例宣传力度。对县级联社310名信贷人员开展征信业务知识专题培训，发挥征信平台对不守信用者的惩戒作用，推进金融生态环境建设。

人才强社战略推进。加强教育培训工作，更新全员知识结构，提升干部员工整体素质。全市农村信用社通过走出去、请进来的方式，开展对一线操作人员岗位技能、专业理论知识、29个财务屡查屡犯问题、微贷营销等多项目、多层次的培训学习，培训人员1020人次。加强条线队伍建设。对《县级行社柜员管理办法》，依据柜员个人素质、业务技能、服务水平、工作质量等全面推广等级化管理。前7个月，办事处开展柜员等级理论知识和业务技能考试。逐步试行信贷人员等级管理制度，完善信贷人员薪酬激励和考核措施，建立责权利匹配、风控水平较高的专职信贷人员管理体系。加强高管队伍建设。按照“四重”原则，择优选择优秀人才，调整、补充高管队伍，全市农信社调整、选拔高管人员24人，加强高管人员交流，配强领导班子，实现良性互动。强化“一把手”建设。对业务发展停滞不前，排名靠后的联社班子，实行约见谈话。各联社对不作为、乱作为、业务发展无起色的一些网点负责人也实行末位淘汰，全市六家联社对15名业务发展缓慢滞后的网点主任淘汰。

服务工程促进业务增长。继续抓好传统储蓄存款增长，争取涉农资金进医院、学校、社区、工厂、市场、商场、商城、超市营销存款，加强与农、林、水、电、医等部门合作，建立战略合作伙伴关系。通过抓宣传营销，针对银行卡存款、活卡率、ATM机、POS机交易量、特约商户活动率，加强日常管理，解决睡眠卡多的问题，严禁各机构自己花钱刷卡。优化信贷结构。后5个月，全面重点提升信用农户、信用商户两大信用主体的信贷投放力度。结合全市“优化经济结构和提升发展质量”的项目建设，把票据业务逐步转化为贷款业务，加强对实体经济的支持力度。按照“客户为中心、市场为导向、效益为目标”的经营理念，加快辖区内优势项目支持。在提升服务实体经济的同时，加强风险防范，坚决守住风险底线。打造一流服务平台。整合网上银行、电话银行、自助设备及助农取款点等网点外资源，探索“互联网+金融服务”新模式，打造线上线下一流的服务平台。充分转变网点的服务理念，变“等客上门”为“主动营销”，变“要我服务”为“我要服务”，强化网点精细化管理，针对不同客户的需求，适时提供上门、电话营销、延时等私人订制服务，让客户充分体验农信社的优质服务。

多法并举降控经营风险。把清收不良贷款作为全市农信社“生命工程”“吃饭工程”来抓。引申听证问责工作。全市听证问责风险类贷款19.25亿元，其中听证当年新增不良贷款4.77亿元；本金逾期90以内贷款2.49亿元；本金未逾期、欠息90天以上贷款11.98亿元。责任人累计清理不良贷款4.42亿元。完成听证问责问题整改15.45亿元，完成占比71.65%。借助政策外力抓清收。争取地方政府支持，启动新一轮国家公职人员不良贷款清理工作。7月月底，清理公职人员逾期贷款本息0.46亿元。其中，清理内部员工896.82万元；清理国家公职人员3295.45万元；清理农村党员干部383.34万元。向公职人员送达催收公告及催收通知书1347份，保全不良贷款本金1.87亿元。借助新闻媒体营造清收氛围。利用《朔州日报》头版显著位置，连续10天发布《关于集中清收公职人员、农村党员干部逾期拖欠农村信用社贷款的公告》。各联社通过网点LED屏、辖内各公共场所宣传屏、交通岗LED屏、公交线路LED屏、金融流动服务车、广播电视滚动播放集中清收公告等办法，大力营造清收氛围，促使欠贷人员主动归还贷款。依法清收见实效。平鲁区联社运用法律武器对“赖账户”依法清收，在清收不良贷款攻坚战中，攻克一笔逾期5年之久的不良贷款，现金收回本金2000万元、利息681万元。

案防工程严守严防。成立朔州市农村信用社案件防控治理工作领导组“朔州市案件防控‘大案防、大联动’工作领导组”以及违规问题整改考核领导组等，突出“一把手”的案防领导责任，形成一级对一级负责的案防领导体系。明确辖区及条线案防工作职责。按照“管业务必须管条线、管条线必须管案防”的防控理念，明确机构的主体责任、属地责任，条线的管理责任、联防责任，岗位的合规责任，全员签订《案防责任书》和《合规尽职防范案件承诺书》，将案防责任细化分解到各责任主体，做到案防责任覆盖全员、全面、全程。办事处案治办定期组织开展案防工作分析会，每次座谈会一个主题，一对一地解决案防问题。继续推行稽核人员“4+1”包片制，以确保稽核工作有序开展。开展“零违规”竞赛活动。为防控风险，制订《控降非现场疑似问题，创建非现场“零疑似”网点竞赛活动方案》。7月，全市非现场疑似问题174笔，较2014年同期减少699笔，降幅达80.07%；网点月均不到0.2笔。平鲁联社在1月、应县联社在2月、右玉联社在4月、山阴县联社在6月分别实现联社全辖疑似问题“零”记录目标。对新任高管上好案防第一课。1月23日和6月1日，办事处案治办分别对山阴县、应县、怀仁县联社新任高管组织召开案防座谈会。新任高管做出“在任期内实现责任性案件零发案率”的承诺。

（山西省农信社朔州办事处）

# 保　险

## ·人保财险·

【概述】 2015年，朔州市人保财险系统强化市场对标，组织推动，政策支持，抢抓机遇、主动竞争、奋力开拓，夯实基础、提振信心、开拓亮点、改善形象，逐步迈上良性发展轨道，全年经营取得较为满意的成绩，多次受到省公司表扬。

【业务发展】 2015年，朔州市人保财险在集中消化500多万问题保费、平朔续保业务下调700万的情况下，全年实现保费收入27596万元，同比增长-1.16%，高于全省平均增速5.01个百分点，增速排全省第四。虽从数字表面上看未能扭负，但保费内在结构得到调整优化，用于弥补缺口的增量超过1000万元、增速在3.5%左右。

全年各产品线均取得较为理想的战果，年底车险保费收入19589万元，同比增长0.69%，高于全省平均增速7.9个百分点，排名全省第二。非车非农总保费8007万元，同比增长-5.42%，排名全省第七；其中，非车险保费收入6162万元，同比增长18.36%；农险保费收入1845万元。车险产品线充分发挥“龙头险种”的骨干支撑作用，年内一直保持良好的增长态势，跑赢区域市场，全省排名持续靠前。车险市场份额37.53%，同比上升0.67个百分点，车险增速领先市场1.82个百分点，是全省唯一一家跑赢市场的地市公司；车险续转保率高达94.89%，排全省第一。非车险产品线全年新拓展商业非车险保费383万元，新增政策性健康险保费669.9万元。保费同比增长-570万元，农险高达1400多万的应收保费，收口前全部回笼，并且收回2014年度农险应收30万元。

【公司经营】 2015年，朔州市人保财险全险综合赔付率54.94%，同比下降17.32%；综合成本率85.5%，同比下降14个百分点；综合费用率30.54%，经营效益良好，盈利能力持续增强。经过市县两级大力公关，全力抢收，应收清理成效明显，全市应收余额1591万元，超额完成省公司控制目标9.6万元，保证全年经营成果。

【基础管理】 2015年，朔州市人保财险全险种结案24722件，件数结案率92.34%，金额结案率53.88%。车险万元以下案件周期6.12天，同比提速21.93%；车险省间通赔出险地定损时效86.37小时，同比提速29.06%，全省最低；车险总案均赔款4908.4元，同比下降6.24%；营业货车案均赔款15172.77，同比下降14.08%；亿元保费有效投诉连续两年为零。理赔指标由上年全省下游水平，跃升为2015年连续12个月理赔综合考评全省第一，在总公司理赔指标考核中朔州再次入围全国百强地市，数据质量也在全省考核中连续排名第一。

【服务内涵拓展】 2015年，朔州市人保财险发挥市公司部门科长承上启下的包点职能，第一时间做好政策宣导，确保政策有效落地。对外加强与政府、职能部门的沟通联系，体现国有大公司履行社会责任的既有优势，拓宽医保、新农合等服务领域。加强常态化的公司品牌、产品宣传，投身公益事业，为高考学生和家长、交通警察、环卫工人免费送水，扩大公司的社会口碑和影响力。聘请“亚美信”，对窗口人员进行全员培训，树立工作标准，强化承保、理赔窗口服务，着力提升客户满意度，整体服务能力的改善与业务形成良性互补，促进业务稳健发展。

（市人保财险公司）

# 商　贸
# Commerce and Trade

## 商　务

**【概述】** 2015年，朔州市商务局以促进城乡繁荣、服务民生为重点，以规范商贸流通市场秩序为抓手，以招商引资为引擎，开拓思路，强化措施，创先争优，全力推进诚信、民生、现代和文化“四个商务”建设，各项工作平稳推进、健康发展。社会消费品零售总额平稳运行。全年社会消费品零售总额完成260亿元，同比增长5.7%。

外贸进出口逆势上扬。全市进出口总值完成5047万美元。其中出口完成2739万美元，同比增长8.1%，增幅排名全省第二。

招商引资稳步推进。全年签约招商引资项目119个，总投资1693亿元，完成项目签约年度目标任务1339亿元的126.4%，完成率排名全省第五。

开发区、园区建设工作稳中有进。一年来，积极协调和推动开发区创新管理体制，较好地完成年度综改任务。特别是针对右玉县梁威工业园区升级事宜，省直有关部门专门召开可行性研究报告评审会，目前正在等待结果。

**【招商引资】** 2015年，朔州市实施开放引进战略，开展精准招商、小分队招商和产业链招商，不断拓展经济发展空间，招商引资、区域合作工作取得成效。举办参加务实有效的招商引资活动。全年举办参加11次“走出去、请进来”的双向招商推介、交流互动活动，组织各级领导、企业负责人1500余人次参加。组织参加省政府广州、武汉、上海和中央企业山西行四地四场招商活动及山西品牌中华行(天津站)环渤海产业协同发展招商活动；自行组织举办广东潮州陶瓷产业推介会，湖北武汉先进装备制造、家政服务考察对接活动，2015山西朔州·江浙沪产业恳谈会，2015山西应县·厦门产业对接恳谈会，2015山西右玉·内蒙古产业对接恳谈会和2015山西朔州·广东产业对接恳谈会。

深化区域经济合作。与环

2015年10月21日，山西省朔州市右玉县·内蒙古产业对接恳谈会在右玉县召开　（市方志办供图）

渤海、长江三角洲地区和珠江三角洲地区部分城市政府、商协会、投资机构以及部分企业家在项目对接、能源供应、金融支持、开发区合作、人才培养及文化交流等方面开展交流合作。在朔州(潮州)陶瓷产业推介会上，达成合作意向项目2个，总投资4.3亿元；在山西朔州·江浙沪产业恳谈会上，签约意向合作项目15个，总投资121.3亿元；在山西应县·厦门产业对接恳谈会上，达成合作意向项目5个，总投资89.7亿元；在山西应县·内蒙古产业对接恳谈会上，达成合作意向项目10个，总投资20亿元；在山西朔州·广州产业对接恳谈会上，签约招商引资项目12个，总投资111.2亿元。

推进园区提档升级、规划建设工作。加强园区、开发区管理，召开两次园区设立省级经济技术开发区可行性论证会和设立右玉经济技术开发区可行性研究报告评审会，园区提档升级工作有序推进。在园区的规划建设方面，编制《朔州市开发区发展规划》《朔州新型产业科技创新园总体规划》《山阴县北周庄低碳循环经济工业园区总体规划》《怀仁县金沙滩陶瓷工业园区控制性详细规划》《朔州市工业固废综合利用示范园区总体规划》《平鲁区北坪循环经济园区控制性详细规划》和《富甲工业园区产业研究及建设控制规划》，其中《朔州市开发区发展规划》列入《山西省经济技术开发区中长期发展规划（2016—2025)》(讨论稿)。

平鲁区、山阴县园区基本形成煤电产业集群；朔城区富甲园区形成粉煤灰综合利用新型铝业循环板块、新型装备制造产业板块、高新技术节能环保新材料产业板块、劳动密集型轻纺工业板块四大产业；朔州市固废综合利用工业园区、朔州新型产业科技创新园、怀仁金沙滩陶瓷工业园区、右玉县梁威工业园区(农副产品加工）均是特色产业园区，基本形成“一园区一主业、一园一系列产品”的新格局。

主动落实“冬季行动”。研究制订实施方案，具体开展五项行动，即围绕“量质同升”，加强招商引资力度；积极引导消费，力保内贸繁荣稳定；加大扶持力度，保持出口平稳增长；提升业务素质，促进商贸服务增效；加强商务执法，整顿规范市场秩序。春节前，主要开展三项促消费活动(海宁皮革城、亿隆家电商场、美都汇购物广场）和三项商贸领域安全专项整治活动(酒类市场、成品油市场、重点商贸流通企业)，其他行动持续推进。

**【商贸服务体系完善】** 2015年，朔州市商务系统不断拓展消费需求，加强商贸流通服务体系建设，解决商贸服务行业零售额增长乏力的难题。

开展各类促消费活动。借助国家法定节假日的契机，组织美特好、百福等超市以及美都汇、美联等商业综合体举办形式多样的促消费活动15次，组织23家名优特企业参加山西品牌中华行、四省十地商务经济区域合作会、中蒙博览会等9次活动，签订合作意向1000多万元，取得较好的经济效益和社会效益，有力地提升名优特品牌的知名度和竞争力。

推动电子商务发展。2015年7月1日成立山西电子商务商会朔州分会，朔州市电子商务公共服务平台上线。先后举办“朔州市电子商务研讨会”，组织4次电子商务培训会和1次杭州考察学习活动。推动电子商务进农村发展，一清乐购淘宝网·朔州馆已建成，乐村淘百村电商在朔州已启动，60多家乡镇商铺与乐村淘达成合作意向。推动乐村淘朔州馆线下体验店建设，通过线上线下相结合的方式，让广大农村老百姓体验到网上下单、店内体验的全新消费方式。

推进商贸流通业发展。2013年11月，朔州市被商务部确定为全国第二批中小商贸流通企业服务体系建设试点地区，2015年7月1日，朔州市中小商贸流通企业公共服务平台正式启动运行，平台将为全市中小微企业和个体工商户提供信息咨询、市场开拓、融资担保等八大类服务，有效破解中小企业面临的融资困难、管理水平低下、技术缺乏、人才制约等一系列难题。全市商贸物流业8个重点项目中，怀仁汽车文化城启动，应县集装箱货用业务开通，美都汇购物广场开业，完成投资

2015年12月15日，朔州市中小商贸流通企业公共服务平台正式启动

（市方志办供图）

29.02亿元，占目标任务28.3亿元的102.5%，有力推动商贸流通业快速发展。

科学编制商业网点规划。积极与市财政沟通，落实《朔州市商业网点规划编制》经费，严格履行政府采购中心公开招标程序。商业网点在市域范围内合理布局，将形成朔州市完善的商业网点体系。着力打造城市15分钟便民商圈，12月18日，美都汇购物广场开业，各类中小型连锁超市和品牌店稳步发展，市民的日常消费更趋便捷。

加强市场保供和行业监管。加大市场调控力度，建立健全生活必需品应急管理机制，切实保障市场供应。积极履行"双打办"职能，加强单用途商业预付卡管理，召开全市酒类流通监测统计培训会和成品油经营管理资质培训会，建立商务行政执法联合协同机制，集中开展对酒类、成品油、二手车、再生资源、典当及拍卖等商贸行业专项整治活动，有效维护市场秩序，全年商贸领域安全事故零发生。

**【外经贸工作】** 2015年，朔州市县(区)两级商务部门扩大出口企业规模，开拓国际市场，全年新增进出口企业6家，对外贸易经营者备案登记企业11家，新批外商独资企业1家，利用外资7261万美元。

开拓国内外市场。借助"一带一路"的战略快车，积极组织山西晋坤矿产品有限公司参加欧洲涂料展；组织山西臣丰食业有限公司、朔方亚麻纺织有限公司参加山西品牌丝路行活动；组织山西晋利糖果有限责任公司、怀仁尊屹陶瓷研发有限公司参加第117和118届广交会以及科隆(ISM)国际糖果食品展和美国芝加哥国际糖果食品展；组织右玉县图远实业有限责任公司参加俄罗斯国际食品配料展、德国国际食品展、美国国际食品配料展，取得喜人成绩。

实现出口信用保险支持政策全覆盖。在省财政对出口企业参保费用给予70%补贴的基础上，市财政安排专项资金，对本市出口参保企业给予其余参保费用30%的补贴，加快全市企业产品出口和"走出去"步伐，降低不可估计的经营风险，打破出口企业有单不敢接、有单无力接的困难局面，调动企业出口和出口企业参保的积极性，实现出口信用保险支持政策全覆盖。

**【机关作风建设】** 2015年，朔州市加强理论学习教育。组织全局党员干部，积极参加各种形式的学习教育活动。坚持每周二、周五局党组中心组集中学习，认真学习《中国共产党章程》《习近平总书记系列重要讲话读本》《"三严三实"专题教育学习用书》《中国共产党纪律处分条例》和《中国共产党廉洁自律准则》等著作读本；召开5次"三严三实"专题教育研讨会、1次党员组织生活会和1次领导班子民主生活会，强化制度意识和规矩意识。

党建工作成效显著。朔州市商务局党组落实"两个责任"，坚持大事商议、小事通气，发挥民主作风，所有重大决策、大额财务开支、人事任免等重大问题，都采取民主集中制，由局党组或局务会集体讨论决定。同时健全完善公车管理、申报项目及财务报销等规章制度，领导班子带头深入基层调查研究次数增多，机关发文数量及召开会议次数比往年明显减少。（市商务局）

## 供销社

【概述】 2015年，朔州市供销社以综合改革为统领，主动适应经济发展新常态，以提高发展质量和效益为中心，推进供销社综合改革、基层组织建设、社有企业转型升级、“新网工程”现代物流网络新体系、资金互助社五大重点工作，创新组织体系、经营体系、服务体系，努力实现服务规模化，流通现代化，真正把供销合作社打造成为全市农民生产经营服务的生力军和综合平台。

全年商品购进总额实现15.07亿元，销售总额实现14.89亿元，利润总额实现1793万元。完成省供销社、市政府下达的年度目标责任考核任务和省供销社下达的综合绩效考核任务。

【综合改革试点】 2015年，朔州市认真组织学习。全市各级供销社把综合改革摆在突出位置，全系统三次认真组织学习《决定》精神，吃透精神，结合实际拟定切实可行的综改方案。市社初拿出综改方案上报省社，并向市政府汇报，推进市供销社综合改革。各县(区)供销社要有所侧重，制定出符合本地实际的改革方案。怀仁县为供销社改革试点县，经县政府批准上报省社。

抓好试点工作。全市供销社重点围绕基层社改造、系统联合与合作、社有企业转型升级、农产品现代流通体系建设、农村合作金融服务创新五项内容，单项或多项推进供销社改革。在一个试点县推进的基础上，引导其他县区供销社从单项取得突破。

【基层组织建设】 2015年，朔州市推进基层供销社改造。在创新基层社体制机制方面录用突破，采取合作制、股份制、股份合作制等多种形式，打造以自主经营为主体、以为农服务为载体、以合作经济组织联合体为依托的新型基层社。针对不同的基层社，进行分期、分批改革。

对空白薄弱社加快恢复重建、改造提升步伐。空白县按照经济区域重新规划组建网点，分批实施，新建基层社按照合作制原则规范创办。对于网点尚在、资产未处置、经营停运的基层社，通过挖掘和利用闲置场所及经营设施，开放办社，吸收农民大户和新型农业经营主体，采取股份合作制等形式，开发改造基层社。全系统新建和改造提升空白薄弱基层社15个。朔城区、平鲁区、右玉县每县2个，怀仁县、应县、山阴县每县3个。

对基础较好、能够维持经营的重点乡镇基层社推进创新发展。加快现有设施和存量资产的改造升级，把改造基层社与建设新型基层组织结合起来，通过联社帮扶、社有企业带动、与外界社会资本合作，办成综合性的合作社。为“三农”提供全方位、多样性、综合化服务。全市系统树立基层供销社标杆社10个。

创建农村综合服务社。突出公益性和经营性相结合，主动适应农民的消费要求，把握农村公共服务的需求，联合社会各界力量，依托农村便民店和基层供销社，合理布局、创建农村综合服务社或社区服务中心。在服务内容上，拓展生产资料和生活资料的服务范围，为城乡居民提供日用消费品、文体娱乐、养老代办、邮电通信及农民培训等多样化服务。探索适应综合服务社长远发展的运行管理机制。全系统新建和改造提升综合服务社8个。农村便民店继续开展“星级便民店”创建评选活动，进一步规范和提升农村便民店。

引导专业合作社适应“三农”新常态发展。围绕“一县一业、一村一品”发展战略，适应农业发展方式转变、农业规模化经营的态势，引导专业合作社标准化建设、品牌化经营、市场化运作、科学化发展。引导专业合作社开展土地租赁、委托代管代耕及多种形式的土地流转服务；引导专业合作社开展耕、种、管、收、加、集等全程化服务，实施形式多样的“保姆式”“菜单式”服务，提升服务规模化水平；鼓励社有涉农企业按照服务上下游的关系领办、入股专业合作社，引导成立专业合作社联合社；深入推进示范合作社创建行动，全系统培育，申报省、市级示范社10个。

【转型发展】 2015年，朔州市加快企业转型升级和结构

2015 年 3 月 7 日，朔州市供销社召开建设雁门关农贸物流园区建设项目论证会 （市方志办供图）

调整，推进经营创新和商业模式创新，拓展新型经营领域，培育新的经济增长点，通过同业整合、产业集聚、横向联合、纵向合作，发展一批以合作经济为主导的混合所有制企业，提升社有企业整体实力。

打造雁门关农贸物流园区龙头企业。2015 年，市社以三个直属企业参股原雁门关农贸物流有限责任公司，理顺物流园区组织体制，逐步形成以供销社为主的投资建设主体。

投资建设雁门关农贸物流园区建设。把雁门关农贸物流园区列入政府重点项目开发建设，成立以市长为组长的雁门关物流园区建设项目组，供销社是实施主体。市社重新规划园区建设，加快基础设施建设，完善服务功能，从规划、建设和管理三方面推进园区建设。市社按照园区规划功能，招商引资分门别类推进牧草加工、农副产品加工、农资商品配送、电子商务网络、冷链基地建设。

各县（区）社有企业发展情况。从整合资源、盘活资产、联合开发及项目带动等方面，通过纵向合作、横向联合，推进县基农资、烟花爆竹、日用品、食盐等业务配送连锁经营，开辟新型经营领域、布局新项目，深化社有企业改革，提质创效，加快转型步伐，提升社有企业整体实力。加大系统内企业联合力度，以及与社会企业的融合力度。怀仁、应县、右玉三个县社有企业建设初具规模，其他县区也在挖掘筹建中。

**【新网工程】** 2015 年，朔州市各县（区）社针对本地区网络发展情况，在继续强化农资和日用消费品两大网络体系建设的基础上，加快农产品流通体系建设和电子商务平台建设。

农产品流通体系建设。推进市级物流配送基础设施建设，加强县域配送中心和乡镇物流配送网点建设，加快建设农产品现代流通体系。市社依托市三个直属公司全力打造雁门关农产品物流园区，创新流通方式和流通业态，推动园区与科研机构、院校、企业、市场对接，推进农产品电子商务平台建设，加快把朔州的优质农特产品推向全国市场。各县社重点布局，狠抓落实，应县、右玉县在巩固提升原有农产品批发市场建设上取得明显突破。

农资现代经营服务网络体系。市、县两级农资企业拓宽经营领域，开展农机具经营、农村推广、测土配方施肥、病虫害防治等系列化服务，面向新型农业经营主体，提供“菜单式”“团购式”服务，在着力构建“农资企业+合作社+农民”的合作服务模式基础上，探索新建庄稼医院。

网上供销社电子商务平台建设。将其作为经营转型、服务转型的重点工作进行研究，逐步适应电商发展形势，尝试发展农村电子商务，开辟网上交易。市社在雁门关物流园区新建农特产品电子交易平台，前期工作已经完成。怀仁县依托开元大厦，试点开展电子商务交易。

**【资金互助社】** 2015 年，朔州市各县（区）供销社依托比较规范的农民专业合作社或联合社开展内部信用合作，前提是坚持社员制、封闭性、民主管理、不对外吸储放贷、不支付固定回报。2015 年，山阴、应县、怀仁试点建立一个成熟的资金互助社，其他区在条件允许的情况下探索资金互助社建设。按照“示范引路、分步推进、风险可控”的原则，市、县两级供销社对资金互助社进行指导与服务。

【作风建设】 2015年，朔州市落实党风廉政建设党委主体责任和纪委监督责任，以“两个责任”落实带动反腐倡廉各项任务的落实；加强作风建设，严格执行“八项规定”，纠正“四风”，开展经常性警示教育，强化反腐倡廉制度建设，切实解决不能腐的问题。多措并举，强化系统监管机制。建立健全各层级的资产、财务、审计监管监督机制

密切联系群众，关心职工疾苦，维护系统和谐稳定。抓好安全生产，防范安全事故，保障生产经营顺利开展。大力实施人才强社战略，加强教育培训，广泛吸纳各类人才加入供销社。市社连续两年通过省考招录两名有实力的大学毕业生，各县区积极探讨通过统一招录年轻大学生来充实机关干部，不断提高系统干部职工队伍整体素质。 （市供销社）

## 粮 食

【概述】 2015年，朔州市粮食局以落实粮食安全增长责任制为契机，深化粮食流通体制改革，提升宏观调控能力，促进粮食产业发展，推进粮安工程，破解发展难题，应对面临的新形势、新问题、新要求，保护种粮农民利益，保证粮食供应和市场稳定，为确保全市粮食安全和促进经济平稳较快发展做出贡献。

【粮食安全】 2015年，朔州市粮食局向六县区政府颁发2015年度粮食安全目标责任状，分解粮食安全目标责任考核指标；市县（区）两级粮食部门签订2015年度粮食工作目标责任状，形成市、县（区）政府齐抓共管，上下联动的工作机制，促进粮食安全省长责任制的贯彻落实，保证市粮食市场供应充足，粮价基本稳定。粮食局组织学习研究，深入调研，牵头起草《朔州市人民政府关于做好粮食安全省长责任制贯彻落实工作的通知》，并向市农委、发改、财政、国土等16家相关单位征求意见，完善《通知》内容，年底前以市政府文件下发。切实做好粮食收购工作，保护种粮农民利益，全市累计收购粮食4.6亿千克，完成目标任务165%；销售粮食6.4亿千克完成目标任务156%，产销衔接调入粮食2.2亿千克，完成目标任务158%，均提前超额完成省定目标任务。落实粮食应急供应网点78家，应急加工网点6家，达到应急供应网点城乡全覆盖，增强市粮食应急供应保障能力。组织全市30多家粮食企业参加2015山西粮食（玉米、小杂粮）产销衔接会，与20多家省外企业开展粮食业务洽谈，签订粮油购销协议18份，签约粮油购销总量2.75亿千克，交易额近6.4亿元。按时完成年度军粮供应任务50万千克，没有发生断供、质量等现象，保障全市驻军及武警官兵的粮食供应。

【管理监督】 2015年，朔州市加强储粮安全监管，确保安全生产无事故。市局和县（区）粮食局、直属单位签订安全生产承诺书，对粮食安全工作实行包保责任制，并先后出台《朔州市储备粮安全保管责任制度》《做好全市粮食行业安全生产工作的指导意见》《朔州市粮食行业安全生产大检查工作方案》和《防汛防火应急预案》等规章制度，明确市、县（区）粮食主管部门是粮食安全工作的监管主体，粮食企业是粮食安全生产的责任主体，全系统安全储粮“一符六无”粮仓达标率为98%。针对天津港“8·12”瑞海公司危险品仓库特别重大火灾爆炸事故，9月1日，召开全市粮食安全生产工作会议，对全市粮食安全工作进行部署，开展为期1个月的安全生产大检查，检查企业15家，发现安全隐患21处，及时整改，堵塞漏洞，消除隐患。加强储备粮监管体系建设，规范管理各级储备粮油。建立健全储备粮油管理部门监督职责、承储单位履行主体责任及各工作岗位的责任清单制度，规范储备粮油入库、储存及出库等环节管理规则，形成责任明确、职责清晰、相互制约、全程留痕的制度体系。全年，各级储备粮油数量真实、质量良好、储存安全，三专四落实率达100%。对市级储备粮轮换全部采取委托郑州、太原粮油交易中心，网上公开竞价采购或销售方式，杜绝暗箱操作，提高储备粮轮换的透明度。严格执行财经

纪律，依法依规管好用好财政补贴、项目资金，做到专款专用，没有发生挤占挪用、虚报冒领现象，也没有出现违反货物采购、工程建设程序规定等违规行为。落实市本级监督检查经费、统计工作和社会粮油平衡调查经费 40 万元，确保粮食市场监管和统计工作的顺利开展。

【粮食企业发展】 2015 年，朔州市按照"一县一企、一企多点"的模式，完成县级国有粮食购销企业的改革重组，保留 7 家国有粮食购销企业，即朔城区前寨粮食储备库、平鲁区粮食局直属一库、山阴县薛圐圙粮站、怀仁县县直粮食储备库、右玉县城关粮站，局属企业山西怀仁国家粮食储备库、朔州市化庄粮食储备库（2015 年新建）。全市有 5 家国有粮食购销企业取得农发行收购贷款资格，占保留企业 7 家的 71%。市国有粮食购销企业盈利 50 万元，如期完成省定年度考核指标。

深化粮食流通统计制度改革，为政府宏观决策提供依据。严格执行 2015 年度《山西省粮食流通统计制度》规定，对粮食储备、购销企业的粮食及油脂购、销、存等指标按实际业务发生情况准确进行统计，保证数据真实，及时、全面、准确地反映各项粮油流通数据，为各级政府宏观决策提供重要依据。为推广《国家粮油统计信息系统》软件应用，先后组织县区业务骨干参加国家、省粮食局举办的粮食统计软件培训，学习统计软件的操作应用，为做好统计工作奠定坚实基础。

【粮食安全工程】 2015 年，朔州市做好 1500 万千克仓储设施建设项目的工作。积极争取中央建库补助资金 225 万元，落实市级配套资金 825 万元，启动朔州市化庄粮食储备库新建 1500 万千克标准化储备仓。该项目完成项目审核、城乡规划、用地审批、环境影响评价、建筑图纸设计、工程招投标、施工许可等手续，于 12 月 25 日开工建设。抓好仓储设施提升改造工程。2014—2015 年省下达仓储设施提升改造资金 128 万元，其中 2014 年下达资金 78 万元，通过公开招标，为怀仁国家粮食储备库采购出入库设备、检化验仪器 34 台。2015 年，下达资金 50 万元，为怀仁国家粮食储备库维修仓顶 3800 平方米，改造化验室 180 平方米。2014 年度"危仓老库"改造工程全部竣工验收。2014 年度"危仓老库"维修改造资金 118 万元，其中，省级资金 85 万元、市级资金 33 万元。怀仁国家粮食储备库维修改造仓库 1 栋，仓容 1800 吨，资金 68 万元；朔城区前寨粮食储备库改造仓库屋顶三栋，仓容 4100 吨，资金 30 万元；右玉县城关粮站（牛心库点）更换两栋库房彩钢保温屋顶，仓容 1000 吨，资金 20 万元。2014—2015 年市级财政出资 508 万元，对怀仁国家粮食储备库晒场、道路和输电线路进行翻修、改造。扶持山西龙首山晋膳快餐服务有限责任公司投资新建主食产业化工程，争取省投资 120 万元，该企业投资 1200 万元新建日产 20 万个主食馒头无菌净化标准车间。

【依法治粮】 2015 年，朔州市加强监督检查体系建设。市、县（区）粮食行政管理部门都设立监督检查机构，落实人员编制、工作经费、执法工具，全市取得粮食行政执法资格的人员计 84 人。粮食监督检查工作也基本实现经常化、制度化、规范化，定期开展各类专项检查，核实粮食库存，澄清库存底数，打击不法经营，规范粮食市场。粮食质量监管工作成效明显。市级粮食质量监测体系基本形成，组建朔州市粮食质量监测站，人员、场所、设备、资质和经费落实到位，通过国家粮食局专家组和省粮食局的验收。定期对库存省、市级储备粮进行品质控制指标检测，保证质量合格率和宜存率。组织开展新收获粮食质量调查和品质测报扦样送检工作，严格落实粮食出入库质量检验制度，杜绝不符合食用标准的粮食流入口粮市场。加大粮食市场监管力度。2015 年，全市粮食监督检查工作力度进一步加大，组织开展粮食收购市场、政策性粮食、粮食库存、放心粮油网络及粮食质量等监督检查工作，会同有关部门严厉查处损害农民利益、扰乱市场秩序以及"转圈粮"等违法违规行为，促进市粮食市场的繁荣稳定。全年，全市粮食部门开展监督检查行政执法活动133次，出动人员779人次，检查企业952个次，有效维护粮食流通市场秩序。

（市粮食局）

## 烟草专卖

【概述】 2015年，朔州市局（公司）紧紧围绕国家局、省局（公司）年初工作部署，目标锁定全省第一方阵，坚持稳中求进总基调，直面政治、社会、经济新环境，坚定发展信念，突出市场导向，激发工作状态，调整发展步调，提出“236”（两大任务、三张牌、六大工程）工作思路，创造性地开展各项工作。年销售卷烟65507.81箱，同比下降1.11%，实现税利3.94亿元，增长23.37%，其中税金同比增长60.22%。全年工作亮点突出，实现跨入全省系统第一方阵的奋斗目标，完成“十二五”发展目标。

【市场潜力开发】 2015年，朔州市局党组面对经营环境的多种不利因素，果断决策，明确挖掘二类卷烟的市场潜力，营销序列人员立足实际，经过充分的调研、论证，制定实施“百花齐放”品牌培育战略，为全年经营目标的稳步实现奠定基础。县局建设落实得好。制定出台县级局建设实施方案，从人事管理、财务管理、薪酬管理、卷烟经营、教育培训、服务保障六个方面先后出台一个方案、三个细则，内容涉及6类、17大项、63条量化细则，切实解决县局“一重六难”工作困境。形成领导包点发力打通层级贯彻力、部门联动担当体现制度保障力、县局积极作为发挥基层战斗力的工作格局。通过县局建设，基层活力全面迸发，工作积极性和效率极大提升。六个县级单位干事创业、奋发有为，为全市进入第一方阵和树立“能干事、会干事、干实事”的形象做出重要贡献。绩效考评激励得好。建立“两级多维”考核评价体系和“提升运行质量、推动打假破网、强化能力业绩、激发干职活力”为核心目标的全员激励机制，六县区、两中心都实现二次分配，考核工作总体呈现出“措施得力、成效明显、后劲充足、奋进争先”的良好局面，“指挥棒”作用效果明显。应县局充分发挥二次考核效用，明确方案，突出重点，从制度、指标、执行三个层面突显细、准、严，有效规范管理，调动队伍积极性和责任心。

【经营工作】 2015年，朔州市抓住卷烟消费回归理性机遇，把营销发力点转移到结构优化和提质增效上；抓住市场化改革的机遇，把资源配置重点转移到培育“压仓石”品牌上；抓住消费需求多样化、个性化的机遇，把稳定销量和提升结构的着力点转移到挖掘市场潜力上；抓住全省系统积极推进营销队伍转型的机遇，把客户经理的主战场转移到市场上。实行“月度卡死销量、每周制订计划、三天一调策略、每天通报进度、每旬一次考核”，确保均衡销售。从年初出台“一季度营销方案”开始，连续打出“卷烟销售攻坚战”“市场监管保卫战”“日常管理持久战”“劳动竞赛月”等系列组合拳，形成领导干部包点、机关部门包抓的上下联动比学赶超经营氛围。深挖潜力提结构。充分尊重市场需求，以周为时间维度，以县（区）为空间维度，以单规格为内容维度，精细调控投放量和节奏，确保

2015年2月9日，朔州市烟草专卖局（公司）召开三届三次职工代表大会

（市方志办供图）

每一位零售户都“吃得上”“吃得好”。有效稳价精品牌。完善重点品牌特别是畅销重点品牌销售状态稳价机制，在全市范围内建立卷烟零售客户价格自律组织。形成由客户经理、专管员、零售户“三点”联动的“稳价联盟”。配置资源调市场。加强工商深度协同，在工业企业全力配合和支持下，形成服务客户、精育品牌、信息共享的工商一体化运作体系。完善货源和库存管理办法，逐周、逐规格、逐区县调控投放量和节奏。在策略上打通市县对接管理通道，实现两级单位无缝对接。结合“百花齐放”品牌培育战略，客户盈利有效提升。建立定期市场状态监测机制，从客户社会库存、市场价格、重点品规动销等方面全面监测、实时调控，市场状态稳定有序。山阴县局积极创新营销方法，注重维护客我关系，客户的自然订货量提高明显。精益物流降成本。优化配送线路。制定物流费用核算细则，将各项工作目标细化分解到岗。

【市场秩序专项治理】 2015年，朔州市开展“晋剑九号”“夏日雷霆”等专项行动，发挥专项治理机制的保驾护航作用。建立“三员互动、三员互控”工作机制和网格监管机制，加强市场监管。以售假售私率、销售外省市真烟率、持证经营率和亮证经营率为考评内容，落实“四率指标”机制。落实精准责任机制，明确各项工作对应的责任追究细则。加强集中治理机制的力度，开展公开摆卖“假、私”卷烟专项清剿活动和全市卷烟市场集中治理行动，起到良好的震慑作用。六大举措重拳破网。制定细则提升经费保障力，规范程序提升办案合法性，丰富渠道提升案源广泛度，加强联动提升大案侦破力，引入时限管理提升结案时效性，成立打假打网络机动大队，应县、山阴、平鲁等中等规模县局成立相对独立的打网络队伍。全年完成两起符合国家标准网络案件。六大维度依法行政。从办证程序维度落实简政放权，从专项治理维度清理无证经营，从层级监管维度规范持证情况，从健全制度维度提高许可效率，从强化考评维度落实工作职责，从落实整改维度提升履职能力。

【采购规范】 2015年，朔州市加强制度保障落实规范采购。制定推进规范管理工作实施方案和考评细则，成立采购审核小组，建立招标代理机构库。加强权利制约提高监督水平。全面加强专项审计，科学应用同级审计监管系统及时处理预警。加强纪律整顿规范权力运行。严格遵守“八项规定”和行业相关要求，落实党风廉政建设，实现全年无一人掉队。完善油耗管理、车辆管理、公务接待等管理制度，以及机关职工请销假及报备制度。加强内部监管促升自律能力。发挥非现场监管模式的作用，整治真品卷烟非法流通，落实“制度完善、职责明确、监管到位、奖惩分明”的内部监管体系。

【企业管理】 2015年，朔州市充实县局班子，调整部分机关部门负责人。建立领导班子调研走访、民主议事、科学决策、统一协调长效机制。落实“三严三实”，先后举办领导干部讲党课5次，撰写心得体会30篇。活力为先加强队伍建设。召开青年员工座谈会、副科级干部座谈会、民主生活会意见征集座谈会，开展演讲比赛、团拜活动、运动会、歌咏比赛等丰富多样的员工活动，多角度进行全员活力建设正向激励。选拔优秀员工参加全省系统法规知识竞赛，并取得团体二等奖、三个优秀个人奖的优异成绩。效能为要加强科技创新。物流中心实施“降低热收缩包装机故障频次”QC项目，该项目成果荣获省级三等奖。召开全市第一届QC成果发布会。稳定为基加强安全保障。执行安全生产目标责任考核“一票否决制”，实现全年无事故。开展信息系统安全自查、应急预案演练，营造安全信息环境。精益为领加强财务管理。进行全市的清产核资工作。全年后勤保障、信访维稳、办文办会、老干部工作均取得良好成效。（市烟草专卖局）

## 盐业公司

【概述】 2015年，朔州市盐业分公司以落实全省盐业工作会议为指导,以做精做细主营业务为前提,以健全完善规章制度为支撑,以整顿盐业市场秩序为突破,坚持不懈地狠抓企业管理,持续推进盐产品结构调整,乘山西盐业转型发展战略抉择的东风,分公司全体干部职工抢抓机遇、积极进取,各项工作有序推进,较好地完成省公司下达的各项目标任务。

全年购进各种盐16358吨,占年计划12250吨的133%,较同期的16113吨增加245吨,增幅为1.5%。其中,食用盐购进6087吨;工业盐购进7659吨;畜牧盐购进2612吨(含区县公司2185吨)。

销售各种盐16225吨,占年计划15736吨的103%,较同期的16079吨增加146吨,增幅为0.9%。其中,食用盐销售6470吨,占年计划6889吨的94%,工业盐销售7356吨,占年计划6293吨的117%,其中,工业原盐销售5148吨;精工盐销售2208吨。

畜牧盐销售2399吨(含区县公司2007吨),占年计划2554吨的94%,其中,畜牧盐粉销售1338吨;畜牧盐砖销售1061吨。

库存各种盐5942吨,其中,入口食盐2330吨,食品加工用盐475吨(含大同304吨),工业盐3065吨(含精工盐946吨),畜牧盐72吨。

全年销售各种盐4178吨,占年计划4882吨的85%,较同期的3957吨增加221吨,增幅为5.6%。其中,食用盐销售1574吨;工业盐销售2236吨;畜牧盐销售368吨。

2015年,各种盐累计实现销售收入2564.84万元,较上年同期增加72.27万元,增幅为2.90%。累计实现利润210.46万元。

【专营政策维护】 2015年,朔州市盐业分公司及时贯彻落实省公司会议精神,重点学习省公司王经理的工作报告并与各区县公司签订《2015年经营管理目标责任书》,对全年工作进行周密部署;继续加大调运及管控力度,开展市场整顿工作。共查获私盐约367吨,创下历年来查私之最。有效遏制食用盐下滑的势头,坚守企业生存阵地;狠抓“3·15”“5·15”重大节日宣传教育活动。通过宣传进一步提高消费者的保护能力,广大群众自觉抵制私盐的意识明显提高,收到良好效果,为全年销售奠定坚实基础。

【企业根基夯实】 2015年,朔州市盐业分公司继续推行对标管理内抓管理外树形象,不断提高企业的管理能力。继续加强以预算为主的财务管理,推行费用定额标准体系,将每笔费用细化到部门;实施动态化监控、精细化管理,严格费用开支、勤俭治企。整章建制,规范流程,完善细化基础分公司重新修订《财务内控制度细则》《企业业务招待费管理办法》《分公司车辆管理办法》《职务消费管理细则》《公司通讯费管理规定》《关于加强劳动纪律管理考勤实施细则》等,对各项管理工作提出更细、更高的要求,真正形成向管理要效益、以管理谋发展的良好局面。

【专营基础巩固】 2015年,朔州市倒贩私盐现象日趋严重。分公司多次深入各区县、各工业盐用户实地调研走访,及时掌握市场及区县公司动态。继续对区县公司商品购进实行严格的预付款制度,绝不形成专营资金隐患。司局密切配合形成“每周必查两天市场”的长效机制,同时,分公司继续严格执行《关于加强行业自律的五条纪律》等,下决心规范企业及区县经营行为;改善服务质量。在整顿好市场的前提下,及时跟进配送、提升工业盐用户服务。严把质量管控。食盐安全关系千家万户事关舌尖安全,为此,分公司重视盐商品质量,规范仓储条件,确保质量关。

【食盐储备建设】 2015年,朔州市加强食盐储备建设是应对突发事件,调控盐业市场的有效措施,更是应对政策调整的必要手段。朔州市盐业分公司多次与政府领导与相关部门协调、沟通、争取,然而近年来却因政府分管副市长几经变更,致使朔州的食盐储备尚未落地。2015年12月月底,朔州市政府领导换届调整,新任分管副市长高度重视并批复,办理相关事宜。

【非盐新路径】 2015年，朔州市非盐项目的开展是山西盐业转型跨越发展的必由之路，更是壮大企业的重要举措，朔州市盐业分公司大力开拓非盐发展新路径。抽取秋季二个月时间分五个组在市区主要的人口密集区和居民小区早市上对分公司的非盐产品醋、酱油宣传售卖；发动职工利用每个人不同的好友圈和人脉圈进行推广销售；“晋盐专柜”的设立。朔州市最大的百福和宾都超市共12家分店(其中，百福超市8家，宾都超市4家)。12家分店全部设立“晋盐专柜”。通过“晋盐专柜”设置为应对改革转型、健全经营体系、创新营销方式、提高服务水平和能力提供有力支撑和保证。

【“惠民直通店”】 2015年，朔州市盐业分公司按照省公司的《城乡直通商贸体系社区便民服务社选址标准》，结合朔州实际，朔州分公司抽调业务、市场营销部精兵强将5名，对朔州的商业区、住宅区和街道的“商圈”进行认真考察、对比和分析，经过对店址的初步评估、调查和了解，通过预测和衡量，初步选定人流密集且有发展潜力的8家“惠民直通店”上报省公司。待省公司批复后，分公司将推进好此项工作。

【行风政风建设】 2015年，朔州市盐业分公司严格执行中国共产党的政治纪律、组织纪律、廉政纪律等。与每位党员和领导干部统一签订廉洁责任承诺书和婚丧喜庆专项整治承诺书，要求大家绝不触犯党纪国法的“红线”和“高压线”；强化警示教育，学习践行《山西省供销社党员领导干部纪律守则30条》；开展学习讨论落实活动。分公司制定出台该项活动《实施方案》，要求每人撰写1篇心得体会，严格纪律作风整顿，确保活动落到实处。在学习实践“三严三实”教育基础上，12月重点组织广大党员骨干学习《中国共产党纪律处分条例》和《廉洁自律准则》，反复学习深刻领会其内涵和意义。 （市盐业公司）

## 石油供销

【概述】 2015年，朔州市成品油需求大幅萎缩，加之社会加油站低价低标油品倾销等多重不利因素的影响，公司经营遭受前所未有的艰难挑战。面对新变化、新情况，公司围绕“保增长、谋发展、强基础、抓党建”的工作要求，维护朔州市成品油市场的繁荣稳定，为朔州市推进“两大任务”“六大发展”提供有力支撑，充分展示国有骨干企业和成品油销售主渠道的良好形象。

2015年，累计供应成品油33.38万吨，同比减少3.47万吨，减幅9.4%。其中，各类社会零售量19.06万吨，同比减少1.65万吨，减幅8%，保障交通运输、日常出行等民生用油；直供批发完成14.32万吨，同比减少1.82万吨，减幅11.3%，为大中型企业正常运转提供支撑；非油业务完成6633.64万元销售额。全年上缴利税2000余万元。未发生任何安全数质量事故，在组织纪律、舆情监控以及品牌形象等方面，也始终保持着良好的状态，维护稳定的经营秩序。

公司在朔州市第二届“安康杯”安全知识大赛上荣获集体一等奖；在朔州市全市企事业单位法律知识竞赛上获团体第一，并代表朔州市参加全省法律知识竞赛。2015年，被评为“山西省文明单位”。

【业务发展】 2015年，朔州石油公司围绕提高“质量和效益”这条主线，落实省公司“多卖一吨油”“油非互促”“油非双增长”等一系列促销增效措施，坚持“客户为中心”的经营理念，开展一系列职业道德教育活动，在发展道路上找问题、查不足，以改促进，不断强化“为民服务、创先争优”活动，比学赶帮，齐头并进，营造良好的工作氛围，并取得的成绩。

油品非油品齐抓共管，统筹安排，业务发展下降势头减缓。

零售发展需求疲弱。推动特色发展。朔州石油公司按照“一站一策”的方针，组织人员深入一线蹲点调研，根据加油站所处环境及周边消费群体分类的不同，有针对性地推进加油网点特色发展，推广自助模式。注重与周边居民的联系，成立“事务帮办点”，积极送油下乡，开展代购生活用品，提供免费援助等增值服务，开展优质服务月活动，践行为民服务承诺，提升加油站的美誉度。深化现场管理。朔州公司采取“四不两直”工作方式，对现场管理进行明察暗访，按照“检查—考核—整改—复查”的良性循环机制，将巡查日常化、实效化，促使加油站现场管理水平稳步提升，营造良好的经营环境。强化员工技能培训。2015年以来，公司实施全覆盖培训，提升一线员工营销技能。广大员工对IC卡业务、自助加油推广以及“油非互促”等工作的思想认识得到进一步强化，服务意识、业务能力、综合素质得到明显提升。对全系统实施《职工违规违纪》作风学习考试，体现企业以人为本、以制管企的决心和信心。优化激励体制。确定《朔州公司升油含量工资标准》，员工工作活力得到较大地提升。同时，先后设立“加油站先进奖”“加油卡销售奖”“轻油销售增幅奖”等奖项，从精神和物质两方面进行激励。激发全员的工作活力，在企业内部培养出一种全员奋发有为积极向上的优秀工作作风。

直销发展多措并举。对内开展业务检查和直分销重点流程及基础管理等专项检查；对外按照规定程序对所有客户进行分类整理，重点对操作不够规范、存在经营风险隐患的局部环节进行整改，为后期健康发展奠定坚实基础。班子成员以身作则带头分级拜访客户，先后拜访客户35人次，为公司全面掌握、分析朔州市成品油直分销市场的消费情况建立动态信息平台，加强相互之间的了解，稳定并拓宽直销发展道路。特别是对平朔等黄金客户，在市委市政府的牵线搭桥下，积极探索更为紧密合作的服务方式，采取在坑口建设加油站等服务前移工作，资源共享、联手合作，为露矿车辆提供最便捷的服务，拉近双方的关系，为持续深入合作夯实基础。继续开发县区分公司直销市场，紧盯县域重点工程建设项目，采取“开发、销售、回馈、走访”四位一体的营销手段，扩大客户资源；开展各种营销竞赛活动，提高全员对直销工作的重视度，激发各县区直销队伍的工作活力，为持续推进直销转型发展，有效解决客户实际困难，寻找新的途径。截至2015年年底，朔州公司有优质直销客户近百家，客企合作融洽，前景乐观。

非油内外双修。综合考虑地理位置、商圈、消费水平等条件，打造站内站外样板便利店。全市系统六十余家便利店给顾客构建理想的选购货平台，为方便民生提供便利；公司领导班子带头组织营销队伍进行宣传促销，保持汾酒、卓玛泉水、枸杞等重点商品的市场影响力以及持续旺盛的销售形势。截至2015年年底，朔州石油公司便利店系统是全省最大的汾酒代销商，最大的烟草合作商，强强联合，促进企业健康发展，稳定市场环境。

【质量安全建设】 2015年，中石化朔州石油公司配合朔州市环境整治建设，进一步亮化、美化加油站形象，完善加油站网络服务功能。全年，公司在城市市区及主要干道整体改造20座加油站，提升加油站整体形象，起到与当地城市发展相适应的效果。还对具备条件的加油站进行便利店全面升级改造，为广大消费者提供更多的便利服务。

2015年，注重抓实质抓过程，狠抓现场管理，严把数质量关，对全系统在营加油站及油库进行隐患排查和整改，有效提高设备的安全性，保证企业安全正常运行，企业安全工作在全省大检查中连续9年获得好评。一直以来，始终坚持“质量是企业生命”的理念，践行中国石化“每一滴油都是承诺”的质量承诺，参与市政府组织开展的“3·15”活动，并树立全年都是“3·15”的观念，严守中石化金字品牌。

（中国石化朔州石油分公司）

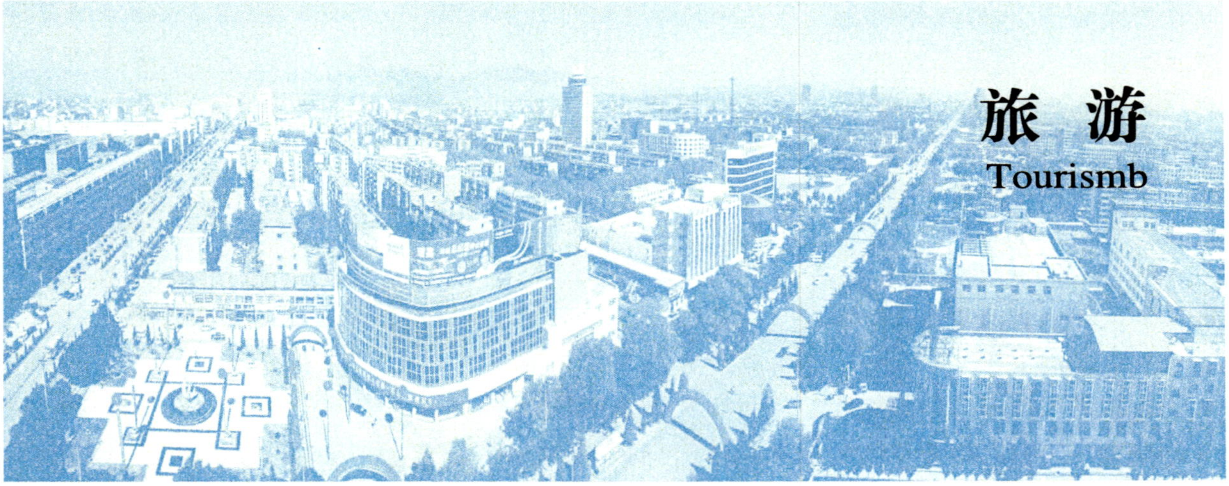

# 旅 游

Tourismb

## 规划与保障

【概述】 2015年，朔州市旅游工作围绕“文明、有序、安全、便利、富民强国”5大目标，扎实推进旅游工作10大行动，逐步落实52项举措，推进旅游业转型升级、提质增效，加快旅游业专业化、现代化、信息化进程，各项工作取得一定成绩2015年，全市累计接待入境游客6133人次，同比增长4.04%；实现旅游外汇收入210.25万美元，同比增长5%。累计接待国内游客1415.72万人次，同比增长23.3%；国内旅游收入133.43亿元，同比增长22.22%。全市旅游总收入133.56亿元，同比增长22.21%。乡村旅游、亲水旅游、自驾旅游、特色购物游等旅游新产品逐步成为新的旅游热点，全市国内游客接待量保持平稳增长良好态势，客源市场以周边市、县为主，游客大多为散客和自驾游客。基于旅游产品逐渐由单一观光型向观光、休闲、度假等复合型产品转变，在朔过夜游客比重有所提升，加上居民消费意识和消费水平不断提高，游客花费呈多样化发展趋势，平均花费较往年有所增长，旅游综合收入稳步提升。全市旅游直接就业人数达到5000人，间接就业人数达到3万人。旅游业逐步成为全市国民经济新的增长点，在调结构、促转型、惠民生等方面发挥着积极作用。

【旅游资源】 朔州历史遗存和人文资源众多。众多名胜古迹形成独具特色的文化遗产。全市有国家重点文物保护单位6处，省级重点文物保护单位19处，市级文物保护单位42处，馆藏文物6万余件。有享誉世界的应县佛宫寺释迦塔，有全国罕见以减柱艺术筑就的朔城区崇福寺，有秦代著名将领蒙恬筑城养马的马邑古城，有见证蒙汉交融、晋商辉煌的著名“西口”杀虎口以及内外长城、汉墓群、金沙滩等标志性景区景点。朔州市有国家级非物质文化遗产名录项目5项，省级非物质文化遗产名录项目11项，市级非物质文化遗产名录项目72项。塞戏、道情、大秧歌等非物质文化遗产彰显出历史遗存和人文资源交相辉映的文化内涵。

2015年，朔州市共接待国内外游客460万人次，旅游业呈现出良好的发展势头，成为一个能带动地方经济发展的新兴产业。

朔城区促进旅游投资建设，为突显马邑文化特色，以崇福寺为基点，恢复朔州古城明代格局，修复古城墙、明清商铺，兴建古城墙公园、恢河公园、马邑森林公园、神头海湿地公园、塞北烈士陵园。

应县以木塔为中心，大规模进行旧城改造。县城兴建商业街、生态园，城外兴建龙首山文化园。

山阴县对广武附近的明长城精华、全国最大的汉墓群、新旧广武辽城、六郎城等文物景点修缮复原，围栏保护汉墓群，绿化长城附近荒山，修建广武石牌楼、广场、博物馆、汉武帝及文武大臣群塑等，拓展广武边塞文化旅游区。

右玉县以生态旅游和边塞军事文化旅游为中心，构筑起绿化带、生态园、风景线相结合的生态网络体系，建成南山森林公园、苍头河自然风景旅游区、中陵湖休闲度假旅游区等一批生态旅游区。修复明清时右卫镇、杀虎口城门城墙等一批边塞人文景观，突出杀虎口边塞重镇的突出地位。2010年获“联合国最佳宜居生态县”和“最值得向世界推荐的旅游县”称号。

怀仁县重点开发建设金沙滩、清凉山生态景区。金沙滩生态景区突出以杨家将故事为背景的景观建设。

平鲁区整合旅游资源，打造乌龙洞生态旅游区、凤凰城北固山旅游区、明海湖长城水上乐园、井坪镇古城墙历史文化旅游风光带，南山文化公园等八大景区。

【组织保障】 2015年11月份，朔州市政府下发《关于成立朔州市人民政府旅游改革发展领导小组的通知》，由市政府主要领导挂帅，各县（区）、开发区和市直各职能部门负责人为成员，统筹研究协调加快全市旅游业改革发展的重大问题。并要求各县（区）政府建立相应的领导体制和工作机制，坚持综合产业综合抓，坚持每年都能解决几个发展中的突出问题。领导小组办公室设在市旅游局，承担领导小组日常工作。

【机构保障】 2015年，朔州市政府决定组建市旅游文化产业投资开发有限公司，构建政府引导推进旅游文化产业发展的桥梁与平台，完善重点景区的基础设施和产业要素配套设施建设。公司注册资本拟定为2亿元人民币，由市政府主导，市场运作，依法独立经营，自律发展，主动开展招商引资、宣传促销和其他社会公益活动。接受朔州市旅游改革发展领导小组的指导和监管。公司组建及运营过程中，由市政府授权市国资委对其进行资产监管，授权市旅游局对其进行行业管理。市旅游局全面负责公司的筹备组建工作。市旅游局草拟《朔州市旅游文化产业投资开发有限公司组建方案（草案）》。

【政策保障】 2015年，朔州市旅游局草拟《朔州市人民政府关于促进旅游业改革发展的意见（草案）》，进一步明晰旅游产业发展战略，加强旅游配套服务体系建设，推动旅游产业融合发展，深化旅游体制机制改革，加大旅游宣传与品牌塑造力度，制订并落实旅游产业发展的优惠政策，优化旅游发展环境，建立健全涉旅工作统筹协调机制。《意见（草案）》提请市政府审议。

【旅游规划编制】 2015年，朔州市积极联系专业旅游规划设计团队参与乡村风貌设计、乡村规划和建筑设计等工作。同时，为提高乡村旅游业发展水平和服务质量，制定乡村旅游标准，并印制操作手册。子上村、吉庄村、邓家村、青钟村四个村的旅游发展概念性规划以及乡村旅游标准编制于12月完成招标，全市“十三五”旅游规划编制也同时完成招标，中标单位均为北京博雅方略景观设计院，项目资金78万元，旅游规划编制工作稳步推进。

【景区管理体制创新】 2015年，朔州市按照“政府引导、企业为主、行业促进、市场推动”的发展模式，创新体制机制、培育市场主体，发挥企业作为市场主体的带动作用，形成“涉旅、涉服”产业要素的市场化改革，取得较好成绩。右玉县杀虎口景区。2013年9月，大同煤矿集团朔州煤电有限公司按照《右玉县旅游总体规划》《杀虎口景区修建性详细规划》和全县AAAA级景区标准，与右玉县政府共同签署《杀虎口景区开发协议书》，实行合作开发经营。2014年8月27日，山西省工商行政管理局正式注册山西同煤杀虎口文化旅游投资有限公司，领取营业执照、组织机构代码证。2014年11月至12月，国税、地税税务登记证，开户许可证，机构信用代码证办理完毕。2015年7月15日，副市长韩文让深入同煤朔州煤电公司杀虎口文化旅游项目开展调研，提出探索成立同煤朔州煤电公司杀虎口文化旅游项目协调领导组。由市旅游局牵头，整合发改、财政、国土、商务、金融办、文化、旅游等部门组成协调小组，更好地服务项目建设。朔城区神水桑园生态欢乐谷。神水桑园生态欢乐谷依托东榆林水库资源优势，打造朔州休闲度假旅游新亮点，弥补本市亲水旅游市场短板。该项目由民营企业家赵栋投资，于2014年年初开始筹建，总占地面积200亩，一期工程占地面积128亩，水域面积4000多平方米，累计投入资金2000余万元。建成生态园酒店与桑干河欢乐谷两项工程，桑源温泉游泳馆与室内温泉游泳馆推进开发建设。2015年，接待游客5万人次，营业收入300余万元。

## 项目与管理

**【重点项目建设】** 2015年，山西省政府为全省旅游业制定全年完成176亿元投资的任务目标，其中本市任务目标为完成投资15亿元，两个项目：一是杀虎口景区建设项目计划完成投资1亿元，二是七里河生态综合治理工程计划完成投资14亿元。

杀虎口景区建设项目因资金短缺，2015年完成投资455万元。土地方面，与右玉县杀虎口旅游区管委会签订《征地补偿协议书》，预付农民土地补偿款500万元。预先征用杀虎口村古堡全部、广义桥两侧、南梁坡部分，栏子外虎山线西至省界、北至省界土地，总计面积约511.81亩。规划方面，委托北京巅峰智业旅游文化创意公司编制完成《杀虎口旅游区开发实施策划》《杀虎口旅游区控制性详细规划》并通过评审，委托山西重德古建筑规划设计院编制《杀虎口文物保护修复方案》。基建方面，清理平集堡内积土9.3余万立方米，整理出古砖、石条500余块。拆除古堡内外民房95间。挖掘出广义桥两侧河道200余米，清理西口古道原始路基80米，使广义桥原貌得以重新展现，为古桥设计施工提供现场依据。文化研究方面，经过对杀虎口历史文化的努力收集和细心整理，编制完成《杀虎口史料与故事传说汇编》，收录48篇故事传说，7万余字。仿绘复制139幅明代宝宁寺水陆画。完成《杀虎口旅游区一期项目申请报告》并提交至朔州市发改委，办理土地预审、环评等相关手续。

七里河生态综合治理工程2015年完成投资13.87亿元。完成河道清障工程，拆除大棚3.2万平方米，拆除违章建筑7100平方米，清运建筑垃圾和生活垃圾60余万立方米，清除河道杂草8公里。河道上游清淤基本结束，完成土方量860万立方米，完成总工程量的93%。新建七里河、峙峪沟、马营堡沟洪水调节坝3座，马营堡沟、峙峪沟洪水调节坝开工。排洪工程完成工程量的39%，其中东岸沟槽土方开挖2600米，平均开挖深度5.5米；河卵填筑地基2300米，完成混凝土垫层2020米，1600米箱涵样板已成型。西岸沟槽土方1740米，平均开挖深度4.5米，完成管基混凝土浇筑1240米，管涵基座1072米，底座平基浇筑1072米；预制管安装610节、1230米。蓄水工程新建拦蓄水坝8座，开工3座，改建旧坝2座。沿河两岸绿化美化工程种植苗木3.2万多株、埋设灌溉管网5000多米，建设取水点40个，检查井4个，完成景观山、排水渠、登山步道建设，山顶埋设30吨储水罐2个。

**【旅游配套服务】** 2015年，朔州市推进“旅游厕所革命”。完成新改扩建旅游厕所19个，其中新建12个，分别为朔城区鄯阳街人民医院游园广场公厕、北关路公厕、朔城区旧财政局广场公厕、朔城区张辽路游园公厕、怀仁县民俗博物馆厕所、右玉县马营河景区公厕、杀虎口景区公厕、杀虎口博物馆公厕、右玉县气象站公厕、应县祇园广场厕所2个、怀仁县清凉山旅游区厕所；改扩建7个，分别为平鲁区二环路西公厕、紫晨广场东公厕、平鲁区锴琪超市北1#公厕、胜利北路1#公厕、木塔景区厕所、应县木塔景区停车场厕所、金沙滩生态旅游旅游区厕所，为广大游客提供更为便利的旅游公共服务。提升旅游信息化服务水平。开发手机客户端服务，将“朔州旅游(szly0349)”微信平台功能深化、细化，设计制作集推广、营销、支付、统计报表于一体的微信平台，使游客能够轻松地获取旅游资讯，享受规划出行、预订票务、安排食宿和消费支出等智慧化服务。通过整合、拓展朔州旅游官方网站功能，将朔州旅游政务网和资讯网进行内容整合，合并构建“朔州市旅游外侨网”，并将网站与微信平台进行旅游信息无缝对接，实现数据共享，更好地服务旅游企业和游客。同时，按照《山西省人民政府办公厅关于加快推进公共场所无线局域网建设与服务的意见》和《山西省公共场所无线局域网(WLAN)建设与服务指南(暂行)》要求，配合做好市崇福寺、应县木塔旅游景区、杀虎口旅游景区的无线局域网建设，为游客提供便捷、满意的旅游公共服务。市经信委、中国联通朔州分公司等相关部门就设点、布线等问题与崇福寺、应县木塔景区协调。

**【旅游宣传】** 2015年，朔州市重点开展旅游宣传创新宣传方式。集中参加中央电视台主题形象宣传推广，在央视一套黄金时段的《朝闻天下》和《今日说法前》及《走遍中国》的《文明之旅》《凤凰卫视》的《凤凰早班车》《问答神州》《一虎一席谈》等栏目加强宣传推广。同时，通过《山西日报》《中国旅游报》《旅游与交通》和《生活潮》等报纸杂志进行旅游专题宣传。完善宣传资料。根据年旅游宣传促销计划，更新设计制作一批宣传资料，包括多个语种的城市宣传片、新颖别致的景点宣传册、折叠页，配备多国文字以方便打开国际市场；制作独特精致的宣传纪念品，如笔记本、资料袋、新型易拉宝等。加强国际国内促销。参加国家旅游局、省旅游局组织的各类旅游宣传推介会。4月，参加在太原举办的2015山西国际房车露营博览会；5月，参加在武汉举办的第九届中国中部投资贸易博览会、在义乌举办的第七届中国国际旅游商品博会、在桂林举办的2015中国—东盟博览会旅游展；6月，参加在北京举办的2015北京国际旅游博览会、省局在辽吉黑三地举办的“中国山西·晋善晋美”专场旅游推介会；7月，参加省局在甘青宁三地举办的“中国山西·晋善晋美”专场旅游推荐；8月，参加在厦门举办的中国国际休闲旅游博览会、在济南举办的“山东国际旅游交易会”；9月，参加在长春举办的第十届中国—东北亚博览会、在天津举办的第二十届北方旅游交易会暨2015中国旅游产业博览会；10月，参加在晋城举办的第六届“晋善晋美晋城”旅游文节、在太原举办的第四届特色农产品交易博览会、在北京举办的

2015年11月9日，朔州市政府举行2015山西朔州·广州产业对接恳谈会签约仪式 （市方志办供图）

2015北京旅游商品博览会。11月，参加在伦敦举办的2015伦敦国际旅游交易会、在昆明举办的2015年中国国际旅游交易会、在台北举办的第十届海峡台北旅展。11月9日，2015山西朔州·广州产业对接恳谈会上，将朔州旅游资源和旅游产品作为重点进行宣传推介。举办"中国旅游日"宣传活动。5月19日，联合朔城区旅游局、崇福寺景区，在崇福广场举办"中国旅游日"旅游宣传咨询活动，整个活动免费发放宣传资料2.5万余份，旨在向市民普及文明出行、安全出行、智慧旅游的理念，营造健康和谐的旅游环境。全市其他各县区旅游局和重点旅游景区分别在当地中心广场设置宣传台，开展旅游专题宣传活动。组织山西旅游联盟商会第七届年会系列活动。3月份，山西旅游联盟商会第七届年会在朔州召开，市局全程参与配合山西旅游联盟商会，策划安排研讨、洽谈、踩线等一系列活动，并组织、开展朔州市旅游专场推介会，促进业内合作、景点线路开发和旅游产品创新等工作。完成"边塞风·清凉景"自驾游活动策划。依托国家旅游局中国旅游车船协会、中国旅游车船协会自驾游与房车露营分会等组织开展"边塞风·清凉景"自驾游朔州活动，精心设计一系列丰富多彩、意义深刻的活动项目，鼓励全市各大景区、旅行社、酒店推出优惠打折措施，让利游客，不断扩大朔州旅游知名度，开拓朔州地接旅游市场。联合打造旅游专题栏目。联合市农委、市广播电视台，以深度挖掘本土旅游资源、展现乡土风情历史底蕴为主线，打造一档大型旅游专题栏目《美丽乡村看朔州》。该栏目计划落实走访全市52个重点旅游村庄，完成52期节目的录制。已录制完成25期，并于市2套节目、互联网等新媒体同步播映20期。组织征集朔州旅游主题宣传口号以及诗文书画影系列作品。联合市广播电视台，面向全社会征集充分体现朔州旅游基本内涵、资源优势、典型特征和文化精髓的旅游主题宣传口号以及展示朔州旅游独特魅力的诗文、书画、摄影作品。旅游主题宣传口号征集200余条，诗文书画影作品征集3000余件。

**【旅游纪念品、工艺品开发】** 2015年，朔州市继续扶持、鼓励、引导旅游纪念品、工艺品生产销售企业做大做精做强。8月，组织征集艺美佳丽手工艺品厂的刺绣、应县晟庆工艺厂的文房四宝、山西景区石画、山西地域竹画、字画等产品参加省旅游局举办的特色旅游商品评选活动。尝试成立旅游商品协会，根据旅游商品特点、游客在朔旅游活动规律和不同层次旅游购物需求，统筹规划旅游商品生产，形成统一策划、统一品牌、统一设计、统一营销、统一价格的规范化旅游商品市场格局。

**【旅游行业管理】** 2015年，朔州市旅游安全工作成绩突出。市旅游局分别被省旅游局与市政府授予二〇一四年度旅游安全工作先进单位和二〇一四年度安全目标考核优秀单位荣誉称号。强化应急管理工作，编制《朔州市旅游突发事件应急预案》。规范旅游市场秩序方面，重点对全市旅行社、旅游星级饭店、A级景区景(点)等旅游企业开展检查行动72次，出动检查人员325人次，其中联合市安监局、市武警消防支队开展检查7次，联合省旅游局暗访1次，主要开展旅游市场秩序专项整治，旅游市场安全检查，打击违规、非法经营活动，提高服务质量等行动，全面检查督促全行业。检查旅游企业205家次，其中，旅行社65家次，旅行社分社37家次，旅游社营业网点36家次，旅游星级饭店29家次，A旅游景区(点)25家次，旅游车船公司9家次；旅游购物店4家次。查处违规旅游企业4家，其中旅行社3家，分社1家。旅游市场安全、稳定有序发展，未发生一起旅游安全事故。旅游人才培养方面，开展导游年检工作，为全市168名导游进行年审，为21名导游换发导游证；完成2015年导游考试报名工作，新报名人数为22人；完成服务单位变更工作，为15名导游办理从旅行社变更到导游管理中心工作。培养乡村旅游带头人，组织右玉县樊家窑村、马营河村、甘泉庄村等符合条件的贫困村村长（或村支书）参加2015年乡村旅游扶贫重点村村官培训班；组织山阴县旧广武村、河阳堡村乡村旅游人才和旅游致富带头人参加全省首批乡村旅游扶贫培训班。采取实地考察与专家讲授方式组织乡村旅游发展积极性高、资源禀赋好的乡村干部进行乡村旅游发展培训。培训工作完成招标，进入筹备阶段。

**【保障工作】** 2015年，朔州市推进"六权治本"、规范权力运行。对现有的行政职权进行梳理。经过梳理，确认本局有行政职权29项。其中，行政许可类2项，行政处罚类25项，行政奖励类1项，其他职权类1项。将行政职权事项汇总表、权力清单和责任清单以及行政职权运行流程图、风险防控图上报市审改办审核。推进落实《关于党政主要领导"五个不直接分管"和"末位表态"的暂行办法》，按照分工负责的原则，重新划分班子成员分管事项，坚决贯彻执行单位党政主要领导不直接分管财务、干部人事、工程建设、行政审批、物资采购工作和末位表态制度。制定印发《朔州市旅游局会议制度》，明确规定"三重一大"事项集体研究决定，形成副职分管、正职监管、集体研究、民主决策的权力运行机制。贯彻落实"两个责任"，加强党风廉政和反腐败工作。年初，就贯彻落实"两个责任"召开党组会议进行讨论研究，明确党建工作责任主体以及履责措施，强化局纪检组对党组班子成员的党内监督作用，使党建工作运行顺畅、科学规范。把党风廉政建设和反腐败工作作为重要工作来抓，严格落实"一岗双责"，在单位内部实行分级负责制。要求班子成员既要管好自己，又要对分管科室的党风廉政建设负责，既要抓业务工作，又要抓分管科室人员的思想教育和廉政建设，从而形成一级抓一级，一级带一级，层层抓落实的工作机制。做到党风廉政建设和业务工作同研究、同部署、同落实，促进廉政建设工作与旅游工作良性互动、协调发展。推进"三严三实"专题教育活动。（市旅游局）

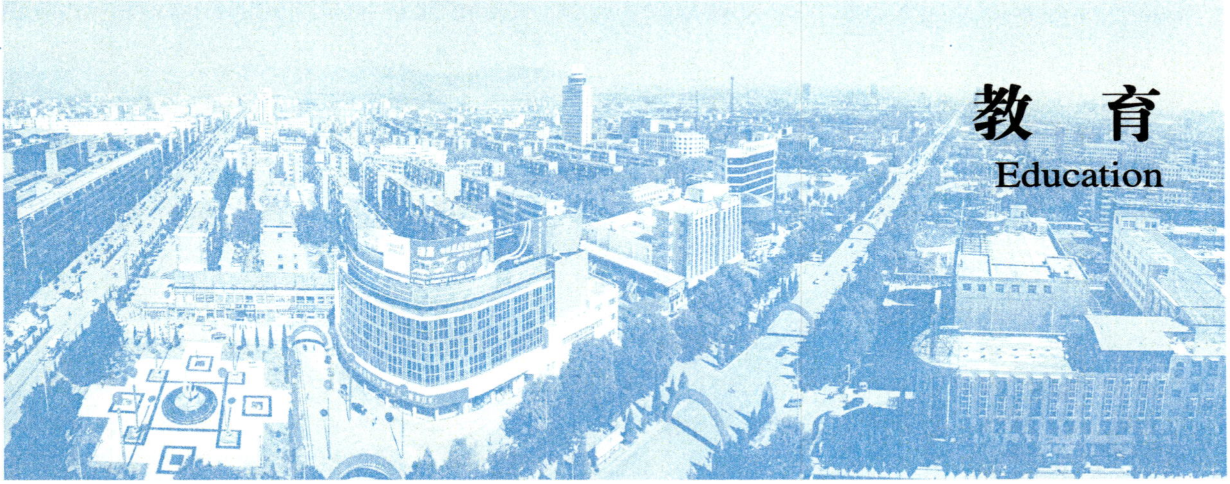


## 教育资源与学校建设

【概述】 2015年,朔州市教育局成员精诚团结、开拓创新,认真贯彻党的教育方针,落实各项教育政策,确保教育的安全稳定,促进教育快速健康发展。

2015年,市教育局被朔州市委、市政府评为支持妇女工作先进协调单位,评为信访工作先进集体,评为文明单位标兵;被朔州市人民政府评为履行人口计生工作法定职责先进单位。政风行风评议先进单位;被朔州市委宣传部评为宣传文化工作先进集体;被市关心下一代委员会评为先进工作集体。

【教育资源配置】 2015年,朔州市市委、市政府努力做到"经济社会发展规划优先安排教育,财政资金优先保障教育投入,公共资源优先满足教育和人力资源开发需要"。市县教育行政部门和广大教育工作者始终坚持按教育规律办事,用发展的眼光研究、解决教育问题。在客观分析并准确向政府提供教育发展信息的基础上,最大限度地争取全社会的支持,激发兴办教育的积极性和主动性。

市县两级教育局坚持教育公平的政策取向,保障人民群众享有公平的受教育机会和权利。强化惠民政策和落实各项制度,以学生为主体,全面推进素质教育,更新教育观念改革培养模式,面向全体学生,促进学生的个性发展和全面发展。重视特殊教育,关爱每位生理上有缺陷的学生。以教师为主体,以人才为根本,以促进教师素质提高为总目标,通过教师外出进修、在职培训从强化素质入手,提高教师整体水平和职业道德。提高教师待遇,完善教师福利待遇机制,引导全社会形成尊师重教的良好风气。

重视农村教育,市、县两级政府在农村教育上投入很大,从2008年到2015年,累计投资约21亿元,全市完成农村危房改造攻坚战、农村寄宿制学校建设、中小学校舍安全工程建设以及义务教育标准化建设等重大建设任务。同时,创造条件缩小城乡师资队伍、教育经费、办学条件和信息化水平等方面的差距,开始结合教师、校长交流等人事制度改革尝试校长、教师之间有序流动,并给予山区教师以适当津贴。加大力度抓好市区教育的发展,对市区内的学校进行布局调整,资源整合。把发展职业高中教育作为普及高中阶段教育的重要补充,继续巩固和扩大招生规模,改善办学条件,提高技能型人才培养水平,并对六县区已经建起和在建的职业中学和职教中心在政策和经济上给予支持。

各级教育行政部门在选聘教师、教师素质的提升上做工作,寒暑假利用新课程培训,教师继续教育以及和省老促会合作的名师提升工程。全市投资近1000余万元对12000多名教师进行培训。

【中小学校舍安全工程】 市县两级成立由市县长任组长的领导组，下设专门负责校舍建设工程的工作班子。在建设中采取集中财力，优先解决安全问题，优先改造人口密集的大村、大镇的中心学校的办法。落实县级政府的主体责任，落实和完善各项责任制度，狠抓工程质量，确保工程顺利实施。在工程实施中确保三个到位，即领导、资金、监督到位；坚持四个原则，即坚持全面规划，分步实施、坚持与中小学布局调整和农村寄宿制学校建设相结合、坚持质量与效益相统一坚持逐个项目实施，管理和监督的原则；完善五种制度，即中小学校舍安全工程实行“第一责任人负责制”、建立公示制度、建立工程进度监测和信息反馈制度、建立中小学校舍安全考评制度、规范校舍安全工程档案管理。

建设完成新改扩建项目243个，完工总面积130万平方米，总投资达36亿元。新改扩建学校190所，其中幼儿园68所，寄宿制学校118所，高中4所（平鲁李林中学、朔城区一中敬德校区、山阴一中、右玉一中），改造应县一中、怀仁一中。

【学生饮用奶全覆盖工程】 2015年，朔州市政府把实施义务教育阶段学生饮用奶工程列为为民办的实事之一，有8.2万名寄宿学生喝上饮用奶，实现义务教育阶段饮用奶工程全覆盖。以此为契机，全市实施学生营养餐工程，农村寄宿制学生每生每天按照8元的标准获得补助，而且严格按照国家、省教育厅的要求以实名制的方式补助给学生，农村寄宿制学生享受营养餐覆盖率达100%。

【学校建设】 2015年，朔州市坚持统筹规划、分步实施的原则，市区内利用现师范校舍建成市一中高中部，市区内建成第九小学、第三幼儿园，市区、朔城区、开发区所属学校全部得到改造，市区内就学难、入学贵、班容量大的现状得到缓解。

【义务教育标准化建设】 2015年，朔州市开展使用农村现代远程教育设备，加强远程教育资源库建设，做好教学应用指导和技术支持服务工作。市县教育行政部门结合实际，借助成立骨干教师导师团、送教下乡、农村支教、确立科研课题以及校本研训等多种卓有成效的载体，新理念、新方法得到推广，教育资源实现共享。特别是仪器、图书、体育器材配备上坚持倾斜农村和薄弱学校。建立起局长听课、家长评课制度，以促进教学质量的提升。六县区全部完成义务教育标准化建设任务，在全省第一家完成。2014年，平鲁区顺利接受国家义务教育均衡发展督导评估并高标准通过，右玉县顺利通过国家督导评估。

【教师交流】 2015年，朔州市鼓励优质学校扶持、合并或兼并薄弱学校，实现区域内学校共扶共进。实行校长、教师校际之间交流制度，鼓励优秀校长和骨干教师到农村学校任职、任教，促进师资均衡配置。全市教师交流比例达11.5%以上，其中，朔城区交流比例为13%，平鲁区交流比例11%，山阴县交流比例13%，怀仁县交流比例为13%，应县交流比例为12%，右玉县交流比例为11%，开发区交流比例为12%。另外，为理顺教师管理体制，在全省范围内推行“局管校用”的教师管理体制，已经制定出初步意见，按照程序推行。

## 教学发展

【素质教育】 2015年，朔州市继续坚持育人为本，德育为先的思想，促进学生全面发展。抓好学生的养成教育，号召广大教师不仅教给他们如何掌握知识，更应教给他们健康的人格，正确的价值观和人生观。改进德育课程教学方法和综合考评办法，增强德育工作的针对性、实效性和主动性。各级各类学校基本按教育部要求能开齐开全课程，广大学生得到发展。

落实《国家学生体质健康标准》，改善体育、卫生设施，保证学生每天锻炼一小时。组织开展丰富多彩的校园文化活动，提高艺术课的开课率和学生艺术教育的参与率。市、县教育行政部门和各学校做好体育场地、设施以及青少年校外教育活动场所的建设和管理，开展社会实践活动，采取多种形式，广泛开展市情、社情和国情教育。

做好义务教育课程改革和普通高中新课程实验，市、县两级教育行政部门、招生考试中心和各高中学校认真研究与普通高中课程改革相配套的高等学校招生考试改革。在推进高中新课程改革的同时，市县两级教育部门的相关科室深入各高中学校做指导，各高中学校在完善新的课程体系的基础上，推动教育教学改革，并加强合作，实现校际之间资源共享，实现学校与社会资源接轨。

【职业教育】 2015年，朔州市职业教育起步较早，但发展较慢，可以说是朔州教育的“短板”。近年来，朔城区职业中学、应县职业中学分别通过国家、省级示范校验收。每县区已建起一所高标准的职业中专(职教中心)。市职业技术学院在完善校园建设的同时，调整专业结构，更新教学内容，加强实训基地建设，强化学生岗位技术训练，为地方经济社会发展培养实用型、技能型人才。

【高等教育】 2015年，朔州市高等教育的发展总体目标是短期内完成三所本专科建设，即朔州高等师范专科学校、朔州市职业技术学院和中北大学朔州校区。新建的3所高校在专业设置上立足本市实际，实现优势互补。集中资金，建设一批与全市经济社会发展和产业结构调整紧密结合的重点学科，建设一批教学质量高、产业结合度高，就业率高的特色专业。投资5亿元新建的朔州师专发挥音、体、美的专业优势，以培养高素质的小学、幼儿师资为重中之重，切实解决农村寄宿制学校专业师资缺乏的问题。投资2.3亿元改扩建的朔州职业技术学院重点围绕我全市的畜牧、养殖、现代设施农业、服务业等产业发展，以培养实用型、应用型、复合型技术人才为重点，推进全市的转型跨越发展。投资6.3亿元新建的中北大学朔州校区瞄准国内、国际的发展趋势，以培养光伏等新型能源人才为目标，探索与科研院所、行业企业联合的路子，围绕市支柱产业和新兴产业，大力开展协同创新，承担重大项目，为产业结构调整、发展方式转变、战略型产业的培育提供科技和人才支撑。中北大学朔州校区在校生达到3200名，朔州师范高等专科学校在校生达6100名，朔州职业技术学院在校生达到2800名。

## 队伍素质

【政风行风建设】 2015年，朔州市教育战线的法治建设实现推进。坚持依法办学，规范学校管理，切实保护师生的合法权益。继续加强法制宣传和普法教育工作。增强教育系统学法、懂法、用法的性和主动性。落实执法责任制，开展依法治校示范校创建和管理工作。

政风行风建设得到加强。坚持并完善制度、教育、监督以及加大教育投入、规范合理收费、治理乱收费两个“三管齐下”的惩治和预防乱收费长效机制。民办学校大部分能自觉规范收费行为，接受有关部门的监管。加大对学校基本建设和大宗物资设备采购、教材及教辅资料征订环节的监督管理，彻底制止挪用、截留、侵占教育经费行为。

抓好中小学校在招生、收费、编班、教师从教等方面的监管力度。义务教育阶段学生一律实行划片、就近、免试入学，严格按国家有关规定收费，不允许出现“一边免费、一边收费”现象，而且实行均衡编班、均衡配备教师。严格控制中小学生在校时间，杜绝教师补课以及乱订资料现象发生。普通高中严格执行“三限”政策。市、县两级教育行政部门重点治理义务教育阶段学校举办或变相举办重点班、实验班现象。严禁依据高考成绩奖惩学校，严禁公办普通高中举办高考补习班，严禁随意调整国家课程计划。完成义务教育阶段改制学校的清理规范工作。

各类招生考试的监督和管理严格有序。在全市推行标准化考场建设，在高考考场全部安装电子监控设备，中考试行标准化考场考试，从严惩治各类招生考试舞弊与腐败行为，树立良好教育形象。

全市教育系统干部职工以安全稳定为己任，及早排查安全隐患，发现不稳定因素及时处置，妥善处理各类突发群体性事件和不稳定隐患。市、县教育行政部门对所属学校的安全工作进行拉网式检查，会同公安、交警、工商、文化及城建等部门重点治理道路交通以及学校周边环境，依法管理学校周边道路的治理情况。市县教育行政部门严加管理，会同卫生、工商、质检部门对不符合要求食堂限期整改。切实加强学校卫生健康教育，建立和完善学校卫生工作制度，建立健全学生健康档案。做到校校都建有学校医疗室，为学校开展卫生健康教育和师生就医提供方便。全市教育系统实现进京和进省越级上访为零的目标。

【干部队伍建设】 2015年，朔州市坚持局党组学习、党员教育和干部职工政治学习制度，组织广大党员干部在学习新《党章》《新世纪共产党员修养》和《教师道德修养》的基础上，学习中共十八大以来习总书记的重要讲话精神，把社会主义核心价值观教育贯穿始终，写出心得体会。召集机关和市直学校科级以上干部认真学习大会精神，结合大会精神研究制定教育相应的各项政策，并结合全市“两大任务”把教育工作进行目标责任分解。围绕教育的科学发展加强业务学习，组织校长和教师参加各种不同类型的专题培训班1200人次，增强加快发展朔州教育，不断更新教育理念以及服务经济社会的使命感和紧迫感。

【班子建设】 2015年，朔州市以建设团结、务实、高效、廉洁的班子为目标，以增强凝聚力、战斗力、创造力和亲和力为重点，严格坚持实行党组成员例会制度，重要事项党组集体研究决策制度。建立局党组集体研究审批制度，依法行政廉洁自律制度，班子成员分工负责和工作汇报制度，既优化领导的职责行为，又强化班子的集体职能，形成班子动作协调规范的机制。以建立“学习型、团队型、创业型、务实型、廉洁型”五型班子为载体，以谈心和工作交流为沟通渠道，促进相互理解、相互信任和相互支持。以民主评议和工作总结为激励，及时总结经验，纠正错误。

在思想政治上，局班子成员以讲政治、讲大局、讲纪律为基本准则，做到遵纪守法、政令畅通，保证各项教育工作圆满完成。在工作上，班子成员以务实、高效、创优为目标，全年几乎没有节假日。班子成员一道严格按照省、市有关落实党风廉政建设责任制的要求，特别是十八大以来，局班子成员严格执行八项规定，身体力行抓好教育系统的党风廉政建设，认真学习《中国共产党党员领导干部廉洁从政若干准则(试行)》《关于实行党风廉政建设责任制的规定》等法纪法规和《中共中央关于加强党的执政能力建设的决定》认真学习党中央、国务院、中央办公厅、国务院办公厅、中纪委等部门先后出台的《违规发放津贴补贴行为处分规定》《党政机关厉行节约反对浪费条例》系列文件，时刻以办人民满意的教育为宗旨，把解决人民群众反映的突出问题作为重点，强化廉洁意识，规范从政行为。

【教育创新】 2015年，朔州市围绕市委、市政府提出的战略目标，结合教育实际，以素质教育为中心，围绕努力提升教学质量、大力发展职业教育、实现高等教育零突破三大任务，创优办学环境、师资队伍建设环境和学生发展环境，完善教师校长聘用机制和教育经费保障机制。以建设管理先进、质量较高的高中学校为龙头，向下夯实基础，促进义务教育水平提升，向上打通衔接通道，大力发展以筹建中北大学朔州校区、朔州师专、朔州职业技术学院为主的高等教育。突破传统的教育教学观念、内容和方法，促进素质教育全面推进，促进学生的全面和谐健康发展。在职业教育上，突破单一的办学体制，发展各种形式的民办学校和合作办学。利用农村远程教育工程，以信息化抢占教育发展的制高点，带动教育现代化发展，为构建学习型社会和促进人们终身接受教育创造条件。

【廉政建设】 2015年，朔州市全市教育系统深化党风廉政教育，增强党员干部拒腐防变能力，抓好宗旨教育，切实解决对待是与非、公与私、真与假、实与虚等方面存在的突出问题。深入开展理想信念、社会主义核心价值观体系，党性党风党纪和从教为师道德等“四项教育”。加强廉政风险防控机制建设，强化对领导干部的监督。加大查办案件工作力度，发挥查办案件治本功能。开展廉政文化进校园活动，开展作风教育整顿工作。增强群众观点，增进群众友情，提高为群众服务的本领和拒腐防变、抵御风险的能力，营造风清气正的育人环境，着力优化教育发展环境。

【“三严三实”教育】 2015年，朔州市抓住人民群众反映强烈的教育乱收费、教师有偿补课、教育资源不均衡以及机关工作人员门难进、脸难看、事难办、办事推诿扯皮现象，认真对照检查。首先在春季开学时在全市范围内继续推行教师校长承诺制，承诺内容包括校长、教师不违反教育法、乱收费及有偿补课等问题进行承诺，并且在新闻媒体、学校校门口、教室里公示。

市教育局在抓好学习的基础上，党组领导班子成员带头征求意见，先后采取座谈会、分管领导座谈会、职工座谈会，单独谈话、民主测评等形式，认真听取干部职工意见，倾听各方面的声音。在全面征求意见和建议的基础上，局党组成员认真撰写个人剖析材料，召开高质量的民主生活会，并按照市委要求的进度顺利完成。整个活动期间，全局集中调研30次，形成调研报告20个，解决实际问题5个，为民办事10件，制定完善各类制度15个。局党组针对查找的突出问题制定整改措施24项，其中即行整改任务9项、近期整改任务15项。 （市教育局）

## 师范高等专科学校

【迎评促建】 2015年是山西省高职高专人才培养水平评估年，朔州师范高等专科学校教职员工紧紧围绕“迎评促建”工作主线，同心同德，克难奋进，顺利完成预定的目标任务，推动学校各项工作的持续发展。

4月13日至15日，省教育厅9人专家组到校开展评估考察工作。专家组成员听取自评工作汇报，查看教学、生活设施，核查基本办学条件，剖析3个重点专业，组织6场座谈会，深度访谈18人次，听评课17门次，从五个方面对学校的办学给予肯定：提升办学层次，拓展办学空间；凝练师范教育特色，完善专业建设体系；秉承良好育人传统，学生素质教育成效明显；强化学生职业能力培养，不断提升学生就业质量；推进校园文化建设，不断优化育人环境。专家组也指出学校发展中存在的一些问题：人才培养模式改革有待深化，专业人才培养方案不尽完善，师资队伍结构需要不断优化，课程建设还要不断加大力度等。学校以问题为导向，按照专家组的整改建议，认真完成《章程》的制订和上报核准工作，制定“十三五”《学校发展规划》《师资队伍建设规划》《专业发展规划》3个规划，出台《建立校校合作长效机制的实施意见》、修订各专业《人才培养方案》。通过评估，学校对发展定位、服务取向、人才培养、办学特色等重大问题有比较清晰的认识，为科学谋划“十三五”各项工作提供科学依据。

【人才培养】 2015年，朔州市加强升学教育。面对生源质量持续下滑的不利因素，“专升本”达线人数不降反升，顺利蝉联“十二连冠”。报考719人，达线381人，达线人数比2014年净增57人，再创历史新高。此外，对口升学达线率突破70%，艺术类高考4名同学专业课、文化课双达本科线。教务处提前组织2016届专升本预报名工作，本届10个专业毕业生总数1224人，预报名618人，学生报考热情高涨。

加强课堂教学改革。基础部按照“突出主体、教学相长”的原则探讨课堂教学改革，分批次组织科任教师赴市一中观摩教学，编写5万余字的培训资料，听评课30多节次，邀请市内专家作课改报告，组织课改诊断性测试及质量分析。大专部针对学生专业基础和综合素质越来越差的实际，降低课堂教学难度，加大实践教学力度，并适时开设教师资格证书考试课程，实现学历证书与职业资格证书的无缝对接。

加强师资队伍建设。选派曹英梅、陈月兰等教师参加各类业务培训、学术会议达30

人次；开展“首届师德师风标兵”评选工作，评选出曾存全、李柏林等15名业务成熟、思想过硬的师德师风标兵；学校成立职称评审委员会，有11位青年教师申报讲师职称，1位教师申报副教授职称。

加强实践教学。补齐二元化人才培养模式的实践短板，继续加大书法、普通话、计算机等职业技能课程在课程体系中的权重；强化资格考试教学，教务处开展教师资格考试和普通话测试培训，学生处提前组织2016届学生教师资格证书信息填报，为学生办理资格证书建立便捷通道；体育系首次全面完成5637名学生的体育健康测试工作，并将测试数据及时上报国家测试网。本着实用有效、安全有序的原则，教务处改进2016届学生实习工作，健全实习学生安全责任制。着力协同创新，校校合作不断深化。培就处派人赴京与北京晓羽知翔、亿童优杰两家教育机构签订教育实习协议，下学期，学前教育系60位毕业生将赴京实习；美术系组织30名学生到右玉县油画实训基地开展为期15天的写生见习。此外，校团委与市教育电视台共建播音主持实习基地，培就处在市内及怀仁又新建5个教育实习基地。

加强教科研工作。2015年，公开发表学术论文50多篇，参与编撰读本、论著6部，申报省级课题2项，结题校本课题4项，编印《教科研学习》9期，举办学术教座6次。在朔州市社科联第五次科学研究成果评奖活动中实现“三连冠”，申报的42项社科研究成果全部获奖，其中，一等奖3项，二等奖4项，三等奖14项，优秀奖21项。此外，校园文化丛书第二集《咱们朔师人》也由三晋出版社正式出版发行。

**【招生就业】** 2015年，朔州市面对严峻的就业形势，培训就业处深入各行各业广泛联系用人单位，掌握用人信息，主动为学生搭建就业平台。6月11日，成功举办2015届毕业生双向选择就业洽谈会，联系用人单位128个，提供就业岗位2894个，毕业生初次就业率高达89%。为2016届学生举办28场小型校园招聘会，达成初步就业意向380多人。培训就业处开展多种形式的就业创业指导服务，成功举办第三届大学生创业规划大赛，组织学生参加山西省第二届晋商杯创业大赛，邀请创业成功人士来校举办5场就业创业专题讲座，先后选派8人赴太原参加就业指导高级培训班等。

招生方面，发挥学校的办学优势和挖掘省教育厅的人脉资源，2015年招生计划创历史新高；招生办创新宣传思路、改进宣传方法，招生2130人，招生计划完成率高达88%，在同类学校中位居首位；学校已经拟定上报2016年招生计划，并与晋中师专、阳泉师专、运城师专联合申请免费师范生政策落地，力争在招生质量上再上新台阶。

**【学生管理】** 2015年，朔州市学生处逐步探讨对口升学学生的管理模式和管理方法，树立以“以生为本”的管理理念，强化学生管理的服务意识。

严抓学生日常管理。学生处按月召开班主任工作会，强化班主任的责任意识，细化班主任的考核制度；加强学生干部队伍建设，完成学生会换届工作，并评选出137名优秀学生会干部、优秀班团干部；以创建“文明班级，文明宿舍，文明环境区”为抓手，探索大学生自我管理及良好生活习惯的养成教育；召开全校男生工作会议，纠正部分男生纪律涣散、言

2015年11月11日，朔州师范高等专科学校举行第三届创业规划大赛决赛 （市方志办供图）

语不文明等不良习惯。

推进学风建设。教务处针对学生基础较差的实际，采取降低考试难度、增加实践考核、考核学生到课率等方式改进学生成绩考核办法，以良好的考风考纪带动良好学风的形成。

强化学生安全工作。学生处经常性开展各类校园安全教育活动，加强学生公寓管理，对宿舍用电进行全面排查，处理事故隐患 28 起；加强学生会值班制度，预防拥堵挤压、打架斗殴、乘坐电梯等人身伤害事故的发生；教务处实现安全教育进课堂，开展学生安全知识测试。

认真落实奖助贷学工作。3 位学生获得国家奖学金，5 位学生获得石磊奖学金，89 位同学获得励志奖学金，644 名学生获得国家助学金；学生处高度重视家庭困难学生的生活和学习，想方设法解决学生的后顾之忧，为 200 多名学生办理生源地助学贷款，合计贷款总额 90 多万元。在自愿参保的基础上，学生处为 428 名学生办理为期一年的医疗保险，安保处为 5637 名同学办理校方责任保险。

开展大学生社会实践活动。在朔州市创建文明城市活动中，校团委两次组织青年志愿者 518 人参加“文明交通志愿者活动”，受到广大市民的广泛好评；壮大学生社团队伍，新成立电光舞和雕刻动漫两个学生社团，社团总数达 23 个；响应团市委号召，开展“与人生对话——我的中国梦”等 6 场主题教育活动。此外，学生处有序开展新生入学军训、学籍注册、体检等迎新系列工作，新生退学率为历史最低。

**【校园文化】** 2015 年，朔州市学校通过营造文明高雅的校园文化氛围提升办学品位和办学水平。

迎新系列活动内容丰富。学校举办“迎新师生书画展”，充分展示师生的艺术风采，显示学校的文化底蕴；音乐系承办“新征程”文艺晚会，表演精湛，格调高雅；学生处组织各班召开班级新年座谈会，畅谈人生理想，交流人生感悟；团委开展“舞动青春，展望未来”第三届大学生社团展演活动，向全校学生传递勤勉好学、追求卓越的正能量。

特长展示形式多样。教务处强化学生职业技能意识，举办以“依法推广普通话，提升国家软实力”为主题的推普周系列活动和学生手工作品展览，学生处举办“阳光体育，绿色公益跑”活动，展示学生昂扬向上的精神风貌；工会、学生处联合举行“师表杯”三笔书法大赛，呈现学生个性特长；培训就业处开展幼儿保健知识讲座，丰富学生的专业知识。

思想素质教育寓教于乐。拓展素质教育新内容：学生处开展“勿忘国耻，振兴中华”主题演讲、主题班会、观看影片、参观烈士陵园等系列活动，教务处举办山西省第二届“国防教育进校园”活动和李林精神进校园专场报告会。

2015 年，校园艺术活动获奖档次较高，次数较多，艺 34 班学生周锂获全省绘画作品一等奖，学生合唱《桃花红杏花白》获全省专业组三等奖；学生吴苗苗书法获全省三等奖，学生李晓媛、程晓玮、王萌在全省“我和大艺展”征文活动中分获 1 个二等奖和 2 个三等奖。

**【安保后勤】** 2015 年，朔州市抓安全，保稳定。按照省市两级的要求，多次召开校园维稳专题会议，认真做好校园维稳工作，创造和谐稳定的校园环境。

后勤服务更加常态化、人性化：总务处秉承“师生至上，服务第一”的服务理念，确保后勤服务工作正常进行、迅速及时；学生处、财务室做好贫困学生资助、优秀学生奖学金发放工作，并严格收缴学生欠费；基建处按时定期做好校园建设的修缮修复工作，从不拖拉，概不应付。财务工作规范有序，面对人手少、事务杂等困难，财务室工作人员加班加点圆满完成各类收费、报账和预结算工作。

安保工作落实到位。安保处采用定期检查和随机抽查两种形式，对学校重点区域进行拉网式安全排查，及时消除各类安全隐患 20 多处；通过宣传版面、主题班会等多种形式，宣传安全常识，提高学生的安全防范意识；在新生中开展防火安全专题讲座，并进行现场实践演练；组织部分师生开展防震减灾疏散演练，现场发放防震宣传资料。

朔州师范高等专科音乐系师生在朔州市纪念抗战及反法西斯胜利演唱会上独放异彩　（市方志办供图）

【党风廉政建设】 2015年，朔州市推进党风廉政学习。围绕学习贯彻十八届五中全会精神，党委办组织各支部开展10多次学习活动，并编印专题学习手册；深入反对“四风”，解决不严不实的问题，学习宣传《中国共产党廉洁自律准则》和《中国共产党纪律处分条例》，教育引导党员干部自觉在廉洁自律上追求高标准，在严守党纪上远离违纪红线。持续开展党风廉政的落实工作：校领导班子先后召开5次“三严三实”专题党课、专题研讨及专题民主生活会，并在市廉政教育基地观看警示教育展览，加强领导干部的人生观和价值观教育；严格执行中央八项规定精神和国务院“约法三章”，狠刹“四风”，将领导干部办公用房、用车、用餐规定落到实处；修订完善《严格财务收支管理规定》等3个制度，推行公用经费改革，缩减公费出差、用车及接待费用的开支；落实省教育厅等五部门下发的《关于2015年规范教育收费、治理教育乱收费工作的实施意见》，不断规范办学行为，促进教育公平公正。

学校党建工作中，规范党员发展程序，培养入党分子100余人，发展教职工预备党员4人，学生预备党员20人。

【社会服务】 2015年，朔州市学校发挥地方高校的社会服务功能，先后承担对口升学、医师资格、移动培训、教师资格等各类社会考试和培训12次；协助中北大学朔州校区召开运动会，与中北大学学生社团举办丰富多彩的校际联谊活动，举办老校长刘志英100周年诞辰追思会；发挥学校艺术教育的师资优势，美术系承办“写实人生 典藏生活”书画展，美术系教师杨珍梅在市图书馆举办朔州大讲堂学术讲座，音乐系教师张树声出演的男声独唱《松花江上》在朔州市纪念抗战及反法西斯胜利演唱会上独放异彩；校团委先后承办团市委组织的“争做向上向善好青年、争做文明守法好网民”等5场主题教育活动。

（朔州师范高等专科学校）

## 朔州市职业技术学院

【作风建设】 2015年，朔州市职业技术学院围绕省委提出的“深入学习习近平总书记系列重要讲话精神，净化政治生态、实现弊革风清，重塑山西形象、促进富民强省”的主题，按照实施方案制定的工作内容和要求，开展学习讨论及落实活动。

推进和落实“六权治本”。完善校长负责制，体现民主集中制，实现集体领导、民主集中、个别酝酿、会议决定“三重一大”管理制度。对存在的官僚主义、形式主义、享乐主义、奢靡之风“四风”问题，充分征求群众意见，狠抓整顿，强化学习教育和查摆问题两个基础，紧紧扣住整改落实和建章立制两个关键，坚持做好“四个方面”，即坚持共产主义理想信念，提升广大党员干部的政治觉悟；提升担当责任和奉献精神，整治“四风”突出问题；严肃组织和工作纪律，解决群众反映的突出问题；做好常规工作，保证学习教育和日常工作两不误、两促进。

严格要求。出台《开展不担当、不作为和乱作为及“四风”问题专项整治活动的实施方案》，要求领导班子成员要增强角色意识和政治担当，坚持原则，讲究工作方式方法，一把尺子待人、一个标准行事，正确处理权力行使、利益分配，沟通协调上的分歧，营造出心往一处想、劲往一处使的生动局面，切实把心思和精力集中到干事创业上。

【党风廉政建设】 2015年，朔州市学校制定《建立健全惩治和预防腐败体系的实施意见》，明确相应的措施和责任，对党员干部实施年度“一岗双责”考核，对校级班子及成员进行年度述职述廉考核，实行党风廉政建设领导分工责任制，下属违纪追究领导责任制。学校认真履行党务、校务、财务公开等制度。党务方面重点公开学校党内重大活动、干部选拔任用、党费收缴、党内奖惩情况等；校务方面重点公开学校改革和制度建设、资产财务、岗位聘任、工资福利情况。主要在学校的公示栏及电子宣传屏进行公开。

【“三严三实”学习】 2015年，朔州市下发《中共朔州市技工学校总支委员会关于开展“三严三实”专题教育工作方案》，将文件精神传达各支部和各科室。校活动领导小组加强领导，对学习及研讨内容、学习时间和具体要求作明确规定，专门出台《朔州技工学校领导班子“三严三实”专题学习研讨安排》，坚持中心组例会学习制度。

通过学习，党员干部撰写学习心得26篇，撰写调研报告4篇。校党总支书记和校长两位同志利用暑假期间，结合本校实际，就技工学校的改革和发展方面进行调研，撰写的调研论文《关于技工学校改革方法的思考》《浅论市办技工学校改革之路》受到督导组的肯定。学校领导班子成员撰写研讨会发言材料12篇，深入研讨，分别召开“严以修身”“弘扬‘右玉精神’”“严以律己”“严以用权”等专题学习研讨会。在研讨会上，大家摆问题，找根源，定措施，确实要把领导班子及成员自身存在的一些不良现象根治彻底，成为学校“谋事创业”的实干家。

举行“三严三实”专题教育党课三次，召开民主生活会和组织生活会，班子成员相互开展批评和自我批评。通过自己摆、群众提，相互点，查摆出校级班子存在的主要问题3条及班子成员每人存在的主要问题3条，制定出4条整改措施，并在活动中得以解决。广大党员干部更加努力，不仅遵章守纪，严守工作纪律；而且在本职工作岗位上尽职尽责，努力做好分内分外工作。

【管理考核】 2015年，朔州市加强教学管理。组织开展教学竞赛和教学研讨活动，注重学生和学员反响。教学部门坚持对教师的教学工作进行全程督导，从备课、讲学、作业批改，到课后辅导、征求学生意见、考试阅卷，对每次教学研讨活动都有记载。把教学一手资料作为每名教师评模晋级的基础数据。受到学校表彰的先进个人有10人，受到市县表彰的优秀个人有3人。

强化实训教学。实行校企合作、校校合作，提高学生和学员的操作技能。学校面对当地技工招生环境较差的困难，通过与名校和企业合作来改善实训条件，提升学员操作技能，但学历教育招生形势每况愈下。2015年，与大同机车高级技校合作，招收车工、焊工等专业技工学生；与地方企业合作，创办手工编织（苏绣、丝带绣）、家政服务、烹饪培训基地，开展专业技能培训。培训SYB学员275人，农村劳动力技能培训学员2565人。

加强教师培训。拓展专业知识，努力提升教师的教学能力。鼓励教师参加各种学习培训，努力学习新知识、掌握新技能。有3名教师参加提升学历水平教育并获取本科学历，有2名专业教师参加全省组织的“双师型”技能培训并取得技师证书。有2名讲师晋升为高级讲师。

【德育工作】 2015年，朔州市做好学校学生和培训学员的思想政治工作。面对学生或学员，学校十分注重班主任工作，始终把他们作为学情了解员和心理辅导员，要求他们深入学生和学员之中，及时了解思想动态和各种情况，将矛盾解决在萌芽状态。在课堂教学和社会实践中，始终灌输和培育社会主义核心价值观，通过政治课，将“富强、民主、文明、和谐、自由、平等、公正、法治、爱国、敬业、诚信、友善”24字进行宣传教育，学校显眼位置包括电子屏常年进行广告宣传，从而入脑入心。注重挖掘学生和学员先进事迹，进行弘扬宣传。

强化管理考核。在校长的亲自带领下，学校行政领导包括教学部门负责人，坚持24小时值勤查岗，始终使校园呈现出一个安全、和谐、稳定的局面，未发生任何安全事故或学生学员打架斗殴现象。

开展各项活动。组织团员青年开展青年志愿者活动，学雷锋活动，到社区进行卫生清洁，参加义务劳动。组织开展文体娱乐活动，丰富青年学生或学员文化生活。

【办学条件改善】 2015年，朔州市争取学校搬迁。校领导班子专门抽出班子成员负责学校搬迁活动，撰制学校整体搬迁可行性报告，经常向市长进行请示、汇报，以期获得市政府的认同。

拓展办学和培训能力。组织代课教师进行教学观摩，并到晋城市高级技校进行实地参观；改善教学条件，先后配置白板、投影仪、音响系统、教师讲课扩音器等，解决教师的后顾之忧，使他们安心工作，完成教学和培训任务。（技工学校）

## 中北大学朔州校区

【党风廉政建设】 2015年，朔州市中北大学朔州校区组织干部群众学习《关于党风廉政建设责任制的规定》《中国共产党纪律处分条例》《中国共产党党员领导干部廉洁从政若干准则》等与党风廉政建设相关的纲领性文件，观看《作风建设在路上》等8部廉政专题片，参观预防职务犯罪警示教育基地，召开“预防职务犯罪”座谈会。逐级制定并签订《朔州校区科级以上干部党风廉政建设责任书》。成立校区“党员之家”活动室，成为党员加强党性修养的重要场所。举办以“新常态下的党群干群关系”为主题的专题教育党课。

落实中央“八项规定”，坚决反对“四风”。对办公场所进行整改，科级以上干部不得参加非亲属外的婚丧嫁娶，严格执行公车使用和公款接待相关规定，严格控制公务支出，本年度招待费下降，超规格陪餐问题得到控制。贯彻执行“三重一大”民主决策制度，重大问题由“主任办公会”来决定，日常事务由“党政联席会”来决定。开通主任信箱，解决或解释投诉意见、建议900多条。开展朔州校区领导接待日活动。

【教学质量提高】 2015年，朔州市中北大学朔州校区以过程干预为抓手，多措并举提高教学质量。成立教学秩序检查小组和任选课教学检查小组，分别对课堂教学、教学档案及任选课进行监督检查，保证各教学环节的实施质量。定期举行教学研讨会、教学沙龙、教学午餐会，开展示范课、听评课、试讲等活动，提升校区教学水平。广泛调动社会资源，不断优化教学基础设施。工程训练中心，物理、化学等基础实验室及环境工程、化学工程等专业实验室建设完成，并按培养方案和实验大纲要求开展实验。推进“朔州市图书馆中北分馆”建设，为校区图书室提供5000册图书。成功申报全国计算机等级考试考点，方便学生在校内参加计算机等级考试。

制定图书馆、专家公寓装修方案及运动场建设方案。重

中北大学朔州校区发挥校区资源优势为服务地方经济培养各类人才

（市方志办供图）

新设计改造图书馆内部采暖系统,完成室内保温密封装修;完成运动场前期设计、招标,已签订建设合同;完成专家公寓内部装修工程量清单和配套家具方案;图书馆、食堂、实验楼及实训楼等处的电梯已经朔州市政采中心招标采购,即将安装。

**【人才培养】** 2015年,朔州市中北大学朔州校区贴近现实、结合实践,强化实践教学环节。与太原工具厂合作完成学生金工实习任务,聘请该厂一线工人担任指导教师。以车辆工程专业为试点,根据企业用人需求加强实操技能培训,该专业143名学生获得汽车维修工高级技术职业资格证书。在朔州市永新财会实习基地、怀仁县金沙滩工业园、应县陶瓷厂等11家企业设立实习基地,组织完成2013级各专业学生的认知实习。激发兴趣、示范影响,培养学生科技创新能力。依托校区省级重点实验室,成立学生科技创新小组,邀请多名企业家到校区开展创新教育讲座,指导学生科技创新。成立校企联合培养实验室,公开选拔20名优秀学生入驻重点实验室跟随相关教师开展科技创新活动。校区拿出专项经费1万元,鼓励学生加入创新社团,支持学生科技立项,学生参与,首次参加全国数学建模大赛和电子设计大赛,分别获得省一等奖、省二等奖的好成绩;发表论文6篇,实用新型专利4项;工程训练中心组建数控编程团队,分为四个兴趣小组(慧鱼组、机器人组、航模组、智能车组),学生兴趣浓厚,踊跃参加。顺应形势、引导,组织学生开展创业活动。开设大学生就业创业指导相关课程,组织学生参加各类大学生创业计划大赛。争取社会资源为学生开展创业活动创造环境,中国农工党朔州市支委在校区举办“农工·启梦杯”创业大赛,出资1万元资助8个创业团队;参与“慧源SOHO杯”朔州市青年创新创业大赛,获得二等奖、三等奖各1项。借助平台、拓宽渠道,提升毕业生就业率。借助10余家驻朔企业校企合作平台及中北大学山西校友会平台,主动联系地方政府相关部门(如朔州市人社局就业中心、环保局)邀请70多家单位到校区召开毕业生就业工作座谈会,并成功召开校区毕业生双选会。校区2012级学生签约率为42.69%。围绕理念、强化建设,提高学生工作的实效性:通过加强学生党团建设,加强和改进大学生思想政治教育。组织近300名优秀团员进行党课培训和结业考试,新发展42名预备党员。成功召开朔州校区第一次团学代表大会。在青年学生中培育和践行社会主义核心价值观,成立国旗护卫队;开展“勿忘国耻·圆梦中华”团日活动;与朔州市团委合作举办“中国梦,奋斗的青春最美丽”宣讲团进校园活动。获得山西省“五四红旗团委”荣誉称号。加强学风建设,开展学生诚信教育,严肃查处考试舞弊行为。举行“优秀学生事迹报告会”,开展各类优秀评比表彰活动,营造良好的学习氛围。开设数学、英语考研提高班,设立考研专用自习室,邀请保研学生做经验交流。校区保研9人,其中3人保送到985学校,5人保送到211学校,1人保送到中北大学朔州校区。

**【服务地方经济】** 2015年,朔州市中北大学朔州校区发挥校区资源优势和人才培养优势,服务朔州市各类人才培训。成人教育录取57人;为中煤平朔集团有限公司219名员工进行机电、餐饮、物流3个专业的岗前培训;申报成功山西省能源局高电压培训资质,为朔州市及周边地区培训高压电工进网作业许可资格95人。

结合朔州经济发展的战略思路和发展要求,鼓励青年教师开展科学研究,针对朔州市循环流化床锅炉炉膛清焦问题,申报成功1项山西省科技攻关项目;针对朔州市森林防火问题,申报成功1项自然科学青年基金项目;针对锅炉用电加热换热器获国家发明专利1项,发表SCI收录论文3篇。加强产学研合作,校区省重点实验室与国润中和(北京)科技发展有限公司等企业签订粉煤灰产学研合作协议。

加强与地方政府及各单位的沟通联系。朔州欧美同学会·朔州留学人员联谊会创新创业教育基地在校区正式挂牌成立。在朔州市有关部门的牵头下，北大、中科院的专家为校区师生做创业巡回演讲，并探讨“院士工作站”成立的相关事宜。组织整合朔州市心理咨询师，为朔州市大中小学开展心理健康教育，得到朔州市政府的好评。按照市政府精神，筹备成立朔州市心理学分会。

组织学生走出校园参加社会公益活动，参与朔州市8次大型志愿者活动，并参与央视《社区英雄》节目的拍摄。定点扶贫右玉县李达窑乡黄家窑村，发放47户春节慰问品；响应朔州市委、市政府关于开展“送温暖、献爱心”活动的号召，为受灾群众募捐爱心款17061元。

【扩大宣传】 2015年，朔州市中北大学朔州校区加强校区门户网站建设，更新网站内容，浏览量超过15万次。制作《辉煌中北，续航朔州》宣传片并在朔州市电视台连续播放半个月。山西卫视、朔州电视台，《山西青年报》《朔州日报》等媒体多次对朔州校区进行过正面宣传报道。通过宣传栏、微信公众平台、出租车LED屏等途径对校区进行宣传，扩大校区社会影响力。校区本科生录取分数线超过山西省二本理科A类线36分、二本B类线文理分别高出11分和6分。

【教工活动】 2015年，朔州市中北大学朔州校区设立教职工活动室，组织各类教工活动，举行新年茶话会和教师节座谈会等。参与学校组织的各类活动，学校教职工运动会上，校区获得团体总分第五名和体育道德风尚奖。

【保障服务】 制度保障。建立健全相关的管理办法和规章制度，编辑出版《学生工作制度汇编》。校区累计新出台16项规章制度。财政保障。协助校区各部门科学合理做好财务预算，对预算执行全过程进行控制监督；协调朔州市财政局，拨付财政拨款500万元；配合朔州市财政局改革工资发放模式，为教职工补缴公积金56.4万元；强化财务人员窗口服务意识，高效、快捷为师生提供满意服务；预算资金管理“关口前移”，校区各种经费支出须经主任办公会讨论通过方可执行。

后勤保障。加强后勤队伍建设，定期对员工进行各项业务素质考核培训以及文明礼仪教育。强化质量监管，严格执行报修、维修制度，细化能源消耗管理，完善节约型校园的建设。安全保障。通过公开招标，由原来的一家物业兼保安公司，扩充为两家物业公司、一家保安公司。

加强设施设备安全管理，定期对校园进行安全隐患排查。新安装室内外监控摄像头，道路减速带，应急避险标识牌等。安排安保人员昼夜值班、巡逻，在校园重点部位蹲点守候，消除安全隐患。举办消防知识培训，组织师生进行应急、消防及地震等各类逃生疏散演练活动。

校区高度重视传染病防控与食品及饮用水安全工作，建立专门的规章制度、工作流程及宣传网页(包括医务部工作网、健康素养促进网、性与生殖健康教育网及心理健康教育网)，开展培训、宣传、监督与检查工作，全年未出现传染病流行与食品及饮用水安全事故与朔城区疾控中心共建艾滋病、结核病志愿咨询检测室，并建立传染病防控信息定期沟通和会商机制。加强网络管理，启动实名登录校园网络管理系统及网路安全管理系统。注重网络正面宣传和舆论引导，做好相关节假日、敏感时期、敏感事件和关键环节的安全教育工作，维护校区和谐稳定局面。校区获省级2014年度“平安单位”称号。

【师资队伍建设】 2015年，朔州市中北大学朔州校区注重高素质人才及骨干教师的引进，引进1名博士，完善外聘人员信息数据库建设，保证教学正常进行。完成在职教师薪级等级的晋升以及绩效工资总量的核定工作，对校区非在编人员的工资水平进行相应调整，保障全体教职工的合法权益。

校区教师社保、公积金、高校教师资格证都解决。成立“朔州校区职称评审分委员会”，理顺校区教师的职称评审、聘任程序，完成一名教师的中级职称评聘。加强教师网络培训，提升教师的教学能力与业务水平。 (中北大学朔州校区)

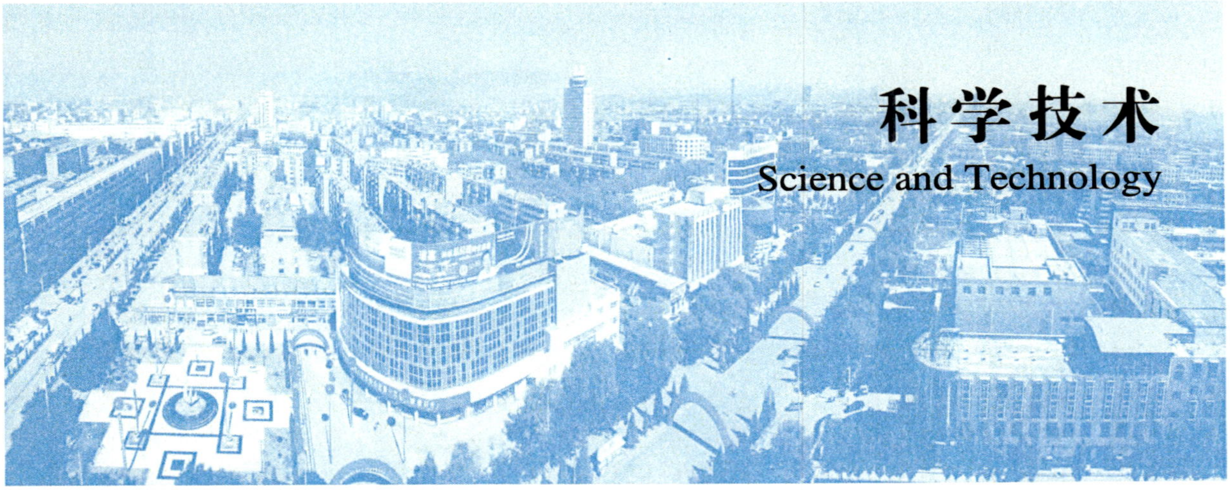

# 科学技术
Science and Technology

## 科　技

**【概述】** 2015年，朔州市科技局以转型跨越发展为主线，提升全市科技创新能力和科技对经济社会发展的支撑能力。在科技体制机制改革、科技创新园区建设、高新技术产业培育、国外新技术引进等各方面均取得较好成绩。应县的山西科通化工有限公司和山阴石星化工有限公司2家企业通过省级高新技术企业认定；高新技术企业销售额与规上工业企业销售额比值全年达1.93(省定指标1%)；有效发明专利全年达到119件(省定指标114件)。市级以上科技计划项目全部采用网上申报。

**【科技创新创业园】** 2015年，朔州市科技局开工朔州市科技创新创业园，各项建设项目全面铺开，开展创业培训、众创、众筹、众投、科研机构招商及中试招商等工作。组织申报的朔州市润臻新技术开发公司的粉煤灰综合利用工程技术中心获省级工程技术中心称号，朔州慧源创业孵化器有限公司的慧源众创空间获省级众创空间，朔州市鑫诚商贸流通集团有限公司的中小商贸流通企业公共服务平台获省级科技企业孵化器。印发《全市重点实验室建设管理意见》。建成市级科技项目申报平台和科技成果专利展示交易平台，并投入试运行。建设专家库，吸收国内知名科技专家80名，进行相关的科技服务。

**【科技专项管理】** 2015年，朔州市科技局中煤平朔煤业有限公司承担的“粉煤灰资源化综合利用产业化开发与示范”列为省级重大科技专项，省级科技引导金2015年资助100万元。朔州职业技术学院承担的“燕麦营养粉超微粉碎技术”、应县海洋农副产品加工购销专业合作社承担的“无公害优质高产小杂粮示范基地建设”等11个项目列入省级2015年度农村技术承包计划；怀仁县家园养殖专业合作社承担的“雁门关肉羊舍饲高效养殖技术成果推广”等3个项目列入2015年度省级星火计划；朔州农校承担的“益生菌发酵香草配合改良羊肉品质集成技术研究”列入2015年度省级农业科技攻关计划。2家企业通过省高新技术企业评审。朔州市晋泉制管有限公司承担的“粉煤灰钢筋混凝土排水管中的研发与应用”项目列入省级工业科技攻关计划。

平朔煤矸石发电有限公司“干态氨法安全型SNCR烟气脱硝系统”等5个项目通过省级科技成果鉴定；中煤平朔有限公司完成的“平朔矿区生态重建及生态产业链构建研究与示范”项目获省科技进步二等奖。怀仁县生产力促进中心“肉羊养殖技术”，应县科技服务中心“蔬菜无公害标准化栽培技术”等2个项目获得省级农村技术承包二等奖；山西荣申达科技有限公司承担的“节能减排新技术的推广应用”

等5个项目列入省级科技成果推广计划。市中美新能源技术(研发)有限公司承担的“中美合作新型煤加氢炼油技术”列入2015年度省级国际科技合作计划。市政府与乌克兰国家科学院签订战略合作协议。

【知识产权保护宣传】 2015年，朔州市科技局开展“4·26”知识产权保护宣传周，印发知识产权保护资料10000余份、宣传读本1000余册；举办一期知识产权保护培训班；开展一次知识产权保执法行动。组织朔州市润臻新技术开发有限公司申报的“粉煤灰外墙装饰板新材料”项目获得省科技厅发明专利资助计划于2015年5月16日至24日，举办全市科技活动周，本次活动周主题是“创新创业、科技惠民”，促进大众创业、万众创新的发展。于2015年6月18日，开展以“中国梦、乡土情”为主题的科技“三下乡”活动。

【深化改革】 2015年，朔州市科技局构建科技创新驱动新机制。以市政府名义印发《国家创新驱动发展战略朔州行动计划(2014—2020年)》和《朔州市低碳创新行动计划(2014—2020年)》。强化以煤基科技、固废综合利用，特色现代农业为重点的科技攻关。健全完善“产、学、研、用”协同互动机制和关键技术重大项目联合攻关机制。提升科技资金使用绩效，规范企业研发费用的管理和使用。与市财政局联合起草《朔州市市级财政科研项目和资金管理办法》。以市委市政府名义下发《关于推进科技创新的若干意见》。

贯彻落实《中华人民共和国政府信息公开条例》，做好政府信息公开工作。制定权力清单、责任清单和工作流程图。加强监督，狠抓落实。(市科技局)

## 气　象

【气象业务】 2015年，朔州市气象局重新修订和完善各项业务管理制度，要求各县局每周至少组织一次业务集体学习并组织业务技术人员参与岗位练兵和业务技术培训。

地面观测设备稳定运行率100%；观测资料传输及时率99.95%；自动站数据可用率99.96%；观测值班质量99.9%，地面气象观测质量综合指数199.88%。农气观测总基数1478.0，错情率0.0‰。自动土壤水分观测资料传输及时率99.74%。地面气象观测设备计量检定率100%。全市自动气象站和自动土壤水分观测站运行正常，测报质量、报表预审、农气质量均无错情，圆满完成各项工作目标任务。

【气象现代化建设】 2015年，朔州市气象局现代化建设工作。全市所有行政村都配备气象信息员共1744人，各县每年分批进行气象信息员的培训。在农村气象预警信息发布建设方面，全市建设乡镇气象信息工作站69个，农村气象信息服务站415个，电子显示屏13个，大喇叭686套(其中自建大喇叭281套，和地方水利部门共享大喇叭405个)。市局防灾减灾服务平台正在完善，相关科室配备计算机，实现内、外网的分离。每月按时上报现代化建设进展信息，编写上报《朔州市全面推进气象现代化及深化改革实施方案》。试点单位平鲁局和怀

朔州市气象部门及时发布各类气象信息，服务地方经济发展

(市方志办供图)

仁局按照市局改革要求,试点运行综合业务流程,并逐步完善县级综合业务流程。

预报业务质量。2015 年,采取有效措施提高全市预报质量。全市公众城镇天气预报晴雨预报各时效预报准确率:0~12 小时:89.65%;12~24 小时:88.03;24~36 小时:87.33%;36~48 小时:86.72%;48~60 小时:86.78%;60~72 小时:85.84%;综合晴雨预报预报准确率 87.39%,全省排名第 8,同比质量提升 2.27%,全省排名进步 3 名。

全市公众城镇天气预报一般性降水各时效预报准确率:0~12 小时:50.98%;12~24 小时:46.21%;24~36 小时:43.69%;36~48 小时:42.2%;48~60 小时:41.72%;60~72 小时:38.97%;综合一般性降水预报准确率:43.96%。全省排名第 7,同比质量提升 6.27%,全省排名进步 4 名。

全市公众城镇天气预报最高气温预报各时效预报准确率:0~24 小时 81.23%;24~48 小时 75.4%;48~72 小时 68.99%;综合质量 75.54;全省排名第 2,同比质量提升 4.31%,全省排名进步 2 名。

全市公众城镇天气预报最低气温各时效预报准确率:0~24 小时:77.11%;24~48 小时 72.13%;48~72 小时 66.79%;综合 TT(%)72.01%。全省排名第 10,同比质量提升 6.97%,全省排名进步 1 名。

**【气象服务】** 2015 年,朔州市气象局组织安排:市局制定《朔州市 2015 年度决策气象服务方案》,汛前成立汛期气象服务工作领导组,周密部署汛期气象服务工作,4 月下旬对各县(区)气象局及局属各单位的汛期气象服务准备工作进行检查,对存在的问题及时进行整改,确保安全渡汛。

农气象服务:认真开展春耕春播气象服务工作,从 4 月中旬春耕开始到 5 月春播基本结束,市气象台制作发布春耕春播专题气象服务 5 期,秋收气象服务材料 12 期,为 2015 年朔州全市农村工作会议制作《2014 年气候影响评价及 2015 年气候预测》,印刷 300 册,亲自送到会务组。结合当地实际指导各县级气象部门主动联系各地农业部门,积极主动为各新型农业主体提供气象服务。开展直通式气象服务工作。服务对象包括种粮大户 137 人,设施农业与果木园区 152 人,养殖大户 356 人。

预警信息发布:发布大风、寒潮、道路结冰、雷电、短时强降水等预警信息 347 次,其中市级 80 次,县级 267 次。

重大气象灾害应急服务及气象灾害调查评估:6 月 4 日从 12 时开始至 16 时,在市区南部,右玉县杀虎口乡、丁家窑乡、高家堡乡,平鲁区向阳堡乡和应县的 7 个乡镇出现不同程度的冰雹灾害天气,市区、平鲁和右玉冰雹天气时间短、强度弱,对农作物影响不大,未形成灾情;应县 7 个乡镇中有 3 个乡镇作物受灾较重,按照灾情调查情况,此次冰雹灾害,受灾面积 14 万亩,受灾人口 4.7 万人,无人员伤亡,经济损失 3500 万元。

6 月 15 日下午,山阴县马营乡一道沟突发山洪灾害,沿路前往中煤顺通辛安矿的运煤车辆损失严重,造成 1 人死亡,1 人失踪,受损车辆达 104 量,其中严重受损大车 33 辆,小车 2 辆;比较严重受损的车辆 44 辆,一般受损车辆 25 辆;另有辛安矿接送大客车 1 辆轻微受损。

以上两次灾害性天气过程,市气象台都提前发布气象灾害预警信号,明确指出可能出现的气象灾害,并通过手机短信、灾情直报平台、国突平台、Notes 邮箱上报省局和指导各县局,受到地方政府的好评。灾情发生后市、县立即组织开展应急气象保障服务,为地方政府救灾提供气象保障服务,积极开展灾情调查评估,并上报灾情调查评估报告。

专业专项气象服务:围绕“重大节日、重要活动、重点工程”开展好各项服务工作。开展元旦、春节、“五一”和清明等重大节日气象服务工作;做好春运、“两会”、高考等重要活动的气象服务。分别与平朔露天煤矿、朔州电力公司、朔州工务段、神头一电厂、神头二电厂等单位签订 2015 年气象专项服务协议,为大型企业 24 小时提供专业气象服务。

**【增雨作业】** 2015 年,朔州市气象局建立 6 个高炮标准化作业点,21 个火箭作业点。

作业设备请厂家检修人员进行检修维护，加强人影作业安全生产责任制和人影安全日常管理，每次作业前都要对设备进行安全检查，每月定期对弹药库进行安全检查。弹药进行安全管理，弹药存放在怀仁县标准化弹药库保险柜内，每天安排2人，24小时轮流值班看守，消除安全隐患。每次作业前都进行公告，制作规范安全射界图，作业过程中严格遵守操作规程，作业人员全部持证上岗。每年都要对作业人员进行安全培训和教育，作业后按时报送作业信息，没有任何安全责任性事故发生。

全年增雨待命18次，开展增雨作业9次，发射增雨炮弹126枚，为全市春耕春播和防灾减灾做出贡献，受到各级政府领导的表扬。

【党风廉政建设】 2015年，朔州市气象局开展宣教月活动，加大宣传教育力度。4月14日，组织全体党员到市检察院预防职务犯罪警示教育基地接受廉政警示教育；4月16日，组织开展“守纪律、讲规矩，落实两个责任”主题知识竞赛活动；4月21日，组织全局党员干部观看警示教育片《四风之害》；4月，对各县(区)气象局落实“两个责任”情况和宣教月开展情况进行监督检查；5月，按照“公开是常态不公开是例外”的原则，重新制定局务公开流程和公开方案，并对市局大院廉政展板和局务公开展板进行更换。

严格落实党风廉政建设主体责任和监督责任：专门召开五次党组会议研究部署全年党风廉政建设工作，制定《2015年全市气象部门纪检监察工作要点》，成立以党组书记为组长的落实中央八项规定，纠正“四风”，落实好“两个”责任领导小组，印发《中共朔州市气象局党组落实党风廉政建设监督责任的实施办法》，制定党组落实主体责任，责任传导和倒逼责任追究流程以及纪检组落实监督责任，责任传导和倒逼责任追究流程。

完善制度、优化流程、分权制衡：一是出台请示报告制度，明确申请人、科室负责人和分管领导的各自责任和权限；二是印发2015年审计工作安排，圆满完成省局下达的全年审计任务。 (市气象局)

## 地　震

【概述】 朔州市地震局是1998年经省、市编办批准成立，参照公务员管理的事业单位，编制8个。内设办公室、监测科和震防科三个科室，下设朔州市地震监测站，编制7个。2015年6月10日，经市编办研究批准，同意朔州市地震监测站加挂地震应急救援中心牌子，具体协调和指导全市地震应急工作，提出对市内地震做出快速反应的措施、建议，组织协调开展地震应急演练活动。2015年，以最大限度地减轻和降低地震灾害损失，切实保障人民生命财产安全为宗旨，以提高防震减灾综合能力为切入点，加强组织领导，健全完善工作机制，统筹推进监测预报、震害防御、应急救援三大体系建设。

【基础保障】 2015年3月26日，朔州市地震局召开全市防震减灾工作会议，传达全省防震减灾领导组会议精神，认真总结市2014年防震减灾工作，并对2015年的重点工作作出安排部署；下发《2015年防震减灾重点工作及任务分解》，市政府与各县区政府、市经济开发区管委会签订《朔州市2015年防震减灾目标责任书》，将省政府与市政府签订的主要目标任务进行分解、落实。

【震情监测】 2015年，朔州市地震局加强震情值班，强化震情监视，做好异常跟踪落实工作，严格执行震情会商工作制度，加强震情会商报告制度。为强化区域间数据共享、异常核实、震情跟踪、趋势研判等工作，与北部两市签订《震情监视跟踪联动协作方案》，视震情联合组织震情会商，实现人员、设备、资料的互相支持、联合、联动的要求。加大对现有各类监测仪器设备的运行维护力度，确保设备运行正常，观测资料数据连续可靠，信息传递及时准确。

出台《朔州市2015年度震情监视跟踪工作方案》；健全完善市级15个宏观观测点异常报告和核实制度；落实震情跟踪、异常核实工作责任制，对可能出现的情况做到早发现、早应对。7月13日6时许，市宏观观测点虹鳟渔场井水出现混浊宏观异常现象，工作人员立即赶赴渔场，了解跟踪核实异常，通过现场观察和对周围环境的调查，初步分析认为是因近一个月，天气干燥，水位下降，出水量减少而造成的。加强“三网一员”管理，充实防震减灾助理员队伍，重新核实登记“三网一员”信息，建立纸质和电子档案数据库，充分发挥群测群防作用。“三网一员”覆盖全市74个乡镇（街道），29个社区居委会，1614个自然村，7家大型企业。

联合右玉县地震局在右玉县滴水岩观测点共同兴建地电场观测项目，按国家入网标准建设，具体由省地震局监测信息中心负责项目施工指导、设备安装调试、人员培训等，右玉县地震局负责日常管理、维护，建成并投入运行。

**【建设工程抗震设防管理】** 2015年，朔州市地震局将抗震设防纳入建设工程管理程序，加大行政审批服务窗口工作管理力度，编制权力清单，三项行政审批内容全部保留。全年办理抗震设防要求审批项目15项，进行安全性评价的重大工程4项。

利用《朔州日报》、群发短信、LED大屏、《山西新闻网·朔州频道》等多种宣传方式，宣传贯彻《山西省建设工程抗震设防条例》，通过宣传使广大人民群众了解抗震设防。

5月12日，在右玉县组织开展第四届“平安中国·千城大行动活动”，其间，分别深入学校、社区和机关放映防灾减灾科普电影，开展防震减灾知识宣传。

推进防震减灾科普示范学校和示范社区创建工作。年内建成省级防震减灾科普示范学校1所，省级防震减灾科普示范社区1个。

**【应急救援体系建设】** 2015年，朔州市地震局出台《朔州市地震应急指挥流程》，配套制定指挥部应急指挥体系框图和应急指挥决策流程图。

组织开展不同类型、不同层次的地震应急演练活动。参加全省在大同组织的地震应急演练；在市各大中小学校开展防震减灾科普知识宣传和地震应急疏散演练；各应急救援队伍及指挥部各成员单位积极开展训练演练；地震系统组织开展多次系统内部应急演练。

组织应急知识培训。10月30日，举办地震应急知识培训，市抗震防灾指挥部成员单位，应急救援队伍，团市委志愿者队伍，市红十字会志愿者队伍，各县区、开发区防震减灾助理员、地震局应急骨干，市级宏观观测点观测员等200多人参加培训。通过培训，普及地震科普知识，提高应急救援队伍防震减灾意识和自救互救技能。

市地震局分别与市民政局、市公安局、市交通局、国网朔州供电公司以及移动、联通、电信三家通信公司，按照“共建共享、优势互补、相互促进、协同发展”的原则，签订灾情信息资源共享与合作协议，初步建立震后灾情共享机制。

**【宣传教育】** 2015年，朔州市地震局在微信公众号“朔州那些事”播放视频公益广告《撑起一片天》《致家长的一封信》，针对家庭开展防震减灾科普知识的宣传。在《山西新闻网·朔州频道》醒目位置登载宣传标语，并与地震门户网站链接，进行防震减灾科普知识的宣传，让社会公众更多了解地震知识。在我国第七个“防灾减灾日”宣传周期间，组织开展“防震减灾知识进校园”活动。各学校充分利用主题班会、课堂教学、展览、演讲、征文、书法、手抄报、黑板报评比等活动，以及校园网、广播和宣传栏、QQ群、微信等载体，开展防震减灾基本常识宣传。将全市中小学征集到的防震减灾优秀作品择优发表，编印成《防震知识进校园活动专刊》，赠送给全市中小学，供广大师生学习交流，切实提高广大师生防震减灾意识和自救互救应急避险能力。走进大学校园进行防震减灾知识宣传。在“5·12”宣传周期间，深入中北大学朔州校区，开展有400多人参加的防震减灾科普知识讲座，在中北大学朔州校区网站播放视频公益广告《撑起一片天》、防灾科普视频短片《守护生命》、公益活动主题歌《平安中国》，发放《地震灾害防灾避险知识读本》和宣传资料等，让地震科普知识走进大学校园。（市地震局）

# 文化 传媒

# Culture Media

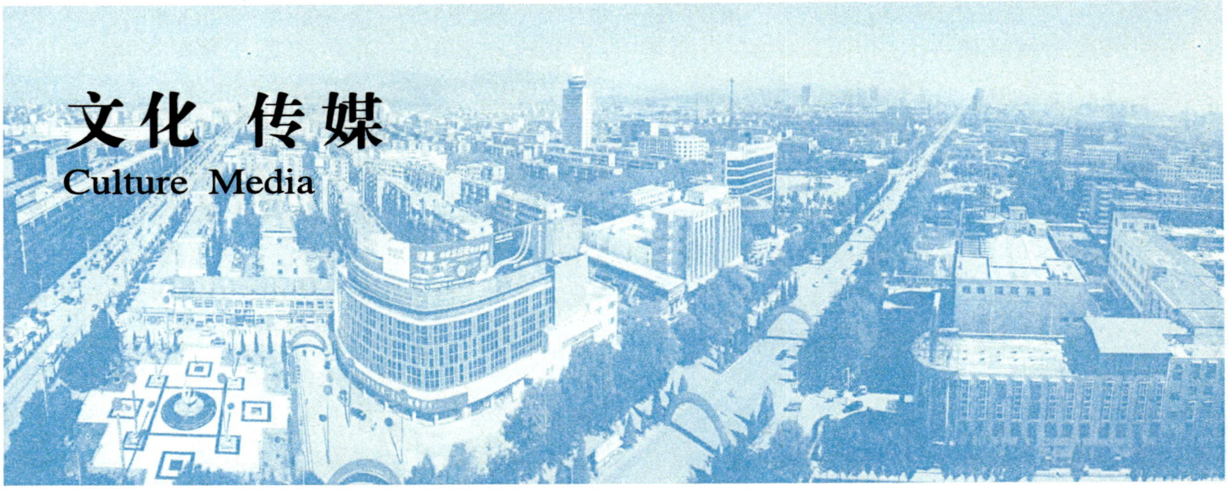

## 文　化

**【概述】** 2015年，朔州市文化广电新闻出版工作以中共十八大和十八届三中、四中、五中全会精神为指导，以服务“两大任务”、建设“美丽朔州”为目标，以创建国家公共文化服务体系示范区为重点，公共文化基础设施建设、群众文化体育活动组织开展、文化遗产保护利用、广电新闻出版工作提质创新、文化市场规范化管理等各方面工作取得新进展，为全市经济社会发展提供保障。

**【示范区创建】** 2015年，朔州市创建国家公共文化服务体系示范区工作推进。4月9日，市长李海渊主持召开朔州市创建国家公共文化服务体系示范区推进会，对创建工作进行再动员、再部署，全市各级各部门贯彻推进会会议精神，全市示范区创建各项工作加快。乡镇综合文化站综合服务效能课题研究完成。1月，文化局向国家创建工作领导小组专家专题汇报朔州市课题研究进展情况，得到与会专家的肯定。在此基础上，市课题研究组对乡镇综合文化站课题从人员、制度、管理、活动等方面进行研究，通过2016年1月14日文化部组织的第二批创建国家公共文化服务体系示范区制度设计课题评审会。在中部10省的10个创建城市中，朔州市制度设计课题研究获得第三名，顺利通过专家评审组的评审。创建档案资料基本实现标准化。在狠抓乡镇综合文化站场地建设、人员队伍建设、资料档案建设的基础上，继续按照示范区创建资料档案标准化要求，重点抓市县区群艺馆(文化馆)、图书馆、博物馆资料档案建设，全市各级公共文化机构档案资料管理实现规范化。各部门协同推进示范区创建工作有新进展。示范区创建各成员单位按照创建工作任务分工，推进本单位、本部门的创建工作，呈现出协同推进创建工作的局面。公共文化服务能力提升。市博物馆、应县文化馆、应县图书馆、平鲁区文化馆、平鲁区博物馆等新建文化服务场馆相继投入使用，全市四级公共文化服务馆站室全部实行免费开放，服务能力提升。各级公共文化馆站达到示范区创建标准。分别制定下发文化馆、图书馆、乡镇综合文化站、村级文化室《创建工作实施细则》，各级馆站室着力从硬件和软件方面加大创建力度。市政府下发《加强乡镇综合文化站管理的意见》，乡镇综合文化站管理规范。截至2015年年底，市县乡村四级馆站室基本达到国家示范区创建验收标准要求，将迎接国家公共文化服务示范区领导小组验收。加强区域文化交流。朔州市与晋中市相互开展区域文化交流活动，左权县开花调艺术团、和顺县晋剧团来朔进行演出，朔州市晋剧团到和顺县进行演出。朔州市邀请中国煤矿文工团来朔演出大型歌舞剧《守望》。

**【文化服务保障】** 2015年，朔州市开展“送戏下乡”活动。通过政府集中招标采购，13家中标文艺表演团体为全市300人上村送戏1100场。同时，为丰富市民精神文化生活，朔州市组织开展“周末大舞台”演出，活动从3月13日开始演出到12月月底，演出100多场，完成全年演出任务。借助该平台，该局还组织朔州市2015年消夏文艺演出活动，演出27场，满足城市居民精神文化生活。

广播电视“户户通”工程推进。2015年，全市“户户通”任务4328套，其中应县561套、山阴1667套、平鲁700套、右玉1390套。截至12月月底，除152套故障机外，其余全部安装到农户并开通。农村电影放映工程不断巩固拓展。全年为全市1688个行政村免费放映电影20256场，为全市131所农村寄宿制学校共放映电影1179场。文化信息资源共享工程进行。项目通过政府采购招标建设，市政府集中采购中心组织专家对《方案》进行5次论证，组织3次招标会，其中有1个包中标完成采购，其余2个包均流标。

**【群众文化建设】** 2015年，朔州市开展群众文化体育活动。节日文化活动内容丰富。春节元宵节期间，组织举办朔州市第五届“山花奖”展演、张倩云“感恩家乡”群星演唱会、“廉政文化”送电影下基层活动等丰富多彩的“两节”文化活动。突出主题文化活动。按照市委宣传部的部署，在纪念抗日战争70周年之时，组织举办中国共产党成立90周年“映像朔州”摄影展、图书展览、电影展播季等系列活动。“八一”建军节时，开展文化进军营活动，为武警部队送去图书1500多册，组织军民联谊演出活动和“送电影”进军营活动。打造群众文化品牌活动。组织第五届朔州市排舞展演、第五届朔州市“小戏小品小剧种”展演活动、第五届朔州市舞台艺术“山花奖”评比活动。参与省级群众文化赛事活动。本市选送歌曲类、舞蹈类、戏曲类8个节目参加2015年度山西省第十七届“群星奖”活动，均获得奖项，其中戏曲小品《大槐树下》获一等奖。推进全民健身活动。全年以“强健体魄阳光生活”为主题，开展迎新年全民健身系列活动、毽球比赛、职工篮球赛、中老年门球赛、中老年重阳节健身操舞交流活动等多项活动。8月8日全民健身日期间，举行全民健身展示活动及中国足球民间争霸赛朔州海选赛等活动。备战参加第十五届省运会。完成运动员注册、选拔、训练和参赛工作，在山西省第十五届运动会2015年度比赛中取得3金3铜的成绩。9月18日，第十五届运动会2015年击剑比赛在应县举行，该市代表队取得两枚铜牌。开展面向基层的文化活动。市图书馆举行“送书下基层书香飘万家”送书活动、市群艺馆开展“送文化下基层”文艺演出、市博物馆组织“共享历史感受快乐”文化志愿者活动等。推进全民阅读进农村活动。开展以“营造书香乡镇·倡导阅读人生”为主题的朔州市全民阅读进农村活动，每县区着重培养3个“书香之乡”；每乡镇培养两个“书香之家”。文艺创作取得新进展。文艺创作是文化建设的核心。立足朔州地域特色文化，围绕“中国梦·朔州美”主题和弘扬“三个文化”主线，推进“深入生活、扎根人民”主题实践活动，充分利用“三小”展演、“山花奖”展演等平台和

朔州市丰富人民群众生活，举办第六届“山花奖”展演活动（市方志办供图）

活动契机，引导各级文艺院团艺术创作生产，2015年创作《走西口》《大槐树下》《百姓乡长》《慈母的心》《公共文化服务惠民生》等艺术作品，耍孩儿、道情剧团改编《于成龙》剧目，新编创《阁老争本》等剧目。朔州市歌舞团打造的大型歌舞剧《杨门女将》完成剧本创作。

【文化遗产保护】 2015年，朔州市推进文化遗产保护事项。文物保护工作加强。加强全市古建筑、文博单位、文物保护工程安全管理工作，对古建筑保存状况调查和安全设施情况进行调查，对古建筑类全国重点文物保护单位存在的险情进行排查。对全市18处市级重点文物保护单位树立文物保护标志碑。全年不间断对本市各级重点文物保护单位及博物馆进行安全检查，全年文物保护单位安全无事故。完成长城资源调查。组织人员对本市境内的长城资源进行调查统计，并完成数据上报。完成全国第一次可移动文物普查2015年工作任务。上报普查数据4295套（条）、190528件，行内文物数据采集登录任务完成。宣传优秀文化遗产。利用全市各博物馆阵地，开展“5·18”国际博物馆日系列宣传活动。启动“乡村文化记忆工程”。从试点入手，4月推荐朔城区神头镇等6个乡镇为山西省“乡村文化记忆工程”首批试点乡镇，12月又向省文化厅推荐12个乡镇为第二批“乡村文化记忆工程”试点。

【依法行政】 2015年，朔州市加大依法行政推进力度。广电安全播出管理不断加强。加大对各级广播电视台节目播出特别是广告节目播出情况的检查力度，未发现违规广告播出。各级电视台能够贯彻落实广播电视宣传管理的各项规定，执行节目播出审查程序、播出备案制度。能够落实安全播出的各项规定，全年安全播出无事故。严密监控非法广播电视信号。12月16日，市文化市场执法大队、市无线电管理局、市公安局联合出动，捣毁安放在朔州经济开发区某小区内的两处非法调频广播发射窝点。

新闻出版监管力度加大。按照中央省市部署，在“两节”“两会”“五一”“国庆”、暑假寒假等节假日期间，加大市场巡查力度，重点对少儿出版物市场、中小学教辅材料出版发行以及非法报刊、盗版软件及非法淫秽光盘等进行专项治理，严查各类非法违规行为。开展印刷复制业五项管理制度专项检查，确保全市印刷市场健康繁荣发展。推进版权保护工作，推进全市政府机关建立正版软件长效管理机制。

文化市场管理规范。健全完善文化市场网络化管理机制。建立完善全市文化市场网格化管理体系，将全市文化市场划分为202个小网格，每个网格定人、定岗、定责，文化市场经营单位全部纳入网格管理。完善文化市场分级管理机制，形成市、县（区）、乡镇三级监督网络格局。引导互联网服务场所转型升级。借鉴先进发达地区的成功经验，推动本市互联网服务场所的转型升级，全市有爱尚等7家网吧成功转型为提供上网、娱乐、餐饮、阅读、交友等多功能服务为一体的文化休闲场所。加强对新闻媒体和出版物的管理。对省级驻朔的8家记者站和全市各级新闻媒体进行整顿，在媒体上进行公示并向社会进行公开承诺，加强对全市11家内部资料出版物的审读工作。

文化市场整治和“扫黄打非”工作成效显著。全年相继开展网吧接纳未成年人集中行动；寒暑假期净化社会文化环境整治行动、“扫黄打非”“清源”“净网”“净网”“护苗”“秋风”专项行动以及卫星广播电视地面接收设施集中整治等多个专项整治行动，打击文化市场经营活动中的各类违法违规行为。在网吧接纳未成年人暑期集中整治中，查处违法经营活动7家，责令停业整顿7家；在卫星电视广播地面接收设施集中整治行动中，对5家非法销售地面卫星接收设施的42套设备予以没收，对两家旅店和38户居民的非法地面卫星接收设施强制拆除，动员群众自行拆除200余套。在2015“净网”行动中，线上对辖区的274家网站、38台服务器进行登记排查，督促40余家网站落实安全技术措施，对本地网站中存在的46条淫秽色情信息予以删除，发现并通报异地网警部门删除色情等低俗有害信息780余条；线下检查网吧140多家(次)，处罚违规网吧10家，对7家存在违法行为的电脑维修点进行处罚，查扣7台涉案电脑主机。查缴平鲁区永和商厦部分商家涉嫌销售盗版音像制品5000余盘(张)。在2015“秋风”专项行动中，依法收缴各类违规医疗广告图册600余册。怀仁县“激情四射”QQ群传播淫秽物品案、山西天元建筑设计有限公司使用Autodesk(欧特克)系列软件盗版案，被列为省“扫黄打非”督办案件。

【文化产业发展】 2015年，朔州市贯彻国务院《关于推进文化创意和设计服务与相关产业融合发展的意见》和《山西省支持文化产业加快发展的若干措施》，结合本市实际，拟定并提交市政府下发《朔州市加快文化产业发展的若干措施》。由市委宣传部组织，参加山西第二届文博会，展出本市19家文化企业8大类近200种文化产品作品，有3个项目签约，分别为中影星美乾翼国际影城项目投资3500万元，朔州煤电公司杀虎口文化旅游项目投资138000万元，明海湖生态农业观光旅游度假区项目（二期）投资20000万。签约项目落地后将促进本市文化产业的提升。拓展全市体彩销售渠道，发掘新的增长点，强化体彩安全管理，销售成绩稳步上升，完成年初制定4000万元的体彩销售目标。

【文化体制改革】 2015年，朔州市推进公共文化服务机构法人治理结构改革。朔州市图书馆是2014年全国公共文化服务机构法人治理结构改革的试点单位之一，经广泛调研，起草《朔州市图书馆法人治理结构改革试点工作实施方案》并提交市政府第99次常务会议研究通过，市政府办正式行文。拟定《朔州市图书馆理事会章程》，确立理事会议事规则及相关运行制度。市图书馆按照法人治理结构改革的总体思路，从岗位管理、收入分配、绩效考核等方面进行探索实践。着手组建理事会。朔州市群艺馆、朔州市汉墓博物馆推进法人治理结构改革工作。

（市文化局）

2015年9月，朔州市文化产业组团参加山西第二届文博会

（市方志办供图）

## 传　媒

【主题宣传】 2015年，朔州市开设多个专题报道。新开设《全力以赴稳增长·坚定信心促发展》《习近平出席俄罗斯战胜庆典》《雁门关生态畜牧经济区特色农产品展销暨技术交流招商引资洽谈会》《践行“三严三实”建设美丽朔州》等多个重要专题。

开展教育活动报道。“学习讨论落实”活动方面，按照市委有关精神，根据市委宣传部《全市学习讨论落实活动宣传报道方案》安排，在朔州新闻网开设“深入开展学习讨论落实活动”专题，发布相关报道370多篇。其中包括评论16篇，如《扎实践行“三严三实”全面推进“六权治本”》《以专项整治的实际成效立信于民》等。开设《除陈规陋习 树文明新风》《全国两会》专题、《清明祭英烈 共铸中华魂》专题，在新闻网醒目位置置放“核心价值观”公益广告。“三严三实”专题教育方面，开设《践行“三严三实”建设美丽朔州》专题，对全市专题教育活动情况予以报道,采编和发布市直和县区各单位的相关报道300多条。

完成"两会"报道工作。完成全市"两会"的宣传报道任务,在朔州市首次分别于开幕当天中午在网上及时播出两个大会的开幕实况录像。两会期间,做到当日稿件当日上传,及时准确发布两会新闻。会议期间发布文字稿178条,图片269幅,视频32件。

统筹农博会宣传报道。做好"山西省雁门关生态畜牧经济区特色农产品展销暨技术交流招商引资洽谈会"活动报道工作,从4月月初就与中央、首都等新闻媒体和地铁、高铁的"窗口"单位进行对接,从5月初就在首都范围内展开的"立体式"预热雁门关生态畜牧经济区特色农产品展销暨技术交流招商引资洽谈会的高潮。抽调精干力量,迅速成立由20人组成的山西省雁门关生态畜牧经济区特色农产品展销暨技术交流招商引资洽谈会活动朔州团新闻宣传组。新闻宣传组围绕农博会活动的主要内容、特点,协调市新闻媒体做好前期动态性报道。落实参会新闻记者的邀请工作。此次活动邀请中央级、首都及省内外媒体46家、130余人参加活动。形成媒体报道多层次、宽领域的交叉覆盖。农博会期间,在中央、首都及省市媒体上发稿320余篇(条),提升朔州的美誉度和影响力。

收集年度新闻报道成果。组织专门小组,收集整理中央、省、市各级各类媒体关于本市的新闻作品,编印《记录2014》(每套三册)一书500套,并送发到市直各单位主要领导和主要部门负责人每人一套。

整理编印《看朔州》画册。网站运行5年来,积累市社会经济文化建设的众多图片,经过整理,通过人文遗迹、塞上明珠、宜居新城、绿色家园、旅游休闲、幸福表情六个方面,编印画册《看朔州》(每套六册)。

【媒体融合】 2015年,朔州市推进媒体融合。新闻网改版升级推进有力。朔州新闻网作为全市主流媒体之一,紧跟时代发展,在新闻宣传和舆论引导方面的主导作用发挥明显,为党政机关和人民群众提供较好地服务。7月,朔州市开始朔州新闻网改版升级工程。网站升级改造后,调整栏目设置,内容更丰富、更贴近民生,运行更稳定。为适应朔州广播电视台新闻联播节目高清播放,新安装高清闭路电视和录制设备,实现及时录制上传高清节目,使新闻视频由标清升级为高清。

手机客户端建设进展顺利。继4月27日与新华社山西分社新媒体部对接,商谈合作开发手机客户端项目以来,努力做好相关准备工作。签订服务协议,手机客户端项目进入初期实施阶段。

【自身建设】 2015年,朔州市注重自身建设。"三严三实"专题教育开展。以学习习总书记"三严三实"重要讲话为重点,组织全体干部职工参加5月29日在市图书馆进行的"全市宣传文化系统'三严三实'专题教育党课"。新闻中心主要领导干部每个专题都撰写深刻的研讨发言材料,参加市委宣传部组织召开"三严三实"专题教育学习研讨会,围绕"三严三实"各个主题,紧密联系自己的思想和工作实际,进行深入的专题研讨。

自身建设管理完善。在队伍管理方面,通过组织统一考试,以政府购买服务方式招录9名工作人员。理顺政府购买服务人员工作考核及待遇问题。抓好党员干部思想道德教育和纪律教育,促进党员干部自觉增强道德约束力和纪律观念,遵守党的政治纪律、组织纪律、经济工作纪律和群众工作纪律。抓好党员干部和工作人员的日常行为规范。重点是规范8小时以外,要不忘身份、使命、责任,养成健康的生活方式,培养健康的生活情趣。健全完善其他各项管理制度。

市级文明单位完成申报。朔州市新闻中心申报市级文明单位。朔州新闻网申报"朔州市2014—2015文明网站"。

(市新闻中心)

# 卫生 计划生育

Health Family planning

## 卫 生

【概述】 2015年，朔州市围绕卫生计生重点工作，坚持以深化医药卫生体制改革为主线，以实施促进基本公共卫生服务均等化和健全医疗卫生服务体系为龙头，以新型农村合作医疗、疾病防控、中医药发展、卫生应急、卫生监督、人才培养及政风行风、廉政建设工作为重点，加强行业监管，强化措施，狠抓落实，完成各项工作任务。实施县级公立医院综合改革，完成机构改革工作，开展新农合大病保险工作，卫生应急能力提高，推行医院检查检验结果互认，打击“两非”、非法行医效果明显，卫生计生资金得到足额拨付，中医药工作得到加强，为保障人民群众身体健康，推动朔州市经济社会发展和维护社会稳定发挥作用。

【医疗卫生情况】 2015年，朔州市有各级各类医疗卫生机构2163家，其中医院62家(包括民营医院)、市急救中心1所，社区卫生服务中心(站)36家、乡镇卫生院71家、村卫生室1687个、采供血机构2家、诊所和门诊260家。全市注册医师2830人，注册助理医师544人，注册护士2341人。

【机构改革工作】 2015年，朔州市卫生局和朔州人口和计划生育委员会正式合并组建朔州市卫生和计划生育委员会；6月4日，正式宣布朔州市卫生计生机构改革开始；10月23日，班子成员正式任命，内设机构及人员到位；10月月底，朔州市卫生计生机构改革和资源整合工作完成。

【县级公立医院综合改革】 2015年，朔州市怀仁县推行县级公立医院综合改革，至此全市六县区全部进行县级公立医院综合改革。同时理顺医疗服务价格，医用设备检查治疗和检验检测两类医疗服务项目价格降低10%，诊查费、治疗费、护理费、手术费上调13%，床位费上调36%。

【新农合保障】 2015年，朔州市新型农村合作医疗保险参保率达99.68%，人均筹资标准提高到470元，政策范围内门诊和住院费用支付比例达到75%左右。住院补偿最高支付限额为15万元，列入提高保障水平范围的重大疾病不计封顶线，新农合“先住院，后付费”，确保困难群众和危重病人及时看医。新农合门诊慢性病保障增加到35种，重大疾病保障增加到25种。平鲁区将中药饮片纳入新农合补偿范畴，对过期药品一次性销毁、一次性补偿。新农合大病保险招标工作完成。2015年9月1日，朔州市在所有统筹地区推开支付方式改革和分级诊疗制度工作。全年新农合各类补偿受益人数145.1万人次，补偿金额3.93亿元。

【医疗服务】 2015年，朔州市医疗服务水平提高。三级医院朔州市人民医院(朔城区人民医院)检验结果互认项目达到60项，医学影像互认项目达到15项。二级医院检验结果互认项目达到33项，医学影像互认项目达到4项。二级以上医疗机构临床路径相关病种入院病例总数为5481例，进入临床病例数3426例，入径率为63%，变异率为4%，入径完成率为84%。二级医院优质护理服务区覆盖率达到100%，优质护理评价两家优秀，1家良好，6家合格。朔州市平鲁区井坪镇卫生院、右玉县白头里乡卫生院等朔州市11家医院获得“山西省中医药特色基层医疗机构”称号。市中医小儿推拿健康指导服务随访家长数完成率达到181%。应县、朔城区、右玉县、怀仁县先后邀请省级专家就0~6周岁儿童健康管理、中医药健康管理服务、资金管理等内容进行培训，同时选派多名医生远赴运城河东小儿推拿学校学习，派出两名中医医师参加山西省中医学院2014年度中药类别全科医师师资培训。完成1693名村卫生室人员、69名乡镇卫生院业务骨干、23名社区卫生人员岗位技能培训，完成69名乡镇卫生院院长管理服务培训。完成31名基层医疗卫生机构全科医生转岗理论培训，完成7名农村订单定向医学生免费培养。平鲁区县中两院安排15名医师对口支援5个乡镇卫生院，右玉县县中两院安排12名医师对口支援4个乡镇卫生院。为乡镇卫生院补齐缺编人员251名。

【公共卫生服务】 2015年，朔州市公共卫生服务水平提高。人均基本公共卫生服务财政补助标准由35元提高到40元。60~64周岁老年人免费健康体检人数为38249人，完成率58.1%，超任务8.1%；65岁以上老年人健康体检人数为111635人，健康体检率为87%，超任务7%。累计规范管理高血压患者72544人；累计规范管理糖尿病患者25349人；累计登记重性精神疾病患者4222人，规范管理3607人；全市结核病检出完成603人，完成率78%。朔州市农村妇女宫颈癌免费筛查14233人，完成率100.23%；妇幼免费孕前优生健康检查13888人，完成率100.64%；农村育龄妇女增补叶酸12696人，完成率116.48%；孕产妇健康管理8559人，健康管理率86%；孕产妇住院分娩补助8419人；0~6周岁儿童健康管理94562人，健康管理率91.03%。孕产妇死亡率为0，婴儿死亡率为2.41‰，出生缺陷发生率为33.64/万，5岁以下儿童死亡率为3.47‰。朔州市以乡为单位传染病网络直报率保持在100%；扩大免疫规划疫苗报告接种率以乡为单位达到99%，含麻疹成分疫苗补充免疫和查漏补种接种率达99.9%。碘盐覆盖率和合格碘盐食用率分别为96.67%、91.83%。艾滋病自愿咨询检测2465人，完成率117.38%；抗病毒治疗116人，完成率154.67%。采集、化验全市生活饮用水576份，其中农村生活饮用水430份，城市饮用水146份，合格率为90.45%。15家二级以上公立医院开设健康教育大讲堂。开展知识健康讲座380期，听众7120人次，医务人员262人次。印制发放健康知识口袋书35万套。

【卫生应急处置应对】 2015年，朔州市依托远程医疗系统和村卫生室系统，建设朔州市突发公共卫生事件应急指挥决策系统平台。2015年9月18日，在朔州市委党校，组织召开朔州市卫生应急管理培训会议，并进行学校暴发流感疫情桌面推演，153人参加。

(市卫生和计划委员会)

## 计划生育

【计生服务管理】 2015年，朔州市加强计生服务管理。朔州市人口自然增长率为4.05‰，符合省级6.5‰的要求，全市人口出生率为5.72‰，出生人口性别比为103.98。农村城市独生子女伤残、死亡家庭特别扶助金标准由200元提高到400元、500元。符合条件的计生特困家庭成员，在“五保”供养、医疗救助、医保缴费、医院就医等方面享受优惠和照顾政策。朔州市有特别扶助对象52人，其中独生子女伤残20人，独生子女死亡32人，享受国家两项奖励扶助对象2036人，享受省4项计划生育奖励扶助政策的73户、31448人，享受市定10项政策43994人。朔州市卫生和计划生育委员会简化办证流程，印制便民告知书，并通过“12356”计生服务热线等渠道，接受群众监督。全年办理“生育服务证”3379个，再生育服务证430个，流动人口婚育证明563个，独生子女父母光荣证2013个。

【打击“两非”违法行为】 2015年，朔州市成立“综合治理出生人口性别比打击‘两非’领导组”，加强区域协作，制定专项管理制度，规范终止妊娠药品在销售和流通领域的管理，重点加强对51家医疗机构B超室、妇产科的检查，依法依纪严肃查处“两非”行为。朔州市出生婴儿性别比103.98，同比下降1.16个百分点。

【卫生监督与执法管理】 2015年，朔州市加强卫生监督与执法管理。朔州市各级各类医疗机构、供水单位、职业(放射)卫生技术机构监督覆盖率达100%，传染病防治及采供血机构卫生经常性监督覆盖率达100%，消毒产品生产企业监督覆盖率达100%。对298所中小学校检测教学卫生环境，其中，174所学校教室人均面积符合卫生要求，98所学生宿舍符合卫生要求，295所学校教室采光符合卫生要求，298所学校课桌椅、黑板、微小气候符合卫生要求。打击非法行医行为和收受红包行为。查处无证行医案件275件，取缔黑诊所138家，移送司法机关非法行医5起；查处违法医疗广告两件，群众举报4起，全部办结；罚款11.94万元。对朔州市23家医疗机构消毒产品进行监督检查，符合有关规定。

【党政建设】 2015年，朔州市加强党政法治建设。加强思想政治、精神文明、机关文化建设，用理论指导实践，践行“三严三实”。坚持理论学习制度，加强党组中心组学习，每月集中学习一次践行社会主义核心价值观，树立正确的权力观、地位观和利益观。开展“三严三实”专题教育，展开民主生活会。落实党风廉政建设落实“两个责任”，坚持“一岗双责”的原则。对各项任务进行分解，建立责任制，分管领导和各科室负责人对分管工作领域党风廉政建设负有领导、组织、协调及督促落实的责任。以新的《中国共产党廉洁自律准则》和《中国共产党纪律处分条例》为准绳，防止“四风”问题反弹。加强法治建设。以“六权治本”为抓手推进法治建设，印发“六权治本”实施方案，落实党政主要领导“五个不直接分管”和“末位表态”的办法，完成权力清单的编制，划分领导班子成员分管科室及责任范围，宣传与卫生计生相关的法律法规，弘扬国家的法制精神，普及法律知识，提高全社会大众的法律意识和素养。

（市卫生和计划生育委员会）

# 社会生活
Social Life

## 民　政

【专题教育】 2015年，朔州市民政局学习贯彻党的十八大、十八届三中、四中、五中全会和习近平总书记系列重要讲话精神及省委、市委作出的一系列决策部署精神，先后多次召开党组中心组学习会议；通过轮流登台讲课、学习先进典型、邀请专家讲座、研讨交流感悟等多种方式，推动学习贯彻工作向深度和广度拓展。2015年，精心组织“三严三实”专题学习研讨会5次，组织干部职工集中学习42次，班子成员累计讲党课9次。开展“学习讨论落实”活动。坚持求真务实，坚持问题导向，坚持边学习、边讨论、边落实，做到明确学习讨论重点，反思剖析深刻，整改达效有力，做到学习教育有效，思想信念牢固。在强化学习的同时，组织开展“四风”整改落实情况“回头看”活动和领导班子的反思剖析工作，真正做到学习、反思、落实到位。在学习讨论落实期间，重点开展低保规范化管理专项整治。通过专项督查及群众举报，对经调查核实10户低保户、2户五保户的“人情保、关系保、错保”对象给予及时清退，对相关单位及责任人给予严肃处理。2015年全市清退因家庭收入不再符合保障条件的城乡低保对象8659人，新纳入10272人，基本做到动态管理，应保尽保，应退尽退。推进“三严三实”专题教育。领导班子精准把握“三严三实”的基本内涵和实践要求，联系实际，深学细照笃行，联系正反典型，坚持问题导向，查摆“不严不实”突出问题12条。12月下旬，召开“三严三实”专题民主生活会和组织生活会。班子成员聚焦对党忠诚、个人干净、敢于担当，主动把自己摆进去，逐一列出问题清单，剖析问题根源，明确整改目标、措施和时限，以坚定的信念、决心、行动作出示范，真正从思想、工作、作风上严起来、实起来，把“三严三实”要求体现到履职尽责、做人做事的方方面面，为推进民政工作的健康快速发展夯实思想基础。在专题教育期间，开展以“不担当、不作为、乱作为和‘四风’问题”为整治内容的工作作风纪律整顿。通过自查自纠、明查暗访、督促检查，推进全局干部纪律作风建设活动开展，激发全市民政系统干部职工干事创业、服务群众、推动发展的积极性和主动性，为营造崇尚实干、勇于担当、狠抓落实的良好风气提供保障。

【党风廉政建设】 2015年，朔州市民政局从严治党，为深入推进党风廉政建设奠定基础。贯彻《中国共产党党组工作条例》(以下简称《条例》)，细化完善局党组自身建设、议事决策、工作运行、作风建设等具体制度，着力在落实党组职责、按照组织原则和规矩办事、贯彻民主集中制、严肃明责追责四个方面下足功夫，确保贯彻落实

《条例》不变通、不打折、不走样，不断提高局领导班子科学决策、科学领导水平。抓好干部队伍建设。2015年调整科级干部10名，其中提拔7名，平调3人。严格党内组织生活。坚持和完善三会一课制度；组织参加纪念抗日战争胜利暨世界反法西斯战争胜利70周年活动，重温入党誓词；召开党员座谈会、民主生活会、组织生活会，开展批评和自我批评，把话讲在“当面”、把问题摆上“桌面”、把矛盾化解在“前面”，党组织的战斗堡垒作用、党员的先锋模范作用发挥。明确职责，全面落实党风廉政责任制。全局党风廉政建设形成由局长为第一责任人，纪检组组长为分管负责人，其他班子成员为具体责任人的党风廉政建设工作机制。班子成员各司其职、各负其责，都有担子、都有责任，切实践行“一岗双责”，履行好分管范围第一责任人的职责。完善制度，加强廉政风险防控。落实党政正职领导“五个不直接分管”规定，局机关印发《中共朔州市民政局党组落实党风廉政建设主体责任和市纪委派驻纪检组监督责任的实施办法》《纪检组对局机关及局直属事业单位的监督办法》和《重大决策部署贯彻落实督查督办制度》，明确局党组应履行的主体责任及六项工作任务，厘清局党组书记、局班子成员、各科室和局属事业单位负责人的“一岗双责”，细化派驻纪检组的监督责任，确保中央、省、市重大决策部署落地生根，确保民政各项工作的健康有序发展。强化教育，从源头上防治腐败。坚持自律与他律相结合，组织党员干部学习廉洁自律准则《中国共产党纪律处分条例》《党员干部八小时以外“五不准”》等党纪党规；观看电视专题片廉政警示教育片《作风建设永远在路上》《警钟长鸣》等12部；对照习近平总书记提出的“五个必须”“五个绝不允许”要求，分析周永康、薄熙来、徐才厚、令计划、苏荣反面典型蜕化变质的过程、原因，加强党性修养，明底线、知敬畏、守法纪，做到“权为民所用，情为民所系，利为民所谋”，自觉抵制、杜绝一切不廉行为。

2015年9月27日，朔州市组织各界人士参加纪念抗日战争胜利暨世界反法西斯战争胜利70周年活动　（市方志办供图）

**【法治建设】** 2015年，朔州市加强民政法治宣传教育力度。利用全国防灾减灾日、国际防灾减灾日、“12·4”法制宣传日、社会救助宣传周，开展民政领域法制宣传教育活动，提高民政法律法规政策的社会知晓率和民政对象认知度。印发《民政法治建设读本》《民政业务基本规范》等多类民政法规学习宣传资料，使民政干部掌握工作所必需的法治通识、法律知识、守法常识，养成依法办事自觉。适应法治能力建设新常态。用法制思维推动制度建设，制定出台《朔州市人民政府贯彻落实〈社会救助暂行办法〉的实施意见》《局机关和事业单位正职“五个不直接分管”和“末位表态”工作制度》等9项制度。落实“六权治本”新要求，完善民政部门权责体系及履责机制。按照“法无授权不可为，法定职责必须为”，厘清权责，建立权力清单和责任清单，梳理出行政职权30项及对应的责任清单30个，制定权力运行流程图30份，编制廉政风险防控图30份，提高民政系统党员干部的法制思维和依法办事能力，为推进依法行政营造良好的社会氛围。深化民政政务事务公开。推行首问责任、公开承诺、限时办结制等制度，加强基层民政服务窗口规范化建设，为办事群众提供便利。将民政工作的法规、政策、标准、对象、程序通过民政门户网站全方位向服务对象、人民群众和社会各界公开，确保权力在阳光下运行。

【保障民生能力】 2015年，朔州市社会救助政策有效落实，市级社会救助资金足额配套。在经济下行压力下，市级社会救助资金配套5892万元，同比增加309万元，为全市困难群众生活构筑第一道“安全网”。“推进五保对象集中供养”作为市政府为民办十件实事之一有效落实。全年新增敬老院床位146张，集中供养能力提高到22.6%，集中和分散供养标准平均提高至每人每年4552元和3274元。全市有农村五保供养对象12037人，全部应保尽保。城乡低保标准提高。从2015年1月1日起，全市城乡低保标准分别提高30元和25元，平均达到每人每月406元和每人每年2691元，提高幅度达到8%和13%，完成省政府要求达到提高7%和11%的目标。2015年，全市保障低保对象13.07万人(其中，城市低保4.88万人，农村低保8.19万人)，累计发放城乡低保金3.66亿元，城乡人均月补助水平分别为295元和197元。低收入家庭经济状况核对系统基本建成，“一门受理、协同办理”机制完善。大病医疗救助和临时救助有效开展。2015年，全市救助符合医疗救助条件困难群众达12.8万人次（其中资助参保参合12.04万人），支出医疗救助资金3586万元（其中资助参保参合642.6万元），缓解困难群众“因病返贫”“因病致贫”现象。对因临时性、突发性事件造成基本生活暂时困难群众的群众给予救助。2015年，支出救助资金603万元，临时救助13918户次。救灾能力和水平不断提升。“预警到乡、预案到村、责任到人”的救灾工作机制基本形成，确保灾情发生后24小时内灾民得到救助。有效开展救灾救助工作，2014—2015年冬春下拨救灾救济资金1195万元，受益群众达87794人。社会福利工作逐步推进。2015年，全市新（改）建日间照料中心15个，使更多老年人享受到居家养老的便民服务。在平鲁区开展适度普惠型儿童福利制度建设试点工作落实。依托儿童福利院建立困境儿童福利服务中心，筹建儿童之家，支出资金176.4万元，对490名符合条件的儿童给予每人每月300元的生活补助。基政和社区工作推进。完成第十届村委会换届选举和第五届居委会换届工作。推进“三社联动”社区便民“六助”服务。以振华社区服务中心为示范引导，在全市9个城市社区、3个农村社区进行“三社联动”试点，工作开展效果良好。

【民政基础设施】 2015年，朔州市新建市级应急(战时)救援物资储备库投入使用。项目总投资1450万元，可储备物资2.7万立方米，能基本满足全市应急救灾和战时救援物资储备需要。新建市殡仪馆项目完成立项。工程占地120亩，概算投资8787万元。市社会福利院老年公寓进入工程招投标。项目概算投资2400万元，建设床位400张。应县福利服务中心基本完工，进行装修及外网配套。新建朔城区南榆林乡青钟敬老院和山阴县吴马营乡敬老院投入运行。

【双拥共建】 2015年，朔州市通过军地双方共同努力，双拥工作层次水平持续提升，优抚安置工作运行机制逐步完善。2015年首次获省双拥模范城称号，怀仁县、平鲁区连续七次荣膺“山西省双拥模范城（县）”称号。为隆重纪念中国人民抗日战争暨世界反法西斯战争胜利70周年，经党中央、国务院批准，李林烈士陵园成为国家级抗战纪念设施。申报塞北革命烈士纪念馆为国家级烈士纪念设施单位。

（市民政局）

## 人力资源

【概述】 2015年，朔州市人社

局围绕全市工作重点,坚持“民生为本,人才优先”的工作主线,履行部门职能,创新体制机制,完善服务措施,创优工作环境,各项人力资源工作取得优异成绩。全市人力资源工作在全省名列前3位;被评为全市目标责任考核中优秀单位和全市精神文明建设先进单位。在单项工作中,“千人百县”高层次人才服务基层工作全省考核名列第一,军转干部安置工作在全省名列前茅。

**【人才工作】** 2015年,朔州市人社局引深“千人百县”高层次人才服务基层活动。市人社局紧扣推进“两大任务”工作主题,坚持“六大发展”理念,突出工作重点,及早谋划部署,务实创新推进,多措并举,成效显著。全市“千人百县”高层次人才服务基层工作选派专家74人,专家涉及本市转型综改、特色优势、新材料等重点领域,服务项目81个,全年开展专家讲座270余场,现场指导310余次,破解技术难题85项,培养基层急需紧缺人才2300余人,开展公益活动200余次,受益群众达10000余人,建立20家“山西省高层次人才服务站”,带动基层人才成长,推动本市经济转型跨越发展。此项工作连续3年在全省排名第一。

严格组织招考录用。2015年,朔州市县政府机关计划录用公务员(含参公单位)44名,经过网上报名和资格审查,因部分职位报考人数未达到规定开考比例,按照公务员考试录用有关规定,取消6个职位的录用考试,经笔试、面试和体检,确定拟招录对象38名。在资格复审环节,主动放弃1名,复审不合格1名,最后实际确定录用36名。经过严格考察,36名考生全部合格。

全面推行事业单位公开招聘。2015年,推进事业单位公开招聘,经县区和市直单位申报,核准右玉县人民医院招聘医疗技术人员、朔城区招聘农村中小学教师实施方案。经过公开报名、严格资格审查、统一公开考试,为市特殊勤务中心公开招聘15名工作人员,为市中心医院公开招聘3名工作人员,为市食品药品稽查队公开招聘7名工作人员,促进公开招聘工作的制度化、规范化。

选拔培养高端专业技术人才。2015年,按照省厅文件要求,开展高层次人才的推荐选拔工作。经基层推荐,审核推荐5人参加2015年国家级百千万人才工程和省级学术技术带头人评选,10月底,朔城区一中朱万花、山西朔州农业学校孙炬仁2人获选第四批山西省学术技术带头人。一年来,深入工业园区、大型企业、重点项目单位宣传政策,经基层推荐,实地考核,有2两家单位参加2015年博士后科研工作站评选,山西联众务本农业服务公司参加博士后创新实践基地评选。

引进外国智力工作收获颇丰。2015年4至5月,组织5家单位携20余个项目赴深圳、北京、上海等地参加国际人才交流和引智活动,与国外专业组织、留学人员达成引智项目合作意向20余项,为山西宇昊蘑菇种植有限公司成功引进4名外国专家,该公司申报的“年产3万吨蘑菇种植及深加工系列产品建设项目”获批2015年度省级外专引智项目,获得外专工作的重大突破;右玉县“生态环境恢复及扶贫项目”获批省级引智示范基地;新增3家外专引智项目单位。9月初,有6家单位参加2015山西外国专家项目合作洽谈会,通过与多个国家的专家组织及专家洽谈,有7个项目初步达成合作意向。做好外国专家的管理工作,对本市具有聘请外教资质的4家单位进行年检;审批1名外国专家证续聘手续,初审推荐开发区第一幼儿园办理聘请外教资质的相关手续。

开展工人技术等级考核。按照上级文件规定,严格把关、精心组织,抓好全市机关事业单位高级工和技师的资格审查和申报,做好中初级工人技术等级考核,全市审查上报符合条件的高级工、技师736人。其中技师378人,12个工种;高级工358人。汽车驾驶员和文秘资料员中初级工全年申报269人，培训考核工作全部结束。

【高校毕业生就业】 2015年，朔州市人社局为高校毕业生提供基层公共岗位。在全省率先采取政府购买服务方式，在基层公共服务行业为高校毕业生提供就业岗位，全省实施政府购买公共服务岗位工作将朔州列为试点市。2015年，市人社局为做好高校毕业生就业，提出在全市为高校毕业生提供1000个公共服务岗位。此项工作被市政府列为“为民办好的十件实事”之一。全市通过政府购买服务、公开招聘、三支一扶、征集基层公共服务岗位等形式为高校毕业生提供1452个公共服务岗位。

抓好人才市场招聘。举办定期人才交流招聘会通过举办民营企业招聘周活动、新春招聘会、校园招聘会等专场招聘，达成就业意向8400多人次。开展网络招聘，有13家优秀企业参加网络招聘，提供就业岗位196个，点击人数1390多人次，网上投递简历人员达1031人次，其中高校毕业生700多人次。

开展各类毕业生就业服务。为高校毕业生办理人事代理、实名登记、就业见习等相关服务，为2467名应往届高校毕业生办理档案寄存、转正定级、代缴社保、职称确认等人事代理手续。为离校高校毕业生办理实名登记，年平均就业服务率达92%以上。

抓好人才就业宣传和信息发布。为使高校毕业生及时了解掌握就业信息，利用举办人才招聘会和朔州人事人才网站，宣传就业政策，发布和更新各类人才供求信息。市人才信息库中登记的人才信息达13000多条。为各类进场求职人才和用人单位发放各类宣传资料6万多份，网上累计发布求职信息2万余条，为各类用人单位发布招聘岗位信息1000余条。

【民生工作】 2015年，朔州市提高机关事业单位职工收入水平。结合实施养老保险制度改革，全市经过调查摸底和初步测算，截至7月23日，完成调整机关事业单位工作人员基本工资标准和增加离退休人员离退休费任务，调整工资标准后在职人员平均月增资887元，离退休人员平均月增资337元。

加强机关事业单位工资管理。由市人社局牵头，会同组织、编办、财政等部门，对市直机关事业单位的在职人员、离退休人员和享受遗属困难补助人员的信息与各单位反复核对，全市清理出机关事业单位“吃空饷”人员111人，涉及金额102万元。市委组织部、市人社局、市财政局针对工作中发现和存在的问题，完善制度措施，先后出台一系列配套文件，加强人员日常考核管理，防止各类“吃空饷”现象的发生。

启动县以下公务员职级并行制度实施工作。深入县区和乡镇，对实行县以下公务员建立职级并行制度进行前期调研，出台专门文件，建立市级实施工作联席会议制度，并督促各县区也建立联席会议制度，依据文件规定严格进行人员档案审查。各县区进行乡镇补贴工作的摸底、测算、审档工作。

完成全市抗战老战士老同志数据统计工作。结合纪念抗战胜利70周年，经各县区呈报，全市汇总上报符合条件的老战士老同志100名。

【素质提升】 2015年，朔州市人社局结合单位性质、人员岗位和业务特点等不同情况，走出去、请进来，聘请省市知名专家教授和领导授课，科学制订培训计划，安排培训内容，加强培训管理，注重讲求培训实效，分期分批开展多种形式的人员培训。2015年，集中举办各类人员培训10余期，参训学员6000多人次，其中公务员培训750多人次，事业单位新聘用人员500余人，专业技术人员继续教育培训4000人次，130多名军队转业干部参加岗前适应性培训，工人技术等级培训800余人次。市直政府系统科级及以下公务员有62个单位1600余人参加“全省干部在线学院”开展的网络学习。

【服务大局】 军转干部接收安置工作全省领先。2015年，朔州市接收军转干部16名，其中正团2名，副团1名，营职以下10名，技术干部1名，自主择业2名，随调家属3名。坚持公开、公平、公正原则，于11月17日在全省率先完成安置任务，实现用人单位、服役部队和军转干部本人“三满意”，朔州市的做法受到省安置办通报表扬，在全省推广学习。

企业军转干部解困工作成效显著。朔州市企业军转干部101人，其中在职17人，退休84人。2015年，全市共发放企业军转干部解困资金60万元，全部及时落实到位。春节、“八一”等重大节日和全省、全国“两会”期间，通过走访慰问困难企业军转干部、加强值班报告工作、做好思想政治工作，十多年来从未发生军转干部进京赴省上访事件。

人事考试安全管理常抓不懈。加强考试软硬件建设，改造升级人事考试网站，更新部分设备，优化网站页面，方便考生网上报名、查询和自主打印相关信息，增强安全防范功能，保证考试数据的安全有效。通过细化实施方案，精选工作人员，抓好考前培训，强化考试管理，严肃考试纪律，完成全年各项考试任务，其中经济资格考试735人报考，职称外语考试2332人报考（353人参加全省补充考试），执业资格考试1789人报考。组织计算机应用能力考试8次，报考约6044个模块，考生人数达2427人次。承办全省公务员录用考试以及市公安、食药等部门的公开招聘考试考务工作，受托承办有关市、县及驻朔单位招聘考试任务，受到主办单位的一致好评。注重廉政和队伍建设，健全规章制度，强化安全教育，提升服务质量和人员素质，树立良好形象。

信访仲裁工作效果明显。坚持调裁结合，以调为主的方针，通过耐心解释相关法律政策，做好思想工作，与用人单位沟通协调，化解矛盾纠纷，维护当事人合法权益。对于符合办案程序并且资料齐全的特殊案件，实行快立、快办、快审、快结，提高办案质量和效率，实现双方当事人“双赢”效果。2015全年接待群众来电来访100余人次，全部在约定的期限内给予答复。接到人事仲裁案件10起，其中受理结案4起，移交县区人社部门处理4起，不予受理2起。经过努力协调有关单位，为当事人追回工资和补偿金7.85万元。

【自身建设】 2015年，朔州市强化党员干部学习教育。通过开展学习讨论落实活动和“三严三实”专题教育，全局党员干部的思想政治理论素质提高。局党组组织集中学习40余次，在开展专题调研的基础上，局党组分4个专题，组织科级以上党员干部进行集中学习研讨，处级干部对照“三严三实”标准，查摆出局领导班子存在的突出问题5大类18条，并从加强干部监督管理、完善制度规范、提升服务质量、加强廉政建设等方面抓好整改落实。按照“六权治本”的原则，对本部门权力清单和责任清单进行编制和修改，上报市政府。10月份，专门召开局务（扩大）会议，对有关科室、事业单位业务工作中10多个方面的具体事项和程序进行明确和规范，并形成会议纪要。

加强机关党组织建设。局党组及党总支、各党支部切实加强党员学习教育，学习党章和党的基本知识，学习党的十八届三中、四中、五中全会精神，学习习近平总书记系列重要讲话精神。局党组建立健全党建工作责任制，加强党组织建设，贯彻民主集中制，严格党内政治生活，开展党员评议活动，党员优良率占95%以上。

狠抓机关党风廉政建设。局党组、驻局纪检组全面落实“两个责任”，落实中央八项规定，加强党风廉政建设。按照“五个不直接分管”要求，局长不再直接分管单位的人事、财务等事项，改由分管局领导分管，对“三重一大”事项通过集体讨论研究决定和末位表态。驻局纪检组认真履行监督职责，每到重大节假日，局党组和纪检组都要向全局职工发出廉洁过节的提醒函，加强党员干部的廉政意识。局办公室严格考勤管理，多次对机关职工到岗情况和遵守工作纪律情况进行突击检查，对迟到早退人员及其领导20多人进行诫勉谈话。市各窗口单位通过开展改进作风专项行动，提高工作效率和服务水平。（市人社局）

## 劳动保障

【概述】2015年，朔州市劳动保障系统上下积极进取、锐意改革，全面推进劳动保障工作和干部队伍建设、党风廉政建设、法治建设等工作，取得一定成绩。

被人社部列为全国首批全民参保登记试点市、社保卡综合应用试点示范市、社保卡持卡人基础数据库建设试点市，列入国家创业型城市创建行列。被省厅评为全省目标责任考核优秀单位和全省“创业型城市”创建活动优秀单位。全民参保登记工作被市政府列为2015年为民办的10件实事之一。6月9日，省委副书记楼阳生到怀仁大学生创业园调研，对创业园区的工作予以肯定。市劳动监察支队在全省劳动监察工作年中评查中位列第一。6月9日至12日，在青海西宁召开的“2015年全国社保卡建设培训会”上，滚动播放《朔州社会保障一卡通建设工作纪实》专题片；11月24日，开展朔州市社保卡应用一体化综合服务平台上线启动咨询活动，山西电视台、朔州电视台和凤凰新闻网、搜狐新闻网、网易新闻网等多家知名媒体均予以报道。9月，新闻宣传工作被人社部办公厅通报表扬。11月16日，《山西日报》以《创业促就业给力塞上明珠，社保全覆盖添彩美丽朔州》为题，整版报道朔州劳动和社会保障工作。山西新闻联播、《中国劳动保障报》等报纸杂志多次报道、刊载朔州市劳动和社保工作的做法。吉林省白城市、松原县等多家外省、市、县和省内太原等多个地市前来学习交流社保卡、五险统征和全民参保登记工作经验。专题片《路向远方延伸——山西朔州社保卡发卡、用卡全覆盖工作纪实》经中组部审核通过，入选全国党员干部现代远程教育专题教材，在共产党员网长期在线播放。

【就业创业】2015年，朔州市政府为落实国务院“大众创业、万众创新”的部署，分期投资2亿元，启动建设朔州市科技创新园及大学生创业基地。全市17个创业园区、孵化基地和实训基地，5家“互联网+”新型业态，吸纳各类创业人员5000多人，带动就业人数16000多人。创业就业小贷中心启动运行，与邮储银行签订合作协议，发放贷款超千万元。启动农民工职业技能提升“春潮行动”和“万人职业培训计划”，举办创业培训240期，免费培训创业人员7200人，培训合格率80%以上，创业培训初次创业成功率达22%以上。为平朔、杨涧煤矿、西沙河煤矿、山阴冶金有限、晋能硅铝等5家企业共计1.46万职工，下拨岗位补贴8000万元。截至2015年年底，还有山西全盛化工、朔州燕京啤酒两家企业开展认定工作。16家企业申报稳岗补贴。全市组织各类招聘会72场，参会用工单位560多家，初步达成就业意向4000多人。

【全民参保】2015年，朔州市在被人社部列入全国50家“全民参保登记计划”试点城市后，市政府在调研讨论的基础上，出台实施方案，成立工作领导小组和办公室，召开动员大会，会议明确全民参保登记工作的意义、目的、任务、方法、步骤，确立“信息比对、入户调查；试点先行、总结推开；做实登记、推进参保”总思路，组建登记和录入两支队伍。推行市局领导包县、县局领导包乡、乡镇领导包村、村干部包户的“四包”责任机制，确立不漏户、不漏人、不漏项的“三不漏”原则，按照登记、征缴、宣讲、参保、制卡用卡“五位一体”的要求，实现政府推动与典型带动相结合、督导和通报相结合，形成一套既符合本地实际又行之有效的工作方法，受到人社部全民参保登记督导调研组和省人社厅的肯定。全市完成入户调查155.9万人，占计划调查人数的91.03%。

【社保改革】 2015年，朔州市为应对当前经济下行、企业效益下滑、社会保险征缴面临困难的局面，并出台《关于进一步规范社保基金支付有关事项的通知》，推行征拨挂钩，促进征缴收入。所有险种参保人数和基金数额逆市上扬，都超省定计划，城镇职工医疗保险基金征缴63599万元，完成省厅指导性计划113.55；城乡居民养老保险参保人数达到88万人，超省厅指导性计划8万人，保费征缴8301万元，超省厅指导性计划1468万元，达到历史最好水平。职工医保中心以市第一人民医院为试点，开展职工医保付费总额控制改革工作。在省机关养老保险制度改革相关实施办法和配套政策出台前，分3期对市直540多家机关事业单位的劳资人员进行培训，对7万多职工的基础数据进行采集、整理和预扣核算。

【社保待遇落实】 2015年，朔州市连续第11次调整企业退休人员基本养老金，人均养老金月增加234元；城乡居民基本养老保险基础养老金月标准由每人每月95元提高到110元；城镇居民医保年人均补助标准由320元提高到380元；失业保险费率由原来规定的3%降至2%；生育保险由1%降到0.5%；工伤保险自10月1日降低费率；与北京市武警总医院加强合作，推进跨省异地就医直接结算试点工作；全面实施城镇居民大病保险制度，基本实现全市城镇基本医疗大病保险全覆盖。

【社保宣传】 2015年，朔州市坚持“宣传先行”的理念，连续第四年在全市深入开展“百人千场万人受益”社会保险法宣讲活动。还充分利用报刊、电视等媒体，编发信息简报、播放专栏专题，形成立体化宣讲格局。全市组织宣讲480场，发放宣传资料20多万份，受益人数达到20多万人。

【社保信息化】 2015年，朔州市累计制作发放社保卡123万张，占到总参保人数98%；发卡率达到100%，基本实现参保人“人人持卡”。全市用于城乡居民领取社保待遇的终端固话POS机达到1070台，银行专柜39个，ATM自助银行96台，用于服务社保卡应用的金融服务网点基本覆盖县城以及人口集中的乡镇和偏远工矿区。联合市中行和市联通公司，投资2.1亿元完成朔州市社保卡应用一体化综合服务平台建设；市人民医院银医社保卡自助综合服务系统、银保互通共享自助服务系统、即时制卡业务系统、银行自助服务终端拓展项目、综合应用安全保障服务系统、传输光改工程、社保卡农村POS机全面升级、右玉县社保卡应用综合服务大厅8个子系统全部上线运行；实现社保信息化向信息社保化转变。

【劳动用工】 2015年，朔州市市、县两级劳动监察机构，完善网络化管理平台，实现投诉举报、日常巡查全业务网上办理；与公检法和住建、交通等部门建立联动机制；监督检查各类企业11300家次，督促缴纳工资保证金4535.905万元，应急周转金保证金2591万元，为3160人讨回欠薪4718万元。加强用工合同管理，强化用工备案，规范劳务派遣用工行为；发布2015年全市工资指导价位，初步实现对用人单位与劳动者签订、解除和终止劳动合同的动态监管。组建朔州市劳动和人事争议仲裁委员会，提升信访、仲裁、劳动能力鉴定中心的业务办理能力，维护劳动者的合法权益。

【干部队伍建设】 2015年，朔州市人社局组织学习中共十八大、十八届三中、四中、五中全会精神，学习习近平总书记系列重要讲话精神和省委十届七次全会、市两会的会议精神，强化看齐意识。开展“学习讨论落实”活动，围绕省委“五句话”要求，引导广大干部职工牢固树立劳动保障系统的“八种意识”。开展“三严三实”专题教育活动。采取上党课、开展学习研讨、召开专题民主生活会和组织生活会等方式,自觉践行“三严三实”,解决“不严不实”问题。全局组织讲党课8次,召开专题研讨7次,召开座谈会19场次;查找问题19条,逐一进行整改落实。班子成员率先垂范,深入调研,倾听民意,适应经济新常态,关注新情况、新问题,制定有效的措施,解决突出问题,以真抓实干的作风推进劳动保障各项工作。

【党风廉政建设】 2015年,朔州市人社局党组始终把党风廉政建设工作放在突出的位置,专题研究,出台《2015年度党风廉政建设责任制工作方案》,细化任务,责任到人,落实“一岗双责”,推动党风廉政建设。编印《四风监督哨——中纪委网站发布违反八项规定精神案件辑录》等学习资料,在一楼大厅建立廉政文化长廊,学习准则和条例,增强党员干部抓好党风廉政建设的责任感和自觉性。坚定不移推动党风廉政建设、反腐倡廉制度体系、权力运行监控机制建设,全面落实党组的主体责任和纪检组的监督责任,深化党务、政务、财务公开,坚持用制度管人,按程序办事。领导班子认真执行民主集中制,坚持集体领导和个人分工负责相结合,集体决策分头实施,坚持“三重一大”决策制度,发挥集体领导作用,树立干净干事、清正廉洁的良好形象。

【法治建设】 2015年,朔州市人社局加强法律法规学习宣传。组织广大干部职工学习劳动保障相关法律法规,宣传依法治国理念。开展“六权治本”工作,加强依法行政。按照省委、市委要求,开展厘权、清权、确权和晒权工作,“两单两图”(即权力清单、责任清单,权力运行图、风险防控图)编制完毕,权力清单和责任清单已经在本部门门户网站公布,两图按规定上报市政府审改办。加强窗口作风建设,在服务窗口推行一次性告知、限时办结、首问负责、AB角工作制和责任追究五项制度,进一步健全和完善窗口管理、监督、评价和责任追究等制度体系,抓好服务手段、人员素质、服务态度和服务效果的综合提升。(市人社局)

## 再就业(职业介绍)服务

【概述】 2015年,朔州市公共就业服务工作围绕“民生为本,人才优先”的工作主线,积极推动“大众创业,万众创新”,主动作为,踏实工作,在网络平台建设、专项就业活动、职业技能培训和高校毕业生专项服务、机关作风建设等方面统筹发展、稳步推进,各项工作都取得新的进展和成效。全市城镇新增就业19487人,创业带动就业3453人,失业人员再就业5732人,困难人员就业1700人,城镇登记失业率控制在3.1%以内,农村劳动力转移就业14114人。

【信息网络建设】 2015年,朔州市再就业服务中心把劳动力市场信息网络平台建设和应用作为提升公共创业服务的一项重要举措,加强组织,精心运作,使朔州就业服务局域网和朔州就业服务网以及微信公众平台在公共就业服务领域发挥积极作用。

完善就业服务信息网络平台建设。在上年年底全部完成就业信息网络建设项目的基础上,2015年又完成与省公共就业服务网络对接与应用,实现全市就业服务数据集中,省、市、县、乡四级联网,数据共享,提升公共就业服务质量。对全市用工招聘信息、职业培训信息全部实行网上发布,并尽量做到细化、透明、及时。

加强《朔州就业服务网站》和微信平台运用服务。在完成就业服务系统信息网络项目的同时,还自主研发就业服务信息软件,全面启用《朔州就业信息网》和微信平台服务。为做好信息网络服务,聘请专职教师,集中20多天的时间,对中心工作人员进行业务培训。初步形成人人懂网络,个人会操作的格局。并选配4名业务骨干充实到网络信息管理服务岗位。对网络信息发布内容进行及时更新更换,使全市就业服务信息和就业政策规定第一时间传播到大众中间。依托市场现存的信息资源结合网络的反馈性，形成“线上线下”“内网外网”互动的就业服务新模式。网络开通以来，注册用工企业900多家，提供岗位15000多个，网上招聘、培训和求职信息每月增加，实现企业和求职者双向选择，方便企业和求职者，使他们足不出户就能享受到免费、高效、快捷的公共就业服务。

【“五进”校园活动】 2015年，朔州市以本年大中专毕业生为重点对象，市(区)公共就业服务机构组织专门力量，深入大中专院校和职业培训学校，宣传国家和省、市促进就业最新政策和规定；开展就业指导；开展现场和网络用工招聘活动；开展创业项目推荐和创业摸底调查等就业服务工作。

网络服务进校园。市公共就业服务部门通过与在朔大中专院校、职业培训学校就业服务机构对接，利用朔州就业服务网、就业微信等信息平台开展网络宣传、招聘活动，通过网络传播最新就业政策，发布用工信息和创业培训、技能培训信息。活动开展以来，吸引120多家用工单位通过公共就业服务平台发布用工信息，发布用工岗位2800多个，网上求职人数达到4000多人，网上浏览人次超过一万人次。

政策宣传进校园。市公共就业服务机构在大中专院校提供就业政策宣传、咨询服务等，印刷1万余册就业政策《百问百答》宣传资料，发放到每位学员手中，做到人手一册，发放用工信息资料30000多份，并派出理论骨干，组织学员开展现场宣讲26场次，参加听讲学员人数2200多人。

现场咨询服务进校园。根据大中专院校学生创业就业需求，开展就业创业登记服务，现场办理就业失业登记证600多人，填写就业、创业推荐函2000多份，为87多人申请办理创业小额贷款。

招聘活动进校园。中心对全市用工信息进行分类、整理、筛选，筛选出省内外各行业用工单位280多家，其中包括中国人民银行、中国邮政、山西美特好集团、省梦幻文化传媒中心以及市内重点民营企业、职业培训学校等，提供各类岗位4500多个，巡回举办专场招聘会15场，各大中专院校、培训学校毕业生5000多人参加招聘会，达成就业意向2800多人。

创业服务进校园。根据大学生创业的特点和要求，组织大学生参加创业培训班。活动期间，咨询人次达1000多人次，并报名登记600多人。举办创业培训班20期，培训创业学员600人。

此外，市公共就业服务部门积极做好创业指导、后续服务和活动对接工作。

【专项就业服务】 2015年，朔州市再就业服务中心按照服务供给均等化，服务方式多样化，服务过程精细化的要求，认真组织，开展“就业援助月”“春风行动”“民营企业招聘周”等专项就业服务活动。通过采取多种形式的服务手段和工作措施，保证专项活动取得实效。

及时提出专项活动的具体方案和要求主动联系市教育局、市总工会、市工商业联合会、市妇联等部门协同作战，争取相关部门的配合和支持，使专项就业服务活动得以有序有效开展。

利用朔州电视台、朔州报社和朔州就业服务网、市政府中心广场电子大屏幕及市劳动力市场电子大屏幕等宣传阵地和形式，对专项就业服务活动和国家就业创业政策规定进行宣传，让广大求职人员都能及时快捷获取相关信息，让就业政策深入人心。

专门抽调工作人员深入用工单位走访、摸底、收集用工信息。利用网络渠道，收集市外、省外用工信息，为专项服务活动提供充足的岗位信息。市劳动力市场数据库中存有用工单位12830家，提供工作岗位45000多个，其中，2015年新增152家用工单位，新增岗位4000多个。

深入基层，专项服务。为更好搭建高校毕业生、进城务工人员、妇女群体等求职人员与用工单位之间的桥梁，市中心开展就业服务进校园、进工地、进社区、下农村专项服务活动。

市中心建立启动朔州市就业服务网站，完善公共就业服务管理信息系统，使全市就业信息同步共享，在专项就业服务活动中，实现上下联动，同步进行。全市公共就业服务部门共举办各类招聘会71场，有568家用工单位入场，提供工作岗位7800多个，初步达成就业意向5000多人。

国家就业创业政策宣传让广大求职人员都能及时快捷获取相关信息，让就业政策深入人心　（市方志办供图）

【实施“万人职业培训计划”】2015年，朔州市再就业服务中心推行校企联合，开展订单式、定向式培训，提高培训的质量和效果。

组织工作人员进社区，下乡村，深入企业、农村和校园，进行深入细致的调查和摸底工作，并通过发放调查表，列培训清单等方式全方位、多渠道收集对职业培训的意见和建议，再结合不同的人群需求，选择急需、实用的课程、专业（工种），进行“点单”培训，有针对性地设置培训内容、培训课程和专业种类，将培训班办到企业园区和乡村，在保证总课时的前提下，在有条件、有场地的企业（商厦）现场开班，农民工、失业人员培训做到课时不短，时间灵活，培训跟着企业走。先后在市区商贸城、青年创业园、经济开发区和山阴、应县乡村开展培训，开设珠编、刺绣、老年服务和电子商务、酒店服务、家政服务和畜牧业养殖技术等10多个专业的培训，举办各类技能培训班67期，培训学员4195人。为做好培训学员的就业创业工作，牵线搭桥，建立一批就业实训基地和实习工厂。市未来培训学校与山西梦幻文化传媒中心合作建立数据加工基地（车间），承担北京搜狗公司数据制作业务，安排技能培训学员600余人，300多人输送到北京公司就业。

各定点培训工作还注重将职业培训与宣传社保政策、推进全民参保工作紧密结合，把深入基层宣传社保政策当作打造人社部门零距离服务的一项具体内容，在社区、企业采取摆摊设点，发放宣传资料等方式，面向广大群众开展社保政策宣传。累计发放宣传资料10万多册。职业培训机构已成为宣传社保政策的重要平台。

【机关作风建设】2015年，朔州市再就业服务中心注重理论武装，组织党员干部和全体人员认真学习，深入研读《习近平谈治国理政》《习近平关于党风廉政建设和反腐败论述摘编》等重点书目，领会核心要义，掌握精神实质。夯实践行“三严三实”的思想基础，坚持学思并重，把学习与思考、研讨、调研结合起来，从修身、律己、用权三个方面剖析在理想、信念、作风、纪律等方面的差距和不足。

注重查摆问题，广泛听取意见建议。通过召开座谈会、个别谈话和发放征求意见等方式，征求意见和建议。先后三次深入县区和用工联系点，用工单位、培训学校开展走访和专项调研，结合本单位的工作职能，查找问题，整改问题，采取敞开大门提，沉到基层找，边查边改重实效。经过梳理归类，征集到各类意见、建议48条，涉及市场建设、职业培训、服务提升、业务改进、制度落实等七个方面。对每项问题和建议都责成专人,列出问题清单,研究整改措施,并明确牵头领导、责任科室,及时研究制定整改措施,建立工作台账,定期公布通报,确保问题解决到实处。

注重整改措施,确保务求实效。制订“两方案、一计划”整改方案和班子、个人整改清单,在整改措施上下功夫。针对征集到的群众意见、对照检查查找出问题、专题民主生活会和组织生活会中提出的批评意见以及上级党组织点出的问题,梳理出领导班子意见 42 条,把意见和建议条目式列出,建立问题台帐,按照问题台帐认领责任,支部先后 3 次召开会议,自己带头和督促整改措施的落实。对整改内容、措施、时限、责任分工等提出具体要求。

注重整章建制,健全长效机制。针对政治理论学习方面存在的问题,修订完善职工学习制度,职工教育培训实施办法和科级以上干部上讲台辅导制度。针对“三公”经费管理不严的问题,制定廉洁自律的工作制度和财务管理制度、“三公”经费定期公示制度,完善公务接待制度。针对服务窗口纪律作风问题,制定出台《窗口服务 6 规范》和《窗口服务工作纪律 20 条》;针对职业培训工作,制定完善《职业培训工作规程》《就业失业证经办规程》等。初步形成作风建设的长效机制和干事创业的新常态。

(市再就业服务中心)

## 残疾人

【康复服务】 2015 年,朔州市残联为加快推进残疾人“人人享有基本康复服务”目标的实现,组织实施国家和省康复救助项目,对贫困残疾人实施康复救助,把为残疾人服务落到实处。

发挥市、县康复中心的指导作用,开展康复需求服务和社区康复训练工作,加强各类康复培训力度,举办村、社区康复员培训 4 期,参训 150 人;康复知识和残疾预防培训讲座 2 期,参训 110 人;培训盲人定向行走 300 名。在训聋儿 20 名,培训聋儿家长 20 名;通过儿童机构康复训练脑瘫儿童 20 名;通过社区、家庭康复训练肢体残疾儿童 44 名;智残儿童训练 67 名;肢体残疾人康复训练 161 人;接受医疗救助的贫困精神病人 67 名,监护精神病人 2000 多人;拓展残疾人辅助器具供应服务项目,丰富辅助器具种类,为残疾人提供辅助器具咨询、转介、供应、维修等服务,为 25 名听障人士免费验配助听器、为 30 名视力残疾人免费验配助视器、为 22 名肢体残疾人免费装配假肢、为 10 名贫困残疾人免费装配矫形器等,为全市 2200 名残疾人进行辅助器具配发;完成白内障复明手术 134 例,成功率 100%;开展 0~6 周岁残疾儿童抢救性康复项目需求筛查,对有康复需求的残疾儿童进行登记。

为让残疾儿童能够有一个安全良好的教学生活训练环境,朔州市残联分别为芙桦苑特教学校和市儿童福利院捐赠价值 10 万元的儿童训练地毯。

【就业培训】 2015 年,朔州市残联为切实帮助各类就业困难人员和残疾登记失业人员解决实际困难,加大就业援助力度,根据省残疾人就业服务指导中心《关于转发〈人力资源社会保障部、中国残疾人联合会关于开展 2015 年就业援助月专项活动的通知〉的通知》,结合本地实际,从 2015 年 1 月 12 日开始,开展以“就业帮扶、真情相助”为主要内容,重点配合当地人社部门对历年积累的未就业残疾大中专毕业生、家庭贫困和一户多残家庭中的残疾人员实施就业援助,通过认真制订援助计划、落实援助责任、提供就业岗位、落实社会保障等有效措施,取得较好的活动成效。市人社局和市残联成立领导小组,制订详细的实施方案,明确职责分工,加强对该项活动的指导、协调和督促落实。协调有关单位,召开就业再就业工作联席会议,及时通报就业援助活动的进展情况,研究解决在就业援助活动实施过程中出现的新情况、新问题,为困难失业人员提供帮助。活动期间,全市走访残疾登记失业人员家庭户数82户，登记失业的残疾人员人数81人，组织残疾人专场招聘会1次，帮助残疾登记失业人员实现就业8人。

全市职业技能培训447人；就业技能培训488人；创业培训112人；岗位提升培训64人；雇主培训101人；机构工作人员培训12人；基层残疾人就业指导员培训12人；市残联先后组织残疾人参加省级残疾人职业技能培训78人；农村实用技术培训700人；职业培训实名制录入300人；盲人电脑培训15人；盲人保健按摩培训5人；扶持盲人就业10人；盲人医疗按摩人员培训12人；巩固和创办盲人按摩示范店7个；按比例就业172人；集中就业82人；个体就业和自主创业121人；灵活就业和居家就业81人；基地就业81人；社区基层公益岗位就业38人；残疾人就业实名制录入320人。

坚持培志与培技相结合，既要鼓励残疾人树立自强不息、自立自强的精神，又要让残疾人学到有用的技术，掌握一技之长。完善提升残疾人失业登记、就业援助和实施培训等服务举措，开展网上就业登记、企业招聘信息共享，拓展残疾人就业渠道。为贯彻《关于做好应届高校残疾人毕业生就业创业服务工作的通知》，根据残疾学生名单，进行就业创业跟踪服务工作。有6名学生实现就业。

全市认真开展“阳光家园”计划活动，落实在就业年龄段的智力、精神和重度残疾人居家托养服务994人，机构托养服务16人，下达托养服务资金50.5万元。

**【扶贫工作】** 2015年，朔州市残联落实一级重度残疾人生活补贴和护理补贴制度，为2884名符合条件的残疾人发放补贴。

落实各项惠残政策。为帮扶残疾人自主创业，解决创业过程中资金不足问题，先后出台《关于推进朔州市创业就业小额担保贷款工作的意见》和《朔州市市级创业担保贷款的实施意见》（以下简称《意见》）。《意见》指出，凡在本市市区（含朔城区、平鲁区）及省、市创业园区创业，在法定劳动年龄内、有创业愿望和具备创业条件的从事个体及合伙经营的残疾人且已办理就业失业登记证或就业创业证的城乡劳动者，均可享受市级创业担保贷款政策。本市低收入家庭的重度残疾人将纳入医疗救助范围。

根据省委组织部、省残联印发的《“农村基层党组织助残扶贫工程”实施办法》，市残联和市委组织部联合发文，向各基层残联单位转发实施办法。在全市范围内，将实施“农村基层党组织助残扶贫工程”，帮助农村贫困残疾人改善基本生活条件，扶持发展生产，增加收入，实现稳定脱贫。

通过与扶贫办对接，确定因残致贫，建档立卡的残疾贫困户为1126户，并录入数据库。

**【残疾人证件办理规范】** 2015年，朔州市根据省残联《关于进一步加强残疾人证管理工作的通知》，为做好残疾人证的核发和管理工作，及时传达学习，并督促与办证有关的单位、部门、工作人员进行自查；市残联组织相关人员进行抽查、督查，指定专人负责，依法依规，严格残疾评定标准，规范残疾人证核发程序，坚决杜绝和打击“假证”“人情证”，全面推进残疾人证动态管理。对因康复脱残和死亡等需核销残疾人证的，及时办理注销手续，并确定各县（区）理事长为残疾人证核发管理工作的第一责任人。在自查自纠的同时，结合区域特点和工作实际，对出门难、人户分离等特殊情况，提供人性化的核发服务。

**【重大活动】** 2015年，朔州市召开市政府残工委工作会暨市残联第二十五次工作会议。

2015年4月16日，市政府残工委工作会暨市残联第二十五次工作会议召开。会议提出，2015年，全市残疾人工作要认真贯彻落实国务院《关于加快推进残疾人小康进程的意见》要求，按照市委市政府和省残联总体工作部署，全面完成市“十二五”残疾人事业发展规划各项任务。

开展“三严三实”专题教育活动。根据市委《中共朔州市委办公厅印发〈关于在全市县处级以上领导干部中开展“三严三实”专题教育实施方案〉的通知》及有关文件和市委召开的专题教育动员大会精神，市残联党组研究制订专题教育实施方案，并于5月27日召开动员大会，党组书记、理事长带头讲党课。按照“三个联系、三个讲清楚”即：联系省发生严重腐败问题的主要原因，联系本地区本部门本单位政治生态实际，联系党员、干部思想、工作、生活和作风实际，讲清楚“三严三实”的重大意义和丰富内涵，讲清楚“不严不实”的具体表现和严重危害，讲清楚落实“三严三实”的实践要求，发挥带学促学作用。开展严以修身、严以律己、严以用权专题学习研讨及专题民主生活会和组织生活会。列出问题清单，采取群众提、自己找、上级点、互相帮等办法，查摆“不严不实”问题，分析研判，列出表现事例，防止大而化之、避重就轻，防止见事不见人、对人不对己；列出整改清单，对照问题表现，剖析原因，逐一制定可操作、可监督、可检查的整改措施，整改一个、处理一个。针对查找出的“不严不实”问题，发挥制度建设在规范权力运行、预防和惩治腐败中的基础性作用，坚持把“六权治本”作为新形势下党风廉政建设和反腐败标本兼治的重要路径，抓住“权力清单”这个主要载体，开展一场“权力革命”；把权力关进制度的笼子里，让权力与责任没有弹性，推动对权力运行的制约和监督形成一个完整链条；把“三严三实”学习研讨、民主生活会和组织生活会中查摆出的突出问题，人民群众反映强烈、影响面大的“不严不实”问题纳入专项整治内容，综合施策、集中治理，落实好主体责任、监督责任和具体措施；把解决群众身边的腐败问题和信访问题作为检验专题教育成果的一个重要内容，对不重视、不作为、工作不努力的，坚决追究其责任。

开展“全国助残日”等系列活动。2015年5月17日是第25个“全国助残日”，15日上午，在飞马广场开展一系列助残宣传活动。2015年“全国助残日”主题是“关注孤独症儿童，走向美好未来”，芙华苑特教学校、尚德乐特教中心的老师和孩子们参与活动；爱民眼科医院的专家为前来咨询的残疾人进行义诊。助残日期间，共走访慰问10户贫困残疾人；免费发放残疾人用品用具735件；发放《种植业、养殖业手册》《康复手册》等各种宣传资料5000页、2000册。

3月3日上午，市残联开展以“安全用耳，保护听力”为主题的第十六次全国“爱耳日”宣传教育活动，发放宣传资料500余份，现场咨询50人次。为确保这次宣传教育活动深入人心，采取开办讲座、现场咨询、发放海报和科普读物等形式普及爱耳护耳知识，提高大家的用耳护耳意识；4月2日是第8个“世界自闭症日”，市残联同市妇联、团市委等单位开展以“理解、尊重、接纳”为主题的系列公益宣传活动，全市各大媒体和高校的领导、志愿者参与活动；7月20日是第九届全国特奥日，17日上午，朔州市残联、芙桦苑特教学校共同举办以“特殊奥运·快乐融融”为主题的特奥日活动，100多名智力残疾儿童、家长和特教老师参加活动；10月20日，亿隆电器联合市残联、创维集团、新飞集团共同举办“千万惠民中国行——朔州站”活动。持有残疾证不光购买电器有优惠，而且领到一份精美礼品，此次惠民活动为残疾朋友及低保户服务，得到好评；10月15日是第32届“国际盲人节”，为让残疾人出行更便利，参与社会生活，市残联、市交通局、市客运办在市喷泉广场共同组织“我是你的眼，带你看世界”活动。活动现场，数十名盲人拿到市残联免费发放的助盲手杖，在志愿者的搀扶下，搭乘免费公交车。强化“基础管理提升年”活动。建章立制见实效，作风建设见实果。根据省残联《关于开展“基础管理提升年”活动方案》，市残联一方面认真查找决策管理、资金管理、资产管理、项目管理、绩效管理、数据管理、机构管理、队伍管理等基础管理工作中存在的薄弱环节,加强规范约束;另一方面,对已经改进完善的制度,抓紧落实,责任到人,发挥建章立制的实际效果。学习落实《中共中央关于加强和改进党的群团工作的意见》,把残联组织、残联工作"只能加强、不能削弱,只能改进提高、不能停滞不前"的要求落到实处,高度警惕任何削弱残联组织、弱化残联工作的苗头,采取得力措施加以纠正。通过开展基础管理提升工作,对照检查残联系统是否存在"机关化、行政化、贵族化、娱乐化"等现象,纠正一部分干部认识上的误区、工作上的任性、作风上的慵懒、学习上的懈怠,形成和固化一批实实在在的成果。

县区残联工作有声有色。2015年,各县(区)工作有好多新举措、新看点,为完善残疾人扶贫开发工作,平鲁区在南坪村为全村48户残疾人每户发放优质纯天然绿壳蛋鸡30只,蛋鸡成活率达95%以上,人均年增收1000~2000元;协调有关部门对全区符合条件的残疾人做到应保尽保,并为重度残疾人代缴医疗保险、养老保险。 (市残联)

## 老龄工作

【概述】 老龄办干部职工积极向上,团结奋进,在市直机关中树立起良好的形象,连续两届(2012~2013、2014~2015)获市委市政府授予的"文明单位"称号。

【全市老龄工作部署】 2015年4月9日,朔州市老龄工作会议召开。分管副市长、市老龄委主任、副主任及成员单位,各县区分管副县区长、开发区社会事务局局长,县区老龄办主任以及各大企业,媒体记者,80余人参加会议。会议对2014年的工作进行总结,对2015的全市老龄工作进行安排部署,会上,受省老龄委委托,还为平鲁区颁发"全省老龄工作示范区"牌匾。一年来,经过全市各级老龄工作者的共同努力,完成各项工作任务。

【银龄御险工作推进】 2015年4月9日,朔州市老龄办召开全市"银龄安康工程"推进会。会上,宣读《关于表彰2014年度老龄意外伤害保险工作先进单位的决定》,对4家先进单位进行表彰;宣读《2015年老年人意外伤害综合保险业务推进方案》。会议要求,各级要开拓思路,创新方法,努力完成"银龄安康工程"全年工作任务。2015年,朔州市朔城区人民政府拿出329500元,为城区农村老年人购买意外伤害保险,全市完成保费413200元,惠及4万老年人,超额完成省定任务。

【老年协会品牌树立】 2015年,朔州市老龄办下大力气抓基层老年协会规范化建设,创建12个品牌老年协会。

6月24日,召开全市基层老年协会规范化建设现场会,推进品牌老年协会建设。省老龄办副主任续爱峰到会指导。各县(区)老龄(委)办负责人及基层老年协会代表30余人参加会议。会议前半段,全体人员集中乘车对山阴县后所乡北万庄村老年协会、北周庄镇下神泉村老年协会和朔城区张蔡庄乡高庄村老年协会实地进行学习观摩;会议后半段,进行总结。

续爱峰对本市老龄工作给予高度评价,并介绍遵义市等全国以及全省基层老年协会规范化建设的先进经验和做法,就下一步基层老年协会建设提出意见建议。

【老龄干部培训】 2015年7月9日,朔州市老龄办举办全市老龄干部培训班。来自全市各县区老龄办、开发区社会事务局、乡镇、大型企业的近百名老龄干部参加培训。

培训会上,原市委讲师团团长、教授张改梅作老年优待政策的解读;原市广播电台台长、新闻专业主任编辑雷在德作老龄新闻写作知识辅导;朔州日报社资深摄影记者马占俊作老龄新闻摄影知识辅导。通过学习培训,全市各级老龄干部表示,要学习好、运用好、落实好《中华人民共和国老年法》及有关老龄政策，为做好老龄工作打好基础，推动全市老龄工作再上新台阶。

【敬老志愿服务】 2015年5月27日上午，朔州市开展“崇尚法治，共创平安、共建文明”志愿服务普法宣传活动。市老龄办和朔城区老龄办组织敬老志愿者参加普法宣传活动。活动当日，市老龄办、朔城区老龄办敬老志愿者在市区中心广场、御龙苑社区为市民发放老年法、敬老宣传画3000余份，发放黄手环200余个，并现场为中老年人答疑解惑，讲解老年法。

5月28日，山阴县老龄委在山阴县后所乡北万庄村举行“敬老走基层”志愿服务活动启动仪式，拉开山阴县敬老志愿服务活动的序幕。活动内容多样，包括：义诊、送医送药、法律咨询、现场办理老年优待证、老年人健康知识讲座等。活动历时四个月，涉及岱岳镇、后所乡、古城镇、张庄乡、吴马营乡等五个乡镇，参与的志愿者有100多人，服务老年人2000人。

11月3日，在朔州市山阴老年公寓举行山西首届中华孝道文化“敬老杯”书画展，同行的志愿者团队展开敬老服务。来自京城、省城的书法名家、大家以及大同、朔州的书法爱好者挥毫泼墨，激情创作，用翰墨丹青抒发敬老爱老情怀；山西大学志愿者团队作有关养老方面的讲座；美容美发志愿者团队为老人们理发护肤；山阴县第一人民医院志愿者团队为老年人进行健康检查；公寓养生保健志愿者团队为老年人按摩、拔罐；“枫叶正红”艺术团为老年人演出戏曲节目。

【调查研究】 2015年，朔州市老龄办组织调研组先后深入朔城区、应县、山阴县、平鲁区、怀仁县、右玉县六县区进行调研，摸清全市老龄工作底数，掌握老龄工作实情，及时解决基层老龄工作出现的新情况、新问题。

在开展第四次中国城乡老年人生活状况抽样调查工作中，对本市抽中的平鲁区的抽样调查工作多次进行现场指导、督导。6月2日，调查组专程前往平鲁区协调解决调查工作的资金问题；7月29日，参加平鲁区第四次中国城乡老年人生活状况抽样调查工作启动仪式，并深入抽样调查乡镇进行调研；8月3日，冒雨深入平鲁区白堂乡元墩村、窝窝会村调查户家中，进行现场指导督导。

8月5日至6日，全国老龄办主任助理王庆、山西省老龄办副主任续爱峰带领全国、全省督导组，对平鲁区开展第四次中国城乡老年人生活状况抽样调查工作进行督导。分管副市长、平鲁区委区政府主要领导、市区两级老龄办主任陪同督导。通过听取汇报、查看资料、现场督导，全国督导组、省督导组对朔州市平鲁区的抽样调查工作给予充分肯定。

2015年7月9日，朔州市举办2015年全市老龄干部培训班

（市方志办供图）

【老龄工作宣传】 2015年，朔州市老龄办发挥新闻媒体和各级老龄工作宣传阵地作用，宣传老龄政策法规和工作动态。在朔州市人民政府门户网上开辟“老年人”绿色通道，涉及老年证办理、老年政策宣传、

老年健康常识等方面的内容。在政府网上市直单位信息公开中，老龄办各种信息有六类20多条，排位居中。2015年共编辑《朔州老龄信息》20期。"全国老龄网"、《山西老龄工作》、"山西老龄网"、"朔州新闻网"、"朔州政府网"、《朔州日报》、《朔州工作研究》等媒体、刊物多次报道登载朔州老龄工作信息。

创办《朔州老年》刊物，全年出版6期，5000份。

开通新浪官方微博。

2015年9月29日，朔州市举行"培育敬老家风 建设和睦家庭""敬老月"活动启动仪式
（市方志办供图）

【老年维权】 2015年，朔州市下辖县区老年维权中心或法律援助工作站建立率达到80%，乡镇达到50%，村达到40%。

2015年办理老年优待证9319本。

【行政职能规范】 2015年，朔州市老龄办按照全省"六权治本"规范权力运行的工作安排，以老年法及相关法律法规为依据，通过多次与市权力清单领导组办公室对接研讨，积极争取，编制出老龄办权力清单和责任清单。保留下4项行政职权：老年人优待证核发；朔州市"敬老文明号"单位评选表彰；对有关部门做好老年人权益保障工作进行组织、协调、指导、督促；朔州市农村特困老人救助款发放。

【老年文体活动】 2015年5月20日，朔州市老龄办举办全市中老年优秀健身项目展示活动。这项活动由朔州市体育局、朔州市老龄办、朔州市老体协共同主办。连续举办3年。朔州市人大常委会副主任温日平出席活动并宣布展示活动开始。来自六县区及厂矿企业的22支代表队，近1000名中老年人参加活动。充分展示全市中老年人健康、科学、文明的健身方式和积极向上的精神风貌。

【"敬老月"活动】 2015年，朔州市老龄委提早谋划，精心组织，合理安排，根据全国老龄委和省老龄委开展"敬老月"活动的精神，于8月25日制订《朔州市2015年"敬老月"活动实施方案》，就"敬老月"活动的宗旨、主题、时间、内容和工作要求做明确部署，组织开展一系列丰富多彩的庆祝活动，营造敬老、爱老、助老的良好社会氛围，取得较好成效。

举办"敬老月"活动启动仪式。9月29日上午，举行朔州市2015"敬老月"活动启动仪式暨中老年文艺表演。市人大副主任温日平，市政协副主席闫美珍，原市级老领导李尧及市老龄委成员单位负责人，老年表演团队、媒体记者200余人参加。

进行百岁老人和特困老人慰问。"敬老月"期间，全市各级老龄办共慰问百岁老人42名，每人发放2400元生活补贴。各级老龄办共慰问特困老人400多人，发放慰问金20余万元。

举办"九九重阳"书画现场会。10月19日，朔州市举办"九九重阳"书画现场会。现场会由市老年书画家协会、市文联、市老干局、市老龄办共同举办，来自六区县基层老年书画协会以及老年书画爱者

100人参加会议。与会省、市书画大家和书法爱好者进行书画笔会，现场挥毫泼墨，切磋交流，以书画这一独特的方式共同庆祝“九九重阳节”。

开展大型宣传活动。“敬老月”期间，朔州市老龄办、朔城区老龄办、怀仁县老龄委开展大型广场宣传活动，累计发放老年法单行本5000余本，发放饮食、养生、保健和意外伤害保险等宣传资料6000多份，发放“黄手环”500多个。

志愿者关爱行动。10月12日、10月20日市老龄委、文明办、蒲公英爱心小组，组织广大志愿者、爱心人士先后多次深入光荣院、敬老院、孤寡老人、空巢老人家中进行慰问，陪老人聊天、做家务等，和老人们一起分享快乐，让老人们感受到更多社会的关爱。据不完全统计，“敬老月”期间，全市各级有近200多名爱心人士参与志愿关爱行动。

开展银龄行动。10月20日上午，朔州市老龄办在山阴县吴马营乡阎家窑村举行第四季“银龄行动”暨医疗专家义诊活动，市政协副主席闫美珍出席活动。活动现场，工作人员为村民发放老年法读本和宣传图画等300余册，医疗专家携带医疗设备，为村民量血压、测血糖，普及医疗卫生健康知识，为村民免费发放药品。还赠送每户村民一盏LED灯，为全村50岁以上村民免费投保老年人意外伤害险。第四季“银龄行动”，主要集中在卫生医疗领域。

“敬老月”文体活动。“敬老月”期间，全市上下、城乡企业、街道社区开展了各类文体活动，庆祝“国庆节”，欢度“老年节”。

9月29日上午，市老龄委在“敬老月”活动启动仪式上，举行中老年文体展演，展现朔州广大中老年人健康乐观的精神风貌；10月21日上午，朔州市夕阳红·庆重阳广场舞展演活动在朔州火车站站前广场举行。市老龄办主任王志惠参加活动并致辞；10月21日，平鲁区举办重阳节文艺汇演；10月20日，右玉县老年人才资源协会“绿之音”合唱团一行30余人到右玉县光荣院为老年人进行慰问演出；怀仁县老龄委于10月19日至21日在乒乓球活动中心开展为期三天的“联友杯”老年乒乓球比赛。　（市老龄办）

# 区县概览

Brief Introduction to Districts and counties

## 朔城区

中共区委书记　张立新
区人大常委会主任　高富国
区　　　　长　刘　彪
区 政 协 主 席　齐翠英*
　　　　　　　　史宝元

【概述】 朔城区位于北纬39°37′~39°28′，东经112°00′~112°44′，总面积1793平方千米，辖9个乡、2个镇4个街道办事处299个行政村43个居民委员会51万人。全年完成地区生产总值235.97亿元，同比减少1%；工业总产值完成90.9亿元，同比减少48.31%；工业增加值完成33.2亿元，同比减少6.5%；财政总收入完成16.22亿元，同比减少37.11%；公共财政预算收入完成8.91亿元，同比减少31.67%；居民可支配收入22018元，同比增长6%；城镇常住居民可支配收入28028460元，同比增长6.1%；农村常住居民可支配收入12216元，同比增长5.8%；社会消费品零售总额91.77亿元，同比增长4.2%。固定资产投资总额145.86亿元，同比减少34.4%。

【项目建设】 2015年，朔城区推进恒宝源、峪沟等煤矿项目建设，扩大煤炭洗选发运能力，确保基本正常生产运营。围绕新能源、新材料、装备制造、新型建材及现代物流等新产业，加快转型项目建设。北京电子城·朔州数码港、同煤朔南电厂、神头光伏发电等项目加快建设，亨特年产20万吨合成高纯耐火材料项目投产，推进普国边塞大集、大唐利民200兆瓦风电三期、大唐100兆瓦风电和20兆瓦光伏发电、韩国垃圾处理厂和节能锅炉等5亿元以上大项目建设。推进园区基础设施建设，提升富甲工业园区发展水平。

【“三农”工作】 2015年，朔城区粮食总产4.6亿千克，新增设施蔬菜面积1050亩，百亩以上设施蔬菜园区累计29个，完成15个标准化养殖小区建设。落实支农惠农政策，加大科技创新和投入力度，实施“一县一业、一村一品”工程，打牢粮、菜、牧3个基础，提升农业产业化、规模化、现代化水平。农村贫困对象进行建档立卡，争取扶贫项目专项资金，实施移民扶贫搬迁。开展农村集体“三资”管理专项清理整治，涉及7个乡镇、168个行政村、65万亩土地的农村土地确权工作稳步推进。

【城市建设】 2015年，朔城区加快绿色宜居城市建设。推进紫金街恢河大桥、紫金街道路及铁路桥涵工程，开工建设朔沙路北延线、广梵线下穿北同蒲铁路框构桥工程。实施总投资5790万元的供热、供气、供水管网等基础建设，高标准建成民兵训练基地。推进保障性住房建设项目续建工程11项，完成投资10亿元。完成老城南门及南门瓮城恢复工程，推进城南、城北改造工程，铺开城乡清洁工程，推进城市管理。推进生态治理和环境保护，推进七里河水保治理，实施西山生态八期工程1.8万亩，国家、省、市级绿化工程8万亩，完成50个重点村庄绿化，新建和完善通道绿化100千米。

【社会事业】 2015年，朔城区关注民计民生改善。1所特教学校、2所公办城镇幼儿园和4所农村幼儿园建设推进，八小扩建工程完工。提升教育教学质量，迈入全省教育大区强区行列。落实医改各项措施，医疗卫生体系不断完善，有效缓解“看病难、看病贵”难题。知识产权强县工作稳步推进，成为全省唯一的国家级试点区。社会保险扩面征缴，各类参保达36.54万人次，征缴社会保险基金2.28亿元。强化职业培训，推动就业和再就业。完成城乡低保动态审核，实现城乡困难群体应保尽保，各项惠民实事落实。

【编制规划】 2015年，朔城区组织专门力量调研论证，听取民意，分析全区“十三五”时期经济社会发展面临的机遇和挑战，贯彻中共十八大和十八届三中、四中、五中全会精神以及习近平总书记系列重要讲话精神，遵循“四个”战略布局和省委“五句话”总要求及“六大发展”战略部署，紧扣全市“两大任务”工作主题，突出建设魅力老城、活力新城、精彩朔城的目标要求，编制全区“十三五”规划纲要，形成“十三五”规划《建议》。

【深化改革】 2015年，朔城区以深化改革统揽总局，向改革要动力、增活力。成立领导机构，完善工作制度，按照既定“路线图”和“时间表”，统筹推进煤炭管理体制、行政审批制度、财政管理、土地管理体制、文化体制以及党建制度建设、纪律检查体制六大领域改革，出台一系列改革方案，初步构建起完整的制度体系。

【政治生态建设】 2015年，朔城区贯彻从严治党要求，推进党的思想、组织、作风、制度和反腐倡廉建设。坚持以上率下、一级抓一级、一级带一级的工作机制，党建任务落实。完成农村、社区“两委”换届。加强党员队伍管理，培树先进典型，选派机关干部到村担任第一书记，整顿软弱涣散党组织。出台《朔城区科级干部选拔工作暂行办法》，做实干部监督考核，分片进行日常考察了解和督查考核，推动干部转变作风。落实党风廉政建设党委主体责任和纪委监督责任，开展纪律作风教育整顿，落实“问责年”要求，各级各部门以及党员干部纪律作风转变。

区人大围绕中心工作依法履行职能，发挥人大法律监督和工作监督的职责。一府两院依法行政公正司法。政协发挥政治协商、民主监督、参政议政的职能，协商有方、监督有力、参政有为。各民主党派和无党派人士开展调查研究、参政议政、建言献策。提名推荐出席市人代会、政协会代表、委员41名。搭建平台，扶持民营企业发展，区工商联被评为全省“五好县级工商联”。落实各级群团工作会议精神，群团工作发挥桥梁和纽带作用。推动党管武装工作创新发展，开展双拥模范城创建。加强民族、宗教和对台等工作，汇聚方方面面的智慧和力量。推进43个社区改造完善工作，实施社区网格化管理。投入1000多万元，推进“天眼”工程建设。超前谋划，探索，整体推进六权治本。权力清单审核工作涉及的22家行政部门和14家承担行政职能的事业单位完成权力清单初审工作，责任清单、职权运行流程图和廉政风险防控图编制完成。全区各单位累计制定各类规章制度580多项，建立健全管人、管事、管权的制度体系。逐步向乡村延伸，从源头上把制度的“笼子”织密、编牢、扎紧，做到无空白、无死角、全覆盖。破获刑事案件573起，查处治安案件2182起。开展安全生产大检查和“六打六治”专项行动，安全生产监管责任体系进一步完善。形成全区“大调解”体系。开展信访积案大清底活动，化解35件重点集体访、18件重点个体访。全区政治安全、社会稳定。 （常凤霞　王雄一）

## 平鲁区

| | |
|---|---|
| 中共区委书记 | 吴晓斌 |
| 区人大常委会主任 | 焦　文 |
| 区　　长 | 马占文 |
| 区政协主席 | 孟　占 |

【概述】 2015年，朔州市平鲁区委面对前所未有的严峻

经济形势，区委常委会坚持“把方向、管大局、作决策、保落实”，团结带领全区干部群众，贯彻落实中共十八大和十八届三中、四中、五中全会精神，按照省委“六大发展”、市委“两大任务”总体部署，突出“加快科学发展，建设美好家园，谱写实现中国梦的平鲁篇章”的工作主题，围绕稳中求进的总基调，保持定力，敢于担当，逢山开路，遇水架桥，推动经济、政治、文化、社会和生态文明建设各项事业取得新进展，党的建设切实加强，全区上下呈现出经济发展难中有为、社会大局和谐稳定的良好态势。

【强化政治引领】 2015年，朔州市平鲁区区委常委会始终坚持把学习贯彻习近平总书记系列重要讲话精神作为重要政治任务，采取常委会议、中心组学习会等多种方式开展学习，强化理论武装，自觉做到在思想上政治上行动上与党中央和省委、市委保持高度一致。区委中心组集中学习5次，推动习近平总书记系列重要讲话精神入脑入心、落地生根。

区委常委一班人带头开展“双学”，开展领导干部“包乡镇、抓落实”等调研活动，将学习成果落实到具体实践中。带头开展“三严三实”专题教育，带头强化党章意识，坚决贯彻民主集中制，坚持重大问题集体讨论、研究、决策，召开11次常委会议，研究部署工作。带头严格落实党内政治生活制度，不断提升班子整体的凝聚力和战斗力。带领全区党员领导干部开展“双五一”活动，推行年度目标责任清单、领导干部考勤、周工作例会、每日要情报告等八项制度。

【基层党的建设】 2015年，朔州市平鲁区坚持重心下移、重抓基层、重打基础、重在规范的思路，推进基层党组织建设。强化责任，完善“联述联评联考”工作机制。召开乡（镇、街道）党（工）委书记抓基层党建工作专项述职会议，对党委书记进行现场评议。建立农村党组织“三评两考一整治一提升”工作制度，把工作压力传导到基层。重育严管，加强农村带头人队伍建设。注重民意，强化法治，完成286个行政村、10个社区的“两委”换届任务。精准选派“第一书记”，除市派33名干部外，区里从机关中择优选拔出75名干部到村担任第一书记。对一类、二类的13个矛盾村、问题村和上访村，选派13名优秀科级干部到村任职。108名第一书记带着工作经费、补助保障、阶段任务、产业项目和惠农政策下村工作发挥重要作用，排查化解各类矛盾纠纷150起，制定帮扶措施267条，启动帮扶项目87个，投入帮扶资金1158.4万元，办实事226件。强化农村党员干部培训教育，采取区抓领导干部和村“两委”主干、乡镇抓“两委”成员和党员的办法，对484名村“两委”主干、108名农村第一书记、1140名村“两委”班子成员和4100多名农村党员进行集中培训，加强农村基层组织制度建设，制定39项农村组织工作制度，汇编成册，在全区印发推行。建立“党员活动日”制度，促进党内生活制度化。多管齐下，整顿软弱涣散支部。对28个考评为后进的支部，采取区委常委挂点、部门包村、工作队进驻、派驻第一书记的措施进行集中整顿，实现晋级转化。加大投入，加强基础建设。投资1700万元的区级党务中心投入使用；投资825万元，采取新建、改建、租用等办法，解决63个村的活动场所问题，

2015年11月11日，朔州市召开农村第一书记座谈会（市方志办供图）

实现村级场所全覆盖。根据人口、干部的工作实绩和任职时限,试行农村"两委"主干结构工资制,使村"两委"主干的年人均报酬基本达到农民人均纯收入的两倍,解决"干好干坏、干多干少、干和不干"一个样的问题,激发村干部工作性。严格把关,做好党员发展工作。发展机关党员44名,农村党员58名,非公党员5名。创新机制,强化党代表管理工作。建立党代表工作室23个,区级308名党代表、乡级1595名党代表全部入驻各个党代表工作室。推行乡镇党代会年会制,在白堂、陶村、凤凰城3个乡镇开展试点工作。规范设置,加强非公经济和社会组织党建工作。撤销两个经营管理混乱、不能履行党的义务的支部。将北坪、东露天两大园区的非公企业和村级支部整体划归园区管理,将非公企业支部划分为7个区,分区派驻指导组,促进非公经济组织党建工作不断加强。采取单独组建、联合组建等办法对非公企业党支部进行调整,在3家协会建立党组织。强化服务,加强大学生村官队伍管理。通过考录公务员等渠道分流38人,为72人办理重大疾病和人身意外伤害综合保险。

**【干部队伍建设】** 2015年,朔州市平鲁区委中心组坚持以上率下,通过区委常委会、中心组学习会、全区性大会、网络在线等多种形式,组织全区党员干部认真学习宣传贯彻。组织190名正科以上领导干部在市委党校进行为期两天的封闭式培训;邀请省委党校郑文靖、郭彩教授等专家学者对全区科级以上干部进行4次辅导培训。全区各级党组织开展丰富多样的专题宣讲活动,开展"五进"宣讲达100多场次,在全区营造出浓厚的学习氛围。以落实"三个一批"为抓手,坚决刷新吏治。以"三个一批"为抓手,引深组织人事纪律问题的整改。对210名区管干部进行"六查",查出存疑档案17份,抽查个人事项报告30份;处理违纪干部1人;调整退出不作为、不胜任干部11人。

**【党风廉政建设】** 2015年,朔州市平鲁区委出台关于落实党风廉政建设党委主体责任和纪委监督责任的《实施意见》,列出区委主体责任和纪委的监督责任"两张清单",建立述责述廉等工作机制。11名区领导、16名乡镇(包括园区、街道办)党(工)委书记、62个单位主要负责人进行述责述廉。针对乡镇主要负责人履责不到位、部分乡镇办案"纹丝不动"、乡村财务管理不规范等问题,对乡镇党委书记和纪委书记进行5次集体约谈。4月17日,贯彻省委王书记在忻州调研座谈会上的重要讲话精神,对在全市党风廉政建设考核中排名靠后、办案为"零"的8个乡镇党委书记进行集体约谈。在压力促动下,13个乡镇在较短时间实现办案"零"的突破。13个乡镇纪委共立案149件,结案149件,处理164人,给予纪律处分50人。区委、区纪委对乡镇落实"两个责任"情况开展2轮专项督导检查,对41名干部进行问责。

向廉政教育问效,唤醒纪律意识。强化廉政教育,组织全区党员干部收看山西违法违纪干部《忏悔录》和警示教育片《警钟长鸣》。开展"以案说纪、自觉守纪"专题教育活动,受到市委充分肯定。

向腐败问题开刀,形成有力震慑。开展"以群众举报乡村干部腐败为切入点集中解决群众信访诉求问题"专项治理和农村"三资"清理行动,对2008年以来的840件举报件进行大起底。全年区纪委收到信访举报件312件。纪律审查立案289件,结案290件,处理354人,查处发生在群众身边的腐败问题193件,处理212人,形成有力震慑。推进虚报冒领套取涉农资金自查自纠,422名干部主动退交款项共计180.3万元,运用监督执纪"四种形态",对1人进行留党察看、11人严重警告、54人警告、180人诫勉谈话、176人批评教育。

向"四风"问题叫板,强化纪律作风整顿。以"守纪律、讲规矩、敢担当、作表率"为主题,开展干部纪律作风整顿活动。集中整治"四风"等突出问题。组织明察暗访组开展常态化督查,查处"四风"问题7案,处分15人。

**【重点工作】** 2015年,朔州市平鲁区完成"学习讨论落实活动"。区委常委会带领全区

645个党组织从历时五个多月，完成学习讨论落实活动任务。区委常委会按照省委“五句话”总要求，坚持边学习、边讨论、边落实，突出学论述、学榜样、学文化三个重点，读原文、写心得、汇专题，做到深学细照。以“新使命、新形象、新作为”为载体，采取“聚焦一个专题，开展一次调研，剖析一个问题，研究一批对策，形成一个报告”的办法，开展反思剖析4次，做到见人见事见思想，树立问题导向。落实6个方面、25项任务和72项成果计划，实施“30项专题整治”，解决群众身边突出问题，取得阶段性成果。

开展“三严三实”专题教育。区委常委会带领全区副处以上领导干部开展研讨，查找问题，带头整改落实，做到高起点开局、高质量推进。全区处级领导干部讲党课36次，开展集中学习108次，完成“严以修身，加强党性修养，坚定理想信念，把牢思想和行动的总开关”等四个专题学习研讨，组织召开专题民主生活会，推进问题整改落实。

落实“三个突破”。先后召开全区推进金融振兴和科技创新工作座谈会、民营经济发展大会，推动“三个突破”。引进法律咨询、家政服务等社会机构16家，建立完善区中小企业融资担保中心，设立助保贷资金。农村信用社改制工作进展。2015年，全区存款128.18亿元，增加3.7亿元，增长3.01%；贷款42.46亿元，增加2.6亿元，增长6.55%；存贷比为33.1%，比2014年增加1.1个百分点。服务业增加值完成27.5亿元，完成任务18.8亿元的146.28%。

实施“六权治本”。三次听取专题汇报，组织召开推行权力清单工作动员大会，成立区“六权治本”工作领导小组，制定出台《关于推进“六权治本”规范运行的实施办法》，明确“六权治本”工作的时间表和路线图，“两清单”“两张图”编制推进。37个部门的权力清单“一表两单两图”完成二报二审，乡镇工作跟进，职权事项初步核定为1727项。“两平台”建设起步。公共资源交易平台建设工作完成调查摸底，形成《朔州市平鲁区公共资源交易管理实施方案》。政务服务平台建设进一步完善，进驻政务大厅窗口单位共19家，全年受理行政许可、非行政许可和服务项目3万多件，其中行政许可项目2171件，办结率达到100%。“六权治本”制度完善。科学配置权力方面，制订出台《关于党政主要领导“五个不直接分管”和“末位表态”的暂行办法》；制度约束权力方面，制定出台《朔州市平鲁区人民政府领导班子“三重一大”决策制度实施办法》；合力监督权力方面，制定出台《中共朔州市平鲁区委关于加强和改进人大监督工作、推进“六权治本”的实施意见》《中共朔州市平鲁区委关于加强和改进人民政协民主监督的意见》《朔州市平鲁区人民政府关于推进六权治本强化审计监督的意见》。推进“六权治本”向乡村延伸。起草《朔州市平鲁区乡村推进“六权治本”工作指导方案》，将印发执行。

加快改革开放步伐。区委成立深化改革领导组、六个专项小组，制定出台工作程序和工作职责，形成强有力的组织领导机制，确保改革稳步推进。推进煤炭管理体制改革，为煤炭企业降成本、减亏损、促转型创造宽松环境。集中推进7个乡镇、205个村、2.8万户、79万亩的土地确权颁证工作，已清查192个村、2.7万户总面积75万亩。制定《公务用车制度改革实施方案》，公车改革完成。行政审批制度改革推进，清理出行政审批事项240项。开放合作取得重大成果，融入京津冀，促成西易集团与京能集团战略合作成功签约，开创本区民营企业开放合作的先河。

抓好“十三五”规划编制工作。成立领导机构，组织专门力量，经过科学认证和广泛征求意见，形成“十三五”规划建议。

**【项目建设】** 2015年，朔州市平鲁区煤炭产业“六型”转变推进。落实“煤炭20条”“煤炭17条”等政策措施，支持煤矿减亏损、稳产量、提品质，保市场。正常生产矿井15座，生产原煤9203.19万吨，同比减少2396.55万吨，下降20.6%，其中，地方煤矿1540.29万吨，同比减少320.47万吨，下降17.2%；平朔公司7662.9万吨，同比减少2076.08万吨，下降21.3%。在煤炭价格持续下跌的困难局面下，帮扶一些煤矿企业顶住压力，下压成本，坚持生产，支撑全区经济发展。加快矿井标准化建设，建成标准化矿井22座，建设状态7座。加快煤电一体化步伐。总装机达402万千瓦的三个煤电一体化项目相继开工。蒙西到天津南1000千伏、晋北到江苏800千伏两条特高压输电线路加紧建设。园区建设效益显现。北坪、东露天两大园区完成工业产值58亿元，占比全区总量的26.1%。平安化工、劣质煤综合利用项目即将建成投产。千万千瓦电力基地正在形成。除煤电项目外，60万千瓦的风电项目实现并网发电。建成和在建的电力项目总装机容量达到797.5万千瓦，占到全市的一半。建成310.5万千瓦，其中，火电190万千瓦、风电120万千瓦、光电0.5万千瓦；在建487万千瓦。其中，火电402万千瓦、风电85万千瓦。重点工程建设势头强劲。开展“项目提质增效年”活动，狠抓“四个一批”“六位一体”，推进重点工程建设。实施重点建设项目138项，完成投资215.24亿元，占年计划的106.74%，同比增长51.32%。其中，列入省重点建设项目5项，实际完成投资64.97亿元，占年计划投资的105.39%。项目建设为全市经济稳增长做出贡献。

农业种植结构调整成效显著。巩固提升胡麻、莜麦、荞麦、马铃薯四大粮食生产种植基地，规模引进藜麦、食用葵花、中药材等优良适地品种，建成万亩食用葵花、4000亩藜麦和4000亩中药材三大特色种植基地。全区农作物总播面积88.6万亩，粮食产量达到1.06亿斤。农业种植结构进一步优化。生态畜牧产业加快发展。围绕“1110”(农民户均1个大棚、1头牛，人均10只羊)目标，推广“双碾模式”，大力推进粮改饲试验区建设，推动畜牧业向基地化、产业化、集约化、品牌化方向发展。全区集中连片优质牧草达到10多万亩，牛、羊饲养量分别达到3.8万头、92.4万只。发展规模养殖户达1450户，建成规模养殖小区68个、生态养殖园区35个。全年农产品加工企业销售收入达到12亿元。

全年地区生产总值完成161.7亿元，同比下降5.7%；公共财政预算收入完成5.9亿元，同比下降60.7%。

**【城乡建设】** 2015年，朔州市平鲁区按照协调发展的理念，以“1430”为架构，加快城镇化进程。开展“五城联创”，实施美丽城市建设。敬德大剧院正式竣工，平朔一级路改造如期完成，平安花园小区、南山湖、井西小区、善学小区等重点工程加紧建设。主动融入全市创建全国文明城市的工作大局，实施“五城联创”，公共服务能力和城市形象进一步提升。以完善提质、农民安居、环境整治、宜居示范“四大工程”为重点，持续改善农村人居环境。实施完善提质工程。加快农村公路改造，完成9个项目、41.9千米的前期准备工作；推动农村饮水提质增效，投资337.4万元，解决12个村、5000多人的饮水安全问题；推进燃气管网进村入户，5个村的安装工程完成。实施农民安居工程，采取政府主导型、企业主导型和个人主导型三种模式，启动投资5.5亿元的7个乡镇、15个村、5094户、1.46万人的搬迁安置工作。向阳堡乡平番城、陶村乡石东2个村、451户、1409人安置搬迁完毕；西水界、陶村两个乡20户的农村地质灾害治理搬迁工作完成；投资1834万元，完成13个乡镇和北坪园区655户农村危房的改造。实施环境整治工程。推进乡村清洁工程。年内投资600万元，在全区乡村配备清扫保洁人员553人，配备垃圾收运车辆400台、垃圾箱2670个，65个村实现省级达标。实施宜居示范工程。开展美丽宜居示范村三级联创活动，完成两个美丽宜居示范村建设。凤凰城镇全国重点镇申报、建档和省级园林城镇创建申报工作完成。

**【环境建设】** 2015年，朔州市平鲁区推进林业生态建设。完成大片造林5.87万亩。同时，强化资源保护，加强护林防火，确保森林资源安全。实施风沙治理和水土保持工程。依托京津风沙源治理、首都水资源可持续利用等水土保持工程，以小流域为单位、重点流域为骨干，工程和生物措施相结合，强力推进水土流失治理工程，治理10.4万公顷。加强环境保护监督。强化空气质量监管。2015年，二级以上天数达到259天，一级天数60天，同比增加23天。加强全区水环境监管保护，污水收集率达到90%以上，中水回用率达80%以上。严格环境准入，“三同时”执行率达100%。化学需氧量、氨氮、二氧化硫、氮氧化物、烟尘、工业粉尘等各项控制性指标均在控制线以内。被列为全国生态文明先行示范区，为绿色发展赢得重大机遇。

**【社会保障】** 2015年，朔州市平鲁区组织87支下乡工作队和617名科级干部到80个贫困村和217个低收入村开展下乡扶贫，打响脱贫攻坚战。205人的易地扶贫搬迁推进；落实项目资金490万元，对16个贫困村进行重点帮扶；推进百企千村产业项目建设，完成投资7800万元，辐射带动30个村1000人增收；启动实施金融富民工程，建立扶贫贷款风险补偿金，为两家合作社59户发放贷款326万元；推进千村万人就业培训和新型职业农民培训，培训900人；实施教育扶贫及雨露计划，对符合条件的96名大学生进行资助；落实扶贫项目126个，完成投资520万元，完成4400人的年度脱贫任务。

就业服务环境不断改善。落实“双创”战略部署，落实政策，完善服务，拓展渠道，促进就业。全区新增就业3010人，创业就业555人，失业人员再就业1070人，帮助困难人员就业285人，转移农村劳动力3012人，城镇登记失业率为3.22%。

教育改革成效显著。完成振兴平鲁教育三年行动计划，继续深化与山大附中的合作，启动实施教育质量提升工程三年行动计划。李林中学高考二本B类达线695人，较上年净增88人，增长14.5%。

医疗保障体系进一步完善。加大基本医疗保障的投入，将人均基本公共卫生服务经费提高到40元。为辖区内的老年人建立健康档案。60周岁至周64岁农村老年人免费体检4362人，体检率达到53%；65岁以上老年人免费体检1.2万人，体检率达到90%。全区参合农民达到14.18万人，参保率达99.7%，人均筹资水平达到478元。

社会保障一体化加快发展。推进全民参保登记工作。建立城乡统一的居民基本养老保险制度。实施机关事业养老保险制度改革。强化社保扩面征缴稽核，确保社会保障基金按时足额发放。全年共发放社会保险费22025万元，享受保障人数达到158507人，按时足额发放率和社会化发放率均达100%。城市低保对象1874户、3825人，年发放1289万元；农村低保7974户、10828人，年发放2223万元；医疗救助483人、266万元；1546户、1551名农村“五保”对象全部纳入供养范围，做到应保尽保。

保障性住房建设任务如期完成，“城中村”改造稳步推进。完成市政府下达的4567套保障性住房建设任务。公租房分配工作启动。古城小区棚户区改造和堡子沟城中村改造完成前期工作。

安全生产形势持续好转。贯彻新《安全生产法》，出台《关于实行安全生产党政同责的实施意见》，强化“党政同责”“一岗双责”，落实安全生产责任制。深刻汲取天津港“8·12”重大火灾事故教训，对全区31座煤矿负责人进行集体约谈。以煤矿、非煤矿山、危险化学品等行业为重点，推进专项整治，确保安全形势稳定好转。发生各类安全事故42起，较上年减少11起，煤矿实现安全生产无事故。

信访维稳工作推进。开展“信访积案百日攻坚”和“以群众举报乡村干部腐败为切入点集中解决群众信访诉求问题”专项活动，。接待群众来信来访441批次、3172人次、377案，办结304案，正在解决的73案，办结率81%。省、市交办案件化解任务完成。坚决依法化解非正常上访，维护依法治访工作秩序，在进京非访压力较大的情况下，确保全国性重大活动期间进京非访“零滞留”“零倒流”。推进平安建设，加强创新完善立体化的社会治安防控体系，引深“打黑除恶”等六场硬仗，抓好抗战胜利70周年活动和中共十八届五中全会等关键时段的安全保障工作。

**【文化建设】** 2015年，朔州市平鲁区强化舆论引导，讲好平鲁故事。精心办好“一台一报”，拓展外宣广度和深度，讲好平鲁故事。《平鲁报》出版110期,发稿1200多篇。区电视台全年播发各类新闻1252条。在《朔州日报》等市级报刊发表稿件416篇,在《山西日报》等省级以上报刊刊发稿件79篇,在人民网、山西新闻网、朔州新闻网等中央、省、市级网络媒体上刊发稿件961余条。全程参与7月由中国互联网中心(中国网)主办的"中央网媒走进朔州暨平鲁煤企改革与转型座谈",展示本区发展取得的丰硕成果。强化网上舆情监控,编报《平鲁网络舆情》41期,组建首批网评队伍,依法规范网站、贴吧管理,净化网络环境。加强思想道德建设,践行社会主义核心价值观。开展"德润平鲁、共筑梦想"主题实践活动,开展文明户、好公婆、好媳妇、好儿女、好妯娌、好邻居评选活动,举办纪念抗战胜利70周年系列活动。实施文化惠民工程,开展群众性文化活动。平鲁踢鼓秧歌赴京参加"龙潭庙会",获得"北京第32届春节龙潭庙会全国优秀民间花会展演金奖"。组团参加市合唱比赛,市小戏、小品、小剧种"三小"展演和市"山花"奖展演活动,多次获奖。晋剧团公益性演出60余场,农村公益电影放映2200多场。图书馆、文化馆正式启用,乡村文化服务站所建设进一步完善,公共文化服务体系建设取得新进展。

【政治建设】 2015年,朔州市平鲁区加强对人大和政协工作的领导。支持人大、政协履行职能、发挥作用,支持人大代表和政协委员围绕中心工作建言献策。区六届人大五次、六次会议和区政协六届五次会议召开,完成市六届人大代表和政协委员的推荐选举任务。加强统战工作,学习贯彻落实《统一战线工作条例》,引导支持统一战线开展"强信心、促转型、树形象""党外代表人士直通车"、扶贫济困、公益慈善等各项活动,使统一战线各界人士在服务经济建设、协调各方关系、促进社会和谐上充分发挥作用。支持群团工作。组织召开党的群团工作座谈会,解决群团工作"机关化、行政化、贵族化、娱乐化"问题,支持群团组织开展"送温暖""春风行动"就业援助等各项活动。强化科普工作,"全国科普示范区"申报成功。推进基层民主法治建设。推进"三务"公开,普遍建立村务监督委员会,完成10个社区"两委"换届工作。开展"进村入户"普法宣传活动,通过"六五"普法验收。司法体制改革也取得新成效。推进军民融合发展。坚持党管武装,召开区委议军会议,加强国防动员和国防后备力量建设,战备训练水平进一步提升。开展"国防教育实践年"活动和李林烈士牺牲70周年国防教育系列纪念活动。人武部新营区投入使用。军民融合成效突出,经大力创建,本区摘得省级双拥模范区"七连冠"。

(平鲁区方志办)

## 山阴县

| | |
|---|---|
| 中共县委书记 | 侯　元 |
| 县人大常委会主任 | 相　成 |
| 县　　　　长 | 南志中 |
| 县政协主席 | 段国强 |

【概述】 2015年,山阴县地区生产总值完成139.4亿元,增幅7.8%左右;工业增加值30.5亿元,增幅18.9%;固定资产投资157亿元,增幅88.2%;社会消费品零售总额34.8亿元,增幅4.4%;公共财政预算收入完成6.5亿元,下降27.6%;城镇居民人均可支配收入28964元,增幅7%;农村居民人均可支配收入13395元,增幅6.6%。

【工业经济】 2015年,山阴县推进煤矿安全生产标准化建设,年内有7座矿井通过考核验收达标。全年原煤产量2257万吨,同比增加160万吨,增长7.6%。昱光二期2×35万千瓦煤矸石电厂项目开工建设,总投资29.3亿元,预计2017年4月实现投产。联成偏岭风电一期和同煤织女泉风电三期两个5万千瓦风力发电项目建成并网发电;煜元泰5万千瓦光伏发电项目建成试运行,中电投50兆瓦光伏发电项目5万千瓦光伏发电项目主体工程完工。加快合盛堡现代煤化工园区基础设施建设进度,年内完成园区东西主干路路基路面工程、排水工程等,完成园区场地平整土方工程,园区供水工程开始实施。神雾80万吨聚乙烯项目对接，山西洁静能源低阶煤分质转化综合开发利用项目前期准备工作基本完成。朔煤古城食品5万吨燕麦及小杂粮深加工项目建成投产，古城二期液态奶生产线和饲料加工车间完成设备安装。

【农业经济】 2015年，朔州市山阴县完成吴家铺0.35万亩和大红道0.18万亩高标准农田建设，启动实施四里庄0.73万亩和吴家铺0.2万亩高标准农田建设；实施古城、北周庄、安荣、合盛堡4个乡镇39个村庄小农水项目；开工建设黄水河元营村—黑疙瘩村段河道治理工程；实施安岸庄2000亩盐碱地改造项目；京津风沙源治理二期工程完成小流域治理、打机井、建水池及铺设管道等工程；完成上年榆树洼小流域南高山片水土保持综合治理工程；启动实施2015年五指沟小流域车道沟片水土保持综合治理工程；在10个村启动实施膜下滴灌示范工程和节水型社会试点工程建设项目等。全县机械收获玉米36万亩，玉米机械化青贮10万亩，机收率达到82%，创历史之最。全县主要粮食作物耕种收综合机械化水平达到79.87%，较上年提高2.27%。农业综合机械化水平位于全省前列，成为全省“农机化示范县”。在7个乡镇、30个村、2个专业合作社推广旱地谷子地膜覆盖高产种植12000亩取得成功；实施现代农业玉米丰产方地膜覆盖项目19万亩；实施粮油高产创建项目12300亩；实施植物保护病虫害防治项目10多万亩等。以沃润源农牧公司为代表的现代化奶牛养殖公司开始兴起，以全株玉米青贮为代表的优质牧草种植得到大面积推广。

【城乡建设】 2015年，山阴县完成《城市燃气规划》《县域城镇体系规划》《广武风景名胜区规划》和《城市排水防洪设施建设规划》等4个规划编审；完成保障性安居工程1000户；完成农村危房改造1230户；完成青年西街道路和供热管网改造工程；扩大集中供暖面积50万平方米；新建污水管线1470米；等等。完成乡村道路建设3条18.5千米；完成村通水泥路完善提质60千米；完成马营—观音堂道路改造4千米；完成元水线改造19千米；完成农村公路安全防护整治隐患两条4千米等等。大接杏发展到3000多亩；完成营造林任务1.93万亩。实施乡村清洁工程，全县所有村庄人员设备全部配齐，纳入常态化管理。引导企业参与产业扶贫开发工程，古城乳业集团等4家企业带动900多贫困人口脱贫；金融扶持贫困农户小额贷款发放贷款10户57万元；完成建档立卡“回头看”精准识别工作。

【社会事业】 2015年，朔州市山阴县完成5所幼儿院建设主体工程；落实中等职业教育免学费、生源地国家助学贷款等扶贫助学爱心工程的各项政策措施；通过国家教育部教育均衡县验收；改善义务教育薄弱学校办学条件，对63所学校进行改造修缮，投资2000多万元配置教育设备。启动县中医院综合门诊楼建设项目；投资580万元对县级公立医院进行设备购置和基本建设；完善新型农村合作医疗制度；促进基本公共卫生服务均等化；持续推进县级公立医院综合改革；落实为老年人提供免费健康体检、农村妇女免费宫颈癌筛查、育龄妇女生殖健康检查等医疗卫生服务惠民政策；全市首家建成县级标准疫苗库；全市首家建成数字化预防接种门诊；等等。五项保险参保人数和征缴保费完成任务；全民登记入户调查完成率达到89%；60周岁以上人员基础养老金增加、城镇居民大病医疗和慢性病保险等社保各项政策全部落实到位；社会保障卡推广；农村低保标准提高到每人每年2608元，城市低保标准提高到每人每月402元；城乡低保户、低保边缘户大病救助24271人，发放救助金621万元。全县新增城镇就业人数2903人，登记失业率控制在2.96‰以内。以创建公共文化服务示范区活动为载体，狠抓基层基础设施建设，投资10.92万元，购置电脑40台，更新图书馆的电子阅览室，投资43.69万元，实现全县257个村基层信息服务网络全覆盖，投资16万元对13个乡镇综合文化站进行改造提质和达标建设。全县“爱心煤”货币化补贴农户

71690户，户均补贴300元，共发放补贴资金2150.7万元。投资253万元，解决水头村、农牧场等2个村、4400人和合盛堡中学1所中学1000名师生的饮水问题。

【转型综改】 2015年，山阴县在省本级涉企行政权力262个事项中，取消29项已执行，下放14项已承接，改为属地管理我县涉及139项。对行政审批事项进行电子监察，进一步规范行政行为，精简审批流程。引进晋商银行和太行村镇银行两家股份制商业银行，批准增设数十家民间小额信贷及担保公司；狠抓打击非法集资工作，对全县14家投资公司和12家广告公司进行了排查，遏制和打击全县范围内非法集资活动的势头；推进金融振兴工作，建起“山阴县中小微企业创新孵化基地”和“山阴县中小微企业创业创新基地”，入住全省各类中小微企业28家，帮助企业实现融资1000多万元；开展“助保贷”业务，为32家企业发放贷款10275万元，解决中小企业融资难、融资贵的问题；完成山阴县联社改制农商行工作，共募集发起人318户，投资入股7亿股；探索金融系统诚信体系建设，成立山阴县诚信企业联盟。推进农村土地承包经营权确权登记工作，在2014年后所乡试点的基础上，完成7个乡镇134个村清查面积564611亩，清查承包台账土地档案数23570份；推进集体林权改革，完成两个村林地面积11000亩。全县招商引进项目13个，签约投资金额347亿元，完成任务的149.6%；年度新上中电投50MW光伏发电、昱光二期2×35万千瓦煤矸石电厂和赐润能源400万吨低阶煤分质转化综合利用等3个5亿元以上的产业转型项目已落地建成；两大电商项目鑫菲电子农副业商务平台和聚世惠投入运营。

【安全生产】 2015年，山阴县排查煤矿、非煤矿山、烟花爆竹、危险化学品、饭店、涉燃单位等重点领域行业安全隐患1215条，整改到位。成立打击私挖滥采“特别行动组”，非法盗采国家煤炭资源行为得到有效遏制。县政府两次召开政府常务会议专题研究信访问题。全年共受理群众来信来访323件次、1493人次，所有来访事项均得到妥善处置，初信初访办结率达98%；全年网上办理各类信访案件371件，办结333件，到期办结率达100%。全年进京非访19人次，赴省集体访7批次，到市集体访36批次，得到接访处置，信访总体态势平稳。全年共破获各类刑事案件352起，抓获犯罪嫌疑人149人；查处各类治安案件2105起；发生命案5起，全部侦破，确保人民群众生命财产安全，社会大局稳定，荣获“全省平安示范县”称号。

（山阴县方志办）

## 怀仁县

中共县委书记　王智杰
县人大常委会主任　韩效华
县　　　长　吴秀玲
县政协主席　周志强

【概述】 2015年，怀仁县地区生产总值完成202.8亿元，同比增长5.9%；第三产业增加值76.3亿元，占地区生产总值的比重37.6%；工业增加值75.3亿元，同比增长16.1%；固定资产投资157.1亿元，同比增长15.1%；社会消费品零售总额61.7亿元，同比增长4.6%；公共财政收入5.45亿元，同比下降36.8%。农村常住居民人均可支配收入13261元，同比增长6.8%；城镇常住居民人均可支配收入完成29233元，同比增长6.7%。

【转型发展】 2015年，怀仁县狠抓安全质量标准化矿井建设，芦子沟煤业300万吨矿井、吴家窑煤业90万吨矿井进入联合试运转，本县监管的6座煤矿全部成为二级以上标准化矿井，煤矿改造建设实现优势再造，全县煤炭产业步入安全高效的现代化矿井时代。全县煤矿生产原煤2401.49万吨，比上年同期的2110.24万吨增长13.80%。发运煤炭2297.38万吨，比上年同期的2590.18万吨减少11.30%。加快推动陶瓷产业上档升级，投资4.7亿元，新建6条高档日用瓷生产线和1条地砖生产线。推进工业固废综合利用，投资6000万元的宏力再生年产4000万块清水砖项目已完工。新兴产业壮大，国世源药业项目敷料生产线进入试生产阶段,中药提取车间完工;投资2.1亿元的山西钛阳能海北头光伏发电项目,并网发电;投资9600万元的北京盈宏运输机械制造项目完工。

【政策创新】 2015年,朔州市怀仁县坚决落实省政府煤炭"20条""17条"、减负"60条"、工业"19条"和小微企业"13条"政策措施,推进商事制度改革和"三证合一、一照一码"制度,为中小企业营造良好的发展环境。全年新增小微企业472户、达到4172户,从业人员58032人,实现营业收入121亿元。推动企业新三板上市,实现资本市场融资,宏力再生股份有限公司成功上市,诺诚制药、尊屹陶瓷两家企业筹划中。发挥财政资金撬动作用,县财政投入1040万元建立"助保贷"政府风险补偿金,采取以奖代补方式,为22家中小微企业搭建"政银企"融资合作平台,撬动建行贷款1.04亿元,为企业发展提供金融支持。建成集培训、指导、实训、孵化、服务为一体的多元化综合性创业孵化平台,入驻创业实体518户,吸纳就业人数712人,形成大众创业、万众创新的浓厚范围。

【重点工程建设】 2015年,怀仁县持续深化"转型项目大攻坚",全年实施省级重点工程7项、市级重点工程103项。其中尊屹瓷业现代陶瓷研发基地项目,第一条生产线已经点火试产,产品外销势头很好。陶瓷原料加工车间、职工公寓楼正建。晶屹建筑陶瓷二期扩建工程,80地砖技改生产线开始生产,新建地砖生产线主体工程及设备安装完成,准备试生产。金沙滩商贸城,商业街主体、酒店主体、大型商业楼体主体完工。世纪绿城一期主体完工,小区内外网配套及周边配套工程完善。红星美凯龙家具城、华联商厦、义乌小商品城三个主体完成,正在内外装修。建设配套的商业楼群、公寓楼。怀仁汽车文化园区项目,车辆管理所主体建成,进行内外装修工作。重点项目的持续建设为全县转型发展奠定基础。

【招商引资】 2015年,怀仁县利用能博会、中博会、农博会、文博会等平台,采取走出去、请进来的思路,主动与企业对接,大力开展招商引资活动。全年签约项目20个,签约金额287.5亿元,完成率122.3%;落地投资额123.35亿元,完成率116.4%,为经济发展注入动力和活力。

【创新驱动】 2015年,怀仁县在市政府的支持下,陶瓷研发中心建成运营,研发成功以本地硬质煤矸石为基本原料的异形及浮雕陶瓷产品,突破北方地区高压注浆规模化生产的技术难题,为推进陶瓷产业上档升级搭建起跳平台。在羔羊养殖环节中,建立国家羊产业技术体系饲料资源实验基地,山西省农业社会化服务体系工作基地,以及与山西农业大学羊产业技术体系合作,健全科技服务体系,推进草料、羊品种以及羊肉系列产品研发,实现羊产业的可持续发展。繁育改良初见成效,通过引进杜泊、小尾寒羊等优质种公羊,与当地基础母羊的三元杂交改良,形成新一代的杂交改良品种。加强企业研发平台建设,金沙滩羔羊肉业公司申报省级企业技术中心,明鑫陶瓷、龙欣陶瓷、同星制药企业申报市级企业技术中心,经济发展新动能正蓬勃兴起。

【农业经济】 2015年,怀仁县落实强农惠农政策,兑现粮食补贴、退耕还林、农机具补贴、能繁母猪补贴、农资综合补贴、良种补贴、低收入农户取暖等补贴资金7181万元。开展农村土地确权登记颁证工作,70%以上的行政村完成确权登记工作。进一步扩大地膜覆盖面积,推广节水灌溉技术,建设40万亩高产玉米种植基地和5万亩绿豆种植基地,在严重的旱灾面前,粮食产量完成1.87亿千克,瓜类蔬菜产值达到8亿多元。羔羊养殖规模壮大,全年肉羊饲养量达到410万只。全县有庭院养殖2.4万户,肉羊养殖小区638个(2000平方米一个),棚圈面积127.6万平方米,养殖专业合作社421家,全县年饲养能力500多万只。国家草牧业发展试验试点县进展。全县连片种植苜蓿4000亩,草牧业龙头企业——山西京龙农业科技有限公司进一步发展壮大,购置配齐大中小型农机具13台,年可加工苜蓿干草捆2000吨;在金沙滩镇盐丰营村犇康牧场实施“百草园”优质牧草试验项目，试验面积200亩，通过一年的长势情况及对比结果来看，金皇后紫花苜蓿、皇冠紫花苜蓿、雅玉8号青贮玉米、豫青23青贮玉米、高丹草、燕麦4类6个品种，耐寒耐旱，产量较高，适宜本县种植。农业产业化水平得到提升。全县共建成15家羊产品加工企业，形成种植、饲养、屠宰、羊肉分割、皮毛加工、肠衣加工、有机肥加工等完整的全循环产业链条，可吸纳1.5万多人就业，为农民增收创造稳定的就业岗位。设施农业稳步发展，各类大棚发展到8000个，形成同朔地区蔬菜及肉蛋奶基地。

【城乡建设】 2015年，怀仁县加快城市基础设施工程建设，投资3800万元，新铺设燃气管道15.2千米，燃气普及率达66.53%；新增供热管网2千米，新建换热站两座；新建城市供水管网6千米，改造城市供水管网7千米，新增应急备用水源井4眼，完成供水全过程水质监测基础工程。新建城市道路3.5千米，实施3条背街小巷硬化工程。维护全国卫生城市成果，加强市容市貌、环境卫生、园林绿化管理，城市环境清洁走上制度化、精细化、长效化道路。

【生态建设】 2015年，怀仁县全年营造大片林1.43万亩。投资600万元，建成金沙滩生态经济园林区智能防火监控系统，森林防火应急处置能力进一步增强。狠抓重点行业、企业节能降耗和主要污染物减排。PM10、PM2.5分别比上年下降2%、4%，完成“十二五”总量减排目标，化学需氧量、二氧化硫排放量比2010年下降11.6%，氨氮、氮氧化物排放量比2010年下降10.45%。2015年，县城空气质量二级以上天数达到350天。实施农村环境整治工程。采取县四大班子领导包乡镇、县副科以上实职干部包村制度，拨付村级公益事业“一事一议”财政奖补资金820万元，争取和落实村级公益事业省级奖补项目两个总投资200万元，完善各行政村的村内道路硬化、水利设施建设、公共环境卫生及绿化等，进一步改善村容村貌和农业基础条件，为农业发展和农民生活质量的提高奠定基础。

【民生事业】 2015年，怀仁县坚持经济发展和社会和谐并重，强化惠民工程实效，惠民生、促民和、保民安，地彰显“为民、唯民”的执政理念，民众幸福指数持续攀高。

教育事业健康稳定。2015年，全县高考二本以上达线6465人，达线率为48%。新建改建城镇幼儿园3所、农村幼儿园3所。按照上级政策，规范招生行为，规范办学行为，实现公办、民办教育优势互补、均衡发展。

安居工程推进。转换棚改方式，采取“以政府为主体，用银行贷款实行货币化补偿或异地安置的办法”进行拆迁改造，达到既消化现有库存商品房，又解决城市棚户区改造问题的双赢效果。全年回购商品房939套，新开工公租房324套。改造农村危房2355户，完成市下达任务的100%。

医疗卫生体制改革展开。研究出台进一步推进公立医院综合改革实施方案，成立公立医院管理委员会、确定公立医院综合改革资金补助和医疗服务项目价格调整标准，并于11月1日开始实行药品零差价销售。乡村两级全部实施基本药物制度。县乡村三级医疗卫生服务体系达标率100%。新型农村合作医疗保险参保人数16.2万人，参合率达到99.85%。

就业创业工作成效明显。开展省级创业型城市创建活动，城镇新增就业3465人，完成年任务的103.6%，失业率控制在3.17%以内，低于4.2%控制目标，实现民生事业共建共享。开展建筑领域拖欠农民工工资专项整治工作，建立100万元的政府欠薪应急周转金，实行工资保证金制度，严格劳动用工手续，劳动者合法权益得到充分保障。加大劳动保障监察力度，追回拖欠工资370万元，维护职工权益。

安全稳定工作加强。汲取天津港“8·12”瑞海公司危险品仓库特别重大火灾爆炸事故教训，强化安全生产“红线意识”和“底线思维”，落实安全生产政府和企业两个主体责任，加强安全生产各项工作，坚决杜绝重大事故发生。2015年全县共发生各类安全生产事故81起,死亡8人(其中生产经营性死亡4人,占年度控制指标8人的50%),伤24人,同比事故起数上升24起,上升42.11%;死亡人数下降3人,下降27.27%;受伤人数下降11人,下降31.43%。开展平安怀仁建设,加大社会治理力度,打击黑恶势力犯罪,形成打黑除恶高压态势。共破获刑事案件351起,社会治安公众安全感满意度明显提高。

**【政治生态建设】** 2015年,怀仁县开展学习讨论落实和“三严三实”专题教育两活动,从“严”上要求,向“实”处,把“三严三实”内化于心、外化于行,为经济社会转型跨越发展提供思想保证。

开展学习讨论落实和“三严三实”专题教育活动,领导干部的思想作风、工作作风和生活作风不断改进,大局意识、责任意识和办事效率提高。坚持立说立行、边查边改,文风会风明显改进,公款吃喝得到遏制。坚持“法无授权不可为,法定职责必须为”,推行权力清单制度,健全规范“三重一大”决策机制。进一步深化行政审批制度改革,取消非行政许可审批,大幅减少前置审批。确认县级保留的行政审批事项为204项,所有的行政审批事项目比原来减少16项,精简9.33%。严守政治纪律和政治规矩,开展重点领域和关键环节专项整治,努力铲除滋生腐败土壤,全县党风廉政建设和反腐败工作推进。

(怀仁县地方志办)

## 应　县

| | |
|---|---|
| 中共县委书记 | 兰成国 |
| 县人大常委会主任 | 赵　杰 |
| 县　长 | 边润文 |
| 县政协主席 | 宋天仁 |

**【概述】** 2015年,应县地区生产总值达62.8亿元,同比增1.1%;固定资产投资完成66.6亿元,同比增20.8%;规模以上工业增加值完成9.2亿元,增速同比降7.2%;社会消费品零售总额完成27.6亿元,同比增5.5%;公共预算收入完成1.63亿元,同比降13.9%,增速全市排名第一。城镇居民人均可支配收入预计可达20710元,同比增6.9%;农村居民人均可支配收入预计可达8770元,同比增7.1%。

签约招商项目14个,总额162.2亿元,超额完成年度任务。在加大招商引资力度的同时,推进总投资98.8亿元的71个重点项目、重点工程,完成投资66.5亿元。其中,省市重点工程10项,完成投资36.2亿元,超额完成年度投资计划。

**【学习教育活动】** 2015年,应县坚持不懈把学习贯彻习近平总书记系列重要讲话精神作为重大政治任务,结合“三严三实”专题教育、“双学”、学习讨论落实活动等项工作,采取多种形式,持续学、反复学、学。县委常委会和县委中心组召开12次专题会议带头进行学习,分层次举办培训班3场,培训党员领导干部1107人次。县四大班子成员带头讲“三严三实”专题党课23场次,全体县处级干部分五个专题进行集中学习研讨。与此同时,推动专题教育向基层延伸,各乡镇各部门先后举办专题培训班45期,培训3000多人次。坚持高标准、严要求,组织召开“三严三实”专题民主生活会,开展批评与自我批评,在政治、思想、行动上与中共中央保持一致,增强贯彻落实省委“五句话”总要求,推进全市“两大任务”,促进富民强县的责任感和紧迫感。立足县情实际,组织“十三五”规划建议起草编制工作,全县经济社会发展思路充实完善。

**【党风廉政建设】** 2015年,应县出台落实党风廉政建设“两个责任”的意见,拉出落实“两个责任”的清单。加大督促指导、检查督办力度,通过约谈、签字背书等措施,把责任压力向基层党组织传导,在全县初步构筑起横向到边、纵向到底的责任落实体系。支持纪委履行监督责任。加大对纪委,特别是基层纪委“三转”工作的督促指导力度,确保全县各级纪委聚焦主业、聚焦主责。县纪委监察局共退出议事协调机构80个,清理基层纪委书记(纪检组长)兼职和分管的其他业务工作。优先配齐两个乡镇纪委书记和4个县直单位的纪检组长。给县纪委调配综合办案场所,为乡镇纪委增加办公经费两万元。创新纪律审查方式。探索推行“信息沟通和问题线索移送、‘乡案县把关、一案一报批’、乡镇纪委联组划片交叉办案、机关纪检组联合巡察办案”四个机制，纪律审查工作水平提升。在纪律挺前上用力。规划建设起廉政教育基地，创作《母亲的眼泪》微电影，开展廉政知识竞赛、节前廉政提醒等廉政活动。围绕学习贯彻新修订的《中国共产党廉洁自律准则》和《中国共产党纪律处分条例》，开展党风廉政教育，强化约谈提醒，县委和县纪委先后9批次约谈47人，函询两批6人。以整治群众办事难、侵害群众利益、干部纪律作风和大操大办为重点，引申作风建设，全年查处48案、48人，形成和保持狠刹“四风”的高压态势。狠抓纪律审查工作。加大案件批办、督办力度，支持纪委查办案件，全年查办案件233件，同比增104.3%。其中，查处科级干部46名，给予重处分6人。特别是以农村集体“三资”管理和解决群众信访举报两个专项治理为切入口，整治发生在群众身边的腐败问题，查办案件71件，给予党政纪处分101人。开展虚报冒领涉农补贴资金自查自纠主动申报工作，有51个村69名“两委”干部申报套取资金11万元，其中党纪处分2人，诫勉谈话7人。

【基层组织建设】 2015年，应县推进“三个一批”工作。从“查档案、查个人事项报告、查民意、查线索、查案件”入手，抓住“乡镇领导班子、重要工作部门、调整选拔干部、问题线索集中”四个重点，探索建立处理惩治退出选拔任用三个干部工作长效机制。年内共处理不廉洁乱作为干部10名，调整退出不作为不胜任干部1名，掌握使用敢担当善作为干部47名。强化干部选拔任用工作。坚持“重德”导向、“实绩”导向、“一线”导向和群众公认导向，执行新时期“好干部”标准，全年调整干部9批、66人。强化教育培训。举办科级干部培训班2期、党务干部培训班1期，培训科级以上干部和党务工作者870人次。结合农村“两委”换届，实施“领头雁”培训工作，县乡两级培训“两委”干部1600多人次。实施党员教育培训工程，举办党员示范培训班两期，培训骨干党员410名。乡村两级举办党员培训班350期，实现党员培训全覆盖。集中整顿软弱涣散村级组织。采取“县委部门包涣散村、政府部门包贫困村、政法部门包矛盾村”的办法，推进整顿工作。调整软弱涣散基层党组织书记5人，解决突出问题42件，28个软弱涣散村级组织转化。推进基层党建工作创新。始终坚持选树典型，共培养出金城、南河种、臧寨等3个省级、21个市级、78个县级先进基层党组织。推广“项目化党建”“支部+合作社”“村民说事”“合作社联合党支部‘1+6’模式”等经验做法，集中组建社会组织党组织4个，动态组建调整非公经济党组织两个，组建农村产业党支部20个和合作社党支部35个、党小组167个。开展在职党员到社区报到、无职党员设岗定责、领导干部包村增收、县乡干部“五进双包”等活动，把党组织的政治优势转化成推动发展的优势，以实实在在的党建工作创新，增强基层组织的凝聚力、战斗力。加大基层党建经费保障力度，在平均为每个乡镇落实60万元工作经费的基础上，同步落实村级转移支付1560万元、农村干部岗位报酬270.6万元，为基层党建工作提供支撑。

【新兴产业】 2015年，应县完善新型产业科技创新园基础设施建设，以新能源、日用陶瓷、特色农产品加工“三大基地”建设为重点，推进26个新型工业项目，完成投资19.8亿元。臻泰、得财、乾瑞三个混凝土搅拌站和年加工600万件针织服装项目建成投产，恒益源黄芪饮片项目和年产6000吨穿线管等项目完成土建工程。此外，还有国瑞、佳德宝等6个陶瓷项目和白马石风电一期项目正式开工。以梨花春、雅士利为代表的传统工业企业稳健发展，雅士利乳业上缴税金4829万元，同比增长42.9%，超额40.5%完成年度任务；梨花春酒业上缴税金1165万元，与2014基本持平。帮助陶瓷企业拓展市场空间，推进技改升级，多数企业走出困境，产销两旺，全行业完成税收925.7万元，超额完成全年任务，同比增68.7%。现代农业，围绕“一个模式、一个计划”的发展方向和目标，实施“南菜北牧”发展战略。“南菜”

板块现代农业示范项目群，巩固提升5万亩现代农业示范园区建设，在出现重大旱灾的情况下，全县蔬菜播种面积依然稳定在30万亩，蔬菜收入10亿元。“北牧”板块现代养殖示范项目群，继续抓好万亩现代养殖示范园区基础设施建设，推进总投资4.5亿元的饲料配送中心、国际肉羊综合产业化、世贸园肉牛屠宰加工三个项目。特别是恒天然牧场群项目，在完成15亿元投资计划的基础上，又追加7亿元投资，总计完成投资20多亿元，巩固完善大西头、安营两个双倍牧场，新建成大穗稔单体牧场，存栏奶牛达到2.7万头，日产鲜奶220吨。全县规模健康养殖小区发展到200个，奶牛存栏6.01万头，肉羊饲养量120万只。加强农业基础设施建设，在8乡、12个村实施膜下滴灌项目12处，新增和改善灌溉面积7400亩，完成高标准农田示范项目1.32万亩，新增保护性耕作面积1万亩；新发展农民专业合作社269个，累计达到2238个；全县粮食作物总产初步测算可达3.1亿千克，农产品加工企业销售收入完成53.3亿元，同比增12%。文化旅游和商贸物流产业。推进木塔实质性保护加固工程，启动开展工程专项监测、维修加固模拟试验和维修加固方案深化三项工作。深度挖掘木塔的古建、佛教、文化价值，加强文化产品开发，在全省第二届文博会上获5项大奖，全县各类文化企业发展到296家，其中规模以上企业5家。登记各类非物质文化遗产21项，“耍孩儿”“应县凉粉”“小石口紫皮蒜种植技艺”被列为全市重点非遗保护项目，应县凉粉成为全省2015年唯一入选中国“美味方舟”的地方小吃。推进工艺美术城项目，建成总投资10亿元的山西经纬通达现代综合物流园区，开通铁路集装箱货运业务，对金亿建材市场项目进行重组盘活。

【城乡建设】 2015年，应县推进“设施提升、城市安居、城中村改造、环境提升”四大工程，完成总投资9000万元的县城燃气、供热提质、城市道路建设和生活污水处理升级改造工程，城中村改造工程完成规划初稿编制。推进总投资1.2亿元的保障性住房建设工程，书香园城市棚户区394套安置房建成，富民园棚户区改造项目一期工程正式开工，完成190套公租房改建任务。集镇和新农村建设。推进总投资3734万元的美丽乡村、危房改造、扶贫搬迁、乡村清洁四项工程。其中，美丽乡村工程完成6个试点村的建设任务，试点村累计达到28个。1200户农村危房改造工程竣工。实施涉及3个自然村438人的易地扶贫搬迁工程。推进以“三拆四改五化”为主要内容的乡村清洁工程。加强交通路网建设。投入资金近9000万元，完成总长近100千米的七支沟、旧职中道路建设和县乡道路改造提升以及养护工程。

【生态文明建设】 2015年，应县坚持兴水、植绿、减排并举，加强生态环境治理保护。生态水系，推进总投资2亿元的全国第六批小农水重点县项目和小石口水库、马兰口水库等工程，小农水重点县项目完成投资5400万元，新增高效节水面积8万亩。完成小石峪沟道治理项目、农村饮水安全工程。小石口水库大坝封顶。造林绿化，完成乡村植树3.94万亩、园区绿化12个、通道绿化170千米，县城新增绿化面积2.3万平方米，绿地率达到39.8%，绿化覆盖率达到42%，人均公园绿地面积达到9.2平方米，省级园林县城建设成果不断巩固。节能减排，落实工业减排项目6个，农业减排项目18个，完成污染减排任务，二级以上天数达到311天。

【社会事业】 2015年，应县教育方面，义务教育、职业教育、高中教育同步巩固提升。职中实训大楼竣工，新建县二中体育场投入使用，完成5所幼儿园新建改建和青少年活动中心完善工程。高考成绩大幅攀升，2015年二本B类以上达线1488人，达线率38.67%，同比增13.5%，净增177人。其中，县一中二本B类以上达线1040人，达线率57.02%，同比增17.8%。卫生方面，财政补偿743万元，破除“以药养医”机制，县级公立医院实行药品零差价销售。调整医疗收费价格，医用设备检查治疗和检验检测两类医疗服务项目价格降低10%。投资275万元的55个村卫生室新建项目全部完工，县中医院改扩建项目争取到2050万元的国家投资。科技方面，实施投资1487万元的无公害蔬菜产业技术集成与示范项目，2.1万户农户人均增收3584元。加强科普网络建设，扩大科普宣传面，推动科普示范基地创建申报工作，通过"全国科普示范县"创建验收工作。社会保障救助和扶贫开发方面，发放各类救助资金1.2亿元，受益群众扩大到9.8万人。各类社会保险参保人数达31.25万人，征缴基金1.39亿元，发放资金2.29亿元。完成2005人和两个贫困村的年度减贫目标任务。安全维稳方面，推行县级领导轮流值班接访制度，开展"信访积案大清底"和"信访积案百日攻坚战"，23个信访积案全部结案；解决拖欠农民工工资问题，处理拖欠农民工工资案件15起，涉及金额510万元；处置非法集资案件11起；推进社会综合治理，实施"六六创安"和"六无工程"，推进平安应县建设；落实安全生产党政同责，全县安全生产形势持续保持稳定。

**【深化改革】** 2015年，应县委常委会先后召开3次会议专题研究深化改革工作，成立领导小组及其办公室，组成6个改革专项小组。研究制定领导小组和专项小组工作规则以及领导小组办公室职责及工作细则。从制约全县改革发展的突出矛盾和问题入手，推动重点领域和关键环节改革取得突破。完成卫生计生、工商质监及经信粮食等单位的机构和职责整合工作，依法取消和下放与群众生产生活紧密相关的20项职权事项，推行惠农资金国库集中支付"一卡(折)通"，土地确权登记工作扩大到6个乡镇178个村，出台《财政投资项目管理办法》《财政投资评审管理办法》等制度，在全省率先实行"一事一议"财政奖补项目清单管理制度，在全省率完成机关事业单位工资调整改革工作，人均月增资703元，共增资6700万元；制定出台《关于加强乡、村两级社会服务管理信息平台运行工作的意见》《应县重大决策重点项目社会稳定风险评估实施细则(试行)》，在12个乡镇和22个县直单位建设网上信访信息系统，成立综合检验检测中心、食品药品犯罪侦查大队和9个乡镇食品药品监督管理站。把实施"六权治本"和深化改革结合起来，既把改革作为实施"六权治本"的强大动力，又借力"六权治本"突破改革的重大关口，按照试点先行，以点带面，统筹推进的步骤和思路，推进"六权治本"工作，46个县直部门完成职权事项梳理的"二报二审"和"三报"工作，完成试点乡镇、农村(社区)的职权服务清单梳理工作；推进政务公开和党务公开，完善年度目标责任考核制度，健全完善"不作为、乱作为"考核问责机制；县人大、政协、纪委、检察院、审计分部门制定出台权力运行监督管理制度。

**【法治建设】** 2015年，应县召开县十五届人大五次、六次会议，完成市六届人民代表大会代表选举工作。支持县人大及其常委会围绕中心、依法履职。支持县人大加强法律监督和工作监督，对"一府两院"依法行政、依法履职情况进行监督。支持县政协在推进民主协商上发挥作用，围绕重点领域、重点问题开展调查研究、协商议政和建言献策。巩固和发展爱国统一战线，加强同各民主党派、工商联和无党派人士的合作，凝聚发展合力，县委统战部被表彰为全省统战工作先进集体；贯彻落实中央和省委有关文件精神，加强党外代表人士队伍建设；按照制定出台的《关于进一步加强宗教活动场所规范化管理的意见》，推进宗教事务管理法制、制度、规范化；加强和改进对群团工作的领导，工会、共青团、妇联等人民团体的桥梁和纽带作用进一步彰显。把办好管好建好党校作为履行党建工作责任制的重要内容，高标准完成新建县委党校配套设施建设，依托党校推进党员培训工程，党校主阵地作用发挥。

加强和改进对法治应县建设的领导，制定出台《关于贯彻落实党的十八届四中全会精神加快法治应县建设的实施意见》，对法治应县建设作出系统规划部署，学习宣传宪法和国家法律法规，"六五"普法工作通过上级验收，推进"阳光审判""阳光检务""阳光警务"工程，县检察院先后被评为"全省先进基层检察院""全国先进基层检察院”。加强党管武装工作，完成年度征兵任务，兵役登记工作位居全市第一，县人武部国防实训基地投入使用，国防教育、民兵预备役建设和双拥共建工作取得新成效。

【宣传文化工作】 2015年，应县实施“领导干部进党校常态化工程”，组织全县广大党员干部，系统学习习近平总书记系列重要讲话精神，中共十八大和十八届三中、四中、五中全会精神，广大党员干部的思想政治修养和文化素养进一步提高。按照《关于进一步改进新闻报道的实施方案》，强化舆论引导，内外宣传实现新突破。开展“思想解放、县城清洁、文明出行、文明诚信、文明养成”五项重点工作，推进省级文明县城创建工作，涌现出省级文明单位3个、省级文明乡镇1个，南河种镇被中央文明委表彰为“全国文明乡镇”。围绕创建国家公共文化服务体系示范区工作，推动地方特色文化大发展大繁荣，创作的地方小戏《大槐树下》在第17届全国“群星奖”大赛山西赛区获得第二名，被指定为文化部群星奖参赛剧目，县文化馆被中宣部表彰为“全国第六届服务农民服务基层文化建设先进集体”，承办全省第七届击剑比赛，应县进入全省十大文化强县行列。 （应县方志办）

## 右玉县

中共县委书记 苏连根
县人大常委会主任 李月明
县长 苏斌如
县政协主席 李峰

【概述】 右玉县位于北纬39°41′~40°17′，东经112°07′~112°38′。全县国土面积1969平方千米，辖4个镇、6个乡、1个旅游区，321个行政村，总人口11.4万人。

2015年，全县地区生产总值完成55.3亿元，同比下降0.4%；规模以上工业增加值完成19.6亿元，同比下降3%；固定资产投资完成101.6亿元，同比增长19.1%；公共财政预算收入完成2.9亿元，同比下降32.3%；社会消费品零售总额完成14.6亿元，同比增长5%。城镇常住居民人均可支配收入完成19974元，同比增长7.3%；农村常住居民人均可支配收入完成6180元，同比增长6.4%。

【工业经济】 2015年，右玉县东洼北、玉岭两座矿井达到一级标准化要求。永昌煤炭物流园完工，东洼北煤炭集运站投入运营。同欣公司年入洗原煤180万吨生产线项目投产。全县煤炭产、洗、运能力分别达到1520万吨、2600万吨、2200万吨。中广核铁山堡风电二期、同煤英利光伏一期、中广核3.5万千瓦光电项目并网发电。福光丁家窑一期、二期风电完工。全年新增装机容量18.5万千瓦，总装机容量达到68.5万千瓦。北岳玉龙人造花岗岩板材加工项目建成试产。泉鑫单晶莫来石竖立窑改造项目建设钢架构窑炉车间。农副产品加工业壮大。臣丰苦荞饮料项目、西口洋洋羊肉深加工项目、汇源矿泉水生产扩能项目已投产。中大科技亚麻籽深加工及工艺提升项目开始试产。

【“三农”工作】 2015年，右玉县粮油饲总播面积66.5万亩，粮食总产量达到3100万公斤，超市定任务29%。突出杂粮、马铃薯、油料特色规模种植，建成17个规模化种植园区。规模养殖不断壮大，6个2000平方米以上养殖园区主体全部建成。20个“一村一品”专业村建设推进。推进农村人居环境改善，农业发展基础不断夯实。完成5个村、2600人、758头大畜的农村饮水解困任务。推进采煤沉陷区和地质灾害治理，新建马官屯移民新村。全年移民搬迁安置509户。打造省市县三级联创美丽宜居示范村3个。

【生态旅游】 2015年，右玉县推进造林绿化，完成荒山大片造林3.5万亩，栽植各类大规格苗木90多万株，大呼高速路及其连接线等5条通道绿化水平得到进一步提升；绿化乡村道路80千米、村庄30个，创建庭院绿化示范村11个。苗木产业不断壮大，出台《关于加快苗木产业发展的意见》，举办首届苗木交易大会，开通了林木种苗网站，扶持育苗大户规模化发展，全县育苗总面积近8万亩。污染减排推进，完成县城污水处理提质工程和畜禽污染减排治理工程，六项主要污染物减排和大气污染防治指标完成年度任务。生态旅游业发展提质增效，杀虎口景区项目开工建设，举办第六届西口风情生态旅游文化节和西口风情油画写生作品展，全年游客人数、旅游收入达到158.3万人、15.32亿元。

**【城乡建设】** 2015年，右玉县滨河西街延伸工程、文源南路延伸工程、油坊大桥拓宽改造工程、铁峰大桥建设工程和五条街巷修复工程全部完工。集中供热系统和换热站建设、供热管线改造项目建成投运，长虹街完成天然气管道铺设。二水厂建设工程、新建换热站给水工程、后河沟综合治理东段箱涵工程完工。民福路、学府路、玉羊街等六条街路完成绿化。建成保障性住房500套，完成农村危房改造670户，城市棚户区改造签订协议220户。右平高速公路控制性工程开工，虎山线改造工程完工，109国道改线工程施工和监理招投标完成。高墙框到右卫古城生态旅游路桥梁工程开工，杀虎口—海子湾等11条乡村道路建设和修复工程完工。推进县城人居环境改善，进一步健全县城环卫管理长效机制，县城日常保洁和市场秩序维护工作成效明显。

**【社会事业】** 2015年，右玉县全国义务教育均衡县创建工作通过国家验收。“一校一品”建设和特色学校创建活动开展。全县高考本科达线人数实现四连增。县卫生计生部门完成职能整合。启动分级诊疗工作，推行“先住院后付费”诊疗模式。县级医院药品全部实现零差价销售，县医院血液透析等3个重点专科投入运行。省级食品安全县创建基础性工作基本完成。国家可持续发展实验区建设成效显著，申请各类专利66件，有效发明专利9件，推广各类新技术12项。大南山发射台高山台站基础设施建设工程完工，新增有线电视用户870户。扶贫成效明显，全年脱贫54个村、7100人。社保覆盖面逐步扩大，各项社会保险参保人数累计达到12.7万人，社保基金累计达4亿元。新建、改扩建高家堡、新城镇敬老院和5个农村老年日间照料中心。提高农村低保和城市低保标准。低收入农户冬季取暖用煤货币化补贴全部发放到位。创业就业取得实效，培训1200人，城镇新增就业1244人，再就业480人，转移农村劳动力2000人。

**【安全稳定】** 2015年，右玉县落实安全生产责任制，加强安全隐患排查，强化安全生产措施，做好煤矿、道路交通、燃气及食品安全等领域的安全工作，全县安全生产工作形势总体平稳。以“三严三实”专题教育为契机，开展领导干部下访、接访、包案活动，解决群众反映强烈的热点难点问题和信访突出问题。推进治安防控体系建设，实施扫毒、铲赌、破案及社会治安整治等专项行动，全县大局保持和谐稳定。

（右玉县人民政府办公室）

# 附 录
Appendix

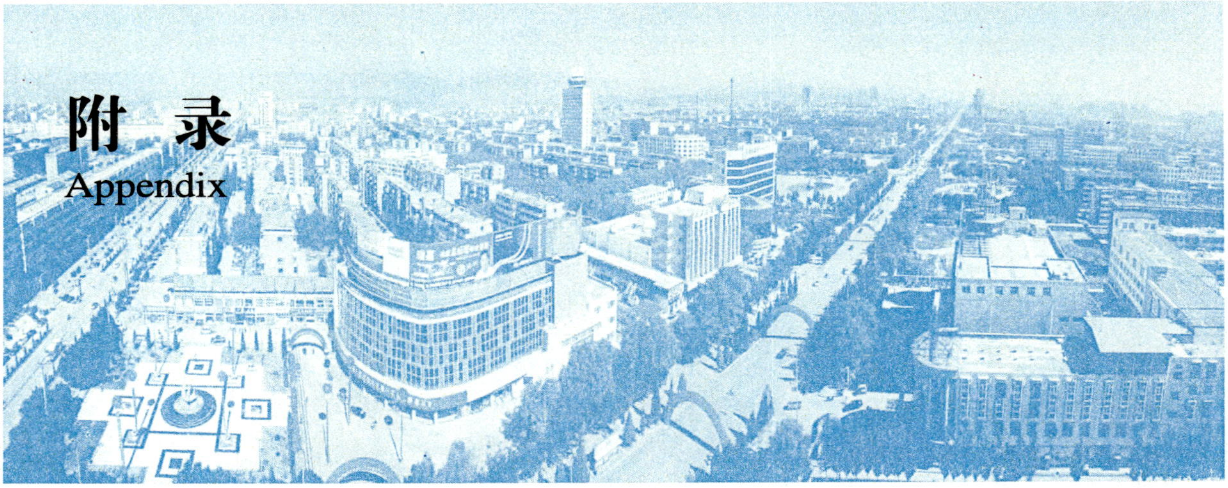

## 文件选登

## 朔州市人民政府关于做好 2015 年安全生产工作的通知

朔政发〔2015〕1 号

各县、区人民政府，市开发区管委会，市直及驻朔各单位：

为认真贯彻党的十八大和十八届三中、四中全会精神，落实习近平总书记关于加强安全生产工作的重要指示，坚持安全发展理念，坚守安全发展红线，健全安全责任体系，推进依法治安，夯实安全发展基础，有效防范一般事故，遏制较大事故，杜绝重大和特别重大事故，为加快推进“两大任务”、实现“六大发展”、全面建成小康社会提供良好的安全生产环境，根据《山西省人民政府关于做好 2015 年安全生产工作的通知》（晋政发〔2015〕1 号）精神，现就做好朔州市 2015 年安全生产工作提出如下意见：

### 一、坚持安全发展理念，坚守安全发展红线

安全生产是最基本的民生，是比泰山还重的责任，是任何人、任何时候、任何地方都不可触碰的高压红线。各级、各部门、各单位尤其是各级领导干部要认真学习、深刻领会和贯彻落实习近平总书记关于安全生产的重要指示和讲话精神，牢固树立安全发展理念，始终把人民群众生命安全放在第一位，严守发展决不能以牺牲人的生命为代价这条红线，始终增强做好安全生产工作的责任感、使命感、紧迫感，坚决克服盲目乐观、麻痹侥幸的思想，坚决做到任何时候都绝不能过高估计朔州市安全生产形势，绝不能过高估计干部群众对安全生产重要性的认识，绝不能过高估计各级各部门各企业安全生产能力和水平，按照“三个敬畏”的要求，主动适应经济发展新常态，进一步加强组织领导，把安全生产工作放在经济社会发展的重要位置，坚持从零开始、从零做起，扎实做好安全生产工作，努力促进安全发展。

### 二、建立健全责任体系，促进监管责任落实

继续建立完善“党政同责、一岗双责、齐抓共管”的安全生产责任体系，严格落实市委、市政府《关于实行安全生产党政同责的实施意见》，细化安全生产党政同责“五个全覆盖”考核内容，把落实情况纳入各级党委政府的年度工作目标，加强督查考核。按照“行业主管部门直接监管、安全监管部门综合监管、地方政府属地监管”的总要求，坚持“管行业必须管安全、管业务必须管安全、管生产经营必须管安全”，进一步明确各级各部门和各行业领域的安全监管职责，建立横向到边、纵向到底、职责明晰的安全监管责任体系。乡、镇人民政府以及街道办事

处、开发区管理机构等派出机关依法履行职责，加强对属地企业的监督检查。继续深入推进和实施安全生产监管网格化，按照市委、市政府《关于推行安全生产网格化监管的意见》，细化分解安全监管责任，建立完善“定格、定点、定人、定责、定制”的网格化安全监管责任体系，实现上面千条线、基层一张网的无缝对接。

### 三、围绕依法治国大局，推进依法治安

认真学习贯彻党的十八届四中全会精神，大力推进安全生产工作依法治理。自觉把安全生产工作纳入依法治国的整体战略和工作大局中谋划推动，加快建立和完善安全生产承诺、诚信“黑名单”等安全生产相关制度。认真贯彻实施新《安全生产法》，充分利用广播、电视、报纸、网络等媒体，宣传普及新修改的《安全生产法》等安全生产法律法规，提高全民知法、守法、用法、护法意识。严格依法监管，编制各级各部门安全生产权力清单，规范安全生产行政执法自由裁量权，对权力加以规范和确认，依法审核权力，依法界定权限，依法规范流程。继续加大安全生产领域简政放权力度，深化行政审批制度改革。严格推行年度监管执法工作计划，强化安全检查，完善执法程序，规范执法行为，提高执法水平；加强联合执法，实施部门联动，始终保持打非治违的高压态势；加强安全监管部门与司法机关的协调联动，依法依规严肃查处事故，严厉追究责任，公开宣判典型事故，加强警示教育，弘扬法治精神，把安全生产工作纳入法治化轨道。

### 四、强化企业主体责任，提升企业本质安全

企业要认真执行新修改的《安全生产法》、国家标准和行业标准，严格落实安全生产主体责任，切实做到安全投入、安全培训、基础管理、应急救援“四个到位”。按照国家规定的标准，足额提取、规范使用安全生产费用，加强劳动保护，改善劳动环境，预防职业危害，提高本质安全水平，做到安全投入到位。制订并落实年度安全生产教育培训计划，建立培训教育档案，强化全员安全教育培训，严格安全培训考核，有效提高从业人员安全生产知识和安全防范能力，做到安全培训到位。健全安全生产管理机构，配齐安全生产管理人员，完善安全生产责任制、安全生产规章制度和操作规程，加强现场管理和班组建设，大力开展安全生产标准化活动，坚决查处违章指挥、违章作业和违反劳动纪律行为，加强对承包、承租从事生产经营活动的单位的督查检查，做到基础管理到位。搞好重大危险源监控，健全事故应急救援预案，定期开展应急演练，提高应急处置能力，做到应急救援到位。

### 五、狠抓行业治本攻坚，扎实开展专项整治

各行业领域要根据本行业领域存在的突出问题，采取针对性措施，继续深入开展安全生产专项整治。

煤矿：要以落实煤矿安全“双七条”为重点，全面推进现代化矿井建设。进一步加强瓦斯、水、火等灾害治理，查清井下隐蔽致灾因素，严格执行“探掘分离、先探后掘、治采并重、先治后采”管理措施，加强防治水现场管理，强化整合矿井、建设矿井安全管理；集中开展隐患排查治理行动，认真查找安全隐患和漏洞，严格控制不安全产能，严禁超能力生产，坚决打击非法违法生产建设行为，全力推进煤矿向“安全保障型”转变。

非煤矿山：要推进资源整合，实行关小上大，实现规模化、机械化开采，提高本质安全水平。突出抓好高陡边坡安全监测监控技术在线监控等工程建设，落实露天矿山防高陡边坡排土场垮塌、滑坡，尾矿库防溃坝等重点部位和重点环节的安全生产工作，开展非法盗采、超层越界专项整治，消除事故隐患。

道路交通：要加强对道路运输企业的安全监管，督促企业对营运性车辆的动态安全管控；以大中型客车、重中型货车、危险货物运输车、校车和农村面包车为重点，强化对车辆及驾驶人的安全管理，严查超速、无证、酒后、逆行等突出的违法行为；推进机动车检验监管系统建设，实现机动车远程查验、远程核发检验合格标志，强化车辆安全装置等重点项目的查验。以隧道为重点，继续深入开展公路运营隧道的隐患排

查治理，完善监控、通风、照明、消防、应急救援等设施设备，加快推进对已通车公路隧道的消防验收工作。以防事故、保安全、保畅通为目标，实施公路安全生命防护工程，大力开展公路安全保障工程、危桥改造工程和事故多发路段安全隐患综合整治，不断完善安全设施，大力整治公路安全隐患，全面提升公路安全水平。

建筑施工：全面落实《建筑施工安全生产标准化考评暂行办法》，深入开展建筑工程项目安全考评。严格执行《建筑施工项目经理质量安全责任十项规定》和《危险性较大的分部分项工程安全管理办法》，加强建筑施工安全管理，严格落实建筑起重机械、脚手架和土方开挖作业等各项安全措施，认真整治借用资质和挂靠、违法分包转包、以包代管，以及严重忽视安全生产、赶工期抢进度等突出问题，以预防施工机械、脚手架等坍塌、倒塌和高处坠落为重点，认真排查治理各类事故隐患，提高施工现场安全管理水平，严防建筑施工事故。

消防安全：要集中开展劳动密集型企业、城中村、区域性消防安全隐患专项治理活动，针对季节特点，加强建筑、学校、医院、宾馆饭店、商场、娱乐场所等消防安全专项治理，严防火灾事故。加强对人员密集、易燃易爆、高层地下等重点部位的消防安全检查，及时消除隐患。以整治未经消防审核验收擅自投入使用，消防安全出口、疏散通道堵塞封闭，消防安全主体责任不落实，消防安全“四个能力”建设未达标为重点，严厉打击消防违法行为。深入推进网格化消防安全管理，切实提高消防安全水平。

危险化学品：全面落实《化工（危险化学品）企业保障生产安全十条规定》，加快生产储存装置、设施的自动化控制改造，突出抓好涉及“两重点一重大”（重点监管危险化工工艺、重点监管危险化学品、重大危险源）的危险化学品生产储存企业，安全监管。将安全生产作为危险化学品项目审批的前置条件，严格控制危险化学品建设项目。

城镇燃气：要进一步加强安全监管，深入开展专项检查，强化安全隐患排查和治理，加大老旧管网改造力度，保障城镇燃气安全运行。要在燃气使用企业进行自动监测报警联锁专项改造。

油气输送管道：按照国家统一安排部署，以油气输送管道占压、安全距离不足、不满足安全距离要求的交叉穿越等为重点，在朔州市开展油气输送管道安全隐患整治攻坚战，彻底查清并逐步消除安全隐患。

冶金工贸：加强对金属冶炼企业的安全监管，以熔融金属吊运、有毒有害气体中毒窒息为重点，从严排查治理隐患。认真执行《严防企业粉尘爆炸五条规定》《有限空间安全作业五条规定》，继续组织开展粉爆场所、煤气作业区域、高温液态金属吊运作业、有限空间、涉氯制冷、涉氨企业液氨使用情况专项治理，实现安全培训全覆盖、安全隐患排查治理全覆盖、治理检查全覆盖，取缔关闭不具备安全生产基本条件的非法违法企业，治理整改液氨使用存在安全隐患的企业，有效遏制事故发生。

严格落实职业病防治各项制度，推进用人单位职业卫生基础建设活动，规范职业卫生“三同时”管理，有效预防和治理作业场所职业危害因素。

加强对民爆物品、特种设备、农业机械等行业（领域）的安全专项整治，深入排查治理事故隐患；加强对重点工程、重大项目施工工地的隐患排查，确保项目安全建设、安全推进。

## 六、强化隐患排查治理，健全排查治理体系

继续深入开展安全生产大检查。推进企业与政府联网的隐患排查治理体系建设，建立企业自查、上报、治理和政府部门督办、销号全过程闭环的安全隐患排查治理体系，及时消除隐患，防止事故发生。企业要严格落实隐患排查治理主体责任，建立并落实从主要负责人到从业人员的事故隐患排查治理责任制，及时排查隐患，并对事故隐患做到治理责任、措施、资金、期限和应急预案“五落实”，实现事故隐患排查治理的闭环管理。各级各部门要加大重大隐患排查治理力度，对重大隐患整改治理进行挂牌，跟踪督办，落实重大隐患停产整顿措施；加快本辖区和本行业领域隐患排查治理信息系统建设，

建立完善隐患排查、登记、上报、监控、整改、评价、销号和考核的全过程管理的体系，实现事故隐患排查治理工作制度化、规范化。

**七、加强基层基础建设，提高安全保障能力**

大力推进安全乡村建设，2015 年朔州市乡村基本建成安全乡村，加强乡镇(街道)安全监管机构建设，有效提高基层安全保障能力。提高科技支撑保障能力，充分利用高等院校、科研机构等安全生产科研资源，加强安全生产基础研究和应用研究，开展安全关键技术攻关；推广应用新技术、新设备、新工艺，淘汰落后的工艺和装备，不断提高企业本质安全生产水平。推进企业标准化达标，加大安全生产标准化建设力度，加强监督指导，确保各行业标准化达标创建工作按计划推进，已达标的一级企业抓巩固、二级企业抓规范、三级企业抓提升，未达标的企业抓创建。注重发挥安全中介机构、协会组织的作用，为加强安全生产提供有效的技术支持和信息服务。建立完善安全生产和职业健康专家队伍，充分发挥其对安全监管的技术支撑作用。加快推进县级应急救援机构建设，落实机构设置、人员配置、经费保障。加强应急救援专业队伍建设，完善政府部门之间、政府与企业之间的应急协调联动工作机制，形成朔州市统一管理、分级负责、条块结合的安全生产应急救援体系，切实提高应急决策、指挥水平和保障能力。

**八、严肃事故责任追究，深刻汲取事故教训**

按照“一厂(矿)出事故、万厂(矿)受教育，一地有隐患、全国受警示”的要求，国内外发生的重大以上事故或典型事故，各级各部门和相关企业要及时吸取教训；市内发生的较大以上事故，市有关单位要组织召开现场会并拍摄制作事故警示教育片；市内发生的典型较大以上事故，行业主管部门要组织召开事故案例分析会，深刻汲取事故教训，举一反三，严防类似事故发生。按照“科学严谨、依法依规、实事求是、注重实效”和“四不放过”的原则，认真开展事故调查处理工作，严格追究责任。加强事前责任追究，对上级部署不落实、隐患排查治理不及时、群众举报不核查等行为的单位和个人，要严肃问责。

**九、强化目标责任考核，推动各项工作落实**

进一步健全完善安全生产目标责任管理体系，层层分解落实安全生产控制指标和工作目标，强化目标的过程管控，严格执行“半年一考核，年终一兑现”的工作制度。强化安全生产激励约束机制，加大安全生产指标考核权重，严格安全生产目标责任考核，考核结果作为领导班子和领导干部选拔任用、奖励惩戒的重要依据。对完成责任目标的单位要加大奖励力度，对完不成责任目标的单位要通报批评，约谈主要负责人，直至行政问责责任人，严格实行安全生产目标责任“一票否决”。

**十、切实改进工作作风，努力提高监管效能**

认真执行中央关于改进工作作风各项规定，结合山西省学习讨论落实活动，深入排查问题，弥补不足。建立领导干部深入基层突查安全工作制度，逐步规范“四不两直”检查突查方式，定期汇总各级各部门领导干部落实情况，确保突查能够取得实效。严格落实“六权治本”的要求，加大政务公开力度，规范权力运行，加强对权力的制约和监督。加强安全监管队伍思想建设、业务建设、作风建设和廉政建设，深入开展党风廉政教育和业务素质培训，打造“政治合格、业务精湛、为民务实、作风过硬、纪律严明”的监管队伍，不断提高监管人员廉政意识和执法水平，确保做到廉洁、公正、文明执法。

朔州市人民政府

2015 年 1 月 5 日

## 朔州市人民政府关于印发朔州市加快文化产业发展的若干措施的通知

朔政发〔2015〕3 号

各县区、人民政府，市开发区管委会，市直各有关单位：

现将《朔州市加快文化产业发展的若干措施》印发你们，请认真遵照执行。

朔州市人民政府
2015年1月8日

## 朔州市加快文化产业发展的若干措施

为贯彻《山西省人民政府关于印发山西省支持文化产业加快发展的若干措施的通知》（晋政发〔2014〕30号），加快朔州市文化产业发展，提高文化产业整体实力和竞争力，现就朔州市加快文化产业发展提出如下措施。

### 一、国有文化单位转企改制支持措施

（一）非公有资本可控股参与市、县区国有文艺表演团体、演出场所等文化单位公司制改造。艺术名家和其他演职人员可以个人持股的方式参与转制院团股份制改造。鼓励转制院团特别是骨干演艺企业通过投资、联合等方式参与文艺演出院线建设。

（二）转制院团按照现行税收政策规定享受有关税收优惠政策。财政部门安排一定的资金，通过政府购买服务、项目补贴、定向资助、以奖代补等方式，鼓励和引导转制院团参与公共文化服务。政府以项目补贴、定向资助、贷款贴息方式支持其文艺精品创作，获得国家和省级重大文艺奖项的给予奖励。

### 二、社会参与公共文化服务支持措施

（三）对非公有资本兴建非营利性图书馆、博物馆、文化馆、青少年宫、青少年科技馆、青少年（儿童）活动中心项目的，按照《划拨用地目录》规定，经县级以上人民政府批准，可依法以划拨方式供地。

（四）非公有资本兴建民间文化馆、图书馆、博物馆、美术馆、电影院以及非物质文化遗产展示馆、传习所等文化基础设施，兴办读书社、书画社、乡村文艺俱乐部、文化大院、群众文艺团队、社区文化服务组织、民间文艺协会、民间文化社团，并向公众提供公益性文化产品和服务项目的，政府购买时，与国有文化单位同等对待。

### 三、优秀文化产品奖励措施

（五）凡在朔州市注册的文化传媒公司、广播影视企业生产制作的影视作品、文艺作品和专题节目，在中央电视台第一频道黄金时段首播，按10000元/20分钟的标准，给予一次性奖励；在中央电视台第一频道非黄金时段首播及其他相应定位的主频道首播的，按8000元/20分钟的标准，给予一次性奖励；广播剧在中央人民广播电台、中国国际广播电台相应定位的主频率播出的，按10000元/20分钟的标准，给予一次性奖励。在省级台播出的按照上述标准的80%给予奖励。朔州市市域外文化传媒公司、广播影视企业生产制作的主要反映朔州人文历史的影视作品、文艺作品和专题节目，也可享受上述奖励待遇。

（六）落实好省政府办《关于推动山西省动漫产业发展的实施意见》各项政策措施，加大对在朔州市注册动漫企业原创动画片的奖励力度，即朔州市动漫企业原创动画片在中央电视台、省级电视台播出的，在省级给予每分钟1000元、500元奖励的基础上，朔州市再按照每分钟1000元、500元的标准给予奖励，每部动画片的奖励资金原则上不超过80万元。朔州市域外动漫企业创作生产的宣传朔州人文历史的原创动画片也可享受上述奖励待遇。

### 四、民间资本举办文化企业支持措施

（七）鼓励社会资本、社会团体、民办非企业单位投资中小剧场等演艺基础设施建设。鼓励发展多层次、多业态的演出场所。

（八）在朔州市投资新建多厅数字影院，硬件设施达到星级标准、数字放映厅数不少于3个、座位总数不少于200座、全部采用2K以上数字放映设备、加入电影院线经营的数字影院，本级政府给予每个影厅42万元的资助。同时可申请国家和省相关扶持资金，依法享受国家

有关税收优惠政策。

（九）凡朔州市注册的各类文化企业，经批准参加省外知名艺术节、文博会、影视展、演艺展、工艺美术及非物质文化遗产展、文物展、新闻出版（版权）产业展会、广告节等的，其产生的摊位费、差旅费、宣传资料费政府给予一定的资助。

**五、建设文化产业园区支持措施**

（十）规划建设文化产业园区。充分利用朔州市重大基础工程改造、旅游景点开发，加快文化产业园区建设，更好地发挥园区行业集聚和示范带动作用。参与七里河改造工程，筹建具有地域文化特色的文化综合体，推进右玉油画写生基地、广武边塞文化产业园建设，政府在用地上予以优先保障。被评定为省级文化产业示范园区的一次性奖励 50 万元，被评定为省级文化产业示范基地的企业一次性奖励 20 万元。

**六、文化人才培养扶持措施**

（十一）实施文化产业人才培训计划，联合省内外专业院校，邀请知名专家学者每年定期组织朔州市文化产业从业人员以“走出去、请进来”的方式进行业务管理和技能培训。

## 朔州市人民政府<br>关于命名第十一批农业<br>产业化龙头企业的决定

**朔政发〔2015〕10 号**

各县、区人民政府，市开发区管委会，市直各有关单位：

为全面贯彻落实中央一号文件和省委农村工作会议精神，充分发挥龙头企业的带动作用，加快现代农业发展，市政府决定命名山西嘉瑞种植有限公司等 20 家企业为朔州市第十一批农业产业化龙头企业（名单见附件）。

希望被命名的企业进一步密切与农民的利益关系，形成风险共担、利益均沾的共同体，让农民在产业化经营中得到更多的实惠。同时也希望这些企业加快技术创新步伐，提高管理水平，扩大生产规模，延伸产业链条，发展品牌农业，不断增强辐射带动能力，为加快朔州市转型跨越发展，推进现代农业建设做出新的更大的贡献。

附件：朔州市第十一批农业产业化龙头企业名单

朔州市人民政府

2015 年 3 月 23 日

附件

### 朔州市第十一批农业产业化<br>龙头企业名单

山西嘉瑞种植有限公司
朔州市荷斯坦农牧有限公司
朔州开发区启元农业科技有限公司
朔州市盛峰农牧有限公司
朔州市朔城区新农苑花卉苗木培育中心
朔州市朔城区源茂养殖专业合作社
朔州市鑫满圆生猪屠宰有限公司
朔州市平鲁区万海养殖专业合作社
朔州市平鲁区富贵农牧专业合作社
山阴县泰宏农业科技发展有限公司
山阴天力红木家具有限公司
山阴县兴隆奶牛养殖专业合作社
朔州百瑞源枸杞销售有限公司
怀仁县瑞誉畜产品有限责任公司
山西朔美羊肉业有限责任公司
应县启高生物科技有限公司
应县康训蔬菜速冷有限公司
山西古风农副产品批发有限公司
山西祥和岭上农牧开发有限公司
山西西口洋洋食品有限责任公司

（共 20 家）

## 朔州市人民政府<br>关于印发国家创新驱动发展战略朔州行动计划（2014–2020 年）的通知

**朔政发〔2015〕11 号**

各县、区人民政府，市开发区管委会，市直及驻朔各有关单位：

现将《国家创新驱动发展战略朔州行动计划（2014–2020年）》印发你们，请认真贯彻执行。

朔州市人民政府
2015年3月25日

## 国家创新驱动发展战略朔州行动计划（2014–2020年）

当前，全球新一轮科技革命启动伊始，世界经济发展孕育重大变革，发展科学技术成为我国应对全球挑战、实现可持续发展的战略选择。在经济发展方式面临重大转型和调整的关键时期，省委、省政府做出由资源依赖、要素驱动转向创新驱动的"131"总体战略部署。为深入贯彻落实《山西省人民政府关于印发国家创新驱动发展战略山西行动计划（2014–2020年）》（晋政发〔2014〕6号），进一步明确朔州市实施创新驱动发展战略行动的具体目标、任务和措施，充分发挥创新驱动在推进"两大任务"进程中的引领作用，制订本行动计划。

本计划执行期为2014—2020年，根据形势变化，依据国家"十三五"规划，相关指标和内容适时进行调整。

### 一、行动纲领

全面深入贯彻落实党的十八大和十八届三中、四中全会精神，省委、省政府《关于深化科技体制改革加快创新体系建设的实施意见》和《国家创新驱动发展战略山西行动计划》，以循环低碳发展为主题，以信息技术、新能源技术、新材料技术等前沿技术的引进吸收为手段，通过产品、技术、市场、资源配置方式、组织模式等全方位创新，在煤基产业、新兴产业和生态适应能力建设等领域打造线性和网状创新链条，强化科技对经济社会发展的引领和支撑作用，为坚定不移推进"两大任务"提供重要支撑。

目标：到2020年，低碳为主要特征的循环发展成为主导模式，重点领域核心关键技术创新和标准制订取得突破，科技供给能力有效增强，社会创新潜力更好释放；煤基产业自主创新能力大幅提升，传统产业素质提高，新兴产业比重提升；科技与经济结合更加紧密，形成创新驱动发展新格局。努力实现以下主要指标：

——研究与试验发展（R&D）经费占地区生产总值（GDP）比重的年均增幅位居山西省前列，以2012年数据为基础，年增速不低于30%，到2020年占比不低于2.4%。

——每百万人口中研究人员数在2020年达到5000人以上。

——每百万人口中使用网络的人数在2020年达到85万人以上。

——有效发明专利拥有量在2013年85件的基础上，年均增长32.5%，到2020年达到609件以上。

——技术合同交易总额在2012年5190万元的基础上，年均增长不低于12%，到2020年不少于13000万元。

——高新技术产业增加值占地区生产总值（GDP）比重的年均增幅位居山西省前列，到2020年占比不低于30%。

——科技成果转化率在2020年不低于20%。

——科技进步对经济增长的贡献率每年达到山西省平均水平，到2020年达到56%以上。

### 二、技术创新主体建设行动

（一）组建和培育各类研发机构。政府主导面向朔州市煤炭、电力、食品、陶瓷、材料等主导产业共性关键技术和中小型企业技术创新需求，依托骨干企业、重点高等院校和科研院所，优化配置科技资源，引导建设一批科学研究与技术创新机构或组织。（市科技局、市经信委、市发改委）

支持和引导大中型企业独立组建或与高校、科研机构联合组建研发中心。支持中小企业联合组建研发机构或与高校和科研机构合作开展研发活动，共建联合研究开发基地、企业院士工作站。（市科技局、市经信委、市教育局）

（二）提高大型企业创新资源整合能力。加快企业内部科技资源整合，尽快形成基础研究、应用研究、技术开发相配套的梯次研发结构。激发企业技术创新动力，建立健全国有企业技术创新经营业绩考核制度，落实和完善国有企业研发投入考核措施，加强对不同行业研发投入和产出分类考核。(市经信委)

(三)增强科技型中小微企业创新。完善创业服务体系，进一步优化创业环境，培育一大批创新活跃的科技型中小企业。综合运用各种有效手段，支持中小企业开展自主品牌建设。鼓励有条件的中小企业建立企业技术中心，或与大学、科研机构联合建立研发机构，提高中小企业的技术创新能力。加快中小企业信息化建设，提高中小企业管理水平。发挥中小企业在技术创新、商业模式创新和管理创新方面的生力军作用。(市中小企业服务中心、市科技局)

开展科技型中小微企业培育行动，启动科技型中小微企业认定工作。加快建立一批开放性公共科技服务平台，为中小微企业研发、设计、试验等提供服务，引导中小微企业参与科技创新活动。到2020年，朔州市科技型中小微企业达到900家以上。(市中小企业服务中心、市科技局)

(四)扶持和整合民间创新力量。设立民间技术创新认定部门，定期派各专业的专家或研究人员对民间技术创新进行专项辅导；对民间技术创新人员给予奖励；设立民间技术创新人员工作室，负责相似研究或相关研究民间人士间的交流与合作，以整合民间创新力量。(市民政局、市科技局)

(五)构建问题导向协同创新中心。以朔州市急需及战略需求为出发点，以政府为纽带，以企业、企业研究机构和高校、政府研究机构为主体，构建朔州市产业发展和社会发展重大问题研究创新协同中心，探索不同需求模式下形式多样的创新模式，组建协同创新体。(市发改委、市综改办)

(六)组建产业技术创新联盟。在新材料、现代煤化工、电子信息等领域，依托优势企业，联合国内外高等院校、科研院所，运用市场机制汇聚创新资源，开展产学研协同创新，组建产业技术创新战略联盟。以产业发展中存在的问题为导向，以联盟为主体开展重大技术创新。组建跨区域协同创新中心，与异地高校或科研机构开展合作，将研发机构遍布山西省乃至全国。(市科技局、市经信委)

## 三、重点产业创新行动

围绕传统优势产业的创新发展和新兴产业的培育壮大，依托企业、科研机构，坚持"吸收创新与自主创新相结合，以自主创新为主"的原则，重点加强以煤为基的煤炭、煤电、煤化工"三大强势"产业、以工业固废综合利用材料为主的新材料产业和包括新能源在内的战略新兴产业、陶瓷产业、节能环保产业、生物医药和中草药产业、高效生态农业、边塞文化和社会旅游产业以及教育培训产业等八大产业创新，按照围绕产业链配置创新链、围绕创新链完善资金链的总体思路，通过招标、委托和自发等方式，组织引导以企业为主体的产学研合作共同体联合攻关，开发具有重大影响的关键共性技术和产品，搭建创新平台，培育创新团队，建设产业化示范工程和基地，全面提升产业创新能力和竞争力。

(一)以煤为基的"三大强势"产业。结合朔州市煤炭产业、煤电产业及煤化工产业的特点，以山西省《关于围绕煤炭产业清洁、安全、低碳、高效发展拟重点安排的科技攻关项目指南》为项目创新依据，提升朔州市传统产业自主创新能力、产业发展水平和产业效益。

1.煤炭产业创新。围绕煤炭清洁生产技术和清洁高效利用技术两个方面展开研究与应用。煤炭清洁生产技术方面，围绕煤炭生产产业链，以数字化技术的应用推广为目标，开展采矿、排水、安全生产监测、矿井通风、故障预警等多方面的矿井数字化技术及系统关键技术研究与示范工程；从事煤炭绿色开采技术与装备研究开发及示范。煤炭清洁高效利用技术方面，开发大型矿井建设技术及边角地块、残留煤柱煤炭复采、保水、充填开采技术，复杂地质条件下煤与伴生资源安全高效、资源节约、环境友好的开采技术；开发矿区采空区探测技术；研究矿井瓦斯、煤岩动力、突水、自燃火灾及热害等灾害防治技术;开发低浓度瓦斯和乏风安全高效利用关键技术;研究煤炭高效洗选、低阶煤提质、型煤制备等加工技术。(市煤炭局、市安监局)

2.煤电产业创新。注重清洁能源使用与技术开发研究,开发低热值煤发电、高效空冷发电、燃气—蒸汽联合循环发电、分布式能源等技术。针对低热值煤发电过程中废气废渣大量排放的问题,开发难燃煤低氮高效清洁燃烧、煤矸石循环流化床锅炉低温发电与灰渣协同高值利用关键技术,实现能质耦合梯级利用,并开展示范应用。加快推进省批复朔州市的三个低热值煤发电项目,继续推动中煤平朔2×66万千瓦低热值煤发电项目和山西神头发电有限公司二期"上大压小"2×100万千瓦项目建设,争取拿到"路条"的项目早日核准,核准项目早日开工建设。从事或参与IGCC系统关键技术与装备的研究开发与示范,围绕高参数、大容量超临界燃煤发电技术、高效超净燃煤发电技术、煤炭分级利用技术等煤电领域的关键技术展开技术创新与攻关。(市发改委、市经信委)

3.煤化工产业创新。加快煤炭深加工产品创新,利用朔州市煤炭资源的特点,发展铝、镁、化肥、甲醇、油、精细化工等产品,推动包括煤制油和煤制天然气方面的煤清洁转化技术创新。建设晋北煤化工产业基地,实现煤炭功能从燃料向原料转变。研究开发以煤炭低温热了解过程为先导的煤炭分级高效转化技术,煤炭高效、低耗、节水转化制备天然气、液体燃料技术,煤制氢及储氢技术,煤制芳烃、烯烃、醇醚以及下游高附加值化工品产业化技术,煤焦油深加工等技术。力争到2018年建成投产,生产煤制天然气、煤制油、芳烃、烯烃等煤化工产品,到2020年通过煤基多联产年转化煤炭1亿吨。(市发改委、市科技局)

(二)战略型"三大新兴"产业。朔州市战略型"三大新兴"产业指新能源、新材料和新能源汽车。

1.新能源产业。在现有新能源产业发展优势的基础上,继续扩大新能源产业发展规模,在吸收引进创新的同时加强新能源产业自主创新和原始创新。开展大型光伏太阳能光伏发电、风光互补发电及分布式光伏发电示范应用。利用本市大型风电基地的优势,与省属大型国有企业、研发机构合作联合开发具有自主知识产权的风能技术,加快发展风电装备制造业。(市发改委、市经信委)

2.新材料产业。加大对粉煤灰、煤矸石、脱硫石膏为主攻方向的大宗固废物的科技创新、产业研发,特别是在新产品研发基础上的产业化生产经营。结合朔州市在此产业领域已取得的优势,加强大宗工业固废资源化高值利用技术研发与产业化示范,重点围绕煤矸石提硅提铝技术开发研究,粉煤灰提硅提铝技术开发研究,磷石膏原位碳酸化转化联产硫胺技术研究,型煤及型煤锅炉研发推广等技术领域开展煤矸石硅铝碳梯级利用技术、高铝粉煤灰低能耗提铝技术、型煤黏结剂、固硫剂的二次开发技术攻关。发挥落户于固废综合利用园区的亚洲粉煤灰研发中心人才、技术、资源要素优势,在现有的生产技术成果条件下,组织相关企业与研究机构对上述内容进行联合研发,加大自主创新力度,开发原始创新产品,把现有的固废物处理技术优势变成国内外的技术竞争优势,并且要加大固废物综合利用机械设备的整机研发,使此类产品成为朔州市装备制造方面的优势产品。(工业园区、市发改委、市科技局)

3.新能源汽车。在推进现有汽车项目投产建设的基础上,继续开发新能源汽车领域其他产品生产,并在朔州市推广使用新能源汽车。在钒电池一期工程建成投产的基础上,利用朔州风电发展的优势,将钒电池研发与生产并重,推广钒电池在其他领域的应用,建立山西钒电池系统应用示范工程。(市发改委、市经信委、市科技局、市商务局)

(三)陶瓷产业。朔州陶瓷工业已形成以怀仁金沙滩、应县新型产业科技创新园两个陶瓷工业园区为主要承载,集技术研发、工艺创新、生产销售为一体的产业体系。其创新行动仍是以市场为导向的创新,在现有的骨干企业中,加大国际知名品牌创建,以扩大出口份额,提升出口利润,把"山西省日用陶瓷出口基地"变为"中国日用陶瓷出口基地",乃至"世界日用陶瓷基地”，提升朔州陶瓷产业在中国及世界的地位。加强产业生产领域中的创新，融入节能环保技术，提高产品“绿色”属性。在产品种类方面，加大功能性陶瓷的研发，特别是保健功能和艺术功能相结合的陶瓷制品，提高产品品质。（工业园区、市商务局）

（四）节能与环保产业。针对煤炭、焦化、钢铁、电力、化工、水泥行业等典型的高能耗高污染过程，研究过程优化设计、工业余热回收、气液固三废回收利用新途径，从源头上减少排放。开发高效电机、稀土永磁无铁芯电机和节能变压器等制造技术。开发炉顶压差发电、干法熄焦、转炉负能炼钢等关键技术。开发锅炉窑炉节能技术。研究保温隔热、防水密封等建筑节能关键技术。开展高效固体光源等照明技术开发及应用示范。发展环保设备集成应用技术，工业及现场环保控制网络技术，环保无线传感和数据采集技术与设备等。（市环保局、市经信委）

重点开展大气质量治理、脱硝、重金属脱除、持久性有机污染物以及挥发性有机物的控制及监测技术成果和柴油机（车）排放净化、环境监测等方面的技术成果转化应用。开展流域水环境监控预警业务化运行管理支撑技术研究示范。开展高浓度有机废水、煤泥水、农村废水等综合处理和资源化利用技术应用示范。开展生态脆弱区、工矿区生态治理关键技术应用示范。发展水土流失治理、河道生态修复技术，湿地恢复及生物多样性保护技术，沙漠化与荒漠化土地治理技术等。发展环保综合自动化管理平台、企业环保决策支持与数据中心等环保IT技术，推进数据库搭建、环保软件开发等。（市环保局、市经信委）

（五）生物医药与中草药产业。鉴于朔州市生物医药产业规模较小，生物医药产业创新更主要是吸引更多的生物医药企业。利用朔州市仅有的几家医药企业，依托市场需求，开辟创新科研项目，加强企业自身主营产品创新力度。利用朔州地理位置优势，开发中草药种植技术及产品。（市卫生局、市食品药品监管局）

（六）高效生态农业。大力发展低碳农牧业。重点发展低碳良种、良田、良法选育，高碳农机低碳改造，田间管理和农机农艺融合，设施农业（农业大棚、立体种植等）集成，废弃物生物碳化保肥固碳，区域特色作物无公害低碳生产、贮运及深加工等技术，从而减少碳源物质投放，增加土壤碳汇功能，减低排碳总量。以废弃物生物碳化保肥固碳、以生物质炭化回田、沼气利用、沼渣肥田、生物质气化及型煤化以及其他高附加值利用为开发突破方向，促进秸秆、种壳、粪便、污泥和生活垃圾等生物质废弃物100%综合利用。在林业中重点发展低碳高效育苗、种植和林产品加工技术，林业废弃物深化利用技术。合理调整用材林、碳汇林、经济林比例，增加林业多种经营。合理运用林下资源与空间，形成“林—灌—草”复合种植模式，多生态位增加碳汇；利用古战场资源，结合林业旅游开发，形成自然与人文融为一体的特色旅游产业。在畜牧业中重点发展低碳高效牧草养殖，畜禽养殖，肉奶蛋制品加工、储运和销售技术。平衡生态草场与饲用操场分配比例，有效增加碳汇。（市农委、市畜牧局、市林业局）

推广现代农业生产技术。组装一批良种良法配套的节本增效技术、循环农业生产技术、优质农产品标准化生产技术，推广一批稳粮高效、农牧循环、水旱轮作等发展模式，减少化肥和农药使用量，提高秸秆低碳化利用水平，推广太阳能和沼气等可再生能源技术。开发用绿色无公害的方法高效生产具有区域特色的小杂粮、畜牧、果蔬、林业、中药材等产品、贮藏运输及精深加工、废弃物资源化的关键技术。开发动植物生物安全技术及应对农业灾害技术。开发林业生态建设、盐碱地治理及利用和水资源高效利用的关键技术。（市农委、市林业局、市水务局）

创新农业经营模式。探索农产品原料生产和加工一体化经营，加大在农产品销售方面的创新力度，通过多种渠道扩大农产品销路，店铺销售与网络销售并驾而行，加大农产品出口。（市农委、市林业局）

（七）边塞文化与社会旅游产业。以市场为导向，创新营销模式，将现代化技术、边塞文化与丰富的旅游资源结合起来，走文化旅游创新发展之路。

1.旅游产业的产品创新。整合旅游景区线路,打造朔州三大旅游精品线路名片,即边塞文化旅游、工业旅游和生态旅游。将三大旅游线路进行融合再创新,将边塞文化与现代时尚,休闲观光和购物,边塞文化体验、传统工艺展示及体验和饮食文化等有机结合,提升文化旅游业的综合效益,打造集旅游、休闲、体验、娱乐为一体的文化旅游业。以数字化开发为技术,打造创意文化产品。这类产品可以以朔州丰富的历史资源为背景,利用数字化技术,创建文化传媒及动画传媒,促进文化产业发展。(市委宣传部、市旅游局、市文化局)

2.旅游产业的营销创新。利用朔州市现有的文化旅游宣传资料和宣传途径,一方面继续加大宣传,另一方面创建朔州文化旅游网站,设计旅游产品、旅游路线、旅游服务,为游客提供全面的旅游信息,将数字化服务融入旅游网站中,即以游客充分解朔州和以方便游客出行为最终服务目标进行创新。(市旅游局、市文化局)

(八)教育培训产业。教育培训产业创新包括培育新教育业态和培训模式、内容的创新。

教育业态创新方面。引入产业发展培训、创业培训,利用朔州市现有的高等专科学校加强产业员工再教育服务,设立适合朔州产业发展的专科学校或专业设置。对于师资力量薄弱的领域可以开展教育机构联盟,大力发展职业教育。加强对中小学的科技教育工作,培养学生热爱科学精神、创新精神和创造能力。(市教育局、各职能部门培训机构)

培训模式和内容创新方面。针对不同的创新主体的不同需求开展不同内容的培训,注重知识更新;将课堂学习与网上课堂结合起来,多渠道进行教育培训。(市委组织部、市教育局、各职能部门培训机构)

## 四、重大创新工程

重大创新工程是全面推进朔州市创新驱动行动的重要抓手,是推动朔州市经济发展方式向创新驱动转变的重要基础,结合朔州市产业创新发展要求,在重点创新领域创建重大的创新工程,以推动朔州市创新行动建设。

(一)科技创新园区建设工程,即低碳技术创新工程。依托朔州市现有园区产业基础和开发条件,整合提升现有资源、产业优势,吸纳聚集跨国公司,创建研发机构、科技企业孵化器和加速器,建立朔州创新科技园区,打造低碳技术创新发展的集聚区和示范区。

园区要突出低碳发展主题,加强技术创新、管理创新和政策创新有机衔接,实现高碳资源低碳发展、黑色煤炭绿色发展,全面提高生态文明建设水平。

1.用好“气化山西”的政策。优化能源结构、提高能源效率,结合“气化朔州”重点。建设工程项目,加快煤制天然气管线建设,煤层气应急调峰储气设施建设,加快推进天然气分布式能源发展。加大天然气对成品油替代步伐,到2020年城市气化率达到98%。(市科技局、市住建局、市煤炭局)

2.实施低碳科技创新专项。结合《山西省低碳创新行动计划》和朔州市具体情况,围绕碳排放、碳中和、碳捕集、碳储存、碳转化等领域推进本市低碳技术创新工程。以煤炭资源清洁高效利用和生态产业为主线,围绕洁净煤技术、煤炭清洁利用技术、节能环保技术、新能源、新材料、生态复垦、低碳农林牧技术的利用开发,实施低碳科技创新专项,引领和支撑低碳创新行动。(市科技局、市发改委、市煤炭局、市经信委)

(1)开展煤基清洁能源生产技术创新专项。参与省重点研究煤炭高效、低耗、节水转化制备天然气和液体燃料的产业化技术和煤制氢及储氢的技术研发活动。

(2)高耗能高排放企业能源利用技术专项。承担山西省针对低热值煤发电过程中废气废渣大量排放问题,开发难燃煤低氮高效燃烧技术与废渣低温固化等节水节能低碳技术的自主研发。

(3)新能源规模化开发利用技术专项。参与研究高效储能技术和分布式光伏发电技术;自主开展风力发电关键技术攻关及装备研制,形成高端化风电设备创新链。

(二)废物高值化利用工业园区建设工程,即低碳技术转移促进工程,建成全国工业固废利用示范基地。

打造废物高值化利用工业园区，将初步形成的粉煤灰综合利用新型产业打造成以废物高值利用工业园区的发展模式，推广现有的技术应用，使之形成产业化发展态势；利用相关企业集聚的优势，进行产品开发与研究，使之形成依靠技术研发的发展态势，将朔州建成全国工业固废利用示范基地。（市经信委、市科技局）

在园区内创建和利用技术市场。利用山西省技术市场平台或其他技术市场平台，创建朔州市技术市场平台，提供技术服务，把有利于朔州市产业发展和社会发展的新技术引入进来，加快科技成果的产业转化，以加快科技创新过程；也可以将朔州的技术创新成果利用技术市场转移出去，增加技术收益和相关产品的收益（如大型装备制造产品、原材料、附件产品等）。（市科技局、市经信委）

利用科技中介服务机构。与科技中介服务机构建立多方面合作，充分利用科技中介服务机构的服务能力，了解最新的科技动态，为新技术的应用搭建桥梁；培养本地科技服务中介，创建集技术经纪人、金融、法律、会计、资产评估等全方位服务为一体的中介机构，为本地区企业、机构、组织、个人提供技术交易服务。（市科技局、市经信委）

健全技术转化机制。建立健全科技成果登记制度，帮助登记在案的科技成果在技术交易市场上挂牌交易；运用技术平台和中介服务机构，为朔州市企业、机构、组织、个人的各类技术创新、科研成果进入技术市场提供财政支持；建立和完善技术合同认定制度，提高技术合同财政支持的兑现水平。依法享受税收优惠政策，鼓励技术资本化、产业化，促进科技成果转化与应用。（市经信委、市科技局、市商务局）

（三）陶瓷与民间工艺创新园区。在朔州市陶瓷工业发展及两个陶瓷园区的基础上，打造以陶瓷产业为核心的创新工业园区，开展陶瓷产业研究开发与生产、销售一体化经营、集约化发展模式。同时，增加民间工艺创新园区功能，融合传统工艺与现代技术，创新新工艺，传承和壮大朔州市非物质文化遗产，使民间工艺创新走上创新型产业化发展之路，成为朔州产业发展的又一大亮点。（市经信委、市科技局、市商务局）

## 五、体制机制创新行动

充分调动起企业技术创新的性，充分发挥市场对资源配置的决定性作用，充分发挥政府对技术创新的服务与保障作用，创造良好的创新环境，改革体制，创新机制，切实形成创新驱动的动力机制。

（一）健全多层级的创新工作机制以及创新绩效考核机制。

第一，创新政府考核制度。彻底改变原有以GDP增长为政绩考核的政府考核制度，将科技进步和教育发展相关指标引入考核系统，并加大这些指标在考核中的比重，使朔州市干部职工彻底转变原有的发展思路，推动朔州市经济发展方式转变。

第二，创新国有企业科研部门的工作机制和考核机制。完善以企业盈亏为主的国有企业考核机制，将创新考核指标大力度地引入国有企业考核体系，推动企业发展模式转变。改变以论文和科研经费为主的传统科研机构考核结构，增加科研创新成果及成果转化为内容的自主创新、联合创新和协同创新的考核指标，重新构建科研机构考核体系。

第三，建立包括企业和科研机构在内多政府部门创新引领的联合工作机制。创新行动计划涉及多个部门，条条块块分割，效率低下。为提高科技创新行动计划的执行力，提高科技创新政策的执行力，设立多部门创新政策联合办事机构或会议制度，以企业需求、激发企业创新能力为出发点，从财税、金融、教育、科技人才队伍建设、知识产权保护等方面制订鼓励科技创新、鼓励技术进步的政策措施，并在具体实施过程中不断协调，及时解决问题，为企业创新提供良好的政策环境。

（二）建立服务创新驱动发展的地方财政和税收新机制。

调整财政支出结构，县级以上人民政府应当将科学技术经费作为财政预算保障的重点。市、县（区）财政科学技术经费支出在本级财政一般预算支出中所占比例应当达到国家科技进步考核指标要求。各级财政投入的科技经费,任何部门都不准挪用、不许截留、不能有名无实,确保专款专用。

适当调整税赋结构,依法落实支持企业技术创新的企业所得税优惠政策,未形成无形资产计入当期损益的,在按照规定据实扣除的基础上,按照研究开发费用的50%加计扣除;形成无形资产的,按照无形资产成本的150%摊销。对国家需要重点扶持的高新技术企业,减按15%的税率征收企业所得税。落实企业研发设备加速折旧政策。主管税务机关有异议的,可要求企业提供科技行政部门的鉴定意见书。

(三)建立推进创新驱动发展金融新机制。加大对企业科技创新信贷投入。金融机构要对本市重大科技项目、重大科技项目产业化、高新技术产业化项目、引进技术消化吸收项目和技术项目出口进行重点支持。金融机构建立适应朔州科技创新行动的信贷管理和贷款评审制度,开辟科技创新方面的金融产品,探索企业动产、股权、知识产权、订单等质押贷款方式;支持企业科技创新项目利用银行间债券市场发行短期融资券、中期票据、集合票据等筹集资金;支持企业通过区域股权交易中心挂牌,发行中小企业私募债。

鼓励发展创业投资基金和股权投资基金。财政在财力许可的条件下支持本市创业投资基金和股权投资基金的启动,为保险公司、社保基金、企业年金管理机构和其他金融及非金融机构投资者、民间资本参与新兴产业创业投资和股权投资基金创造条件。同时,政府要扩大新兴产业创业投资规模,起到引导创投资金进入的作用。

(四)建立创新人才培育、引进和使用新机制。

第一,拓宽人才发展空间。打破部门、单位限制,允许朔州市其他部门、单位符合条件的人才参与竞争、选拔;对具有高级专业技术资格或硕士及以上学位的人才适当放宽任职条件和年龄限制。

第二,完善人才奖励机制。对产业技术创新有重大贡献的专业技术人员进行表彰和奖励;对带有专利技术或创新技术创业的人才进行专项资助。

第三,完善人才保障措施机制。对那些应用科技创新创业的人才,在其创业初期给予基本的保障措施,使他们全身心地投入于科技创业。

(五)加快完善知识产权运用与保护机制。利用省知识产权公共服务平台创建朔州市知识产权服务平台,开展知识产权创造、运用、保护和管理的系统化服务。利用服务平台对本市的知识产权项目进行公开挂牌交易或寻求合作。

(六)改革科技管理体制机制。依托本市产业发展的战略性、前瞻性问题加大科技研发投入力度,对主导产业、优势领域所涉及的重大科技项目、共性的科技项目开展基础和应用的联合研究、联动研究。建立科技成果转化促进机制、激励机制和协同创新机制,促进科技成果产业化。建立创新调查制度和创新报告制度,改革科技成果评价和奖励办法,构建科学透明的科研资源管理、科研项目和科技成果评价机制。鼓励和支持企业加强与同行业发达企业学习交流,开展协同创新。

## 六、创新体系效能提升的路径

围绕朔州市创新驱动发展方式转变的要求,提升创新体系整体交通,形成全社会创新合力,实施多路径的鼓励创新主体创新动力。

(一)启动创新型市县村的创建活动。充分利用山西省启动创新型市县建设的契机,启动省级创新型市县建设,部署建设1个省级创新型试点区,1个省级创新型县力争进入山西省创新型城市行列。加快推进平鲁区智慧城市建设,发展各领域的渗透和应用,提升城市信息化和智能化水平。在朔州市范围内启动创新型村镇建设,鼓励农村基本设施低碳节能应用,创新农业生产技术,使创新的效能改变农村生活、改变农业生产方式。

(二)整合企业创新主体,推进多种创新模式。鼓励企业在消化吸收创新的基础上开展自主创新。鼓励有条件的大中型企业建立专业的创新研发机构或组建联合创新研发机构,向创新型企业发展。鼓励有条件的同一产业链不同行业的企业间设立联合研发机构,开展集合创新。鼓励已具备省内或者国内优势的产业通过多种形式的自主研发,进行原始创新。

加快有条件的中小型企业内部技术创新,对于那些转化为产业的技术创新成果按成果转化法实行税收优惠政策,以鼓励中小企业创新。

(三)科学确定人才标准,创新人才选聘方法,加大应用型人才的培养力度。按照朔州产业发展、经济发展规划和要求,要因时、因地地合理确定高级人才的认定标准和高级技术工人的认定标准,使其在吸引和培养人才方面发挥重要作用。

打破原有的用人机制,不拘一格选聘技术人员。要敢于把技术创新人才特别是年轻的技术创新人才放在管理岗位,敢于让技术人员进行合理的流动和人才资源共享。

培养现有人才的创新意识和创新能力,通过税收方面的政策鼓励企业加大对员工的培训费用,特别是对一线技术工人的培训,增强其理论知识学习,利用激励政策鼓励其在生产一线创新;对于优势产业,政府可以出资兴办各种培训学校,培养高技能的产业工人。对于师资力量薄弱的培训,可以与科研院所、院校合作,定向培养人才。

(四)多种措施推动民间创新发展。开设相关技术创新、创业的培训,调动民间创新的性,为民间创新群体创建一个良好的学习环境。设立民间技术创新、创业基金,为民间创新提供资金支持。在技术创新市场平台上专门设立民间个体创新内容,认定民间创新成果,对于可转产业化的民间创新给予一定的奖励并保护其创新成果。放宽民间科研组织建立的条件,允许成立非企业法人的组织,鼓励民间创新组织的发展。

(五)推进协同创新,组织重大技术攻关。在技术创新市场平台上专门开辟协同创新通道,为创新主体搭建一个协同创新平台,鼓励企业、高校、科研院所、政府部门以及科技服务机构等上下联动和横向互动,实现关键技术和核心技术突破。

## 七、保障措施

(一)加强组织领导。成立朔州市创新领导小组,对创新型行动计划进行整体指导与领导,实行对口包干制,进行专项扶持,要做到市、县、乡每级、每个领导干部都有对口服务对象,建立起朔州市创新行动计划定点、定项、定时、定人的组织领导体系。

(二)加大政府创新投入,加快融资平台建设。确定政府对技术创新的投入,以确保朔州市技术创新的投入。为企业技术创新搭建融资平台,加快融资平台建设力度,创新融资机制,以确保朔州市技术创新的资金支持。

(三)建立科技项目管理新机制。建立健全科技项目决策、执行、评价相对分开、互相监督的运行机制。利用财政资金设立的各类研究开发和成果转化计划项目,应当建立健全同行评议和竞争择优制度。创新项目立项评审办法,进一步探索网络和视频评审;项目验收完成后,研究成果的基本信息全面向社会公开,成果社会共享,防止重复立项。建立重大科研项目预算评审制度。完善科技项目管理法人责任制。

(四)提升政府创新服务水平。通过创新政府办事管理体制,构建技术创新项目“绿色通道”,优化投融资服务环境,完成人才引进、使用机制,提升政府服务水平。

(五)支持自主创新产品政府优先采购。通过政府需求拉动措施刺激中小型高科技企业发展,激励企业自主创新,让更多开展自主创新的研发企业获得更好的市场环境。

(六)营造创新文化环境。创新文化环境的形成与发展离不开政府的引导与培育。大力传播弘扬创新文化,营造鼓励探索、勇于创新、宽容失败的创新氛围。加大创新教育,特别是中小学的创新教育。开展全民科学素质行动,全面提升公民科学素质,激发朔州市人民的创新激情。

(七)建立各创新主体的创新考核督查体系。以创新主体的考核机制为核心,建立各创新主体的创新考核督查体系,特别是国有企业和政府行政职能部门的考核督查体系。以改进督查形式、转变考核方式、优化评价模式和增强绩效意识为原则,重点把日常督查、重点督查、阶段性督查和调研相结合,贯穿于创新工作落实的每个阶段、每个环节,及时发现问题、解决问题;将创新指标纳入考核体系,增加创新指标考核比重; 建立健全创新驱动监测评估制度和动态调整机制,强化投入产出监测;建立包括科研经费申请、支出、成果转化、人才引进和使用在内的综合性指标体系考核研究机构、科研企业、科研团队的创新效果。将科技进步和创新能力建设纳入到国有企业和政府工作人员、干部的考核体系中。

附录:主要经济指标解释

年均增长率:【N 次根号下 (末年/首年)】−1,N=年数−1,计算的结果只能适用于以首年算末年,若算中间年份则与原值不相等。即 m=。其中 B 为最后一年,A 为第一年。事实上,考虑 B=A(1+m)n,那么就是一个了解 m 的过程。

研究与试验发展(R&D)经费支出:统计年度内全社会实际用于基础研究、应用研究和试验发展的经费支出。

技术合同:是当事人就技术开发、转让、咨询或者服务订立的确立相互之间权利和义务的合同。

高新技术产业:以高新技术为基础,从事一种或多种高新技术及其产品的研究、开发、生产和技术服务的企业集合。这种产业所拥有的关键技术往往开发难度很大,但一旦开发成功,却具有高于一般的经济效益和社会效益。高新技术产业是知识密集、技术密集的产业。产品的主导技术必须属于所确定的高技术领域, 而且必须包括高技术领域中处于技术前沿的工艺或技术突破。根据这一标准,高新技术产业主要包括信息技术、生物技术、新材料技术三大领域。

科技成果转化率:为提高生产力水平而对科学研究与技术开发所产生的具有实用价值的科技成果所进行的后续试验、开发、应用、推广直至形成新产品、新工艺、新材料,发展新产业等活动占科技成果总量的比值。

科技进步贡献率:广义技术进步对经济增长的贡献份额,它反映在经济增长中投资、劳动和科技三大要素作用的相对关系。其基本含义是扣除资本和劳动后科技等因素对经济增长的贡献份额。

城市气化率或称居民用气普及率:城市市区使用天然气、煤气、液化气、工业可燃气及城市专供电炊的非农业人口数占城市非农业人口总数的百分比,生态市达标值为≥90%。

资源整合:企业对不同来源、不同层次、不同结构、不同内容的资源进行识别与选择、汲取与配置、激活和有机融合, 使其具有较强的柔性、条理性、系统性和价值性,并创造出新的资源的一个复杂的动态过程。

科技型中小企业:以科技人员为主体,由科技人员领办和创办, 主要从事高新技术产品的科学研究、研制、生产、销售,以科技成果商品化以及技术开发、技术服务、技术咨询和高新产品为主要内容,以市场为导向,实行“自筹资金、自愿组合、自主经营、自负盈亏、自我发展、自我约束”的知识密集型经济实体。

协同创新:创新资源和要素有效汇聚,通过突破创新主体间的壁垒, 充分释放彼此人才、资本、信息、技术等创新要素活力而实现深度合作。

产业技术创新战略联盟:由企业、大学、科研机构或其他组织机构, 以企业的发展需求和各方的共同利益为基础, 以提升产业技术创新能力为目标,以具有法律约束力的契约为保障,形成的联合开发、优势互补、利益共享、风险共担的技术创新合作组织。

低碳技术:涉及电力、交通、建筑、冶金、化工、石化等部门以及在可再生能源及新能源、煤的干净高效应用, 油气资源和煤层气的勘察开发, 二氧化碳捕获与埋存等范畴开发的有效掌握温室气体排放的新技术。

## 朔州市人民政府<br>关于印发朔州市低碳创新行动计划<br>(2014—2020 年)的通知

**朔政发〔2015〕12 号**

各县、区人民政府,市开发区管委会,市直及驻朔各有关单位:现将《朔州市低碳创新行动计划(2014—2020 年)》印发你们,请认真贯彻执行。

朔州市人民政府
2015 年 3 月 25 日

# 朔州市低碳创新行动计划（2014—2020年）2015年3月25日朔州市人民政府印发实施

（朔政发〔2015〕2号）

践行国家创新驱动战略，扎实推进山西省国家资源型经济转型综合配套改革试验区建设，是山西省实现转型跨越发展的必由之路。按照《山西省人民政府关于印发山西省低碳创新行动计划的通知》（晋政发〔2014〕7号）要求，为促进朔州市产业转型、经济跨越和低碳创新发展，根据《国家创新驱动发展战略朔州行动计划》总体要求，结合朔州实际，编制本计划。

本计划执行期为2014—2020年，根据形势变化，依据山西省和朔州市“十三五”规划，相关指标和内容适时进行调整。

## 一、总体要求

当前是朔州市优化产业结构，实施转型跨越发展的关键时期。朔州作为典型的资源依赖型城市，依托丰富的煤炭资源，形成煤炭、火电、化工等资源性特征明显的产业结构，资源约束趋紧、环境污染严重、生态系统退化等问题逐步显现。在世界经济发展的潮流和趋势之下，实施低碳创新行动是朔州市探索资源型经济转型发展“朔州路径”的必然要求，是资源型经济转型的长期战略选择和重大民生工程，也是朔州经济可持续发展的必由之路和希望之路。

（一）指导思想。全面贯彻落实党的十八大和十八届三中、四中全会精神，以转型综改试验区建设为统领，以低碳创新发展为主题，以科技创新为驱动，坚持以煤为基、多元发展，全面实施低碳发展，全力推广低碳工艺技术。发挥市场在资源配置中的决定性作用，实施重大低碳建设工程、产业减碳计划、企业低碳行动、低碳科技创新行动。加快低碳社会建设，提高资源能源效率、优化产业结构、增强碳汇能力。探索资源型地区高碳产业低碳发展路径，着力推进绿色发展、循环发展、低碳发展。努力打造低碳能源新基地，增强低碳创新能力，建设美丽和谐新朔州。

（二）总体目标。

——到2020年，单位地区生产总值（GDP）二氧化碳排放较2005年累计下降45%。

——到2020年，单位GDP能源消耗下降率完成同期山西省下达指标。

——到2020年，非煤电产业比重达到30%以上。

——到2020年，煤炭消费占一次能源消费的比重下降至86%以下。

——到2020年，燃气消费占一次能源消费的比重增加至12%以上。

——到2020年，非化石能源消费占一次能源消费达到12%。

重点工作初见成效，低碳产业体系基本形成，低碳科技支撑和引领能力显著增强，能源结构和产业结构进一步优化，低碳发展的体制机制基本完善，政策体系基本健全，公众参与应对气候变化的意识明显提高，低碳消费和生活方式初步形成。

## 二、重大低碳工程

（一）绿色能源基地建设工程。加快推进风能发电项目建设。优化风电开发布局，有序推进平鲁区、朔城区、右玉县等风能资源丰富的地区风电项目建设，建设朔州百万千瓦以上大型风电能源基地。加快风能资源的分散开发利用。建立保障风电并网运行的电力调度体系。（牵头单位：市发改委）

实施太阳能多元化利用。推进光伏产业优化升级，大力推广与建筑结合的光伏发电，提高分布式利用规模，立足就地消纳建设大型光伏电站。加快推进红旗牧场光伏发电、应县大刘庄光伏发电等项目。加快发展建筑一体化太阳能应用，鼓励太阳能发电、采暖和制冷、太阳能中高温工业应用。（牵头单位：市发改委、市住建局）

开发生物质能利用。大力开发生物质能，鼓励利用大型养殖场废弃物、城市垃圾制沼气或发电。因地制宜利用农作物秸秆、林业剩余物发展生物质发电、气化和固体成型燃料。加快实施

开发区垃圾焚烧发电、应县秸秆发电等项目。（牵头单位：市发改委、市农委、市畜牧局）

（二）煤基循环经济产业链建设工程。发展“煤炭开采—原煤洗选—煤矸石综合利用”产业链。优先发展煤矸石、煤泥、洗中煤等低热值煤炭资源综合利用发电，推进低热值煤综合利用电厂的建设和升级，建立朔州低热值煤循环经济体系。实施煤矸石用于建材生产、土地复垦等综合利用项目，提高煤矸石综合利用率。开展煤矸石选矿技术研究，开发利用伴生矿资源，推进煤矸石开发墙体材料、提炼高岭土项目，优先选用高附加值技术，提高煤矸石利用价值。（牵头单位：市发改委、市经信委、市科技局）

做强“煤炭生产—发电—粉煤灰及脱硫石膏—固废综合利用”产业链。构建煤电一体化发展格局，推进朔州市固废综合利用工业园区建设，开展工业固废综合利用示范，打造全国最大的粉煤灰综合利用产业聚集区和固废综合利用产学研示范中心。加强技术研发，重点实施粉煤灰提取白炭黑、氧化铝、新型建材、建筑陶瓷和城市再生资源利用等六大类新兴项目，推动朔州实现高端循环经济发展。（牵头单位：市发改委、市经信委、市商务局）

构建“煤炭—煤制气—煤制醇醚燃料、煤基合成油开发”产业链。围绕煤基科技及产业发展，引进研发机构、科技项目、科技企业，着力创新和突破煤制油、煤制天然气技术。加快推进平朔劣质煤综合利用等项目，建设晋北现代煤化工产业集聚区，打造煤基科技高地。（牵头单位：市科技局、市发改委、市经信委）

（三）省级低碳试点建设工程。推动省级低碳城市试点。成立朔州市低碳试点工作领导组，编制低碳城市试点实施方案，研究制订朔州低碳发展“十三五”规划，建立配套国家、山西省的温室气体统计核算体系和碳减排目标责任考核体系，探索低碳发展的宏观调控体系，建立以低碳为特征的产业体系和生活方式，实现朔州低碳绿色发展。（牵头单位：市发改委、市经信委、市统计局）

开展其他省级低碳试点。开展省级低碳社区试点，编制低碳社区试点实施方案，以低碳理念统领社区建设，探索低碳社区的运营管理模式，重点培育低碳文化、推广节能和绿色建筑、推行低碳基础设施和社区环境建设，倡导低碳生活模式；推荐优秀试点申报国家低碳社区。根据山西省低碳试点工作进展，有序地组织开展低碳建筑、低碳企业等试点工作。（牵头单位：市发改委、市经信委）

（四）林业碳汇体系建设工程。持续增加森林面积和蓄积，提升森林质量和效益。围绕国家京津风沙源、退耕还林巩固成果、三北防护林、天然林保护工程和省级重点工程，大规模实施植树造林。实施天然林保护工程，抚育中幼林，改造低质低效林，强化森林火灾和病虫害监测预报和防治体系建设，加强森林资源管护。（牵头单位：市林业局）

推动林业科技进步与创新。开展困难立地植被恢复研究，以黄土丘陵重度侵蚀区、盐碱地等困难立地造林技术研究为主；开发乡土树种，突破林木良种选育技术；推广优良乡土树种应用技术、生态治理立地类型划分与造林模式选择技术、灌木型饲料培育与加工技术。（牵头单位：市林业局）

开展碳汇造林。将减排增汇与生态建设相结合，探索制订碳汇林地认养、林木认养实施细则，鼓励引导企业、公民参与碳汇造林捐资活动，引导民间资本参与碳汇体系建设，开辟新的融资渠道。建立碳汇计量与监测体系，开展林业碳汇的增汇、适应机制等技术研究，挖掘各种绿化潜力，增加碳汇造林。（牵头单位：市林业局）

### 三、产业减碳计划

（一）火电行业碳减排计划。严格电源项目市场准入。鼓励煤电一体化经营，建设大容量、高参数坑口电厂。新建燃煤发电项目必须采用高参数、大容量、高效率、节水环保型机组，优先采用单机容量60万千瓦及以上超临界空冷机组，同步建设烟气脱硫、脱硝（循环流化床机组除外）除尘、灰渣处置和废水回用设施，落实粉煤灰综合利用途径和方案，实现循环经济发展。（牵头单位：市发改委、市经信委、市环保局、市供电公司）

研究并推广高效清洁发电技术。加强清洁煤电新技术研究;改进发电端设备,推广超临界(SC)和超超临界(USC)火电机组、循环流化床(CFB)燃烧技术等先进成熟的发电技术,提高发电效率。推进热电联产,优先采用单机容量30万千瓦及以上的供热机组,取代小热电机组和分散锅炉。(牵头单位:市经信委、市科技局、市发改委、市供电公司)

开展低热值煤发电。争取低热值煤发电装机指标份额;加快建设已取得批复的国际能源山阴、中煤平朔安太堡、同煤集团朔南等低热值煤发电项目。推动中煤平朔东露天、中煤集团格瑞特电厂二期、应县低热值煤热电联产、昱光低热值煤电厂、山阴低热值煤发电、晋能集团山阴煤运等低热值煤发电项目。(牵头单位:市发改委、市环保局、市供电公司)

推进实现电网输电低碳化。加大输供电智能电网的改造建设力度,完善特高压、超高压、高压有机匹配的输供电网络,降低电力输送损耗。加快特高压、直流和500千伏交流等外送通道的建设,实现大功率、远距离、低损耗输电。加快千伏高压电网改造规划项目实施,形成依托于朔州、应县两座500千伏变电站,辐射区域内13座220千伏变电站的主供电格局;研究并推广应用微电网并网运行及接入控制关键技术,建设适应风电、太阳能光伏发电、秸秆燃料发电等新能源电源入网的智能电网系统。(牵头单位:市发改委、市供电公司)

(二)煤炭行业碳减排计划。提高煤矿资源效率。加强煤矿工业资源整合,建设安全质量标准化的大、中型矿井,提高煤炭回采率;推广采用变频优化控制系统节能技术,实施综合机械化开采和信息化管理;推广煤炭储运减损抑尘技术,降低煤炭运输及露天堆放时的损耗。充分利用煤矸石、煤泥,提高资源综合利用率。(牵头单位:市煤炭局)

开展工艺装备节能改造。加速淘汰老旧高耗能配套设备;开展露天煤矿连续开采技术和装备研究,推广皮带机变频能效系统技术,最大程度降低皮带机的无功损耗,提高皮带输送机的整体运行效率;实行矿井通风、供电、提升、运输、排水系统改造,推广高效率、大功率快速采掘技术和装备,提高矿井节能水平;推广煤矸石等井下充填开采技术和井下余热利用技术。(牵头单位:市煤炭局、市经信委)

配套选煤和运输能力建设。鼓励建设具有国际先进水平的大型选煤厂,加快淘汰落后工艺、技术和装备,采用先进技术和设备改造现有选煤厂;重点发展重介质选煤,提升煤炭洗选水平。实施煤炭运销企业兼并重组整合,加强煤炭运销市场建设和规范管理,推动煤炭专业化物流园区建设。(牵头单位:市煤炭局、市发改委)

(三)建材和日用陶瓷行业碳减排计划。加快发展新型建材。通过蒸压砖、砌块、粉煤灰塑性复合板材、新型建材ASA板等新型建材项目推进粉煤灰资源化利用。发展“煤—煤矸石(粉煤灰)—新材料”产业链,大力支持粉煤灰保温耐火材料(耐火陶瓷纤维,耐火砖)、粉煤灰地板、粉煤灰家具板材、粉煤灰制取超细纤维等项目。(牵头单位:市经信委、市科技局)

加强建材行业技术创新和推广。建立创新孵化基地,集中攻克粉煤灰作为建材原料的利用共性难题,协同创新新型建材产品,加快创新进程。强化技术创新对企业的引领作用。大力推广保温隔热性能良好的粉煤灰制品等绿色建筑材料的使用。(牵头单位:市科技局、市住建局)

推动日用陶瓷产业上档升级。加快陶瓷窑炉及工艺综合节能技术改造,推广清洁能源和新能源使用。以研发、设计和营销为主攻方向,推进产品结构向高附加值、高技术含量、节能低碳的中高档方向发展。加快自主研发并推广低温、短时烧制的新骨瓷、釉中彩等高档日用瓷;推广一次烧成等节能技术;提高烧成自动化控制程度和烧成工艺技术水平,提高烧成产品率;推广能源梯级利用和窑炉余热综合利用技术。(牵头单位:市科技局、市经信委)

(四)煤化工行业碳减排计划。提升传统煤化工技术水平。优先发展焦炉气和劣质煤生产尿素和甲醇项目,尿素项目单套装置规模不得低于年产18万吨合成氨、30万吨尿素生产能力,甲醇项目单套装置不得低于年产10万吨的生产能力。发展甲醇下游深加工项目,鼓励采

用连续精馏工艺，煤焦油加工单套装置能力需达15万吨及以上。(牵头单位:市发改委、市经信委)

实施工艺装备节能改造。淘汰高耗型压缩机、高耗变压器等落后装备,鼓励各企业采用节能电机、同步电动机、往复式压缩机等先进装备,提高系统的能源利用效率。实施电机变频改造,提高风机、水泵系统的节能效果。推广低压氨合成技术、醇烃化清洁技术等低碳节能技术。(牵头单位:市经信委)

发展新型煤化工。依托晋北新型煤化工基地建设,以劣质煤综合利用项目为重点,发展新兴煤化工,研发煤制烯烃、煤制天然气、煤制乙二醇等新型煤化工产品,延伸产业链;开发聚甲醛、三聚氰胺、碳酸二甲酯等新型煤化工产品,提高产品附加值,培育新的经济增长点。(牵头单位:市发改委、市科技局)

(五)低碳导向的畜牧养殖业建设计划。推进畜牧养殖业规模化发展。建设朔州市“优质奶牛标准化生产基地、优质肥羔羊标准化生产基地、城郊标准化生猪和现代化蛋鸡生产基地”三大标准化生产基地，提高饲养管理机械化管理水平。推进饲草基地建设,实现牧草生产的专业化和养殖饲喂的科学高效化。加大良种引进、改良、繁育力度,改善奶牛群体结构,提高奶牛单产水平。推广牛、羊等反刍动物的营养调控技术应用,减少甲烷排放。(牵头单位:市畜牧局、市农委)

构建以畜牧业为核心的循环经济。加强产品深度开发,发展深精加工,延伸产业链条,增强畜牧业综合经济效益;构建集有机农业、畜牧业、种养业循环于一体的低碳生态农业体系,提高碳生产率。(牵头单位:市畜牧局、市农委、市科技局)

推进粪污治理及资源化利用。以大型养殖园区为重点，配套建设大中型沼气工程。推广“种、养、气、肥”四位一体的“猪(牛、羊)—沼—粮(果、蔬)”低碳生产方式,拓展“沼气、沼渣、沼液”综合利用途径,构建“养殖—沼气—种植”循环农业链条;推动应县启高生物、怀仁家园合作社的有机肥加工项目。探索实施“牧草种植—畜牧养殖—沼气—沼渣改良盐碱地”工程。推广动物废弃物制造生物有机肥生产技术。(牵头单位:市农委、市科技局)

(六)新兴产业培育计划。加快发展装备制造业。围绕提高煤机维修和配件加工自主研发能力,批量生产技术含量高、附加值高的大型煤机装备、成套装备及配件产品,逐步实现进口配件国产化、主要设备当地化。开发煤炭高效自动化采掘成套装备、千万吨级工作面自动化回采装备及现代煤化工装备；开展大型风电成套设备及关键部件研究。依托主导产业,带动发展矿机及配件、发电输电配件和机电设备制造等产业。(牵头单位:市经信委)

壮大新能源产业。发挥当地资源优势,推动朔州百万千瓦级风电基地建设；实施光伏发电项目,开展太阳能采暖、制冷示范工程,推广户用太阳能利用；培育发展以光伏工业园区为重点的太阳能电池材料产业，推广石墨电极节能设备和技术;加快垃圾焚烧发电厂、生物质能发电厂、沼气工程等生物质能源利用项目建设。(牵头单位:市发改委、市住建局、市环保局、市农委)

扶持新能源汽车产业。率先在朔州市公共领域推广应用，鼓励社会资本参与建设电动汽车充换电设施,加快配套设施的建设,推动新能源汽车产业发展。开展新能源汽车前沿技术及产业共性关键技术开发、新技术新产品示范应用,使新能源汽车、动力电池及关键零部件技术整体上达到国际先进水平，形成一批具有较强竞争力的新能源汽车企业。(牵头单位:市发改委、市科技局、市住建局)

## 四、企业低碳行动

(一)温室气体排放直报与清洁生产审核行动。实施企业温室气体排放直报行动。开展企业碳盘查和能耗数据统计工作，对2010年温室气体排放达到13000吨二氧化碳当量，或2010年综合能源消费总量达到5000吨标准煤的法人企(事)业单位,按照山西省温室气体排放直报体系制度要求，上报温室气体排放情况。根据上报的温室气体排放情况,探索建立和

完善企业碳排放管理制度，完善朔州市温室气体排放管理体系。(牵头单位:市发改委)

加强清洁生产审核行动。研究将碳排放核查纳入清洁生产审核内容，探索开展碳排放量大于10万吨/年企业的碳排放核查。(牵头单位:市发改委、市经信委、市环保局)

(二)重点用能单位节能减碳行动。重点企业节能减碳行动。分解落实碳减排目标任务。在重点碳排放企业强制性推广低碳技术工艺和装备，加快推广高效节能锅炉。加强企业能源计量,推进能源管理体系建设,选择部分企业开展能源管理体系认证试点。利用信息化手段促进节能减碳,在电力、化工、建材等企业建设能源管理控制中心。加强能源计量管理,实现能源计量数据在线采集,实时监测。(牵头单位:市发改委、市经信委)

重点企业节能减碳对标行动。制订高耗能行业、大耗能企业能效和碳排放对标方案。在电力、化工、建材等主要耗能行业开展企业节能减碳对标活动。(牵头单位:市经信委、市发改委)

(三)合同能源管理推广行动。完善社会化节能服务体系。支持发展一批从事能源审计、节能量审核、节能评估、节能设计等第三方服务机构。重点推广合同能源管理机制。推进重点耗能单位开展合同能源管理。配合山西省对年耗能大于5000吨标准煤的单位开展专项节能业务培训,宣传推广合同能源管理运行模式。重点推进工业领域，特别是在主要耗能企业实施合同能源管理，扶持一批具有带动性和示范性的重点节能项目。鼓励企业参与碳交易。(牵头单位:市经信委)

**五、低碳科技创新行动**

(一)煤基清洁能源生产技术专项。加快对低效能发电机组的高效节能改造。应用高效清洁燃煤机组、大型坑口火电发电机组、热电联产高效能设备。基于普及循环流化床锅炉、大功率空冷机组的现代化火电技术平台，建设超临界空冷机组。(牵头单位:市经信委、市科技局)

(二)煤的清洁高效开发利用技术专项。建立适于劣质煤提质、能效利用模型和方法。以煤炭资源转化制备油气产品为主线，重点研究以朔州地区高硫、高灰、高挥发分、高灰熔点、中低热值劣质煤为原料生产合成氨、硝酸、硝酸钙、硝酸铵，并副产高附加值液化天然气的关键技术;煤—煤制气—煤制醇醚燃料、煤基合成油开发循环经济产业链的关键技术。(牵头单位:市科技局)

开发煤基高端产品。依托山西三元炭素有限责任公司，重点研究煤焦油净化精制及同性焦、异性焦成焦技术;研发碳纤维、特种石墨、针状焦、超高功率石墨电极等产品,实现煤炭转化技术的综合集成和煤炭能源高效利用的同时，开发煤基新能源、新材料等高端产品。(牵头单位:市科技局)

(三)粉煤灰、煤矸石综合利用技术专项。加强粉煤灰、煤矸石综合利用低碳创新能力,围绕“煤—电—粉煤灰—氧化铝及氧化硅—铝和铝制品”循环经济产业链和“煤—煤矸石以及电厂粉煤灰和脱硫石膏—新型建材”循环经济产业链中的共性技术、关键技术设立科技专项,组织有关企业、高校和科研院所进行产学研协同创新,快速推进产业化进程，形成一批具有自主知识产权的低碳科技成果,进一步增强技术支撑能力，夯实建设全国工业固废综合利用示范基地和新型煤化工基地的项目和技术基础。(牵头单位:市科技局)

(四)高耗能高排放企业能源梯级利用技术专项。针对煤炭、电力、化工、建材行业的典型能耗过程,研究过程优化设计、工业余热回收新途径,实现系统高低温余热资源高效利用。针对低热值煤发电过程中废气废渣大量排放问题,开发难燃煤低氮高效燃烧与废渣低温固化等节水节能低碳技术。研究煤矸石循环流化床锅炉低温发电(850℃)与灰渣协同高值利用关键技术，实现能质耦合梯级利用。提高高能耗企业的能源和资源利用效率。(牵头单位:市科技局、市经信委)

(五)建筑与基础设施节能技术专项。重点研究绿色建筑设计技术、建筑围护结构能效提升技术、建筑能耗设备能效提升技术。推广应用太阳能热泵分布式中央采暖系统技术、太阳能热利用与建筑一体化技术等可再生能源建筑应用技术。开发新型建筑节能保温材料，建筑废弃物资源综合利用技术。研究并推广应用低碳喷射混凝土技术、低水泥用量堆石混凝土技术，从建筑设计、建造、运营、拆除的全生命周期推进建筑业节能减排，推动从绿色建筑到绿色社区、生态城市的发展。（牵头单位：市科技局、市住建局）

（六）新能源汽车技术专项。针对新能源汽车产业发展需求，重点研究电动汽车电池技术、电机及驱动技术、整车控制技术。重点开发高密度长寿命电池制备生产技术和工艺装备，突破电动汽车发展关键技术瓶颈，形成具有朔州特色新能源汽车产业链技术体系。（牵头单位：市经信委、市科技局）

（七）新能源规模化开发利用技术专项。以开发新型能源为主线，研究多能源互补的分布式能源技术在电力、化工和建筑领域的应用。研究高效光伏逆变器技术，开发低成本、长寿命、高转换效率光伏电池。开展风力发电关键技术攻关及装备研制，研究直驱永磁风力发电技术和低风速风力发电技术的应用，形成高端化风电设备创新链。开展生物质成型燃料规模化利用、生物质固化成型燃料、生物燃气高效制备热电联产技术研究，突破生物质固化成型燃料技术；加强沼气技术推广。（牵头单位：市科技局、市发改委）

## 六、低碳社会建设

（一）促进低碳消费。实施低碳产品认证制度。推广国家低碳产品认证标志，探索开展日用陶瓷和建材等行业低碳工艺、低碳产品认证示范试点。鼓励、引导批零企业采购低碳标识、绿色标识、二级以上节能标识的商品，并鼓励消费者购买。（牵头单位：市发改委、市质监局）

建立低碳市场。支持企业按照国家绿色市场的有关要求和标准对场地环境、设施设备进行升级改造，取得国家绿色市场认证标志。支持企业开展绿色低碳营销，建立低碳产品销售专区、专柜，集中展示、推介和销售低碳产品。建立科学、规范、高效的绿色低碳运营管理流程和机制。注重利用网络、电视等方式，拓展低碳产品信息发布和销售渠道，打造低碳产品品牌。（牵头单位：市商务局）

引导低碳消费。鼓励购买低碳产品，推广高效节能家用电器、办公设备和高效照明产品。提倡不使用一次性筷子、纸杯、签字笔等。各类宾馆饭店不主动提供一次性洗漱用品。限制商品过度包装和超薄塑料购物袋生产销售，提倡重拎布袋子、菜篮子，重复使用节能环保购物袋。（牵头单位：市商务局）

（二）倡导低碳出行。推进公交优先发展。加大政府投入，对公交线路进行优化调整，加强公交停车场和公交调度中心、覆盖朔州市区建成街道的停靠站点的建设。县区同步进行整合改造。（牵头单位：市交通局、市财政局、市规划局、市国土局）

加强车辆用能管理。限制和减少低标号汽油使用，提高用油标准。加快淘汰营运黄标车。推进车辆能源替代，加快油罐车油气改造，提高公交车、出租车中燃气和电动车辆比重。实施交通运输行业能耗统计与分析制度，为分析行业用能状况和制订节能减排政策提供基础数据支持，探索建立交通节能减排长效机制。（牵头单位：市交通局、市统计局）

（三）推行低碳办公。完善低碳采购制度。逐步建立低碳产品政府采购制度，编制低碳产品政府采购清单，鼓励优先采购节能效果显著、低碳特征突出、性价比较高的产品。完善强制采购和优先采购制度，逐步提高低碳产品比重。（牵头单位：市政府办公厅、市政府采购中心）

开展低碳办公示范。在公共机构和办公建筑率先实施绿色照明工程、绿色数据中心工程，实行零待机能耗计划，推广使用低碳办公设备，发挥公共机构示范作用。加强机关事业单位、社会团体组织等公共机构办公节能管理，建立健全节能管理目标责任制，加大设施低碳化改造力度，推进低碳理念进机关和公共场馆。（牵头单位：市机关事务管理局、市经信委、市发改委、市财政局）

培养低碳办公行为。严格控制室内空调温度，夏季不低于26℃，冬季不高于18℃。减少电梯使用，三层楼以下（含三层）原则上电梯不停顿,非高峰时段减少运转台数。鼓励办公用纸双面打印或重复使用。改革公务用车管理办法,加强公务车日常管理。推广电子政务和电子商务,鼓励召开电视电话会议,实现“无纸化”“网络化”办公。(牵头单位:市政府办公厅、市机关事务管理局)

(四)推行低碳建筑。创新建筑节能改造工作机制。简化既有建筑节能改造项目审批程序。重视调动发挥集中供热企业性,鼓励供热企业成立建筑节能改造专业公司,实施供热计量改革,开展以热源、换热站为单元的供热节能改造。(市住建局)

提升建筑节能水平。对新建建筑开展建筑节能专项验收,严格落实节能设计标准,实施新建建筑节能“双百工程”。推广居住建筑节能改造技术,创新既有居住建筑节能改造实施方式,推动以换热站为单元连片改造,突出规模效应;推动公共建筑节能改造,开展大型公共建筑和公共机构办公建筑摸底调查工作,实施公共建筑节能改造。安装公共建筑能耗监测系统,加强建筑用能管理。研究制订建筑全寿命周期能耗管理办法。(牵头单位:市住建局、市经信委)

推动新能源建筑应用。推广应用工业余热、污(中)水、浅层地能供热(制冷)和太阳能建筑。开展综合应用太阳能发电、热泵系统供热制冷、雨水收集和中水利用、新型墙体保温材料等节能、节水、节材环保技术的绿色建筑示范工程。重点实施“典型城市应用环境中太阳能与建筑结合一体化并网发电系统”等科技项目。(牵头单位:市住建局)

建设农村低碳建筑。优化农村建筑用能结构,鼓励使用电力、太阳能、生物质能等清洁能源和用能设备。推广粉煤灰制品新型节能环保材料,推进使用天然气,将有条件的城中村和城乡结合部纳入城市管网覆盖范围。被省里确定为农村危房改造建筑节能示范试点的区县,安排不少于5个相对集中的示范点(村)进行节能改造。(牵头单位:市住建局) (五)建设低碳基础设施。改革供热方式。构建集散结合的供热体系,加快取缔供热能力小、污染大的小型锅炉房,在朔城区及10万人以上县城,建设以热电联产为主,社区热泵等分布式供热系统补充的供热体系;人口比较集中的城镇建设以大代小、高效节能的大型锅炉房代替分散的采暖设施。深化供热体制改革,完善供热价格形成体制,实行分户计量和以热量计价制。(牵头单位:市住建局)

完善城市垃圾处理体系。加快城区卫生填埋场建设,配套完善城区生活垃圾收集、清运设施;加快建立“组保洁、村收集、镇中转、县处置”的生活垃圾处理模式,建立分类收集与回收网络体系,建立完善的垃圾回收利用体系,提高生活垃圾回收利用率。提高污水处理厂污泥集中处置率,实现污泥稳定化、无害化和资源化。(牵头单位:市住建局、市环保局)

加强市政管网建设。加快推进覆盖城区的主支线燃气管网规划和建设实施,初步实现城镇天然气和煤制气的覆盖;加快污水收集管网建设,大力推行雨污分流污水收集管道系统,提高城镇污水管网覆盖率,老城区实施管网改造,新区基本实现雨污分流。(牵头单位:市住建局)

建设绿色照明体系。加快淘汰现有高耗能的路灯照明设施及景观灯,加大对节能灯或智能化的太阳能发电灯的投入力度;重点推广高效节能的金属卤化物灯、太阳能LED、风光互补LED等绿色照明产品。科学制订照明规划,划分城市照明等级,加强道路照明管理,实施城市道路照明自动化控制系统改造。加强景观照明,娱乐场所霓虹灯、灯箱广告的管理,减少城市照明用电。(牵头单位:市住建局)

### 七、低碳发展体制与政策

(一)制订低碳产业发展政策。编制《朔州市低碳产业发展目录》,鼓励高耗能产业低碳发展的重点工程和重点项目立项。加大传统高碳产业限制发展力度。加快淘汰落后技术、工艺、设备。扶持新能源、新材料等低碳产业发展。(牵头单位:市发改委)

(二)整合低碳领域行政资源。充分整合利用建设怀仁县、右玉县、应县、朔城区四个国家可持续发展实验区,推进朔州打造全国重要的综合能源示范基地、全国工业固废综合利用示范基地、全国日用陶瓷生产基地、全国生态畜牧养殖基地、山西省特色农产品加工基地的重大事项的行政资源，大力推进实施低碳项目。（牵头单位：市发改委、市经信委、市农委、市畜牧局）

（三）搭建研发与产业化平台。围绕粉煤灰、煤矸石、脱硫石膏综合利用，煤化工、陶瓷深加工等产业，依托龙头企业与北京大学、清华大学、中北大学等高校合作建设一批学科交叉、综合集成的省级低碳工程中心、重点实验室和企业技术研发中心，争创国家级低碳技术创新平台，攻克关键共性技术瓶颈，整体提升产业科技水平。创新平台设立科技创新与成果转化专项资金，通过无偿支持、有偿资助、贷款贴息等方式，支持低碳研发项目和低碳技术产业化项目。（牵头单位：市发改委、市科技局、市财政局）

（四）制订低碳试点示范政策。选择经济发展水平较高、具备一定发展基础的2—3个园区开展产业、能源利用、基础设施建设等重点领域试点示范。重点在编制低碳发展规划，建立低碳产业体系、能源体系、技术应用、公共基础设施建设、创新低碳发展体制机制，建立温室气体排放统计监测考核体系等方面先行先试，探索低碳城镇发展的新路径。（牵头单位：市发改委、市商务局、市经信委、市科技局）

在电力、煤炭、煤化工、建材等高耗能行业各选择1—2家企业进行低碳化改造试点。要与区域和部门规划相衔接，系统规划，协同布局，定位明确，推动碳减排与节能工作同步发展。（牵头单位：市经信委、市科技局）

（五）建立要素倾斜配置机制。优先保证低碳项目的建设用地，建立市场化用地机制。对通过城乡建设用地增减挂钩和工矿废弃地复垦利用等途径新增的建设用地指标，向低碳项目倾斜。对符合《山西省优先发展产业目录》的低碳研发项目和产业项目所需用地，依据相关政策优先支持。（牵头单位：市国土局）

争取简化朔州市新能源发电并网审批程序，根据上级并网相关技术标准，优先保障新能源发电运行，确保新能源发电项目及时并网。（牵头单位：市经信委）

创新低碳人才引进机制，组建低碳发展专家咨询委员会，开展重大低碳技术项目、管理、决策事务的专家咨询活动。对获国家级研发机构、获得国家级重大科技成果奖励的单位，给予专项人才政策优惠。（牵头单位：市委组织部、市人社局）

（六）改善投融资环境。建立促进低碳发展的资金投入机制，加快完善财政、金融、价格等支持政策，确保减碳目标顺利完成。（牵头单位：市发改委）

加大银行信贷支持力度，建立节能减排项目贷款绿色通道。调整和优化信贷结构，逐步扩大符合低碳发展要求产业的信贷规模。（牵头单位：朔州银监局）

拓宽多元化投融资渠道，鼓励和支持民营资本发起设立面向低碳产业的风险投资和私募股权基金；探索建立以政策性投资公司、专业化担保公司、信托公司、保险公司、融资租赁公司、小额贷款公司、融资性担保公司和发展基金等为主体的投融资新模式，引导社会资金投入低碳重点工程。（牵头单位：市财政局、市金融办）利用政府多边基金、银行以及多边组织项目融资，争取国际金融机构贷款。（牵头单位：市金融办、市财政局）

（七）建立低碳交流合作机制。以技术引进和能力建设为重点，以举办“亚洲粉煤灰及脱硫石膏综合利用技术国际交流大会年会”为契机，提高粉煤灰、煤矸石、脱硫石膏工业固废综合利用水平，力争使朔州成为全球工业固体废弃物综合利用先进思想的产生地和先进技术的辐射源；加强多渠道、多层次、多形式的低碳交流合作。加强与发达国家和我国先进省市的交流合作，借鉴先进管理经验，提升朔州市低碳发展水平。（牵头单位：市科技局、市发改委、市经信委）

**八、保障措施**

（一）加强组织领导。成立朔州市低碳创新行动工作领导组，由市政府主要领导任组长，分管副市长任副组长，市发改委、市经信委、市科技局等相关部门为成员单位，领导组办公室设在市科技局。（牵头单位：市科技局、市发改委）

（二）建立低碳统计核算制度。配套省级温

室气体核算体系，建立朔州市温室气体核算体系。定期编制朔州市温室气体排放清单，摸清朔州市温室气体排放底数。按照生产、消费、废弃物处理三个碳排放环节，结合能源统计数据、行业排放数据和相关技术参数，确定核算边界与核算方法，开展温室气体排放核算工作。（牵头单位：市统计局、市发改委）

（三）加强评价监督。建立各级政府和重点企业低碳工作目标责任考核制度，细化目标任务和考核内容。充分发挥社会力量，特别是媒体、网络的监督作用，使高碳行为和发展模式受到舆论约束。（牵头单位：市发改委）

（四）营造良好社会氛围。引导本地广播、电视、报刊、书籍、网络等媒体，及时发布低碳技术和政策信息。在社区街道和农村乡镇开展典型示范、专题活动、展览展示等多种形式宣传活动，倡导绿色低碳、健康文明的生活方式和消费模式，营造良好的舆论氛围和社会环境。（牵头单位：市委宣传部、市文化局）

加强教育培训，在中小学开展低碳常识普及教育，把节约资源、保护环境、低碳生活等内容渗透到教育教学中，并将相关内容教育引入到各级各类职工培训。（牵头单位：市教育局、各专门培训机构）

## 朔州市人民政府<br>关于推进矿产资源市场<br>配置机制改革的实施意见

**朔政发〔2015〕15 号**

各县、区人民政府，市开发区管委会，市直各有关单位：

根据《中共山西省委关于深入贯彻党的十八届三中全会精神加快推进转型综改试验区建设的若干意见》（晋发〔2014〕3 号）、《中共朔州市委关于推进全面深化改革的实施意见》（朔发〔2014〕9 号）和《朔州市人民政府办公厅关于印发朔州市国家资源型经济转型综合配套改革试验上年行动计划的通知》（朔政办发〔2014〕9 号）精神，为充分发挥市场配置资源的决定性作用，促进朔州市矿业经济持续健康发展，现就推进矿产资源市场配置机制改革提出以下意见：

### 一、指导思想

认真贯彻落实党的十八大和十八届三中、四中全会精神，坚持深化改革，在先行先试、大胆探索中处理好政府与市场的关系，更好地发挥市场在矿产资源配置中的决定性作用，全面规范采矿权出让、转让行为，完善矿产资源有偿使用制度，简政放权，阳光行政，实现朔州市矿产资源配置科学、高效、公开、公平、公正，保障矿产资源开发经济效益、社会效益和环境效益协调发展，促进朔州市矿业经济可持续发展。

### 二、基本原则

——坚持规划先行、科学有序、集约开发、节约利用的原则；

——坚持政府调控、市场决定、有偿使用的原则；

——坚持依法公开、公平、公正和竞争的原则；

——坚持调整产业布局、优化经济结构、提升发展质量、促进转型综改的原则；

——坚持以人为本、安全发展及资源开发与生态环境保护相统一的原则。

### 三、适用范围和配置方式

（一）适用范围：

1. 朔州市行政区域范围内。

2. 法律法规规定由市、县（区）级审批发证的矿产资源和省国土资源厅授权市级审批发证的矿产资源（其他矿产资源市场配置工作配合上级部门开展）。

（二）配置方式：

除国家、省有明确规定外，新设立的矿产资源采矿权一律以招标、拍卖、挂牌等市场方式公开出让。

### 四、工作要求

（一）健朔州市场体系，完善交易平台。建立健朔州市、县两级采矿权有形市场及其交易机构，逐步完善网上交易和网上监管机制。

（二）市场配置资源，政府计划准入。发挥市场的决定性作用。采矿权投放由市场供需确定，资源配置结果由市场交易确认。更好地发挥政府作用。市场准入实行公开出让年度计划管理，由国土部门编制出让计划，相关部门审查会签，政府审批。

（三）规范市场行为，强化监督机制。明确采矿权出让转让程序，遵守交易规则，严格公示公告，自觉接受行政监察部门及社会的监督，阳光行政，公开透明，让市场决定资源配置，用制度约束权力运行。

（四）强化生态环境保护和矿山安全管理。落实矿山地质环境保护和恢复治理、环境评价、水土保持、土地复垦和安全评价、安全许可制度。

（五）实行矿产资源有偿使用，完善资源价款处置和分配办法。市场配置资源采矿权价款原则上一次性缴清。采矿权在市国土资源管理部门登记的，价款收入由市国土资源部门直接征收，市、县（区）按 7:3 分成；采矿权在县（区）国土资源管理部门登记的，价款收入由县（区）国土资源管理部门直接征收，市、县（区）按 3:7 分成。

**五、保障措施**

（一）加强组织领导。由中共朔州市委全面深化改革领导小组经济体制和生态文明体制改革专项小组负责朔州市矿产资源市场配置机制改革的组织指导和协调工作。

（二）明确工作职责。各级各有关部门要高度重视矿产资源市场配置机制改革工作，国土部门负责采矿权交易市场的建设、年度出让计划的编制、公开出让的组织实施和采矿许可证颁发；财政部门要对市场配置资源的各个环节提供资金保障，与国土资源部门共同做好资源价款的处置工作；发展改革、安监、环保、水务、林业、文物保护等部门在各自职责范围内，做好转型综改、安全、环境、水源地、水土保持、自然保护区、风景名胜区、文物保护等事项的审查工作并出具审查意见；行政监察部门要严肃查处资源配置中违法违规违纪行为。

（三）加大宣传力度。各县区、市直相关部门要充分利用广播、电视、报刊、网络等媒体，大力宣传矿产资源市场配置机制改革的重要意义和相关政策，充分调动全社会参与改革的性、主动性，营造良好的改革发展环境和氛围。

朔州市人民政府
2015 年 3 月 29 日

## 朔州市人民政府关于加快发展现代保险服务业的实施意见

**朔政发〔2015〕16 号**

各县、区人民政府，市开发区管委会，市直各有关单位：

为进一步贯彻落实《山西省人民政府关于加快发展现代保险服务业的实施意见》（晋政发〔2014〕36 号）精神，推动朔州保险服务业持续健康发展，充分发挥保险的功能作用，更好地为朔州经济社会发展服务，结合实际情况，现就朔州市加快发展现代保险服务业提出如下实施意见：

**一、充分认识保险的重要作用**

保险是现代经济的重要产业和风险管理的基本手段，是社会文明水平、经济发达程度、社会治理能力的重要标志。近年来，朔州保险业发展迅速，与经济社会的联系日益紧密，渗透度和服务能力不断增强，在促进经济社会发展和保障人民群众生产生活等方面发挥重要作用。但总体上看，朔州保险业发展还存在覆盖面不宽、保障度不高、功能发挥不充分等问题。当前，朔州市已经进入转型发展的关键时期，加快发展现代保险服务业，对于完善现代金融体系、带动扩大社会就业、促进经济提质增效、创新社会治理方式、保障社会稳定运行、提高人民生活质量等有着重要的意义。

各级各有关单位要提高认识，转变观念，切实将加快发展现代保险服务业，放在经济社会工作整体布局中统筹考虑。要加强政策引导和支持，营造良好环境，努力把现代保险服务业建设成为完善金融体系的支柱力量、改善民生保障的有力支撑、创新社会管理的有效机制、促进经济转型升级的高效引擎和转变政府职能的重要抓手。力争到2020年，朔州市保费收入翻一番，保险密度、保险深度有较大提升，基本建成与朔州经济社会发展需求相适应的现代保险服务体系，保险对经济社会发展重点领域的覆盖面和渗透率进一步提高，社会"稳定器"和经济"助推器"的作用得到更有效发挥。

## 二、深入发展"三农"保险

（一）落实中央支持农业保险政策。提高农业保险覆盖面，到2020年，奶牛、玉米、能繁母猪等保险覆盖率达到山西省上游水平，生态公益林保险力争实现全覆盖。结合山西省推进情况，以平鲁区、右玉县为重点，启动中央政策性马铃薯保险试点。加强农险补贴资金预算，及时足额发放，加大资金发放、使用监督检查力度，确保支农惠农政策落地。

（二）加大特色农业产品保障。围绕朔州市"一县一业"农业发展战略，由市、县（区）财政给予一定比例的保险费补贴，推动平鲁区、右玉县小杂粮保险，怀仁县肉羊保险，应县蔬菜保险，朔城区设施农业保险发展，逐步加强对规模种植、规模养殖等特色农业的保险保障。加快发展农房、农机、农业、水利基础设施等保险业务，有条件的县（区）对参保农机给予全额补贴。调整朔州市农业专项扶持资金使用结构，逐步提高用于补贴农业保险保费的比例，充分发挥财政资金抗风险保障作用的最大效益。

（三）推进农村小额保险持续发展。结合朔州市金融创新工作，大力推广保障适度、保费低廉、保单通俗的农村小额人身保险产品。创新金融扶贫方式，采取"小额信贷+保险"模式，大力开展农民小额信贷保险，提高农村金融服务效率。

## 三、大力发展责任保险

（一）运用保险机制提高公共管理效率。通过政府购买服务的方式，支持保险机构参与医疗保险经办服务，提高公共服务运行效率和质量。2015年，全面推开城乡居民大病保险承办工作，尽快实现全覆盖。结合"平安朔州"建设，在朔城区试点开展治安保险、社区综合保险，运行成熟后向朔州市推广，发挥保险机制稳定、调节社会风险的作用。

（二）运用保险机制化解社会纠纷矛盾。按照"政府引导、市场运作、不过多增加企业负担"的原则，在平鲁区、山阴县推广矿山开采业安全生产责任保险。引导非煤矿山、危险化学品、烟花爆竹等高危行业自愿将风险抵押金转换为安全生产责任保险，2016年底前争取启动实施。努力发展公众安全、食品安全、医疗责任、雇主责任等与公众利益密切相关的责任保险，运用保险机制，化解社会纠纷矛盾。

（三）运用保险机制降低灾害事故损失。将保险业纳入地方应急管理体系，并建立与公安、交通、民政、气象、消防等部门的协作机制。支持保险业参与灾害事故防范救助工作，及时开展灾害事故的查勘定损工作，发挥保险防灾防损的专业优势，提高保险补偿重大灾害事故损失的比重。

## 四、统筹发展医疗健康和商业养老保险

（一）发展多样化的健康保险服务。充分发挥商业健康保险保障和服务的专业优势，扩大健康保险产品供给，提供丰富的健康保险服务。鼓励怀仁县、平鲁区、朔城区等有条件的县（区）探索购买全民意外伤害保险。支持保险机构在公安干警、武警消防官兵、应急救援人员、医护人员等特殊人群领域开展意外伤害保险业务。

（二）推进养老保险发展。推动有条件的企业建立企业年金制度，引导保险公司参与企业年金业务。针对民政帮扶对象、计划生育特殊家庭扶助对象、失独老人、失地农民等养老问题，探索开展特殊人群养老保险。尝试将朔州市计划生育特殊家庭人员（计划生育特殊家庭是指独生子女死亡或伤病残，且不再生育或收养子女，女方或男方年龄49周岁以上的家庭）的养老保险纳入财政补贴范围。按照国家统一安排，推进个人税收递延型养老保险、住房反向抵押养老保险试点。

### 五、探索和引导保险资金参与重大项目建设

加强保险资金特点、运用政策研究，结合朔州市重大项目建设实际，遴选现金流和收益充足、手续齐全、符合保险资金投资条件的重点项目，建立保险资金投资项目库，2015年底前完成。争取保险监管部门支持，搭建地方政府、保险企业交流沟通平台，加强保险资金供需信息交流，探索建立保险资金运用与重点项目的对接机制。优化投资环境，引导保险资金通过多种方式投资朔州市煤电产业、高速公路、飞机场等基础项目以及陶瓷、装备制造、新能源汽车等特色、新兴产业建设，为相关企业提供资本支持和增值服务。

### 六、加大保险服务实体经济的力度

以签署战略合作协议的形式，加强与出口信用保险企业沟通，发挥出口信用保险风险管理和增信服务功能，为出口企业“走出去”提供一揽子保险服务。加大保险业对出口产品的支持力度，引导，合力推动优势、特色企业投保出口信用保险，扩大出口信用保险覆盖面。健全“贷款+保险”模式，鼓励发展中小企业贷款保证保险，缓解中小企业融资难问题。

### 七、推动保险服务经济转型发展

围绕经济转型需求，引导保险业推出服务朔州转型升级的保险产品。结合八大工业园区建设，支持保险公司开展科技保险业务，探索科技保险保费补贴制度，鼓励科技型企业投保科技保险，推动科技企业转型升级。加强政银保合作，推动个人消费贷款保证保险发展，实现“无抵押、无担保”融资，不断释放居民消费潜力。配合文化旅游业发展以及“美丽朔州清凉游”活动，引导行业提供旅游保险服务，促进旅游业和保险业融合发展。鼓励保险机构开发适合文化企业特点和文化产业需要的保险产品，支持其为文化产业制订一揽子保险计划，提供风险保障服务。支持电子商务、商贸流通等新兴保险业务发展。

### 八、促进保险业健康发展

完善保险市场体系，引导保险机构加强基层网点、机构及人员等基础建设，更好地为基层保险消费者提供服务。支持和鼓励设立专业保险代理、保险经纪机构。扎实推进保险纠纷人民调解“诉调对接”工作机制，争取到2016年底实现全覆盖，切实化解行业矛盾纠纷。落实行业风险日常监测、定期排查报告、预警机制，继续巩固保险业与相关部门的风险处置合作机制，强化行业风险防范与处置。充分发挥新闻媒体的正面宣传和引导作用，鼓励电视、广播、报纸等开办保险节目或栏目，推动形成学保险、懂保险、用保险的氛围。健全保险业与司法部门的沟通、交流机制，为保险业发展营造良好的司法环境。

### 九、加强组织领导

成立朔州市加快发展现代保险服务业领导工作组，统筹推进朔州市保险业发展。工作组由分管副市长任组长，市金融办、发展改革、财政、农业、林业以及保险行业协会等部门为成员单位。工作组下设办公室，办公室设在市金融办。各县区要按照本实施意见要求，将推动保险业发展工作纳入重要议事日程，加大督促指导和考核力度，确保各项政策落实到位。同时，建立推动现代保险服务业发展的工作机制，及时研究和解决发展中遇到的困难和问题。

### 十、完善财政补贴和政策支持

通过发挥地方财政补贴的杠杆作用，逐步加大对农业保险、责任保险等具有社会公益性、关系国计民生的保险业务的保费补贴范围和力度。落实企业为职工支付的补充养老、补充医疗保险费以及农业保险等税收优惠政策。制订保险业服务经济社会考评制度并给予资金奖励，支持和鼓励当地保险业更好地为朔州经济社会发展服务。

附件：重点任务分工及时间进度

朔州市人民政府

2015年3月31日

## 重点任务分工及进度安排表

| 序号 | 工作任务 | 负责部门 | 时间进度 |
|---|---|---|---|
| 1 | 提高农业保险覆盖面，到2020年，奶牛、玉米、能繁母猪等保险覆盖率达到全省上游水平，生态公益林保险力争实现全覆盖。结合全省推进情况，以平鲁区、右玉县为重点，启动中央政策性马铃薯保险试点。加强农险补贴资金预算，及时足额发放，加大资金发放、使用监督检查力度，确保支农惠农政策落地。 | 市财政局、市农委、市林业局、市金融办、保险行业协会等 | 持续实施 |
| 2 | 围绕我市“一县一业”农业发展战略，由市、县（区）财政给予一定比例的保险费补贴，推动平鲁区、右玉县小杂粮保险，怀仁县肉羊保险，应县蔬菜保险，朔城区设施农业保险发展，逐步加强对规模种植、规模养殖等特色农业的保险保障。加快发展农房、农机、农业、水利基础设施等保险业务，有条件的县（区）对参保农机给予全额补贴。 | 市财政局、市农委、市水务局、市农机服务中心、市金融办、有关区县政府、保险行业协会等 | 2016年12月底前 |
| 3 | 调整我市农业专项扶持资金使用结构，逐步提高用于补贴农业保险保费的比例，充分发挥财政资金抗风险保障作用的最大效益。 | 市财政局、市金融办、保险行业协会等 | 持续实施 |
| 4 | 结合全市金融创新工作，大力推广保障适度、保费低廉、保单通俗的农村小额人身保险产品。 | 市金融办、市财政局、市扶贫办、保险行业协会等 | 2016年12月底前 |
| 5 | 创新金融扶贫方式，采取“小额信贷＋保险”模式，大力开展农民小额信贷保险，提高农村金融服务效率。加强政银保合作，推动个人消费贷款保证保险发展，实现“无抵押、无担保”融资，不断释放居民消费潜力。 | 市金融办、朔州银监局、保险行业协会等 | 持续实施 |
| 6 | 通过政府购买服务的方式，支持保险机构参与医疗保险经办服务，提高公共服务运行效率和质量。 | 市人社局、市卫计委、保险行业协会等 | 2016年12月底前 |
| 7 | 全面推开城乡居民大病保险承办工作，尽快实现全覆盖。 | 市卫计委、市人社局、保险行业协会等 | 2016年12月底前 |
| 8 | 结合“平安朔州”建设，在朔城区试点开展治安保险、社区综合保险，运行成熟后向全市推广，发挥保险机制稳定、调节社会风险的作用。 | 市综治办、保险行业协会等 | 持续实施 |
| 9 | 按照“政府引导、市场运作、不过多增加企业负担”的原则，在平鲁区、山阴县推广矿山开采业安全生产责任保险。 | 市煤炭局、市安监局、朔州煤监局、市金融办、保险行业协会等 | 2016年12月底前 |
| 10 | 引导非煤矿山、危险化学品、烟花爆竹等高危行业自愿将风险抵押金转换为安全生产责任保险，2016年底前争取启动实施。 | 市安监局、市财政局、市金融办、保险行业协会等 | 2016年12月底前 |
| 11 | 将保险业纳入地方应急管理体系，并建立与公安、交通、民政、气象、消防等部门的协作机制。支持保险业参与灾害事故防范救助工作，及时开展灾害事故的查勘定损工作，发挥保险防灾防损的专业优势，提高保险补偿重大灾害事故损失的比重。 | 市金融办、市政府应急办、保险行业协会等 | 持续实施 |
| 12 | 鼓励怀仁县、平鲁区、朔城区等有条件的县（区）探索购买全民意外伤害保险。 | 有关县（区）政府、市金融办、保险行业协会等 | 持续实施 |
| 13 | 支持保险机构在公安干警、武警消防官兵、应急救援人员、医护人员等特殊人群领域开展意外伤害保险业务。 | 有关领域负责单位、市金融办、保险行业协会等 | 持续实施 |

**续表**

| 序号 | 工作任务 | 负责部门 | 时间进度 |
| --- | --- | --- | --- |
| 14 | 针对民政帮扶对象、计划生育特殊家庭扶助对象、失独老人、失地农民等养老问题，探索开展特殊人群养老保险。 | 市民政局、市卫计委、市金融办、保险行业协会等 | 持续实施 |
| 15 | 尝试将全市计划生育特殊家庭人员（计划生育特殊家庭指的是独生子女死亡或伤病残，且不再生育或收养子女，女方或男方年龄49周岁以上的家庭）的养老保险纳入财政补贴范围。 | 市卫计委、市财政局、市金融办、保险行业协会等。 | 持续实施 |
| 16 | 加强保险资金特点、运用政策研究，结合全市重大项目建设实际，积极遴选现金流和收益充足、手续齐全、符合保险资金投资条件的重点项目，建立保险资金投资项目库，争取在2015年底前完成。 | 市发改委、市金融办、保险行业协会等 | 2015年12月底前 |
| 17 | 争取保险监管部门支持，搭建地方政府、保险企业交流沟通平台，加强保险资金供需信息交流，探索建立保险资金运用与重点项目的对接机制。积极优化投资环境，引导保险资金通过多种方式投资我市煤电产业、高速公路、飞机场等基础项目以及陶瓷、装备制造、新能源汽车等特色、新兴产业建设，为相关企业提供资本支持和增值服务。 | 市金融办、市发改委、保险行业协会等 | 持续实施 |
| 18 | 以签署战略合作协议的形式，加强与出口信用保险企业沟通，发挥出口信用保险风险管理和增信服务功能，为出口企业“走出去”提供一揽子保险服务。 | 市金融办、市商务局、保险行业协会等 | 持续实施 |
| 19 | 加大保险业对出口产品的支持力度，积极引导，合力推动优势、特色企业投保出口信用保险，扩大出口信用保险覆盖面。 | 市商务局、市财政局、市金融办、保险行业协会等 | 持续实施 |
| 20 | 健全“贷款+保险”模式，鼓励发展中小企业贷款保证保险，缓解中小企业融资难问题。 | 市金融办、朔州银监局、市中小企业服务中心、保险行业协会等 | 持续实施 |
| 21 | 结合八大工业园区建设，支持保险公司开展科技保险业务，探索科技保险保费补贴制度，鼓励科技型企业积极投保科技保险，推动科技企业转型升级。 | 市科技局、市金融办、保险行业协会等 | 持续实施 |
| 22 | 配合文化旅游业发展以及“美丽朔州清凉游”活动，引导行业提供旅游保险服务，促进旅游业和保险业融合发展。鼓励保险机构开发适合文化企业特点和文化产业需要的保险产品，支持其为文化产业制订一揽子保险计划，提供风险保障服务。 | 市旅游局、市金融办、保险行业协会等 | 持续实施 |
| 23 | 完善保险市场体系，引导保险机构加强基层网点、机构及人员等基础建设，更好地为基层保险消费者提供服务。支持和鼓励设立专业保险代理、保险经纪机构。制定保险业服务经济社会考评制度并给予资金奖励，支持和鼓励当地保险业更好地为朔州经济社会发展服务。 | 市金融办、保险行业协会等 | 持续实施 |
| 24 | 扎实推进保险纠纷人民调解“诉调对接”工作机制，争取到2016年底实现全覆盖，切实化解行业矛盾纠纷。 | 保险行业协会、市法院、市司法局等 | 2016年12月底前 |
| 25 | 落实行业风险日常监测、定期排查报告、预警机制，继续巩固保险业与相关部门的风险处置合作机制，强化行业风险防范与处置。 | 保险行业协会、市金融办、市人民银行、朔州银监局等 | 持续实施 |
| 26 | 充分发挥新闻媒体的正面宣传和引导作用，鼓励电视、广播、报纸等开办保险节目或栏目，推动形成学保险、懂保险、用保险的氛围。 | 市文化局、市金融办、保险行业协会等 | 持续实施 |
| 27 | 健全保险业与司法部门的沟通、交流机制，为保险业发展营造良好的司法环境。 | 市司法局、保险行业协会等 | 持续实施 |

备注：在负责部门中，排在第一的单位为牵头单位。

# 朔州市人民政府关于贯彻落实省政府减轻企业负担促进工业稳定运行若干措施的通知

朔政发〔2015〕17号

各县、区人民政府，市开发区管委会，市直各有关单位：

为应对经济下行压力，切实减轻企业负担，优化发展环境，促进工业稳定运行，省政府下发《关于印发山西省减轻企业负担促进工业稳定运行若干措施的通知》(晋政发〔2015〕11号，以下称“省政府60条”)。为全面贯彻落实“省政府60条”精神，帮助企业渡过难关，现将贯彻落实要求通知如下：

## 一、加强宣传，营造舆论氛围

各级各有关部门要加大宣传力度，加强信息、政策公开，认真履行职责，对照“省政府60条”，通过本系统网站等多种渠道，大力宣传省政府减轻企业负担的政策措施，使企业及时了解掌握涉企行政权力规范运行事项，及时了解掌握取消、减免、缓交的收费项目，以及相关政策。各新闻媒体要通过多种途径，加大政策宣传、解读力度，共同营造减轻企业负担帮扶企业发展的舆论氛围。

## 二、明确职责，切实加大落实力度

市、县两级相关职能部门要按照“谁主管、谁负责、上下归口一致”的原则，按照对口部门制订的实施方案和细则，立即着手制订本系统、本部门的工作方案，优化工作流程，简化办事程序，建立健全责任制，做到分工明确，责任到人。要列出时间表，确定工作量，考核工作成效。特别是各牵头职能部门要切实履行牵头负责的重要作用，不折不扣地落实好相关政策措施。各牵头及配合部门要按照2015年4月1日落实“省政府60条”措施的起始时间，将工作方案及时报市减轻企业负担领导组办公室。各县区政府、市开发区管委会也要根据措施精神，结合实际，制订出台减负担、优环境、稳定工业运行的政策措施。

## 三、结合实际，全面推进各项重点工作

各级各有关部门要在全面落实“省政府60条”的基础上，结合朔州市实际，找准贯彻“省政府60条”精神的着力点，重点抓好以下六项工作。

一是加大财政支持力度。市财政设立工业发展专项资金。重点用于建立政府金融风险补偿专户，撬动银行信贷；重点用于困难企业流动资金贷款贴息。对市级、省级技术中心继续执行市政府的奖励政策，对认定为国家级的企业技术中心给予奖励；对优秀技术创新项目，相关部门在推荐争取上级资金支持的同时，市政府给予研发经费补助；对一些突破行业技术瓶颈，具备自主知识产权的新产品，能够将发明专利转化为工业化生产的，市财政对企业所需流动资金贷款予以优先贴息支持。

二是努力拓宽融资渠道。市、县两级要大力搭建融资平台，为中小企业融资提供便利。由市中小企业服务中心牵头，在朔州市范围内开展“助保贷”业务；由市经信委牵头，组织市内优势企业，开展“中小企业集合贷款”业务和“区域集优集合票据”融资；由市金融办牵头，组织市内优势企业抓住资本市场改革的有利时机，重点推动企业进入“新三板”市场上市，年内力争有1–2户企业上市，实现朔州市上市公司零突破；鼓励金融单位与企业开展订单融资、合同融资等周期短、抵押少的融资服务。市政府对年内发放贷款增量大的金融机构适当给予风险补偿和奖励。

三是支持建设公共服务平台。改造提升朔州市工业电子商务平台，在淘宝、天猫、京东等有影响力的购物网站开设“朔州陶瓷”“朔州绿色农畜产品”等网上直销店，并加大网上宣传力度；围绕建设朔州工业产品集散地的目标，加快雁门关物流园区建设，推动工业电子商务平台与物流园区深度融合，形成集网上销售、物流配送、物流服务为一体的现代工业营销体系；启动工业运行监测服务平台；鼓励建设公共技术服务平台，工业企业与技术中介机构、大中专院校、科研单位合作共建公共技术平台，市政府给

予一定资金补助。

四是着力解决企业土地、房屋确权以及煤炭配采问题。在朔州市范围内开展企业土地、企业厂房、建筑物等资产确权专项行动，列出清单，由市国土、住建、房管部门受理承办，涉及办理前置手续的环保等相关部门要配合，集中力量快速办理，以扩大企业贷款质押资产。市煤炭局要争取行业主管部门支持，加快煤炭配采审批步伐，破解采煤技术瓶颈，提高采掘效率，稳定煤矿生产。

五是开展帮扶企业活动。突出重点产业，全面落实国家、省关于煤炭行业清费立税、煤炭管理体制、运销体制改革措施以及省政府“煤炭20条”“煤炭17条”，市政府“煤炭10条”等重点产业各项政策措施，理顺煤炭管理体制，稳定煤炭支柱产业；鼓励、推荐朔州市火电企业争取山西省大用户直供电量，提高机组利用效率，稳定电力生产；坚持把帮扶企业与开展减负工作结合起来，继续实行领导包点帮扶制度，深入企业，梳理企业发展中遇到的困难和问题，重点帮助企业解决融资难融资贵、土地房屋确权、产业转型难度大，以及创新难、招工难、留住人才难、市场开拓难等问题。不断完善市领导和涉企部门领导联系重大项目制度，及时了解项目进展情况，听取各方意见和建议，帮助解决项目落地、项目建设中遇到的实际问题，推动重大项目顺利实施。

六是落实工业绿色转型试点城市建设各项任务。各县区要将工业绿色转型纳入地方发展战略，落实组织机构、工作体系、保障措施和专项资金支持。围绕试点城市建设任务，着力推动“两化融合”技术改造、推动特色食品企业优化产品结构、推动材料行业绿色发展、不断提升陶瓷行业集群化发展水平等。统筹市、县两级政府资金，集中支持清洁生产提标改造项目和固废资源综合利用项目，集中支持无污染、能耗低的绿色产业项目，集中支持产业聚焦区环境集中治理、技术创新平台、公共服务基础设施项目建设，努力推动企业绿色转型发展。

**四、加强组织领导，确保减负帮扶政策措施落实到位**

各级各有关部门要从推动朔州市经济持续健康发展的高度，充分认识做好减轻企业负担工作的重要性，强化责任意识、危机意识，加强领导，主动作为，敢于担当，自觉履职，推动各项政策全面落实。年内，市政府将通过听取汇报、查看台账、召开座谈会、发放调查问卷等方式不定期组织落实惠企政策的督查评估、监督检查。对政策落实不到位的单位主要领导进行约谈，并把落实惠企政策事项纳入各县区、开发区、各有关部门全年工作目标考核内容，确保省、市各项惠企政策措施全面落实到位，促进工业经济稳定运行。

附件：《山西省人民政府关于印发山西省减轻企业负担促进工业稳定运行若干措施的通知》（晋政发〔2015〕11号）

## 山西省人民政府关于印发山西省减轻企业负担促进工业稳定运行若干措施的通知

2015年4月2日

各市、县人民政府，省人民政府各委、办、厅、局，各有关企业：

当前，山西省工业经济下行压力持续增大，企业生产经营困难问题突出。面对工业经济运行严峻复杂的形势，各级、各部门、各单位要从推动山西省经济持续健康发展的高度，充分认识做好减轻企业负担工作的重要意义，要在认真落实国家一系列支持企业发展政策的基础上，强化责任意识、危机意识，主动作为，努力为企业发展营造良好环境。

为切实帮助企业克服困难，促进山西省工业经济平稳运行，省政府研究制订《山西省减轻企业负担促进工业稳定运行的若干措施》。现印发给你们，请认真贯彻执行。

山西省人民政府
2015年3月26日

## 朔州市人民政府关于落实和承接省政府取消下放和调整一批行政审批项目等事项的通知

朔政发〔2015〕19号

各县、区人民政府，市开发区管委会，市直各有关单位：

为进一步深化行政审批制度改革，加快政府职能转变，根据《山西省人民政府关于取消下放和调整一批行政审批项目等事项的决定》（晋政发〔2014〕33号）精神，经市政府第87次常务会议研究决定，朔州市市级相应承接、下放和调整行政审批事项15项，其中，承接13项，下放管理层级1项，调整1项（见附件1）；承接和取消年审年检事项4项（见附件2）。

各级各部门要采取有效措施，落实监管责任，认真做好承接、下放和调整行政审批项目等事项的落实和衔接工作。要按照深化行政管理体制改革、转变政府职能的要求，继续深化行政审批制度改革，进一步规范审批流程，提高审批效率，确保落实到位。

附件：1. 市政府决定承接下放和调整的行政审批事项目录（15项）

2. 市政府决定承接和取消的年审年检事项目录（4项）

朔州市人民政府

2015年4月8日

### 市政府决定承接下放和调整的行政审批事项目录（15项）

| 序号 | 项目名称 | 设定依据 | 实施机构 | 决定意见 | 备注 |
|---|---|---|---|---|---|
| 1 | 会计从业资格认定 | 《中华人民共和国会计法》、《会计从业资格管理办法》（财政部令第73号） | 市财政局 | 承接 | |
| 2 | 距离永久性测量标志400米范围内建设微波站、雷达站、广播电视发射装置等大功率无线电发射设备审批 | 《山西省测绘管理条例》 | 市国土局 | 承接 | |
| 3 | 测绘作业证件核发 | 《中华人民共和国测绘法》 | 市国土局 | 承接 | |
| 4 | 废弃电器电子产品处理资格认定 | 《废弃电器电子产品回收处理管理条例》（国务院令第551号）、《废弃电器电子产品处理基金征收使用管理办法》 | 市环保局 | 承接 | |
| 5 | 燃气经营许可 | 《城镇燃气管理条例》（国务院令第583号） | 市住建局 | 承接 | |
| 6 | 机动船和电瓶船舶检验 | 《山西省水路交通管理条例》 | 市交通局 | 承接 | |
| 7 | 水产苗种产地检验 | 《动物防疫法》、《动物检疫管理办法》（农业部令第6号） | 市水务局 | 承接 | |
| 8 | 水域滩涂养殖证核发 | 《中华人民共和国渔业法》 | 市水务局 | 承接 | |
| 9 | 民间规模性水生生物增殖放流活动审批 | 《中华人民共和国渔业法》、《水生生物增殖放流管理规定》（农业部令第20号） | 市水务局 | 承接 | |

续表

| 序号 | 项目名称 | 设定依据 | 实施机构 | 决定意见 | 备注 |
| --- | --- | --- | --- | --- | --- |
| 10 | 使用新型药剂进行生产性森林病虫害防治审定 | 《山西省森林病虫害防治实施办法》 | 市林业局 | 承接 | |
| 11 | 拍摄馆藏一级文物审批 | 《中华人民共和国文物保护法实施条例》(国务院令第377号)、《国务院对确需保留的行政审批项目设定行政许可的决定》(国务院令第412号) | 市文化局 | 承接 | 与市本级原审批项目"馆藏二级、三级文物拍摄审批"合并为"拍摄馆藏一级、二级、三级文物审批" |
| 12 | 省级文物保护单位修缮审批 | 《中华人民共和国文物保护法》 | 市文化局 | 承接 | 与市本级原审批项目"市、县级文物保护单位修缮审批"合并为"省、市、县级文物保护单位修缮审批" |
| 13 | 护士执业注册审批 | 《护士条例》(国务院令第517号) | 市卫计委 | 承接 | |
| 14 | 建设项目施工和地质勘查需要临时使用国有土地或者农民集体所有土地审批 | 《中华人民共和国土地管理法》 | 市国土局 | 下放到县级 | |
| 15 | 制造国家非重点管理计量器具许可证签发 | 《中华人民共和国计量法》 | 市质监局 | 调整 | 将市本级原审批项目"制造、修理计量器具许可"调整为"制造国家非重点管理计量器具许可证签发" |

## 市政府决定承接和取消的年审年检事项目录(4项)

| 序号 | 项目名称 | 设定依据 | 实施机构 | 决定意见 | 备注 |
| --- | --- | --- | --- | --- | --- |
| 1 | 机动船和电瓶船舶年检 | 《山西省水路交通管理条例》 | 市交通局 | 承接 | |
| 2 | 乙、丙、丁级测绘资质年度注册 | 《中华人民共和国测绘法》 | 市国土局 | 取消 | 改为年报 |
| 3 | 导游证、领队证年审 | 《导游人员管理条例》(国务院令第263号)、《中国公民出国旅游管理办法》(国务院令第354号) | 市旅游局 | 取消 | |
| 4 | 企业登记年检 | 《中华人民共和国公司法》、《中华人民共和国企业法人登记管理条例》(国务院令第1号,2014年2月19日修订)、《中华人民共和国公司登记管理条例》(国务院令第156号,2014年2月19日修订) | 市工商局 | 取消 | 改为年报 |

# 朔州市人民政府关于创建农村劳动力转移就业示范县(区)的实施意见

朔政发〔2015〕21号

各县、区人民政府,市开发区管委会,市直及驻朔各有关单位:

农村富余劳动力转移就业,是适应我国工业化、城镇化步伐,实现城乡一体化、市域城镇化的重要途径,有利于激发农村生产活力,提高农业现代化水平,缓解当前劳动力供大于求的总量压力和就业的结构性矛盾,维护社会和谐稳定。按照《山西省人民政府办公厅转发省人力资源社会保障厅关于开展创业型城市(县)和农村劳动力转移就业示范县(市)创建活动实施意见的通知》(晋政办发〔2012〕54号)和省人社厅《关于印发2013年山西省推动"双创建"活动实施方案的通知》(晋人社办发〔2013〕9号)要求,结合实际,现就创建农村劳动力转移就业示范县(区)提出如下实施意见:

## 一、指导思想

创建农村劳动力转移就业示范县,是实施统筹城乡就业战略的重要举措,是珍惜和挖掘农村劳动力资源、提升农村劳动力素质、培育新型农民的重要手段,是不断增强农民增收能力的根本途径。开展农村劳动力转移就业示范县(区)创建工作,要紧密结合朔州市农村劳动力就业的实际,认真把握当前朔州市农村劳动力流向的现实状况,将农村劳动力转移就业工作,纳入城乡经济协调发展、农业产业化和农村城镇化进程中,纳入经常性的农村劳动力职业技能培训和职业指导、职业介绍、劳务输出等就业服务工作中,纳入就业政策体系的完善、农村劳动力转移就业扶持政策的落实中。要按照山西省创建农村劳动力转移就业示范县的具体标准,加强组织领导,明确任务目标,强化工作考核,稳步推进农村劳动力转移就业示范县(区)创建。

## 二、创建目标

(一)要认真贯彻晋政办发〔2012〕54号文件精神,全面开展创建任务,实现转移就业规模持续扩大、转移就业工资收入增加、公共就业服务体系更加健全、政策扶持效应更加明显。2015年年底将对创建县工作进行考核。各县区要对创建工作进行认真总结,汲取经验,分析不足,提出措施,做好创建工作。

(二)职业培训、就业服务和劳动维权"三位一体"工作模式基本健全。

(三)转移就业总规模比上年同期增长10%以上。

(四)每个创建县至少培育一个劳务品牌,年度组织品牌劳务培训人数在1000人以上。

(五)农村劳动力转移就业人数占当年农村从业人员总数的40%以上。

(六)农民人均工资性收入占当年农民人均纯收入的比例高于山西省平均水平2个百分点以上。

(七)至少与2个以上省份,省内3个以上市、县建立劳务协作关系。

(八)充分就业村的比例达到50%以上。

## 三、工作措施

(一)各县区要按照山西省"双创建"活动实施方案安排部署,认真总结交流近几年创建经验,对2015年创建工作进行总体计划和安排。被列入农村劳动力转移示范县的应县和右玉县要自加压力,以落实就业政策、完善就业服务为重点,切实推进创建活动各项工作开展,并取得成效。

(二)坚持城乡统筹,建立健全城乡劳动者平等就业的制度,着力完善城乡统一的政策体系,完善进城就业农村劳动者的劳动就业、工资支付、社会保险以及子女就学等方面的制度、政策措施,保障其享有与城镇劳动者公平的就业条件和待遇,创造公平就业环境。要稳妥地把有稳定劳动关系并在城镇居住一定年限的农民工及其家属逐步转为城镇居民,提高就业的稳定性。要进一步完善职业培训、就业服务、劳动维权"三位一体"的工作机制,坚持就地就近就业为主，劳务输出为辅的原则，推进农业富余劳动力进城务工和稳定转移就业。

（三）通过推进城镇化建设，发展县域经济，发展乡镇企业，发展农产品加工业和休闲农业，引导农业富余劳动力就地就近就业。要结合朔州市加快转变经济发展方式、全面推进资源型经济转型的需要，建立完善重大项目投资劳务对接制度。

（四）加强信息引导和就业服务，开展跨地区劳务协作，推动农业富余劳动力转移就业。各创建县要大力培育和发展劳务品牌，从提高质量、扩大规模、增强效果的角度，加强品牌建设和推广，大力组织开展劳务品牌职业技能培训，扩大品牌竞争力和知名度。要加强劳务协作基地建设，建立与相关市、县的劳务合作与交流机制，加强信息沟通和合作对接，扩大农村劳动力转移就业规模。

（五）实行城乡统一的创业扶持政策，实施以创业带动就业的战略，强化创业培训和创业服务。要结合“一县一业”“一村一品”建设，鼓励农村富余劳动力从事种植、养殖、农产品加工等产业；要结合推进城镇化的需要，鼓励农村劳动力在人口聚集区发展家政服务、商品贸易、餐饮服务等创业实体。要鼓励外出务工多年、掌握一技之长或者一些创业项目的农民工返乡创业。要结合当地实际情况，建立农民创业园区或创业孵化基地，解决其就业场地问题。

（六）建立健全以市场需求为导向，面向所有城乡劳动者多层次需求的培训体系。要坚持“转移一人、培训一人”“培训一人、转移一人”的原则，充分发挥职业培训机构的职能作用，紧紧围绕转移就业和稳定就业，采取订单、定岗、定向技能等培训方式，突出做好农村“两后生”培训和农村转移就业人员的职业技能培训，使其掌握一项或多项技能，努力提高转移就业能力。要创新培训的内容、方法，针对市场需要和不同农民工群体对技能培训和创业培训的需求，制订不同行业、不同层次培训的具体计划，着力提高城乡劳动者就业培训的针对性、实用性和有效性。

（七）加强乡（镇）、村基层就业服务平台建设。全面落实《朔州市人民政府办公厅关于进一步加强基层劳动就业社会保障平台建设的意见》（朔政办发〔2012〕3号）精神，实现机构、人员、经费、场地、工作、制度“六到位”，强化服务功能，建立和完善统筹城乡的就业服务平台，为转移就业的农村劳动力提供高效的就业服务。要组织开展农村劳动力资源调查工作，建立农村劳动力转移就业台账和劳动力资源信息库，有针对性地为开展农村劳动力转移就业工作提供基本信息。加强公共就业服务信息网络建设，把各项公共就业服务纳入统一的信息管理系统，实现资源共享，提高工作效率，形成信息发布、就业咨询、职业培训及介绍、就业管理、跟踪服务等在内的社会化信息体系，为农业富余劳动力转移就业提供简便快捷的服务。

（八）按照“完善平台、健全制度、夯实基础、强化服务”的原则，完善就业帮扶措施，推进充分就业社区（村）建设。要完善基层公共服务平台，建立相关工作制度和基础台账，对农业富余劳动力就业情况实行动态管理。要加强对“零转移”就业家庭的重点就业帮扶服务，使有转移愿望和劳动能力的劳动者，年度转移就业率达到95%以上。

（九）加强劳动合同管理。严格执行法律法规，指导和督促用人单位消除劳动合同签订中的歧视现象，按照“同工同酬、按劳分配”原则，合理确定职工工资，按时足额支付劳动报酬及其他福利待遇，着力构建就业机会平等、基本劳动权益公平、重视人文关怀的区域市场环境和企业用工环境，提高就业的稳定性。要完善劳动保障监察制度，切实维护劳动者的合法权益。

（十）按照国家和省有关政策规定，建立完善公共就业服务经费投入保障机制，将就业服务经费足额纳入财政预算，确保基层公共就业服务机构正常开展工作。要加大就业创业资金投入，全面落实职业介绍、职业培训等各项补贴政策，为各项扶持政策落实提供有力资金支持。

各级各有关部门要按照山西省创建农村劳动力转移就业示范县的具体标准，强化组织领导，明确任务目标，开拓创新，扎实工作，全面提升创建水平，为推动朔州市转型跨越发展做出贡献。

朔州市人民政府
2015 年 4 月 16 日

## 朔州市人民政府关于贯彻落实《社会救助暂行办法》的实施意见

**朔政发〔2015〕22 号**

各县、区人民政府，市开发区管委会，市直各有关单位：

为全面贯彻落实《社会救助暂行办法》(国务院令第 649 号，以下简称《办法》)和《山西省人民政府关于贯彻落实〈社会救助暂行办法〉的实施意见》(晋政发〔2014〕35 号，以下简称《实施意见》)精神，扎扎实实做好朔州市的社会救助工作，现结合实际，提出如下实施意见：

### 一、总体目标

全面贯彻落实《办法》和《实施意见》精神，进一步完善社会救助政策，确保社会救助政策落地见效。建立健全社会救助“一门受理、协同办理”协调机制，部门间形成合力，实现社会救助信息互通互联、资源共享，实现救助对象的准确认定和科学管理，维护社会救助政策公平、公开、公正实施。畅通社会参与和监督渠道，实现“阳光救助”。充分发挥财政资金的最大使用效益，共同开创托底线、救急难、可持续的社会救助工作新局面，提升社会救助公共服务能力。

### 二、工作任务

(一)建立健全朔州市低收入人群台账，切实了解和掌握困难群众基本情况。各县(区)要结合实际，采取有效行动，对辖区内低保对象和低收入家庭，按照家庭困难类型及月人均收入分档、分段进行全面普查，摸清低收入家庭户数和人数，摸清其家庭收入和生活状况底数，并建立完善低保和低收入家庭档案，形成台账，为切实有效保障困难群众基本生活奠定良好的基础。

(二)进一步完善最低生活保障制度。

1.科学制订、及时公布和动态调整最低生活保障标准。最低生活保障标准由市政府确定和公布。要根据各县(区)经济社会发展情况与居民生活必需的费用，综合运用基本生活费用支出、恩格尔系数、消费支出比例、收入比例等方法测算、制订最低生活保障标准。健全最低生活保障标准动态调整机制，完善社会救助和保障标准与物价上涨挂钩的联动机制，根据当地经济社会发展水平和物价变动情况适时调整最低生活保障标准，并及时向社会公布。推进城乡低保制度统筹发展。

2.规范最低生活保障申请办理程序。各县(区)、乡(镇、街道)要主动了解掌握辖区内居民的生活状况，发现符合社会救助条件的人员要及时为其申请办理社会救助。要进一步细化《社会救助暂行办法》的相关规定，健全完善低保申请、审核、审批程序，制订和细化家庭经济状况核对、民主评议、公示、资金发放、动态管理等流程，建立责任追究制度，畅通投诉举报渠道，确保低保工作公开、公平、公正。

(三)推进特困人员供养。

1.把握供养条件。《办法》将农村五保供养制度和城市“三无”人员供养制度整合为特困人员供养制度。各县(区)要按照《办法》的要求，准确把握特困人员认定条件，把无劳动能力、无生活来源且无法定赡养、抚养、扶养义务人，或者其法定赡养、抚养、扶养义务人无赡养、抚养、扶养能力的老年人、残疾人以及未满 16 周岁的未成年人及时纳入特困人员供养范围。各县(区)要完善审核审批程序，及时发现符合特困供养条件的人员，并主动为其依法办理供养，提供供养服务，做到应保尽保、按标施保。特困人员不再符合供养条件的，要及时按照相关程序终止供养并予以公示。

2.明确供养内容。各县(区)要按《办法》规定，对纳入供养范围的特困人员提供基本生活条件，对生活不能自理的给予照料、提供疾病治疗、办理丧葬事宜。在《办法》明确的供养内容基础上，按照《山西省农村五保供养办法》的要求制订供养标准、发放供养资金、提供供养内容等。

3.加快供养机构建设。各县(区)要根据《国务院关于加快发展养老服务业的若干意见》(国发〔2013〕35号)精神,结合实际、采取措施,把农村五保供养服务机构建设、社会福利机构等纳入当地国民经济和社会发展规划,采取政府投入、社会力量参与等方式,进行供养服务机构的新建、维修、改造。各县(区)要将政府举办的农村五保供养机构的管理经费,列入财政预算,逐步提高农村五保集中供养能力和供养机构的床位利用率,不断提高农村五保供养水平。同时,要大力推进农村五保供养机构法人登记工作。

(四)进一步规范受灾人员救助工作。

1.坚持灾害救助基本原则。自然灾害救助遵循以人为本、政府主导、分级管理、社会互助、灾民自救的原则,通过政府帮扶、社会捐助以及鼓励自力更生、生产自救、互助互济等多种方式,对基本生活受到自然灾害严重影响的人员提供生活救助。市减灾委员会负责组织、领导朔州市的自然灾害救助工作。市民政部门负责朔州市的自然灾害救助工作,承担市减灾委员会的具体工作。对达到《朔州市自然灾害救助应急预案》一级、二级响应启动条件的自然灾害,其救助工作由市减灾委员会统一负责实施;对没有达到一级、二级响应启动条件的自然灾害,主要由各县(区)人民政府自然灾害救助应急综合协调机构负责实施,市减灾委员会给予必要的指导、协调和支援。特殊情况由市减灾委员会统一负责实施。

2.严格灾害救助对象和方式。自然灾害救助对象主要是从灾害发生到灾情基本稳定期间造成基本生活困难的,以及因当年冬寒或者次年春荒遇到生活困难的受灾人员。自然灾害救助结束后生活仍然困难的人员,可按相关规定申请其他社会救助。自然灾害救助以发放用于保障基本生活的救灾款物为主,并坚持专款(物)专用、无偿使用。自然灾害救助款物应当用于受灾人员的紧急转移安置、基本生活救助、医疗救助,教育、医疗等公共服务设施和住房的恢复重建,自然灾害救助物资的采购、储存和运输,以及因灾遇难人员亲属的抚慰等项支出。

3.落实灾害救助项目。各县(区)要根据自然灾害的灾情及受灾群众的需求,及时、认真、规范开展各项灾害救助项目。应急救助要确保受灾群众,特别是紧急转移安置的受灾群众有饭吃、有衣穿、有干净水喝、有房屋(帐篷)居住、有病能得到及时救治;因灾遇难人员家属抚慰金要及时发放到遇难人员家属手中,补助家属基本生活;过渡性生活救助要确保临时转移安置的受灾群众在过渡期内的基本生活;因灾倒塌、损坏住房恢复重建补助项目要帮助符合条件的救助对象尽快重建或维修基本住房;旱灾临时生活救助要重点解决因旱灾造成的受灾群众基本生活困难,特别是因缺水造成的人畜临时饮水困难;冬春生活救助要重点保障当年受灾群众在冬寒和次年春荒期间的基本生活,解决受灾群众在口粮、饮水、衣被、取暖以及医疗等各方面的困难。

4.提高灾害救助能力。建立和完善市、县、乡、村四级自然灾害救助预案体系并适时组织演练,确保突发性自然灾害发生后,各级政府能够按照预案规范、有序开展生活救助。建立健全包括档案登记、岗位管理、业务培训等内容的灾害信息员管理制度,增强各级应急工作能力。落实包括灾情统计、核查、评估等内容在内的自然灾害情况统计制度,提高灾情应急管理水平。加强自然灾害救助物资储备,市、县(区)政府和自然灾害多发、易发地区的乡(镇)政府应当根据自然灾害特点、居民人口数量和分布等情况,设立自然灾害救助物资储备库,保障自然灾害发生后救助物资的紧急供应。

(五)切实加强城乡医疗救助工作。

1.完善医疗救助政策。各县(区)要健全完善医疗救助制度,制订医疗救助实施办法和实施细则,明确救助对象和救助标准,严格规范管理,优化办理流程,拓展救助方式,提高资金使用效益。全面推进医疗救助"一站式"即时结算,实现救助对象政策范围内住院自付医疗费用救助比例不低于60%。加强医疗救助与基本医疗保险、大病保险等相关制度的衔接,100%资助符合条件的救助对象参加城镇居民基本医疗保险或新型农村合作医疗,整合医疗保障资源,提高基本医疗保险补偿水平和救助效果。

2.探索推进重特大疾病医疗救助工作。各县（区）要进一步规范重特大疾病医疗救助工作,扩大重特大疾病医疗救助试点范围,加大各级重特大疾病医疗救助资金投入力度，提高救助水平,让更多的救助对象及时得到救治。

(六)不断深化教育救助工作。

1.明确教育救助对象。各县(区)对在义务教育阶段就学的最低生活保障家庭成员、特困供养人员,给予教育救助。对在高中教育、普通高等教育阶段就学的最低生活保障家庭成员、特困供养人员，以及不能入学接受义务教育的残疾儿童,根据实际情况给予适当教育救助。

2.多种形式进行救助。各县(区)要根据不同教育阶段需求,采取不同方式进行教育救助。学前教育阶段，对在读的符合救助条件的儿童给予生活补助;义务教育阶段,对家庭经济困难的农村寄宿制学生给予生活费补助，并对城市家庭经济困难学生免除教科书费；普通高中阶段,设立国家助学金,对符合救助条件的在校生进行资助;中等职业教育阶段,对符合救助条件的在校生给予助学金资助;高等教育阶段,建立健全国家助学金制度和国家助学贷款制度,设立研究生国家助学金。

(七)全面落实住房救助政策。

1.加大保障性住房建设力度。各县(区)政府要充分运用土地供应、投资补助、财政贴息或注入资本金、税费优惠等政策措施,吸引机构投资者参与公共租赁住房建设和运营,加大公共租赁住房建设力度,加快推进农村危房改造进度。

2.健全住房保障准入和退出机制。市、县要结合实际确定住房困难标准并及时向社会公布。各县(区)要严格执行城镇和农村住房保障制度，健全与相关部门协作配合的保障对象住房和经济状况审核制度,完善准入机制。各有关部门要切实履行职责，主动接受社会和公众监督,确保保障性住房分配过程公开透明、结果公平公正。城镇保障性住房不得出租、转借、闲置。已享受城镇住房保障的家庭，再购买商品住房的,必须办理住房保障退出手续。各县(区)及各部门要认真执行保障性住房年度复核和日常监管制度,采取经济、行政、司法等综合手段,对不符合住房保障条件家庭严格落实退出工作机制。

3.加强城镇保障性住房运营管理。住建主管部门要会同民政等有关部门定期或不定期对保障性住房使用情况和承租人收入情况进行检查,对违规使用的,按有关规定或者合同约定予以处理。要加强保障性住房新建小区的物业管理，优先安排困难家庭人员从事物业管理和社区服务。

(八)切实加大就业救助工作力度。

1.做好最低生活保障人员失业登记和就业服务等工作。对未就业且申请享受低保的劳动者，各级公共就业服务平台应纳入公共就业服务范围,提供职业指导、职业介绍、政策咨询等免费公共就业服务。对有职业培训需求的,推荐其参加相应的职业技能培训,提高其就业能力。

2.认真做好就业困难群体的认定和援助工作。对享受低保且失业登记一年以上的人员以及零就业低保家庭申请就业困难人员认定的,各级人社部门及时按程序进行就业困难人员认定,并纳入公共就业服务机构的重点援助范围,建立专门台账,通过重点提供职业培训、职业指导、职业介绍等帮助实现就业。最低生活保障家庭有劳动能力的成员均处于失业状态的，各地要采取有针对性的措施，确保该家庭至少有一人就业。

3.制订完善促进就业的政策措施。对最低生活保障家庭中的失业人员，重点推动落实职业介绍、职业培训、职业技能鉴定补贴等扶持政策;对公益性岗位安置的人员,按规定给予岗位补贴和社会保险补贴。就业困难人员中的最低生活保障家庭首次创业的，可自工商注册登记之日起继续享受一个季度的低保待遇；对劳动者自主创业失败造成家庭生活困难且符合低保条件的,优先纳入最低生活保障范围。吸纳就业救助对象的用人单位，按照国家有关规定享受社会保险补贴、税收优惠、小额担保贷款等就业扶持政策。

(九)全面建立临时救助制度。

1.完善临时救助政策。各县(区)要按照“托底线、救急难、可持续”的目标,进一步完善临时救助制度，尽快制订并出台临时救助实施办法和实施细则，合理制订与经济发展水平相适应、与低保标准相衔接的临时救助标准，建立救助标准科学调整机制。要明确救助对象范围，相关部门责任，部门间分办或转接流程、转接时限等，及时妥善化解急难问题。加强临时救助制度与慈善事业及其他社会救助制度的衔接，本着便民简易的原则，明确不同救助金额和情形的审批机关和程序，救助金额较小的，县级民政部门可以委托乡(镇)政府、街道办事处审批。建立以财政投入为主的社会救助专项专户资金，切实加大特困人员救助和临时救助资金投入力度，城乡低保资金有结余的地方，应安排部分资金用于最低生活保障对象的临时救助支出。要做好备案和公示工作，加强社会监督，强化责任追究，确保临时救助"救急难"作用得到有效发挥。

2.扎实做好流浪乞讨人员救助工作。各县(区)要加快救助管理站、流浪未成年人救助保护中心等救助管理机构基础设施建设，配备必要的人员和设施设备。各级民政部门要主动发现自身无力解决食宿、无亲友投靠的生活无着落流浪、乞讨人员并及时提供临时性救助。公安部门要依法履行引导、护送工作职责，协助民政部门和救助管理机构查询求助人员身份。城市管理等部门要协助民政、公安部门开展流浪、乞讨人员救助工作，依法履行告知或引导等职责。卫生计生行政部门要指导医疗机构做好流浪、乞讨人员中危重病人和突发疾病人员的救治工作。

(十)引导和支持社会力量参与社会救助工作。

1.研究制订并落实好各项优惠政策。社会力量是社会救助事业发展的重要补充，社会救助是社会力量发挥作用的重要领域。各县(区)要按照国家有关要求，制订政府购买服务的具体政策措施，可以将社会救助中的具体服务事项通过委托、承包、采购等方式，向社会力量购买服务，引导社会力量参与社会救助。通过实施财政补贴、税收优惠、费用减免等各项优惠政策，鼓励机关、企事业单位、社会组织和个人通过捐赠、设立帮扶项目、创办服务机构、提供志愿服务等多种形式参与社会救助，为社会救助对象提供更多、更全面的社会救助服务。社会救助管理部门及相关机构应当建立社会力量参与救助的机制和渠道，提供社会救助项目、需求信息，为社会力量参与社会救助创造条件、提供便利。各级政府要依托社会工作服务机构和社会工作者、社区志愿者，为社会救助对象提供社会融入、能力提升、心理疏导等专业服务，努力构建社会各界共同参与社会救助的良好局面。

2.发挥社会工作专业机构和人才作用。各县(区)要根据社会救助工作需要，推进社会救助类事业单位社会工作岗位设置工作，配备使用社会工作专业人才开展专业服务；要通过设立基金、提供场所、项目合作、专业扶持等多种方式，支持发展区域性社会工作协会、民办社会工作服务机构以及社会工作公益基金等，推进政府购买社会救助社会工作服务；要创造条件，鼓励社会工作专业机构和人员按照社会工作的专业理念和方法，对社会救助对象提供社会融入、能力提升、心理疏导等业务服务。

**三、保障措施**

(一)建立完善社会救助工作协调机制。各级政府要强化责任意识，建立健全政府领导、民政部门牵头、有关部门配合、社会力量参与的工作协调机制，完善联席会议、情况通报等制度，加强部门配合和制度衔接，不断提高社会救助体系的整体效益。民政部门要发挥好牵头协调的作用，发改、教育、财政、人社、住建、卫生计生等部门要各司其职、密切配合，不断健全和完善社会救助政策措施，共同做好社会救助工作。村(居)民委员会要协助做好有关社会救助工作，发现突发性困难对象，要及时给予必要的帮助，并协助他们依法申请社会救助，或告知社会救助经办机构相关情况，使这些困难群众能够及时得到救助。

(二)抓紧建立"一门受理、协同办理"机制。推动形成"政府负责、民政牵头、一门受理、协同办理"的"一站式"服务格局。市级要设立社会救助受理中心，开通救助热线电话，建立社会救助网络信息平台。借助信息化手段，科学确定救助对象，避免重复救助、多头救助和救助遗漏，形成横向互联、纵向互通的社会救助网络平台，确保社会救助工作制度化、规范化运作。各县(区)

政府要通过现有办事大厅、综合服务窗口,在乡(镇)、街道建立统一的社会救助申请受理窗口,安排专人负责受理或转办工作,畅通申请受理渠道,不断优化受理、分办、转办、反馈等工作流程,明确办理时限和要求,确保困难群众求助有门、受助及时。对于社会救助申请受理窗口转办事项,各有关部门要配合,认真履行职责,并及时反馈办理结果。

(三)推进居民家庭经济状况核对机制建设。要认真贯彻落实《朔州市人民政府办公厅关于印发朔州市低收入家庭经济状况核对办法的通知》(朔政办发〔2014〕5号),加快建立市级统一的"跨部门、多层次、能共享"低收入家庭经济状况核对平台,各级民政、公安、人社、住建、工商、税务、金融、住房公积金等各有关部门和机构要建立与此平台相衔接的核对信息系统,按条件提供需核对的低收入家庭居民户籍、机动车、就业和社会保障、存款、住房、个体工商户、纳税、公积金等方面的相关核对信息,形成以民政部门为中心,通过专网进行数据采集、批量上传的低收入家庭经济状况信息比对网络。在运用信息比对手段的同时,仍要强化入户调查、邻里走访、信函索证、民主评议等传统核查手段,综合应用、相互补充,确保申请社会救助对象认定工作顺利开展。

(四)进一步完善社会救助工作保障机制。各县(区)要健全机构、配齐人员,确保事有人办、责有人负。将政府安排的社会救助资金和社会救助工作经费纳入财政预算,逐步提高社会救助投入水平。加快社会救助信息化建设步伐,实现社会救助网络化管理,提升服务管理水平。要完善相关政策,通过政府购买服务的形式,创新社会救助供给模式。

(五)加快健全社会救助考评和监督机制。各级政府要将社会救助政策落实情况作为督查督办的重点内容,适时对下级政府社会救助政策落实情况进行专项检查。民政、财政部门要会同有关部门对朔州市社会救助工作每年至少开展一次重点督查。财政、审计、监察等部门要强化对社会救助资金、物资的筹集、分配、管理和使用情况的监督检查,防止挤占、挪用、套取等违纪违法现象发生。逐步建立城乡低保清理规范的长效机制。按照"谁主管、谁负责"的原则,强化地方政府和部门负责人以及相关工作人员的责任。对因工作重视不够、管理不力、发生重大问题、造成严重社会影响的地方政府和部门负责人,以及在社会救助过程中滥用职权、玩忽职守、徇私舞弊、失职渎职的工作人员,要依纪依法追究责任,确保各项社会救助政策不折不扣得到落实。

朔州市人民政府

2015年4月17日

## 朔州市人民政府关于创建国家级创业型城市的实施意见

**朔政发〔2015〕24号**

各县、区人民政府,市开发区管委会,市直及驻朔各有关单位:

创建创业型城市是建设创新型国家的客观要求,是实现社会就业更加充分的基本途径,是实现资源型城市转型、构建和谐社会的必由之路。为认真贯彻落实《国务院关于批转促进就业规划(2011—2015)的通知》(国发〔2012〕6号)精神,按照《人力资源社会保障部关于推动建立以创业带动就业的创业型城市的通知》(人社部发〔2008〕87号)和朔州市经济工作会议要求,结合朔州市实际,提出如下实施意见:

### 一、指导思想和目标任务

(一)指导思想。围绕创建国家级创业型城市的总体目标,健全完善促进创业带动就业工作机制,统筹规划,科学创建,突出重点,分步推进,严格考评。进一步加大政策支持力度,不断优化创业环境,拓宽创业渠道,努力营造鼓励创业的良好社会氛围,激发全民创业活力。通过创业创造更多的就业岗位,形成以创业促发展、以发展促就业的良好局面,推动朔州市经济社会持续健康发展。

(二)工作目标。通过大力推进,2015年,创业带动就业1万人,创业成功率达60%以上;到2016年底创业带动就业达1.2万人,创业成功率达70%。每年创业培训合格率达到90%以上,创业企业存活率达到80%以上。通过开展创建活动,促进创业带动就业,使劳动者投入创业活动的参与率、创业活动对带动就业及企业成长的倍增率、创业者对创业环境的满意率和城市整体创业活力的提升率均超过山西省平均水平,实现劳动者创业人数和通过创业带动就业的人数大幅增加,基本形成促进以创业带动就业的制度和政策,使更多有创业意愿和创业能力的劳动者成功创业。

(三)主要任务。通过创建国家级创业型城市工作,建立"五个体系",即组织领导体系、政策支持体系、创业培训体系、创业服务体系和工作考核体系。更加注重目标责任制的落实,按照创建方案的安排,完成创建任务;更加注重创业政策的完善和全面落实,在放宽市场准入限制、财税金融、工商场地等方面给予重点扶持;更加注重劳动者创业意识的培养和创业能力的提升,着力形成全民创业的社会氛围,使每位有创业愿望和培训需求的人员都能够参加创业培训,不断提高创业能力;更加注重创业服务,为劳动者创业提供开业指导、项目支持以及社会保障、人事管理、教育培训、职称评定等一系列便利服务,解除其后顾之忧;更加注重全面整体推进,充分利用现有的大学生创业园区、创业一条街、孵化基地等资源和政策,建立创业培训、小额担保贷款、信用社区有机联系的良性运作机制。

## 二、建立健全"五个体系"

(一)建立组织领导体系。

1.成立由市政府分管副市长为组长,市人社局、财政局、人行朔州市中心支行等相关部门主要负责同志为成员的朔州市创建国家级创业型城市工作领导小组(以下简称市领导小组),统一领导创建创业型城市的各项工作,负责研究制订创建工作总体方案和各阶段工作安排,统筹协调、督促有关部门制订完善促进创业的各项政策措施,制订统一标准,评价创建工作开展情况。市领导小组办公室设在市人社局,具体负责创建工作的日常事务。

2.各县区、开发区和各有关部门要把创建创业型城市作为当前及今后一个时期的重点工作来抓,成立相应的组织机构,制订年度实施方案,明确阶段工作目标,确保国家级创业型城市创建工作扎实开展,取得实效。

(二)完善政策支持体系。建立和完善鼓励、支持全民创业的各项政策措施,把鼓励创业、服务创业、促进发展作为学习和实践科学发展观的重要举措,把制订和完善创业扶持政策作为检验思想解放成效的重要标准,本着"能放则放、能宽则宽、切实可行、操作性强"的原则,进一步研究制订扶持创业的具体政策措施,并力求有新的突破。

1.培育创业主体。鼓励支持所有社会成员利用国家和省、市制订的各种扶持政策进行自主创业。重点扶持国有集体下岗失业人员、城镇登记失业人员、被征地农民、军转干部、退役士兵、大中专毕业生和企事业单位科技人员自主创业,给予3年的扶持期,在扶持期内可凭证享受工商登记、政府就业培训和小额信贷支持等方面的优惠政策。鼓励党政机关、事业单位工作人员辞职创办、领办经济实体,做到人尽其才。鼓励民营企业二次创业,支持其通过兼并、收购、联合等方式做大做强。结合招商引资,引进外部力量到朔州创业,鼓励外出人员返乡创业。鼓励有条件的企业到市外、境外投资办厂,发展市外、境外劳务输出。

2.拓宽创业领域。凡是法律法规没有明令禁止的行业和领域,民间资本都可以平等进入;凡是承诺对外资开放的领域,鼓励和支持民间资本加快进入;凡是国有、集体资本退出的领域,支持民间资本大胆进入。打破行业垄断和行业壁垒,不限领域、规模和速度,鼓励具有资质的民营企业通过竞标等方式,参与水利、交通、能源、电力、电信、城建、环保等各项基础产业和公用事业建设,参与教育、卫生、科技、文化、体育和社区服务等社会事业建设,形成各类创业主体平等竞争、共同发展的格局。鼓励和支持社区居民在家政、保洁、保绿、保安、手工加工、便民小店、托幼托老等服务业领域创业,带动辖区内更多的人实现就业。

3.实行税费优惠。给予所有创业者3年的创业扶持期,在扶持期内,市属行政性收费先征后返,市属服务性收费减半征收,税收中地方所得部分按一定比例先征后返。符合条件的小型微利企业按20%的税率征收企业所得税。对符合条件的创业投资企业采取股权投资方式投资于未上市的中小高新技术企业满2年以上的,按照其投资额的70%在股权持有满2年的当年抵扣该创业投资企业的应纳税所得额,当年不足抵扣的,在以后纳税年度结转抵扣。在依法的前提下,凡符合安置下岗失业人员再就业、国有大中型企业主辅分离和辅业改制安置本企业富余人员政策的经济实体,除国家限制行业外给予减税、免税优惠。对符合国家规定条件、持《就业失业登记证》的下岗失业人员、自谋职业城镇退役士兵、高校毕业生、残疾人、毕业两年以内的普通高校毕业生从事个体经营的(除建筑业、娱乐业及销售不动产、转让土地使用权、广告业、房屋中介、桑拿、按摩、氧吧外),在规定的期限和限额内依次扣减其当年实际应缴纳的营业税、城市维护建设税、教育费附加、地方教育费附加和个人所得税,并依法免收属于管理类、登记类和证照类的各项行政事业性收费。

按国家税收政策规定,对安置残疾人的单位,实行由税务机关按单位实际安置残疾人的人数,限额即征即退增值税或减征营业税的办法。

企业安置残疾人员的,在按照支付给残疾职工工资据实扣除的基础上,可以在计算应纳税所得额时按照支付给残疾职工工资的100%加计扣除。

对残疾人个人为社会提供的劳务免征营业税。

对残疾人个人取得的劳动所得,按照有关规定的减征幅度和期限减征个人所得税,残疾人员取得的个人所得可在不低于应纳税额50%的幅度内减征,减征期限为5年以上10年以下。具体所得项目为:工资薪金所得、个体工商户的生产和经营所得、对企业事业单位的承包和承租经营所得、劳务报酬所得、稿酬所得、特许权使用费所得。

如果既使用促进残疾人就业税收优惠政策,又使用下岗再就业、军转干部、随军家属等支持就业的税收优惠政策的,单位可选择适用最优惠的政策,但不能累加执行。

4.加大财政投入。朔州市财政每年应安排创业就业资金用于创业师资培训补贴、创业项目补贴、创业孵化基地管理服务补贴、创业实体场地租赁费补贴和相关工作经费等支出,以及市财政局、市人社局共同批准的其他支出。

5.加强金融支持。设立中小企业发展引导资金和贷款担保基金,市、县两级政府根据本地实际,充实小额贷款担保基金,市级财政每年应安排小额贷款担保基金用于扶持创业的需要。推行重点中小企业和重点自主创业人员贷款财政贴息制度,按照晋政发〔2008〕27号文件精神拓宽贴息资金使用渠道,加强贴息资金管理。

6.落实保障政策。享受失业保险待遇期间的失业人员自主创业的,凭工商营业执照或其他有效证明,经认定,可一次性领取其尚未领取的失业保险金;对在创业期间未一次性领取失业保险金的创业人员,可继续享受失业保险待遇,直至期满。对朔州市享受城镇最低生活保障的对象,有劳动能力的,鼓励其创业,在创业期间可继续享受最低生活保障待遇。

(三)健全创业培训体系。整合培训资源,建立统一管理、统一配置的培训体系,拓宽培训对象的覆盖面,针对各类人员的不同特点开展特色培训。

1.扩大培训范围。将有创业愿望和培训需求的人员全部纳入创业培训范围,提高全民创业的能力。

2.创新培训模式。重点加强职业院校、技工学校和各类培训机构建设,发挥他们在培训方面的主力军作用。将创业与就业指导培训纳入各职业院校常规课程设置,在各职业院校建立毕业生就业与创业指导机构。以各级就业培训中心为依托,调动社会各培训机构的性,开展创业培训项目和创业实训活动,形成系统、长效、规范、实用的创业培训机制,组织准备创业的人员参加模拟创业和见习活动，提高其创业能力。

3.加快创业基地建设。做好产业规划、协调、指导工作，加大资金投入，利用城乡各类现有园区、开发区、工业集聚区、规模较大的闲置厂房和场地、专业市场等，加快建设小企业创业孵化基地，为缺乏创业经验和经营场地的创业者提供项目开发、开业指导、融资服务、跟踪扶持等“一条龙”服务，帮助其顺利创业。同时整合资源，扩大规模，提升水平，形成集聚效应，发挥创业基地的科技孵化、就业促进和创业示范作用。

（四）完善创业服务体系。加强基础服务平台建设，加大创业载体的创建力度，深化创业指导服务工作。

1.加强创业指导服务。成立朔州市创业指导服务中心，负责朔州市创业工作的综合管理、指导和服务。根据创业人员的需要，将各职能部门负责人、知名企业家、创业成功人士、专家学者、法律界人士充实到创业专家志愿团队伍中，定期举办创业指导专家讲座和创业项目发布会，为创业者提供展示风采、交流项目信息和促进创业成功的平台。

在成立创业指导服务中心和专家志愿团的基础上，设立创业指导小组，根据各创业群体的不同需要，为创业者提供项目开发、方案设计、风险评估、开业指导、融资服务、跟踪扶持等“一条龙”创业服务。

2.加强创业信息服务。各级各有关部门设立创业服务窗口，在所属网站和相关媒体开设创业政策和项目信息等专栏，为创业人员提供创业政策咨询、投资信息、市场行情、项目推介、外经外贸和劳务供求等相关资讯服务。建立创业项目资源库和项目评估推介制度，搭建创业者交流互助的有效渠道。同时，通过集中指导、上门服务、电话跟踪等多种形式，为创业者提供个性化、专业化的指导和咨询服务。设立创业服务热线，接受创业者的咨询和投诉，提供及时有效的后续服务和跟踪指导。注重对创业失败者的指导服务，帮助他们重树信心，再创新业。

3.加强创业项目库建设。拓宽创业项目征集渠道，征集投资小、见效快、市场前景好的创业项目，经专家筛选评估后纳入市创业项目库。建立创业项目评估专家委员会。朔州市创业指导服务中心将依托创业服务专家队伍，组建由技术、管理、财务等方面专家组成的创业项目评审委员会，负责根据项目评估规范，对进入市创业项目库的创业项目进行评审和论证。建立创业项目发布和推介制度。朔州市创业指导服务中心设立创业项目展示厅，常年开放，展示推介创业项目。在朔州市创业服务网站开辟“创业项目超市”专栏，每月重点向社会推介新创业项目。不定期举行不同行业的创业项目专题推介会，由项目人与创业者进行面对面的交流和洽谈。

4.优化创业服务环境。转变政府职能，推进服务理念、服务内容、服务方式和服务手段的创新，提高工作效率和服务质量。公开各项行政审批、核准、备案事项和办事指南，推行联合审批、“一站式”服务、限时办结和承诺服务，开辟创业“绿色通道”。

（五）建立工作考核体系。

1.健全目标和责任考核体系。建立工作联系、协商、协调制度，加强部门配合，形成各部门共同参与、分工负责、共同促进创业的工作机制。制订符合朔州市实际的创业型城市标准，建立完善的创业带动就业统计指标体系，把优化创业环境，完善落实创业政策以及提高创业培训效果、创业服务质量、创业初始成功率、创业稳定率、创业带动就业率等作为衡量创建工作的主要指标，列入对各级各有关部门和单位政绩考核的重要内容，纳入政府督查范围。加强对创建工作的督导检查，建立创建工作信息专报制度，定期通报创建工作进展情况，确保创建工作取得实效。

2.建立例会制度。各级各有关部门建立例会制度，朔州市领导小组办公室每季度对工作进展情况进行通报，确保各项政策措施落实到位。对市场主体活跃、创业环境优良、民营企业和个体工商户数量增长快、个体和民营经济财政贡献率高，以及在建设创业型城市中服务优质高效、创业主体评价好的部门、单位给予表扬；对创建工作进展缓慢、政策落实不到位、群众投诉较多的予以通报批评。

3.建立运行配套机制。从本地、本部门的

实际出发，按照市领导小组要求，抓紧制订、完善和落实创建工作的配套措施。凡符合享受相关政策的创业主体，坚持政策服务上门、落实到位；凡属办理审批、审核、登记、核准、备案手续环节中的政策，各责任单位在受理手续的同时予以落实；凡属经营过程中的政策，各责任单位要制订补贴、返还、奖励办法并予以落实。

**三、切实加强组织保障**

（一）加强组织领导，实行部门联动。创建创业型城市是一项系统工程，涉及面广，必须加强组织领导，协调配合，共同推进，确保实效。

1．强化市领导小组规划编制、政策制订、协调指导、督查落实的工作职责，定期分析解决工作中发现的新情况新问题，狠抓工作落实。逐项分解落实创建工作任务，确定好各项任务的责任单位，完善政府全力扶持、各部门合力推动、全社会参与的全民创业运行机制，增强各级各有关部门领导的责任意识和紧迫感，推进创建创业型城市工作。

2．创业工作涉及多个职能部门，涉及社会方方面面，需要加强各方协调配合。人社部门承担起牵头责任，定期交流工作进展情况，采取联合攻关等措施，共同研究解决工作中的重点难点问题。调动全社会的资源和力量，共同做好创建工作，推动工作全面开展。加强部门间沟通协调，完善工作目标考核、信息通报和协查制度，定期交流和通报工作情况，对工作中出现的问题共同分析研究，提出解决办法。各职能部门制订相关配套的实施细则，明确职责，把创业就业的各项工作落到实处。

（二）加强舆论宣传，弘扬创业精神。宣传部门宣传实施以创业在朔州为主题的创业富民就业惠民工程的重大意义和市委、市政府的决策部署。加强就业观念教育，使广大劳动者进一步解放思想、更新观念，增强自谋职业、自主创业意识。宣传朔州市各行各业涌现出的创业典型，弘扬自强自立、艰苦奋斗精神，破除“等靠要”的依赖思想；弘扬坚韧不拔、百折不挠的拼搏精神，破除怕苦畏难的消极思想；弘扬勇创一流、永不自满的进取精神，破除小富即安、小进即满的小农思想；弘扬敢为人先、敢于创新的开拓精神，破除因循守旧、按部就班的保守思想；弘扬勇于实践、讲求实效的实干精神，破除坐而论道、夸夸其谈的漂浮思想；弘扬创业至上、致富光荣的企业家精神，破除重官轻商的官本位思想，在全社会形成鼓励创业、支持创业、投身创业的时代风尚，营造崇尚创造、褒奖成功、宽容失败、善待他人的社会氛围，使想创业、敢创业、创大业成为朔州市上下的共同追求。

（三）加强效能建设，优化政务环境。转变政府职能，推进服务理念、服务内容、服务方式和服务手段的全面创新。贯彻《中华人民共和国行政许可法》，加快行政审批制度改革，压减审批项目，公开收费标准，提高行政审批过程的透明度。加强行政效能建设，强化服务意识，简化办事程序，降低办事成本，提高办事效率，帮助投资者、创业者解决实际问题。坚持政务公开制、首位负责制、服务承诺制、限时办结制、责任追究制，实行服务内容、办事程序、承诺时间、收费标准、监督渠道、办事结果“六公开”，完善行政效能建设制度体系。

（四）规范执法行为，整顿市场秩序。完善行政执法制度，强化行政复议、行政应诉和对行政执法的监督，实行执法责任制和执法过错追究制，解决多头执法、重复收费、执法扰民等问题。整顿和规范市场经济秩序，打击各种扰乱市场经济秩序的行为。加强社会治安综合治理，对涉企案件优先审理、限时办结。各行政执法部门在行政执法中要坚持提醒在先、处罚在后的原则。加强投诉中心建设，完善投诉处理办法，及时处理投资创业者的举报投诉，加大对侵害投资创业者合法权益案件的查处力度。

各县区相关部门按照国家级创业型城市创建工作要求，结合本部门实际出台相应优惠政策。

附件：1．朔州市创建国家级创业型城市工作任务分解

朔州市人民政府

2015 年 4 月 29 日

附件 1

## 朔州市创建国家级创业型城市工作任务分解

### 一、朔州市人社局

在朔州市创建国家级创业型城市领导小组领导下，指导协调、组织实施朔州市创建工作，督促检查各有关部门落实国家创业扶持政策，完成创建任务，做好总结、评比、验收以及日常工作。会同有关部门制订创建措施，层层分解目标任务，推进有关政策的贯彻落实；提供小额担保贷款扶持，完善创业项目库，会同有关部门做好先进典型宣传表彰工作；负责联系、指导各高校和有关职业技能学校的创业相关工作；完善创业服务体系、信息网络体系建设；制订朔州市创业孵化基地建设和管理办法。利用破产改制企业闲置厂房，采用政府无偿划拨等方式解决创业孵化基地场地。组织开展创业培训 2000 人，其中，创业成功者 1000 人；创业带动就业 5000 人。落实国家机关、事业单位、国有企业、科技人员和高等学校工作人员自主创业扶持政策。支持机关事业单位工作人员离岗创业；鼓励党政机关、事业单位工作人员辞职创办、领办经济实体，做到人尽其才；为辞职人员按有关政策发放辞职金。

### 二、朔州市委宣传部

发挥新闻媒体的舆论监督作用，宣传关于国家以创业促进就业的方针政策，搞好宣传报道工作，树立和宣传在创建工作中做出突出贡献的先进典型；对落实创业扶持政策和保障创业者权益情况进行舆论监督，为创建工作营造良好的文化氛围。协调市广播电视台、朔州日报、朔州新闻网，对朔州市树立的 10 个创业典型进行重点宣传。同时，推动创业型城市对外宣传工作。

### 三、朔州市编办

明确市、县(区)、乡(镇)公共服务机构创业就业服务职责，会同有关部门推进实现基层人力资源社会保障所(站)由县(区)人社部门垂直管理。

### 四、朔州市发改委

将创建国家级创业型城市纳入国民经济和社会发展总体规划及年度计划；收集发布创业项目的政策信息，扶持各类创业主体的创业项目，树立发展现代服务业创业典型，促进孵化基地建设。

制订对创业主体进行规费收取优惠政策，公开对创业主体的行政事业收费名录和标准，名录以外的严禁收取。

### 五、朔州市经信(国资)委

会同有关部门支持民营企业参与国有企业、集体企业的改制和重组，加大在职职工培训力度，提高自主创业能力。

### 六、朔州市教育局

负责指导朔州市职业院校开展学生毕业前的创业政策宣传，并制订大中专毕业生接受创业培训和创业教育办法，将其纳入学校教学计划。强化职业院校实训基地建设，为学生创业、就业前的技能培训提供良好的实训环境。树立 10 个大中专毕业生创业典型，引导和鼓励大中专毕业生转变就业观念，踊跃创业，通过创业实现就业。

### 七、朔州市科技局

引导和鼓励科技创新，支持科技人员以各种形式创办高新技术企业。实施高新技术自主创新工程，提升重点企业的自主创新能力和产业化水平，促进高新技术企业二次创业 10 个。建立科技创业项目库，定期为创业者提供项目信息。

### 八、朔州市公安局

维护创业基地治安秩序，制止危害创业基地治安秩序的行为；组织、实施创业基地消防工作，实行消防监督；对法律法规规定的特种行业进行管理；指导和监督创业基地治安保卫工作。

## 九、朔州市民政局

会同有关部门搞好基层公共就业创业服务;为低保家庭创业者提供创业指导、职业技能培训、创办退伍军人创业孵化基地等;会同相关部门督促各类社团开展创业服务活动，开展充分就业社区评选、评比活动。

## 十、朔州市财政局

根据创建国家级创业型城市工作需要安排创业就业资金，督促各级财政适当安排创业扶持资金,并做好监督管理,做好创业服务体系和信用担保、投资融资体系建设,负责创业扶持政策兑现及资金支持。保证创业培训补贴、社会保险补贴、创业补贴、岗位补贴资金按时足额到位。

## 十一、朔州市国土局

在土地利用规划和年度用地计划等方面支持全民创业,做好创业孵化基地(园区)用地规划。完善土地储备制度,挖潜盘活存量土地,保证创业企业发展用地需求;加快创业主体、创业企业用地手续办理。

## 十二、朔州市住建局

开辟创业基地、创业园区、孵化基地项目绿色审批通道,并加强项目建设的质量安全监管。

## 十三、朔州市商务局

制订并实施促进商贸业发展政策,规划指导批发零售业、住宿餐饮业、社会服务业等密集型企业创立与发展;推动企业发展电子商务、连锁经营、物流配送等现代流通方式,加强中小商贸流通企业服务体系建设，为创业就业提供更大空间。

## 十四、朔州市农委

实施农民工返乡创业行动。开展对回流农民工的创业培训,对有培训需求的返乡农民工,开展短期、中期农业实用技术和二、三产业技能培训,落实鼓励农民工返乡创业政策措施,帮助农民工返乡创业。安排使用农业、畜牧业扶持资金,实施“3111”工程,即支持建立 30 个以设施农业园区、规模养殖园区、农民专业合作经济组织、农产品加工龙头企业为主的创业孵化基地,开展涉农创业培训 1000 人，举办短期新型职业农民培训 10000 人,实现农村劳动力就地就近创业带动就业 10000 人。

## 十五、朔州市统计局

按照国家级创业型城市评价体系要求,建立科学的创业就业工作统计体系。准确提供朔州市城乡各类创业就业情况数据。做好创业活动中各项指标统计和信息发布工作。

## 十六、朔州市规划局

依据城乡建设规划,做好创业孵化基地(园区)用地规划。

## 十七、朔州市总工会

以大龄下岗失业人员、城镇零就业家庭、在朔州市务工的农民工为重点,以技能培训、创业培训、政策扶持、就业服务与援助等内容为支柱,在工会系统组织开展创业帮扶活动,提高职工技能素质和创业能力，培育创业带头人以创业促就业。在下岗失业人员和农民工中培育创业带头人,以创业促进就业。配合有关部门加强对落实创业优惠政策检查监督工作，维护劳动者的合法权益。

## 十八、团朔州市委

建立青年创业基地,实施青工创业带动就业行动,对特困青年实施创业援助。会同市人社部门做好城乡青年创业工作，健全促进青年创业工作的组织体系,为促进青年创业优化环境,争取政策支持。表彰团员青年成功创业先进事迹,树立青年创业典型。

## 十九、朔州市妇联

会同市人社部门开展城乡妇女创业就业技能培训,推进不同妇女群体创业就业,提高妇女的就业能力、职业转换能力和创业能力;按相关创业就业政策给予一定的扶持和奖励，依托基地培训和相关创业就业服务，增强技能培训的实效性，提高自主创业成功率。培养扶持10名妇女成功创业，评选表彰妇女先进人物时优先推荐创业活动中取得突出成绩的妇女代表。

**二十、朔州市残联**

引导城乡残疾人转变就业观念，做好残疾人职业技能培训工作，对申请从事个体经营和创业的残疾人，及时做好相关优惠政策的落实工作。挖掘树立3–5名残疾人创业典型，宣传励志创业事迹，营造社会氛围。

**二十一、朔州市中小企业服务中心**

指导、促进朔州市城乡各类创业主体创办发展中小微企业，发展民营经济组织。落实中小企业发展专项资金和中小企业服务体系建设资金，扶持100户各类创业企业。收集发布中小企业创业项目，每年不少于100个。扶持建设5个中小企业创业基地，培养10名创业领军人物、100名创业带头人、1000名创业者，带动就业10000人。

**二十二、朔州市工商联**

负责协调非公有制企业公平待遇问题，发挥工商联的桥梁纽带作用，加强非公有制经济领域内行业商会的管理和指导，总结推广民营经济组织、个体私营经济组织的成功创业经验，推动全民创业工作的开展。协调有关部门，落实好相关扶持政策，为民营经济发展提供指导和服务。

**二十三、朔州市国税局、朔州市地税局**

落实国家促进创业就业税收优惠政策，对持《就业失业登记证》人员从事符合规定范围内个体经营的，3年每户每年以9600元为限额，依次扣减其当年实际应交纳的营业税、城市维护建设税、教育费附加和个人所得税。对符合规定的企业在新增加的岗位中，当年新招用持《就业失业登记证》人员，与其签订1年以上劳动合同并交纳社会保险的，3年内按实际招用人数予以定额依次扣减营业税、城市维护建设税、教育费附加和企业所得税，定额标准为每人每年5200元。免收税务登记证照工本费。加强对税收企业扶持政策执行情况跟踪监测和专项检查，发现问题及时解决，确保各项税收优惠政策落实到位，降低创业企业运营成本。推行政务公开，加大对国家税法和创业就业税收优惠政策宣传力度，提高税收服务水平，优化创业环境。

**二十四、朔州市工商局**

依法依规放宽市场准入条件，支持公众自主创业；监测统计朔州市企业登记数和新增注册资金，做好企业新开户数和净增户数的统计工作；贯彻落实创业扶持政策，继续支持自主创业自谋职业，鼓励下岗失业人员、大学毕业生等各类人员创办中小企业、从事个体经营，特别是要支持发展服务业，为城乡劳动者创业提供更大的空间。

**二十五、人行朔州市中心支行**

负责健全金融服务体系，指导、督促各商业银行对符合条件的自谋职业、自主创业人员及时提供灵活便捷的小额贷款支持和必要信贷扶持；会同人社、财政等部门，研究解决小额贷款政策落实过程中面临的问题；依法推进诚信体系建设；配合财政部门，做好担保基金的设立和财政贴息资金依托银行划转拨付的协调工作，发挥小额担保贷款在推动创业促进就业方面的作用。

## 朔州市人民政府关于进一步推进户籍制度改革的实施意见

朔政发〔2015〕25号

各县、区人民政府，市开发区管委会，市直各有关部门：

根据《山西省人民政府关于进一步推进户籍制度改革的实施意见》（晋政发〔2015〕2号，以下简称《实施意见》）精神，为适应朔州市新型城镇化发展需要，有序推进农业转移人口和其他常住人口市民化，现结合朔州市实际，就进一步推进户籍制度改革提出如下实施意见。

## 一、总体思路

根据《实施意见》的总体部署，进一步推进户籍制度改革，放开户口迁移政策。统筹推进工业化、信息化、城镇化和农业现代化同步发展，推动城市和城镇协调发展、产业和城镇融合发展。统筹户籍制度改革和相关经济社会领域改革，合理引导农业人口有序向城镇转移，有序推进农业转移人口市民化。

## 二、基本原则

(一)坚持稳妥、规范有序。立足基本市情，稳妥推进，优先解决存量，有序引导增量，合理引导农业转移人口落户城镇的预期和选择。

(二)坚持保护人民利益、尊重群众意愿。尊重城乡居民自主定居意愿，依法保障农业转移人口及其他常住人口合法权益，不得采取强迫做法办理户口。

(三)坚持因地制宜、区别对待。充分考虑朔州市经济社会发展水平、城市综合承载能力和提供基本公共服务的能力，实施差别化落户政策。

(四)坚持统筹配套、提供基本保障。统筹推进户籍制度改革和基本公共服务均等化，不断扩大教育、就业、医疗、养老、住房保障等城镇基本公共服务覆盖面。

## 三、工作目标

有序推进农业转移人口市民化。进一步调整、放宽户口迁移政策，统一城乡户口登记制度，全面实施居住证制度，配套出台促进农业转移人口市民化的政策制度，稳步推进城镇基本公共服务覆盖全部常住人口。到 2020 年，基本建立与朔州市全面建成小康社会、转型综改相适应，有效支撑社会管理和公共服务，依法保障公民权利，以人为本、科学高效、规范有序的新型户籍制度，努力实现 18 万左右农业转移人口和其他常住人口在城镇落户。

## 四、重点任务

(一)进一步调整户口迁移政策。

全面放开朔州市所辖城镇落户限制。在朔州市所辖城镇有合法稳定住所(含租赁)的人员，本人及其共同居住生活的配偶、未成年子女、父母等，可以在当地申请登记常住户口。

合法稳定住所(含租赁)是指：依法取得《中华人民共和国房屋所有权证》或当地房产管理部门备案的商品房买卖合同并实际居住的；或在城镇范围内租赁房管部门、企事业单位、政府直管住房、廉租房、公租房和他人合法私有住房并与房屋所有权人签订租赁住房协议，且在当地房管部门办理租赁登记备案手续，并办理《居住证》的；或居住在机关企事业单位集体宿舍并办理《居住证》的。

(二)创新人口管理。

1.建立城乡统一的户口登记制度。取消农业户口与非农业户口性质区分，统一登记为居民户口。建立与统一城乡户口登记制度相适应的教育、卫生计生、就业、社会保障、住房、土地及人口统计制度。

2.建立居住证制度。公民离开常住户口所在地到朔州市中心市区(包括北旺庄、北城、南城、神电等街道办事处以及新开、开发公安分局所辖区域)居住半年以上的，在居住地申领居住证。符合条件的居住证持有人，可以在居住地申请登记常住户口。以居住证为载体，建立健全与居住证相挂钩的基本公共服务提供机制。居住证持有人享有与当地户籍人口同等的劳动就业、基本公共教育、基本医疗卫生服务、计划生育服务、公共文化服务、证照办理服务等权利；逐步享有与当地户籍人口同等的中等职业教育资助、就业扶持、住房保障、养老服务、社会福利、社会救助等权利，同时，结合随迁子女在当地连续就学年限等情况，享有随迁子女在当地参加中考和高考的资格。要创造条件，不断扩大向居住证持有人提供公共服务的范围。按照权责对等的原则，居住证持有人应当履行服兵役和参加民兵组织等国家和地方规定的公民义务。

3.健全人口信息管理制度。建立健全实际居住人口信息登记制度，加强和完善人口统计调查，全面准确掌握人口规模、人员结构、地区分布等情况。推进覆盖朔州市实有人口、以居民身份证号码为唯一标识、以人口基础信息为基准的人口基础信息库，分类完善劳动就业、教育、收入、社会保障、房产、信用、卫生计生、税务、婚姻、民族等信息系统，逐步实现跨部门、跨地区信息整合和共享，为制订人口发展战略和政策提供信息支持，为人口服务和管理提供支撑。

（三）切实保障农业转移人口及其他常住人口合法权益。

1.完善农村产权制度。加快推进农村土地确权、登记、颁证，依法保障农民的土地承包经营权、宅基地使用权。推进农村集体经济组织产权制度改革，探索集体组织成员资格认定办法和集体经济有效实现形式，保护成员的集体财产权和收益分配权。建立农村产权流转交易市场，推动农村产权流转交易公开、公正、规范运行。坚持依法、自愿、有偿原则，引导农业转移人口有序流转土地承包经营权。进城落户农民是否有偿退出“三权”（土地承包经营权、宅基地使用权、集体收益分配权），应根据党的十八届三中、四中全会精神，在尊重农民意愿前提下开展试点。现阶段，不得以退出土地承包经营权、宅基地使用权、集体收益分配权作为农民进城落户的条件。

2.扩大基本公共服务覆盖面。保障农业转移人口及其他常住人口随迁子女平等享有受教育权利；将随迁子女义务教育纳入各级政府教育发展规划和财政保障范畴；逐步完善并落实随迁子女在流入地接受中等职业教育免学费和普惠性学前教育的政策以及接受义务教育后参加升学考试的实施办法。完善就业失业登记管理制度，面向农业转移人口全面提供政府补贴职业技能培训服务，加大就业创业政策扶持力度，促进农村转移劳动力就业创业。将农业转移人口及其他常住人口纳入社区卫生和计划生育服务体系，提供基本医疗卫生服务。把进城落户农民完全纳入城镇社会保障体系，在农村参加的养老保险和医疗保险规范接入城镇社会保障体系，完善并落实医疗保险关系转移接续办法和异地就医结算办法，整合城乡居民基本医疗保险制度，加快实施统一的城乡医疗救助制度。加快实施统一的城乡居民基本养老保险制度，落实城镇职工基本养老保险关系转移接续政策。加快建立覆盖城乡的社会养老服务体系，促进基本养老服务均等化。完善以低保制度为核心的社会救助体系，实现城乡社会救助统筹发展。把进城落户农民完全纳入城镇住房保障体系，采取多种方式保障农业转移人口基本住房需求。

3.加强基本公共服务财力保障。建立财政转移支付同农业转移人口市民化挂钩机制。完善促进基本公共服务均等化的公共财政体系，逐步理顺事权关系，建立事权和支出责任相适应的制度，中央和地方按照事权划分相应承担和分担支出责任。加大财力均衡力度，保障地方政府提供基本公共服务的财力。

## 五、责任分工

（一）制订朔州市推进户籍制度改革实施方案并抓好相关户口政策的研究制订、组织实施和监督指导。

牵头单位：市公安局

责任单位：市发改委、财政局、教育局、人社局、国土局、农委、民政局、住建局、卫计委，市政府法制办

（二）制订教育、就业、医疗、养老、住房保障等方面的配套政策。

牵头单位：市发改委

责任单位：市财政局、教育局、人社局、国土局、农委、民政局、住建局、卫计委，市政府法制办

（三）建立实施居住证制度和流动人口服务管理的经费保障机制。

牵头单位：市财政局

责任单位：市公安局、发改委、教育局、人社局、国土局、农委、住建局、民政局、卫计委

## 六、保障措施

（一）加强组织领导。进一步推进户籍制度改革，是涉及农业转移人口和推进中国特色新型城镇化的重要任务，事关人民群众切身利益和经济社会持续健康发展。为切实加强对推进户籍制度改革的组织领导，成立朔州市推进户籍制度改革领导小组，由市政府分管副市长任组长，市公安局局长任副组长，办公室设在市公安局。各县区、各有关部门也要成立相应的领导组，确定专人负责，周密部署，搞好协作配合，按

照走中国特色新型城镇化道路、全面提高城镇化质量的要求，切实落实加快户籍制度改革的各项政策措施。

(二)落实部门责任。市公安局、发改委、财政局、教育局、人社局、国土局、农委、民政局、住建局、卫计委，市政府法制办等部门要按照职能分工，负责户口迁移、教育、就业、医疗、养老、住房保障等方面配套政策的制订和实施。市公安局、发改委、人社局要会同有关部门对各县区实施户籍制度改革工作加强跟踪评估、督查指导。各级公安机关要加强户籍管理和居民身份证管理，严肃法纪，做好户籍制度改革的基础工作。

(三)注重宣传引导。宣传部门要组织媒体开辟专栏，全面阐释适应中国特色新型城镇化发展、加快改革户籍制度的重大意义，准确解读户籍制度改革及相关配套政策；大力宣传各级各有关部门在解决农业转移人口及其他常住人口落户城镇、保障合法权益、提供基本公共服务等方面的好经验、好做法，合理引导社会预期，回应群众关切，凝聚各方共识，形成改革合力，为加快推进朔州市户籍制度改革营造良好的社会环境。

朔州市人民政府

2015 年 4 月 29 日

## 朔州市人民政府关于印发 2015 年重点工作目标任务的通知

朔政发〔2015〕27 号

各县、区人民政府，市开发区管委会，市直各有关单位：

市五届人大八次会议批准《政府工作报告》，报告确定 2015 年政府工作的总体要求和工作任务。市政府对全年的重点工作目标任务进行分解，并相应明确牵头单位和配合单位。现将重点工作目标任务责任分解印发给你们，并提出以下要求，请一并贯彻执行。

一、各级领导要把完成目标任务作为全年的中心工作，全力以赴，抓紧抓好，做到任务早安排、责任早落实，不折不扣地完成全年任务。

二、各单位要切实负起责任，认真对照工作要求，细化工作目标，层层落实责任。责任单位要加强对综合性、全局性工作的组织协调，各配合单位要主动靠前，密切配合，齐心协力，共同推进。

三、市政府将加大督查考核力度，每季度对重点工作目标任务推进情况进行检查，并不定期组织临时性抽查和现场督查，年终将对完成情况进行逐项考评。

朔州市人民政府

2015 年 5 月 27 日

## 朔州市人民政府关于印发朔州市政府投资项目管理办法的通知

朔政发〔2015〕29 号

各县、区人民政府，市开发区管委会，市直及驻朔各有关单位：现将《朔州市政府投资项目管理办法》印发给你们，请认真遵照执行。

朔州市人民政府

2015 年 6 月 19 日

## 朔州市政府投资项目管理办法

### 第一章　总　则

第一条　为切实加强和规范政府投资项目管理，建立科学的政府投资决策、建设和监督机制，提高政府投资效益，根据有关法律法规，参照《中央预算内直接投资项目管理办法》(国家发展和改革委员会令第 7 号)，结合本市实际，制订本办法。

第二条　政府投资项目，实行审批制，包括审批项目建议书、可行性研究报告、初步设计。建设内容简单、投资规模较小的项目，可直接进入可行性研究报告编报程序。

第三条　政府投资项目，是指使用下列政府性资金所进行的固定资产投资活动：

(一)财政预算安排的建设资金;

(二)政府融资以及利用国债的资金;

(三)土地使用权出让金;

(四)法律、法规规定的其他政府性建设资金。

第四条　发展和改革部门为政府投资主管部门,负责政府投资项目规划、年度资金总量平衡和计划安排、投资项目的审批等综合管理工作。

## 第二章　项目决策与审批

第五条　政府投资项目应实行项目储备制度。根据国民经济和社会发展中长期规划、专项规划、年度计划及政府批准的建设计划,发展和改革部门会同有关部门建立政府投资项目储备库,作为政府投资项目决策和安排年度投资计划的重要依据。纳入项目储备库的政府投资项目,应按照基本建设管理程序,及时开展项目前期工作。

第六条　项目单位应委托具备相应资质的工程咨询机构编制项目可行性研究报告。可行性研究报告要对项目建设的必要性、主要建设内容、建设地点、建设规模、投资估算、资金筹措等进行全面阐述,并对项目在技术和经济上的可行性以及社会效益、节能、资源综合利用、生态环境影响、社会稳定风险等进行全面分析论证。

第七条　可行性研究报告编制完成后,由项目单位按照规定程序报送项目审批部门审批,并附带以下支撑性文件:

(一)城乡规划部门出具的选址意见书;

(二)国土资源行政主管部门出具的用地预审意见;

(三)环保行政主管部门出具的环境影响评价审批文件;

(四)发展和改革部门出具的节能评估审查意见;

(五)法律法规规定应当提交的其他资料和文件。

第八条　政府投资主管部门对符合有关规定、具备建设条件的项目,批准可行性研究报告。批复文件应明确项目的勘察、设计、施工、监理、以及重要设备、材料等采购的具体招标范围、招标组织形式和招标方式,并将批复文件抄送城乡规划、住建、国土资源、环境保护等行政主管部门。

第九条　经批准的可行性研究报告是确定建设项目的依据。项目单位依据可行性研究报告批复文件,按照规定向城乡规划、国土资源等部门申请办理规划许可、用地等手续,并依法选择具备相应资质的设计单位进行初步设计。

第十条　初步设计应符合国家有关规定和可行性研究报告批复文件的有关要求,进一步明确各单项工程或单位工程的建设内容、建设规模、建设标准、用地规模、主要材料、设备规格和技术参数等设计方案,并据此编制投资概算。投资概算应包括国家规定的项目建设所需的全部费用。

第十一条　初步设计编制完成后,由项目单位按照规定程序报送项目审批部门审批。审批部门应组织有关部门、专家对初步设计及投资概算进行评审。

投资概算超过可行性研究报告批准的投资估算百分之十的,或项目单位、建设地点、建设规模、技术方案等发生重大变更的,项目单位应重新组织编制可行性研究报告,并报原审批部门审批。

第十二条　经批准的初步设计及投资概算是项目建设实施和控制投资的依据。未经审批初步设计及投资概算的项目,不得进行施工招标。

第十三条　项目单位应严格按照批准的设计进行建设,严禁擅自变更设计方案、随意增加建设内容、扩大建设规模、提高建设标准和超投资概算。项目由于政策调整、价格上涨、地质条件发生重大变化等原因确需调整投资概算的,由项目单位提出调整方案,按规定程序报原初步设计审批部门审批。

第十四条　可行性研究报告、初步设计和投资概算批复文件,是安排政府投资计划和财政拨付资金的依据。对未经审批初步设计的政府投资项目,建设行政主管部门不得发放施工许可证,发改部门不得安排下达年度投资计划,财政部门不得拨付资金。

## 第三章 资金安排与拨付

第十五条 政府投资主管部门应根据国民经济和社会发展中长期规划和年度建设任务,编制政府投资中长期规划和年度计划,并按照政府投资资金来源和调控需要统筹安排项目,合理使用各类政府投资资金。

第十六条 市直各有关部门、县区政府投资主管部门和有关项目单位向市政府投资主管部门提出项目投资计划申请,市政府投资主管部门会同财政部门编制朔州市政府投资年度计划。

第十七条 政府投资主管部门与财政部门编制提出的朔州市政府投资计划,需报请市政府常务会议研究决定、市委常委会议审定,之后经市人大常委会或市人代会审议通过后执行。

第十八条 加强政府投资计划执行管理,项目资金应按照批准的概算和项目实施进度进行拨付。

第十九条 财政部门在拨付资金时,应依据投资主管部门批复的投资概算拨付。在审计部门未出具工程造价审计报告时,资金拨付不得超出项目投资概算的70%。

第二十条 项目竣工后,由政府投资主管部门负责组织进行竣工验收。财政部门依据项目竣工验收报告、审计报告拨付剩余资金。竣工项目验收合格但未满质保期的,资金拨付总额应依据审计报告控制在工程总造价的95%以内。剩余的工程质保金在质保期满后进行清算。

## 第四章 建设管理与验收

第二十一条 政府投资项目实行项目法人制、工程监理制、招标投标制、合同管理制管理。

第二十二条 对于项目单位缺乏相关专业技术人员和建设管理经验的政府投资项目,可以实行“代建制”。未实行“代建制”的建设项目,可聘用相关专业技术人员。

第二十三条 政府投资项目的勘察、设计、施工、监理和有关设备材料的采购,应严格按照可行性研究报告批复的招标方案组织实施。项目建设相关方应依法订立合同,按照合同约定履行权利和义务。有关行政主管部门按各自职责依法进行建设市场监管、工程质量安全监督、招标投标监管、施工图审查、建筑节能监管等,并按程序办理相关手续。

第二十四条 政府投资项目建设过程中,项目单位或代建单位应及时完成单项工程结算,报审计部门审计。

第二十五条 政府投资项目建成后,项目单位应按照规定编制竣工决算,并履行审计程序。同时,报请政府投资主管部门组织竣工验收。

住建、交通、水务、煤炭、规划、环保、人防、消防、档案等相关部门,按照各自职责及时受理、依法做好政府投资项目专项竣工验收工作。

第二十六条 政府投资项目建成运行后,政府投资主管部门应组织有关专家和具备相应资质的工程咨询机构,对照可行性研究报告和初步设计批复的主要内容开展项目后评价,进一步加强和改进项目管理,不断提高决策水平和投资效益。

## 第五章 监督管理与法律责任

第二十七条 政府投资主管部门应加强对政府投资计划执行情况的监督管理。项目单位要及时将项目实施情况报告政府投资主管部门及其他有关部门。

第二十八条 审计部门依法对政府投资资金的拨付、使用和竣工决算进行审计监督。

第二十九条 财政、国土、环保、住建、人防、规划、监察、消防等职能部门,按各自职责对政府投资项目的投资活动进行管理和监督。

第三十条 咨询评估、招标代理机构及其执业人员在进行咨询评估、招标代理时弄虚作假、违规操作或提供结论意见严重失实的,根据其情节轻重,依法追究责任。

第三十一条 政府投资项目未依照法律法规履行相关手续,或在项目建设过程中发生重大质量及安全生产事故的,依法追究有关单位及责任人的责任。

第三十二条 政府职能部门工作人员在政府投资项目建设过程中滥用职权、玩忽职守的,依法追究其行政责任;构成犯罪的,依法追究刑事责任。

### 第六章 附则

第三十三条 本办法由朔州市发展和改革委员会负责解释。

第三十四条 本办法自发布之日起施行。

## 朔州市人民政府关于成立朔州农村商业银行股份有限公司筹建工作小组的通知

朔政发〔2015〕30号

各县、区人民政府，市直各有关单位：

根据《国务院关于印发深化农村信用社改革试点方案的通知》（国发〔2003〕15号）、《中国银监会关于加快推进农村合作金融机构股权改造的指导意见》（银监发〔2010〕92号）精神及银监会关于市辖地组建农村商业银行的相关条件和要求，朔州市政府决定成立朔州农村商业银行股份有限公司筹建工作小组。组成人员名单如下：

组　长：雷健坤　市委常委、常务副市长

副组长：刘　彪　朔城区委副书记、区长

马占文　平鲁区委副书记、区长

白　秀　市金融工作办公室主任

张小平　人民银行朔州市中心支行行长

席宏为　朔州银监分局局长

靳　彪　山西省农村信用联社朔州办事处党组书记

成　员：孔庆虎　市财政局局长

郝晓明　市国土局局长

王　勇　市审计局局长

闫卫伟　市工商局局长

康毓东　市中级人民法院副院长

王　划　市检察院副检察长

刘胜利　市公安局副局长

贾鸿琳　市住建局副局长

张宏军　市消防支队支队长

房建殊　市国税局局长

常国栋　市地税局局长

李明德　市房管局局长

武日荣　朔州银监分局副局长

筹建工作小组下设办公室，办公室设在省联社朔州办事处，负责日常筹建工作。

主　任：靳　彪（兼）

副主任：马武生 朔州银监分局副调研员

筹建工作小组要严格按照《国务院关于印发深化农村信用社改革试点方案的通知》（国发〔2013〕15号）、中国银监会令第3号、《中国银行业监督管理委员会合作部关于印发〈农村商业银行、农村合作银行组建审批工作指引〉及〈农村商业银行、农村合作银行组建申请清产核资工作指引〉的通知》（银监合〔2004〕61号）等有关规定，组织协调解决相关问题，决定相关重大事项，拟定筹建工作方案及进度安排，推进各项筹建工作，及时解决各种问题，全面负责筹建前期准备工作、申请筹建和开业及其他相关事宜。各成员单位要切实加强对筹建工作的支持、协调和帮助，公、检、法机关协助支持清收不良贷款，税务机关落实各项优惠扶持政策，国土、城建及房产部门帮助做好信用社自有资产确权工作，其他成员单位协助做好筹建改制的相关工作。

筹建工作小组要定期或不定期组织成员单位召开协调工作会议，研究和解决改制过程中遇到的问题，各成员单位要确定改制专职人员，共同推进筹建改制工作的顺利进行。

朔州市人民政府

2015年7月2日

## 朔州市人民政府关于印发朔州市新型职业农民培育规划纲要（2015—2020年）的通知

朔政发〔2015〕31号

各县、区人民政府，市开发区管委会，市直各有关单位：

现将《朔州市新型职业农民培育规划纲要(2015—2020年)》印发给你们,请认真遵照执行。

朔州市人民政府
2015年7月6日

## 朔州市新型职业农民培育规划纲要(2015—2020年)

培育新型职业农民是政府今后几年为农民办的五件实事之一，纳入各级政府目标责任制考核范围。为推进朔州市新型职业农民培育工作的深入开展,全面提升农民素质,推动现代农业发展,结合朔州市实际,提出本规划纲要。

### 一、重要意义

新型职业农民是新型农业经营体系的重要组成部分,是发展现代农业的主要力量,是建设社会主义新农村的生力军。当前,要应对农业兼业化、农村空心化、农民老龄化,解决好“谁来种地、如何种好地”问题,亟需培育新型职业农民。同时，培育新型职业农民也是深化农村改革、转变农业发展方式、提高农业核心竞争力的重要举措。只有全面提高农民素质,培养造就新型农民队伍,才能提高农业经营效益,让农业成为有奔头的产业,让农民成为体面的职业,让农村成为安居乐业的美丽家园。

近年来,市委、市政府围绕现代农业发展,先后实施农民科技培训工程、阳光工程等,农民运用先进农业科技成果的意识明显增强，农业生产技能明显提升、生产经营管理水平和经济效益明显提高,农民的整体素质发生较大改观。但是,由于历史和现实原因,朔州市农民的整体素质与现代农业发展、与建设美丽乡村、与全面建成小康社会的目标和需要还有较大差距。因此,随着工业化、城镇化的快速推进,农村劳动力大规模转移就业,农业劳动力数量不断减少、素质结构性下降的问题日益突出，为顺应现代农业发展需要,培育新型职业农民,确保农业发展“后继有人”,是“三农”工作的重要战略任务。

### 二、总体要求

(一)指导思想。

新型职业农民培育工作,要全面贯彻落实党的十八大和十届三中、四中全会精神,以邓小平理论、“三个代表”重要思想、科学发展观为指导,深入贯彻习近平总书记系列重要讲话精神,以提高农民综合素质,提升农民生产技能,推进农业农村发展,促进农民收入增加,全面建成小康社会为总体目标,以培育生产经营型、专业技能型、社会服务型和引领带动型职业农民为主要内容,以教育培训为途径、认定管理为手段、政策扶持为动力，以产业需求、农民意愿为导向，探索建立适合朔州市市情的新型职业农民培育政策制度体系,培育一批有技术、懂经营、会管理、讲诚信的新型职业农民队伍,推动朔州市特色现代农业发展和新农村建设。

培育新型职业农民要坚持“四个出发”。

一是从农民的现实需要出发。充分解当前制约农业发展、农民增收的主要原因,寻找解决问题的有效办法,根据农民想什么、急什么、缺什么,因材施教、因需施教、因时施教,提高培训的及时性、针对性、实用性。通过培训使农民的技术技能、管理水平、道德诚信等方面得到全面提升。

二是从现代农业发展需要出发。把新型职业农民培育工作与朔州市“一村一品、一县一业”等五项农业农村重点工程相结合,在培训对象选择确定、专业课程设置等方面与产业发展紧密结合，有效提升部门培训与产业发展的契合度,促进朔州市特色现代农业发展。

三是从增加农民收入需要出发。对经过教育培训、认定的新型职业农民,要加大政策扶持力度,在土地流转、项目扶持、金融信贷、教育培训、技术推广等方面进行扶持,增强新型职业农民的引领带动能力,提高农民收入水平,进一步加快朔州市全面建成小康社会进程。

四是从新农村建设需要出发。培育新型职业农民要从新农村经济、政治、文化、生态发展的需要出发,转变他们的思想观念、丰富他们的农业知识、提高实践能力和管理水平,培养造就眼界开阔，能够不断汲取新的技术理念的新型农民，提升新农村建设者的水平。

（二）基本原则。

1.坚持政府主导、农民自愿。新型职业农民培育要以政府为主导，坚持农民群众的主体地位，充分调动农民群众性，及时建立健全符合农村实际、符合农民需求的培训、评价、激励、监督和考核机制，稳步推进新型职业农民培育工作开展。

2.坚持部门协作、协调推进。新型职业农民培育涉及面广、部门多，财政、农业、教育、扶贫、农机等相关部门要按照培育工作的总体要求，分工协作，形成合力。要将新型职业农民培育与朔州市实施新型农业经营主体培育工程和农业科技创新工程相结合，充分体现新型职业农民培育的先进性和前瞻性。

3.坚持精细培训、精准培育。按照不同产业和不同服务类别，分类确定培育对象、设置培训课程、制订培训标准，特别是学时标准、考核要求等，开展精细化培训，夯实培训基础，并在此基础上制订出台扶持政策，实现精准化培育的目的。

4.坚持持续培训、严格认定。职业农民培训坚持阶段培训与持续培训相结合。新型职业农民培育不仅要实现农民从业技能的提升，同时要对农民开展市场理念、经营管理、诚信道德、社会责任等全方位培训，实行综合考核、全面评价、严格认定。

5.坚持动态管理、跟进扶持。对认定的新型职业农民进行动态管理，建立完善以考核制度为主的动态管理制度，建立退出机制。对认定的新型职业农民要跟进扶持，并将他们纳入扶持重点，从项目、资金、保障、荣誉等方面，将现行的、新增的强农惠农政策集中向新型职业农民倾斜，调动他们的从业性。

（三）目标任务。

总体目标：从 2015 年起，每年组织培训 1 万新型职业农民，到 2020 年，培训新型职业农民 6 万人，使农民科学文化综合素质明显提升；农民教育培训条件和能力建设明显提高，教育培训体系基本形成；对新型职业农民扶持力度不断加大，政策扶持体系基本完善。

主要任务：以培育生产经营型、专业技能型、社会服务型和引领带动型职业农民为主要内容，逐步建立“精细培训、精准培育、严格认定、动态管理”的培育模式和“政策扶持、项目支撑、资金保障、协调推进”的支撑模式，培育认定一批新型职业农民，使其担当起朔州市现代农业发展的重担。

**三、教育培训**

（一）分类培训。按照精准培育、因材施教的原则，分类确定培育对象。培育对象按照其生产、经营、服务领域及规模的不同，主要划分为生产经营型、专业技能型、社会服务型和引领带动型四种类型。

1.生产经营型职业农民。主要指以农业为职业、占有一定资源、具有一定专业技能、有一定资金投入能力、收入主要来自农业的农村劳动力。重点包括专业大户户主、家庭农场主、委托代耕户（农机大户）户主、产业联合体带头人、农民合作社带头人、农业企业经营管理者、现代示范园区经营管理者等。

2.专业技能型职业农民。一是在农民合作社、家庭农场、专业大户、农业企业等新型生产经营主体中较为稳定地从事农业劳动作业，具有一定专业技能的农业劳动力，如农业工人、农业雇员等。二是普通农户中具有一定农业生产经验和专业技能的农民。

3.社会服务型职业农民。主要指在社会化服务组织中或个体直接从事农业产前、产中、产后服务，并以此为主要收入来源，具有相应服务能力的农业社会化服务人员。重点包括农村信息员、农村经纪人、农机服务人员、统防统治植保员、测土配方施肥员、村级动物防疫员、农资经营户、为农民提供技术服务的乡土人才等农业社会化服务人员。

4.引领带动型职业农民。主要指产业发展具备一定规模、具有一定引领带动能力的职业农民。重点包括村干部中产业致富带头人、回乡务农的大中专毕业生、返乡创业农民、复转军人、优秀大学生村官、科技示范户当中做出一定成绩、对当地产业发展具有带动作用的职业农民。

各县区在培育过程中应根据不同类型新型职业农民从业特点及能力素质要求，因材施教，引领带动型和生产经营型分产业、专业技能型按工种、社会服务型按岗位科学开展系统培训。

（二）培训内容。按照精细培训、因需施教的原则，与当地主导产业发展和农民需求紧密结合，分产业、分专业、分层次、分类别科学选择培训内容，制订培训计划。主要包括专业技能、经营管理、安全生产、公共知识、法制道德等内容。

1.专业技能培训。以专业技能型和社会服务型职业农民为主要培训对象，以提升职业农民专业技能和生产经营能力、掌握本产业或专业所必需的专业知识及专项技术为目的，根据山西省特色现代农业产业发展特点，以种养生产技术、新品种推广应用、优质高产关键技术、病虫害防治等相关知识为主要培训内容，按产业和专项技能分类培训。

2.经营管理培训。以生产经营型和引领带动型职业农民为主要培训对象，以培养职业农民适应现代农业发展需要、掌握现代经营管理知识、提高市场经济应对能力为目的，根据朔州市农村社会发展现状，以农业生产及管理、农产品市场营销、农业企业、农民专业合作组织、家庭农场经营管理等相关知识为主要培训内容，按经营管理范畴分类培训。

3.农业安全生产培训。以培养职业农民农产品质量安全和生产安全意识，掌握确保农产品质量安全的标准、方法及安全生产规程为目的，以农产品质量安全法律法规、无公害农产品、绿色食品、有机食品认证标准和生产技术规范规程、农机安全使用为主要内容，普遍开展农业安全生产培训。

4.公共知识培训。以提高职业农民综合素质为目的，为职业技能提升和职业发展奠定基础和提供支持，以农村有关政策、市场理念、经营管理、创业发展等为主要培训内容，普遍开展农村公共知识培训。

5.法制道德培训。以提高职业道德水平、法制素养为目的，以农业法律法规、诚信体系建设和“大寨精神”“右玉精神”为主要内容，普遍开展道德法制素养培训，使新型职业农民继承中华民族的优良品德，树立社会主义荣辱观，具有较高的民主法制素质，承担建设和谐社会的社会责任，并且具有强烈的环保、生态发展意识。

在新型职业农民培训过程中要坚持“一点两线”全程教育培训，即立足产业发展这个中心点，以技术和管理为主线，开展从种到收全程技术培训；以成本和效益为主线开展从生产决策到产品销售的系统化教育培训，帮助农民增产增效。特别是对于生产经营和引领带动型职业农民要着重加强现代农业建设、农产品质量安全、农业政策法规、农业经营管理等方面的培训，增强引领带动能力，使其成为朔州市现代农业发展的主力军。

（三）培训形式。按照弹性灵活、因时施教的原则，坚持集中培训与分散培训相结合、课堂教学与实践操作相结合、传统教学与现代培训方式相结合，采取符合农业生产规律和农民学习特点的“分段式、参与式、菜单式”培育形式。

1.“农学结合”分段培训。根据农业生产规律按关键环节划分教育培训阶段，紧密结合农时季节组织教育培训，分段安排课程。集中培训和农时季节培训相结合，使得培训对象对一个周期的农事活动都有掌握。农闲时间集中理论学习，农忙时间深入田间具体指导，理论学习与生产实践交替进行，促进学用结合。

2.“就地就近”实践培训。组织学员走进当地现代农业示范园区、农业企业、农民合作社和家庭农场等生产基地，进行现场演示、实践实习或参观交流。使学员学习、感受和亲身体验现代农业的管理水平、新技术应用，开阔眼界，增长知识，更新观念。

3.“田间学校”指导培训。建立指导员制度，开展送教下乡活动，到学员的田间地头帮扶指导，现场解决生产当中遇到的问题。在乡村办教育，在产业链上搞培训，通过开展面对面、手把手的技术培训、生产实践，让农民在田间地头学技术，方便农民、贴近生产。

4.“移动互联”在线培训。推广运用信息化教育手段，利用多媒体教材、网络辅导资源、教学课件、智能手机综合服务平台等开展网上辅导和在线教学，随时就地解决问题，扩展培育的时间和空间。建立新型职业农民全程服务智慧云平台，开展在线技术信息咨询、在线认定管理考核和全程跟踪服务，提升面向新型职业农民的信息化服务水平。

鼓励各地从当地实际情况出发，不断创新培训方式，依托“固定课堂”，组织专家进行理论授课和集中答疑；依托“空中课堂”，开展网上辅导和在线教学；依托“流动课堂”，将教学资源巡回送到教学点和田间地头；依托“田间课堂”，组织学员在现代农业园区、农民专业合作社、农业龙头企业等实训基地进行实习操作。引领带动和生产经营型职业农民侧重课堂理论学习，专业技能和社会服务型职业农民则侧重实践实训，提高运用所学专业知识及技能从事农业生产经营和社会服务的实际能力。

探索开展“菜单式”和“订单式”培训。菜单式培训，即由农业主管部门结合农时季节和农民技术需求，确定培训课程和培训教师、培训时间等相关信息，通过广播、电视、政府网站等形式公布，由农民自主选择参训课程和时间，充分调动农民参加培训的性。订单式培训，就是选择一批发展基础较好、具备一定带动辐射能力的职业农民，依据培训需求确定培训专业、培训内容，交由专业机构开展定向培训，提高培训的时效性、针对性和可操作性。

（四）考试考核。新型职业农民培训实行学时制。根据生产经营型、专业技能型、社会服务型、引领带动型四类职业农民和专业方向的不同分别确定学时。职业农民在1年学制期间累计达到要求学时数的视为完成培训。培训时使用山西省统一印制新型职业农民培训证书，培训结束后，由培训机构、培训教师、参训学员、农业行政主管部门四方在培训证上共同签字确认培训完成。

根据培训目标和培训内容等，探索简便易行、真实可靠的新型职业农民培训考试考核办法，综合运用学时数评定、理论考试、实践考核和生产经营水平考察等多种评价方式，对学员参训情况和学习效果进行考核，逐步建立适应农民教育培训的考试考核评价体系。

（五）认定管理。按照“政府统筹、部门实施、以县(区)为主、严格认定、农民自愿、动态管理”原则，对新型职业农民实行认定管理。

1.严格认定。把新型职业农民队伍建设纳入各级政府农业农村经济发展规划和现代农业建设规划。根据《山西省新型职业农民认定管理指导意见》，市农委及县(区)要结合本地农业产业发展要求和生产力发展水平，科学确定朔州市各县新型职业农民认定条件、标准、程序和管理服务内容，制订具体认定办法或细则，由农业部门统一实施。在认定过程中，应充分尊重农民意愿，按照个人申报、村镇推荐、农业部门审核、专家确认的程序规范认定，有条件的地方探索第三方认证等办法，鼓励县(区)创新新型职业农民认定的方式方法。对经过培训，具有一定从业技能和发展能力、产业发展具备一定规模，经济效益较好，具备一定辐射带动能力，经过考核达到认定标准和条件的农民，颁发新型职业农民证书。认定的职业农民名单，要通过广播、电视、政府网站等形式向社会公布。

2.动态管理。逐步完善以考核制度、淘汰制度、信息报送制度、档案管理制度为主要内容的动态管理制度。对已培训认定的新型职业农民，按照属地管理的原则，由县级农业行政主管部门及服务带动的农户，对其产业发展情况、带动增收情况、参加培训教育情况等方面按年度进行考核，考核合格的纳入新型职业农民信息管理系统；考核不合格的要进行强化培训，连续两年考核不合格的取消其新型职业农民资格。建立新型职业农民信息管理系统和职业农民档案，对经过资格认定的职业农民建立从报名到资格认定全过程完整档案资料，并对认定后的跟踪情况进行详细记录。要建立新型职业农民退出机制，对不再从事农业生产经营、严重违规违法、擅自改变土地用途、出现重大农产品质量安全事件、破坏农业生态环境以及生产经营水平低下等情况的，应按规定予以清退。

## 四、体系建设

适应新型职业农民培训需要，坚持“政府主导、行业管理、产业导向、需求引领”原则，加快建立具有朔州市特色的农民教育培训体系，重点抓好培训机构、实训基地、师资队伍和教材体系建设。

（一）培训机构。以农业广播电视学校、农民科技教育培训中心、农技推广服务机构、农业院校等公益性培训机构为培育主体，广泛引导和吸收各种社会资源参与。鼓励采取政府购买服务的方式，通过公开招标、定向委托等形式把生产设施先进、技术实力强、经营效益好，具备一定培训条件的农业产业化龙头企业、现代农业园区、农业科技试验示范基地、农民专业合作社示范社等纳入培训实训体系，搭建专业化、多元化、覆盖广的新型职业农民培育平台，满足新型职业农民培训多元化、个性化需求。培训机构的确定遵循公开、公正、公平原则，按照培训机构的标准和要求，通过机构申请、县级申报、市级审定、省级备案的程序进行，结果要向社会公布。

通过实地查看、组织会商或专家评估等方式在朔州市分级认定30个新型职业农民培训机构，完善公共服务条件，形成政府主导、多元办学，产学研、农科教相结合的的农民教育培训机制，建立健山西省、市、县三级相互衔接的新型职业农民教育培训体系，夯实职业农民培训基础。同时，加强农民现代远程教育设施建设，构建朔州市新型职业农民培育远程网络教学支撑与管理平台，加快推进农民教育信息化步伐。

（二）实训基地。依托在朔州市的国家、省级现代农业示范基地、朔州市粮食高产创建核心示范区、农民专业合作社、农业龙头企业、现代农业科技示范基地等，市、县（区）分级认定30个集科技创新、试验示范、技术指导、实践实训为一体的高标准实训基地，构建新型职业农民实训体系。新型职业农民实践实训基地实行挂牌管理，加强配套建设，改善实训手段，为职业农民实习、实践创造条件，满足培育需求，同时作为新技术试验示范基地，解决农业技术推广最后一千米的问题。

（三）师资队伍。组织调动朔州市农业科技人才全方位参与新型职业农民培育。建立由各级农业部门中实践经验丰富的专家、长期服务农业的基层农技推广人员、农业院校的专家教授、各县（区）农业园区基地中具有实践经验的乡土人才、农业各生产领域的致富能手组成的师资队伍，形成数量充足、结构合理、素质优良的教师和指导员团队。建立完备的新型职业农民培训师资库，实现资源共享。举办专兼职教师培训班，支持举办师资培训，鼓励教师参加继续教育和学习深造，不断提高师资队伍综合素质。

（四）教材资料。组织相关专家编写科学、系统、规范、图文并茂、通俗易懂的新型职业农民培训教材，建立丰富、完善的教材体系，同时结合成人学习特点，购买和拍摄一批直观、生动、实用的职业农民培育系列音像教学资料，方便基层教学辅导和职业农民观看学习。鼓励各地编写具有当地特色的职业农民培育教材，进一步丰富和完善朔州市培训教材体系。

（五）监督管理。各级农业部门要加强对培训机构、实训基地的检查监督和管理，重点监管培训人数、培训时间、培训内容、培训效果和资金使用情况等，要求培育机构建立规范统一、信息完整、内容真实的新型职业农民培训档案，规范填写新型职业农民培训证，同时将培育信息及时向社会公开，接受群众监督。在培训结束后，农业行政主管部门要组织参训学员对培训机构课程设计的实用性、教师授课情况等进行考核和满意度测评，考核结果作为聘请师资和培训机构是否继续承担培训任务的依据。

**五、政策扶持**

各级要制订出台对新型职业农民的扶持激励政策，不断加大投入力度。在土地流转、农业基础设施建设、农业扶持项目、金融保险服务等方面给予扶持，到2020年形成完善的新型职业农民扶持政策体系。

（一）生产经营扶持政策。鼓励新型职业农民创办的新型经营主体转变农业发展方式，优化农业产业结构，开发农业多种功能。引导农村土地承包经营权向新型职业农民流转，发展多种形式的适度规模经营。对新型职业农民直接用于或服务于农业生产的生产设施、附属设施、配套设施用地按农业用地管理。对新型职业农民创办的家庭农场、农民专业合作社、农业产业化龙头企业，符合条件的在生产经营上给予政策扶持。

(二)技术服务扶持政策。深入开展新型职业农民培训，逐步建立新型职业农民长期跟踪服务的培训制度;鼓励引导市、县(区)农技部门、农业大中专院校、现代农业产业技术体系等组建专家团队,对职业农民实行技术帮扶指导,建立专家、农技人员与新型职业农民“结对帮扶”制度,完善“专家+农技人员+新型职业农民+普通农户”的服务模式;与基层农技推广改革和建设项目相结合，引导项目向新型职业农民倾斜，吸纳一部分具备资质的职业农民进入技术指导员队伍或作为科技示范户，充分发挥其试验示范、带动辐射作用,同时促进职业农民自身产业发展。

(三)产业发展扶持政策。新型职业农民享受各级政府制订的强农惠农政策,农机补贴、农产品初加工设施补助等项目应向新型职业农民倾斜；支持和帮助职业农民开展无公害农产品认证、绿色食品认证、有机食品认证及商标注册,打造特色品牌;鼓励职业农民创办领办各类农产品销售市场，在大中城市建立农产品营销网点,推动农超对接、农校对接。

(四)基础设施扶持政策。涉农部门各类农业基础设施建设项目应向新型职业农民生产区域或领办的新型农业经营主体倾斜；已建成的项目优先供符合条件的新型职业农民使用并承担管护义务；适应种养大户等新型职业农民规模化生产的需求,统筹建设晾晒场、农机棚等生产性公用设施，允许新型职业农民用于农业生产道路与农村道路合理合法连接贯通；新增的优势农产品基地(含设施农业、蔬菜基地)、养殖小区(含大中型沼气)等项目向新型职业农民倾斜。

(五)金融保险扶持政策。深化农村金融改革创新，鼓励金融机构对新型职业农民及其兴办领办的新型农业经营主体创新金融产品,提高信贷额度,降低贷款利率,简化贷款手续;开展新型职业农民以土地承包经营权、林权、房屋等进行抵押融资的试点;推动大型农机具、农业设施、承包土地面积内的农作物产量或养殖畜禽水产品数量估值，直接进行生产周期内流动资金质押贷款；鼓励有条件的农民专业合作社开展信用合作，为新型职业农民生产创业融资提供担保；鼓励保险机构开拓创新以防御自然灾害和市场风险、服务新型职业农民扩大农业再生产为主的农业保险业务，扩大保险覆盖范围,提高政府保费补贴水平。

## 六、组织保障

(一)加强组织领导。各级政府要切实提高对新型职业农民培训工作的重视程度，成立由政府领导担任组长、农业部门牵头、发改、财政、人社、金融、农机、扶贫、法制办等相关部门参与的新型职业农民培育工作领导机构和工作机构,落实工作职责,层层分解培育任务,完善运行机制,形成上下协调,部门联动,一级抓一级,层层抓落实的工作体制。

(二)加大财政投入力度。市、县(区)要加大财政投入力度，将新型职业农民培育的教育培训、认定管理、跟踪服务等各个工作环节经费纳入财政预算,扩大培训规模,提高补助标准,保证培训效果。有条件的地方要设立专项资金,建立长效投入机制。要进一步加大培育条件和能力建设投入,加强教学实训基地建设,改善教育培训条件,提升教育培训能力。

(三)加大考核力度。将新型职业农民培育工作纳入朔州市目标责任制考核和市、县(区)目标责任考核范围，建立新型职业农民培育绩效考核评价机制，加强新型职业农民培育绩效考核管理。制订《朔州市新型职业农民培育绩效考核办法》,科学确定考核指标、评分标准和考核方式,将培训过程、产业发展与培育对象的满意度作为衡量培育效果的综合指标，实行量化考核。

(四)加大宣传力度。充分利用互联网、广播、电视、报刊等媒体,加大对新型职业农民培育工作的宣传力度，使广大农民了解培育新型职业农民的扶持政策,参与新型职业农民培育,让全社会充分解培育新型职业农民的重要意义，在全社会营造关心支持新型职业农民培育的良好氛围，把培育新型职业农民作为一项重大战略任务，为农业现代化建设和农业持续健康发展提供坚实人力基础和保障。

## 朔州市人民政府<br>关于深刻汲取天津滨海新区<br>瑞海公司危险品仓库爆炸<br>事故教训立即在朔州市<br>开展安全生产大检查的通知

朔政发〔2015〕37 号

各县、区人民政府，市开发区管委会，市直及驻朔各有关单位：

2015 年 8 月 12 日 23 时 30 分许，天津滨海新区瑞海公司危险品仓库发生爆炸，截至 8 月 14 日上午已造成 55 人死亡。习近平总书记、李克强总理等党中央、国务院领导同志对天津滨海新区瑞海公司危险品仓库爆炸事故多次做出重要批示；2015 年 8 月 14 日上午，省委、省政府召开山西省安全生产紧急会议，对山西省安全生产工作进行紧急部署。为认真贯彻落实党中央、国务院等领导同志的批示精神，以及省委省政府紧急会议精神，深刻汲取爆炸事故教训，按照《山西省人民政府安全生产委员会关于认真汲取天津滨海新区瑞海公司危险品仓库爆炸事故教训立即在山西省范围内开展危险化学品、油气管道和城镇燃气等安全生产大检查的通知》（晋安发电〔2015〕1 号）要求，市政府决定立即在朔州市范围内开展安全生产大检查。现将有关事项通知如下：

### 一、总体要求和工作目标

认真贯彻落实习近平总书记、李克强总理等党中央、国务院领导同志对天津滨海新区瑞海公司危险品仓库爆炸事故做出的批示精神，深刻汲取爆炸事故教训，按照“全覆盖、零容忍、严执法、重实效”的总要求，坚持问题导向，立即开展安全生产大检查，继续深化重点行业领域专项整治，保持“打非治违”高压态势。通过安全生产大检查，全面排查安全隐患和薄弱环节，彻底排除各类安全隐患，关闭取缔一批非法违法企业，进一步推动提高安全生产保障水平，努力减少一般事故，有效防范较大以上事故，坚决遏制和杜绝重特大事故，实现朔州市安全生产持续稳定好转，为纪念抗日战争胜利 70 周年活动创造良好的安全生产环境。

### 二、组织领导

成立朔州市安全生产大检查领导组（以下简称市领导组），由市政府主要领导和各位分管领导组成，成员由市直有关部门主要负责人、各县区县区长、市开发区管委会主任组成。市领导组办公室设在市人民政府安委办，负责朔州市安全生产大检查工作的情况收集、汇总、梳理、通报、上报等工作。

为有效推进安全生产大检查，及时掌握各县区、开发区、各部门大检查进展情况，市政府安委办要专门成立督查组，组织对各县区、开发区、各部门大检查情况进行督查。

### 三、检查时间和范围

检查时间：2015 年 8 月 15 日—2015 年 10 月 15 日。

检查范围：朔州市各行业领域，重点突出危险品（易燃易爆、危险化学品、放射性物品）、煤矿、校车客车和旅游大巴等重点车辆、油气管道、城镇燃气、粉尘涉爆、涉氨制冷、消防和人员密集场所、建筑施工、电梯游乐设施等特种设备、非煤矿山、冶金有色、民爆、仓储、物流等行业领域，以及 2015 年上半年安全生产大检查和挂牌督办的隐患。

### 四、检查内容和分工

（一）共性内容。

1. 建立健全“党政同责、一岗双责、齐抓共管”的安全生产责任体系，实现“五级五覆盖”、企业“五落实五到位”，推进重点工作落实情况。

2. 贯彻落实新《中华人民共和国安全生产法》和《国务院办公厅关于加强安全生产监管执法的通知》（国办发〔2015〕20 号）要求，加强监管执法情况。

3. 严格落实企业主体责任，健全安全制度，落实安全投入，加强安全培训，领导干部现场带班，推进安全生产标准化建设等情况。

4.落实安全检查责任制，突出重点行业领域，加强安全管理，深入开展隐患排查治理，对查出的问题和隐患整改落实情况，以及“四不两直”方式暗查暗访制度建立情况。

5.严格执行事故查处挂牌和跟踪督办制度，对典型事故实行提级调查，从严从快查处各类事故，落实整改措施和责任追究情况。

6.建立健全预防自然灾害引发事故应急处置协调联动机制，落实汛期安全防范措施情况。

（二）重点行业领域检查内容和分工。

各行业管理部门是本行业安全生产大检查的牵头部门，具体组织本行业的安全生产大检查和对县区的督查，要结合本行业实际制订检查方案，具体制订检查的重点和内容。

1.危险化学品生产经营由市安监局负责组织。

（1）企业从事危险化学品生产、经营、储存、使用所应具备的各种安全生产证照是否齐全有效，新建项目是否进园区；

（2）企业《危险化学品生产经营（危险化学品）企业保障生产安全十条规定》的贯彻落实情况；

（3）动火、进入受限空间、检维修等作业环节安全生产管理制度制订和落实情况；

（4）规划设计总图布置合理规范，安全风险可控情况，重点是周边的安全距离与法规、标准规范的符合性，企业内部各装置、罐区之间是否存在距离不足、布局不合理，是否开展全面的风险评估以及风险的管控情况；

（5）项目工程建设期是否在设计、采购、施工等方面留下隐蔽性事故隐患；设计单位的资质情况，施工过程中隐蔽性工程的验收情况，投料开工前的“三查四定”（三查：查设计漏项、查工程质量、查工程隐患，四定：整改工作定任务、定人员、定时间、定措施）情况及存在问题的整改情况等；

（6）按照《危险化学品企业事故隐患排查治理实施导则》开展隐患排查治理工作情况；

（7）工艺运行和工艺纪律执行情况，巡回检查等制度落实情况；

（8）装置停、开工的安全条件确认和风险防控措施落实情况；

（9）重大机组、压力容器和压力管道等关键装置和部件的选型、材质与相关标准规范的符合情况及定期检测情况；

（10）安全设施的完好与运行情况，尤其是可燃和有毒有害气体泄漏报警系统运行情况，操作人员对检测报警系统的了解和掌握情况，紧急停车和联锁等系统的运行情况；

（11）按照《危险化学品重大危险源监督管理暂行规定》对重大危险源尤其是化学品罐区采取安全管理措施情况；重点是重大危险源是否配备压力、液位、流量等信息的不间断采集和监测系统以及可燃和有毒有害气体泄漏检测报警装置；化学品罐区是否实现单罐单堤（隔堤）的要求；

（12）事故应急预案制订和演练情况，应急救援器材、设备、物资配备使用情况；

（13）危险化学品销售装卸环节执行“十不准”情况；

（14）生产、储存、使用危险化学品的，是否根据危险化学品的种类、特性，在车间、库房等作业场所设置相应的监测、通风、防晒、调温、防火、灭火、防爆、泄压、防毒、消毒、中和、防潮、防雷、防静电、防腐、防渗漏、防护围堤或者隔离操作等安全设施设备，并按照国家标准和国家有关规定进行维护、保养，保证符合安全运行情况；

（15）爆炸物品、一级易燃物品、遇湿燃烧物品、剧毒物品的储存场所是否露天堆放，危险化学品贮存建筑物内输配电线路、灯具、火灾事故照明和疏散指示标志是否符合安全要求；贮存易燃易爆危险化学品的建筑，是否安装避雷设备，低、中闪点液体、一级易燃固体、自燃物品、压缩气体和液化气体存于一级耐火库房，毒害性腐蚀性危险化学品库房耐火是否低于二级，易燃易爆品库房耐火等级是否低于三级；

（16）储存危险化学品场所堆垛码放是否符合标准要求，主通道大于等于 180 厘米，支通道大于等于 80 厘米，墙距大于等于 30 厘米。

2.煤矿由市煤炭局、朔州煤监局负责组织。

（1）煤矿企业安全生产主体责任落实情况，主要查“四个到位”（安全投入到位、安全培训到

位、基础管理到位、应急救援到位)情况;落实“双七条”规定情况;矿井管理人员、特种作业人员按规定培训并持证上岗情况;

(2)安全监管主体责任落实情况,安全监管主体责任是否落实,是否做到无缝对接,“打非治违”、专项整治、隐患排查工作开展情况;各县区的“五人小组”对所包保的每座煤矿每周能否检查一次,能否认真履职,对违法违规生产行为是否依法做出限期整改、行政罚款、停产停建整顿等决定;

(3)以“一通三防”、防治水为重点的隐患排查及治理情况。是否严格执行瓦斯防治措施和规定,落实《朔州市煤矿瓦斯防治工作“十二条红线”实施办法》(朔煤发〔2014〕95 号)情况;煤矿水患治理工作是否严格执行《煤矿防治水规定》,是否按照《朔州市煤炭工业局关于全面加强朔州市煤矿防治水管理工作的通知》(朔煤发〔2014〕255 号)要求全面加强防治水管理工作;矿井内及周边、采掘作业面附近的采空区积水、积气是否摸清及“有掘必探、先探后掘”等措施落实情况。

3.消防和人员密集场所由市公安消防支队负责组织。

(1)建筑或者场所是否依法经消防设计审核、消防验收、消防设施检测,公众聚集场所是否在开业前办理《公众聚集场所投入使用、营业前消防安全检查合格证》;

(2)人员密集场所室内装修装饰材料是否符合消防安全要求;

(3)火灾自动报警系统、自动灭火系统、消火栓系统、机械防排烟系统是否运行正常,是否定期进行维护、检测;

(4)疏散通道、疏散楼梯和安全出口的位置、数量和宽度及疏散指示标志、应急照明灯的设置场所、位置、数量是否符合消防技术规范要求,疏散通道、安全出口是否畅通,常闭式防火门是否保持常闭状态;

(5)建筑平面布局是否符合规范要求,是否擅自改变建筑防火分区、占用防火间距,高层建筑管道井封堵等竖向防火分隔措施是否落实;

(6)窗口、阳台处是否违规设置金属栅栏等影响安全疏散和应急救援的障碍物;建筑物排烟外窗是否封堵,是否在建筑扑救面设置广告牌等影响灭火救援的障碍物;

(7)消防车通道是否畅通并符合登高作业等使用要求;

(8)单位消防安全责任人、消防安全管理人是否明确、责任是否落实;用火、用电、用气、用油等消防安全管理制度是否落实;消防控制室值班人员是否持证上岗,是否会熟练操作自动消防设施;疏散和灭火应急预案是否制订并定期组织演练;

(9)是否建立“户籍化”管理档案,是否落实“三项报告备案”制度,是否组织每月“四个能力”自查评估。

4.道路交通运输由市交通局负责组织。

(1)道路运输管理部门落实各项安全监管责任制度、认真履行“三关一监督”职责,突出检查长途客车、农村客车、旅游客车、危险货物品运输车、重型货车等重点车辆情况;

(2)道路运输动态监控平台(GPS)管理和使用情况;

(3)道路运输企业履行安全生产主体责任,开展安全生产隐患排查治理工作,特别是客运车辆旅游包车不按规定安装使用动态监控系统装置、不开展安全宣誓、不佩戴安全带、不执行夜间禁行和农村及山区道路限行规定情况;

(4)汽车客运站加强危险品查堵,落实“三不进站、五不出站”情况;

(5)运营公路桥隧安保设施情况,交通标志、标线是否齐全;

(6)危险化学品运输企业经营资质,罐式危险化学品货物运输车辆的安全状况,驾驶员、押运员、装卸人员等的从业资格培训、考试、发证情况及掌握必需专业知识、应急处置知识情况。

5.道路交通行车秩序由市公安局交警支队负责组织。

(1)以客车、校车、大型货车、危险品运输车、农村面包车等“五类车”为重点,车辆安全性能排查情况;

(2)以客车、货车、校车驾驶人等“三类驾驶人”为重点,全面排查驾驶人安全隐患情况;

(3)事故易发多发的重点路段隐患排查治理情况；

(4)查处超限超载、超速行驶、酒后驾驶等交通违法行为情况；

(5)易燃、易爆、剧毒危险货物运输管控措施到位，符合相关规定情况；

(6)危险化学品运输通行路线规划情况；

(7)制订危险化学品安全运输方案，对危险货物运输规定路线、时段，特别是及时掌握重点危险路段、隧道、桥梁、涵洞的通行状况情况和采取相应措施情况。

6.城镇燃气由市住建局负责组织。

(1)城镇燃气安全专项整治情况；

(2)执行燃气安全技术规范、操作规程，落实燃气经营者指导用户安全用气责任落实情况，特别是针对城镇燃气中存在的老旧管网、违章压占管线、安全间距不够和与市政管网交叉带来的安全隐患等问题，加大排查治理力度和进行实时监控，采取切实可行措施消除各类隐患情况。

7.长输油气管网由市发改委负责组织。

(1)执行《中华人民共和国石油天然气管道保护法》情况；

(2)管网建设是否符合有关安全规划和安全标准情况；

(3)协调处理本行政区域管道保护的重大问题，指导、监督有关单位履行管道保护义务，依法查处危害管道安全的违法行为情况；

(4)2015年挂牌督办隐患整改情况；

(5)管道企业遵守安全生产规章制度和操作规程情况。

8.建筑施工由市住建局负责组织。

(1)加强施工现场安全管理，排查治理起重机、物料提升机、施工升降机、吊笼、脚手架等设施设备安全隐患，落实防坠落、物体打击、触电、倒塌措施情况；

(2)查处违反法定建设程序和违法分包、转包、挂靠等行为情况；

(3)加强对隧道施工安全检查情况；

(4)设计、施工、监理单位安全管理情况。

9.特种设备由市质监局负责组织。

(1)特种设备安全法律法规执行情况；

(2)特种设备设计、生产、使用、维修、检测检验安全监管情况；

(3)特种设备作业人员持证上岗情况。

10.冶金、机械、有色、建材、轻工、纺织、烟草等行业由市经信委、市安监局负责组织。

(1)冶金企业煤气区域作业安全专项治理和煤气区域自动监测报警连锁专项改造情况；

(2)冶金等企业有限空间作业安全专项治理情况；

(3)冶金、有色、机械(铸造)等行业企业高温液态金属吊运、厂内运输作业安全专项治理情况，铁水罐、钢水罐等熔融金属生产设备设施及附件的检测检验情况；

(4)冶金等企业粉爆场所作业安全专项治理情况；

(5)冶金等企业涉氨制冷企业液氨使用专项治理情况；

(6)粉尘涉爆：重点打击违规使用可燃性彩色粉尘行为，整治作业场所违反《严防企业粉尘爆炸五条规定》(国家安全监管总局令第68号)存在除尘系统未采用泄爆措施、粉尘清理不及时等问题。

(7)烟草生产和仓储企业贯彻落实《烟草仓库安全技术管理暂行规定》的情况，重点检查仓库的安全管理组织、规章制度的落实情况；仓库安全监控、消防设施的配备及运行情况。

11.金属非金属矿山由市安监局负责组织。

(1)露天矿山实行分台阶开采、中深孔爆破情况；

(2)汛前专项检查工作推进和落实情况；

(3)治理采矿工程非法外包等安全隐患和问题整改情况。

12.电力由市经信委负责组织。

(1)电力建设项目安全监管情况；

(2)隐患排查治理情况；

(3)电力安全生产标准化达标评级情况；

(4)专项整治和隐患排查治理等专项行动重大隐患“清零”情况。

13.民爆由市经信委、市公安局负责组织。

(1)民爆生产经营单位依法依规生产情况；

(2)整合后的生产经营企业,是否按照国家工信部统一规范,对民爆物品及原材料生产、购销、储运及应用等环节实行“统一规划、统一制度、统一标准、统一财务、统一市场”管理;

(3)重大危险源监测监控情况;

(4)隐患排查治理情况;

(5)民爆企业安全标准化建设情况。(以上由市经信委负责)

(6)运输环节审批、装车、发货、运输、卸货等管理制度落实情况;

(7)储存环节安全规范、治安防范、购销手续、流向登记等管理制度落实情况;

(8)使用环节领用登记、守卫看护、操作规程、岗位职责等管理制度落实情况;

(9)从严查处违法违规运输、储存、使用行为,堵塞管理漏洞、消除安全隐患情况;

(10)严密排查私制、私存、私用爆炸物品行为情况。(以上由市公安局负责)

14.烟花爆竹由市安监局负责组织。

(1)烟花爆竹批发企业。主要检查:①仓库区设置和库房布局是否符合规定要求,库区外部安全距离、库房内部安全距离以及值班室设置是否符合相关规定,库区及库房是否有醒目安全标志、标识。②防爆、防火、防雷、防静电安全设施是否齐全。③库区视频监控设施是否完好,有无高压线路穿越库区。④日常仓库管理是否存在经营超标、违禁、非法产品,违法违规出租、转让仓库等问题;是否存在超许可范围经营及向零售点销售专业燃放类产品;仓库是否存在超量存储、堆放超高以及通道堵塞现象,库内产品堆码是否整齐,相关距离是否符合规定要求;人员和车辆进出库区登记、库区值班值守科库房定期巡查制度是否落实。⑤是否按规定严禁购买和销售未张贴流向登记标签的产品,购买产品是否签订有规范的买卖合同,合同中是否详细标明购进产品名称、规格、数量等信息。

(2)烟花爆竹零售点。主要检查:①零售点设置是否存在与居民居住场所在同一建筑物内现象,是否符合“前店后宅、上店下宅”;零售点与学校、幼儿园、医院、集贸市场等人员密集场所和加油站等易燃易爆物品生产、储存设施等重点建筑物是否保持在100米以上的安全距离。②乡村长期零售点在淡季专柜经营时,专柜与其他柜台是否保持一定距离,且安全通道畅通。③零售场所是否张贴明显的安全警示标志。

15.邮政企业、快递由市邮政管理局负责组织。

检查邮政企业、快递企业主体责任落实情况,安全管理制度执行情况,以邮件处理中心、快件分拨中心和员工集体宿舍等场所为重点开展消防安全专项整治;重点检查邮件、快件仓储环节安全管理,特别是有毒有害、危险品发放、储存安全管理。

16.铁路货运由驻朔铁路货运管理部门负责组织重点检查铁路货运站场危险物品的储存、搬运安全管理制度的建立和执行情况,是否对仓储的危险物品进行分类存放,是否进行风险评估。

17.农业机械由市农机服务中心负责组织。

(1)农业机械证照申领情况,规范牌证核发措施和落实情况;

(2)防范驾驶员超速、超载、非法载客、无证驾驶、违章操作和无牌行驶等违法行为的措施和落实情况;

(3)拖拉机、联合收割机参加年度检验情况,驾驶员参加审验和安全学习情况。

18.水利由市水务局负责组织。

(1)水库安全责任制和防洪措施的落实情况;

(2)闸门及启闭设备、防汛道路、抢险物料储备情况;

(3)大坝安全监测、水雨情测报和通信预警设施的建设与完善情况;

(4)病险水库除险加固和度汛方案的要求安排施工情况。

19.林业由市林业局负责组织。

(1)林区防火工作情况;

(2)林区应急预案及应急演练情况;

(3)安全生产责任制、规章制度的建立健全和执行情况;

(4)事故隐患监控和整改情况;

(5)林区各类企业和生产设施的安全生产监管情况。

20.商贸、物流由市商务局负责组织。

(1)企业员工安全教育培训情况；消防设施运行，灭火器材的配置情况；电气线路敷设及电气设备运行情况；安全出口、疏散通道设置等情况；

(2)人群集中的农贸市场、商场、超市等场所的安全生产经营管理情况，是否结合实际制订应对突发事件应急预案，规范促销方式，采取有效措施，防火、防挤、防人为破坏，杜绝发生安全事故；

(3)成品油市场的安全管理情况；

(4)物流及其仓储企业现场安全管理情况，特别是危险物品仓储现场安全管理制度制订和落实情况。

21.私挖滥采和违法占地由市国土局负责组织。

(1)打击非法违法采矿行为情况；

(2)查处超层越界违法采矿行为情况；

(3)制止尾矿库(排土场)违法占地行为情况；

(4)落实关闭矿(井)标准，关实关死，杜绝盗采资源行为情况。

学校、旅游、邮政、电信、人防、医疗、卫生、文化、体育、粮食等其他行业领域根据各行业特点和实际，结合上级行业管理部门要求，自行制订检查内容，组织安全生产大检查。

## 五、检查方式和步骤

(一)全面排查。

1.各县区、开发区、市直各有关部门要结合实际制订工作方案，立即启动安全生产大检查，全面开展自查自纠。

2.各县区政府、市开发区管委会要认真履行属地监管责任，组织对辖区内所有生产经营单位进行全覆盖检查。市直各有关部门组织对本行业领域进行全面检查。

(二)集中整治。

1.实行联合执法、集中整治，依法整改消除一批重大隐患，停产整顿一批严重违规违章企业，关闭取缔一批非法违法生产经营单位，严厉惩处一批非法违法单位责任人。

2.加强督促检查，开展“四不两直”暗查暗访，推动各项工作措施落实到位。

(三)巩固提升。

1.对大检查查出的隐患整改落实情况进行“回头看”，对已责令停产整顿、关闭取缔的企业逐一复查。

2.各县区、开发区、市直各有关部门对安全生产大检查情况进行全面总结，针对突出问题制订有力措施，推动建立安全生产长效机制。

## 六、工作要求

(一)加强组织领导。各级各有关部门要深刻汲取天津滨海新区“8·12”爆炸事故教训，高度重视危险物品流通、仓储、道路运输环节安全管理，充分认识开展安全生产大检查的重要意义，要把安全生产大检查与当前“打非治违”和深化专项整治工作有效结合起来，把这项工作作为当前安全生产工作的中心任务。本次安全生产大检查要以各县区、开发区为单元，成立由区县主要领导牵头、分管领导带队的安全生产大检查领导组，制订具体实施方案，精心组织实施，确保工作到位、措施到位，严防搞形式、走过场。

(二)加大隐患整改。要澄清基数、夯实基础、摸清底数，对大检查中排查出的安全隐患要逐项登记造册，建立隐患排查数据库。特别是危险化学品行业，生产的各个环节，以及与危化有关的行业，必须对隐患问题进行逐项整改，不整改的不离开，不落实整改通知的单位要一律停产整顿。市政府安委办要健全和落实重大隐患公告公示、挂牌督办、跟踪治理和逐项整改销号制度。一般隐患要立即整改，各县区、开发区对不易或一时不能整改的要上报市政府安委会进行挂牌督办。存在重大隐患的企业要停工停产进行整改，隐患整改要坚持整改责任、措施、资金、期限和应急预案“五落实”。

(三)强化安全执法。坚持对非法违法行为和重大安全隐患“零容忍”，一经发现，坚决采取“四个一律”和停产、停建、停电、停供、扣押、关闭等强制执法措施，做到从严查处、打击到位。

(四)加强宣传报道。加强宣传引导，充分利用各种媒体，采取各种方式，加大先进典型经验交流推广和反面典型案例曝光力度，加强示范引领和警示教育，普及安全知识，提高全民的安全意识。

(五)强化督查督导。各县区、开发区、市直各有关部门要创新工作方式，采取暗查暗访、随机抽查、“回头看”检查、交叉检查,通过实行联合执法、案件移送、公布“黑名单”、事故提级调查、集中曝光警示等多种方式,深查问题,彻查隐患,督促整改到位。一把手在大检查中要亲自带队,采取“四不两直”方式进行督查和突查,促进大检查工作有效开展。

(六)及时报送信息。各县区政府、市开发区管委会、市直有关部门要于2015年8月18日前将大检查方案报市政府安委办,每月10日前报送上月安全生产大检查工作进展情况及发现的较大隐患的书面材料及电子版。2015年10月15日前将大检查总结报市政府安委办。

朔州市人民政府

2015年8月14日

## 朔州市人民政府关于加强乡镇综合文化站管理的若干意见

**朔政发〔2015〕41号**

为进一步提升乡镇(街道)综合文化站服务,加快构建农村现代公共文化服务体系,根据《中共中央办公厅、国务院办公厅关于加快构建现代公共文化服务体系的意见》(中办发〔2015〕2号),《乡镇综合文化站管理办法》(文化部令第48号——中宣部、中央文明办等四部门《关于加强基层宣传思想文化工作的意见》以及财政部相关文件精神和《朔州市创建国家公共文化服务体系示范区规划2013—2015年》精神,结合朔州市实际,现就加强乡镇综合文化站管理提出如下意见。

### 一、加强乡镇(街道)综合文化站管理的重要意义

乡镇(街道)综合文化站是农村文化建设的重要平台,是党和政府开展农村文化工作的基本阵地,是保障广大农民群众基本文化权益的重要基础。近年来,朔州市不断加大农村文化设施建设投入,朔州市乡镇综合文化站设施建设已基本完成,农村文化活动场所实现全覆盖,有效改善农村文化面貌。但乡镇(街道)综合文化站普遍存在管理机制不顺、人员队伍不稳、经费投入不足、服务能力不强的问题,已经成为制约朔州市农村文化建设的瓶颈和短板。因而,迫切需要进一步明确乡镇(街道)综合文化站性质职能,理顺管理体制,强化队伍建设,严格管理职责,提升综合服务能力,全面夯实农村公共文化建设基础,这对于加快构建朔州市现代公共文化服务体系,保障农村群众享受基本公共文化权益,推进农村经济社会发展,实现公共文化服务标准化、均等化具有重要意义。

### 二、明确乡镇(街道)综合文化站性质职能及服务方式

(一)性质和职能。乡镇(街道)综合文化站是由县级或乡镇人民政府设立的公益性文化机构。基本职能是社会服务、指导农村基层文化建设、落实文化惠民政策、协助管理农村文化市场。

(二)服务方式。

1.乡镇综合文化站开展的服务主要是举办各类展览讲座,组织开展群众喜闻乐见的文体活动和广播、电影放映活动;

2.指导村文化室和农民自办文化组织建设,辅导和培训群众文艺骨干;

3.协助县级文化馆、图书馆等文化单位配送公共文化资源,开展流动文化服务,保证公共文化资源进村入户;

4.开办图书室,开展群众读书读报活动,为当地群众提供图书报刊借阅服务;

5.开展数字文化信息服务;

6.搜集、整理非物质文化遗产,开展非物质文化遗产的普查、展示、宣传活动,指导传承人开展传习活动;

7.协助县级文化行政部门开展文物的宣传保护工作;

8.协助县文化行政部门做好农村文化市场管理及监督工作。

### 三、理顺乡镇(街道)综合文化站管理体制

(一)完善管理体制。乡镇(街道)人民政府负责对综合文化站的日常管理,要强化综合文

化站设施、资产、人员的管理，建立健全服务制度和管理制度，完善激励、约束机制和岗位目标责任制，逐步形成长效工作机制。县区文化主管部门要加强对乡镇(街道)综合文化站监督和检查。县区文化馆、图书馆等相关文化单位要定期到乡镇综合文化站开展对口业务，指导和辅导工作，加强协作，形成合力，提高文化站服务农村群众的能力。

(二)配好文化管理人员。要整合乡镇人员编制，在现有编制总量内，将“每个乡镇综合文化站(中心)编制配备不少于1至2名，规模较大的乡镇适当增加”的要求落实到位。乡镇(街道)综合文化站站长应由在编人员担任，由乡镇(街道)人民政府任命或聘任，并事先应征求县级文化行政部门的意见。如站长为乡镇副职担任的，需另配1名在职或政府购买公共文化服务人员担任专职文化管理人员。要为每个行政村设有1个政府购买的公共文化服务公益岗位，吸引乡土文化能人，引导大中专学生向农村流动，从事农村文化协管员、文艺辅导员等工作。

**四、突出乡镇(街道)综合文化站管理服务重点**

(一)突出综合功能。乡镇(街道)综合文化站应包括多功能活动厅、书刊阅览室、培训教室、文化信息资源共享工程基层点和管理用房，以及室外活动场地、宣传栏等配套设施。配置开展公共文化服务必需的设备、器材和图书等，并有计划地予以更新、充实。设施和设备必须按照国家有关规定办理资产登记及相关手续，依法管理，确保国有资产安全、完整和有效使用。有条件的乡镇(街道)综合文化站可建设影剧院、体育馆和县公共图书馆乡镇(街道)分馆。

(二)加强岗位人员培训。建立和完善乡镇(街道)综合文化站岗位规范，从业人员要具备组织群众文化活动等多方面的服务能力，并熟悉广播电视技术。要建立培训上岗制度，县区文化行政部门负责对文化站从业人员进行定期培训，各级文化培训机构、群艺馆、文化馆、图书馆、艺术学校、艺术院团等具体承担人员培训任务，全面提高从业人员素质。

(三)推动村级文化建设。乡镇(街道)要大力推进行政村文化阵地建设，统筹建设集宣传文化、党员教育、科技普及、普法教育、体育健身等多功能于一体的农村综合文化服务中心，突出农家书屋阅览、公共数字文化服务、广播服务、文艺演出等公共文化服务。乡镇(街道)综合文化站要加强对本区域农村文化协管员、文艺辅导员工作的指导，充分利用农村综合文化服务中心阵地设施，大力发展农村自办文化队伍，开展文化活动。

(四)创新群众文化活动载体。乡镇(街道)综合文化站要按照“业余自愿、健康有益、便捷长效”的原则，依托传统节日、重大节庆和当地民间文化资源，创新文化活动理念，精心策划群众喜闻乐见、互动性强的文化活动载体，引导农村群众文化活动健康、规范、有序开展，让广大群众“唱主角”。市、县(区)文化部门要运用“三下乡”“四进社区”和文化进万家、送欢乐下基层等载体，深入农村开展文化活动。同时，实施市县(区)文化部门与农村文化建设“结对子”工程，培养农村文化人才，实现“送文化”向“种文化”转变，增强农村文化的“造血功能”，不断满足农村群众的精神文化需求。

(五)强化文化惠民工程的管理监督。乡镇(街道)综合文化站负有监督市县级文化单位落实文化惠民工程和开展流动文化服务的责任，“送戏下乡”、农村电影放映、电子阅览室建设、广播电视村村通等文化惠民工程、图书馆和文化馆开展的流动服务、文化志愿服务以及政府为农村购买其他文化服务的服务回执应当经乡镇(街道)综合文化站站长签字确认。

**五、严格乡镇(街道)综合文化站经费管理和使用**

(一)完善经费保障机制。各县区要进一步完善农村文化建设投入保障机制，建立农村文化建设专项资金，并随经济增长逐年增加经费投入。乡镇(街道)综合文化站的建设、维修、日常运转和业务活动所需经费，应列入县乡人民政府基本建设投资计划和财政预算，不得随意核减或挪用。要把农村公共文化产品和服务项目、公益性文化活动纳入公共财政经常性支出预算，足额配套乡镇（街道）综合文化站免费开放服务保障经费，足额到位各项文化惠民工程所需配套经费。

（二）严格资金管理。各县区要建立“乡镇（街道）综合文化站专项资金专账”，涉及乡镇和农村文化建设的各专项经费由财政直接拨到专账进行存储和管理。

（三）明确资金使用范围。乡镇（街道）综合文化站免费开放经费用于公共设施场地正常运转和基本服务项目。农村文化建设专项资金用于农家书屋建设、农村文化活动、体育活动、文化信息资源共享工程等农村公共文化服务项目。乡镇综合文化站免费开放保障经费和农村文化建设专项资金应专款专用，不得截留、挪用和平调他用。县区文化主管部门要加强对乡镇（街道）综合文化站专项资金使用情况的监督。

（四）完善经费使用程序。乡镇（街道）综合文化站免费开放保障经费和农村文化建设专项资金的使用实行报账制。县级财政部门应当会同文化主管部门完善专项资金管理和使用有关规定，按照“村级申报、乡镇初审、县级审核拨付”的方法，确保专项资金落到实处。

**六、健全乡镇（街道）综合文化站考评体系**

（一）完善政府部门考核机制。市、县（区）政府要把农村文化建设作为重要工作目标任务，并纳入年度考核范围，对乡镇政府（街道办事处）进行考核，作为衡量乡镇领导班子和领导干部工作业绩的重要依据。市、县（区）文化主管部门要加大对乡镇（街道）综合文化站的日常监督、检查力度，对文化站年度目标任务完成情况进行考核，考核结果报同级政府。

（二）引入群众满意度测评。建立群众评价和反馈机制，研究制订群众满意度测评指标体系，引入第三方对乡镇（街道）综合文化站服务进行测评，其结果作为考核评价乡镇政府（街道办事处）以及综合文化站工作业绩的重要依据。

朔州市人民政府
2015 年 8 月 19 日

## 朔州市人民政府<br>关于规范市政府部门行政审批行为<br>改进行政审批有关工作的实施意见

朔政发〔2015〕45 号

各县、区人民政府，市开发区管委会，市直各有关单位：

根据《山西省人民政府关于规范省政府部门行政审批行为改进行政审批有关工作的实施意见》（晋政发〔2015〕15 号）精神，为进一步深化行政审批制度改革，规范行政审批行为，改进行政审批工作，解决审批环节多、时间长、随意性大、公开透明度不够等问题，进一步提高政府工作效率和为人民群众服务水平，结合朔州市实际，现就规范市政府部门行政审批行为，改进行政审批有关工作提出如下实施意见。

**一、总体要求**

以邓小平理论、“三个代表”重要思想、科学发展观为指导，认真贯彻落实党的十八大和十八届二中、三中、四中全会精神，深入学习贯彻习近平总书记系列重要讲话精神，按照省委、省政府决策部署和“六权治本”要求，深入推进简政放权、放管结合，加快转变政府职能，坚持依法行政，规范行政审批行为、提高审批效率，激发市场社会活力、营造公平竞争环境，减少权力寻租空间、铲除滋生腐败土壤，确保行政审批在法治轨道运行，进一步提升政府公信力和执行力，建设法治政府、创新政府、廉洁政府和服务型政府。

——坚持依法审批。严格落实行政许可法和有关法律法规，规范行政审批受理、审查、审批、办结、告知等各环节，确保行政审批全过程依法有序进行。

——坚持公开公正。依法全面公开行政审批信息，切实保障申请人知情权，规范行政裁量权，实行“阳光审批”。

——坚持便民高效。减少审批环节，简化审批程序，优化审批流程，依法限时办结，进一步缩短办理时间，加快审批进程，提高审批效率。

——坚持严格问责。加强对行政审批行为的监管，建立健全监督机制。对行政审批过程当中庸政懒政怠政等“不作为、慢作为”问题要严肃问责。对滥用行政审批权、吃拿卡要等违法违纪行为，坚持有案必查、有腐必反、有贪必肃。

## 二、规范行政审批行为，改进行政审批工作

（一）严格落实“一个窗口”受理制度。承担行政审批职能的部门或单位要将行政审批事项集中到“一个窗口”受理，申请量大的要安排专门场所。推行网上集中预受理和预审查，创造条件推进网上审批。选派业务骨干或职能科室负责人承担窗口受理工作。制订服务规范并张贴在醒目处，对窗口人员仪容举止、工作纪律、文明用语等进行规范，不断提升窗口服务质量。

（二）严格落实受理告知制度。各有关部门对申请材料符合规定的，要予以受理并出具受理单；对申请材料不齐全或不符合法定形式的，要当场或在五个工作日内一次性书面告知申请人需要补正的全部内容。依法应当先经下级行政机关审查后报市政府部门或单位决定的行政审批事项，不得要求申请人重复提供申请材料。

（三）严格落实办理时限承诺制度。各有关部门要对行政审批事项按即办件、承诺件进行分类管理，精简审批环节，扩大即办件的范围和数量，优化承诺件的审批流程。即办件要“立等可取”。承诺件要依法依规明确并公开承诺办理（含法律、法规、规章规定的专家论证、听证、现场勘查等环节）时限，在承诺时限内对申请事项做出决定。不得以任何理由自行延长审批时限。依法可延长审批时限的，要按程序办理。要提高审批效率，对政府鼓励的事项建立“绿色通道”，进一步压缩审批时限。对批准的事项，要在法定期限内向申请人送达批准文书；不予批准的，要在法定期限内出具书面决定并告知理由。

（四）大力精简行政审批环节。各有关部门要按照便民、高效的原则，科学优化审批流程，大力精简审批环节，行政审批事项较多或办件量相对较大的部门要将分散在多个内设机构的行政审批职能、行政审批事项相对集中，将一般事项审批权限下放给窗口或政务大厅审查人员，提高窗口或政务大厅办结率。对法律、法规、规章没有明确规定的专家论证、听证、现场勘查等审批环节逐步取消，杜绝部门借加强管理之名，擅自增加审批环节和条件。对省政府部门行政审批事项，法律法规未明确需由县初审或审核的，逐步由市政府部门直接受理。

（五）完善审批事项服务指南。各有关部门要修订完善所承担的每项行政审批事项的服务指南，详细列明设定依据、申请条件、申请材料、基本流程、审批时限、收费依据及标准、审批决定证件、年检要求、注意事项等内容，并附示范文本以及常见错误示例，做到具体详实、一目然，内容发生变更时要及时修订。服务指南摆放要方便申请人取用，并在部门网站显著位置公布，提供电子文档下载服务。编制服务指南工作要结合本系统省级部门有关要求，加强对本系统下级部门的指导，力争实现朔州市同一行政层级相同部门行政审批事项的数量、名称、申请条件、申请材料、办理流程、收费依据及标准等基本统一。

（六）制订审查工作细则。各有关部门要牵头制订本部门、本系统行政审批事项审查工作细则，逐岗位落实责任，逐项（含子项）细化明确审查环节、审查内容、审查标准、审查要点、注意事项及不当行为需要承担的后果等，严格规范行政裁量权。审查人员要遵守行政审批有关规定，严格按细则办事，不得擅自增设或减少审批条件、随意抬高或降低审批门槛。

（七）探索跨部门联审联批。探索完善集中审批，逐步建立与“一站式”集中审批服务体制相适应的运行机制。依托政府政务服务平台，对多部门共同实施的行政审批事项，要采取“牵头协同、信息共享、资料互认、关联审批、超时追责”的办法进行流程再造，明确一个牵头部门，制订跨部门联审联批制度，实行“一个窗口”受理、“一站式”审批。相关部门收到牵头部门的征求意见函后，应当及时研究，按时答复。重大投资项目审批等重要行政审批事项，要率先探索联合审批的制度和办法，需要实行并联审批的，不得互为前置条件。

(八)规范前置审批及中介服务。各有关部门要严格落实国务院“五个一律”要求,全面清理本系统审批项目的前置审批及中介服务。对法律法规有明确规定的确需保留的前置审批,统一制订目录,并向社会公布。凡未列入保留目录的,不得作为前置条件实施。企业需要中介服务的,由企业自主选择。建立行政审批中介服务监管平台,严格依法加强监管,破除中介服务垄断,切断中介服务利益关联,规范中介服务收费,引导制订行业服务标准,促进中介服务市场健康发展。

**三、加强审批信息公开,强化制约监督问责**

(一)主动公开行政审批信息。除涉及国家秘密、商业秘密或个人隐私外,各有关部门要主动及时公开本部门行政审批事项目录及有关信息,及时、准确公开行政审批事项的受理、进展情况和结果等,主动接受群众、社会和新闻媒体的监督,实行“阳光审批”。各有关部门调整行政审批事项设定依据、具体承办科室(单位)、审批对象、审批流程等内容,须报市审改办(市编办,下同)同意后,在部门门户网站、政务大厅等及时予以公布。对现有行政审批事项提出取消和调整等改革意见的,须经市审改办审核并报市政府同意后,在部门门户网站、政务大厅及新闻媒体等及时予以公布。

(二)依法保障申请人知情权。各有关部门要切实履行告知义务,通过设立咨询台、在线应询、热线电话、电子邮箱等方式,及时提供全程咨询服务,确保申请人知情权。对申请人提出的是否受理、进展情况、未予批准原因等问题,要有问必答、耐心说明。难以即时答复的,要明确答复期限。未予批准的,要在决定书中告知申请人依法享有申请行政复议或提起行政诉讼的权利。

(三)强化监督检查。各有关部门要建立健全内部监督机制,定期对经办人员及相关负责人进行培训、考核、检查和评定,加大对申请人知情权落实情况、审批时限执行情况、违规操作及不当行为等的自查力度。要建立健全申请人评议制度,向社会公布本部门举报投诉电话、电子邮箱等,主动接受社会监督。要强化电子监察,各有关部门要将每项行政审批事项、每个审批环节的审批结果传输给电子监察系统,实现对行政审批过程全程监控。要严格执行审批时限预警制,对超时办结事项继续实行红牌警告,对不按规定报送行政审批数据的行为要及时告诫。有关部门要探索实行行政审批绩效管理,健全规范行政审批行为相关考核制度。市审改办要联合相关部门不定期进行抽查检查,适时组织考核评定。

(四)严格责任追究。各有关部门要严格按照已公布的行政审批事项目录实施行政审批,任何部门不得在已经公开的目录之外实施其他行政审批,切实维护行政审批事项目录的严肃性、规范性和权威性。对行政审批过程当中庸政懒政怠政等“不作为、慢作为”问题要及时予以纠正,情节严重的要严肃问责。对滥用行政审批权、吃拿卡要等违法违纪行为,要坚持有案必查、有腐必反、有贪必肃,严格追究具体承办人员及相关负责人的责任。造成重大损失或影响的,追究部门负责人的责任;涉嫌犯罪的,移送司法机关依法查处。

(五)开展绩效评估。各有关部门要科学制订绩效考评指标,从执行政策、信息公开、规范运行、改革创新等方面,细化、量化考评指标,建立共性指标与个性指标相结合、过程指标与结果指标相结合的指标体系,探索引入第三方机构科学评估行政审批制度改革成效,增强考评的针对性、有效性和公平性。

**四、加强组织领导,狠抓工作落实**

(一)高度重视。规范行政审批行为、改进行政审批工作,是深入推进简政放权、放管结合,加快政府职能转变的重要内容,是转变政风、密切联系群众的重要举措,是净化政治生态、实现弊革风清、促进富民强市的有力保障。各有关部门作为规范行政审批行为、改进行政审批工作的责任主体,要切实把这项工作摆上重要议事日程,主要负责同志要亲自负责,专题研究,精心组织,扎实推进,以实实在在的改革成效取信于民。

(二)建立机制。各有关部门要建立相应工作机制,进一步明确本部门行政审批制度改革工作牵头科室或单位，制订工作计划，明确责任分工，形成工作合力。市审改办要加强与部门的沟通联系，做好指导协调和服务工作，及时跟踪了解进展情况，定期向市政府报告。

（三）狠抓落实。各有关部门要结合部门实际，修订完善行政审批事项服务指南、受理告知制度、办理时限承诺制度、内部监督制度等，制订审查工作细则、绩效考核制度、申请人评议制度、联审联批制度等制度规范，于 2015 年 12 月底前送市审改办备案。每季度初，各有关部门要将上季度行政审批事项按时办结情况书面送市审改办。每年 1 月底前，各有关部门将上年度工作落实情况书面送市审改办，报市政府同意后予以通报。对各有关部门落实情况，市政府将适时组织督查。

各县（区）人民政府可参照本实施意见，结合本地实际，研究制订规范行政审批行为、改进行政审批工作的意见或办法。

朔州市人民政府

2015 年 9 月 2 日

## 朔州市人民政府<br>关于进一步加强和规范公共资源交易管理工作的意见

**朔政发〔2015〕48 号**

各县、区人民政府，市开发区管委会，市直各有关单位：

为深入贯彻党的十八大和十八届二中、三中、四中全会精神，推进公共资源交易领域改革，规范公共资源交易行为，加强预防腐败体制机制建设，为朔州市经济社会发展创造良好环境，根据《国务院办公厅关于印发整合建立统一的公共资源交易平台工作方案的通知》（国办发〔2015〕63 号）和《山西省人民政府办公厅印发关于整合建立统一规范的公共资源交易平台实施方案的通知》（晋政办发〔2015〕80 号）精神，按照市委、市政府统一部署，现就进一步加强和规范朔州市公共资源交易管理工作提出以下意见：

### 一、指导思想

以党的十八大和十八届二中、三中、四中全会精神为指导，坚持管办分离、集中交易、依法监管、公开透明原则，以建设统一平台、整合共享资源、统一制度规则、规范交易流程、完善监管体制为重点，着力构建规范高效、竞争有序的公共资源交易管理体制和运行机制，提高公共资源配置的质量和效益，约束和规范权力运行，提升政府公共服务能力和水平。

### 二、基本原则

——坚持依法交易的原则，确保各项交易和管理活动有法可依、有章可循；

——坚持公开、公平、公正和诚实守信的原则，杜绝暗箱操作，维护社会公共利益和市场参与各方利益，促进公平有序竞争；

——坚持统一、高效和方便市场主体的原则，各项公共资源交易活动统一进场，规范高效运作，真正实现“一个窗口受理、一站式服务、一个场所办结”的目标；

——坚持监管和操作分离的原则，部门依法监管，中心规范操作，净化市场环境，打造阳光平台。

### 三、总体目标

2015 年底前，整合分散的工程建设项目招标投标、土地使用权和矿业权出让、国有产权交易、政府采购等各类涉及公共资源交易活动的专业交易平台，建立朔州市统一的公共资源交易平台。实现统一规章制度、统一交易登记、统一信息发布、统一时间安排、统一场地安排、统一抽取专家、统一收取费用、统一交易规则、统一现场监管、统一资料管理、统一电子监察监控、统一发放中标通知，形成规则统一、公开透明、服务高效、监督规范的公共资源交易平台体系。

2016 年底前，充分利用“互联网+”的现代科技，基本实现各类公共资源交易电子化、网络化。市公共资源交易中心与省级公共资源交易电子系统对接，实现省、市电子公共服务系统互联互通，共享市场信息和监管信息等。

## 四、管理体制

成立朔州市公共资源交易管理工作领导小组，负责朔州市公共资源交易工作的领导和协调。领导小组下设办公室，负责朔州市公共资源交易日常工作以及市场管理、交易过程监督和交易中心内部管理，具体职责包括：统筹管理朔州市公共资源交易市场，协调督促各类应进事项进场交易；整合交易流程，建设公共资源交易电子监察系统，强化交易全过程的监控；制订统一的管理服务标准和细则，对进场各交易环节进行服务质量考评，督促各专业交易不断提高服务标准和质量；汇总交易情况，通报工作进展，协助各部门开展监管工作，协助有关部门查处公共资源交易活动中的违法违纪行为。

设立市公共资源交易中心，该中心不具备公共资源交易的行政监管职能，是为公共资源交易活动提供全过程服务的机构。主要负责公共资源交易平台的各项具体服务及现场秩序管理，包括受理登记各类交易项目，安排开评标时间、场所，发布交易信息、中标公告，负责公共资源交易及电子监察系统的日常运行和维护，管理交易大厅、开评标场所秩序，全程记录和保管交易音像资料，完成公共资源交易的其他职责。

市直有关部门按照国家法律法规赋予的监管职能，对各类公共资源交易活动进行行政监管。监察机关依法依纪对相关行政监督部门履行职责情况进行监察，严肃查处国家机关工作人员在公共资源交易活动中的玩忽职守、滥用职权、徇私舞弊等行为。

## 五、交易事项

先期市工程建设交易中心整建制进驻市公共资源交易中心办公，市政府采购中心、市土地矿产交易中心等其他具有公共资源交易职能的单位在市公共资源交易中心设置办事窗口，有交易事项时派驻相关人员进场交易。待市公共资源交易中心场所扩大、运行机制理顺后，除国家法律法规有特殊规定的交易事项外，朔州市范围内下列交易事项，全部进入公共资源交易平台进行公开交易，对应进未进项目的交易结果不予认可。

(一)依法必须公开招标的新建、改建、扩建项目(包括房屋、水利、交通、公路、市政、园林、信息、装饰装修、消防、人防、供水、供气、供热、管线铺设等领域)勘察、设计、施工、监理单位的选定以及与项目有关重要设备和材料等的采购，建设工程项目的分包活动等。具体标准由各行政监督部门制订。

(二)国家机关、事业单位和团体组织(不含民间组织)使用财政性资金，采购集中采购目录以内的或者采购限额标准以上的货物、工程和服务项目。

(三)采用招标、拍卖、挂牌方式公开转让、出让的土地使用权和矿业权交易项目。

(四)国有(集体)产权及股权转让。

(五)其他需要进场交易的事项。

市级公共资源交易实行目录管理。各行业监督部门拟定本行业公共资源交易详细目录，并根据法律法规等有关规定适时调整。

## 六、交易流程

整合共性交易流程，优化流程设计，形成统一、规范的业务操作流程和管理制度。

(一)统一受理登记。进入市公共资源交易平台的各类交易项目，经市公共资源交易中心统一受理登记后，按项目类别分转工程建设项目招投标、土地使用权和矿业权出让、国有产权交易、政府采购等部门业务窗口办理。

(二)统一信息发布。对需要发布的信息，除通过各专业交易已有渠道发布外，同时在市公共资源交易信息网、指定媒体统一发布，并接受市场主体和社会各界的咨询。

(三)统一场地安排。各专业交易窗口提前将有关交易事项报市公共资源交易中心，中心视交易情况对开评标场所和时间进行统筹安排。

(四)统一抽取专家。市级公共资源交易平台所有交易一律使用山西省评标专家库或国家级评标专家库中的专家资源，由市公共资源交易中心负责专家统一抽取工作。

(五)统一管理保证金。市公共资源交易中心设立专用账户，对进场交易需要提交保证金的各类公共资源交易项目的保证金实行统一管理，此外任何单位和个人不得以任何名义管理保证金。

（六）统一电子监控。市公共资源交易中心利用市公共资源交易及电子监察系统，对受理登记、信息发布、专家抽取、招标开标、评标中标等交易全过程实施电子监控。

（七）统一资料保存。交易活动结束后，市公共资源交易中心将交易活动过程中产生的全部音像资料刻录光盘，保存备案。

**七、保障措施**

（一）强化组织领导。加强和规范朔州市公共资源交易管理是政府行政管理体制改革的一项重要内容，是建设服务型政府的重要举措。各级各有关部门要从大局出发，增强责任意识，按照市委、市政府统一决策部署，各负其责，通力协作，认真落实各项措施安排，确保各项工作顺利推进。

（二）加强责任追究。加强对本意见落实情况的督促检查，将加强和规范公共资源交易管理工作纳入市政府对项目单位年度目标责任管理考核，已明确进入市公共资源交易平台的交易项目一律不得在场外交易，违者将按规定追究有关人员的责任。同时，对交易过程中失职、渎职等违法违规行为要严肃追究责任，构成犯罪的移送司法机关依法处理。

朔州市人民政府
2015年9月23日

## 朔州市人民政府关于推进六权治本强化审计监督的意见

**朔政发〔2015〕52号**

各县、区人民政府，市开发区管委会，市直各有关单位：

为认真贯彻《国务院关于加强审计工作的意见》（国发〔2014〕48号）精神，充分发挥审计的综合监督作用，推进党风廉政建设，更好地服务改革发展，维护经济秩序，促进经济社会持续健康发展，按照省委、市委关于“六权治本”的部署，现就朔州市推进“六权治本”，强化审计监督提出以下意见：

**一、充分认识审计监督在推进六权治本中的重要性**

习近平同志指出，要加强对权力运行的制约和监督，把权力关进制度的笼子里，形成不敢腐的惩戒机制、不能腐的防范机制、不易腐的保障机制。《中共中央关于全面深化改革若干重大问题的决定》也提出，要加强和改进对主要领导干部行使权力的制约和监督，加强行政监察和审计监督。审计监督尤其是经济责任审计，是加强干部管理和监督，推进全面从严治党的重要途径，是促进领导干部守法守纪守规尽责、推进经济社会持续健康发展的重要保障，是加强对权力运行的制约和监督、从源头上预防和惩治腐败的重要措施。对领导干部权力运行的全方位、全过程监督是审计监督的法定职责。审计机关要准确把握“六权治本”新形势下对审计监督工作提出的新任务新要求，及时把思想和行动统一到省委、市委的决策部署上来，更好地把净化政治生态、实现弊革风清融汇于审计工作的全过程，以强烈的责任意识、使命意识、担当意识，开拓创新，与时俱进，适应经济新常态，进一步强化审计监督工作。

**二、指导思想与基本原则**

（一）指导思想。坚持以邓小平理论、“三个代表”重要思想、科学发展观为指导，深入贯彻习近平总书记系列重要讲话精神，按照党的十八大和十八届三中、四中全会，中央经济工作会议精神和《国务院关于加强审计工作的意见》（国发〔2014〕48号）要求，依法履行审计职责，加大审计力度，创新审计方式，提高审计效率，对稳增长、促改革、调结构、惠民生、防风险等政策措施落实情况，以及公共资金、国有资产、国有资源、领导干部经济责任履行情况进行审计，实现审计监督全覆盖，促进国家治理现代化和国民经济健康发展。

（二）基本原则。坚持围绕中心，服务大局。紧紧围绕推进“两大任务”、加快“六大发展”，服务改善民生,促进社会公正,为建设廉洁政府、俭朴政府、法治政府发挥应有的作用。坚持依法审计,秉公用权。依法履行宪法和法律赋予的职责,敢于碰硬,勇于担当,严格遵守审计工作纪律和各项廉政、保密规定,注意工作方法,切实做到依法审计、文明审计、廉洁审计。坚持创新驱动,提高绩效。要创新审计理念,适应新常态,增强工作的主动性性。要创新审计方式,科学配置资源,增强工作的宏观性、整体性和联动性。要创新技术方法,运用和推广数字化审计,提高审计质量和效率。

### 三、进一步强化审计的监督作用

促进依法行政。要加大对依法行政情况的审计力度,注意发现有法不依、执法不严等问题,促进法治政府建设,切实维护法律尊严。要着力反映严重损害群众利益、妨害公平竞争等问题,维护市场经济秩序和社会公平正义。

推进廉政建设。对审计发现的重大违法违纪问题,要查深查透查实。重点关注财政资金分配、重大投资决策和项目审批、重大物资采购和招标投标、贷款发放和证券交易、国有资产和股权转让、土地和矿产资源交易等重点领域和关键环节,揭露以权谋私、失职渎职、贪污受贿、内幕交易等问题,促进廉洁政府建设。

推动履职尽责。深化领导干部经济责任审计,着力检查领导干部守法守纪守规尽责情况,促进各级领导干部主动作为、有效作为,切实履职尽责。依法依纪反映不作为、慢作为、乱作为问题,促进健全责任追究和问责机制。

(一)强化对中央重大政策措施贯彻落实情况跟踪审计的力度。持续组织对稳增长、促改革、调结构、惠民生、防风险等重大政策措施落实情况的跟踪审计。审计对象包括各级地方政府,必要时延伸审计相关企事业单位、社会组织和项目建设单位等。通过审计揭示重大政策措施和宏观调控部署贯彻落实中存在的问题,分析产生的原因,提出审计意见和建议并督促整改。对整改不力、屡审屡犯的,要严格追责问责,依法依纪做出处理。

(二)深化财政审计。新的《中华人民共和国预算法》明确规定政府的全部收入和支出都应当纳入预算,建立全面规范、公开透明的预算制度,对重点支出和重大投资项目的预算安排和资金使用绩效也明确规定审查要求。为此,财政审计要从财政收支的真实性、合法性、效益性入手,紧紧围绕"反腐、改革、法治、发展",一手抓重大违法违纪、重大损失浪费、重大风险隐患、重大履职尽责不到位等问题的查处,一手抓促进深化改革、推进法治、提高绩效。重点关注以下几个方面的问题:

对未按规定编制、报送预算草案、预算调整方案、决算草案和部门预算、决算以及批复预、决算的,违反规定进行预算调整的,未依照规定对有关预算事项进行公开和说明的,违反规定设立政府性基金项目和其他财政收入项目的;违反法律法规规定使用预算预备费、预算周转金、预算稳定调节基金的,违反规定开设财政专户的,按规定追究主体责任人的行政责任。对未将所有政府收入和支出列入预算或者虚列收入和支出的;多征、提前征收或者减征、免征、缓征应征预算收入的;截留、占用、挪用或者拖欠应当上缴国库的预算收入的;擅自改变上级政府专项转移支付资金用途的;违反规定拨付预算支出资金,办理预算收入收纳、划分、留解、退付,或者违反规定冻结、动用国库库款或以其他方式支配已入国库库款的,按规定追究主体责任人的责任。

对违反规定举借债务或者为他人债务提供担保的;挪用重点支出资金,或者在预算之外及超预算标准建设楼堂馆所的;改变法律、法规规定预算收入上缴方式的;以虚报、冒领等手段骗取预算资金的;违反规定扩大开支范围、提高开支标准的;其他违反财政管理规定的,按规定对负有直接责任的主管人员和其他直接责任人员依法追究责任。

要把财政审计的着力点放到促进提高公共资金绩效上。要促进盘活存量,重点关注各级财政资金该投未投、该用未用、使用绩效低下等问题,关注存量资金的成因和结构,促进存量资金尽快落实到项目,发挥效益。要促进优化增量,不仅关注财政收入的真实性,更要关注财政支出的合规性和绩效，严肃查处虚报冒领、骗取套取、截留侵占等问题，促进资金安全规范高效使用。要促进提高行政运行绩效，持续关注中央八项规定精神和国务院“约法三章”要求落实情况。

（三）强化经济责任审计。围绕强化对权力运行的制约，着力监督检查领导干部守法守纪守规尽责情况，促进依法行政和政令畅通。监督检查中央宏观调控政策措施落实情况，重大经济事项决策、重大项目安排、大额资金使用等制度执行情况，促进中央决策部署的落实。着重查处权力失控、决策失误和领导干部行为失职等问题。

围绕反腐倡廉建设的各项部署，按照中办、国办《党政机关主要领导干部和国有企业领导人员经济责任审计规定》及其实施细则的要求，围绕领导干部岗位职责要求，重点审计领导干部履行经济责任的过程和效果，把贯彻落实中央八项规定精神、厉行节约反对浪费、国务院“约法三章”和廉洁从政相关要求作为重要审计内容，严肃揭露和查处重大违法违纪案件线索、重大失职渎职行为、重大决策失当和损失浪费、重大管理漏洞以及不作为、假作为、乱作为等事项。加强对重点部门和关键岗位主要领导干部履行经济责任的审计监督，促进各级领导干部结合本地实际，落实中央关于改革、发展和稳定的各项任务要求，主动作为、有效作为，切实履职尽责。

对设立党委和党组织的机关、团体和社会组织，要注重检查党组织领导核心作用的发挥情况，议事决策机构是否健全并付诸实施，重大决策、重大项目安排、大额资金使用等事项是否按原则实行科学决策、民主决策、依法决策。对党政领导干部，重点监督检查其承担的贯彻中央政策措施责任、经济发展责任、结构调整责任、防范化解风险责任、环境保护责任、民生改善责任、廉政建设责任等。对国有企业和金融机构领导人员，重点监督检查其承担的贯彻中央政策措施责任、经营管理责任、创新和转型升级责任、风险管控责任、可持续发展责任、廉政建设责任等。

审计中，要坚持实事求是、客观公正的原则，准确界定领导干部的责任。在分清直接责任与间接责任、现任责任与前任责任、集体责任与个人责任、主观因素与客观原因等界限基础上，对领导干部违法违纪违规及失责问题要全面揭示和反映。按照干部管理权限，及时报送党委、政府和组织部门、纪检机关。

（四）抓好投资审计。在投资审计中，一方面要围绕优化经济发展空间格局、加快投资领域改革，关注政府投资的规划布局和投向结构、计划下达和资金使用、建设管理和投资效益，促进发挥政府投资对结构调整和经济发展的引导作用。另一方面要加大对重大政府投资项目的审计力度，着力关注项目立项、招投标、物资采购、投资控制、土地征用、环境保护、工程质量等方面存在的突出问题，推动及时完善制度、加强管理和堵塞漏洞。重点查处未履行工程建设程序、截留挪用国家建设资金、超概算投资、计划外工程和多计工程成本等问题。并按相关法律法规做出相应处理。

（五）加强民生审计。保障和改善民生，既关系人民群众的切身利益，也是增强内需对经济增长拉动力的需要。要进一步加大对最低生活保障、“三农”、教育、医疗、扶贫、救灾、就业等民生资金和项目的审计力度。根据“财政资金流向哪里，审计就跟进到哪里”的原则，坚持纵向到底，横向到边，循着资金流向，从政策要求、预算安排、资金拨付一直跟踪到项目和受益者，着力揭示和反映民生相关政策落实情况，特别是低收入群众基本生活保障情况，揭露和查处严重损害群众利益的问题，揭示和反映政策落实不到位、目标未实现及资金分配不合理、管理不严格、制度不完善等问题。对问题责任人追究相关责任。

（六）深入推进资源环境审计。围绕中央关于源头严防、过程严管、后果严惩的要求，加强对资源管理、污染治理和环境保护等情况的审计。关注相关政策落实、矿业权管理、资金征管等情况，在土地审计方面重点揭示超计划、超规划审批、越权或拆分审批、少批多占或未批先占等问题，在矿业权方面重点揭示矿产主管部门越权审批或采取“化大为小、化整为零”等方式违规审批办理矿业权等问题。

开展领导干部自然资源资产离任审计试点。探索并逐步形成一套比较成熟、符合实际的审计规范，明确审计对象、审计内容、审计评价标准、审计责任界定、审计结果运用等，推动领导干部守法守纪守规尽责，促进自然资源资产节约集约利用和生态环境安全。

**四、强化措施，提高审计监督效率**

（一）加强组织领导。各县区政府主要负责人要依法直接领导本级审计机关，支持审计机关工作，定期听取审计工作汇报，及时研究解决审计工作中遇到的突出问题，把审计结果作为相关决策的重要依据。经济责任审计领导小组要把握经济责任审计发展的趋势和方向，合理确定经济责任审计工作的重点和任务，定期召开会议，听取情况汇报，研究工作中的重大问题，协调解决工作中遇到的困难。联席会议成员单位搞好协调配合，优势互补、信息共享，做到在思想认识上合拍、在组织实施上合力、在日常工作上合作，及时掌握新情况、发现新问题、化解新矛盾，形成齐抓共管的工作格局，促进经济责任审计工作的协调发展和整体推进。

（二）协调配合，形成合力。支持和协助审计工作，是有关部门和单位的应尽职责，也是“六权治本”、合理治权的要求。审计机关履行职责需要协助时，有关部门和单位要予以协助和支持，并对有关审计情况严格保密。要建立健全审计与纪检监察、公安、检察以及其他有关主管单位的工作协调机制，对审计移送的违法违纪问题线索，有关部门要认真查处，及时向审计机关反馈查处结果。

依法主动接受审计监督，是领导干部的法定义务，凡是涉及管理、分配、使用公共资金、国有资产、国有资源的部门、单位的领导干部、国有企业负责人都要自觉接受审计、配合审计，不得以各种原因设置障碍。被审计单位要依法、及时、全面提供审计所需的财务会计、业务和管理等资料，不得随意限制向审计机关提供资料和开放计算机信息系统查询权限。

（三）狠抓整改落实。要健全整改责任制。审计监督既要抓审计查处，又要抓查出问题的整改落实。经济责任审计中，不论是任中审计还是离任审计，被审计单位的现任主要负责人，是整改落实的第一责任人，对审计发现问题的整改工作应全面负责，要亲自管、亲自抓。针对审计发现问题审计的建议，制订得力措施及时整改，并认真研究予以落实。要加强整改督促检查。要将整改落实纳入政府督查督办事项范畴，对审计反映的问题，要及时督促整改。审计机关要建立整改检查跟踪机制，必要时可提请有关部门协助推进落实整改工作。要严肃整改问责。各级政府，纪检监察、组织人事部门要把审计结果及整改情况作为对部门单位考核、奖惩的重要依据。对审计发现的重大问题，要依法依纪做出处理，严肃追究有关人员责任。对审计反映的典型性、普遍性、倾向性问题，要及时研究，健全完善相关的制度规定。对整改不力、屡审屡犯的，要严格追责问责。

（四）注重舆论宣传，逐步推行审计结果公告制度。审计机关要适应执法环境的新变化，主动加强与主流媒体和新闻媒体的联系沟通，充分运用报刊、广播电视、门户网站等新闻宣传平台，及时报道和宣传审计机关推进“六权治本”、强化审计监督的新思路、新举措、新成效。对于审计结果，应适时适度向社会公布。要健全完善在推进“六权治本”过程中舆情收集、分析、研判和快速反应机制，及时回应社会各界的关切关注。

朔州市人民政府

2015 年 10 月 9 日

## 朔州市人民政府关于印发朔州市人民政府领导班子“三重一大”决策制度实施办法(试行)的通知

朔政发〔2015〕53 号

各县、区人民政府，市开发区管委会，市直各有关单位：

现将《朔州市人民政府领导班子“三重一

大”决策制度实施办法（试行）》印发给你们，请认真贯彻执行。

朔州市人民政府
2015 年 10 月 12 日

## 朔州市人民政府 领导班子“三重一大”决策制度 实施办法(试行)

为认真贯彻落实《国务院关于加强市县政府依法行政的决定》(国发〔2008〕17 号)和《国务院关于加强法治政府建设的意见》(国发〔2010〕33 号)精神，进一步规范决策行为，防范决策风险，提高决策质量，依据《山西省人民政府关于健全重大行政决策机制的意见》(晋政发〔2015〕29 号)和《中共朔州市委办公厅印发〈关于党政主要领导“五个不直接分管”和“末位表态”的暂行办法〉的通知》(朔办发〔2015〕7 号)，结合朔州市实际，现就朔州市人民政府领导班子实施重大决策、重要人事事项、重大项目安排和大额度资金分配(以下简称“三重一大”)等事项决策制度，制订本办法。

### 一、基本原则

(一)坚持民主决策原则。坚持民主集中制，按照“集体领导、民主集中、个别酝酿、会议决定”的要求，凡属职责范围内的“三重一大”事项，必须经市政府领导班子集体讨论后决定。

(二)坚持依法决策原则。坚持各项决策必须遵循党的路线方针政策和党的纪律，严格遵守宪法、法律法规规章，必须按照市政府领导班子和班子成员的职责和权限进行，保证决策权限合法、程序合法、实体合法。没有法律法规的依据不得做出减损公民、法人和其他组织合法权益或者增加义务的决定。

(三)坚持科学决策原则。以科学发展观为指导，坚持从实际出发，运用科学的决策理论和决策方法，加强决策的前期调研论证和综合评估，选择最佳决策方案，使决策符合经济社会发展的客观规律和实际需要。

(四)坚持责任追究原则。根据谁决策、谁负责，过错与责任相适应的原则，落实责任追究制度，防范权力失控、决策失误、行为失范，预防和治理腐败的滋生。

### 二、主要内容

(一)重大决策事项。

1.重大政策的贯彻落实。包括贯彻执行党的路线方针政策以及法律法规规章，贯彻执行国家、省的重大部署，落实市委的重大决策，贯彻落实市人大及其常委会做出的有关决议、决定。

2.经济社会发展中长期规划编制和年度计划制订。

(1)经济社会发展中长期规划由发展改革部门会同有关部门起草，规划草案经专家论证、征求意见等程序后，由市政府与市政协协商，经市政府集体讨论，形成行政决策意见，报市委研究后，提请市人民代表大会审议批准，由市政府发布实施。

规划期内，如遇特殊原因需调整的，由发展改革部门会同有关部门提出调整意见，经市政府集体讨论，形成行政决策意见，报市委研究后，提请市人大常委会审议批准。

(2)经济社会发展年度计划由发展改革部门会同有关部门提出安排意见，由市政府与市政协协商，经市政府集体讨论，形成行政决策意见，报市委研究后，提请市人民代表大会审议批准，由市政府下达实施。

年度计划实施期间，如遇特殊原因需调整的，由发展改革部门会同有关部门提出调整意见，经市政府集体研究，形成行政决策意见，报市委研究后，提请市人大常委会审议批准。

(3)重大产业、社会事业及其他专项规划，由有关职能部门提出，按照程序编制规划草案，经市政府讨论后，报市委研究。

3.城市规划、土地管理、住房建设和管理、不动产统一登记。

(1)城市规划方面的重大事项包括城市总体规划、控制性详细规划（含重点区域城市设计)、重大项目方案设计等，各县(区)城镇总体规划。

城市总体规划的编制和调整，由规划部门按照程序组织编制，规划草案经专家论证、征求意见、部门协调等程序后，由市政府与市政协协商，经市政府集体讨论，形成行政决策意见，报市委研究，并提请市人大常委会审议后，报省政府批准。

（2）国土资源利用和管理方面的重大事项包括土地利用总体规划、矿产资源总体规划、基础测绘规划、年度土地储备及出让计划，变更土地性质、改变土地用途等。

土地利用总体规划编制（修编）由国土资源部门负责。编制（修编）规划前，经市政府研究同意后，按省关于土地利用总体规划编制的相关要求，由市国土资源部门按照相关程序编制（修编）土地利用总体规划，在征求意见、公众听证、市政府审查、市委研究后上报省国土资源部门审查，并提请省政府批准。

矿产资源总体规划由国土部门按照相关程序负责编制，规划草案经市政府初审，根据预审意见修改完善后，报省国土资源部门审批，批准后市政府颁布实施。

基础测绘规划由国土资源部门会同有关部门编制，规划草案征求各方意见后，报市政府研究。

年度土地储备及出让计划，由国土资源部门根据城市建设、重点工程建设需要，征询相关部门意见，提出计划草案，报市政府研究。

确因建设需要，变更土地性质、改变土地用途的，由用地单位提出申请，经国土资源部门审核，报市政府研究，并按照法定程序办理相关手续。

（3）住房建设和管理方面的重大事项包括住房建设规划、保障性住房规划、棚户区改造规划、拆迁规划，省政府下达的年度经济适用房、廉租住房、公租房、棚改计划指标等需要市政府研究安排的内容。

住房建设规划、保障性住房规划、棚户区改造规划、拆迁规划，由住建和房管部门按省要求和相关程序编制规划草案，报市政府研究。

市政府下达的年度经济适用房、廉租住房、公租房、棚改计划指标，确需市政府研究的，由住建和房管部门提出安排意见，报市政府研究。

（4）加快推进不动产登记工作的机构设置和职责整合。对不动产登记工作中需有关部门协调的事项，由分管副市长主持召开部门联席会议研究确定；对不动产登记工作中的复杂问题和历史遗留问题、疑难问题，由市国土资源部门提出处理意见，报市政府审定。

4.环境保护、节能减排和生态建设。包括环境保护、节能减排和生态建设的总体规划、政策的制订，环境保护、节能减排和生态建设的基础设施建设项目，环境综合整治、节能减排的措施和生态建设的重大部署等。

环境保护的总体规划由环保部门会同有关部门提出草案，经市政府讨论后，报市委研究。

节能减排的总体规划、年度计划的确定由发改、经信、环保部门会商提出意见，经市政府讨论后，报市委研究。

生态建设总体规划、重大政策由林业部门会同有关部门提出草案，经市政府讨论后，报市委研究。

5.“三农”工作、扶贫开发和新农村建设。

（1）“三农”工作的重大事项包括加快农村改革、构建新型农业经营体系，引导土地经营权规范有序流转，推进农村集体产权制度改革，开展赋予农民对集体资产股份权能改革试点，稳步推进农村土地制度改革试点等。

（2）扶贫开发工作。制订扶贫开发规划，开展专项扶贫、行业扶贫、社会扶贫“三位一体”，推进扶贫开发、企业帮扶、包村增收和定点扶贫等各项工作，实现农村经济发展、农民收入增加、幸福指数提升。

（3）新农村建设。制订新农村建设发展规划，建立推进重点特色产业发展、完善基础设施建设、新型村落民居建设、城乡环境综合治理和构建民主和谐的新机制。

“三农”工作、扶贫开发和新农村建设，由农业主管部门会同有关部门提出草案，经市政府讨论后，报市委研究。

6.重大事故处理和重要突发事件应急处置。

发生重大事故和重要突发事件后，按照预案的规定程序进行处置，事后对责任的认定及处理，由相关部门提出意见，报市政府研究。

7.社会分配调节、保障和改善民生。包括劳动就业、社会保障以及医疗卫生、教育、文化体育、公共交通、物价、住房、旧城区改造等涉及社会分配调节、保障和改善民生的事项，由相关部门提出意见，报市政府研究。

8.其他需要市政府研究的重大事项。

(二)重要人事事项。按照干部管理权限和有关政策法律法规，坚持财政供养人员只减不增的原则，研究并决定本级政府管理的干部提名、任免，公务员录用，人事调配等工作。

1.依法向市人大常委会提名市政府工作部门行政正职的拟任免人选。

按照市委提名，召开政府党组会议集体研究同意后，由市长提请市人大常委会审议表决。

2.研究并决定市委提名市政府所属部门行政正、副职，市政府所属事业单位行政正、副职的拟任免人选。

按照市委提名，召开政府党组会议集体研究同意后，由市政府行文任免。

3.研究并批准政府机关(含参照公务员法管理的事业单位)公务员招录计划和事业单位工作人员公开招聘计划。

公务员招录由市人社局初审汇总朔州市政府机关(含参照公务员法管理的事业单位)招录申请，编制招录计划，经市政府专题会议集体研究同意后，报省级公务员综合管理部门组织实施。

事业单位工作人员公开招聘由市人社局初审汇总市直事业单位招聘计划，经市政府专题会议集体研究同意后，由有关部门组织实施。

4.研究并决定政府系统科级(含)以下人员调配工作。

由市人社局初审汇总市直机关、事业单位人员调配申请，经市政府召开专题会议集体研究决定。

5.其他需要集体决策的重要人事事项。

(三)重大项目安排。

1.政府直接投资的重大项目安排。

政府直接投资的重大项目主要包括公路、城市道路、铁路、机场、水利等重大基础设施项目，燃气、供水、供热、污水等市政设施项目，医疗、旅游、教育培训、健康养老等公共服务项目。

政府直接投资的重大项目由政府部门或市政府提出，经市政府常务会议研究决定，特别重大项目还应提交市人大常委会或市人代会审议通过。

2.未列入政府年度预算的重大项目安排。

未列入政府年度预算的重大项目主要包括以政府融资平台融资投资的重大项目和国有资产参与国内外合资、合作的重大项目。

未列入政府年度预算的重大项目，其中以政府融资平台融资投资的重大项目由市政府提出，经市政府常务会议研究决定；以国有资产参与国内外合资、合作的重大项目由市国资部门提出，经市政府常务会议研究决定。

3.社会资本投资的重大项目安排。

社会资本投资的重大项目主要包括公路、城市道路、铁路、机场、水利等重大基础设施项目，燃气、供水、供热、污水等市政设施项目，医疗、旅游、教育培训、健康养老等公共服务项目，煤炭、电力、煤化工、装备制造、建材等重大生产力项目。

社会资本投资的重大项目由政府部门或市政府提出，经市政府常务会议研究决定。

4.国家、省实施的重大项目涉及的重大事项安排。

国家、省实施的重大项目涉及的重大事项主要包括城乡规划的局部调整、征地、拆迁、耕地占补平衡指标朔州市统筹等重大事项。

国家、省实施的重大项目涉及的重大事项，其中城乡规划的局部调整由市规划部门提出，经市政府常务会议研究同意后，报国家、省有关部门批复；建设用地审批由县区人民政府组卷，上报市人民政府、省人民政府、国务院批复，征地和拆迁由所在地的县区人民政府组织实施；耕地占补平衡指标由县区国土部门建立台账，原则上可朔州市统筹，县区之间可相互拆借，但必须按时归还或货币补偿，跨市或省出让（外借）占补平衡指标，必须经市政府常务会议研究同意后，由市国土资源部门办理相关手续。

5.重大活动安排。

重大活动主要包括举办涉及朔州市范围

的文化、体育、旅游、招商引资等重大活动和庆祝活动等。

重大活动由承办单位提出,按程序经相关部门审核后,经市政府研究决定。

(四)大额度资金分配。按照公开透明、规范运作、强化监管的原则,研究并决定大额度资金分配事宜。

1.年度财政预算编制。市财政局根据中央、省、市关于编制年度财政预算的通知精神,编制年度财政预算草案,经市政府常务会议研究后,报市委常委会、市人大主任会议通过,提交市人代会审议。

2.年度财政预算调整。年度预算执行中出现下列情况:

需要增加或者减少预算总支出的,需要调入预算稳定调节基金的,需要调减预算安排的重点支出数额的,需要增加举借债务数额的,由市财政局编制调整预算方案,经市政府常务会议研究后,提请市人大常委会审议。

3.市长预备费使用。市长预备费是指市本级预算批复后,预算执行中出现自然灾害等突发事件及其他难以预见的情况需要的支出。由市直相关部门提出资金申请报告,经市政府加注意见、审查后,批转市财政局,市财政局按期(月或季)编制预备费动支方案进行再报,经市长办公会议研究决定。

4.未列入预算的大宗国有资产的采购、处置支出。市本级大额财政资金分配中涉及政府采购事宜的,由相关部门根据《中华人民共和国政府采购法》有关规定提出方案,报市财政局审核,经市长办公会议研究决定。

5.其他应由集体决策的大额度资金分配。

**三、决策程序**

(一)酝酿决策阶段。

1.充分调研论证。事项提出部门在提交决策事项前,应进行广泛深入的调查研究,可采用座谈会、征求意见会、讨论会、听证会等方式,充分听取各方面意见。对专业性、技术性较强的事项,应进行专家提议、技术咨询、决策评估和综合论证;对与人民群众利益密切相关的事项,应实行听证或网上公示制度,扩大群众参与度。

2.风险评估。重大行政决策可能对社会稳定、生态环境造成重大影响或者存在公共财政风险的,事项提出部门应开展社会稳定风险、环境风险以及财政风险评估,并形成书面评估报告。经评估认为重大行政决策事项存在的风险可控,应当制订有效的风险防范措施和化解处置预案。经评估认为重大行政决策事项存在的风险不可控,应当调整决策方案,否则不得提交会议讨论。

3.合法性审查。重大行政决策事项在提交会议讨论前,应当由市政府法制机构对决策的权限、内容和程序进行合法性审查。未经合法性审查或者经审查不合法的,不得提交会议讨论。事项提出部门应当对法制机构提出的合法性审查意见进行认真研究,根据合法性审查意见对决策方案作相应修改。

4.适当进行酝酿。“三重一大”事项决策前,市政府班子成员可通过适当形式对有关事项进行酝酿,但不得做出决定或影响集体决策。“三重一大”事项内容涉及多个机构的,有关机构应事先做好沟通协调。

5.按照程序提议。提请市政府领导班子会议决策的“三重一大”事项,需经分管领导同意后,提前报市政府领导班子主要负责人确定。按照事项涉及的范围及重要程度,分别采取市政府专题会议、市长办公会议、市政府常务会议等形式研讨决策。会议规模根据事项涉及范围由会议议题部门提出,会议召集部门确定。除遇重大突发事件和紧急情况外,不得临时动议。

6.做好相关准备。会议组织部门一般应在市政府领导班子会议召开前,将会议议题及有关材料送达参会人员,并保证其有足够时间了解相关情况。

(二)集体决策阶段。

1.确定参会人员。市政府领导班子决策“三重一大”事项,必须有三分之二以上成员出席,方能召开有关会议。

2.充分发表意见。审议“三重一大”事项,应安排分管领导或相关部门介绍、说明情况,并留出足够时间进行讨论。对有关决策建议,市政府领导班子成员应逐个表态；因故未到会的，可书面表达意见。市政府领导班子主要负责人或主持会议的负责人应在班子成员充分发表意见的基础上，最后汇总、发表意见。

3.逐项做出决议。对多个"三重一大"事项，会议应逐项表决。对"三重一大"事项，必须经应到会成员半数以上同意，方可形成决定；对讨论中发现有重大问题尚不清楚的，除在紧急情况下按多数意见执行外，应暂缓决策，待进一步调查研究后再作决策；分歧较大的，可将争论情况报告上级组织，请求裁决。表决应按照少数服从多数的原则，根据不同议题内容，分别采取口头、举手、无记名投票等方式进行。

4.组织列席旁听。市政府领导班子决策"三重一大"事项，可视情况组织相关职能部门人员、服务对象或政府特邀监察员等列席有关会议。市监察局、市政府法制办、市审计局主要负责人应列席会议，可就议题发表意见，但不参加表决。

5.记录存档备查。集体决策时的讨论和表决情况要记录在案。会议记录包括具体讨论事项、班子成员表决意见和理由、决策结果和落实责任人。市政府领导班子对"三重一大"事项的决策结果，应以书面形式通知相关执行单位和人员，并做好会议文件、记录等资料的归档工作。

（三）决策执行阶段。

1.分工组织落实。经市政府领导班子决策的"三重一大"事项，应由班子成员按职责分工组织实施。遇有职责分工交叉的，应明确一名班子成员牵头。

2.严格执行决策。市政府领导班子成员不得擅自改变集体决策。个人对决策有不同意见的可以保留，也可按组织程序向上级主管部门反映。但在未做出新的决策前，应无条件执行。

**四、监督检查**

（一）市政府领导班子成员要根据分工和职责，及时向领导班子或主要领导汇报"三重一大"事项的执行情况。

（二）市政府领导班子成员要依据职责分工，组织监察、审计、财政、发改、经信和人事等部门，每年对分管部门、单位执行市政府"三重一大"相关决策情况进行一次全面检查。检查时间由分管副市长确定、市政府办公厅统一安排，检查情况由市政府办公厅统一汇总，并专题向市人民政府常务会议报告。对于检查中发现的"三重一大"决策与执行问题突出的部门、单位、企业，要点名通报、限期纠正。

（三）市政府督查部门要将"三重一大"决策和执行情况列入督查工作的重要内容进行专项督查。要加强对"三重一大"事项事前、事中、事后的监督检查，特别要对决策的执行、结果等关键环节进行重点督查。市审计部门要将"三重一大"决策和执行情况列入审计工作的重要内容进行专项审计。

（四）市政府领导班子及班子成员贯彻落实"三重一大"集体决策和执行情况，应纳入民主生活会和考核领导班子建设、党风廉政建设责任制以及经济责任审计的重要内容，作为领导干部业绩评定、评先评优、奖励惩处、选拔任用的重要依据。

**五、责任追究**

（一）出现下列情形之一的，应当对相关责任人员实施责任追究：个人或少数人违反集体决策程序，擅自决定"三重一大"事项的；以会前沟通、文件传阅等形式替代集体决策，或虽经集体决策，但违反决策程序未反映与会人员真实意愿的；在"三重一大"决策和执行过程中提供的事实和依据有重大出入或错误的；擅自改变、错误执行或拒不执行集体决策并造成严重后果的；特殊情况下临时动议决策或者变更决策，事后未及时补办决策程序或未及时报告的；其他违反"三重一大"决策程序的情形。

（二）实施责任追究不因领导干部工作岗位或者职务的变动而免于追究。凡领导干部在任期内发生应当追究责任的行为，不论职务和岗位发生何种变化，都要进行相应的责任追究。

（三）实施责任追究，按照干部管理权限进行。对执行不力造成重大失误的，按照中央《关于实行党政领导干部问责的暂行规定》严格问责。在执行"三重一大"事项决策过程中，发生违纪违法行为的，根据《中国共产党纪律处分条例》《行政监察法》《行政机关公务员处分条例》等追究相关领导及责任人责任；涉嫌犯罪的，由司法部门追究法律责任。

### 六、有关要求

市人民政府各部门、事业单位和国有企业，要依据本办法制订或完善本部门、本单位、本企业包括所管理系统"三重一大"决策工作的具体实施办法，进一步明确"三重一大"决策事项具体范围，列出清单，经领导班子集体讨论确认后，在本部门、本单位、本企业公布执行。

## 朔州市人民政府关于印发朔州市全面加强政府自身建设三年规划（2015—2017年）的通知

朔政发〔2015〕54号

各县、区人民政府，市开发区管委会，市直各有关单位：

现将《朔州市全面加强政府自身建设三年规划（2015—2017年）》印发给你们，请认真贯彻实施。

朔州市人民政府
2015年10月12日

## 朔州市全面加强政府自身建设三年规划（2015—2017年）

2015年10月12日
朔州市人民政府印发实施

（朔政发〔2015〕54号）

为更好地适应引领经济发展新常态，加快推进朔州市政府治理体系和治理能力现代化，按照党中央"四个全面"的战略布局和国务院加强政府自身建设的要求，根据《山西省全面加强政府自身建设三年规划》，结合朔州市实际，制订本规划。

### 一、出台背景

（一）朔州市政府自身建设所取得的成绩和存在的问题。近年来，朔州市政府系统深入开展党的群众路线教育实践活动，扎实推进学习讨论落实活动，认真开展"三严三实"专题教育，严格落实中央八项规定精神，严格执行国务院"约法三章"，深入推进党风廉政建设和反腐败斗争，不断加强自身建设，"四风"蔓延势头得到有效遏制，市、县两级政府机构改革任务顺利推进，政府职能加快转变，行政审批事项大幅减少，办事效率明显提升，有力推动朔州市经济社会发展。但同时也要看到，与新形势、新任务要求和人民群众期待相比，朔州市政府自身建设还存在不小差距。主要表现在：依法行政理念尚未完全确立，政府职能越位、缺位、错位的问题依然存在，行政审批事项数量偏多、程序复杂，"四风"问题树倒根存；一些政府机关工作人员为官不为、懒政怠政，精神状态不佳；一些领域腐败问题比较严重，党风廉政建设和反腐败斗争任务艰巨。必须采取有效措施，认真加以解决。

（二）新形势新任务对政府建设提出新要求。落实全面从严治党新要求，必须在朔州市各级行政机关中全面加强党的思想、作风、纪律、组织建设，开展好"三严三实"专题教育，着力提高战斗力和领导水平，保证行政机关和工作人员全面依法行使职权，推动各项工作顺利开展。适应经济发展新常态新要求，努力克服经济下行压力，破解消除现行政府治理体系中制约经济发展的体制机制障碍，厘清政府与市场、社会、企业的关系，该放的放开、该管的管好，充分激发全社会创业创新活力，进一步解放和发展生产力。全面落实推进"两大任务"、促进富民强市新要求，按照"六权治本"的总要求，在全面加强政府自身建设上先走一步，更好地担负起组织推动全面建成小康社会的重任。

### 二、总体思路

（一）指导思想。高举中国特色社会主义伟大旗帜，以邓小平理论、"三个代表"重要思想、科学发展观为指导，全面贯彻党的十八大和十八届二中、三中、四中全会精神，深入贯彻习近平总书记系列重要讲话精神和“四个全面”战略布局，按照省委“五句话”总要求，认真落实依法治国、从严治党新要求，主动适应经济发展新常态，加快实施“六权治本”，大力推进法治政府、服务政府、责任政府、廉洁政府、创新型政府和学习型政府建设，全面正确履行好创造良好发展环境、提供优质公共服务、维护社会公平正义的职能，为推进“两大任务”，实现“六大发展”，促进经济平稳健康发展和社会和谐稳定做出应有贡献。

(二)基本原则。

——坚持依法行政。要尊法学法守法用法，坚持法定职责必须为，法无授权不可为，不断完善依法决策、科学决策、民主决策机制，做到有权必有责、用权受监督、失职须问责、违法必追究。坚决纠正不作为、乱作为，坚决克服懒政、怠政，坚决惩处失职、渎职，加强行政监察，推进党风廉政建设和反腐败工作。

——坚持统筹协调。把加强政府自身建设置于实施“四个全面”战略布局之中，作为山西省推进“六大发展”的重要基础和保障。把加强政府自身建设与统筹做好稳增长促改革调结构惠民生各项工作有机结合起来，与扎实开展“三严三实”专题教育结合起来，与推进作风建设常态化长效化结合起来，通盘谋划、全面部署、协调推进。

——坚持问题导向。对照当前政府建设中存在的不足和问题，对行政权力取得、执行、监督、反馈、评价等各个环节进行全方位梳理，有什么问题就改什么问题，哪个环节出现问题就从哪个环节改起。

——坚持改革创新。勇于自我革命，敢于突破利益固化藩篱，着力破解消除影响发展的体制机制障碍，两手发力、放管结合，进一步厘清政府与市场、社会、企业的关系，努力解决好政府越位、缺位、错位的问题。

——坚持标本兼治。一手抓专项整治，从解决人民群众最关心、最直接、最现实的问题入手，纠正偏差、改进不足；一手抓长效机制建设，深入查找问题背后的深层次原因，进一步完善制度、堵塞漏洞，构建起权力运行依法合规、高效便民、监督有力的体制机制。

——坚持公开透明。全面推进政务公开和政府信息公开，问政于民、问计于民、问需于民，开门抓好政府建设，最大限度地争取人民群众的理解支持，主动接受人民群众的监督评判。

——坚持务实高效。从人民群众需要出发，从政府建设实际出发，真抓实干，不图虚名，不搞花架子，不做表面文章，依法全面履行好政府职能，强化服务意识，改进工作方式，提高行政效能，打造有限、有为、有效的政府。

(三)主要目标。2015 年，市级行政机关权责、职能基本理顺，市级公共资源交易平台初步建成运行，简政放权实现新的突破，有效制约监督权力运行的机制初步形成，专项整治取得明显成效，案件查处取得重大进展，朔州市政风行风明显改善，政府自身建设初见成效。

到 2016 年，朔州市行政机关权力运行边界基本厘清，市、县两级政务服务体系基本建成，依法行政初步进入制度化、规范化轨道，存量腐败大幅度减少，增量腐败得到有效遏制，行政效能明显提升，政府自身建设明显见效。

到 2017 年，朔州市基本建立起系统完备、科学规范、运转高效的政府治理制度体系，政府职能明显转变，政府和市场作用统筹发挥，风清气正的发展环境初步形成，政府执行力和公信力全面提升，政府自身建设大见成效。

**三、主要任务**

(一)全面正确履行政府职能。

1.明确政府权力运行边界。深化政府机构改革，推进机构、职能、权限、程序、责任法定化，做到法定职责必须为、法无授权不可为。进一步推进政企分开、政事分开，厘清政府与企业、市场、社会的界限。2015 年底前，编制完成市级政府部门权力清单、责任清单，2016 年年初公布运行。县级 2016 年 3 月底前编制完成，4 月公布运行。

2.继续简政放权。凡市场机制能够有效调节的经济活动，一律取消审批。全部取消非行政许可审批。深化行政审批制度改革，承接好省政府下放市级的行政审批项目，再取消、下放、调整一批市级行政审批项目,大幅减少前置审批。全面清理行政审批事项,实行行政审批事项目录动态管理和公开制度。对保留的审批事项,要规范审批行为,推广“一个窗口”受理、网上并联审批等方式。推进矿产资源市场化改革,对新设立的矿业权全部采用招标、拍卖、挂牌等市场竞争方式出让,完善矿业权二级交易市场。深化户籍制度改革,全面放开落户条件,统一城乡户口登记制度。深化文化体制改革,进一步理顺政府部门与所属文化企事业单位关系,推动文化事业单位组建理事会,推进市属国有文艺院团转企改制工作。深化商事制度改革,进一步简化注册登记手续,推进前置变后置,探索简易注销;放宽新注册企业场所登记条件限制,推行集群登记。

3.加快转变政府职能。准确把握政府职能定位,创新行政管理方式,切实履行好公共服务、市场监管、社会管理、环境保护等职责,履行好国有企业出资人职责。严格按照中央关于地方政府职能转变和机构改革的意见精神,认真执行朔州市实施方案。科学引导规范经济活动,加强发展战略、规划、政策等制订和实施,促进经济持续健康发展。着力增强公共服务能力,继续增加财政对公共服务支出,提高公共服务水平,推进基本公共服务均等化。切实加强市场监管,规范市场秩序,鼓励公平竞争,健朔州市场监管机制,创新监管理念和监管方式,加快推进社会信用体系建设,规范税费征收,认真落实减轻企业负担的各项政策措施,严厉打击食品药品安全、假冒伪劣、坑蒙拐骗、环境违法、侵犯知识产权等违法犯罪行为。努力提高社会管理水平,强化政府促进就业和调节收入分配的职能,完善社会保障体系,确保社会和谐稳定。持续推进生态文明建设,调整优化产业结构,发展绿色产业,推进节能减排,发展循环经济,全面推进污染防治,保护和修复自然生态系统。完善现代企业制度,完善国有资产监管体制机制。

(二)大力推进依法行政。

1.推进政府立法工作。严格执行新修订的《中华人民共和国立法法》,建立政府规章制订程序和规章立法后评估制度,对政府规章质量、实施效果和社会影响等进行分析评价,适时提出修改建议或改进行政执法等评估意见,完善立法协调沟通机制和重大事项听证制度,探索委托第三方草拟政府规章。

2.加强规范性文件管理。加强规范性文件清理工作,对不符合经济社会发展要求、与上位法不一致或者相互之间不协调的,要及时修改或废止。严格依法依规制订规范性文件,做好立项规划、调研起草、征求意见、协调分歧、论证听证、法律审核等前置审查工作,及时提交省政府及市人大常委会依法进行备案审查。市政府及各部门制订的规范性文件,应当依法及时公布。建立规范性文件定期清理制度,推行规范性文件有效期制度。

3.严格推进依法决策。健全依法决策机制,把公众参与、专家论证、风险评估、合法性审查、集体讨论决定作为政府重大行政决策的法定程序。建立健全重大决策公开征求意见和民主协商制度、重大决策听证制度、重大决策后评估制度、重大决策终身责任追究制度和责任倒查机制,建立完善文化教育、医疗卫生、社会保障、环境保护、公用事业等重大民生决策事项民意调查和公众参与制度,完善重大行政决策风险评估机制。完善政府法律顾问制度,推行法律顾问参与重要文件起草、重大决策事项把关制度。促进协商民主,加强与人大代表、政协委员以及民主党派、无党派人士、工商联、人民团体等的多渠道沟通协商,完善人大议案建议和政协提案的办理联系机制。

4.提高行政执法水平。深化行政执法体制改革,根据各级政府的职能和事权,合理配置执法力量,推动执法重心和执法力量向基层下移。探索街道和乡镇综合执法,相对集中行使城镇管理、劳动保障、环境保护、安全生产等方面的处罚权。严格实行行政执法人员依法持证上岗和资格管理制度,未依法取得执法资格的,不得从事执法活动。以行政许可、行政处罚、行政强制、行政征收、行政收费、行政检查为重点,完善执法程序,规范操作流程,推行执法全过程记录制度。建立健全行政处罚裁量基准制度,细化量化行政裁量标准,规范裁量范围、种类、幅度。严格规范公正文明执法,全面落实行政执法责任制。严格执行罚缴分离和收支两条线管理制度，严禁收费罚没收入同部门利益挂钩。健全行政执法与刑事司法衔接机制。创新行政复议体制机制，依法公正解决行政争议。

5.强化对行政权力的制约和监督。自觉接受人大及其常委会的监督，主动接受政协的民主监督，重视舆论、社会监督。加强行政机关权力内控机制建设，加强对重点领域和关键环节的监督，对权力集中、资金密集、资源富集的部门和岗位，逐步实行分事行权、分岗设权、分级授权、定期轮岗。编制公布行政职权运行流程图和行政职权运行廉政风险防控图，强化权力制约，加强风险防控。实行正职监管、副职分管、一把手末位表态制度。各级行政机关主要负责人不直接分管行政审批、财务、干部人事、工程建设、物资采购等工作。保障审计机关依法独立行使审计监督职责，对公共资金、国有资产、国有资源和领导干部履行经济责任情况实行审计全覆盖，探索市县两级审计机关人财物统一管理。加强行政监察，完善纠错问责机制，健全问责方式和程序。建立重大决策终身责任追究制度及责任倒查机制。要加强监察、审计和纪检、司法等系统、部门之间的协调配合，形成严惩滥用权力的强大合力。

（三）创新政府治理方式。

1.建设统一的政务服务网。按照山西省统一的标准和要求，在省政务服务门户网上开设政务服务窗口和分门户网作为朔州市政务服务门户网。创新政府网络化管理和服务，以“互联网+政务”的理念，加快互联网与政府公共服务体系的深度融合，统筹协调电子政务外网、政府门户网站群、各部门业务信息系统和政务服务中心电子政务系统等平台和系统的资源，建设统一的政务服务网，促进公共服务创新供给和服务资源整合，构建面向公众的一体化在线公共服务体系。

2.完善提升政务服务中心。规范市县政务服务中心，统一场所建设、机构设置、人员入驻，全面落实“两集中、两到位”，明确服务流程、办理时限、监督机制等标准，建立完善政务标准作业程序和操作规范，全面推行行政职权运行规范流程、一次性告知、限时办结、服务承诺等工作制度，实现程序化运作，提供规范化服务。政务服务中心设立统一受理窗口，与网上平台结合，形成线下与线上互为补充的“一口受理”。进一步拓展政务服务中心功能，将公共服务、便民服务等事项纳入中心统一办理。

3.清理规范中介服务。集中清理与行政审批事项相关的技术审查、评价、评估等中介服务，2015年底前完成清理工作。审批部门所属事业单位、主管的社会组织及其举办的企业，不得开展与本部门审批相关的中介服务；需要开展的应转企改制或与主管部门脱钩。对专业性强、市场暂时无力承接的，短期内可仍由审批部门所属（主管）单位开展中介服务，但要明确过渡期，提出改革方案，按程序报批。除法律、法规、规章规定外，审批部门不得要求申请人委托中介服务；依照规定应由审批部门委托相关机构为其审批提供的技术服务，纳入行政审批流程，一律由审批部门委托开展，不得增加或变相增加申请人的义务，相关费用纳入本级财政预算。对中介服务事项实行清单管理，规范收费，强化监管，完善信用和考评体系，促进中介服务市场公平竞争。政府机关工作人员不得在中介服务机构兼职。

4.规范公共资源交易管理。加快完善市级公共资源交易平台，形成统一规范的公共资源交易体系，对需要进入平台进行交易的公共资源，坚持应进必进，坚决杜绝场外交易。并建立相应的工作机构和运行机制，2015年底前完成整合工作。县级原则上不再新建公共资源交易平台，已经设立的应整合为市级公共资源交易平台的分支机构。到2016年底，基本实现公共资源交易全过程电子化。

5.全面推进政务公开。坚持以公开为常态、不公开为例外，完善决策公开、执行公开、管理公开、服务公开、结果公开制度和程序。重点推进行政权力清单、财政资金、公共资源配置、重大建设项目、公共服务、国有企业、环境保护、食品药品安全、社会组织和中介机构等领域信息公开。对人民群众申请公开政府信息的，依法在规定时限内予以答复。全面公开城乡社区、市场物业、水暖气电、乡镇站所等直接面向群众的基层管理服务事项。有效利用官方微信、微博、手机客户端(APP)等新兴媒介,及时回应社会关切。

6.改进公共服务提供机制和供给方式。建立健全政府和社会资本合作机制，鼓励社会资本参与生态建设和保护，投资运营农业和水利工程,参与能源、交通、信息等基础设施建设,推进市政基础设施投资运营市场化。推行政府向社会力量购买服务，将适合市场化方式提供的公共服务事项,交由具备条件、信誉良好的社会组织、机构和企业等承担。在教育、就业、社保、医疗卫生、住房保障、交通运输、文化体育、公共法律服务及残疾人服务等基本公共服务领域,逐步加大政府购买服务的力度。在非基本公共服务领域,更多更好地发挥社会力量的作用。

7.创新社会治理。深化社会组织管理制度改革,推进行业协会商会与行政机关脱钩。支持群团组织依法参与社会治理，发展专业社会工作、志愿服务和慈善事业。落实重大决策社会稳定风险评估机制,有效预防和化解社会矛盾。以网格化管理、社会化服务为方向,健全基层综合服务管理平台。建立畅通有序的诉求表达、心理干预、矛盾调处、权益保障机制。把信访纳入法治轨道,及时就地解决群众合理诉求。改革信访工作制度,实行网上受理信访制度。健全公共安全体系,完善食品药品安全监管机制、安全生产监管体制、社会治安防控体系,推进“平安朔州”建设。深入开展法治宣传教育,提高全民法治意识。加强应急管理,健全理顺体制机制,充实应急力量,完善应急预案,强化防灾减灾和应急处突能力建设,切实保障人民群众生命财产安全。

8.完善行政管理体制。按照权责一致的原则,推进政府机构改革,进一步理顺部门之间和内设机构之间关系,整合相关机构,相同或相似职能由一个部门承担。推进事业单位分类改革。深入推进扩权强县、扩权强镇等试点改革,鼓励转型综改试点县先行先试。厘清市区两级政府职权,理顺城管执法体制。

(四)提高行政效能。

1.优化政务流程。对设置不合理的政务流程实施再造，取消不必要的前置条件和中间环节，整合性质相近的行政业务。对涉及多个环节、多个部门的行政审批事项,实行一次告知、一次申请、网上流转、限时办结,不得要求办事对象多次申请、重复提供材料。深化并联审批机制改革，建立联审会审工作机制，形成环环相扣、紧密联系、脉络清晰、简单明的审批链。对涉及多个部门、可以同步审批办理的事项,明确一个牵头单位,实行并联审批。

2.提高办事效率。全面推行首问负责、否定报备等制度,开通网上预约、网上咨询等服务功能,推行使用和共享电子文件证照。推动政务服务网服务功能向基层延伸,利用乡镇站所、大学生村官等条件，依托农村远程教育等网络系统,设立乡镇代办点、村级代办员,方便群众就近办事。

3.狠抓工作落实。建立推行“马上就办”工作制度,对上级做出的部署、领导批示的事项、党委做出的决策、人大做出的决定决议,立说立行,令行禁止。建立健全行政机关重大事项限期报告制度，对重大突发事件、重大决策部署落实、重要活动推进等情况,及时上报党委、人大、政府和上级机关。加强督促检查,严格落实限期报告、调查复核、情况通报、责任追究等制度,打通抓落实的“最先一千米”“最后一千米”,力破“中梗阻”，确保政令畅通。加强行政效能监察，严格行政问责,加大对滥用职权、失职渎职、行政违法、决策失误以及不愿担当、执行不力、为官不为等行为的责任追究力度。

4.加强绩效考核。开展绩效管理标准化建设,将全部政务行为纳入绩效考核体系,按照分岗定责、定性评价、定量考核、过错追究的原则,分类设置评价指标,实施分类评价。优化考评实施细则,清晰界定考评内容、程序和步骤。强化结果运用,加大奖优罚劣、治庸治懒力度,做好绩效考核与行政问责的有效衔接。

(五)加强反腐倡廉建设。

1.落实主体责任。严格遵守党纪党规,进一步加强政府系统党的建设。严格落实政府系统党风廉政建设党组(党委)主体责任,忠实履行“一岗双责”。完善行政机关党风廉政考核机制，建立健全落实主体责任的情况报告和通报制度、党组(党委)主要负责人落实主体责任情况评议制度。对职责范围内发生的党风廉政建设问题应该发现而没有发现的,追究失职责任;发现问题不报告的,按渎职追究责任。

2.开展专项整治。针对重点领域、民生领域、关键环节存在的突出问题进行整治,切实解决一批群众反映强烈的突出问题。围绕煤焦、国土、交通、房地产等腐败易发多发领域,重点整治矿产资源配置、土地整治项目、交通工程建设、公路乱设卡收费和房地产开发管理、非法集资等突出问题。聚焦教育、医疗、环保、社保、“三农”等民生社会领域,坚决查处侵害群众利益行为。围绕执法领域,重点整治公安机关执法活动中存在的执法不公、不严、不规范等突出问题。围绕行政审批关键环节,重点整治行政审批违规、滥用审批权,涉煤行政许可审批和行政执法等突出问题。

3.严肃查处腐败案件。坚持有腐必反、有贪必肃、有案必查。严肃查办各级领导干部插手工程建设、干预土地出让、干涉矿产资源配置、侵吞国有资产以及以权谋私、腐化堕落、失职渎职等案件,严肃查办领导干部干预司法活动和行政执法、司法人员徇私舞弊、枉法裁判、以案谋私的案件,严肃查办严重违反政治纪律的案件,严肃查办群体性事件、重大责任事故背后的腐败案件,切实查处发生在群众身边的腐败问题。

4.强化制度反腐。坚持标本兼治、综合治理、惩防并举、注重预防的方针,全面落实《建立健全惩治和预防腐败体系2013—2017年工作规划》,进一步建立健全反腐倡廉制度体系,把权力关进制度的“笼子”。严格遵守《廉洁从政若干准则》和廉洁自律各项规定,领导干部要带头严格执行个人重大事项报告、廉政谈话、述廉评廉等相关制度。健全行政机关选人用人管人制度,鼓励和重用“敢作为、善作为、作为”的干部,对不作为、乱作为以及懒政怠政干部进行警示、惩戒并加强教育、改造。进一步细化公务员回避制度。领导干部亲属及身边工作人员不得在其职权影响范围内从事经营性活动。

5.加强廉政教育。坚持把纪律和规矩挺在前面,贯穿于机关干部的教育、管理和监督的全过程。大力弘扬法治文化、廉政文化、红色文化,教育广大干部树立正确的世界观、人生观、价值观。深入开展反腐倡廉宣传,发挥好廉政教育基地作用,用好用活违纪违法反面教材,挖掘树立身边的廉政典型,以身边的人和事教育身边的人。

6.加强公共资金管理。进一步完善政府预算体系,政府收支要一律纳入预算,做到预算一个盘子、收入一个笼子、支出一个口子。如期公开县级以上政府财政预决算和“三公”经费。要提高财政资金使用绩效,摸清存量资金情况,尽快把沉淀资金调整用在保民生、保重点、补短板、增后劲的地方。所有超期未用的财政资金都要按有关规定收回,造成闲置浪费的还要追责。

(六)切实转变政府作风。

1.持续狠刹“四风”。严格落实中央八项规定精神,严格执行国务院“约法三章”、省委“四个实施办法”、市委“十项规定”和党员领导干部八小时外“五不准”,深入开展政府系统“三严三实”专题教育,扎实抓好党的群众路线教育实践活动和学习讨论落实活动的整改落实工作,强化制度建设,推动作风建设深入持久开展下去。

2.改进文风会风。减少会议数量,可开可不开的会议一律不开,能合并的要合并召开。提倡开短会、专题会、现场办公会,朔州市性会议尽可能采用视频形式召开。严格执行每月设立的“无会周”制度。严格控制公文规格和发文数量。提高文件质量,倡导清新简练的文风。从严控制政府系统各种简报、信息和内部刊物。推行电子政务。

3.厉行节约、反对浪费。牢固树立过紧日子的思想,完善“三公”经费管理和公开制度,严格落实“三公”经费零增长要求,进一步压缩“三公”经费和一般性支出。严格执行《关于进一步规范公务接待管理办法》《朔州市市直机关会议费、差旅费、培训费管理办法》。严格执行中央和省市关于党政机关停止新建楼堂馆所的规定,严禁以任何理由新建楼堂馆所,清理整顿违规项目。严格控制和规范各种论坛、庆典、节会等活动,对不符合规定的一律取消。清理取消以各种业务考核、检查、评比为名,变相开展的评比达标表彰活动。全面推进公务用车制度改革,

2015年年底前全面完成改革任务。严格规范办公用房管理。全面完成公共机构节能目标任务。

4.规范公务人员行为。制订朔州市政务服务办法,加强政务服务运行管理和监督。制订行政机关工作人员行为规范,规范仪容仪表、言行举止、精神面貌,全面推行挂牌服务,树立政府机关良好形象。

5.进一步改进干部作风。巩固党的群众路线教育实践活动和学习讨论落实活动成果,认真开展“三严三实”专题教育,大力弘扬右玉精神,以扎实过硬的作风,强力推动各项工作。深化“看作为、比建树、争一流”活动,营造干事创业浓厚氛围。定期开展系统性理论学习和交流研讨,有效利用行政学院、名家讲座、干部在线学院等平台,加强政治理论和业务知识的学习,推动干部学习制度化、规范化、常态化。改进调查研究,严格执行市级领导专题调研和领题调研制度。认真落实市委常委、副市长“结对包县”帮扶制度,建立政府班子成员重大项目和重点工程联系点制度。继续开展机关定点扶贫、干部下乡住村包村增收工作。严格干部生活作风,教育引导政府系统干部带头遵守社会公德、职业道德、家庭美德,树立良好的个人形象。

**四、保障措施**

(一)重视思想教育。以习近平总书记系列重要讲话精神为指针,坚持用中国特色社会主义理论体系武装头脑,促进公职人员特别是领导干部把牢思想的“总开关”,切实增强纪律意识、规矩意识和责任意识,坚守为官从政底线,做到内化于心、外化于行。深入开展践行社会主义核心价值观主题教育活动,大力弘扬优秀传统文化,丰富教育内容,切实筑牢公职人员思想道德防线。

(二)加强组织领导。各级行政机关党组(党委)主要负责人作为第一责任人,必须牢固树立高度的政治责任感和强烈的大局意识,切实加强对此项工作的组织领导,结合实际,精心制订加强自身建设的工作方案和实施意见,有组织、有计划、有步骤地抓好工作落实。

(三)完善工作机制。各部门要按照本规划确定的目标进一步细化分解任务,制订时间表、路线图、责任书。牵头部门负责抓总,搞好统筹协调和督促落实。配合部门要各负其责,密切协作,形成实施规划的强大合力,确保各项工作有序推进、圆满完成。

(四)搞好宣传引导。要正确把握舆论导向,围绕加强政府自身建设工作主题,加大宣传力度,进一步统一思想、凝聚共识,切实增强政府全体公职人员的忧患意识、责任意识、担当意识。通过新闻报道、言论评论、专题专访、正反典型等多种形式,及时报道各级各部门开展工作的进展、做法和成效,形成推进工作的浓厚氛围。

## 朔州市人民政府<br>关于民生领域政策措施<br>落实自查情况的报告

朔政发〔2015〕55号

省人民政府:

按照省政府办公厅《关于民生领域政策措施落实自查要求》,朔州市对教育、医疗卫生、就业创业、社会保障、环境保护、社会服务、住房保障、城市建设、食品安全、扶贫、道路交通、“五件实事”等12个方面民生领域重要指标和任务完成情况进行认真自查。现将自查情况报告如下:

**一、教育方面**

1.自2007年农村义务教育经费保障机制改革实施以来,朔州市认真实施,取得显著成效。截至目前,已经全部实行义务教育阶段学生免学杂费和农村寄宿生免住宿费(私立学校除外),并向包括城市学生在内的全部义务教育阶段学生提供免费教科书和地方乡土教材。农村中小学生人均公用经费严格按照国家和山西省规定的标准核算,从上年起,非寄宿制学校学生人均公用经费小学达到600元、初中达到800元,寄宿制学校小学700元、初中900元。

2.2008年以前国家和山西省要求对23%的农村寄宿生发放生活补助。从2008年起,朔州市将补助范围扩大到农村义务教育阶段的全部寄宿制学校的寄宿生。扩大补助范围后,资金缺口由市县按非贫困县3:7、贫困县7:3的比例负担，中央、省、市资金均足额按时下达。

3.从2012年开始，朔州市为义务教育阶段寄宿制学生全面实施学生饮用奶工程，每天免费向学生提供一袋饮用奶，市直学校由市级财政负担，教育部门同供奶企业通过财政直接支付结算。

4.山西省“十二五”规划纲要提出九年义务教育巩固率要达93%的目标，朔州市实际完成率为99.5%。

5.根据山西省达到均衡发展备忘录的要求，实现基本均衡的市（县、区）比例达到65%。上年，朔州市平鲁区通过国家义务教育评估验收；2015年，右玉县通过市级复核和省级督导评估，等待教育部评估验收。

6.山西省教育厅给朔州市全面改善贫困地区义务教育薄弱学校的办学条件底线是：2015年共投资3275万元，其中，中央资金1706万元，省级资金844万元，地方资金725万元。截至目前，朔州市结合实际按照补短板、兜网底、一校一策的原则共投资770.17万元。其中，生活设施1371套投资49万元；图书234151册投资348.88万元；课桌凳2804套投资72.59万元；计算机、教学仪器设备等46套投资299.7万元。

7.中小学在2015年秋季招生时实行划片就近政策。小学100%按划片就近政策实施，初中95%按划片就近政策实施。同时，出台整治择校收费的相关文件并加大督查力度。9月中旬组织有关部门进行明查暗访，未发现学校择校收费。

8.高中阶段毛入学率为93.78%，达到山西省规划纲要提出的要求。

9.普通高中家庭经济困难学生国家助学金分两次下达，合计2378.4万元。2015年春季国家助学金市直属学校、应县、右玉县、山阴县、平鲁区、朔城区按照生均1000元的标准进行发放，怀仁县按照生均750元发放，等待山西省文件下发后一并补齐。2015年秋季学期由于一年级新生学籍未进行注册，各学校评选发放正在进行中。

10.在幼儿园切实开展在园家庭经济困难儿童、孤儿和残疾儿童的学前教育资助。2015年春季学期，朔州市各县区已经将资金拨付学校，学校按照生均500元的标准发放给受助学生；2015年秋季学期上级未下达资金。

11.在实行“两免一补”基础上，朔州市对义务教育阶段残疾学生进一步提高补助水平，补助标准由每生每天5元提高到每生每天10元。

12.为切实抓好农村留守儿童义务教育工作，朔州市出台朔教函〔2015〕35号文件，并要求各县区展开自查。目前，朔州市600多名留守儿童的教育条件、寄宿、营养等方面都得到优先满足。

13.近年来，朔州市全面实现“两为主”政策，将常住人口纳入区域教育发展规划，推行进城务工人员随迁子女按在校人数拨付教育经费。目前，进城务工人员随迁子女在公办学校接受免费义务教育的比例达100%。

14.朔州市全面建立和完善中小学教师补充机制，在县域内统筹中小学教师资源，确保开齐开足国家规定课程。乡村中小学教职工编制按照城市标准统一核定，即教职工与学生比初中为：1:13.5，小学为1:19。其中，村小学教学点编制按照生师比和班师比相结合的方式确定，切实保证农村学校师资需求。朔州市建立和完善公办义务教育学校校长教师交流轮岗制度，教师和校长交流比例分别达到11.69%和14.01%。

15.按照山西省（市、县）逐年安排新建、改扩建一批公办幼儿园、出台小区配套幼儿园建设和管理实施办法的要求，朔州市六县区新改扩建12所标准化幼儿园均按照工程进度有序推进，部分县区建成并投入使用；农村新改扩建13所幼儿园，全部开工，预计年底前全部投入使用。

16.朔州市地方教育附加费朔州市用于职业教育达到30%，并且已经建立高等职校生均拨款制度。

17.朔州市全日制中等职业教育为三式学籍，一、二年级在校涉农专业和非涉农专业家庭经济困难学生国家助学金两次到位资金198.6万元，其中县级配套资金52.52万元。

2015年春季国家助学金市直属学校、应县按照生均1000元的标准进行发放，朔城区、平鲁区、山阴县、怀仁县按照生均750元发放。右玉县本年没有受助学生。

18.朔州市各级各类学校的音、体、美器材设备基本能满足教师和学生的使用，开齐开足音、体、美课程。对学生的在校时间做出明确的规定，同时也保证小学生10小时、中学生8小时的睡眠时间。为使学生的身心得到全面发展，朔州市教育主管部门在各学校相继开展阳光大课间、每天一小时等校园体育活动，既减轻学生的课业负担，又增强学生的体质。

19.大力促进高校毕业生就业创业。(1)深入推进创业带动就业工作，鼓励和支持高校毕业生自主创业。朔州市将鼓励和支持高校毕业生自主创业作为带动就业的重要工作，充分发挥市青少年创业孵化基地的引领示范效应，加大创业培训和创业孵化力度。对自主创业者，朔州市有关部门也出台落实小额担保贷款、税收优惠等扶持政策。(2)拓宽就业渠道，大力开发就业岗位，促进高校毕业生多形式就业，鼓励高校毕业生面向基层就业。2015年，朔州市探索通过政府购买岗位的方式，引导高校毕业生到基层就业。全面落实面向基层考录公务员和招聘事业单位工作人员各项政策。同时，统筹实施“三支一扶”、就业见习等基层服务项目，并按规定落实有关岗位补贴、社保补贴、基本生活补助等扶持政策。发挥政策优势，引导高校毕业生到基层、到中小企业就业创业，充实、改善基层人力资源结构，缓解高校毕业生严峻就业形势。(3)组织开展高校毕业生就业服务月和就业服务周活动。近年来，朔州市定期不定期举办高校毕业生专场招聘会和民营企业招聘周活动；开展系列综合招聘或专场招聘，招聘企业以民营企业为主，招聘对象以高校毕业生为主，建立畅通高校毕业生求职通道。

20.进一步深化教育行政审批事项。按照国务院取消和下放的行政审批事项有关要求，朔州市对应该下放的教育行政审批事项实行完全下放，对取消的教育行政审批事项加强事中、事后的监管和服务。

21.努力加快体育产业发展。按照《国务院关于加快发展体育产业促进体育消费的若干意见》(国发〔2014〕46号)要求，朔州市不断加强学校体育场地建设，体育设备投资主要由政府投入建设，为学生开展体育活动服务，不对外开放。

22.对山西省教育厅给朔州市下达的新改扩建12所标准化幼儿园和改造13所农村幼儿园的目标任务，年初分解到各县区，部分县区完成新改扩建任务，年底前全部建成并投入使用。

23. 朔州市右玉县10月份通过国家义务教育评估验收。朔州市的义务教育薄改项目全面启动，教师和校长交流比例分别达到11.69%和14.01%，超出省定任务。标准化建设完成，高中办学标准化建设六县区同步进行。

24.加快构建现代化职业教育体系，深入实施“百校千企”工程。截止目前，朔州市制订出台“百校千企”实施方案，各学校和企业开始相互对接。25.深化教育领域综合改革。建立健朔州市县义务教育学校校长教师定期轮岗交流的常态化机制，县域内校长教师交流比例达到10%；建立职务职称、薪酬待遇向农村中小学校和教学点教师倾斜的激励机制。朔州市教师“局管校用”改革制订实施方案。

## 二、医疗卫生方面

(一)完成情况。

一是基本公共卫生服务均等化稳步推进。1.城乡基本公共卫生服务经费逐年攀升。“十二五”期间，朔州市城乡基本公共卫生服务经费逐年攀升，由2011年每人每年25元提高到2015年的每人每年40元，较2013年每人增加5元，新增的5元全部用于支付乡村医生的基本公共卫生服务。截止9月底，各级政府均以按配套比例和规定时限落实配套经费，市级下达至县级中央和省级拨付的非省直管县补助经费4639.58万元，市级拨付配套补助经费656.26万元，县级拨付配套补助经费4537.6万元。2.基本公共卫生服务项目服务质量逐年提高。截止2015年9月底，朔州市以乡为单位的传染病网络直报率保持在100%；免疫规划疫苗报告接种率以乡为单位达到99%；城乡居民健康档案规范化电子建档人数1228143人,电子建档率77.4%,完成目标任务75%的要求;累计健康管理65岁以上老年人数为97997名,年度任务完成率76%;35岁及以上原发性高血压患者规范管理人数为81962名,规范化管理率为89.8%,完成省级50%的要求;35岁及以上Ⅱ型糖尿病患者规范管理人数为27915名,规范化管理率为81.2%,完成省级50%的要求;重性精神疾病患者登记人数为4146人,规范管理人数3780名。

二是妇幼保健工作稳步推进。朔州市认真贯彻落实"一法两纲",推进妇幼保健体系建设,加强对基层保健业务指导,继续实施农村孕产妇住院分娩补助和孕妇补服叶酸等重大妇幼保健公共卫生项目,重大公共卫生服务项目公平性明显改善。截止9月底,朔州市农村育龄妇女增补叶酸9585人,完成率87.94%;朔州市农村妇女乳腺癌免费筛查2000人,完成率100%;朔州市农村妇女宫颈癌免费筛查12478人,完成率87.87%。其中平鲁区、怀仁县完成100%。2015年1至9月活产数7439人,孕产妇保健管理7207人,管理率96.88%,完成省定85%的要求;0—6岁儿童健康管理90183人,健康管理率86.56%,完成省定85%的要求。

三是县级公立医院改革不断深化。1.实现县级公立医院改革全覆盖。朔州市第一批县级公立医院综合改革试点县区为山阴县、右玉县、平鲁区,2013年新增应县、朔城区为第二批县级公立医院综合改革试点县区,2015年总结推广前两批5个县级公立医院综合改革试点经验,怀仁县10月底前完成改革任务,届时将实现6县(区)县级公立医院综合改革全覆盖。2.开展分级诊疗服务。朔州市依据《省卫计委关于建立新农合分级诊疗制度的指导意见》(晋卫〔2015〕46号)文件要求,出台市分级诊疗实施方案,各县区也制订实施方案,于9月1日全面展开。各县区依据省市方案进行调研、病种选定、费用核算、宣传等,科学有序推进分级诊疗工作。由于朔州市没有市级综合三级医院,分级诊疗服务只能在县、乡、村三级开展。朔州市分级诊疗坚持基层首诊,分级医疗、双向转诊、急慢分治、按病种管理、差别化支付的原则,明确各级医疗机构的功能定位,推进基层医疗卫生机构综合改革,建立和完善医疗机构纵向合作体系,有效整合医疗资源,优化医疗服务流程,提高患者就医满意度。充分发挥新农合补偿政策杠杆调节作用,推动建立分级诊疗、双向转诊制度,满足参合农民基本医疗服务需求。严格控制越级诊疗,提高新农合基金使用效率,规范医疗服务行为,促进病人合理分流,减轻群众看病就医经济负担,实现"常见病不出乡,一般病不出县,疑难重症转诊大医院"的目标。3.基本药物制度完善。从2010年试行基本药物制度以来,朔州市探索、完善扩面,全面推行基本药物制度,成立药品集中采购配送管理办公室,开展药品集中采购管理,实行统一签订合同、统一配送药品、统一结算货款、统一补助资金的"四统一"管理制度。所有参与改革的县级公立医院和基层医疗卫生机构破除以药补医机制,全部取消药品加成政策(中药饮片除外);完善法人治理结构,加强医院内部运行管理;深化人事分配制度改革,健全医院绩效考核评价办法;科学评价县级公立医院综合改革成效,理顺医疗服务价格,建立新的补偿机制,实施基本药物制度。截至9月底,朔城区、平鲁区、山阴县、怀仁县、应县、右玉县采购基药入库金额分别为800.46万元、262.45万元、389.74万元、537.35万元、298.09万元、282.52万元。朔城区、山阴县、应县财政对村卫生室按农业户籍人口人均5元补助;右玉县财政对村卫生室按农业户籍人口人均4元补助;怀仁县对村卫生室按采购量的30%补偿。4.推进大病保险制度的实施。出台《朔州市新农合大病保险工作实施方案》(朔政办发〔2015〕33号),现进入招标阶段。

四是新农合保障水平提高。1.朔州市新农合平均参合率达到99.68%。其中,朔城区100%、右玉县100%、怀仁县99.85%、平鲁区99.49%、应县99.49%、山阴县99.21%,均达95%以上。2.新农合人均筹资标准逐年提高。新农合人均筹资标准从2011年的230元(平鲁区300元)提高到2015年的470元(平鲁区478元)。2011年至2015年9月底,朔州市新农合参合人数累计达到 497 万人，筹资总额达到 17.67 亿元，累计受益人数达到 546.93 万人次，补偿金额达到 14.7 亿元。其中，2015 年，财政补助 380 元/人（平鲁区财政补助资金达到 388 元/人），各类补偿累计受益人数达到 96.33 万人次，补偿金额达到 2.68 亿元。新农合政策范围内门诊和住院费用支付比例达到 75%左右；列入提高保障水平范围的重大疾病不计封顶线；最高补助金额从 2011 年的 5 万元（平鲁区 8 万元，山阴县 6 万元）提高到 2015 年的 15 万元。上年在朔州市新农合定点医疗机构推行"先住院后付费"服务模式，在一定程度上方便群众患者就医。特别是平鲁区将中药饮片纳入新农合补偿范畴，对过期药品一次性销毁、一次性补偿。

五是独生子女伤残死亡家庭扶助制度落实效果好。1.扶助标准。山西省标准为不区分农村和城镇，独生子女死亡家庭每人每月 500 元，城镇每人每月 400 元，这一标准一直执行到现在。2.资金分配。2015 年朔州市共有特别扶助对象 52 人，其中独生子女伤残 20 人，独生子女死亡 32 人，共需要奖励扶助资金 28.8 万元，需要国家配套经费 60660 元，省级配套经费 181872 元，市本级配套经费 45468 元。市级配套经费按比例下拨到各县区，完成率达 100%，待国家和省配套经费到位后，统一由各县区按年初上报花名直接将奖励扶助资金打到个人奖励卡上。所有奖励扶助对象均建立起统一档案，实行一人一档。

（二）采取措施。

一是全力以赴推进县级公立医院综合改革。县级公立医院综合改革是医改的重中之重，2015 年是全面推开县级公立医院改革的第一年，朔州市坚持高效率、高质量地完成此项工作，严格落实政府责任，打破以药养医，坚持公益性质，建立科学补偿机制，理顺医疗服务价格。

二是继续实施卫生人才培养工程。继续通过"农村订单定向医学生免费培养"工程，为朔州市培养医学人才；通过"对口支援"工程，选送市医护骨干到与市有对口支援协议的省级医疗机构深造学习；通过"卫生人才培养"工程，列出培训计划，邀请省级乃至国家级教授、老师来朔州市授课，提高朔州市卫生服务专业水平。

三是健全社会支持系统。加强卫生行风建设和职业道德建设，全面提高卫生队伍整体素质，提高群众对医疗卫生服务的满意度。贯彻教育、制度、监督并重和标本兼治、纠建并举的工作方针，加大纠正医药购销和医疗服务中不正之风的整治力度，遏制收受回扣、"红包"和乱检查、乱收费等损害群众利益的突出问题。强化职业道德教育，弘扬"救死扶伤、忠于职守，爱岗敬业、满腔热情，开拓进取、精益求精，乐于奉献、文明行医"的行业风尚，改善和提高服务态度与质量，树立卫生行业良好社会形象。加大卫生宣传力度，正确引导社会舆论，努力建立和谐的医患关系，争取社会各方面理解、支持、参与卫生事业建设。

## 三、创业就业方面

（一）完成情况。截至 9 月底，朔州市新增就业人数 17077 人，全年计划人数 23000 人，进度占 74.25%；截至第三季度，朔州市城镇登记失业率为 3.1%，保持省定任务的 4.2%以内。

（二）存在问题。煤炭产销不景气造成整个市场经济困难，给稳岗和扩大就业带来压力，就业形势严峻；有的中小企业和个体工商户的经营状况出现经营困难，吸纳新增劳动力的能力大幅下降；部分高校毕业生所学专业与市场对劳动力的需求不对接，学非所用的问题依然存在；部分返乡人员的文化水平与劳动技能较低，实现再就业困难。

（三）采取措施。朔州市推动实施省政府减负政策，"七补一贷""六补一缓"政策，结合朔州市实际逐步落实；在创业孵化基地和创业园区的建设上，进一步引导其在吸纳就业上发挥更大作用；通过"星火项目"等活动，加大项目库建设，发掘新星产业，鼓励其发展壮大，实现其创业带动就业；落实小额担保贷款工作及科技创业园区的建设；推动农民工、家庭服务业建设。

## 四、社会保障方面

（一）完成情况

1.城镇居民医疗保险。城镇居民医疗保险工作全面完成山西省政府下达的各项任务指标。截至9月底,参保人数已达253377人,完成目标任务253000人的100.15%;居民人均财政补助提高到380元，个人缴费达到人均138.25元。

2.劳动监察。1至9月份,朔州市劳动保障监察工作共受理举报投诉案件249起,结案244起,结案率为98%,超额完成省定的劳动保障举报投诉结案率95%。

3.劳动争议仲裁案件情况。截至9月底，朔州市共处理劳动争议案件257件,结案257件,法定结案率100%,超额完成省定任务。

4.职工基本养老保险情况。截至9月底，朔州市职工基本养老保险参保人数达到20.9万人，完成省定任务20.31万人的102%。其中,企业职工养老保险参保人数达到17.7086万人,完成省定任务101%;机关事业养老保险达到31934人,完成省定任务110%。

5.城乡居民养老保险。截至9月底,朔州市城乡居参保登记人数为87.9万人，完成省定任务80万人的109%。

6.退休人员基础养老金情况。按照国家和山西省的有关政策,我们开展提待工作。2015年朔州市企业退休人员基本养老金水平提高11%，超额完成山西省人社厅确定的提高10%的目标；城乡居民基础养老金统一提高到110元/月，超额完成山西省人社厅确定的80元/月的目标。

7. 失业保险情况。一是失业保险待遇情况。根据《山西省人民政府办公厅关于调整山西省失业保险金标准的通知》(晋政办发〔2013〕61号)精神,朔州市于2013年4月1日起执行新的发放标准，朔州市失业保险金标准统一为每人每月930元。截至9月底,朔州市共有2319人享受失业保险待遇，发放金额2073.91万元,人均享受8943元。二是关于失业保险费率。根据《山西省人民政府办公厅关于调整失业保险费率的通知》(晋政办发〔2015〕27号)精神,朔州市失业保险缴费费率于2015年3月1日起统一由3%降到2%。单位缴费比例由2%降至1.5%，个人缴费比例由1%降至0.5%，此项政策朔州市共涉及参保职工18万多人。其中,各类企业职工14万人,全年朔州市减收失业保险基金5000万元。三是关于参保人数。截至9月底,朔州市失业保险参保人数共计182699人，完成省定任务18.24万人的100%。

8.社会保障卡情况。2015年山西省政府下达的朔州市社保卡制卡任务数为115万张。截至9月底，朔州市社保卡制卡数为116.9252万张，超额完成各级下达的任务目标。覆盖朔州市人口的68%。

9.带薪年休假情况。朔州市机关事业单位和国有企业全面推行带薪年休假制度。劳动监察在日常检查和专项检查中把带薪年休假制度落实情况作为维护职工权益的一项重要内容，对各企业执行情况进行监督检查。

(二)采取措施。

1.劳动监察方面。一是三措并举治理欠薪。采用协调处理、行政处罚与移送案件三措并举的做法,将案件解决在现场。二是部门联动征收工资保证金。截至9月底,朔州市征收工资保证金4535万元,动用1010万元,余额3525万元。三是筹集应急周转金。目前,市本级、六县区和开发区应急周转金全部到账,账户金额2591万元。四是多种渠道受理举报投诉。将人社局网站、12333热线、投诉热线全部开通,并进行流转受理。五是建立并完善治理欠薪工作的长效机制。朔州市对解决拖欠农民工工资问题中的应急、预警、平台建设、台账、数据、信息、热线、值班、畅通维权渠道、联动机制等内容的13项制度进行完善。主要有《朔州市人民政府办公厅关于进一步规范朔州市建筑企业用工秩序保障农民工合法权益的通知》(朔政办发〔2013〕102号)、朔州市人民政府2013年第27期市长办公会议纪要,与公、检、法等部门联合印发的《关于建立联动办案协作机制与印发拒不支付劳动报酬案件劳动保障监察执法与刑事司法联动实施办法的通知》(朔检发〔2014〕2号)、《关于成立"解决用人单位拖欠劳动者劳动报酬问题"联动协调处理小组的通知》(朔中法〔2013〕67

号),《关于加强矛盾纠纷大调解工作的实施意见》(朔人社劳〔2014〕196号)、《朔州市人民政府办公厅关于建立健全治理欠薪工作机制的实施意见》(朔政办发〔2015〕5号)和市人社局等9部门印发的《查处重大劳动保障违法案件市级联席会议制度》(朔人社劳发〔2015〕75号)及《朔州市劳动保障监察支队值班制度》《朔州市劳动保障监察支队处置突发性事件应急预案》等。

2.劳动争议仲裁方面。市、县两级劳动争议仲裁部门坚持"和谐仲裁、和谐办案"的方针,办和谐案服务社会稳定大局;办优质案树劳动仲裁品牌,本着快立、快审、快结的原则,依法维护劳动关系双方的合法权益。在处理劳动争议案件时,朔州市仍然坚持"调解优先"的原则,推动建立和完善各方面参与的调解工作格局,充分调动各方面的调解力量,为和谐仲裁奠定坚实基础。

3.职工基本养老保险方面。朔州市对社保扩面15个空地,以非公经济组织和民办非企业单位、灵活就业人员以及机关事业单位临时工为扩面重点,以做实"人、钱、信息"三合一为目的,推进"扩企业、扩险种、扩人数"的社会保险扩面工作,取得明显成效。一是加强宣传,营造氛围。以社会保险宣讲为重点,坚持宣传先行的理念,开展"百人千场万人受益"社会保险法宣讲活动。深入企业,深入学校、深入厂矿,口对口算账,面对面宣讲社会保险政策。同时,还充分利用报纸、电视等新闻媒体,楼宇、公交车、广场LED屏等宣传工具,编发信息标语、播放专栏专题,通过普及劳动保障知识,宣传党的社保政策,营造良好的氛围。二是调查摸底,寻找空地。2015年初,组织人员用两个月的时间对非公经济组织、民办非企业单位进行调查摸底。通过调查摸清底数,明确扩面重点单位,为开展扩面工作奠定基础。三是分解任务,强化责任。将扩面单位分解落实到组,责任到人,强化扩面工作的责任意识,调动工作人员的性。四是典型带动,整体推进。在认真贯彻落实右玉经验交流会议精神的基础上,组织市直非公单位300多人参加扩面征缴典型经验交流会,带动其他非公经济单位参保缴费的性。五是监察联动,协作配合。加强对非公经济单位的执法检查,依法强制参保,收到良好效果。

4.城乡居民养老保险方面。在城乡居民参保工作方面,朔州市按照"五抓五确保"(抓宣传发动,确保政策进村入户;抓机制创新,确保工作快捷便利;抓任务落实,确保工作优质高效;抓督查调度,确保推进扎实有效;抓经办服务,确保工作做实做好)的工作思路,锐意进取,狠抓落实,全力推进工作。出台《关于建立统一的城乡居民基本养老保险制度的实施意见》(朔政发〔2014〕24号)。在全民参保登记工作方面,自上年下半年,朔州市被确定为全国首批全民参保登记试点城市以来,朔州市总计完成入户调查1525035人,占计划调查人数的89.43%,朔州市入户调查核实工作10月底全面完成。

5.退休人员基础养老金方面。在朔州市城乡居民养老保险基础养老金95元/月的基础上,增发15元/月,增至110元/月。针对企业退休人员提待的文件要求,执行省厅政策,做到落实到位。

**五、环境保护方面**

(一)完成情况。

1.环境质量改善方面。截至9月底,朔州市PM10浓度与2013年同期相比下降10%,PM2.5下降18%。2015年度空气质量改善目标任务完成。

2.污染减排工作方面。完成山西省环保厅下达的减排任务指标。

3.水污染防治工作方面。经监测朔州市重金属污染物指数全部达标,两个重金属企业全部达标排放。截至9月底,根据断面水质监测报告1月份NH3—N和Se超标,2至9月份全部达标。

4.黄标车淘汰工作方面。2015年朔州市淘汰注册营运黄标车任务为587辆,截至9月底淘汰440辆,年底前完成山西省政府下达指标任务。

5.农村污水防治工作方面。选定14个村庄开展农村污水防治工作,完成9个,5个村庄正在建设,2015 年底前全部完成。

(二)存在的问题。

1.燃煤小锅炉淘汰难度较大。由于政府财力不足,对辖区内 10 蒸吨以下燃煤锅炉实施淘汰缺乏政府性资金补贴,企业性不高;因能源不足,企业淘汰燃煤锅炉后,存在无能源使用的问题,导致工作推进难度较大。

2.城市污水处理能力不足。近年来,朔州市城镇化进程不断加快,但由于市污水处理厂处理能力有限,市第二污水处理厂建设进展缓慢,人口新增带来的污染压力不能有效缓解。

3.农村面源污染问题突出。由于朔州市大部分乡镇没有建设污水管网、没有建设污水处理设施,污水直排问题严重,造成地表水和地下水污染、土壤植物污染。

## 六、住房保障方面

(一)城市棚户区改造完成情况。2015 年,省政府给朔州市下达的城市棚户区改造任务是,城市棚户区改造新开工建设 12016 套。截至 9 月底,朔州市城市棚户区改造新建项目开工 823 套,分别为右玉县 500 套,山阴县纵三路西兰园城中村棚户区改造一期工程 323 套。货币化安置 1800 套。

(二)保障性住房完成情况。2015 年省政府给朔州市下达的任务为,朔州市计划新开工城镇保障性住房 13396 套,建成 10000 套。截至 9 月底,朔州市城镇保障性住房新开工 1123 套(其中城中村 323 套),占年度目标任务的 8.4%;货币化安置 1800 套;建成 6939 套,占年度目标任务的 69.39%。

(三)存在的主要问题。

一是新建项目储备不足。由于朔州市前几年棚户区改造力度较大,开工项目多,不少县区正在加快续建项目的建设和建成项目的配套设施完善,处理以前征收拆迁遗留问题,新的征拆项目少,项目储备不足。

二是拆迁征收困难。由于房地产形势下滑,城镇居民对商品房普遍不看好,再加上朔州市城镇居民的住房条件普遍比较好,以前居民接受以房换房的安置办法主要出于投资性考虑。现在居民对拆迁征收性不高,对征收补偿货币化安置预期很高,征收要价往往高出评估价格几倍,拆迁困难。

三是资金缺口较大。煤炭形势不好,经济形势下滑,财政收入大幅减少,政府财政资金紧张,保障性住房建设资金困难,续建项目进展缓慢,国开行贷款资金目前还未落实,有的新建项目筹备较晚,2015 年开工有困难。

## 七、城市建设方面

(一)生活垃圾无害化处理率。

山西省定任务为生活垃圾无害化处理率达到 100%。2015 年,朔州市区有市垃圾处理厂和平鲁区垃圾处理厂 2 座,市区生活垃圾无害化处理率达到 100%。

(二)防灾避险公园。

山西省定任务为,到 2015 年设市城市至少建成一个具有一定规模,水、气、电等设施齐备、功能完善的防灾避险公园。目前朔州市中心广场的防灾避险设施基本齐备,完善各项功能,到年底,正常投入运行。

(三)编制完成城市排水防涝设施建设规划。

朔州市排水防涝专项规划由山西荣海城市规划设计院于上年编制完成,待朔州市城市总体规划(2015—2030)批复后,朔州市排水防涝专项规划进入报批环节。

## 八、社会服务方面

(一)民政方面。

社会救助方面:

1.关于提高城乡低保标准。近五年,城乡低保标准连年提高,城乡低保标准分别由 2011 年的每人每月 281 元和每人每年 1455 元提高到 2015 年的 406 元和 2691 元,低保标准年均增长达到 12.9%,圆满完成山西省政府确定的提标目标。

2.关于农村五保供养。朔州市政府连续两年将五保供养工作列为为民办实事项目。同时继续提高五保供养标准,集中和分散供养标准将提高至不低于每人每年 4500 元和 3100 元。截至目前,朔州市共有农村五保供养对象

12760 人,占朔州市农业人口的 1.5%,全部纳入五保供养,保障率达到 100%,实现应保尽保。

社会福利方面:

1.关于孤儿保障。截至 2015 年 9 月底,朔州市共有孤儿 1702 人。其中,分散供养 1362 人,集中供养 340 人,保障率达到 100%,实现应保尽保。朔州市社会散居和机构供养孤儿养育标准分别为每人每月不低于 600 元和 1000 元。

2.关于养老服务发展。在制订城市总体规划、控制性详细规划时,严格按照人均用地不少于 0.1 平方米的标准规划设置养老服务设施。省级基本养老服务补贴制度在拟定,朔州市按照上级部门要求,认真落实基本养老服务补贴。2015 年,朔州市共有养老床位 6632 张,每千名老人拥有养老床位达到 30 张,达到"十二五"期间的目标要求。

近年来,市级福利彩票公益金支持发展养老服务业发展力度加大。2015 年朔州市福利彩票公益金共资助项目 11 个,资助金额 300 万元,其中资助养老服务项目资金 270 万元,达到 90%。为进一步改善农村人居环境,保障农村老年人幸福指数,朔州市新(改)建日间照料中心 83 个(其中,2015 年 15 个),圆满完成山西省定目标任务,使更多老年人享受到居家养老的便民服务。

存在的主要问题:

一是县区社会救助资金配套不足。虽然市级城乡低保等社会救助资金实现足额配套,但部分县区由于种种原因不能足额配套城乡低保及五保供养等社会救助资金。

二是民办养老机构进展较为缓慢。朔州市社会力量投资养老机构还较少,社会上有不少民营企业家萌发创办养老机构的意愿,但由于配套政策有待完善,致使落地项目较少。

下一步,朔州市将继续加大对社会救助资金的投入及养老项目推进力度,把惠民工程落实好,为群众提供更加优良的服务环境,让群众切实享受到惠民政策带来的好处。

(二)文化方面。

市县文化馆和基层综合性文化服务中心建设情况。

1.市级馆建设情况。截至 9 月底,市级图书馆、群艺馆、博物馆全部建成并投入使用。市图书馆达到部颁三级馆,市群艺馆 2015 年 7 月初评达到部颁三级馆。

2.县级馆建设情况。朔城区图书馆达到部颁二级馆,文化馆于 2015 年 7 月初评达到国家部颁一级馆;平鲁区整合完成图书馆、文化馆建设,"两馆"面积均达到 2800 平方米,文化馆在 2015 年 7 月初评达到部颁一级馆;山阴县图书馆达到部颁二级馆,文化馆 2015 年 7 月初评达到部颁一级馆;怀仁县新建面积达 13000 平米图书馆,文化馆在 2015 年 7 月初评达到部颁一级馆;应县新建图书馆、文化馆并对外开放,文化馆在 2015 年 7 月初评达到部颁一级馆;右玉县整合县一中图书楼馆舍建设县图书馆;改扩建文化馆,2015 年 7 月初评达到部颁二级馆。

乡镇(街道)综合文化站建设情况。朔州市所属 69 个乡镇和 4 个街道综合文化站,截止 2015 年 9 月底,67 个乡镇和 4 个街道综合文化站达到建设标准并实现统一标识、统一功能、统一任务、统一规章制度等免费开放功能。

村级(社区)综合性文化活动中心建设情况。

1.制订建设规划和标准。

2.完成 73 个试点文化活动中心建设任务,下一步将朔州市推广。

户户通工程启动完成情况。2015 年,朔州市总任务是完成 4328 户的直播卫星设施安装发放。其中,平鲁区 700 户、山阴县 1677 户、应县 567 户、右玉县 1390 户。9 月 2 日至 15 日,这四个县区收到厂家发来的设施,为农户安装。

全民健身事业发展情况。朔州市把全民健身事业纳入本级政府国民经济和社会发展规划,把全民健身工作经费列入本级政府财政预算,把全民健身工作纳入《政府工作报告》。截至 2015 年,除朔城区、平鲁区正在办理体育场建设工程前期手续外,其余四县区都完成体育场建设;街道(乡镇)、社区(行政村)基本建有便捷、适用的体育健身设施。

## 九、食品安全方面

(一)食品药品监管体制改革。

一是本地区食品药品监管体制改革，落实属地管理责任完成情况。2013 年食品药品监管体制改革启动以来，市委、市政府高度重视，截至上年 4 月，市县两级均单独设置食品药品监管机构（右玉县于 2015 年 1 月 7 日将食品药品监管、工商、质监三个部门合并为右玉县市场监督管理局，加挂右玉县食品药品监督管理局牌子，是朔州市目前唯一一家“三合一”的县区），并完成与质监、工商人员和职能的交接。市县两级均增设食品药品稽查队和药品不良反应监测中心，朔州市 73 个乡镇、街道办事处设立监管站 44 个，都组建运行，基本建立市县乡三级监管网。

二是食品药品安全纳入政府绩效考核范围，食品安全监管、监测、执法等工作经费纳入财政预算情况。市委办公厅、市政府办公厅印发的《各县区、经济开发区和市直部门（单位）2015 年度目标责任考核指标》(朔办发〔2015〕20 号)，将不发生重大及以上食品安全事故、农产品质量安全事故列入对县区和相关部门的考核。2015 年度市级财政预算市食品药品监管局食品安全监管、监测、执法经费为 150 万元。

(二)建立健全食品风险预警、检测、产品追溯体系。

一是建立食品安全预警情况。截至 2015 年 9 月底，朔州市共开展食品监督抽验 167 批次、药品监督抽验 406 批次。共收到山西省监督抽验药品 870 批次，完成检验 607 批次。通过抽检发现不合格食品 3 批次、药品 3 批次。为有效提升食品安全预警水平，朔州市食品监管部门组织开展对朔州市乳品、肉制品等大型食品生产企业和地方特色食品，以及大型食品批发市场、超市食品进行抽验，预计完成对 21 大类、78 批次食品的抽验。2015 年通过政府招标采购确定由山西省出入境检验检疫局检验检疫中心承检，抽检工作有序开展。

二是食品安全检测能力建设情况。2015 年设市食品药品检验所，各县区均建立综合检验中心。市政府从朔州市检验检疫综合实验楼中划拨 3000 平方米用于市食品药品检验所食品安全检验监测能力建设，建设项目顺利取得省市发改委的批复，按照程序办理施工前各项手续。市政府出台推进规划，确定建设右玉县和应县两个县级综合检验检测中心，相关资料按程序上报。

三是产品追溯体系建设情况。按照山西省食品药品监管局安排，朔州市以乳制品行业作为原地产可追溯制度的试点。上年以来，朔州市认真推进落实。截至 9 月底，朔州市古城乳业、雅士利有限公司、蒙牛山西乳业、朔州伊利乳业、应县乳制品公司等企业依靠电子追溯平台或与纸质记录档案相结合，基本能够实施产品正向和逆向追溯，奶源可追溯到奶站。同时，初步建立朔州市食品生产监管人员和企业信息档案库，并按照朔州市乡镇监管站具体情况分配相应的监管账号，为下一步实现电子监管信息档案库建设工作打下坚实的基础。

(三)按照无缝衔接原则做好食用农产品产地准出和市场准入管理。山西省农业厅、水利厅、食品药品监督管理局联合出台《关于加强食用农产品质量安全监督管理工作的意见》(晋农质监发〔2015〕5 号)，对稳步推行食用农产品产地准出和市场准入管理进行明确规定。朔州市食安办出台《朔州市食品安全委员会成员单位食品安全监管职责》，对农业、食品药品监管、水利等部门的职责也进行明确划分。

一是 2015 年山西省定任务是朔州市要完成产地认定 2 万亩，产品认定 10 个，蔬菜农药残留检测合格率 96%以上，本级安排专项经费 30 万元以上。2015 年朔州市三家企业正申报无公害农产品认证，产地认定 1.2 万亩，产品认证 8 个，蔬菜农药残留检测合格率 93.3%以上。

二是山西省里要求各地市、县区监督畜主对病死猪进行 100%的无害化处理，并按照要求做好核实统计工作。每年上半年、下半年各上报一次。朔州市 2015 年以前全部按时完成上报工作。2015 年上半年共处理病死生猪 2549 头，统计数字按省级要求按时上报，下半年的统计工作正在进行中。到年底为止，各县区都按照进度完成目标任务。

## 十、扶贫方面

一是人口减贫落实情况。截至 9 月底朔州市有 13411 人实现脱贫，占山西省下达计划 18000 人的 74.5%。其中：朔城区脱贫 864 人，平鲁区脱贫 2200 人，山阴县脱贫 3100 人，怀仁县脱贫 600 人，应县脱贫 682 人，右玉县脱贫 5965 人。

二是建档立卡工作落实情况。自上年开展贫困农户建档立卡采集工作以来，按照国家统一的识别标准、方法和程序，认真开展贫困对象建档立卡信息采集工作，全面核实贫困村和贫困户基本资料信息，专门编印《扶贫手册》，要求把贫困村贫困户基本情况、致贫原因、帮扶措施、到村到户扶贫项目、帮扶责任人等相关信息全部登记在册，并全部录入扶贫开发建档立卡信息采集系统，实现统计指标精准化、统计分类科学化。

三是驻村帮扶覆盖情况。2015 年朔州市共派出包村领导 991 名，定点扶贫工作队 617 支。全部进驻 255 个贫困村和部分低收入村，实现领导帮扶全覆盖。同时，还对驻村帮扶领导和定点扶贫单位提出产业帮扶要求，努力使每个贫困村都有一个特色产业，每个贫困户都有一个增收项目，确保贫困农民 2015 年收入增幅达到 18%以上。共为贫困村投入资金 0.8 亿元，切实做到"扶贫到户、责任到人。"

四是企业参与产业扶贫情况。2015 年山西省政府将企业产业扶贫列入山西省十大重点工程，给朔州市下达的企业扶贫投资为 24 亿元。根据这一目标任务要求，朔州市 30 家各类企业进行对接、分解投资规模、确立带动人数。截止 9 月底，30 家帮扶企业完成投资 12.468 亿元，占省下达计划 24 亿元的 51.95%。其中朔城区完成投资 0.95 亿元，平鲁区完成投资 0.708 亿元，山阴县完成投资 2.46 亿元，怀仁县完成投资 3.79 亿元，应县完成投资 2.65 亿元，右玉县完成投资 1.91 亿元。

五是教育扶贫落实情况。为全面落实习近平总书记关于"阻断代际贫困传递"的指示精神，2015 年对朔州市建档立卡范围的贫困大学生进行应扶尽扶，共资助贫困大学生 401 名，发放资助金 200.5 万元。其中，朔城区资助 15 名，平鲁区资助 96 名，山阴县资助 131 名，怀仁县资助 14 名，应县资助 18 名，右玉县资助 127 名。

六是金融富民扶贫落实情况。按照《关于创新发展扶贫小额信贷的指导意见》(国开发办〔2014〕78 号)和《关于全面做好扶贫开发金融服务工作的指导意见》(银发〔2014〕65 号)文件精神，2015 年朔州市启动"扶贫小额信贷"工程。扶持对象为：有贷款意愿、有创业潜质、有技能素质和一定还款能力的建档立卡贫困户。扶持重点为：支持建档立卡贫困户发展特色优势产业、增加收入。扶持方式为：对符合贷款条件的贫困户提供 5 万元以下、期限 3 年的贷款支持。2015 年共为右玉县、平鲁区、山阴县三个县争取小额信贷担保金 1000 万元，可放大 8 倍即 8000 万元，为贫困户提供 1—5 万元的信贷扶持。发放信贷扶贫资金 1504 万元，其余正在申请核实阶段。

百企千村产业扶贫工程，朔城区、平鲁区推进相对缓慢；异地搬迁工作，朔城区、平鲁区、山阴县工作推进缓慢。其余各项扶贫工作都进展顺利。

**十一、道路交通方面**

(一)"十二五"期间重要指标完成情况。

一是新旧两个全覆盖工程。

1.村通水泥(油)路全覆盖工程。2009 至 2010 年，朔州市响应山西省委、山西省政府实施"五个全覆盖"工程的战略部署，两年内共完成村通水泥(油)路 211 个村 2265 千米，村通水泥(油)路覆盖率达到 99.76%，实现朔州市具备条件的建制村通水泥(油)路全覆盖目标。

2.街巷硬化全覆盖工程。2011 至 2012 年，朔州市把农村街巷硬化全覆盖工程作为农村建设的重点工作，实施完成 1683 个村(含重点推进村 520 个)10056 千米的街巷硬化工程，超省定目标 56 千米，使具备条件的建制村实现街巷硬化全覆盖。

二是农村公路新改建工程。2011 至上年，完成新改建农村公路 821 千米，新增公路通车里程 625 千米，农村公路完成投资 27 亿元。其中：2011 年新改建农村公路 200 千米，新增公路通车里程206.5千米，完成投资4亿元；2012年新改建农村公路203千米，新增公路通车里程271.66千米，完成投资16.85亿元；2013年新改建农村公路320千米，新增公路通车里程95千米，完成投资3.44亿元；上年新改建农村公路98千米，新增公路通车里程52千米，完成投资2.68亿元；2015年预计完成新改建农村公路300千米，预计新增公路通车里程30千米，预计完成投资2.4亿元。

三是农村公路安全保障工程。2013年朔州市涉及安保工程项目11个，治理隐患里程58.612千米，总投资586万元；开工率100%，完成治理隐患里程40.212千米，除广武至梵王寺线18.4千米因公路拓宽改造未完成外，其余10个安保项目全部完成并交验使用。上年朔州市未安排农村公路安全保障工程项目。2015年朔州市农村公路安全生命防护工程共15项，隐患里程36.5千米，总投资1364.2万元。已全部开工，开工率100%，目前完工里程26.98千米，完成投资889.3万元，完工率74%，计划10月底全部完成。

（二）2015年重要工作进展完成情况。

一是新改建农村公路工程。2015年山西省定朔州市新改建农村公路93千米。1至9月份完成情况为：完成投资18614万元，完成新改建农村公路252.06千米，其中新改建农村公路104.06千米，村通水泥（油）路完善提质工程148千米。各县区完成情况为：朔城区完成32.36千米，平鲁区完成2千米，右玉县完成31.2千米，山阴完成74.1千米，应县完成89.7千米，怀仁县完成22.7千米。预计全年完成新改建农村公路300千米，完成投资2.4亿元。

二是农村公路安全保障工程。2015年山西省定朔州市农村公路安全生命防护工程处治隐患里程36.5千米。1至9月份完成情况为：15项农村公路安全生命防护工程已全部开工，开工率100%，完工里程26.98千米，完成投资889.3万元，完工率74%，计划10月底全部完成。预计全年完成36.5千米，完成投资1364万元。

**十二、五件实事**

（一）农村危房改造。

1.进展情况：2015年山西省分两批下达朔州市农村危房改造任务共计8330户（第一批先其下达朔州市农村危房改造任务6200户，后期追加下达2130户）。各县区任务分解为：朔城区635户、平鲁区979户，怀仁县2355户，山阴县1230户，右玉县1601户，应县1530户。截至9月底，全部开工，开工率100%；竣工8021户，竣工率96%。农村危房改造市级配套资金全部按配套比例足额下拨，各县区配套资金筹措中。排名后三位的是右玉县、山阴县和应县，分别为右玉县竣工1521户，竣工率95%；山阴县竣工1146户，竣工率93%；应县竣工1410户，竣工率92%。

2.存在问题：(1)乡镇人民政府、村委会在组织实施农村危房改造工作中，对象确定、公示、审核等工作操作时间较长。(2)各县区由于财政等原因，县级配套资金筹措困难、农民自筹资金投入少、影响改造效果。

（二）乡村清洁工程。

1.进展情况：山西省定任务为加快农村生活垃圾转运站和处置点建设，强化人员、设施、设备等的落实，市县两级配套资金3280万元，完成示范村创建工作。

2015年市级配套资金1639万元拨付；县级配套资金应县未列入财政预算，山阴县、平鲁区、怀仁县、右玉县、朔城区配套资金已拨付。清扫保洁人员、监管人员全部按规定足额配备。设施设备配置情况，朔州市共配备垃圾收集车1781辆、垃圾转运车辆419辆（另有92辆正在交接验收中）、垃圾箱桶31800个，建成垃圾收集点1731个、集中填埋点206个、垃圾中转站4座（山阴县2座、平鲁区1座，怀仁1座）。

达标村验收工作每年10月份开始，2015年正在创建中。

2.存在问题：一是垃圾收集点、垃圾池选址难。由于农村老百姓对农村清洁工程认识不够，认为垃圾收集设施建到住房附近污染重、老百姓有抵触思想，建好后损坏严重。二是“四堆处理”不彻底，长效机制有待完善。庭院周围存在柴堆、粪堆现象，城乡结合部局部道路清扫保洁不及时，还存在卫生死角。有暴露垃圾和存量垃圾现象存在，有些村庄存在检查时突击清扫现象。

（三）特困群众易地扶贫搬迁落实情况。2015 年山西省政府下达朔州市的易地扶贫搬迁计划为 3000 人，朔州市落实搬迁人数为 3248 人，超计划 248 人。其中朔城区搬迁 428 人，平鲁区搬迁 205 人，山阴县搬迁 205 人，应县搬迁 438 人，右玉县搬迁 1972 人。朔州市共搬迁 1157 人，占计划的 35.62%。其中：右玉县搬迁 719 人，应县搬迁 438 人，其余县区制订搬迁规划、落实配套投资、研究搬迁措施，力争完成省政府下达的移民搬迁任务。山阴县政府经县长办公会议研究决定与采煤沉陷区搬迁项目整合实施，回购玉马小区搬迁新居，现搬迁新居的主体工程完工。平鲁区计划结合整治村进行，乡镇正在落实中。朔城区与乡村对接，制订移民扶贫搬迁方案。

（四）行政村街道亮化工程。2013 年朔州市全部完成。

（五）村级幼儿园改扩建工程。山西省定朔州市农村新改扩建 13 所幼儿园，2015 年全部开工。年底前全部建成并投入使用。

## 十三、其他

（一）采煤沉陷区治理工程。朔州市采煤沉陷区治理搬迁安置年度计划为 3 个县（区）10 个乡镇 20 个村 5935 户 16432 人。其中平鲁区 7 个乡（镇）15 个村 4579 户 12686 人；山阴县 2 个乡镇 2 个村 649 户 2021 人；右玉县 1 个镇 3 个村 707 户 1725 人。截至朔州市开工 6 个乡镇（8 个村），乡镇开工率 60%（村庄开工率 40%）。预计 2015 年度政策性计划投资 71718.54 万元，完成投资 48660 万元，年度政策性投资完成率 67.85%。

（二）旅游厕所建设完成情况。山西省旅游局于 2015 年 4 月与朔州市签订旅游厕所建设目标责任书，要求朔州市启动新建、改（扩）建旅游厕所 2 个，并确保年内完成旅游厕所建设任务。截至 2015 年，朔州市完成改建旅游厕所 2 个，分别为应县辽代街旅游厕所和金沙滩景区厕所，并启动 2 个旅游厕所的新建工作，分别为怀仁县清凉山景区旅游厕所和王家屏纪念园旅游厕所，目前新建的 2 座旅游厕所主体工程完工，进行外部装修和内部公用设施的配套，圆满完成山西省定的目标任务。

（三）低收入农户冬季取暖用煤货币补贴发放进展情况。朔州市冬季取暖补贴资金 13757 万元全部下达六个县区。为保证取暖用煤货币补贴发放工作开展，各县成立煤补发放领导小组，县区发放补贴工作全部明确由县区农委牵头负责。截止 2015 年，应县和城区低收入农户信息收集工作基本完成，准备按照“一卡通”的形式发放。其余四个县区召开煤补资金发放部署会，由县区农委抓紧收集整理数据，待信息收集完成，再由信用社制卡，按照“一卡通”形式统一发放。10 月底全部发放到位。

（四）农村饮水安全工程进展情况 。2015 年朔州市任务目标为解决 6 个县（区）21 个自然村、2 所学校，1.45 万农村人口、0.3 万学校师生的饮水安全问题。计划新建、改建工程 23 处，主要建设内容为打井、蓄水池、管网并入户。截至 9 月底，朔州市 23 处工程已全部完工，完成投资 826 万元，投资完成率100%。

朔州市人民政府

2015 年 10 月 13 日

## 朔州市人民政府<br>关于朔州市人民政府部分工作<br>部门机构调整情况的报告

**朔政发〔2015〕56 号**

朔州市人大常委会：

根据《中共中央、国务院关于地方政府职能转变和机构改革的意见》（中发〔2013〕9 号）和《中共山西省委、山西省人民政府关于市县政府职能转变和机构改革的意见》（晋发〔2014〕12 号）精神，制订《朔州市人民政府职能转变和机构改革方案》。该方案经山西省委、山西省政府批准后，朔州市委、朔州市政府以朔发〔2014〕11 号文件印发实施。对朔州市人民政府部分工作部门作如下调整：

组建市卫生和计划生育委员会。将市卫生局的职责、市人口和计划生育委员会的计划生育管理和服务职责整合，组建市卫生和计划生育委员会，为市政府工作部门。不再保留市卫生局、市人口和计划生育委员会。

按照职能有机统一的大部门体制改革要求，继续巩固和深化大文化管理体制改革。市体育局、市文化广电新闻出版局合并组建市文化局，为市政府工作部门，挂市文物局、市版权局牌子。不再保留市文化广电新闻出版局(市文物局、市版权局)、市体育局。

将部门管理机构市畜牧兽医局并入市农业委员会，为内设机构。原市畜牧兽医局所属事业单位划归市农业委员会。

特此报告。

朔州市人民政府
2015年10月14日

## 朔州市人民政府关于印发朔州市能源发展战略行动计划实施方案(2015–2020年)的通知

朔政发〔2015〕57号

各县、区人民政府，市开发区管委会，市直各有关单位：

现将《朔州市能源发展战略行动计划实施方案(2015–2020年)》印发给你们，请认真组织实施。

朔州市人民政府
2015年10月20日

## 朔州市能源发展战略行动计划实施方案(2015–2020年)

能源是人类生存和发展的重要物质基础，事关国计民生和国家安全。推动能源生产和利用方式变革，调整优化能源结构，构建安全、稳定、经济、清洁的现代能源产业体系，对于保障国家和地方经济社会可持续发展具有重要战略意义。2015至2020年是朔州市全面建成小康社会的关键时期，是实现“两大任务”的攻坚时期，也是全面建设自然、生态、精致、宜居的现代化城市，加快构建清洁高效低碳现代能源体系的重要时期。

根据《山西省人民政府办公厅关于贯彻落实〈能源发展战略行动计划(2014–2020年)〉的实施意见》(晋政办发〔2015〕1号)和《山西省发展和改革委员会关于加快研究制订贯彻落实〈能源发展战略行动计划(2014–2020年)〉实施方案的通知》(晋发改能源函〔2015〕359号)精神，为加快朔州市能源发展，结合实际，制订本方案。

### 一、现状与形势

朔州市地处塞北高原，1989年经国务院批准设立，经过建市二十多年来的建设，成为一座新型的能源工业城市，是山西省主要动力煤生产基地。朔州市下辖六个县区、1个开发区、69个乡镇、4个街道办事处、1688个行政村，国土面积10619平方千米，总人口175.4万人。其中有五个县区被列入全国重点产煤县区。建市以来，煤电工业始终是朔州经济发展的主导产业和朔州市经济增长的主要因素。依据这一基本市情，依托煤炭资源优势，以能源项目为载体，以机制创新为动力，以拓展资源开发为领域，将延伸产业链作为经济发展的主要方向，优化经济结构，提升发展质量，吸引大集团大公司落户朔州，逐步使经济发展由资源开发、初级产品增长和粗放经营，向资源有序开发和原料深加工转变，由资源的初级开发向综合利用转变，由产业结构的单一化向多元化方向转变，形成一批关联度高、竞争力强、经济效益好的接续产业；建立以煤电为主导，冶金、化工、建材、陶瓷、乳品业等新型产业链同步发展的工业经济体系。在新型能源基地建设中，全面贯彻国家能源发展总体部署，落实省委十届六次全会精神，以开源、节流、减排为重点。煤电工业以新型化、规模化、安全质量标准化建设为目标，注重资源节约、规模战略发展、洁净化生产和产业链延伸，初步形成“煤—洗选—发电”“煤—电—高耗能工业”“煤—化工”三条初具规模的产业链，为朔州市今后能源基地建设展示美好的发展前景。

（一）朔州市煤炭工业现状。上年朔州市煤炭储量425.26亿吨，占山西省储量的1/6。煤炭赋存横跨大同、宁武两大煤田，主要含煤地层为石碳系太原组和二叠纪山西组，原煤发热量在3500—5000大卡之间，是低热、低硫、高灰、高挥发份的中低档动力煤。主要可采煤层一般3层，平均厚度约20—30米。

山西省煤矿企业兼并重组后，朔州市境内保留煤矿80座，总能力19360万吨。其中，山西省内五大集团办矿16座，总能力3060万吨；朔州监管煤矿64座，总能力16300万吨。近年来，又有19座生产矿井通过生产能力核定提升能力3670万吨，现朔州监管煤矿总能力19970万吨，朔州市总能力23030万吨。80座矿井中生产矿井56座，核定能力17160万吨；建设矿井14座，建设规模4730万吨；未开工矿井10座，兼并重组核准能力1140万吨。分县区情况，朔城区10座，总能力2310万吨；平鲁区31座，总能力14390万吨；山阴县21座，总能力3210万吨；怀仁县11座，总能力2130万吨；右玉县7座，总能力990万吨。按井型划分，大型矿井（120万吨/年及以上）48座、中型矿井（90万吨/年）31座、小型矿井（30万吨/年）1座。平均单井规模274万吨/年。5个产煤县区全部跨入千万吨级产煤基地行列。朔州市建成安全质量标准化矿井45座。

（二）朔州市电力工业现状。朔州市煤炭、风能、太阳能、生物质能资源丰富，开发潜力巨大，极具规模化发电良好条件。经过多年建设电力产业初具规模，截至2015年，运营、在建、取得“路条”电厂情况如下：

1.运营电厂31家，电力装机容量达到793.9万千瓦。其中，燃煤电厂3家，总装机规模320万千瓦；低热值煤电厂6家，总装机规模267万千瓦；风电厂17家，总装机规模192万千瓦；光伏发电厂4家，总装机规模12.5万千瓦；生物质能电厂1家，总装机规模2.4万千瓦。

2.在建电厂28家，总装机规模597.95万千瓦。其中，燃煤电厂1家，总装机规模70万千瓦；低热值煤电厂4家，总装机规模342万千瓦；风电厂13家，总装机规模145.45万千瓦；生物质能发电厂1家，总装机规模3万千瓦；光伏发电厂9家，总装机规模37.5万千瓦。

3.取得“路条”电厂12家，总装机规模280万千瓦。其中，燃煤电厂1家，总装机规模200万千瓦；风电厂5家，总装机规模55万千瓦；光伏发电厂6家，总装机规模25万千瓦。

（三）朔州市电网情况。朔州电网位于山西电网西北端，是山西电网重要组成部分，最高电压等级500千伏。经过多年改造朔州电网目前整体形成以朔州500千伏变电站为支撑，铺上、吉庄、七里沟、翠微、右玉、向阳堡、安荣9座220千伏站为节点的双环网，以220千伏变电站为中心的110千伏、35千伏辐射性的供电网。朔州500千伏变电站是朔州电网与山西主网和忻朔地区电厂相连通的枢纽变电站。2015年，朔州站500千伏系统出线五回，分别与神头二电厂、河曲电厂、云顶山变电站联网。形成山西省北起朔州经古交、吕梁、稷山至运城的“北电南送”的第三大通道。

220千伏系统整体来说分为两片运行，其中怀仁县通过220千伏雁赵双回线和赵浑线接入大同电网，其余县区属于忻朔电网，通过荣原一、二回等6条220千伏线路与忻州电网相联。

朔州电网主网110千伏站全部为双线双变源供电，开发区站、峙峪站、魏庄站三站以正常方式为其他站提供备用电源，正常属单电源供电，故障时经倒运行恢复供电；其他站都为双电源供电，一主一备，供电可靠性完全满足要求。

截至上年底，朔州电网共有35千伏及以上变电站160座，总容量10490.77兆伏安。其中，500千伏变电站1座，总容量1500兆伏安；220千伏变电站10座，总容量3120兆伏安；110千伏变电站50座，总容量4287.14兆伏安；35千伏变电站99座，容量1583.63兆伏安。

朔州电网共有35千伏及以上线路308条，线路长度4380.492千米。其中，500千伏线路5条，线路长度434.943千米；220千伏线路43条，线路长度1058.092千米；110千伏线路104条，线路长度1321.387千米；35千伏线路156条，线路长度1566.070千米。

（四）能源工业发展面临的形势。煤炭是我国重要的基础能源和原料，在今后相当长时期内，煤炭在我国能源消费结构中仍然居主导地位。山西是我国最大的煤炭生产、供应基地，而朔州市煤炭工业在山西省又居于十分重要的位置。煤炭工业是朔州市国民经济的支柱产业，在长期的经济发展过程中，为地方经济乃至山西省、全国经济发展做出突出贡献。“十二五”期间，国家初步决定非化石能源与一次能源消费比重由2010年的8%提高到2015年的11%以上。在国家大力培育发展战略性新兴产业的背景下，随着节能环保产业、新一代信息技术产业、生物产业、新能源产业、新材料产业、航空航天产业、轨道交通产业、海洋资源开发产业、新能源资源等新兴产业的崛起，我国能源供给结构和利用效率都将发生变化，降低单位能耗，采取低碳发展成为能源工业发展的首选。依靠经济技术进步，能源政策的调整，原煤占国家对能源需求总量份额逐渐缩小，新能源增长势头强劲，能源结构调整日益紧迫，朔州市迎来新的发展机遇期。国家经济总量的发展，省外电力需求进一步扩大，使山西省电力外送市场将迎来更快的增长期。京津唐、河北南网、山东、江苏、浙江、湖南、湖北地区到2015年电力市场空间在6660万千瓦—10960万千瓦之间。朔州市电力外送市场空间广阔。

**二、总体要求**

（一）指导思想。坚持科学发展观，认真贯彻党的十八大和十八届三中、四中全会精神，以及习近平总书记系列重要讲话精神，按照优化经济结构和提升发展质量的战略要求，以结构调整为主线、资源禀赋为基础、改革创新为动力、扩大煤电外送为抓手，重点建设大型煤电一体化基地，加快热电联产和低热值煤综合利用发电的开发，发展风能、太阳能等可再生能源，加强省内北电南送通道和外送通道建设，促进各级电网协调发展，通过市场机制的调节激发国内市场有效需求，规范产业发展秩序，加快技术进步，推动煤电产业重组和转型升级，提高能源产业发展质量和效率。

（二）基本原则。

——坚持安全第一的原则。煤炭工业是朔州市经济发展的支柱和龙头产业，巩固和壮大煤炭主业，提高核心竞争力，保持煤炭主业的持续、稳定发展既关系到区域经济发展的方向和进程，也是煤炭工业进行结构调整的重要现实物质基础。提高煤矿安全技术装备水平，增强煤矿防灾抗灾能力。防止事故的发生，改善生产条件为目标，加大煤矿安全技术改造力度，从源头上遏制重大事故的发生，依托现代信息技术构建煤矿安全监测监控网络，在信息化与工业化相互促进的过程中，改善安全生产状况，加强电子信息技术对煤矿安全和生产过程的监控。

——坚持提高能源效率的原则。用先进技术改造传统产业，加大煤炭工业资源整合和技术改造力度，建设安全质量标准化大、中型矿井；继续优化布局，关小上大，提高生产力水平，采用大容量、高参数、高效节能发电机组。加快调整电源结构，促进低效和小火电机组关停退役；加大对老机组的技术改造力度，提高机组效率；优化电网结构，降低输变电设备损耗；加强电力需求侧重管理，提高电力工业整体效率。

——坚持可持续发展的原则。坚持资源综合开发与生态建设、环境保护并重，特别强调处理好经济发展与资源、环境的关系，注重煤炭清洁生产和高效利用。发展煤炭深加工和综合利用，延伸煤炭产业链。搞好工业园区建设，推进循环经济综合利用产业发展。新建火电机组必须严格按照环境保护的要求，对烟尘、二氧化硫、氮氧化物、工业废水及温室气体等污染物进行有效控制；加大老机组脱硫改造的力度，符合法律、法规规定的污染物排放总量要求。

——坚持煤电一体化发展的原则。鼓励煤炭企业、电力企业一体化经营，集约化开发建设大容量、高参数坑口电厂；低热值煤发电项目，加大“上大压小”力度，逐步淘汰服役期满的单机容量在20万千瓦及以下的纯凝发电机组和运行满20年单机容量10万千瓦及以下的常规燃煤火电机组。推进城市热电联产，优先采用单机30万千瓦及以上的供热机组，取代小热电机组和分散供热锅炉，实施循环经济，提高资源综合利用效率。

——坚持科技创新和技术进步的原则。科学技术是第一生产力，走新型工业化道路，必须坚持以信息化带动工业化，以工业化促进信息化，依靠科技进步和提高劳动者素质，促进经济增长，提高质量和效益。建立创新体系，提高能源企业技术创新水平，形成尊重知识、尊重人才，创造人才引进培养与使用的良好环境。把提高职工素质，增加职工收入，改善职工生活，完善社会保障体系作为重要内容，促进经济、社会、资源、环境与人的多方面协调发展。

(三)主要目标。把扩大国内市场、提高技术水平、加快产业转型升级作为促进能源产业持续健康发展的根本出路和基本立足点，建立适应国内、省内市场的能源产品生产、销售和服务体系。

加快大型煤矿建设，新建梵王寺、丰予、马营堡煤矿，完成煤炭资源整合目标，推进现代化矿井建设、煤矿安全质量标准化建设。推进煤电一体化，引导现有的煤电主体通过合作、重组、联办等方式，构建起共进共赢的一体化发展格局。打造四大电力集群、即中煤平朔电力集群、山阴北周庄电力集群、神头电力集群、朔南电力集群。延伸、发展并切实做大做强煤炭开采—原煤洗选—煤矸石综合利用，煤炭生产—发电—粉煤灰及脱硫石膏—新型墙体材料综合利用，煤炭—煤制气—煤制醇醚燃料、煤基合成油开发能源产业三条循环经济产业链。到“十三五”末，基本建成全国重要综合能源示范基地。

能源生产：一次性能源生产总量原煤控制在2亿吨以内，电力装机容量达到2400万千瓦。

能源消费：全社会能源消费总量控制在5000万吨标准煤左右(最终以国家下达指标为准)，天然气消费比重达到12%左右，非化石能源占比20%。

能源输出：煤炭外送量控制在1.24亿吨左右，外送电力装机规模容量达1800-2000万千瓦，特高压外送通道2-3条。

节能减排：在全面完成国家、山西省“十二五”节能减排任务的基础上，完成国家、山西省2020年同期下达的各项指标。

**三、工作重点**

(一)推动能源供给革命。以“黑色能源绿色发展、高碳能源低碳发展”为原则，推进朔州综合能源示范基地建设，优化能源供应和外送结构，提升非化石能源比重。

1. 推进朔州市亿吨级煤炭基地提质。上年朔州市原煤产量2.03亿吨，煤炭入洗率达到90%，到2020年千万吨级矿井煤炭产量占总产量的60%以上。

2. 促进煤电基地清洁高效发展。到2020年，朔州市电力总装机容量达到2400万千瓦，加快建设低热值煤发电厂，重点推进大容量低热值煤发电项目建设，力争到2020年，朔州市低热值煤发电装机容量达到800万千瓦以上。推动外送通道建设，落实外送电市场，依托晋北千万千瓦级大型外送电基地，推进朔州到外省特高压外送电通道建设，到2020年，形成800亿千瓦的外送能力。

3. 推动现代煤化工发展。充分利用朔州市煤炭资源、黄河水资源、盐碱地(荒地)资源，建设具有国内外先进水平的现代煤化工基地。到2020年，朔州现代煤化工基地将实现煤炭转化量2724万吨/年，形成煤制烯烃生产能力120万吨/年、煤经甲醇制汽油生产能力100万吨/年、煤制天然气生产能力40亿立方米/年。

4. 加快天然气使用。推进天然气管网及配套站点建设。2015年燃气管线总里程突破515千米，气化人口90万人；到2020年燃气管线总里程达718千米，气化人口基本实现全覆盖。

5. 加快发展风能等其他可再生能源。坚持集中与分散开发利用并举，以风能、太阳能、生物质能利用为重点，发展可再生能源。优化风电开发布局，有序推进朔城区、平鲁区、右玉县等资源丰富地区风电建设，加快风能资源分散开发利用。建立保障风电并网运行的电力调度体系。加快太阳能多元化利用，推进光伏产业兼并重组和优化升级，推广与建筑结合的光伏发电，提高分布式利用规模，立足就地消纳建设大型光伏电站。发展建筑一体化太阳能应用，鼓励太阳能发电、采暖和制冷、太阳能中高温工业应用。有序开发生物质能，鼓励利用城市垃圾、大型养殖场废弃物建设沼气或发电项目。因地制宜利用农作物秸秆、林业剩余物发展生物质发电、气化和固体成型燃料。2015年风能发电装机规模达到240万千瓦，太阳能等其他新能源发电装机规模达到42万千瓦；到2020年，新能源装机容量达800万千瓦。

6.加强电网建设。推进1000千伏交流特高压和直流输电工程建设和使用，提高外送电能力。加快特高压变电站为主的外送通道建设，开展直流和500千伏交流等外送电通道的建设，实现大功率、远距离、低损耗输电，扩大晋电外送规模；加快山西南北纵向500千伏通道建设，提升电力汇集和传输能力；加大配电网建设和改造，确保煤矿等高危行业供电质量，提高供电可靠性；加快电网智能化建设，提高电网智能化水平。

（二）推动能源消费革命。以提质高效为核心，转变能源消费方式和消费理念，建立健全能源消费强度和消费总量双控机制，推动能源消费结构优化。

1.高效清洁发展煤电。推进大型煤电基地建设，统筹水资源和生态环境承载能力，按照集约化开发模式，采用超超临界、循环流化床、高效节水等先进适用技术，在煤炭资源富集地区，鼓励煤电一体化开发，建设若干大型坑口电站，优先发展煤矸石、煤泥、洗中煤等低热值煤炭资源综合利用发电。在各县区中心地区合理布局热电联产的燃煤机组。发展热电联产，优先建设背压式机组，鼓励发展热电冷多联供。

2.推进煤炭洗选和深加工升级示范。以提高资源高效清洁利用水平为目标，加大煤炭洗选比重，提高商品煤质量，优化煤炭加工利用方式，逐步建立科学的煤炭分级利用体系。2015年原煤入选率达到95%以上，煤矸石综合利用率提高到60%。重点在北坪工业园区建设煤基燃料、烯烃及多联产升级示范工程，探索符合科技含量高、附加值高、产业链长的煤炭深加工产业发展模式，为适应未来能源更替和变革提供战略技术储备。

3.推进低热值煤发电综合利用。按照转型发展、安全发展、和谐发展、跨越式发展、清洁发展的要求，以低热值煤发电综合利用为基础，以改革创新为动力，以淘汰落后、科学布局、节能减排、建设大型煤电基地和扩大晋电外送为重点，建立朔州市低热值煤循环经济新体系，发展资源循环利用和废弃物高效回收、生产过程清洁化、排放无害化且体现可持续发展要求的生态产业模式，以最大限度节约优质一次能源、实现煤炭资源分级利用为目的，推进低热值煤综合利用电厂的建设和升级，注重经济效益，以科技进步为动力，调整、优化电力结构和布局，实现低热值煤发电综合利用产业超常规、跨越式发展。

4.实施建筑节能行动计划。推进建筑节能，严格执行建筑节能标准。从上年6月起，所有新建建筑全部执行65%的节能标准；推广新型建筑节能保温材料，促进新型低碳建材的生产和使用，根据山西省住建厅要求，对所有建筑节能材料采取备案登记制度，未经过市住建局备案登记的材料，不得在工程项目中使用；推广居住建筑节能改造技术。开展公共建筑节能改造，根据每年省政府下达的既有居住建筑节能改造任务，对市辖区内具备改造条件的既有建筑进行外维护结构、窗户、热计量的改造。

推进绿色建筑示范工程。政府投资类公益性工程、单体建筑面积超过2万平方米的机场、车站、宾馆、饭店、商场、写字楼等大型公共建筑、新建保障性住房全面执行绿色建筑标准；20%的城镇建筑要求达到绿色建筑标准要求；市辖区建设2个以上10万平方米以上的绿色建筑集中示范区。

5.实施工业节能减排计划。节能降耗是经济工作的一项重要任务，市委、市政府高度重视。朔州市能源消耗主要集中在发电、煤炭、冶化等行业，中电神头发电有限公司、神华国际能源集团有限公司神头第二发电厂、山西大唐国际神头集团有限公司、大同煤矿集团铁峰煤业有限公司、中煤集团山西华昱能源有限公司、中煤平朔公司等17家能耗过10万吨标煤企业，既是能耗大户，又是节能降耗潜力所在。上年末，统计部门数据显示，上述企业总耗能占朔州市总能耗的86.54%。抓好重点行业、重点企业的节能降耗控制性工程，能够大大降低朔州市整体能耗水平。

一是推进传统产业改造升级。全面提升煤炭产业集约化水平，近年来朔州市对朔州市的小煤窑进行联合重组和机械化改造，朔州市由原来的205座煤矿缩减到现在的80座，单井规模由16万吨提高到现在的242万吨，总产能由4000万吨提高到2亿吨，煤炭回采率由15%提高到85%。建设一大批千万吨级标准化矿井，煤炭生产的综合能耗水平明显下降，达到全国先进水平。

二是发展壮大新兴节能产业。坚持把循环经济作为改造和提升传统产业、培育壮大新兴节能产业的主要手段，全面推进各类产业循环化发展。2015年，朔州市初步形成煤炭生产—煤炭洗选—原煤和煤矸石发电—粉煤灰综合利用，煤炭—煤化工，石灰岩—电石—下游产品，煤—电—冶，种植—养殖—农副产品加工—生物质能发电等五大产业链条。随着主体企业上下游产业链条的延伸和拉长，多个资源循环、废物利用、高效发展的循环经济产业链条逐步显现。围绕建设全国工业固废综合利用示范基地，建成全国第一家工业固废综合利用园区。

三是加快淘汰落后生产能力。近年来，朔州市加快淘汰落后产能力度，重点对小水泥厂、小机组等实行专项治理，关停一批高能耗企业，淘汰一批落后生产能力，到上年，累计淘汰火电机组141.8万千瓦，淘汰落后水泥生产线11条、产能230万吨，淘汰电石产能6.8万吨，淘汰焦化产能20万吨。

（三）推动能源技术革命。以安全绿色低碳为方向，以企业创新为主体，坚持自主创新与引进相结合，产学研相结合的原则，完善能源科技创新体系，有力支撑朔州市综合能源示范基地建设与转型跨越。

朔州煤炭的出路在于"六型转变"，向"市场主导型"转变，由市场决定煤炭资源配置，让企业真正成为市场主体；向"清洁低碳型"转变，实现高碳产业低碳发展，黑色能源绿色发展，抓好大基地、大集团建设，提高矿井的现代化水平；向"集约高效型"转变，走产业集中度高、经济效益好、科技含量高、资源消耗低、安全保障高的现代化之路；向"延伸循环型"转变，推进煤炭产业延伸发展，煤化工链条式发展，煤机容量集群发展，煤炭固废综合环保利用；向"生态环保型"转变，加大采煤沉陷区治理，推进煤炭外部成本内部化，实现煤炭资源开发利用与生态环保相协调；向"安全保障型"转变，把安全生产放在首位，杜绝重特大事故发生，确保煤炭产业安全发展。

重点瞄准煤炭开采与煤机装备技术、现代煤化工技术，组织攻关，加快能源科技创新体制建设。

（四）推动煤炭管理体制革命。煤炭是山西能源的主导产业，是推动能源体制革命的突破口。按照"六个重点、三个重中之重、一个率先突破、一个关键环节"的思路，推进煤炭管理体制改革。

1.加快推进资源配置市场化改革。完善煤炭规划科学管理的新模式。资源配置坚持规划先行，加快建立矿区总体规划、矿产资源总体规划、矿业权设置方案、煤炭生产开发规划之间有机衔接、协调配合的管理新模式。

对国家已批复规划矿区内的多个主体矿业权，坚持"一个矿区原则上一个开发主体、一个开发主体可以开发多个矿区"，探索在企业自愿、市场主导的基础上进行集约化开发利用的新途径和新方法。依法妥善处理设立或划定的自然保护区、风景名胜区、城镇规划区、泉域水资源保护区、饮用水源地保护区等禁止勘查、开采区与区内已设置矿业权的关系问题。

推进煤炭资源一级市场招拍挂。新设煤炭矿业权初次配置煤炭资源（即一级市场）时，依法实行招标、拍卖、挂牌等方式，以拍卖方式为主。规范固化程序，严格准入门槛，防止暗箱操作，严惩徇私舞弊，做到信息公开、评估科学，实现资源收益最大和全民共享。研究制订对原无偿划拨老旧矿山企业的保有资源实行有偿使用的具体办法。

推行共伴生矿业权一体配置。对新设立的共伴生矿产资源实行综合勘查、一体配置和综合开采。对已有矿业权人申请综合勘查、开发共伴生资源的，探索制订有偿取得其他共伴生资源矿业权的管理办法。

2.强化矿业权二级市场的调控监管。允许符合法定条件的探矿权、采矿权在二级市场(即一级市场之后的交易行为)依法流转，以出售、作价出资等形式公开转让。严格遵循市场交易规则，完善矿业权交易平台，严格交易主体准入和交易程序，交易主体一方为国有企业的，必须实行招拍挂。探索对二级市场超额收益或市场暴利进行合理抑制和科学调节的办法。2.深化行政审批管理改革。精简审批事项。依法依规对现有涉煤行政审批事项进行全面清理。能取消的坚决取消，该下放的一律下放。

公布权力清单。市直各涉煤部门依法依规向社会公布本部门的涉煤权力清单，列出明确的行政审批和许可事项，规范权力界限，需调整和增加涉煤行政审批、许可事项时必须履行严格的报批程序。

优化审批流程。坚持效率优先、权责统一，承担行政审批的职能部门要牵头组织相关部门及内部各机构实行联合办公、并联审批。推进技术审查与行政审批相分离改革。将专篇审批(安全专篇除外)统一合并到初步设计中审批，将专项验收统一合并到建设项目竣工综合验收中，做到既不降低标准，又能减轻企业负担。

3.规范煤矿建设和生产秩序。控制煤炭产能，执行国家宏观调控政策，煤矿产能由山西省煤炭厅审核公告后，企业必须严格遵守，严禁超能力生产。煤炭监管部门对企业超能力生产行为要依法依规予以处罚，并追究相关负责人和当事人的责任。

2020年前，朔州市要严格控制煤炭产能。除2015年在建矿井投产新增产能，以及对现有少数生产条件好的矿井重新科学核定产能外，一律不再增加新的产能。严禁煤与瓦斯突出矿井、高瓦斯矿井和水文地质类型复杂矿井核增产能。

禁止非法违法建设生产。建立联合执法机制，加强源头治理，严格查处未批先建等违规项目，打击私挖滥采和超层越界开采等行为，严禁非法违法开采煤炭资源。

4.强化环境保护监管和生态恢复治理。实行严格的环境保护制度。新建项目主体必须严格履行环境保护相关法律法规规定的义务。对已造成环境生态破坏的，按照“谁破坏、谁恢复，谁开发、谁治理”的原则，由政府监督相关责任人实施环境恢复治理，并视情节轻重追究其法律责任。

加快建立生态补偿机制。完善环境损害、生态破坏、环境污染责任追究赔偿制度。推动煤矿企业外部成本内部化，充分反映资源完全成本。企业严格履行环境保护和生态修复的法律义务和社会责任。政府统筹建立生态恢复、环境治理的专项资金，主要解决资源开发主体灭失或急迫性的灾害治理以及跨区域的生态环境恢复治理。

5.加强煤矿安全监管。强化政府监管责任，煤矿安全始终作为朔州市安全生产监管的重中之重来抓，完善“党政同责、一岗双责、齐抓共管”的安全生产责任体系，坚持并落实好一系列行之有效的现行安全监管体制和规章制度，充分发挥市县长安全助理、安全监管“五人小组”等监管作用，增强监管力量，强化煤炭行业主管部门对煤矿建设、生产全过程的监管责任。
全面落实企业主体责任。建立精干高效的企业安全生产责任体系，确保安全生产资金投入到位、安全培训到位、基础管理到位、隐患排查整改到位、应急救援到位，推进矿井安全质量标准化建设，提高煤炭企业安全水平。大型煤炭集团精简安全生产管理层级，提高管理效率，强化管理层对生产一线安全生产的监管责任。研究制订由事故单位承担抢险救援费用的具体办法，强化企业的安全责任意识。

6.构建煤炭现代市场体系。创新交易方式。完善交易平台功能，通过市场化手段，吸引山西省内外煤炭供需双方和物流企业进入交易平台，扩大交易规模。完善现货交易，鼓励煤炭供需双方签订并执行大用户长期协议。在国家指导下推进商品场外衍生品交易试点，同时探索发展以煤炭为主的能源期货交易。

健全物流体系。完善物流规划，构建服务网络，鼓励大型煤炭生产、消费企业整合资源，发展现代化、专业化煤炭物流企业，形成集公路、铁路、港口、航运于一体的大物流服务体系。取消生产、加工、交易、运输和消费等各环节非法设置的行政管理“关卡”，实现货畅其流。

探索建立煤炭战略储备制度。探索建立资源储备、产能储备和现货储备等多种形式相结合的煤炭战略储备体系。通过政府适当补贴、企业专业化运作的方式，选择煤炭重要集散地、运输关键枢纽地和大型煤炭集团现有仓储地等，建立煤炭储备库，发挥季节调峰、价格调节和应急保障作用。

创新金融支持方式。拓展证券化运作渠道，加快推进国有煤炭企业整体上市或核心业务资产上市。创新煤炭金融产品，鼓励煤炭企业债务重组，支持企业跨区域并购重组和国有产权跨区域流转。

探索建立价格发现和传导机制。完善煤炭企业成本核算制度和财务核算办法，使煤炭价格充分体现资源稀缺、安全生产投入和生态环境补偿等各种因素，实现煤炭成本合理化。

**四、保障措施**

（一）坚持市场配置资源与政府调控相结合。贯彻执行国家和省发展煤炭、电力工业的政策法规和相关标准，营造良好的市场环境，发挥市场在资源配置中的基础作用。加强政府调控，引导要素资源向符合国家产业政策和市场准入条件的煤电项目配置，促进煤炭、电力等相关产业战略合作及资源就地转化。鼓励市内大中型煤矿、煤炭经营企业与电力企业签订长期供煤合同，建立稳定的协作关系和利益机制。对实施煤电联营、煤电一体化和签订煤电长期合作协议的发电企业，给予发电指标倾斜，鼓励其节省运力，节约成本，清洁高效，就近用煤。

（二）强化规划指导作用，促进能源工业协调发展。能源建设规划与国民经济和社会发展需求相适应，综合考虑环境容量、资源赋存条件及市场需求、产业配套等因素，正确处理好煤炭电力的开发与储备。进一步完善能源发展规划，推进煤电一体化、集群化发展，增强能源产业可持续发展能力。

（三）加快能源结构调整步伐，带动产业升级。加快煤炭资源整合步伐，建成安全质量标准化矿井。鼓励大型煤矿坑口利用中煤、煤泥、煤矸石等低热值燃料，采用大型循环流化床燃烧技术建设大中型电厂；鼓励中心城市集中供热，取代分散供热小锅炉的热电联产项目建设，鼓励贫困地区的电源项目建设；鼓励发展利用煤层气、煤气等综合利用环保机组，开发风能、太阳能、生物质能等可再生能源和新能源发电，支持以氧化铝、煤化工等重点项目为依托建设电厂，实现联营。

（四）创新机制缓解煤电矛盾，引领产业健康发展。在“十二五”电源点的规划布局中，坚持坑口煤电一体化，引导、鼓励以电企（集团）和煤企（集团）共同出资、资产重组等方式成立新型煤电企业。企业运营主体独立，煤电双方按股权比例共担风险，共享收益。同时，鼓励煤、电、铁联营电源点和煤源点之间的铁路专用线，加快电煤运输通道建设。发展煤电材、煤电铝、煤电化等资源循环产业长链，降低循环长链生产综合成本。

在理顺电价机制的过渡期间，探索缓解煤电矛盾的新思路，通过向国家申请逐步提高电价；利用山西省在建中的煤炭交易中心平台煤炭供需方直接交易，减少中间费用，减免税费；鼓励企业加强管理降低成本，多渠道消化煤炭成本波动幅度，有效缓解煤电矛盾。

（五）严格火电项目市场准入。新建燃煤发电项目必须采用高参数、大容量、高效率、节水环保型机组，优先选用单机容量60万千瓦及以上超临界空冷机组，同步建设烟气脱硫、脱硝、除尘、灰渣综合利用和废水回用设施，落实粉煤灰综合利用途径和方案，实现循环经济发展。严格控制市近郊、严禁无环境容量的区域建设常规燃煤机组。新建热电联产项目为单机30万千瓦及以上机组，新建常规机组尽可能承担本地区（含矿区）的供热；对于有充足、稳定的工业热负荷和采暖负荷的地区，原则上采用背压式机组。鼓励风能、生物质能、太阳能等新能源发电项目及沼气、余热、余压发电等综合利用发电项目建设。现有火电厂必须完善脱硫、除尘等环保设施，进一步降低煤耗、水耗、线路损耗，加大污染防治力度，降低单位发电量的大气污染物排放量，废水全部零排放，各项指标要走在山西省前列。

（六）加大对新能源和可再生能源的政策倾斜。朔州市新能源和可再生能源发展迅速，国家鼓励建设新能源项目，并在政策、土地、物价等诸多方面予以扶持。必须立足当地实际，进行科学规划，既要改善发展环境，又要防止一哄而上。对已核准的新能源项目，政府部门要主动上门服务，协调解决项目建设中涉及的相关问题，促进项目建设顺利实施。对现有的风场，注重规划的科学性和严肃性，从而加快清洁能源和可再生能源开发利用进度，实现电力建设项目的多元发展。

（七）加强组织领导和协调。朔州市各级政府要进一步提高对煤电一体化发展重要性的认识，增强全局意识和大局意识，切实加强领导，明确目标，落实责任，推动。成立朔州市推进煤电一体化发展领导组，统一规划，科学布局，制订政策，加强组织协调，定期研究解决存在的问题。建立领导包项目制度、定期督促检查制度、月报制度及考核奖惩制度，每年对项目进展快、完成任务好的单位予以表彰奖励，对工作不力、进展缓慢的单位予以通报批评。市直相关职能部门要进一步落实责任，提高办事效率，坚持特事特办，急事急办，发挥好部门职能作用。有关企业要成立专门的工作组，健全完善煤电联营机制，加强煤电企业之间、企业与地方之间的协调合作，加快煤电一体化项目建设进度。

## 朔州市人民政府关于加快草牧业发展的意见

朔政发〔2015〕59号

各县、区人民政府，市开发区管委会，市直各有关单位：

发展草牧业是2015年中央1号文件提出的农业产业结构调整的重大举措，是农业部在农牧交错区以“粮草兼顾、农牧结合、循环发展”为导向的整体部署。朔州市作为国家确定的唯一地级草牧业发展试验试点市，必须紧紧抓住建设国家级草牧业试验试点和国家实施粮改饲项目的良好机遇，加快草牧业发展，推进朔州市经济结构优化和发展质量提升。为此，提出如下意见。

### 一、指导思想

紧紧抓住国家草牧业试验试点和国家粮改饲项目机遇，坚持“立草为业，以草定畜，草畜结合，以牧富民”的原则，以调整种植业结构为重点，大力发展草业；以“产出高效、产品安全、资源节约、环境友好”为标准，实现传统畜牧业向现代畜牧业跨越。把朔州市建成生态良好、农牧互促、农民富裕的现代化生态畜牧基地，建成山西省雁门关生态畜牧经济区的领头雁、核心区和国家级草牧业发展示范市。

### 二、建设目标

大力实施两个“双百工程”，即：100万亩粮改草，100万亩天然草场改良双百万草业工程；100个奶牛养殖园区（场）改扩建，100个肉羊养殖园区（场）改扩建双百标准化规模健康养殖工程。争取到2017年，草业发展实现草畜平衡目标，年全株玉米青贮量达到150万吨，干制燕麦草达到13万吨、苜蓿草达到8万吨，牧坡草场建设取得实效；畜牧业实现大幅增长，奶牛存栏达到20万头，年出栏肥羔羊400万只，分别比上年底增加10.5%和14.2%；肉、蛋、奶产量分别达到11万吨、3万吨、65万吨，分别比上年底增加20.2%、7.1%、29.5%；畜牧业总产值达到55亿元，农民人均牧业纯收入达2000元，分别比上年底增加37.5%和42.8%。

### 三、主要任务

（一）实施草业工程。以粮改草为重点，按照“以畜定草，草畜结合”的原则，重点实施好四个

"1"草业项目,即:100 万亩粮改草项目,在保证200 万亩以饲用玉米种植为主的基础上,调优种植业结构,实施 40 万亩青贮玉米、40 万亩燕麦草、10 万亩紫花苜蓿、10 万亩甜高粱、披碱草等牧草种植项目;100 万亩天然草场改良项目;10 万亩山坡移民搬迁区人工混播草场建设项目;10 万亩盐碱地牧草种植项目。

(二)实施标准化规模健康养殖工程。

以改扩建 100 个奶牛养殖园区(场)、100 个肉羊养殖园区(场)双百工程为重点,改扩建奶牛养殖园区(场)100 个,奶牛养殖园区(场)由目前的 225 个减少到 200 个,奶牛饲养量、产奶量分别由上年的 18 万头、50.2 万吨增长到 20 万头、65 万吨;改扩建肉羊养殖园区(场)100 个,总数达到 373 个,年育肥能力达到 600 万只。

(三)实施草畜产品加工、畜产品提质增效工程。以草业收获加工企业(组织)建设为重点,重点打造好 50 个玉米青贮服务组织,10 个苜蓿草、燕麦草收购加工厂(服务组织),服务加工能力要与牧草种植规模相配套。要实施龙头企业提升档次、扩大规模战略,进一步发展好乳品加工业、屠宰加工业、饲料工业,争取 2017 年,加工能力分别达到 150 万吨、800 万只、70 万吨。

(四)实施草食畜排泄物循环利用工程。以畜牧净洁化生产、资源化利用为重点,实施三大草食畜排泄物循环利用项目,即:10 个生物有机肥厂建设项目,300 个大型养殖场排泄物处理还田项目,10 个大型沼气建设项目。实现 70%的畜禽排泄物得到治理,70%的畜禽排泄物得到科学利用。

(五)建设草牧业发展保障工程。以畜牧业健康发展、畜产品质量安全为核心,健全完善动物防疫体系和畜产品质量安全保障体系,建立健全动物防疫冷链系统和重大动物疫病物资储备库。市、县两级要分别建设好动物防疫物资储备库,至少备足扑灭两起重大动物疫情的物资。强制免疫密度达到 100%,免疫抗体水平达到国家要求。以信息化管理为抓手,严格实行饲料、兽药市场准入和使用制度,加强畜产品可追溯体系建设。强化奶站监管、动物检疫工作,确保畜产品质量安全。加快现代科技服务体系建设。与山西省农业科学技术研究院合作,建设山西省雁门关生态农牧研究院,作为科研推广平台,服务于朔州农牧业发展。充分发挥朔州职业技术学院的作用,培养农牧人才。加大政策支持力度,助推科研成果转化。与国内外科研机构和著名专家合作,研究和推广现代农牧业科学技术。重点引进推广一批实用畜牧科学技术,引进推广草粮兼用型玉米、燕麦草、甜高粱品种的种植,推广人工混播草场建设、牧草收获加工等课题的研究和技术。推广现代化奶牛牧场建设技术、高产奶牛核心群培育技术、TMR 日粮应用技术、玉米青贮技术、奶牛疾病防控技术、生产环境控制技术、生鲜乳质量安全保障技术。加强技术培训。每年聘请省内外各类畜牧兽医技术专家,对规模养殖场管理技术人员、饲料兽药经营人员、农民养殖户、经纪人,进行 10 场左右的先进科技和管理培训,组织 1000 人次的外出参观、考察和学习。利用畜牧兽医学院的平台,每年对朔州市畜牧兽医技术及管理人员进行一次轮训,打造一支合格的畜牧兽医队伍。

**四、保障措施**

(一)加强领导,落实责任。

草牧业发展工作,是朔州市农牧业现代化建设、雁门关生态畜牧经济区核心区建设,以及整个"三农"工作的重中之重,各级有关部门要高度重视,将草牧业发展工作摆上重要议事日程,成立由政府主要负责人为组长的草牧业发展领导组,加强领导,落实责任。发改、科技、财政、农业、扶贫、林业、水务、农机、金融、土地、保险等有关部门要协同配合,确保目标任务有序推进。

(二)制订方案,科学推进。

要加快研究制订《朔州市草牧业发展实施方案》,指导朔州市草牧业发展。在此基础上,制订切实可行的实施方案,并组织有关专家进行详细论证。要创新体制机制,严格按照实施方案要求,科学合理推进各项工作,按时保质保量完成各项任务。

(三)整合项目,集中资金。

市、县(区)两级财政部门要加大对草牧业发展的支持力度,加强与国家和省属相关部门的沟通,有机整合国家、省级项目投资,制订符合国家规定、充分发挥资金效益的科学、合理、规范的使用财政资金和项目资金方案,集中用于草业工程、标准化规模健康养殖工程、草畜产品加工、畜产品提质增效工程等五大工程。同时,要发挥吸引社会资金的功能,最大限度地吸引各行各业、各个阶层的资金,特别是要激发广大农民、合作社、园区(场)、公司的投入性。

(四)创新方式,撬动投资。

在发挥财政资金引导作用的基础上,市、县(区)要争取金融机构的信贷支持,探索采用信贷担保、贴息等方式引导和撬动金融资本支持草牧业发展。要转变畜禽标准化养殖项目支持方式,将直接补贴调整为贷款担保奖补和贴息,引导银行和社会资本进入,为草食畜牧业发展注入强大活力。

(五)健全机制,强化考核。

各级政府要健全促进草牧业发展保障和风险防范机制,特别是涉及重大动物疫病防控、畜产品质量安全监管保障和价格波动风险防范机制。要强化考核。制订严格的考核制度,实行目标管理责任制,并将建设任务完成情况作为年度考核的重要内容,对工作任务完成好的,给予表彰;对工作不力、推诿扯皮、不能按时完成任务的,给予通报批评。

朔州市人民政府
2015 年 11 月 4 日

## 朔州市人民政府关于废止和修改涉煤规范性文件的决定

朔政发〔2015〕60 号

各县、区人民政府,市开发区管委会,市直各有关单位:

市人民政府决定,废止《朔州市人民政府关于整顿和规范管理煤炭现货交易市场的意见》(朔政发〔2006〕32 号)等 13 个涉煤规范性文件,修改《朔州市人民政府关于贯彻落实省政府进一步促进山西省煤炭经济转变发展方式实现可持续增长措施的通知》(朔政发〔2013〕67 号)等两个涉煤规范性文件。

### 一、废止的涉煤规范性文件目录(13 件)

1.《朔州市人民政府关于整顿和规范管理煤炭现货交易市场的意见》(朔政发〔2006〕32 号)

2.《朔州市人民政府关于加强乡(镇)人民政府对煤矿安全管理的意见》(朔政发〔2006〕92 号)

3.《朔州市人民政府办公厅关于进一步规范电煤流通秩序的通知》(朔政办发〔2006〕26 号)

4.《朔州市人民政府办公厅关于印发朔州市对外省驻朔企业收购地方煤炭实行统一经销的实施办法的通知》(朔政办发〔2006〕42 号)

5.《朔州市人民政府关于进一步完善煤矿改革的实施意见》(朔政发〔2007〕59 号)

6.《朔州市人民政府关于进一步加强电煤管理的意见》(朔政发〔2007〕101 号)

7.《朔州市人民政府朔州市中级人民法院朔州市人民检察院印发关于严惩非法违法开采煤炭资源的办法的通知》(朔政发〔2008〕3 号)

8.《朔州市人民政府关于进一步加强公路煤炭销售管理的实施意见》(朔政发〔2010〕23 号)

9.《朔州市人民政府关于进一步强化朔州市煤炭经营源头监管及规范运销秩序的实施意见》(朔政发〔2010〕103 号)

10.《朔州市人民政府关于印发朔州市煤炭可持续发展基金安排使用管理实施办法的通知》(朔政发〔2010〕129 号)

11.《朔州市人民政府办公厅关于委托山西煤炭运销集团朔州有限公司对朔州市公路煤炭销售进行统一管理的通知》(朔政办发〔2010〕18 号)

12.《朔州市人民政府办公厅关于印发朔州市市级煤炭可持续发展基金拨付办法的通

知》(朔政办发〔2011〕76 号)

13.《朔州市人民政府办公厅关于进一步做好保电煤工作的通知》(朔政办发〔2012〕90 号)

**二、修改的涉煤规范性文件内容情况(2 件)**

1.《朔州市人民政府关于贯彻落实省政府进一步促进山西省煤炭经济转变发展方式实现可持续增长措施的通知》(朔政发〔2013〕67 号)

修改:删去文件“四、加强对省外入境煤炭质量的检查监管。”中“凡发现经营、用煤企业购入使用省外热值低于 5000 大卡/千克、灰分超过 21%、含硫量超过 1%的劣质煤炭,煤炭部门不予换发煤炭销售票。”

2.《朔州市人民政府印发关于化解煤矿及涉煤企业经营困难实施办法的通知》(朔政发〔2014〕16 号)

修改:删去文件中“五、规范使用煤炭销售票。为促进煤炭销售畅通,除平朔集团、省属五大集团外,市煤炭局要根据县区煤炭局月报产量,按规定发放煤炭销售票。”

此外,根据上述修改决定,对以上两个涉煤规范性文件条、款、项顺序做相应的修改和调整。修改后文本见附件。

朔州市人民政府

2015 年 11 月 6 日

附件 1

## 朔州市人民政府关于贯彻落实省政府进一步促进山西省煤炭经济转变发展方式实现可持续增长措施的通知

各县、区人民政府,市开发区管委会,市直各有关单位:

2015 年以来,受国内经济下行、煤炭需求不振、供应竞争加剧等因素影响,朔州市煤炭经济也面临着煤炭价格下跌、企业效益下滑等困难和问题。为保障朔州市煤炭产业安全健康可持续发展,根据《山西省人民政府关于印发进一步促进山西省煤炭经济转变发展方式实现可持续增长措施的通知》(晋政发〔2013〕26 号)精神,结合朔州市实际,现就有关事项通知如下。

一、按时停止提取两项基金。各产煤县(区)从 2013 年 8 月 1 日起至 2013 年 12 月 31 日止,暂停提取煤炭企业矿山环境恢复治理保证金和煤矿转产发展资金,已提取的必须于 10 月底前全额返还企业。

二、全面实施煤电企业联营互保机制。从 2013 年 8 月 1 日起,本市区域内所有电厂和冶炼化工企业与煤矿企业全面建立煤电联营互保机制。由市经信委牵头,市煤炭局和有关县(区)配合,协调朔州市范围内 10 座电厂(单台机组装机 20 万千瓦以上)和 20 座冶炼化工企业,优先就近与地方煤矿企业签订煤电联营互保协议;其他小型电厂与煤矿长期联营互保协议由所在县(区)政府协调签订。煤电双方在确定供求数量的基础上,按照市场价格的走势,互相给予价格及付款方式等优惠,实现互利共赢。

市经信委要与煤炭、物价、税务等部门联合对煤电联营长期互保协议签订和落实情况进行跟踪监督检查。

三、努力优化煤矿企业发展环境。县(区)、乡(镇)政府及相关部门不得违背煤矿企业意愿安排其参与各类基本建设项目投资,不得以任何形式向煤矿企业摊赞助和募捐。

四、加强对省外入境煤炭质量的检查监管。用煤企业严格限制高硫、高灰、低发热量煤炭进入市场,市、县(区)经信和煤炭部门要联合组织对省外进入朔州市的煤炭进行质量检查监管。

五、开展涉煤收费专项检查清理行动。由市物价局牵头,市财政、监察、煤炭部门配合,组织开展涉煤收费专项检查。对晋政发〔2013〕26 号文件落实情况进行大检查,全面清理国家及省法律法规规定以外的各种收费项目,凡发现省政府“20 条”下发后仍以各种名目向煤矿企业收费的,一律没收上缴市财政,由市财政统一返还相关企业,并对相关责任人进行严肃处理。

六、解决好重组整合遗留问题。市煤炭局和各产煤县(区)要对煤矿企业兼并重组整合中的遗留问题进行全面梳理,凡需省政府及有关部门解决的要及时上报;各涉煤部门必须进一步简化办事程序，加快为煤矿企业办理证照等相关手续的进度。对其他兼并重组整合遗留问题，由市煤炭局督促有关县区明确专人负责承办，限期加以解决。

七、加强煤矿安全生产监管。要继续强化政府安全监管责任，推动企业主体责任落实，推进安全风险预控管理体系建设。要进一步加大煤矿安全检查执法力度，营造严查重处保安全的高压态势，确保朔州市煤矿安全生产形势持续平稳。

八、加快现代化矿井建设步伐。要对照省制订的现代化矿井六大标准体系，加大建设矿井投资力度，提升煤矿硬件装备水平，年内要按照现代化矿井标准确定6座样板示范矿井，由市政府聘请的专家组现场勘验后，提出高标准示范矿井的具体建设方案，由各县区政府及煤炭部门挂牌督导，确保按期完成现代化示范矿井建设任务。

九、全力推进循环经济园区建设。坚持把工业园区作为发展循环经济和推进产业转型的主要载体，着力抓好固废综合利用工业园区、朔城区富甲工业园区、平鲁北坪循环经济园区、东露天循环经济园区、山阴北周庄循环经济工业园区、怀仁金沙滩陶瓷工业园区、应县新型产业科技园区、右玉梁威工业园区，推进八大工业园区的煤基产业链不断延伸。

十、探索贯彻省政府“中、长期措施”的机制和途径。要根据晋政发〔2013〕26号文件要求，认真开展调查研究，通过优化环境及煤电企业的有序联动、科学运行，全面走向市场，实现煤炭经济可持续发展。

附件2

## 朔州市人民政府印发关于化解煤矿及涉煤企业经营困难实施办法的通知

各县、区人民政府，市开发区管委会，市直各有关单位：

现将《关于化解煤矿及涉煤企业经营困难实施办法》印发你们，请认真遵照执行。

为认真贯彻落实《山西省人民政府关于印发进一步促进山西省煤炭经济转变发展方式实现可持续增长的措施的通知》（晋政发〔2013〕26号）、《山西省人民政府关于印发进一步落实“煤炭20条”的若干措施的通知》（晋政发〔2014〕15号），《朔州市人民政府关于贯彻落实省政府进一步促进山西省煤炭经济转变发展方式实现可持续增长措施的通知》（朔政发〔2013〕67号）以及朔州市经济工作推进会议精神，应对煤炭经济下行压力和挑战，着力帮扶煤炭企业共克时艰，共度难关，促进煤炭行业持续健康发展，结合朔州市煤炭实际，制订本办法。

一、开展涉煤收费专项检查清理行动。由市煤炭局对辖区内煤炭企业落实《山西省财政厅关于印发继续暂停矿山环境恢复治理保证金和煤矿转产发展资金的通知》（晋财煤〔2014〕17号）、《朔州市人民政府关于贯彻落实省政府进一步促进山西省煤炭经济转变发展方式实现可持续增长措施的通知》（朔政发〔2013〕67号）的规定情况进行专项检查。全面清理国家及省法律法规规定以外的各种收费项目，并向涉煤企业发放《收费明白卡》，明确收费项目。坚决取缔各种乱收费、乱集资、乱摊派，切实减轻煤炭企业负担。对发现有令不行、有禁不止的行为，严厉打击，并在媒体上曝光。

二、加大原煤洗选力度，提高煤炭质量。根据用户需求，洗选适销对路的煤炭，对已经建成的洗煤厂，要加快步伐，早日投产运行，提高煤炭洗选量，提升煤炭质量。

三、建立煤矿原煤收储包销机制。充分发挥驻朔中煤平朔集团、华电、国电等在朔州市整合兼并地方煤矿主体的优势，由电力企业主体与地方煤矿企业签订收购包销协议，在互惠互利的基础上，帮助地方煤矿企业促销，形成多种渠道、多种形式销售煤炭的格局。

四、全面实施煤电企业联营互保机制。深化煤矿企业兼并重组整合工作，实现优势互补、优化组合。从5月份开始，发电企业要根据每月电煤用量，按月落实各煤矿企业销售协议；煤矿企业要根据供电煤的需求合理组织生产。把好煤炭质量关,严格禁止外省市非法煤炭和不符合用煤标准的劣质煤炭在朔州境内销售。

五、组织走访用户,拓展煤炭市场。6月份,市煤炭局将组织煤矿企业走访朔州市历年用煤大户,进一步加强与用户联系,及时掌握用户需求,了解煤炭销售动态,拓展煤炭销售市场,建立长期合作关系。同时,为用户提供适销对路的产品和优质服务。

六、优化煤矿及涉煤企业发展环境。市煤炭局要进一步简化办事程序,在联合试运转、竣工验收时,要创造条件,实行联合验收的办法,减少验收环节;要严格规范对煤矿企业的各类检查,除重大安全隐患矿井、重点安全监管矿井和安全隐患治理检查外,市县两级煤炭监管部门不得在一周内对同一座矿井重复检查,检查主要以突查、抽查的形式进行,减少通知性检查;要与省煤炭厅沟通对接,帮助煤矿企业加快办理各种证照等相关手续,对符合条件的煤矿,加快煤层配采报审进度,实现合理配采,提升煤炭质量,扩大市场销售份额。

七、强化煤矿安全监管,加快现代化矿井建设。强化政府的安全监管责任和企业的安全主体责任,保持高压态势,确保朔州市煤矿安全生产形势持续平稳。要严格对照省制订的现代化矿井标准体系,加大建设矿井投资力度,由各县区政府及煤炭部门挂牌督导,确保按期完成现代化矿井建设任务。

八、煤炭企业要向管理要效益、靠转型谋发展。煤矿企业要加强企业内部精细化管理,压缩非生产性支出,合理控制生产经营成本,提高内控管理水平,增加企业效益。支持煤炭企业发展矿区循环经济,建设一批煤炭洗选加工和综合利用项目,延伸产业链,开展多元化经营;鼓励煤电企业联营,推进煤电一体化,提高煤炭就地转化率,不断拓宽煤炭利用范围,推动上下游产业融合,实现转型发展、科学发展。

九、及早启动低收入农户冬季取暖用煤供应。由各级煤炭部门牵头,认真组织落实好低收入农户冬季取暖用煤供应工作,做到早供应、保质量,减少煤矿企业库存压力。

## 朔州市人民政府关于加快发展现代职业教育的实施意见

朔政发〔2015〕67号

各县、区人民政府,市开发区管委会,市直各有关单位:

加快发展现代职业教育,全面构建现代职业教育体系是党中央、国务院做出的重大战略决策,是主动适应经济新常态、推动产业转型升级的迫切需要,是统筹城乡发展、推动农村现代化和新型城镇化的有力支撑,是促进就业、改善民生的重要举措,也是朔州市经济社会发展的必然要求。根据《山西省人民政府关于贯彻落实〈国务院关于加快发展现代职业教育的决定〉的实施意见》(晋政发〔2015〕22号)精神,现就加快推进朔州市现代职业教育发展,提出如下实施意见。

### 一、主要发展目标

以邓小平理论、“三个代表”重要思想、科学发展观为指导,以立德树人为根本,深入贯彻习近平总书记重要指示精神,加快构建朔州市现代职业教育体系,加强职业教育基础能力建设,推进职业教育体制机制改革创新。以培养技能技术人才为主体,大力实施职业教育“体系完善、质量提升、体制创新”工程,力争实现朔州市职业教育“一个达标、两个优化、三个提升”的目标任务,到2020年,朔州市职业教育办学水平和服务转型发展能力得到明显提升,形成适应经济社会发展、产教深度融合、职普教融通、中高职衔接、体现终身教育理念、具有地方特色的现代职业教育体系。

——办学条件达标。加强职业院校基础设施能力建设,全面改善职业院校(含技工学校,下同)办学条件。到2020年,实现朔州市中等职业学校、高等职业院校达到国家规定的办学标准。

——区域规模、结构配置优化。统筹朔州

市高中阶段教育招生工作，确保高中阶段招生职普比例保持大体相当。充分发挥中职与高职的教育资源和办学优势，推进中高职教学、实习、管理机制衔接，优化中高职院校结构。

——院校布局和专业设置优化。调整完善职业院校的区域布局，逐步缩减办学质量不高、布局不均衡的中职学校。统筹办好两所高职院校、一所国家级重点职业学校、3所省级重点职业学校，支持一至两所中职学校办成国家或省级中等职业教育改革示范校。整合区域职业教育资源，优化布局，建立专业设置动态调整机制，形成与经济社会发展相适应的发展格局和专业布局。

——职业教育战略地位提升。建立现代职业教育制度，健全政策法规体系，完善投入机制，形成政府、行业、学校和企业共同建设、共同管理，公办与民办职业院校共同发展的机制，营造有利于职业教育发展的社会氛围，促进职业教育地位显著提升。

——职业教育服务经济功能提升。围绕与朔州产业相对应的加工制造、陶瓷、汽车、电子、信息技术、财经、现代农牧以及文化教育等专业，重点建设县级职教中心、市本级“重点专业+实训基地”，夯实职业教育基础条件，以提高朔州市职业教育适应、服务经济社会发展的能力，努力推动经济社会持续健康发展。

——职业教育办学水平提升。进一步加强骨干教师、学科带头人培训，实施中等职业学校教师素质提高计划。培养一批省、市级优秀教学团队。到2020年，“双师型”教师比例达到60%以上。朔州市职业院校要建成一批高水平、校企合作紧密、满足学校教学的国家、省、市级的实训基地或重点专业，所培养学生的职业技能和职业素养明显提高。

## 二、大力实施现代职业教育发展工程

（一）中等职业教育发展工程。巩固提高中等职业教育基础地位和办学水平，以市统筹高中阶段教育招生工作，确保高中阶段招生职普比例保持大体相当。中等职业学校要进一步提高教学质量，在不断提高学生技术技能培养质量的基础上，加强文化素质教育，提高学生文化素养和综合素质。根据朔州经济社会发展需要，开展多种形式的职业培训和社会服务。

（二）职业教育基础建设工程。落实县区政府及有关部门的办学责任，进一步完善朔州市中等职业院校基础设施建设，各县区政府每年要从地方教育费附加中安排专项资金用于当地职业学校教学楼、公寓楼、实训大楼、实训基地、校园绿化等基础建设。“十三五”期间，朔州市职业院校全部达到国家规定的办学标准。

（三）职教中心建设工程。继续加快推进县级职教中心建设，提高县域内职教资源的使用效率，扩大面向农村的中等职业教育规模，普及高中阶段教育，加强农村劳动力转移培训。朔城区、平鲁区、怀仁县、应县职教中心已于2012年—上年通过省人民政府教育督导评估组评估验收。山阴县、右玉县要遵循政府统筹、整合资源、集中建设的方针，切实发挥县级政府的统筹职能，整合县域内各类职业与成人教育培训资源，集中力量建设好本县综合性、多功能的职业教育中心，在2018年前，完成标准化职教中心建设，迎接省政府对朔州市的最后两县职教中心评估验收。

（四）人才培养质量提升工程。各县区政府、职业院校要认真贯彻落实《国家中长期教育改革和发展规划纲要（2010—2020年）》精神，牢固树立人才培养是学校的根本任务、教学是学校的中心工作的思想，转变教育思路，更新教育观念，采取多项举措着力提高人才培养质量，创新人才培养模式。根据《教育部关于进一步深化中等职业教育教学改革的若干意见》（教职成〔2008〕8号）精神，构建灵活开放的课程体系，科学设置综合基础课、专业理论课、专业实训课与文化课的比例。逐步实行单独招生、综合评价招生、优秀毕业生和技能拔尖人才免试等考试招生办法。探索建立职业院校间学分积累与转换制度，推进学习成果互认衔接。探索实行高职院校招收有实践经验学生。职业院校要以朔州境内企业为依托，充分发挥企业优势，让企业和社会力量参与办学，把前沿的技术要点、最新的市场信息融入到教学中，按照行业企业先进标准,实现教学与生产融合,培养出适应产业发展需要的高端技能型人才。开展多种形式的继续教育、职业教育培训。

(五)“重点专业+实训基地”建设工程。围绕现代工业、农业、服务业、新兴产业等发展需要,配套建设实训基地,促进专业优化设置,强化学生动手能力培养。支持有条件的县区建设政、企、校多元投资、多方共享的实训基地。探索引校入企、引企入校的校企合作模式,解决职工教育培训、院校教师实践、学生实习困难问题。“十三五”期间,市财政每年支持建设10个市级实训基地和10个市级重点专业。到2020年,朔州市省级以上骨干专业实训基地覆盖率达到80%,市级以上骨干专业实训基地覆盖率达到90%。

(六)实施“双师型”教师队伍建设计划。根据职业教育特点,实行职业院校编制每3年—5年核定一次的动态管理机制。职业院校25%—30%的编制可用于外聘专业课教师和实习指导教师,外聘教师可不纳入编制“实名制”管理范围。制订兼职教师在职业院校任教高于企业和社会任职的薪酬政策,外聘兼职教师的薪酬费用从生均拨款内列支或以政府购买服务的方式解决。允许企业工程技术人员、高技能人才和社会“能工巧匠”到职业院校担任专职教师,职业院校可以根据需要设立校内特聘专业课教师和实习指导教师职务(职称)岗位。落实教师企业实践制度,实行五年一周期的教师全员培训制度。改革职业院校教师职务(职称)评聘办法,强化职业技能的考核,引导教师向“双师型”方向发展。推动在中等职业学校设立正高级教师职务(职称)工作。

县区政府要根据教育部《中等职业学校设置标准》中的校长任职条件,配备热爱职业教育、工作责任心强、业务水平高的人员担任中等职业学校校长。

(七)职业教育信息化建设工程。加快推进职业院校信息化基础设施建设,完善职业院校校园网络设施,建设电子阅览室、多媒体教室、计算机教室、数字技能实训室和仿真实训室等信息化教学设施,提升职业院校信息技术装备水平。构建利用信息化手段向职业学校扩大优质教育资源覆盖面的有效机制,提高教师信息技术应用能力,推进学校管理和教学信息化应用水平。健全学生学籍管理、学生资助、招生就业、教师管理、实习实训等业务的管理制度,推进职业院校管理信息化应用。根据《山西省教育信息化三年行动计划(2013—2015)》要求,推进网络学习空间建设,逐步实现网络学习空间应用于教育教学的各个领域,确保在2017年前完成职业教育信息化“三通两平台”建设任务。

**三、深入推进职业教育体制机制改革创新**

(一)建立产教融合制度。制订鼓励支持政策,推动政府、院校、行业、企业联动,建立多方参与、产教融合的职业教育制度。统筹区域内教育、企业、科研等多方面资源,制订推进职业院校与行业、企业等加强合作,促进产教融合的规划和政策。行业部门要制订与产业发展规划配套的人才培养计划,企事业单位要制订与事业发展相协调的人力资源开发计划,职业院校要探索和制订与行业、企业及社会组织联合办学的推进路径及保障措施,各县(区)政府要建立人才需求和就业状况定期发布制度。在煤炭、建筑、旅游、餐饮服务、化工、制造等有条件的行业领域试行行业用工准入制度,开展现代学徒制和“变招工为招生”改革试点。推动职业院校与行业企业共建技术工艺和产品研发中心、实验实训平台、技能大师工作室等。

(二)实施行业指导制度。根据不同行业特点,分类制订行业组织指导本行业职业教育发展政策,将适宜行业组织承担的工作通过授权、委托等方式交给行业组织。行业组织要履行好指导教育教学、发布行业需求、推进校企合作、开展质量评价等职责。

(三)强化企业参与制度。研究制订促进校企合作的法规性文件和激励政策,鼓励企业举办或参与职业教育。规模以上企业须承担职业教育与培训责任,要有机构、人员负责实施职工教育培训、对接职业院校、接收学生实习和教师实践等工作,要把开展职业教育情况纳入企业社会责任报告。推广企业设立顶岗实习岗位模式,规模以上企业接受职业院校学生顶岗实习的岗位数不少于企业技术岗位数的10%，大中型企业每年提供的职业院校教师顶岗实习岗位数不低于在职员工数的0.5%。推广企业与职业院校共建模式，支持企业与职业院校共建共享生产性实训基地、产品研发中心、科技创新中心、课程开发中心等。企业因接收学生实习产生的合理支出，按现行税收规定在计算应纳税所得额时扣除。

（四）完善社会力量兴办职业教育制度。认真落实国家支持社会力量举办职业教育的优惠政策，健全政府补贴、购买服务、助学贷款、基金奖励、捐资激励等制度，支持各类办学主体通过独资、合资、合作等多种形式举办民办职业教育。社会力量举办的职业院校与公办学校具有同等法律地位，依法享受教育、财税、土地、金融等政策。探索发展股份制、混合所有制职业院校，允许社会各方以资本、知识、技术、管理等要素参与办学并享有相应权利。探索公办和民办职业院校相互委托管理和购买服务的新体制。

（五）建立现代职业学校制度。扩大职业院校在专业设置、人事管理、教师评聘、收入分配等方面的办学自主权。职业院校要依法制订体现职业教育特色的章程和制度，完善治理结构，提升治理能力。建立学校、行业、企业、社区等共同参与的学校理事会或董事会。坚持和完善中等职业学校校长负责制、公办高等职业院校党委领导下的校(院)长负责制。建立企业经营管理和技术人员与职业院校领导、骨干教师相互兼职制度。完善体现职业院校办学和管理特点的绩效考核内部分配机制。

（六）推行集团化办学制度。制订职业教育集团建设管理的支持政策，引导行业、地区、企业和职业院校联合组建职教集团，不断扩大各类职业院校参与率，逐步覆盖所有职业院校。健全职教集团内通过联席会、董事会、理事会等进行有效管理和科学决策机制，推进职业院校资源有机整合，实现各方资源共享，发挥职教集团在促进教育链和产业链有机融合中的重要作用。

## 四、完善职业教育发展保障机制

（一）加强组织领导，强化政府协调功能。职业教育实行“分级管理、地方为主、政府统筹、社会参与”的管理体制。各县区政府、有关部门、企事业单位及社会各方面都要承担发展职业教育的责任。市政府统筹推进朔州市职业教育改革与发展，相关部门通过制订规划、加强督查、经费支持、政策引导等手段，加强对职业教育发展统筹和分类指导。县区政府要把加快发展现代职业教育列为政府工作目标责任考核的重要内容，推动职业教育改革发展的各项目标任务落到实处。

（二）强化督导与考核。“十三五”期间，市政府建立分县(区)职业教育发展工作目标责任制度，定期进行督导评估，定期开展职业院校办学水平和专业建设情况评估，实行通报制度、职业教育年度质量报告制度。

（三）完善财政职业教育经费投入机制。实行政府、行业和企业以及其他社会力量等多渠道依法筹集经费投入的机制，进一步落实职业教育的战略地位。强化对职业教育发展规划、资源配置、条件保障等方面的统筹管理，为职业教育的发展提供强有力的公共服务和财政支持。依法落实职业院校财政生均经费拨款标准，并纳入本级公共财政预算。严格落实市、县(区)地方教育费附加用于职业教育比例不低于30%的政策。建立职业教育培训项目、资金统筹整合使用机制，发挥好企业职工教育培训经费以及就业经费、扶贫资金等各类资金在职业培训中的作用。

落实专业教师国培、省培任务，严格执行专业教师每两年必须有两个月以上时间到企业实践的规定。市、县财政按一定比例落实朔州市职业院校申报并获批的国家、省级实训基地和重点专业的地方配套资金，每年预拨职业院校专业教师到企业实践所需经费。

对办学水平较高的民办职业学校在市级实训基地、重点专业建设项目上给予支持。

（四）完善社会力量资助兴办职业教育的激励政策。深入推进“朔州企业家投资在朔州活动”，鼓励社会力量捐资、出资兴办职业教育。完善支持政策，开展校企联合招生、联合培养的现代学徒制试点，推进建设校企一体化育人环境。

企业要依法履行职工教育培训和足额提取教育培训经费的责任，一般企业按照职工工资总额的1.5%足额提取教育培训经费，对从业人员技能要求高、实训耗材多、培训任务重、经济效益较好的企业可按2.5%提取，其中用于一线职工教育培训的比例不低于60%。除国务院财政、税务主管部门另有规定外，企业发生的职工教育经费支出，不超过工资薪金总额2.5%的部分，准予扣除；超过部分，准予在以后纳税年度结转扣除。对不按规定提取和使用教育培训经费并拒不改正的企业，由县级政府依法收取企业应当承担的职业教育经费，统筹用于本地区的职业教育。

（五）完善职业教育资助政策体系。完善贫困生生源地贷款制度，扩大职业院校助学金覆盖面，完善面向农民、农村转移劳动力、在职职工、失业人员、残疾人、退役士兵等接受职业教育和培训的资助补贴政策，推行以直补个人为主的支付办法。加强资助经费管理，确保及时有效使用。

（六）健全职业院校毕业生就业保障政策。实施就业准入制度，对从事涉及公共安全、人身健康、生命财产安全特殊工种的劳动者，必须从取得相应学历证书或职业培训合格证书并获得相应职业资格证书的人员中录用。朔州市职业学校实行职业资格证书与学历证书的“双证书”制度，将职业资格标准和行业技术规范纳入课程体系。完善职业院校毕业生职业资格认证办法，支持符合条件的职业院校建立技能鉴定所（站）。县区人民政府要创造平等就业环境，消除影响职业院校毕业生平等就业的制度障碍和歧视。党政机关和企事业单位招用人员不得歧视职业院校毕业生。鼓励企业建立高技能人才技能职务津贴和特殊岗位津贴制度。

（七）营造发展职业教育的良好环境。深化收入分配制度改革，依法提高生产服务一线劳动者的经济待遇和社会地位。制订职业教育先进单位和先进个人表彰奖励制度。组织实施职业教育科研和教学成果奖励制度。开展职教宣传月活动，引导社会树立正确的人才观、择业观，弘扬劳动光荣、技能宝贵、创造伟大的时代风尚，形成“崇尚一技之长，不唯学历凭能力”的社会氛围，营造人人皆可成才、人人尽展其才的良好环境。

朔州市人民政府

2015年12月10日

## 朔州市人民政府关于落实和承接省政府取消下放一批行政审批项目和市级取消下放调整一批行政审批项目等事项的通知

**朔政发〔2015〕69号**

各县、区人民政府，市开发区管委会，市直各有关单位：

为进一步深化行政审批制度改革，加快政府职能转变，根据《山西省人民政府关于取消下放和调整一批行政审批项目等事项的决定》（晋政发〔2015〕23号）精神，经市政府第99次常务会议研究决定，朔州市市级相应承接行政审批事项10项，部分取消1项，调整为内部审批2项；市级取消下放和调整行政审批事项19项，其中，取消7项，下放管理层级3项，调整为内部审批9项。

各级、各部门要认真做好承接、取消、下放和调整行政审批事项的落实和衔接工作，对取消的事项，要采取有效措施，落实监管责任，防止出现管理真空，不得以任何形式变相审批。对下放管理层级的审批事项，要认真做好承接工作，及时制订和公开行政审批流程图，进一步优化审批流程，提高审批效率。同时，各部门要加强对基层指导和培训，确保承接落实到位。调整为政府内部审批的事项，不得面向公民、法人和其他社会组织实施审批，审批部门要严格规范审批行为，明确内部审批的权限、范围、条件、程序、时限等，严格限制自由裁量权。

附件：

1.市政府承接省政府行政审批事项目录

2.市政府决定取消和下放的行政审批事项目录

3.市政府决定调整为内部审批的事项目录

朔州市人民政府

2015年12月28日

## 朔州市人民政府关于做好上年冬季退役士兵安置工作的通知

朔政发〔2015〕70号

各县、区人民政府，市开发区管委会，市直及驻朔各有关单位：

为进一步推进退役士兵安置工作，全面落实退役士兵安置改革政策，按照《山西省人民政府关于做好上年冬季退役士兵安置工作的通知》（晋政发〔2015〕14号），结合朔州市实际，现就做好上年冬季退役士兵安置工作有关事宜通知如下。

### 一、扶持自主就业退役士兵就业创业

（一）继续加强退役士兵职业教育和技能培训。通过由市、县（区）统一组织集中培训与退役士兵个人自主参加省内易地培训相结合的方式，切实提高参训率；按照教育培训的实际效果与获取职业资格证书等级相一致的要求，努力提高合格率；采取"订单式"定向定岗培训与组织职业介绍、专场招聘相衔接等措施，确保提高就业率，使参训的广大退役士兵都能真正掌握

### 重点任务分工及进度安排表

| 序号 | 工作任务 | 负责单位 | 时间进度 |
|---|---|---|---|
| 一、主要发展目标 | | | |
| 1 | 加强职业院校基础设施建设，全面改善基础办学条件。到2020年，实现全市中等职业学校、高等职业院校达到国家规定的办学标准。 | 市教育局、市发改委、市财政局、市人社局、各县（区）人民政府 | 持续实施，2020年前职业院校办学标准达到国家规定的办学标准。 |
| 2 | 统筹全市高中阶段教育招生工作，确保高中阶段招生职普比例保持大体相当。充分发挥中职与高职的教育资源和办学优势，推进中高职教学、实习、管理机制衔接，优化中高职院校结构。 | 市教育局、市发改委、各县（区）人民政府 | 持续实施 |
| 3 | 调整完善职业院校的区域布局，逐步缩减办学质量不高、布局不均衡的中职学校。统筹办好两所高职院校、一所国家级重点职业学校、三所省级重点职业学校、支持一至两所中职学校办成国家或省级中等职业教育改革示范校。 | 市教育局牵头、市发改委、市财政局、市人社局、各县（区）人民政府 | 持续实施 |
| 4 | 建立现代职业教育制度，健全政策法规体系，完善投入机制，形成政府、行业、学校和企业共同建设、共同管理的机制，营造有利于职业教育发展的社会氛围，促进职业教育地位显著提升。 | 市教育局、市发改委、市财政局、市人社局、市经信委、市中小企业服务中心、市政府法制办、各县（区）人民政府 | 持续实施 |
| 5 | 围绕加工制造、陶瓷、汽车、电子、信息技术、财经、农牧以及文化教育等专业，重点建设县级职教中心、市本级"重点专业+实训基地"，夯实职业教育基础条件。 | 市教育局、市发改委、市财政局、各县（区）人民政府 | 持续实施 |
| 6 | 培养一批市级优秀教学团队，到2020年，"双师型"教师比例达到60%以上。全市职业院校要建成满足学校骨干专业教学的国家、省、市级的实训基地或重点专业。 | 市教育局、市财政局、市人社局、各县（区）人民政府 | 持续实施 |

续表

| 序号 | 工作任务 | 负责单位 | 时间进度 |
|---|---|---|---|
| 二、大力实施发展现代职业教育工程 | | | |
| 7 | 大力发展中等职业教育，巩固提高中等职业教育的基础地位和办学水平，以市统筹高中阶段教育招生工作，确保高中阶段招生职普比例保持大体相当。中等职业学校要进一步提高教学质量，积极开展多种形式的职业培训和社会服务。 | 市教育局、市发改委、市财政局、市人社局、各县(区)人民政府 | 持续实施 |
| 8 | 落实县区政府及有关部门的办学责任，进一步完善我市中等职业院校基础设施建设。“十三五”期间，全市职业院校达到国家规定的办学标准。 | 市教育局、市发改委、市财政局，各县(区)人民政府 | 持续实施 |
| 9 | 2018年前，山阴县、右玉县政府要分别完成职教中心建设，迎接省政府对我市的最后两县职教中心评估验收。 | 市教育局、市发改委、市财政局、山阴县、右玉县人民政府 | 持续实施<br>2018年前完成 |
| 10 | 创新人才培养模式，深化学习方式和教学模式改革。构建灵活开放的课程体系。充分发挥行业企业优势，让行业企业参与办学。培养出适应产业发展需要的高端技能型人才。 | 市教育局、市发改委、市经信委、市中小企业服务中心、市人社局、各县(区)人民政府 | 持续实施 |
| 11 | 围绕现代工业、农业、服务业、新兴产业等发展需要，配套建设实训基地，促进专业优化设置，强化学生动手能力培养。支持有条件的县(区)建设政、企、校多元投资、多方共享的实训基地。积极探索引校入企、引企入校的校企合作模式。“十三五”期间，市财政每年支持建设10个市级实训基地和10个市级重点专业。 | 市教育局、市经信委、市发改委、市财政局、市中小企业服务中心、各县(区)人民政府 | 持续实施<br>分年度完成 |
| 12 | 实行职业院校编制每3-5年核定一次的动态管理机制。制定兼职教师在职业院校任教高于企业和社会任职的薪酬政策。落实教师企业实践制度，实行五年一周期的教师全员培训制度。改革职业院校教师职务(职称)评聘办法，强化职业技能的考核，引导教师向“双师型”方向发展。县(区)政府要根据教育部《中等职业学校设置标准》中的校长任职条件配备热爱职业教育、工作责任心强、业务水平高的人员担任中等职业学校校长。 | 市教育局、市发改委、市财政局、市人社局、市编办、各县(区)人民政府 | 持续实施<br>分年度完成 |
| 13 | 加快推进职业院校信息化基础设施建设，完善职业院校校园网络设施。建设职业教育综合服务平台，推进优质数字资源共建共享，推进职业院校管理信息化应用。开展网络学习空间建设。确保在2017年前完成职业教育信息化“三通两平台”建设任务。 | 市教育局、市财政局、市经信委、各县(区)人民政府 | 持续实施<br>2017年前完成 |
| 三、深入推进职业教育体制机制改革创新 | | | |
| 14 | 制定鼓励支持政策，推动政府、院校、行业、企业联动，建立多方参与、产教融合的职业教育制度。统筹区域内教育、企业、科研等多方面资源，制定推进职业院校与行业、企业等加强合作，促进产教融合的规划和政策。行业部门要制订与产业发展规划配套的人才培养计划，企事业单位要制订与事业发展相协调的人力资源开发计划。职业院校要制定与行业、企业及社会组织联合办学的推进路径及保障措施。 | 市教育局、市发改委、市经信委、市财政局、市人社局、市中小企业服务中心、相关行业部门 | 持续实施 |
| 15 | 根据不同行业特点，分类制定行业组织指导本行业职业教育发展政策，将适宜行业组织承担的工作通过授权、委托等方式交给行业组织。行业组织要履行好指导教育教学、发布行业需求、推进校企合作、开展质量评价等职责。 | 市发改委、市经信委、市教育局、市人社局、各县(区)人民政府 | 持续实施 |
| 16 | 研究制定促进校企合作的规范性文件和激励政策，鼓励企业举办或参与职业教育。推广企业设立顶岗实习岗位模式。推广企业与职业院校共建模式，支持企业与职业院校共建共享生产性实训基地、产品研发中心、科技创新中心、课程开发中心等。企业因接收学生实习产生的合理支出，按现行税收规定在计算应纳税所得额时扣除。 | 市经信委、市财政局、市教育局、市人社局、市中小企业服务中心、市国税局、市地税局 | 持续实施 |

续表

| 序号 | 工作任务 | 负责单位 | 时间进度 |
|---|---|---|---|
| 16 | 研究制定促进校企合作的规范性文件和激励政策，鼓励企业举办或参与职业教育。推广企业设立顶岗实习岗位模式。推广企业与职业院校共建模式，支持企业与职业院校共建共享生产性实训基地、产品研发中心、科技创新中心、课程开发中心等。企业因接收学生实习产生的合理支出，按现行税收规定在计算应纳税所得额时扣除。 | 市经信委、市财政局、市教育局、市人社局、市中小企业服务中心、市国税局、市地税局 | 持续实施 |
| 17 | 认真落实国家支持社会力量举办职业教育的优惠政策，健全政府补贴、购买服务、助学贷款、基金奖励、捐资激励等制度，支持各类办学主体通过独资、合资、合作等多种形式举办民办职业教育。探索公办和民办职业院校相互委托管理和购买服务的新体制。 | 市发改委、市经信委、市财政局、市教育局、市人社局、市民政局、各县(区)人民政府 | 持续实施 |
| 18 | 扩大职业院校在专业设置、人事管理、教师评聘、收入分配等方面的办学自主权。建立学校、行业、企业、社区等共同参与的学校理事会或董事会。坚持和完善中等职业学校校长负责制、公办高等职业院校党委领导下的校(院)长负责制。建立企业经营管理和技术人员与职业院校领导、骨干教师相互兼职制度。完善体现职业院校办学和管理特点的绩效考核内部分配机制。 | 市教育局、市发改委、市人社局、各县(区)人民政府 | 持续实施 |
| 19 | 制定职业教育集团建设管理的支持政策，引导行业、地区、企业和职业院校联合组建职教集团。健全职教集团内通过联席会、董事会、理事会等进行有效管理和科学决策机制，推进职业院校资源有机整合，实现各方资源共享。 | 市发改委、市经信委、市教育局、市人社局、相关行业部门 | 持续实施 |
| **四、完善职业教育发展保障机制** | | | |
| 20 | 职业教育实行“分级管理、地方为主、政府统筹、社会参与”的管理体制。各县(区)政府、有关部门、企事业单位及社会各界都要承担发展职业教育的责任。建立健全职业教育联席会议制度，充分发挥各部门的作用，增强工作合力，统筹推进区域内职业教育改革和发展，提高办学水平和服务能力。 | 市教育局、市人社局、各县(区)人民政府、相关行业部门 | 持续实施 |
| 21 | 建立分县(区)职业教育发展工作目标责任制度，定期进行督导评估，定期开展职业院校办学水平和专业建设情况评估，实行通报制度、职业教育年度质量报告制度。 | 市发改委、市教育局、各县(区)人民政府 | 2017 年开始持续实施 |
| 22 | 依法落实职业院校财政生均经费拨款标准。严格落实市、县(区)地方教育费附加用于职业教育比例不低于30%的政策。建立职业教育培训项目、资金统筹整合使用机制。落实我市职业院校申报并获批的国家、省级实训基地和重点专业的地方配套资金。完善财政贴息贷款等政策，健全民办职业院校融资机制。对办学水平较高的民办职业学校在市级实训基地、重点专业建设项目上给予支持。 | 市财政局、市教育局、市发改委、市人社局、各县(区)人民政府 | 持续实施 |
| 23 | 深入推进“朔州企业家投资在朔州活动”。开展校企联合招生、联合培养的现代学徒制试点，推进建设校企一体化育人环境。企业要依法履行职工教育培训和足额提取教育培训经费的责任。 | 市经信委、市财政局、市教育局、市人社局、各县(区)人民政府 | 2017 年开始持续实施 |
| 24 | 完善贫困生生源地贷款制度，扩大职业院校助学金覆盖面，完善面向农民、农村转移劳动力、在职职工、失业人员、残疾人、退役士兵等接受职业教育和培训的资助补贴政策，积极推行以直补个人为主的支付办法。加强资助经费管理，确保及时有效使用。 | 市教育局、市财政局、市发改委、各县(区)人民政府 | 持续实施 |
| 25 | 健全职业院校毕业生就业保障政策。全市职业学校实行职业资格证书与学历证书的“双证书”制度。县(区)人民政府要创造平等就业环境，消除影响职业院校毕业生平等就业的制度障碍和歧视。鼓励企业建立高技能人才技能职务津贴和特殊岗位津贴制度。 | 市人社局、市财政局、市教育局、各县(区)人民政府 | 持续实施 |
| 26 | 营造发展职业教育的良好环境。制定职业教育先进单位和先进个人表彰奖励制度。组织实施职业教育科研和教学成果奖励制度。开展职教宣传月活动，营造人人皆可成才、人人尽展其才的良好环境。 | 市人社局、市财政局、市教育局、各县(区)人民政府 | 持续实施 |

## 市政府承接省政府行政审批事项目录（10项）

| 序号 | 项目名称 | 设定依据 | 实施机构 | 备注 |
|---|---|---|---|---|
| 1 | 食品（含食品添加剂）生产许可审批（开办、换证） | 《中华人民共和国食品安全法》、《中华人民共和国食品安全法实施条例》（国务院令第557号）、《中华人民共和国工业产品生产许可证管理条例》（国务院令第440号）、《食品生产许可管理办法》（2010年国家质检总局令第129号） | 市食品药品监管局 | 受委托承接。承接审批的食品类别：粮食加工品，豆制品，淀粉及淀粉制品，水果制品，水产制品，蛋制品，炒货食品及坚果制品，茶叶及相关制品。 |
| 2 | 食品（含食品添加剂）生产许可变更、注销、撤销、撤回、补发审批 | 《中华人民共和国食品安全法》、《中华人民共和国食品安全法实施条例》（国务院令第557号）、《中华人民共和国工业产品生产许可证管理条例》（国务院令第440号）《食品生产许可管理办法》（2010年国家质检总局令第129号） | 市食品药品监管局 | 受委托承接。承接审批的食品类别：粮食加工品，豆制品，淀粉及淀粉制品，水果制品，水产制品，蛋制品，炒货食品及坚果制品，茶叶及相关制品。 |
| 3 | 水运建设项目设计文件批准 | 《中华人民共和国公路法》、《中华人民共和国港口法》、《建设工程勘察设计管理条例》（国务院令第293号）、《中华人民共和国公路建设市场管理办法》（2011年交通运输部令第11号）、《公路建设监督管理办法》（2006年交通运输部令第6号） | 市交通局 | 与原“公路建设项目设计文件、公路建设项目施工许可”合并为“公路、水运建设项目设计文件批准、公路建设项目施工许可”。 |
| 4 | 新增客船、危险品船投入运营审批 | 《国务院对确需保留的行政审批项目设定行政许可的决定》（国务院令第412号）、《国内水路运输管理规定》（2014年交通运输部令第2号） | 市交通局 | |
| 5 | 内河一类船舶船员适任证书签发 | 《中华人民共和国船员条例》（国务院令第494号）、《中华人民共和国内河交通安全管理条例》（国务院令第355号） | 市交通局 | |
| 6 | 国内船舶管理业务经营许可 | 《国内水路运输管理条例》（国务院令第625号） | 市交通局 | |
| 7 | 内河船舶船员特殊培训、安全培训合格证核发 | 《中华人民共和国内河交通安全管理条例》（国务院令第355号） | 市交通局 | |
| 8 | 大气、水排放污染物许可证核发 | 《中华人民共和国环境保护法》《中华人民共和国水污染防治法》《中华人民共和国大气污染防治法》 | 市环保局 | 扩权强县、转型综改试点县环境保护部门同时承接 |
| 9 | 建筑施工特种作业人员操作资格认定 | 《中华人民共和国安全生产法》、《中华人民共和国特种设备安全法》、《建设工程安全生产管理条例》（国务院令第393号）、《建筑起重机械安全监督管理规定》（2008年建设部令第166号）、《山西省建筑工程质量和建筑安全生产管理条例》 | 市住建局 | |
| 10 | 文物商店销售文物前审批 | 《中华人民共和国文物保护法》 | 市文化局 | 受委托承接 |

## 市政府决定取消和下放的行政审批事项目录（11项）

| 序号 | 项目名称 | 设定依据 | 实施机构 | 改革意见 | 备注 |
|---|---|---|---|---|---|
| 1 | 职业病危害一般的建设项目（不含煤矿）预评价报告审核、防护设施设计审查和竣工验收 | 《中华人民共和国职业病防治法》 | 市安监局 | 取消 | 属“建设项目（不含煤矿）职业病危害预评价报告审核及防护设施设计审查和竣工验收”的部分内容。改为事后告知性备案 |
| 2 | 社会福利基金资助项目审批 | 《国务院办公厅关于保留部分非行政许可审批项目的通知》（国办发〔2004〕62号） | 市民政局 | 取消 | |
| 3 | 设立水利旅游项目审批 | 《国务院办公厅关于保留部分非行政许可审批项目的通知》（国办发〔2004〕62号） | 市水务局 | 取消 | |
| 4 | 收费许可证审批 | 《山西省行政性事业性收费管理条例》《山西省<收费许可证>管理办法实施细则》 | 市发改委 | 取消 | |
| 5 | 出售档案复制件审批 | 《山西省档案管理条例》 | 市档案局 | | |
| 6 | 征收与补偿单位资格核准 | 《国有土地上房屋征收与补偿条例》 | 市房管局 | | |
| 7 | 房屋征收与补偿许可证审批 | 《国有土地上房屋征收与补偿条例》 | 市房管局 | | |
| 8 | 水产养殖许可 | 《中华人民共和国渔业法》 | 市水务局 | | |
| 9 | 开办盲人保健按摩机构资格认定 | 《国务院办公厅关于保留部分非行政许可审批项目的通知》（国办发〔2004〕62号） | 市残联 | 下放至县级 | |
| 10 | 渔业捕捞许可 | 《中华人民共和国渔业法》 | 市水务局 | 下放至县级 | |
| 11 | 水产苗种生产审批 | 《中华人民共和国渔业法》 | 市水务局 | 下放至县级 | |

## 市政府决定调整为内部审批的事项目录(11项)

| 序号 | 项目名称 | 设定依据 | 实施机构 | 改革意见 | 备注 |
|---|---|---|---|---|---|
| 1 | 广播电台、电视台开办群众参与的广播电视直播节目审批 | 《国务院办公厅关于保留部分非行政许可审批项目的通知》(国办发〔2004〕62号) | 市文化局 | 调整为内部审批 | 根据晋政发〔2015〕23号调整 |
| 2 | 土地征收审批 | 《中华人民共和国土地管理法》《中华人民共和国土地管理法实施条例》 | 市国土局 | 调整为内部审批 | 根据晋政发〔2015〕23号调整 |
| 3 | 除省直部门、省属企业、跨市县项目外,省级政府投资在500万元(不含500万元)以下的项目审批 | 《国务院办公厅关于保留部分非行政许可审批项目的通知》(国办发〔2004〕62号) | 市发改委 | 调整为内部审批 | |
| 4 | 除省直部门、省属企业建设的保障性住房项目外,总建筑规模在20000平方米(不含20000平方米)以下的涉及省级政府资金补助的保障性住房项目审批 | 《国务院办公厅关于保留部分非行政许可审批项目的通知》(国办发〔2004〕62号) | 市发改委 | 调整为内部审批 | |
| 5 | 旅游发展规划审批 | 《国务院办公厅关于保留部分非行政许可审批项目的通知》(国办发〔2004〕62号) | 市旅游局 | 调整为内部审批 | |
| 6 | 乡级计划生育服务机构开展与计划生育有关的临床医疗服务项目审批 | 《国务院办公厅关于保留部分非行政许可审批项目的通知》(国办发〔2004〕62号) | 市卫计委 | 调整为内部审批 | |
| 7 | 销毁国有企业资产与产权变动档案备案 | 《国务院办公厅关于保留部分非行政许可审批项目的通知》(国办发〔2004〕62号) | 市档案局 | 调整为内部审批 | |
| 8 | 城市建设档案馆接收规定范围以外档案审批 | 《国务院办公厅关于保留部分非行政许可审批项目的通知》(国办发〔2004〕62号) | 市档案局 | 调整为内部审批 | |
| 9 | 行政事业单位账户设立审批 | 《国务院办公厅关于保留部分非行政许可审批项目的通知》(国办发〔2004〕62号) | 市财政局 | 调整为内部审批 | |
| 10 | 易制毒化学品生产经营备案证明核发 | 《国务院办公厅关于保留部分非行政许可审批项目的通知》(国办发〔2004〕62号) | 市公安局 | 调整为内部审批 | |
| 11 | 制作、复制国家秘密载体定点单位认定 | 《国务院办公厅关于保留部分非行政许可审批项目的通知》(国办发〔2004〕62号) | 市机要保密局 | 调整为内部审批 | |

一技之长，实现稳定就业。

（二）为退役士兵就业创业提供政策支持。在全面落实国家扶持退役士兵就业创业优惠政策的基础上，退役五年内的大学生退役士兵同时享受《山西省人民政府办公厅关于扶持高校毕业生创业的意见》（晋政办发〔2014〕40号）和《山西省人民政府办公厅关于进一步做好普通高等学校毕业生就业创业工作的通知》（晋政办发〔2014〕68号）等文件规定的优惠政策；其他退役士兵同时享受国家及省对劳动者就业创业的其他扶持政策。各县（区）可选择一批具有创业愿望和基础、具备一定创业条件的退役士兵作为培养目标，帮助扶持他们努力取得创业成果，发挥典型示范的带动引领作用。

（三）确保自主就业退役士兵一次性经济补助等安置工作资金落实。各级财政要按照政策规定和省政府要求，按规定比例配套安排本级财政专项资金，及时足额发放到自主就业退役士兵手中，同时要确保教育培训补助、待安置期间生活补助、重残士兵建（购）房补助等专项经费全面落实。根据国家有关政策规定，2013年冬季及以后退役的自主就业退役士兵档案，可由民政部门移交当地政府举办的公共就业人才服务机构免费管理，并提供免费的职业介绍和就业指导服务。

**二、全力保证符合安排工作条件退役士兵的岗位待遇落实**

（一）市、县（区）民政部门要会同机构编制、人力资源和社会保障、国有资产管理等部门，按照国防义务均衡负担原则，研究编制退役士兵安置计划并报同级人民政府下达。各县（区）要及时将切块指标分解到所属单位。市内各机关、团体、企事业单位和各类社会组织，不分单位性质和组织形式，都有接收安置退役士兵的责任和义务，依法依规落实退役士兵的工作岗位和工资、福利、社会保险等各项待遇。县（区）政府要按照公开公平公正的原则，改进完善考核与考试结合等退役士兵安排工作的具体办法，做到计划、流程、结果公开，主动接受各方面监督。

（二）对于历年来未能及时安排的退役士兵，仍应按照安排工作与自谋职业相结合的原则，优先安置转业士官、荣立二等功以上人员、因战因公五级至八级残疾军人、烈士子女等重点对象。市、县（区）在招录公务员和事业单位工作人员时，要安排一定比例的名额用于招录大学生退役士兵和其他符合条件的退役士兵。对历年来各级安置部门依法分配、各用人单位未予接收或接收后未安排上岗的退役士兵，各单位要尽快安排上岗或按规定发给生活补助费并缴纳养老、医疗等社会保险，也可征得退役士兵本人同意后，采取由用人单位给予一次性经济补偿的办法解决。按照国务院、中央军委明确规定，严禁任何部门、行业和单位下发针对退役士兵的歧视性文件；严禁以各种理由拒绝、拖延接收退役士兵或者限制、禁止下属单位接收退役士兵；严禁以劳务派遣、有偿转移等不当方式代替接收安置。

（三）确实不具备安排条件的县（区），经退役士兵本人同意，可以在做好城镇退役士兵思想动员工作的基础上，通过适当提高自谋职业一次性经济补助标准等措施，实行自谋职业。对拒绝或者无故拖延执行安排退役士兵工作任务的企业依法进行处罚。

各级、各部门要切实按照国务院、中央军委及省政府、省军区的有关法规政策，结合当地实际，创造性地开展工作，多措并举综合施策，全力保证符合条件退役士兵的岗位待遇落实。

**三、切实加强对退役士兵安置工作的领导**

做好退役士兵安置工作是贯彻全面建成小康社会、全面深化改革、全面依法治国、全面从严治党战略布局的实际行动，是一项事关全局、涉及长远的政治任务。各级各部门要切实把这项工作摆上重要议事日程，纳入政府任期目标考核内容，纳入“双拥模范城（县）”考评体系并实行“一票否决”。要认真贯彻执行《退役士兵安置条例》《山西省人民政府关于做好上年冬季退役士兵安置工作的通知》（晋政发〔2015〕14号）等一系列退役士兵安置工作的政策、规定，扎实推进各项安置政策的落实。对于当前部分单位仍然存在的拒不完成退役士兵接收安置任务等突出问题，要按照《退役士兵安置条例》规定采取责令改正、通报批评、行政处罚等措施，必要时应提请司法机关依法强制执行；造成社会不良影响的，要由行政监察机关按照规定和程序追究责任,严肃查处,维护退役士兵合法权益。

附件:上年冬季退役士兵安置工作指标分配情况

朔州市人民政府
2015 年 12 月 28 日

## 朔州市人民政府
## 关于加快推进法治政府
## 建设的实施意见

**朔政发〔2015〕72 号**

各县、区人民政府,市开发区管委会,市直各有关单位:

为认真贯彻落实党的十八大和十八届三中、四中全会精神,深入推进依法行政,加快法治政府建设,根据《山西省人民政府关于加快推进法治政府建设的实施意见》(晋政发〔2015〕4 号)及《中共朔州市委关于贯彻党的十八届四中全会精神全面加快法治朔州建设的实施意见》(朔发〔2015〕2 号),结合朔州市实际,提出如下实施意见。

### 一、指导思想

以党的十八大和十八届三中、四中全会精神以及习近平总书记系列重要讲话精神为指导,以法治政府建设为目标,以体制机制创新为突破口,着力推进政府工作规范化、程序化、法治化,着力规范政府权力公开透明运行,着力提高政府公信力和执行力,着力提升公职人员运用法治思维和法治方式推动发展、处理问题的能力,为依法推进"六权治本"、加快"六大发展"、实现"两大任务"、建设美丽朔州和"塞上明珠"提供有力的法治保障。

### 二、工作目标

着力构建依法科学民主的行政决策机制、严格规范的执法机制、健全有效的矛盾纠纷化解机制、严密的行政监督运行机制、透明的政务公开机制、完善的普法宣传教育机制,深入推进依法行政,加快建设职能科学、权责法定、执法严明、公开公正、廉洁高效、守法诚信的法治政府。

### 三、主要任务

(一)依法全面履行政府职能。

各级政府和政府部门必须在党的领导下,依法全面履行政府职能,结合政府机构改革和政府职能转变,推行政府权力清单和责任清单制度。恪守法无授权不可为、法定职责必须为,严格依法行政。不得法外设定权力,没有法律法规依据不得做出减损公民、法人和其他组织合法权益或者增加其义务的决定。

1.认真落实依法确定权力、科学配置权力、制度约束权力、阳光行使权力、合力监督权力、严惩滥用权力,建立完善配套制度,推进机构、职能、权限、程序、责任法定化、明晰化,依法界定各级政府和政府部门的事权,强化市政府统筹推进区域内基本公共服务均等化职责,强化市县两级政府执行职责。

牵头单位:市政府办、市编办

配合单位:市政府有关部门

2.按照国家要求建立各级政府和政府部门权力清单、责任清单制度,明确各级政府和政府部门的职能、法律依据、实施主体、职责权限、管理流程、监督方式等事项,坚决消除权力设租寻租空间。

牵头单位:市编办、市政府办

配合单位:市政府有关部门

3.深入推进行政审批制度改革,依法取消、下放和调整审批事项,坚持简政放权,做到放管结合,使市场在资源配置中起决定性作用和更好发挥政府作用。

牵头单位:市编办

配合单位:市政府有关部门

4.完善公共服务提供机制和供给方式,创新和完善政府管理服务方式,健全政府购买公共服务、政府采购和监督评估等制度,稳妥推进政府向社会购买公共服务工作,加快形成提供公共服务的新机制。

牵头单位:市财政局

配合单位:市政府有关部门

(二)加强和改进制度建设。

各级政府和政府部门制订规范性文件要严格按照法定权限和程序进行,维护社会主义法制统一,遵循经济社会发展规律,充分反映人民意愿,着力解决经济社会发展中的普遍性问题和突出矛盾,坚持优化体制机制,突出重点,着力提高规范性文件制订质量。

5.突出规范性文件制订重点。围绕朔州市经济社会发展大局,运用好国家资源型经济转型综合配套改革试验区政策,着力构建保障和促进“六大发展”“两大任务”的制度支撑体系,重点在经济结构调整、资源开发利用、生态环境保护、安全生产、加快文化发展、保障和改善民生等方面出台相关规范性文件,做到执法有据。

牵头单位:市政府办

配合单位:市政府有关部门

6.严格规范性文件制订和发布程序。制订对公民、法人或者其他组织的权利义务产生直接影响的规范性文件,应当按照立项规划、调研起草、征求意见、协调分歧、论证听证、法律审核、讨论决定、签署公布等程序进行;未经公开征求意见、合法性审查、集体讨论决定的,不得发布施行。县级以上人民政府及其部门应对本单位制发的规范性文件逐步实行统一登记、统一编号、统一发布,并要建立统一的规范性文件发布、查阅平台。所有规范性文件都要通过一定形式向社会公布,未经公布不得作为行政管理依据。

牵头单位:市政府办

参加单位:市政府有关部门

7.加强规范性文件备案审查工作。各县区政府、市政府工作部门和市政府派出机构制订的规范性文件要在发布后15日内报送市政府备案,市政府法制机构负责对报备的规范性文件进行审查。

牵头单位:市政府办

参加单位:市政府有关部门

8.建立公民、法人和其他组织提出规范性文件审查建议处理制度,完善规范性文件前置审查与备案审查工作机制和程序。

牵头单位:市政府办

配合单位:市政府有关部门

9.组织开展规范性文件检查工作,实行规范性文件审查备案情况定期通报制度,切实做到有件必备、有备必审、有错必纠。

牵头单位:市政府办

参加单位:市政府有关部门

10.加强规范性文件清理工作。根据新公布的法律法规和法律法规修改、废止情况,组织开展规范性文件清理工作。对不符合经济社会发展要求、与上位法不一致或者相互之间不协调的规范性文件要及时修改或者废止。建立规范性文件定期清理制度,推行规范性文件有效期制度。

牵头单位:市政府办

配合单位:市政府有关部门

(三)建立健全依法决策机制。

严格执行公众参与、专家论证、风险评估、合法性审查、集体讨论决定的重大行政决策法定程序,确保决策制度科学、程序正当、过程公开、责任明确。

11.进一步完善行政决策规则,明确重大行政决策事项范围、必经程序和法律责任。县级以上人民政府及其部门要建立并落实重大行政决策程序制度,完善决策机制。

牵头单位:市政府办

配合单位:市政府有关部门

12.建立重大行政决策公开征求意见和民主协商制度,畅通公众参与渠道,广泛听取公众意见。

牵头单位:市政府办

配合单位:市政府有关部门

13.建立完善文化教育、医疗卫生、社会保障、环境保护、公用事业等重大民生决策事项民意调查和公众参与制度。

牵头单位:市政府办

配合单位:市政府有关部门

14.建立完善重大行政决策听证制度,对涉及社会公众重大利益、各方面存在较大意见分歧的事项,举行听证会听取公众意见。

牵头单位:市政府办

配合单位:市政府有关部门

15.建立重大行政决策咨询专家库,发挥政府决策咨询机构、法律顾问机构和专业机构及学术性、专业性人民团体的决策咨询作用。逐步实行专家信息和论证意见公开制度。

牵头单位:市政府办

配合单位:市政府有关部门

16.重大行政决策提请审议前必须经法制机构合法性审查，未经合法性审查或经审查不合法的,不得提交讨论。做出重大行政决策必须经政府全体会议或者常务会议、部门领导班子会议集体讨论决定。

牵头单位:市政府办

配合单位:市政府有关部门

17.完善重大行政决策风险评估机制,有序引入社会组织和专业机构参与对社会稳定、经济、环境、安全生产等方面的风险评估,未经风险评估的不得做出决策。

牵头单位:市政府办、市政府发展研究中心

配合单位:市政府有关部门

18.建立重大行政决策后评估制度,适时制订《朔州市重大行政决策后评估办法》。

牵头单位:市政府办

配合单位:市政府有关部门

19.推行政府法律顾问制度,县级以上人民政府及其有关部门要建立政府法制机构人员为主体、吸收专家和律师参加的法律顾问队伍,保证法律顾问在制订重大行政决策、推进依法行政中发挥作用。

牵头单位:市政府办

配合单位:市政府有关部门

20.建立重大行政决策终身责任追究制度及责任倒查机制,按照“谁决策,谁负责”的原则，对决策严重失误或者依法应该及时做出决策但久拖不决造成重大损失、恶劣影响的,严格追究行政首长、负有责任的其他领导人员和相关责任人员的法律责任。

牵头单位:市政府办、市监察局、市审计局

配合单位:市政府有关部门

(四)深化行政执法体制改革。

改革行政执法体制,根据各级政府的事权和职能,按照减少层次、整合队伍、提高效率的原则,合理配置执法力量。完善市县两级政府行政执法管理,加强统一领导和协调。

21.根据各级政府事权和职能,市政府部门主要承担重大、复杂、跨区域执法职能,对与人民群众日常生活、生产直接相关的行政执法活动,主要由县区行政执法机关实施,推动执法重心下移,合理配置执法力量。

牵头单位:市编办、市政府办

配合单位:市政府有关部门

22.推进综合执法,着力解决权责交叉、多头执法、多层执法和执法缺位的问题。重点在食品药品安全、工商质监、公共卫生、安全生产、文化旅游、土地矿产、资源环境、农林水利、交通运输、城乡建设、商贸流通等领域内推行综合执法,在转型综改和扩权强县试点县(区)开展城市管理综合执法。鼓励有条件的领域和地方政府有关部门开展跨部门综合执法。

牵头单位:市编办、市政府办

配合单位:市政府有关部门

23.理顺行政强制执行体制,理顺城管执法体制，加强城市管理综合执法机构和队伍建设,提高执法和服务水平。

牵头单位:市编办、市政府办

配合单位:市政府有关部门

24.严格实行行政执法人员持证上岗和资格管理制度,未取得合法有效行政执法证件,不得从事执法活动。

牵头单位:市政府办

配合单位:市政府有关部门

25.严格执行罚缴分离和收支两条线管理制度,严禁收费罚没收入同部门利益挂钩。

牵头单位:市财政局、市审计局

配合单位:市政府有关部门

26. 健全行政执法和刑事司法衔接机制,完善案件移送标准和程序。建立行政执法和刑事司法衔接工作联席会议制度。

牵头单位:市公安局、市司法局、市政府办

配合单位:市政府有关部门

(五)严格规范行政执法行为。

行政执法机关及其工作人员要严格依照法定权限和法定程序行使权力、履行职责。严格规范行政裁量权，全面落实行政执法责任制,推进行政执法方式创新。坚持文明执法,热情服务。

27.依法查处各类违法行为,加大对关系群众切身利益的重点领域执法力度，严厉查处危害安全生产、食品药品安全、自然资源和环境保护、社会治安、交通安全、消防安全、医疗卫生等方面的违法案件，有力维护公共利益和经济社会秩序。

牵头单位：市公安局、国土局、环保局、卫计委、煤炭局、安监局、食品药品监管局

配合单位：市政府有关部门

28．完善行政执法程序制度，细化执法流程，明确执法环节和步骤。建立执法全过程记录制度，推行执法公示制度，健全执法调查制度，规范执法取证活动，完善执法争议协调机制，严格执行重大执法决定法制审核制度，重点规范行政许可、行政处罚、行政强制、行政征收、行政收费、行政检查等执法行为。

牵头单位：市政府办

配合单位：市政府有关部门

29．加强行政执法信息化建设和信息共享，建立执法主体、执法人员等执法信息数据库及管理系统，加强网上办事平台建设，提高执法效率和规范化水平。

牵头单位：市政府办

配合单位：市政府有关部门

30．建立健全行政裁量权基准制度，细化、量化行政裁量标准，规范裁量范围、种类、幅度。

牵头单位：市政府办

配合单位：市政府有关部门

31．全面落实行政执法责任制，完善行政执法评议考核制度，严格落实重大行政处罚决定备案审查制度，扎实做好行政执法案卷评查工作，进一步完善执法责任追究机制。

牵头单位：市政府办

配合单位：市政府有关部门

32．建立干预执法记录、通报、追责制度和秉公执法保护机制，坚决排除对执法活动的干预。

牵头单位：市政府办、市监察局

配合单位：市政府有关部门

33．严格落实行政执法责任和干预执法追究制度，及时纠正违法行为，防止和克服地方和部门保护主义，依法惩治执法不严、不公和执法腐败现象。

牵头单位：市政府办、市监察局

配合单位：市政府有关部门

34．正确处理执法与服务的关系，做到文明执法、热情服务，深化服务型政府建设。

牵头单位：市政府办

配合单位：市政府有关部门

（六）强化行政权力制约监督。

各级政府及政府部门要自觉接受党的监督、人大监督、民主监督、行政监督、司法监督、审计监督、社会监督和舆论监督。加强行政监察，加大层级监督力度，建立常态化监督制度。落实合力监督权力，实行严格行政问责，增强监督实效，保障行政权力在法治轨道上健康运行。

35．认真执行向同级人大及其常委会报告工作制度、接受询问和质询制度、依法报备规范性文件制度，认真研究办理人大代表和政协委员提出的意见、建议和提案，不断改进工作。

牵头单位：市政府办

配合单位：市政府有关部门

36．建立行政机关负责人行政案件出庭应诉制度，严格执行人民法院的生效判决裁定，重视人民法院的司法建议。

牵头单位：市政府办

配合单位：市政府有关部门

37．畅通社会监督渠道，通过设置举报箱、电子信箱、热线电话、政务微博、公众微信等方式方便群众投诉举报、反映问题，及时调查处理群众反映的问题和新闻媒体曝光的违法行政行为。完善政府新闻发言人制度，加强与媒体的互动，及时回应人民群众关切。

牵头单位：市政府办、市政府新闻办

配合单位：市政府有关部门

38．突出加强对行政机关主要领导岗位的监督，加强对涉及群众切身利益的行政审批、证照办理等办事窗口的监督，加强对财政资金分配使用、国有资产监管、政府投资、政府采购、公共资源转让、公共工程建设、城乡规划审批等重点领域和关键环节的监督，坚决遏制权力寻租和腐败蔓延势头。

牵头单位：市监察局、市财政局、市国资委

配合单位：市政府有关部门

39．加大政府内部层级监督力度，完善内部层级监督和流程控制机制，要进一步加强上级行政机关对下级行政机关的监督，及时纠正

违法或者不当的行政行为。

牵头单位:市政府办、市监察局、市审计局

配合单位:市政府有关部门

40.加强对行政权力的内部制约,对权力集中的部门和岗位实行分事行权、分岗设权、分级授权、定期轮岗,完善内部流程控制,防止权力滥用。

牵头单位:市发改委、市财政局、市国资委

配合单位:市政府有关部门

41.依法受理公民、法人和其他组织对行政机关的投诉、举报,依法查处和及时纠正行政违法行为。

牵头单位:市监察局、市政府办

配合单位:市政府有关部门

42.严格行政问责,建立完善行政问责制度,明确行政问责主体,健全公开道歉、停职检查、引咎辞职、责令辞职、罢免等问责方式和程序,建立被问责人员申辩、核查和救济程序。

牵头单位:市政府办、市监察局

配合单位:市政府有关部门

43.完善审计制度,保障审计机关依法独立行使审计监督权,对公共资金、国有资产、国有资源和领导干部履行经济责任情况实行审计全覆盖。对国家重大政策措施、宏观调控部署落实情况及政府重大投资项目实施跟踪审计。建立健全审计与纪检监察、公安、检察以及其他有关主管单位的工作协调机制。健全整改机制,各级政府要将审计发现重大问题的整改纳入督查督办事项。强化上级审计机关对下级审计机关的领导,推进审计职业化建设。

牵头单位:市审计局、市人社局

配合单位:市政府有关部门

(七)全面推进政务公开。

坚持以公开为常态、不公开为例外,全面推进政务公开,完善决策公开、执行公开、管理公开、服务公开、结果公开制度和程序。

44.全面贯彻实施政府信息公开有关法律法规规章,建立健全相关配套制度,加强监督检查,对人民群众申请公开政府信息的,要依法在规定时限内予以答复。涉及公民、法人和其他组织权利和义务的规范性文件,要按照政府信息公开有关规定和要求予以公布。

牵头单位:市政府办

配合单位:市政府有关部门

45.加大主动公开力度,重点推进财政预算、公共资源配置、重大建设项目批准和实施、社会公益事业建设等领域的政府信息公开。政府全部收支都要纳入预算管理,所有政府预决算、部门预决算、财政资金安排的"三公"经费,以及政府采购情况等都要向社会公开,做到公开透明。

牵头单位:市政府办、市发改委、市财政局

配合单位:市政府有关部门

46.深入推进办事公开,面向社会服务的政府部门要全面推进办事公开,依法公开办事的依据、条件、程序、要求和结果,告知办事项目有关信息。

牵头单位:市政府办、市编办

配合单位:市政府有关部门

47.医院、学校、公交、邮政、通信、金融、水、电、气、暖等公共服务单位,要充分利用广播电视、互联网、电子屏、公告栏等载体公开办事流程、岗位职责、服务承诺、收费项目、收费标准、工作规范、办事纪律和监督投诉渠道等内容,为人民群众办事提供优质、高效、便利服务。

牵头单位:市政府办、市编办

配合单位:市政府有关部门、公共服务单位

48.推进电子政务建设,切实加强电子政务监管,充分发挥电子政务公开、透明、方便、快捷办事的作用。要整合网络资源,提升信息技术服务水平,实现多领域多层级资源信息共享。加强网络维护和管理,构筑以政府网站为主体的互联网信息服务平台和便民服务网络平台。

牵头单位:市政府办、市编办、市发改委、市政府信息中心

配合单位:市政府有关部门

49.加快各级各类政务大厅建设,完善相关工作制度和机制,提高信息化水平、服务能力和办事效率,把与人民群众和企业密切相关的行政管理事项尽可能纳入政务大厅管理。推行服务承诺、首办负责、一口对外、一次告知、限期办结制度。

牵头单位:市政府办、市编办、市发改委、市政务服务中心

配合单位:市政府有关部门

50.推动政府信息公开向基层延伸,依托现有资源和设施建立社区(行政村)政务公开平台,为公众就近获取信息提供便利。

牵头单位:市政府办、市发改委

配合单位:市政府有关部门

(八)加强法治宣传教育和社会治理。

扎实抓好普法工作,建立完善法制学习培训长效机制,大力弘扬社会主义法治精神,加强社会主义法治理念教育,增强行政机关工作人员特别是领导干部的法治意识和依法行政能力,增强全社会厉行法治的性和主动性,形成守法光荣、违法可耻的社会氛围,提高社会治理法治化水平,有力促进法治政府建设。

51.完善和落实领导干部学法制度,制订领导干部年度学法计划,通过政府常务会议或者部门办公会议会前学法、举办法制讲座和依法行政报告会等形式,组织领导干部学习宪法和与履行职责相关的专门法律知识。县级以上人民政府每年都要举办领导干部依法行政专题研讨班。

牵头单位:市政府办、市司法局

配合单位:市政府有关部门

52.完善公务员晋升考核制度,把法律知识培训纳入公务员初任培训内容,建立公务员依法行政学习培训长效机制,并保障必要学时。实行公务员晋升依法行政考核制度。

牵头单位:市人社局、市政府办

配合单位:市政府有关部门

53.健全普法宣传教育工作机制,加强组织领导,充分发挥各级司法行政、文化、教育等职能部门的作用,认真落实“谁执法谁普法”的普法责任制,扎实做好普法工作,深化全民法治宣传教育。开展宪法宣传教育,每年12月4日在全社会组织开展弘扬宪法精神的系列专题活动。开展依法行政宣传月活动,广泛宣传推进依法行政、建设法治政府的先进经验和新成效。大力营造全社会关心、支持和参与法治政府建设的良好社会氛围。

牵头单位:市司法局、市政府办

配合单位:市政府有关部门

54.坚持法治教育从青少年抓起,把法治教育纳入国民教育体系,在各级各类学校设立法治教育课程,保证课时、教材、师资、经费落实到位。

牵头单位:市教育局、市司法局

配合单位:市政府有关部门

55.加强社会诚信建设和公民道德建设。加强信用记录建设,建立、健全公民和组织守法信用记录,构建信用信息交接平台共建共享机制,完善个人和企业诚信平台。建立守法诚信褒奖和违法失信惩戒机制,坚持法治和德治相结合,推进依法行政与道德规范相互促进。

牵头单位:市发改委、市司法局

配合单位:市政府有关部门

56.深化基层组织和部门、行业依法治理,支持各类社会主体自我约束、自我管理,发挥人民团体和社会组织在法治建设中的作用,开展法治创建活动。

牵头单位:市司法局、市民政局

配合单位:市政府有关部门

57.依法处置涉及民族、宗教等因素的社会问题,促进民族、宗教关系和谐。

牵头单位:市民族宗教局

配合单位:市政府有关部门

(九)预防化解行政争议和社会矛盾纠纷。

加强法律服务,强化法律在维护群众权益、化解社会矛盾纠纷中的权威地位。建立健全社会矛盾纠纷化解制度和工作机制,注重发挥行政调解、人民调解化解矛盾纠纷的重要作用,充分发挥行政复议解决行政争议的主渠道作用,充分发挥信访化解社会矛盾纠纷的桥梁纽带作用,充分发挥律师、公证员、仲裁员、基层法律服务工作者、法律服务志愿者解决矛盾纠纷的法律服务作用。

58.推进覆盖城乡居民的公共法律服务体系建设,加强民生领域法律服务,统筹城乡、区域法律服务资源,发展律师、公证等法律服务业。完善法律援助制度,扩大法律援助范围。健全统一司法鉴定管理体制,加强对司法鉴定的监督管理。

牵头单位:市司法局

配合单位:市政府有关部门

59.健全社会矛盾纠纷监测、预警、处理机制,及时收集分析热点、敏感、复杂矛盾纠纷信息,加强群体性、突发性事件预警监测。加大对社会矛盾纠纷的排查力度,对可能引发矛盾纠纷的苗头和隐患及时分析研判,依法制订应对措施。

牵头单位:市公安局、市信访局

配合单位:市政府有关部门

60.加强行政调解工作,县级以上人民政府要普遍建立政府负总责、各职能部门为主体的行政调解工作机制,推进行政调解与人民调解、司法调解联动工作体系建设。

牵头单位:市政府办

配合单位:市政府有关部门

61.加强人民调解工作,健全完善人民调解组织网络,实现村委会、居委会人民调解组织全覆盖,推进企事业单位、乡镇街道、社会团体和其他组织中人民调解组织建设。重点协调解决消费者权益、劳资关系、医患关系、物业管理等方面的矛盾纠纷,促进当事人平等协商、公平公正解决矛盾纠纷。

牵头单位:市司法局

配合单位:市政府有关部门

62.加强行政复议工作,建立完善行政复议立案、调查取证、听证、调解和解、集体讨论等制度。行政复议机构要依法受理和审理行政复议案件,依法提出行政复议决定意见。行政复议机关要严格履行行政复议决定审批制度。

牵头单位:市政府办

配合单位:市政府有关部门

63.健全行政裁决制度,增强解决与行政管理活动密切相关的民事纠纷功能。

牵头单位:市政府办

配合单位:市政府有关部门

64.行政机关要主动加强与司法机关的协调联动,推动构建调解、仲裁、行政裁决、行政复议、行政诉讼等有机衔接、相互协调的多元化纠纷解决机制。

牵头单位:市司法局、市政府办

配合单位:市政府有关部门

65.加强信访工作,落实涉法涉诉信访改革措施,引导信访人通过诉讼、行政复议、仲裁等法定途径解决问题。建立信访处理与法律援助联动机制,健全及时就地解决群众合理诉求和快速导入法治渠道的工作机制。落实信访终结机制,依法处置缠访、闹访和非访行为。

牵头单位:市信访局

配合单位:市政府有关部门

(十)加强法治队伍建设。

加强法治工作队伍思想政治建设,提高法治工作队伍业务工作能力和职业道德水准,畅通法治干部交流渠道,创新法治人才培养机制,造就高素质法治人才,为加快推进法治政府建设提供强有力的组织和人才保障。

66.加强行政执法队伍建设,建设一支忠于法律、捍卫法律、严格执法、敢于担当的行政执法队伍。

牵头单位:市编办、市人社局、市政府办

配合单位:市政府有关部门

67.加强政府和部门法制机构队伍建设,特别是市、县两级政府法制机构设置和人员配备要与其所承担的职责和任务相适应。要严格按照行政复议法律法规,配齐行政复议办案人员,保障依法办案。

牵头单位:市编办、市政府办、市人社局

配合单位:市政府有关部门

68.建立政府和部门法制工作人员交流制度,畅通交流渠道。建立从符合条件的律师、法学专家中招录政府和部门法制工作人员的制度。

牵头单位:市人社局、市政府办

配合单位:市政府有关部门

69.坚持正规化、专业化、职业化发展方向,落实法律职业准入制度,健全职业保障制度,畅通具备条件的军队转业干部进入法治专门队伍的通道,健全从政法专业毕业生中招录人才的规范便捷机制。

牵头单位:市司法局、市人社局

配合单位:市政府有关部门

70.加强对律师事务所和律师队伍的管理,发挥律师行业协会的自律作用,突出抓好律师队伍思想政治建设,规范律师执业行为,完善律师执业保障机制,落实律师执业权利,完善律师承担公益性法律服务的经费保障机制,为律师服务经济社会搭建平台。

牵头单位:市司法局

配合单位:市政府有关部门

71.推动各级行政机关普遍设立公职律师岗位,引导有条件的企业特别是国有和国有控股企业设立公司律师。

牵头单位：市司法局

配合单位：市政府办、市国资委

72.研究制订公职律师、公司律师管理办法，形成本单位和司法行政机关监督管理、律师协会业务指导的公职律师和公司律师管理体制。

牵头单位：市司法局、市政府办

配合单位：市国资委、市政府有关部门

73.发展公证员、基层法律服务工作者、人民调解员队伍，推动法律服务志愿者队伍建设，建立法律服务人才跨区域流动激励机制。

牵头单位：市司法局

配合单位：市政府有关部门

74.支持市内大专院校设立法学专业，推进执业资格教育、职业培训协调发展的法学教育和培训体系建设，加强法治理论和实践研究，培养造就熟悉和坚持中国特色社会主义法治体系的优秀法治人才。

牵头单位：市教育局

配合单位：市政府有关部门

75.健全法治工作部门、法学研究机构人员双向交流机制，实施高校和法治工作部门人员互聘计划，建立完善法学法律专家库，重点打造一支政治立场坚定，理论功底深厚，熟悉国情、市情的高水平法学专家团队，建设高素质学术带头人、骨干教师、专兼职教师队伍。

牵头单位：市教育局

配合单位：市政府有关部门

（十一）加强组织领导。

全面推进依法行政、建设法治政府是贯彻落实依法治国基本方略的重要组成部分。各级政府及政府部门要加强对推进依法行政工作的组织领导，完善工作机制，强化工作责任，狠抓工作落实。

76.健全领导体制机制，各级政府及政府部门要建立由主要负责人牵头、各部门分工落实的领导协调机制，适时召开专门会议，研究解决法治政府建设中的重大问题，及时研究部署法治政府建设的具体任务和工作措施，统一领导协调本地区、本部门的法治政府建设工作。

牵头单位：市政府办

配合单位：市政府有关部门

77.强化依法行政第一责任人的责任，各级政府及政府部门主要负责人要担负起依法行政第一责任人的责任，把全面推进依法行政、加强法治政府建设摆到全局工作更加突出的位置，实现依法行政工作与改革发展稳定任务统一研究部署、统一组织落实、统一检查考核。

牵头单位：市政府办

配合单位：市政府有关部门

78.加强督促指导和监督检查，上级政府要加大对本级政府部门和下级政府推进依法行政工作的督促指导和监督检查力度。通过深入开展调查研究，根据不同地区和部门实际情况，实行分类指导，有针对性地加强督促指导。认真组织开展依法行政监督检查，指出存在的问题和不足，提出整改意见和建议。

牵头单位：市政府办

配合单位：市政府有关部门

79.完善依法行政考核制度，科学设定依法行政考核指标，把依法行政、建设法治政府工作纳入本地、本部门年度目标责任考核体系，加大考核权重。考核结果作为对政府和政府部门领导班子和领导干部综合考核的重要内容。

牵头单位：市政府办

配合单位：市政府有关部门

80.落实依法行政报告制度，县级以上人民政府每年要向同级党委、人大常委会和上一级人民政府报告推进依法行政情况，政府部门每年要向本级人民政府和上一级人民政府有关部门报告推进依法行政情况。

牵头单位：市政府办

配合单位：市政府有关部门

81.完善财政保障制度，各级财政要保障行政执法、行政执法监督、行政复议与应诉、依法行政指导等所需资金，保证建设法治政府的相关经费开支。

牵头单位：市财政局、市政府办

配合单位：市政府有关部门

**四、工作要求**

各部门要按照本实施意见，结合各自职责，抓紧制订本部门落实任务的实施方案，对涉及本部门所有分工任务都要提出阶段性时间进度安排。落实每项任务、措施的首位牵头部门要充分发挥主动性、性和创造性,抓好有关分工任务的牵头贯彻实施工作,并组织协调其他共同牵头部门和各配合部门、单位做好相关工作。各县区人民政府要结合本地实际,提出具体贯彻实施意见。各县区、市政府工作部门在贯彻实施本实施意见过程中遇到的重要问题要及时向市人民政府报告。

朔州市人民政府

2015 年 12 月 29 日

## 朔州市人民政府<br>关于做好粮食安全省长责任制<br>贯彻落实工作的通知

朔政发〔2015〕73 号

各县、区人民政府,市开发区管委会,市直各有关单位:

根据《山西省人民政府关于贯彻落实粮食安全省长责任制的实施意见》(晋政发〔2015〕26 号)精神,为加快构建粮食安全保障体系,进一步强化责任落实,确保粮食安全,现就做好贯彻落实工作通知如下。

### 一、强化粮食安全意识,明确粮食安全责任

(一)切实增强新形势下的粮食安全意识。近年来,朔州市认真做好粮食工作,粮食生产、流通和储备能力均大幅提升,但仍存在粮食生产基础不牢,应急保障能力还不够强,口粮自给率低于全国平均水平,小麦、大米、食油大量依靠省外调入等方面的不足,保障粮食安全任务艰巨。各级各有关部门必须深刻认识确保粮食安全的极端重要性和复杂性,自觉担负粮食安全责任,确保谷物基本自给、口粮绝对安全,把饭碗牢牢端在自己手上,自觉地把保障粮食安全摆在经济社会发展的突出位置,作为保障民生的基本任务抓紧抓好。

(二)明确各县区人民政府的粮食安全责任。各县区人民政府必须切实承担起保障本行政区粮食安全的主体责任,全面加强粮食生产、储备和流通能力建设。县区长在确保区域粮食安全方面承担的主要责任是:稳定发展粮食生产,巩固和提高粮食生产能力;落实和完善粮食扶持政策,抓好粮食收购,保护农民种粮性;管好地方粮食储备,确保储备粮油数量充足、结构合理、质量良好、调用高效;实施粮食收储供应安全保障工程(以下简称"粮安工程"),加强粮食流通能力建设;深化国有粮食企业改革,促进粮食产业健康发展;完善区域粮食市场调控机制,维护粮食市场稳定;健全粮食质量安全保障体系,落实监管责任;大力推进节粮减损,引导城乡居民健康消费。

(三)明确各相关部门的责任。农业部门负责粮食生产以及生产环节的粮食质量监管;粮食部门负责粮食市场调控和粮食流通与储备规划、管理及改革工作,会同发改、财政部门实施"粮安工程"、推进粮食产业发展;财政部门负责落实各项财政资金的预算安排和使用监督;发改、粮食、食品药品监管、工商部门按照职能分工,加强粮食市场的监督管理和质量监管;环保部门负责环境保护相关工作;水利部门负责农田水利建设工作;农业发展银行等金融机构要落实好粮食收购、储备和项目建设贷款。各部门和金融机构要统筹协调,履职尽责,形成合力,共同做好粮食安全工作。

### 二、提高粮食生产能力,实现稳定增产

(四)坚决守住耕地红线。落实最严格的耕地保护制度,全面开展永久基本农田划定工作,禁止非农化、防止非粮化,守住朔州市 548.28 万亩耕地红线,确保现有耕地面积基本稳定、土壤质量不下降。规范耕地占补平衡,严格实行耕地"占一补一""先补后占"和"占优补优"。加强耕地质量建设,采取综合措施提高耕地基础地力,提升产出能力。对占用耕地特别是基本农田的,要实行剥离耕作层土壤再利用制度,开展补充耕地土壤改良和培肥。严格执行政府领导干部耕地和基本农田保护离任审计制度。

责任单位:市农委、市国土局、各县区人民政府

(五)切实稳定粮食种植面积。探索建立粮食生产功能区,将口粮生产能力落实到田块地

头，保障措施落实到具体项目，确保朔州市粮食播种面积稳定在400万亩左右，力争粮食产量稳定在9亿公斤以上。

责任单位：市农委、各县区人民政府

（六）加快建设高标准农田。继续实施粮食主产县为重点的耕地综合生产能力建设。加强农田水利工程建设，在粮食主产县重点实施大型灌区续建配套与节水改造工程、农业综合开发节水改造工程、中央财政小型农田水利重点县工程、大中型灌区末级渠系配套工程和膜下滴灌示范工程等建设项目，朔州市农田实灌面积再增加20万亩，达到226万亩。改造中低产田，大力开展土壤改良培肥，2015年建设高标准基本农田9.97万亩，"十三五"期间再建设54万亩高标准农田。

责任单位：市农委、市财政局、市水务局、市国土局、各县区人民政府

（七）优化粮食生产结构。以市场为导向，继续调整优化粮食种植结构，推进玉米专业化发展，根据市场需求发展饲料玉米、甜糯玉米、水果玉米等，减少原粮调出，提高加工转换率。做大做强小杂粮产业，提高杂粮单产率，推进马铃薯主粮化发展，将杂粮播种面积稳定在130万亩左右，其中马铃薯播种面积稳定在40万亩以上，拓宽粮油供给来源，弥补口粮不足。

责任单位：市发改委、市粮食局、市农委、各县区人民政府

（八）提高粮食生产科技贡献率。将提高粮食单产作为主攻方向，加快选育和推广一批高产、优质新品种，确保农业用种安全。加快发展农业机械化，发展节水农业和旱作农业，推广节能技术和测土配方施肥做法，推广循环农业技术，加快实施土壤有机质提升补贴项目，推广水肥一体化，努力提高土壤有机质含量和耕地基础地力，增强粮食可持续生产能力。深入推进粮食高产创建和增产模式攻关，探索推广粮油大面积均衡增产的有效途径。加强朔州市农业气象灾害防御、病虫害防控体系建设，降低粮食灾害损失。指导农民对新收获粮食及时烘干、晾晒，鼓励和支持种粮大户、农民合作社、各类收储企业购置粮食烘干设备。

责任单位：市农委、市科技局、市粮食局、市气象局、市农机服务中心、各县区人民政府

（九）建立新型粮食生产经营体系。培育和扶持种粮大户、家庭农场、农民专业合作社、农业产业化龙头企业等新型粮食生产经营主体，引导粮食生产者采用先进适用技术和现代生产要素，提高集约经营水平。鼓励发展规模适度的家庭农场，鼓励承包土地经营权向新型粮食生产经营主体流转。对符合条件的新型粮食生产经营主体，优先安排农田基本建设、农业综合开发、特色农产品基地等建设项目和农机补贴项目。

责任单位：市农委、市财政局、市水务局、市粮食局、市农机服务中心、各县区人民政府

## 三、做好粮食收购工作，切实保护种粮性

（十）加大对粮食生产的政策扶持力度。全面落实发展粮食生产惠农政策，提高补贴精准性和指向性。进一步创新和完善粮食补贴政策，在有条件的地方开展按照实际粮食播种面积或产量对生产者补贴试点。研究出台新的粮食生产扶持政策，新增粮食补贴政策要向粮食主产县、新型粮食生产经营主体倾斜。引导和支持金融机构为粮食生产者提供信贷等金融服务。

责任单位：市农委、市财政局、市粮食局、农发行朔州分行、各县区人民政府

（十一）抓好粮食收购。合理布设收购网点，开展多渠道收购，方便农民售粮。发挥国有粮食企业主导作用，鼓励和引导符合条件的多元市场主体参与政策性粮食收购。农业发展银行等金融机构要落实收购资金，对政策性粮食收购贷款足额发放，并加大对符合贷款条件企业自主收购粮食的支持力度。粮食企业要拓宽融资渠道，动用争取商业银行贷款支持、开展代购代储业务等方式，筹措收购资金，入市收购农民余粮。加强粮食收购市场监管，督促企业严格执行质价标准和收购守则，严厉打击"转圈粮"和"打白条"、压级压价等坑农害农行为。

责任单位：市发改委、市粮食局、市工商局、农发行朔州分行、各县区人民政府

（十二）努力提高种粮比较收益。完善粮食市场价格形成机制，引导粮食价格保持合理水平。鼓励和引导农业产业化龙头企业、粮食加工和转化企业与粮食生产者建立稳定的利益联结关系，采取保底收购、股份分红、利润返还等方

式,让粮食生产者分享加工销售的收益。健全重要农资储备制度,稳定农资价格。完善重要农产品临时收储政策,根据市场动态适时启动玉米临时收储预案。探索建立粮食目标价格制度,创新农产品目标价格保险机制。

责任单位:市发改委、市粮食局、各县区人民政府

**四、搞好粮食收储供应,增强粮食流通能力**

(十三)落实地方粮食储备。严格按照国家、省、市确定的储备规模和完成时限,抓紧充实市、县(区)粮食储备。进一步优化储备布局和品种结构,地方储备粮中小麦、稻谷储存比例原则上不低于70%。依据中央、省、市储备粮标准,落实好储备费用和利息补贴资金。完善轮换管理和库存监管机制,严格责任追究。加快地方储备粮油管理法制化进程,确保储备粮油数量实、质量好、调得动、用得上。

责任单位:各县区人民政府

(十四)创新粮食储备机制。探索建立政府储备和社会储备相结合的分梯级粮食储备新机制。通过运用财政、金融、投资等政策手段,建立地方政府掌控的社会粮食周转储备。指导和督促粮食经营、加工企业严格执行最低、最高库存制度,建立合理商品库存。鼓励符合条件的多元市场主体参与地方粮油储备收储、加工等相关工作,并加强监管和风险管控。

责任单位:市发改委、市财政局、市粮食局、农发行朔州分行、各县区人民政府

(十五)加强粮食仓储物流设施的建设和管理。组织实施"粮安工程",将粮食仓储物流设施作为重要农业基础设施抓紧建设。创新投融资方式,在加大政府投入的同时,引导社会资本参与,推广政府和社会资本合作(PPP)模式,尽快建成与本地区粮食收储规模和保障供应要求相匹配,布局合理、功能齐全的仓储物流体系。根据国家发展改革委、国家粮食局、财政部《粮食收储供应安全保障工程建设规划(2015—2020年)》(发改粮食〔2015〕570号)精神,由市粮食局会同市发改委、市财政局,制订朔州市"粮安工程"建设规划,投资建设一批粮食仓储、物流、应急加工重点项目,新建一批标准储备仓和基层收纳仓。加大粮食"危仓老库"维修改造力度。对达到报废年限、无维修价值的"危仓老库",按照调整结构、优化布局的原则,报废重建或异地新建。加快粮食仓储物流新技术应用和信息化建设。建立国有粮食仓储物流设施保护制度,纳入保护目录的重点粮食仓储物流设施,不得随意处置和变更用途。确需改变用途的,必须经粮食部门批准并进行补建,需迁建的要先建后迁。支持种粮大户、家庭农场和专业合作组织等建设储粮设施。

责任单位:市粮食局、市发改委、市财政局、各县区人民政府

(十六)发展粮食物流网络。加快布局建设沿朔城区—山阴县—怀仁县粮食通道,连接省规划的大同—京津西北粮食通道,提高粮食散装、散卸、散储、散运比例。在朔城区、山阴县、怀仁县建设三个区域性粮食物流中心,鼓励各县(区)规划建设集收储、加工、物流、交易为一体的现代粮食物流园区。将粮油供应网络建设纳入各县区城镇建设规划和商业网点规划。鼓励在消费群体集中区域建设公益性成品粮油现货交易市场并规范管理。提升网上粮食交易平台功能,大力发展粮食电子商务,扩大政策性粮食和商品粮网上交易,开展省际间网上市场合作。

责任单位:市发改委、市粮食局、市财政局、市商务局、市住建局、市规划局、市工商局、各县区人民政府

(十七)加强粮食产销合作。市粮食局要牵头组织好保持朔州市粮食供需总量平衡和主要品种平衡工作。实施"走出去""引进来"战略,支持市内粮食企业到市外投资建立粮食生产、收储、加工基地,建立异地储备。鼓励市外粮食企业来朔州市投资兴业,开展粮食收储、加工转化和建立营销网络。

责任单位:市粮食局、各县区人民政府

**五、加强粮食宏观调控,确保市场稳定**

(十八)建立健全粮食调控机制。建立地方储备粮油吞吐调节机制,有效发挥储备粮吞吐、加工转化的调节作用和财政补贴的导向作用,确保粮食市场基本稳定。进一步完善调控机制,发挥国有粮食企业宏观调控的载体作用。按照企业自

愿参与、政府适当补偿原则,选择一批骨干粮食加工转化企业纳入粮食市场调控体系,发挥加工转化对粮食供求的调节作用。建立粮食储备协调机制,充分发挥调控市场、稳定粮价的协同效应。

责任单位:市粮食局、市财政局、市发改委、各县区人民政府

(十九)健全粮食应急供应保障体系。2017年底前,朔州市基本建成布局合理、设施完备、运转高效、保障有力的粮食应急保障体系,确保严重自然灾害或紧急状态时的粮食供应。各县区要严格落实市下达的成品粮油储备计划,朔城区达到10—15天市场供应量,其他县区达到10天市场供应量,并落实储备资金和符合成品粮油实际的财政补贴。每个乡镇(街道)应至少布局1个粮油应急供应网点。市政府所在地人口集中的社区,每3万人应至少布局1个粮油应急供应网点,并就近配套落实应急加工企业、储备设施和配送中心。鼓励多元市场主体参与应急工作,采取企业自愿、政府认定、签订合同的方式,选择符合条件的加工和经营企业承担应急储备、应急加工供应任务并给予必要支持。完善各级粮食应急预案。加快推进应急供应、军粮供应、成品粮油储备、放心粮油、主食产业化“五位一体”融合发展。

责任单位:市粮食局、市发改委、市财政局、农发行朔州分行、各县区人民政府

(二十)加强粮食监测预警。健全粮食生产、流通、加工和消费调查统计体系,完善产粮大县粮食产量抽样调查和社会粮油供需平衡调查制度,确保调查数据及时准确。落实粮食经营信息统计报告制度,强化统计制度执法检查,督促各类涉粮企业按照国家粮食流通统计制度的规定,建立经营台账,定期向各级粮食行政管理部门报送统计数据。合理布设市、县(区)粮油价格监测点,加强粮食市场监测、分析和信息发布。

责任单位:市粮食局、各县区人民政府

(二十一)加大粮食市场监管力度。建立健全粮食经营企业信息档案和信用评价机制,落实属地监管责任,实施分类监管。完善粮食市场监管协调机制,建立粮食、食品药品监管、工商、发改等部门的联席会议制度,组织开展联合执法行动,坚决打击囤积居奇、哄抬粮价、以次充好、计量作弊等扰乱粮食市场秩序的行为,维护粮食市场稳定。

责任单位:市粮食局、市食品药品监管局、市工商局、市发改委、各县区人民政府

**六、加强粮食质量监管,推进节粮爱粮**

(二十二)加强源头治理。加强农业生态环境监管,控制工业“三废”和农业面源污染。开展耕地土壤调查监测,对于受污染的耕地要采取土壤修复、调整种植结构、划定粮食生产禁止区等措施,从源头上防治粮食污染。健全化肥、农药等投入品监督管理制度,广泛应用高效肥、生物有机肥、低毒低残留农药。建立耕地土壤环境监测网络,加快建成农村垃圾、农药包装废弃物、农田残膜、污水等收集处理系统,有效解决耕地面源污染。加强粮食产地土壤环境监管,科学划定耕地土壤保护优先区域。

责任单位:市农委、市环保局、各县区人民政府

(二十三)健全粮食质量安全保障体系。推进放心粮油工程,2018年底前普遍建立城乡“放心粮油”供应网络。完善粮食质量安全标准体系,实行从田间到餐桌的全过程监管制度。健全农产品质量监测体系,加快建设以市级粮食质量监测站为龙头、国有粮食企业为骨干,粮油加工企业化验室为依托的粮食质量安全监测检验体系。加强对农药残留、重金属、真菌毒素超标粮食的管控,建立超标粮食处置长效机制,禁止不符合食品安全标准的粮食及粮食加工品流入口粮市场。健全粮食产地准出制度和质量标识制度。

责任单位:市粮食局、市食品药品监管局、市农委、市工商局、各县区人民政府

(二十四)强化粮食质量安全责任。严格实行粮食质量安全监管责任制和责任追究制度,落实各级政府属地管理责任和生产经营主体责任,强化县乡两级监管责任。粮油储备、经营和加工企业要严格落实粮油质量检验制度。各级政府和有关部门要加强对生产、收购、储存、加工、运输和销售等各环节的粮食质量监管。深入开展粮食质量安全治理整顿,完善不合格粮食处理和有关责任人处罚机制。

责任单位:市粮食局、市农委、市食品药品

监管局、市工商局、各县区人民政府

(二十五)广泛开展爱粮节粮减损行动。广泛开展爱粮节粮宣传教育，充分利用传统媒体和新兴媒体,以“世界粮食日”“全国爱粮节粮宣传周”“食品安全宣传周”等活动为重点,加强爱粮节粮宣传教育,形成节约粮食、健康消费的良好风尚。制订相关规定和标准,在粮食生产、流通、加工、消费等领域全面推广节粮减损新设施、新技术和新装备,降低粮食损耗。继续实施农户科学储粮专项工程,助农减损增收。优化工业用粮生产结构,控制粮食不合理加工转化,提高粮食综合利用率。

责任单位:市粮食局、市委宣传部、各县区人民政府

**七、深化粮食企业改革,促进粮食产业健康发展**

(二十六)深化国有粮食企业改革。支持优势国有粮食企业深化产权制度改革，开展区域性资产整合,增强综合竞争力;发展混合所有制粮食经济，除各级储备粮油管理企业和军粮供应企业保持国有独资或国有控股外，鼓励其他国有粮食企业通过引入非公资本、改制重组等方式加快推进混合所有制经济。各县区政府要加强对国有粮食企业改革的组织领导，贯彻落实国家和省、市有关政策,妥善解决国有粮食企业历史性亏损挂账和化解不良债务。

责任单位:市粮食局、市财政局、各县区人民政府

(二十七)加快粮食产业转型升级。着力解决粮食加工转化率低,加工基础薄弱的问题,培育壮大粮油类农业产业化龙头企业，推动粮食企业融入新型农业经营体系,与种粮大户、家庭农场、农民合作社结成经营联合体和利益共同体,延伸产业链,增强竞争力,推进粮食企业向集团化、规模化、产业化方向发展。以米、面、油等口粮应急加工项目，玉米和杂粮加工转化项目为重点,加快发展粮油加工业。鼓励各类市场主体投资粮油加工领域,采用先进技术,引进知名企业和知名品牌,培育自主品牌,促进粮油加工转化增值。按照企业自愿参与、政府适当补偿原则，选择一批骨干粮食加工转化企业纳入粮食市场调控体系，发挥加工转化对粮食供求的调节作用。采取财政资金补助方式,引导社会资本参与应急加工项目建设；进一步研究制订促进玉米、杂粮加工转化的扶持政策。加快推进以传统蒸煮米面制品为代表和以杂粮为特色的主食产业化进程，鼓励主食加工企业发展冷链物流配送。制订主食品标准，保障主食品质量安全。市发改委、市财政局采取资金补助的方式对主食产业化项目予以支持。

责任单位:市农委、市粮食局、市财政局、各县区人民政府

**八、落实政策支持措施,加强检查考核**

(二十八)强化粮食安全保障措施。加强粮食生产指导、重大技术推广、环境监测治理、统计信息服务、行政执法和监督检查、质量安全监管、农业投入品监管等方面的工作力量。各级财政要加大保障粮食安全的相关工作支持力度，及时足额安排粮食风险基金。各县区政府要按照保障粮食安全的要求,落实农业、粮食等相关行政主管部门的职责任务。对粮食基础设施建设和加工业发展所需用地予以支持。

责任单位:市粮食局、市农委、市财政局、市食品药品监管局、市工商局、市国土局、各县区人民政府

(二十九)落实税收优惠政策。按照财政部、国家税务总局相关政策规定，认真落实国家有关粮食和粮食企业的各项税收优惠政策，简化办理程序,做到应享尽享,及时到位。

责任单位:市粮食局、市财政局、市国税局、市地税局、各县区人民政府

(三十)建立健全监督考核机制。市粮食局会同市发改委、市财政局、市农委等有关部门按照粮食安山西省长责任制的总要求，对各县区政府分解细化年度目标任务,制订考核办法,具体承办考核工作。市政府对成绩突出的县(区)给予表扬,对不合格的县(区)予以通报批评、责令整改并按有关规定追究责任，重大情况及时向市政府报告。

责任单位:市粮食局、市发改委、市财政局、市农委

朔州市人民政府

2015 年 12 月 29 日

## 朔州市人民政府关于表彰朔州市第三次全国经济普查先进集体和先进个人的通报

朔政函〔2015〕13号

各县、区人民政府，市开发区管委会，市直各有关单位：

按照国务院、省政府的统一部署，从2013年开始，朔州市进行第三次全国经济普查。经过各级、各有关部门和四千多名普查工作者的共同努力，圆满完成普查工作的各项任务，并受到国家和省的表彰。

为充分调动各级普查机构和广大普查工作者的性，经市人民政府研究，决定授予朔州市朔城区统计局等10个单位“朔州市第三次全国经济普查先进集体”荣誉称号，授予李久唐等30名同志“朔州市第三次全国经济普查先进个人”荣誉称号（名单见附件）。

希望受到表彰的先进集体和个人继续努力，谦虚谨慎，戒骄戒躁，发扬成绩，再接再厉，为进一步圆满完成各种大型普查和调查工作任务，推进朔州市经济和社会持续健康发展做出新的更大的贡献。

附件：1.朔州市第三次全国经济普查先进集体名单（10个）

2.朔州市第三次全国经济普查先进个人名单（30名）

朔州市人民政府
2015年3月4日

附件1

### 朔州市第三次经济普查先进集体名单（10个）

朔州市朔城区统计局
朔州市朔城区北旺庄街道办事处
朔州市朔城区北城街道办事处
朔州市平鲁区陶村乡人民政府
山阴县财政局
山阴县下喇叭乡人民政府
怀仁县新家园乡人民政府
怀仁县金沙滩镇人民政府
应县金城镇人民政府
右玉县统计局

附件2

### 朔州市第三次经济普查先进个人名单（30名）

**市直（6名）**

李久唐　朔州市民政局社会组织服务中心副主任
王心刚　朔州市工商局企业监管科科长
温亮卿　朔州市机构编制委员会电子政务中心副主任
闫俊平　朔州市地税局征管科科长
韩江芳　朔州市质量技术监督局检验测试所副所长
宋玉花　朔州市国家税务局科员

**朔城区（6名）**

谢建平　朔城区统计局副局长
胡俊峰　朔城区统计局科员
杨文明　朔城区统计局科员
李世颖　朔城区统计局科员
张晓伟　朔城区统计局科员
李　崇　朔城区贾庄乡人民政府科员

**平鲁区（3名）**

王　香　平鲁区统计局办公室主任
解　凯　平鲁区统计局科员
李　霞　平鲁区井坪街道办古城社区主任助理

**山阴县（4名）**

李志鹏　山阴县统计局科员
季晓东　山阴县统计局科员
白高福　山阴县统计局纪检组长
赵丽静　山阴县东城管委会和顺社区支部书记

**怀仁县（4名）**

张日奎　怀仁县工商局局长
余治山　怀仁县财政局局长
谭金花　怀仁县马辛庄乡党委书记
于仲谦　怀仁县吴家窑镇党委书记

**应县（3名）**

安喜栋　应县统计局局长
马俊梁　应县统计局副局长
杨丹婷　应县统计局科员

**右玉县(2 名)**

张天文　右玉县统计局科员
李亚文　右玉县统计局科员

**开发区(2 名)**

陈振峰　山西朔州经济开发区管委会科员
吴　　　山西朔州经济开发区招商局科员

## 朔州市人民政府关于2014年朔州市人口和计划生育工作目标管理责任制考核情况的通报

朔政函〔2015〕25 号

各县、区人民政府，市开发区管委会，市直及驻朔各有关单位：

上年，朔州市各级各部门深入贯彻落实党的十八大和十八届三中、四中全会精神以及习近平总书记系列重要讲话精神，坚持计划生育基本国策，坚持党政“一把手”亲自抓、负总责，落实山西省计划生育工作部署，落实计划生育目标管理责任制，落实“一票否决”制，启动实施单独两孩政策，全面完成计划生育工作各项任务。朔州市在山西省人口计生工作目标管理责任制考核中再次获得 B 类市综合先进奖，山阴县荣获山西省人口计生工作目标管理责任制考核先进县，怀仁县县长吴秀玲被评为山西省上年度落实计生国策好县长。根据《朔州市 2014 年人口和计划生育工作目标管理责任书》规定，市政府决定对完成朔州市上年人口和计划生育目标管理责任制各项指标并取得显著成效的先进集体和先进个人予以表彰(表彰名单见附件)。

希望受表彰的集体和个人珍惜荣誉，戒骄戒躁，再接再厉，继续努力，不断开创朔州市人口计生工作新局面。各级各部门要以先进为榜样，紧紧围绕国家、省、市计划生育工作决策部署，认真履行工作职责，逐步完善政策措施，统筹解决好人口数量、素质、结构和分布等问题，促进人口长期均衡发展，为推进“两大任务”、建设“美丽朔州”创造更加有利的人口环境，为全面建成小康社会奠定更加坚实的人口工作基础。

附件：朔州市 2014 年人口和计划生育工作目标管理责任制考核先进集体和先进个人

朔州市人民政府
2015 年 3 月 25 日

附件

### 朔州市2014年人口和计划生育工作目标管理责任制考核先进集体和先进个人

**一、人口和计划生育目标管理责任制考核综合先进奖(3 个)**

应县人民政府
右玉县人民政府
平鲁区人民政府

**二、人口和计划生育目标管理责任制考核先进奖(4 个)**

怀仁县人民政府
朔城区人民政府
山阴县人民政府
朔州经济开发区管理委员会

**三、履行人口计生工作法定职责先进单位(17 个)**

市委组织部
市直机关工委
市纪委
市政府办
市财政局
市公安局户政处
市人社局
市卫生局
市疾病预防控制中心
市教育局
市文广新局

市统计局
市农委
市招生考试管理中心
市林业局
市社会治安综合治理委员会
市食品药品监管局

**四、人口计生工作先进集体(38个)**

朔城区南城街道办事处
朔城区下团堡乡人民政府
朔城区利民镇人民政府
朔城区福善庄乡人民政府
朔城区人口和计划生育服务中心
朔城区窑子头乡人口和计划生育中心服务站
平鲁区人口和计划生育服务中心
平鲁区财政局
平鲁区人民医院
平鲁区西水界乡人民政府
平鲁区榆岭乡人民政府
平鲁区向阳堡乡人民政府
山阴县马营庄乡人民政府
山阴县玉井镇人民政府
山阴县后所乡人民政府
山阴县吴马营乡人民政府
山阴县公安局
山阴县广播电视台
怀仁县云中镇人民政府
怀仁县何家堡乡人民政府
怀仁县亲和乡人民政府
怀仁县计划生育协会
怀仁县计生局办公室
怀仁县马辛庄乡计生办
应县镇子梁乡人民政府
应县南河种镇人民政府
应县臧寨乡人民政府
应县下社镇计生办
应县杏寨乡计生办
应县义井乡计生办
右玉县财政局
右玉县民政局
右玉县白头里乡人民政府
右玉县新城镇社区管理中心
右玉县威远镇人民政府
右玉县新城镇人民政府
朔州经济开发区街道办事处筹备处
朔州经济开发区穆寨村

**五、人口计生工作先进个人(58人)**

弓江平　朔城区民政局婚姻登记股股长
高　福　朔城区计划生育药具站站长
梁　谦　朔城区人口和计划生育服务中心主任
苏淑珍　朔城区人口和计划生育服务中心科员
段文耀　朔城区贾庄乡计生办主任
李　耀　朔城区窑子头乡计生办主任
李玉兰　平鲁区井坪镇党委书记
吴晋平　平鲁区双碾乡党委书记
张金凤　平鲁区下木角乡乡长
张艳芳　平鲁区人口计生局政法股股长
赵向荣　平鲁区井坪街道办事处计生助理员
王建民　平鲁区白堂乡计生助理员
徐　乐　平鲁区下面高乡计生办微机操作员
王家民　山阴县人民政府办公室副主任
任永丽　山阴县民政局副局长
丰晓丽　山阴县人口计生局科员
解廷海　山阴县人口和计划生育服务中心主任
赵义厚　山阴县东城管理委员会计生助理员
范　伟　山阴县薛圐圙乡计生助理员
石　晶　怀仁县毛皂镇书记
李霜梅　怀仁县人口计生局副局长
王金平　怀仁县人口和计划生育避孕药具管理站站长
柴晔林　怀仁县人口计生局发规股股长
王廷叶　怀仁县海北头乡计生办主任
郑国英　怀仁县金沙滩镇计生办科员
刘学理　应县南泉乡乡长
赵振龙　应县大临河乡乡长
丁烈征　应县白马石乡乡长
鲍永梅　应县下马峪乡计生助理员
杨　建　应县金城镇计生助理员

梁育忠　应县大黄巍乡计生助理员
郝　义　右玉县元堡子镇镇长
刘继珍　右玉县右卫镇镇长
闫永青　右玉县人口计生局纪检组长
马　宇　右玉县人口和计划生育服务中心主任
魏　兴　右玉县杨千河乡计生助理员
丁志春　右玉县牛心堡乡计生助理员
王俊凯　朔州经济开发区社会事务局计生办科员
闫秋菊　市疾病预防控制中心检验科副科长
唐雅岚　市绿化委员会办公室主任
赵　鹏　市教育局计财科科员
葛连平　市委组织部远程办公室主任
刘崇儒　市财政局办公室科员
胡晓露　市发改委社会科科员
张　鸿　市民政局基政科科员
齐爱平　市政府办主任科员
姚　捷　市人社局事业科副科长
罗晓峰　市卫生局妇幼所科员
董　娟　朔州日报社记者
王　东　市新闻中心新闻科长
陈东亮　市广播电视台新闻部主任
李慧敏　市教育局办公室科员
王彦俐　市妇女联合会办公室主任
何香玲　市妇女联合会城乡部部长
王华栋　市委宣传部新闻科科长
刘贵平　市医疗保险管理服务中心科员
杜中顺　市审计局经济责任审计分局局长
孙栋梁　市监察局办公室科员

# 统计资料

## 2015年朔州市自然资源统计表

| 指　标 | 单　位 | 全　市 | 朔城区 | 平鲁区 | 山阴县 | 应　县 | 右玉县 | 怀仁县 |
|---|---|---|---|---|---|---|---|---|
| 国土面积 | 平方公里 | 10625.4 | 1779.7 | 2314.9 | 1644.6 | 1673 | 1979.2 | 1234 |
| #平原:丘陵:山区 | | 38:36:26 | 62:11:27 | 4:51:45 | 52:07:41 | 56:09:35 | 10:60:30 | 70:0:30 |
| 年末耕地面积 | 千公顷 | 365.52 | 66.09 | 75.57 | 59.67 | 56.89 | 58.79 | 48.51 |
| 含煤面积 | 平方公里 | 154.6 | 568 | 352 | 256 | | 155 | 125 |
| 煤炭地质储量 | 亿吨 | 409.5 | 187.3 | 109.9 | 46.7 | | 29.6 | 36 |
| 石灰岩储量 | 亿吨 | 84.0 | 49.0 | 0.3 | 14.1 | 0.2 | 0.8 | 19.6 |
| 铁矿储量 | 万吨 | 280 | 30 | | 30 | 200 | | 20 |
| 本地水资源量 | 亿立方米 | 7.39 | 1.42 | 1.73 | 1.28 | 1.29 | 0.98 | 0.69 |
| #地下水 | 亿立方米 | 6.53 | 1.33 | 1.47 | 1.23 | 1.21 | 0.63 | 0.66 |

## 2015年朔州市城市建设统计表

| 指 标 | 单 位 | 全 市 | 朔城区 | 平鲁区 | 山阴县 | 应 县 | 右玉县 | 怀仁县 |
|---|---|---|---|---|---|---|---|---|
| 城市建成区面积 | 平方公里 | 101.77 | 28 | 13.6 | 15 | 12 | 7.23 | 25.94 |
| 城市供水量（加自备井） | 万立方米 | 5219 | 2280 | 472 | 436 | 604 | 275 | 1152 |
| 城市供热面积 | 万平方米 | 4405.17 | 2496.5 | 375.2 | 272.85 | 272.62 | 190 | 798 |
| 城市集中供热普及率 | % | 90 | 90.03 | 89.30 | 89.44 | 88.81 | 82.61 | 89.06 |
| 液化石油气供应量 | 吨 | 4413 | 1300 |  | 1500 | 150 | 500 | 963 |
| 天然气供应量 | 万立方米 | 7760.8 | 4045 | 1105.5 |  | 966.2 | 16.1 | 1628 |
| 用气总户数（天然气） | 户 | 151566 | 67519 | 24524 |  | 18852 | 400 | 40271 |
| 城市气化率 | % | 87.14 | 97.56 | 93.36 | 78.14 | 86.89 | 54.92 | 81.18 |
| 城市人均公共绿地面积 | 平方米 | 12.22 | 15.14 | 7.24 | 10.66 | 9.22 | 10.57 | 11.0 |
| 城市建成区绿化覆盖率 | % | 42.56 | 43.01 | 41.81 | 44.42 | 41.99 | 45.17 | 40.40 |
| 万人拥有公交车辆数 | 标台 | 4.085 | 3.03 | 6.73 | 6.9 | 4.43 |  | 4.06 |

## 2015年朔州市社会保障统计表

| 指　标 | 单位 | 全市 | 朔城区 | 平鲁区 | 山阴县 | 应县 | 右玉县 | 怀仁县 |
|---|---|---|---|---|---|---|---|---|
| 农村低保参保人数 | 人 | 81909 | 16594 | 10829 | 11567 | 22989 | 6000 | 13930 |
| 农村低保发放标准 | 元/月 | 196.5 | 214.8 | 185.2 | 208.1 | 177.4 | 216 | 198.4 |
| 新型农村养老保险参保人数 | 人 | 804853 | 166656 | 126655 | 128079 | 184100 | 58585 | 140778 |
| 参加养老保险占农村总人口比例 | % | 71.84 | 65.81 | 76.94 | 72.75 | 21.89 | 69.38 | 75.70 |
| 农村六十岁以上人口 | 人 | 1973454 | 37257 | 23535 | 28626 | 38569 | 155.04 | 29963 |
| 农村合作医疗保险参保人数 | 人 | 949534 | 227509 | 138511 | 150948 | 201027 | 69748 | 161791 |
| 农村合作医疗保险参保率 | % | 99.67 | 100 | 99049 | 99.21 | 99.49 | 100 | 99.85 |
| 城市低保参保人数 | 人 | 48800 | 9609 | 3819 | 10226 | 10961 | 3113 | 11072 |
| 城市低保发放标准 | 元/月 | 295 | 330 | 277 | 332 | 275 | 253 | 270 |
| 城镇职工失业保险参保人数 | 人 | 183028 | 32600 | 16639 | 20351 | 13970 | 9000 | 38060 |
| 城镇职工失业保险发放标准 | 元/月 | 930 | 930 | 930 | 930 | 930 | 930 | 930 |
| 城镇职工医疗保险参保人数 | 人 | 190446 | 23000 | 24200 | 19003 | 18008 | 10008 | 21025 |
| 城镇职工工伤保险参保人数 | 人 | 180721 | 31100 | 29668 | 30500 | 17082 | 16515 | 30868 |
| 城镇职工养老保险参保人数 | 人 | 185627 | 32178 | 25967 | 23616 | 19273 | 10660 | 29941 |
| 城镇职工生育保险参保人数 | 人 | 180424 | 28052 | 26240 | 22010 | 16006 | 9005 | 26023 |
| 城镇居民医疗保险参保人数 | 人 | 253377 | 53993 | 31710 | 32146 | 35832 | 10665 | 50783 |
| 城镇居民养老保险参保人数 | 人 | 69596 | 23836 | 7397 | 10837 | 9024 | 4103 | 14409 |
| 城镇登记失业率 | % | 3012 | 2.94 | 3022 | 3.08 | 3.20 | 3.27 | 2.81 |
| 城镇新增就业人数 | 人 | 23109 | 3753 | 2810 | 3015 | 3158 | 1657 | 3465 |

## 2010–2015年朔州市国民经济和社会发展总量指标统计

| 指 标 | 总量指标 | | | | | |
| --- | --- | --- | --- | --- | --- | --- |
| | 2010 | 2011 | 2012 | 2013 | 2014 | 2015 |
| 一、年末常住人口(万人) | 171.5 | 172.6 | 173.5 | 174.4 | 175.4 | 176.2 |
| 二、城镇非私营单位从业人员年末人数 | 17.9 | 19.0 | 19.7 | 19.8 | 20.2 | 19.7 |
| 三、地区生产总值(亿元) | 670.1 | 855.2 | 1007.1 | 1027.4 | 1003.4 | 901.1 |
| 第一产业 | 40.5 | 45.4 | 50.9 | 60.3 | 61.4 | 55.5 |
| 第二产业 | 379.0 | 498.5 | 596.1 | 586.7 | 542.7 | 406.3 |
| 第三产业 | 250.6 | 311.0 | 360.1 | 380.4 | 399.3 | 439.3 |
| 四、农业生产 | | | | | | |
| 农林牧渔业总产值(亿元) | 72.0 | 88.4 | 104.7 | 127.9 | 132.4 | 119.1 |
| 主要农产品产量 | | | | | | |
| 粮食(万吨) | 86.4 | 97.1 | 107 | 127.9 | 132.4 | 119.1 |
| # 谷物(万吨) | 76.5 | 85.9 | 95.9 | 105.5 | 113.3 | 102.9 |
| 油料(万吨) | 3.1 | 3.4 | 3.7 | 3.4 | 3.2 | 2.5 |
| 肉类总产量(万吨) | 6.7 | 5.0 | 5.8 | 6.1 | 9 | 9.3 |
| 奶类总产量(万吨) | 40.2 | 43.6 | 47.2 | 51.4 | 51.9 | 52.3 |
| 禽蛋产量(万吨) | 2.2 | 1.7 | 1.6 | 1.6 | 1.8 | 2.4 |
| 农业机械总动力(万千瓦) | 206.1 | 214.5 | 223.1 | 233.0 | 241.4 | 245.9 |
| 五、工业生产 | | | | | | |
| 规模以上工业总产值(亿元) | 828.5 | 1169.9 | 1322.8 | 1324.1 | 1159.3 | 762.5 |
| 主要工业产品产量 | | | | | | |
| 原煤(万吨) | 15995 | 18583 | 20691 | 21747 | 20245 | 18220 |
| 发电量(亿千瓦小时) | 217.0 | 232.9 | 264.3 | 280.1 | 315.8 | 267.5 |
| 乳制品(万吨) | 17.0 | 21.1 | 29.5 | 28.1 | 24.4 | 23.2 |

续表

| 指　标 | 总量指标 | | | | | |
|---|---|---|---|---|---|---|
| | 2010 | 2011 | 2012 | 2013 | 2014 | 2015 |
| 白酒(吨) | 4259 | 10342 | 13114 | 6842 | 8997 | 7663 |
| 水泥(万吨) | 68.4 | 241.0 | 397.1 | 344.0 | 251 | 205 |
| 化肥(万吨) | 6.4 | 6.5 | 5.1 | 4.3 | 3.2 | 1.8 |
| 铁合金(吨) | 93100 | 181304 | 309230 | 234908 | 294743 | 125210 |
| 六、邮电 | | | | | | |
| 邮电业务总量(亿元) | 25.1 | 11.5 | 14 | 15.3 | 12.5 | 4.4 |
| 移动电话(万户) | 95.8 | 137.4 | 131.2 | 198.8 | 161.6 | 144.8 |
| 七、固定资产投资(亿元) | | | | | | |
| 固定资产投资总额 | 374.0 | 474.6 | 610.6 | 774.7 | 815.3 | 937.1 |
| # 住宅 | 50.2 | 35.1 | 44.0 | 82.6 | 65.2 | 60.7 |
| 1.国有 | 246.7 | 272.5 | 411.7 | 438.4 | 414.8 | 535.8 |
| 非国有 | 94.5 | 202.0 | 199.0 | 336.3 | 400.5 | 401.2 |
| 2.第一产业 | 9.9 | 9.2 | 224.7 | 64.2 | 86.6 | 146.5 |
| 第二产业 | 232.2 | 303.6 | 289.3 | 345.2 | 448.9 | 425.2 |
| 第三产业 | 113.8 | 161.8 | 296.6 | 365.3 | 279.8 | 365.4 |
| 八、国内贸易(亿元) | | | | | | |
| 社会消费品零售总额 | 139.6 | 164.1 | 191.1 | 218.8 | 258.3 | 270.3 |
| 九、对外贸易(亿元) | | | | | | |
| 外贸进出口总额 | 12502 | 13942 | 25687 | 11698 | 9266 | 5866 |
| 出口 | 967 | 1481 | 1545 | 2074 | 2728 | 2805 |
| 进口 | 11535 | 12461 | 24142 | 9624 | 6537 | 3061 |
| 十、财政(亿元) | | | | | | |

续表

| 指标 | 总量指标 | | | | | |
|---|---|---|---|---|---|---|
| | 2010 | 2011 | 2012 | 2013 | 2014 | 2015 |
| 财政总收入 | 132.5 | 175.0 | 210.0 | 216.1 | 169.1 | 113.1 |
| 一般预算收入 | 55.8 | 70.9 | 84.3 | 95.3 | 86.6 | 54.3 |
| 一般预算支出 | 90.1 | 115.4 | 138.8 | 154.5 | 143.1 | 138.3 |
| 十一、物价指数(上年=100) | | | | | | |
| 商品零售价格总指数 | 103.1 | 104.3 | 102.5 | 102.4 | 101.4 | 100.5 |
| 居民消费价格总指数 | 103.2 | 104.8 | 102.7 | 102.9 | 101.9 | 101.2 |
| 十二、工资 | | | | | | |
| 城镇非私营单位在岗职工工资总额(亿元) | 55.2 | 72.9 | 87.6 | 93.7 | 100.2 | 100.7 |
| 城镇非私营单位从业人员年平均工资(元) | 32210 | 37280 | 43964 | 46229 | 49845 | 51432 |
| 国有单位在岗职工工资总额(亿元) | 39.7 | 38.6 | 41.8 | 42.5 | 45.7 | 48.0 |
| 国有单位从业人员年平均工资(元) | 35385 | 34358 | 38614 | 39659 | 43322 | 47912 |
| 十三、教育、文化 | | | | | | |
| 中等专业学校在校学生数(万人) | 0.32 | 0.48 | 0.39 | 0.25 | 0.12 | |
| 职业中学在校学生数(万人) | 0.98 | 0.99 | 1.31 | 1.51 | 1.64 | 1.78 |
| 普通中学在校学生数(万人) | 16.00 | 16.17 | 16.44 | 15.17 | 14.09 | 48.0 |
| 小学在校学生数(万人) | 18.99 | 18.13 | 17.33 | 13.31 | 13.81 | |
| 十四、城乡居民收入(元) | | | | | | |
| 城镇常住居民人均可支配收入 | 16349 | 18891 | 21734 | 23886 | 25725 | 27500 |
| 农村常住居民人均可支配收入 | 5974 | 7108 | 8097 | 9149 | 10137 | 10816 |
| 十五、金融机构人民币各项存贷款余额(亿元) | | | | | | |
| 金融机构人民币各项存款余额 | 764.1 | 9411.8 | 1050.9 | 1092.8 | 1120 | 1189.7 |
| # 居民储蓄存款余额 | 444.9 | 519.5 | 593.3 | 661.1 | 735.3 | 736.3 |
| 金融机构各项贷款余额 | 197.9 | 262.5 | 375.0 | 467.5 | 512.9 | 558.6 |

## 2014-2015年朔州市经济社会主要指标人均水平统计

| 指　标 | 2014 | 2015 |
| --- | --- | --- |
| 一、地区生产总值(元) | 57368 | 51256 |
| 二、财政总收入(元) | 9667 | 6434 |
| 三、主要产品产量 | | |
| 原煤(万吨) | 115 | 103.6 |
| 发电量(千瓦/时) | 17669 | 15200 |
| 粮食(公斤) | 732 | 626 |
| 肉类(公斤) | 51.3 | 52.4 |
| 牛奶(公斤) | 289.1 | 297.3 |
| 四、社会消费品零售额(元) | 14058 | 15366 |
| 五、人民生活(元) | | |
| 城镇居民人均可支配收入 | 25725 | 27500 |
| 城镇居民人均可支配收入 | 13633 | 14096 |
| 农民人均纯收入 | 10137 | 10816 |
| 农民人均生活费支出 | 6431 | 6837 |
| 人均储蓄存款 | 41977 | 44430 |

# 朔州市主要年份地区生产总值

按当年价格计算

| 年 份 | 地区生产总值（万元） | 第一产业 | 第二产业 | 工 业 | 第三产业 | 人均地区生产总值（元/人） |
|---|---|---|---|---|---|---|
| 1952 | 1952 | 4125 | 1132 | 551 | 986 | 95 |
| 1957 | 8837 | 4941 | 2520 | 1291 | 1394 | 122 |
| 1962 | 8066 | 3359 | 2882 | 923 | 1825 | 107 |
| 1965 | 11382 | 4837 | 3996 | 1474 | 2549 | 142 |
| 1970 | 17689 | 8571 | 5725 | 2493 | 3393 | 195 |
| 1975 | 27400 | 12140 | 10175 | 4755 | 5085 | 274 |
| 1978 | 34555 | 13033 | 13696 | 7571 | 7826 | 334 |
| 1980 | 42070 | 16411 | 15141 | 11213 | 10518 | 400 |
| 1985 | 86879 | 29873 | 33732 | 31850 | 23274 | 784 |
| 1990 | 217145 | 53477 | 110499 | 936264 | 53169 | 1818 |
| 1995 | 523569 | 112613 | 234867 | 204257 | 176089 | 4041 |
| 2000 | 847776 | 157846 | 367205 | 321930 | 322725 | 6192 |
| 2002 | 1028679 | 141886 | 473294 | 433986 | 413499 | 7319 |
| 2004 | 1062294 | 186236 | 763999 | 709000 | 692059 | 11013 |
| 2005 | 2203492 | 185160 | 1054172 | 988774 | 7964160 | 14670 |
| 2006 | 2920560 | 211496 | 1523306 | 1428204 | 1185758 | 19313 |
| 2007 | 3926164 | 291325 | 2033303 | 1911924 | 1601536 | 25798 |
| 2008 | 5105240 | 278020 | 2604165 | 2450133 | 2223055 | 33154 |
| 2009 | 5613074 | 295090 | 2937997 | 2769972 | 2379987 | 36452 |
| 2010 | 6701476 | 405421 | 3790074 | 3640950 | 2505981 | 41107 |
| 2011 | 8552006 | 453949 | 4987631 | 4785456 | 3110426 | 49692 |
| 2012 | 10071198 | 509272 | 5960522 | 5728086 | 3601404 | 58205 |
| 2013 | 10274403 | 602554 | 5867413 | 5593205 | 384436 | 59063 |
| 2014 | 10034100 | 614332 | 5427061 | 5171026 | 3992707 | 57368 |
| 2015 | 9011301 | 555460 | 4063082 | 3816086 | 4392759 | 51256 |

## 朔州市主要年份地区生产总值构成

单位:%

| 年　份 | 地区生产总值 | 第一产业 | 第二产业 | 工　业 | 第三产业 |
|---|---|---|---|---|---|
| 1952 | 100.0 | 66.1 | 18.1 | 8.8 | 15.8 |
| 1957 | 100.0 | 55.9 | 28.3 | 14.6 | 15.8 |
| 1962 | 100.0 | 41.7 | 35.7 | 11.4 | 22.6 |
| 1965 | 100.0 | 42.5 | 35.1 | 13.0 | 22.4 |
| 1970 | 100.0 | 48.4 | 32.4 | 14.1 | 19.2 |
| 1975 | 100.0 | 44.3 | 37.1 | 17.4 | 18.6 |
| 1978 | 100.0 | 37.7 | 39.6 | 21.9 | 22.7 |
| 1980 | 100.0 | 39.0 | 36.0 | 26.7 | 25.0 |
| 1985 | 100.0 | 34.4 | 38.8 | 36.7 | 26.8 |
| 1990 | 100.0 | 24.6 | 50.9 | 43.0 | 24.5 |
| 1995 | 100.0 | 21.5 | 44.9 | 39.0 | 33.6 |
| 2000 | 100.0 | 18.6 | 43.2 | 38.0 | 38.2 |
| 2002 | 100.0 | 13.8 | 46.0 | 42.2 | 40.2 |
| 2004 | 100.0 | 11.3 | 46.5 | 43.2 | 42.1 |
| 2005 | 100.0 | 8.4 | 47.8 | 44.9 | 43.8 |
| 2006 | 100.0 | 7.2 | 52.2 | 48.9 | 40.6 |
| 2007 | 100.0 | 7.4 | 51.4 | 48.7 | 40.8 |
| 2008 | 100.0 | 5.5 | 51.0 | 48.0 | 43.5 |
| 2009 | 100.0 | 5.3 | 52.3 | 49.3 | 42.4 |
| 2010 | 100.0 | 6.0 | 56.6 | 54.3 | 37.4 |
| 2011 | 100.0 | 5.3 | 58.3 | 56.0 | 36.4 |
| 2012 | 100.0 | 5.0 | 59.2 | 56.9 | 35.8 |
| 2013 | 100.0 | 5.9 | 57.1 | 54.4 | 37.0 |
| 2014 | 100.0 | 6.1 | 54.1 | 51.5 | 39.8 |
| 2015 | 100.0 | 6.2 | 45.1 | 42.3 | 48.7 |

## 朔州市主要年份地区生产总值指数统计

上年＝100

| 年 份 | 地区生产总值 | 第一产业 | 第二产业 | 工 业 | 第三产业 |
|---|---|---|---|---|---|
| 1952 | 109.6 | 107.9 | 108.6 | 115.7 | 118.6 |
| 1957 | 99.1 | 88.9 | 122.7 | 112.0 | 103.4 |
| 1962 | 91.3 | 84.9 | 87.9 | 89.9 | 112.9 |
| 1965 | 101.7 | 85.6 | 129.3 | 129.3 | 107.4 |
| 1970 | 108.5 | 105.8 | 112.3 | 109.3 | 109.6 |
| 1975 | 104.6 | 97.4 | 114.0 | 112.5 | 106.8 |
| 1978 | 104.0 | 89.7 | 112.7 | 110.5 | 120.3 |
| 1980 | 108.1 | 109.6 | 105.0 | 137.4 | 110.3 |
| 1985 | 110.7 | 98.6 | 120.9 | 125.2 | 115.3 |
| 1990 | 111.6 | 111.5 | 115.5 | 115.6 | 104.7 |
| 1995 | 109.8 | 85.3 | 111.1 | 110.2 | 123.4 |
| 2000 | 108.3 | 123.7 | 104.8 | 106.1 | 108.4 |
| 2002 | 114.2 | 133.6 | 112.9 | 115.8 | 110.7 |
| 2004 | 116.9 | 106.0 | 121.4 | 121.8 | 114.8 |
| 2005 | 117.5 | 96.6 | 120.2 | 120.7 | 120.1 |
| 2006 | 118.3 | 105.5 | 124.7 | 125.6 | 113.8 |
| 2007 | 116.7 | 103.7 | 119.1 | 119.1 | 116.2 |
| 2008 | 113.8 | 102.6 | 110.5 | 108.9 | 119.7 |
| 2009 | 110.6 | 102.5 | 116.5 | 116.9 | 105.0 |
| 2010 | 113.8 | 108.0 | 116.0 | 117.4 | 111.9 |
| 2011 | 115.2 | 100.0 | 119.9 | 120.1 | 110.5 |
| 2012 | 111.1 | 105.5 | 112.6 | 112.8 | 109.5 |
| 2013 | 109.0 | 105.0 | 111.0 | 111.0 | 106.1 |
| 2014 | 104.5 | 104.4 | 104.2 | 104.6 | 105.0 |
| 2015 | 97.7 | 94.4 | 94.2 | 94.1 | 104.6 |

## 2014－2015年朔州市地区生产总值统计

单位：万元

| 指　标 | 2014 | 2015 |
|---|---|---|
| 地区生产总值 | 10034100 | 9011301 |
| 第一产业 | 614332 | 555460 |
| 第二产业 | 5427061 | 4063082 |
| #工业 | 5171026 | 3816086 |
| 建筑业 | 1256035 | 246996 |
| 第三产业 | 3992707 | 4392759 |
| 人均地区生产总值（元） | 57368 | 51256 |

## 2014－2015年朔州市地区生产总值构成统计

单位：%

| 指　标 | 2014 | 2015 |
|---|---|---|
| 地区生产总值 | 100.0 | 100.0 |
| 第一产业 | 6.1 | 6.2 |
| 第二产业 | 54.1 | 45.1 |
| #工业 | 51.5 | 42.3 |
| 建筑业 | 2.6 | 2.8 |
| 第三产业 | 39.8 | 48.7 |

## 2014－2015年朔州市地区生产总值指数统计

上年＝100

| 指　标 | 2014 | 2015 |
|---|---|---|
| 地区生产总值 | 104.5 | 97.7 |
| 第一产业 | 104.4 | 94.4 |
| 第二产业 | 104.2 | 94.2 |
| #工业 | 104.6 | 94.1 |
| 第三产业 | 105.0 | 104.6 |

## 朔州市按三次产业、行业(门类)划分的法人单位数、产业活动单位数及从业人数(2015年)

| 指 标 | 法人单位 | | | | 产业单位 | | |
|---|---|---|---|---|---|---|---|
| | 单位数(个) | 单产法人 | 多产法人 | 从业人数(人) | 单位数(个) | 多产法人所属的产业活动单位 | 从业人数(人) |
| 合 计 | 23129 | 22333 | 796 | 469646 | 27442 | 5109 | 112265 |
| 第一产业 | 6549 | 6540 | 9 | 61050 | 6569 | 29 | 679 |
| 第二产业 | 2126 | 2075 | 51 | 167738 | 2352 | 277 | 45294 |
| 第三产业 | 14454 | 13718 | 736 | 240858 | 18521 | 4803 | 66292 |
| 农、林、牧、渔业 | 6549 | 6540 | 9 | 61050 | 6569 | 29 | 679 |
| 采矿业 | 274 | 265 | 9 | 73536 | 299 | 34 | 29041 |
| 制造业 | 1035 | 1015 | 20 | 48828 | 1067 | 52 | 5349 |
| 电力、燃气及水的生产和供应业 | 186 | 176 | 10 | 14676 | 303 | 127 | 3361 |
| 建筑业 | 631 | 619 | 12 | 30700 | 683 | 64 | 7534 |
| 交通运输、仓储和邮政业 | 5503 | 5356 | 140 | 59376 | 6163 | 800 | 12385 |
| 信息传输、计算机服务和软件业 | 636 | 617 | 19 | 14993 | 815 | 198 | 8464 |
| 批发和零售业 | 277 | 267 | 10 | 9291 | 300 | 33 | 563 |
| 住宿和餐饮业 | 270 | 263 | 7 | 3473 | 377 | 114 | 2938 |
| 金融业 | 163 | 136 | 27 | 8644 | 555 | 419 | 8717 |
| 房地产业 | 500 | 480 | 20 | 9769 | 533 | 53 | 1698 |
| 租赁和商务服务业 | 926 | 909 | 17 | 13258 | 1035 | 126 | 2367 |
| 科学研究、技术服务和地质勘查业 | 449 | 445 | 4 | 5817 | 563 | 118 | 1560 |
| 水利、环境和公共设施管理业 | 159 | 157 | 2 | 4692 | 202 | 45 | 310 |
| 居民服务和其他服务业 | 457 | 449 | 8 | 4770 | 514 | 65 | 973 |
| 教育 | 555 | 519 | 36 | 35522 | 952 | 433 | 7228 |
| 卫生、社会保障和社会福利业 | 316 | 267 | 49 | 9424 | 1270 | 1003 | 2748 |
| 文化、体育和娱乐业 | 385 | 354 | 1 | 5310 | 454 | 70 | 356 |
| 公共管理和社会组织 | 3858 | 3462 | 396 | 56519 | 4788 | 1326 | 15985 |
| 国际组织 | | | | | | | |

## 朔州市按登记注册类型划分的法人单位及产业活动单位基本情况（2015年）

| 指　标 | 法人单位 | | | | 产业活动单位 | | |
|---|---|---|---|---|---|---|---|
| | 单位数（个） | 单产法人 | 多产法人 | 从业人数（人） | 单位数（个） | 多产法人所属的产业活动单位 | 从业人数（人） |
| 合　计 | 23129 | 22333 | 796 | 469658 | 27442 | 5109 | 112265 |
| 内资 | 23114 | 22322 | 792 | 462826 | 217414 | 5096 | 110877 |
| 国有 | 2734 | 2426 | 308 | 1159973 | 4881 | 2455 | 60375 |
| 集体 | 161 | 126 | 35 | 11602 | 650 | 524 | 5892 |
| 股份合作 | 13 | 12 | 1 | 1425 | 31 | 19 | 207 |
| 联营 | 6 | 6 | 0 | 802 | 17 | 11 | 384 |
| 国有联营 | 2 | 2 | 0 | 745 | 10 | 8 | 347 |
| 集体联营 | 2 | 2 | 0 | 29 | 3 | 1 | 34 |
| 国有和集体联营 | 0 | 0 | 0 | 0 | 1 | 1 | 1 |
| 其他联营 | 2 | 2 | 0 | 28 | 3 | 1 | 2 |
| 有限责任公司 | 788 | 746 | 42 | 70644 | 900 | 154 | 21730 |
| 国有独资公司 | 34 | 30 | 4 | 8729 | 40 | 11 | 2081 |
| 其他有限责任公司 | 754 | 716 | 38 | 61915 | 859 | 143 | 19649 |
| 股份有限公司 | 89 | 71 | 18 | 21940 | 291 | 220 | 4666 |
| 私营 | 10565 | 10395 | 170 | 153324 | 11329 | 934 | 14303 |
| 私营独资 | 1155 | 1129 | 26 | 13140 | 1284 | 155 | 1442 |
| 私营合伙 | 143 | 141 | 2 | 2552 | 159 | 18 | 154 |
| 私营有限责任公司 | 9030 | 8894 | 136 | 130106 | 9613 | 719 | 11430 |
| 私营股份有限公司 | 237 | 231 | 6 | 7526 | 273 | 42 | 1277 |
| 其他内资 | 8758 | 8540 | 218 | 87152 | 9319 | 779 | 3320 |
| 港澳台投资 | 4 | 3 | 1 | 1463 | 8 | 5 | 837 |
| 与港澳台商合资经营 | 1 | 1 | 0 | 120 | 4 | 3 | 21 |
| 与港澳台商合作经营 | | | | | | | |
| 港澳台商独资 | 2 | 1 | 1 | 946 | 2 | 1 | 52 |
| 港澳台商投资股份有限公司 | 1 | 1 | 0 | 397 | 1 | 0 | 0 |
| 其他港、澳、台商投资 | 0 | 0 | 0 | 0 | 1 | 1 | 764 |
| 外商投资 | 11 | 8 | 3 | 5333 | 16 | 8 | 551 |
| 中外合资经营 | 4 | 4 | 0 | 3055 | 4 | 0 | 0 |
| 中外合作经营 | | | | | | | |
| 外资企业 | 7 | 4 | 3 | 2278 | 11 | 7 | 516 |
| 外商投资股份有限公司 | 0 | 0 | 0 | 0 | 0 | 1 | 35 |
| 其他外商投资 | | | | | | | |

## 2014–2015年朔州市全社会固定资产投资主要指标

单位:万元

| 指 标 | 2014 | 2015 |
| --- | --- | --- |
| 一、投资总额 | 8152983 | 9370608 |
| #住宅 | 651829 | 607245 |
| 按登记注册类型分 | | |
| 国有 | 4148339 | 5358487 |
| 非国有 | 4004644 | 4012121 |
| 按构成分 | | |
| 建筑、安装工程 | 5024394 | 6354524 |
| 设备工器具购置 | 2514454 | 1958178 |
| 其他费用 | 614135 | 1057906 |
| 按三次产业分 | | |
| 第一产业 | 865775 | 1465405 |
| 第二产业 | 4489213 | 4251666 |
| 第三产业 | 2797995 | 3653537 |
| 二、新增固定资产 | 3618962 | 6575452 |
| 三、房屋建筑面积(万平方米) | | |
| 本年施工房屋面积 | 1475.9 | 1025.3 |
| #住宅 | 834.4 | 647.1 |
| 本年竣工房屋面积 | 94.8 | 163 |
| #住宅 | 72.5 | 114.3 |
| 四、本年资金来源小计 | 7780597 | 8796745 |
| 国家预算内资金 | 361123 | 655718 |
| 国内贷款 | 926033 | 763277 |
| 利用外资 | 7520 | 200 |
| 自筹资金 | 6250615 | 7127887 |
| #企事业单位自有资金 | 301592 | 244837 |
| 其他 | 235306 | 249663 |

## 1988–2015年朔州市全社会固定资产投资

单位：万元

| 年份 | 总计 | | | | |
|---|---|---|---|---|---|
| | | 住宅 | 第一产业 | 第二产业 | 第三产业 |
| 1988 | 51009 | 3803 | 169 | 36443 | 14397 |
| 1989 | 46682 | 4013 | 277 | 39243 | 7162 |
| 1990 | 63210 | 6395 | 702 | 51779 | 4334 |
| 1991 | 81996 | 5894 | 128 | 72661 | 3643 |
| 1992 | 95601 | 7675 | 267 | 78489 | 16845 |
| 1993 | 97012 | 16330 | 106 | 61925 | 34981 |
| 1994 | 57296 | 8401 | 387 | 30927 | 17581 |
| 1995 | 44270 | 10535 | 737 | 11632 | 31901 |
| 1996 | 52159 | 10254 | 1085 | 16011 | 35063 |
| 1997 | 75143 | 15896 | 1141 | 26563 | 27439 |
| 1998 | 201878 | 26614 | 841 | 86446 | 114591 |
| 1999 | 175373 | 39347 | 291 | 102182 | 72900 |
| 2000 | 204861 | 21679 | 177 | 129966 | 53039 |
| 2001 | 253132 | 39875 | 3315 | 166505 | 83312 |
| 2002 | 314016 | 37039 | 5668 | 178454 | 129897 |
| 2003 | 506444 | 40904 | 12111 | 372401 | 121932 |
| 2004 | 620316 | 42110 | 13440 | 437803 | 169037 |
| 2005 | 727001 | 72004 | 23240 | 421665 | 282096 |
| 2006 | 950962 | 132204 | 37130 | 500605 | 413227 |
| 2007 | 1529396 | 165425 | 39154 | 937413 | 552829 |
| 2008 | 2218804 | 257622 | 76394 | 1401103 | 741307 |
| 2009 | 3015248 | 127467 | 124508 | 1744580 | 1146160 |
| 2010 | 3559528 | 255953 | 99823 | 2309623 | 1150782 |
| 2011 | 4745733 | 502343 | 92035 | 3035806 | 1617892 |
| 2012 | 6106161 | 439980 | 246688 | 2893279 | 2966194 |
| 2013 | 7747111 | 826002 | 642139 | 3451677 | 3653295 |
| 2014 | 8152983 | 651829 | 865775 | 4489213 | 2797995 |
| 2015 | 9370608 | 607245 | 1465405 | 4251666 | 3653537 |

## 2014–2015年朔州市主要耗能工业企业单位产品能源消耗情况

| 指 标 | 单 位 | 2014 | 2015 |
|---|---|---|---|
| 吨原煤生产综合能耗 | 千克标准煤/吨 | 4.29 | 4.22 |
| 吨原煤生产耗电 | 千瓦时/吨 | 6.50 | 6.78 |
| 选煤电力单耗 | 千瓦时/吨 | 5.08 | 5.64 |
| 单位合成氨生产综合能耗 | 千克标准煤/吨 | 1575.02 | 1504.53 |
| 单位合成氨耗电 | 千瓦时/吨 | 1353.61 | 1219.23 |
| 吨水泥综合能耗 | 千克标准煤/吨 | 84.98 | 84.61 |
| 吨水泥综合电耗 | 千瓦时/吨 | 85.36 | 82.36 |
| 硅锰合金工序单位能耗 | 千克标准煤/标准吨 | 944.24 | 950.91 |
| 硅锰合金单位电耗 | 千瓦时/标准吨 | 4185.27 | 4155.78 |
| 单位电解铝综合能耗 | 千克标准煤/吨 | 1682.95 | 1723.44 |
| 电厂火力发电标准煤耗 | 克标准煤/千瓦时 | 307.83 | 307.29 |
| 电厂火力供电标准煤耗 | 克标准煤/千瓦时 | 331.65 | 331.52 |

## 2014–2015年朔州市社会消费品零售总额

单位：万元

| 指 标 | 2014 | 2015 |
|---|---|---|
| 社会消费品零售总额 | 2583038.8 | 2701455.5 |
| 按销售地区分 | | |
| 1.城镇 | 1841497.5 | 1924873.3 |
| 2.乡村 | 741541.3 | 776582.2 |
| 按行业分 | | |
| 批发业 | 637379.1 | 665067.2 |
| 零售业 | 1626068.4 | 1699159.8 |
| 住宿业 | 54406.7 | 58451.6 |
| 餐饮业 | 265184.6 | 278776.9 |

## 2014-2015年朔州市农村住户收支与生活状况

| 指　标 | 单　位 | 2014 | 2015 |
| --- | --- | --- | --- |
| 城镇调查样本住户数 | 户 | 326 | 327 |
| 人均可支配收入 | 元 | 10137 | 10816 |
| 工资性收入 | 元 | 4245 | 4559 |
| 经营净收入 | 元 | 3878 | 4153 |
| 财产净收入 | 元 | 93 | 100 |
| 转移净收入 | 元 | 1921 | 2001 |
| 人均消费支出 | 元 | 6431 | 6837 |
| 食品烟酒 | 元 | 2290 | 2383 |
| 衣着 | 元 | 433 | 386 |
| 居住 | 元 | 1292 | 1420 |
| 生活用品及服务 | 元 | 263 | 272 |
| 交通通信 | 元 | 602 | 665 |
| 教育文化娱乐 | 元 | 908 | 1083 |
| 医疗保健 | 元 | 516 | 587 |
| 其他用品和服务 | 元 | 127 | 85 |
| 住户耐用消费品拥有情况(人均) | — | | |
| 1.家用电器 | | 0.04 | 0.04 |
| 2.摩托车 | 辆 | 0.19 | 0.20 |
| 3.助力车 | 辆 | 0.12 | 0.12 |
| 4.洗衣机 | 台 | 0.27 | 0.29 |
| 5.电冰箱(柜) | 台 | 0.21 | 0.25 |
| 6.微波炉 | 台 | 0.03 | 0.03 |
| 7.彩色电视机 | 台 | 0.33 | 0.34 |
| 8.其中:接入有线电话 | 台 | 0.13 | 0.12 |
| 9.空调 | 台 | — | — |
| 10.热水器 | 台 | 0.01 | 0.02 |
| 11.其中:太阳能热水器 | 台 | — | — |
| 12.消毒碗柜 | 台 | — | — |
| 13.洗碗机 | 台 | — | — |
| 14.排油烟机 | 台 | 0.02 | 0.02 |
| 15.固定电话线 | 部 | 0.08 | 0.07 |
| 16.移动电话 | 部 | 0.60 | 0.66 |
| 17.其中:接入互联网 | 部 | 0.25 | 0.35 |
| 18.计算机 | 台 | 0.06 | 0.07 |
| 19.其中:接入互联网 | 台 | 0.04 | 0.04 |
| 20.摄像机 | 架 | — | — |
| 21.照相机 | 台 | 0.01 | 0.01 |
| 22.中高档乐 | 架 | — | — |
| 23.健身器材 | 台 | — | — |
| 24.组合音响 | 套 | 0.01 | 0 |

## 2014–2015年朔州市城镇住户收支与生活状况

| 指　标 | 单　位 | 2014 | 2015 |
|---|---|---|---|
| 城镇调查样本住户数 | 户 | 269 | 271 |
| 人均可支配收入 | 元 | 25725 | 27500 |
| 工资性收入 | 元 | 15863 | 17116 |
| 经营净收入 | 元 | 4111 | 4381 |
| 财产净收入 | 元 | 1843 | 1942 |
| 转移净收入 | 元 | 3908 | 4060 |
| 人均消费支出 | 元 | 13633 | 14096 |
| 食品烟酒 | 元 | 3314 | 3610 |
| 衣着 | 元 | 1636 | 1497 |
| 居住 | 元 | 2769 | 2918 |
| 生活用品及服务 | 元 | 669 | 602 |
| 交通通信 | 元 | 1319 | 2104 |
| 教育文化娱乐 | 元 | 2415 | 2354 |
| 医疗保健 | 元 | 1128 | 728 |
| 其他用品和服务 | 元 | 381 | 282 |
| 住户耐用消费品拥有情况(人均) | — | | |
| 1.家用电器 | | 0.08 | 0.09 |
| 2.摩托车 | 辆 | 0.11 | 0.1 |
| 3.助力车 | 辆 | 0.15 | 0.14 |
| 4.洗衣机 | 台 | 0.29 | 0.29 |
| 5.电冰箱(柜) | 台 | 0.25 | 0.26 |
| 6.微波炉 | 台 | 0.09 | 0.3 |
| 7.彩色电视机 | 台 | 0.30 | 0.16 |
| 8.其中:接入有线电话 | 台 | 0.18 | 0.03 |
| 9.空调 | 台 | 0.02 | 0.11 |
| 10.热水器 | 台 | 0.11 | 0.05 |
| 11.其中:太阳能热水器 | 台 | 0.04 | 0.01 |
| 12.消毒碗柜 | 台 | 0.00 | — |
| 13.洗碗机 | 台 | 0.00 | — |
| 14.排油烟机 | 台 | 0.13 | 0.13 |
| 15.固定电话线 | 部 | 0.10 | 0.07 |
| 16.移动电话 | 部 | 0.60 | 0.64 |
| 17.其中:接入互联网 | 部 | 0.25 | 0.4 |
| 18.计算机 | 台 | 0.17 | 0.19 |
| 19.其中:接入互联网 | 台 | 0.12 | 0.11 |
| 20.摄像机 | 架 | 0.01 | 0.01 |
| 21.照相机 | 台 | 0.04 | 0.06 |
| 22.中高档乐 | 架 | 0.01 | 0.01 |
| 23.健身器材 | 台 | 0.01 | 0.01 |
| 24.组合音响 | 套 | 0.01 | 0.01 |

# 朔州市主要年份工业产品产量

| 年份 | 原煤产量（万吨） | 发电量（亿千瓦小时） | 乳制品（万吨） | 白酒（千升） | 啤酒（千升） | 焦炭（万吨） | 化肥（万吨） | 水泥（万吨） | 陶瓷（万件） | 石墨及炭素制品（吨） | 铁合金（吨） | 电解铝（吨） | 电石（吨） |
|---|---|---|---|---|---|---|---|---|---|---|---|---|---|
| 1990 | 2857.0 | 70.2 | 5927 | 2150 | | 1.5 | 4.4 | 15.4 | 6315 | | | | 8585 |
| 1995 | 3938.0 | 120.2 | 9437 | 1645 | | 4.8 | 7.9 | 29.6 | 9033 | | | | 38907 |
| 2000 | 2912.0 | 116.1 | 11840 | 1157 | | 6.8 | 7.3 | 47.2 | 7264 | | | | 30215 |
| 2001 | 3578.0 | 118.1 | 17829 | 1071 | | 8.2 | 8.4 | 50.0 | 13248 | | | | 56848 |
| 2002 | 4749.4 | 142.3 | 21775 | 599 | | 6.6 | 9.6 | 51.0 | 24600 | | | | 66023 |
| 2003 | 5552.7 | 159.3 | 94648 | 1208 | | 5.7 | 10.0 | 69.0 | 31984 | | | | 106797 |
| 2004 | 6310.5 | 169.4 | 258095 | 500 | | 4.3 | 9.3 | 71.2 | 32576 | | 40384 | | 113504 |
| 2005 | 7948.5 | 198.5 | 260503 | 600 | 5049 | 2.2 | 9.8 | 80.7 | 27950 | 4518 | 44823 | | 94627 |
| 2006 | 9274.9 | 222.5 | 255663 | 911 | 7314 | 1.4 | 9.0 | 64.7 | 30426 | 2749 | 81081 | 41302 | 78799 |
| 2007 | 10822.8 | 224.2 | 444103 | 1515 | 3682 | 7.0 | 10.7 | 75.2 | 39929 | 1689 | 122997 | 52753 | 64329 |
| 2008 | 11844.8 | 207.5 | 217468 | 26 | 24082 | 8.5 | 6.1 | 53.9 | 29394 | 13764 | 131821 | 47967 | 79043 |
| 2009 | 12684.0 | 196.5 | 175614 | 3123 | 66238 | | 7.5 | 100.0 | 51287 | 19371 | 109890 | | 45754 |
| 2010 | 15994.8 | 217.0 | 170374 | 4259 | 78172 | | 6.4 | 68.4 | 59576 | 31486 | 93100 | | 31309 |
| 2011 | 18582.9 | 232.9 | 210767 | 10342 | 73418.1 | | 6.5 | 283.5 | | 55968 | 181304.7 | 43773 | 32264 |
| 2012 | 20691.2 | 264.3 | 295307 | 13114 | 56665 | | 5.1 | 397.1 | | 40640.7 | 309230 | 66077 | 37449 |
| 2013 | 22091 | 278.7 | 281288 | 6842 | 62065 | | 4.3 | 343.9 | | 44224 | 234908 | 68987 | |
| 2014 | 20255.0 | 251.0 | 243821.0 | 8997.0 | 40975.0 | | 3.2 | 251.1 | | 31013.0 | 294743.0 | 67255.0 | |
| 2015 | 18220.0 | 267.5 | 232167.0 | 7663.0 | 39643.0 | | 1.8 | 205.4 | | 39393.0 | 125211.0 | 66990.0 | |

## 朔州市主要年份财政收支总额

单位:万元

| 年 份 | 财政总收入 | 一般预算收入 | 一般预算支出 | 一般预算收支指数(上年=100) | |
|---|---|---|---|---|---|
| | | | | 收 入 | 支 出 |
| 1988 | 14091 | 14091 | 13364 | 123.6 | 116.9 |
| 1989 | 15070 | 15070 | 18161 | 106.9 | 135.9 |
| 1990 | 18223 | 18223 | 22635 | 120.9 | 124.6 |
| 1995 | 32421 | 32421 | 47821 | 121.7 | 118.5 |
| 2000 | 64626 | 40619 | 63713 | 105.8 | 110.4 |
| 2005 | 350533 | 113127 | 203434 | 169.6 | 128.0 |
| 2006 | 514210 | 170111 | 374223 | 150.4 | 184.0 |
| 2007 | 800166 | 302023 | 441174 | 177.5 | 117.9 |
| 2008 | 1020009 | 377989 | 605317 | 125.2 | 137.2 |
| 2009 | 1100008 | 462213 | 721488 | 122.3 | 119.2 |
| 2010 | 1325029 | 557535 | 901318 | 120.6 | 124.9 |
| 2011 | 1750000 | 709189 | 1154207 | 127.2 | 128.1 |
| 2012 | 2100000 | 842500 | 1387506 | 118.8 | 120.2 |
| 2013 | 2160575 | 953000 | 1544659 | 113.1 | 111.3 |
| 2014 | 1690768 | 865898 | 1430634 | 90.9 | 92.6 |
| 2015 | 1131233 | 543000 | 1382931 | 62.7 | 96.7 |

注:1994 年以前一般预算收支为财政收支。

# 索 引

Index

说明：(1)本索引以人名、地名、机构名称、活动名称、事件(事务)名称等为主题词进行检索。(2)本索引按主题词首字汉语拼音字母顺序排列(数字开头主题词另排序)，主题词后面的数字和字母分别表示所在页码和分栏位置(abc 表示本页码左中右三栏)。(3)本索引主题词主要选自本年鉴正文部分，特载、大事记、附录以及图表、照片不在索引范围内。

## D



## E



## F

## G



## H

## J

## N



## P



## Q

R



S

## T



## W



## X